莊子

창조경영의

보고,

장자

21세기

스마트 시대

창조경영의

해답을

찾아라!

장자

신동준 지음

창조경영의 보고, 장자

21세기 스마트 시대 창조경영의 해답을 찾아라!

是 故 鳧 脛 雖 短

續 之 則 憂

鶴 脛 雖 長

斷 之 則 悲

인간사랑

창조경영의

보고,

장자

莊周夢蝶
萬物齊同
無爲自然
安貧樂道

是故鳧脛雖短, 續之則憂. 鶴脛雖長, 斷之則悲.

21세기

스마트 시대

창조경영의

해답을

찾아라!

들어가는 글

21세기에 들어와 『장자』가 커다란 인기다. 독창적인 해석을 시도한 다양한 주석서를 포함해 그의 삶과 사상 등을 여러 각도에서 조명한 온갖 종류의 책이 쏟아져 나오고 있다. 무한경쟁으로 치닫고 있는 21세기의 각박한 현실이 오히려 유유자적을 역설한 장자를 더욱 돋보이게 만든 결과로 보인다.

필자는 10여 년 전부터 고전 재해석 작업을 꾸준히 진행해 오고 있다. 기왕에 나온 『노자론』과 『열자론』은 리더십 차원에서 도가 사상을 재해석한 첫 번째 사례에 해당한다. 본서는 3대 도가에 대한 재해석 작업의 완결판에 해당한다. 그간 철학과 문학 등을 전공한 학자들의 주석서는 많이 나왔으나 리더십의 잣대로 3대 도가 서적에 대한 전면적인 재해석을 시도한 것은 필자가 처음인 듯싶다.

그러나 역사적으로 보면 꼭 그런 것만도 아니다. 이미 조선조 중기 명종 때 명유 이율곡이 유가 입장에서 도가를 해석하는 소위 이유석로以儒釋老의 관점에서 『도덕경』에 주석을 가한 『순언醇言』을 펴낸 바 있다. 성리학이 만고불변의 진리로 통용되던 시절에 이는 커다란 충격이었다. 숙종 때 박세당이 『남화경주해산보』, 영조 때 한원진이 『장자변해』 등을 펴낸 것도 이와 무관하지 않을 것이다. 안타까운 것은 이들의 노고가 별다른 성과를 거두지 못한 점이다. 이들 작품 대부분이 그들의 문집에서 제외된 사실이 이를 웅변한다. 사문난적으로 몰릴까 우려한 탓이다. 실제로 박세당은 이단으로 몰려 유배형에 처해졌다가 가까스로 명이 취소되기는 했으나 숨 막히는 사상탄압을 견디지 못하고 이내 숨을 거두고 말았다.

큰 틀에서 보면 21세기 상황도 별반 다를 게 없다. 서구에서 전래한 민주이념 등이 성리학의 왕도이념 못지않게 막강한 위세를 떨치고 있는 현실이 그 증거다. 하나의 이념이 화석화돼 불문율처럼 통용되면 이는 이내 인순고식의 풍조를 낳고, 끝내 패망에 이르게 된다. 극단적인 명분론을 내세우며 오직 성리학만 숭상했던 조선조의 패망이 대표적인 실례이다. 사상의 경색이 빚어낸 참사다.

21세기 디지털 시대의 용어로 표현하면 이는 소프트웨어의 사망을 의미한다. 애플과 노키아의 역전 사례가 이를 잘 보여준다. IT강국을 자처하는 우리도 예외가 될 수 없다. 이제 과거의 '쫓아가기' 방식으로는 안 된다. 발상의 일대 전환이 절실하다. 요체는 '앞서가기'이다. 사고가 폭넓고 유연해져야만 한다. 이에 성공치 못할 경우 아무리 뛰어난 하드웨어 기술을 자랑할지라도 초일류 글로벌 소프트웨어 업체의 하청업체로 전락할 수밖에 없다. 소프트웨어 콘텐츠의 기반확충이 절실한 이유다.

『장자』는 예로부터 문예사상의 보고로 통했다. 소동파와 왕부지 등 당대의 내로라하는 사상가와 문인들이 빠짐없이 『장자』의 주석작업에 나선 이유다. 서구도 예외가 아니다. 대륙의 관념론과 영미의 경험론을 싸잡아 비판하며 유목민처럼 자유롭게 사유할 것을 역설한 질 들뢰즈는 『장자』의 세례를 가장 크게 받은 인물 중 하나다. 사상적 유목주의를 뜻하는 그의 '노마디즘'은 「소요유」편에 나오는 '소요' 개념의 변용에 해당한다.

『장자』의 활용은 비단 문예부문에 그치는 것만도 아니다. 자연과학에도 그대로 적용된다. 지난 1949년 일본인 최초의 노벨 물리학상을 수상한 유가와 히데키가 그 증거다. 어릴 때부터 『장자』를 애독하며 상상력을 키워온 그는 수상 이후 「응제왕」편에 나오는 '혼돈渾沌의 우화'에서 소립자 세계의 힌트를 찾아냈다고 술회한 바 있다. 본서의 출간도 같은 맥락에서 나온 것이다.

본서가 기왕의 『노자론』 및 『열자론』보다 늦게 나온 데에는 크게 두 가지 이유가 있다. 우선 『장자』의 분량이 비교할 수 없을 정도로 많았던 점이다. 시간이 많이 소요될 수밖에 없다. 그러나 더 큰 이유는 정밀한 축자逐字 해석이 필요할 정도로 기왕에 나온 주석이 매우 많았던 점이다. 이를 검토하는 데만도 상당한 시간이 필요했다.

역대 주석가 중 가장 정밀하고도 광범위한 주석을 가한 사람은 청대 말기의 곽경번이다. 그의 『장자집석』은 모든 주석가들이 반드시 참조해야만 하는 성전과 같은 책이다. 필자 역시 이를 저본으로 삼았다. 조초기曹礎基의 『장자천주』와 진고응의 『장자금주금역』 역시 『장자집석』을 저본으로 삼고 있는 까닭에 필자의 독자적인 재해석 작업에 일조했다. 박세당 등 조선조 학자들의 주석에 대해서는 전통문화연구회가 펴낸 『역주 장자』에 전적으로 의존했다. 역대 주석은 물론 최근의 성과까지 두루 반영하고 있어 재해석 작업에도 많은 도움을 받았다.

장자사상의 전체적인 면모를 파악하는 데는 후쿠나가 미쓰지가 쓴 일련의 장자 관련 서적을 크게 참조했다. 지난 2001년에 작고한 그는 자타가 공인하는 20세기 최고의 노장 전문가에 해당한다. 태평양전쟁 당시 석유 램프 밑에서 『장자』를 탐독했을 정도로 그는 오직 노장을 연구하는 데 일생을 바쳤다고 해도 과언이 아니다. 그는 일본 신도의 뿌리가 도교에 있다는 사실을 처음으로 밝혀낸 장본인이기도 하다. '신도의 뿌리'를 둘러싼 논쟁은 일본인들의 노장에 대한 관심을 고조시키는 데 크게 기여했다.

필자는 지난 1996년 춘추전국시대의 정치사상과 관련한 박사논문을 쓰기 위해 도쿄대 동양문화연구소 객원연구원으로 나간 바 있다. 당시 도쿄대 중국철학과의 이케다 도모히사池田知久 강의를 1학기 동안 들을 수 있었다. 그는 교토대의 후쿠나가와 쌍벽을 이룬 노장 연구의 대가이다. 필자와 적잖은 이견이 있음에도 불구하고 본서에 그의 견해를 적극 반영한 것은 말할 것도 없다.

21세기는 풍부한 상상력을 바탕으로 한 소프트웨어의 콘텐츠가 국력을 좌우하는 시대이다. 『장자』는 그 보고에 해당한다. 『장자』의 보물창고는 그 종류가 매우 다양한데도 대부분 문예와 철학의 창고만 뒤지고 있다. 본서는 리더십 분야 창고의 문을 여는 첫 시도에 해당한다. 위정자와 기업 CEO 등의 리더십은 문예와 자연과학 분야 못지않게 창조적인 상상력이 절실히 요구되는 분야이다. 본서가 척박한 한국의 리더십 풍토에 천공을 자유로이 넘나드는 장자의 상상력이 적극 유입되는 계기로 작용했으면 하는 바람이다.

2012년 개춘開春 학오재學吾齋에서
저자 쓰다

| 차례 |

[제1부] 장주론

제1편 생장론
제2편 사상론

是故鳧脛雖短 續之則憂
鶴脛雖長 斷之則悲

창조경영의 보고, 장자
21세기 스마트 시대 창조경영의 해답을 찾아라!

莊周夢蝶
萬物齊同
無爲自然
安貧樂道

창조경영의

보고,

장자

莊周夢蝶
萬物齊同
無爲自然
安貧樂道

是故鳧脛雖短, 續之則憂. 鶴脛雖長, 斷之則悲.

21세기

스마트 시대

창조경영의

해답을

찾아라!

제1편 생장론

문헌기록

장자는 사상사에서 점하고 있는 비중이 매우 큰데도 불구하고 출생과 생장배경 등에 관해서는 알려진 바가 거의 없다. 그에 관한 전기로 가장 오래된 것은 기원전 1세기에 나온 사마천의 『사기』 「노자한비열전」이다. 그러나 그 내용이 매우 소략해 모두 합쳐봐야 235자 정도에 불과하다. 「자객열전」에서 위衛나라 출신 자객 형가荊軻에 대해 무려 3,212자를 할애한 것과 대비된다. 장자에 관한 정보 수집을 특별히 게을리했을 리도 없다. 다음은 「노자한비열전」에 나오는 그에 관한 기록의 전문이다.

"장자는 몽蒙 땅 출신으로 이름은 주周이다. 일찍이 몽 땅 칠원漆園의 관리를 지낸 적이 있다. 그는 양혜왕, 제선왕과 같은 시대 인물이다. 그의 학문은 두루 통하지 않는 게 없으나 그 요체는 노자의 설로 귀착된다. 10여 만 자에 달하는 그의 저서는 거의 대부분 우화로 채워져 있다. 그는 「어부」와 「도척」, 「거협」편 등을 지어 공자를 따르는 무리들을 비방하고 노자의 학술을 천명했다.「외루허」와「항상자」등은 모두 꾸며낸 얘기로 사실이 아니다. 그러나 분석과 정황에 대한 비유가 뛰어난 그는 이를 적극 활용해 유가와 묵가를 신랄히 공격했다. 비록 경륜이 높고 인망이 있는 학자일지라도 그의 비난에서 벗어나기 힘들었다. 그는 언사가 광대하고 심원한 데다 기탄이 없었던 까닭에 왕공대인들로부터는 오히려 제대로 인정받지 못했다. 한때 초위왕은 그가 현능하다는 소문을 듣고 장차 재상으로 삼을 요량으로 사자에게 많은 예물을 주어 그를 맞이해 오도록 한 적이 있다. 그는 웃으면서 사자에게 말하기를, '예물로 보낸 천금은 많은 재물이고 경상卿相의 자리는 매우 존귀한 자리요. 그런데 그대만 홀로 교제郊祭를 지낼 때 희생으로 바치는 소를 보지 못한 것이오? 맛있는 음식으로 몇 년 동안 먹인 뒤 수놓은 비단 옷을 입히고 태묘로 끌고 갈 때, 비록 새끼 돼지가 되고 싶다 한들 그것이 어찌 가능하겠소? 그대는 빨리 돌아가 나를 더럽히지 마시오. 나는 정녕코 더러운 도랑에서 노닐며 스스로 즐길지언정 나라를 갖고 있는 자들의 구속을 받지는 않을 것이오. 종신토록 벼슬을 하지 않고 내가 뜻하는 바대로 살며 즐길 생각이오' 라고 했다."

이 짧은 기록 속에 장자의 신상과 관련된 정보는 사실상 거의 없는 것이나 다름없다. 위혜왕 및 제선왕 때 활약했고, 향리에서 옻나무를 심는 칠원漆園의 관리를 지냈고, 10여 만 권의 저서를 남겼으나 대부분 우언이고, 공자의 무리를 비판하고 노자의 학술을 밝혔다는 게 기록의 전부이다. 초왕의 부름을 받았으나 희생 소의 비유를 들어 거절했다는 대목은『장자』「열어구」편의 일화를 소개해 놓은 것에 지나지 않는다.

『장자』를 비롯한 여타 문헌의 기록을 토대로 당시의 상황을 추론하는 수밖에 없다. 전문가들이 이런 과정을 거쳐 추론한 내용도 별반 나을 게 없다. 공자보다는 약 1세기 반 정도 늦게 태어나 맹자와 거의 같은 시대에 살았고, 결혼을 했으나 매우 가난하게 살았으며, 그를 추종하는 몇 명의 제자들과 함께 제후들의 부름에 응한 적이 있고, 같은 송나라 출신으로 위魏나라 재상을 지낸 혜시惠施와 매우 가깝게 지냈다는 사실 정도이다. 그가 어떤 성장과정과 경력을 거쳐 구체적으로 어떤 생활을 했는지 등에 관해서는 전혀 알 길이 없다.

더구나 『장자』에 나오는 관련 기록은 대부분 우언으로 되어 있기에 이를 액면 그대로 받아들일 수도 없는 실정이다. 실제로 출생지인 '몽' 땅에 관해서도 설이 크게 엇갈린다. 『한서』 「예문지」를 비롯해 성현영成玄英과 임희일林希逸 등은 송나라, 육덕명陸德明은 양나라, 한유韓愈는 「송맹동야서送孟東野序」에서 초나라 출신으로 간주했다. 현재는 역사지리학의 발달 덕분에 송나라 땅으로 간주하는 견해가 주류를 이루고 있다.

장자사상의 연원에 대해서도 설이 분분하다. 초횡焦竑은 노자의 제자로 본 데 반해 성현영은 전설적인 도가인 장상공자長桑公子의 제자이고 그로부터 남화선인南華仙人이라는 호칭을 받았다고 주장했다. 유가로 보는 견해도 많다. 한유는 전국시대 초기에 활약한 전자방의 문하생, 장병린章炳麟과 곽말약郭沫若은 안회를 추종하는 유자로 간주했다. 무술정변의 일원인 담사동譚嗣同은 『인학仁學』에서 장자사상을 공자사상의 양대 지맥 중 하나로 추정했다. 장자를 공자 좌파로 보는 견해도 이와 맥을 같이하는 것이다. 이 밖에 열자의 제자로 보는 견해도 있다. 『장자』의 내편과 외편 및 잡편에 드러나는 사상적 스펙트럼이 매우 다양해 합의점을 찾아내기가 쉽지 않을 것이다.

다만 그의 생몰연대 등에 관해서는 관련 인물들에 대한 연대고증을 통해 나름대로 추론이 가능하다. 대부분 『사기』의 기록을 좇아 양혜왕 및 제선왕과 동시대의 인물로 보고 있다. 양혜왕은 기원전 369년에 즉위해 319년에 죽었다. 기원전 344년에 왕호를 처음 사용한 그는 한때 무위를 떨치기도 했으나 이내 진나라에 연이어 패하고 계릉桂陵과 마릉馬陵 전투에서 제나라에 참패를 당했다. 이후 진나라에 하서와 하동의 7백 리 땅을 빼앗기고 초나라에게도 대패했다. 그가 도성을 대량大梁으로 옮긴 뒤 몸을 낮추고 많은 재물을 들여 현사들을 초빙하자 맹자를 비롯해 추연과 순우곤 등 많은 인재들이 그를 찾아왔다. 그러나 그는 이들을 제대로 활용하지 못했다.

제선왕은 제나라를 동방의 강국으로 만든 제위왕의 아들로 기원전 319년에 즉위해 301년에 죽었다. 대내적으로 정곽군 전영田嬰을 상국으로 기용해 내정개혁에 힘쓰고, 대외적으로는 합종을 강화해 국세를 크게 떨쳤다. 기원전 301년에 연나라가 어지러운 틈을 타 무력으로 개입해 크게 위세를 떨치기도 했다. 부왕의 유업을 이어 학술을 크게 진흥시킨 바 있다. 천하의 인재를 학술연구원에 해당하는 직하학당稷下學堂으로 불러들여 마음껏 연구토록 한 게 그것이다. 양혜왕에게 실망한 맹자도 이곳으로 가 학사學士로 지낸 적이 있다. 장자를 초빙한 초위왕은 기원전 339년에 즉위하여 329년에 죽은 전국시대 중엽의 인물이다. 그는 기원전 333년에 제나라와 정면으로 맞붙어 크게 이긴 바 있다.

이런 점 등을 감안할 때 장자는 기원전 4세기에 활약한 게 확실하다. 보다 정밀한 추론도 가능하다. 그와 밀접한 교유를 하며 양혜왕 및 양양왕 2대를 섬긴 혜시가 재상의 지위에서 쫓겨나 초나라로 떠난 시기는 기원전 306년이다. 「서무귀」편에 장자가 혜시의 무덤을 찾아가 애도하고 『회남자』「수무현」편에 혜시 사후 장자가 호적수를 잃어

침묵했다는 일화가 나온다. 기원전 300년 이후에도 살아 있었을 공산이 크다. 중국의 저명한 노장 연구가인 마서륜馬叙倫은 장자가 기원전 370년경에 태어나 70, 80년을 산 것으로 추정한 바 있다. 현재 중국 학계에서는 장자가 그의 조국인 송나라가 패망하는 기원전 286년에 사망한 것으로 보는 견해가 주류를 이루고 있다.

그렇다면 『장자』에는 왜 그와 비슷한 시기에 활약한 맹자에 대한 언급이 전혀 나오지 않는 것일까? 『맹자』 역시 장자에 관한 언급이 단 한마디도 없다. 다른 문헌에도 그런 내용이 전혀 보이지 않는다. 일각에서는 당시 맹자가 장자를 경계할 만한 대상으로 간주하지 않았고, 장자 역시 맹자를 공자만큼 중요한 인물로 삼지 않았기 때문으로 추정하고 있다. 나름 일리 있는 주장이다.

시대배경

장자의 출생지인 '몽' 땅은 마서륜이 『천마산방총서天馬山房叢書』의 「장자송인고莊子宋人考」에서 주장했듯이 오늘날 하남성 상구시商丘市 동북쪽에 있던 송나라의 영지였다. 이는 그의 삶과 사상을 고찰하는 데 매우 중요한 의미를 지니고 있다. 송나라는 원래 주나라에 패망한 은나라 유민이 세운 나라이다. 기원전 12세기 무렵 서방에서 황하를 따라 동쪽으로 내려온 주나라는 오늘날 하남성 동북부에 도읍을 두고 있던 은나라를 멸망시킨 뒤 송나라로 하여금 은나라 유민을 다스리게 했다. 여기에는 적잖은 우여곡절이 있다.

『사기』 「관채세가」에 따르면 주문왕은 부인 태사太姒와의 사이에서 장남 백읍고伯邑考를 비롯해 2남 주무왕 발發, 3남 관숙管叔 선鮮, 4남 주공 단旦, 5남 채숙 탁度, 6남 조숙曹叔 진탁振鐸, 7남 성숙成叔

武, 8남 곽숙霍叔 처處, 9남 강숙康叔 봉封, 10남 염계冉季 재載 등 10명의 아들을 두었다. 삼국시대 말기 위나라의 두예는 『춘추좌전』을 주석하면서 염계 재를 모숙毛叔 염聃으로 해석했다. 훗날 모毛 땅에 봉해진 것으로 본 것이다.

백읍고의 죽음으로 태자가 된 주무왕 희발은 은나라를 멸한 뒤 공신들과 자신의 형제들을 제후로 봉했다. 이때 관숙 선에게는 지금의 하남성 정주시인 관管, 채숙 탁에게는 지금의 하남성 상채현인 채蔡 땅을 영지로 주었다. 조숙 진탁은 지금의 상동성 정도현인 조曹, 성숙 무는 산동 영양현인 성郕, 곽숙 처는 산서 곽현인 곽霍 땅을 각각 봉지로 내렸다. 강숙 봉과 염계 재는 나이가 어려 봉지를 받지 못했다. 주무왕은 동생인 관숙과 채숙, 곽숙 등을 주변에 배치해 은나라 주왕의 아들인 무경武庚과 은나라 유민들을 감시하게 했다. 은왕조의 유민을 감시키 위해 세운 3인을 흔히 3감三監이라고 한다.

그러나 주무왕 사후 주공 단이 섭정을 하게 되자 관숙과 채숙은 주공 단이 장차 어린 조카인 주성왕의 보위를 찬탈하는 게 아닌지 의심했다. 무경은 내심 은나라 부활의 기회를 노리고 있던 중 주무왕이 급서하고 나이 어린 주성왕이 등극한 데다가 3감이 주공 단에게 커다란 불만을 품고 있는 것을 알고는 이를 적극 활용코자 했다. 곧 주나라에 합류하기를 거부하는 은나라 유민을 규합한 뒤 지금의 산동에 있던 엄奄나라와 회하 하류에 있던 회이淮夷 등과 합세했다. 이어 관숙과 채숙을 끌어들인 뒤 반기를 들었다. 주공 단이 주성왕의 명으로 곧 자신과 함께 공동섭정을 하던 태보太保인 소공召公 석奭을 제나라의 여상에게 보내 명하기를, "동쪽으로는 바다, 서쪽으로는 황하, 남쪽으로는 목릉穆陵, 북쪽으로는 무체無棣에 이르는 땅에서 다섯 등급의 제후와 9주 제후의 잘못을 제나라가 정벌해도 좋다"고 했다. 제나라는 반란을 평정한 후 대국이 되었다. 춘추시대에 들어와 제환공 때 제나라가 첫 패업을 이루게 된 배경이다.

원래 주왕실의 일족인 소공 석은 주공 단과 더불어 유가에서 매우 높이 평가하는 인물이다. 당시 그는 성왕이 어린 까닭에 주공 단과 함께 각각 주나라를 동서로 나누어 다스렸다. 주공 단은 동쪽의 낙읍洛邑에 머물면서 동쪽지역 제후들을 관장했고, 연燕에 봉해진 소공 석은 지금의 서안인 서쪽 도성 호경鎬京에 남아 서쪽지역 제후들을 관장했다. 소공 석은 곳곳을 순시하며 백성들의 어려움을 살폈다. 그가 감당甘棠 나무 아래에서 백성의 송사를 듣고 공정하게 해결하자 후대인들이 그를 대하듯 감당 나무를 대하며 그의 선정을 기렸다. 여기서 어진 정치를 펼친 사람을 그리워하는 마음을 뜻하는 감당지애甘棠之愛와 감당유애甘棠遺愛의 성어가 나왔다.

당시 주공 단은 일족인 소공 석과 함께 친동생인 관숙과 채숙이 가담한 반란을 토벌하는 데 무려 3년의 시간을 소비했다. 반란을 평정하는 과정에서 먼저 관숙을 가차없이 죽이고 채숙은 유배를 보냈다. 이어 은나라 유민을 양분한 뒤 일부를 원래의 근거지인 위衛에 머물게 하면서 동생인 강숙으로 하여금 다스리게 했다. 나머지 대부분의 은나라 유민은 지금의 하남성 상구시인 송 땅으로 이주시킨 뒤 은나라 주왕의 서형인 미자微子 개開를 공작에 봉해 이들을 다스리게 했다. 송나라 군주가 춘추시대 내내 제후들 중 가장 높은 작위인 공작으로 있었던 이유다.

그러나 전국시대에 들어와 열국의 제후들이 왕을 칭하면서 송나라는 주왕실과 마찬가지로 거의 잊혀진 나라가 되고 말았다. 춘추시대만 해도 가장 높았던 공작의 작위도 초라하기 그지없는 작위로 전락했다. 그렇다고 함부로 왕을 칭할 수도 없었다. 그랬다가는 이내 주변

강국의 노여움을 사 병탄될 공산이 컸다. 그러나 장자가 활약하던 시기에 그런 일이 빚어지고 말았다. 이를 촉발한 주인공은 송왕 언偃이다.

『사기』「송미자세가」에 따르면 그는 송환후宋桓侯를 쫓아낸 뒤 보위에 앉은 친형 황희皇喜를 재차 힘으로 몰아내고 스스로 보위에 앉았다. 키가 9척이 넘고 힘이 과인했다. 능히 쇠로 만든 갈고리를 자유자재로 오므렸다 펼 정도였다고 한다. 송왕 언에 대한 사서의 기록은 매우 비판적이다. 천지를 제압하려는 속셈으로 피를 가득 담은 포대를 장대 위에 매달은 후 화살을 쏘고, 땅을 매질하고 토지신과 곡물신의 위패를 동강내 이를 불살랐다는 식이다.

주목할 점은 당시 그가 재위 11년(기원전 318)에 왕을 칭하면서 대대적으로 군사를 양성한 점이다. 그는 10만 대군을 이끌고 가 제나라와 인접한 등滕과 설薛 등을 쳤다. 그리고 그 여세를 몰아 제나라 5개 성읍을 취하고, 이내 남하해 초나라까지 대파해 3백 리의 땅을 취한 뒤 또 다시 서진하여 위나라 군사를 격파했다. 약소국인 송나라가 이처럼 막강한 무력을 과시했다는 것은 놀라운 일이다. 이는 역사적 사실이다. 송왕 언이 최강국인 진나라에 사자를 보내 우호관계를 맺자 진나라도 사자를 보내 송나라와 화친했다는 기록이 이를 뒷받침한다. 그가 만일 사서의 기록처럼 천하인의 손가락질을 받는 폭군의 행보를 보였다면 이게 가능할 리 없다. 그럼에도 사서는 이같이 기록해 놓았다.

"송왕 언이 군신들에게 '과인이 아침 조회에 나오면 모두 만세를 부르도록 하라' 고 명했다. 아침마다 조당에서 만세 소리가 우렁차게 일어났다. 궁실 안에 있던 사람들이 일제히 만세를 외치면 이어 당상의 사람들이 만세를 외치고, 다시 당하의 사람들이 화답하면 마지막으로 조문朝門 밖의 시위들이 만세를 불렀다. 만세 소리가 삽시간에 나라 전체로 퍼져나가자 감히 큰 소리로 만세를 호창하지 않는 자가 없게 되었다."

당시 '만세'는 천자를 축수祝壽할 때만 사용한 용어다. 과연 송왕 언이 이런 무모한 짓을 행할 수 있었던 것일까? 있을 수 없는 일이다. 그는 무도한 폭군의 행보를 계속하다가 패망한 게 아닐 공산이 크다. 약속국의 군주임에도 불구하고 '전국7웅'을 흉내 내 왕을 칭한 뒤 나름 심혈을 기울여 육성한 군사를 동원해 주변지역을 경략하다가 동방의 강국인 제나라의 신경을 거스른 탓에 이내 패망케 되었다고 보는 게 옳다. 당시 제민왕이 초·위 두 나라와 연합해 송나라를 치려고 하자 보고를 접한 진소양왕이 대로한 사실이 이를 뒷받침한다.

"송나라는 근래 우리 진나라와 우호를 맺은 나라이다. 과인은 반드시 송나라를 구할 것이다."

제민왕이 이 소문을 듣고 곧 유세객인 소대蘇代를 불렀다. 소대는 당대의 종횡가인 소진의 동생으로 언변이 소진 못지 않았다.

"진나라가 장차 송나라를 도우려고 하니 어찌하면 좋겠소?"

"신이 어떻게 해서든 진나라 군사의 출동을 막겠습니다. 대왕은 송나라를 치는 데 전념하십시오."

소대가 진나라로 가 진소양왕에게 말했다.

"제나라가 송나라를 치고 있으니 신은 대왕을 위해 축하하지 않을 수 없습니다."

"제나라가 송나라를 치는데 어찌해 과인을 축하하는 것이오?"

"제왕의 횡포는 송왕의 횡포와 조금도 다름없습니다. 이제 제나라가 초·위 두 나라를 유인해 송나라를 칩니다만 성공하는 날 제나라가 반드시 송나라 땅을 독차지할 것입니다. 그리되면 두 나라는 이를 갈며 진나라를 섬기겠다고 자청할 것입니다. 송나라를 미끼로 삼아 제나라를 낚아올릴 때가 바로 지금입니다. 두번 다시 이토록 좋은 기회가 쉽게 올 리 있겠습니까? 그래서 신이 대왕을 축하한 것입니다."

"만일 과인이 송나라를 도우면 어찌되겠소?"

"천하 모든 나라가 송나라 횡포에 격분하고 있습니다. 그런데 진나라만 홀로 송나라를 돕는다면 천하의 분노는 진나라로 옮겨올 것입니다. 대왕은 무엇 때문에 극악무도한 송나라를 위해 천하의 인심을 잃으려고 하는 것입니까?"

진소양왕이 이내 송나라를 도울 생각을 버렸다. 이때 제나라 장수 한섭韓聶과 초나라 장수 당매唐昧, 위나라 장수 망묘芒卯 등이 이끄는 3국 연합군이 송나라 군사를 깨뜨리고 송나라 도성인 수양睢陽까지 쳐들어갔다. 송왕 언이 수양성 10리 밖에다 영채를 세우고 맞섰으나 이내 패해 황급히 패잔병을 이끌고 수양성 안으로 도수했다. 3국 연합군이 연일 쉬지 않고 맹공을 가하는 와중에 제민왕이 친히 군사 3만 명을 이끌고 당도했다.

이를 본 송나라 군사들이 모두 낙담하며 원망하는 목소리가 높아지자 송왕 언이 야음을 틈타 하남 땅으로 도주했다. 송나라의 군신들이 이내 투항하자 제민왕이 군사를 이끌고 입성해 송나라 백성을 위로한 뒤 곧바로 군사들에게 명해 송왕 언을 잡아오게 했다. 당시 송왕 언은 소주小邾의 군주인 예후倪侯에게 몸을 의탁했다. 「송미자세가」는 얼마 후 제나라 군사에게 붙잡혀 죽임을 당한 것으로 기록해 놓았다. 그러나 『전국책』에는 위나라로 도주하던 중 온溫 땅에서 객사한 것으로 되어 있다. 어느 쪽이 맞는지는 자세히 알 길이 없으나 비참한 최후를 맞이한 것만은 분명하다. 이를 두고 사마광은 『자치통감』에서 이같이 평해놓았다.

"상서로운 조짐이 나타났는데도 덕을 닦지 않으면 오히려 화가 된다."

송왕 언이 이웃 소국들을 병탄한 뒤 자만에 빠진 것을 지적한 것이다. 송왕 언은 통상 송강왕宋康王으로 불린다. '강' 은 시호이다. 나라가 망한 상황에서 누가 이런 시호를 올린 것일까? 말할 것도 없이 후대인이 붙인 것이다. 엉터리 시호이다. 제나라를 위시한 열국의 군주들이 송나라의 흥기에 크게 불안해 한 나머지 힘을 합쳐 후환을 제거한 뒤 송왕 언을 폭군으로 조작했을 가능성이 높다. 송왕 언이 꼽추의 등을 가르고 이른 아침에 강을 건넌 자의 정강이를 절단하는 등의 만행을 저질러 천하 사람들로부터 '걸송桀宋' 이라는 지탄을 받았다는 기록을 액면 그대로 믿기 어려운 이유다. 당시 제민왕을 위시한 열국의 제후들이 은나라 유민들이 세운 송나라가 왕을 칭하며 날로 세력을 확장하는 것을 묵과했을 리 없다. 이들이 힘을 합쳐 송나라를 멸했다고 보는 게 합리적이다.

제자백가서의 일화에 어리석은 인물로 나오는 자들 대부분이 송나라 사람인 것도 결코 우연으로 볼 수 없다. 『한비자』에 나오는 수주대토守株待兎 일화와 『맹자』에 나오는 조장助長 일화의 주인공이 바로 송나라 사람이다. 이는 그들이 굴욕과 모멸의 생활을 영위했음을 반증한다. 원래 사농공상의 최하층에 위치한 상인商人이라는 말도 이들을 지칭한 말이다. 은나라의 원래 명칭이 상나라인 데서 나온 명칭이다. 망국민으로서 그들의 생활이 결코 행복하지 않았다는 것은 『춘추좌전』과 『서경』 등의 관련 기록을 보면 쉽게 짐작할 수 있다.

그럼에도 송나라 사람들에게는 나름 강한 자부심이 있었다. 유구한 역사문화의 전통이 그것이다. 그리스가 로마에 정복된 후에도 문화적으로 로마를 압도한 것에 비유할 만하다. 송나라는 지리적으로 북방과 남방의 중앙에 위치했으나 문화적으로 보면 초나라를 비롯한 남방에 커다란 영향을 미쳤다. 여기에는 중원의 제후들이 초나라를 남만으로 부르며 야만시한 게 크게 작용했다. 공자와 맹자는 주나라의 북방문화권에 속하나 노자와 장자는 송나라로 상징되는 남방문화권에 속한다. 장자는 이런 문화전통 속에서 생장했다. 그의 사상이 어두운 골짜기에서 예지를 번득이는 이유다.

장자의 생애

「노자한비열전」의 기록에 따르면 장자는 몽 땅에서 태어나 그곳에서 생장한 게 확실하다. 그곳에 넓이가 수십 리에 달하는 목장 비슷한 데가 있었다. 이름은 칠원漆園으로 옻나무를 가꾸는 농원을 말한다. 당시에는 갑옷이나 방패, 전차 등에도 옻칠을 했다. 옻은 일종의 황금작물에 해당했다. 『사기』「화식열전」에 이를 뒷받침하는 기록이 나온다. 당시의 생활상을 짐작하는 데 큰 도움이 된다. 조금 길기는 하나 해당 대목의 전문을 옮기면 다음과 같다.

"지금 관에서 주는 봉록도 없고 작위나 봉읍에 의한 수입도 없지만 이를 가진 사람들처럼 즐겁게 사는 사람이 있다. 이들을 두고 작위나 봉지 등이 없는 봉군封君이라는 의미에서 이른바 소봉素封이라고 한다. 이들은 조세 수입으로 살아간다. 1년에 집집마다 2백 전의 세금을 거두면 1천 호의 영지를 가진 영주는 20만 전의 수입이 있게 된다. 천자를 조현하는 비용과 제후들과 교제하는 비용 등이 모두 여기서 나온다. 농공상 등 서민일지라도 1만 전만 있으면 이율이 2할에 달해 이자로만 1년에 2천 전이나 거둘 수 있다. 1백만 전이면 그 이자가 무려 20만 전이 되는 셈이다. 병역이나 요역을 대신해 줄 요금이나 토지세 등에 이르기까지 모든 것을 이 이자로 충당할 수 있다.

그래서 말 50필이나 소 166두 또는 양 250두를 키울 수 있는 목장을 소유하거나, 돼지 250마리를 키울 수 있는 습지대를 보유하거나, 연간 120근의 물고기를 양식할 수 있는 못을 갖고 있거나, 큰 목재 1천 그루를 벌채할 수 있는 산림이 있거나, 대추나무 1천 주株나 밤나무 1천 주, 귤나무 1천 주, 가래나무 1천 주, 옻나무밭 1천 이랑, 뽕나무 혹은 삼밭 1천 이랑, 대나무숲 1천 이랑, 근교의 옥답 1천 이랑, 치자나무나 꼭두서니밭 1천 이랑, 부추밭 1천 이랑 중 어느 것 한 가지만이라도 소유한 자들은 그 수입이 1천 호의 영지를 가진 제후와 같다.

이를 소유한 자는 시장을 기웃거릴 필요가 없고 타향으로 바삐 뛰어다닐 필요도 없이 가만히 앉아서 수입을 기다리기만 하면 된다. 그래서 재산이 없는 자는 힘써 생활하고, 약간 있는 자는 지혜를 써 더 불리고, 이미 많은 재산을 가진 자는 시기를 노려 이익을 더 보려고 한다. 이것이 삶의 진리이다. 생활을 꾸려나가는 데 몸을 위태롭지 않게 하고 돈을 버는 것은 현인이 힘쓰는 바이다. 가장 기본이 되는 농업으로 부를 얻는 게 최상이고, 말류인 장사로 부를 얻는 게 그 차상이고, 간악한 수단으로 부를 얻는 게 최하이다."

장자는 바로 1천 호의 영지를 가진 제후와 하등 다를 바가 없는 자가 소유한 옻나무밭에서 말단 관리인으로 있었다. 『장자』의 내용에 따르면 그는 겨우 입에 풀칠하는 수준의 생활을 한 게 확실하다. 그러나 장자는 이런 빈궁한 생활을 있는 그대로 받아들이며 생을 즐기는 안빈낙도의 삶을 살았다. 현재 칠원 부근에는 그가 낚시질을 했다는 연못이 하나 있다. 이름은 맹저택孟渚澤이다. 문수汶水라는 강도 있었다. 이 강은 중원으로 통하는 요지였다. 연못도 있고 강도 있는 몽 땅에서 그는 유유자적한 삶을 살았다. 전문가들은 물산이 풍부하고 경치가 뛰어난 강남의 풍경이 적잖이 작용했을 것으로 보고 있다. 『장자』에 유난히 동물과 식물이 많이 등장하는 것도 이런 관점에서 파악하고 있다. 『논어』와 대비되는 대목이다. 사실 공자가 묵직하고 성실한 모습을 보인 데는 북방의 척박한 토양이 크게 작용했다는 게 학계의 중론이다.

주목할 점은 『장자』에 등장하는 인물이 대개 귀가 없거나 가슴이 튀어나온 식의 중증 지체장애인이 주종을 이루고 있는 점이다. 그러나 이들 모두 하나같이 고매한 인격에 뛰어난 재능을 지닌 자들로 묘사되어 있다. 장자 자신을 투사한 결과일 공산이 크다. 장자는 생전에 밑바닥 삶을 살았음에도 결코 재물에 연연해 한 적이 없다. 「열어구」편의 다음 일화가 그 증거다.

송나라 사람 중에 조상曹商이라는 친구가 있었다. 송왕을 위해 진秦나라에 사자로 갔다. 진나라로 갈 때 겨우 수레 몇 대를 끌고 갔을 뿐인데 진왕에게 유세하고는 1백 대의 수레를 얻게 됐다. 귀국 후 장자를 만나서는 이같이 자랑했다.

"무릇 자네처럼 궁벽한 마을의 좁고 지저분한 골목에서 곤궁하게 짚신이나 짜면서 겨우 입에 풀칠하는 식으로 비쩍 마른 목덜미에 누렇게 뜬 얼굴을 하고 사는 짓은 내가 잘할 수 없는 일이다. 그러나 단 한번에 만승 대국의 군주를 깨우쳐 주고 따르는 수레가 1백 대나 되게 하는 것은 내가 잘할 수 있는 일이다."

장자가 질책했다.

"진왕이 병이 나 의원을 부르면 통상 종기를 터뜨리고 부스럼을 없애는 자는 수레 1대, 치질을 핥는 자는 수레 5대를 얻는다. 치료부위가 아래로 내려갈수록 수레를 더 많이 얻는다. 그대 또한 진왕의 치질을 핥아준 것인가? 그게 아니라면 무슨 수로 하사받은 수레가 그토록 많단 말인가? 당장 이곳을 떠나도록 하라."

당시의 기준으로 마차를 1만 대 소유하면 왕, 1천 대를 소유하면 제후의 신분에 해당한다. 수레 1백 대는 장관급의 성공을 한 셈이다. 장자는 비록 짚신을 짜서 시장에 내다 파는 식으로 근근이 살아갔지만 비굴한 모습으로 부귀영화를 누릴 생각은 추호도 하지 않았다. 그는 명예에 대해서도 매우 담백했다.

「추수」편의 일화에 따르면 한번은 친구 혜시를 만나러 양나라로 갔다. 어떤 자가 혜시에게 말했다.

"장자가 오면 장차 그대를 대신해 재상자리를 차지하려 할 것입니다."

혜시가 두려운 나머지 사흘 낮밤을 샅샅이 수색해 장자를 잡으려 했다. 장자가 스스로 혜시를 찾아가 말했다.

"남쪽에 새가 있는데 이름은 원추라고 하네. 그대는 이를 알고 있는가? 원추는 남해에서 날아올라 북해로 날아가는데 오동나무가 아니면 머물지 않고, 대나무 열매가 아니면 먹지 않고, 예천醴泉이 아니면 마시지 않는다네. 마침 솔개가 썩은 쥐 한 마리를 얻게 되었네. 솔개는 원추가 자신의 곁을 지나가자 썩은 쥐를 빼앗길까 두려워 위를 올려다보며 '꽥' 하고 소리를 질러댔네. 지금 그대도 양나라 재상자리가 걱정돼 나에게 '꽥' 하고 소리를 질러대는 것인가?"

장자는 재상의 자리를 탐내지도 않았을 뿐더러 그냥 준다고 해도 받지 않았을 것이다. 이를 뒷받침하는 일화가 「추수」편에 나온다. 한번은 장자가 복수濮水에서 낚시를 하고 있을 때였다. 그가 현명하다는 얘기를 들은 초위왕이 사자를 보냈다.

"원컨대 우리 초나라의 일을 선생에게 맡기고자 합니다."

장자가 낚싯대를 쥔 채 돌아보지도 않고 말했다.

"나는 초나라에 죽은 지 3천 년이나 되는 신구神龜가 있는데 왕이 이것을 상자에 넣고 비단보로 잘 싸서 묘당 위에 모셔두고 있다는 얘기를 들었소. '신구'는 생전에 과연 자신이 죽은 뒤 뼈를 남겨 소중히 받들어지기를 바랐겠소, 아니면 계속 살아서 진흙 속에 꼬리를 끌고 다니기를 바랐겠소?"

"그야 차라리 살아서 진흙 속에 꼬리를 끌고 다니기를 바랐을 것입니다."

장자가 말했다.

"어서 돌아가시오. 나 또한 진흙 속에서 꼬리를 끌고 다니는 거북처럼 자유롭게 지낼 생각이오!"

비록 현실에서는 가난하고 비천할지언정 어느 누구에게도 얽매이지 않고 자신이 하고 싶은 일을 하며 살아가겠다는 뜻을 밝힌 것이다. 실제로 그는 결코 은둔자가 아니었다. 공자나 맹자처럼 때로는 제자들을 이끌고 이곳저곳을 돌아다녔다. 나름 유세도 했다.

그러나 그 목적은 달랐다. 그의 천하주유는 현실정치에 참여하기 위한 것이 아니라, 세속의 가치에 얽매여 자신의 타고난 삶을 해치는 어리석은 인간들을 깨우쳐 주기 위한 것이었다. 그는 세인들의 어리석은 모습을 목격할 때마다 특유의 비꼬는 말투로 사정없이 조롱하고 비웃었다. 조롱 자체가 목적은 아니었다. 여기에는 도저히 구제할 수 없는 인간세상을 안타깝게 생각하는 연민이 짙게 깔려 있다.

그런 점에서 장자의 고뇌는 사실 공자의 그것과 하등 차이가 없다. 「전자방」편에 이를 뒷받침하는 일화가 나온다. 하루는 장자가 노애공을 알현했다. 노애공이 말했다.

"우리 노나라는 공자의 가르침을 받드는 유자儒者는 많으나 선생의 도를 좇는 자는 적소."

"노나라에는 오히려 유자가 적습니다."

노애공이 물었다.

"온 나라에 유복儒服을 입은 사람들뿐인데 어찌해서 적다고 하는 것이오?"

장자가 대답했다.

"제가 듣건대 유자가 둥근 갓을 머리에 쓰는 것은 천시를 알고, 네모난 신발을 신는 것은 지형을 알고, 옥 장식을 허리에 차는 것은 일이 생겼을 때 결단할 줄 아는 것을 상징한다고 합니다. 군자가 실로 도를 안다면 반드시 그런 옷을 입을 필요가 없을 것이고, 그런 옷을 입는다고 반드시 도를 아는 것도 아닐 것입니다. 만일 공公이 그렇지 않다고 생각하면 어찌하여 나라에 명을 내려 '유복이 상징하는 도를 얻지 못한 자가 유복을 착용할 경우 사형에 처한다'고 하지 않는 것입니까?"

노애공이 이내 명을 내렸다. 5일이 지나자 노나라 안에 감히 유복을 입는 자가 없게 됐으나 유독 한 사람만이 유복을 입고 공실의 문 앞으로 와 알현을 청했다. 노애공이 즉시 불러 국사에 관한 모든 문제를 물었다. 온갖 어려운 질문에도 전혀 막힘이 없었다. 그러자 장자가 이같이 말했다.

"노나라를 통틀어 유자가 오직 한 사람뿐이니 어찌 많다고 말할 수 있겠는가!"

장자 자신이 바로 진정한 실력자임을 간접적으로 드러낸 일화다. 그러나 세상은 그를 알아주지 않았다. 장자는 이를 담담하게 받아들였다. 공자처럼 탄식하지도, 맹자처럼 고함을 지르지도 않았다. 삶과 죽음의 문제조차 담담하게 받아들인 그에게 세속의 모든 가치는 한낱 부질없는 것에 지나지 않았다. 평생 동고동락하던 아내가 죽었을 때 그의 이런 자세가 그대로 드러났다.

「지락」편에 따르면 장자의 부인이 죽었을 때 절친한 친구인 혜시가 문상을 왔다. 장자가 마침 두 다리를 뻗고 철퍼덕 앉아 동이를 두드리며 노래를 부르고 있었다. 혜시가 힐난했다.

"그대는 아내와 함께 살면서 자식을 키우고 늙도록 나이를 먹다가 이제 아내가 죽는 지경에 이르게 됐다. 곡을 하지 않는 것은 그래도 괜찮으나 동이를 두드리며 노래를 부르는 것은 너무 심하지 않은가?"

장자가 대꾸했다.

"그렇지 않다. 이 사람이 처음 죽었을 때 난들 어찌 슬프지 않았겠나? 그러나 그 삶의 시원을 가만히 살펴보니 본래 삶이 없었고, 삶뿐만 아니라 형체도 없었고, 형체뿐만 아니라 기氣도 없었다. 황홀한 가운데 섞여 있다가 변하여 기가 나타났고, 기가 변해 형체가 이뤄졌고, 형체가 변해 삶이 이뤄졌다가 지금 또 변화해 죽음으로 나타난 것이다. 이는 춘하추동의 사계절이 운행하는 것과 같다. 저 사람이 천지의 큰 집에서 편히 쉬고 있는데 내가 소란스럽게 세간의 풍속을 좇아 곡을 하는 것은 천명을 모르는 소치로 생각한다. 내가 곡을 그친 이유다."

장자는 부인은 물론 자신의 죽음에 대해서도 달관된 모습을 보였다. 「열어구」편에 따르면 장자가 임종할 즈음 제자들이 후하게 장례를 치르고자 했다. 장자가 말했다.

"나는 천지를 관곽으로 삼고, 일월을 한 쌍의 구슬로 삼고, 하늘의 별들로 둥근 옥이나 모난 옥으로 삼고, 만물을 저승길의 선물로 삼을 것이다. 이 정도면 내 장례에 필요한 도구가 어찌 다 갖춰진 게 아니겠는가! 무엇을 더하려 하는 것인가?"

제자들이 걱정했다.

"저희들은 까마귀나 솔개가 선생님의 시신을 뜯어먹을까 두렵습니다."

장자가 말했다.

"풍장風葬을 하면 위에서 까마귀와 솔개의 먹이가 되고, 매장을 하면 밑에서 땅강아지와 개미의 먹이가 된다. 저쪽 것을 빼앗아 이쪽에 주고자 하면 이는 아무래도 치우친 게 아니겠는가? 공평하지 않은 것을 억지로 공평하다고 하면 이는 참다운 공평이 아니다. 확실한 증거를 대어 사실을 분명히 하고자 할 경우 명징明徵하지 않은 것을 억지로 명징하다고 하면 이는 참다운 명징이 아니다. 세상의 어리석은 자들은 자신들의 눈으로 확인한 것만 진실이라고 믿고 인위의 세계에 빠져 있다. 이들 모두 외물에서 그 공을 찾고 있으니 이 또한 슬픈 일이 아니겠는가!"

당시 그의 제자들이 어떻게 장례식을 치렀는지 자세히 알 길이 없다. 그의 삶은 이처럼 천지자연과 더불어 사는 것으로 시종했다. 특별히 기뻐할 것도 슬퍼할 것도 없는 달관의 삶이다. 그야말로 신선 같은 삶을 살다 간 것이다. 장자사상이 이후 도교의 신선사상으로 전개된 것을 이상하게 볼 일도 아니다.

창조경영의

보고,

장자

莊周夢蝶
萬物齊同
無爲自然
安貧樂道

是故鳧脛雖短, 續之則憂. 鶴脛雖長, 斷之則悲.

21세기

스마트 시대

창조경영의

해답을

찾아라!

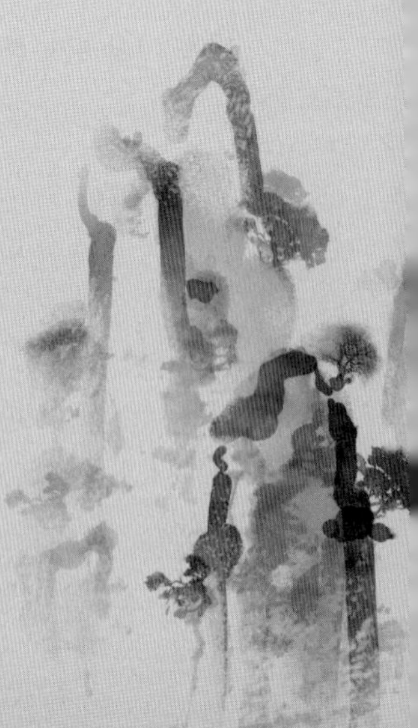

제2편 사상론

제1장 장자사상의 특징

장자와 노자

장자는 오랫동안 노자와 한 묶음으로 분류됐다. 그러나 최근 학계에서는 이를 부인하는 견해가 오히려 주류를 이루고 있다. 대표적인 인물로 이케다를 들 수 있다. 그는 노자에서 장자로 이어졌다는 『사기』「노자한비열전」의 기록에 강한 의문을 제기했다. 『장자』는 전국시대 중기에서 한무제 때에 걸쳐 만들어진 데 반해 『도덕경』은 이보다 약간 늦은 전국시대 말기부터 편제되기 시작해 전한 초기에 완성됐다는 게 그의 주장이다.

일본의 신예학자 나카지마 다카히로中島隆博가 이를 적극 지지하고 있다. 그의 주장에 따르면 현재의 『도덕경』 내지 『노자』의 명칭은 한무제의 치세 전후로 나온 『회남자』와 『사기』에서 비롯된 것으로, 그 이전까지만 해도 오직 『덕편德篇』과 『도편道篇』으로 유통됐다는 것이다. 지난 1973년 마왕퇴 한묘漢墓에서 출토된 『백서노자帛書老子』가 주장의 논거이다. 한마디로 『덕편』 내지 『도편』으로 불리던 책이 후대에 와서 『노자』 내지 『도덕경』이라는 명칭하에 통합됐다는 것이다. 현대 프랑스를 대표하는 중국 학자 안 청Anne Cheng도 이와 유사한 입장이다. 그는 『중국사상사』에서 이같이 말했다.

"전통적으로 장자는 도가 중에서 노자의 뒤를 잇는 두 번째 스승으로 여겨졌다. 노자는 공자와 동시대 사람으로 기원전 6, 5세기 무렵에 산 것으로 본 것이다. 그러나 『도덕경』과 『장자』를 자세히 읽어보면 이런 전통적인 설명에 의심이 든다. 양자의 순서를 뒤바꿔 『장자』의 원본에 해당하는 내편만큼은 기원전 4세기, 『도덕경』은 기원전 4세기 말에서 3세기 초엽으로 보는 게 옳을 듯싶다."

사실 사상사적으로 볼지라도 장자를 노자와 한 묶음으로 분류하는 것은 적잖은 문제가 있다. 장자는 비록 노자처럼 무위를 전면에 내세우기는 했으나 아예 무와 유의 구분조차 거부한 점에서 노자보다는 오히려 색과 공의 경계를 허문 불교에 가깝다. 노자사상은 오히려 공평무사한 법치를 역설한 한비자 등의 법가사상과 통한다. 『도덕경』보다 『장자』가 먼저 나왔다고 주장하는 자들 대부분이 이런 견해에 동조하고 있다.

원래 노자가 무위를 통해 궁극적으로 이루고자 한 것은 무불치無不治였다. 다스려지지 않는 게 없다는 뜻이다. 이른바 무위지치無爲之治를 의미한다. 인의예지 등의 인위적인 덕목으로 지극한 통치를 이루고자 한 유가의 유위지치有爲之治와 대비된다. 한비자 역시 유가의 덕목으로는 위선적인 위정자만 양산할 뿐 지극한 통치를 이룰 수 없다고 생각한 점에서 노자와 일치한다. 군주를 최고의 수법자守法者로 간주한 한비자의 법은 사실상 하늘의 법인 소위 천법天法에 해당한다. 서양의 법철학에서 매우 중요한 의미를 지니고 있는 자연법 내지 켈젠이 말한 순수법이 이에 가깝다. 법의 존재이유인 당위當爲의 세계가 바로 노자가 말한 도의 세계인 셈이다. 사마천이 『사기』를 저술하면서 노자와 한비자를 하나로 묶어 「노자한비열전」을 편제한 것도 바로 이를 통찰한 결과로 볼 수 있다. 이를 뒷받침하는 『도덕경』 제3장의 해당 대목이다.

"성인의 다스림은 마음을 비우고 배를 채우며, 뜻을 약하게 하고 뼈를 강하게 하는 방식으로 늘 백성을 순박하고 순수하게 만든다. 꾀를 부려 사리사욕을 챙기려는 아전 같은 자들로 하여금 감히 망동치 못하게 하려는 것이다. 무위를 행해야만 비로소 다스려지지 않는 게 없는 '무위지치'에 이를 수 있다."

한비자의 스승인 순자는 이를 최상의 치도인 제도帝道로 규정했다. 유가의 왕도王道보다 한 단계 높은 것이다. 사마천은 노자와 한비자를 하나로 묶는 창견을 드러냈음에도 장자를 노자와 함께 도가의 일원으로 파악하는 고식적인 분류방식을 좇았다. 개인보다 국가공동체를 앞세운 한비자는 무불치를 구현코자 한 노자와 서로 통하나 개인의 해탈 차원에서 불생불멸의 무아지경을 추구한 장자와는 극단적으로 대립한다. 안 청도 같은 입장이다. 그는 『중국사상사』에서 이같이 말했다.

"『장자』와 『도덕경』은 전국시대 사상의 상이한 두 가지 단계를 표현하고 있다. 『장자』의 핵심은 명가나 유가의 맹자처럼 제1의 사조를 대표하고 있는 데 반해 『도덕경』은 유가의 순자나 법가와 더불어 제2의 사조를 대표하고 있다."

사마천은 『사기』를 저술할 때 장자를 몸에 난 터럭과 천하를 바꿀 수 없다고 선언한 양주와 한 묶음으로 하여 별도의 열전을 만드는 게 옳았다. 『장자』의 편제를 깊이 연구한 중국의 관봉關鋒도 외편과 잡편에 양주학파와 상통하는 내용이 대거 삽입돼 있다고 주장한 바 있다. 실제로 사상사적으로 볼 때 노자사상을 이어받은 사람은 장자가 아닌 열자였다. 양주의 위아爲我사상은 흔히 알고 있는 것과 달리 열자가 아닌 장자에게 지대한 영향을 미쳤다. 대다수 사람들은 『열자』「양주」편에 열자가 양주를 변호한 사실에 얽매인 나머지 열자를 양주와 같은 계열로 보았다.

사마천도 유사한 오류를 범한 것이나 다름없다. 노자와 장자를 하나로 묶는 노장老莊의 통칭이 횡행하게 된 데에는 사마천의 책임이 크다. 두 사람이 공히 '무위'를 사용한 점을 지나치게 높이 평가한 탓이다. '무위' 자체만을 놓고 볼 경우 한비자가 오히려 노자사상의 정곡을 꿰뚫었다고 평할 수 있다. 실제로 『한비자』의 「유로」와 「해로」편의 무위에 대한 설명은 『장자』보다 훨씬 체계적이고 간명하다.

원래 노자가 무위를 전면에 내세운 것은 행하지 않는 바가 없는 무불위無不爲를 통해 다스리지 않는 바가 없는 무불치를 구현하기 위한 것이다. 『도덕경』은 무불치를 무불위의 핵심어로 사용하고 있다. 한비자는 인의예지로 요약되는 인치人治 대신 공평무사를 상징하는 물치物治를 난세의 해법으로 제시한 점에서 노자와 닮았다. 노자가 상덕上德으로 일컬어지는 도에서 해법을 찾은 데 반해 한비자는 법에서 해답을 찾은 것만 다를 뿐이다. 인치와 물치의 중간에 서서 일면 애매해 보이는 예치를 해법으로 제시한 스승 순자의 한계를 극복하기 위한 노력의 소산이다. 한비자가 노자를 극도로 높이며 『도덕경』에 사상 최초의 주석을 가한 이유다.

그런 점에서 사사로움이 전혀 없는 무사법無私法을 해법으로 제시한 한비자야말로 『도덕경』의 요체를 통찰했다고 평할 수 있다. 『장자』가 무위를 무치無治의 개념으로 사용하고 있는 것과 대비된다. 장자는 노자사상의 외형만 좇았을 뿐이다. 맹자가 공자사상의 껍데기만 취한 것에 비유할 수 있다.

사상사적으로 맹자는 묵가로 분류하는 게 옳다. 『논어』에서 의義는 이익利益의 반대어로 사용되고 있다. 의와 이익을 대비시켜 군자와 소인을 가르는 논변을 이른바 의리지변義利之辨이라고 한다. 『논어』에는 맹자가 그토록 역설한 인의仁義가 단 한마디도 나오지 않는다. 이에 반해 『묵자』에는 무려 29회나 언급돼 있다.

'공맹' 통칭은 묵가의 인의를 도용한 맹자가 짐짓 인을 내세워 묵가를 질타하며 공자의 수호자를 자처한 겉모습에 현혹된 결과다. 여기에는 성리학을 집대성한 주희가 소위 정윤론正閏論에 입각해 맹자를 공자사상의 정통으로 못박은 게 결정적인 배경으로 작용했다. 공자사상의 일대 왜곡이다.

『논어』에서 인과 함께 사용되고 있는 유일한 덕목은 예이다. 순자가 맹자를 두고 공자사상을 왜곡한 속유俗儒로 매도하며 예치를 역설한 이유가 여기에 있다. 비록 이로 인해 후대에 들어와 성리학을 맹종하는 사대부들에 의해 공자 사당에서 내쫓기기는 했으나 공자사상의 정맥이 순자로 이어진 것만은 분명하다.

'노장' 도 '공맹' 과 마찬가지로 무위를 전면에 내세운 장자의 주장에 현혹된 결과로 볼 수 있다. 맹자가 묵자사상의 계승자인 것처럼 장자 역시 노자가 아닌 양주학파의 일원으로 보는 게 옳다. 양주는 흔히 알려진 것처럼 결코 단순한 위아주의자가 아니다. 그의 위아주의는 모든 인간이 자신의 이익과 욕망을 자연스럽게 추구하며 만족스런 생활을 영위할 수만 있다면 세상 또한 자연히 평화로워질 것이라는 전제에서 나온 것이다. 그가 인간의 자연스런 정욕을 긍정한 이유다. 장자가 세속을 떠난 유유자적한 삶을 역설한 것과 꼭 닮았다.

양주와 장자는 치국평천하의 국가공동체 대신 개인 차원의 유유자적한 삶에 초점을 맞춘 점에서 불가사상과 통한다. 실제로 양주의 위아와 장자의 무아無我와 망아忘我 및 몰아沒我는 불가의 열반 및 해탈 개념과 유사하다. 열반은 완전한 행복, 해탈은 완전한 자유를 뜻한다. 단지 윤회를 언급하지 않은 것만이 다를 뿐이다.

『장자』에 죽음에 대한 공포나 불안이 전혀 나타나지 않는 것도 이런 맥락에서 이해할 수 있다. 「지락」편의 다음 일화가 그 실례이다. 한번은 장자가 초나라로 가다가 도중에 해골을 끌어당겨 베개로 삼고 잠을 자게 됐다. 한밤중에 해골이 꿈에 나타나 말했다.

"죽음의 세계는 위로 군주도 없고 아래로는 신하도 없다. 또 계절에 따라 쫓기는 일도 없다. 자유롭게 천지자연의 장구한 시간을 봄가을로 삼는다. 천하를 다스리는 제왕의 즐거움도 이보다 더할 수는 없다."

장자가 이를 믿지 못했다.

"내가 수명을 관장하는 신으로 하여금 그대의 목숨을 다시 살려낸 뒤 그대의 골육과 피부를 재생시켜 부모처자와 마을의 지인들에게 돌려보내도록 하겠다. 그대 생각은 어떠한가?"

해골이 눈살과 이맛살을 심하게 찌푸리며 말했다.

"내 어찌 제왕보다 더한 즐거움을 버리고 인간세상의 괴로움을 반복할 수 있겠는가!"

장자는 살아 있는 모든 인간이 두려워하는 죽음을 정면으로 다루면서 생전보다 사후가 오히려 더 나을 수 있다고 얘기한 것이다. 그렇다고 장자가 사후세계의 실재를 믿은 것은 아니다. 해골이 말한 세계는 장자가 상정한 상상의 세계일 뿐이다. 문맥으로 볼지라도 그는 종교에서 말하는 천당과 지옥 등의 사후세계를 수긍하지 않았다고 보는 게 옳다. 그가 만일 천당이나 지옥 등에 관한 얘기를 들었다면 아마도 '생과 사 자체가 본래 꿈인데 하물며 그 너머야 더 말할 게 뭐 있는가?' 라며 오히려 크게 웃음을 터뜨렸을 것이다. 호접몽胡蝶夢의 일화가 이를 뒷받침한다.

후대에 장자사상이 장생불사의 신선을 추구하는 도교사상으로 이행하면서 극락과 지옥을 언급한 불교와 엄연히 구별된 배경이 여기에 있다. 불교가 극성한 남북조 때 불교 교리를 장자의 입장에서 재해석한 선불교가 돌풍을 일으킨 것도 같은 맥락이다. 당시 『장자』는 사대부들의 필독서이기도 했다. 수나라의 뒤를 이은 당제국은 유불도 3교의 공존을 보장하면서도 노자를 황실의 조상으로 섬기며 도교 쪽에 무게를 두었다. 오대십국의 난세를 평정한 북송이 유학을 다시 관학으로 내세웠음에도 도교에 매우 우호적인 입장을 취한 것도 이런 역사적 배경과 무관할 수 없다.

그러나 남송 때 불교 교리를 흡입한 성리학이 등장하면서 도교와 불교 모두 피폐를 면치 못하게 됐다. 이후 청조가 패망하는 20세기 초까지 무려 1천 년 가까이 성리학의 독주시대가 펼쳐진 것은 주지하는 바와 같다. 실제로 불과 1백여 년 전만 해도 성리학을 금과옥조로 떠받든 조선조의 사대부들은 『도덕경』과 『장자』를 불태워 버려야 할 책으로 매도했다.

그런 점에서 21세기에 들어와 한국에서 형성된 노장 열기는 매우 이례적인 현상에 해당한다. 일각에서는 '포스트모던' 의 열쇠를 노장에서 찾은 결과로 보고 있다. 지난 세기 말부터 일부 학자들이 전래의 유학 및 서구의 현대 철학을 비판하는 잣대로 노장을 적극 활용한 바 있다. 10여 년 넘게 진행된 이들의 연구성과가 현재의 열기로 나타난 셈이다. 장자를 고대적 페미니스트, 환경담론의 원조, 해체론의 선구 등으로 재평가하고 있는 저간의 상황이 그 증거다.

장자와 열자

장자는 여타 제자백가와 달리 '무위자연'을 역설하며 '나'를 중심으로 천지자연과의 합일을 주장했다. 여기에는 위선자와 위군자僞君子를 양산한 유가의 책임도 컸다. 유가는 기본적으로 왕공과 사대부 등 치자를 위한 학문이다. 소위 제왕학이 바로 이를 말한다. 유가에서 제왕의 전범으로 내세운 인물은 요순 등 전설상의 성인을 포함해 은나라 탕왕, 주나라 문왕과 무왕처럼 후대의 유가들이 『서경』 등에서 극도로 미화해 놓은 역사적 성왕들이다. 주목할 것은 이들 성인과 성왕의 통치행태를 규범화하고 미화하면 할수록 현실과 동떨어지게 된다는 점이다. 불행하게도 유가는 그런 쪽으로 진행했다. 공자 사후 전국시대 초기부터 묵가를 비롯해 도가와 법가 등 수많은 제자백가가 우후죽순처럼 등장한 이유다.

원래 춘추시대 말기에 활약한 공자는 생전에 요순을 언급한 적이 없다. 그럼에도 전국시대 중기 이후에 등장하는 후대의 어록인 『논어』에 공자가 생전에 요순은 물론 우왕과 탕왕 등을 극찬한 것처럼 왜곡해 놓았다. 「요왈」편 등이 삽입된 게 그 증거다. 후대의 유가들이 묵가와 법가 및 도가 등에 밀리게 되자 이를 만회하기 위해 제자백가가 숭상하는 성인들을 모두 끌어들인 결과다. 전국시대 중기에 들어와 유가가 인간을 구속하는 허위와 위선의 학문으로 지탄받게 된 것은 바로 이 때문이다. 『장자』「외물」편에 남의 무덤이나 도굴해 호구지책으로 삼는 유자들이 등장한 게 결코 우연이 아니다. 이는 당시 속유들이 보여준 피폐한 정황을 적나라하게 반영한 것이기도 하다.

하루는 『시』와 『예』를 행위의 기준으로 삼는 유자들이 남의 무덤을 도굴했다. 무덤 위에 있는 대유大儒가 무덤 아래에 있는 소유小儒에게 물었다.

"동쪽에 해가 밝아온다. 일이 어느 정도 진척되고 있는가?"

소유가 대답했다.

"아직 송장의 치마와 저고리를 다 벗기지 못했습니다. 송장이 입안에 구슬을 물고 있습니다. 『시』에 이르기를, '푸르고 푸른 보리가 비탈진 묘도墓道에 무성하게 자랐구나. 살아서 남에게 베풀어 준 일이 없는데 죽어서 어찌하여 입에 구슬을 물고 있는가' 라고 했습니다."

그러고는 송장의 귀밑털을 잡고 뺨을 손가락으로 눌렀다. 그러자 다른 유자가 쇠망치로 송장의 턱을 쳐서 천천히 그 뺨을 열었다. 마침내 입안의 구슬을 조금의 손상도 없이 꺼낼 수 있었다.

맹자보다 반세기 뒤인 전국시대 말기에 태어난 순자가 자아비판에 가까울 정도로 당시의 유자들을 비판한 것도 바로 이 때문이다. 그는 맹자 못지않게 유자로서의 자부심이 대단한 인물이었다. 그가 출세에 목을 매는 유자들을 싸잡아 속유俗儒로 질타한 배경이다. 속유는 예의를 높일 줄도 모르면서 입만 열면 『시』와 『서』를 떠들고 속인과 하등 다를 바 없는 행보를 보인 자들을 말한다. 순자의 속유에 대한 울분은 이내 공자사상을 결정적으로 왜곡한 맹자에 대한 질타로 이어졌다. 순자가 볼 때 많은 무리를 이끌고 열국을 돌아다니며 일종의 '제왕학 컨설팅' 으로 두터운 봉록을 구한 맹자의 행보는 속유의 전형에 해당했다.

원래 속유에 대해 비판은 묵가에서 시작됐다. 순자는 유가에 속했음에도 불구하고 묵가의 속유에 대한 비판에 동조한 셈이다. 속유의 한심한 행보는 『묵자』「비유 하」편의 다음 대목에 적나라하게 드러나고 있다.

"유자들은 음식을 탐하면서도 일하는 데에는 너무나 게으르다. 이들이 추위와 굶주림으로 얼어죽을 위험에 처해 있는 것은 바로 이 때문이다. 이들은 여름에는 곡식을 구걸하고, 추수가 끝나면 장례식에 따라다니며 자식과 손자들을 데리고 가 상례를 거들고 상가 음식으로 배를 채운다. 몇 개의 장례식을 치러주기만 하면 족히 배를 채울 수 있다. 특히 부잣집에 상례喪禮가 난 것을 들으면 크게 기뻐하며 외치기를, '음식과 옷을 얻을 기회가 왔다' 고 한다."

당시 속유들이 밥벌이로 상례를 적극 활용했음을 알 수 있다. 원래 상례는 공자 이전부터 매우 복잡하면서도 성대한 의식으로 치러지는 것이 하나의 관행으로 내려오고 있었다. 유가는 상례와 제례祭禮의식에 정통해 있었다. 당시의 상황에 비춰 포부도 없고 능력도 없는 속유들이 궁핍을 면하기 위해 이를 열심히 익혀 밥벌이를 한 것을 크게 탓할 일은 아니다.

더 큰 문제는 장자와 순자가 질타했듯이 맹자처럼 능력도 없으면서 뜻만 높은 속유들이 마치 유가의 수호자인 양 떠벌이며 '제왕학 컨설팅' 으로 공자사상을 왜곡한 데 있다. 공자를 철저히 자신의 입신양명을 위한 도구로 활용한 것이다. 이런 속유들로 인해 유가는 점차 왕공대부와 백성들로부터 멀어지게 됐다. 순자가 맹자를 질타한 것도 바로 이 때문이었다.

순자의 논리는 맹자와 달리 극히 합리적인 이성에 기초해 있다. 제나라의 직하학당에서 공부할 때 제자백가의 사상을 섭렵한 위에 유가사상을 새롭게 정리한 결과다. 그는 제자백가 사상을 집대성한 위에 유학의 기본이론을 완성시킨 전국시대 최후의 '대유' 였다. 실제로 그의 예치사상 속에는 도가의 무위사상과 법가의 법치사상이 모두 녹아 있다. 『도덕경』 제8장의 상선약수上善若水를 주석한 것으로 평가받는 『순자』 「유좌」편의 다음 대목이 그 증거다.

"공자가 동쪽으로 흐르는 물을 바라보고 있자 자공이 공자에게 묻기를, '군자가 큰 강물을 보면 반드시 이를 관찰하는 까닭은 무엇입니까' 라고 했다. 이에 공자가 대답하기를, '무릇 물은 모든 생물과 두루 함께 하면서 무위로 시종한다. 마치 덕과 같기 때문이다' 라고 했다."

공자사상을 무위에 입각해 해석한 최초의 사례이다. 『순자』 「해폐」편에도 무위에 관한 뛰어난 해석이 대거 나온다. 『한비자』의 「해로」와 「유로」편이 『도덕경』에 대한 체계적인 주석을 최초로 행한 것이 사실이나 엄밀히 따지면 이는 반만 맞는 말이다. 도가의 전매특허에 해당하는 '무위' 에 대한 최초의 주석을 가한 사람은 사실 순자였다. 한비자는 순자의 영향을 받아 보다 체계적인 주석을 시도했을 공산이 크다. 그의 문하에서 한비자가 배출된 게 결코 우연이 아니다.

아직도 대다수 사람들은 노자의 사상적 후계자가 장자인 것으로 알고 있으나 이는 일부분만 맞다. 현재 『도덕경』의 요체가 '무불치' 에 있다는 데 별다른 이견이 없는 상황이다. 『장자』는 비록 전편에 걸쳐 거의 빠짐없이 무위를 언급하고 있으나 대부분 '무불치' 가 아닌 '무불위' 를 설명한 것에 지나지 않는다. 그러나 『한비자』는 무위를 통한 '무불치' 의 이치를 소상히 설명해 놓고 있다. 내용 면에서 한비자가 오히려 노자사상의 기본취지를 이어받았다고 평할 수 있는 이유다.

다만 한비자가 아무리 공평무사한 법치를 '무불치' 의 전형으로 내세우고 있을지라도 현실적으로 법치와 '무위지치' 를 같은 개념으로 볼 수는 없는 노릇이다. 노자사상의 적통이 한비자로 연결됐다고 말할 수 없는 이유다. 그렇다면 노자사상의 적통은 어디로 이어진 것일까? 객관적으로 볼 때 비록 내용상 꼭 맞아 떨어지는 것은 아닐지라도 대략 열자에게 이어졌다고 보는 게 옳을 듯싶다. 열자는 장자와 달리 '무위'에 대해 많은 관심을 기울이고 있음에도 '무불치'에 대한 관심의 끈을 결코 놓지 않았기 때문이다.

장자와 주희

남송대의 주희는 노자와 장자처럼 입만 열면 '도'를 얘기했다. 성리학을 일명 도학으로 부른 이유다. 그가 말한 성리학은 '성'을 절대선인 천리天理, '정욕'을 선악이 뒤섞여 있는 인욕人欲으로 간주한 데서 출발하고 있다. 천리와 인욕은 원래 『예기』에서 나왔다. 『예기』「악기樂記」편의 해당 대목이다.

"사람이 나서 고요한 것은 하늘이 내린 성품인 천성天性이다. 외물에 감화되어 움직이는 것은 천성의 욕구인 성욕이다. 외물이 다가오면 지혜가 이를 지각하고 호오를 드러낸다. 호오가 안에서 절도가 없고 지혜가 밖으로부터 유혹을 받으면 스스로 반성하지 못해 결국 '천리'가 멸하게 된다. 무릇 외물이 사람을 감화시키는 데에는 끝이 없다. 사람의 호오에 절도가 없으면 외물이 다가올 경우 사람은 이내 외물에 동화되고 만다. 사람이 외물에 동화되면 천리를 멸하는 인욕을 다하려고 든다. 여기에서 패역悖逆과 사위詐僞의 마음이 생기고, 음란이 끓어 넘치는 음일淫泆과 어지러움을 야기하는 작란作亂이 생긴다."

여기의 '호오'는 희로애락의 유정有情을 뜻한다. 「악기」는 이를 '성욕'으로 규정하면서 성욕이 안팎으로 절도가 없이 외물에 휘둘리는 것을 '인욕'으로 표현한 것이다. 주희는 여기서 한발 더 나아가 만인에게 내재되어 있는 절대선인 천리가 인욕에 눌려 있는 까닭에 사람은 인욕을 없애고 천리에 따라야 한다고 주장했다. 이것이 『예기』처럼 하나의 윤리도덕 수준에 머물렀으면 크게 문제 삼을 것도 없다.

문제는 이것이 윤리도덕 차원을 넘어 치국평천하 논리에 그대로 도입된 데 있다. 서양은 근대에 들어오면서 학문이 신학에서 철학, 철학에서 다시 과학으로 발전했다. 이와 정반대로 치국평천하를 본령으로 한 치평학治平學에서 출발한 동양의 학문은 성리학의 성립을 계기로 수신제가의 수제학修齊學으로 축소됐다. 명분을 극도로 중시한 조선의 성리학은 여기서 한발 더 나아가 개개인의 마음을 닦는 수심학修心學으로 왜소화시켰다. 아편전쟁을 전후로 동양이 서양에 제압당한 것도 거꾸로 전개된 이와 같은 흐름과 무관할 수 없다.

당초 주희는 『예기』「대학」편에 나오는 격물치지格物致知를 수양의 근원으로 삼았다. 이는 사물에 다가가 그 궁극을 알아내는 격물치지의 의미를 결정적으로 왜곡한 대표적인 사례에 해당한다. 원래 격물치지는 형이하의 과학정신과 닮았다. 주희는 이를 과학정신과는 정반대인 형이상의 관념론으로 몰아갔다. 이로 인해 격물치지의 결과물인 성의정심誠意正心은 수신제가의 절대적인 방법론으로 고착됐고, 이는 나아가 치국평천하의 기본원리로 자리 잡게 됐다.

당초 『예기』는 성性만을 인간의 본연으로 간주한 맹자와 달리 정情까지 본연으로 간주한 순자의 제자들이 편찬한 것이다. 최근 『대학』과 『순자』「해폐」편의 상호 관계에 대한 연구가 활발히 진행되는 이유이다. 실제로 「해폐」편에는 『대학』의 '격물치지'를 연상시키는 대목이 나온다.

"무릇 사물을 관찰할 때 의심이 나면 마음의 중심이 안정되지 않아 외물이 분명히 보이지 않게 된다. 나의 사려가 분명치 않으면 시비를 판정할 길이 없다."

풍우란도 1930년대에 나온 『연경학보』 제7기에 실린 「대학위순학설大學爲荀學說」을 통해 『대학』이 순자를 추종하는 후학들에 의해 만들어졌다는 주장을 펼친 바 있다. 그러나 주희는 『대학』 명칭의 연원을 전한제국 때 설립된 태학大學에서 찾았다. 선진시대에 나온 제자백가의 문헌 중 '대학' 이라는 용어는 『순자』 「대략大略」편에만 나온다. 전한시대에 나온 『예기』의 「학기」와 「악기」편에 '대학' 이라는 용어가 나오는 것을 결코 우연으로 볼 수 없다.

순자 및 그의 후학들이 말하는 '대학' 의 격물치지는 말 그대로 형이하의 사물을 정밀하게 탐사하는 것을 말한다. 순자는 '인의' 등 형이상의 윤리도덕 덕목에도 관심이 많았지만 법과 예제 등 형이하의 통치규범에도 지대한 관심을 기울였다. 그는 『순자』 「정명」편에서 '성' 과 '정' 의 관계를 이같이 설명해 놓았다.

"본성으로부터 나타나는 호오와 희로애락을 '정' 이라고 한다. '정' 이 자연스럽게 움직여 마음이 그것을 선택하는 것을 사려라고 한다. 마음이 움직여 그렇게 행하는 것을 작위라고 한다."

순자는 인간의 '정' 에 사려가 작용해 행동으로 옮겨지는 것이 작위이고, 이는 반드시 성인이 오랜 시간 깊은 사려와 작위의 습득과정을 거쳐 만든 '예법' 을 통해야만 그 효험을 볼 수 있다고 주장했다. 그는 「성악」편에서 작위와 예법의 관계를 이같이 설명해 놓았다.

"성인은 생각을 쌓고 작위를 익혀 그것으로써 예의를 만들고 법도를 제정한다. 그러므로 예의와 법도는 성인의 작위에 의해 생겨나는 것이지 사람의 본성으로부터 생겨나는 것이 아니다."

작위는 지속적으로 수양을 쌓아나가는 것을 말한다. '무위' 와 반대되는 '유위' 가 그것이다. 일반인도 성인의 작위를 좇아 수양을 계속하면 선한 본성을 되찾아 성인이 될 수 있다는 게 순자의 생각이었다.

이는 측은지심惻隱之心 등의 본성을 잘 보존하기만 하면 길을 가는 사람도 능히 성인이 될 수 있다고 언급한 맹자의 주장과 대비된다.

'작위'를 역설한 순자와 '본성'을 역설한 맹자의 대립은 '유정'을 강조한 혜시와 '무정'을 주장한 장자의 대립과 닮았다. 맹자를 추종한 후대의 성리학자들은 천리, 즉 도리道理를 역설했다. 이는 장자가 자연의 도리인 '무정'을 강조한 것과 별반 차이가 없다. 성리학이 장자 사상 내지 불가사상과 상통하는 이유다.

성리학과 장자사상 및 불가사상을 서로 통하는 관건은 '도' 개념의 공유에 있다. 유불도 3교가 각축을 벌이던 당나라 때부터 유자와 승려들은 스스로 유도儒道와 불도佛道를 칭했다. '도'를 공유코자 한 것이다. 유교의 '천리'와 '성', 불교의 '공' 등은 '도'를 달리 표현한 것에 지나지 않았다. 기독교의 야훼처럼 인격신에 해당하는 천지天志를 역설한 묵가도 이 계열에 속한다. 이를 정리하면 다음과 같다.

천도 = 자연 = 무위 = 천리 = 무정 = 이理 = 성性 = 공空 = 천치天治 = 천법天法 = 출세간出世間

인도 = 인간 = 유위 = 인욕 = 유정 = 기氣 = 정情 = 색色 = 인치人治 = 인법人法 = 입세간入世間

맹자와 장자, 주희 모두 형이상의 '도'를 지고지선의 절대가치로 삼았다는 점에서 아무 차이가 없다. 순자와 혜시를 비롯해 주희와 논쟁을 벌였던 진량陳良 등은 현세의 형이하를 상징하는 '덕'에 초점을 맞췄다. '도'와 '덕'을 동시에 역설한 노자는 현세와 초세의 중간지점에 서 있다.

역사적으로 볼 때 『도덕경』으로 상징되는 노자사상에 대한 평가는 크게 두 가지로 대별된다. 하나는 '무위자연'으로 상징되는 유심론 관점에서 접근하는 장자 계열의 장학파莊學派이다. 이른바 노자 좌파이다. 다른 하나는 '법'으로 상징되는 물치物治의 유물론 관점에서 접근하는 한비자 계열의 한학파韓學派가 그것이다. 노자 우파에 해당한다.

묵가와 맹자는 장학파, 순자를 비롯해 병가와 종횡가 등은 한학파에 속한다. 그러나 장학파와 한학파 모두 노자사상의 일면만을 강조한 것에 불과하다는 점에 주목할 필요가 있다. 장자는 인간의 본연에 해당하는 '유정'을 하찮은 것으로 간주하는 모습을 보였다. 이를 확장하면 결국 불가의 출세간 논리와 같아진다. 실제로 이후 장자사상은 불교의 외피를 쓴 선종 이론의 근간이 되었다. 흔히 대승불교로 불리는 중국의 선종은 불교식으로 해석한 장자사상에 지나지 않는다고 해도 크게 틀린 말이 아니다.

제2장 장자사상의 구성

제1절 자연주의

자연과 상상력

농사를 지을 때 반드시 필요한 질소비료는 20세기 초에 나왔다. 5백 도의 높은 고온과 대기압의 2백 배에 달하는 고압으로 만들어낸다. 이를 소위 하버-보쉬 방식이라고 한다. 약간의 개량이 있기는 했으나 21세기 현재까지 1백 년 넘도록 고온 고압의 조건에서 질소비료를 만드는 기본방식은 전혀 바뀌지 않았다. 놀라운 것은 콩과 식물의 뿌리에서 공생하는 뿌리혹박테리아가 섭씨 20도 전후의 평상 기온과 평상 기압하에서 질소를 고정해 비료를 만들고 있는 점이다. 디지털 시대 운운하고 있지만 아직 인간의 능력은 이 정도 수준에 머물고 있다. 자연의 위대함을 반증하는 동시에 인간의 상상력이 얼마나 빈곤한 수준에 머물고 있는지를 여실히 보여주는 사례에 해당한다.

이런 사례는 너무 많아 일일이 거론하기도 어렵다. 고정된 사고틀에 얽매이지 않는 자유로운 상상력이 절실히 요구되는 이유다. 괴테는 『파우스트』에서 '인간은 노력하는 한 끝없이 방황한다' 는 명언을 남겼다. 상상력의 필요성을 역설적으로 표현한 것이다. 수많은 우화로 이뤄진 『장자』 역시 「소요유」편에서 '자연'과 하나가 되어 '소요'할 것을 역설하고 있다. 인간 스스로 만들어낸 고정된 사고의 틀에 얽매이지 말고 끊임없이 생성·변화하는 천지자연의 위대한 이치를 인간의 삶에 적극 적용할 것을 주문한 것이다.

장자사상의 가장 큰 특징을 '무위'가 아닌 '자연'에서 찾는 이유다. 법가인 한비자는 말할 것도 없고 병가의 성전에 해당하는 『손자병법』조차 '무위'를 역설하고 있는 만큼 장자사상의 요체는 '자연'에서 찾는 게 옳다. 병법에서 말하는 무위는 허허실실虛虛實實이다. 『손자병법』 「허실」편의 다음 구절이 그 증거다.

"전쟁은 일정한 형세가 없다. 이는 물이 일정한 형체를 고집하지 않는 것과 같다. 전쟁에서도 적의 변화에 따라 끊임없이 싸우는 방법을 바꾸어야 승리할 수 있다. 이를 일컬어 신무神武라고 한다. 음양오행과 사계는 끊임없이 순환하고, 해가 길어졌다 짧아지고 달이 찼다가 기울며 끊임없이 순환하는 이치와 같다."

일정한 전략전술을 고집하지 않는 무위의 허허실실 계책이 바로 천지자연의 이치에서 비롯된 것임을 방증하는 대목이다. 원래 '자연' 개념은 죽림칠현竹林七賢의 일원인 삼국시대 위나라 혜강嵇康이 「석사론釋私論」에서 사상 처음으로 집중 조명한 개념이다. 그는 '명교名教를 넘어 자연에 심신을 맡긴다'고 언명했다. 명교는 유가의 가르침을 말한다. 그의 이런 언명은 인의예지 등의 유가적 덕목으로는 결코 타고난 성명을 제대로 보존할 수 없다고 판단한 데서 나온 것이다.

그러나 노장을 숭상한 혜강은 이로 인해 사마씨에 의해 목숨을 잃고 말았다. 그가 사상 처음으로 집중 부각시킨 '자연' 개념이 반유가적인 의미로 통용된 배경이다. 비슷한 시기의 곽상郭象이 『장자』를 주석하면서 자연을 맹자가 말한 인간의 본성으로 해석한 것도 이와 무관치 않다. 그는 「변무」편을 주석하면서 이같이 풀이해 놓았다.

"무릇 인의는 사람의 자연스런 성정에 해당하는 까닭에 다만 이것에 맡겨두면 된다."

『장자』의 논지와 정면으로 배치되는 주석이 아닐 수 없다. 이를 두고 모리 미키사부로森三樹三郎는 『노자 · 장자』에서 이같이 분석해 놓았다.

"곽상은 『장자』를 주석하면서 외편과 잡편의 자족自足을 자신에게 주어진 성명과 분수에 맞춰 살아야 한다는 뜻으로 해석한 뒤 이를 내편에까지 확장하는 모습을 보였다. 훗날 그가 당시의 실권자인 동해왕 사마월司馬越에게 접근하는 등 노장사상가로서 해서는 안 될 일을 저질러 명성이 크게 실추된 것도 이와 무관하지 않을 것이다."

서진 초기 무제 사마염 사후에 보위를 둘러싸고 사마씨 일족의 내분에서 빚어진 소위 '팔왕지란八王之亂' 때 곽상은 진혜제의 숙부인 동해왕 사마월의 태부주부太傅主簿로 있었다. 사마월은 광희 원년(306) 12월에 진혜제가 더 이상 이용가치가 없다고 판단하고 이내 사람을 시켜 독약이 든 떡을 보내 독살한 인물이다. 당시 사대부들은 사마월의 전횡을 크게 미워했다. 곽상이 그의 밑에 있었던 것은 비난받을 소지가 컸다.

모리의 지적처럼 곽상은 나름 『장자』를 새롭게 편제한 것은 물론 탁월한 주석을 남겼음에도 적잖은 문제를 안고 있었다. 당초 혜강이 '자연' 개념을 전면에 들고 나온 것은 위군자僞君子를 양산한 유가의 인위적인 덕목이 삼국시대와 같은 혼란스런 난세를 초래했다는 비판의식에서 비롯된 것이다. 그가 말한 '자연'은 곧 인위人爲의 반대 개념이다. 무위가 유위有爲와 대비되는 것과 같다. 그럼에도 곽상은 '자연'을 인의로 상징되는 인위와 같은 개념으로 풀이한 것이다. 위군자의 상징으로 비난을 받고 있는 사마월 휘하에 몸을 담근 것도 이와 무관하다고 볼 수 없다.

곽상의 이런 해석은 사상사적으로 나름 역사적 연원을 지니고 있다. 전국시대 말기에 제자백가사상을 두루 섭렵한 뒤 공자사상을 재정립한 순자는 장자를 비판하면서 '자연'에 초점을 맞춘 바 있다. 그는 『순자』「해폐」편에서 이같이 주장했다.

"묵자는 실용에 가려져 예의법도를 알지 못했다. 신도愼到는 법에 가려져 현명함의 공효를 알지 못했다. 신불해申不害는 권세에 가려져 지혜와 능력을 알지 못했다. 혜시惠施는 언사言辭에 가려져 실질을 알지 못했다. 장자는 천도天道에 가려져 인도人道를 알지 못했다."

순자가 말한 '천도'가 바로 『장자』의 자연이다. 당시 그는 사람들이 『장자』에 현혹돼 형이상의 '천도'만 외치며 사람이 걸어야 할 형이하의 '인도'를 외면할까 크게 우려했던 것이다. 장자의 '자연'은 간단히 말해 끊임없이 전개되는 천지만물의 자연스런 생장소멸 이치를 말한다. 순자가 말한 '천도'에 해당한다. 이를 사람을 다스리는 '인도'에 적용할 경우 제왕은 특별히 누구를 사랑하거나 아끼지도 않고 미워하거나 성내지도 않아야 한다는 논리가 성립된다. 노자는 『도덕경』에서 그같이 해석했다. 그게 바로 순자가 최고의 치도로 칭송한 제도, 즉 '무위지치'이다.

그러나 장자는 같은 도가 계열에 속해 있음에도 천도를 인도에 적용하는 것에 회의적인 입장을 보였다. 그는 천도를 인도에 적용하기보다는 인간 개개인에게 적용할 것을 주장했다. 천도의 이치를 국가공동체 대신 개인 자체에 적용할 경우 '나'와 그 밖의 모든 사물을 뜻하는 외물의 경계가 무너져 이내 '무아'로 귀결될 수밖에 없다. 그 경우 해탈을 궁극적인 목표로 삼고 있는 불가의 논리와 하등 다를 바가 없게 된다. 남북조 때 장자사상이 불가사상을 이해하는 도구로 활용된 배경이 바로 여기에 있다. 장자가 여타 제자백가와 근본적인 차이를 보이고 있는 것도 이 때문이다.

노자와 장자의 차이는 『도덕경』과 『장자』에 나오는 무위와 자연에 대한 개념 차이를 확인하면 더욱 쉽게 이해할 수 있다. 무위와 관련해 『도덕경』은 '무불치'에 방점을 찍고 있다. 제57장의 다음 구절이 그 증거다.

"천하에 인위적인 덕목과 법으로 인해 금지하고 꺼리는 게 많아지면 백성은 더욱 빈궁해지고, 백성에게 사리를 꾀하는 도구가 많아지면 국가는 더욱 혼란해지고, 사람에게 교묘한 기술과 재주가 많아지면 사치물이 더욱 늘어나고, 법령이 더욱 복잡해지면 도적은 더욱 많아진다."

이는 바람직한 위정자의 리더십을 설파한 것이나 다름없다. 반면 『장자』는 대개 나와 삶을 잊는 '무아'의 개념으로 사용하고 있다. 「천지」편을 보면 노담이 공자에게 무위 개념을 설파하는 일화가 나온다. 해당 대목이다.

"형체를 지닌 존재는 반드시 움직임과 그침, 삶과 죽음, 흥기와 폐지의 흐름을 벗어날 수 없다. 이는 그들이 어찌할 수 있는 게 아니다. 세속의 인위에 의한 다스림은 사람에게 달려 있고 무위의 다스림은 하늘에 달려 있다. 만물을 잊고 무위자연의 하늘까지 잊는 것을 두고 자신을 잊는다는 뜻의 망기忘己라고 한다. 자신을 잊은 사람을 두고 무위자연의 경지에 들어간 사람이라는 취지에서 소위 입어천入於天이라고 한다."

여기의 '망기'와 '입어천'은 곧 '무아'와 '무아지경'을 의미한다.

무위를 무심無心으로 풀이한 결과다. 무심은 곧 자신의 삶 자체를 잊는 망생忘生을 통해 천지자연과 합치하는 단계로 나아간다. 이를 두고 「도척」편에서는 인간의 참된 본성을 온전히 보존한 소위 전진全眞으로 표현했다.

원나라 때 『장자』에 나오는 '전진'을 최고의 종지로 삼은 '전진교'가 크게 흥한 바 있다. 정치적 수완이 뛰어났던 구처기丘處機는 전진교의 개조인 왕중양王重陽의 가르침을 받은 뒤 이내 7명의 진인眞人 중 한 사람이 되었다. 금나라와 남송의 부름에도 응하지 않고 사태를 주시하던 그는 징기스칸의 부름에는 응하여 멀리 인도까지 가서 면세의 특권과 도교에 대한 총관할권을 얻은 바 있다. 원나라 때 전진교가 극성한 이유다. 장자가 '무위'를 '전진'으로 해석한 덕분으로 볼 수 있다.

다음으로 자연 개념에 대한 노자와 장자의 차이를 살펴보기로 하자. 『도덕경』은 '자연'을 최초로 언급한 사례에 해당한다. 노자는 인간을 자연의 일부분인 동시에 평등한 관계를 이루는 특이한 존재로 간주했다. 제왕에 대한 평가와 맥을 같이하는 것이다. 『도덕경』 제16장의 다음 구절이 이를 뒷받침한다.

"삶이 천지자연의 변환이치라는 것을 알면 만물을 포용하고, 만물을 포용하면 공정하게 되고, 공정하면 왕이 되고, 왕이 되면 하늘과 통하고, 하늘과 통하면 도를 얻게 된다."

노자는 이처럼 제왕을 크게 높였다. 이는 제왕 역시 피치자인 신민과 마찬가지로 자연의 일부라는 전제에서 나온 것이다. 역할상의 차이만 인정했을 뿐이다. 제왕 자신이 신민과 근원적인 차이가 있다고 본 게 아니다. 『도덕경』이 '자연'을 '도'와 같은 뜻으로 새긴 이유가 바로 여기에 있다.

장자도 현실정치를 바라보는 시각에서 노자와 근본적인 차이가 있었던 것은 아니다. 그러나 그는 노자와 달리 현실의 위정자들에게 큰 기대를 걸지 않았다. '자연'에 대한 해석이 다르게 나타난 가장 큰 이유다. 그 배경은 무엇일까? 『도덕경』 제25장의 다음 대목을 보자.

"형체가 없는 혼돈 속에서 뒤섞여 생겨난 것이 있으니 천지보다 먼저 생겨났구나. 소리도 없고 형체도 없으니 홀로 우뚝 서 고치지 않고 두루 돌아다녀도 위태롭지 않다. 가히 천하의 어미가 될 만하다. 나는 그 이름을 알지 못한다. 대략 자字를 붙여 도라고 하고, 억지로 이름을 지어 대大라고 한다. '대'는 쉼 없이 운행하는 것이고, 쉼 없이 운행하는 것은 멀리 펼쳐지는 것이고, 멀리 펼쳐지는 것은 본원으로 돌아가는 것이다. 그래서 도가 크고, 하늘이 크고, 땅이 크고, 왕 또한 크다고 말하는 것이다. 우주 가운데 4가지 큰 것이 있으니 왕은 그 중 하나에 해당한다. 사람은 땅을 본받고, 땅은 하늘을 본받고, 하늘은 도를 본받고, 도는 자연을 본받는다."

『도덕경』이 말하는 우주의 4가지 큰 것은 곧 도, 하늘, 땅, 왕이다. 사람이 땅을 본받는다고 말한 것은 곧 제왕이 지상에서 천지자연의 이치에 부합하는 통치를 펼친다는 의미이다. '사람이 땅을 본받는다'는 언명을 '제왕은 인도人道를 행하면서 지도地道를 본받는다'로 바꿔 해석할 수 있는 이유다.

주의할 것은 도는 자연을 본받는다는 뜻의 도법자연道法自然 맨 마지막 구절이다. 왕과 땅, 하늘은 소위 삼재三才로 불린다. 『도덕경』이 사람과 땅, 하늘, 도, 자연을 차례로 언급한 것은 이들 개념 간의 위계를 언급한 것으로 볼 수 있다. 이를 토대로 해석하면 인도는 지도를 본받고, 지도는 천도를 본받고, 천도는 자연을 본받는다는 식으로 해석할 수 있다. 문맥상 이같이 해석하는 게 일견 타당해 보인다.

문제는 과연 맨 마지막에 등장하는 '자연'의 개념이 '도'보다 위에 있는 상위 개념인가 하는 점이다. 『도덕경』은 신민과 동일한 의미로 사용된 왕을 위시해 땅과 하늘, 도 등 4가지만을 우주에서 가장 큰 것이라고 못박았다. 이는 바꿔 말하면 인도와 지도 및 천도를 위시해 이들을 총괄하면서 근원에 해당하는 소위 대도大道만을 가장 위대한 것이라고 규정한 것이나 다름없다. 그렇다면 자연은 바로 인도와 지도 및 천도를 총괄하는 대도를 달리 표현한 것으로 보아야만 한다. 그래야 전제와 결론이 1 대 1 대응관계를 이뤄 모순이 없게 된다.

그렇다면 제25장의 자연은 구체적으로 무엇을 말하는 것일까? 먼저 『도덕경』에 나오는 자연의 의미를 천착할 필요가 있다. 『도덕경』에는 제25장을 포함해 제17장과 제23장, 제51장, 제64장 등 모두 5개장에 걸쳐 '자연'이라는 표현이 나오고 있다. 제25장을 제외하고는 모두 어의 그대로 '저절로 그러함'이라는 뜻의 술어로 사용되고 있다. 유독 제25장만 도 위에 자연이 존재하는 것처럼 기술해 놓았다. 이 장만 떼어놓고 생각하면 마치 노자가 자연을 최상의 개념으로 상정한 게 아닌지 오해할 소지가 크다. 실제로 역대 주석가들 모두 그같이 해석했다. 이는 노자사상에 대한 대표적인 곡해에 해당한다.

제25장의 자연은 전체 문맥의 차원에서 해석할 필요가 있다. 이는 제1장에 나오는 '도가 도로 불리기 이전의 존재양식'을 언급한 것이다. 여타 장에 나오는 것처럼 '저절로 그러함'의 의미에 지나지 않는다. 『도덕경』 전편에 걸쳐 노자가 역설한 것은 무위를 통한 '무불치'이다. 유위를 통한 통치의 극한을 이같이 표현한 것이다. '무위지치'의 진면목이 여기에 있다.

그럼에도 장자는 '도' 위에 마치 '자연'이 별개로 실재하는 것처럼 생각했다. 역대 주석가들과 똑같은 우를 범한 셈이다. 그는 왜 이런 해석을 한 것일까? 해답은 바로 '자유'에 있다. 그가 말하는 자유는 어의 그대로 모든 것이 스스로 말미암은 까닭에 그 어떤 종류의 외부적인 구속이나 관념에 얽매이지 않고 천공을 자유롭게 오가는 경지를 말한다.

우리는 평소 공기의 고마움을 전혀 의식하지 못한다. 그러나 다양한 이유로 밀폐된 공간에 머물게 되면 그때 비로소 자유의 소중함을 깨닫게 된다. 장자가 생각한 자유가 바로 이런 것이다. 그는 인의예지 등의 인위적인 잣대로 사람을 정신적으로 밀폐된 공간으로 밀어넣지 말 것을 주문한 것이다. 이를 뒷받침하는 「대종사」편의 해당 대목이다.

"죽고 사는 생사의 문제는 자연의 명命에 속한다. 생사가 밤낮처럼 일정하게 순환하는 것은 자연의 상도이다. 사람이 관여할 수 있는 사안이 아니다. 이게 바로 사물의 실정이다. 사람들은 단지 하늘을 부모로 여겨 몸처럼 사랑하고 있는데 하물며 하늘보다 더 뛰어난 도이겠는가? 또 사람들은 줄곧 군주를 자신보다 높다고 여겨 몸을 바치기도 하는데 하물며 참된 도를 사랑하는 더 뛰어난 군주인 경우이겠는가? 샘이 마르면 물고기들이 땅 위에 남아 서로 숨을 불어주고 거품으로 적셔준다. 그러나 이는 강과 넓은 호수에서 서로 잊고 사느니만 못하다. 요임금을 기리고 하나라 걸을 비난하는 것은 둘 다 잊고 자연의 도와 일체가 되느니만 못하다."

물고기 역시 밀폐된 공간에 갇힌 사람처럼 물 밖으로 내동댕이쳐진 다음에야 비로소 강물 속에서 유유히 헤엄치던 때가 좋았다는 사실을 깨닫게 된다. 여기서 모든 것을 잊고 있던 때가 가장 자유로운 시절이었다는 역설이 성립한다. 장자는 이를 통찰했다. 몸과 마음을 천지자연의 순환에 내맡기는 '무위자연'의 행보를 통해 일반 사람들은 전혀 의식하지 못하는 자유의 소중함을 찾아낸 것이다.

춘추전국시대 당시 대다수의 제자백가는 난세의 해법을 폭력을 제거하고 인민을 구한다는 제폭구민除暴救民에서 찾았다. 그러나 이는 엄밀히 따지면 폭력을 동원해 폭력을 제압한다는 점에서 이른바 이폭제폭以暴除暴에 해당한다. 비록 제한적인 의미로 사용하기는 했으나 자위를 위한 전쟁을 수용한 노자도 예외가 아니었다. 그런 점에서 노자가 말한 '무위지치'는 하나의 이념형에 지나지 않았다. 『한비자』가 공평무사한 법치를 '무위'로 표현하며 전가의 보도처럼 들먹인 사실이 이를 뒷받침한다.

그럼에도 장자는 노자가 〈인→지→천→무위의 도 = 무위자연〉으로 해석한 것과 달리 〈인→지→천→무위의 도→무위자연〉으로 해석했다. 장자사상의 요체를 '자연'에서 찾는 이유가 여기에 있다. 사실 이는 노자사상과 구별되는 가장 큰 특징이기도 하다. 예로부터 많은 사람들이 같은 도가 계열일지라도 노자사상을 유柔, 열자사상을 허虛, 장자사상을 무無로 요약한 것도 바로 이 때문이다.

장자는 기본적으로 양주학파와 마찬가지로 '제폭구민'의 기치 자체를 하나의 정치 슬로건에 지나지 않는 것으로 보았다. 본질이 '이폭제폭'이라는 사실을 통찰한 결과다. 「거협」편의 다음 대목이 그 증거다.

"혁대 고리를 훔친 자는 죽임을 당하나 나라를 훔친 자는 제후가 된다. 일단 제후가 되면 사람들은 그의 가문을 온통 인의로 포장한다. 이게 곧 도적놈이 인의와 성인의 지혜를 훔친 게 아니고 무엇인가?"

장자가 인위적인 덕목에 갇힌 사람들을 목이 마른 물고기들이 땅위에서 서로 간에 빼끔거리며 거품으로 적셔주는 것에 비유한 것은 바로 이 때문이었다. 그가 볼 때 유가를 비롯한 제자백가들이 인위적인 잣대를 들이대 요순과 걸주를 들먹이며 성군과 폭군 운운하는 것은 희극에 지나지 않았다. 실제로 유가에서 성군으로 떠받든 은나라 탕왕과 주나라 무왕 모두 주군의 나라를 폭력으로 뒤엎은 반란군의 괴수에 지나지 않았다. 싸움에서 이겼기에 혁명으로 미화된 것일 뿐이다. 장자의 뛰어난 예지가 번득이는 대목이다.

꿈과 현실

장자가 볼 때 천당과 극락 등의 사후세계는 속세의 욕망을 재현해 놓은 것에 지나지 않았다. 삶과 죽음을 '무'에서 '무'로 돌아가는 자연의 순환과정으로 파악한 결과다. 이에 관한 장자의 생각을 가장 잘 나타내 주는 것이 「제물론」에 나오는 호접몽胡蝶夢 일화이다. 그 전문은 다음과 같다.

"옛날 장주가 꿈을 꾸다가 꿈속에서 나비가 되었다. 훨훨 나는 나비가 된 게 스스로 유쾌하고 만족스러웠던 까닭에 자신이 장주라는 것을 알지 못했다. 이내 화들짝 꿈에서 깨어보니 자신은 나비가 아닌 장주였다. 우리는 장주가 꿈을 꾸며 나비가 되었는지, 아니면 나비가 꿈을 꾸며 장주가 되었는지 자세히 알 길이 없다. 세속의 관점에서 보면 장주와 나비는 분명히 다르다. 그런데도 장주가 나비가 되고 나비가 장주가 되는 것은 무슨 이유인가? 만물의 변화 때문이니 이를 일컬어 물화物化라고 한다."

장자사상의 핵심어에 해당하는 '물화'는 「제물론」의 요지인 만물제동萬物齊同의 또 다른 표현이다. '나'와 외물의 경계를 허물고 하나가 된 일종의 무아지경無我之境에 해당한다. 불가에서 말하는 물아일체物我一體와 꼭 같다. 나카지마는 '물화'에서 '만물제동'이 이뤄지는 것으로 해석하는 것에 반대하며 '만물제동'을 통해 '물화'가 이뤄진 것으로 보아야 한다는 창견을 제시했다. 그러나 양자는 동공이곡同工異曲으로 보는 게 간명하다. '호접몽'의 일화가 그 증거다. 이 일화는 물화가 곧 만물제동이고 만물제동이 곧 물화임을 방증한다. 삶과 죽음의 경계를 허문 장자사상의 상징어가 바로 '호접몽'이라고 해도 과언이 아니다.

『장자』의 원전격에 해당하는 『열자』「주목왕」편에는 꿈과 현실의 상호 관계를 설명한 우화가 제법 많이 나온다. 꿈속에서 행한 것을 현실로 여기면서 깨어난 뒤 눈으로 본 것을 허망한 것으로 여긴 고망지국古莽之國, 깨어나 행한 것만이 사실이고 꿈속에서 본 것을 허망한 것으로 여기는 중앙지국中央之國, 늘 깨어 있기만 하고 잠을 자지 않는 까닭에 꿈을 꾸지 않는 부락지국阜落之國의 비유가 대표적이다.

「주목왕」편의 여러 일화 중 '호접몽'과 가장 유사한 것으로 장초지몽藏蕉之夢 일화를 들 수 있다. 하루는 정나라의 어떤 사람이 들에서 나무를 하던 중 우연히 놀란 사슴을 발견하고 정면에서 가격하자 사슴이 즉사했다. 남이 볼까 두려워 급히 구덩이 속에 감춰놓고 파초잎으로 덮고는 기쁨을 이기지 못했다. 그러나 그는 하산하던 중 이내 감춰둔 장소를 잊어버렸다. 망연자실한 그는 잠시 꿈을 꾼 것으로 여기고 길을 걸으면서 쉼 없이 그 일을 중얼거렸다. 마침 길을 가던 사람이 이를 듣고는 이내 사슴을 찾아냈다. 크게 기뻐하며 집으로 돌아와서는 부인에게 이같이 말했다.

"방금 전에 한 나무꾼이 중얼거리기를, '꿈속에서 사슴을 잡았으나 그 장소를 알지 못하겠다'고 했소. 그의 말을 좇아 들판 주변을 찾아보니 과연 사슴이 있었소. 그는 현실로 나타나는 꿈을 꾼 듯하오."

부인이 말했다.

"어찌 그런 일이 있을 수 있겠습니까? 그보다는 지금 당신이 실제로 사슴을 가져왔으니 당신 자신이 꿈을 꾸면서 꿈속에서 나무꾼이 사슴을 잡는 모습을 본 게 아닙니까? 그렇다면 당신 꿈이 오히려 진짜입니다."

"나는 꿈을 꾸지 않았소. 오직 그의 말을 좇아 사슴을 얻었을 뿐이오. 당신이 어떻게 그가 꿈을 꾼 것인지, 아니면 내가 꿈을 꾼 것인지 알 수 있겠소!"

나무꾼은 집으로 돌아온 후 사슴을 잃은 게 두고두고 마음에 걸렸다. 그날 밤 꿈속에서 문득 사슴을 감춰두었던 장소는 물론 사슴을 훔쳐간 자의 모든 움직임까지 생생히 나타났다. 날이 새자마자 곧 사슴을 훔쳐간 자를 찾아낸 뒤 관아로 끌고 갔다. 원님이 나무꾼에게 말했다.

"너는 실제로 사슴을 잡았으면서도 망령되게 이를 꿈이라고 했다. 또 실제로 사슴을 잡는 꿈을 꾸고도 망령되게 이를 사실이라고 했다. 또 저자는 실제로 너의 사슴을 가졌으면서도 너의 꿈 얘기를 좇았을 뿐이라고 말하고 있고, 아내는 남편이 사슴을 잡는 꿈을 꾸었을 것이라고 주장하고 있다. 지금 여기에 그 사슴이 있으니 둘로 나눠 갖도록 하라."

보고를 받은 정나라 군주가 탄식했다.

"아, 고을 원은 다시 꿈속에서 사슴을 나눠주려는 것인가!"

곧 재상을 찾아가 문의하자 재상이 이같이 대답했다.

"누가 실제로 사슴을 잡는 꿈을 꾸었는지 여부는 신이 알 수 없습니다. 깨어 있을 때의 실제와 꿈속의 일을 판별하는 일은 오직 황제黃帝나 공자 같은 성인만이 할 수 있습니다. 지금은 황제도 공자도 없으니 누가 이를 판별할 수 있겠습니까? 고을 원의 말을 따르는 게 가할 것입니다."

『열자』는 공자를 높이 평가했다. 『열자』에 「중니」편이 따로 편제된 것도 같은 맥락에서 이해할 수 있다. 불가에서 말하는 물아지경에서는 미추, 선악, 시비, 호오 등의 세속적인 구별은 말할 것도 없고 삶과 죽음, 외물과 '나'의 대립도 완전 해소된다. 장자가 말하는 만물제동과 하등 다를 바가 없다. 양자 모두 자아와 외물, 주관과 객관, 물질계와 정신계가 하나로 어울린 경지를 말한다.

장자사상의 핵심이 제물론에 있고, 제물론의 핵심어는 곧 만물제동 내지 물화이며, 그 상징이 바로 '호접몽' 우화라고 해도 틀린 말이 아니다. 장주가 곧 나비이고 나비가 곧 장주라는 얘기가 널리 통용되는 이유다. 이는 꿈과 현실의 상호 불가분성에 기인한 것이다.

『장자』의 '호접몽'과 『열자』의 '장초지몽' 일화는 후대에도 커다란 영향을 미쳤다. 일찍이 무술정변 당시 강유위와 가까이 지내던 황준헌은 귀향조치를 당한 뒤 장초지몽 일화를 인용해 "풋잠은 깨기 쉬워라. 아, 장초지몽이여!"라고 탄식한 바 있다. 변법개혁의 실패를 장초지몽에 비유한 것이다. 원래 황준헌은 『조선책략』을 쓴 당대 최고의 외교관이다. 일본을 포함해 서구 열강을 두루 돌아다닌 까닭에 서양 학문에도 조예가 깊었다. 그의 '장초지몽' 운운은 장자사상이 후대에 미친 영향이 간단치 않았음을 방증한다.

역사적으로 보면 호접몽은 황준헌과 같은 유가보다는 불가와 깊은 인연을 맺고 있다. 불가에서 이승의 현실세계를 고해 내지 공허한 세계로 간주한 결과로 볼 수 있다. 실제로 불가의 피안彼岸은 노자가 말하는 귀근歸根과 취지를 같이한다. 만물은 살아 있는 동안 '덕'을 거쳐 생명의 원류인 '도'로 돌아오려는 움직임과 변화를 지속하는 까닭에 '도'는 영원하다는 게 논지이다. 『도덕경』은 제16장에서 이같이 언급하고 있다.

"만물은 그 모습이 무성하나 결국 하나의 뿌리로 복귀한다. 귀근을 통해 생명을 회복하는 것을 흔히 복명復命이라고 한다."

장자는 이를 가장 원초적인 생과 사의 관계로 해석했다. 만물제동의 관점에서 볼 때 생과 사는 불연속이 아니라 하나의 연속에 해당한다. '귀근'과 '복명'을 확대해석하면 불가의 윤회 이론과 비슷해진다. 도가와 불가가 접하는 지점이 바로 여기에 있다. 다만 장자와 노자는 이를 윤회로 파악하지 않았을 뿐이다. 훗날 도교가 내세 위주의 종교가 아닌 현생 위주의 기복신앙이 된 이유다.

그럼에도 도가와 불가는 생과 사를 포함해 현실과 꿈을 동일한 것으로 해석하고 있는 점에서 서로 통하고 있다. 대표적인 인물로 조선의 만해 한용운을 들 수 있다. 그는 1909년에 일본으로 건너가 수개월 동안 체류하면서 일본 조동종의 청년 승려들이 발간하는 잡지에 「춘몽」이라는 제목으로 '호접몽'에 관한 단상을 발표한 바 있다.

꿈은 떨어지는 꽃 같고 꽃은 꿈만 같은데	夢似落花花似夢
어찌해 사람은 나비 되고 나빈 사람 되나	人何胡蝶蝶何人
나비 꽃 사람 꿈이 모두 마음의 일일진대	蝶花人夢同心事
동군에게 봄을 붙잡아 달라고 호소하고파	往訴東君留一春

동군東君은 봄의 신을 가리킨다. 그가 「춘몽」에서 얘기하고자 한 것은 주객의 구별이 없는 물아일체의 경지이다. 사람이 나비가 되고 나비가 사람이 되려면 나비를 부르는 꽃이 있어야 하고, 꽃이 피려면 봄이 와야 하니 동군에게 봄을 붙잡아달라고 호소하는 것은 곧 '호접몽'의 '물아일체' 경지에 계속 머물고 싶다는 심경을 드러낸 것이다.

21세기에 들어와 정신분석학을 포함한 과학의 발달로 인해 꿈이 곧 현실의 연장이라는 사실이 분명해졌다. '호접몽' 우화가 나름 설득력을 지니게 된 셈이다. 원래 꿈은 현실과 가까울수록 더욱 설득력을 지니게 된다. 설령 몽상일지라도 현실과 완전히 괴리돼 있는 것은 아니다. 오히려 현실이 꿈을 좇아가지 못해 몽상으로 치부하는 경우가 비일비재하다. 장자의 '호접몽'은 바로 이를 지적한 것이기도 하다.

서구의 사상가 중에도 이를 통찰한 인물이 있다. 바로 20세기 최고의 사상가 중 한 명으로 손꼽히는 프랑스의 질 들뢰즈이다. 그를 깊이 연구한 나카지마는 이같이 주장하고 있다.

"오늘날 가장 장자적이라고 생각되는 사상가는 들뢰즈이다. 나는 그가 주장한 '생성변화'와 『장자』의 '물화'는 서로 긴밀한 관계에 있다고 확신한다. 그가 동료인 가타리와 함께 쓴 『천 개의 고원』이 이를 뒷받침한다."

들뢰즈는 『천 개의 고원』에서 장자의 '물화'를 연상시키는 소위 '리좀형'의 인간관계를 역설한 바 있다. 원래 '리좀'은 대나무의 뿌리줄기처럼 줄기가 변해서 생긴 땅속 뿌리를 뜻하는 식물학 용어이다. 들뢰즈는 계층화된 '수목형' 인간관계와 대비되는 개념으로 사용하고 있다.

리좀형과 수목형 인간관계는 별개로 존재하는 것이 아니라 상호 공존하고 있다. 이는 '정치적 동물'인 인간이 국가공동체를 형성해 삶을 영위하는 것과 같다. 구성원 개개인에 초점을 맞춘 것이 민주, 국가공동체에 초점을 맞춘 것이 공화에 해당한다. 민주와 공화는 동서고금을 막론하고 국가 단위의 공동체를 이룰 때 필연적으로 등장하는 두 개의 상이한 이념이다. 개개인 및 소규모 집단의 권익에 가장 부합하는 이른바 부분 최적Sub optimum이 경우에 따라서는 국가공동체 전체 차원의 전체 최적Total optimum과 배치되는 상황이 빚어지는 것은 바로 이 때문이다. 양자의 절묘한 균형이 요구되는 이유다. 정치의 본령이 바로 여기에 있다. 부분 최적과 전체 최적의 균형점을 찾는 게 요체이다.

서양은 일찍이 로마공화정 때 민회와 원로원의 균형을 통해 민주와 공화 이념을 유기적으로 결합하는 지혜를 발휘한 바 있다. 동양 역시 5백여 년에 달하는 춘추전국시대를 통일한 뒤 이른바 제왕정을 완성하면서 이에 성공했다. 서양의 민주를 위민爲民, 공화를 군신공치君臣共治 이념으로 정립한 덕분이다. 동양의 역사문화에 무지했던 헤겔과 베버가 왜곡해 놓은 후 21세기 현재까지 동양의 역사를 1인 군주정의 역사로 간주하는 잘못된 해석이 횡행하고 있으나 이는 동양의 역사문화를 왜곡한 대표적인 사례에 해당한다.

동양에서 유독 제왕정이 20세기 초까지 수천 년 동안 유지된 것은 군주와 신하가 서로 일면 협력하며 일면 견제하는 기능을 수행했기에 가능했다. 『예기』에서 역설한 천하위공天下爲公의 대원칙이 불문율로 작동한 결과다. 폭군으로 매도된 진시황과 한무제 및 수양제는 물론 신하들에 의해 보위에서 쫓겨난 조선조의 연산군과 광해군의 치세 모두 예외가 아니다.

민주와 공화 이념은 태양을 중심으로 타원운동을 하는 지구의 원심력과 구심력에 비유할 수 있다. 원심력에 해당하는 민주의 목소리가 궤도를 이탈할 정도로 커지면 국가공동체는 이내 심각한 위기에 직면할 수밖에 없다. 왕조교체기의 난세상황이 그런 경우다. 정반대로 구심력에 해당하는 공화의 목소리가 높아지면 구성원의 권익 등이 손상될 우려가 커진다. 국가존망이 걸린 전쟁상황 등이 이에 해당한다.

억울하게 희생당하는 자들이 속출하는 이유다.

들뢰즈가 말한 리좀형과 수목형 인간관계는 바로 민주와 공화 이념을 달리 표현한 것에 해당한다. 그가 말하는 리좀형 인간관계는 관계를 맺는 방식이 보다 자유로운 쪽으로 전개될 때 성립하고, 수목형은 미추와 호오 등 세속적인 이항대립의 접근방식이 강화될 때 나타난다. 리좀형 인간관계일지라도 관계를 맺는 방식에 규정이 많아지면 많아질수록 수목형 인간관계로 변하고 그 반대의 경우는 리좀형 인간관계로 변화한다.

그의 이론을 도입해 고금동서의 역사를 개관하면 개개인의 생활양식은 물론 사회공동체의 협동양식과 국가공동체의 통치양식 모두 리좀형과 수목형 인간관계 사이의 어느 지점에 위치한다. 리좀형 인간관계에 가까울수록 개인은 물론 사회와 국가공동체 모두 활력이 넘치고 창조적인 모습을 띠게 된다. 반대의 경우는 인순고식因循姑息의 풍조가 만연한 끝에 결국 사상과 제도의 화석화 작업이 진행된다. 이는 죽음의 길이다.

리좀형 인간관계를 극단화하면 그 어떤 이념과 제도, 관행 등에 전혀 얽매이지 않는 장자의 자유사상과 직통하게 된다. 수목형 인간관계가 유가나 법가에서 역설하는 예법질서와 직통하는 것과 대비된다. 장자와 노자가 언급한 무지무욕 상태의 영아嬰兒가 곧 리좀형 인간관계의 가장 이상적인 모습에 해당한다. 현실과 꿈의 경계를 무너뜨린 '호접몽' 우화가 바로 이를 상징한다.

수목형 인간관계와 리좀형 인간관계는 생물학에서 말하는 소위 길항拮抗관계를 이루고 있다. 이는 두 요인이 동시에 작용할 때 서로 그 효과를 상쇄하는 것을 말한다. 주목할 점은 길항관계를 통해서만 우리 몸이 균형을 유지한다는 점이다. 어느 한쪽으로 치우쳐서는 안 되는 것이다.

사회 및 국가공동체를 유지하기 위해서는 유가 및 법가가 역설한 것처럼 일정 수준의 예법질서가 반드시 존재해야만 한다. 수목형 인간관계는 일종의 하드웨어에 해당한다. 정반대로 리좀형 인간관계는 소프트웨어에 비유할 수 있다. 동서고금의 역사를 개관하면 쉽게 알 수 있듯이 양자의 균형 잡힌 조화만이 공동체 구성원 개개인의 자아실현도 가능하고 공동체 전체의 번영도 기약할 수 있다. 개인과 공동체의 유기적인 결합을 역설한 헤겔과 국가의 존재를 전제로 한 개인의 자아실현을 역설한 아렌트의 주장과 궤를 같이하는 것이다.

동양의 제자백가 중 장자는 리좀형 인간관계를 중시한 점에서 매우 특이한 존재이다. 수목형 인간관계를 중시한 여타 제자백가와 확연히 구분되기 때문이다. 노자는 비록 무위를 역설하며 리좀형 인간관계를 중시하기는 했으나 결국은 수목형 인간관계에 방점을 찍었다. 오직 양주만이 장자처럼 리좀형 인간관계를 극도로 중시했다. 장자를 노자가 아닌 양주와 한 묶음으로 보아야 하는 이유다.

절대와 상대

2011년 6월 6일, 《네이처 피직》은 유럽입자물리연구소의 알파 실험팀이 우주탄생의 빅뱅 이후 일거에 사라진 반물질Antimatter을 만들어 무려 16분 동안 잡아두는 데 성공했다고 발표했다. 반물질은 우리 주변의 물질과 질량은 동일하지만 전하 값은 반대인 물질을 말한다. 양성자의 반대인 반양성자, 전자의 반대인 양전자 등이 존재하는 세계이다. 과학자들은 인류가 137억 년 우주진화의 비밀에 또 한 걸음 다가섰다며 크게 흥분했다.

이 연구팀은 이미 반년 전에 반수소 원자를 약 0.172초 간 포착한 바 있다. 불과 6개월여 만에 그 시간을 1만 배 가까이 연장한 셈이다. 원래 빅뱅 이론에 따르면 반물질은 태초의 순간에 물질과 똑같은 수로 만들어졌다. 현재 지구가 속한 은하계에는 1천억 개의 별이 있다. 우주에는 이런 은하계가 또 1천억 개나 된다. 여기에는 온통 92개의 원소로 구성된 물질만 존재할 뿐이다. 물질과 반물질이 만나면 빛을 내며 함께 소멸하는 소위 '쌍소멸현상'이 일어난다.

과학자들은 우주 어딘가에 반물질로만 이뤄진 별이나 은하계가 존재할 것으로 추정하고 있다. 반물질의 특성을 규명하면 능히 우주진화의 수수께끼를 풀 수 있다는 게 이들의 생각이다. 뉴턴이 사과가 떨어지는 것을 보고 만유인력을 발견한 것처럼 이번 실험은 새로운 현상을 발견할 수 있는 가능성을 열었다는 점에서 과학계의 일대 쾌거가 아닐 수 없다.

주목할 것은 21세기에 들어와 장자사상을 과학주의와 연결시켜 해석하는 견해가 점증하고 있는 저간의 흐름이다. 주로 중국 학계를 중심으로 활발히 이뤄지고 있다. 영국의 천재 물리학자 스티븐 호킹도 이에 가세하고 있다. 그는 지난 2011년 5월 15일 일간지 《가디언》과 가진 인터뷰에서 "천국은 없고 인간이 만든 동화에 불과하다"고 주장한 바 있다. 천당의 실재를 설파하고 있는 기독교계가 발끈한 것은 말할 것도 없다. 이에 앞서 그는 2010년 9월 『위대한 설계』에서 "우주는 물리학법칙에 따라 자연발생적으로 만들어졌고 창조주의 역할은 필요없다"고 주장해 종교계에 커다란 충격을 던진 바 있다.

그는 지병인 루게릭병으로 인해 가슴에 꽂은 파이프를 통해 호흡을 하고 휠체어에 부착된 고성능 음성 합성기를 통해 대화를 한다. 『장자』에 나오는 지체장애인 지리支離와 닮았다. 「지락」편에 나오는 지리 역시 그와 유사한 발언을 한 바 있다.

"원래 사람의 생명은 임시로 빌린 것에 지나지 않는다. 빌려서 살고 있으니 생명이란 먼지나 때와 같은 것이고, 삶과 죽음 역시 낮과 밤의 교대와 같은 것이다."

삶과 죽음은 천지자연의 순환과정에 지나지 않는다는 게 요지이다. 장자의 이런 주장이 최근 양자물리학 및 천체물리학을 전공하는 중국의 과학자들 사이에서 커다란 호응을 얻고 있다. 장자사상을 아인슈타인의 상대성 원리에 비유하고 있는 게 그 증거다. 이들의 주장을 요약하면 대략 다음과 같다.

17세기 후반 뉴턴의 만유인력 법칙 발견으로 인류는 우주만물에 작용하고 있는 역학의 기본원칙을 알게 되었다. 천체물리학이 급속한 진전을 이룬 데에는 그의 공이 컸다. 1846년의 해왕성과 1930년의 명왕성 발견이 그 실례이다. 그러나 20세기에 들어와 아인슈타인이 일련의 상대성 이론을 발표한 후 과학계는 혁명적인 전기를 맞게 됐다. 우주의 시간과 공간에 대한 새로운 접근을 가능케 한 것이 그것이다.

뉴턴은 『자연철학의 수학원리』에서 "절대공간은 본래 외계의 사물과 아무런 관련이 없고 그 자체로 영원하면서도 동질적이며 부동不動이다"라고 언명한 바 있다. 서양의 모든 학문과 사상은 아인슈타인의 상대성 원리가 나오기 전까지만 해도 바로 이런 '절대'의 믿음체계 위에 서 있었다. 중간에 물질이 존재하지 않을지라도 시간과 공간은 각각 독립적으로 존재한다고 본 것이다.

이는 유일신의 존재에 대한 확신과 불가분의 관계를 맺고 있다. 실제로 뉴턴은 만유인력 법칙을 통해 우주를 창조한 신의 위대한 뜻을 읽을 수 있다고 주장했다. 마르크스의 공산주의 이론도 예외가 아니다. 지상낙원에 대한 환상 자체가 유일신의 존재에 대한 '절대' 개념의 변용에 지나지 않는다. 절대공간과 절대시간에 대한 이런 믿음은 이내 아인슈타인의 상대성 원리로 인해 굉음을 내며 무너져내렸다.

동양은 이미 수천 년 전부터 아인슈타인처럼 공간과 시간을 하나로 묶어서 보는 것을 당연시했다. '우주宇宙'의 용어가 그 증거다. 전국시대 중기에 활약한 상앙의 스승으로 알려진 시자尸子는 이같이 주장한 바 있다.

"하늘과 땅의 사방을 우宇, 옛날이 가고 지금이 오는 것을 주宙라고 한다."

춘추전국시대 당시 제자백가 모두 이런 '우주' 개념을 받아들였다. 그러나 이게 끝이었다. 여기서 더 나아가지 못했다. 원래 유가는 현상의 세계를 중시했다. 눈으로 보고 짐작할 수 있는 가장 광대한 현상의 세계는 우주였다. 이를 천天으로 표현했다. 감각기관이 보고 느끼며 인식할 수 있는 하늘이 바로 모든 사유의 출발점에 해당했다. 하늘에 짝하는 배천配天과 천명에 응하는 응천應天 등의 용어가 나온 이유다.

훗날 성리학의 출현을 전후로 삼강오륜 등의 강고한 윤리강령이 등장한 것도 이와 무관하지 않다. 이는 성리학이 '절대' 개념 위에 성립된 불교 교리를 그대로 받아들인 후과였다. 서양이 과학혁명을 계기로 '절대'의 틀을 깨고 '상대'의 세계로 진전할 때 동양은 오히려 '상대'의 세계에서 '절대'의 틀 속으로 걸어들어간 셈이다. 아편전쟁 이후 21세기에 이르기까지 근 2백 년 가까이 동양이 서양에 제압된 근본배경이 여기에 있다.

당초 동양에서 '절대'의 논리를 깬 최초의 인물은 노자였다. 『도덕경』 제28장에 이를 뒷받침하는 구절이 나온다.

"그 수컷을 알고 그 암컷을 지키면 천하의 계곡이 된다. 천하의 계곡이 되면 상덕常德이 떠나지 않아 영아로 복귀한다. 그 밝음을 알고 그 어둠을 지키면 천하의 준칙이 된다. 천하의 준칙이 되면 '상덕'이 어긋나지 않게 되어 무궁의 세계로 복귀한다. 그 영화를 알고 그 치욕을 지키면 천하의 계곡이 된다. 천하의 계곡이 되면 '상덕'이 이내 넉넉해져 질박으로 복귀한다. 성인은 통나무가 잘려 그릇이 되는 이치를 활용해 백관의 우두머리인 제왕을 세웠다. 대도를 좇아 천하를 다스리면 아무런 해가 없다."

이는 유가에서 말하는 존비귀천과 대소장단의 논리를 뒤집은 것으로 '절대'와 대비되는 '상대' 개념의 중요성을 설파한 것이기도 하다. 장자는 노자사상 중 '제왕'의 개념을 받아들지는 않았으나 '상대' 개념만큼은 곧바로 수용해 이를 더욱 확장했다. 「경상초」편의 다음 대목이 그 증거다.

"나오면서 들어갈 구멍도 없이 실재하고 실재하면서 머무는 곳이 없는 게 바로 도의 공간인 우宇이고, 자라나면서 본말이 없는 것이 도의 시간인 주宙이다. 우주만물 모두 생겨나고, 죽고, 들어가고, 나오는 작용 속에 존재한다. 들고나면서 그 모습을 볼 수 없는 것을 하늘의 문이라고 한다. 하늘의 문은 존재 자체가 없는 '무'를 말한다. 만물은 '무'에서 나온다."

장자는 상대성 원리에서 말하는 것처럼 우주의 모든 물체는 상호 연결돼 생장소멸의 부단한 순환운동을 한다고 갈파한 것이다. 절대공간과 절대시간의 존재 자체를 부인한 셈이다. 그는 기본적으로 인간의 감각기관이 보고 느끼며 인식할 수 있는 한계를 통찰했다. 그게 바로 '자연' 개념이다. 그의 우주관이 '상대' 개념 위에 정립돼 있음을 극명하게 보여주는 대목이다. 실제로 『도덕경』에서는 '자연'이 매우 추상적인 개념에 그치고 있으나 『장자』에서는 구체적인 개념으로 나타나고 있다. 이를 뒷받침하는 「제물론」의 해당 구절이다.

"과연 '유'와 '무'는 구체적으로 무엇이 있고 무엇이 없다는 말인가? 내가 말한 도가 과연 있는 것인가 아니면 없는 것인가? 천하에는 가을 털의 끝보다 큰 것이 없으니 태산은 작은 산에 불과하다. 일찍 죽은 아이보다 장수한 사람 또한 없으니 팽조彭祖는 요절한 셈이다."

장자사상의 핵심인 만물제동의 이치를 구체적으로 설명해 놓은 대목이다. 태산이 가장 작은 사물을 상징하는 추호지말秋毫之末보다 작고, 8백 년을 살았다는 팽조가 일찍 죽은 어린아이보다 더 일찍 요절했다는 것은 공간과 시간의 상대성을 전제로 한 것이다. 사실 털갈이를 하는 짐승의 가을 털을 작은 먼지에 비유하면 큰 것이 되고 태산도 천지에 비유하면 작은 것에 불과하다. 반어법을 동원한 절묘한 설명이다.

현대 수학에서 말하는 집합 내지 미적분의 개념을 도입하면 이를 보다 쉽게 이해할 수 있다. 무한대의 우주공간은 전자가 핵을 둘러싸고 무한궤도로 돌고 있는 원자의 세계와 1 대 1의 대응관계를 이루고 있다. 장자는 현상세계의 대소 및 장단 등에 대한 세인들의 판단은 극히 편협한 인위적인 잣대에 의한 것임을 통렬히 지적한 것이다. 그의 이런 논리는 제왕이 다스리는 현실세계에도 그대로 적용된다. 「칙양」편의 해당 대목이다.

"인적이 통하는 나라 중에 위魏나라가 있고, 위나라 안에 도성인 대량이 있고, 대량 안에 군주가 있다. 이같이 볼 때 군주의 존재와 달팽이 오른쪽 뿔 위의 군주와 무슨 구별이 있겠는가?"

감각기관에 의존한 미추와 호오 등의 판단과 인의예지 등의 인위적인 덕목 모두 눈에 보이는 가시적인 세계만을 진리로 간주하는 편견에 지나지 않는다는 사실을 지적한 것이다. 「천하」편에 초나라의 도성 속에 천하가 있다는 혜시의 '영유천하郢有天下' 논변을 실어놓은 것도 같은 맥락이다. 무한대의 우주공간에서 보면 초나라 도성 영이나 드넓은 천하 모두 극히 작은 것에 불과하다. 작은 것을 극대화하고 큰 것을 극소화해 보면 어느 것이 진정 크고 작은 것인지 판명키가 쉽지 않다. 당시의 관점에서 볼 때 초나라 도성 안에 천하가 있다는 주장은 궤변에 불과하나 현대 수학과 하이젠베르크의 불확실성 원리 등을 동원하면 타당한 명제에 해당한다.

팽조가 일찍 죽은 어린아이보다 더 일찍 요절했다는 얘기는 공간뿐만 아니라 시간에 대해서도 똑같은 논리를 적용할 수 있음을 암시한 것이다. 아인슈타인이 상대성 원리에서 시간의 상대성을 언급한 것과 하등 다를 바가 없다. 장자의 이런 논리는 양자역학에서 말하는 물질과 반물질의 상호관계를 해석하는데도 그대로 적용될 수 있다. 중국의 과학자들이 장자사상을 아인슈타인의 상대성 원리에 비유하는 것도 결코 지나친 게 아니다.

제2절 문예주의

도연명과 이백

장자가 추구한 선도仙道와 맹자가 역설한 천도는 같은 형이상학파에 속함에도 불구하고 방법론상 적잖은 차이가 있다. 무위와 유위의 차이가 그것이다. 이는 구체적으로는 소극과 적극, 온건과 과격의 차이로 나타난다.

맹자나 묵자처럼 당대의 사상가 내지 철학자를 자처하는 사람들은 자신들의 이념과 주장을 관철시키기 위해 목소리를 높이며 보다 적극

적이고 과격한 방법을 동원한다. 난세의 시기에 우후죽순처럼 등장하는 수많은 혁명가가 바로 이 계열에 속한다. 이들은 세상이 어지러우면 어지러울수록 밖으로 힘을 분출한다. 치세에도 이들의 목소리는 매우 높다.

이에 반해 문예와 자연학 등을 공부하는 사람들은 정반대로 내성內省을 강화하는 쪽으로 나아간다. 상대적으로 온건하고 소극적인 방법을 동원하는 셈이다. 남북조의 동진 때 시인 도연명陶淵明은 장자의 선도를 가장 잘 실천한 인물로 손꼽히고 있다. 그는 「신석神釋」에서 이같이 읊은 바 있다.

큰 공평함은 사사롭지 않으니 모든 이치가 뚜렷이 드러나지
大鈞無私力, 萬理自森著
사람은 천지간에 살아가니 어찌 나에게서 시작된 게 아니리
人爲三才中, 豈不以我故
내 비록 그대들과 다르긴 하나 세상에선 서로 의지하며 살지
與君雖異物, 生而相依附
손잡고 선과 악을 같이했으니 어찌 한마디 안 할 수 있으리
結託善惡同, 安得不相語
복희 신농 황제의 세 성인은 죽은 뒤 지금 어디에 누워 있나
三皇大聖人, 今復在何處
영원히 살고자 한 팽조조차 더 살고자 애썼지만 그리 못했지
彭祖愛永年, 欲留不得住
늙으나 젊으나 죽기는 똑같으니 현우를 따져 무슨 소용 있나
老少同一死, 賢愚無復數
술 취하면 모든 것 잊는다지만 오히려 노쇠만 재촉할 뿐이지

日醉惑能忘, 將非促齡具

선한 일 이루면 늘 기쁘다고 하나 누가 있어 그대를 알아줄까

立善常所欣, 誰當爲汝譽

깊이 생각하면 삶만 해칠 뿐이니 자연의 섭리에 맡겨야 하리

甚念傷吾生, 正宜委運去

천지변화의 큰 물결에 몸 맡기면 기뻐하고 두려워할 일 없지

縱浪大化中, 不喜亦不懼

삶이 다하면 그런 줄 알면 되니 다시는 홀로 깊은 생각 말게

應盡便須盡, 無復獨多慮

지난 2009년 98세로 타계한 계선림季羨林은 자타가 공인하는 중국 국학의 태두이다. 그가 평소 좋아했던 시가 바로 도연명의 「신석」이다. 그는 북경대 부총장으로 재직하던 시절 황갈색 옷과 누더기 가방을 낀 노동자 행색으로 12개 국어를 자유자재로 구사하며 북경대 캠퍼스를 누볐다. 그는 사람이 살아가는 동안 매번 느끼게 되는 기쁨과 슬픔, 고통, 환희 등에 대해서 너무 깊이 빠지는 것을 경계했다. 평상심이 요체이다. 그는 자신에게 장수 등의 비결을 물어올 때마다 이같이 대답했다.

"비결이 없소. 비결을 찾지 않는 게 나의 비결이오!"

원가보 총리가 자신의 정신적인 스승이라고 칭송할 정도로 중국인들의 존경을 한몸에 받은 그는 모택동 시절 혹독한 시련을 겪어야만 했다. 모택동은 뛰어난 문인이기도 했지만 동시에 자타가 공인하는 혁명가이자 사상가이다. 난세의 시기에 부조리한 것을 모두 뒤엎었다. 이는 맹자와 묵가 등이 추구한 천도의 길이다. 국공내전을 벌이고 미국이 대만해협을 봉쇄하는 건국 초기에는 나름 타당했다. 그러나

이후에는 말 위에서 내려와 천하를 다스릴 필요가 있었다. 그러나 그는 그리하지 않았다. 그게 바로 대약진운동과 문화대혁명의 참화로 나타났다.

계선림이 독일에서 유학을 마치고 돌아와 북경대에 자리를 잡았을 때 공교롭게도 문화대혁명이 터졌다. 그는 이내 노동개조 현장으로 쫓겨나 낮엔 옥수수빵만 먹고 벽돌조각을 나르는 등의 고된 노동에 시달려야만 했다. 온갖 벌레들이 득실대는 곳에서 몸을 긁으며 잠을 청했다. 때론 고무 타이어로 감싼 자전거 체인에 머리를 쉴 새 없이 맞아 무수히 피를 흘리기도 했다. 자살을 결심한 순간 비판투쟁의 무대로 끌려나간 후에는 오히려 고문을 이겨내는 방법을 생각해냈다. 살아남는 데 모든 노력을 집중한 것이다. 그는 훗날 '문화대혁명에 대한 한 지식인의 회고'라는 부제를 단 『우붕잡억牛棚雜憶』에서 당시 상황을 이같이 술회했다.

"노동개조는 그저 죄인의 몸을 바꿀 뿐 사상을 고치거나 영혼을 바꿀 수는 없다. 그것은 겨우 죄인의 신체에 상처를 낼 뿐, 죄인의 영혼을 잠재울 수는 없는 일이다. 나는 이미 지옥으로 떨어졌다. 기본지식이 일천해서 그런지 지옥도 그렇게 여러 층이 있다는 사실을 오래도록 알지 못했다. 불교에서도 저승은 18층이 있다고 하지 않았는가?"

'우붕'은 문화혁명 당시 소귀신 등으로 매도된 지식인을 가두기 위해 만든 임시 헛간을 말한다. 소외양간과 같은 뜻이다. 그가 이 글을 쓴 것은 후손들이 교훈을 얻지 못하면 훗날 또 다시 그 잔혹한 바보짓을 되풀이할지도 모른다는 우려 때문이었다. 폭력이 난무한 시기에 지식인의 나약하고 치욕스런 모습을 진솔하게 서술한 이 책은 이데올로기와 집단적 광기의 부당성을 고발하고 있으나 문체는 극히 담담하다. 복수심을 인간에 대한 연민으로 승화시킨 덕분이다. 장자가 만일 문화대혁명 때 끌려나와 유사한 고문을 당했으면 대략 그와 유사한 길을 택했을 것이다.

계선림이 21세기의 중국인들로부터 최고의 인격수양을 뜻하는 소위 난득호도難得糊途의 경지에 오른 대표적인 인물로 손꼽히는 이유도 이런 맥락에서 이해할 수 있다. 이는 총명해지는 것도 쉽지 않으나 어리석은 체하는 게 더 어렵다는 뜻이다. 청대 건륭제 때 화가 겸 학자로 명성을 떨쳤던 정판교鄭板橋가 처음으로 사용한 말이다. 북송 때의 소동파도 크게 깨달은 사람은 마치 어리석은 사람처럼 행동한다는 취지로 대지약우大智若愚를 언급한 바 있다. 난득호도와 같은 뜻이다.

중국인은 직설적으로 표현하는 것을 저급하게 생각한다. 자신의 총명함을 가볍게 드러내는 것으로 보기 때문이다. 수양이 덜 됐다고 보는 것이다. 난득호도의 '호도'는 원래 깨진 도자기를 살짝 풀을 붙여 온전한 것처럼 만들어 놓듯이 명확히 결말을 내지 않고 일시적으로 땜질하는 것을 말한다. 그러나 중국어는 '머저리' 뜻에 가깝다. 중국인들은 난득호도의 행보를 최고의 경지로 생각하고 있다. 장자는 「달생」편에서 난득호도의 경지를 이같이 설명해 놓았다.

"무릇 술에 취한 사람이 수레에서 떨어지면 비록 질주하는 와중일지라도 죽지 않는다. 골절이 다른 사람들과 같은데도 상해를 당한 정도가 보통사람과 다르다. 이는 술의 힘으로 그 정신을 온전히 보존했기 때문이다. 수레에 탄 것도, 수레에서 떨어지는 것도 알지 못한 까닭에 죽음과 삶의 놀라움과 두려움이 마음속으로 들어오지 못한 것이다. 뜻밖의 사물과 문득 만날지라도 전혀 두려워하지 않은 이유이다. 술에 의지해 정신을 온전하게 한 사람조차 이와 같은데 하물며 천성에 의해 온전하게 된 사람이겠는가?"

전원시인으로 알려진 도연명은 늘 술에 취해 살았다. 이해득실의 개념이 존재할 리 없다. 그가 유유자적한 삶을 산 이유다. 그는 총 20수에 달하는 「음주시」 중 인구에 가장 널리 회자하는 제5수에서 이같이 읊었다.

사람 속에 농막 짓고 산골에 사니	結廬在人境
수레와 말의 시끄러움이 사라졌다	而無車馬喧
묻노니 그대는 어찌해 그리되었나	問君何能爾
마음이 멀어지자 거처도 멀어졌다	心遠地自偏
동쪽 울타리 아래 국화를 꺾어들고	採菊東籬下
멀리 있는 남산을 유연히 바라본다	悠然見南山
산 기운은 해질 무렵 더욱 뛰어나니	山氣日夕佳
나는 새들이 함께 둥지로 돌아간다	飛鳥相與還
이 속에 자연의 참뜻이 들어 있으니	此中有眞意
난 말하려다 이내 말을 잊어버렸다	欲辯已忘言

마지막 구절은 『장자』 「외물」편에 나오는 득의망언得意忘言의 취지를 그대로 반영한 것이다. 도연명보다 3백여 년 뒤에 태어난 당나라 때의 이백도 도연명과 유사한 삶을 살았다. 그는 「산중문답」에서 이같이 읊었다.

묻노니 그대는 왜 푸른 산에 사는가	問爾何事棲碧山
웃을 뿐 대답 안 하니 마음 한가롭다	笑而不答心自閑
복사꽃 띄운 물은 아득히 흘러가니	桃花流水杳然去
별천지 따로 있어 인간세상 아니다	別有天地非人間

1930년대 김상용은 「남으로 창을 내겠소」에서 첫 번째와 두 번째 구절을 하나로 녹여 '왜 사냐건 웃지요' 라고 표현했다. 절묘한 축약이다. 이백의 「산중문답」은 도연명의 「도화원기」에서 시상詩想을 얻은 것이다. 무릉도원은 선경仙境을 말한다. 장자사상이 선도仙道와 직통하고 있음을 보여준다. 도연명은 굳이 신선이 될 생각이 없었으나 이백은 조금 달랐다. 그는 평시에도 취생몽사醉生夢死의 행보로 일관하며 신선처럼 살고자 했다. '별유천지別有天地' 운운이 그 증거다. 속세와는 완전히 차원이 다른 신선의 세계에서 노닐고자 한 것이다.

모택동은 중국 전래의 역사문화 전통을 깊이 흡입한 까닭에 문학에도 조예가 깊었다. 실제로 그는 시문학에 대해 많은 논평과 주석을 쏟아냈다. 그의 시는 분방하고 탈속의 경지에 이르렀다는 평을 듣고 있다. 전문가들은 현실주의 바탕 위에서 시를 쓰면서도 중국 고전과 낭만주의를 가미한 결과로 분석하고 있다. 그는 대다수 사람들이 이백보다 두보를 좋아하는 것과 달리 두보보다 이백을 좋아했다. 두보의 시는 눈물이 많고 정치적이기 때문이라는 게 이유다. 이백은 도사의 풍이 있는 데 반해 두보는 소지주의 입장에 서 있다는 평은 이런 맥락에서 나온 것이다. 초대 사회과학원장을 지낸 곽말약도 그의 저서 『이백과 두보』에서 비슷한 평을 한 바 있다.

도연명과 이백 모두 『장자』가 널리 읽힌 위진남북조와 당나라 때 인물이다. 북송대에 들어와서는 도가의 위세가 이전만 못했다. 이는 문학에도 그대로 반영되었다. 단지 노장사상을 깊이 이해했던 소동파만이 도연명과 이백의 시풍을 이어받았을 뿐이다. 「적벽부」에 나오는 구절이다.

오직 우리의 짧은 생을 슬퍼하니 哀吾生之須臾

장강의 무궁함을 선망할 뿐이다　　羨長江之無窮
신선과 함께 즐겁게 놀고자 하니　　挾飛仙以遨遊
밝은 달 안고 오래도록 노니리라　　抱明月而長終

「적벽부」는 소동파가 배를 타고 노닐면서 옛 일을 회상하며 감회에 젖어 읊은 일종의 영사시詠史詩에 해당한다. 옛 영웅의 덧없는 삶을 만물제동 차원에서 노래한 게 특징이다. 소동파 이후에는 이런 시를 보기 어렵게 됐다. 각박하기 그지없는 성리학의 윤리도덕이 횡행한 결과다.

불가에서 궁극적인 목표로 추구하고 있는 해탈은 장자의 무위자연 논리와 닮아 있다. 『장자』를 '중국식 해탈'의 이치를 밝힌 최초의 저서로 간주하는 이유다. 장자가 그러했듯이 세속의 혼란스런 모습에 초연한 모습을 견지하면서도 이를 있는 그대로 받아들이며 유유자적한 삶을 영위하는 게 요체이다. 굳이 불가처럼 출가할 필요가 없다. 『진서』「등찬전」에 "숨어서 도를 행할 경우 꼭 산곡山谷에 숨을 필요는 없다. 조정이나 저잣거리에도 얼마든지 숨을 수 있다. 숨는 것은 애초 나에게 있는 것이지 외물에 있는 것이 아니다"라는 구절이 나온다. 소은小隱이 아닌 대은大隱의 취지를 언급한 것이다. 무위자연의 유유자적한 삶을 이처럼 절묘하게 표현한 대목도 없다. 도연명과 이백, 소동파 모두 장자처럼 '대은'을 행한 자들에 해당한다.

장자와 안회

중국문학을 전공하는 학자들은 하나같이 장자의 문학적 성취를 높이 평가한다. 우언寓言과 중언重言, 치언卮言의 3언 이론을 통해 문학적 형식, 내용과 표현기법, 기교의 결합을 얘기했다는 것이다. 철학적 논리와 사유를 문장과 통일시킨 산문의 개척자로 칭송받는 이유다.

중국 현대 문학의 비조로 평가받는 노신도 『중국소설사략』에서 장자를 높이 평가했다. 이에 따르면 북송 때 비록 겉으로는 유학을 숭상했으나 불교와 도교에 대해서도 매우 너그러웠다. 귀신신앙이 만연한 이유다. 황제도 예외가 아니었다. 당대 최고의 글씨와 화필을 자랑한 휘종이 대표적이다. 그는 도사 임영소林靈素의 말에 혹한 나머지 신선을 독실하게 믿으면서 스스로 도군道君을 칭했다. 북송의 수도 개봉이 함락되고 휘종이 금나라에 의해 북쪽으로 끌려간 뒤 고종이 도성을 남쪽 항주로 옮겨 남송을 세운 후에도 이런 풍조는 크게 변하지 않았다. 고종은 퇴위한 뒤 신선에 관한 책을 탐독했다. 이때 곽단郭彖이 귀신 얘기를 다룬 『규거지睽車志』 5권을 지어 올렸다. 여기에 이런 얘기가 나온다.

"평소 유씨는 돈이 없어 절간에 얹혀 살았다. 먹여주고 재워주는 것만으로도 감지덕지해 하루도 거르지 않고 정성껏 절간을 청소하고 불상을 닦았다. 그러나 생활 자체는 매우 유유자적했다. 하루는 불공을 드리러 온 한 부자가 그를 기특하게 여겨 비싼 도포 한 벌을 선물했다. 처음에는 크게 기뻐했으나 이내 불편해지기 시작했다. 그 이전까지만 해도 외출할 때 방문을 잠그는 일이 없었는데 이후 자물쇠가 필요하게 됐다. 그런데도 혹여 누가 자물쇠를 부수고 도포를 훔쳐갈까 크게 불안해 했다. 그는 이내 불안과 초조의 원인이 도포 한 벌에 있다는 사실을 깨닫고는 곧 이를 다른 사람에게 선물했다. 이후 다시 유유자적한 생활을 할 수 있게 됐다."

노자가 『도덕경』에서 무욕無欲을 역설한 이유가 여기에 있다. 견물생심은 인지상정이다. 그러나 이를 방치할 경우 국가공동체의 기강이

문란해질 수밖에 없다. 맹자가 욕심을 스스로 줄이는 과욕寡欲을 역설하고 순자가 욕심을 스스로 억제하는 제욕制欲을 역설한 것은 바로 이 때문이다.

그러나 당사자에게 과욕과 제욕을 요구하는 것은 아무 소용이 없다고 생각한 한비자는 국가가 나서 법으로 엄히 금하는 금욕禁欲을 시행해야 한다고 주장했다. 이와 정반대로 주희를 추종하는 자들은 열심히 수양하기만 하면 제욕과 과욕의 차원을 넘어 능히 욕심의 뿌리 자체를 제거할 수 있다고 주장했다. 멸욕滅欲을 역설한 셈이다. 불가의 논리를 그대로 차용한 결과다. 이를 둘러싸고 커다란 논쟁이 벌어졌다. 이를 이욕지변利欲之辨이라고 한다.

맹자의 과욕과 순자의 제욕, 한비자의 금욕은 욕심의 뿌리를 발본拔本하는 것이 불가능하다고 본 데서 출발한다. 이와 달리 노자의 무욕과 성리학의 멸욕은 그게 가능하다는 전제에서 나왔다. 과연 무욕과 멸욕이 가능한 것일까? 먼저 노자의 경우부터 보자. 그는 『도덕경』 제1장에서 이같이 주장했다.

"무명無名의 도는 천지의 시작이고, 유명有名의 천지는 만물의 어미이다. 그래서 늘 무욕이면 그 현묘한 도를 보게 되고, 늘 유욕有欲이면 그 이익과 명예 등의 세속적인 가치만 보게 된다."

노자는 제왕을 위시한 위정자가 무위와 겸하謙下의 행보를 통해 백성들의 무욕을 실현시킬 수 있다고 보았다. 극히 낙관적인 전망이다. 설령 위정자가 아무리 무위와 겸하의 행보를 보일지라도 백성들을 모두 무욕의 경지로 이끌 수 있는 것은 아니다. 무위지치에 입각한 노자의 제도帝道가 현실적으로 실현가능성이 극히 희박하다는 지적을 받는 이유다.

그렇다면 불가에서 차용한 성리학의 멸욕은 과연 가능한 것일까?

성리학의 멸욕설은 천리를 보존하고 인욕을 소멸한다는 소위 '존천리存天理, 멸인욕滅人欲' 의 명제로 정립돼 있다. 이는 본래 인간의 모든 감성적 욕구를 제거하라는 말은 아니다. 도덕원칙을 위배하면서 지나치게 이욕만을 추구하려는 생각을 버리고 도덕의식으로 무장할 것을 주문한 것이다. 말은 그럴듯하나 천리와 인욕을 엄격히 분리해 놓은 까닭에 결과적으로 철저한 멸욕으로 나아갈 소지가 크다. 실제로 성리학의 '이욕지변' 은 그런 쪽으로 나아갔다. 이는 천리를 항구불변의 '절대' 개념으로 파악한 데 따른 필연적인 후과이기도 했다. 성리학이 지배할 때 삼강오륜의 미명하에 무수한 사람이 비명횡사했다. 서양이 중세 때 우주만물의 존재를 선과 악의 이분법적 대립관계로 파악한 나머지 마녀재판을 수시로 행한 것과 닮았다.

본래 '절대' 개념을 강조하면 할수록 '상대' 개념은 설 자리를 잃게 되고 이내 종교적인 도그마로 변할 수밖에 없게 된다. 주희의 주장이 그렇다. 본래 그는 맹자의 과욕설을 보다 상세히 설명한다는 차원에서 천리와 인욕을 언급했다. 그러나 그의 '천리인욕설' 은 극히 형이상학적인 이기론理氣論에 기초해 있는 까닭에 종교적 도그마로 변질될 소지를 안고 있었다. 실제로 그렇게 됐다. 그를 추종하는 자들 모두 '천리인욕설' 을『논어』의 극기복례克己復禮 등에 비유하며 이를 합리화했으나 사실 이는 불가의 멸욕설 차용 사실을 호도하기 위한 술책에 지나지 않았다. 이들 모두 선방의 선승과 다름없는 수행방법을 좇은 게 그 증거다.

송대의 성리학을 비판하며 등장한 명대의 양명학도 크게 다르지 않았다. 이들은 아예 노골적으로 선승의 수행을 흉내 냈다. 돈오頓悟를 양명학의 핵심으로 수용한 결과다. 실제로 명대 말기의 혼란한 시기에 이런 흐름이 만연하면서 문을 걸어 잠그고 면벽 수도하는 사대부가 속출했다. 이게 명나라 패망의 한 원인이 된 것은 말할 것도 없다. 청대에 들어와 양명학을 공학空學으로 비판한 고증학 운동이 거세게 일어난 배경이다. 원래 천리와 인욕 개념은 『예기』「악기樂記」편에 처음으로 나온다. 해당 대목이다.

"사람이 태어남에 고요한 것은 하늘의 성性이고, 사물에 감응해서 움직이는 것은 '성'의 욕구이다. 호오의 감정이 안에서 조절되지 못하고 지각 또한 밖의 유혹에 이끌려 돌이키지 못하면 천리는 소멸된다."

공교롭게도 유가 역시 이를 장자처럼 '물화'로 표현했다. 똑같은 '물화'이지만 외물과 하나가 될 것을 주문한 장자의 주장과 정반대된다. 성리학은 사람이 스스로의 능동성을 잃고 사물의 지배를 받게 되는 것을 '물화'로 해석했다. 만물제동 차원에서 도에 접근하는 요체로 풀이한 장자의 주장과 하늘과 땅만큼의 차이가 있다. 「달생」편에 이런 대목이 나온다.

"헤엄을 잘 치는 사람이 빨리 배울 수 있다는 것은 그가 물을 잊었기 때문이다. 뒤집히고 후진하는 등 여러 일들이 눈앞에 펼쳐질지라도 그의 마음을 어지럽히지 못하니 어디에 간들 여유가 없을 리 있겠는가? 기왓장을 경품으로 내건 놀이에서 뛰어난 실력을 보이는 자도 은이나 동으로 만든 혁대 고리를 경품으로 내걸면 마음이 떨려 두려워하고, 황금을 내걸면 마음이 이내 어두워져 큰 혼란에 빠진다. 기교는 같은데도 놓치면 아깝다는 애착심으로 인해 외물을 중시하며 거기에 마음을 빼앗겼기 때문이다. 외물을 중시하면 이내 내면의 마음이 졸렬해진다."

헤엄을 잘 치는 사람은 장자가 말하는 '물화'를 이룬 사람이고, 황금 경품에 마음이 흔들린 자는 유가에서 말하는 '물화'에 함몰된 자이다. 오랜 기간의 수련을 거치지 않으면 장자의 '물화'를 체득하기가 매우 어렵다. 대다수 사람들은 황금 경품에 마음이 흔들릴 수밖에 없다. 유가에서 말하는 소위 소인이 바로 그들이다. 소인은 이익에 밝은 자를 말한다. 이들은 학덕學德 연마를 업으로 삼는 사인士人과 달리 물건을 생산해 이를 호구지책으로 삼는다. 농부와 상인, 공인이 이에 속한다. 이들은 재화 생산 및 유통의 담당자인 까닭에 투여된 노동 및 기회비용 등에 따른 손익을 생각하지 않을 수 없다. 이해타산에 밝은 이유다. 이는 지극히 당연한 일로 결코 탓해서는 안 된다. 공자도 이들을 비난한 적이 없다.

그럼에도 주희는 이를 천리에 배치되는 인욕으로 못박으면서 외물의 유혹에 이끌려 천리를 훼손한 일체의 행위로 풀이했다. 터무니없는 확대해석이다. 이런 기준을 학덕 연마를 업으로 삼는 사인에게 적용하는 것은 나름 이해할 수 있다. 문제는 이를 사인뿐만 아니라 농공상 등 일반 서민에게도 가차없이 적용한 데 있다.

엄밀히 따지면 사인 역시 농공상과 다를 게 없다. 아무리 학덕 연마를 업으로 삼을지라도 삶 자체가 치열한 생존경쟁의 일환인 만큼 부모와 처자식을 부양하기 위해서는 일정 부분 생업에 관심을 기울이지 않을 수 없기 때문이다. 이를 소홀히 하는 것은 직무유기에 해당한다. 그럼에도 명분을 중시한 한나라 때 이미 이런 직무유기 풍조가 만연해 있었다. 사마천이 「화식열전」에서 이들을 질타한 이유가 여기에 있다. 해당 대목이다.

"집이 가난해 명절이 되어도 제수를 마련할 길이 없고 평소 음식과 의복을 스스로 조달할 길이 없는데도 부끄러워하지 않는다면 언급할 가치조차 없는 자들이다. 오랫동안 빈천하면서도 입만 열면 인의를 말하는 사대부들 또한 같다."

겉모습만 보면 장자 역시 입만 열만 인의를 떠벌인 빈천한 유자들과 별반 다를 것도 없다. 객관적으로 볼 때 장자는 극빈층에 가까웠다. 「외물」편에 이를 짐작게 해주는 일화가 나온다. 하루는 장자가 지방장관인 감하후監河侯에게 양식을 빌리러 갔다. 감하후가 말했다.

"좋소. 내가 나중에 봉읍에서 나오는 세금을 받아 선생에게 3백 금金을 빌려주겠소. 그러면 되겠소?"

장자가 발끈했다.

"내가 어제 이리로 올 때 도중에 나를 부르는 자가 있었소. 뒤돌아보니 수레바퀴 자국의 물웅덩이에 붕어 한 마리가 있었소. 그래서 내가 물었소. '붕어야, 너는 거기서 무엇을 하는 것이냐?' 붕어가 이같이 대답했소. '나는 동해의 물결에서 튕겨져 나온 해신의 신하이오. 그대에게 한 말 한 되의 적은 물이라도 있으면 그것으로 나를 살려주시오!' 마침 물이 없어 내가 할 수 없이 이같이 말했소. '알았다. 내가 바야흐로 남쪽 오나라와 월나라의 왕에게 유세하러 가려는데 그때 서강西江의 물을 거꾸로 흐르게 해서 그대를 맞이하도록 하겠다. 이제 됐는가?' 그러자 붕어가 발끈하며 이같이 힐난했소. '나는 지금 내가 늘 함께 하던 물을 잃어버려 몸 둘 곳이 없는 신세요. 지금 한 말 한 되의 물만 있으면 능히 살 수 있소. 그런데 그대가 이처럼 말하니 차라리 일찌감치 나를 건어물 가게에서 찾는 게 나을 것이오.' 지금 당신이 말하는 것이 바로 이와 같소."

장자의 이런 모습은 공자의 수제자인 안회의 행보와 사뭇 닮아 있다. 「산목」편에도 유사한 일화가 나온다. 한번은 위왕이 장자를 초청했다. 장자가 여기저기 기운 헐렁한 베옷을 입고 삼 줄로 이리저리 묶은 신발을 신은 채 위왕 앞으로 다가오자 위왕이 측은한 듯 물었다.

"선생은 어찌 이처럼 고달프게 사는 것이오?"

"저는 가난할 뿐 고달프지는 않습니다. 선비에게 도와 덕을 행할 수 없는 것은 고달픈 일입니다. 그러나 옷이 해지고 신발이 터진 것은 가난한 것일 뿐 고달픈 게 아닙니다. 이는 때를 만나지 못한 것에 지나지 않습니다. 지금 어두운 군주와 어지러운 재상 사이에 머물면서 고달픈 일이 없기를 바란들 과연 그게 가능하겠습니까?"

난세에 태어나 너무 높은 학문을 가진 탓에 아무도 알아주지 못하는 것이 잘못이라면 잘못이고 불행이라면 불행이지 남루한 옷차림이 무슨 잘못이냐고 반문한 것이다. 입으로만 위민爲民을 떠드는 위정자들을 통렬히 비판한 셈이다. 곽말약이 장자를 안회의 사상적 후계자로 간주한 것도 이와 무관하지 않다.

실제로 장자는 안회처럼 안빈낙도의 삶을 살았다. 세속의 명리에 연연하지 않은 결과다. 안회는 공자의 제자들 중 학덕을 가장 열심히 닦은 인물이다. 사상적으로 공자의 적통 후계자에 해당한다. 공자 자신도 학덕을 연마하는 성실한 자세만큼은 제자인 안회를 따를 길이 없다고 실토한 바 있다. 안회에 대한 칭송은 곧 장자에 대한 칭송에 해당한다. 같은 시기에 살았으면 공자는 틀림없이 안빈낙도하는 장자를 크게 칭송했을 것이다.

노동과 휴식

노동과 휴식은 동전의 양면과 같다. 육체노동은 말할 것도 없고 정신노동의 경우는 휴식이 더욱 필요하다. 무한경쟁으로 치닫고 있는 21세기 상황에서 정신적으로 가장 피곤한 사람은 대략 최고통치권자와 초일류 글로벌 기업 CEO들일 것이다. 원래 큰일을 다루는 사람은 크게 볼 줄 알아야 한다. 이들에게 가장 많은 휴식이 필요한 이유다.

「소요유」편에 이와 관련한 일화가 나온다. 하루는 장자의 절친한 친구인 혜시가 찾아와 장자에게 이같이 말했다.

"위왕이 내게 커다란 박씨를 주었다. 이를 심었더니 5섬들이나 되는 큰 박이 열렸다. 여기에 마실 물을 담자니 무거워서 들 수가 없고, 쪼개서 표주박을 만들자니 너무 평평해 아무것도 담을 수 없었다. 할 수 없이 크기만 하고 쓸모가 없기에 이내 부숴버리고 말았다."

장자가 힐난했다.

"그대는 참으로 큰 것을 쓸 줄 모른다. 송나라 사람 가운데 거북등 손을 치료하는 약을 가진 사람이 있었다. 그는 대대로 헌 솜을 물에 빠는 일로 먹고 살았다. 하루는 나그네가 소문을 듣고 그 비법을 백금百金을 주고 사려고 했다. 그가 곧 가족을 모아놓고 상의하기를, '우리는 대대로 세탁업을 했으나 몇 금을 버는 데 불과했다. 지금 하루아침에 그 기술을 백금에 팔게 됐으니 승낙토록 하자' 고 했다. 나그네가 그 비법을 사서 오왕에게 유세했다. 마침 월나라가 침입하자 오왕이 그를 장수로 삼아 겨울에 수전水戰을 벌였다. 그는 월나라를 대파한 뒤 봉지를 받아 제후가 되었다. 거북등 손을 치료하는 약은 하나이지만 어떤 사람은 그것으로 제후가 되고 어떤 사람은 세탁업을 면치 못했다. 이는 그 쓰임이 달랐기 때문이다. 그대는 어찌해서 5섬들이 큰 박으로 커다란 술통 모양의 배를 만들어 강이나 호수에 띄울 생각을 하지 않고 오히려 얕고 평평해 아무것도 담을 것이 없다며 걱정하고 있는가? 그대는 잘고 꼬인 마음을 가진 듯하다."

최고통치권자와 초일류 글로벌 기업 CEO들이 작은 이익을 챙기기 위해 정신없이 바장이고 다니거나 기존의 성공방식에 안주하면 자신은 말할 것도 없고 국가와 기업도 이내 위기에 처하게 된다. 큰일을 하는 사람은 사안을 총체적으로 분석하고 멀리 앞을 내다볼 줄 알아야 한다. 국가 총력전으로 전개되고 있는 21세기 상황에서 최고통치권자와 초일류 글로벌 기업 CEO들이 이를 소홀히 할 경우 이내 국가적 재앙으로 연결될 수밖에 없다.

『장자』의 가르침은 비단 통치 리더십에 국한된 것도 아니다. 오히려 문예와 자연학 연구를 업으로 하는 자들에게 더욱 중요하다. 외부의 유혹에 휘둘려서는 안 된다. 그래서는 제대로 된 창조작업이 이뤄질 수 없다. 노자가 역설한 무욕의 경지에 서 있어야 하는 이유다. 장자는 이를 소박素朴과 염담恬淡으로 요약했다. 기교 대신 질박하고 담백한 마음으로 작품과 사물을 대하는 자세를 뜻한다. 「달생」편에 이에 관한 일화가 나온다.

하루는 목수 경慶이 큰 나무를 깎아 악기를 만들었다. 이를 본 사람들 모두 귀신 같은 솜씨에 경탄했다. 노나라 군주가 그에게 물었다.

"그대는 무슨 기술로 이같이 만든 것이오?"

목수 경이 대답했다.

"신은 목공일 뿐인데 무슨 특별한 기술이 있겠습니까? 다만 이것 하나는 있습니다. 신은 악기를 만들 때 단 한 번도 정신을 분산시킨 적이 없습니다. 먼저 반드시 재계하여 마음을 고요하게 만듭니다. 목욕재계한 지 3일째가 되면 감히 상으로 받는 물건이나 작록에 대한 생각을 품지 않게 됩니다. 5일째가 되면 작품에 대한 세상의 찬사 내지 조소나 작품의 탁월함과 졸렬함에 대한 평가로부터도 자유로워집니다. 7일째가 되면 문득 제가 사지와 몸체를 가지고 있다는 사실조차 잊게 됩니다. 이 단계가 되면 조정의 포상과 벼슬 등에 대한 생각이 마음에 없는 까닭에 신이 지닌 모든 기술이 하나로 집중되고 외물로 인한 방해 또한 완전히 사라지게 됩니다. 그때 비로소 산속으로 들어가 나무의 자연스런 성질과 모습 등을 살펴봅니다. 이거다 싶은 나무를 발견하는 순간 마음속에 악기의 모습이 만들어집니다. 연후에 저는 비로소 나무에 손을 댑니다. 이런 경지에 이르지 못하면 결코 작업에 들어가지 않습니다. 저의 소박하고 순진한 마음이 나무의 자연스런 성품과 만나 귀신이 곡할 악기가 만들어지는 셈입니다. 기술이 있다면 이것이 기술이라고 할 수 있습니다."

장자는 여기서 크게 두 가지를 주문하고 있다. 하나는 훼예毁譽와 교졸巧拙에 대한 세간의 평으로부터 초연해지는 것이다. 소박과 염담을 의미한다. 이를 방해하는 것은 바로 세간의 훼예와 교졸에 대한 평이다. 여기에 얽매일 경우 그저 그런 태작駄作밖에 나오지 않는다. 여기서 나온 성어가 바로 욕교반졸欲巧反拙이다. 너무 기교를 부리려 들면 오히려 졸렬해진다는 뜻이다. 사람들을 감동시키는 천하의 걸작과 인류의 삶을 획기적으로 뒤바꾸게 만드는 위대한 발명 모두 세속의 명리로부터 초연한 자세를 견지하는 데서 비롯된다.

다른 하나는 몸과 마음을 하나로 하여 작품에 집중하는 심신전일心身專一의 자세이다. 장자는 이를 고요한 마음으로 재계하는 소위 심재心齋로 표현했다. 여기서 나온 성어가 바로 심재좌망心齋坐忘이다. 마음의 때를 모두 씻고 무아지경에 이르는 것을 뜻한다. '심신전일'의 또 다른 표현에 해당한다.

심신을 하나로 하는 심재좌망은 소박염담과 더불어 창조작업의 요체에 해당한다. 「대종사」편에 좌망에 관한 일화가 나온다. 장자는 이를 공자와 안회의 대화형식으로 기술해 놓았다. 하루는 안회가 공자에게 말했다.

"저는 더 나아간 듯합니다."

"무슨 말인가?"

"저는 인의를 잊었습니다."

"좋기는 하나 아직 도와는 거리가 있다."

다른 날 안회가 다시 공자를 만나 말했다.

"저는 더 나아간 듯합니다."

"무슨 말인가?"

"저는 예악을 잊었습니다."

"좋기는 하나 아직 도와는 거리가 있다."

얼마 후 안회가 다시 공자를 만나 말했다.

"저는 더 나아간 듯합니다."

"무슨 말인가?"

"저는 '좌망'의 경지에 들어갔습니다."

공자가 깜작 놀라 얼굴빛을 고치며 물었다.

"무엇을 '좌망'이라 하는가?"

"사지를 비롯해 온몸을 다 버리고, 이목의 감각작용을 물리치고, 육체와 지각작용을 모두 없앰으로써 천지자연과 통하게 되면 이를 일컬어 좌망이라고 합니다."

공자가 말했다.

"그리하면 호오가 없게 될 것이고, 나아가 천지자연의 변화와 함께 하면 집착 또한 없게 될 것이다. 과연 현명하구나, 나는 너의 뒤를 따를 것이다!"

안회가 '좌망'을 이루게 된 것은 말할 것도 없이 '심재'를 부단히 행한 결과이다. '심신전일'의 자세로 부단히 작품을 구상하고 거듭 다듬는 등의 오랜 연마가 있었음을 암시한다.

위진남북조와 당나라 때 도교의 도사들은 장생불사의 신선이 될 욕심으로 심재좌망을 일삼았다. 그러나 유한한 육신을 갖고 장생불사의 신선이 되고자 하는 것 자체가 모순이다. 장수에 대한 욕심은 세속의 명리보다 더한 욕심이다. 욕심을 버리기 위해 심재좌망을 해야 하는데 오히려 이를 거꾸로 한 셈이다. 이런 식의 심재좌망이 성공할 리 없다. 이를 경계하는 비유가 「외물」편에 나온다.

"통발은 물고기를 잡는 도구로 물고기를 잡으면 통발은 잊어버리기 마련이다. 올무는 토끼를 잡는 도구로 토끼를 잡으면 올무는 잊어버리기 마련이다. 이와 마찬가지로 말 역시 뜻을 전하기 위한 도구로 뜻을 전하면 말은 잊어버리기 마련이다. 그런데도 세상의 학자들은 뜻보다 말을 중시하니 내가 어디서 말을 잊은 사람을 만나 더불어 얘기를 나눌 것인가?"

여기서 득어망전得魚忘筌과 득의망언得意忘言 일화가 나왔다. 진리를 깨달아 말이나 설명이 필요없는 경지를 말한다. 불가의 『사유경蛇喩經』에도 유사한 취지의 얘기가 나온다.

"비구들이여! 너희들에게 집착을 버리도록 하기 위해 뗏목의 비유를 들겠다. 어떤 나그네가 긴 여행 끝에 바닷가에 이르렀다. 그는 '바다 저편은 평화로운 땅이니 그리 가야 하겠다' 고 생각해 이내 뗏목을 만들어 무사히 바다를 건넜다. 이후 이 나그네는 그 뗏목을 어찌해야 하는 게 옳은가? 뗏목의 은혜를 생각해 메고 가야 하는가? 아니면 다른 사람들도 이를 이용할 수 있도록 그냥 두고 자신의 길을 가야 하는가? 그는 뗏목을 두고 가도 자신이 할 일을 다 한 셈이다. 너희들도 뗏목을 잊은 것처럼 궁극에는 교법마저 버리지 않으면 안 된다."

득어망전은 통상 뜻한 바를 이룬 후에는 그 수단이나 과정 등에 대하여는 집착하지 말라는 뜻으로 사용되고 있다. 최근에는 엉뚱하게도 '토사구팽' 처럼 배은망덕한 행위를 비난하는 성어로 사용되기도 한다. 원래의 취지와 사뭇 동떨어진 것이다.

'심재좌망' 과 '득어망전' 일화는 통치 리더십에도 그대로 적용할 수 있다. 대권에 대한 집착을 버리는 게 이에 해당한다. 실력도 닦지 않은 채 이런저런 연줄과 국민 세금을 쌈짓돈으로 생각한 온갖 건설공사로 이뤄진 명망에 올라타 대권을 거머쥐는 것은 본인뿐만 아니라 국가 전체로도 커다란 불행이다. 장기집권에 대한 욕심도 같은 맥락에서 풀이할 수 있다. 세인들이 박수 칠 때 물러날 줄 아는 자세가 필요하다.

그러나 심재좌망의 정신이 가장 필요한 분야는 창조적인 작업이 필요한 문예분야와 물리학과 생물학 등의 자연과학 분야이다. 이들이 권력 주변을 어슬렁거리는 것은 극히 해악적이다. 21세기는 문예 및 과학기술 콘텐츠가 국가흥망을 좌우하는 시대이다. 세속의 명리를 좇는 문예인과 과학자가 횡행하는 나라는 결코 1등 국가가 될 수 없다.

국가와 사회

원래 노자는 최상의 치도인 제도를 역설했지만 꼭 제도만을 고집한 것은 아니다. 그 아래 단계인 왕도에 이르기만 할지라도 이를 능히 수용할 수 있다는 입장을 보였다. 무위의 상덕上德에는 미치지 못하지만 인의예지 등의 인위적인 덕목을 하덕下德으로 긍정적으로 평가하며 유가에서 말하는 성인을 칭송한 게 그 증거다. 장자가 유가의 인위적인 덕목을 극도로 꺼린 것과 대비된다. 장자의 이런 입장은 노자와 달리 현실정치에 대한 기대를 접은 데 따른 것이다. 이를 뒷받침하는 일화가 「응제왕」편에 나온다.

하루는 자연의 근원을 상징하는 천근天根이 왕성한 생명력을 상징하는 은산殷山의 남쪽에서 노닐었다. 잠시 후 고요한 음기가 흐르는 요수蓼水가에 이르렀다가 마침 길을 가던 도사 무명인無名人을 만났다. 천근이 무명인에게 물었다.

"청컨대 천하를 다스리는 일에 관해 묻고자 합니다."

무명인이 문득 화를 냈다.

"물러가라! 그대는 비루한 자이다. 어찌 이다지도 불쾌한 질문을 하는 것인가? 나는 바야흐로 조물자와 함께 벗이 되었다가 싫증이 나면 아득히 멀리 나는 새를 타고 천지 사방의 밖으로 나가 도의 세계에서 노닐려고 한다. 그대는 무엇 때문에 하찮게도 천하를 다스리는 일로 나의 마음을 흔들어대는가?"

천근이 거듭 묻자 무명인이 화를 누그러뜨리며 이같이 말했다.

"정 그렇다면 내가 일러주겠다. 마음을 담박한 곳에서 노닐게 하고, 기운을 적막한 곳에 부합토록 만들고, 사물의 자연스런 변화와 흐름을 좇아 사사로움을 용납하지 않으면 된다. 그러면 천하는 저절로 잘 다스려질 것이다."

아예 천하를 다스린다는 생각 자체를 버리라고 주문한 셈이다. 만일 장자의 이런 주문을 그대로 좇을 경우 국가는 존립기반을 잃게 된다. 들뢰즈가 『천 개의 고원』에서 말하는 리좀형 인간관계의 극단적인 모습에 해당한다.

노자와 공자가 공히 부득이한 경우의 전쟁을 용인한 것은 국가의 존립을 전제로 한 것이다. 장자의 언급에서는 이런 취지를 전혀 찾을 길이 없다. 치도를 언급한 제자백가를 열거할 때 선도를 추구한 장자를 제외하는 이유가 여기에 있다. 묵자와 맹자 역시 불변의 진리인 천도를 역설한 점에서 사람이 사람을 다스리는 인도, 즉 치도의 주창자 명단에서 제외해야만 한다.

장자와 묵자, 맹자의 주된 관심은 국가공동체보다 국가를 구성하고 있는 개인 자체에 있다. 서구에서 발달한 자유의 이념을 극단화하면 바로 장자가 말한 '무치'에 가깝게 된다. 민주의 이념을 극단화하면 '무치'의 수준은 아닐지라도 국가는 이내 해체되고 만다. 천도를 절대시하며 사직보다 인민을 앞세운 맹자나 묵자의 경우가 여기에 속한다.

이는 서구의 '사회주의' 이념과 사뭇 가깝다. 실제로 서구에서 발달한 사회주의 이념은 성리학과 논지를 같이하고 있다. 성리학의 뿌리는 중국식 불교인 선종에 있고, 선종의 알맹이는 장자사상이나 다름없다. 장자사상이 불교사상과 융합돼 선종이 탄생하는 과정에서 사후의 세계를 언급치 못해 비세를 면치 못한 유교가 이를 적극 수용한 결과 성리학이 탄생한 것이다.

서양에서 사회주의가 태어난 과정도 이와 유사하다. 당초 사회학의 아버지로 불리는 콩트는 『실증철학』에서 모든 사회현상은 뉴턴의 '만유인력 법칙'에 준하는 소위 '3단계 법칙'을 통해 설명할 수 있다고 주장했다. 인간의 지식체계는 신학적 · 형이상학적 · 실증적 단계의 3단계로 진화했고, 최종 단계의 정점에 '사회물리학'이 등장한다는 게 요지이다. 인류의 역사를 개관할 때 성직자가 정신적 지도자로 군림하는 신학적 단계와 철학자가 주도하는 형이상학적 단계를 거친 뒤 마침내 과학자가 사회공동체의 지도자로 대두하는 실증단계에 이르게 된다는 것이다.

이처럼 '사회물리학'은 '만유인력 법칙'처럼 사회현상을 과학적으로 설명하고 예견하는 철칙의 존재를 전제로 한 것이다. 사실 이게 '사회학'의 본래 이름이다. 마르크스는 이를 토대로 '사회학'을 넘어선 '사회과학'을 창시했다. 물리의 세계에서 한 치의 착오도 없이 '만유인력 법칙'이 인간사회에도 그대로 적용될 수 있다는 신념이 이와 같은 접근을 가능케 했다. 21세기 현재까지 자연과학과 인문학 및 예술을 제외한 여타의 모든 학문을 총괄하는 소위 '사회과학' 용어가 등장하게 된 이유가 여기에 있다. 국가학을 뜻하는 정치학이 사회과학의 일원으로 축소된 게 그 실례다.

원래 콩트의 『실증철학』은 '과학' 대신 '철학'이라는 용어를 사용함으로써 훗날 많은 오해를 낳았다. 역사학은 과연 문학과 철학 등의 인문학에 속하는 것인가, 아니면 가장 인접한 정치학과 마찬가지로 사회과학에 속하는 것인가 하는 논쟁이 지속되고 있는 이유다. 사회과학이 과연 자연과학과 같아질 수 있는가 하는 문제를 놓고 21세기 현재까지 지속되고 있는 논란도 같은 맥락이다. 마르크스는 이를 하나로 뒤섞어 '사회과학'이라는 영역을 만들어냈다. 그 역시 콩트처럼 모든 사회현상을 물리학과 유사한 과학적인 법칙에 의해 설명될 수 있다고 생각했다. '사회물리학'에 대한 과신이 사회과학이라는 용어를 만들어낸 셈이다.

그가 『독일 이데올로기』와 『자본론』 등을 통해 헤겔과 아담 스미스 등의 연구성과를 마구 뒤섞은 '과학적 사회주의' 이론을 만들어낸 배경이 여기에 있다. 계급투쟁으로 점철된 인류역사의 귀착점은 부르주아의 프롤레타리아 계급에 대한 착취를 제도적으로 가능케 한 '국가'가 사라지고 모든 사람이 함께 생산하고 소비하는 '공산사회'일 수밖에 없다는 게 골자다. 그 충격은 엄청났다. 한때 전 세계의 절반에 달하는 나라가 이를 채택한 게 그 증거다.

마르크스의 공산사회는 헤겔 신학을 교묘히 변용한 것이기도 했다. 헤겔이 당위론에서 출발해 존재론을 규명코자 한 유심론적 '신학자'라면 마르크스는 존재론에서 출발해 당위론으로 나아간 유물론적 '사회과학자'에 해당한다. 20세기 초 자유민주주의를 신봉한 서방진영은 유심론의 관점에서 사회를 분석한 베버의 이론에 경도되었다. 여기에는 과거의 소련을 포함한 동구권이 유물론에 입각한 마르크스의 '사회과학'을 모든 학문의 기둥으로 삼은 것에 대항코자 하는 의도가 크게 작용했다. 베버의 사회학이 자본주의 사회 내에서 '사회과학'을 확산시키는 데 주도적인 역할을 한 이유다.

21세기 현재에 이르기까지 '사회과학'이 인문학을 비롯해 모든 학문을 제압한 것도 이와 무관치 않다. 동양에도 그런 적이 있다. 남송대의 주희가 당사자다. 전래의 유가사상에 불교 이론을 마구 버무려 만든 성리학이 1천 년 넘게 불변의 '철칙'으로 통용된 게 그 증거다. 형이하의 인도가 형이상의 천도에 함몰된 배경이 여기에 있다.

형이상과 형이하

춘추전국시대는 동양 전래의 학문과 사상이 구축되는 매우 중요한 시기였다. 외양상 극도로 혼란스러웠음에도 불구하고 사상사적으로 보면 오히려 인간의 이지理智를 가장 높이 산 극히 창조적인 시기였다. 공자와 맹자, 순자, 묵자, 노자, 장자, 오자, 한비자 등 수많은 제자백가가 우후죽순처럼 등장한 게 그 증거다.

이들 모두 난세를 치세로 전환시키고자 하는 공통의 목표를 갖고 있었다. 이들이 하나같이 '제폭구민'의 기치를 내건 이유다. 이를 치도라고 한다. 가장 바람직한 다스림의 방도를 의미한다. 치도를 통해 이루고자 하는 과업을 흔히 대업大業 내지 홍업鴻業이라고 불렀다.

대업은 치도의 수준에 따라 크게 제업帝業, 왕업王業, 패업霸業, 강업彊業으로 나뉜다. 제업으로 나아가는 길을 제도帝道, 왕업은 왕도王道, 패업은 패도霸道, 강업은 강도彊道로 부른다. 『순자』「왕제」편의 해당 구절이다.

"왕자는 사람을 얻고자 하고, 패자는 동맹국을 얻고자 하고, 강자는 땅을 얻고자 한다. 사람을 얻고자 하는 자는 제후를 신하로 삼고, 동맹국을 얻고자 하는 자는 제후를 벗으로 삼고, 땅을 얻고자 하는 자는 제후를 적으로 삼는다. 그러나 싸우지 않고 승리하고, 공격치 않고 얻고, 무력동원을 하지 않고도 천하를 복종시키는 경우가 있다. 이들 3가지 요건을 아는 자는 왕자가 되고 싶으면 왕자, 패자가 되고 싶으면 패자, 강자가 되고 싶으면 강자가 될 수 있다."

원하는 바대로 왕자와 패자, 강자가 될 수 있는 것은 가장 높은 단계의 치도인 제도를 언급한 것이다. 제도와 왕도, 패도, 강도를 모두 인정하는 것을 소위 '치도4분론'이라고 한다. 이를 도식으로 나타내면 다음과 같다.

군도君道	제도	왕도	패도	강도
군업君業	제업	왕업	패업	강업
군인君人	제자	왕자	패자	강자
군덕君德	무위	예양	법제	무력
제자백가	노자	유가	법가	병가

치도와 반대되는 것은 난도亂道이다. 순자는 이를 패망의 길로 간주해 크게 위도危道 내지 망도亡道로 구분했다. 제자백가의 학문은 바로 치도의 근본목적과 방법론을 둘러싼 일체의 이론으로 정의할 수 있다. 춘추전국시대는 난세의 기간이 무려 5백여 년에 달한 까닭에 온갖 종류의 대안과 이론이 제시되었다. 후대에 비록 훈고학과 성리학, 양명학, 고증학, 공양학 등이 일어났으나 이는 모두 곁가지에 불과하다.

서양의 사상사를 두고 화이트헤드가 "플라톤의 주석에 지나지 않는다"고 갈파한 것처럼 동양의 사상사 역시 이들 제자백가사상의 주석에 지나지 않는다. 실제로 후대의 학문 모두 춘추전국시대의 제자백가사상에 뿌리를 두고 있다. 춘추전국시대를 두고 인류 역사상 가장 높은 수준의 언론과 학술, 표현의 자유가 보장된 시기로 평하는 게 결코 과장이 아니다.

당시에 활약한 이들 학자들을 통상 제자백가諸子百家라고 한다. '제자'는 모든 선생, '백가'는 수많은 학파를 의미한다. 사마천은 『사기』에서 제자백가를 유가와 묵가, 도가, 법가, 음양가, 명가 등 6부류로 나눴다. 후한 초 반고는 『한서』「예문지」에서 종횡가와 병가, 잡가, 농가 등 8가를 추가했다. 이들을 통칭해 흔히 9류10가九流十家라고 한다. 10진법에서 9와 10은 자연수의 최대치를 상징한다. 꼭 아홉과 열을 의미하는 게 아니다. '9류10가' 자체가 세상의 모든 학문을 총망라했다는 뜻을 담고 있다.

서양의 학문은 17세기 당시 갈릴레이와 뉴턴 등에 의해 과학혁명이 일어난 후 학문을 세분화하는 분화의 역사를 걸어왔다. 21세기에 들어와 소위 '통섭'이라는 이름 아래 극도로 세분화된 학문을 재통합하려는 움직임이 전개되고 있기는 하나 그 성과는 아직 미미한 실정이다. 동양은 이와 정반대의 과정을 걸어왔다. 수천 년 동안 문·사·철을 하나로 통합한 제왕학을 사대부의 필수교양으로 간주해 온 게 그 증거다. 동양에서 학문을 인문학, 사회과학, 자연과학 등으로 나눈 것은 불과 1백여 년의 역사밖에 되지 않는다.

동양에서는 복잡다기하게 세분화된 모든 학문을 총망라하는 동시에 이를 체계적으로 정리한 '9류10가' 등의 용어를 즐겨 사용했다. 당나라 말기 여러 갈래로 세분화된 선종집단을 '5가7종'으로 정리한 게 그 실례이다. 신라가 선종과 교종을 통틀어 '5교9산'으로 정리한 것도 같은 맥락이다.

그렇다면 장자사상을 동서고금의 모든 학문과 사상을 총망라한 '9류10가'의 차원에서 분류할 경우 대략 어디쯤 속하는 것일까? 먼저 장자사상이 출현하게 된 당시의 시대배경부터 간략히 살펴보자. 장자가 활약한 시기인 기원전 4세기경은 열국 간 전쟁이 치열하게 전개된 전국시대 중기에 해당한다. 난세를 종식시키기 위한 최상의 방안은 속히 천하를 통일하는 길밖에 없었다. 묵가와 맹자는 공히 인의를 내세우며 능히 왕도로 천하를 통일할 수 있다고 주장했다. 그러나 열국의 제후들이 선택한 노선은 무력으로 상대방을 제압하는 이열치열以熱治熱의 해법이었다. 이들의 가장 큰 관심사는 부국강병이었다. 맹자의 말을 귓등으로 흘려들으면서 법가와 종횡가, 병가의 얘기에 귀를 기울인 이유다. 이는 치열한 군비경쟁을 야기했다.

군비경쟁이 치열해질수록 백성들에 대한 착취도 가중될 수밖에 없었다. 내부적으로 끊임없는 수탈과 학정의 수위가 높아지고 외부적으로 전쟁의 횟수와 규모가 날로 커져갔다. 마치 '빈곤의 악순환'처럼 '착취의 악순환'이 계속되고 있었던 것이다. 이를 뒷받침하는 『장자』「재유」편의 해당 대목이다.

"지금 세상을 보면 처형당한 자들은 시체가 서로 베개를 베고 누워 있을 정도로 넘쳐나고, 차꼬를 차고 칼을 쓴 죄인들은 서로 밀칠 정도로 바글거리고, 형륙을 당한 자들은 서로 마주 바라볼 정도로 많다. 그런데도 유가와 묵가의 선생이라는 자들은 차꼬와 수갑을 찬 죄인들 사이를 뛰어다니며 팔을 걷어붙인 모습으로 '인의' 운운하고 있다. 아, 심하구나! 저들이 부끄럼 없이 수치를 모르는 것이. 참으로 심하다!"

열국의 백성들 입장에서 볼 때 한마디로 절망의 시대였다. 장자는 이런 절망의 시대를 살아가는 힘없는 백성들을 위해 안빈낙도를 역설한 것이다. 이는 삶과 죽음을 초월함으로써 마음의 편안함을 얻어 유유자적하게 사는 것을 말한다. 실제로 본인이 그런 삶을 살았다. 일종의 이냉치열以冷治熱의 해법을 제시한 셈이다. 문화대혁명 시절 관봉關鋒 등이 장자사상을 두고 현실에 굴복한 노예사상으로 매도했으나 이는 큰 잘못이다.

본래 장자처럼 삶과 죽음을 초월할 경우 세속의 부귀영화는 그야말로 하찮은 것에 지나지 않는다. 남보다 앞서나가기 위해 스스로의 명을 재촉하며 이악스럽게 살 이유가 하등 없게 된다. 장자사상을 상징하는 느림의 미학, 여백의 미학은 여기서 나온다. 장자를 동서고금을 통틀어 최고의 문예사상가로 손꼽는 이유가 바로 여기에 있다. 동서고금의 모든 사상은 시대사상의 반영물일 수밖에 없다. 장자는 춘추전국시대의 난세에 가장 힘없는 백성들을 위해 나름 최상의 방안을 제시한 것이다. 결코 노예의 길을 제시한 게 아니다.

장자가 이런 해법을 제시한 것은 기본적으로 불교와 기독교처럼 천당과 극락 등의 안락한 사후세계를 언급하지 않았기 때문에 가능했다. 만일 그가 「지락」편에 나오는 해골처럼 사후세계를 천당과 극락 등으로 미화하고 다녔다면 그는 이내 또 다른 종교의 교조敎祖가 되었을 것이다. 그러나 그는 여기서 더 이상 나아가지 않았다. 장자사상을 종교인 신도神道와 구별되는 선도仙道로 분류하는 이유다. 다음 도식을 보면 이를 쉽게 확인할 수 있다.

〈학문의 분류 및 체계〉

초점	분류	요지	목표	방법	제창자	학문	치도	정체
내세	종교	자비	부처	양각養覺	**석가모니**	신학·종교학	신도	신정
		사랑	천국	양신養信	예수			
생전	형이상	자연	신선	양신養神	**장자·양주** 들뢰즈	문예·자연학	선도	무정부
		천리	철인	양심養心	**묵자·맹자** 칸트	철학·사회학	천도	민주정
	형이하	무위	인간	양유養柔	**노자·열자** 루소	인류·세계학	제도	천하정
		예양	군자	양학養學	**공자·순자** 볼테르	역사·국가학	왕도	공화정
		부강	제왕	양산養産	**상앙·한비** 마키아벨리	경제·법률학	패도	군주정
		승리	패왕	양강養强	**손자·오자** 클라우제비츠	군사·외교학	강도	군정

동서고금을 막론하고 인류가 생각해낸 모든 사상과 학문은 이 틀에서 벗어나지 않는다. 춘추전국시대 당시 여러 제자백가 중 형이상의 선도를 생각해낸 사람이 바로 양주와 장자이다. 선도는 현실세계에서 무병장수와 유유자적을 구가하는 까닭에 사후의 내세에 별다른 관심을 기울이지 않는다. 신과 교신하며 사후의 내세를 기약하는 신

도와 뚜렷이 구별되는 이유다.

춘추전국시대의 제자백가들 중 신도로 나아간 사람은 없다. 인격신에 가까운 천지天志를 상정한 묵가도 마찬가지다. 묵가는 유신론적 무신론에 가깝다. 천리를 좇는 천도天道로 분류하는 이유다. 맹자는 말로만 왕도를 외쳤을 뿐, 사실은 묵자가 언급한 천도를 얘기한 것이나 다름없다. 사상 최초로 폭군방벌론暴君放伐論을 언급한 게 그 증거다. 종교적인 교단에 준하는 무리를 형성한 뒤 스스로 거자鋸子를 칭하며 일사불란한 반전운동을 전개한 묵자의 행보와 닮았다. 묵자가 수비에 치중한 묵수墨守를 견지했기에 망정이지 묵공墨攻으로 나아갔다면 만국 노동자의 총궐기를 외친 마르크스처럼 대혁명의 도화선이 되었을 것이다. 맹자의 폭군방벌론은 묵자의 '묵수론'이 일거에 '묵공론'으로 돌변할 수 있음을 암시한 것이기도 하다.

순자가 말한 인도人道는 선도 및 천도와 달리 제도와 왕도 등의 치도를 의미한다. 노자를 비롯해 공자와 순자, 한비자 등 대다수의 제자백가들 모두 인도에 초점을 맞췄다. 원래 공자는 군주가 신하의 진언을 받아들이지 않을 경우 그 곁을 떠날 것을 주문했다. 그러나 맹자는 무력을 동원해 사직을 뒤엎을 것을 주장했다. 그만큼 과격했다. 공자는 비록 인위적인 덕목이기는 하나 인의예지에 입각해 지극한 통치를 추구한 점에서 노자의 제도에 준하는 치도를 제시한 셈이다. 이것이 바로 본래 의미의 '왕도'에 해당한다. 맹자는 겉으로만 '왕도' 운운했을 뿐이다.

천도와 인도의 가장 큰 차이는 '절대불변'과 '상대가변'의 차이에 있다. 천도와 선도는 절대불변의 형이상을 추구한 점에서 서로 통한다. 순자가 장자를 두고 천도에 가려져 인도를 알지 못했다고 비판하면서도 노자를 높이 평가한 이유다.

다만 노자는 치국보다 평천하에 초점을 맞춘 점에서 여타 제자백가와 구별된다. 그가 소국과민小國寡民을 역설한 게 그 증거다. 소국과민은 '무위지치'가 이뤄지는 상황에서는 인위적인 덕목과 법제가 불필요하다는 취지에서 나온 것이다. 그러나 그는 비록 소극적이기는 하나 공자처럼 부득이한 상황의 전쟁을 용인했다. 『도덕경』의 요체가 천도가 아닌 인도에 있다고 평하는 이유다. 원래 『도덕경』에는 전쟁에 관한 얘기가 모두 3차례에 걸쳐 나온다. 가장 대표적인 것은 제31장의 다음 대목이다.

"병기는 상서롭지 못한 기물로 군자가 사용하는 기물이 아니다. 부득이할 때만 써야 하니 군자는 담백한 마음을 높이 친다. 전쟁에서 이겨도 이를 좋게 여기지 않는다. 이를 좋게 여기는 자는 살인을 즐기는 자이다. 무릇 살인을 즐기는 자는 천하에 뜻을 얻을 길이 없다. 길한 일은 왼쪽을 높이나 흉한 일은 오른쪽을 높인다. 편장군偏將軍이 왼쪽, 상장군上將軍이 오른쪽에 자리하는 것은 상례喪禮로써 대우하는 것을 말한다. 전쟁으로 죽인 사람의 숫자가 많으면 애처롭고 슬픈 마음으로 곡읍哭泣하고, 전쟁에 이길지라도 '상례'로써 대우한다."

노자는 이처럼 전쟁을 반대한 적이 없다. 부득이한 경우는 전쟁에 나설 수밖에 없다는 현실을 수용한 결과다. 『도덕경』 제67장의 다음 대목은 노자가 불의한 침공에 대한 반격과 수비를 모두 중시했음을 알 수 있다.

"지금 사람들은 자애를 버린 채 용맹에만 힘을 쓰고 있다. 이리하면 이내 죽고 말 것이다. 무릇 자애를 통해서만 전쟁을 해도 이길 수 있고, 수비를 해도 견고해질 수 있다."

'승전'과 '수비' 운운은 불가피한 상황의 전쟁을 전제로 했기에 가능한 것이다. 이처럼 노자가 말한 소국과민은 국가와 군왕의 존재를 대전제로 한 것이다. 흔히 알고 있듯이 결코 원시공산사회를 염두에 두고 이같이 말한 게 아니다. 무치無治의 원시공산사회를 이상향으로 생각한 사람은 노자가 아닌 장자였다.

노자는 인위적이면서도 자의적인 '유위통치'를 극소화하라는 취지에서 소국과민을 언급한 것이다. 무위에 입각한 '무불치'가 너무 크고 광범위한 까닭에 겉모습이 마치 장자가 말한 '무치'처럼 보일 뿐이다. 무위지치에 입각해 전 인류가 종교와 인종 등의 차별 없이 함께 평화롭게 지내는 세계정부하의 지상낙원이 바로 이에 해당한다. 칸트의 '세계평화론'과 취지를 같이하는 것이다. 국가와 다스림이 존재하지 않는 장자의 '무치'와는 천양지차가 있다.

종교 간의 갈등이 엄존한 현실에 비춰볼 때 노자가 말한 소국과민의 세계는 쉽게 오지 않을 것이다. 그러나 전혀 불가능한 것도 아니다. 『동물농장』을 쓴 조지 오웰은 과거의 소련이 미국과 대치했을 때 장차 전체주의에 입각한 세계정부가 등장할 것으로 예상해 『1984』를 펴냈다. 그러나 이는 억측으로 끝났다. 인류가 노력하기에 따라서는 능히 소국과민의 이상을 실현할 수 있다. 노자는 인류평화의 이상향을 사상 최초로 제시한 인물에 해당한다.

장자는 소국과민보다 더 이상적인 원시공산사회의 세상을 그린 점에서 노자보다는 열자에 가깝다. 열자가 역설한 이상향은 루소가 「인간불평등기원론」에서 언급한 것처럼 '인간불평등'의 상황이 빚어지기 이전의 원시사회를 말한다. 함께 생산해 소비하는 사회만 존재할 뿐, 부세賦稅를 거두는 국가가 존재하지 않는 무치의 상황이다.

물론 장자 역시 노자처럼 전쟁을 언급하기는 했다. 그러나 근본취지가 전혀 다르다. 『장자』 「서무귀」편의 다음 대목을 보면 이를 쉽게 확인할 수 있다.

"무릇 타국의 병사와 백성을 죽이고 타국의 영토를 병합해 자신의 사욕과 정신을 만족시키고자 하면 그 전쟁은 무엇이 옳은지 알 수 없게 된다. 그러니 승전의 의미를 도대체 어디서 찾을 수 있겠는가?"

이는 반전을 기치로 내세운 묵자의 주장과 궤를 같이하는 것이다. 장자의 이런 생각은 도척이 공자에게 일갈한 「도척」편의 대목에 더욱 선명히 드러나고 있다.

"황제의 시대가 되자 지극한 덕을 시행하지 못하게 됐다. 치우蚩尤와 탁록涿鹿의 들판에서 전쟁을 치러 수많은 사상자가 나온 이유다. 당시 이들이 흘린 피가 사방 1백 리에 미쳤다. 유가가 숭상하는 요순이 천자가 되자 여러 신하의 지위를 만들어 상하의 차별을 확립했다. 이후 은나라 탕왕이 주군인 하나라 걸왕을 추방하고, 주나라 무왕이 주군인 은나라 주왕을 죽였다. 강자가 약자를 능멸하고 다수가 소수를 난폭하게 학대하는 세상이 된 것은 바로 이 때문이다. 탕왕과 무왕 이후의 역대 제왕은 하나같이 '난폭자의 무리'에 지나지 않는다."

장자는 제왕의 존재 자체에 강한 회의를 표시했다. 그가 생각한 이상향은 3황5제의 일원인 황제는 말할 것도 없고 수인씨燧人氏와 복희씨伏羲氏 등이 등장하는 원시시대보다 훨씬 이전의 시대이다. 극히 이상적이다. 이를 뒷받침하는 「선성」편의 해당 대목이다.

"먼 옛날 사람들은 혼돈 속에 살면서 적막의 삶을 누렸다. 당시에는 음양이 본래의 조화를 얻어 고요하고, 귀신도 사람을 동요시키지 않고, 사계절의 운행이 절도에 맞아 만물이 손상되지 않았다. 모든 생물이 요절하지 않은 이유이다. 이때는 사람들이 비록 많은 지혜를 지니고 있을지라도 전혀 쓸모가 없었다. 이를 일컬어 우주만물이 하나가 된 지일至一이라고 한다. '지일'의 시기에는 아무도 억지로 하는 게 없고 늘 자연 그대로였다. 이후 덕이 점차 쇠해지자 수인씨와 복희씨가 나타나 천하를 다스리기 시작했다. 사람들은 비록 순응하기는 했으나 서로 하나가 되지는 못했다."

'지일'의 시대는 다스림의 개념이 아예 존재하지 않는 무치의 상황을 말한다. 정부는 물론 국가 자체의 존재를 부인하는 무정부주의와 궤를 같이한다. 많은 사람들이 노자가 말한 소국과민을 두고 원시공산사회로 해석하는 것은 장자의 '무치'와 혼동한 결과다.

장자와 노자가 각기 이상향의 구체적인 모습으로 제시한 '지일'과 '소국과민'의 사회는 엄격히 구별할 필요가 있다. '지일'은 다스림이 아예 존재하지 않는 원시공산사회와 가깝다. 마르크스가 '지상낙원'의 유토피아로 제시한 공산사회의 모습과 사뭇 닮아 있다. 원래 마르크스의 지상낙원은 토머스 무어의 「유토피아」에서 힌트를 얻은 것이다. 공교롭게도 무어가 말하는 '지상낙원'은 『예기』「예운」편에 나오는 대동大同세계와 유사하다. 이는 남녀노소 등의 모든 차별이 사라진 이상국을 말한다. 공자의 입을 통해 묘사된 대동세계는 대략 다음과 같다.

"대도가 행해졌을 때는 천하를 만민이 공유하는 소위 천하위공天下爲公이 이뤄진다. 현자를 선발해 능력 있는 자에게 일을 맡기고 신의와 화목을 강구한다. 사람들은 오직 그 부모만을 부모로 여기거나 그 자식만을 자식으로 여기거나 하지 않는다. 노인들로 하여금 마칠 곳이 있게 하고, 젊은이로 하여금 쓰일 곳이 있게 하고, 홀아비와 과부와 고아와 독거노인과 폐질자廢疾者 모두 요양할 곳이 있게 한다. 남자는 직분이 있고 여자는 시집갈 곳이 있게 한다. 재물은 땅에 버려지는 것을 꺼리지만 반드시 자신에게 쌓아둘 필요가 없고, 힘은 자신에게서 나오지 않는 것을 꺼리지만 반드시 자신을 위해 쓸 필요가 없다. 그래서 간사한 계책이나 절도 및 난적亂賊 등이 생기지 않았다. 사람들이 외출할 때 대문을 닫지 않는 이유다."

대동세계는 인의를 내세운 유가가 생각할 수 있는 최상의 이상세계이다. 장자의 '무치'는 『열자』「탕문」편에 나오는 종북지국終北之國 일화에서 힌트를 얻은 것이다. 종북지국은 도가가 그리는 이상세계의 모형을 구체적으로 제시했다는 점에서 특기할 만하다. 여러 모로 유가의 대동세계와 커다란 차이를 보이고 있다. 해당 대목이다.

"늙은이와 젊은이가 함께 어울려 살아 군주도 없고 신하도 없다. 남녀가 뒤섞여 노닐어 중매도 결혼도 하지 않는다. 하천을 따라 사는 까닭에 밭갈이도 수확도 없다. 땅의 기운이 따뜻하고 적당해 불식불의 길쌈도 안 하고 옷도 입지 않는다. 백 세가 되어야 죽는 까닭에 죽지도 병들지도 않는다. 즐거움만 있고 노쇠하거나 슬퍼할 일이 없다. 음악을 좋아해 종일토록 풍악이 그치지 않는다. 배고프거나 고단하면 정신을 맑게 하는 산정의 샘물을 마신다. 그러면 힘과 의지가 화평해진다."

유가에서 말하는 대동세계와 차원이 다르다. 대동세계는 기껏 간사한 계책이나 난적 등이 사라져 대문을 닫지 않는 상황에 그치고 있다. 그러나 도가에서 말하는 이상세계인 '종북지국'은 말 그대로 무위자연에 입각한 신선의 세계이다. 대동의 세계에 남아 있는 인위적인 요소를 완전히 제거한 결과다. 모든 것이 천지자연의 변환이치를 좇아 자연스럽게 형성되고 흘러가는 까닭에 대동세계처럼 의식적으로 대문을 열어두는 수준에 머물 필요가 없다. 장자가 「선성」편에서 언급한 '지일'의 세계와 같다. 이는 국가공동체가 존재하지 않는 '무치'의 세계이다. 많은 사람들이 장자를 모든 인위적인 구속으로부터 완전히 해방된 자유정신의 화신으로 보는 이유다.

제3절 자유주의

양주와 장자

장자는 동서고금을 통틀어 자유주의 사상의 효시에 해당한다. 이는 기본적으로 양주가 말한 위아사상에서 비롯된 것이다. 양주의 위아사상은 우주만물의 존재를 자신을 기준으로 해석하는 게 가장 큰 특징이다. 유아독존唯我獨尊을 언급하며 개인 차원의 해탈을 주문한 석가와 닮았다. 후대의 성리학자들은 양주와 석가를 싸잡아 비난했다. 국가공동체의 존재를 인정하지 않는 무군無君의 이단설이라는 게 그 이유였다. 조선조 개국 때 정도전이 『불씨잡변』에서 불교를 신랄하게 비판한 게 그 증거다.

'무군의 이단설'에 대한 비판은 그 연원이 매우 깊다. 멀리 맹자까지 거슬러 올라간다. 맹자는 『맹자』「등문공 하」편에서 양주와 묵자의 무리를 싸잡아 이같이 비난한 바 있다.

"양주와 묵적의 말이 천하에 가득하여 천하의 말이 양주에게 돌아가지 않으면 묵적에게 돌아가고 있다. 양주는 위아를 주장했다. 이는 군주를 부인하는 '무군'의 이단이다. 묵적은 겸애를 주장했다. 이는 어버이를 부인하는 무부無父의 이단이다. '무부'와 '무군'을 주장하는 것은 금수와 같은 짓이다."

양주의 위아사상에 대한 왜곡은 여기서 비롯됐다고 해도 과언이 아니다. 양주사상의 세례를 받은 장자 역시 예외가 될 수 없다. 그렇다면 과연 양주의 위아사상은 맹자가 질타했듯이 '무군'의 이단설일까? 가장 문제가 된 것은 소위 '일모불발一毛不拔' 일화이다. 양주가 천하를 다 줄지라도 자신의 몸에 난 터럭 하나와도 바꾸지 않겠다고 언급한 대목이다.

만일 이게 사실이라면 극단적인 이기주의자라는 비난을 듣는 게 당연하다. 그러나 이는 전체 문맥을 읽지 않고 단장취의斷章取義한 데 따른 오해에 지나지 않는다. 정밀한 분석을 위해 「양주」편의 해당 대목을 전부 옮겨보기로 하자.

하루는 양주가 이같이 말했다.

"주나라 때의 은자인 백성자고伯成子高는 터럭 하나로 사물을 이롭게 하는 것도 거부한 채 나라를 버리고 은둔하여 밭을 갈았다. 이와 정반대로 우임금은 자신의 몸을 이롭게 하는 것을 거부한 채 황하의 홍수를 다스리기 위해 자신의 한 몸을 고목처럼 마르게 했다. 옛 사람은 터럭 하나를 버려 천하를 이롭게 할 수 있을지라도 이를 허락하지 않았다. 설령 천하를 모두 들어 자신을 받든다 할지라도 이를 취하지 않았다. 사람마다 모두 자신의 몸에 난 터럭 하나조차 버리지 않고 천하를 이롭게 하려 들면 천하는 곧 잘 다스려질 것이다."

이와 정반대되는 겸애를 표방한 묵자의 제자 금활리가 물었다.

"정녕 그대는 자신의 몸에 난 터럭 하나를 버려 세상을 구제할 수 있다고 할지라도 과연 이를 하지 않을 생각이오?"

양주가 대답했다.

"본래 세상은 터럭 하나로 구제할 수 있는 게 아니오."

금활리가 다시 물었다.

"가령 구제할 수 있다고 하면 그럴 의향이 있소?"

양주가 아무 대답도 하지 않았다. 금활리가 밖으로 나와 이를 양주의 제자인 맹손양孟孫陽에게 말하자 맹손양이 금활리에게 반문했다.

"그대는 우리 선생의 마음을 제대로 이해하지 못하고 있소. 내가 대신 말해주도록 하겠소. 그대는 만일 몸의 살과 피부를 손상시켜 1만금을 얻을 수 있다고 하면 과연 그 일을 하겠소?"

"나는 할 것이오."

맹손양이 다시 물었다.

"그렇다면 만일 그대 몸의 관절 한 마디를 끊어 한 나라를 얻을 수 있다면 과연 그 일을 하겠소?"

금활리가 곧바로 대답을 못하고 침묵했다. 맹손양이 말했다.

"무릇 터럭 하나는 몸의 살과 피부보다 약소한 것이고 살과 피부는 몸의 관절보다 약소한 것이오. 이는 너무나 명백한 일이오. 한번 생각해 봅시다. 터럭 하나가 쌓여 살과 피부가 되고, 살과 피부가 쌓여 하나의 관절을 이루는 것이오. 그러니 터럭 하나가 몸을 이루는 전체의 1만분의 1에 해당한다고 하여 어찌 이를 소홀히 다룰 수 있겠소!"

금활리가 말했다.

"나는 그대에게 대답할 말이 없소. 만일 그대의 말을 노담이나 관윤 등에게 들려주고 대답을 구한다면 그들은 틀림없이 그대의 말이 옳다고 할 것이오. 그러나 나의 말을 우임금이나 묵자에게 들려주고 대답을 구한다면 그들은 오히려 내 말이 옳다고 할 것이오."

맹손양이 이 말을 듣고는 이내 양주의 문도들을 돌아보며 다른 일에 관해 얘기했다.

이상이 「양주」편에 나오는 해당 일화의 전문이다. 이를 통해 알 수 있듯이 양주가 말한 '일모불발'은 맹자가 비판한 것처럼 '무군'의 이단설과는 거리가 멀다. 나아가 결코 극단적인 이기주의를 표방한 것도 아니다. 양주가 '일모불발'을 언급한 것은 그의 제자 맹손양이 역설했듯이 터럭 하나를 뽑아 천하를 구제할 수 없다는 엄연한 현실에 대한 절망감의 표현이다. 묵가의 상징인 우임금을 비판하면서 그와 정반대되는 주나라 때의 은자인 백성자고를 칭송한 근본배경이 여기에 있다. 터럭 하나를 뽑아 천하를 구제할 수 있다는 전제 자체를 황당무계한 가정으로 간주한 결과다. 양주는 기본전제가 잘못된 금활리의 되지도 않는 질문에 대답해 공연히 논쟁을 위한 논쟁을 하고 싶지 않았던 것이다.

양주가 어지러운 난세에 은둔의 길을 택한 것은 바로 이 때문이다. 안빈낙도의 행보를 보인 공자의 수제자 안회 및 천지자연과의 합일을 꿈꾼 장자의 행보와 맥을 같이하는 것이다. 제자백가들은 난세를 치세로 돌리기 위해 고뇌 끝에 나름 다양한 해법을 제시했다. 가장 두드러진 게 묵자와 맹자의 천도를 위시해 도가인 노자의 제도, 공자와 순자의 왕도, 한비자의 패도였다. 종횡가와 병가의 강도 역시 난세의 정도가 절정에 달하는 전국시대 말기에 이르러서는 나름 커다란 주목을 받았다.

천도와 제도, 왕도, 패도, 강도 모두 비록 방법론상의 차이가 있기는 하나 인위적인 노력을 통해 난세를 치세로 변환시킬 수 있다는 전제에서 나온 것이다. 그런 면에서 위아 및 무아 등을 역설한 양주와 장자의 '선도' 행보는 대단히 특이한 경우에 속한다. 어떤 면에서는 고해의 바다에서 헤매는 중생들에게 해탈의 길을 일러준 석가의 가르침과 사뭇 닮았다. 일면 난세를 헤쳐나갈 수 있는 매우 효과적이면서 온화한 방법으로 볼 수도 있다. 그러나 염세주의에 입각한 패배자의 노선으로 비난받을 여지가 있는 것 또한 사실이다.

어떠한 사물과 방법론이든 보는 시각에 따라 포폄이 따를 수밖에 없는 만큼 양주와 장자가 취한 노선을 획일적으로 평하기는 어렵다. 다만 「양주」편의 일화가 보여주듯이 기본취지가 무엇이었는지 정확히 파악할 필요가 있다. 중요한 것은 양주 및 장자가 추구한 자유가 지니고 있는 총체적인 의미이다. 두 사람은 '위아'와 '무아' 개념을 통해 자유의 이념을 설파한 것으로 해석할 수 있다. 맹자는 백성이 가장 중요하다는 취지의 민본民本 개념을 통해 민주주의 이념을 설파한 것에 비유할 수 있다.

실제로 프랑스 대혁명 당시 볼테르와 루소 등 계몽주의 사상가들은 선교사들이 번역한 『맹자』와 『장자』 등의 세례를 받고 민주와 자유 등의 이념을 정치하게 다듬은 바 있다. 노자와 공자 및 순자를 위시해 한비자 등은 국가공동체를 중시한 까닭에 상대적으로 민주보다는 공화이념에 충실했고, 맹자는 상대적으로 민주이념에 충실했다고 볼 수 있다. 장자는 이념적으로 볼 때 개인의 삶을 중시했다는 점에서 공화보다는 민주에 가깝다.

그러나 장자는 정의를 전면에 내세우며 핏대를 올린 맹자와 여러 면에서 다르다. 은일하면서도 고요한 개인의 해탈과 유유자적을 주장한 게 그렇다. 루소는 『에밀』에서 타인을 해치지 않는 범위에서 자신을 사랑하고 자유를 향유할 수 있다고 역설한 바 있다. 주목할 점은 그가 마지막 대목에서 "한 뙈기 밭과 사랑하는 처자식이 있으니 더 이상 바랄 게 없다"고 외친 점이다. 장자의 '선도' 행보를 흉내 낸 도연명의 「귀거래사」를 방불케 하는 대목이다. 정규교육을 받지 못한 루소가 당대 최고의 지식을 자랑한 볼테르와 어깨를 나란히 한 것은 『장자』 번역본을 탐독한 덕분인지도 모른다.

자유와 무아

불가도 장자처럼 '무아'를 주장한다. 존재는 우주에 편만한 기운의 일시적인 결합일 뿐, 영원히 지속하는 실체가 아니라는 것이다. 무소유의 삶을 주장하는 이유다. 하긴 소유의 주체가 없으니 그리 말한 만도 하다. 장자의 '무아'는 원래 열자에서 비롯된다. 이를 뒷받침하는 『열자』「양주」편의 해당 대목이다.

"몸은 내가 갖고 있는 게 아니나 이미 출생했으면 부득불 이를 보전해야 한다. 외물 또한 내가 갖고 있는 게 아니나 이미 존재한다면 이를 버릴 수 없는 것이다."

이런 주장은 인간을 포함한 만물의 생장소멸을 자연의 순환과정으로 파악한 데서 나온 것이다. 열자가 인간의 자연스런 성정에 충실한 것이 본연의 자연으로 돌아가는 데 도움이 된다고 간주한 양주학파를 수긍한 이유다. 양주학파는 '나'를 중심으로 생의 문제를 해석했다. 나 이외의 모든 것은 외물에 지나지 않는다. 나의 삶에 이로운지 여부가 취사선택의 기준이었다. 이들이 위아를 역설한 이유다.

이와 달리 맹자는 인의로 상징되는 도덕의지를 삶의 기준으로 삼았다. 그가 호연지기浩然之氣와 대장부大丈夫를 역설한 배경이다. 폭군방벌은 정의가 살아넘치는 이상국의 건설에 대한 집념이 그만큼 강했음을 반증한다. 맹자에게 '나'는 도덕적 주체성을 상징한다.

장자 역시 양주학파의 세례를 받은 까닭에 '나'를 중심으로 생의 문제를 해석했다. 장자사상의 저변에 위아사상이 침착해 있는 근본이유다. 장자는 여기서 한 발 더 나아갔다. '나'와 외물의 경계를 허물 것을 주장한 게 그것이다. 불가에서 말하는 물아일체의 경지와 같다. 똑같이 양생養生을 중시했음에도 장자가 향락적인 모습을 띤 양주학파와 달리 면벽 수도하는 선승의 모습을 보인 이유가 여기에 있다.

장자가 죽음에 초연한 모습을 보인 것도 이런 맥락에서 이해할 수 있다. 통상 인간이 죽음에 대처한 유형은 크게 3가지로 분류할 수 있다고 주장했다.

첫째, 향락에 빠져 죽음을 잊는 유형이다. 술과 마약, 도박, 여인 등에 빠지는 경우가 이에 해당한다. 죽음의 떨쳐내기 위해 계속 향락에 빠진다는 점에서 중독성이 매우 강하다. 과거 불로초나 불사약 등으로 영생을 구한 것도 같은 맥락이다. 무소불위의 황권을 휘두른 진시황과 한무제 등이 불로초와 감로甘露 등을 구하기 위해 노심초사한 것을 보면 일리 있는 지적이다. 불가에도 여래나 전륜성왕이 나타날 때 3천 년 만에 한 번 개화한다는 담화일현曇華一現의 일화가 있다. 장생불사에 대한 열망이 만들어낸 일화로 볼 수 있다. 중국에서는 남북조 때 장자사상의 말류인 도교의 도사들이 불사약인 단약丹藥을 만드는 일이 크게 유행했다. 수은이 들어간 단약을 장기복용하면 장생불사의 신선이 될 수 있다는 미신이 만연한 결과였다. 단약이 일명 선단仙丹으로 불린 이유다. 선약은 매우 희귀하고 값이 엄청나게 비쌌던 까닭에 주로 황제들이 복용했다. 당제국의 역대 황제들이 단명한 이유를 여기서 찾는 학자들도 있다. 당태종과 측천무후도 예외가 아니었다. 장생불사는커녕 중금속 오염을 자초해 오히려 수명을 단축한 셈이다. 무지가 빚어낸 참사이다. 단약은 현대의 마약과 똑같이 중독성이 강하다.

둘째, 위대한 업적을 남겨 자신의 이름을 후대에 영원히 남기는 유형이다. 앞선 유형보다 한결 윗길이다. 조조의 둘째 아들인 위문제 조비曹丕는 「여왕랑서與王郎書」에서 이같이 읊은 바 있다.

태어나면 7척의 육신인데	生有七尺之形
죽으면 관 속의 흙이 되니	死有一棺之土
오직 공 세워 양명하는 게	唯立功揚名
영원히 살아남는 길이라네	可以不朽

두 번째는 명저를 쓰는 일 其次莫如著篇籍

이는 『춘추좌전』에서 따온 것이다. 기원전 549년, 노나라 대부 숙손표가 진晉나라에 사자로 갔다. 진나라 집정대부 범선자가 그를 반가이 맞이하며 물었다.

"옛사람의 말에 죽어도 썩지 않는다는 뜻의 '사이불후死而不朽'라는 말이 있는데 이는 구체적으로 무엇을 뜻하는 것이오?"

숙손표가 대답하지 않자 범선자가 자랑스럽게 말했다.

"나의 조상은 순임금 때로 거슬러 올라가오. 하나라 때는 어룡씨御龍氏, 은나라 때는 시위씨豕韋氏, 주나라 때에 들어와서는 당씨唐氏가 되었소. 이후 두씨杜氏가 되었다가 진나라가 중원의 맹주가 된 뒤에는 범씨范氏로 바뀌었소. 대략 이를 두고 그같이 말하는 것이 아니겠소!"

숙손표가 말했다.

"그것은 누대에 걸쳐 관록을 받은 세록世祿이지 '불후'가 아닙니다. 가문을 보전하고 대대로 제사가 끊어지지 않게 하는 것은 어느 나라에서나 하는 일입니다. 우리 노나라 대부 중에 장문중이라는 사람이 있었습니다. 제가 듣건대 '최상의 것은 덕을 베푸는 데 있고, 그 다음은 공을 세우는 데 있고, 그 다음은 훌륭한 말을 남기는 데 있다'고 했습니다. 죽은 후에도 그의 덕과 공, 말이 폐해지지 않을 때 이를 일컬어 '3불후三不朽'라고 하는 것입니다. 세록이 크다고 하여 '불후'라고 할 수는 없는 것입니다."

조비는 숙손표가 말한 '3불후' 가운데 덕은 빼버린 채 공을 으뜸으로 내세우고 말을 명저로 바꿔놓은 것이다. 어느 경우든 공명을 떨쳐 청사에 그 이름을 남긴다는 점에서는 똑같다. 이들 세 번째 유형은 비록 죽음의 공포가 있긴 하나 나름 명확한 목표를 지니고 있는 까닭에 매일 충실하게 살아갈 수 있다. 유가와 법가 등이 추구한 길이다.

셋째, 종교에 귀의하는 유형이다. 가장 효과가 크면서도 편리한 방법이다. 윤회가 존재하는지 여부의 차이가 있기는 하나 천당과 극락의 영생을 약속하는 것만큼 솔깃한 것도 없다. 꼭 영생의 약속이 아닐지라도 종교는 현실의 고통을 잊는 데도 커다란 위력을 발휘한다. 전지전능한 절대자의 사랑은 어머님의 품과 같아 커다란 위안을 얻을 수 있다.

그러나 종교는 자칫 맹신으로 들어갈 소지가 크다. 사이비의 경우는 개인 차원을 넘어 국가적으로도 그 폐해가 막심하다. 종교가 낮은 곳에 임해 고통받고 헐벗은 자들의 복음이 되어야 하는 이유다. 그래야 국가공동체가 해결할 수 없는 부분을 보완할 수 있다. 로마가 기독교를 국교로 삼고 동양이 불교 등을 통치이념으로 채택한 이유다. 정치와 종교는 상호 보완적이다. 이것이 뒤섞이면 커다란 혼란이 오게 된다. 춘추전국시대에 묵가가 이와 유사한 역할을 수행한 바 있다. 왕조교체기 때마다 예외없이 등장한 농민반란군이 대부분 백련교 등의 도교 계열 신자였던 것도 같은 맥락에서 이해할 수 있다.

장자는 이들 3가지 유형과는 전혀 다른 길을 택했다. 생과 사의 경계를 허문 게 그것이다. 삶과 죽음을 하나의 과정으로 파악한 덕분이다. 일찍이 조조는 「단가행短歌行」에서 이같이 읊은 바 있다.

술 들며 노래나니 인생살이 그 얼마인가　　對酒當歌, 人生幾何
아침이슬 같으리니 지난날의 많은 고통　　譬如朝露, 去日苦多
슬퍼하며 탄식해도 근심 잊기 어려우니　　慨當以慷, 憂思難忘
무엇으로 근심 풀까 그건 오직 술뿐일세　　何以解憂, 唯有杜康

조조는 불로초 등에 빠질 정도로 어리석지 않았다. 그는 나름 삶과 죽음을 달관하고 있었다. 삶을 조로朝露에 비유한 게 그 증거다. 이는 「지북유」편에서 노담이 언급한 다음 대목과 맥이 통한다.

"사람이 천지 사이에 사는 것은 마치 빨리 달리는 흰 망아지가 문틈으로 지나가는 순간을 언뜻 보는 것처럼 홀연히 끝날 뿐이다. 만물 모두 이미 태어났으면 이내 죽게 마련이다. 사물은 같은 무리가 죽으면 슬퍼하고 사람 역시 가까운 사람이 죽으면 비통해 한다. 그러나 사실 이는 하늘의 활통에 갇혀 있다가 풀려난 것이고, 하늘의 칼집에 매여 있다가 떨어져 나온 것이나 다름없다. 이리저리 흩날리고 구르다가 혼백이 막 돌아가게 되면 마침내 몸 또한 함께 따르게 되니 이게 바로 크게 돌아가는 것이다."

여기서 세월의 빠름과 인생의 무상을 뜻하는 백구과극白駒過隙의 성어가 나왔다. 이백이 「춘야원도리원서春夜宴桃李園序」에서 천지를 만물이 쉬어가는 여인숙, 살처럼 빨리 지나가는 세월을 영원히 지나가는 길손에 비유한 것과 같은 취지이다. 이백은 장자사상을 깊숙이 흡인한 시인이다. 삶과 죽음에 대한 장자의 기본입장은 「제물론」의 "천지는 나와 나란히 생겨났고, 만물은 나와 하나이다"라는 언명에 잘 나타나 있다.

장자가 볼 때 일단 태어나 생명을 가졌으면 죽음은 피할 수 없는 운명이다. 발버둥쳐 봐야 아무 소용이 없다. 그렇다면 이를 편안히 받아들이는 게 현명한 대처방안이다. 왔던 길로 다시 돌아가는 것이 자연의 이치이다. 봄은 영원할 수 없다. 봄이 가면 여름이 오고, 여름이 가면 가을이 오고, 가을이 가면 겨울이 오고, 겨울이 가면 다시 봄이 돌아온다. 변함없는 천지자연의 순환이치이다.

사람들은 이를 깊이 이해하면서도 받아들이려 하지 않는다. 마치 봄이 영원히 지속될 것처럼 생각하는 것이다. 지위가 높으면 높을수록, 재산이 많으면 많을수록, 명예가 높으면 높을수록 더욱 그렇다. 이들이 다른 사람들보다 죽음의 공포에 더욱 시달리는 이유다. 그러나 세속적인 권력과 돈, 명예 모두 일시적인 것일 뿐이다. 비록 시간의 장단 차이만 있을 뿐, 공명을 떨쳐 청사에 길이 그 이름을 남기겠다고 하는 것 역시 부질없는 짓이다.

장자는 이를 통찰했다. 그가 생과 사의 경계를 허물고 죽음을 담담하게 받아들인 이유다. 굳이 후대의 도교처럼 불로장생을 추구할 이유가 전혀 없었다. 『장자』에 「달생達生」편이 편제된 것도 바로 이 때문이다. 삶과 죽음을 달관했다는 취지이다. 여기에는 사람들이 죽음과 관련해 통상 범하는 중대한 착오에 대한 통렬한 비판과 애틋한 연민이 담겨 있다.

사람들은 흔히 죽음이 삶의 바로 곁에 존재한다는 사실 자체를 인정하려 들지 않는다. 천지만물 중 삶을 끝까지 연장하려 드는 것은 인간밖에 없다. 오만한 짓이다. 죽음을 자연스럽게 받아들이는 마음자세를 갖게 되면 세속적인 명리로부터 초연하게 된다. 유한한 삶 위에 권력과 재물 및 명예를 쌓기 위해 부질없이 남과 원한을 맺으며 정신없이 살아가느니 차라리 천지자연 속에 몸과 마음을 맡겨 유유자적하게 살아가는 게 더 낫다. 장자는 바로 이같이 생각한 것이다.

그러나 이것이 결코 아무런 일도 하지 않은 채 그럭저럭 살아가는 것을 뜻하는 것은 아니다. 이들은 우주를 품안에 껴안고 있는 까닭에 시공을 뛰어넘어 삶 자체를 관조할 줄 아는 안목이 있다. 이를 글과 언행으로 남기면 그것이 바로 문예창작과 자연이치의 발견이 되는 것이다. 먼저 세속의 명리 등으로부터 초연할 필요가 있다. 관건은 자유정신의 확립이다.

자유와 신선

당나라 초기의 대표적인 도사 성현영은 곽상의 『장자주』에 소疏를 단 30권 분량의 『장자소』를 펴냈다. 그는 도교와 불교 사이에 전개된 불도佛道 논쟁에 참여하기도 했고, 『도덕경』을 범어로 번역하는 기획에 참여하기도 했다. 그는 『장자』 이외에도 『도덕경』에 관한 많은 주석서를 펴냈다. 그는 기본적으로 『도덕경』을 토대로 『장자』를 해석한 대표적인 인물에 해당한다. 일본 학계에서는 그에게 중현파重玄派라는 명칭을 붙였다. 이는 『도덕경』 제1장에 나오는 '아득하고 또 아득하다'는 뜻의 현지우현玄之又玄에서 따온 용어다. 실제로 성현영은 곽상의 주석을 충실히 좇으면서도 구체적인 대목에서는 『도덕경』에 근거해 독자적인 해석을 시도했다.

이는 당나라 황실이 노자를 조상으로 삼은 사실과 무관하지 않았다. 당시 『장자』는 『도덕경』에 비해 중요성이 훨씬 떨어졌다. 노자는 태상노군이라는 신격을 부여받은 하늘 같은 존재로 숭앙된 데 반해 장자는 겨우 도를 깨우친 진인眞人 정도의 대접밖에 받지 못했다. 도교 내에서 장자를 배제하려는 움직임이 존재한 이유다. 그 장본인이 바로 신선이 되는 길을 담은 『포박자抱朴子』의 저자 갈홍葛洪이었다.

남북조 당시 남조 동진 때 활약한 갈홍은 도교 이론을 신선 이론으로 변환시킨 대표적인 인물이다. 그는 『포박자』에서 노자를 포함해 8백 년을 산 것으로 알려진 전설적인 팽조만을 신선으로 간주했다. 해당 대목이다.

"무릇 만물 가운데 인간보다 현명한 존재는 없다. 얕은 지식밖에 없는 자도 만물을 이용할 수 있는 까닭에 깊은 지혜를 지닌 자는 능히 불로장생에 이를 수 있다. 소나무와 잣나무의 지엽은 다른 나무와 다르다. 학과 거북의 몸매 또한 다른 동물과 다르다. 노자와 팽조를 보면 용모와 체격은 보통사람과 다를 게 없다. 그런데도 두 사람만 장수할 수 있었던 것은 도를 깨우쳤기 때문이다. 결코 나면서부터 그런 것이 아니다. 나무는 소나무와 잣나무를 따라 할 수 없다. 금수도 학이나 거북을 따라 할 수 없다. 이들이 단명한 이유다. 그러나 인간은 다르다. 노자와 팽조의 도를 닦을 수만 있다면 얼마든지 그들처럼 오래 살 수 있다."

갈홍이 말하고자 한 도는 바로 양생의 비술이었다. 단약을 복용하거나 기를 몸 안에 돌게 하는 행기行氣나 일종의 도수체조에 해당하는 도인導引을 행하는 등의 비술이 그것이다. 남녀의 기를 섞는 소위 방중술房中術도 그런 비술 중 하나로 거론됐다. 그렇다면 갈홍은 장자를 어떻게 보았을까? 『장자』를 신랄하게 비판한 대목에 그의 기본입장이 선명히 드러나고 있다.

"흔히 문자文子를 비롯해 장자와 관윤자關尹子 같은 자들은 문장을 지어 황제黃帝와 노자를 조술하고 허무의 도를 밝혔다고 말한다. 그러나 이들 모두 기본취지를 부연했을 뿐 끝내 탁월한 설을 내놓지 못했다. 장자와 같은 자는 '삶과 죽음은 다를 바 없다. 삶은 고역이고 죽음은 휴식이다' 라는 식으로 말했다. 이같이 해서는 신선이 되는 길로부터 천억 리나 멀어지게 된다. 이런 책들은 아예 읽을 필요가 없다."

'문자' 는 노자의 제자로 알려진 전설적인 인물이다. 훗날 당나라 때는 통현진인通玄眞人으로 일컬어졌다. 그의 저서로 알려진 『문자』가 전해지고 있으나 후대의 위작인 것은 말할 것도 없다. '관윤자' 는 노자가 서쪽으로 떠날 때 『도덕경』을 써준 관령關令 윤희尹喜를 말한다. 그의 저서로 알려진 『관윤자』가 전해지고 있으나 이 또한 위작이다.

『한서』「예문지」는 9편으로 기록해 놓았다.

갈홍이 장자를 질타한 것은 말할 것도 없이 삶과 죽음을 한가지로 여긴 『장자』의 논지를 받아들일 수 없었기 때문이다. 모리는 『노장과 불교』에서 그 배경을 이같이 분석해 놓았다.

"장자의 무위자연 입장은 신선설과 양립할 수 없는 것이었다. 가장 큰 이유는 장자사상의 핵심이 만물제동에 있었기 때문이다. 장자에 따르면 자연의 세계에서는 모든 것이 평등하고 아무 차별이 없다. 삶을 기뻐하고 죽음을 미워할 이유가 없다. 삶과 죽음을 한가지로 여기는 것이 바로 달인의 경지이다. 장자사상 가운데 이것만큼 신선설이나 도교의 입장과 큰 차이를 보여주는 것도 없다. 갈홍도 이를 잘 알고 있었다. 그가 『포박자』에서 노자를 신선설의 시조로 높이면서도 『장자』는 읽을 필요조차 없다고 역설한 이유다."

도교와 도가를 엄격히 구분한 데 따른 분석이다. 그러나 도교와 도가를 엄격히 구별하기란 매우 어려운 일이다. 『포박자』가 「석체」편에서 장자를 선인 중 한 사람으로 간주한 사실이 이를 뒷받침한다. 갈홍은 장자 개인과 그의 저서인 『장자』를 엄히 구분한 것이다. 『장자』는 신선을 목표로 하는 도교의 교리와 배치되나 장자 개인은 신선의 일원이 되었다고 본 결과다. 후쿠나가도 갈홍이 『장자』의 전편을 모두 꺼린 것은 아니고 「각의」편 등에 나오는 양신養神 개념 등은 적극 수용한 결과로 보았다.

그렇다면 불로장생의 관문인 양신養身 내지 양형養形과 「각의」편에 나오는 양신은 어떤 관계에 있는 것일까? 원래 『장자』의 각 편에는 신인神人과 진인眞人, 천인天人, 지인至人 등 신선으로 간주할 만한 유형이 여럿 등장한다. 모두 인간의 한계를 벗어난 초인적인 능력을 보유한 자들이다. 천지를 자유자재로 날아다니고 물과 불 사이를 아무 장애 없이 무시로 드나드는 존재이다. 「대종사」편을 보면 장자가 신선 개념을 적극 수용한 것으로 보이는 대목이 나온다.

"무릇 도는 정과 믿음은 있으나 작용이나 형체는 없다. 귀신과 상제를 신령하게 하고, 태극보다 앞서 존재했다. 먼 옛날보다 더 오래됐는데도 늙은 체하지 않는다. 황제는 이를 얻어 구름 저편의 하늘에 올랐고, 서왕모西王母는 이를 얻어 영생을 누렸고, 팽조는 이를 얻어 순임금 때부터 무려 8백 년을 살았다."

서왕모와 팽조 모두 도교에서 신선으로 섬기는 인물들이다. 장자도 신선 개념을 용인한 것으로 볼 만하다. 비록 간접화법이기는 하나 이를 뒷받침하는 대목이 「소요유」편에도 나온다.

"막고야산에 신인이 살고 있는데 피부는 눈처럼 희고 예쁜 몸매는 처녀 같다고 한다. 오곡 대신 바람과 이슬을 먹고, 구름 기운을 타고 비룡을 몰아 사해 밖에서 노닌다고 한다."

이는 도교에서 양생의 비술로 중시하는 소위 벽곡술辟穀術을 언급한 것이다. 땅에서 나는 곡물을 먹지 않고 하늘에서 내리는 이슬 등을 먹어 생명을 연장시키는 비술이다. 물론 장자가 수명을 연장하는 양생에 무게를 두지 않은 것만은 확실하다. 「각의」편의 다음 구절이 그 증거다.

"어떤 사람들은 숨을 깊이 쉬거나 천천히 내쉬는 호흡을 통해 묵은 기를 토하며 새로운 기를 받아들이고, 곰처럼 직립하거나 새처럼 목을 펴는 보건체조를 통해 장수하는 일에 몰두한다. 이런 자들은 호흡과 보건체조를 통해 장수하고자 하는 자들이다. 팽조처럼 장수를 추구하는 자들이 좋아할 부류이다."

장자는 수명을 연장하는 식의 양생술을 극히 저급한 것으로 생각했다. 단지 오래 살려고 하는 짓에 지나지 않는다고 보았기 때문이다.

그렇다고 장자가 양생을 무시한 것은 아니다. 그에게 가장 큰 영향을 끼친 양주 자신이 양생을 극도로 중시했다. 장자도 예외가 아니다. 그는 마음을 기르는 양신을 중시했다. 맹자가 호연지기를 언급하며 양심養心을 역설한 것과 닮은 대목이다. 물론 맹자는 인의예지를 체득한 대장부가 되기 위해 호연지기의 양심을 역설한 만큼 그 내용은 사뭇 다르다.

그렇다면 장자가 역설한 양신은 구체적으로 무엇을 말하는 것일까? 그는 「각의」편에서 이같이 설명해 놓았다.

"물의 본성을 보면 이물질과 섞이지 않으면 맑은 상태를 유지하고, 흔들지 않으면 수평을 이룬다. 그러나 막고 닫아서 흐르지 못하게 하면 결코 맑은 상태를 유지할 수 없다. 천덕天德의 모습이 이와 같다. 천덕을 두고 '순수해 섞이지 않고, 한결같아 변하지 않고, 편안해 무위하고, 움직이면 천지자연의 운행을 따른다' 고 말하는 이유다. 이게 바로 '양신' 의 방법이다."

장자가 말하는 양신은 그가 역설하는 심재心齋와 통하는 말이다. 마음의 재계를 뜻하는 '심재' 는 세속의 가치와 관행 등에서 완전히 벗어나 마음을 순수하게 만드는 것을 말한다. '심재' 를 통해 '양신' 을 이뤄야만 천지자연의 변환운행에 자연스럽게 올라탈 수 있다고 주장한 것이다. 도교의 입장에서 볼 때 비록 장생불사를 직접 언급한 것은 아니나 이런 수행법을 마다할 이유가 전혀 없다. 세인들도 몸과 마음이 불가분의 관계를 맺고 있다는 사실을 잘 알고 있는 만큼 장자의 '양신' 이론을 적극 활용해 장생불사의 '양형술' 을 선전코자 했을 공산이 크다. 실제로 갈홍은 『포박자』「논선」편에서 이같이 주장했다.
"무릇 불로장생의 도를 닦는 최상의 비결은 본인의 뜻에 있지 결코 부귀에 있지 않다. 마땅한 사람이 아니라면 높은 지위와 넉넉한 재물은 오히려 방해가 된다. 선도를 배우는 비법은 편하고 담담한 심경으로 욕심을 없애고, 외물 대신 내부로 눈과 귀를 돌리고, 마른 나무처럼 앉아서 무심해지는 것을 요구하기 때문이다."

이는 장자가 말한 '양신'의 방법을 그대로 옮겨놓은 것이나 다름없다. 갈홍은 '양형'과 '양신'을 동시에 추구하는 방식을 적극 권한 것이나 다름없다. 물론 갈홍이 방점을 찍은 것은 어디까지나 '양형'인 것은 분명하다. 『포박자』「대속」편의 다음 대목이 그 증거다.

"사람이 불로장생을 바라는 것은 바로 오늘의 쾌락을 아쉬워하기 때문이지 장자처럼 천지를 오가는 일에 급급하기 때문이 아니다. 실제로 천공을 날아본들 결코 지상의 삶보다 더 즐거운 것도 아니다."

장자는 천지자연과 하나가 되어 시공을 넘나드는 진인이 되고자 했다. 그가 '양신'을 역설한 이유다. 그러나 갈홍은 현생에서의 장생불사를 원했다. '양신' 대신 '양형'을 중시한 이유다.

그러나 양신과 양형이 전혀 다른 차원의 것은 아니다. 신선도 여러 유형이 있을 수 있기 때문이다. 비록 장생불사와는 거리가 있기는 하나 '양신'을 터득해 천공을 자유자재로 오가는 신선이 '양형'을 터득한 신선보다 더 나을 수 있다.

강력한 황권을 휘두른 진시황과 한무제 모두 신선이 되고자 했다. 오대와 수당대의 역대 황제 역시 신선이 되기 위해 단약을 장복했다. 불행하게도 이들 모두 타고난 수명을 모두 누리기는커녕 오히려 생명을 깎아먹고 말았다. '양신'을 통한 장자의 신선 대신 '양형'을 통한 갈홍의 신선이 되고자 한 탓이다.

신선에 대한 열망은 연원이 깊을 뿐만 아니라 천국이나 극락에 가고자 하는 종교적 열망 못지않게 나름 인간의 삶을 고양시키는 계기로 작용할 수 있다. '양형'을 통한 방법은 이미 미신으로 판명나 진즉 폐기됐다. 그러나 '양신'을 통해 신선이 되는 길은 아직 남아 있다. 불로장생의 허황된 꿈만 꾸지 않는다면 '양신'을 통해 자연과 하나가 되는 정신적인 신선은 여전히 매혹적이다.

제3장 장자사상의 전개

장자와 격의불교

장자사상이 장생불사로 상징되는 신선술 및 현생의 기복을 위주로 한 도교로 전환된 것은 전한제국 초기이다. 당시 전한제국의 황실과 조정 대신들은 진정한 의미의 천하통일은 진시황이 아니라 자신들이 이뤘다고 자부했다. 새로운 통일천하를 다스리기 위해서는 진제국의 법치와는 전혀 차원이 다른 새로운 치국평천하 논리가 필요하다고 생각한 결과다. 이들이 고심 끝에 찾아낸 것이 바로 노자의 무위지치였다. 이를 일반 백성들이 믿고 있는 기복신앙과 밀접하게 접목시킨 황로학黃老學이 등장케 된 배경이 여기에 있다.

노자를 신격화해 전설상의 인물인 황제와 동일시한 '황로학'은 양생술과 신선술, 연금술 등을 내세운 전형적인 기복신앙에 해당한다. 도교가 『도덕경』과 『장자』를 양생술의 성전으로 삼게 된 것은 유학만을 유일한 관학으로 삼는 한무제의 '독존유술獨尊儒術' 선언을 계기로 '황로학'이 세속회된 데 따른 것이다. 이는 이후 불교가 도교와 접합해 일반 백성들 사이에 깊이 삼투하는 결정적인 배경으로 작용했다.

원래 중국에 불교가 전래된 것은 이설이 분분하기는 하나 대략 전한 말기인 기원전 2년인 것으로 짐작된다. 당시만 해도 사람들은 불교의 교리를 제대로 알지 못해 도교와 혼동했다. 실제로 후한 말기 환제는 노자와 부처를 한꺼번에 제사지내기도 했다. 불교를 도교의 변형으로 간주한 결과였다. 이를 '격의불교格義佛教' 라고 한다. 도가의 이론을 이용해 불교의 교리를 이해하는 것을 말한다.

'격의' 용어는 남북조 때 남조 양나라 승려 혜교慧皎가 쓴 『고승전』「축법아전竺法雅典」에 처음으로 나온다. 불교와 도교의 상호 관계를 집중 탐사한 모리는 『노장과 불교』에서 그 배경을 이같이 분석한 바 있다.

"불교가 중국에 적극 수용된 것은 남북조시대에 들어온 이후이다. 남북조 당시 동진의 지식인들은 반야般若의 '공' 을 노장의 '무' 를 통해 이해하려고 했다. 이처럼 외전外傳을 통해 불교를 이해하려고 한 것을 '격의' 라고 한다. 이런 시도는 동진 때 시작된 것으로 보는 게 통설이나 사실 이는 그 이전부터 이뤄졌다. 불경의 한역이 그것이다. 예를 들면 초기 번역에서는 열반涅槃을 무위無爲, 진여眞如를 본무本無, 보리菩提를 도道 등으로 번역했다. 모두 노장의 용어를 사용해 산스크리트 불전을 번역한 것이다. 당시 『무량수경』의 한역은 '자연' 혹은 '무위자연' 이었다. 이는 노장이 전성시대였음을 반증한다. 불전의 한역 자체가 이미 '격의' 를 실행하고 있었던 셈이다."

사실 도교와 불교는 이론과 의식 등 여러 면에서 유사한 점이 매우 많았다. 속세의 권력과 명리에 대한 경멸, 내적인 성찰과 자족을 강조한 게 가장 큰 공통점이다. 극히 형이상적인 불교의 '공' 사상을 노장의 '무' 에 끼워 맞추고 이를 본체로 여긴 결과였다. 초기에 불교가 도교와 함께 신봉된 배경이다.

당시 불교 전도자들은 도교의 도사처럼 마술로 비를 내리게 하고 장생불사의 연단을 만드는 등 주술사의 행보를 마다하지 않았다. 극히 미신적인 것이기는 했으나 나름 크게 주효했다. 남북조 당시 북조의 이민족 지배자들이 이들의 열렬한 옹호자가 된 게 그 증거다. 북조에서 불교가 크게 성하자 남조의 한인들 역시 불교의 형이상적인 이론과 개념을 나름 깊이 이해하게 됐다. 대표적인 인물이 남조 양나라의 무제 소연蕭衍이다. 그는 스스로를 사찰에 공양하는 소위 '사신捨身'을 여러 차례에 걸쳐 행했다. 그때마다 신하들은 수많은 재물을 사찰에 바친 뒤 그를 다시 데려오곤 했다. 이는 양나라 멸망의 결정적인 배경으로 작용했다.

남북조 때 불교가 극성하면서 중국 특유의 불교가 형성되기 시작했다. 여기에는 구마라십鳩摩羅什이 불경을 새롭게 한역한 게 큰 도움을 주었다. 모리는 『노장과 불교』에서 당시의 상황을 이같이 분석했다.

"남북조 당시의 불교도는 노장을 배웠어도 주로 노자에 치우쳐 있었다. 장자의 만물제동 주장을 제대로 이해한 사람이 매우 드물었다. 당시 『장자주』를 쓴 곽상조차 「제물론」을 제대로 이해하지 못했다. 오직 승조僧肇 한 사람만이 그 의미를 제대로 파악했다. 그는 장자를 통해 반야의 '공' 사상을 이해할 수 있었다. 여기에는 구마라십이 번역한 한역 불전이 크게 기여했다. 승조에 이르러 '공' 사상에 대한 이해가 본격화됨에 따라 장자도 비로소 참된 지기知己를 얻은 셈이다. 장자의 '무'는 '무' 자체라기보다는 무극 내지 무한 개념으로 이해하는 게 옳다. 무한이 펼쳐진 곳에서는 피차와 전후좌우 등의 대립이 소멸될 뿐만 아니라, 선악과 미추 등의 차별도 의미를 상실해 모든 것이 가지런해지고 하나가 된다. 이것이 무한이 가진 부정적인 공능이다. 그러나 부정만 있는 것은 아니다. 무한은 문자 그대로 만물을 한없이 포용하는 것이기에 유무 어느 쪽도 배제하지 않고 모든 것을 무차별로 긍정한다. 우리가 말하는 장자의 만물제동은 바로 이를 지칭하는 것이다."

모리는 장자사상의 요체인 만물제동의 경지에 들어가는 과제를 해결한 자들은 도가의 후계자가 아니라 중국적인 색채가 짙은 선종과 정토교淨土敎였다고 주장했다. 선종과 정토교의 중국적 색채가 바로 장자사상이라는 것이다. 선종과 정토교가 해결하려 한 것은 석가가 말한 열반과 해탈이 아니라, 장자가 미처 언급하지 못한 '만물제동 경지의 실현'을 둘러싼 방법론과 실천론의 문제였다는 게 그의 주장이다. 그의 주장을 좇을 경우 선종과 정토교는 외피만 불교였을 뿐, 사실상 장자의 사상적 후계자였다는 얘기가 된다.

그의 지적대로 당시 도교와 불교는 교리 면에서 서로 마구 뒤섞여 있는 까닭에 엄격히 구분하는 일 자체가 쉽지 않다. 사상계의 주도권을 장악하기 위한 불교와 도교의 싸움이 수백 년 간에 걸쳐 치열하게 전개된 이유다. 양자의 갈등은 5세기 초 남북조의 북조 북위에서 최초로 폭발했다. 이는 남북조에서 수당 및 오대에 걸쳐 진행된 대표적인 불교탄압 운동인 소위 '3무1종三武一宗의 법난法難' 중 최초의 법난에 해당한다. 당시 이를 주도한 사람은 한인 유학자 최호崔浩였다. 그는 외래 종교인 불교를 배척하기 위해 도교 교단의 교주인 구겸지寇謙之와 손을 잡고 태무제 탁발도에게 폐불廢佛을 설득하는 데 성공했다.

원래 구겸지는 도교의 발전과정에서 중흥조에 해당한다. 그는 삼국시대에 활약한 장로張魯의 도술을 배운 후 신선으로 알려진 성공흥成公興을 따라 숭산으로 들어가 10년 동안 수행한 후 천사天師의 명칭을 수여받았다. 『녹도진경錄圖眞經』 60권을 비롯해 금단의 비법을 북위

태무제에게 바치면서 재상 최호의 주선으로 마침내 태무제의 신임을 얻게 됐다. 수도 평성平城의 동서쪽에 천사도량天師道場이 세워지고 각 곳에 수많은 도교 사원인 도관道觀이 건립된 이유다. 그는 스스로 태평진군泰平鎭君을 칭하며 불교를 탄압하고 도교를 국교로 만드는 데 성공했다. 최호가 불교탄압 후 비참한 최후를 마친 것과 대비된다.

3교의 각축

불교와 도교는 각각 내세와 현생에 초점을 맞추고 있는 만큼 상호 공존이 가능하다. 그러나 상호 양보할 수 없는 영역이 존재한다. 신도인 불교와 선도인 도교가 이론적으로 겹치는 육체와 영혼의 상호 관계에 대한 해석의 영역이 그렇다. 실제로 이를 둘러싸고 치열한 논쟁이 전개됐다. 흔히 이를 '신멸불멸논쟁神滅不滅論爭' 이라고 한다. 이는 불교가 극성했던 남조 양나라에서 일어났다.

당초 불교를 처음 접한 중국인들은 윤회와 업보 개념에 주목했다. 불교에서 다루는 삶은 현생에 초점을 맞춘 장자의 사유방식보다 폭이 훨씬 넓었다. 윤회 개념으로 시간을 무한정 확장한 덕분이다. 중국인들은 업보의 요체인 윤회의 주체와 관련해 날카로운 질문을 제기했다. 불교계는 중국 전래의 신神 개념을 동원해 해답을 제시했다. 육체의 죽음을 뜻하는 형진形盡이 이뤄질지라도 영혼은 소멸하지 않는다는 신불멸神不滅이 바로 이들이 제시한 해답이었다. 동진의 고승 혜원慧遠은 「형진신불멸론」에서 이를 이론적으로 정립했다. 그러자 사대부들이 육체의 죽음과 함께 정신도 소멸한다는 '형진신멸론' 을 내세워 대대적인 반박에 나섰다. '신멸불멸논쟁' 이 뜨겁게 전개된 배경이다. 이를 흔히 '형신논쟁形神論爭' 이라고 한다.

형신논쟁은 중국 불교사에서 최초로 발생한 논쟁에 해당한다. 이후에 나온 불성佛性과 법신法身, 심성心性을 둘러싼 논쟁 모두 '형신논쟁'의 연장선상에 있다. 남북조와 수당대의 불교사상을 이해하는 관건이 '형신논쟁'의 실체 파악에 있다고 해도 과언이 아니다.

원래 불가에서 말하는 업보는 어떤 행위이든 그 업業은 반드시 그 결과인 보報를 초래한다는 게 요지이다. 이는 삶의 과정에서 일어나는 온갖 사건에 대한 일종의 해석론이라고 할 수 있다. 베네딕트 앤더슨은 『상상의 공동체』에서 종교의 역할을 이같이 해석한 바 있다.

"왜 나의 가장 절친한 친구는 신체가 마비되는가? 왜 나의 딸이 저능아인가? 종교는 이런 의문들을 설명해 준다. 마르크시즘을 포함해 진화적이고 진보적인 모든 형태의 사고가 지닌 가장 큰 약점은 이런 질문에 대해 참기 어려운 침묵으로 답하고 있다는 점이다."

그의 지적대로 종교는 이런 질문에 통쾌한 해법을 제시한다. 불교의 업보설과 기독교의 원죄설이 그것이다. 업보 이론에 따르면 삶과 죽음은 끊임없이 순환하는 까닭에 삶은 닫혀 있는 게 아니라 늘 열려 있다. 죽음이 결코 끝이 아니라는 얘기다. 일종의 미래지향적 해설이라고 할 수 있다. 현재의 행위가 미래를 결정할 수 있다는 주장은 미래의 삶을 현재의 시점으로 끌어와 사용하는 것이나 다름없다.

이는 신용거래에서 일종의 어음을 사용하는 것에 비유할 수 있다. 과거와 미래가 차단된 채 현재의 시점에서만 그 의미를 지닐 수밖에 없는 유가의 인위적인 덕목은 물품교환 내지 현찰거래에 비유할 수 있다. 불가의 업보 이론이 인의예지로 상징되는 유가의 윤리체계보다 더욱 강력한 윤리강령으로 작동할 수 있는 이유가 여기에 있다. 현생에서 저지르는 일체의 행위가 사후에도 계속 이어져 윤회에 따른 미래의 삶까지 지배한다는 얘기는 사람을 전율케 만들 수밖에 없다.

이는 필연적으로 과거 시점의 전생과 연결될 수밖에 없다. 여기서 전세와 현세, 내세를 하나의 일관된 인과관계 논리로 풀이하는 이론이 완성되었다. 이를 소위 삼세설三世說이라고 한다. 삼세설의 가장 큰 특징은 현생에서 빚어지는 하나의 사건이 단순히 현재에 머물지 않고 과거 및 미래와 동시에 연결돼 있다는 데 있다. 삼세설이 육신은 멸할지라도 영혼은 살아남아 무한히 윤회한다는 윤회설 위에 서 있는 이유다. 삼세설과 윤회설을 관통하는 핵심어가 바로 영혼을 의미하는 '신' 개념이다.

원래 중국에서 '신'은 크게 3가지 의미로 통용됐다. 인격신을 포함해 만물을 주재하는 천신天神, 인간의 사유작용을 뜻하는 정신精神, 조상신을 포함해 신묘한 변환작용을 일으키는 신령神靈이 그것이다. 불교는 두 번째 의미의 정신 개념으로 차용했다. 이는 신神, 신식神識, 신명神明, 혼신魂神 등 다양한 용어로 표현됐다. '형신논쟁'은 바로 육체와 영혼의 상호 관계를 둘러싼 공방전에 해당한다. 혜원은 「삼보론」에서 '신불멸론'을 적극 옹호하고 나섰다.

"업에는 3가지 응보가 있다. 현보現報, 생보生報, 후보後報가 그것이다. 현보는 선악이 이 몸에서 시작해 즐거움과 괴로움이 이 몸에서 받아들여지는 업보를 말한다. 생보는 다음 세상에서 몸으로 받게 되는 업보를 말하고 후보는 삼생, 백생, 천생을 거친 뒤에 받는 업보를 말한다."

혜원과 비슷한 시대에 활동한 나함羅含은 「갱생론更生論」을 지어서 만물은 다시 변화하고 다시 태어난다고 주장했다. 나함이 「갱생론」을 발표하자 조정 관원으로 있던 손성孫盛이 『주역』 이론을 동원해 즉각 반박 편지를 보냈다.

"육신이 죽어 형체가 없어지면 의식도 당연히 그것을 따를 수밖에 없다."

손성은 원래 『이동잡어異同雜語』를 통해 삼국시대의 정통이 조조의 위나라가 아닌 유비의 촉나라에 있다고 주장한 데서 알 수 있듯이 유가의 명분론을 극히 중시한 인물이었다. 당초 혜원은 '신'을 단지 육체와 대비되는 정신으로만 해석한 것은 아니다. 그는 「사문불경왕자론沙門不敬王者論」에서 이같이 주장한 바 있다.

"정신은 정미함이 지극하여 신령해진 것을 말한다. 정미함이 지극하면 음양을 기준으로 한 『주역』의 괘상卦象으로는 도저히 표현할 수 없게 된다. 이는 마치 불이 탈 때 땔감이 다 타면 다른 땔감으로 옮겨가는 것과 같다. 정신은 사물에 감응해 움직인다."

정신의 사물에 감응해 작동한다는 '감물이동感物而動'은 곧 윤회를 달리 표현한 것이다. 이는 사후세계를 문제 삼지 않는 유가의 논리와 정면으로 배치된다. 그러자 혜림慧琳이 「백흑론白黑論」을 지어서 윤회설을 비판하고 나섰다.

"깊은 이치는 실로 인간사에 다 드러나는 게 아니다. 주공과 공자가 이를 의심해 변별하지 않은 이유다. 그럼에도 석가는 이를 변별했다. 이로써 그의 변별이 참되지 못한 것을 알 수 있다."

당시 관원으로 있던 하승천何承天이 이를 적극 지지하고 나섰다. 그는 혜원의 제자인 종병宗炳에게 서신을 보냈다.

"생겨나는 것은 반드시 죽음이 있고, 형체인 육체는 썩으면 정신 또한 사방으로 흩어진다. 만일 내생에 보응이 있다면 주공과 공자가 어찌 입을 다문 채 한마디 말도 하지 않았겠는가?"

사후를 문제 삼는 것 자체를 비판한 것이다. 혜원의 종지를 그대로 이어받은 종병이 곧 「명불론明佛論」을 통해 이를 적극 반박하고 나섰다. 그는 인간의 욕정을 의미하는 정情과 의식작용을 뜻하는 식識, 정신작용인 신명을 뜻하는 신神 개념을 처음으로 명확히 구분해 사용한 인물이다. 그의 주장이다.

"욕정은 중생이 끊임없이 죽고 사는 과정을 반복하는 까닭에 나온다. 그러나 의식을 통해 영원히 사라지지 않는 근본을 징험하면 무위무욕의 경지에 도달하게 된다. 그리되면 신명은 홀로 밝게 빛난다. 이런 상황이라면 다시 태어나는 일이 없게 된다. 육체는 없고 오직 신명만 있는 것을 이른바 법신이라고 한다."

그러자 범진范縝이 그 유명한 「신멸론」을 발표해 종병의 「명불론」을 신랄하게 비판하고 나섰다. 그는 『주역』에서 말하는 체용體用 이론을 동원해 이같이 주장했다.

"육체는 정신의 바탕이고, 정신은 육체의 작용이다. 그렇다면 육체는 정신의 바탕, 정신은 육체의 작용이라고 말할 수 있다. 육체와 정신은 분리할 수 없다. 육체가 있으면 정신도 존재하고, 육체가 다하면 정신도 사라진다."

정신의 지각능력은 육체의 바탕이 되는 것으로 곧 육체에서 파생되거나 연장된 것이라고 지적한 것이다. 『주역』의 체용 이론을 생사 및 영육의 상호 관계에 적용한 결과다. 이를 소위 형질신용론形質神用論이라고 한다. 당시 그는 이를 설명하기 위해 몇 가지 비유를 들었다. 가장 유명한 것이 '이인利刃'의 비유이다.

"작용인 정신과 바탕인 육체의 관계는 마치 날카로움을 뜻하는 이利와 칼날인 인刃의 관계와 같다. '날카로움'은 칼날이 아니고, '칼날'이 날카로움은 아니지만 날카로움을 버리면 칼날은 없고, 칼날을 버리면 날카로움도 없다. 나는 일찍이 칼날이 무뎌지고도 날카로움이 존재한다는 말은 들어보지 못했다. 그러니 어찌 육체가 사라졌는데도 정신만이 홀로 존재한다고 할 수 있겠는가?"

날카로움은 비록 칼날 자체는 아니지만 칼날과 불가분의 관계를 맺고 있다고 지적한 것이다. 정신작용은 인간이 가진 특수한 자질로 육체를 벗어난 그 어떤 것이 될 수 없다는 게 요지이다. 지각이 사람의 바탕이 지닌 특별한 작용이라면 아직 상하지 않은 시체도 지각작용이 있어야 하는 게 아니냐는 반박이 나오자 그는 이같이 설명했다.

"죽은 사람과 산 사람의 육체는 본질적으로 바탕이 다르다. 이는 마치 무성한 나무는 열매를 맺고 시든 나무는 열매를 맺지 못하는 것과 같다."

범진은 한대의 왕충王充과 더불어 대표적인 유물론자에 해당한다. 그가 동원한 논리는 『주역』 등에서 말하는 기론氣論이다. 그는 기론을 동원해 불교 교리의 가장 취약한 고리인 '영육2분론'을 집중 공격한 것이다. 원래 업보 이론은 고대 이집트와 희랍시대 이래 서구의 정신사를 관통하는 2분법의 논리 위에 서 있다. 이는 우주만물의 작동원리를 음양의 혼합으로 설명하는 『주역』의 8괘 이론과 정면으로 배치된다.

업보 개념을 명확히 이해시키기 위해서는 반드시 육체의 죽음에도 불구하고 영혼이 계속 살아남아 윤회를 거듭하는 이유를 설명해 주어야만 한다. 불교 교리에는 이것이 빠져 있다. 기독교는 이를 무시한 채 사후에는 천당과 지옥행밖에 없다고 못박은 까닭에 논리적 타당성 여부와 상관없이 믿음에 기초한 종교의 성격을 분명히 하고 있다.

그러나 중국에 수입된 불교는 이게 불가능했다. 애초부터 철학 이론의 성격을 띤 장자사상을 동원한 '격의' 형식으로 도입된 까닭이다. 실제로 『주역』의 이론을 깊이 이해하고 있는 사대부들은 장자사상을 종교가 아닌 형이상의 사변 이론으로 받아들였다. 당시 상황에서 영혼이 계속 살아남아 윤회가 지속되는 이유를 명쾌히 설명하지 않는

한, 이들을 설득할 길이 없었다. 우주만물의 작동원리를 8괘 원리로 설명해 놓은 『주역』이라는 또 다른 사유체계가 존재한 탓이다.

실제로 범진은 불교의 '형신2분론'을 공격할 때 『주역』의 음양 이론에 입각해 육체와 정신은 하나라는 이른바 형신상즉形神相卽 논리를 들고 나왔다. 이를 '형신1원론'이라고 한다. 당시 범진과 논쟁을 벌인 사람은 불교 교리에 커다란 호감을 갖고 있던 조사문曹思文이다. 조정의 녹사錄事로 있던 그는 범진의 「신멸론」을 비난한다는 취지의 「난범진신멸론難范縝神滅論」을 통해 이같이 주장하고 나섰다.

"육체가 곧 정신인 것도 아니고 정신이 곧 육체인 것도 아니다. 이는 서로 합쳐져 작용할 뿐, 결코 이것이 곧 저것이 되는 식의 즉卽의 관계에 있는 게 아니다."

이를 소위 형신합용론形神合用論이라고 한다. 육체와 정신을 두고 범진은 이름만 다를 뿐 본질은 하나라는 명수체일名殊體一을 주장한데 반해 조사문은 이름은 물론 본질도 다르다는 명수체이名殊體異를 역설한 셈이다. 당시 조사문이 논거로 든 것이 바로 『장자』의 「제물론」이었다.

"사람이 잠을 잘 때 정신은 다른 것과 교섭한다. 『장자』의 '호접몽' 우화에서 장자가 나비가 되어 노닌 것은 육체와 정신이 나뉜 경우를 말한 것이다. 장자가 잠에서 깨어나 문득 정신을 차리고 보니 나비가 바로 자신이었다는 사실을 비로소 알게 된 것은 육체와 정신이 합쳐진 것을 지칭한 것이다. 육체가 다시 작용한 탓이다. 이처럼 육체와 정신은 나뉘고 합쳐지는 작용을 반복한다. 합치면 함께 일체를 이루고 나뉘면 육체는 남고 정신은 가버린다."

호접몽 일화는 크게 두 가지 내용으로 구성돼 있다. 만물제동 원리와 혼교魂交의 원리가 그것이다. 조사문의 「난범진신멸론」은 만물제동에 초점을 맞춘 이론이다. 이에 반해 혼교의 원리에 초점을 맞춰 범진의 「신멸론」을 반박한 인물이 있었다. 바로 조사문의 외사촌 동생 소침蕭琛이다. 그는 「난신멸론難神滅論」에서 이같이 역설했다.

"나는 꿈을 논거로 삼아 육체와 정신이 하나일 수 없음을 증명하고자 한다. 사람이 자고 있을 때 육체는 무지한데도 뭔가를 보는 일이 있다. 이는 정신이 떨어져 나와 다른 것과 교섭하기 때문이다. 정신은 고립해 존재하는 게 아니라 반드시 육체라는 그릇에 의지한다. 이는 마치 사람이 집 밖에서 살지 않고 방이 필요한 것과 같다. 육체의 그릇은 더렵혀진 질質이고, 방은 막힌 공간이다. 그래서 정신이 떨어져 나왔다가 돌아오면 그 의식은 조금 어두워진다. 어두울 때 본 것이 바로 꿈이 되는 것이다. 이는 마치 사람이 방으로 돌아오면 문득 정신이 막히고, 막히기 때문에 눈이 침침해지는 것과 같은 이치이다. 무릇 사람은 꿈에서 신선처럼 현허玄虛에 이르기도 하고, 만 리나 되는 먼 길을 가기도 한다. 만일 정신이 가는 것이 아니라면 과연 무엇이 간다고 말할 수 있겠는가? 육체도 가지 않고 정신도 육체에서 떨어져 나오는 일이 없다고 한다면 도대체 이를 어찌 설명할 수 있단 말인가?"

현대의 정신분석학을 방불케 하는 설명이다. 이는 혜원이 주장한 '신불멸론'을 뒷받침하는 유력한 근거가 됐다. 조사문과 소침의 반박을 접한 범진이 「답조록사난신멸론答曹錄事難神滅論」을 통해 즉각 반격에 나섰다.

"조사문의 나에 대한 비난은 나름 뛰어난 바가 있으나 이치를 남김없이 궁구했다고 말할 수는 없다. 그는 정신이 나비가 되어 노닐었다고 말했지만 그것은 과연 날아다니는 벌레가 되었음을 가리키는 것인가? 만일 그렇다면 꿈에 소나 말이 되어 수레를 끌고 사람을 태우게 되면 다음날 아침에는 더 이상 소나 말이 아닌 이상 죽은 소와 말이 있어야 할 것이다. 그런데 그런 것이 없는 이유는 무엇인가? 꿈이나 환상은 허상일 뿐이다. 그것을 실재하는 것으로 여기면 참으로 기이한 일이 된다. 눈을 감았을 때 천공을 오가는 것은 정신이 혼미해졌기에 망령되이 그런 기이한 것을 보게 된 것이다. 장자가 실제로 나비가 되어 정원을 이리저리 날아다녔을 리 없다. 소침도 꿈에 의거해 장황하게 논하고 있으나 아무도 그를 상대해 주지 않을 것이다."

당시 조사문과 소침은 결코 꿈이 실재와 같다고 주장한 게 아니다. 정신의 깊은 곳을 천착한 내용을 그같이 표현한 것에 지나지 않는다. 그럼에도 범진은 이들이 꿈이 실재와 같은 것으로 보았다고 단정한 후 반론을 편 것이다. 논쟁이 제대로 진행될 리 없다.

원래 범진은 혜원이 제기한 '신불멸론'을 단순히 학문적 차원에서 접근하지 않았다. 국가 기강을 뒤흔들 수 있는 극히 현실적이고 중대한 문제로 간주했다. 당시의 사회적인 문제가 모두 불교의 업보 이론에서 기인하는 것으로 파악한 결과다. 그가 볼 때 업보 이론의 가장 큰 병폐는 사람들로 하여금 현세보다 내세에 더 의존토록 만드는 데 있었다. 그는 사람들이 노장사상을 좇아 윤회가 원래 없다는 것을 알고 생사를 자연에 맡겨야만 조화로운 세상을 만들 수 있다고 보았다. 그의 언급이다.

"자연의 이치에 맡겨야만 소인은 자신의 밭떼기를 달게 여길 것이며, 군자는 자신의 깨끗하고 소박함을 지니게 될 것이다."

범진은 어려서 부친을 잃고 어렵게 공부했다. 그는 성품이 곧고 소박한 데다 직언을 좋아했다. 권력과 부귀를 탐하지 않은 이유다. 그가 「신멸론」을 짓게 된 배경과 관련해 『양서』 「유림전 · 범진전」에 매우 유명한 일화가 나온다.

양나라에 앞서 존재했던 남조 제齊나라 때의 일이다. 경릉왕竟陵王

소자량蕭子良은 독실한 불교 신자였다. 하루는 범진을 불러 이같이 물었다.

"그대는 불가에서 말하는 인과응보를 믿지 않으니 그렇다면 세상에는 어찌하여 어떤 자는 부귀하게 되고 어떤 자는 빈천하게 되는 것인가?"

범진이 대답했다.

"사람의 삶은 나무에 핀 꽃에 비유할 수 있습니다. 동시에 같은 가지에 맺히고 같은 꼭지에서 피어날지라도 떨어질 때는 바람에 따라 어떤 것은 주렴 휘장에 스쳐 방석 위에 떨어지기도 하고, 어떤 것은 울타리 담장에 걸렸다가 뒷간에 떨어지기도 합니다. 방석 위에 떨어진 꽃은 전하와 같은 처지가 되고, 뒷간에 떨어진 꽃은 저와 같은 처지가 됩니다. 귀하고 천한 것이 이와 같은데 여기에 과연 무슨 인과응보가 있겠습니까?"

왕은 때를 잘 만나 왕이 되었고, 자신은 때를 만나지 못하여 낮은 신분에 처하게 되었을 뿐이라는 주장이다. 여기서 나온 성어가 바로 추인낙혼墜茵落溷이다. 타혼표인墮溷飄茵 또는 추혼표인墜溷飄茵이라고도 한다. 상황에 따라 처지가 확연히 달라지는 것을 비유할 때 사용된다.

당시 당황한 소자량이 승려들을 불러들여 논쟁을 붙였다. 그러나 그 누구도 범진을 굴복시키지 못했다. 소자량이 이내 은밀히 사람을 보내 관직으로 유인했으나 범진은 이를 정중히 거절했다. 이후 제나라를 찬탈해 양나라를 세운 무제 소연이 칙령을 내려 도교를 버리고 불교를 숭상하라는 칙령을 내렸다. 그는 중국의 역대 황제 중 가장 독실한 불교 신자였다. 그러나 그 폐단이 매우 컸다. 백성들은 오직 사후의 일만 논할 뿐 농사를 게을리 하고 효행을 행하지 않았다. 양나라가 패망한 이유다. 범진은 양무제 14년(515)에 병사했다. 마지막 벼슬은 국자박사國子博士였다.

'형신논쟁'은 뚜렷한 결론을 내지 못한 채 이내 흐지부지 됐으나 논쟁이 완전히 끝난 것은 아니었다. 양나라 때는 불성佛性논쟁으로 크게 시끄러웠다. 윤회와 업보를 둘러싼 논쟁이 진리와 깨달음에 관한 논쟁으로 비화된 셈이다. 논쟁의 수준이 높아졌다고 볼 수 있다. 여기에는 418년에 법현法顯이 『대반열반경』 등을 번역한 게 크게 기여했다. 당시 불교에 침잠한 양무제 소연은 「입신명성불의기立神明成佛義記」를 지어서 신명을 불성과 일체화시켰다.

"마음은 근본인지라 일찍이 달라진 적이 없다. 그것의 작용은 끊어진 적이 없기 때문에 성불의 이치는 분명하다."

이로써 불성 논쟁도 이내 잠잠해졌다. 당나라 때에 들어와 불교와 도교는 서로 치열한 경쟁을 계속하기는 했으나 외견상 나름 평화를 유지했다. 그러나 시간이 지나면서 불교의 우위현상이 두드러졌다. 당시 불교는 도교와의 경쟁에서 2가지 유리한 점을 지니고 있었다.

하나는 불교의 윤리적인 가르침이다. 비록 이론 면에서 유교의 교의와 상충된 면이 있었으나 불교는 세속에 물들지 않는 매우 존경할 만한 종교철학으로 무장해 있었다. 이는 도교의 도사들이 방탕한 모습을 보인 것과 대조를 이뤘다. 다른 하나는 도교가 오직 『도덕경』 및 『장자』 등에 대한 새로운 해석에 그치고 있었던 데 반하여 불교는 유교와 도교의 사상을 흡수한 위에 중국 특유의 새로운 종단을 만들어 나간 점이다. 그게 바로 선종이다.

당나라 태종은 중국 역대 황제 중 청조의 강희제 등과 더불어 역대 황제 중 성군의 한 사람으로 꼽히고 있다. 그는 유학을 숭상했음에도 도교와 불교 역시 똑같이 중시했다. 그의 치세 때 삼장三藏 등에 의한 불전의 제3차 한역작업이 열정적으로 전개된 것도 이와 무관하지 않다. 이는 석가가 한 말이 무엇인지 원래의 목소리를 듣고 싶다는 수요가 폭발적으로 늘어난 결과이기도 했다. 불교 교리에 대한 세인들의 이해가 더욱 깊어졌음을 반증한다. 중국인이 자신들에게 매우 친근한 장자의 만물제동 이치를 통해 반야의 '공' 사상을 나름 깊이 이해한 결과로 해석할 수 있다.

당나라 때는 황실이 불교와 도교 모두 숭상한 까닭에 불교와 도교의 유교에 대한 우위는 보다 확고해졌다. 주도권 다툼이 주로 불교와 도교 사이에서 전개된 이유다. 실제로 유교의 소양을 지닌 조정관원과 대다수 사대부들 모두 도가의 도사와 불가의 승려와 깊은 교분을 맺고 있었다. 『도덕경』과 『장자』를 포함해 『금강경』 등 불경을 암송하지 못하면 교양이 없는 사대부로 낙인찍혔다. 남송 때 나온 『허당록虛堂錄』에 성당 때 고관을 지낸 우량사于良史의 「춘산야월春山夜月」이 실려 있다. 그는 이같이 읊었다.

두 손으로 물을 뜨니 손 안에 달이 있고 掬水月在手
꽃과 함께 노니니 향기가 옷에 가득하네 弄花香滿衣

두 손으로 받쳐든 물 안의 달과 꽃향기가 가득 배인 옷 모두 '물아일체'를 상징한다. 사람과 물, 달, 꽃이 하나가 됐음을 금방 알 수 있다. 천고의 명구인 이 구절은 '호접몽'의 경지를 잘 보여주고 있다. 대표적 선가집인 『허당록』에 유학자인 우량사의 시가 실린 것은 심경일여心境一如의 경지를 읊었기 때문이다. 이는 나의 마음이 너의 영역 안으로 그대로 삼투해 너와 나의 경계가 사라진다는 식의 말 그대로 물아일체의 경지를 말한다.

다양한 종파가 등장한 것도 이런 맥락에서 이해할 수 있다. 선종도 그 중 하나였다. 그러나 이와 정반대로 도교는 현상유지 수준에 머물렀다. 『도덕경』과 『장자』 및 『열자』만 붙들고 새로운 해석을 시도하는 수준에 머문 탓이다. 한때 긴밀한 관계를 맺어왔던 불교와 도교가 재차 갈등을 빚게 된 배경이 여기에 있다.

당시 유학자들의 도교 및 불교에 대한 이해는 이미 도사와 승려의 수준을 뛰어넘고 있었다. 남북조시대 이래 무려 5백 년 가까이 도교 및 불교에 억눌려 온 상황에서 일대 반격을 가할 수 있는 배경이 마련된 셈이다. 실제로 도교가 이론적으로 불교를 상대할 수 없는 지경에 이르게 되자 이 틈을 노려 세력 만회의 기회를 노리고 있던 유교의 반격이 시작됐다. 깃발을 든 사람은 퇴고推敲의 일화로 유명한 한유韓愈였다.

그는 「논불골표論佛骨表」 등을 발표하며 척불론에 앞장섰다. 이게 오대를 거쳐 송대에 들어와 성리학이 출현하는 단초가 되었다. 이론 구성 및 내용을 보면 성리학은 불교의 교리를 철저히 표절한 일종의 종교철학에 가까웠다. 성리학 이론과 불교 교리의 가장 큰 접점은 '깨달음의 지혜'에 있다. 부처는 열반에 들기 직전 제자들에게 이같이 당부한 바 있다.

"나는 진리를 깨닫고 너희들에게 이를 말했다. 너희는 이 진리를 지켜 무슨 일에나 진리대로 행동하라. 부모에게서 물려받은 육신이 늙고 병들어 죽는 것은 어쩔 수 없는 일이다. 그러나 여래는 육신이 아니라 '깨달음의 지혜'이다. 육신은 죽더라도 '깨달음의 지혜'는 영원히 살아 있을 것이다. 모든 것은 덧없다. 부지런히 정진하라."

부처가 열반에 들면서 제자들에게 당부한 마지막 말이다. 당나라 때 일부 학승들은 부처가 말한 '깨달음'을 장자처럼 무위자연으로 해석했다. 그 결과가 바로 선종의 출현으로 나타난 것이다. 성리학이 일명 도학으로 불린 것도 이와 무관하지 않다. 성리학이 장자사상 내지 불가사상과 밀접하게 관련돼 있음을 시사한다.

21세기와 노장

제1, 2차 세계대전이 보여주듯이 지난 세기에 서구는 이른바 '근대화'의 신화 아래 전 세계를 분열과 폭력이 난무하는 세계로 몰아간 바 있다. 자유민주주의 이념이 내재해 있는 기계론적이면서도 원자론적인 세계관을 그대로 수용한 결과다. 물질문명의 발달에 따른 '인간소외'와 '비인간화'가 화근이었다. 서구의 '근대화' 신화에 뿌리를 둔 21세기의 학문 역시 개인의 삶과 공동체 전체의 번영을 조화시키기보다는 '인간소외'와 '비인간화'를 부추기는 데 일조하고 있다. 이런 상황이 지속될 경우 비인간화와 물질만능주의가 절정으로 치달아 인류의 생존기반이 뿌리 채 흔들릴 수밖에 없다. 21세기의 기본과제가 필연적으로 인간이 주체가 되는 인간 삶의 회복일 수밖에 없다.

노자사상은 기본적으로 개체의 자율성을 보장하면서도 개체와 공동체 전체의 조화를 추구하는 데서 출발하고 있다. 치자와 피치자는 물론 인간과 자연을 이분법적으로 나누는 것을 거부한다. 노자의 '도'는 천지만물의 시원이자 운행의 이치를 의미한다. 인간에게 적용되어 나타난 것이 바로 '무위지치'이다. 이는 치자와 피치자를 유기적으로 결합시켜 주는 통치원리인 동시에 인간과 자연의 공존을 가능케 해주는 우주론이기도 하다. 노자사상이 동서고금을 아우르는 21세기의 새로운 이념으로 주목을 받는 이유다.

통치에 관한 동서고금의 논의는 크게 이를 가능한 한 축소하려는 견해와 정반대로 이를 확대하려는 견해의 대립으로 점철돼 왔다. 서양은 시종 축소지향의 통치가 보다 바람직한 것으로 간주했다. 플라톤 이래 도시국가를 뜻하는 '폴리스'에서 통치이념을 찾은 결과이다. 서양에 동양의 '치천하治天下' 개념이 아예 존재하지 않은 이유다.

축소지향의 서양 지성사를 상징하는 인물이 바로 마르크스이다. 그의 유물사관은 궁극적으로 국가 및 천하의 해체를 목표로 삼고 있다. 이는 기본적으로 만물을 이분법적으로 구분하는 데서 비롯된 것으로 '나'와 '너'의 대립을 극단화한 결과이기도 하다. 서양의 지성사는 '나'와 '너'의 대립을 무차별적으로 진행시킨 역사로 볼 수 있다. 자아로 상징되는 개인과 이런 개인들의 집합으로 이뤄진 국가공동체, 피착취자인 프롤레타리아와 착취자인 부르주아, 절대 진리를 상징하는 신의 형상을 닮은 인간과 단순한 피조물인 자연 등의 대립이 그것이다. 17세기 당시 영국의 프란시스 베이컨이 "방황하고 있는 자연을 사냥해 노예로 만들어 봉사케 해야 한다"고 언명한 것은 이분법적 접근의 궁극이 어디에 있는지를 잘 보여주고 있다. 서양 사상사에서 '치천하'에 입각한 치도 개념이 아예 존재하지 않은 것도 이와 무관하지 않을 것이다.

서양의 이분법적 접근은 나름 과학문명 발전의 원동력이 된 것이 사실이나 자연과 인간을 철저히 분리시켜 '인간소외'와 '지구 황폐화'의 근원이 된 것 또한 부인할 수 없다. '자연의 노예화'를 역설한 베이컨의 언명에서 알 수 있듯이 이분법적 접근에서는 자연과 인간이 상호 조화를 이루며 공존할 수 있는 여지가 전혀 없다. 그 결과가 바로 '인간소외'와 '지구 황폐화'로 나타났다고 해도 과언이 아니다. '너'가 없는 '나'가 없고 '나'가 없는 '너'가 없다는 지극히 간단하면서도 엄중한 이치를 무시한 채 사물을 서로 용납할 수 없는 대립관계로 분절시킨 후과이다.

이런 식의 접근은 사물의 존재이유 및 등장배경과 전개과정 등에 대한 분석에는 나름 유용하다. 그러나 종합적인 결론을 도출할 때는 이내 독이 될 수밖에 있다. 다양한 변수를 모조리 배제한 채 사물을 '2항 대립'의 관점에서 접근한 결과다. 이런 '2항 대립'의 분석을 통해 얻은 결론이 사물의 본질과 동떨어진 것은 말할 것도 없다. 화이트헤드가 "플라톤 이후의 서양 철학은 그 주석에 지나지 않는다"고 갈파했듯이 서양의 사상사는 플라톤 이래 개인 위주의 축소지향 통치에서 한 치도 벗어나지 못했다.

동양은 정반대로 공동체 위주의 확대지향 통치를 지향해 왔다고 할 수 있다. 유가와 법가사상이 주류를 형성한 덕분이다. 비주류는 위아를 역설한 양주와 무아를 내세운 장자였다. 장자는 양주의 위아사상을 가장 깊이 흡입한 인물이다. 열자는 장자와 달리 세속적인 명리를 무조건 타기하지 않았다. '도'를 해치지 않는 한 세속적인 부귀영화를 누릴지라도 가하다는 입장을 취했다. 현실적인 명리를 철저히 기피한 장자는 노자나 열자보다는 양주에 가깝다.

장자가 서양의 주류 사상처럼 개인 위주의 축소지향 통치를 주장한 것도 이런 맥락에서 이해할 수 있다. 노자는 이와 다르다. 그는 장자와 달리 부득이한 전쟁을 옹호하는 등 '출세간'보다는 '입세간'에 더 많은 관심을 기울였다. 노자를 장자와 하나로 묶어서는 안 되는 이유로 크게 2가지를 들 수 있다.

첫째, 노자사상의 본령은 통치에 있다는 점이다. 노자가 말한 무위는 결코 '무치'나 '무정부' 등의 반反통치를 뜻하는 게 아니다. 그가 반대한 것은 인위적 작위인 유위였다. 노자사상의 핵심어를 장자의 '무위자연'이 아닌 '무위지치'에서 찾아야 하는 이유다. 장자의 무위자연은 출세간의 입장에서 입세간의 통치문제를 다룬 '반통치'를 상징한다.

둘째, 노자가 『도덕경』에서 무위지치의 이념형으로 제시한 소국과민은 국가가 아닌 천하를 대상으로 한 이념형이라는 점이다. 이는 유위지치에 대한 반론 차원에서 나온 것이다. 그는 결코 장자처럼 원시공산사회의 '무치'를 주장한 적이 없다. 최상의 치도인 제도라는 것을 생생히 그려내기 위해 무위지치의 구체적인 실례로 소국과민을 언급한 것에 지나지 않는다.

노자와 장자를 하나로 묶은 '노장' 개념의 출현은 당나라 때 노자사상을 치평治平이 아닌 치신治身의 양생 이론으로 간주한 사실과 무관하지 않다. 이는 노자사상에 대한 일대 왜곡에 해당한다. 노자사상을 관통하는 핵심어는 말할 것도 없이 무위지치이다. 만물이 천지자연의 순환이치를 좇아 영허소장盈虛消長의 변화를 보이다가 본원인 도로 복귀하듯이 통치 역시 무위지치에 입각해야만 최상의 치도를 이룰 수 있다고 본 것이다.

사실 이는 장자를 포함해 모든 제자백가가 수긍한 것이기도 하다. 『순자』와 『한비자』가 '무위지치'를 최상의 치도로 간주한 사실이 이를 뒷받침한다. 제자백가사상이 천지자연과 인간이 하나가 되는 인간학의 관점에서 벗어나지 않는 이유가 여기에 있다. 이들은 서양의 사상가들과 달리 단 한 번도 '신의 죽음'을 선언한 적이 없고 '자연의 노예화'를 선언한 적도 없다.

장자가 무위자연을 내세우며 자연을 '도'의 구체적인 표현으로 간주한 배경이 여기에 있다. 이는 전국시대 후기에 들어와 제자백가 모두 겉으로는 백가쟁명을 전개하면서도 '도' 개념을 매개로 상호 깊은 사상적 교류를 한 결과였다. 서양은 만물에 내재하는 '대립'과 '모순' 을 지양하기 위한 해법으로 '투쟁' 과 '발전' 개념밖에 제시하지 못했으나 동양은 '조화' 와 '순환' 을 해답으로 제시했다. 장자가 「제물론」에서 역설한 것과 다를 바가 없다. 제자백가 모두 본질적인 동질성의 회복에 초점을 맞춘 결과다.

장자가 '만물제동' 을 역설하고, 맹자가 인도가 아닌 천도를 강조하고, 주희가 천리를 역설한 이유가 여기에 있다. 만물에 내재하는 '대립' 과 '모순' 은 본질적인 게 아니라 단지 표면적인 것에 불과하다고 간주한 까닭이다. '투쟁' 과 '발전' 을 운위할 여지가 아예 없었다. 제자백가는 본질적인 동질성을 회복하기 위해서는 자연의 '도' 에 몸을 의탁하고, 이를 구체화하기 위해서는 천지변환의 흐름에 자연스럽게 순응해야 한다고 생각했다. 이들이 '투쟁' 및 '발전' 개념 대신 '조화' 와 '순환' 개념을 정교하게 다듬는 데 주력한 배경이다.

제자백가가 하나같이 치자와 피치자 간의 조화와 공평무사한 통치를 역설한 것도 이와 같은 맥락에서 이해할 수 있다. 다만 장자는 무위를 역설했음에도 현실정치의 개선 가능성에 커다란 회의를 표시한 점이 노자와 다를 뿐이다. 그가 무위지치보다 무치 쪽으로 나아간 이유다. 이는 양주의 위아사상을 깊이 흡입한 결과로 볼 수 있다.

21세기 서양의 지식인들은 장자사상과 불가사상에 커다란 관심을 표명하고 있다. 개인 차원의 득도와 해탈을 역설한 장자와 석가의 가르침이 서양 전래의 개인주의 통치문화와 통하고 있기 때문인지도 모른다. 석가의 가르침은 19세기에 이르러 동양을 넘어 서양으로 전파됐다. 가장 심대한 영향을 받은 나라는 독일이다. 헤겔과 쇼펜하우어, 니체 등이 대표적인 인물이다. 쇼펜하우어는 자신의 집에 불상을 모실 정도로 불교에 심취해 있었다. 19세기 후반부터 독일 학자들의 번역서를 통해 불가사상이 유럽에 유입된 덕분이다.

지난 1922년 헤르만 헤세가 『싯다르타』를 쓴 이후 독일을 위시한 서구 모두 불교에 대한 관심이 더욱 증폭됐다. 전쟁의 후유증을 심하게 앓고 있던 청년들에게 힘의 논리가 아닌 성찰을 통한 '깨달음의 지혜' 반향이 크게 울린 덕분이다. 21세기에 들어와 이런 흐름은 이내 불교를 넘어 노자와 장자에 대한 관심으로 이어지고 있다. 서구의 지식인들에게 『금강반야경』과 더불어 『도덕경』 및 『장자』에 대한 이해는 하나의 교양에 속한다. 그러나 『장자』의 고향이라고 할 수 있는 중국과 한국에서는 일반인들의 관심만 점고하고 있을 뿐 학자들의 관심은 서구만 못한 느낌이다. 심도 있는 재조명 작업이 절실히 요구된다.

[제2부] 『장자』론

제1편 편제론
제2편 주석론

是故鳧脛雖短 續之則憂 鶴脛雖長 斷之則悲

창조경영의 보고, 장자
21세기 스마트 시대 창조경영의 해답을 찾아라!

莊周夢蝶
萬物齊同
無爲自然
安貧樂道

창조경영의

보고,

장자

莊周夢蝶
萬物齊同
無爲自然
安貧樂道

是故鳧脛雖短, 續之則憂. 鶴脛雖長, 斷之則悲.

21세기

스마트 시대

창조경영의

해답을

찾아라!

제1편 편제론

곽상본과 속고일총서본

현존 『장자』는 서진 때의 곽상이 주석을 붙여 정리한 것으로 총 33편으로 되어 있다. 7편의 내편, 15편의 외편, 11편의 잡편이 그것이다. 그러나 후한 초엽 반고班固가 쓴 『한서』「예문지」에 따르면 당시까지도 총 52편으로 구성된 『장자』가 존재했다. 당나라 초기에 기왕의 주석을 집대성한 육덕명의 『경전석문』에도 사마표 등이 52편으로 구성된 『장자』를 주석한 사실이 기록돼 있다. 이를 통해 원본에 해당하는 52편의 『장자』가 오랫동안 전해져 내려왔음을 알 수 있다. 당연히 분량도 많았다. 사마천은 『사기』에서 대략 10만 자였다고 기록해 놓았다. 현존 『장자』는 저본으로 가장 널리 사용되는 속고일총서본續古逸叢書本을 기준으로 계산할 때 모두 65,213자이다. 분량 면에서 원본 『장자』와 커다란 차이가 있었음을 알 수 있다.

사마천은 「노자한비열전」에서 「어부」, 「도척」, 「거협」, 「외루허畏累虛」, 「항상자亢桑子」 등 5편을 거론하고 있다. 현존 『장자』에는 「외루허」와 「항상자」편이 없다. 소동파가 「장자사당기莊子祠堂記」에서 「어부」와 「도척」편을 후대 도가의 작품으로 본 데서 알 수 있듯이 사마천이 활약하는 기원전 1세기 당시만 해도 『장자』의 편제가 완전하게 이뤄지지 않았다. 「외루허」와 「항상자」편은 도중에 사라졌거나 내용이 적당치 않아 곽상이 산삭刪削한 듯하다. 많은 학자들은 내편의 7편이 거론되지 않은 점 등에 의문을 표시하고 있으나 내편과 외편 등의 구분도 없었던 탓에 '내편'을 거론하지 않았다고 보는 게 합리적이다.

현존 33편 중 '내편'의 편제가 가장 오래됐다. 많은 사람들이 장자사상의 진수를 이해하는 보고로 꼽는 이유다. 그러나 '내편'만 『장자』의 가장 본질적인 부분이고 '외편'과 '잡편'은 부수적인 것으로 봐서는 안 된다. '외편'과 '잡편' 역시 나름 장자사상을 충실히 반영하고 있다. 이들 3개편을 종합해 봐야만 장자사상의 진면목을 알 수 있다. 실제로 '내편'에도 훗날 추가된 것으로 보이는 대목이 제법 많다.

그렇다면 언제 외편과 잡편 등의 구분이 이뤄진 것일까? 「예문지」에는 『장자』가 모두 52편으로 편제되어 있다는 사실만 서술돼 있을 뿐 내편과 외편 및 잡편 등의 구분이 있었다는 언급이 없다. 그러나 「예문지」가 인용한 전한 말기 유향의 『칠략七略』에는 『안자춘추』를 교정하면서 내편과 외편으로 구분했다는 내용이 나온다. 전문가들은 유향이 『장자』를 교정하면서 내편과 외편을 구분했을 것으로 보고 있다. 잡편 역시 유향이 『장자』를 교정하는 과정에서 분리됐을 공산이 크다.

다만 유향과 반고 이래 내편의 경우는 7편의 편수가 일정하고 그 내용도 거의 변하지 않았으나 외편과 잡편의 경우는 편수는 일정하지 않고 내용 또한 상당한 변동이 있었다는 점에 주목할 필요가 있다. 실제로 당나라 초기 육덕명이 『경전석문』「서록」에서 거론한 최선의 27편 판본은 내편 7편과 외편 20편으로 구성되어 있고 잡편은 완전히 빠져 있다. 유향본도 마찬가지이다. 이는 외편과 잡편의 경우 계속 산정작업이 이뤄졌음을 시사한다.

그런 점에서 현존 『장자』는 사실 곽상의 작품으로 볼 수 있다. 지난 1960년대에 일본에서 발견된 교토 고산사高山寺 소장의 권자본卷子本 『장자』의 말미에 있는 『장자주발어莊子注跋語』에 곽상의 배경설명이 실려 있다. 그는 기존의 내용이 매우 잡박하고 그 중 3할 정도는 비속한 문장으로 되어 있기에 이를 모두 삭제해 33편으로 만들었다고 밝혔다. 육덕명이 쓴 『경전석문』「서록叙錄」에도 유사한 내용이 나온다. 당시 그가 산삭한 부분은 대부분 '외편'과 '잡편'이었을 것으로 추정되고 있다. 원본 『장자』는 온전히 살아남은 것으로 보는 게 중론이다.

원래 곽상이 활약한 위진시대에는 왕필이 『도덕경』과 『역경』에 대한 통합적인 해석을 시도한 데서 짐작할 수 있듯이 『장자』가 『도덕경』 등의 여타 도가 서적과 함께 널리 읽혔다. 그의 산정본 이외에도 몇 가지 산정본이 만들어진 사실이 이를 뒷받침한다. 육덕명의 「서록」에 따르면 대략 다음과 같다.

『최선주崔譔注』 10권 27편, 『상수주向秀注』 20권 26편, 『사마표주司馬彪注』 21권 52편, 『곽상주郭象注』 33권 33편, 『이이집해李頤集解』 30권 30편, 『맹씨주盟氏注』 18권 52편, 『왕숙지의소王叔之義疏』 3권, 『이궤음李軌音』 1권, 『서막음徐邈音』 1권 등이다. 이들 모두 사라지고 오직 곽상의 산정본만 전해진 셈이다.

육덕명은 곽상의 주석만이 장자의 뜻에 부합했기에 세상에서 중시되고, 서막음과 이궤음 모두 곽상의 산정본을 저본으로 삼은 까닭에 그리됐다고 설명해 놓았다. 그는 사마표와 맹씨가 주석한 판본은 『한서』 「예문지」에서 언급한 『장자』 52편에 해당한다고 덧붙여 놓았다. 이게 사실이라면 이들의 판본이 원본에 해당하는 셈이다.

현재 곽상의 산정본 중 가장 오래된 것으로 감숙성 서북단의 돈황에서 발견된 당나라 때의 사본을 비롯해 일본의 고산사에서 발견된 무로마치 시대의 사본 등이 있다. 그러나 이들 사본 모두 일부분이 결락돼 있다. 완전한 형태로 전해지고 있는 것 중 가장 오래된 것은 청조 말기인 광서 10년(1884)에 여서창黎庶昌이 송대의 사본을 복각한 고일총서본이다. 송대에 간행된 별도의 사본을 상해의 상무인서관商務印書館이 민국 18년(1929)에 복각한 속고일총서본이 그 다음에 해당한다. 시기적으로는 약간 늦기는 했으나 오자와 탈자가 많은 고일총서본에 비해 속고일총서본이 가장 정확하고 양호하다. 모든 주석가들이 예외없이 이를 저본으로 사용하는 이유다.

33편의 편제와 내용

곽상은 「곽상주발어」에서 전래의 52편 판본 중 『산해경』 내지 『회남자』 등의 내용과 유사한 전체의 3분의 1 가량 분량을 골라서 외편과 잡편 26편을 확정했다고 밝혔다. 외편과 잡편의 배열 순서에 나름 일정한 기준이 있었음을 암시한다. 실제로 「천하」편을 잡편의 맨 마지막에 배치한 것은 해당 편이 전국시대 말기 제자백가사상의 특징을 개괄하는 결어의 성격이 짙기 때문이라고 볼 수 있다. 「변무」, 「마제」, 「거협」 3편이 외편의 맨 앞에 놓인 것도 유가 이론을 논파해 도가의 기본입장을 높이려는 의중이 반영된 결과로 해석할 수 있다.

관봉關鋒은 『장자외잡편초탐莊子外雜篇初探』에서 「추수」에서 「경상초」에 이르는 7편을 내편의 7편과 1 대 1로 대응시키며 조술祖述관계로 풀이했다. 「추수」 대 「제물론」, 「지락」 대 「소요유」, 「달생」 대 「양생주」, 「산목」 대 「인간세」, 「전자방」 대 「응제왕」, 「지북유」 대 「대종사」, 「경상초」 대 「덕충부」가 그것이다. 이에 대해 후쿠나가는 「지락」 대 「소요유」, 「전자방」 대 「응제왕」, 「경상초」 대 「덕충부」의 대응은 내용상 무리가 있다고 지적했다. 그럼에도 관봉의 분류는 최소한 곽상이 나름 일정한 기준을 좇아 외편과 잡편을 편제했음을 시사하고 있다. 관봉이 「양왕」, 「도척」, 「어부」 3편을 양주학파의 작품으로 본 것도 매우 이채롭다. 장자가 양주의 위아사상으로부터 커다란 영향을 받았음을 뒷받침한다. 곽상이 「경상초」 이하의 8편을 잡편으로 구별한 것을 두고 외편과 잡편의 구별이 있었던 52편 판본 체제를 좇은 것으로 해석하는 견해도 있다.

『한서』 「예문지」는 도가 계열의 저작으로 『장자』 이외에도 노자의 『도덕경』과 열어구의 『열자列子』를 비롯해 노자의 제자로 알려진 문자의 『문자文子』와 환연環淵의 『연자蜎子』, 윤희尹喜의 「관윤자關尹子』, 위모魏牟의 『공자모公子牟』, 전병田騈의 『전자田子』 등을 열거해 놓았다. 『장자』나 『열자』에 그 언행이 실려 있는 양주 역시 도가 계열로 볼 수 있다. 장자는 이들로부터 크고 작은 영향을 받았을 것이다. 외편과 잡편은 그 결과물로 볼 수 있다. 여기서 33편의 구성내용을 약술하면 다음과 같다.

제1편 「소요유」는 첫머리에 나오는 대붕도남大鵬圖南 일화를 통해 알 수 있듯이 장자사상의 진수에 해당한다. '나'와 외물의 경계를 허문 만물제동萬物齊同이 요체이다. 소요유의 유遊는 인위를 배제한 무위자연을 상징한다.

제2편 「제물론」은 「소요유」에 나온 만물제동의 의미를 좀 더 상세

히 설명한 부분에 해당한다. 「제물론」은 예로부터 『장자』 전편을 통해 가장 난해한 부분으로 간주되고 있다. 제목 자체부터 논란의 대상이 되었다. 곽상과 성현영 등은 '제물지론齊物之論'으로 파악했다. 사물을 가지런히 하는 것에 대한 논의로 본 것이다. 유협劉勰의 『문심조룡文心雕龍』 「논설」에 그 취지가 잘 나타나 있다.

"장자는 '제물'을 논하면서 그 논의 자체를 편명으로 삼았다."

호오好惡와 미추美醜, 시비是非 등에 관한 속세적인 잣대와 판단을 거부했다는 취지로 해석한 셈이다. 곽상의 주석이 이를 뒷받침한다.

"스스로를 옳다 여기면서 다른 사람을 그르다 하고, 자신을 아름답게 여기면서 다른 사람을 미워하는 것은 모든 사람이 그러하다. 그러나 시비는 비록 다를지라도 '나'와 '너'는 원래 균등한 것이다."

이들이 「제물론」과 「소요유」를 '만물제동'의 동일한 맥락에서 풀이한 이유다. 이에 대해 송대의 왕안석과 여혜경, 임희일 등은 「제물론」을 '제물지론'이 아니라 '물론지제物論之齊'로 해석했다. 세상의 모든 논의와 시비를 가지런하게 한다는 취지로 본 것이다. 이들은 「제물론」이 '초속'을 역설한 「소요유」편과 달리 시비곡직 등 세속적인 가치판단에 대한 통합을 추구한 것으로 파악한다. 임희일의 주장이다.

"물론物論은 사람들의 논의이니 중론衆論이라고 말하는 것과 같다. 제齊는 통일한다는 뜻이니 뭇 논의를 합쳐 하나로 통일한다는 뜻이다. 전국시대는 학문이 같지 않아 서로 시비를 따졌다. 장자는 이런 시비를 모두 잊고 자연으로 돌아가느니만 못하다고 여겼다. 이것이 「제물론」의 편명이 된 것이다."

「제물론」은 '제물지론'과 '물론지제'의 성격을 모두 갖고 있다고 보는 게 옳다. 장자가 활약한 전국시대 말기는 제후들은 물론 일반 백성에 이르기까지 통일에 대한 열망이 높아지면서 사상의 통일 분위기 또한 크게 고조될 때였다. 「제물론」은 바로 당시의 이런 분위기에 부응한 장자의 해법을 담고 있다. 그 해법이 불가에서 말하는 만유불성萬有佛性 논리와 닮아 있다. 조선조 후기 인성人性과 물성物性의 이동異同을 둘러싼 소위 '인물성동 이론'이 전개된 바 있다. 만물제동 내지 만유불성의 논리를 인정할 것인지 여부를 놓고 다툰 논쟁이다. 주자학이 장자사상 및 불가사상과 밀접한 관련을 맺고 있음을 방증하는 대목이다.

제3편 「양생주」는 전국시대 말기에 유행한 도가의 양생 이론을 집성한 것이다. 편명을 둘러싸고 육덕명처럼 양생을 근본으로 삼는다는 뜻으로 보는 견해와 임희일 등처럼 생주生主를 기른다는 뜻으로 풀이하는 견해가 대립하나 대부분 전자를 좇고 있다.

제4편 「인간세」는 사람들이 사는 세상을 뜻한다. 곽상과 임희일 및 왕부지王夫之 등 대다수 주석가들이 이같이 새겼다. 폭군방벌론을 사상 최초로 제시한 맹자는 난세의 참혹한 상황에 분노를 금치 못했다. 『맹자』 「양혜왕 상」편에서 "짐승을 몰아다가 사람을 잡아먹는다"는 격렬한 표현을 쓴 게 그 증거다. 이에 반해 장자는 공자와 남백자기, 지리소 등을 등장시켜 인간세상과 일정한 거리를 두고 성명을 보존할 것을 권하고 있다. 무심의 경지인 심재心齋와 무용지용無用之用이 핵심어이다.

제5편 「덕충부」는 덕이 충만한 표시의 뜻이다. 도인의 덕이 자연스레 밖으로 드러난 정황을 표현한 것이다. 『논어』에서 공자의 극찬을 받은 정나라 재상 자산은 여기서 세속적인 가치에 얽매인 어리석은 인물로 나온다. 자산을 비웃은 인물들은 절름발이와 꼽추 등 지체장애자들이다. 이들이야말로 도를 가장 잘 아는 사람이라는 주장을 이

런 역설적인 우언으로 드러낸 것이다.

제6편 「대종사」는 대大가 태太로 기록된 경우 등을 근거로 '태종사'로 읽어야 한다는 주장이 있으나 도를 터득한 큰 종사宗師를 뜻하는 말이므로 '대'로 읽어도 무방하다. 이케다는 전화를 뜻하는 '화化'가 많이 나오고 있는 점에 주목해 일종의 윤회설을 설파한 것으로 분석했다. 그러나 삶과 죽음의 과정을 표현한 것으로 해석한 나면도羅勉道의 견해가 그럴듯하다. 장자사상의 요체에 해당하는 좌망의 일화도 여기에 나온다.

제7편 「응제왕」은 편명을 두고 '응당 제왕이 돼야 할 사람', '사물에 대응하는 제왕', '제왕의 질문에 대한 응답' 등 다양한 해석이 있다. 제왕의 자격을 논한 것으로 풀이한 후쿠나가의 견해가 문의와 부합한다. 장자는 여기서 노자가 말한 '무위지치' 대신 '무치'를 역설하고 있다. 다스리려는 시도 자체가 인위적인 구속에 해당하는 것으로 천지자연의 본성을 해친다는 게 요지이다.

제8편 「변무」 역시 유가의 인위적인 다스림을 강력 비판하며 무위자연의 필요성을 역설하고 있다. 유가를 반대하는 후대 도가의 작품으로 보고 있다. 여기에 오리의 짧은 다리와 학의 긴 다리에 관한 비유가 나오고 있다. 이는 니체의 『차라투스트라는 이렇게 말했다』에 나오는 다음 구절과 상통한다. "만일 꼽추 등의 혹을 떼어내면 이는 그의 정신을 제거하는 것이 된다. 맹인에게 시력을 돌려주면 그는 지상에서 너무나 많은 불유쾌한 것을 보게 되어 그를 고쳐준 사람을 원망할 것이다." 불가사상에 침잠했던 니체가 『장자』의 번역서를 읽었을 공산이 크다.

제9편 「마제」는 유가에서 내세우는 성인의 인의 주장으로 인해 사람들이 타락해 가는 것을 고발하고 있다. 말의 본성이 상마相馬에 뛰

어난 백락과 같은 자들로 인해 서서히 변질되는 것을 비유로 든 이유다. 인의는 묵자와 맹자가 내세운 것이다. 맹자의 인의 주장에 반발한 후대 도가가 공자를 포함해 모든 유가를 싸잡아 인의를 주창한 집단으로 간주했음을 방증하는 대목이다.

제10편 「거협」은 후대 도가들이 「변무」 및 「마제」와 같은 시기에 만든 것으로 추정되고 있다. 거협은 작은 상자를 열어 상자 안의 보물을 훔치는 도둑을 지칭한다. 장자는 거협을 막기 위해 상자를 끈으로 단단히 묶고 자물쇠를 튼튼히 채웠다가 오히려 상자 채 도난당한 예를 들어 인위적인 덕목을 내세운 유가의 통치방식을 조롱하고 있다. 왕부지와 후쿠나가는 『도덕경』 제45장에 나오는 대교약졸大巧若拙 등의 취지를 조술祖述한 것으로 보고 있다.

제11편 「재유」는 사물을 인위적인 작위를 가하지 말고 있는 그대로 두어 본성을 보존케 만들어야 한다는 주장을 담고 있다. 라살이 말한 '자유방임주의' 차원을 넘어 크로포트킨 등이 역설한 '무정부주의'를 방불케 하는 대목이다. 후쿠나가는 '정치 없는 정치'로 표현했다. 이는 무치無治의 또 다른 표현에 해당한다.

제12편 「천지」는 내편에서 강조한 도 대신 유가에서 말하는 천天이 주제어로 나타나 있다. 많은 전문가들이 후대의 도가들이 유가와 타협한 결과로 간주하는 이유다. 후쿠나가는 저작 시기를 전국시대 말에서 전한 초기로 추정했다. 동진의 왕강거王康琚가 「반초은시反招隱詩」에서 작은 은자는 산곡에 숨고 큰 은자는 조정과 저자에 숨는다는 취지로 말한 '소은은능수小隱隱陵藪, 대은은조시大隱隱朝市' 구절도 이 대목과 관련된 것으로 보는 견해도 있다.

제13편 「천도」는 장자사상의 핵심인 무위를 통한 무불위無不爲를 역설하고 있다. 이케다는 후대의 도가가 무위를 법가계통의 정치적

술수인 형명刑名으로 전락시킨 대표적인 실례로 거론했다. 이는 왕부지의 주장을 좇은 것이다. 왕부지는 평하기를, "무위를 군도, 유위를 신도로 한 것은 도를 둘로 쪼갠 것이다. 이는 절대 장자의 글이 아니다. 진한 시기에 황로술을 갖고 군주에게 알아주기를 구한 자가 저술한 듯하다"고 했다. 역사학자 전목錢穆도 말세의 유생들이 한 말로 치부했다. 그러나 치도를 군도와 신도로 나누는 것은 『순자』의 내용을 통해 알 수 있듯이 춘추전국시대부터 널리 유행한 것이다. 후대 도가가 이를 추종한 것을 크게 나무랄 일이 아니다. 장자가 비록 군도와 신도를 나누지 않았다 할지라도 이를 근거로 장자사상이 결정적으로 왜곡됐다며 개탄하는 것은 아무래도 지나치다.

제14편 「천운」은 앞서 나온 「천지」 및 「천도」와 같은 맥락에서 나온 것이기는 하나 공자가 내세운 유가적 덕목을 비판하고 있는 점에서 약간 차이가 있다. 후쿠나가는 일종의 음악론인 함지악론咸池樂論을 두고 「양생주」편의 포정해우庖丁解牛 일화와 더불어 동양의 문예정신을 드러낸 것으로 높이 평가했다. 위진시대의 음악 이론에 커다란 영향을 미쳤다는 게 그의 주장이다. 이케다는 황로사상과 유가사상이 대립하는 전한 문제에서 무제의 치세 때 만들어진 것으로 추정했다.

제15편 「각의」는 이어지는 「선성」과 취지를 같이한다. 왕부지 등은 같은 계열의 사람이 비슷한 시기에 저술한 것으로 보았다. 후쿠나가는 앞서 나온 「천도」와 비교해 이같이 요약했다. "천지자연의 근원적인 존재방식을 중시한 점은 같다. 다만 「천도」편은 현실세계의 지배와 처세에 주안점을 둔 데 반해 「각의」편은 개인적인 양생 이론으로 전개되어 있는 게 다르다." 전편이 하나의 장으로 되어 있으나 이케다는 3개의 장으로 나눠 해석했다.

제16편 「선성」 역시 하나의 장으로 이뤄진 일종의 논문에 해당한다. 지혜와 담백한 마음이 서로 돕게 되면 조화와 질서를 이룰 수 있다는 게 요지이다. 후쿠나가는 질박으로의 회귀를 주장하는 도가사상이 자신의 몸을 바르게 하는 유가의 수양론과 타협한 것으로 풀이했다. 이케다는 비록 유가와 타협한 느낌을 주는 게 사실이나 전체적으로는 여전히 도가적인 논술로 볼 수 있다고 분석했다.

제17편 「추수」는 하백과 북해약의 문답이 전체의 절반이 넘는다. 후쿠나가와 이케다는 「소요유」와 「제물론」의 만물제동 논리를 이어받아 새로운 논리를 전개한 것으로 평했다. 이케다는 인식론의 제동에서 존재론의 제동으로의 이행, 지식론에서 실천론으로의 전개 등을 예로 들었다. 장자가 설화의 주인공으로 등장하고 있는 점에 주목한 후쿠나가는 장자의 생애를 추정할 수 있는 유력한 자료로 평가했다.

제18편 「지락」은 더 이상이 없는 즐거움의 뜻이다. 만물의 본성에 따른 무위자연 처세가 인간에게 지극한 복과 즐거움을 갖다준다는 내용으로 꾸며져 있다. 세속적인 부귀와 장수 등은 빈천과 요절 등과 대비된 상대평가에 불과하지만 무위의 경지에서 느끼는 즐거움이야말로 지고무상의 즐거움에 해당한다는 게 요지이다. 장자가 해골과 사후세계에 관해 대화를 나누는 촉루문답髑髏問答 일화는 인구에 회자하는 매우 유명한 일화이기도 하다.

제19편 「달생」은 현실 속에서 타고난 성명을 지켜나가는 구체적인 방안을 언급하고 있다는 점에서 「양생주」와 취지를 같이한다. 삶을 온전하게 하기 위해서는 무위자연의 원리를 좇아 사사로운 마음을 버리는 자세를 취해야 한다는 게 요지이다. 목계木鷄의 일화는 『열자』에도 나오는 매우 유명한 일화이다.

제20편 「산목」은 혼탁한 세상에 살면서 해로움을 피하는 방법을

언급하고 있다. 왕선겸은 장자의 문도가 저술한 것으로 보았다. 무용으로 천수를 누린 산목과 무용으로 일찍 죽게 된 거위의 상반된 얘기는 무용와 유용의 절묘한 조화가 난세를 살아가는 요체임을 웅변하고 있다. 안이 텅 빈 허주虛舟의 비유는 자신을 비우는 무욕의 자세로 임해야만 아무 해를 당하지 않고 난세를 살아나갈 수 있음을 암시하고 있다.

제21편 「전자방」은 전국시대 초기의 명군인 위문후의 스승에 관한 일화를 통해 도인의 모습이 어떤 것인지를 보여주고 있다. 당나라 때의 한유는 이 편의 내용을 근거로 장자가 유가의 문도였다는 주장을 펴기도 했다. 대략 「인간세」 및 「덕충부」와 취지를 같이한다.

제22편 「지북유」는 우언을 통해 무위의 요체를 설명하고 있다. 마서륜은 『장자고莊子故』에서 요내姚鼐의 설을 인용해 「대종사」의 취지를 조술한 것으로 보았다. 후쿠나가도 이에 동조했다. 이케다는 무위와 무위無謂를 합친 무위위無爲謂를 도의 상징으로 파악했다.

제23편 「경상초」는 편명을 둘러싸고 견해가 대립한다. 후쿠나가는 경상초를 노담의 제자로 추정했다. 그러나 이케다는 「노자한비열전」을 근거로 우의에 따른 가공의 인물로 보았다. 왕응린王應麟은 『곤학기문困學紀聞』에서 "주희는 「경상초」가 모두 선가의 말과 같다고 했다"고 기록해 놓았다. 이 편의 요지는 생명을 지키는 도리인 위생지경衛生之經에 있다. 이케다는 늦은 시기에 편제가 이뤄진 것으로 추정했다.

제24편 「서무귀」는 도의 구체적인 모습을 그리고 있다. 왕부지는 「도덕경」에 나오는 상덕부덕上德不德을 부연한 것으로 보았다. 장자가 혜시의 무덤을 지나가면서 더 이상 맞수가 없어 논쟁할 수 없게 된 것을 탄식한 영인승익郢人蠅翼의 비유는 널리 인용되는 대목이다. 후

쿠나가는 자연이 가르치는 진리에 귀를 기울일 것을 주장한 것으로 분석했다.

제25편 「칙양」은 초나라에서 벼슬하고자 하는 팽칙양彭則陽과 초왕 주변 인물들 간의 대화를 통해 무위자연의 덕을 자연스럽게 드러내고 있다. 이케다는 주제를 크게 3가지로 분류했다. 개별과 전체 간의 동이同異에 관한 논의, 주재자의 유무에 관한 논의, 비유비무非有非無에 관한 논의가 그것이다. 이것이 훗날 왕필의 숭무론崇無論과 배위裴頠의 숭유론崇有論으로 이어졌다는 게 이케다의 주장이다.

제26편 「외물」은 노자와 동일인물인지 여부를 둘러싸고 아직도 논란이 계속되고 있는 노담과 노래자가 등장한다. 사마천은 「노자한비열전」에 주나라 태사 담儋을 노자로 보는 견해도 수록해 놓았다. 각기 별개의 인물로 보는 게 좋을 것이다. 수레바퀴 자국에 고인 물에 있는 붕어를 비유한 학철부어涸轍鮒魚 일화는 매우 유명하다.

제27편 「우언」은 장자가 창안한 3가지 이야기 전달방식인 우언과 중언重言, 치언卮言에 관한 얘기로 이뤄져 있다. 공자가 나이 60세가 될 때까지 60번 변했다는 얘기가 「칙양」편에서는 주인공이 거백옥으로 나온다. 이를 두고 후쿠나가는 주어의 이런 불안정성이 바로 이 얘기가 중언 또는 우언임을 나타내는 징표에 해당한다고 했다.

제28편 「양왕」은 생명을 중시하는 귀생貴生을 역설하고 있다. 『여씨춘추』에도 「귀생」편이 있다. 요가 허유에게 선양코자 한 일화는 「소요유」편과 「외물」편에도 나온다. 자신의 몸을 귀하게 여기는 사람에게 나라도 맡길 수 있다는 주장은 『도덕경』 제13장과 통한다. 소동파는 「우언」편 마지막에 나오는 양자거의 일화와 「열어구」편의 제나라로 가는 열어구 일화는 사실상 같은 내용이라는 점을 들어 그 사이에 있는 「양왕」과 「도척」, 「설검」, 「어부」편은 후대인이 삽입한 것으로 보

았다. 여기에는 공자를 모독한 「도척」편과 「어부」편을 장자의 글로 인정하지 않으려는 속셈이 담겨 있다. 그러나 외편과 잡편을 모두 후대인의 저술로 볼 수는 없는 일이다.

제29편 「도척」은 전설상의 대도 도척을 주인공으로 삼아 유가의 조종인 공자를 혼내주는 내용으로 꾸며져 있다. 공자를 오히려 도구盜丘로 표현한 게 그 증거다. 임운명林雲銘은 소설가의 한담에 가깝다고 분석했다. 호문영胡文英은 대담하게도 당나라 전기소설의 선구역할을 한 것으로 평가했다.

제30편 「설검」은 장자가 조왕을 만나 검에 대한 비유로 치국평천하의 이치를 설파한 내용이다. 전체가 하나의 장으로 꾸며져 있다. 나근택羅根澤은 『제자고안諸子考案』에서 전국시대 종횡가의 작품으로 보았다. 전목은 『장자찬전』에서 『전국책』의 내용과 유사한 점을 들어 장자 문도의 글이 아니라고 주장했다. 이케다는 한무제 때 황권이 강화되면서 제후왕들이 견제를 받게 된 역사적 사실과 관련이 있는 것으로 보았다.

제31편 「어부」는 공자와 어부의 대화가 중심을 이루고 있다. 공자가 행단에서 거문고를 타는 모습은 『논어』 「선진」편에서 제자 증점이 거문고를 연주한 대목과 유사하다. 어부와 제자들의 문답 역시 「미자」편에서 공자 일행이 은자인 장저와 걸닉 등을 만나 나루터를 묻는 대목과 닮았다. 후대의 도가가 『논어』에 나온 공자를 염두에 두고 지어낸 저술로 추정되고 있다. 공자에게 가르침을 내리는 어부는 도인의 상징이다.

제32편 「열어구」는 노자의 사상적 후계자인 열자와 관련한 일화로 꾸며져 있다. 첫 장은 「우언」편의 양자거 일화와 마찬가지로 외모의 그럴듯한 모습을 버려야 많은 사람과 함께할 수 있다는 내용을 담고

있다. 소동파는 이를 근거로 장자는 겉으로만 공자를 비판했을 뿐 사실 공자를 도와주려 했다는 소위 '양제음조론陽擠陰助論'을 펼쳤다. 후대 도가가 악의적으로 「양왕」과 「도척」, 「설검」, 「어부」 등의 4개 편을 끼워넣었다는 주장이 나온 이유다.

이는 남송의 성리학자들에게 지대한 영향을 미쳤다. 내편은 장자 자신의 저술이지만 외편과 잡편은 후대 도가들의 저술로 크게 믿을 바가 못 된다는 식의 이상한 풍조가 등장하게 된 배경이 바로 여기에 있다. 『논어』를 비롯해 선진시대 문헌 모두 후대의 문생들에 의해 편제된 것이다. 당사자가 하지 않은 말도 어록으로 수록됐을 공산이 크다. 유독 『장자』만 내편과 외편 및 잡편으로 나눠볼 이유가 없다. 「설검」은 문체가 약간 조잡하기는 하나 「양왕」과 「도척」과 「어부」의 경우는 오히려 장자의 무위자연 사상과 부합하는 내용으로 이뤄져 있다. 소동파의 '양제음조론'이 근거 없는 것임은 말할 것도 없다.

제33편 「천하」편은 『장자』의 대미를 장식하는 것으로 크게 두 부분으로 이뤄져 있다. 앞부분은 제자백가의 사상적 특징과 문제점을 언급하고 있다. 뒷부분은 혜시의 주장에 대한 비평이 요지이다. 후쿠나가는 장자가 전래의 도를 조술한 4개 학파 학설에 대한 비판을 토대로 더 근원적이고 심층적인 도를 추구한 것으로 평했다. 그가 내린 결론은 절대적인 자유이다. 장자사상의 정곡을 관통한 분석이다.

후쿠나가의 이런 분석은 외편과 잡편이 전국시대 중기부터 한대 초기에 이르는 사상계의 흐름을 구체적으로 보여준 귀중한 자료임을 반증한다. 외편과 잡편을 이차적인 것으로 파악하는 시각은 내편을 평가기준으로 삼은 데 따른 편견에 지나지 않는다. 내편과 외편 및 잡편을 총체적으로 파악하지 않으면 장자사상의 한쪽 면만 지나치게 부각시킬 소지가 크다. 예컨대 내편의 도는 아직 한계가 나타나지 않은 혼돈으로 나타나고 있으나 외편과 잡편의 도는 자연세계의 항상적인 법칙으로 표현돼 있다. 장자사상도 시대변화를 좇아 자체적으로 변화 발전해 나가고 있음을 방증하는 대목이다.

실제로 현재 중국 내 문예사상사 분야에서는 외편과 잡편을 오히려 더 중시하는 모습을 보이고 있다. 미술사를 전공하는 학자들은 「전자방」에 나오는 '참다운 화가'에 관한 일화를 자주 인용하고 있다. 음악사에서는 「천운」에 나오는 '함지의 음악'이 죽림7현인 완적과 혜강 등의 음악철학에 심대한 영향을 미쳤다고 보고 있다.

외편과 잡편은 대화형식의 설화와 우화로 꾸며진 게 매우 많다. 외편에 75개, 잡편에 50개의 설화가 나온다. 「천운」의 효빈效顰과 「서무귀」의 경해謦欬, 「지북유」의 과극지구過隙之駒, 「칙양」의 와각지쟁蝸角之爭, 「외물」의 득어망전得魚忘筌 등 인구에 회자하는 성어가 모두 여기서 나왔다. 문학성이 풍부해 장편소설의 특성을 보이는 것도 있다. 하나의 장으로 이뤄진 「어부」와 「도척」이 그것이다. 「추수」의 하백과 북해약 간의 문답도 유사하다. 『장자』가 문예사상의 보고임을 뒷받침한다. 생물학과 물리학 등 자연과학의 발견에도 크게 기여한 점은 앞서 언급한 바와 같다.

제2편 주석론

곽상과 곽경번

곽상은 『장자』를 산삭해 33편으로 새로이 편제하면서 동시에 세밀한 주석을 가해놓았다. 그의 주석본이 나온 이후 21세기 현재에 이르기까지 근 2천 년에 걸쳐 무수한 주석서가 나왔다. 이들 주석 모두 사실상 『장자』를 새롭게 쓴 것이나 다름없는 그의 주석본을 저본으로 삼아 주석을 가한 것은 말할 것도 없다. 곽상의 주석을 가장 먼저 살펴봐야 하는 이유다. 현재 완전한 형태로 남아 있는 것 역시 곽상의 주석본밖에 없다.

그의 주석은 사상사적으로 매우 중요한 의미를 지니고 있다. 크게 2가지를 들 수 있다. 하나는 『장자』의 본문에 얽매이지 않은 점이고, 다른 하나는 장사사상을 체계적이고 통일적으로 파악한 점이다. 후한에서부터 동진시대에 이르기까지 사대부들의 일화를 기록한 『세설신어』「문학」편은 곽상이 상수의 주석을 표절한 것으로 기록해 놓았다. 이게 사실일까? 먼저 그 내용부터 살펴보자.

"당초 『장자』를 주석한 자가 수십 명에 이르렀지만 아무도 그 뜻을 정확히 밝혀내지 못했다. 이때 상수가 『해의』를 저술해 그 뜻을 절묘하게 풀이해냈다. 다만 아쉽게도 「추수」와 「지락」 2편만은 끝내 주석을 마치지 못하고 이내 세상을 떠났다. 곽상은 상수의 주석이 아직 세상에 전해지지 않은 것을 알고 마침내 상수의 주석을 훔쳐 자기 것으로 삼은 뒤 스스로 나머지 2편에 주석을 가하고, 또 「마제」편의 주를 바꿔 달고 나머지 여러 편에도 약간의 손질을 가했다."

그러나 육덕명의 『경전석문』에 따르면 이는 항간의 낭설을 수록한 것에 지나지 않는다. 상수의 주석 중 일부는 곽상의 주석과 일치하고 있는 게 사실이다. 그러나 상수가 주석을 붙인 부분에 대해 곽상이 주석을 붙이지 않은 곳이 많고, 내용 면에서도 두 사람의 주석은 많은 차이를 보이고 있다. 만일 곽상의 표절이 확실하다면 두 사람의 주석을 모두 살펴본 육덕명이 이를 전혀 밝히지 않은 채 "오직 곽상의 주석만이 장자의 뜻에 부합한다"고 말했을 리 없다. 표절 운운은 만년의 곽상이 훗날 동해왕 사마월의 태부주부太傅主簿로 있었던 점이 크게 작용했을 공산이 크다.

당나라 때에 들어와 노자가 황실의 시조로 간주되면서 유불도 3교 중 도교가 우위를 점하게 됐다. 『도덕경』의 명칭이 '도덕진경道德眞經'으로 격상됐다. 각 가정마다 이를 비치토록 강제하는 상황이 빚어지자 노자와 한 묶음으로 간주된 장자도 덩달아 떠받들어지게 됐다. 당현종 천보 원년(742)에 장자에게 남화진인南華眞人의 시호가 추증되고 『장자』의 명칭이 '남화진경'으로 격상된 이유다. 그러나 당시 사대부들은 『장자』를 경전보다는 일종의 문학작품으로 읽었다. 문인들 내에서 『장자』가 글쓰기의 전범이 된 것은 바로 이 때문이었다.

육덕명의 역저 『경전석문』은 바로 이런 분위기 속에서 나온 것이다. 석문釋文 자체가 글쓰기를 돕기 위한 문장해석의 의미를 내포하고 있다. 최선 등 대표적인 역대 주석가 7명은 물론 남북조 때 남조 양나라 간문제簡文帝의 주석까지 수록해 놓은 게 이를 방증한다. 간문제는 문장의 대가였다. 비슷한 시기 도사로 있던 성현영도 곽상의 주석을 재해석한 『장자소莊子疏』를 펴냈다. 그는 장자 원문과 곽상의 주석을 병기한 뒤 곽상의 견해를 해치지 않는 범위에서 나름 상세한 소를 덧붙여 놓았다.

송대에도 『장자』는 널리 읽혔다. 주희도 예외가 아니었다. 왕안석王安石도 장자를 옹호하는 『장주론』을 썼다. 그러나 이들은 주석서를 남기지 않았다. 소동파蘇東坡는 『적벽부』와 『초연대기超然臺記』 등에서 스스로 장자의 제자를 자처하며 주석을 가했다. 당시의 대표적인 주석가로는 그를 포함해 여혜경呂惠卿과 진경원陳景元, 임희일林希逸, 저백수褚伯秀, 나면도羅勉道 등을 들 수 있다. 이들 중 가장 널리 읽힌 것은 여혜경의 『여관문진장자의呂觀文進莊子義』와 임희일의 『장자권재구의莊子鬳齋口義』였다.

명대에는 육서성陸西星의 『장자부묵莊子副墨』과 초횡焦竑의 『장자익莊子翼』이 유명하다. 명대 말기에는 대학자 왕부지王夫之의 『장자해莊子解』가 나왔다. 청대에 들어와서는 임운명林雲銘의 『장자인莊子因』, 육수지陸樹芝의 『장자설莊子雪』, 진수창陳壽昌의 『장자정의莊子正義』, 왕선겸王先謙의 『장자집해莊子集解』, 곽경번郭慶藩의 『장자집석莊子集釋』 등이 출간됐다. 민국시대에 들어와 당대 최고의 사학자인 전목錢穆이 『장자찬전莊子纂箋』, 손문과 함께 신해혁명을 성사시킨 장병린章炳麟이 『장자해고莊子解詁』를 펴냈다.

명청대와 민국시대를 통틀어 가장 뛰어난 업적을 남긴 사람은 청대 말기의 곽경번과 왕선겸이다. 특히 곽경번의 『장자집석』은 곽상과 성현영 및 육덕명은 말할 것도 없고 청대의 왕념손과 유월兪樾, 노문초盧文弨, 곽숭도郭嵩燾 등에 이르기까지 당시까지 나온 모든 학자들의 견해까지 망라하고 있어 사실상 완결판에 해당한다.

곽경번의 부친 곽숭도는 태평천국의 난을 제압한 동향 출신 증국번과 금석지교金石之交를 맺은 당대 최고의 학자였다. 그는 함풍제의 부름을 받아 당대의 석학들이 모여 천하사를 논의하는 남서방南書房에 근무하다가 초대 주영공사 등을 역임했다.

곽숭도는 시대보다 앞선 사대부였다. 그는 주영공사로 있을 때 유학생들의 대학입학을 알선하고 생활의 편의를 돌봐주었다. 왕립 해군학교를 방문해 학생들의 학업을 격려하고 그들의 의견을 청취했다. 훗날 토마스 헉슬리의 『진화와 윤리』를 번역한 『천연론』을 펴내 중국의 사상계에 일대 충격을 준 엄복도 그의 지도편달 덕분에 무사히 학업을 마칠 수 있었다. 두 사람은 신분과 세대의 차이에도 불구하고 이내 망년지교忘年之交를 맺은 뒤 밤을 새워가며 중국의 부강책을 논했다. 곽숭도는 유럽에서 중국에 보낸 공식 보고인 『사서기정使西紀程』이 귀국 직전 간행이 금지되는 등 심한 견제를 받게 되면서 이내 낙향할 수밖에 없었다. 곽경번이 장자 주석의 완결판에 해당하는 『장자집석』을 펴낸 것도 부친의 이런 파란만장한 삶과 무관하지 않을 것이다.

민국시대 이후 가장 괄목할 만한 것으로는 북경대 부총장을 지낸 마서륜의 『장자의증莊子義證』이다. 불교사상과 장자사상을 전공한 그의 『장자의증』은 자의의 훈고와 고증에서 가장 뛰어나다는 평을 듣고 있다. 그 밖에도 왕숙민王叔岷의 『장자교석莊子校釋』, 유문전劉文典의 『장자보정莊子補正』, 조초기曹礎基의 『장자천주莊子淺注』, 진고응陳鼓應의 『장자금주금역莊子今注今譯』 등도 나름 뛰어난 주석서로 손꼽히고 있다.

일본과 조선의 주석

『장자』에 관한 수많은 주석서 중 조선과 일본에 가장 큰 영향을 미친 것은 송대 임희일의 『장자권재구의』였다. 자가 권재鬳齋인 그는 복건 어계漁溪 사람으로 평생 『삼자구의三子口義』와 『권재속집鬳齋續集』 등 많은 책을 저술했다. 그의 주석서가 일본에 널리 퍼진 데는 나름 이유가 있었다. 에도 막부의 일본은 그의 쉽고 간명한 해설에 높은 점수를 주었다.

원래 일본은 매우 오래 전부터 독자적으로 『장자』에 대한 독자적인 주석을 시도해 왔다. 멀리 중세의 헤이안 시대까지 소급한다. 후지와라藤原佐世가 편찬한 『일본국현재서목日本國見在書目』에는 『장자』의 주석서가 20여 종이나 열거돼 있다. 비슷한 시기인 당나라 말기 이후 오대십국 시대의 중국과 비교해 손색이 없을 정도로 무수한 주석서가 쏟아져 나온 셈이다.

이후 사무라이들이 집권하는 가마쿠라와 무로마치 시대에 들어와서는 주로 오산五山의 학승들에 의해 널리 읽히게 됐다. 상대적으로 쇠퇴한 셈이다. 특히 도쿠가와 시대에 들어와 성리학이 관학이 되면서 상황이 더 악화됐다. 『논어』를 비롯한 유가경전이 사무라이의 필수 교양서로 통용된 결과였다.

그럼에도 비슷한 시기의 조선과는 비교할 수 없을 정도로 다양한 종류의 독자적인 주석서가 출간됐다. 대표적인 주석서로 오카마쓰 카메타니岡松甕谷의 『장자고莊子考』를 들 수 있다. 이 밖에도 『장자핵현莊子覈玄』, 『해장解莊』, 『장자해莊子解』 등의 주석서가 나름 인기를 끌었다.

메이지유신이 성사된 후에는 서구의 학문을 배우려는 열기가 극에 달한 까닭에 『장자』에 대한 연구는 상대적으로 극히 미약했다. 그나마 마키노 겐지로牧野謙次郎의 『장자국자해莊子國字解』가 나와 체면을 유지했다. 다만 1932년 마에다 도시카마前田利鎌가 이와나미 서적에서 펴낸 『장자』는 장자사상을 서양 철학의 입장에서 분석했다는 점에서 특기할 만하다. 일본이 나름 동서양의 학문과 사상을 하나로 녹여 독자적인 사상체계를 만들기 시작했음을 보여준다.

패전 직후 일본이 낳은 최고의 노장 연구자인 후쿠나가 미쯔지福永光司가 출현하게 된 것도 이런 배경과 무관치 않을 것이다. 그의 저서 『장자』는 약 20여 년 간에 걸쳐 50여 쇄가 발행되고 수많은 외국어로 번역될 정도로 인기가 높았다. 20세기 후반까지만 해도 그는 중국의 마서륜과 더불어 당대 최고의 노장 연구가로 군림했다고 해도 과언이 아니다. 그의 사후 현재는 1942년 조선에서 태어나 이후 도쿄대 중국철학과를 이끈 바 있는 이케다 도모히사池田知久가 일본 학계의 노장 연구를 이끌어 가고 있다. 이 밖에도 가나야 오사무金谷治와 아카츠카 다다시赤塚忠도 뛰어난 노장 전문가로 손꼽히고 있다.

일본의 에도 시대와 비교할 때 조선조의 『장자』에 대한 주석작업은 사실상 없었던 것이나 다름없다. 말할 것도 없이 성리학의 횡행으로 인한 것이었다. 조선조 역시 에도 시대 일본과 마찬가지로 임희일의 『장자구의』가 사대부들 내에서 널리 유행했다. 그러나 그 배경은 일본과 사뭇 달랐다. 임희일의 학문적 배경이 북송의 정이천과 사뭇 닮은 게 그 이유였다. 사대부들 스스로 사상통제를 나선 셈이다. 사실 현실적으로 그리하지 않고는 이내 사문난적으로 몰릴 소지가 컸다.

그럼에도 『장자구의』의 인기는 대단했다. 조선조가 말기에 이르기까지 수백 년에 걸쳐 이를 거듭 찍어낸 게 그 증거다. 현존 판본 중 가장 오래된 것은 세종 7년(1425)에 나온 경자자본庚子字本까지 거슬러 올라간다. 중간에는 서민들을 위한 현토본까지 나왔다. 누가 최초로 한글 토를 붙였는지는 아직 정확히 밝혀지지 않았으나 대략 명종 때의 문인 최립崔岦으로 추정되고 있다. 그는 명나라에 사신으로 갔다가 그곳 학자들로부터 당대의 명문이라는 칭찬을 받은 바 있다.

조선조에서 사대부가 독자적인 주석을 가한 것은 숙종 때 소론의 이론가인 박세당朴世堂이 처음이다. 정조 때의 문신 홍석주洪奭周는 『홍씨독서록』에서 이같이 말한 바 있다.

"주석서 가운데 곽상과 여혜경, 초횡 등의 주석서가 세상에 전해졌지만 조선에는 오직 임희일의 『장자구의』와 박세당의 『남화경주해산보南華經註解刪補』만이 성행하고 있다."

이는 숙종 때에 들어와 장자사상에 대한 이해가 한층 심화되었음을 암시한다. 박세당은 생전에 『남화경주해산보』 외에도 『신주도덕경新注道德經』을 펴낸 바 있다. 노장에 대한 이해가 간단치 않았음을 보여준다. 그러나 그는 불행하게도 성리학을 비판한 『사변록思辨錄』 원고를 쓴 사실이 빌미가 돼 노론의 거두 김창흡의 견제에 걸려 삭직된 후 이내 숨을 거두고 말았다.

그의 주석서는 당나라 이전은 물론 명대의 주석가에 이르기까지 총 40여 명의 주석을 일일이 비교검토하며 오류를 찾아낸 뒤 타당한 논리에 입각해 자신의 창견을 밝힌 점에서 높이 평가할 만하다. 그러나 그 또한 당시의 살벌한 분위기를 의식하지 않을 수 없었다. 그는 서문에서 저술동기를 이같이 밝혔다.

"장자가 비록 유가를 비판하기는 했으나 저술의 본래 의도는 혜시 부류의 학자들과 변론하기 위한 것이었다. 「소요유」와 「천하」편에서 혜시 비판으로 편을 마무리한 이유다. 혜시의 학술이 그릇된 것임을 밝히고자 한 취지는 앞뒤에 걸쳐 분명히 드러나고 있다. 그런데도 세상에서 아직 이를 말하는 자가 없다. 이에 지금 유독 드러내 밝히고자 한 것이다."

가능한 범위 내에서 나름 장자를 적극 옹호하고 나섰음을 알 수 있다. 그러나 그가 사문난적으로 몰려 죽은 뒤에는 이렇다 할 주석서가 나오지 못했다. 단지 숙종과 영조 때 활약한 한원진韓元震만이 간신히 명맥을 이었을 뿐이다. 노론의 산림 영수로 있던 권상하 문하에 있던 그는 과거에 뜻을 두지 않고 학문에 전념했다. 영조 원년(1725)에 경연관으로 출사했으나 소론을 배척하다가 삭직되었다.

그는 생전에 같은 문인인 이간李柬 등과 소위 호락논쟁湖洛論爭을 일으킨 뒤 호론湖論을 이끈 인물로 유명하다. 이는 사람과 금수의 본성이 같은지 여부를 둘러싼 극히 소모적인 형이상 논쟁이었다. 이를 소위 '인물성동이론人物性同異論'이라고 한다. 그는 인성과 물성은 근본적으로 다르다는 입장에 서 있었다. '나'와 외물의 경계를 허물 것을 주장한 『장자』의 주석서를 낸 것과는 사뭇 배치되는 모습이다. 그 이유는 무엇일까? 그의 저서 『장자변해莊子辨解』 서문에 그 해답이 있다. 그는 친구를 끌어들여 저술동기를 이같이 밝혔다.

"친구로부터 주석서를 펴내라는 요청을 받고 나는 말하기를, '내 비록 힘이 미약해 『장자』를 불태워 없애지는 못할망정 어찌 차마 주석서를 만들겠는가?' 라고 했다. 그러자 친구가 말하기를, '이 책이 세상에서 읽힌 지 오래되었으니 지금 불태워 없앨 수는 없다. 차라리 그 내용을 소상히 밝혀 부정한 학설이 도망할 곳이 없게 하느니만 못하다. 이 또한 유학의 일대 쾌사가 아니겠는가?' 라고 했다. 이에 내가 찬탄키를, '그리하면 가히 군자들의 비웃음을 면할 수 있을 것이다!'

라고 했다."

주석서를 펴내는 데 따른 비난을 미리 차단하기 위해 구차한 변명을 이러저리 늘어놓고 있음을 쉽게 알 수 있다. 그는 원래 자신의 호를 남당산인南塘散人으로 할 정도로 장자를 좋아했다. '산인'은 「인간세」의 산목山木에서 따온 것이다. 그럼에도 그는 성리학의 틀을 벗어나지 못했다. 본문 속에서 장자사상을 북송의 명유 장재張載가 쓴 『서명西銘』 등과 비교하며 거듭 도가에 대한 유가의 우위를 확인하는 모습이 그렇다. 박세당의 작업에서 훨씬 후퇴했다는 지적을 받는 이유다. 실제로 그의 『장자변해』는 내용 면에서 볼 때 박지원의 장자에 대한 평만도 못하다. 북학파의 거두인 박지원은 『열하일기』 서문에서 장자를 '저술가의 영웅'으로 칭송한 바 있다.

"글을 써 교훈을 남긴 것으로 『주역』과 『춘추』만한 게 없다. 『주역』은 은미隱微하고 『춘추』는 현저顯著하다. 은미는 진리를 거론한 것으로, 그것이 유행하면 '우언'이 된다. 현저는 사건을 기록한 것으로 그것이 변하면 '외전'이 된다. 저술은 이 두 가지 방법밖에 없다. 장자는 두 가지를 겸했다. 사람들은 그 전말을 측량할 길이 없어 궤변이라고 한다. 그가 허구와 우언을 폐기할 수 없었던 것은 이를 통해 진리를 잘 말할 수 있었기 때문이다. 가히 그를 '저술가의 영웅'이라고 부를 만하다."

『장자』를 극찬한 것이나 다름없다. 은미함과 현저함, 사실과 허구를 뒤섞어 진리를 잘 전달하고 있다고 평한 게 그렇다. 당대 최고의 학문을 자랑한 그가 『장자』를 안 읽었을 리 없다. 그럼에도 주석서를 펴내지 않은 것은 박세당을 거울로 삼았기 때문인 듯하다. 당시 조선조는 교조적인 사상탄압으로 인해 자폐화의 길을 걷고 있었다. 그가 개국통상을 그토록 열심히 외쳤음에도 아무 반향이 없었던 게 그 증거다. 그의 사후 꼭 1백 년 뒤 을사조약이 맺어진 것도 결코 우연으로 볼 수 없다. 독자적인 주석서를 무수히 쏟아내며 메이지유신을 성사시킨 일본과 대비되는 대목이다.

일러두기

1. 본서는 『장자』 전편을 완역한 것이다. 본문 해석에 참조할 수 있도록 곽상을 비롯한 제가의 주석은 물론이고 최근 우리나라에서 간행된 역서를 비롯해 중국 및 일본에서 나온 번역본 중 참고할 만한 내용이 있으면 모두 선별해 역주에 실었다.

2. 본서는 『제자집성』(북경 중화서국, 1986)에 수록된 곽경번의 『장자집석』과 왕선겸의 『장자집해』를 저본으로 삼았다. 『장자집석』과 『장자집해』는 곽상의 주석을 포함해 명대 초횡의 『장자익』, 청대 왕부지의 『장자해』 및 유월의 『장자평의』 등을 종합해 놓은 역대 주석의 집대성에 해당한다.

3. 『장자』의 편제는 판본에 따라 적잖은 차이가 있다. 본서는 왕선겸의 『장자집해』 편제를 좇았다.

4. 번역은 원의에 충실하도록 노력했다. 짐승과 벌레, 물고기 등의 이름은 최대한 한글로 번역해 실었고, 자세한 설명은 각주로 미뤘다. 난해한 구절 등은 일부 의역을 했다.

5. 저본과 다른 글자는 각 참고본과 교감해 각주에서 다뤘고, 음이 여러 개인 한자나 뜻을 알기 어려운 한자 등은 각주에서 빠짐없이 거론하며 상세한 설명을 덧붙여 놓았다.

창조경영의

보고,

장자

莊周夢蝶
萬物齊同
無爲自然
安貧樂道

是故鳧脛雖短, 續之則憂. 鶴脛雖長, 斷之則悲.

21세기

스마트 시대

창조경영의

해답을

찾아라!

1. 내편

제1장 소요유(逍遙遊)

1-1

北冥有魚, 其名爲鯤. 鯤之大, 不知其幾千里也. 化而爲鳥, 其名爲鵬. 鵬之背, 不知其幾千里也. 怒而飛, 其翼若垂天之雲. 是鳥也, 海運則將徙於南冥. 南冥者, 天池也.

북쪽 바다에 한 물고기가 있다. 이름은 곤鯤이다. 그 크기가 몇천 리인지 알 수 없다. 이것이 변해 새가 되니 이름이 붕鵬이다. 붕새의 등 넓이도 몇천 리인지 알 수 없다. 온 힘을 다해 날면 그 날개가 하늘에 구름을 드리운 것 같다. 이 새는 바다가 움직이면 남쪽 바다로 날아간다. 남명은 '천지天池'를 말한다.

북명과 남명의 명冥은 거대한 바다를 뜻한다. 북극과 남극을 뜻하는 명溟으로 된 판본도 있다. 아득하여 끝이 없는 상상의 바다로 보는 게 옳다. 곤鯤은 원래 작은 물고기의 이름인데 장자가 큰 물고기의 이름으로 썼다는 해석이 있다. 그러나 이 또한 상상 속의 큰 물고기 이름으로 보는 게 타당하다. 천지天池 역시 상상 속의 '하늘의 못'을 말한다. 본문의 노怒는 힘쓸 면勉과 통한다. 「제물론」과 「인간세」에도 유사한 사례가 보인다. '붕' 또한 상상 속의 새이다. 봉鳳의 고자古字로 보는 견해가 있다.

대부분의 주석가들은 곤이 변한 붕새가 남명으로 날아가는 것을 두고 만물 본연의 '무한한 자유'를 향한 비상으로 해석하고 있다. 그러나 과연 그게 북쪽에서 남쪽으로 날아간다고 가능한 것일까? 이케다의 지적대로 붕새가 아무리 거대할지라도 결국은 사물이 존재하는 세계 안에서의 비상에 불과하다. 차라리 불가에서 말하는 초속超俗으로 해석하는 게 낫다. 통치사상의 관점에서 보면 이는 최상의 치도인 제도帝道와 맥을 같이한다. 유가에서 말하는 왕도王道보다 윗길이다. 제왕의 길을 뜻하는 대업大業으로 해석할 수 있다.

1-2

齊諧者, 志怪者也. 諧之言曰, "鵬之徙於南冥也, 水擊三千里, 摶扶搖而上者九萬里, 去以六月息者也." 野馬也, 塵埃也, 生物之以息相吹也. 天之蒼蒼, 其正色邪. 其遠而無所至極邪. 其視下也, 亦若是則已矣.

제해齊諧는 괴이한 일을 잘 알고 있는 사람이다. 그는 이같이 말했다.

"붕새가 남명으로 날아갈 때는 그 큰 날개로 바다의 수면을 3천 리나 치고, 이어 회오리바람을 타고 9만 리 상공까지 올라간다. 거기서 6달 동안 계속 난 뒤 비로소 한 번 크게 숨을 내쉰다."

공중에 떠 있는 아지랑이와 먼지는 천지 사이의 생물이 서로 입김을 내뿜은 것이다. 하늘이 푸른 것은 본래의 제 빛깔인가, 아니면 끝없이 먼 까닭에 그런 것인가? 붕새가 9만 리 창공에서 아래를 내려다 볼 때도 이와 같을 뿐이다.

'제해'를 제나라 출신 은자로 보거나 책의 이름으로 보는 견해가 있다. 지괴자志怪者의 지志는 기記로 해석하는 게 옳다. 단부요摶扶搖의 단摶은 풍風과 합쳐 단풍摶風으로 사용될 경우 새가 바람을 타고 날쌔게 하늘로 올라가는 것을 의미한다. 날개를 친다는 뜻의 박搏의 잘못으로 보기도 한다. 부요扶搖는 아래에서 위로 부는 폭풍이다. 그러나 「재유」편에 나오는 '부요'는 뽕나무를 말한다. 야마野馬는 원래 조랑말을 뜻한다. 여기서는 아지랑이가 피어오르는 모습을 재빨리 내달리는 야마에 비유했다. 통치사상의 관점에서 보면 '제도'의 취지를 말한 것으로 볼 수 있다.

1-3

且夫水之積也不厚, 則其負大舟也無力. 覆杯水於坳堂之上, 則芥爲之舟. 置杯焉則膠, 水淺而舟大也. 風之積也不厚, 則其負大翼也無力. 故九萬里則風斯在下矣, 而後乃今培風. 背負靑天而莫之夭閼者, 而後乃今將圖南.

물이 괴어 쌓인 게 깊지 않으면 큰 배를 띄울 힘이 없다. 마루의 움푹 파인 곳에 한 잔의 물을 부으면 티끌 크기의 배를 만들어야 한다. 거기에 잔을 띄우면 이내 바닥에 닿고 만다. 물은 얕고 배는 크기 때문이다. 바람이 두터이 쌓이지 않으면 붕새의 큰 날개를 띄울 힘이 없다. 9만 리 높이까지 올라가야 그 큰 날개를 지탱할 만한 바람이 비로소 아래에 쌓이게 되고, 연후에 바람에 기댈 수 있다. 푸른 하늘을 등지고 막힘이 없을 때 붕새는 비로소 남쪽으로 날아가는 일을 도모한다.

이 일화에서 인구에 회자하는 도남圖南 성어가 나왔다. 붕정만리鵬程萬里, 대붕도남大鵬圖南, 붕도鵬圖 등도 같은 뜻이다. 제왕이 꿈꾸는 대업의 웅지를 비유한 것이다. 임희일은 요당坳堂을 마루의 움푹 파인 곳으로 해석했다. 청대의 왕념손은 배풍培風의 '배'를 올라타거나 기댄다는 뜻의 빙憑의 가차로 보았다. 성현영과 임희일 모두 요알夭閼을 꺾어지고 막히는 것으로 풀이했다.

1-4

蜩與學鳩笑之曰, "我決起而飛, 槍楡枋, 時則不至而控於地而已矣. 奚以之九萬里而南爲." 適莽蒼者, 三飡而反, 腹猶果然. 適百里者, 宿舂糧. 適千里者, 三月聚糧. 之二蟲又何知.

하루는 매미와 작은 비둘기가 남명으로 날아가는 대붕을 비웃으며 이같이 말했다.

"우리는 결심하고 한번 날면 느릅나무나 다목나무까지 갈 수 있다. 어쩌다가 가끔 이르지 못해 당에 곤두박질할 때가 있기는 하다. 그러나 붕새는 무슨 까닭에 9만 리 상공을 날아 멀리 남명까지 가려고 하는 것인가?"

가까운 교외의 들판에 나가는 자는 세 끼니의 밥만 먹고 돌아와도 아직 배가 부르다. 그러나 백 리 길을 가는 자는 전날 밤 양식을 미리 찧어 준비해야 하고, 천 리 길을 가는 자는 3달 전부터 양식을 모아 미리 준비해야 한다. 이들 두 벌레가 대붕의 뜻을 어찌 알겠는가?

조蜩는 조선蜩蟬, 학學은 학鷽과 같은 뜻이다. 창유방槍楡枋의 창槍은 도달하거나 마문다는 뜻의 창搶과 통한다. 남위南爲의 위爲는 반어反語를 뜻하는 조자助字 내지 허사로 호乎와 같다. 본문의 손飡은 손飧과 마찬가지로 손飱의 속자이다. 망창莽蒼은 가까운 교외의 들판을 뜻한다. 숙용량宿舂糧의 숙宿을 두고 하루치 식량으로 해석하는 견해도 있으나 문맥이 잘 통하지 않는다. 과연果然은 과일처럼 배가 부른 모습을 말한다.

지2충之二蟲의 지之는 지시대명사 시是와 같다. 2충二蟲을 두고 곽상은 저절로 그리된다는 뜻의 자연이연自然而然의 취지에서 붕새와 매미로 해석했다. 이는 문의文意에 부합치 않는다. 유월은 이를 비판했다. 조학안지대붕지지蜩鷽安知大鵬之志 성어가 나온 데서 알 수 있듯이 2충은 영웅호걸의 깊고 큰 뜻을 알지 못하는 소인배를 지칭한 것이다. 붕새와 연작燕雀의 비유와 같다.

『사기』「진섭세가」에 그 실례가 나온다. 진시황 사후 최초로 반기를 들어 보위에 오른 진섭陳涉은 젊었을 때 남의 집 머슴이 되어 농사를 지은 적이 있다. 하루는 그가 일손을 멈추고 휴식을 취하던 중 주위 사람들에게 이같이 말했다.

"만일 부귀하게 되면 서로 잊지 말도록 합시다."

사람들이 비웃었다.

"그대는 머슴으로 있는 주제에 어찌 부귀를 이룬다는 것인가?"

진섭이 크게 탄식했다.

"아, 연작안지홍혹지지燕雀安知鴻鵠之志!"

대개 '홍혹鴻鵠' 을 '홍곡' 으로 읽고 있으나 이는 잘못이다. '혹' 을 '곡' 으로 읽으면 과녁을 뜻하는 '적的' 의 뜻이 된다. '정곡正鵠을 찌르다' 의 구절이 실례이다. '홍혹' 을 단순히 기러기의 홍안鴻雁과 고니의 황혹黃鵠 등으로 새기는 것도 잘못이다. 이는 봉황 및 붕새와 마찬가지로 상상의 길조를 뜻한다. 상앙의 스승으로 알려진 시자尸子가 쓴 『시자』에 나오는 다음 구절이 그 증거이다.

"홍혹은 날개가 합쳐지지 않는다. 사해를 품은 사해지심四海之心이 있기 때문이다."

'조학안지대붕지지' 가 '연작안지홍혹지지' 와 같은 뜻임을 감안할 때 '홍혹' 을 '홍곡' 으로 읽는 것은 크게 잘못된 것임을 알 수 있다. '홍혹' 은 봉황 및 대붕 등과 마찬가지로 영웅호걸을 뜻하는 상상 속의 새이다.

1-5

小知不及大知, 小年不及大年. 奚以知其然也. 朝菌不知晦朔, 蟪蛄不知春秋, 此小年也. 楚之南有冥靈者, 以五百歲爲春, 五百歲爲秋. 上古有大椿者, 以八千歲爲春, 八千歲爲秋. 而彭祖乃今以久特聞, 衆人匹之, 不亦悲乎.

작은 지혜는 큰 지혜에 미치지 못하고, 어린애는 어른의 지혜에 미치지 못한다. 무엇으로 그런 줄 아는가? 아침에 돋아나는 버섯은 1달을 알지 못하고, 매미는 봄과 가을을 모른다. 사는 기간이 짧기 때문이다. 초나라 남쪽에 명령冥靈 나무가 있다. 5백 년을 봄으로 삼고 5백 년을 가을로 삼는다. 먼 옛날 대춘大椿 나무가 있었다. 이는 8천 년을 봄으로 삼고 8천 년을 가을로 삼는다. 팽조彭祖는 지금 최고로 장수한 인물로 소문이 나 있다. 중인衆人들이 모두 그같이 되기를 바라니 또 한 슬픈 일이 아닌가.

조균朝菌을 하루살이 벌레로 해석한 견해도 있으나 아침에 음습한 퇴비 위에서 생겨났다가 햇빛을 보면 말라죽는 버섯으로 풀이하는 게 낫다. 정약용은 「탕론湯論」에서 탕왕과 무왕의 방벌放伐을 요순의 선양禪讓보다 낮게 평가하는 풍조를 비판하면서 '혜고부지춘추蟪蛄不知春秋' 구절을 인용해 놓았다. 극단적인 이상론을 펼치는 자들을 소인배로 간주한 것이다.

명령冥靈을 북명이나 남명에 사는 신령한 거북으로 해석한 견해도 있으나 뒤이어지는 대춘大椿과 연결시켜 해석할 때 상상 속의 나무로 보는 게 옳다. '대춘'을 실제로 나무로 생각해 '큰 참죽나무'로 새기는 것은 잘못이다.

'팽조'는 요순 이래 은나라 때까지 7, 8백 년을 산 것으로 알려진 전설적인 인물이다. 도가의 무위자연사상을 상징하고 있다. 난세를 치세로 전환시키기 위한 대책을 밝히며 인의를 내세운 유가를 질타한 것이다. 모두 인위적인 해법에 불과한 까닭에 궁극적인 해답이 될 수 없다는 취지를 담고 있다. 팽조를 중인衆人과 대비시킨 이유다.

1-6

湯之問棘也是已. "窮髮之北, 有冥海者, 天池也. 有魚焉, 其廣數千里, 未有知其修者, 其名爲鯤. 有鳥焉, 其名爲鵬, 背若太山, 翼若垂天之雲, 搏扶搖羊角而上者九萬里, 絶雲氣, 負靑天, 然後圖南, 且適南冥也. 斥鴳笑之曰, '彼且奚適也. 我騰躍而上, 不過數仞而下, 翶翔蓬蒿之間, 此亦飛之至也, 而彼且奚適也.'" 此小大之辯也.

은나라 탕왕이 현자로 이름이 높은 극棘에게 물어서 들은 내용도 이와 같다. 골자는 이러하다.

"불모지의 북쪽에 검푸르고 어두운 바다가 있습니다. 그것이 '천지' 입니다. 거기에 물고기가 있는데 그 넓이가 수천 리이고, 그 길이는 아는 자가 없습니다. 그 이름을 '곤' 이라고 합니다. 거기에 새가 있으니 이름을 '붕' 이라고 합니다. 등은 태산 같고, 날개는 하늘에 구름을 드리운 것 같습니다. 이 새는 회오리바람을 타고 선회하면서 9만 리 상공까지 올라갑니다. 구름을 뚫고 나가 푸른 하늘을 짊어진 연후 남쪽으로 가는 것을 도모해 바야흐로 내려갑니다. 메추라기가 비웃으며 말하기를, '저것은 도대체 어디로 가려는 것인가. 나는 힘껏 날아오르면 몇 길을 못 가 이내 도로 내려와 쑥대밭 사이를 날아다닐 뿐이다. 이것이 내가 날아다니는 것의 전부이다. 그런데 저것은 도대체 어디를 가려고 저러는 것인가' 라고 했습니다."

이것이 작은 것과 큰 것의 차이이다.

『열자』「탕문」편에 유사한 내용이 나온다. 거기에는 극棘 대신 하혁夏革이 탕왕과 얘기를 나눈다. '하혁' 의 '하' 는 중원을 뜻하고 '혁' 은 '극' 과 음이 통하니 결국 같은 사람이다. 궁발지북窮髮之北은 초목이 나지 않는 불모지의 북쪽을 지칭한다. 『열자』에는 '종발지북終髮之北' 으로 되어 있다.

『방언方言』에 따르면 기수자其修者의 수修는 길다는 뜻의 남방 방언 수脩와 같다. 양각羊角은 부요扶搖와 마찬가지로 회오리바람을 뜻한다. 임희일은 척안斥鴳을 작은 못에 사는 메추라기로 보았다. 안鴳이 안鷃으로 된 판본도 있다. 인仞은 한 길로 7, 8척 가량 된다. 고상翱翔은 펄쩍 뛰는 식으로 날아다니는 것을 말한다.

비지지飛之至는 메추라기가 날아다닐 수 있는 최대치를 말한 것이다. 이같이 새길 경우 문맥이 잘 통하지 않는다. 임희일은 '쑥대밭 사이를 날지만 그렇게만 날아도 지극히 즐겁다'는 취지의 지락至樂으로 풀이했다. 문맥상 이게 타당하다. 소대지변小大之辯의 변辯은 나눠 판별한다는 뜻의 변辨과 통한다. 이는 소인배와 대인을 구별하는 기준을 제시한 것이다.

1-7

故夫知效一官·行比一鄕·德合一君而徵一國者, 其自視也, 亦若此矣. 而宋榮子猶然笑之. 且擧世而譽之而不加勸, 擧世而非之而不加沮, 定乎內外之分, 辯乎榮辱之境, 斯已矣. 彼其於世, 未數數然也. 雖然, 猶有未樹也. 夫列子御風而行, 泠然善也, 旬有五日而後反. 彼於致福者, 未數數然也. 此雖免乎行, 猶有所待者也. 若夫乘天地之正, 而御六氣之辯, 以遊無窮者, 彼且惡乎待哉. 故曰, "至人無己, 神人無功, 聖人無名."

저들 소인배의 지식은 관직을 맡아 공적을 올리고, 행실은 한 고을을 감화시키고, 덕은 일국의 군주에 부합해 해당국에 기용되는 것에 지나지 않는다. 그들이 천하를 바라보는 것은 한낱 메추라기 수준과 같다. 송영자宋榮子가 이들을 비웃는 이유이다. 그는 온 세상이 그를 기려도 더 우쭐대는 게 없고, 온 세상이 비난해도 더 저상沮喪되는 게 없다. 내면과 외물을 구분하고 영욕의 경계를 분명히 한 덕분이다. 그러나 그는 이게 전부이다. 세상의 평가에 초연했지만 아직 근원에 이르지 못한 탓이다.

저 열자는 바람을 타고 다닌다. 시원하게 날아다니다가 보름 후 돌아오곤 한다. 그는 세상의 평가 차원을 넘어 아예 복을 구하는 일에 초연하다. 그러나 아직 뭔가에 기대고 있다. 만일 천지의 바른 기에 기대 6기六氣의 변화에 따라 무궁한 경지에 노닐 줄 안다면 대체 무엇에 기댈 필요가 있겠는가? 그래서 '지인至人은 내가 없고, 신인神人은 공적이 없고, 성인聖人은 이름이 없다' 고 하는 것이다.

박세당은 지효知效의 효效를 힘써 일하는 판辦으로 풀이했다. 이같이 볼 경우 '지효' 는 행정의 달인을 의미한다. 탁월한 해석이다. 행비行比의 비比를 두고 가나야 오사무金谷治는 『장자』에서 덮는다는 뜻의 비庇로 해석했다.

징일국徵一國의 징徵은 사람을 등용하기 위해 부르는 징소徵召의 뜻이다. 통상 관원이 되어 큰 업적을 세우고 군주의 부름을 받아 고관직에 오르는 것 모두 메추라기의 행태에 지나지 않는다고 질타한 것이다. 출사出仕를 중시하는 유가를 정면에서 공격한 것이나 다름없다.

'송영자' 는 『한비자』「현학」편에도 같은 이름으로 나오나 『맹자』「고자 하」편은 송경宋牼, 『순자』「비십이자」편은 송견宋鈃으로 기록해 놓았다. 「천하」편에도 '송견' 으로 나온다. 비전非戰을 역설한 대표적인 묵가이다. 주로 장인匠人집단으로 구성된 묵가는 공성攻城에 대비한 수성守城 도구를 만들어 자신들의 '비전론' 을 뒷받침했다. 최후의 순간까지 성을 지킨다는 의미로 전용된 묵수墨守 성어는 여기서 나왔다. 전국시대 말기에 활약한 맹자는 묵가와 마찬가지로 '비전' 을 주장했으나 기본논리는 달랐다. 그는 묵가의 '묵수' 를 천박한 주장으로 간주했다. 인의의 함양을 통해서만 진정한 '비전' 을 이룰 수 있다고 확신한 탓이다. 맹자가 송경을 만나 장황하게 자신의 '비전론' 을 전개한 것은 바로 이 때문이다.

『순자』「정론」편을 보면 송영자를 '자송자子宋子'로 높이면서 '비전론'을 놓고 싸움의 근원이 '증오' 또는 '수치' 중 어느 것인지를 놓고 논전을 벌인 대목이 나온다. 송영자는 '수치', 순자는 '증오'를 주장했다. 장자는 송영자가 세평에 초연한 이유가 내면과 외물을 구분하고 영욕의 경계를 분명히 한 데 있다고 보고 동시에 그의 한계가 여기에 있다고 지적한 것이다. '수치'에 초점을 맞춘 송영자를 질타한 점에서 순자와 장자는 맥을 같이한다.

거세예지擧世譽之 구절은 『문자』「상례上禮」편에도 나온다. 다만 불가권不加勸이 불익권不益勸으로 되어 있고 지인至人이 송영자를 대신한 게 다르다. 이케다는 도가에서 말하는 가장 이상적인 인간인 '지인'이 송영자 수준에 그치고 있는 점에 주목할 필요가 있다고 지적했다.

장자는 열자를 송영자보다 약간 나은 수준으로 평가하면서도 사실 송영자와 싸잡아 비판해 놓았다. 급급해하지 않는다는 뜻의 미삭삭연未數數然을 언급하면서도 송영자는 아직 근본을 세우지 못한 유유미수猶有未樹의 단계에 머물고 있고, 열자는 바람과 같은 외물에 의지하는 유유소지猶有所待의 단계에 머물고 있다고 비웃은 게 그 증거다. 그러나 열자의 어풍이행御風而行은 결코 장자가 말한 것처럼 어떤 외물에 기댄 게 아니다.

『열자』「황제」편에는 이허승풍履虛乘風으로 되어 있다. '어풍이행'과 사뭇 취지가 다르다. 열자가 말한 '이허승풍'은 바람과 내가 혼연일체가 되어 구분이 없어진 단계를 말한다. 열자는 '이허승풍'이야말로 모든 것을 자연에 내맡긴 까닭에 외물의 움직임에 아무런 방해도 받지 않고 유유자적하며 진정한 자유를 누리자는 취지라고 역설한다. 이는 무궁에 노니는 것과 같은 차원이다. 장자학파가 비판을 위한 비판을 했다는 지적을 면키 어렵다. 이 대목에서 열자처럼 허虛를 중시하는 귀허론貴虛論과 장자처럼 무無를 중시하는 귀무론貴無論이 갈리고 있다.

복을 구한다는 뜻의 치복致福에 대한 열자와 장자의 엇갈린 해석이 이를 뒷받침하고 있다. 장자는 이를 속세적인 명리로 치부했다. 그러나 열자는 이를 적극 수용한 점에서 커다란 차이를 보이고 있다. 장자는 양주의 위아사상爲我思想을 깊이 흡입해 '진흙 속의 꼬리를 끄는 거북이'를 자처했다. 그러나 『열자』 「양주」편은 양주를 적극 변호하면서도 명예를 사수하기 위해 실리에 누를 끼치는 것만 아니라면 명예를 추구하는 것도 가하다는 입장을 분명히 하고 있다. 『열자』가 『장자』와 달리 『도덕경』과 마찬가지로 현실정치에 깊은 관심을 기울이고 있음을 보여주는 대목이다. 이는 초기 도가사상가들의 기본입장을 충실히 반영한 결과로 보인다.

'6기지변六氣之辯'의 변辯을 이케다는 변變의 가차로 보았다. '6기'는 음양陰陽과 풍우風雨, 회삭晦朔의 자연현상을 의미한다. 지인무기至人無己와 신인무공神人無功 및 성인무명聖人無名을 두고 '지인'과 '신인', '성인'의 등급차이를 인정할 것인지 여부를 놓고 해석이 엇갈린다. 『열자』는 시종 '지인'을 '성인'의 윗길로 해석해 놓았다. 이에 반해 『장자』는 같은 등급으로 기술한 대목이 있는가 하면 '지인'을 '성인'보다 윗길로 해석한 대목도 있다. 문맥에 따라 해석하는 게 옳을 것이다.

이 대목은 장자가 말하고자 하는 무위자연의 취지를 선명히 드러내고 있다. 상상을 초월하는 붕새조차도 외물의 제한을 받고, '어풍이행'을 하는 열자도 바람이라는 외물에 기대고 있다고 지적한 게 그 증거이다. 천지자연과 하나가 되어 '너'와 '나'의 구별이 사라진 단계를 최상의 경지로 본 결과다. 이는 불가의 무아無我 내지 몰아沒我와 거의 같다. 개인의 해탈을 추구한 남방의 소승불교를 중국에 소개하는 과정에서 장자사상이 큰 기여를 한 배경이 여기에 있다. 도가사상 가운데 장자의 사상이 유독 현실의 속세에 뿌리를 두고 있는 노자 및 열자와 달리 초속超俗의 성격을 강하게 띠고 있는 데 따른 것으로 해석할 수 있다.

1-8

堯讓天下於許由曰, "日月出矣, 而爝火不息, 其於光也, 不亦難乎. 時雨降矣, 而猶浸灌, 其於澤也, 不亦勞乎. 夫子立而天下治, 而我猶尸之, 吾自視缺然. 請致天下." 許由曰, "子治天下, 天下旣已治也, 而我猶代子, 吾將爲名乎. 名者, 實之賓也, 吾將爲賓乎. 鷦鷯巢于深林, 不過一枝. 偃鼠飮河, 不過滿腹. 歸休乎君, 予無所用天下爲. 庖人雖不治庖, 尸祝不越樽俎而代之矣."

요堯가 천하를 물려줄 생각으로 허유許由에게 부탁했다.

"해와 달이 나왔는데도 횃불을 끄지 않으면 빛을 밝힌다는 취지 면에서 공연히 어려움만 더하고, 때맞춰 단비가 내렸는데도 여전히 물을 대면 논밭을 윤택하게 만든다는 취지 면에서 공연히 수고롭기만 한 게 아니겠소? 선생이 천자가 되면 천하가 잘 다스려질 터인데 내가 아직도 천하를 맡고 있소. 나는 나의 부족한 점을 잘 알고 있소. 부디 천하를 맡아주시오."

허유가 거절했다.

"그대가 천하를 맡은 후 이미 잘 다스려지고 있는데 그대를 대신하라고 하면 나에게 천자의 명예를 구하란 말이오? 명예는 실질의 껍데기일 뿐인데 나에게 그런 껍데기가 되란 말이오? 뱁새가 둥지를 트는 곳은 숲속의 나무 중 한 나무의 가지 하나에 불과하오. 두더지가 황하의 물을 마시는 것 역시 기껏 제 배를 채우는 것에 지나지 않소. 그만 돌아가시오, 군왕이여! 나는 천하를 가지고 할 일이 없소. 요리사가 요리를 잘 못한다는 이유로 시동尸童과 축관祝官이 요리사를 대신할 수는 없지 않겠소!"

'명자名者, 실지빈實之賓' 구절은 유가와 법가, 도가에서 논란이 된 명실론名實論에 대한 장자의 기본입장을 잘 드러내고 있다. 여기의 빈賓은 껍데기의 의미이다. 장자는 '명실'을 '껍데기와 알맹이'의 관계로 파악했다. 껍데기를 극도로 꺼린 것이다. 이는 '명'을 '실'과 똑같이 중시한 유가의 입장과 극명한 대조를 이루고 있다. 법가 역시 형명론刑名論에 입각해 '명'을 '실' 못지않게 중시했다.

주목할 것은 같은 도가인데도 열자의 경우는 장자와 달리 노자를 좇아 속세적인 명리도 상황에 따라 추구할 수 있다는 실주명빈實主名賓의 입장을 취한 점이다. 이는 철저한 실리주의로 일관한 양주 및 장자의 사명취실捨名取實 내지 택주기빈擇主棄賓 입장과 대비된다. 『열자』의 빈賓은 말 그대로 통상적인 주빈지례主賓之禮에 입각해 '손님'으로 해석해야 하는 데 반해 『장자』의 '빈'은 '껍데기'로 해석해야하는 이유다. 노자사상의 정맥이 열자에게 그대로 이어지고 있음을 방증한다.

'초료소우심림鷦鷯巢宇深林'은 뱁새가 깊은 숲속에 둥지를 튼 것을 말한다. 남조 양나라 소명태자의 『문선文選』에 장화張華의 「초료부鷦鷯賦」가 실려 있다. 여기서 초료소림鷦鷯巢林 성어가 나왔다. 뒤에 나오는 언서음하偃鼠飮河와 같은 취지이다. 일개 필부에서 제왕에 이르기까지 무릇 사람이라면 자신의 소임과 분수를 알아야 한다는 뜻으로 사용된다.

시축尸祝은 제사 때 신위 자리에 앉힌 시동尸童과 축문을 읽는 축관祝官을 통칭한 말이다. '시축' 운운한 것은 속세를 상징하는 포인庖人의 일에 초속을 상징하는 시축은 개입하지 않는다는 취지를 드러낸 것이다. 속세에 적극 개입하는 입세入世와 이로부터 완전히 떠나는 출세出世에 대한 장자의 이분법적 태도가 극명히 드러나는 대목이다.

1-9

肩吾問於連叔曰, "吾聞言於接輿, 大而無當, 往而不反. 吾驚怖其言, 猶河漢而無極也, 大有逕庭, 不近人情焉." 連叔曰, "其言謂何哉." 曰, "藐姑射之山, 有神人居焉. 肌膚若冰雪, 綽約若處子. 不食五穀, 吸風飮露. 乘雲氣, 御飛龍, 而遊乎四海之外. 其神凝, 使物不疵癘而年穀熟. 吾以是狂而不信也."

견오肩吾가 연숙連叔에게 말했다.

"내가 접여接輿에게서 어떤 얘기를 들었는데 얘기가 너무 터무니없어 언제 끝날지 알 길이 없었소. 내가 그의 얘기에 놀라고 두려워한 것은 얘기 자체가 황하와 은하수처럼 그 끝을 알 수 없을 정도로 황당했기 때문이오. 현실과 크게 동떨어져 있는 데다 인정에도 맞지 않았소."

연숙이 물었다.

"그의 얘기가 어떤 것이오?"

견오가 대답했다.

"막고야산藐姑射山에 신인이 살고 있는데 피부는 눈처럼 희고 예쁜 몸매는 처녀 같다고 하오. 오곡 대신 바람과 이슬을 먹고, 구름 기운을 타고 비룡을 몰아 사해 밖에서 노닌다고 하오. 신묘한 정기가 응집해 작동하면 사물이 병들지 않고 성장해 해마다 풍년이 든다고 하오. 나는 너무 황당해 믿을 수가 없소."

견오와 연숙은 임희일이 지적한 것처럼 장자가 자신의 우언寓言을 전개하기 위해 인용한 전설적인 인물에 불과한 까닭에 특별히 따질 것도 없다. 연숙은 이곳에만 나오나 견오는 「대종사」와 「응제왕」, 「전자방」편에도 나온다.

접여接輿는 『논어』 「미자」편에 나온다. 가공의 인물로 보는 게 옳다. 『순자』 「요문」편을 위시해 『전국책』 「진책」, 『초사』 「섭강」, 『한비자』 「해로」편 등에도 그의 이름이 나온다. 접여는 미친 체하며 세상을 피한 초나라의 은자로 알려져 있다. 「미자」편은 후대에 삽입된 것으로 접여에 관한 전설을 그대로 옮겼을 공산이 크다.

대이무당大而無當은 얘기가 거창하기만 하고 사리에 합당하지 않다는 뜻이다. 왕이불반往而不反은 얘기가 끝없이 진행되기만 하고 매듭지어지지 않는다는 뜻으로 귀결점이 없는 장황한 얘기를 의미한다. 대유경정大有逕庭도 같은 뜻이다. 좁은 길과 넓은 뜰을 뜻하는 경정逕庭은 넓고 좁음의 차이가 극심한 것을 의미한다. 불근인정不近人情의 '인정'은 속세에 흔히 존재하는 사물 내지 상식을 뜻한다. 비상식 내지 비현실을 지칭한다. 작약綽約은 부드럽고 아름다운 모습을 지칭한 것으로 작綽이 요淖로 된 판본이 있다. 어비룡御飛龍의 '룡'은 도를 체득한 자를 상징한다.

막고야산藐姑射山 이하 구절은 『열자』에도 나온다. 『열자』 「황제」편에는 열고야산列姑射山으로 되어 있다. 곽박은 『산해경』 「동산경」 주석에서 '열고야산'과 '막고야산'을 동일한 지명이라고 주장했다. 육덕명이 '멀리 있는 고야산'으로 풀이한 것은 이와 배치된다. 신선과 관련한 동일한 얘기가 『열자』와 『장자』에 모두 실리게 된 것은 도가사상의 형성과정에 음양사상과 더불어 신선사상이 깊숙이 개입했음을 시사한다. 실제로 『도덕경』에서 출발한 도가사상은 『열자』를 거쳐 『장자』로 이어지면서 점차 불로장생과 관련된 속세적인 신선사상으로 변질되는 과정을 겪었다. 『장자』와 『열자』의 이 대목은 바로 그런 과정을 잘 보여주고 있다.

1-10

連叔曰, "然. 瞽者無以與乎文章之觀, 聾者無以與乎鐘鼓之聲. 豈唯形骸有聾盲哉. 夫知亦有之. 是其言也, 猶時女也. 之人也, 之德也, 將旁礡萬物以爲一. 世蘄乎亂, 孰弊弊焉以天下爲事. 之人也, 物莫之傷, 大浸稽天而不溺, 大旱金石流·土山焦而不熱. 是其塵垢粃糠, 將猶陶鑄堯舜者也, 孰肯以物爲事."

연숙이 말했다.

"과연 그렇겠소. 장님은 더불어 무늬와 빛깔의 아름다움을 볼 수 없고, 귀머거리와는 종소리와 북소리를 들을 수 없소. 그러나 어찌 몸에만 장님과 귀머거리가 있겠소. 무릇 인식에도 장님과 귀머거리가 있소. 이 말은 지금 그대에게 딱 들어맞는 말이오. 접여가 말한 막고야산의 신인은 그 덕이 너무 커 세상만물을 뒤섞어 하나로 만들 수 있소. 세인은 그가 천하를 다스려 주기를 바라지만 누가 수고스럽게 그리하겠소. 그런 사람은 외물에 흔들리지 않소. 큰 홍수가 나 하늘을 덮을지라도 그를 빠뜨리지 못하고, 큰 가뭄이 들어 금석이 녹아 흐르고 토산이 타버릴지라도 그를 태울 수 없소. 이 신인은 극히 하찮은 인물로도 능히 요순 같은 성군을 빚어낼 수 있소. 그러니 누가 골치 아프게 세상일 따위를 일삼으려 하겠소."

「대종사」편은 고자瞽者와 맹자盲者를 구분해 놓았으나 뜻은 같다. 사마표는 방박旁礴을 반죽하다의 뜻인 혼동混同으로 해석했다. 세기호란世蘄乎亂의 기蘄는 바라다의 뜻인 기祈와 같고, 난亂은 치治의 뜻이다. 『논어』「태백」편에서 주무왕이 '나에게 10명의 난신亂臣이 있다'고 언급한 게 그 증거다. 여기의 '난신'은 치신治臣을 의미한다. 난亂에 '어지러움을 다스리다'는 뜻이 포함돼 있다.

진구비강塵垢粃糠은 먼지와 때, 쭉정이, 겨 등과 같이 극히 하찮은 자를 말한다. 마지막 구절 숙긍이물위사孰肯以物爲事는 『회남자』「숙진훈俶眞訓」편에 '숙긍분분연이물위사孰肯分分然以物爲事'로 되어 있다. 여기의 분分은 분紛과 같다. 본문은 '분분연'이 생략돼 있지만 '골치 아프게'의 뜻을 내포하고 있다.

1-11

宋人資章甫而適諸越, 越人斷髮文身, 無所用之, 堯治天下之民, 平海內之政. 往見四子藐姑射之山, 汾水之陽, 窅然喪其天下焉.

송나라 사람이 장사밑천을 마련할 요량으로 갓을 팔러 월나라로 갔다. 그러나 월나라 사람은 단발에 문신을 해 갓이 필요없었다. 요는 천하의 인민을 다스렸고 사해 안의 정사를 통할했다. 하루는 막고야산으로 가 4명의 신인을 만나본 뒤 분수汾水 북쪽으로 돌아와서는 그만 멍하니 천하를 잊어버렸다.

선진시대 문헌을 보면 송나라 사람은 바보스런 인물의 표상으로 나온다. 송나라가 패망한 은나라 유민들로 구성된 데다 가장 천시받는 상인들이 많았던 사실과 무관치 않을 것이다. 송나라 사람을 소재로 한 『맹자』의 조장助長과 『한비자』의 수주대토守株待兎 고사가 이를 뒷받침한다. 여기 일화도 같은 맥락이다. 송나라 사람들이 은나라 전래의 갓인 장보章甫를 크게 존중한 데서 이 일화가 나온 것이다. 『논어』「선진」편에 제후들의 회동 때 사용되는 검은 예복인 현단복玄端服과 장보관章甫冠에 관한 얘기가 나온다. 유관儒冠이라고도 한다.

적저월適諸越의 저諸는 지어之於의 줄임말로 '~로 가다'의 뜻이다. 막고야산에 거주하는 4명의 신인과 관련해 사마표는 「천지」편을 근거로 왕예王倪, 설결齧缺, 피의被衣, 허유許由 등을 지칭한 것으로 풀이했다. 그러나 박세당과 이케다는 막연히 지인至人을 칭한 것으로 보았다.

분수지양汾水之陽은 황하의 지류인 분수의 북쪽으로 산서의 중심도시인 지금의 태원太原을 지칭한다. 『사기』「오제본기」에 따르면 요순의 도읍지가 있었던 곳이다. '분수지양'의 양陽은 물의 북쪽, 산의 남쪽을 의미한다. 요연窅然은 멍하니 얼이 빠진 모습을 가리킨다. 『장자』에는 '요연'이 모두 3번 나온다. 「지북」편에서는 심오하다는 뜻으로 사용되고 있다. 맹자를 위시해 유가사상가들이 가장 이상적인 성군으로 추앙한 요순을 도가의 상징인 4명의 신인과 대비시켜 도가가 유가보다 윗길이라는 사실을 선전코자 하는 의도가 선명히 드러난다.

1-12

惠子謂莊子曰, "魏王貽我大瓠之種, 我樹之, 成而實五石. 以盛水漿, 其堅不能自擧也. 剖之以爲瓢, 則瓠落無所容. 非不呺然大也, 吾爲其無用而掊之." 莊子曰, "夫子固拙於用大矣. 宋人有善爲不龜手之藥者, 世世以洴澼絖爲事. 客聞之, 請買其方百金. 聚族而謀曰, '我世世爲洴澼絖, 不過數金. 今一朝而鬻技百金, 請與之.' 客得之以說吳王. 越有難, 吳王使之將. 冬, 與越人水戰, 大敗越人, 裂地而封之. 能不龜手一也, 或以封, 或不免於洴澼絖, 則所用之異也. 今子有五石之瓠, 何不慮以爲大樽而浮乎江湖, 而憂其瓠落無所用. 則夫子猶有蓬之心也夫."

혜자惠子가 장자에게 말했다.

"위왕魏王이 내게 큰 박씨를 주었다. 이를 심었더니 5섬들이나 되는 큰 박이 열렸다. 여기에 마실 물을 담자니 무거워서 들 수가 없고, 쪼개서 표주박을 만들자니 너무 평평해 아무것도 담을 수 없었다. 할 수 없이 크기만 하고 쓸모가 없기에 이내 부숴버리고 말았다."

장자가 말했다.

"그대는 참으로 큰 것을 쓸 줄 모른다. 송나라 사람 가운데 거북등 손을 치료하는 약을 가진 사람이 있었다. 그는 대대로 헌 솜을 물에 빠는 일로 먹고 살았다. 하루는 나그네가 소문을 듣고 그 비법을 백금百金을 주고 사려고 했다. 그가 곧 가족을 모아놓고 상의하기를, '우리는 대대로 세탁업을 했으나 몇 금을 버는 데 불과했다. 지금 하루아침에 그 기술을 백금에 팔게 됐으니 승낙토록 하자' 고 했다. 나그네가 그 비법을 사서 오왕에게 유세했다. 마침 월나라가 침입하자 오왕이 그를 장수로 삼아 겨울에 수전水戰을 벌였다. 그는 월나라를 대파한 뒤 봉지를 받아 제후가 되었다. 거북등 손을 치료하는 약은 하나이지만 어떤 사람은 그것으로 제후가 되고 어떤 사람은 세탁업을 면치 못했다. 이는 그 쓰임이 달랐기 때문이다. 그대는 어찌해서 5섬들이 큰 박으로 커다란 술통 모양의 배를 만들어 강이나 호수에 띄울 생각을 하지 않고 오히려 얕고 평평해 아무것도 담을 것이 없다며 걱정하고 있는가. 그대는 잘고 꼬인 마음을 가진 듯하다."

혜자는 전국시대 중기에 활약한 명가名家의 대표적인 사상가인 혜시惠施를 말한다. 송나라 출신으로 맹자와 거의 같은 시기에 활약했고, 시기적으로 같은 명가인 공손룡公孫龍보다 약간 앞선다. 양혜왕梁惠王과 양양왕梁襄王을 섬겨 재상이 됐으나 종횡가縱橫家인 장의張儀에게 쫓겨 초나라로 갔다가 후에 고향으로 돌아와서 생애를 마쳤다. 박학했던 그는 저서가 다섯 수레나 되었다고 하나 현재 전해지는 것은 없다. 「서무귀」편에 장자와 논쟁을 벌인 일화가 다수 실려 있다.

여기의 위왕을 두고 사마표는 『맹자』의 첫 편에 실려 있는 양혜왕일 것으로 추정했으나 이는 무리다. 이 대목 역시 우언에 불과한 까닭에 굳이 위왕이 누구였는지 따질 필요가 없다. 위나라는 진秦나라에 패해 도읍을 산서성 안읍安邑에서 하남성 대량大梁으로 옮긴 후 양나라로 불렸다. 위혜왕이 '양혜왕'으로도 불리는 이유다. 대량은 오대 및 북송의 수도가 된 변경汴京, 즉 지금의 개봉開封을 말한다.

수장水漿의 장漿은 마시는 물의 총칭이다. 확락瓠落은 얕고 평평하다는 뜻이다. 효연呺然은 공연히 큰 모습을 말한다. 불균수지약不龜手之藥은 손이 트지 않게 하는 약을 뜻한다. 병벽광洴澼絖의 병洴은 씻는 것, 벽澼은 빠는 것, 광絖은 묵은 솜을 의미한다. '병벽'을 두고 물속에서 솜을 두드리는 소리에서 유래한 것이라는 견해도 있다.

여이위대준慮以爲大樽의 려慮를 두고 사마표와 장병린 등은 큰 술통 모습의 배에 몸을 붙들어 매는 것으로 풀이했다. 그러나 이는 자유를 역설한 장자의 기본취지와 어긋난다. 봉지심蓬之心의 봉蓬은 짧아서 곧게 펴지 못한 것을 뜻하는 것으로 속이 좁고 굽은 사람을 의미한다.

1-14

惠子謂莊子曰, "吾有大樹, 人謂之樗. 其大本擁腫而不中繩墨, 其小枝卷曲而不中規矩. 立之塗, 匠者不顧. 今子之言, 大而無用, 衆所同去也." 莊子曰, "子獨不見狸狌乎. 卑身而伏, 以候敖者. 東西跳梁, 不辟高下. 中於機辟, 死於罔罟. 今夫斄牛, 其大若垂天之雲. 此能爲大矣, 而不能執鼠. 今子有大樹, 患其無用, 何不樹之於無何有之鄕·廣莫之野, 彷徨乎無爲其側, 逍遙乎寢臥其下. 不夭斤斧, 物無害者, 無所可用, 安所困苦哉."

혜자가 장자에게 말했다.

"우리 집에 큰 나무가 있는데 사람들은 그것을 가죽나무라고 한다. 큰 줄기는 울퉁불퉁해 먹줄에 맞지 않고, 잔가지 또한 굽어 있어 곱자와 그림쇠에도 맞지 않는다. 길가에 서 있지만 목수조차 돌아보지 않는다. 그대의 말은 마치 이 나무처럼 크기만 할 뿐 쓸모가 없는 까닭에 사람들이 모두 떠나버리는 것이다."

장자가 반박했다.

"그대도 살쾡이를 본 적이 있을 것이다. 몸을 바짝 낮추고 엎드려 나와 노는 작은 짐승을 노린다. 먹이를 찾아 동서로 날뛰며 높고 낮은 데를 가리지 않으나 결국 덫에 걸리거나 그물에 걸려 죽는다. 저 검은 소는 그 크기가 하늘에 드리운 구름과 같다. 그러나 크기만 할 뿐 쥐 한 마리 잡을 수 없다. 대지大知가 바로 이와 같다. 그대 또한 나무가 크다고 걱정할 필요가 없다. 그 나무를 아무것도 없는 고을의 광막한 들판에 심어놓고 그 곁을 할일없이 노닐며 그 밑에서 유유자적하게 낮잠이라도 자는 게 어떻겠는가? 도끼로 찍힐 염려도 없고 해칠 자도 없다. 비록 속세적인 쓸모야 없긴 하겠지만 어찌 그로 인해 괴로워할 일이야 있겠는가!"

저樗를 두고 성현영은 옻나무의 일종으로 몹시 악취가 나는 나무로 풀이했다. 옹종擁腫은 울퉁불퉁한 혹이 많다는 뜻으로 「경상초」편에 혹투성이의 험상궂은 자의 뜻으로 나온다. 여기의 옹擁은 옹癰의 가차이다.

이성狸狌을 너구리와 살쾡이로 나눠 해석하는 견해도 있으나 성현영은 야묘野猫로 풀이했다. 후오자候敖者의 후候는 엿본다는 뜻의 후사候伺이다. 오敖는 멋대로 논다는 뜻으로 사마표는 닭이나 쥐의 무리로 보았다. 기벽機辟은 덫을 말한다. 왕념손은 벽辟을 덮치기 그물인 벽繴으로 풀이했다. 이우斄牛의 이斄는 털이 검고 꼬리가 큰 티베트산 야크를 말한다. 곽박은 '래'로 읽었다.

무하유지향無何有之鄕은 아무것도 없는 허무의 고을을 말한다. 광막지야廣莫之野와 같은 뜻이다. 인위가 배제된 무위의 세계를 지칭한다. 장자가 아무런 거리낌 없이 자유롭게 노닐고자 한 세계가 바로 '무하유지향'과 '광막지야'이다. 뒤이어지는 방황彷徨과 소요逍遙는 이런 맥락에서 이해해야 한다. 방황은 마음 내키는 대로 하는 것이고, 소요는 대상에 집착하지 않으면서 동시에 대상을 떠나지도 않은 채 유유자적해 하는 모습을 말한다. '유유자적'은 아무 속박 없이 조용하고 편안하게 사는 초속超俗의 삶을 의미한다. 이 대목은 장자가 역설하는 무용지용無用之用을 우언형식으로 설명한 것이다.

제2장 제물론(齊物論)

2-1

南郭子綦隱几而坐, 仰天而噓, 荅焉似喪其耦. 顔成子遊立侍乎前, 曰, "何居乎. 形固可使如槁木, 而心固可使如死灰乎. 今之隱几者, 非昔之隱几者也." 子綦曰, "偃, 不亦善乎而問之也. 今者吾喪我, 女知之乎. 女聞人籟而未聞地籟, 女聞地籟而未聞天籟夫."

남곽자기南郭子綦가 안석에 기대어 앉아 있다가 하늘을 우러러보며 길게 한숨을 내쉬었다. 문득 몸이라도 해체된 양 멍한 표정이 마치 자기 짝을 잃은 듯했다. 제자인 안성자유顔成子遊가 앞에서 모시고 있다가 물었다.

"어쩐 일입니까? 몸은 마른 고목 같고 마음은 죽은 재와 같아질 수 있는 것입니까? 지금 안석에 기댄 모습은 전에 안석에 기댄 모습과 같지 않습니다."

남곽자기가 말했다.

"언偃아, 너의 질문이 참으로 훌륭하구나. 지금 나는 나 자신을 잃었는데 너는 그것을 알고 있느냐? 너는 사람의 음악은 들었어도 땅의 음악은 듣지 못했을 것이다. 땅의 음악을 들었을지라도 하늘의 음악은 듣지 못했을 것이다."

남곽자기는 가공의 인물이다. 남곽자기는 『장자』의 각 편에 유사한 명칭이 산견된다. 「인간세」와 「서무귀」편의 남백자기南伯子綦와 「대종사」편의 남백자규南伯子葵가 그것이다. 같은 인물로 봐도 큰 잘못은 없다. 성현영은 『국어國語』와 『춘추좌전』에 초소왕의 서제인 공자 결結이 자기子綦로 돼 있다고 주장했으나 이는 잘못이다. 공자 결의 자는 자기子期이다. 남곽南郭은 성곽의 남쪽에 살던 서민을 상징하는 말로 도가의 은자를 비유한 것이다. 자기子綦의 기綦는 기基와 통한다. 만물의 근본을 상징한다. 그의 제자 안성자유顔成子遊가 공자의 제자인 자유子遊와 똑같은 자字를 갖고 있는 것과 관련해 유가를 풍자한 것이라는 해석이 있다.

은궤隱几의 은隱은 한쪽으로 치우쳐 기대 앉는 것을 말한다. 답언荅焉은 멍한 모습을 의미한다. 고목槁木과 사회死灰는 「경상편」에도 나온다. 비록 위서이기는 하나 『문자』 「도원」편에도 노자가 '형여고목形如槁木, 심여사회心如死灰'를 언급한 대목이 나온다. 이는 도와 일체가 된 경지를 말한다. 이문지而問之의 '이而'는 2인칭이다.

인뢰人籟는 사람이 부는 퉁소소리와 같은 인간의 음악, 지뢰地籟는 사물의 구멍에서 바람이 불 때 나는 소리, 천뢰天籟는 하늘에서 나는 일체의 소리를 말한다. 명대 말기의 방이지方以智는 이 대목에 찬탄을 금치 못하며 천풍부天風賦라는 이름을 붙였다.

2-2

子遊曰, "敢問其方." 子綦曰, "夫大塊噫氣, 其名爲風. 是唯無作, 作則萬竅怒呺. 而獨不聞之翏翏乎. 山林之畏佳, 大木百圍之竅穴,似鼻·似耳·似枅·似圈·似臼, 似洼者, 似汙者. 激者·謞者·叱者·吸者·叫者·譹者·宎者·咬者, 前者唱于而隨者唱喁. 泠風則小和, 飄風則大和, 厲風濟則衆竅爲虛. 而獨不見之調調之刁刁乎.” 子遊曰, “地籟則衆竅是已, 人籟則比竹是已, 敢問天籟.” 子綦曰, “夫吹萬不同, 而使其自已也. 咸其自取, 怒者其誰邪.”

안성자유가 물었다.

“감히 그 방법을 묻고자 합니다.”

남곽자기가 대답했다.

“대지가 숨을 내쉬면 이를 바람이라고 한다. 이는 가만히 있으면 아무 일이 없으나 일단 일어나기만 하면 모든 구멍이 소리를 내게 된다. 너만 저 윙윙거리는 소리를 듣지 못하는가? 험준한 산림 속에서 둘레가 백 아름이 넘는 큰 나무 구멍은 어떤 것은 콧구멍 같고, 입 같고, 귀 같고, 가로나무 같고, 나무그릇 같고, 절구통 같다. 또 연못이나 웅덩이 같기도 하다. 거기서 나는 소리도 매우 다양해 물 부딪치는 소리, 화살이 나는 소리, 꾸짖는 소리, 물 마시는 소리, 외치는 소리, 볼멘소리, 웃는 소리, 귀여운 소리 등이 있다. 앞의 바람이 울면 뒤의 바람이 ‘윙윙’ 소리를 내며 화답한다. 산들바람이 불면 가볍게 화답하고, 회오리바람이 불면 크게 화답한다. 만일 크고 매서운 바람이 그치면 모든 구멍은 이내 잠잠해진다. 너만 홀로 나무가 이처럼 크고 작게 흔들리는 모습을 보지 못했단 말인가?”

안성자유가 다시 물었다.

“땅의 음악은 여러 구멍에서 나고, 사람의 음악은 쌍피리와 같은 악기에서 나오는 것은 알겠습니다. 그러나 하늘의 음악은 어떤 것인지 묻고자 합니다.”

남곽자기가 대답했다.

"무릇 모든 소리는 하나같지 않으니 각자 자기 소리를 내기 때문이다. 만물이 각자 자기 소리를 낸다면 과연 그런 소리를 사방에서 동시에 내도록 만든 자는 누구인가?"

애기噫氣는 숨을 내쉰다는 뜻이다. 『설문』은 배불리 먹고 트림하는 것으로 풀이했다. 노효怒呺는 힘차게 소리를 내지르는 것을 표현한 것이다. 요료翏翏를 두고 곽상은 바람소리가 멀리 들리는 모습으로 보았다. 계枅는 동자기둥을 받치고 있는 가로나무를 말한다. 와洼는 와窪와 같은 자로 깊은 웅덩이의 뜻이다. 효謞는 화살이 날아가는 소리, 호譹는 볼멘소리이다. 요宎는 웃는 듯한 소리로 마서륜은 소笑의 오자로 보았다. 옹喁은 '윙윙'의 의성어이다. 영풍泠風은 회오리바람인 표풍飄風과 대비되는 산들바람을 말한다. 지조조지조조之調調之刁刁의 조조調調는 크게 흔들리는 것을 지칭하고, 조조刁刁는 작게 흔들리는 것을 말한다. 여기의 지之는 지시대명사이다. 비죽比竹은 대나무를 나란히 붙여 만든 피리를 말한다.

노자기수야怒者其誰邪 구절을 놓고 많은 논란이 있었다. 소리 나게 하는 배후자가 따로 없다는 입장과 존재한다는 입장이 그것이다. 전자의 입장에 선 곽상은 "사물은 각각 자생自生하는 까닭에 그것이 나오도록 하는 원인이 따로 없다. 이것이 천도이다. 따라서 사물은 자득自得할 뿐이다. 누가 그것을 그처럼 소리 나도록 하겠는가? 이것이 천뢰天籟를 거듭 밝힌 것이다"라고 풀이했다. 일부는 곽상의 이런 해석에 근거해 장자를 기철학氣哲學의 원류로 보고 있다.

그러나 이와 정반대로 사물이 소리 나게 하는 참다운 주재자, 즉 진재眞宰가 있다고 보는 견해도 만만치 않다. 이들은 '진재'를 하늘로 본다. 이들 중 일부는 곽상의 해석을 장자에 대한 반역이라고 극언하고 있다. 박세당의 해석이다.

"문맥을 보면 사물 스스로 소리를 취하지 않음이 분명하다. 하늘에 바람이 없다면 비록 구멍이 있을지라도 바람소리가 날 수 없다. 이는 본래 그렇도록 시키는 것이 있기 때문이다. 구멍이 소리나게 하는 것은 바람이고, 바람은 곧 하늘이 만든 것이다."

성리학의 이기론 관점에서 보면 '자생자득'을 역설한 곽상의 입장은 기학氣學에 해당한다. 정반대로 하늘을 '진재'로 간주한 박세당 등은 이와 정반대되는 이학理學으로 분류할 수 있다. 이율곡의 기발이승설氣發理乘說 입장에 서면 '이'와 '기'는 본래 그 구분이 불가능할 정도로 혼융일체가 되어 있고, '이'는 '기'를 통해 발현될 수밖에 없다. 그러나 이퇴계의 이기호발설理氣互發說 입장에 서면 인의예지의 사단四端은 '이'가 '기'의 도움 없이도 독자적으로 발현된다. 곽상의 '자득자생'을 통박하며 '진재'인 하늘을 역설하는 견해가 바로 이런 입장에 서 있는 것이다.

성리학의 주류는 말할 것도 없이 '이학'이다. '진재'인 하늘은 곧 만고불변의 진리인 이理에 해당한다. 성리학의 세례를 강하게 받은 조선의 박세당이 비록 주류 성리학에 반기를 들었다 할지라도 '이학'의 관점에 선 것은 불가피하다. 정약용이 많은 창견創見을 제시했음에도 성리학의 그늘에서 벗어나지 못한 것과 같다.

그러나 '나'와 '너'의 구별이 없는 경지가 무위자연이라면 인뢰와 지뢰 및 천뢰를 놓고 하늘과 바람과 구멍 등을 구분하는 것 자체가 소모적인 논쟁에 불과하다. 천지만물은 늘 부단히 변하면서 순환하고 있고, 그 속에 하늘과 바람과 구멍이 모두 포함돼 있다. 혼연일체가 되어 있는 상황에서 '진재'와 '자득자생'을 구분하는 것 자체가 잘못이다. '진재'는 '자득자생'을 통해 그 실체를 드러낼 수밖에 없고, '자득자생' 자체가 바로 '진재'의 구체적인 표현에 해당한다. 인뢰 및 지뢰와 구분되는 '피안'의 천뢰를 상정하는 것 자체가 만고불변의 진리인 '이'를 상정하는 것과 마찬가지로 소모적인 논쟁을 내포하고 있다.

2-3

大知閑閑, 小知閒閒. 大言炎炎, 小言詹詹. 其寐也魂交, 其各也形開, 與接爲構, 日以心鬪. 縵者·窖者·密者, 小恐惴惴, 大恐縵縵. 其發若機栝, 其司是非之謂也. 其留如詛盟, 其守勝之謂也. 其殺若秋冬, 以言其日消也. 其溺之所爲之, 不可使復之也. 其厭也如緘, 以言其老洫也. 近死之心, 莫使復陽也. 喜怒哀樂, 慮嘆變慹, 姚佚啓態. 樂出虛, 蒸成菌. 日夜相代乎前而莫知其所萌. 已乎, 已乎, 旦暮得此, 其所由以生乎.

남곽자기가 말했다.

"큰 지혜는 한가하고 너그럽고 여유 있지만 작은 지혜는 사소한 일이나 따진다. 큰 말은 담담해 시비에 구애받지 않지만 작은 말은 수다스럽기만 하다. 세인은 잠을 잘 때도 꿈을 꾸는 까닭에 마음이 쉴 사이가 없다. 깨어나서도 몸이 욕망의 문을 열고 외물과 접촉해 여러 감정을 일으키는 까닭에 날마다 마음속에서 싸운다. 이로 인해 어떤 경우는 너그럽고, 어떤 경우는 심각하고, 어떤 경우는 세밀하게 마음을 쓴다. 작은 두려움에도 벌벌 떨고 큰 공포에는 정신을 잃는 이유이다. 활 틀에 건 화살처럼 모질게 튕겨나가는 것은 시비를 자잘하게 따져대고 맹서한 사람처럼 마음이 고정된 것은 작은 승리를 지키려고 고집한 결과이다. 가을 겨울에 낙엽이 지듯 쇠퇴해 가는 것은 날로 스러져 가는 현상을 말한 것이다. 이런 상황에 빠진 행위는 돌이킬 수 없다. 마음을 봉한 것처럼 덮어버리는 것은 늙어서 욕심이 넘치는 것을 말하는 것이다. 이는 죽음에 가까이 간 마음인 까닭에 다시 살아나게 할 수 없다.

희로애락, 걱정과 한탄, 변덕과 공포, 아첨과 방종, 정욕과 교태의 마음작용은 음악이 절로 피리구멍에서 나오고 습기가 버섯을 절로 자라게 하는 것과 같다. 이런 감정의 변화가 밤낮으로 서로 교대하며 앞에 나타나지만 사람들은 그 근원을 알 수 없다. 그만둬라, 그만둬라, 아침저녁으로 이런 변화가 생기니 이는 절로 생겨나는 것이기 때문이다."

소지간간小知閒閒의 간閒은 엿보고 살핀다는 뜻의 간間과 간覵 및 간瞯과 통한다. 대언담담大言炎炎의 담炎은 담백하여 시비에 구애받지 않는다는 담淡의 뜻이다. 소언첨첨小言詹詹의 첨詹은 쓸데없이 수다스럽거나 자잘하게 따지는 모습을 표현한 것이다.

만자縵者는 마음을 넓게 쓰는 것, 교자窖者는 깊이 생각하는 것을 뜻한다. 여기의 교窖는 구덩이 움막을 뜻하는 교窌와 통한다. 성현영은 '땅에 구덩이를 파고 곡식을 저장하는 것으로 깊이 감추다'의 뜻으로 풀이했다. 밀자密者는 세밀하게 마음을 쓰는 것을 말한다.

기괄機栝은 쇠뇌에서 화살의 머리를 활시위에 끼도록 에어낸 부분인 오늬를 지칭한다. 기쇄약추동其殺若秋冬의 쇄殺는 쇠衰와 통한다. 기엽야여함其厭也如緘의 엽厭은 덮어버린다는 뜻으로 욕망에 빠진 것을 지칭한다. 노혁老洫은 늙을수록 욕심이 더 심해진 모습을 말한다. 혁洫은 일溢과 통한다.

여탄변접慮嘆變慹은 미래에 대한 억측, 과거에 대한 탄식, 옛일에 대해 마음을 바꾸는 변심, 욕망에 얽매인 집착을 말한다. 여기의 접慹은 움직이지 않는다는 뜻의 접蟄과 통한다. 두려워한다는 뜻일 때는 '집'으로 읽는다. 조일계태姚佚啓態는 경박스런 행동, 사치와 방종, 과도한 욕심, 음란한 교태를 뜻한다. 조姚는 예쁘다는 뜻일 때는 '요'로 읽는다. 단모득차旦暮得此의 차此를 놓고 임희일은 조물자造物者로 풀이했으나 곽상은 자생自生으로 새겼다. 문맥상 곽상의 해석이 낫다.

2-4

非彼無我, 非我無所取. 是亦近矣, 而不知其所爲使, 若有眞宰, 而特不得其眹. 可行己信, 而不見其形, 有情而無形. 百骸·九竅·六藏, 賅而存焉, 吾誰與爲親. 汝皆說之乎, 其有私焉. 如是皆有爲臣妾乎. 其臣妾不足以相治乎. 其遞相爲君臣乎. 其有眞君存焉. 如求得其情與不得, 無益損乎其眞. 一受其成形, 不忘以待盡. 與物相刃相靡, 其行盡如馳而莫之能止, 不亦悲乎. 終身役役而不見其成功, 茶然疲役而不知其所歸, 可不哀邪. 人謂之不死, 奚益. 其形化, 其心與之然, 可不謂大哀乎. 人之生也, 固若是芒乎. 其我獨芒, 而人亦有不芒者乎.

남곽자기가 말했다.

"희로애락이 없으면 내가 없고, 내가 없으면 희로애락도 나올 곳이 없다. 이는 진실에 가깝지만 그리하도록 만드는 게 무엇인지 알지 못한다. 설령 진재眞宰가 있을지라도 그 조짐을 알 수 없고, 분명 움직임은 존재하나 그 형체는 볼 수 없다. 드러난 정황만 있을 뿐 구체적인 증거가 없기 때문이다.

인간의 몸은 1백 개의 골절, 9개의 구멍, 6개의 장기를 갖추고 있다. 그렇다면 나는 이 중 어느 것과 가까이 지낼 것인가? 그대는 그것을 모두 좋아한다고 말할 것인가, 아니면 그 중 어느 하나만을 사사로이 좋아할 것인가? 이 경우 신체의 모든 부분을 신첩臣妾으로 삼을 것인가, 그렇다면 신첩은 서로 다스리기에는 부족한가? 차례로 돌아가며 군주와 신첩이 될 수 있는가, 아니면 어딘가에 이들 모두를 주재하는 진군眞君이 따로 존재하는가? 실상을 알든 모르든 이는 진실에 아무 영향을 미치지 못한다.

사람은 한번 몸을 받아 태어났으면 몸이 소진되기를 기다려야 한다. 공연히 외물과 다투면서 서로 거슬리고 갉아먹는 짓으로 자신의 몸을 소진하는 것은 말을 빨리 몬 결과 이내 제지하지 못하는 것과 같다. 이 어찌 슬픈 일이 아닌가. 종신토록 수고롭게 일하고도 성공을 기약치 못하고, 고달프게 수고하며 애쓰지만 결국 죽게 된다는 사실을 알지 못하니 이 또한 애처롭지 않은가. 어떤 사람은 불사不死의 비법을 말하지만 그게 무슨 도움이 되겠는가? 몸이 죽으면 마음도 더불어 그리될 터이니 가히 크게 애처롭다고 말하지 않을 수 있는가? 인생은 실로 이처럼 어두운 것인가, 아니면 나만 홀로 어둡고 남들은 어둡지 않은 것인가?"

부득기짐不得其眹의 짐眹은 조짐을 뜻하는 짐朕의 가차이다. 눈동자를 뜻할 때는 '진'으로 읽는다. 해이존언骸而存焉의 인간의 몸에 두루 갖춰져 있다는 뜻으로 여기의 언焉은 어차於此의 줄임말이다. 기유사언其有私焉의 기其는 '아니면'의 뜻을 지닌 접속사 억抑과 같다. 신첩臣妾은 원래 남자 종과 여자 종을 뜻하는 말이나 여기서는 지배자를 뜻하는 군주와 대비되는 피지배자의 뜻으로 사용됐다.

무익손호기진無益損乎其眞은 참다운 존재를 더하거나 덜어낼 수 없다는 뜻이다. 여기의 진眞을 두고 유정무형有情無形의 작용을 가능케 한 '진재', 즉 하늘로 해석하는 견해가 주류를 이루고 있다. 하늘로 상징된 자연이 곧 자연이고 도道라는 견해이다. 한원진은 "1백 개의 골절과 9개의 구멍이 모두 바라는 바가 있지만 이를 얻든 얻지 못하든 모두 마음의 참다움을 덜어내거나 보탤 수 없다"고 풀이했다. 그가 심군心君을 도의 요체로 간주한 이유다. '심군'은 성리학에서 만고불변의 진리로 통용되는 이理를 달리 표현한 것이다. 이는 이퇴계의 '이기호발설'을 확장한 것에 해당한다. 불가의 유심론唯心論을 방불한다.

불망이대진不忘以待盡은 당장 죽지는 않지만 언젠가는 몸의 기능이 소진돼 죽는다는 뜻으로 여기의 망忘은 망亡과 통한다. 날연피역苶然疲役은 고달프게 수고하며 애쓴다는 뜻이다. 약시망호若是芒乎는 이처럼 미혹된 것인가의 뜻으로 성현영은 망芒을 암매闇昧로 해석했다. 세속의 명리가 부질없다는 사실을 반어법을 통해 지적한 것이다.

2-5

夫隨其成心而師之, 誰獨且無師乎. 奚必知代而心自取者有之. 愚者與有焉. 未成乎心而有是非, 是今日適越而昔至也. 是以無有爲有, 雖有神禹且不能知, 吾獨且奈何哉.

남곽자기가 말했다.

"본래의 마음을 좇아 그것을 스승을 삼으면 누군들 스승이 없겠는가? 어찌 반드시 생성변화의 이치를 알아 스스로 깨닫는 자라야만 이것이 있을 수 있겠는가? 어리석은 자도 이런 마음을 가지고 있다. 본래의 마음이 자리 잡기 전에 시비를 따지면 이는 마치 '오늘 월나라에 갔는데 어제 그곳에 도착했다'고 말하는 것과 같다. 이는 없는 것을 있다고 하는 것과 같은 짓이다. 만일 없는 것을 있다고 하면 비록 신묘한 지혜를 지닌 우禹임금도 이를 알지 못할 것이다. 나 같은 사람이야 더 말할 게 있겠는가!"

성심成心을 두고 견해가 엇갈린다. 곽상은 일신의 작용을 제어할 수 있는 마음으로 해석했다. 대부분 인간 본래의 마음을 '성심'으로 풀이하고 있다. 그러나 성현영 등은 편견을 고집하는 마음으로 풀이했다. 이는 '어리석은 자도 이런 마음을 가지고 있다'는 대목에 주목한 결과이다. 나름 일리가 있으나 뒷 문장과 호응이 잘 이뤄지지 않는다. 통설을 좇아 인간 본래의 마음으로 해석하는 게 무난하다.

금일적월이석지今日適越而昔至는 「천하」편에 나오는 혜시의 주장이다. 형식상의 명제는 성립하지만 실제로는 있을 수 없는 궤변을 지칭한다. 오독차내하재吾獨且奈何哉의 오吾는 남곽자기를 지칭한다. 앞서 나온 얘기는 물론 이후에 나오는 얘기 모두 남곽자기가 한 말이다.

2-6

夫言非吹也, 言者有言, 其所言者特未定也. 果有言邪. 其未嘗有言邪. 其以爲異於鷇音, 亦有辯乎. 其無辯乎. 道惡乎隱而有眞僞. 言惡乎隱而有是非. 道惡乎往而不存. 言惡乎存而不可. 道隱於小成, 言隱於榮華. 故有儒墨之是非, 以是其所非而非其所是. 欲是其所非而非其所是, 則莫若以明.

남곽자기가 말했다.

"무릇 사람의 말은 바람소리가 아니다. 말하고자 하는 바가 있기 때문이다. 그러나 말하고자 하는 바를 특정하지 못할 경우 과연 말이 존재하는 것인가, 아니면 일찍이 존재한 적이 없는 것인가? 사람의 말은 막 알에서 깨어난 새 새끼 소리와 다르다고 하나 이 또한 원래 구별이 있는 것인가, 아니면 없는 것인가?

참된 도는 어디에 숨었기에 진위眞僞가 있게 되고, 참된 말은 어디에 숨었기에 시비是非가 생기는 것인가? 참된 도는 어디에 간들 존재하지 않고, 참된 말은 어디에 있은들 옳지 않겠는가? 단지 참된 도는 작은 성취에 도취한 자들에 밀려 이내 숨어버리고, 참된 말은 화려한 수사를 구사하는 자들에 밀려 숨어버렸을 뿐이다. 유가와 묵가가 서로 자신이 옳다며 시비를 따진다. 상대방이 그르다고 하는 것은 옳다고 하고, 옳다고 하는 것은 그르다고 한다. 상대방의 주장에 대해 시비를 논할 경우 명석한 인식을 통해 판정하는 게 가장 낫다."

이위이어구음以爲異於鷇音은 사람의 말은 새 새끼의 울음소리와 다르다고 여겨진다는 뜻이다. 여기의 구鷇는 알에서 갓 부화한 새 새끼를 말한다. 언은어영화言隱於榮華의 영화榮華는 겉모습만 화려하게 꾸며 진실을 호도하는 위선을 의미한다. 막약이명莫若以明의 명明은 참된 도와 참된 말을 기준으로 삼은 명석한 인식과 판단을 뜻한다. 박세당은 천리지명天理之明으로 풀이했다. 그러나 『장자』에서 말하는 참된 도는 성리학에서 불변의 진리로 간주하는 '천리'와 비교할 때 겉모습만 같은 뿐 그 내용은 사뭇 다르다. '무위'와 '유위'의 차이가 그것이다.

2-7

物無非彼, 物無非是. 自彼則不見, 自知則知之. 故曰, '彼出於是, 是亦因彼.' 彼是方生之說也. 雖然, 方生方死, 方死方生. 方可方不可, 方不可方可. 因是因非, 因非因是. 是以聖人不由而照之於天, 亦因是也. 是亦彼也, 彼亦是也. 彼亦一是非, 此亦一是非. 果且有彼是乎哉, 果且無彼是乎哉. 彼是莫得其偶, 謂之道樞. 樞始得其環中, 以應無窮. 是亦一無窮, 非亦一無窮也. 故曰莫若以明.

남곽자기가 말했다.

"모든 사물은 저것이 아닌 것도 없고, 이것이 아닌 것도 없다. 원래 저것의 입장에서는 저것을 제대로 볼 수 없다. 스스로를 되돌아보며 알고자 할 때 비로소 자신이 이것이 아닌 저것이라는 사실을 깨달을 수 있다. 그래서 말하기를, '저것은 이것에서 나오고, 이것은 저것으로 말미암아 존재한다' 고 하는 것이다.

여기서 바로 저것과 이것이 서로를 생기게 한다는 혜시의 피시방생설彼是方生說이 나왔다. 나름 타당하기는 하나 그의 주장에 따르면 이것과 저것이 서로를 생기게 하는 방생方生 논리는 이것과 저것이 서로를 소멸시키는 방사方死의 논리를 내포하고 있다. '방사' 가 있으면 '방생' 이 있게 된다. 이를 확장하면 저것이 있기에 이것을 인정하는 방가方可의 논리가 이것이 있기에 저것을 인정치 못하는 방불가方不可의 논리를 낳고, '방불가' 는 다시 '방가' 의 논리를 낳는 식의 혼란이 초래된다. 이것과 저것을 나눈 데서 이런 혼란이 나온 것이다. 유가와 묵가 내에서 각자 옳다고 주장한 데서 서로 그르다는 비판이 나오고, 서로 그르다고 비판한 데서 각자 옳다는 주장이 나오는 이유가 여기에 있다.

그래서 성인은 혜시의 '피시방생설' 을 좇지 않고 시비를 하늘에 비춰보는 것이다. 자연의 도를 잣대로 삼은 까닭에 속세의 잣대를 적용한 데 따른 시비논란이 존재할 여지가 없다. 여기서는 저것이 이것이 되고, 이것이 저것이 된다. 저것 또한 시비가 하나로 통합돼 있고, 이것 또한 시비가 하나로 통합돼 있으니 시비를 논할 이유가 없다.

그렇다면 과연 이것과 저것의 구분, 즉 시비의 구분은 있는 것인가, 아니면 없는 것인가? 저것과 이것이 서로 의존하지 않는 상태에서 이를 초월해 존재하는 잣대를 도추道樞라고 한다. 이는 마치 문의 지도리와 같아서 지도리가 중앙의 빈 구멍에 제대로 꽂혀 움직일 경우 그에 따른 변화가 무궁하다. 이리되면 이것에 해당하는 옳은 것도 무궁해지고, 저것에 해당하는 그른 것 또한 무궁해진다. 서로 무궁하면 시비를 논하는 게 부질없게 된다. 그래서 '시비'와 '피시'를 논할 때 '도추'에 입각한 명석한 인식을 통해 판정하는 게 가장 낫다고 말한 것이다."

이 대목은 이것 또는 저것의 입장에 서서 사물을 바라보는 행위를 질타하고 있다. 자신을 스스로 대상화하지 않는 한 결코 자신이 이것이 아닌 저것의 대상이 되어 있다는 사실을 알 길이 없다. 내성內省이 필요한 이유다. 이런 논리에 입각해 저것과 이것이 서로를 생기게 한다는 혜시의 소위 피시방생설彼是方生說은 나름 타당하다.

문제는 이것과 저것을 구분하는 혜시의 잣대가 인의예지 등 인위적인 세속의 가치에 뿌리를 둔 데 있다. 인위적인 기준은 수시로 변할 수 있는 데다 사람마다 다를 수밖에 없어 '방생'과 '방사', '방가'와 '방불가'의 논리가 서로 맞물려 끝없는 논란을 일으키게 된다. 장자가 우려한 게 바로 이것이다.

장자가 말하는 '시비' 내지 '피시'는 세속의 인위적 덕목 대신 무위자연의 도를 잣대로 삼은 까닭에 '시'와 '비'를 초월해 있다. 애초부터 '시비'와 '피시'를 논할 여지가 없는 것이다. 이것과 저것의 존재가 서로 맞물려 있다고 설파한 점에서는 혜시의 '피시방생설'과 같은 입장에 서 있으면서도 그 내용이 사뭇 다르게 전개된 이유다. 「제물론」의 요체가 바로 여기에 있다.

이를 요약해 놓은 용어가 바로 도추道樞이다. 무위자연에 입각한 도의 잣대라는 뜻이다. 여기서는 이것과 저것의 구별이 사라진 까닭에 상호 얼굴을 붉히며 다툴 이유가 없다. 그럼에도 맹자를 추종한 성리학자들은 '도추'를 천리天理로 간주해 이와 대비되는 인욕人欲을 타기했다. 이는 인위적인 덕목에 입각한 '피시'와 '시비'의 구분을 모두 '도추' 속에 녹여버린 장자의 입장과 배치된다. 장자가 입만 열면 '인의'를 들먹인 유가를 가차없이 질타한 이유가 여기에 있다.

2-8

以指喻指之非指, 不若以非指喻指之非指也. 以馬喻馬之非馬, 不若以非馬喻馬之非馬也. 天地一指也, 萬物一馬也. 可乎可, 不可乎不可. 道行之而成, 物謂之而然. 惡乎然. 然於然. 惡乎不然. 不然於不然. 物固有所然, 物固有所可. 無物不然, 無物不可. 故爲是擧莛與楹, 厲與西施, 恢恑憰怪, 道通爲一.

남곽자기가 말했다.

"공손룡公孫龍처럼 손가락으로 손가락 아님을 밝히는 것은 다른 것으로 손가락이 아님을 밝히느니만 못하다. 백마가 말이 아님을 밝히는 것은 다른 것으로 말이 아님을 밝히느니만 못하다. 제물론의 관점에서 보면 천지는 손가락, 만물은 말과 같다. 그럼에도 사람들은 나에게 가한 것만 가하다고 하고, 불가한 것은 끝내 불가하다고 한다.

길은 사람이 자주 다닌 까닭에 만들어진 것이고, 사물의 명칭 또한 사람이 그리 불러서 그같이 붙여진 것이다. 무엇이 그리 만든 것인가? 습관이 그리 만든 것이다. 그렇지 않다는 주장은 어찌된 것인가? 그 또한 습관으로 인한 것이다.

본래 사물은 실로 그러한 바가 있으며, 동시에 가하게 만드는 바가 있다. 나아가 사물은 그렇지 않은 게 없으며, 불가한 것 또한 없다. 이를 증명하기 위해 풀줄기와 기둥, 문둥이와 미녀 서시西施 등 서로 극단적으로 대립되는 것을 포함해 세상의 온갖 이상한 것들에 이르기까지 도가 통해 하나가 된다고 말하는 이유이다."

명가名家인 공손룡의 궤변에 따르면 손가락은 손가락이면서 손가락이 아닌 것이기도 하다. 소위 친지비지론親指非指論이다. 백마비마론白馬非馬論도 같은 맥락이다. 사람들이 사물의 본질과는 아무 상관없이 습관적으로 붙인 명칭에 스스로 얽매인 까닭에 이런 궤변이 나오게 됐다는 게 장자의 주장이다. '천지가 하나의 손가락이고 만물이 하나의 말이다' 라고 한 것은 가한 것도 없고 불가한 것도 없고, 그러한 바도 없고 그렇지 않은 바도 없는 무위의 세계를 언급한 것이다. 가可와 불가不可, 무불가無不可와 비무불가非無不可 등으로 표현되는 무위의 세계는 세속의 '시비' 와 '피시' 논리로는 해석이 안 된다. 상호 모순되기 때문이다. 장자가 볼 때 이는 공손룡의 '백마비마론' 의 궤변에 빠진 것이나 다름없다. 실체를 보지 못하고 껍데기만 보기 때문에 생기는 자가당착이다.

유클리드 기하학에서는 나란히 진행하는 두 개의 평행선은 영원히 만나지 않는다. 그러나 비유클리드 기하학에서는 무수히 상호 교차하게 된다. 장자가 말하는 무위의 세계는 바로 비유클리드 기하학의 세계이다. 인위의 덕목을 지고의 가치로 삼고 있는 유가의 세계는 유클리드 기하학에 비유할 수 있다. 서로 차원이 다른 것이다. 중등수학에서 배우는 유클리드 기하학이 고등수학에서 배우는 비유클리드 기하학과 모순된 게 아니듯이 유가사상과 장자사상은 아무 모순 없이 병존한다. 상호 영역이 다르기 때문이다. 유가에서 말하는 인위적인 덕목을 중시하면서도 장자의 무위자연 세계에 주목해야 하는 이유가 여기에 있다.

거정여영擧筳與楹의 정筳과 영楹은 약한 것과 강한 것을 상징한다. 여여서시厲與西施의 여厲는 문둥이를 뜻하는 라癩와 통한다. 회궤휼괴恢恑憰怪는 굉대한 것, 법도에 어긋난 것, 속임수, 괴이한 것을 뜻한다. 도통위일道通爲一은 세속의 모든 차별상이 도의 차원에서 보면 모두 같은 것으로, 이를 구분하는 것 자체가 한낱 부질없다는 뜻을 내포하고 있다.

2-9

其分也, 成也. 其成也, 毁也. 凡物無成與毁, 復通爲一. 唯達者知通爲一, 爲是不用而寓諸庸. 庸也者, 用也. 用也者, 通也. 通也者, 得也. 適得而幾矣. 因是已, 已而不知其然謂之道. 勞神明爲一而不知其同也, 謂之'朝三.' 何謂朝三. 狙公賦芧, 曰, "朝三而暮四." 衆狙皆怒. 曰, "然則朝四而暮三." 衆狙皆悅. 名實未虧而喜怒爲用, 亦因是也. 是以聖人和之以是非而休乎天鈞, 是之謂兩行.

남곽자기가 말했다.

"하나의 사물이 나뉘는 것은 또 다른 사물이 생성되는 것이다. 사물이 생성되면 곧 파괴가 시작된다. 무릇 모든 사물은 생성과 소멸의 방식으로 도를 통해 다시 하나가 된다. 오직 통달한 사람만이 모든 것이 도를 통해 하나가 된다는 사실을 안다. 이들이 속세의 습관을 쓰지 않고 중용에 맡기는 이유이다. 중용은 작용, 작용은 통하는 것, 통하는 것은 자득自得을 뜻한다. 자득의 경지로 나아가면 거의 도에 가깝다. 자득은 중용에서 비롯된 것이나 그 연유를 모르는 까닭에 통상 '도'라고 일컫는 것이다.

사람들은 신명을 수고롭게 하며 무리하게 하나가 되고자 한다. 그것이 본래 같은 것임을 알지 못한 탓이다. 이를 조삼朝三이라고 한다. 구체적으로 무엇을 '조삼'이라고 하는가? 일찍이 저공狙公이 원숭이에게 도토리를 나눠주면서 이같이 말한 바 있다.

'아침에 3개, 저녁에 4개를 주겠다.'

여러 원숭이들이 모두 화를 내자 그가 다시 말했다.

'그렇다면 아침에 4개, 저녁에 3개를 주겠다.'

여러 원숭이들이 모두 기뻐했다. 하루에 7개를 준다는 점에서 명실名實에 아무 변화가 없는데도 원숭이들에게 희로喜怒의 마음이 작용한 탓이다. 사람들이 원숭이들과 똑같은 잘못을 저지르는 것도 바로 희로의 마음이 작용했기 때문이다. 이에 성인은 시비를 조화시켜 자연적인 균형인 천균天鈞에서 편히 쉰다. 이를 양행兩行이라고 한다."

우저용寓諸庸의 용庸은 도를 터득한 사람이 자연의 도에 맡기는 것을 말한다. 소주역小周易으로 불린 『중용』은 '중'과 '용'을 변역變易의 의미로 풀이해 놓았다. '중'은 한쪽으로 기울지 않는 불편불의不偏不倚와 지나침이나 모자람이 없는 무과불급無過不及을 의미한다. '용'은 불변의 평상을 뜻한다.

지난 1993년에 중국 호북성 곽점촌郭店村에서 출토된 죽간본 중 『중용』의 원형에 해당하는 일련의 죽간본의 별칭이 『천명天命』이다.

이는 인간을 포함한 삼라만상의 존재를 끊임없이 변화하면서 전개되는 도의 자기 전개 과정을 뜻한다. 『장자』의 '용' 역시 『중용』의 '용'과 유사한 의미를 지닌 것으로 볼지라도 큰 잘못은 없다. 박세당 역시 '용'을 두루 통해 막힘이 없고 항구적으로 유지할 수 있는 자연의 도로 풀이했다. 이는 주희가 『중용』에서 '용'을 평상平常으로 해석한 것을 좇은 것이다.

저공狙公은 원숭이를 기르는 사람이다. 부서賦芧는 도토리를 나눠준다는 뜻이다. 저공부서狙公賦芧 우화에서 조삼모사朝三暮四 성어가 나왔다. 『열자』「황제」편에도 유사한 우화가 실려 있다. 동일한 것을 놓고도 헛된 명분에 얽매여 다투는 자들을 질타하는 『장자』와 달리 『열자』는 어리석은 백성을 농락하는 내용으로 꾸며져 있다. 내용상 『열자』의 우화가 원형에 해당한다.

역인시야亦因是也를 두고 대개 '눈앞의 이익에 얽매이지 않고 도를 따라야 한다'는 식으로 풀이하고 있다. 그러나 곽상과 성현영 등은 '저공 또한 원숭이들이 옳다고 생각하는 것을 따른 것이다'라고 해석했다. 이들 두 가지 해석 모두 문제가 있다. 전후 문맥에 비춰볼 때 이는 '사람들이 원숭이와 똑같은 잘못을 저지르는 이유가 여기에 있다'로 해석하는 게 문맥상 자연스럽다. 『열자』도 같은 내용을 이같이 기술해 놓았다.

"여러 원숭이들이 모두 엎드려 사례하며 기뻐했다. 만물 모두 능력 있는 자와 그렇지 못한 자 사이의 상호 농락籠絡이 이와 같다. 이에 성인도 지혜를 구사해 어리석은 무리를 농락하는 것이다."

『열자』가 『장자』보다 먼저 나왔다. 『장자』의 '역인시야'는 『열자』의 '만물 모두 능력 있는 자와 그렇지 못한 자 사이의 상호 농락이 이와 같다'는 구절을 축약해 놓은 것이다. 이는 사람 또한 원숭이와 마찬가지로 '조삼모사'의 대상이 될 수밖에 없다는 뜻이다. 이런 점 등을 감안할 때 '역인시야'는 '사람들이 원숭이와 똑같은 잘못을 저지르는 것은 바로 자신도 모르는 사이 희로의 마음이 작용했기 때문이다'라고 풀이하는 게 합당하다.

휴호천균休乎天鈞의 '천균'을 두고 성현영은 시비의 대상이 저절로 균등해지는 이치로 풀이했다. 균鈞은 균均과 같다. 「우언」에는 천균天均으로 되어 있다. 양행兩行은 대상을 차별화해 시비를 논하지 않고 '천균'을 따라 '시'와 '비'가 모두 인정되는 것을 말한다. 성현영은 이같이 풀이했다.

"시비를 떠나지 않으면서 시비를 없앨 수 없기 때문에 두 가지가 모두 시행된다고 말한 것이다."

양행은 일종의 양시론兩是論으로 볼 수 있다. '시'와 '비'를 논할 때 세인들이 들이미는 잣대는 주관적인 경험과 편견, 관행 등에 기초한 것인 까닭에 애초부터 시비논란을 내포하고 있다. 이를 그치게 하는 방법은 시비를 초월하는 것이다. 고등수학을 풀 줄 아는 사람이 중등수학의 이치를 꿰고 있듯이 통상 한층 높은 차원에서 내려다 보면 일체의 시비논란은 하찮은 다툼에 지나지 않는다. 이를 극대화한 것이 바로 '천균'이다. 자연의 도에 부합한 잣대가 바로 '천균'에 해당한다. '천균'의 관점에서 보면 '시'와 '비'를 주장하는 것 모두 나름 그럴 만한 이유가 있는 까닭에 결국 '양시'일 수밖에 없다.

2-10

古之人, 其知有所至矣. 惡乎至. 有以爲未始有物者, 至矣, 盡矣, 不可以加矣. 其次以爲有物矣, 而未始有封也. 其次以爲有封焉, 而未始有是非也. 是非之彰也, 道之所以虧也. 道之所以虧, 愛之所以成.

果且有成與虧乎哉. 果且無成與虧乎哉. 有成與虧, 故昭氏之鼓琴也. 無成與虧, 故昭氏之不鼓琴也. 昭文之鼓琴也, 師曠之枝策也, 惠子之據梧也, 三子之知幾乎皆其盛者也, 故載之末年. 唯其好之也以異於彼, 其好之也欲以明之. 彼非所明而明之, 故以堅白之昧終. 而其子又以文之綸終, 終身無成. 若是而可謂成乎, 雖我亦成也. 若是而不可謂成乎, 物與我無成也. 是故滑疑之耀, 聖人之所圖也. 爲是不用而寓諸庸, 此之謂以明.

남곽자기가 말했다.

"도를 깨친 옛사람은 그 지혜가 지극한 데까지 이르렀다. 어디까지 이르렀는가? 시초에는 사물이 아직 없다고 생각했으니 이는 지극하고 극진해 더 보탤 게 없다. 그 다음은 사물이 있기는 하나 아직 '너'와 '나'의 경계가 없다고 생각했다. 그 다음은 '너'와 '나'의 경계가 있기는 하나 아직 '시'와 '비'의 구별은 없다고 생각했다. 시비가 나타난 것은 도가 이지러진 탓이다. 도가 이지러진 것은 사사로운 사랑이 생긴 탓이다.

그렇다면 과연 도의 입장에서 볼 때 생장하고 이지러지는 것은 있는 것인가, 아니면 없는 것인가? 생장하고 이지러지는 것은 소문昭文이 거문고를 뜯는 것과 같고, 생장하고 이지러짐이 없는 것은 소문이 거문고를 뜯지 않는 것과 같다.

소문이 거문고를 뜯고, 사광師曠이 거문고를 조율하고, 혜시가 오동나무 책상에 몸을 기대 변론할 때 이들 3인의 지혜는 도에 가까워 매우 성대했다. 이들의 이름이 지금까지 기록돼 있는 이유이다.

그러나 이들이 거문고 등을 좋아한 것은 도의 경지와 다른 것이다. 이들은 거문고 등을 통해 도를 밝히고자 했다. 도는 밝힐 수 없는 것인데도 밝히려 한 것이다. 이에 혜시는 견백론堅白論 같은 궤변으로 끝났다. 소문 또한 그 아들이 부친의 연주기술만 배우는 것으로 그쳐 종신토록 도를 이루지 못했다.

만일 이를 두고 도를 이뤘다고 하면 우리 범인들 역시 도를 이뤘다고 할 수 있을 것이다. 또한 도를 이루지 못했다고 하면 우리 범인들 또한 도를 이루지 못했다고 할 것이다. 성인이 희미한 가운데 있는 그윽한 빛을 추구하는 이유가 여기에 있다. 성인은 자신의 사사로운 지혜를 쓰지 않고 자연의 도인 중용에 맡긴다. 이를 일컬어 '명석한 지혜로 밝힌다' 고 한다."

만물과 도의 상호관계는 모두 4단계로 구성돼 있다. 사물이 등장하지 않은 미시유물未始有物이 첫 단계이다. 두 번째는 미시유봉未始有封의 단계이다. '봉' 은 원래 토지와 토지의 경계를 뜻하는 말로 여기서는 사물과 사물의 경계를 뜻한다. 곧 '나' 와 '너' 의 구별이다. 세 번째는 미시유시비未始有是非의 단계이다. 여기서는 시비의 가치판단이 없는 경지를 말한다. 요순시대처럼 천하의 강산과 보위를 아무렇지도 않게 넘겨주는 원시시대가 이에 해당한다. 네 번째는 도휴애성道虧愛成의 단계이다. 사사로운 사랑이 도를 해치는 단계로, 곧 '시' 와 '비' 를 다투기 시작하는 시유시비始有是非의 단계가 이에 해당한다. 이때는 도가 무너지고 오직 호오애증好惡愛憎에 의한 살상과 약탈, 기만이 난무한다. 시기적으로 맹자와 장자가 활약하는 전국시대 중후기 제자백가가 백가쟁명百家爭鳴한 시기를 말한다.

소문지고금昭文之鼓琴은 전설적인 거문고의 명인인 소문의 거문고 탄주를 말한다. 사광지지책師曠之枝策은 소경 악사인 사광의 거문고 조율을 말한다. 지책枝策을 두고 곽상은 지팡이에 기대어 선잠을 잔

것으로 풀었으나 문맥과 잘 맞지 않는다. 사광은 소문과 달리 『춘추좌전』에도 나오는 실존인물로 진평공晉平公 때의 태사太師이다. 혜자지거오惠子之據梧는 혜시가 오동나무로 만든 안석에 기대 변론한 것을 말한다. 오梧를 두고 사마표는 오동나무 거문고로 풀이했다. 문맥상 이게 자연스러우나 혜시가 거문고를 연주했다는 기록을 찾을 길이 없다. 그가 대표적인 명가인 점을 감안해 '거오'는 남곽자기의 은궤隱几처럼 안석에 기댄 것으로 풀이하는 게 타당하다.

재지말년載之末年은 후대까지 그 이름이 기재돼 있다는 의미로 '말년'은 후대와 통한다. 물여아무성物與我無成의 물物은 소문과 사광 및 혜시를 가리키고, 아我는 중인衆人을 대신한 것이다. 골의지요滑疑之耀는 희미한 가운데 감춰져 있는 그윽한 빛을 말한다. 사마표는 '골의'를 혼돈을 뜻하는 난亂으로 해석했다. 마지막 구절 차지위이명此之謂以明의 이명以明은 앞서 나온 막약이명莫若以明의 '이명'과 같은 뜻이다. 도추道樞에 입각한 명석한 인식을 통한 판정이 그것이다. 흔히 「제물론」의 핵심어로 만물제동萬物齊同만을 들고 있으나 이는 잘못이다. '이명' 또한 이에 못지않게 중요한 개념이다. 속세에서 빚어지고 있는 온갖 종류의 시비논란에 대한 궁극적인 해답이 바로 도에 입각한 판정을 뜻하는 '이명'에 있다.

2-11

今且有言於此. 不知其與是類乎, 其與是不類乎. 類與不類, 相與爲類, 則與彼無以異矣. 雖然, 請嘗言之. 有始也者, 有未始有始也者, 有未始有夫未始有始也者. 有有也者, 有無也者, 有未始有無也者, 有未始有夫未始有無也者. 俄而有無矣, 而未知有無之果孰有孰無也. 今我則已有謂矣, 而未知吾所謂之其果有謂乎. 其果無謂乎. 天下莫大於秋毫之末, 而大山爲小. 莫壽於殤子, 而彭祖爲夭. 天地與我竝生, 而萬物與我爲一.

남곽자기가 말했다.

"지금 여기에 어떤 주장이 있다고 가정하자. 이 말이 진리와 유사한지 그렇지 않은지는 알 수 없다. 유사한 것과 그렇지 않은 것을 서로 유사한 것으로 간주하면 진리를 상징하는 이것과 비非진리를 상징하는 저것에 무슨 차이가 있는가? 비록 그렇다 해도 시험 삼아 말해보기로 하자.

만일 최초를 뜻하는 '시始'를 기준으로 하면 '시' 이전에 당연히 '미시未始'가 있게 되고, 더 나아가 '미시' 이전에 '미시'라는 말 자체도 존재하지 않은 시기가 있었을 것이다. 존재를 뜻하는 '유有'를 기준으로 해도 마찬가지이다. '유'가 있기 이전에 '무無'가 있고, '유무'를 논하기 이전의 '미시유무未始有無'가 있고, 다시 '미시유무'를 얘기하기 이전에 '미시유무' 개념이 존재하지도 않은 더 앞선 시기가 있었을 것이다. 문득 '유무' 개념이 생성된 배경이 이와 같다.

그런데 아직 잘 이해하지 못하는 게 있다. '유'와 '무'는 과연 구체적으로 무엇이 있고 무엇이 없다는 말인가? 지금 나는 시험 삼아 말하기는 했지만 그게 도에 관해 말한 것인지 잘 모르겠다. 내가 말한 도가 과연 있는 것인가, 아니면 없는 것인가? 천하에는 가을 털의 끝보다 큰 것이 없으니 태산은 작은 산에 불과하다. 일찍 죽은 아이보다 장수한 사람은 없으니 팽조彭祖는 요절한 셈이다. 천지는 나와 나란히 생겨났고, 만물은 나와 하나이다."

이 대목을 두고 성현영은 지극한 도는 시작도 끝도 없음을 밝힌 것이라고 평했다. 사람들이 문자에 얽매일까 우려해 시始와 유有를 예로 들어 언어의 불완전성을 상세히 설명해 놓았다는 것이다. 사실 인간의 언어는 불완전하기 그지없다. 시작이라는 개념 자체가 '시작의 이전'을 내포하고 있기 때문이다. 모든 개념이 그 의미를 천착해 들어가면 이내 모순될 수밖에 없다. 이런 한계를 지닌 말과 문자로 시비를 논할 경우 그게 타당성을 지닐 수 있는 것일까? 장자는 바로 이를 지적한 것이다.

높은 산을 상징하는 태산大山이 가장 작은 사물을 상징하는 추호지말秋毫之末보다 작고, 8백 년을 살았다는 팽조彭祖가 일찍 죽은 어린아이인 상자殤子보다 더 일찍 요절했다는 주장이 나온 이유다. 박세당은 통상적인 관점에서 보면 모순일 수밖에 없는 장자의 이런 주장을 두고 "털갈이를 하는 짐승의 가을 털을 작은 먼지에 비유하면 큰 것이 되고, 태산도 천지에 비유하면 작은 것이 된다"고 풀이했다.

수학에서 말하는 무한대와 무한소의 개념을 도입하면 장자의 이런 주장이 조금도 모순된 게 아니다. 무한대의 우주공간이 전자가 핵을 둘러싸고 무한궤도로 돌고 있는 원자의 세계와 1 대 1의 대응관계를 이루고 있다는 것은 이미 널리 알려진 사실이다. 그는 이 대목에서 대소장단大小長短과 미추호오美醜好惡, 인의예지仁義禮智 등의 잣대와 가치관이 얼마나 인위적인 편견에 휩싸인 것인지를 통렬히 지적하고 있다. 그가 마지막 구절에서 '천지는 나와 나란히 생겨났고, 만물은 나와 하나가 될 수밖에 없다'고 역설한 이유이다.

2-12

既已爲一矣, 且得有言乎. 既已謂之一矣, 且得無言乎. 一與言爲二, 二與一爲三. 自此以往, 巧歷不能得, 而況其凡乎. 故自無適有, 以至於三, 而況自有適有乎. 無適焉, 因是已.

남곽자기가 말했다.

"나와 만물이 이미 '하나'가 되었다면 또 무슨 할 말이 있겠는가? 그러나 아무리 그럴지라도 또 할 말이 없을 수 있겠는가? '하나'가 됐음에도 다시 말을 하면 문득 '나'와 '너'를 구별하는 '둘'이 되고, '둘'에 다시 '하나'를 말하면 그 순간 셋이 되어버린다. 이런 식으로 진행하면 그 수가 무한대가 되어 아무리 셈이 밝은 사람일지라도 다 헤아릴 수 없게 된다. 하물며 보통 사람이야 더 말할 게 있겠는가?

'하나'를 '무無'로 바꿔 생각해도 마찬가지이다. '무' 자체는 하나이다. 그러나 '무' 이전의 '무'인 '무무無無'를 상정하는 순간 이는 곧 '유有'가 되고, '무'와 '유' 위에 다시 '무'를 끄집어내는 순간 문득 '무'는 셋에 이르게 된다. 그러니 하물며 '유'에서 '유'로 나아갈 경우 그 혼란이야 오죽하겠는가? 이런 식의 혼란을 겪지 않으려면 자연의 도에서 그쳐야만 한다."

교력巧歷은 역법曆法에 뛰어난 사람이라는 뜻으로 여기의 력歷은 력曆과 통한다. 천문역법에 뛰어나려면 산수에 밝아야 한다. '교력'은 결국 셈법에 밝은 사람을 뜻한다. '무적언無適焉, 인시이因是已' 구절의 무적無適은 정신을 다른 데로 향하지 않도록 해야 한다는 취지이다. 성리학에서 모든 것을 천리로 상징되는 도에 초점을 맞춰야 한다며 주일무적主一無適을 역설한 것과 취지를 같이한다. 여기의 시是는 도를 상징한다.

노자는 『도덕경』 제42장에서 "도가 하나를 낳고, 하나가 둘을 낳고, 둘이 셋을 낳고, 셋이 만물을 만든다"고 주장했다. 장자가 말한 것과 같은 취지이다. 사람의 '말'이 '말'을 만들고, '개념'이 또 다른 '개념'을 계속 만들어 나갈 수밖에 없다. 이 경우 이내 말과 개념은 서로 충돌하며 모순되고, 여기서 시비논란이 일어나 사람들은 끊임없이 다투게 된다. 이를 근원적으로 해결하기 위해서는 유가에서 말하는 인의예지 등의 인위적인 가치관과 덕목을 과감히 뛰어넘을 필요가 있다. 장자가 시종 유가 및 묵가 등에 통렬한 비판을 멈추지 않은 이유다.

2-13

夫道未始有封, 言未始有常, 爲是而有畛也. 請言其畛. 有左有右, 有倫有義, 有分有辯, 有競有爭, 此之謂八德. 六合之外, 聖人存而不論. 六合之內, 聖人論而不議. 春秋經世先王之志, 聖人議而不辯.

남곽자기가 말했다.

"무릇 도는 본래 경계의 구별이 없다. 사람의 말 역시 원래 어떤 일정한 의미를 지니고 있는 게 아니다. 문제는 일정한 의미가 없는 말로 무리하게 도를 표현하면서 사물을 구별한 데 있다. 그 구별에 관해 얘기해 보기로 하자. 좌가 있으면 우가 있고, 인륜이 있으면 의리가 있고, 신분이 있으면 차별이 있고, 겨루는 일이 있으면 다투는 일이 있다. 이를 소위 '8덕八德'이라고 한다. 성인은 세상 밖의 일에 대해서는 그냥 둔 채 논하지 않고, 인간사에 대해서는 논하기만 하고 시비를 따지지 않는다. 『춘추』에 나오는 선왕의 천하경영에 관한 기록에 대해서는 시비를 따지기는 하되 공과功過를 나눠 차별하지는 않는다."

언미시유상言未始有常을 두고 곽상은 '시비에 일정함이 없다' 고 해석했으나 도道와 언言을 대비시킨 문맥과 동떨어져 있다. 원래 인간의 언어 자체에 고정불변한 의미가 없다는 의미로 해석하는 게 옳다. 지록위마指鹿爲馬 고사를 통해 알 수 있듯이 '사슴' 을 '말' 이라고 바꿔 통용시키면 문득 '사슴' 도 '말' 이 될 수 있는 것이다.

유륜유의有倫有義에서 곽상과 성현영은 륜倫을 리理, 의義를 의宜로 풀이했다. 원래 이 구절은 앞뒤 문맥과 잘 맞지 않는다. 최선崔譔본에는 유론유의有論有議로 되어 있다. 문제를 제기하면 곧 이에 관한 시비의론이 있게 된다는 뜻이다. 유월도 이것이 옳다고 주장했다. 유분유변有分有辯의 변辯은 변별을 뜻하는 변辨과 통한다. 유경유쟁有競有爭을 두고 곽상은 이익을 차지하기 위해 나란히 쫓아가는 것이 경競, 서로 맞서 변론하는 것이 쟁諍과 통하는 쟁爭이라고 했다.

'8덕' 은 '좌우, 윤의, 분변, 경쟁' 을 말한다. 모두 인간의 통상적인 행보를 말한 것이다. '6합' 은 「응제왕」 및 「천운」편의 '6극六極' 과 같은 말이다. 동서남북 사방과 상하를 뜻하는 천지를 통칭한 말이다. 물리적인 공간 전체를 의미한다. 6합지내六合之內는 이 세상의 인간사, 6합지외六合之外는 인간사와 동떨어진 형이상의 세계 내지 미지의 세계를 지칭한다. 춘추경세선왕지지春秋經世先王之志는 경세經世와 선왕先王이 도치된 것이다. 여기의 지志는 기록을 뜻하는 지誌와 통한다.

2-14

故分也者, 有不分也. 辯也者, 有不辯也. 曰, "何也." "聖人懷之, 衆人辯之以相示也. 故曰, 辯也者, 有不見也." 夫大道不稱, 大辯不言, 大仁不仁, 大廉不嗛, 大勇不忮. 道昭而不道, 言辯而不及, 仁常而不成, 廉淸而不信, 勇忮而不成. 五者圓而幾向方矣. 故知止其所不知, 至矣. 孰知不言之辯, 不道之道. 若有能知, 此之謂天府. 注焉而不滿, 酌焉而不竭, 而不知其所由來, 此之謂葆光.

남곽자기가 말했다.

"사람들은 사물을 여러 형태로 나누지만 나눌 수 없는 것이 있다. 또 사물을 구별하지만 구별할 수 없는 것이 있다. 무슨 까닭인가? 성인은 사물을 있는 그대로 인정하지만 사람들은 그것을 구별해 서로 내보이려 한다. 그러나 이런 식의 구별로는 결코 볼 수 없는 게 있을 수밖에 없다.

무릇 대도大道는 일컬어지지 않고, 대변大辯은 말이 없고, 대인大仁은 어질지 않고, 대렴大廉은 겸손하지 않고, 대용大勇은 사납지 않다. 도가 밝게 드러나면 도가 아니고, 말이 분명하면 뜻이 전달되지 않고, 어짊이 일정하면 대사를 이룰 수 없고, 청렴이 지나치면 불신을 받고, 용기가 사나우면 싸움에서 이길 수 없다. 이 다섯 가지는 원만한 듯 보이지만 실은 거의 모난 것에 가깝다.

그래서 지혜는 알지 못하는 바에 이르러 멈출 때만 지극할 수 있다. 누가 말하지 않는 변론과 도라고 일컫지 않는 도를 알 수 있는가? 만일 이를 알 수 있다면 그 지혜는 가히 하늘의 창고인 천부天府라 일컬을 만하다. '천부'는 아무리 부어도 가득 차지 않고, 아무리 퍼내도 마르지 않는다. 그러나 아무도 그 유래를 알지 못한다. 이를 일컬어 빛을 안으로 감추는 보광葆光이라고 한다."

대도불칭大道不稱은 큰 도는 그 이름을 알 수 없다는 뜻이다. 『도덕경』 제25장에 "나는 그 이름을 알지 못한다. 대략 자字를 붙여 도道, 억지로 이름을 지어 대大라고 한다"는 구절이 나온다. 같은 취지이다. 대변불언大辯不言은 참된 말은 묵언으로 뜻을 전달한다는 뜻이다. 대인불인大仁不仁은 참된 인은 대상을 차별하지 않는다는 의미이다. 대렴불겸大廉不嗛은 참된 청렴은 겸손한 체하지 않는다는 뜻이다. 여기의 겸嗛은 겸謙과 통한다. 이를 엄隒으로 간주해 '대렴은 스스로 한계를 드러내지 않는다' 고 풀이하는 견해도 있다. 렴廉으로 간주해 '대렴은 마치 깨끗하지 않은 듯하다' 고 풀이하기도 한다. 뜻은 모두 같다. 대용불기大勇不忮는 참된 용기는 남을 해치지 않는다는 뜻이다. 육덕명은 기忮를 원망하며 해친다는 뜻으로 풀었다.

보광葆光은 밝은 빛을 안으로 감춰 드러내지 않는다는 뜻으로 여기의 광光은 알려고 해도 알 수 없고 보려고 해도 볼 수 없는 도를 상징한다. 『도덕경』 제56장에 나오는 "번쩍거림을 부드럽게 해 속세에 섞이는 것을 일컬어 '현묘한 도인 현동玄同과 하나가 됨' 이라고 한다"는 구절과 상통한다. 여기서 화광동진和光同塵이라는 말이 나왔다. 『장자』의 보광葆光과 『도덕경』의 화광和光은 같은 내용을 달리 표현한 것이다.

2-15

故昔者堯問於舜曰, "我欲伐宗膾·胥·敖, 南面而不釋然. 其故何也." 舜曰, "夫三子者, 猶存乎蓬艾之間. 若不釋然何哉. 昔者十日竝出, 萬物皆照, 而況德之進乎日者乎."

옛날 요가 순에게 물었다.

"나는 숭宗과 회膾나라, 서오胥敖 종족을 정벌코자 하는데 제왕으로서 마음이 석연치 않으니 이는 무슨 까닭이오?"

순이 대답했다.

"이들 세 나라는 아직 쑥밭 사이의 황폐한 곳에 있습니다. 만일 석연치 않다면 무엇 때문이겠습니까? 옛날 10개의 해가 일거에 떠올라 만물이 모두 비춰졌는데 하물며 그 덕이 이들 해보다 더 나은 사람이야 더 말해 무엇하겠습니까?"

『서경』에 주문왕에게 패한 숭崇나라 얘기가 나오나 여기의 숭宗과 회膾 및 서오胥敖 모두 가공의 나라 및 종족으로 보는 게 낫다. 숭宗은 숭崇의 가차이다. 십일병출十日竝出은 10개의 해가 한꺼번에 나왔다는 일화로 『회남자』「본경훈本經訓」편에 유사한 내용이 나온다. '덕지진호일자德之進乎日者'는 훌륭한 덕을 갖춘 사람은 능히 만이蠻夷도 감복시킬 수 있다는 뜻이다. 무력 대신 문덕文德을 닦아야 한다는 주문이다.

장자가 말하는 무위자연의 덕이 유가의 덕과 다른 것은 말할 것도 없다. 그럼에도 여기서는 유가가 숭상하는 요순의 덕이 크게 부각돼 있다. 후대인이 삽입시켰을 가능성을 배제할 수 없다.

2-16

齧缺問乎王倪曰, "子知物之所同是乎." 曰, "吾惡乎知之." "子知子之所不知邪." 曰, "吾惡乎知之." "然則物無知邪." 曰, "吾惡乎知之. 雖然, 嘗試言之. 庸詎知吾所謂知之非不知邪. 庸詎知吾所謂不知之非知邪. 且吾嘗試問乎女. 民溼寢則腰疾偏死, 鰌然乎哉. 木處則惴慄恂懼, 猨猴然乎哉. 三者孰知正處. 民食芻豢, 麋鹿食薦, 蝍蛆甘帶, 鴟鴉耆鼠, 四者孰知正味. 猨猵狙以爲雌, 麋與鹿交, 鰌與魚遊. 毛嬙·麗姬, 人之所美也. 魚見之深入, 鳥見之高飛, 麋鹿見之決驟. 四者孰知天下之正色哉. 自我觀之, 仁義之端, 是非之塗, 樊然淆亂, 吾惡能知其辯." 齧缺曰, "子不知利害, 則至人固不知利害乎."

王倪曰, "至人神矣. 大澤焚而不能熱, 河漢沍而不能寒, 疾雷破山·飄風振海而不驚. 若然者, 乘雲氣, 騎日月, 而遊乎四海之外, 死生無變於己, 而況利害之端乎."

설결齧缺이 왕예王倪에게 물었다.

"선생은 모든 사물이 다 옳다는 사실을 알고 있습니까?"

"내가 어찌 그것을 알겠는가?"

"선생은 선생이 알지 못하는 바를 알고 있습니까?"

"내가 어찌 그것을 알겠는가?"

"그렇다면 모든 사물에 대해 아는 게 없다는 얘기입니까?"

왕예가 대답했다.

"내가 어찌 그것을 알겠는가? 비록 그렇지만 시험 삼아 말해보겠다. 나 스스로 나의 지知가 부지不知가 아님을 어찌 알겠는가? 또 나의 '부지'가 '지'가 아님을 어찌 알겠는가? 잠깐 내가 그대에게 시험 삼아 물어보겠다. 사람은 습한 데서 자면 허리질환에 걸려 반신불수가 되지만 미꾸라지도 그런가? 사람은 나무 꼭대기에 오르면 두려워 벌벌 떨지만 원숭이도 그런가? 이들 셋 중에서 누가 진정한 거처를 아는가? 사람은 소와 양 및 개와 돼지를 먹고, 사슴은 풀을 뜯어 먹고, 지네는 뱀을 달게 먹고, 부엉이는 쥐를 즐겨 먹는다. 이들 넷 중에서 누가 진정한 맛을 아는가?

암컷 원숭이를 수컷 원숭이가 자신의 짝으로 여기고, 사슴은 사슴 종류와 교배하고, 미꾸라지는 물고기와 함께 노닌다. 사람들은 모장毛嬙과 여희麗姬를 아름답다고 여기지만 물고기는 그들을 보면 물속으로 깊이 도망가고, 새들은 하늘로 높이 날아가고, 사슴은 힘껏 달아난다. 이들 넷 중에서 누가 천하의 진정한 아름다움을 아는가? 내가 볼 때는 인의의 단서와 시비의 길이 어지럽게 얽혀 어수선하고 어지러울 뿐이다. 그러니 내가 어찌 그 분별을 알 수 있겠는가?"

설결이 반문했다.

"선생은 이로움과 해로움을 모른다고 하니 그렇다면 지인至人은 본래 이해利害를 모르는 것입니까?"

왕예가 대답했다.

"지인은 신령한 존재이다. 못가의 우거진 숲이 불에 타도 그를 뜨겁게 할 수 없고, 황하나 한수가 얼어붙을 정도의 추위일지라도 그를 춥게 할 수 없고, 격렬한 우레가 산을 쪼개고 돌풍이 바다를 뒤흔들지라도 그를 놀라게 할 수 없다. 그런 사람은 구름을 타고 해와 달을 몰아 사해의 밖에서 노닌다. 생사조차도 그를 변하게 만들지 못하는데 하물며 한낱 세속적인 이해의 끄트머리야 더 말해 무엇하겠는가?"

설결齧缺과 왕예王倪 모두 가공의 인물이다. 「천지」편에 왕예는 피의被衣의 제자이자 설결의 스승, 설결은 왕예의 제자이자 허유의 스승으로 되어 있다. 물지소동시物之所同是는 모든 사물이 옳다는 것을 말한다. 이는 『맹자』 「고자 상」편의 '심지소동연心之所同然' 구절과 같은 취지이다. 맹자는 "사람들의 마음에 동일한 바는 무엇인가? 바로 이理와 의義이다. 성인은 우리들의 마음에 동일한 바를 먼저 체득한 사람이다"라고 했다.

성리학에서 말하는 성즉리性卽理 논리는 인·의·예·지의 사덕四德이 바로 여기서 말하는 이理에 해당한다는 맹자의 주장에 근거한 것이다. 맹자가 말한 '이'는 구체적으로 무엇을 말하는 것일까? 정이천은 "사물에 있는 것을 '이'라고 하고, 사물에 대처하는 것을 '의'라고 한다. 이는 체體와 용用을 말한 것이다"라고 풀이했다. '성즉리'의 논리가 바로 이 장에서 나왔음을 짐작케 해준다. 이는 맹자와 장자가 비록 서로 직접 만난 적은 없으나 나름 깊은 사상적 교류를 했음을 시사한다. 양자 모두 유심론에 깊이 함몰돼 있었음을 증명하는 대목이다.

물무지야物無知邪는 모든 사물에 대해 아는 게 없느냐는 뜻으로 곧 사물에 대해 무지하냐고 반문한 것이다. 여기의 야邪는 의문조사로 야耶와 같다. 제자 설결의 이런 질문에 대한 왕예의 대답은 용거지지야庸詎知之邪로 나타나고 있다. 오호지지惡乎知之와 마찬가지로 '어찌 그것을 알 수 있는가'의 뜻이다. 용거庸詎와 오호惡乎 모두 '어찌'를 뜻하는 의문부사이다. 지지비부지知之非不知는 '안다고 하는 것이 알지 못함이 아님'의 뜻이나 무엇에 대해 안다고 생각하는 것이 사실은 모르는 것일 수 있다는 뜻을 내포하고 있다. 부지지비지不知之非知 역시 마찬가지이다. 사람들이 흔히 안다고 생각하는 게 사실은 제대로 모르는 것이고, 모른다고 생각하는 게 오히려 제대로 아는 것이라는 취지이다.

습침溼寢의 습溼은 습濕과 같다. 편사偏死는 몸의 한쪽이 마비되는 반신불수를 뜻한다. 추연호재鰌然乎哉는 미꾸라지도 그러한가의 뜻으로 추鰌는 추鰍와 같은 글자이다. 췌률순구惴慄恂懼의 췌惴, 률慄, 순恂, 구懼 모두 두려워하며 벌벌 떠는 모습을 뜻한다.

민식추환民食芻豢의 '추환'을 두고 사마표는 '추'는 풀을 먹는 소와 양, '환'은 곡식을 먹는 개와 돼지를 지칭한다고 풀이했다. 미록식천麋鹿食薦은 크고 작은 사슴이 풀을 뜯어먹는 것을 말한다. 여기의 천薦은 맛있는 풀을 뜻한다. 즉저감대蝍蛆甘帶는 지네가 뱀을 달게 먹는다는 뜻으로 즉저蝍蛆는 오공蜈蚣과 같다. 대帶는 원래 기다란 띠를 가리키나 여기서는 뱀을 상징한다. 사마표는 작은 뱀으로 풀이했다.

치아기서鴟鴉耆鼠의 치鴟는 솔개, 아鴉는 까마귀를 가리키나 '치아'를 합쳐 부엉이로 해석하는 견해가 그럴듯하다. 장자가 사람을 포함해 음식을 즐기는 이들 네 가지 유형을 든 것은 편견과 습관에 뿌리를 둔 잣대로 사물을 재단할 경우 오류를 범할 수밖에 없다는 사실을 지적한 것이다. 그렇다면 어떤 잣대를 동원해야 하는 것일까? 말할 것도 없이 무위자연의 '도'이다. 성리학은 이를 의리義理로 해석했다. 그 뿌리에 해당하는 구절이 『맹자』「고자 상」편에 나온다. "이理와 의義가 사람의 마음을 기쁘게 하는 것은 마치 '추환芻豢'이 사람의 입을 즐겁게 해주는 것과 같다."

맹자는 추환열구芻豢悅口를 곧 의리열인義理悅人으로 해석한 셈이다. 이는 장자가 '누가 올바른 맛을 아는가?' 라고 반문한 숙지정미孰知正味와 같은 취지이다. 장자는 '민식추환'을 '미록식천'과 '즉저감대', '치아기서'와 동일한 차원에서 바라보았다. '제물론'의 관점에서 보면 만물은 각자 즐겨 먹는 대상은 다르지만 즐겨 먹는 행위와 기능, 욕망 등은 똑같다. 물지소동시物之所同是를 언급한 이유이다. 맹자가 심지소동연心之所同然을 언급한 것과 별반 다를 바가 없다.

결국 장자는 이 장에서 인간과 사슴, 지네, 부엉이를 차례로 나열하면서 '숙지정미'의 선문답을 제시하는 방식을 통해 무위자연의 도가 바로 만물의 생장을 돕고 만물을 즐겁게 만든다고 주장한 것이다. 장자 역시 '추환열구'의 비유를 통해 '의리열인'을 역설한 맹자와 마찬가지로 '숙지정미'의 물음을 통해 도열만물道悅萬物을 역설한 것이다. 장자의 '도'를 맹자의 '의리'로 바꿀 경우 두 사람은 결국 같은 얘기를 하고 있는 셈이다.

불교사상이 중국에 깊이 뿌리내리면서 불교의 만연에 위협을 느낀 송대의 유학자들은 맹자사상에 불교를 접합시켜 성리학을 만들어냈다. 장자사상과 맹자사상, 불가사상 모두 마음이 자신의 몸을 포함한 일체의 외물外物을 주재하는 유심론唯心論에 뿌리를 두고 있기에 이런 일이 가능했다. 장자와 맹자는 서로 상대방을 비판했지만 본질 면에서는 서로 통하고 있었던 셈이다.

실제로 맹자를 비롯한 성리학자들이 그토록 강조한 '의리'와 '천리'는 장자가 역설한 '도'와 '무위자연', 부처가 말한 반야보리般若菩提 및 대각성불大覺成佛과 하등 다를 바가 없다. 모두 심心 내지 성性을 통해 우주만물의 상호작용과 생장소멸, 변역 등을 설명코자 한 점에서 삼생아三生兒를 방불하고 있다. 불교가 극성한 당나라 이후 송원대에 이르기까지 유불도儒佛道 3교가 상호 각축을 벌이면서 하나로 회통會通하는 모습을 보인 이유가 여기에 있다.

원편저猿猵狙에서 사마표와 임희일은 원猿을 수컷 원숭이, 편저猵狙를 암컷 원숭이로 풀이했다. 모장毛嬙은 월왕이 총해한 여인으로 전설상의 미인이다. 이에 반해 여희麗姬는 『춘추좌전』과 『국어』, 『예기』, 『사기』 등에 두루 등장하는 실존인물이다. 여희驪姬로 기록돼 있다. 주목할 것은 최선본 『장자』에 여희 대신 서시西施로 되어 있는 점이다. 『관자』와 『한비자』, 『회남자』 모두 모장과 서시로 되어 있다. 이게 맞다. 모장과 여희가 병칭된 것은 오직 『장자』밖에 없다. 여희는 서시 대신 잘못 삽입된 것이다.

결취決驟는 뒤돌아보지 않고 빨리 달려 도주하는 것을 말한다. 숙지천하지정색孰知天下之正色은 앞서 나온 숙지정미孰知正味와 같은 취지로 여기의 정正은 진정眞正의 뜻이다. 번연효란樊然淆亂은 복잡하게 얽혀 어수선하고 어지러운 모습을 언급한 것이다. 이해利害는 사물의 생장소멸에 도움이 되거나 해가 되는 환경은 사물마다 모두 다르다는 뜻이다.

대택분이불능열大澤焚而不能熱은 못가의 우거진 숲을 불태워도 뜨거운 열기에 지치게 만들 수 없다는 뜻이다. 여기의 '대택'은 춘추전국시대 당시 방대한 늪지대를 형성했던 장강 일대의 운몽택雲夢澤으로 보는 게 옳다. 운몽택은 장강 북쪽의 '운택'과 남쪽의 '몽택'으로 이뤄진 드넓은 늪지대를 말한다. 하한호이불능한河漢沍而不能寒은 황하와 장강의 지류인 한수의 물이 모두 얼어붙을지라도 결코 춥게 할 수 없다는 뜻이다. 황하와 대비되는 장강을 예로 들어 하강河江으로 표현하는 게 옳았다. 장강이 바다처럼 넓은 까닭에 황하와 대비되는 강은 한수였다고 생각해 이같이 표현했는지도 모를 일이다. 춘추전국시대 당시 하河는 황하, 강江은 장강, 수水는 회수淮水를 가리켰다. 『회남자』「정신훈」편에도 '대택'과 '하한'의 비유가 나온다.

황이해지단호況利害之端乎의 단端은 세속적인 부귀영화와 명리 등을 의미한다. 「전자방」편에는 황작록호況爵祿乎로 나온다. 세족적인 이해의 끄트머리가 곧 세인들이 그토록 부러워하는 '작록'임을 뒷받침하는 대목이다. 장자는 으뜸에 해당하는 이해지본利害之本을 무엇이라고 생각한 것일까? 작록을 나눠줄 수 있는 지존至尊, 즉 제왕의 자리를 상정한 것이 확실하다. 「천도」편에 나오는 '본재어상本在於上, 말재어하末在於下' 구절이 그 증거다. 상벌과 작록 등의 화복禍福을 만드는 근원은 제왕에게 있고, 작은 권한을 행사하는 권한은 신하에게 있다는 뜻이다. 장자는 제왕의 자리마저 소쇄한 이해의 대상에 지나지 않는다고 본 것이다.

2-17

瞿鵲子問乎長梧子曰, "吾聞諸夫子. '聖人不從事於務, 不就利, 不違害, 不喜求, 不緣道, 無謂有謂, 有謂無謂, 而遊乎塵垢之外, 夫子以爲孟浪之言.' 而我以爲妙道之行也. 吾子以爲奚若."

구작자瞿鵲子가 장오자長梧子에게 물었다.

"저는 스승인 공자가 이같이 하는 말을 들었습니다. '성인은 속세의 일에 종사하지 않고, 이익을 취하지 않고, 해로움을 피하지 않고, 함부로 도를 추구하는 것을 좋아하지 않고, 도를 얻기 위해 억지로 매달리지 않고, 말이 없지만 뜻을 모두 전달하고, 말이 있지만 말에 얽매여 도를 잃어버리는 일이 없는 까닭에 속세 밖에서 노닌다는 말이 있다. 나는 이를 맹랑한 말이라고 생각한다.' 그러나 저는 이를 신묘한 도의 실천이라고 생각합니다. 선생은 이를 어떻게 생각합니까?"

구작자瞿鵲子는 글자 그대로 까치처럼 경망스런 인물, 장오자長梧子는 큰 오동나무처럼 도를 깨달은 인물을 상징한다. 부자夫子의 실체를 두고 만세의 사표인 공자를 지칭했다는 유월의 주장이 정설로 받아들여지고 있다. 뒤이어지는 글에 공자의 본명인 공구孔丘를 언급한 대목이 나오는 게 논거이다. 진구지외塵垢之外는 앞에 나온 사해지외四海之外와 같은 말이다. 속세의 이 세상을 초월한 형이상의 세계를 말한다. 맹랑孟浪은 원래 걷잡을 수 없을 정도의 거대한 파도를 뜻하는 말로 통상 진실과 거리가 먼 황당무계한 행동을 의미한다.

2-18

長梧子曰, "是黃帝之所聽熒也, 而丘也何足以知之. 且女亦大早計, 見卵而求時夜, 見彈而求鴞炙. 予嘗爲女妄言之, 女以妄聽之. 奚旁日月 · 挾宇宙, 爲其脗合, 置其滑涽, 以隸相尊."

장오자가 대답했다.

"그처럼 신묘한 도는 황제黃帝도 들으면 어리둥절할 판인데 공구孔丘 같은 사람이 어찌 알겠는가? 게다가 그대는 '신묘' 운운하며 지나치게 속단하고 있다. 이는 달걀을 보고 새벽을 알리는 울음소리를 요구하고, 탄환을 보고 새 구이를 요구하는 격이다. 내가 시험 삼아 그대를 위해 내키는 대로 얘기할 터이니 그대도 이를 감안해 듣기 바란다. 만일 해와 달을 곁에 둔 채 우주를 허리에 끼고, 만물과 일체가 되기를 추구하고, 혼돈의 도에 머물며 노비처럼 천한 사람도 귀인처럼 존중한다면 어찌되겠는가?"

태조계大早計는 너무 일찍 판단한다는 뜻이다. 도는 쉽게 설명하고 이해할 수 있는 게 아니라는 취지를 담고 있다. 견란이구시야見卵而求時夜의 시야時夜는 밤을 담당하는 사야司夜의 뜻으로 곧 닭을 상징한다. 견탄이구효자見彈而求鴞炙의 효자鴞炙는 새 구이를 말한다. 효鴞는 원래 부엉이를 뜻하나 여기서는 새를 상징한다. 망언妄言과 망청妄聽은 도를 언어로 표현할 수 없기 때문에 아무렇게나 말하고 듣는다는 뜻이다.

해奚는 문장 전체를 받는다. '어찌하여 ~을 존중하지 않는가?' 의 뜻이다. 방일월旁日月과 협우주挾宇宙는 일월을 곁에 두고, 우주를 옆에 낀다는 뜻이다. 위기문합爲其脗合은 만물과 일체가 되는 것을 추구한다는 뜻이다. 문합脗合은 위아래 입술이 꼭 맞는 것을 말한다. 분별이 없는 모습을 상징한다. 문脗은 문吻과 통한다.

치기골혼置其滑涽은 분명하게 알 수 없는 혼돈의 도에 자신을 둔다는 뜻이다. 골혼滑涽은 골의지요滑疑之耀와 마찬가지로 이해하기 어려운 도를 상징한다. 곽상과 성현영은 '치기골혼' 을 세속의 어지러운 일을 그대로 방치하는 것으로 풀이했다. 이례상존以隷相尊은 노비같이 천한 사람도 서로 존중한다는 뜻이다. 귀천을 동일시한다는 의미이다.

2-19

“衆人役役, 聖人愚芚, 參萬歲而一成純. 萬物盡然, 而以是相蘊. 予惡乎知說生之非惑邪, 予惡乎知惡死之非弱喪而不知歸者邪. 麗之姬, 艾封人之子也. 晉國之始得之也, 涕泣沾襟. 及其至於王所, 與王同筐牀, 食芻豢, 而後悔其泣也. 予惡乎知夫死者不悔其始之蘄生乎. 夢飮酒者, 旦而哭泣. 夢哭泣者, 旦而田獵. 方其夢也, 不知其夢也. 夢之中又占其夢焉, 覺而後知其夢也. 且有大覺而後知此其大夢也, 而愚者自以爲覺, 竊竊然知之. 君乎, 牧乎, 固哉. 丘也與女皆夢也, 予謂女夢亦夢也. 是其言也, 其名爲弔詭. 萬世之後而一遇大聖知其解者, 是旦暮遇之也.”

장오자가 말했다.

“세상 사람은 세속의 명리를 위해 수고롭게 일하지만 성인은 우둔한 까닭에 만년의 세월을 하나로 합쳐 순수한 세계를 만든다. 만물이 다 그러하니 모두 이런 식으로 서로를 감싼다. 그러니 내가 어찌 삶을 좋아하는 것이 미혹된 것이 아니라고 생각하고, 죽음을 싫어하는 것이 마치 젊어서 본향을 잃고 본향으로 되돌아갈 줄 모르는 것이 아니라고 생각할 수 있겠는가?

여희는 애艾 땅 관문지기 딸이다. 진나라에 처음 잡혀왔을 때 옷깃을 적실 정도로 눈물을 흘렸다. 그러자 왕궁에 와서 왕과 동침하고 소고기와 돼지고기 등을 먹게 되자 처음에 운 것을 후회했다. 내가 어찌 죽은 사람이 처음에 살기를 바란 것을 후회하지 않는다고 생각할 수 있겠는가?

꿈속에서 즐겁게 술 먹은 자가 아침에 통곡하고, 꿈속에서 통곡한 자가 아침에 신나게 사냥을 떠난다. 사람들은 꿈을 꿀 때 그것이 꿈인지 알지 못한다. 꿈속에서 꿈속의 꿈을 점치다가 꿈이 깨어난 뒤 비로소 현실이라고 생각한 게 바로 꿈이었음을 안다. 큰 깨달음이 있은 후에야 지금 이 순간 큰 꿈을 꾸고 있다는 사실을 알게 된다.

그러나 어리석은 자들은 스스로 깨어 있다고 생각한다. 똑똑한 체하며 스스로 지혜롭다고 여겨 입만 열면 '군주여', '애들아'라고 말을 하니 참으로 고루하기 짝이 없다. 그대의 스승 공구와 그대 모두 꿈을 꾸고 있다. 내가 그대에게 꿈을 꾸고 있다고 말하는 것 역시 꿈이다. 이 말이 옳은데도 불구하고 사람들은 궤변이라고 한다. 1만 세대 후에 이를 아는 큰 성인을 한번 만날지라도 이는 조석지간의 짧은 시간에 만난 것과 별반 다를 바 없는 크나큰 행운이다."

역역役役은 쉬지 않고 수고롭게 빨리 움직이는 모습을 말한 것이다. 우둔愚芚의 둔芚은 어석은 모습으로 둔鈍과 같다. 곽상은 '우둔'을 무지하여 정직하게 나가는 모습으로 풀이했다. 참만세이일성순參萬歲而一成純은 만년의 세월을 합쳐 하나로 하고 순수한 세계를 이룩한다는 뜻이다. 곧 만물제동의 세계를 의미한다. 여기의 참參은 비빔밥처럼 뒤섞는 참유參糅의 뜻이다.

약상이부지귀弱喪而不知歸의 약상弱喪을 두고 곽상은 어렸을 때 고향을 잃은 것으로 풀이했다. 지귀知歸는 죽은 뒤 삶이 생겨나기 이전의 근원으로 돌아가는 것을 의미한다. 여지희麗之姬는 여희를 말한다. 인명에 지之가 들어가는 예가 많다. 『맹자』「이루 하」편은 윤공타尹公

他를 윤공지타尹公之他로 표현해 놓았다. 체읍첨금涕泣沾襟은 눈물을 흘려 옷섶을 적신다는 뜻이다. 기시지기생其始之蘄生은 사람이 젊었을 때 더 살기를 간절히 바란 것을 말한다. 기蘄는 기祈의 가차이다.

자이위교自以爲覺는 스스로 깨어 있다고 생각한다는 의미로 현실이 한바탕 꿈이라는 것을 알지 못한다는 뜻이다. 군호君乎와 목호牧乎는 귀하고 천한 사람을 대할 때의 차별적인 모습을 그린 것이다. 적궤弔詭는 일반인이 이해하기 어려운 이상한 변설을 말한다. 곧 궤변의 뜻이다. 장병린은 「천하」편의 숙궤諔詭와 같은 뜻으로 새겼다. 적弔은 지극하다는 뜻이다. 만세지후萬世之後는 1세대가 30년인 만큼 무려 30만 년의 시간이 지날지라도 현실이 꿈이라는 사실을 아는 사람을 만나기가 어렵다는 뜻을 내포하고 있다.

2-20

"旣使我與若辯矣, 若勝我, 我不若勝, 若果是也, 我果非也邪. 我勝若, 若不吾勝, 我果是也, 而果非也邪. 其或是也, 其或非也邪, 其俱是也, 其俱非也邪. 我與若不能相知也, 則人固受其黮闇, 吾誰使正之. 使同乎若者正之, 旣與若同矣, 惡能正之. 使同乎我者正之, 旣同乎我矣, 惡能正之. 使異乎我與若者正之, 旣異乎我與若矣, 惡能正之. 使同乎我與若者正之, 旣同乎我與若矣, 惡能正之. 然則我與若與人俱不能相知也, 而待彼也邪."

장오자가 말했다.

"가령 내가 그대와 논쟁할 경우 그대가 나를 이기고 내가 그대를 이기지 못했다면 그대는 과연 옳고 나는 그르단 말인가? 반대로 내가 그대를 이기고 그대가 나를 이기지 못했다면 나는 과연 옳고 그대는 그르단 말인가? 그렇다면 어느 한쪽이 옳으면 반드시 다른 한쪽은 그른 것인가, 아니면 양쪽 모두 옳거나 양쪽 모두 그른 것인가?

나와 그대가 서로 시비곡직을 판정할 수 없다면 남들도 실로 어둠 속에 빠질 터인데 내가 누구를 시켜 시비곡직을 바로잡을 수 있겠는가? 그대와 의견을 같이하는 사람에게 맡기면 그는 이미 그대와 같은 사람이니 어찌 바로잡을 수 있겠는가? 반대로 나와 의견을 같이하는 사람에게 맡기면 그는 이미 나와 같은 사람이니 어찌 바로잡을 수 있겠는가?

나와 그대 모두와 의견이 다른 사람에게 맡기면 그는 이미 나와 그대 모두와 다른 사람이니 어찌 바로잡을 수 있겠는가? 또 나와 그대 모두와 의견을 같이하는 사람에게 맡기면 그는 이미 나와 그대 모두와 같은 사람이니 어찌 바로잡을 수 있겠는가? 나와 그대, 그리고 다른 사람까지 포함해 우리 모두 시비곡직을 바로잡을 수 없다면 또 다시 다른 사람을 기다려야 한단 말인가?"

불능상지不能相知는 논쟁의 당사자가 시비를 판정하지 못한다는 뜻이다. 인고수기탐암人固受其黮闇은 사람들이 어둠 속에 빠진다는 뜻으로 여기의 인人은 타인을 지칭한다. 곽상과 임희일 모두 '인'을 논쟁의 당사자인 나와 그대로 풀이했으나 이는 잘못이다. 왕선겸은 논쟁 당사자 곁에 있는 다른 사람으로 풀이했다. 탐암黮闇은 분명하지 못한 모습을 가리킨다. 대피待彼의 피彼는 논쟁에 참여하지 않은 또 다른 제3자를 지칭한다. 자연의 도를 뜻하는 다음 문장의 천예天倪로 해석한 견해도 있으나 문맥이 잘 통하지 않는다.

2-21

“化聲之相待, 若其不相待. 和之以天倪, 因之以曼衍, 所以窮年也.” “何謂和之以天倪.” 曰, “是不是, 然不然. 是若果是也, 則是之異乎不是也亦無辯. 然若果然也, 則然之異乎不然也亦無辯. 忘年忘義, 振於無竟, 故寓諸無竟.”

장오자가 말했다.

“꼬치꼬치 따지는 변설에 의지해 시비곡직을 바로잡고자 하는 것은 애초부터 시비곡직을 바로잡지 않으려 하는 것과 같다. 이때는 자연의 도인 소위 천예天倪로 조화시키고 끝없는 변화에 자신을 그대로 맡겨야 한다. 천수를 누리는 이유가 여기에 있다.”

구작자가 물었다.

“어떻게 하는 것이 ‘천예’로 조화시키는 것입니까?”

장오자가 대답했다.

“세속에서 옳지 않다고 하는 것을 옳다고 여기고, 그렇지 않다고 하는 것을 그렇다고 여기는 게 그것이다. ‘천예’의 조화 결과 과연 옳은 것으로 판정되면 그것이 세속에서 옳지 않다고 하는 것과 다른 것임은 말할 것도 없다. 마찬가지로 ‘천예’의 조화 결과 과연 그러하다고 판정되면 그것이 세속에서 그렇지 않다고 하는 것과 다른 것 또한 말할 필요가 없다. 그런 사람은 생사와 시비를 잊고 경계 없는 세계에서 자유자재로 노닌다. 그들이 경계 없는 세계에 자신을 맡기는 이유이다.”

화성지상대化聲之相待는 시비를 따지는 변설에 의지한다는 뜻이다. 화성化聲은 변화하기 쉬운 시비의 목소리를 의미한다. 상대相

待는 상의相依와 같다. 천예天倪는 도를 뜻한다. 곽상은 자연지분自然之分으로 풀이했다. 「우언」편은 '천예'를 천균天鈞과 같다고 했다.

인지이만연因之以曼衍은 변화에 자신을 맡긴다는 뜻이다. 사마표는 만연曼衍을 변화의 궁극인 무극無極으로 해석했다. '무극'은 도의 다른 표현이다. 궁년窮年은 하늘이 내린 수명을 다한다는 뜻이다. 여기의 년年은 천년天年, 즉 천수天壽를 뜻한다.

시불시是不是에서 시是는 동사, 불시不是는 목적어로 사용된 것이다. 세속에서 옳지 않다고 하는 것을 옳다고 여긴다는 뜻이다. '시'와 '불시'를 끊어 읽어 '옳은 것이 곧 옳지 않은 것이다'로 해석하는 경우도 있으나 이는 불가의 선문답과 같게 되어 문맥의 흐름과 동떨어져 있다. 연불연然不然도 마찬가지이다. 「천지」편과 「추수」편에 나오는 '가불가可不可, 연불연然不然' 구절도 같은 취지로 사용된 것이다. 망년망의忘年忘義는 나이와 편견을 잊는다는 뜻이다. 생사와 시비로부터 완전히 벗어난 경지를 말한다. 진어무경振於無竟이 바로 이를 말한다. 진振은 소요逍遙, 무경無竟은 천혜의 조화를 뜻한다. 우저무경寓諸無竟을 두고 박세당은 앞서 나온 우저용寓諸庸과 같은 뜻으로 풀이했다. '무경'을 중용의 용庸으로 파악한 결과이다.

2-22

罔兩問景曰, "曩子行, 今子止. 曩子坐, 今子起. 何其無特操與." 景曰, "吾有待而然者邪. 吾所待又有待而然者邪. 吾待蛇蚹蜩翼邪. 惡識所以然. 惡識所以不然."

곁 그림자인 망량罔兩이 그림자인 영景에게 물었다.

"방금 전 그대는 걸어가다가 지금은 멈춰섰고, 방금 전 그대는 앉아 있다가 지금은 일어섰다. 어찌해서 그대는 이다지도 지조가 없는 것인가?"

'영'이 스스로에게 반문했다.

"내가 무언가 의지하는 게 있어 그런 것인가? 아니면 내가 의지하고 있는 것 또한 그 무언가에 의지하기에 그런 것인가? 그도 아니면 내가 뱀의 비늘이나 매미 날개와 같은 것에 의지해 그런 것인가? 어떻게 그런 줄 알고 어떻게 그렇지 않은 줄 알 수 있는가?"

망량罔兩을 두고 곽상은 그림자 밖의 엷은 그늘로 풀이했다. 영景은 영影과 통한다. 사부조익蛇蚹蜩翼은 뱀의 비늘과 매미의 날개를 말한다. 뱀과 매미는 각각 비늘과 날개에 의지해 움직인다. 나 또한 무언가에 의지해 움직인다는 뜻을 내포하고 있다.

이에 대해 만물은 자생자화自生自化하는 존재로 저절로 존재하고 저절로 변화하는 까닭에 무언가에 의지해 움직인다는 식으로 풀이하는 것은 잘못이라는 지적이 있다. 문장 그대로 해석해서는 안 되고 반대로 읽어야만 '사부조익'을 예로 든 장자의 기본취지를 이해할 수 있다는 지적이다.

그러나 「제물론」에서 장자가 얘기하고자 하는 것은 '자생자화'가 아니라 '만물제동'이다. 실물이 존재하지 않으면 그림자도 없고, 그림자가 없으면 그림자의 그림자도 없다. 뱀과 비늘, 매미와 날개는 실물과 그림자의 관계와 닮았다. 실물이 없으면 그림자도 없지만 그림자가 없으면 실물 또한 존재하지 않게 된다. '너'와 '나'의 구별이 없는 경지가 이에 해당한다.

소이연所以然과 소이불연所以不然을 의문문 형태로 남겨둔 것은 '만물제동'의 공능功能을 지닌 도를 언어로 표현하기 어렵다는 취지를 담고 있다. 이를 두고 만물은 '자생자화' 하는 까닭에 만물 사이에는 어떤 인과관계도 없고 다른 것에 의존함도 없다는 식으로 풀이하는 것은 잘못이다. '자생자화' 와 '만물제동' 모두 도의 공능이지만 장자가 여기서 말하고자 하는 바는 '만물제동' 이지 '자생자화' 가 아니다.

2-23

昔者, 莊周夢爲胡蝶, 栩栩然胡蝶也, 自喩適志與. 不知周也. 俄然覺, 則蘧蘧然周也. 不知周之夢爲胡蝶與, 胡蝶之夢爲周與. 周與胡蝶則必有分矣. 此之謂物化.

옛날 장주가 꿈을 꾸다가 꿈속에서 나비가 되었다. 훨훨 나는 나비가 된 게 스스로 유쾌하고 만족스러웠던 까닭에 자신이 장주라는 것을 알지 못했다. 이내 화들짝 꿈에서 깨어보니 자신은 나비가 아닌 장주였다. 우리는 장주가 꿈을 꾸며 나비가 되었는지, 아니면 나비가 꿈을 꾸며 장주가 되었는지 자세히 알 길이 없다. 세속의 관점에서 보면 장주와 나비는 분명히 다르다. 그런데도 장주가 나비가 되고 나비가 장주가 되는 것은 무슨 이유인가? 만물의 변화 때문이니 이를 일컬어 물화物化라고 한다.

'제물론' 의 핵심어에 해당하는 '만물제동' 의 의미를 이 대목만큼 우화적으로 묘사해 놓은 것도 없다. 여기서 호접몽胡蝶夢 내지 장주몽접莊周夢蝶 성어가 나왔다. 이는 불가에서 말하는 소위 물아일체物我一體의 경지를 말한다. 삶과 죽음의 경계를 허문 장자사상의 핵심어가 바로 '호접몽' 이라고 해도 과언이 아니다.

석자昔者는 옛날을 뜻한다. 왕념손은 『춘추곡량전』이 야夜를 석昔으로 표시한 것을 근거로 석夕의 가차로 보았다. 그러나 '호접몽'은 낮에 생각하던 일이 밤에 꿈으로 나타나는 주사야몽晝思夜夢이라기보다는 낮에 공상에 잠겼다가 일시 꿈꾸는 상태가 된 주몽晝夢의 결과로 보는 게 훨씬 자연스럽다. 후후연栩栩然은 나비가 훨훨 나는 모습을 그린 것이다. 「전자방」편에서는 들숨과 날숨이 조용히 들락날락하는 모습을 '후후연'으로 표현해 놓았다. 자유적지自喩適志는 스스로 유쾌해하며 뜻에 부합해 흡족해한다는 뜻이다. 「달생」편에 유사한 뜻의 심지적心之適 표현이 나온다. 거거연蘧蘧然은 화들짝 깨어난 모습을 형상한 것이다. 깨어난 뒤의 푸수수한 모습으로 풀이하는 견해도 있다.

마지막 구절인 물화物化에 대해 예로부터 만물의 유전변화流轉變化로 보는 견해와 사후변화死後變化로 보는 견해, 여물동화與物同化로 보는 견해 등 여러 해석이 나왔다. 「천도」와 「각의」, 「달생」, 「칙양」편 등에도 '물화' 표현이 나온다. '만물제동'의 관점에서 보면 천지만물과 하나가 되는 '여물동화'가 가장 그럴듯하다.

제3장 양생주(養生主)

3-1

吾生也有涯, 而知也无涯. 以有涯隨无涯, 殆已. 已而爲知者, 殆而已矣. 爲善無近名, 爲惡無近刑, 緣督以爲經, 可以保身, 可以全生, 可以養親, 可以盡年.

우리의 생명은 유한하나 지식은 무한하다. 유한한 인생으로 무한한 지식을 추구하면 위태롭다. 그런데도 지식대로 행하고자 하는 자가 있으니 이는 더욱 위태로울 뿐이다. 선을 행해도 명예에 가까이 가지 않고, 악을 저질렀어도 형벌에 가까이 가지 말아야 한다. 마치 몸의 맥을 관장하는 독맥督脈처럼 중용을 취해 이를 근본원리로 삼으면 몸을 안전하게 지키면서 생명도 온전히 할 수 있고, 어버이를 잘 봉양하며 천수를 누릴 수 있다.

이유애수무애以有涯隨无涯는 끝이 있는 것으로 끝없는 것을 추구하는 것을 말한다. 생명과 지식의 상호관계를 비유한 것이다. 『도덕경』 제71장에 이와 유사한 대목이 나온다.

"알면서도 모른다고 말하는 게 최상의 지혜이고, 모르면서 안다고 말하는 게 최악의 병통이다."

이이위지자已而爲知者의 이이已而는 '이미 그런데도'의 뜻을 지닌 역접 접속사이다. 이연이已然而와 같다. 위지자爲知者를 두고 곽상은 지식을 추구해 위태로운 것을 구하려는 인위적인 행위로 보았다. 위악무근형爲惡無近刑은 얼핏 악을 행하라는 뜻으로 곡해될 소지가 있으나 실은 세속적인 의미의 '선'은 물론 '악'도 행하지 말라는 취지이다. 선을 행하면 명예가 생기고 결국 그 명예로 인해 위태로워지듯이, 악을 행할 경우 비난이 일게 되고 결국 그로 인해 형을 받기에 몸이 위태로워진다는 뜻이다.

장자가 연독이위경緣督以爲經을 역설한 이유다. 여기의 독督은 독맥督脈의 뜻으로 중용 내지 중허中虛를 의미한다. '독맥'은 신체의 8가지 맥 중 나머지 7개 맥을 총괄하는 중앙의 맥을 말한다. 연독緣督은 일체의 선악과 시비를 떠난 무위의 무심한 상태를 말한다. 경經은 삶의 근본원리를 뜻한다. 결국 '연독이위경'은 무위를 삶의 근본원리로 삼으라는 의미이다.

3-2

庖丁爲文惠君解牛, 手之所觸, 肩之所倚, 足之所履, 膝之所踦, 砉然嚮然, 奏刀騞然, 莫不中音, 合於桑林之舞, 乃中經首之會. 文惠君曰, "譆, 善哉. 技蓋至此乎." 庖丁釋刀對曰, "臣是所好者道也, 進乎技矣. 始臣之解牛之時, 所見無非全牛者. 三年之後, 未嘗見全牛也. 方今之時, 臣以神遇而不以目視, 官知止而神欲行. 依乎天里, 批大郤, 導大窾, 因其固然. 技經肯綮之未嘗, 而況大軱乎. 良庖歲更刀, 割也. 族庖月更刀, 折也. 今臣之刀十九年矣, 所解數千牛矣, 而刀刃若新發於硎. 彼節者有閒而刀刃者無厚, 以無厚入有間, 恢恢乎其於遊刃必有餘地矣, 是以十九年而刀刃若新發於硎. 雖然, 每至於族, 吾見其難爲, 怵然爲戒, 視爲止, 行爲遲, 動刀甚微, 謋然已解, 如土委地." 提刀而立, 爲之四顧, 爲之躊躇, 滿志, 善刀而藏之. 文惠君曰, "善哉. 吾聞庖丁之言, 得養生焉."

백정이 문혜군文惠君을 위해 소를 잡을 때 이러했다. 손으로 쇠뿔을 잡고, 어깨에 소를 기대게 하고, 발로 소를 밟고, 무릎을 세워 소를 누른다. 칼질하는 소리가 처음에는 '획획' 울리고, 칼을 움직여 나가면 '쇄쇄' 소리가 난다. 음률에 맞지 않는 게 없다. 마치 은나라 탕왕의 춤인 상림지무桑林之舞와 요임금의 음악인 경수經首의 박자와 어울리는 듯했다. 문혜군이 감탄했다.

"아, 훌륭하구나. 기술이 어찌 이런 경지에 이를 수 있단 말인가!"

백정이 칼을 내려놓고 말했다.

"제가 얻은 결과는 바로 '도'입니다. 이는 기술에서 더 나아간 것입니다. 처음 제가 소를 잡을 때만 해도 보이는 것은 온통 완벽한 몸체의 소뿐이었습니다. 3년이 지나자 이내 온전한 소는 한 마리도 보이지 않고 온통 뼈와 살이 뭉쳐진 물건으로만 보이게 됐습니다. 지금은 정신을 통해 소를 대할 뿐 눈으로 대하지 않습니다. 감각기관의 지각이 멈추고 대신 신묘한 정신이 움직이면 자연의 결을 따라 큰 틈새를 칩니다. 이때 저는 넓은 공간에서 칼을 움직이면서 소가 지닌 본래의 자연스런 결을 따를 뿐입니다. 경락經絡과 긍경肯綮이 칼의 움직임을 조금도 방해하지 않는데 하물며 큰 뼈야 말해 무엇하겠습니까?

솜씨 좋은 백정일지라도 1년에 한 번 칼을 바꿉니다. 이는 칼로 살코기를 직접 베기 때문입니다. 일반 백정은 1달에 한 번씩 칼을 바꿉니다. 이는 칼이 뼈와 닿기 때문입니다. 지금 제가 쓰는 이 칼은 19년이나 되었습니다. 그간 제가 잡은 소가 수천 마리에 달하지만 칼날은 숫돌에서 막 새로 간 것과 같습니다.

본래 소의 뼈마디에는 틈이 있고, 저의 칼날 끝에는 두께가 없습니다. 두께가 없는 것을 가지고 틈새로 들어가니 오히려 텅 빈 듯 넓기만 합니다. 칼질을 할 때마다 반드시 여유로운 공간이 생기는 이유입니다. 이 때문에 19년이 지났지만 칼날이 마치 숫돌에서 막 새로 간 듯합니다.

비록 그러하나 매양 뼈와 근육이 엉켜 있는 곳에 이르면 저 또한 그것을 쉽게 처리할 수 없다는 사실을 잘 알고 있습니다. 그래서 두려움과 경계심을 갖고 시선을 한 곳에 집중시킨 뒤 손놀림을 신중히 합니다. 이 상태로 칼을 세심하게 움직이면 '스르륵' 소리와 함께 고기가 뼈에서 떨어져 나옵니다. 그 광경이 마치 흙덩이가 땅 위에 있는 것처럼 자연스럽습니다."

백정이 칼을 들고 우두커니 서서 주위를 둘러보며 머뭇거리다가 이내 제정신이 돌아왔는지 칼을 씻어 칼집에 넣었다. 문혜군이 찬탄했다.

"훌륭하구나! 나는 오늘 백정의 말을 듣고 양생의 도를 터득했다."

포정庖丁은 백정을 말한다. 『맹자』「만장 상」편에는 포인庖人으로 나온다. 육덕명과 성현영은 '포정'을 두고 이름이 정丁인 백정으로 해석했으나 여기의 '정'은 장정을 뜻하는 말에 불과하다. '젊은 백정'으로 보는 게 옳다. 문혜군文惠君은 가공의 인물이다. 최선과 사마표 등은 『맹자』 첫 편에 나오는 양혜왕으로 간주했으나 명확한 근거가 없다.

수지소촉手之所觸 이하의 구절은 '~所~'의 구조로 되어 있다. 일종의 가정문 용법이다. 『논어』「옹야」편에 공자가 '내가 만일 잘못을 저질렀다면'의 의미로 말한 '여소부자予所否者' 구절이 나온다.

획연향연砉然嚮然은 획획 소리가 울린다는 뜻이다. 획연砉然은 소의 가죽과 뼈가 떨어져 나가는 의성어이다. 향연嚮然은 울리는 소리를 말한다. 주도획연奏刀騞然의 주도奏刀는 마치 음악을 연주하듯 칼을 움직인다는 뜻이다. 여기의 획연騞然을 두고 최선은 앞의 획연砉然보다 더 큰 소리의 의성어로 보았다.

상림지무桑林之舞는 탕왕이 만든 무악을 말한다. 경수지회經首之會의 경수經首는 황제黃帝가 만들고 요가 보완한 기우제 음악을 뜻한다. 회會는 박자를 의미한다. 희譆는 '아!' 하고 감탄하는 소리이고, 기합지차호技蓋至此乎는 '기술이 어찌 이런 경지에 이르렀는가!'라며 감탄한 것이다. 합蓋은 통상 '대개'의 뜻을 지닌 '개'로 읽는다. 그러나 여기서는 '어떻게'의 뜻을 지닌 하고何故의 약자인 합盍의 의미로 사용된 것이다. '합'은 통상 '어찌 아니'의 뜻을 지닌 하불何不의 약자로 통용된다.

의호천리依乎天里의 '천리'는 성리학에서 말하는 '천리'가 아니라 소의 가죽과 살, 뼈 등이 붙어 있는 자연의 결을 말한다. 성현영은 살결을 뜻하는 주리腠理로 풀이했다. 비대극批大郤의 비批는 친다는 뜻의 격擊과 같다. 극郤은 극隙의 가차이다. 도대관導大窾의 도導는 칼을 움직이는 도도導刀의 뜻이다. 관窾은 커다란 구멍으로 큰 공간을 의미한다.

기경긍경지미상技經肯綮之未嘗을 두고 견해가 엇갈린다. 사마표는 긍경肯綮의 긍肯은 뼈에 살이 붙어 있는 부분, 경綮은 살과 힘줄 따위가 엉켜 있는 부분으로 해석했다. 기경技經에 대한 해석이 논란이다. 곽상은 기술이 베풀어지는 것으로 보았다. 이 경우 '칼 쓰는 기술이 긍경에 걸린 적이 없다'고 해석해야 한다. 이게 통설이다. 그러나 유월은 기技를 지枝의 잘못으로 보고 '지경'을 지맥과 경맥으로 풀이했다. 이 경우 '경락과 긍경이 칼의 움직임을 조금도 방해한 적이 없다'로 해석해야 한다. 문맥상 이게 더 낫다. 대고大軱는 커다란 뼈로 고軱는 휘어진 뼈를 뜻한다.

족포族庖는 일반 백정을 지칭한다. 족族은 중衆과 통한다. 약신발어형若新發於硎은 '마치 숫돌에서 막 새로 갈아낸 듯하다'의 뜻이다. 여기의 발發은 꺼내온다는 뜻의 발撥의 가차이다. 형硎을 형型으로 간주해 '마치 칼 틀에서 새로 칼을 만든 듯하다'로 풀이하기도 하나 문맥상 숫돌로 보는 게 더 자연스럽다.

매지어족每至於族의 족族은 뼈와 근육 등이 얽혀 있는 곳을 말한다. 주희는 『주역』「계사전 상」의 회통會通을 두고 "백정이 소를 잡을 때 '회'는 뼈와 근육이 얽힌 족族에 해당하고, '통'은 빈틈인 허虛에 해당한다"고 풀이했다. 획연이해謋然已解의 획연謋然은 고기가 뼈에서 떨어져 나올 때 나오는 소리를 표현한 것이다. 여토위지如土委地는 흙덩이가 땅 위에 떨어져 있는 것처럼 자연스러워 인위적인 흔적을 찾을 수 없다는 뜻이다.

위지사고爲之四顧와 위지주저爲之躊躇는 몰아의 경지를 말한다. 사고四顧와 주저躊躇 모두 현실세계에 아직 익숙하지 못해 두리번거리며 어리둥절해하는 모습을 표현한 것이다. 「전자방」편에도 '주저'와 '사고'가 함께 등장한 대목이 나온다. 만지滿志는 소를 해체할 때의 도의 세계에서 벗어나 현실로 돌아온 뒤 스스로 만족해하는 것을 말한다. 곽상은 자득自得으로 풀이했다. 선도善刀의 선善은 여기서 닦는다는 뜻의 식拭의 의미로 사용됐다.

3-4

公文軒見右師而驚曰, "是何人也. 惡乎介也. 天與其人與." 曰, "天也, 非人也. 天之生是使獨也, 人之貌有與也. 以是知其天也, 非人也." 澤雉十步一啄, 百步一飮, 不蘄畜乎樊中. 神雖王, 不善也.

공문헌公文軒이 우사右師를 오랜만에 만나보고 크게 놀라 말했다.

"아니, 이게 누구인가? 그런데 어찌해서 발이 하나뿐인가? 하늘이 그리한 것인가, 아니면 사람이 그리한 것인가?"

우사가 말했다.

"하늘이 그리한 것이지 사람이 한 게 아니다. 하늘이 나를 낳을 때 두 발을 주었지만 이내 외발이 되게 했으니 말이다. 결국 사람의 용모는 모두 하늘이 내린 것이다. 이로써 하늘이 그리한 것이지 사람이 한 게 아님을 알 수 있다."

못가의 꿩은 열 걸음에 한 번 쪼고 백 걸음에 한 모금 마신다. 그럼에도 새장 속에 갇혀 사는 것을 원치 않는다. 새의 신수야 훤해지겠지만 본성이 그것을 좋아하지 않기 때문이다.

공문헌公文軒을 두고 사마표는 '공문'이 성, '헌'이 이름이라고 했으나 가공의 인물에 지나지 않는다. 굳이 성과 이름을 구분할 필요가 없다. 원래 문헌文軒은 화려한 장식의 수레를 말한다. '문헌공'을 뒤집어 '공문헌'으로 표현한 데서 알 수 있듯이 화려한 수레를 타고 다니는 속물을 풍자하기 위한 이름이다.

우사右師는 송나라의 고관 직책이다. 여기서는 '우사'로 있다가 발이 잘리는 월형刖刑을 받은 자를 말한다. 임희일은 월형을 받고 난 뒤 '우사'가 되었다고 주장했으나 문맥상 받아들이기 어렵다. 오호개惡

乎介의 개介는 독獨의 뜻으로 월刖과 통한다. 천여기인여天與其人與의 기其는 억抑 내지 혹或의 뜻이다.

불기휵호번중不蘄畜乎樊中은 새장 속에서 길러지기를 바라지 않는다는 뜻이다. 여러 구속이 많은 고관을 풍자한 것이다. 신수왕神雖王의 신神을 두고 형形의 오자로 보아 '몸매'로 풀이하는 견해도 있으나 정신이 겉으로 드러난 모습인 신태神態로 풀이한 왕숙민의 견해가 그럴듯하다. 우리말의 '신수'가 이에 해당한다. 왕王은 왕공의 권력으로 풀이하는 견해도 있으나 왕성하다는 뜻의 왕旺과 통하는 것으로 보는 게 낫다.

3-5

老聃死, 秦失弔之, 三號而出. 弟子曰, "非夫子之友邪." 曰, "然." "然則弔焉若此可乎." 曰, "然. 始也吾以爲其人也, 而今非也. 向吾入而弔焉, 有老者哭之, 如哭其子. 少者哭之, 如哭其母. 彼其所以會之, 必有不蘄言而言, 不蘄哭而哭者. 是遁天倍情, 忘其所受, 古者謂之遁天之刑. 適來, 夫子時也. 適去, 夫子順也. 安時而處順, 哀樂不能入也, 古者謂是帝之縣解. 指窮於爲薪, 火傳也, 不知其盡也."

노담老聃이 죽자 진일秦失이 조문을 갔다. 3번을 곡을 하고 나왔다. 노담의 제자가 물었다.

"당신은 우리 선생님의 벗이 아닙니까?"

"그렇다."

"그런데도 이처럼 조문을 해도 되는 것입니까?"

진일이 대답했다.

"그렇다. 나도 처음에는 그가 훌륭한 사람이라고 생각했으나 지금은 아니다. 방금 내가 들어가 조문하는데 늙은이들은 자기 자식이 죽은 듯 울고 젊은이들은 어미를 잃은 듯 울었다. 그가 저들을 모이게 한 데는 틀림없이 그가 겉으로는 조문의 말을 원치 않는다고 하면서도 내심 바라고, 곡을 원치 않는다고 하면서도 내심 바란 게 작용했을 것이다. 이는 자연의 이치를 벗어나고 인정에 어긋나는 것으로 하늘로부터 부여받은 바를 잃은 것이다. 옛사람들은 이를 일러 '자연의 이치를 벗어난 죄'라고 했다.

그가 때마침 이 세상에 온 것은 올 때를 만났기 때문이고, 때마침 간 것은 갈 때를 만났기 때문이다. 올 때를 편히 맞이하고 갈 때를 편히 따르면 슬픔과 기쁨의 감정이 마음에 들어올 여지가 없다. 옛사람은 이를 일러 꼭지에 거꾸로 매달렸다 풀려났다는 의미에서 소위 현해縣解라고 했다. 땔감이 다 타도 불은 다른 나무로 옮겨가는 까닭에 결코 꺼질 줄 모른다는 것을 말한 것이다."

노담老聃이 노자인지 여부에 대해 아직까지 정설이 없다. 노담의 벗으로 나온 진일秦失은 가공의 인물이다. 『장자』는 「천운」편에서 노담과 노자를 같은 사람으로 보았다. 이 대목은 노담을 크게 비판하고 있는 내용이어서 노담을 노자로 보는 것은 적잖은 문제가 있다. 「천하」편에서 노자를 박대진인博大眞人으로 칭송하고 있는 까닭에 별개의 인물로 보는 게 옳다. 이게 통설이기도 하다. 「천운」편에서 공자와 만난 노자를 동시에 노담으로 기록해 놓아 헷갈리는 면이 있으나 이는 노자를 노담으로 착각한 데 따른 후대인의 오기誤記 내지 가필加筆로 해석하면 아무 문제가 없다.

삼호이출三號而出은 세 번 호곡하고 나온 것으로 형식적인 조문을 뜻한다. 진일에게 힐책에 가까운 질문을 던진 '제자'의 정체를 놓고 노담의 제자인지, 아니면 진일의 제자인지를 놓고 논란이 있으나 이는 노담의 제자로 봐야 한다. 문맥상 그리 해석하는 게 자연스럽고, 진일이 노담을 두고 노담의 제자와 똑같이 '부자夫子'라고 표현한 게 그 증거다.

진일이 말한 '오이위기인야吾以爲其人也'의 기인其人을 놓고도 해석이 분분하다. 노담을 노자로 간주한 곽상은 노자가 아니라 모여서 곡을 하는 사람들로 풀이했다. 사람들이 노담, 즉 노자를 흠모해 모여들어 곡을 했지만 이는 속된 인정에 의한 것일 뿐 생사를 초월한 노담의 기본입장과는 다르다는 것이다. 그러나 이는 억지해석에 불과하다. 문맥상 '기인'은 노담을 지칭한 게 확실하다.

이런 억지 해석이 나온 것은 말할 것도 없이 노담을 노자로 착각한 데 따른 것이다. 가나야처럼 『태평어람』에 금비야今非也 대신 금비인야今非人也로 기록돼 있는 점을 근거로 '처음에는 노자를 세속의 사람이라고 생각했는데 지금은 아니다'라고 해석하는 것은 더 심한 억지 해석이다. 모두 노자를 노담으로 간주한 데서 나온 잘못이다. 「천운」편의 '노담'을 '노자'의 오기로 보면 모든 문제가 쉽게 해결된다.

피기소이회지彼其所以會之 구절 역시 피彼의 실체를 놓고 노담으로 보는 견해와 중인으로 보는 견해가 대립한다. 성현영은 이를 중인으로 간주하면서 '모인 사람 중에는 반드시 위로하는 말을 하고 싶지 않은데도 위로하는 말을 한 사람이 있을 것이다'라는 식으로 풀이했다. 문맥이 순탄하지 못하다. 노담으로 해석하는 게 타당하다. 이게 통설이다. 둔천배정遁天倍情의 둔천遁天은 자연의 도를 벗어났다는 뜻이다. 둔遁이 둔遯으로 된 판본도 있다. 배정倍情은 인정에 배치된다는 뜻으로 배倍는 배背의 가차이다.

적래適來와 적거適去는 생사가 모두 때에 맞춰 이뤄진 것이니 이를 자연스럽게 받아들일 것을 주문하고 있다. 『열자』「역명」편에 이를 설명한 대목이 나온다. 「역명」편은 도가의 운명론을 집중 거론하면서 운명론에 관한 독특한 입장을 전개하고 있다. 인간의 삶과 죽음, 장수와 요절은 우주만물과의 상호관계 속에서 저절로 이뤄진다는 소위 자운론自運論이 그것이다. 해당 구절이다.

"살 만할 때 사는 것은 천복天福이다. 죽을 만할 때 죽는 것도 천복이다. 살 만할 때 죽는 것은 천벌天罰이다. 죽을 만할 때 죽지 못하는 것도 천벌이다. 사는 것을 살게 하고 죽는 것을 죽게 하는 것은 밖의 외물이나 나에게서 비롯된 것이 아니니 모두 천명이다. 이는 사람의 지혜로 어찌할 수 있는 게 아니다. 그래서 천도는 스스로 운행한다고 말하는 것이다. 천지도 이를 범할 수 없고, 성지聖智도 이를 간여할 수 없고, 귀신과 도깨비도 이를 속일 수 없다."

이는 열자가 자연과 합치된 삶을 가장 바람직한 것으로 상정한 데 따른 당연한 귀결이다. 삶 자체가 자연의 순환과 합치되었다는 것은 삶과 죽음의 집착에서 벗어나는 것을 의미한다. 결국 장자와 열자 모두 '자운론'의 관점에서 현생의 삶을 긍정적으로 향유하며 죽음 또한 자연스럽게 받아들일 것을 주문한 셈이다.

제지현해帝之縣解는 꼭지에 거꾸로 매달렸다가 풀려났다는 뜻이다. 대다수 주석가들은 '제'를 상제上帝, 즉 하늘로 간주해 '하늘이 사람에게 내린 벌에서 풀려나는 것'으로 해석하고 있다. 이같이 볼 경우 하늘이 왜 인간에게 거꾸로 매달리는 벌을 내렸는지 제대로 규명하기가 쉽지 않다. 제帝는 과실이 줄기에 달린 꼭지인 체蒂 내지 체蔕와 통한다. 현해縣解는 거꾸로 매달린 도현倒懸에서 풀려났다는 뜻이다. 『맹자』「공손추 상」편에는 해도현解倒懸으로 되어 있다.

지궁어위신指窮於爲薪 구절의 해석도 다양하다. 곽상은 지指를 손가락, 위신爲薪을 땔감을 앞으로 밀어내는 것으로 간주해 '다 타버리려는 땔감일지라도 끊임없이 손가락으로 밀어나간다'는 뜻으로 풀이했다. 적당한 수준의 양생의 도를 행하면 생명도 다하는 일이 없다는 취지이다. 장생불사에 초점을 맞춘 도가 사상가들이 이런 식으로 풀이했다. 장자가 '영혼불멸'을 언급했다는 주장도 여기서 나온 것이다.

그러나 이는 삶과 죽음을 같은 것으로 보는 장자의 '만물제동' 관점과 어긋난다. 「대종사」편에 자세히 나와 있듯이 장자는 기본적으로 만물의 끊임없는 유전변화流轉變化에 주목하고 있다. 이 대목도 같은 맥락이다. '영혼불멸' 운운은 이를 간과한 억측에 지나지 않는다. 이는 원전 격에 해당하는 『열자』의 영혼 및 죽음에 관한 설명을 통해 쉽게 알 수 있다. 『열자』는 인간의 지혜로 운명을 점치려고 하는 노력 자체를 쓸데없는 짓으로 치부하고 있다. 「역명」편의 다음 대목이 그 증거이다.

"지혜가 많은 사람이 이해를 계산하고, 허실을 따지고, 인정을 헤아리면 얻고 잃는 것이 각각 절반일 것이다. 지혜가 적은 사람이 이해를 계산하지 않고, 허실을 따지지 않고, 인정을 헤아리지 않으면 이 또한 얻고 잃는 것이 각각 절반일 것이다. 계산하고 따지고 헤아리는 것 사이에 무슨 차이가 있는가? 인간이 완전해지거나 잃게 되는 것 자체를 알 수 있는 것도 아니다. 모든 것이 저절로 완전해지고, 저절로 스러지고, 저절로 잃기 때문이다."

인간 자체를 우주질서의 반영으로 본 결과이다. 『도덕경』 제57장에도 유사한 구절이 나온다.

"내가 무위하자 백성은 저절로 교화되고, 내가 고요함을 좋아하자 백성은 저절로 바르게 되고, 내가 무사無事하자 백성은 저절로 부유해지고, 내가 무욕無欲하자 백성은 저절로 질박해졌다."

노자가 '무위지치'를 주장한 이유다. 그는 일체의 만물이 저절로 운화運化토록 만드는 것을 지치至治의 관건으로 생각했다. '무위지치'의 근본취지가 바로 여기에 있다. 『열자』는 「역명」편의 첫머리에서 『도덕경』 제57장을 이같이 풀이해 놓았다.

"이미 운명이라고 말했다면 어찌 그것을 제어하는 자가 있겠는가? 나는 곧은 것은 협조하고 굽은 것은 그대로 방임할 뿐이다. 그래서 사람들은 스스로 장수하거나 요절하고, 스스로 현달하거나 궁해지고, 스스로 귀해지거나 천해지고, 스스로 부유하거나 가난해지는 것이다. 내가 어찌 그것을 알 수 있겠는가?"

'도'가 인간을 포함한 천지만물의 운명에 직접 개입하는 것 자체를 거부한 것이다. 도가의 운명론은 개인 차원의 운명론인 동시에 국가 흥망 차원의 치도론治道論에 해당한다. 이런 관점에 입각해야만 비로소 덕을 쉼 없이 쌓는데도 불구하고 현생에서 부귀를 누리지 못하고 오히려 악덕을 행하는 자가 부귀영화를 누리는 불합리한 상황을 제대로 파악할 수 있다.

제4장 인간세(人間世)

4-1

顔回見仲尼, 請行. 曰, "奚之." 曰, "將之衛." 曰, "奚爲焉." 曰, "回聞衛君, 其年壯, 其行獨. 輕用其國而不見其過. 輕用民死, 死者以國, 量乎澤若蕉, 民其無如矣. 回嘗聞之夫子曰, '治國去之, 亂國就之. 醫門多疾.' 願以所聞思其所行 則庶幾其國有瘳乎."

안회顔回가 중니仲尼에게 작별인사를 한 뒤 떠나려고 하자 중니가 물었다.

"어디로 가려는 것인가?"

"위衛나라로 가려고 합니다."

"왜 가려는 것인가?"

안회가 대답했다.

"제가 듣건대 위나라 군주는 나이가 젊어 혈기왕성하고, 행동이 제멋대로여서 국력을 함부로 소진시키고, 자신의 잘못을 보지 못한다고 합니다. 게다가 백성의 죽음을 가볍게 여긴 탓에 죽은 자가 연못에 넘칠 정도로 가득해 마치 못가 수풀을 불태운 것 같다고 합니다. 위나라 백성들이 갈 곳을 몰라 방황하고 있을 것입니다. 일찍이 선생님이 이같이 말씀하시는 것을 들었습니다. '다스려진 나라에서 떠나 어지러운 나라로 들어가라. 의원의 집에는 병자가 많은 법이다.' 원컨대 저는 들은 바대로 실천코자 합니다. 그리하면 그 나라의 병을 치유할 수 있을 것입니다."

안회顔回는 공자의 수제자로 회回는 이름이고, 자는 연淵이다. 대개 스승 공자보다 앞서 요절한 것으로 알고 있으나 사망 당시 그의 나이는 40대로 추정되고 있다. 당시의 기준에서 볼 때 결코 요절로 볼 수 없다. 오히려 70세를 넘게 산 공자가 장수했다고 보는 게 타당하다. 중니仲尼는 공자의 이름으로 '공자' 대신 '중니'를 사용한 것은 폄하의 취지를 드러낸 것이다.

위군衛君의 실체를 놓고 이견이 분분하다. 사마표는 『춘추좌전』에 나오는 위나라 장공인 괴외蒯聵로 보았으나 육덕명은 출공 첩輒으로 간주했다. 그러나 이들 모두 잘못이다. 가상의 대화에 불과한 까닭에 위군 또한 가공의 인물로 보는 게 옳다.

기년장其年壯은 나이가 젊어 혈기왕성하다는 뜻이다. 『예기』「곡례상」편에 따르면 '장壯'은 아내를 두는 30세를 지칭한다. 사자이국死者以國의 이以는 호乎의 뜻이다. 양호택약초量乎澤若蕉를 두고 고유는 양量을 만滿으로 간주해 '연못을 가득 채워 마치 못가 수풀을 불태운 듯하다'로 풀이했다. 여기의 초蕉는 불태운다는 뜻의 초焦의 가차이다. 민기무여民其無如는 백성들이 갈 곳이 없다는 뜻으로 여如는 간다는 뜻의 적適과 같으나 여하如何로 간주해 '백성들이 어찌할 바가 없다'로 풀이하기도 한다. 치국거지治國去之는 더 이상 다스릴 필요가 없으므로 떠나도 된다는 뜻이다. 의문다질醫門多疾은 의원의 집에 병자가 많듯 어지러운 나라에는 개혁할 일이 많다는 의미를 담고 있다.

4-2

仲尼曰, "譆, 若殆往而刑耳. 夫道不欲雜, 雜則多, 多則擾, 擾則憂, 憂而不救. 古之至人, 先存諸己而後存諸人. 所存於己者未定, 何暇至於暴人之所行. 且若亦知夫德之所蕩而知之所爲出乎哉. 德蕩乎名, 知出乎爭. 名也者, 相軋也. 知也者, 爭之器也. 二者凶器, 非所以盡行也.

중니가 말했다.

"아, 너는 위나라로 가면 아마 형을 받을 것이다. 무릇 도는 어지럽게 뒤섞이는 것을 바라지 않는다. 잡스러우면 마음이 번다해지고, 번다해지면 동요하고, 동요하면 근심하게 되고, 근심하게 되면 남을 구할 수 없게 된다. 옛날의 지인至人은 먼저 자신부터 도를 보존한 후에 남에게 도를 보존하게 했다. 자신의 도를 제대로 보존하지 못한 터에 어느 겨를에 포악한 자의 소행을 바로 잡는 데 이를 수 있겠는가? 또 너는 덕이 어지러워지고 지식이 나오는 이유를 아는가? 덕은 명성 때문에 어지러워지고, 지식은 다툼에서 나온다. 명성은 서로 헐뜯고 비난하는 수단이고, 지식은 시비논쟁을 다투는 도구이다. 이 두 가지는 흉기이다. 최고의 가치를 두고 극진히 추구할 게 못 된다."

약태왕이형이若殆往而刑耳의 약若은 2인칭, 태殆는 '아마도'의 뜻이다. 선존저기이후존저인先存諸己而後存諸人은 먼저 자신부터 도를 보존한 뒤 남의 도를 보존하게 한다는 뜻이다. 『대학』에 나오는 "군자는 자신부터 선을 행한 후 남에게 선을 요구한다"는 구절과 취지를 같이한다. 『장자』에는 안회와 공자의 대화 장면이 제법 많이 나온다. 이런 일이 과연 있었는지 여부 등을 따지는 것은 부질없다. 무위자연의 도를 역설하기 위한 가상의 대화에 불과하기 때문이다.

4-3

且德厚信矼, 未達人氣. 名聞不爭, 未達人心. 而强以仁義繩墨之言, 術暴人之前者, 是以人惡有其美也, 命之曰菑人. 菑人者, 人必反菑之. 若殆爲人菑夫.

중니가 말했다.

"또한 네가 덕이 두텁고 신의가 굳지만 아직 남의 기분에 통달하지는 못했다. 명성을 다투지는 않지만 아직 남의 심정에 통달하지 못했는데 억지로 인의와 법도에 맞는 말로 포악한 자 앞에서 설교하면 어찌되겠는가? 이는 남의 악을 이용해 자신의 아름다움을 자랑하는 게 된다. 이런 사람을 일컬어 '선으로 재앙을 부르는 사람'이라고 한다. 남에게 재앙을 끼치면 남도 반드시 재앙으로 갚을 것이다. 너는 아무래도 남에게 재앙을 당할 듯하다!"

덕후신강德厚信矼의 강矼은 단단한 모습을 뜻한다. 미달인기未達人氣의 인기人氣는 다른 사람의 기분을 말한다. 승묵繩墨은 먹줄과 먹으로, 컴퍼스와 곡척을 뜻하는 규구規矩 내지 수준기水準器와 먹줄을 뜻하는 준승準繩과 같은 뜻이다. 술폭인지전자術暴人之前者는 포악한 자의 앞에서 진술한다는 뜻으로 술術은 술述과 통한다. 이인악유기미以人惡有其美의 유有를 두고 유월은 판다는 뜻을 지닌 육鬻의 가차로 보았다. 곧 자랑한다는 뜻이다. 약태위인치부若殆爲人菑夫의 위인치爲人菑는 위인소치爲人所菑의 축약형으로 남에게 해침을 당한다는 뜻이다. 치菑는 재災와 통한다. 부夫는 감탄형 종결조사이다.

4-4

且苟爲悅賢而惡不肖, 惡用而求有以異. 若唯無詔, 王公必將乘人而鬪其捷. 而目將熒之, 而色將平之, 口將營之, 容者形之, 心且成之. 是以火救火, 以水救水, 名之曰益多. 順始無窮, 若殆以不信厚言, 必死於暴人之前矣.

중니가 말했다.

"만일 위나라 군주가 어진 자를 좋아하고 불초한 자를 싫어한다면 조정에 어진 자가 넘칠 터인데 무엇 때문에 새삼 너까지 등용해 기이한 덕정을 펼치고자 하겠는가? 너는 오직 아무 말도 하지 않는 게 낫다. 그리하지 않으면 왕공인 위나라 군주는 반드시 너의 약점을 찾아내 논쟁에서 이기려 들 것이다. 그리되면 너의 눈은 어지러워지고, 낯빛은 억지로 온화해지고, 입은 변명을 늘어놓고, 용모는 거짓을 꾸미고, 마음은 위나라 군주의 악행을 이뤄주고자 할 것이다. 이는 불로 불을 끄고 물로 물을 구하는 격이다. 이를 일컬어 악을 도리어 조장한다는 뜻의 '익다益多' 라고 한다. 처음부터 순종하면 끝이 없을 것이다. 상대방이 신뢰하지도 않는데 인후한 얘기를 하면 반드시 포악한 자 앞에서 죽임을 당하고 말 것이다."

약유무조若唯無詔의 조詔는 언言과 통한다. 심차성지心且成之는 자신의 생각을 버린 채 상대방의 잘못된 판단을 옳다고 인정한다는 뜻으로 결국 상대방의 악행을 더욱 조장해 준다는 의미이다. 이불신후언以不信厚言은 군주의 믿음을 얻지 못한 채 충언을 하는 경우의 위험성을 경고한 것이다.

4-5

且昔者桀殺關龍逢, 紂殺王子比干, 是皆修其身以下傴拊人之民, 以下拂其上者也, 故其君因其修以擠之. 是好名者也.

중니가 말했다.

"또 옛날 하나라의 폭군 걸桀은 충신 관용봉關龍逢을 죽였고, 은나라의 폭군 주紂는 왕자 비간比干을 죽였다. 관용봉과 비간 모두 덕을 닦기는 했으나 아랫사람으로서 감히 걸과 주의 백성을 어루만지고자 했다. 이는 아랫사람으로서 윗사람을 거스른 것이다. 걸과 주가 이들의 충언에 대로해 마침내 이들을 죽음으로 몰아간 이유이다. 이들은 명성을 좋아한 탓에 죽임을 당한 자들이다."

구부인지민傴拊人之民의 구부傴拊는 다독이며 어루만진다는 뜻이다. 여기의 인人은 걸 및 주와 같은 폭군을 말한다. 불기상자拂其上者의 불拂은 떨쳐냈다는 의미로 신하가 군주의 역할을 대행했다는 취지를 담고 있다. 원래 관용봉은 하나라의 마지막 왕인 걸에게 직간을 하다 죽임을 당한 것으로 알려진 전설적인 인물이다. 하나라는 전설상의 나라인 만큼 걸과 관용봉 모두 가공의 인물로 보는 게 옳다. 은나라의 폭군 주는 실존 인물이기는 하나 그의 숙부로 알려진 비간이 간언을 하다가 가슴을 가르는 형벌을 당했다는 얘기는 후대인이 만들어낸 것일 공산이 크다. 은나라의 패망과 주나라의 건국은 무력을 동원한 왕조 교체의 통상적인 모습에 지나지 않는다. 『서경』을 비롯한 유가경전은 주문왕과 주무왕을 미화하기 위해 은나라 마지막 왕인 주를 극도로 폄훼해 놓았다.

4-6

昔者堯攻叢枝·胥敖, 禹攻有扈, 國爲虛厲, 身爲刑戮. 其用兵不止, 其求實無已, 是皆求名實者也, 而獨不聞之乎. 名實者, 聖人之所不能勝也, 而況若乎. 雖然, 若必有以也, 嘗以語我來."

중니가 말했다.

"옛날 요堯는 총지叢枝와 서오胥敖를 쳤고 하나라의 우禹는 유호有扈를 쳤다. 이들 나라 모두 폐허가 되고 군주는 죽임을 당했다. 이는 이들이 영토확장 등을 꾀해 전쟁을 그치지 않고 끝없이 실리를 탐했기 때문이다. 이들 네 나라 모두 명성과 실리를 탐한 까닭에 패망한 셈이다. 너만 유독 이를 듣지 못했단 말인가? 명성과 실리는 성인도 그 유혹을 이기지 못하는데 하물며 너이겠는가? 비록 그렇기는 하나 너에게도 반드시 까닭이 있을 터이니 시험 삼아 나에게 말해보도록 해라."

총지叢枝와 서오胥敖, 유호有扈 모두 가공의 나라이다. 구실무이求實無已는 실리 추구를 멈추지 않았다는 뜻으로 영토 등에 대해 과도한 욕심을 냈다는 취지이다. 약필유이若必有以의 이以는 수단과 방법을 뜻하는 명사로 여기서는 '까닭'의 뜻으로 사용됐다. 이백의 「춘야연도리원서春夜宴桃李園序」에 나오는 '고인병촉야유古人秉燭夜遊, 양유이야良有以也' 구절의 이以가 똑같은 뜻으로 사용된 경우이다.

4-7

顔回曰, "端而虛, 勉而一, 則可乎." 曰, "惡, 惡可. 夫以陽爲充孔揚, 采色不定, 常人之所不違, 因案人之所感, 以求容與其心, 名之曰 '日漸之德不成', 而況大德乎. 將執而不化, 外合而內不訾, 其庸詎可乎."

안회가 대답했다.

"몸가짐을 단정히 하며 마음을 비우고, 힘써 노력하며 일관되게 행하면 되겠습니까?"

중니가 말했다.

"아, 어찌 그런 정도로 가능하겠는가? 위나라 군주는 사나움이 마음에 가득해 그것이 밖으로 크게 드러나고, 정신과 안색이 불안정한 탓에 사람들이 자신의 말을 거스르지 않는 것을 즐기고, 남의 느낌 따위는 무시한 채 스스로를 통쾌하게 만들고자 할 뿐이다. 이를 일러 '날마다 조금씩 진전되는 작은 덕조차 이루지 못할 사람'이라고 한다. 그러니 하물며 그에게 대덕을 기대할 수 있겠는가? 그런 사람은 아집이 강해 남의 말에 감화되지 않는다. 위나라 군주는 겉으로는 어기지 않는 듯하면서도 안으로는 그 뜻을 헤아리지 않는다. 그러니 어찌 그 정도로 가하겠는가?"

'오惡, 오가惡可'에서 앞의 '오'는 감탄사, 뒤의 '오'는 '어찌'의 의문부사이다. 이양위충以陽爲充의 양陽을 두고 곽상은 '지나치게 사나운 성격'으로 풀이했다. 공양孔揚은 밖으로 크게 드러나는 것을 말한다. 여기의 공孔은 심甚, 양揚은 게양揭揚의 뜻이다. 채색采色은 정신을 뜻하는 신채神采와 안색을 말한다. 곽상은 희로의 감정, 성현영은 마음과 기색으로 풀이했다.

안인지소감案人之所感의 안案을 두고 성현영은 막는다는 뜻의 알遏의 가차로 보았다. 구용여기심求容與其心은 멋대로 하는 것을 추구한다는 뜻으로 임희일은 용여容與를 스스로 통쾌해하는 자쾌自快로 풀이했다. 외합이내불자外合而內不訾의 자訾는 헤아린다는 뜻의 양量과 통한다. 용거庸詎는 '어찌'의 뜻을 지닌 부사어 하何와 같다.

4-8

"然則我內直而外曲, 成而上比. 內直者, 與天爲徒. 與天謂徒者, 知天子之與己, 皆天之所子, 而獨以己言蘄乎而人善之, 蘄乎而人不善之邪. 若然者, 人謂之童子, 是之謂與天爲徒. 外曲者, 與人之爲徒也. 擎跽曲拳, 人臣之禮也. 人皆爲之, 吾敢不爲邪. 爲人之所爲者, 人亦無疵焉, 是之謂與人爲徒. 成而上比者, 與古爲徒. 其言雖教, 讁之實也, 古之有也, 非吾有也. 若然者, 雖直而不病, 是之謂與古爲徒. 若是則可乎."

안회가 말했다.

"그렇다면 저는 안으로는 강직함을 지키면서도 겉으로는 저의 뜻을 굽혀 세상 사람들과 맞추고, 이미 틀이 잡힌 저의 견해를 내세울 때는 옛사람의 가르침에 가탁假託하도록 하겠습니다. 안으로 강직한 사람은 하늘과 함께하는 무리입니다. 그런 사람은 천자와 자신 모두 하늘이 낳은 사람이라는 사실을 압니다. 그렇다면 어찌 호평이든 악평이든 자신의 말을 다른 사람이 평해주기를 바라겠습니까? 이런 사람을 세인들은 '동자童子'라고 부릅니다. 이를 일컬어 '하늘과 함께하는 무리가 된다'고 합니다.

겉으로 자신의 뜻을 굽혀 세인과 보조를 맞추는 사람은 다른 사람과 함께하는 무리입니다. 홀笏을 높이 들거나 무릎 꿇고 절하거나 몸을 굽히는 등의 동작은 남의 신하된 자의 예법입니다. 남들도 다 하는데 저라고 감히 그러지 않을 수 있겠습니까? 남들이 하는 것을 따라

하면 남들도 이를 흠잡지 않을 것입니다. 이를 일컬어 '남과 함께하는 무리가 된다' 고 합니다.

이미 틀이 잡힌 저의 견해를 내세울 때 옛사람의 가르침에 가탁하는 사람은 옛사람과 같은 무리입니다. 그 말은 비록 옛사람의 교훈이지만 실제는 군주를 꾸짖는 것입니다. 하지만 그 말은 예로부터 존재한 것으로 제가 만들어낸 게 아닙니다. 이런 사람은 비록 강직할지라도 자신에게 해롭지 않을 것이니 이를 일컬어 '옛사람과 함께하는 무리가 된다' 고 합니다. 이같이 하면 가하겠습니까?"

성이상비成而上比는 이미 틀이 잡힌 성견成見을 내세울 때는 옛사람의 가르침을 증거로 내세운다는 뜻이다. 여기의 상비上比는 옛날로 거슬러 올라가 옛사람과 가까이 한다는 뜻으로 비比는 친비親比의 의미이다. 동자童子는 영아처럼 천진하여 자연의 본성을 잃지 않은 사람을 비유한 것이다. 경기곡권擎跽曲拳은 군주 앞에서 행하는 예모를 가리킨 것이다. 경擎은 홀을 들어올리는 행동, 기跽는 무릎을 꿇고 앉아 절하는 모습, 곡권曲拳은 몸을 구부리는 국궁鞠躬을 말한다.

4-9

仲尼曰, "惡, 惡可. 大多政法而不諜. 雖固, 亦無罪. 雖然, 止是耳矣, 夫胡可以及化. 猶師心者也." 顏回曰, "吾無以進矣, 敢問其方." 仲尼曰, "齋, 吾將語若. 有心而爲之, 其易邪. 易之者, 皞天不宜." 顏回曰, "回之家貧, 唯不飮酒·不茹葷者數月矣. 如此則可以爲齋乎." 曰, "是祭祀之齋, 非心齋也." 回曰, "敢問心齋." 仲尼曰, "若一志, 無聽之以耳而聽之以心. 無聽之以心而聽之以氣. 聽止於耳, 心止於符. 氣也者, 虛而待物者也. 唯道集虛. 虛者. 心齋也."

중니가 말했다.

"아, 어찌 그것으로 가하겠는가? 바로잡는 방법이 많고 마땅하지도 않다. 비록 그렇기는 하나 죄를 받는 것만은 면할 수 있을 것이다. 그러나 그 수준에 그칠 뿐 어찌 감화시키는 수준까지 나아갈 수 있겠는가? 이는 여전히 자신의 마음을 스승으로 삼기 때문이다."

안회가 물었다.

"저로서는 더 나은 방도를 생각할 수 없습니다. 감히 그 방도를 여쭙고자 합니다."

중니가 대답했다.

"우선 재계齋戒하도록 하라. 연후에 내가 말해주겠다. 설령 재계할지라도 사적인 마음을 기준으로 삼으면 그게 쉽겠는가? 그것을 쉽게 여기는 사람은 밝은 하늘이 마땅히 여기지 않을 것이다."

안회가 말했다.

"저는 집안이 가난해 술을 마시지 못한 데다 매운 채소를 먹지 못한 지도 몇 달이 지났습니다. 이 정도면 재계한 셈이 되지 않겠습니까?"

중니가 말했다.

"이는 제사지낼 때의 재계이지 마음의 재계는 아니다."

안회가 물었다.

"감히 마음의 재계가 무엇인지 묻고자 합니다."

중니가 대답했다.

"우선 뜻을 하나같이 해야 한다. 사물의 소리를 귀로 듣느니 마음으로 듣고, 마음으로 듣느니 기氣로 듣는 게 낫다. 귀는 감각적인 소리를 듣는 데 그치고, 마음은 지각하는 것에 멈춘다. 그러나 기는 마음을 비워 사물을 있는 그대로 받아들인다. 도는 오직 마음을 비우는 곳에 응집된다. 마음을 비우는 게 바로 마음의 재계이다."

태다정법이불첩大多政法而不諜을 둘러싼 해석이 분분하다. 유월은 '태다정법大多政, 법이불첩法而不諜'으로 끊어 읽으면서 '법이불첩'을 '법도를 지키면서 치우치지 않는다'로 해석했다. 문맥이 잘 통하지 않는다. 성현영과 임희일 등은 하나로 붙여 읽어 '사람을 바로잡는 방법이 너무 많고 마땅하지 않다'고 새겼다. 이게 보다 타당하다. 박세당은 하나로 붙여 읽으면서 첩諜을 신信으로 간주해 '술수를 너무 많이 부리면 사람들이 반드시 믿지 않을 것이다'라고 새겼다. 『논어』「위정」편에서 '도지이정道之以政, 제지이형齊之以刑'으로 표현한 데서 알 수 있듯이 춘추전국시대에는 정政과 형刑을 같은 뜻으로 새겼다. 이 구절을 끊어 읽는 것은 잘못이다.

유사심자猶師心者는 여전히 자신의 마음을 기준으로 삼는다는 뜻이다. 여기의 심心은 주관적인 견해를 의미한다. 호천皞天은 무위자연을 상징한다. 불여훈자不茹葷者의 여茹는 식食, 훈葷은 매운 맛을 내는 파와 마늘 등의 신채辛菜의 의미이다. 제사지재祭祀之齋와 심재心齋의 차이와 관련해 임희일은 "전자는 외모를 단정히 하는 데 있고, 후자는 내심을 단정히 하는 데 있다"고 규정했다. 약일지若一志를 두고 문일다聞一多는 일약지一若志로 풀이했다. 같은 뜻이다. 심재는 장자사상을 관통하는 핵심어 중 하나이다.

심지어부心止於符는 마음이 지각하는 데서 멈춘다는 뜻이다. 여기의 부符는 부합한다는 뜻으로 외부 사물을 지각하는 것을 의미한다. 마음보다 한 단계 위에 있는 기氣는 마음을 비워 사물을 있는 그대로 받아들이는 태도를 지칭한다. 감각에 따른 일체의 정념과 편견을 제거한 상태를 말한다. 유도집허唯道集虛의 집集은 응집의 뜻이다. 곽상은 '마음을 비우면 지극한 도가 마음속에 모인다' 고 풀이했다.

4-11

顔回曰, "回之未始得使, 實自回也. 得使之也, 未始有回也, 可謂虛乎." 夫子曰, "盡矣, 吾語若. 若能入遊其樊而無感其名, 入則鳴, 不入則止. 無門無毒, 一宅而寓於不得已則幾矣. 絶迹易, 無行地難. 爲人使易以僞, 爲天使難以僞. 聞以有翼飛者矣, 未聞以無翼飛者也. 聞以有知知者矣, 未聞以無知知者也. 瞻彼闋者, 虛室生白, 吉祥止止. 夫且不止, 是之謂坐馳. 夫徇耳目內通而外於心知, 鬼神將來舍, 而況人乎. 是萬物之化也, 禹舜之所紐也, 伏戲几蘧之所行終, 而況散焉者乎."

안회가 말했다.

"제가 아직 마음을 재계하지 않았을 때는 실로 제 자신이 있었는데 마음을 재계한 후에는 처음부터 제가 있지 않게 되었습니다. 이 정도면 가히 마음을 비웠다고 할 수 있겠습니까?"

중니가 말했다.

"극진하구나, 내가 너에게 말해주겠다. 네가 속세의 울타리 안으로 들어가 노닐면서 명성 따위에 마음이 움직이지 않고, 위나라 군주가 네 말을 가납嘉納하면 말을 하고 그렇지 않을 때는 멈추고, 마음에 안팎을 구분하는 담장을 치지 않고 오로지 도를 거처로 삼은 뒤 부득이할 때만 말하면 가히 도에 가깝다.

속세와 인연을 끊는 것은 쉽지만 속세에 살면서 땅 위를 걸어다니지 않는 것은 지난한 일이다. 남에게 부림을 받는 처지가 되면 거짓을 저지르기 쉬우나 하늘의 부림을 받는 처지가 되면 그리하기가 어렵다. 나는 날개를 갖고 날았다는 얘기만 들었을 뿐, 자연의 도에 맡겨

날개 없이도 날았다는 얘기는 아직 듣지 못했다. 또 지식을 통해 알았다는 얘기만 들었을 뿐, 무위자연의 무지無知를 통해 알았다는 얘기는 아직 듣지 못했다.

저 닫힌 문을 봐라. 빈 방에 햇살이 비치면 길상吉祥이 고요한 곳에 머문다. 길상이 머물지 않는 것은 마음이 고요히 머물지 않기 때문이다. 이를 일컬어 '몸은 가만히 앉아 있지만 마음은 이리저리 내달리는 자'를 뜻하는 좌치坐馳라고 한다.

무릇 이목을 좇아 외물을 안으로 받아들이고 마음속의 교활한 의지를 버리면 귀신도 와서 머물고자 할 것이니 하물며 사람이겠는가? 이것이 만물을 감화시키는 방법이다. 우와 순이 지켰던 방법이고, 복희伏戲와 궤거几蘧가 죽을 때까지 실천한 것이기도 하다. 하물며 이들만 못한 범인이야 더 말해 뭐하겠는가!"

미시유회未始有回는 처음부터 아예 안회 자신이 존재하지 않게 되었다는 뜻으로 「제물론」편의 '오상아吾喪我' 구절과 같은 취지이다. 마음의 재계를 한 뒤에는 외물과 대비되는 자아상이 사라졌다는 뜻이다. 입유기번入遊其樊의 번樊은 위나라 영역을 울타리로 표현한 것으로 궁극적으로는 예교에 속박된 세속을 의미한다.

무문무독無門無毒은 마음에 안팎을 구분하는 인위적인 장벽을 치지 않는 것을 말한다. 곽상과 성현영은 여기의 독毒을 치治로 해석했으나 자연스럽지 못하다. 담장을 뜻하는 도堵의 가차로 보는 게 낫다. 한원진은 『맹자』「진심 하」편의 '왕자불추往者不追, 내자불거來者不拒'와 같은 뜻으로 새겼다. 들어오고 나가는 것을 자연스럽게 놓아둔다는 뜻이다. 이게 '무문무독'의 본의에 가깝다. 일택一宅은 하나같이 도를 거처로 삼는 것을 말한다. 한원진은 심재心齋로 해석했다. 무행

지난無行地難은 속세에 살면서 땅을 밟지 않을 수 없듯이 세속적인 행위를 하지 않기는 극히 어렵다는 뜻을 내포하고 있다. 곽상은 '일체의 행위를 하지 않는 무위는 하기 쉽지만 행위를 하면서 본성을 해치지 않기는 어렵다' 고 풀이했다.

인사人使와 천사天使는 바로 속세와 도의 세계를 대비시킨 것이다. 욕망에 따르면 사람의 부림을 받는 것이고, 자연의 도를 따르면 하늘의 도를 받는 까닭에 거짓이 없게 된다는 취지를 반영한 것이다. 임희일은 '천사' 를 조물자의 명을 좇는 것으로 풀이했다. '조물자' 는 자연의 도를 뜻한다.

'미문이무익비자야未聞以無翼飛者也' 구절의 해석이 엇갈린다. 곽상과 이케다 등은 여기의 익翼을 무위에 이르는 도구로 간주해 지허至虛의 집이 없으면 도에 이를 수 없다는 식으로 해석했다. 그러나 임희일과 가네야 등은 '날개 없이 날 수 있어야 빨리 가려 하지 않아도 저절로 도달할 수 있는데 아직 그런 얘기를 듣지 못했다' 는 식으로 풀이했다.

'미문이무지지자야未聞以無知知者也' 에 대한 해석도 마찬가지 대립이 있다. 문제는 여기에 있다. '익翼' 을 무위에 이르는 도구로 간주하는 것은 나름 일리가 있다. '비飛' 를 도에 이르는 여정으로 간주하면 되기 때문이다. 그러나 '무지無知' 와 '지知' 는 헷갈릴 수밖에 없다. '무지' 의 '지' 는 세속적인 지식, 뒤의 '지' 는 도에 이르는 지혜로 억지 해석하면 불가능한 것도 아니나 똑같은 '지' 를 이처럼 달리 설명하는 게 궁색하기 짝이 없다. 문맥상으로 볼지라도 임희일 등의 견해를 좇는 게 낫다.

첨피결자瞻彼闋者의 결闋은 문이 닫힌 집의 뜻으로 곧바로 뒤에 나오는 허실虛室을 지칭한다. 허실생백虛室生白의 백白은 밝은 햇살을 상징한다. 길상지지吉祥止止의 지지止止 중 앞의 '지'는 동사이나 뒤의 '지'는 명사로 고요한 '허실'을 말한다. 임희일은 허처虛處로 풀이했다. 『회남자』「숙진」편에는 '허실생백虛室生白, 길상지야吉祥止也'로 되어 있다. 유월 등은 뒤의 '지'를 야也 내지 의矣 등의 종결조사의 오자로 보았다. 이같이 보아도 큰 무리는 없다.

좌치坐馳는 몸은 가만히 앉아 있지만 마음은 바쁘게 움직인다는 뜻으로 「대종사」편의 좌망坐忘과 정반대되는 개념이다. 박세당은 마음이 머물지 않는 것을 '좌치'로 해석했다. 귀신장래사鬼神將來舍의 내사來舍는 와서 머문다는 뜻이다. 소뉴所紐는 소뉴지법所紐之法의 줄임말로 근본원리로 삼은 방법이라는 의미이다. 복희伏戲는 8괘를 만든 것으로 알려진 전설상의 3황三皇 중 한 사람이고, 궤거几蘧는 전거를 알 수 없는 가공의 고대 제왕이다. 산언자散焉者는 산어피자散於彼者의 줄임말로 그들보다 못한 자의 뜻이다. 임희일은 산散을 보통 사람의 뜻인 심상지인尋常之人으로 풀이했다.

4-12

葉公子高將使於齊, 問於仲尼曰, "王使諸梁也甚重. 齊之待使者, 蓋將甚敬而不急. 匹夫猶未可動, 而況諸侯乎. 吾甚栗之. 子嘗語諸梁也曰, '凡事若小若大, 寡不道以懽成. 事若不成, 則必有人道之患. 事若成, 則必有陰陽之患. 若成若不成而後無患者, 唯有德者能之.' 吾食也執粗而不臧, 爨無欲淸之人. 今吾朝受命而夕飮冰, 我其內熱與. 吾未至乎事之情而旣有陰陽之患矣. 事若不成, 必有人道之患, 是兩也. 爲人臣者不足以任之, 子其有以語我來."

섭공葉公 자고子高가 제나라에 사신으로 떠날 적에 중니를 방문해

자문을 구했다.

"초왕이 나를 사신으로 보내는 것은 사안이 매우 중하다고 여기기 때문입니다. 제나라는 초나라 사자를 대할 때 겉으로는 공경하는 모습을 보이지만 실제로는 초나라의 요구에 급히 응하려 하지 않을 것입니다. 필부도 그 마음을 움직이기가 쉽지 않은데 하물며 제후이겠습니까. 저는 이것이 심히 두렵습니다.

선생은 일찍이 저에게 이같이 말했습니다. '무릇 대소사를 막론하고 일을 처리할 때 도리에 어긋나게 하고서 만족스럽게 성취하기란 매우 어렵다. 일이 이뤄지지 않으면 반드시 견책과 벌이 있게 되고, 일이 이뤄지면 반드시 음양의 조화가 어긋나는 재앙이 생길 것이다. 성공하든 실패하든 뒤탈이 없게 하는 것은 유덕자만이 할 수 있다.' 저는 식사할 때 거친 음식만 먹고 맛있는 것은 먹지 않고, 밥을 지을 때는 맛있는 요리를 만들 요량으로 불을 많이 사용하는 것도 아닙니다. 지금 제가 아침에 명을 받은 후 걱정이 돼 저녁에 얼음을 마셔대니 아무래도 몸속에 열이 있는 듯합니다.

저는 아직 일의 실상을 접하지도 못했는데 벌써 음양의 재앙이 생긴 셈입니다. 일이 성공하지 못하면 견책과 벌이 있을 터이니, 이는 두 가지 재앙이 한꺼번에 닥치는 것입니다. 신하된 자로서 사신의 직무를 충분히 감당할 수 없으니 선생은 제게 가르침을 주시기 바랍니다."

섭공葉公은 실존 인물로 당대의 현대부이다. 성은 심沈, 이름은 제량諸梁, 자는 자고子高이다. 초나라는 춘추시대부터 열국 중 최초로 왕을 칭한 까닭에 지방장관을 모두 '공'으로 불렀다. 『논어』「자로」편에 공자가 천하유세 도중 섭공과 만나 효孝와 충忠의 대립문제를 논한 장면이 나온다.

왕시제량王使諸梁의 시使는 사자를 보낸다는 뜻의 동사이다. 명사는 '사'로 읽는다. 인도지환人道之患은 일이 이뤄지지 못할 경우 군주의 견책과 책임추궁이 있을 것이라는 뜻이다. 여기의 인도人道는 국사國事를 뜻한다. 음양지환陰陽之患은 음양의 조화가 무너진 데 따른 질병을 말한다.

집조이부장執粗而不臧은 거친 음식을 먹고 맛있는 것을 먹지 않는다는 뜻이다. 여기의 조粗는 조식粗食을 뜻하나 정추精粗일 때는 '추'로 읽는다. 장臧은 미식美食을 뜻한다. 상수向秀는 '미식을 하면 반드시 몸에 열이 생긴다'고 했다. 흔무욕청지인爨無欲淸之人은 밥을 지을 때 불을 많이 사용하지 않는다는 뜻이다. 많은 음식을 장만하려면 불을 여러 군데 지펴야 하고 요리하는 사람은 땀을 뻘뻘 흘리는 까닭에 시원한 것을 찾기 마련이다. 여기서는 그런 일도 없는데 열이 나니 몸에 이상이 난 게 아니냐고 묻고 있는 것이다.

조수명이석음빙朝受命而夕飮冰은 몸에 열이 나는 현상을 아침에 명을 받고 이내 걱정이 돼 저녁에 얼음물을 먹어야 할 정도로 열이 난 것에 비유한 것이다. 청조 말기 중국 최고의 지식인으로 활약한 양계초는 자신의 호를 음빙실飮冰室로 정한 바 있다. 중국의 변법을 열망한 자신의 심경을 이 대목의 '음빙'에서 따온 것이다.

4-13

仲尼曰, "天下有大戒二. 其一命也. 其一義也. 子之愛親, 命也, 不可解於心. 臣之事君, 義也, 無適而非君也, 無所逃於天地之間. 是之謂大戒. 是以夫事其親者, 不擇地而安之, 孝之至也. 夫事其君者, 不擇事而安之, 忠之盛也. 自事其心者, 哀樂不易施乎前, 知其不可奈何而安之若命, 德之至也. 爲人臣子者, 固有所不得已. 行事之情而忘其身, 何暇至於悅生而惡死. 夫子其行可矣.

중니가 말했다.

"천하에 크게 경계해야 할 일이 두 가지 있다. 하나는 천명이고 또 하나는 의리이다. 자식이 어버이를 사랑하는 것은 천명이니 마음에서 없앨 수 없다. 신하로서 군주를 섬기는 것은 의리이다. 사방 어디로 가도 군주 없는 곳은 없으니 천지간에 도망갈 곳이 없다. 이를 일컬어 '크게 경계할 일'이라고 한다.

어버이를 섬기는 자는 처지를 가리지 않고 편히 모셔야 하니 이는 효의 지극함이고, 군주를 섬기는 자는 일을 가리지 않고 편히 섬겨야 하니 이는 충의 성대함이다. 스스로 자신의 마음을 섬기는 자는 애락哀樂의 감정을 쉽게 바꾸지 않고, 인력으로 어찌할 수 없음을 깨달아 마음을 편히 하고 천명을 따르니 이는 덕의 지극함이다.

남의 신하 되고 자식 되는 자는 실로 이처럼 본래 그만둘 수 없는 바가 있으니, 일의 실상과 부딪치면서 자기 몸을 잊을지언정 어느 겨를에 삶을 좋아하고 죽음을 싫어하는 데 이를 수 있겠는가? 그대는 자신의 안위를 염두에 두지 말고 사자로 떠나는 게 마땅하다."

여기서 말하는 효와 의는 유가의 덕목과 사뭇 닮았다. 무소도어천지지간無所逃於天地之間은 천지 사이에 도망할 데가 없다는 뜻이다. 이를 두고 명대 말기의 황종희는 『명이대방록明夷待訪錄』「원군原君」편에서 "소인배 유자들은 견식이 좁아 군신의 의를 '무소도어천지지간' 으로 여긴다"고 풀이했다. 고루한 성리학자들이 군신지의君臣之義는 결코 변할 수 없다고 주장한 것에 대한 비판이다. 물론 이는 이 대목에서 말하고자 한 것과는 다른 차원의 지적이다.

자사기심자自事其心者는 스스로 자기 마음을 섬기는 자로 성현영은 도를 추구하는 사람으로 풀이했다. 애락불역이호전哀樂不易施乎前은 슬퍼하고 즐거워하는 감정이 주어진 처지나 해야 할 일 앞에서 바뀌거나 옮기지 않는다는 뜻이다. 일의 성패로 인해 즐거워하거나 슬퍼하지 않는다는 취지를 담고 있다. 최선은 시施를 이移로 풀이했다. 안지약명安之若命의 약若은 순順의 뜻이다. 열생오사悅生惡死는 삶을 좋아하고 죽음을 싫어한다는 뜻으로 장자사상의 핵심 중 하나이다. 「제물론」편에도 '열생호사' 구절이 나온다. 가행行可은 자신의 안위를 염두에 두지 말고 사자의 임무를 충실히 수행해야 한다는 뜻이다.

4-14

丘請復以所聞, 凡交近則必相靡以信, 遠則必忠之以言, 言必或傳之. 夫傳陽喜 · 兩怒之言, 天下之難者也. 夫兩喜必多溢美之言, 兩怒必多溢惡之言. 凡溢之類妄, 妄則其信之也莫, 莫則傳言者殃. 故法言曰, '傳其常情, 無傳其溢言, 則幾乎全.' 且以巧鬪力者, 始乎陽, 常卒乎陰, 泰至則多奇巧. 以禮飮酒者, 始乎治, 常卒乎亂, 泰至則多奇樂. 凡事亦然, 始乎諒, 常卒乎鄙, 其作始也簡, 其將畢也必巨.

중니가 말했다.

"나는 청컨대 내가 들은 바를 일러주고자 한다. 무릇 외교는 거리가 가까우면 서로 우호적으로 수교할 수 있으니 반드시 신의로 맺고, 거리가 멀면 직접 만날 수 없으니 반드시 말로써 진실한 관계를 맺어야 한다. 말은 반드시 누군가가 전해야 하는데 두 나라 군주가 모두 기뻐하거나 화낼 말을 전하는 게 천하에 가장 어려운 일이다. 양측을 모두 기쁘게 하려 들면 반드시 미언美言이 넘치기 마련이고, 양측을 모두 성내게 하려 들면 반드시 악언惡言이 넘치기 마련이다.

무릇 지나친 행동은 거짓이니 거짓을 말하면 신의를 의심받고, 의심받으면 말을 전한 자가 화를 당한다. 법언法言에 이르기를, '떳떳한 실정을 전할지언정 넘치는 말을 전하지 않으면 몸을 온전히 보전할 수 있다' 고 했다.

또 기교로 힘을 겨룰 경우 처음에는 서로 즐거운 마음으로 시작하다 마침내 서로 노여워하는 마음으로 끝난다. 노여움이 극에 이르면 규율에서 벗어난 기교까지 구사한다. 예를 갖춰 술을 마시는 경우도 같다. 처음에는 주법을 지키는 데서 시작하나 항상 어지러운 모습으로 끝난다. 즐거움을 추구하는 마음이 극에 이르면 괴상한 노래와 춤까지 등장한다. 모든 일이 대략 이와 같다. 처음에는 성실한 모습으로 시작하지만 끝판에는 늘 비루한 모습으로 종결된다. 시작할 때는 별다른 문제가 없던 일이 마칠 때는 반드시 중대사가 되는 이유이다."

청복이소문請復以所聞의 복復을 두고 대부분 '다시' 의 뜻인 '부' 로 간주해 '들은 바를 다시 일러주고자 한다' 는 뜻으로 새기고 있다. 박세당은 이를 고告의 뜻인 '복' 으로 풀이했다. 『맹자』「양혜왕상」편에 '어떤 사람이 대왕에게 말하기를' 의 의미를 지닌 유복어왕자왈有復於王者曰 구절이 나온다. 박세당의 해석이 보다 적절하다.

필상미이신必相靡以信의 미靡는 관계를 맺는다는 뜻의 미縻와 통한다. 기신지야막其信之也莫의 막莫을 두고 성현영은 '의심하는 모습', 유월은 무無로 보았다. 막신지야莫信之也의 도치문으로 볼 수도 있다. 법언法言은 선인들의 격언으로 풀이하는 게 적당하다. 시호양始乎陽의 양陽을 두고 성현영은 기쁜 감정으로 풀이하면서 노여워하는 감정은 음陰에 해당한다고 했다.

4-15

夫言者, 風波也. 行者, 實喪也. 夫風波易以動, 實喪易以危. 故忿設無由, 巧言偏辭. 獸死不擇音, 氣息茀然, 於是竝生心厲. 剋核大至, 則必有不肖之心應之而不知其然也. 苟爲不知其然也, 孰知其所終. 故法言曰, '無遷令, 無勸成. 過度益也.' 遷令·勸成殆事. 美成在久, 惡成不及改, 可不愼與. 且夫乘物以遊心, 託不得已以養中, 至矣. 何作爲報也. 莫若爲致命, 此其難者.

중니가 말했다.

"무릇 말은 바람이 일으킨 물결처럼 일정한 모습이 없고, 행실은 결과에 따른 득실이 있다. 물결은 바람에 따라 쉽게 움직이고, 득실은 사람을 쉽게 위험에 빠뜨린다. 분노가 일어나는 것은 다른 연유가 아니라 교묘한 말과 치우친 말 때문이다. 짐승이 죽을 때는 마구 짖어대 숨소리가 거칠어진다. 이때 거친 마음이 같이 생긴다. 엄한 문책이 극에 달하면 상대방은 반드시 어리석은 마음으로 대응케 되나 스스로는 그런 줄 모른다. 정말 그런 줄 모른다면 누가 그 결과를 예측할 수 있겠는가?

법언에 이르기를, '군주의 명을 멋대로 바꾸지 말고 일을 억지로 이루려고 하지 말아야 한다. 정도를 지나치면 넘치는 말이 된다' 고 했다. 명을 바꾸고 일을 억지로 이루려는 것은 위태로운 짓이다. 일이 잘 이뤄지는 데는 오랜 시간이 걸리고, 일이 한 번 잘못된 것은 미처 고칠 수 없다. 그러니 삼가지 않을 수 있겠는가?

또 사물의 자연스러움에 편승해 마음을 자유롭게 노닐게 하면서

부득이한 상황에서 순리를 좇아 본성을 기르면 지극할 것이다. 어찌 인위적으로 꾸며서 제나라 군주에게 보고할 필요가 있겠는가? 초왕의 명을 좇아 그대로 전하는 것보다 더 나은 게 없다. 이것이 뭐 그리 어려운 일이겠는가?"

발연茀然은 숨결이 거칠어진 모습을 지칭한 것이다. 극핵剋核은 급박하게 사실을 문초한다는 뜻이다. 핵核은 핵覈의 가차이다. 악성불급개惡成不及改는 한 번 일이 잘못되면 미처 고칠 수 없다는 뜻이다. 곽상은 악惡을 미워한다는 뜻의 '오'로 새겼으나 유월 등이 지적한 대로 이는 앞에 나온 미美의 대칭어로 보는 게 옳다.

탁부득이이양중託不得已以養中의 '부득이'는 사물의 자연스러움, 중中은 마음의 본성을 지칭한다. 차기난자此其難者를 두고 대개 평서문으로 해석하고 있으나 마지막에 의문종결조사 호乎가 있는 것처럼 해석하는 게 문맥상 자연스럽다. 일종의 반어 표현에 해당한다.

4-16

顔闔將傅衛靈公大子, 而問於蘧伯玉曰, "有人於此, 其德天殺. 與之爲無方則危吾國. 與之爲有方則危吾身. 其知適足以知人之過, 而不知其所以過. 若然者, 吾奈之何." 蘧伯玉曰, "善哉問乎. 戒之, 愼之, 正女身也哉. 形莫若就, 心莫若和. 雖然, 之二者有患. 就不欲入, 和不欲出. 形就而入, 且爲顚爲滅, 爲崩爲蹶. 心和而出, 且爲聲爲名, 爲妖爲孼. 彼且爲嬰兒, 亦與之爲嬰兒. 彼且爲無町畦, 亦與之爲無町畦. 彼且爲無崖, 亦與之爲無崖. 達之, 入於無疵.

노나라 대부 안합顔闔이 위령공衛靈公의 태자를 가르치는 스승이 되었을 때 위나라 대부 거백옥蘧伯玉을 찾아가 자문을 구했다.

"여기에 어떤 사람이 있는데 천성이 잔인합니다. 제가 그와 더불어 무도한 짓을 하면 나라를 위태롭게 할 것이고, 그와 더불어 법도에 맞게 하면 저의 몸을 위태롭게 할 것입니다. 그의 지혜는 남의 과실을 아는 데 충분할 뿐이고 자신의 과실을 알지는 못합니다. 그런 자를 저는 어찌 가르쳐야 합니까?"

거백옥이 대답했다.

"좋은 질문이다. 우선 경계하고 삼가 네 몸을 바르게 해야 한다. 겉모습은 그를 따르고, 마음은 그와 화합하면서 그를 감화시키는 것보다 더 좋은 방법은 없다. 비록 그러하나 이 두 가지 방법을 취할지라도 재앙을 피하기 어렵다. 그러니 반드시 그를 따르더라도 빠져들지는 말아야 하고, 마음으로 화합할지라도 그를 감화시키려는 속마음이 드러나서는 안 된다. 그를 따르다가 빠져들면 이는 스스로 뒤집어져 멸망하는 길이자 무너져내리며 넘어지는 것이 된다. 또 그와 화합하면서 속마음이 겉으로 드러나면 이는 명성을 떨쳐 재앙을 부르는 것이 된다. 그가 어린아이처럼 행동하면 더불어 어린아이가 되고, 그가 절도 없이 멋대로 행동하면 더불어 절도 없이 멋대로 행동하고, 그가 터무니없이 행동하면 더불어 터무니없이 행동해야 한다. 이런 식의 행동에 통달하면 마침내 허물이 없는 경지로 들어가게 된다."

안합顔闔은 노나라의 현인으로 「양왕」편과 「열어구」편에도 나온다. 가공의 인물로 보는 게 낫다. 위령공의 태자는 훗날 위장공이 된 괴외蒯聵를 말한다. 거백옥蘧伯玉은 위나라의 현대부로 『논어』에도 그에 관한 일화가 나온다. 유인어차有人於此는 '여기 어떤 사람이 있다고 칩시다'의 뜻으로 일종의 가정문이다. 기덕천살其德天殺의 '천

살'을 두고 성현영은 '위장공 괴외가 천성적으로 살육을 좋아한 것을 말한다'고 풀이했다. 피차위무정휴彼且爲無町畦의 정휴町畦는 밭두둑의 뜻으로 행위의 한계를 뜻한다. '무정휴'는 곧 절도가 없다는 뜻으로 뒤에 나오는 무애無崖와 같은 뜻이다. 입어무자入於無疵는 자신을 위태롭게 하는 지경에 빠지지 않는다는 뜻이다.

4-17

汝不知不螳螂乎. 怒其臂以當車轍, 不知其不勝任也, 是其才之美者也. 戒之, 愼之, 積伐而美者以犯之,幾矣. 汝不知夫養虎者乎. 不敢以生物與之, 爲其殺之之怒也. 不敢以全物與之, 爲其決之之怒也. 時其飢飽, 達其怒心. 虎之與人異類, 而媚養己者, 順也, 故其殺子, 逆也. 夫愛馬者, 以筐盛矢, 以蜃盛溺. 適有蚊虻僕緣, 而拊之不時, 則缺銜毁首碎胸. 意有所至而愛有所亡, 可不愼邪.

거백옥이 말했다.

"그대도 저 버마재비 얘기를 알고 있을 것이다. 그 놈은 성을 내면 앞발을 들고 수레바퀴에 맞선다. 자신이 감당할 수 없음을 알지 못하니, 이는 자신의 재능이 뛰어나다고 생각하기 때문이다. 경계하고 삼가라. 자신의 재주를 자랑하며 남을 업신여기는 자는 크게 위태롭다.

그대는 저 호랑이 사육사 얘기를 알고 있을 것이다. 그는 결코 먹이를 산 채로 주지 않는다. 살아 있는 먹이를 죽이려는 호랑이의 화를 부추길까 두려워하기 때문이다. 또 먹이를 통째로 주지도 않는다. 찢어발기려는 화를 부추길까 두려워하기 때문이다. 그는 호랑이가 굶주리고 배부른 시기에 때맞춰 음식을 주어 성내는 마음을 소통시켜 준다. 그러면 호랑이는 비록 사람과 종류가 다르기는 하나 자신을 사육하는 사람을 잘 따른다. 이는 사육사가 호랑이의 자연스런 본성을 좇은 결과다. 간혹 호랑이가 사육사를 물어 죽이는 것은 그 본성을 거슬렀기 때문이다.

말을 아끼는 사람은 네모난 대광주리에 말똥을 담고 커다란 조개껍질에 말오줌을 받는다. 이때 마침 모기나 등에가 말등에 붙어 있는 것을 보고 말등을 때리면 말이 크게 놀라 재갈을 물어뜯고, 사육사의 머리를 들이받고, 가슴을 걷어차 부숴버릴 것이다. 이처럼 모기를 쫓아주겠다는 한 가지 의도에 사로잡히면 이내 말을 아끼고자 한 본래의 의도를 잃어버리게 된다. 그러니 어찌 삼가지 않을 수 있겠는가?"

버마재가 수레바퀴에 감히 맞서는 게 바로 당랑거철螳螂拒轍이다. 무모함의 상징이다. 『논어』「술이」편에 나오는 포호빙하暴虎馮河도 같은 뜻이다. 맨손으로 호랑이를 때려잡고 걸어서 황하를 건넌다는 뜻으로 무모한 용기를 지적한 것이다. 이광성시以筐盛矢는 네모난 대광주리에 말똥을 담는다는 뜻으로 여기의 시矢는 시屎의 아어雅語이다. 이신성뇨以蜃盛溺는 커다란 조개껍질에 말오줌을 담는다는 뜻이다. 뇨溺는 뇨尿와 통한다. '닉'으로 읽으면 물에 빠진다는 뜻이다. 문맹복연蚊虻僕緣의 복僕은 부附의 뜻이다. 부지불시拊之不時의 부拊는 박拍과 통한다.

4-18

匠石之齊, 至於曲轅, 見櫟社樹. 其大蔽數千牛, 絜之百圍. 其高臨山, 千仞而後有枝. 其可以爲舟者旁十數. 觀者如市, 匠伯不顧, 遂行不輟. 弟子厭觀之, 走及匠石, 曰, "自吾執斧斤以隨夫子, 未嘗見材如此其美也. 先生不肯視, 行不輟, 何邪." 曰, "已矣, 勿言之矣. 散木也,以爲舟則沈, 以爲棺槨則速腐, 以爲器則速毁, 以爲門戶則液樠, 以爲柱則蠹, 是不材之木也. 無所可用, 故能若是之壽."

목수 석石이 제나라로 가다가 곡원曲轅에 이르렀을 때 토지신 사당의 상수리나무를 보았다. 크기는 수천 마리 소를 가릴 만하고 둘레는 백 아름쯤 되었다. 높이는 산을 내려다볼 정도여서 땅에서 천 길이나 올라간 뒤에야 비로소 가지가 뻗어 있다. 배를 만들 경우 수십 척에 달할 정도였다. 나무를 구경하는 사람들이 마치 저잣거리처럼 많이 몰려왔다. 목수 석은 이를 거들떠보지도 않고 그대로 가던 길을 멈추지 않았다. 그의 제자가 실컷 그 나무를 본 뒤 황급히 달려와 물었다.

"제가 도끼를 잡고 선생을 따른 이래 이처럼 좋은 재목을 본 적이 없습니다. 그런데도 선생은 본체만체하며 가던 길을 멈추지 않으니 이는 어찌된 것입니까?"

목수 석이 말했다.

"됐다, 더 이상 말하지 말라. 그것은 쓸모없는 잡목일 뿐이다. 배를 만들면 가라앉고, 관이나 곽槨을 만들면 곧바로 썩고, 그릇을 만들면 이내 부서지고, 대문이나 방문을 만들면 나무 진액이 흘러나오고, 기둥을 만들면 좀이 슬 것이다. 그러니 이 나무는 재목이 될 수 없다. 아무짝에도 쓸모없었던 까닭에 이처럼 장수할 수 있었던 것이다."

장석匠石의 장匠은 장인의 통칭, 석石은 이름이다. 역櫟은 상수리나무를 말한다. 혈지백위絜之百圍의 혈絜은 헤아려 본다는 뜻이다. 위圍는 한아름으로 두 손을 합쳐 감싸는 둘레를 말한다. 천인千仞의 인仞은 사람의 평균 신장에 해당하는 '한 길'을 말한다. 십인十仞으로 된 판본도 있다. 방수십旁十數의 방旁을 두고 최선과 성현영은 결가지로 풀이했으나 유월은 '거의'의 뜻을 지닌 방方으로 해석했다. 장백匠伯은 목수 석을 말한다. 최선본은 '장석'으로 되어 있다.

산목散木은 쓸모없는 잡목을 말한다. 쓸 만한 항목에 포함되지 않기에 산散이라고 했다. 반대어는 무늬가 아름다운 문목文木이다. 상수리나무가 장수할 수 있었던 것은 목재로 사용할 수 없는 부재지목不材之木이었기 때문이다. 장자가 이 일화에서 말하고자 한 것은 바로 '무용지용'이다. 언뜻 보기에 쓸모없는 것이 오히려 큰 구실을 한다는 뜻이다. 장생불사의 신선술과 연단술을 자랑한 도교의 입장에서 볼 때 '무용지용'은 양생과 장수의 비책에 해당한다. 당나라와 오대의 많은 황제들이 정사를 환관에게 맡기고 단약을 장기 복용하다가 요절한 것도 '무용지용'을 과신한 사실과 무관치 않다. '무용'을 무치無治로 해석한 후과이다.

4-19

匠石歸, 櫟社見夢曰, "女將惡乎比予哉. 若將比予於文木邪. 夫柤梨橘柚, 果蓏之屬, 實熟則剝, 剝則辱. 大枝折, 小枝泄. 此以其能苦其生者也, 故不終其天年而中道夭, 自掊擊於世俗者也. 物莫不若是. 且予求無所可用久矣. 幾死, 乃今得之, 爲予大用. 使予也而有用, 且得有此大也邪. 且也若與予也皆物也, 奈何哉其相物也. 而幾死之散人, 又惡知山木." 匠石覺而診其夢. 弟子曰, "趣取無用, 則爲社何邪." 曰, "密, 若無言, 彼亦直寄焉, 以爲不知己者詬厲也. 不爲社者, 且幾有剪乎. 且也彼其所保與衆異, 而以義譽之, 不亦遠乎."

목수 석이 돌아와 눈을 붙이자 상수리나무의 신이 현몽見夢해 이같이 말했다.

"너는 나를 무엇에 비교하려 드는 것인가? 나를 무늬목에 비교하려는 것인가? 아가위나무, 배나무, 귤나무, 유자나무는 나무 열매와 풀열매 따위의 과실이 익으면 사람들에게 잡아 뜯긴다. 이런 욕을 당하면 큰 가지는 꺾이고 작은 가지는 찢겨진다. 그 잘난 능력으로 자신의 삶을 괴롭힌 꼴이다. 그 결과 천수를 마치지 못하고 중도에 요절하고 말았으니, 이는 스스로 사람들의 공격을 끌어들인 자업자득이다. 이 세상의 모든 사물은 이와 같지 않은 게 없다.

나는 아무데도 쓸모없기를 추구해 온 지 오래되었으나 사람들이 이를 몰라 여러 번 잘려나갈 뻔했다. 그러나 이제 네 덕분에 그런 우려를 하지 않아도 좋은 상황이 되었다. 바로 나의 무용지용無用之用 덕분이다. 가령 내가 쓸모가 있었다면 어찌 이처럼 크게 자랄 수 있었겠는가?

너는 나와 똑같은 사물일 뿐이다. 그런데도 너는 어찌 나를 두고 유용이니 무용이니 하며 멋대로 판단한 것인가? 너는 거의 죽은 사람이나 다름없는 쓸모없는 인간에 지나지 않는다. 그러니 어찌 쓸모없는 나무의 '무용지용'을 제대로 알 수 있겠는가?"

목수 석이 꿈에서 깨어나 길흉을 점치자 제자가 물었다.

"만일 '무용'을 추구한 게 기본취지라면 '유용'에 해당하는 사당의 신목神木이 된 것은 무슨 까닭입니까?"

목수 석이 대답했다.

"쉿, 아무 말도 하지 마라. 상수리나무는 다만 몸을 사당에 의탁한 것일 뿐이다. 네 말을 듣고는 자신을 알아주지 않는 자들의 하찮은 험담 정도로 생각할 것이다. 저 나무는 설령 신목이 되지 않았을지라도 어찌 잘려나갔을 리 있겠는가? 유용과 무용에 대한 기본생각이 속세 사람들과 다르기 때문이다. 세속의 기준으로 평하면 참다운 평가와 멀어지지 않겠는가?"

과라지속果蓏之屬은 과실과 열매로 과果는 나무 열매, 라蓏는 땅에서 자라는 풀의 열매를 뜻한다. 소지예小枝泄의 예泄는 잡아당겨져 찢긴다는 뜻의 예抴와 통한다. 자부격어세속自掊擊於世俗은 스스로 세속 사람들에게 타격을 입는다는 뜻으로 여기의 부掊는 타打의 뜻이다. 물막불약시物莫不若是를 두고 성현영은 "세상 사람들 모두 유용有用으로 자신의 생명을 해친다"고 풀이했다.

기사幾死를 두고 해석이 분분하다. 성현영은 '상수리나무 스스로 자신이 이내 잘려나갈 것으로 간주했다'고 풀이했다. 한원진은 세상 사람들이 상수리나무의 쓸모를 제대로 몰라 여러 차례 잘려나갈 뻔했다고 해석했다. 한원진의 해석이 낫다. 내금득지乃今得之 역시 한원진의 해석을 좇아 목수 석이 쓸모없는 '산목'으로 확정한 덕분에 비로소 '무용지용'의 효용을 마음껏 누릴 수 있게 되었다고 해석하는 게 합당하다.

뒤이어지는 대용大用이 '무용지용'의 또 다른 표현으로 사용되고 있는 게 그 증거다. '대용'은 흔히 '무용지대용無用之大用'으로 표현된다. 그러나 「산목」편에는 이와 정반대로 잘 울지 못하기 때문에 먼저 죽게 되는 거위의 일화가 나온다. 이는 소위 '무용지무용無用之無用'에 해당한다. 결국 '무용지용'에는 '무용지대용'과 '무용지무용'의 두 가지 극단적인 모습이 공존하고 있는 셈이다.

차야且也는 '단지'의 뜻을 지닌 접속부사로 『장자』에만 나오는 독특한 용법이다. 기사지산인幾死之散人은 거의 죽어가는 쓸모없는 사람을 뜻한다. 교이진覺而診을 두고 사마표와 성현영 등은 깨어난 뒤 점을 쳤다는 뜻으로 풀이했다. 이에 대해 왕념손은 진診을 고한다는 뜻의 진畛으로 간주해 깨어난 뒤 제자에게 얘기한 것으로 해석했다. 문맥상 모두 가하다.

취취무용趣取無用의 취趣는 의지를 뜻하는 지취志趣와 같은 말이다. 피역치기彼亦直寄의 피彼를 두고 이케다 등은 상수리나무, 곽상 등은 사당으로 보았다. 수백 년 된 고목인 점을 감안하면 사당이 나중에 상수리나무 곁에 세워졌다는 후자의 견해도 일리가 있다. 그러나 문맥상 전자가 보다 타당하다.

차기유전호且幾有剪乎를 두고 곽상 등은 기幾를 통상적인 용법을 좇아 근近으로 보았다. 이 경우 '신목이 되지 않았다면 거의 잘릴 뻔했다'는 뜻이 된다. 이는 이 일화의 근본취지와 어긋난다. 왕념손과 임희일 등은 기豈로 간주해 '비록 신목이 되지 않았을지라도 어찌 잘릴 리 있었겠는가'로 풀이했다. 이의예지以義譽之의 의義는 속세의 규범, 예譽는 평가를 뜻한다.

4-20

南伯子綦遊乎商之丘, 見大木焉, 有異. 結駟千乘, 隱, 將芘其所籟. 子綦曰, "此何木也哉. 此必有異材夫." 仰而視其細枝, 則拳曲而不可以爲棟梁. 俯而見其大根, 則軸解而不可以爲棺槨. 咶其葉, 則口爛而爲傷. 嗅之, 則使人狂酲三日而不已. 子綦曰, "此果不材之木也, 以至於此其大也. 嗟乎, 神人以此不材."

남백자기南伯子綦가 은나라의 옛 도읍인 상구商丘에서 노닐 때 커다란 나무를 보았다. 보통 나무와 다른 점이 있었다. 말 4필이 끄는 전차 1천 대를 그 그늘로 덮을 정도였다. 남백자기가 말했다.

"이게 무슨 나무인가? 이는 반드시 특별한 쓰임새가 있을 것이다."

그러나 가지를 올려다보니 구불구불해 대들보로 쓸 수 없었고, 큰 뿌리를 내려다보니 가운데가 갈라져 관곽을 만들 수도 없었다. 잎을 핥아보니 입에 불이 난 것처럼 상처가 나고, 냄새를 맡아보니 사람을 미치도록 취하게 만들어 사흘이 지나도 가라앉지 않았다. 남백자기가 말했다.

"이 나무는 과연 쓸모없는 나무다. 그래서 이처럼 크게 자랐다. 아, 신인神人들도 이처럼 '무용지용'으로 생명을 보존했구나!"

남백자기南伯子綦는 「제물론」에 나온 남곽자기와 동일한 인물이다. 은장비기소뢰隱將芘其所籟의 비芘는 비庇와 통한다. 뢰籟는 음蔭의 뜻이다. 은隱과 장將을 떼어서 읽으면 '가릴 경우, 그늘에 덮어 가릴 만하다'로 풀이돼 문장의 뜻이 보다 명확해진다. 권곡拳曲의 권拳은 권卷의 가차이다. 축해軸解는 나무조직이 치밀하지 못해 이리저리 갈라졌다는 뜻이다. 시기엽咶其葉의 시咶는 혀로 핥는다는 뜻의 첨舔과 통한다. 신인이차부재神人以此不材의 부재不材는 '무용지용'을 말한다. 탄식을 나타내는 감탄사 차호嗟乎가 붙은 점을 감안해 형식은 비록 평서문이지만 감탄문으로 해석하는 게 옳다.

4-21

宋有荊氏者, 宜楸·柏·桑. 其拱把而上者, 求狙猴之杙者斬之. 三圍四圍, 求高名之麗者斬之. 七圍八圍, 貴人富商之家求樿傍者斬之. 故未終其天年而中道之夭於斧斤, 此材之患也. 故解之以牛之白顙者, 與豚之亢鼻者, 與人有痔病者, 不可以適河. 此皆巫祝以知之矣, 所以爲不祥也. 此乃神人之所以爲大祥也.

송나라에 형씨荊氏 땅이 있었다. 이곳 토질은 가래나무, 잣나무, 뽕나무에 잘 맞았다. 이들 나무 중 둘레가 한두 줌 이상 된 것은 원숭이를 매는 말뚝으로 베어가고, 서너 아름 된 것은 높고 큰 집의 대들보로 베어가고, 일곱 여덟 아름 된 것은 귀인이나 부잣집 관곽의 옆면 전체에 붙이는 커다란 판목으로 베어간다. 형씨 땅의 나무가 천수를 다하지 못하고 중도에 도끼와 자귀에 찍혀 죽는 이유다. 이는 '유용'으로 인한 재앙이다.

액운을 제거하는 무꾸리를 할 때 이마가 흰 소와 들창코 돼지, 치질을 앓는 사람은 황하의 신에 바치는 제물이 될 수 없었다. 이는 무축巫祝이 이미 알고 있던 일로 상서롭지 못하다고 여겼기 때문이다. 도를 터득한 신인들이 이를 오히려 대길大吉로 여기는 이유가 여기에 있다.

공파拱把를 두고 주희는 공拱은 두 손을 합쳐 감쌀 수 있는 굵기, 파把는 한 손으로 감쌀 수 있는 굵기로 풀이했다. 저후지익狙猴之杙의 익杙은 원래 마소를 매는 말뚝을 뜻한다. 고명지려高名之麗의 명名은 대大의 뜻이다. 려麗는 대들보로 려欐의 가차이다. 선방樿傍은 관의 옆면 전체에 붙이는 한 장짜리 큰 판목을 말한다.

해지이우지백상解之以牛之白顙의 해解는 액땜을 위한 굿을 말한다. 『한서』「교사지郊祀志」는 천자가 봄에 올리는 제사라고 했다. 우지백상牛之白顙은 이마가 흰 소를 말한다. 『예기』「단궁 하」편에 따르면 하나라는 흑색, 은나라는 백색, 주나라는 적색의 소를 희생으로 썼다. 돈지항비豚之亢鼻는 돼지 중 코가 하늘을 보고 있는 들창코 돼지를 말한다. 여기의 항亢은 앙仰의 뜻이다. 적하適河는 황하의 하신에 바치는 제물에 적합지 않다는 뜻이나 적適을 대던진다는 뜻의 척擿의 가차로 보기도 한다. 무축巫祝은 무당과 제사를 주관하는 축관祝官의 통칭이다.

4-22

支離疏者, 頤隱於臍, 肩高於頂, 會撮指天, 五管在上, 兩髀爲脅. 挫針治繲, 足以餬口. 鼓筴播精, 足以食十人. 上徵武士, 則支離攘臂而遊於其間. 上有大役, 則支離以有常疾不受功. 上與病者粟, 則受三鍾與十束薪. 夫支離其形者, 猶足以養其身, 終其天年, 又況支離其德者乎.

지리소支離疏는 턱이 배꼽 아래에 숨어 있고, 어깨는 이마보다 높고, 상투는 하늘을 가리키고, 오장은 위로 붙어 있고, 두 넓적다리는 옆구리에 닿아 있다. 바느질과 세탁으로 입에 풀칠했다. 버려진 곡식을 가져와 키를 까불고 알갱이를 골라내 족히 10명의 식구를 먹여 살린다.

나라에서 병사를 징집할 때 그는 팔뚝을 걷어붙인 채 징집 장정 사이를 휘젓고 돌아다닌다. 나라에 큰 부역이 있을 때는 불구자인 까닭에 일을 배당받지 않고, 나라에서 병자에게 곡식을 나눠줄 때는 곡식 세 종鍾과 땔나무 열 다발을 받는다. 신체가 지리멸렬한 자도 족히 자기 몸을 잘 길러 천수를 누리는데 하물며 위선의 덕을 내던진 자야 더 말해 뭐하겠는가?

'지리소'는 가공의 인물로 여기의 지支는 지肢, 리離는 불구不具의 뜻을 내포하고 있다. 소疏는 이름이다. '지리' 자체가 지리멸렬支離滅裂의 뜻이다. 지체장애인을 뜻한다. 「지락」편에 지리숙支離叔,

「열어구」편에 지리익支離益 표현이 나온다. 모두 같은 맥락의 인물이다. 회촬지천會撮指天의 회촬會撮을 두고 사마표는 상투를 뜻하는 계髻로 해석했다. 여기의 촬撮은 상투를 싸는 작은 관을 말한다. 「대종사」편에는 구췌지천句贅指天으로 되어 있다.

좌침치해挫針治繲의 좌침挫針은 바늘로 꿰맨다는 뜻이다. 치해治繲는 헌옷을 빤다는 뜻으로 완의浣衣와 같다. 호구餬口는 입에 풀칠한다는 의미이다. 고협파정鼓筴播精은 키를 까불고 알갱이를 골라낸다는 뜻으로 버려진 곡식을 가져와 먹는다는 의미이다. 여기의 정精은 곡식 알갱이를 말한다. 최선과 성현영은 '점을 쳐주고 대가를 받아먹고 산다'로 풀이했다. 점대를 뜻하는 협筴에 초점을 맞춘 해석이다. 3종三鍾의 종鍾은 6가마니 4말의 분량을 말한다. 지리기덕자支離其德者는 유가의 예교주의와 위선을 내던진 사람이라는 뜻이다. 인위적인 덕목을 내세우는 유가에 대한 통렬한 비판을 담고 있다.

4-23

孔子適楚, 楚狂接輿遊其門, 曰, "鳳兮鳳兮, 何如德之衰也. 來世不可待, 往世不可追也. 天下有道, 聖人成焉. 天下無道, 聖人生焉. 方今之時, 僅免刑焉. 福輕乎羽, 莫之知載. 禍重乎地, 莫之知避. 已乎, 已乎, 臨人以德. 殆乎, 殆乎, 畫地而趨. 迷陽, 迷陽, 無傷吾行. 吾行郤曲, 無傷吾足."

공자가 초나라로 갈 때 초나라의 광인 접여接輿가 공자의 숙소 문 앞에서 노닐다가 이같이 노래했다.

봉황이여, 봉황이여, 어쩌다 덕이 이리 쇠해졌나

鳳兮鳳兮, 何如德之衰也

올 세상 기다릴 수 없고 간 세상 좇을 수 없네

來世不可待, 往世不可追也

천하에 도가 있으면 성인은 그것을 완성시키나

天下有道, 聖人成焉

천하에 도가 없으면 자신의 목숨만 지킬 뿐이네

天下無道, 聖人生焉

지금 같은 때를 만나선 겨우 형벌을 면할 뿐이니

方今之時, 僅免刑焉

복은 깃털보다 가벼운데 몸 위에 실을 줄 모르고

福輕乎羽, 莫之知載

재앙은 대지보다 무거운데 피할 줄도 모르는구나

禍重乎地, 莫之知避

그만두게, 그만두게, 도덕으로 다스리려는 짓을

已乎, 已乎, 臨人以德

위태롭다, 위태로워, 땅에 금을 그어놓고 달리니

殆乎, 殆乎, 畫地而趨

가시풀이여, 가시풀이여, 내 정강이 찌르지 말거라

迷陽, 迷陽, 無傷吾行

내가 이리저리 우회해 내 정강이 다치지 않게 하리

吾行郤曲, 無傷吾足

봉혜봉혜鳳兮鳳兮를 두고 문일다는 봉鳳과 공孔의 발음이 유사한 점을 들어 공자를 은유적으로 비유한 작품에 해당한다고 분석했다. 하여덕지쇠야何如德之衰也는 덕지쇠야하여德之衰也何如의 도치형이다. 유월은 여如를 여汝로 간주해 '어쩌다 너의 덕이 이처럼 쇠해졌는가'로 풀이했다.

획지이추畫地而趨는 땅에 금을 그어놓고 달린다는 뜻으로 쓸데없는 규범을 내세워 스스로를 한계 속에 가두는 것을 말한다. 미양迷陽을 두고 곽상 등은 자신의 덕을 감춘다는 뜻의 망양亡陽으로 간주했고, 사마표는 거짓으로 미친 척하는 사광詐狂으로 풀이했다. 이케다는 왕응린王應麟의 『곤학기문困學紀聞』에 인용된 호명중胡明仲의 주장을 좇아 줄기에 가시가 있는 초나라 지역의 풀로 해석했다. 무상오행無傷吾行의 행行은 정강이의 무릎 가까운 부분을 뜻하는 행胻의 가차이다. 각곡郤曲을 두고 마서륜 등은 굴곡으로 간주해 가시풀과 정면으로 맞서는 대신 이리저리 우회해 나아가는 것으로 풀이했다.

원래 「소요유」편에 나온 바 있는 '광인, 접여'는 공자의 수레에 접근한 초나라의 미치광이라는 의미에서 만들어진 이름이다. 주희는 당시 공자가 초나라로 가려고 할 때 접여가 노래를 부르며 지나갔다고 주장했으나 무슨 근거를 제시한 것은 아니다. 『논어』「미자」편에도 접여의 노래가 나오나 내용상 적잖은 차이가 있다.

봉황이여, 봉황이여, 어찌 덕이 이리 쇠미해졌단 말인가

鳳兮, 鳳兮. 何德之衰

지난 일 간할 게 없고, 다가올 일 오히려 따를 수 있네

往者不可諫, 來者猶可追

그만두게나, 그만두게나, 오늘날 위정자는 위험하다네

已而, 已而, 今之從政者殆而

「미자」편은 이 노래를 들은 공자가 수레에서 내려 더불어 얘기코자 했으나 접여가 빨리 걸어 피하는 바람에 더불어 얘기할 수 없었다고 기록해 놓았다. 『논어』와 『장자』에 접여의 노래가 동시에 실린 것은 당시 접여와 공자의 만남에 관한 일화가 매우 널리 유포돼 있었음을 시사한다. 「미자」와 「인간세」편에 실린 접여의 노래는 기본적으로 난세에 처신을 신중히 해 몸을 잘 간수할 것을 당부한 점에서 기본취지는 동일하다.

그러나 현세에 대한 기본입장은 사뭇 다르다. 「미자」편은 '지난 일 간할 게 없고, 다가올 일 오히려 따를 수 있네' 라고 한 데 반해 「인간세」편은 '올 세상 기다릴 수 없고, 간 세상 좇을 수 없네' 라고 노래했다. 「미자」편은 미래에 대한 희망을 버리지 않고 있는 데 반해 「인간세」편은 다가올 미래 역시 현재의 난세와 별반 다를 바가 없으리라는 비관적인 전망 위에 서 있다. 속세에 초점을 맞춘 입세入世의 사상인 유가와 초속超俗을 강조한 출세出世의 사상인 도가의 입장 차이가 선명히 드러나는 대목이다.

4-24

山木自寇也. 膏火自煎也. 桂可食, 故伐之. 漆可用, 故割之. 人皆知有用之用, 而莫知無用之用也.

산의 나무는 스스로 자신을 해치고, 기름 등잔불은 스스로를 태운다. 계피는 먹을 수 있기에 사람들이 베어가고, 옻나무는 쓸모가 있기에 사람들이 잘라간다. 사람들은 모두 유용한 것의 쓸모만 알 뿐 무용한 것의 쓸모는 전혀 모른다.

이 대목에서는 모두 네 가지 비유가 나온다. 재목으로 사용되는 산의 나무를 통칭한 산목山木, 동물의 기름을 사용하는 등잔불 고화膏火, 해열제 등으로 사용되는 계피나무 계桂, 옻칠로 사용되는 옻나무 칠漆이 그것이다. 이들 모두 천수를 누리지 못하고 도중에 찍혀 나간다. 일종의 유용지화有用之禍를 당한 셈이다. 모난 돌이 정 맞는 격이나 다름없다.

장자가 「인간세」에서 말하고자 한 것은 '유용지화'를 피하기 위한 무용지용無用之用이다. 그가 볼 때 세상 대부분의 사람들은 자신들이 내세운 세속적인 가치와 덕목에 얽매여 시비논란과 유혈다툼을 전개하며 마치 산목과 고화 등처럼 '유용지화'를 자초하고 있는 셈이다. 턱이 배꼽 아래에 숨어 있는 지체장애로 인해 전란과 부역을 면해 천수를 누린 지리소支離疏를 '무용지용'의 실례로 든 이유가 여기에 있다.

'무용지용'의 관점에서 볼 때 속세에서 잘난 체하며 뻐기는 자들 모두 스스로 만들어 놓은 덫에 걸려 '유용지화'를 면치 못하는 불쌍한 자들이다. 접여가 이들을 두고 땅에 금을 그어놓고 달리는 획지이추畫地而趨의 무리로 간주하면서 위태롭다는 말을 거듭 외친 이유다. 몸이 지리멸렬한 자도 천수를 누리는데 하물며 위선의 덕을 내던진 '접여'와 같은 도인은 더 말할 필요가 없다는 취지이다.

제5장 덕충부(德充符)

5-1

魯有兀者王駘, 從之遊者與仲尼相若. 常季問於仲尼曰, "王駘, 兀者也. 從之遊者與夫子中分魯. 立不敎, 坐不議, 虛而往, 實而歸. 固有不言之敎, 無形而心成者邪. 是何人也." 仲尼曰, "夫子, 聖人也. 丘也直後而未往耳. 丘將以爲師, 而況不若丘者乎. 奚假魯國, 丘將引天下而與從之."

노나라에 발 잘리는 형벌을 받은 왕태王駘라는 자가 있었다. 그를 따르는 제자들이 중니와 맞먹을 정도였다. 중니의 제자 상계常季가 스승에게 물었다.

"왕태는 절름발이입니다. 그런데도 그를 따르는 무리가 선생님과 함께 노나라를 반분하고 있습니다. 그는 서서 가르치지도 않고 앉아서도 토론 한 번 하지 않는데도 배우는 자들은 텅 빈 채 갔다가 가득 채워서 돌아옵니다. 실로 말하지 않는 가르침과 드러남 없이 마음으로 느껴 스스로 변화해 이루는 게 있는 것일까요. 이 사람은 어떤 사람입니까?"

중니가 대답했다.

"그는 성인이다. 나는 다만 때를 놓쳐 아직 찾아뵙지 못했을 뿐이다. 나도 장차 그를 스승으로 삼으려 하는데 하물며 나보다 못한 자들이야 말할 게 있겠는가? 어찌 노나라 사람뿐이겠는가? 나는 천하의 사람을 모두 이끌고 가 그를 따라 배울 것이다."

왕태王駘는 가공의 인물이다. 태駘는 어리석고 둔한 말을 뜻한다. 상계常季 역시 공자를 우화에 끌어들이기 위해 만들어낸 가공의 인물이다. 불언지교不言之敎는 『도덕경』 제2장에도 나오는 말이다. 무언의 가르침을 말한다. 해가노국奚假魯國의 가假는 '다만' 의 뜻이다.

5-2

常季曰, "彼兀者也, 而王先生, 其與庸亦遠矣. 若然者, 其用心也, 獨若之何." 仲尼曰, "死生亦大矣, 而不得與之變. 雖天地覆墜, 亦將不與之遺. 審乎無假而不與物遷, 命物之化而守其宗也."

상계가 말했다.

"그는 절름발이인데도 선생님보다 더 훌륭하다고 하니 저희 같은 범용한 사람보다 훨씬 뛰어나겠습니다. 그런 사람의 마음 씀씀이는 도대체 어떤 것입니까?"

중니가 대답했다.

"그는 비록 죽고 사는 문제가 중요하지만 그로 인해 동요하지는 않는다. 비록 하늘이 무너지고 땅이 꺼진다 해도 천지와 함께 떨어지지 않는다. 거짓 없는 참된 도를 잘 살펴 사물과 함께 옮겨다니지 않는다. 만물의 변화를 명命으로 받아들여 근본인 도를 지킨다."

왕선생王先生의 왕王은 왕어王於의 준말로 빼어나다는 뜻의 승勝과 통한다. 독약지하獨若之何의 독獨은 '도대체'의 뜻이고, 약지하若之何는 여지하如之何와 같다. 통상 내하奈何, 여하如何 등은 목적어를 중간에 끼워넣는다. 심호무가審乎無假는 거짓 없는 참된 도를 자세히 살핀다는 뜻이다. 『회남자』「정신훈」편에는 심호무하審乎無瑕로 되어 있다. 이를 근거로 '가'는 흠을 뜻하는 '하'의 잘못으로 봐야 한다는 주장이 있다. 그러나 이케다는 「재유」편에 나오는 무망無妄의 망妄처럼 진眞의 반대어로 보았다.

명물지화命物之化를 두고 곽상은 '변화를 명으로 여겨 거스름이 없다'로 풀이했다. 그러나 임희일은 '만물의 변화가 모두 나에게서 명을 받는다'고 해석했다. 곽상 등은 도를 변화의 흐름 자체로 본 데 반해 임희일 등은 만물변화의 주재자로 본 데 따른 차이다. 『장자』에 나오는 도는 문맥에 따라 두 가지 해석이 모두 가능하다. 여기서는 전자로 보는 게 낫다.

수기종야守其宗也를 놓고도 해석이 엇갈린다. 종宗을 도로 해석하는 점에서는 동일하나 구체적인 내용에 관해서는 사뭇 다르다. 곽상 등은 '지극히 마땅한 곳에서 벗어나지 않는 것'으로 보았고, 임희일 등은 '주재를 지키다'의 뜻으로 해석했다.

5-3

常季曰, "何謂也." 仲尼曰, "自其異者視之, 肝膽楚越也. 自其同者視之, 萬物皆一也. 夫若然者, 且不知耳目之所宜, 而遊心乎德之和. 物視其所一而不見其所喪, 視喪其足猶遺土也."

상계가 물었다.

"무엇을 말하는 것입니까?"

중니가 대답했다.

"다른 것을 기준으로 보면 간과 쓸개도 그 차이가 초나라와 월나라만큼이나 멀다. 그러나 같은 것을 기준으로 보면 만물은 모두 하나이다. 무릇 왕태와 같은 사람은 귀와 눈이 좋아하는 것을 초월해 마음을 덕의 조화 속에서 노닐게 한다. 만물을 동일한 견지에서 바라보는 까닭에 잃어버린 것에 얽매이지 않는다. 그는 자신의 발 하나 잃어버린 것을 마치 흙덩이 하나 내다버린 것처럼 여긴다."

간담초월肝膽楚越의 초월楚越은 멀리 떨어져 있다는 뜻으로 인용된 것이나 사실 초나라와 월나라는 붙어 있는 것이나 다름없다. 초나라의 영역이 워낙 넓었기 때문이다. 여기서는 가까이 붙어 있는 오월吳越과 대비된 개념으로 인용된 것이다. 왕선겸은 "하나의 몸 안에 있는데 속인들은 그것을 다르게 본다"고 풀이했다. 만물개일萬物皆一은 만물제동의 관점에서 사물을 바라볼 것을 주문한 것이다. 뒤에 나오는 물시기소일物視其所一 구절이 이를 뒷받침한다. 유유토야猶遺土也의 토土는 흙덩이나 지푸라기를 뜻하는 토개土芥의 뜻이다. 하찮은 물건을 비유한 것이다.

5-4

常季曰, "彼爲己, 以其知得其心, 以其心得其常心. 物何爲最之哉." 仲尼曰, "人莫鑒於流水而鑒於止水, 唯止能止衆止. 受命於地, 唯松柏獨也正, 在冬夏青青. 受命於天, 唯堯舜獨也正, 在萬物之首. 幸能正生, 以正衆生. 夫保始之徵, 不懼之實, 勇士一人, 雄入於九軍. 將求名而能自要者而猶若是, 而況官天地 · 府萬物 · 直寓六骸 · 象耳目·一知之所知而心未嘗死者乎. 彼且擇日而登假, 人則從是也. 彼且何肯以物爲事乎."

상계가 물었다.

"그렇다면 왕태는 자신을 위해 공부한 것입니다. 자신의 지식으로 마음을 얻고, 이를 토대로 이내 변하지 않는 마음을 터득한 것에 지나지 않습니다. 그런데도 왜 사람들이 그에게 몰려드는 것입니까?"

중니가 답했다.

"사람은 누구나 흐르는 물을 거울로 삼지 않고 고요한 물을 거울로 삼는다. 고요한 물거울만이 그림자를 고요하게 할 수 있고, 물거울에 비치는 사물도 이내 고요하게 된다. 땅에서 생명을 받은 무리 중 오직 소나무와 잣나무만이 올바르다. 홀로 사철 푸른 까닭이다. 하늘에서 생명을 받은 무리 중 오직 요순만이 올바르다. 만물의 영장인 인간 중 으뜸에 해당하는 성군으로 칭송받게 된 까닭이다. 다행히도 요순은 자신의 삶을 바로 세운 덕분에 중생의 삶까지 바로잡을 수 있었다.

무릇 사람에게 만물의 근원인 '시원始源의 도'가 보존돼 있다는 징표는 죽음조차 전혀 두려워하지 않는 사례에서 찾을 수 있다. 용사가 죽음을 무릅쓰고 적의 대군 속으로 용감하게 쳐들어가는 게 그 증거다. 명성을 얻기 위해 스스로에게 요구할 줄 아는 자도 이러한데 하물며 천지를 마음대로 부리고, 만물을 어루만지고, 몸을 잠시 머물다 가는 거처로 여기고, 눈과 귀의 감각을 허상으로 여기고, 인간의 지식으로 알 수 있는 모든 것을 하나로 여기고, 생사를 초월한 까닭에 마음이 한 번도 죽지 않는 사람이야 더 말해 뭐하겠는가? 왕태는 언젠가 날짜를 가려 도의 경지인 아득한 곳으로 올라갈 것이다. 사람들은 바로 이런 점을 따르고 있는 것이다. 그가 어찌 굳이 제자를 모으는 일 따위를 일삼았겠는가?"

피위기彼爲己는 왕태가 자신을 위해 공부했다는 뜻이다. 『논어』「헌문」편에 고지학자위기古之學者爲己 표현이 나온다. 옛사람은 자신을 위해 스스로 연마했다는 의미이다. 여기의 위기爲己와 같은 뜻으로 사용된 것이다. 다만 「헌문」편의 '위기'는 자율적인 나를 확립하기 위한 것인 데 반해 「덕충부」편의 '위기'는 도와 일체가 되기 위한 것이 다르다고 할 수 있다.

이기지득기심以其知得其心의 지知를 두고 이케다는 세속에서 통용되는 일반적인 분별지分別智로 풀이했다. 여기의 심心은 통상적인 깨달음을 얻은 마음을 의미한다. 상심常心은 죽음과 삶에도 동요되지 않는 마음으로 도심道心과 가까운 상태를 지칭한다. 청대 말기 초대 주영공사를 지낸 당대의 유학자 곽숭도郭嵩燾는 '거짓이 없는 본체'로 해석했다. 물하위최지재 物何爲最之哉의 물物은 다른 사람을 뜻하는 인물人物, 최最는 모인다는 뜻의 취聚와 같다.

유지능지중지唯止能止衆止는 오직 멈춰 있는 존재만이 멈추고자 하는 사물을 멈추게 할 수 있다는 뜻이다. 여기의 지止는 자신의 참모습을 상징하는 것으로 상심常心을 지닌 자를 말한다. 행능정생幸能正生의 생生을 성性과 통하는 것으로 보는 견해도 있으나 이는 성리학의 관점에 선 것이다.

보시지징保始之徵은 사물이 시작하는 '시원의 도'를 보존하는 징험을 뜻한다. 한원진은 보시保始를 근원의 도를 지키는 앞글의 수종守宗과 같은 뜻으로 새겼다. 불구지실不懼之實을 두고 이케다는 '두려워하지 않는 용기의 충실함'으로 해석했다. 그러나 이는 '보시지징'의 징徵과 대비된 것으로 징표가 실제로 드러난 것을 뜻한다.

웅입어구군雄入於九軍의 웅雄은 '용감하게'라는 뜻으로 사용된 부사이다. 형용사는 모두 그 자체로 부사가 될 수 있다. 9군九軍을 두고 성현영 등은 1군이 1만 2천 명인 점을 들어 10만 대군으로 풀이했으나 임희일은 '많은 군사'로 해석했다. 관천지官天地의 관官은 관원이 백성을 다스리는 것처럼 부린다는 뜻이다. 부만물府萬物의 부府는 창고에 물건을 채우는 것처럼 감싼다는 의미이다. 직우육해直寓六骸의 직直은 다만, 우寓는 거처, 육해六骸는 몸체와 머리 및 사지를 뜻한다. 등하登假의 하假는 하遐와 통한다. 죽음을 뜻하는 승하昇遐를 말한다. 임희일은 『설문해자』의 풀이에 근거해 하假를 이른다는 뜻의 격格으로 읽어야 한다고 주장했다. 뜻은 대략 같다.

5-5

申徒嘉, 兀者也, 而與鄭子產同師於伯昏无人. 子產謂申徒嘉曰, "我先出則子止, 子先出則我止." 其明日, 又與合堂同席而坐. 子產謂申徒嘉曰, "我先出則子止, 子先出則我止. 今我將出, 子可以止乎. 其未邪. 且子見執政而不違, 子齊執政乎." 申徒嘉曰, "先生之門, 固有執政焉如此哉. 子而說子之執政, 而後人者也. 聞之曰, '鑒明則塵垢不止, 止則不明也. 久與賢人處則無過.' 今子之所取大者, 先生也, 而猶出言若是, 不亦過乎."

정나라 현자 신도가申徒嘉는 절름발이다. 집정자인 자산子產과 함께 백혼무인伯昏无人에게 배웠다. 하루는 자산이 절름발이 신도가와 함께 걷는 것을 꺼린 나머지 이같이 제안했다.

"내가 먼저 나가면 그대가 남아 있고, 그대가 먼저 나가면 내가 남아 있도록 하겠네."

이튿날 또 두 사람이 같은 집에 모여 동석해 앉게 되었다. 자산이 다시 신도가에게 말했다.

"어제 내가 먼저 나가면 그대가 남아 있고 그대가 먼저 나가면 내가 남아 있겠다고 말했는데 지금 내가 먼저 나가려고 하니 그대가 남아 있어 주겠는가? 아니, 지금 그대는 그리할 수 없다고 하는 것인가? 지금 그대는 집정자를 보고도 비켜서지 않으니 그렇다면 그대가 집정자와 동격의 신분이란 말인가?"

신도가가 힐난했다.

"같은 선생의 문하에 있으면서 덕을 논하지 않고 참으로 이처럼 집정자니 뭐니 하며 지위를 따질 것인가? 그대는 자신의 권력을 믿고 남을 함부로 업신여기는 자이다. 내가 듣건대 '거울이 깨끗하면 먼지가 끼지 않고, 먼지가 끼면 밝게 비추지 못한다. 오랫동안 현인과 함께 있으면 허물이 없다' 고 했다. 지금 그대는 큰 도를 배울 요량으로 훌륭한 선생을 모셔놓고 그 밑에서 배웠는데도 아직 이처럼 말하고 있다. 이 또한 잘못이 아닌가?"

신도가申徒嘉와 백혼무인伯昏无人 모두 가공의 인물이다. 자제집정子齊執政의 제齊는 나란히 한다는 뜻의 제준齊準과 같다. 후인後人은 남을 뒤로 여긴다는 뜻으로 자신을 앞세우며 남을 업신여긴다는 뜻을 담고 있다. 자지소취대자子之所取大者는 큰 도를 배우겠다고 모신 사람을 뜻한다. 위대하다고 여겨 따르는 사람이라는 해석도 있다. 곧 백혼무인을 말한다.

백혼무인은 「전자방」과 「열어구」편에서도 열자의 스승으로 나온다. 그러나 『열자』에 따르면 열자의 스승은 호구자림壺丘子林이고, 백혼무인은 열자의 친구이다. 「열어구」편에는 백혼무인의 이름이 『열자』와 마찬가지로 백혼무인伯昏瞀人으로 나오고 있다. 후대 도가가 가필했을 가능성을 암시하는 대목이다.

정나라 자산은 성이 공손公孫, 이름이 교僑이다. 자가 자산子産인 그는 춘추시대 말기 뛰어난 수완으로 약소국인 정나라를 잘 다스려 이웃한 강대국 초나라와 진晉나라조차 함부로 하지 못했다. 『논어』에서 공자가 가장 높이 평가한 인물이기도 하다. 그를 공자의 사상적 스승으로 보는 이유다. 『열자』에는 자산과 공자를 높이 평가한 일화만이 실려 있다. 『장자』와 비교된다. 이 장에서 자산을 비판적으로 묘사해 놓은 것 역시 공자를 비판한 것과 같은 맥락에서 이해할 수 있다. 도가의 유가에 대한 적대감이 시간이 지날수록 더욱 커졌음을 짐작케 해준다. 『장자』가 『열자』보다 나중에 나왔음을 뒷받침하는 유력한 증거이기도 하다.

5-6

子産曰, "子旣若是矣, 猶與堯爭善. 計子之德, 不足以自反邪." 申徒嘉曰, "自狀其過, 以不當亡者衆. 不狀其過, 以不當存者寡. 知不可奈何而安之若命, 唯有德者能之. 遊於羿之彀中. 中央者, 中地也. 然而不中者, 命也. 人以其全足笑吾不全足者多矣, 我怫然而怒, 而適先生之所, 則廢然而反. 不知先生之洗我以善邪, 吾之自寤邪. 吾與夫子遊十九年矣, 而未嘗知吾兀者也. 今子與我遊於形骸之內, 而子索我於形骸之外, 不亦過乎." 子産蹴然改容更貌曰, "子無乃稱."

자산이 말했다.

"그대는 이처럼 이미 벌을 받아 절름발이가 됐는데도 여전히 요임금과 더불어 선을 다투려 들고 있다. 그대의 부족한 덕을 스스로 헤아려 그런 말을 해도 좋은지 충분히 반성할 수 있지 않은가?"

신도가가 재차 힐난했다.

"자신의 잘못을 변명하며 발이 잘린 것을 부당하다고 생각하는 자는 많고, 잘못을 변명하지 않으면서 발이 잘리지 않은 것을 부당하다고 여기는 사람은 적다. 부득이한 상황을 이해하고 마치 운명처럼 편히 여기는 것은 오직 유덕자만이 할 수 있다. 사람들이 활 잘 쏘는 예羿가 활을 쏘는 사정권 안에서 놀면 화살의 표적이 된다. 그런데도 화살에 맞지 않는 경우가 있을 수 있다. 이는 운명이니 두 발을 보존하게 된 것도 요행에 지나지 않는다.

그런데도 사람들 중에는 온전한 발을 가졌다는 이유만으로 온전치 못한 내 발을 비웃는 자가 많다. 그럴 때마다 발끈 화를 내다가도 선생님 처소에 가면 씻은 듯 잊어버리고 본래의 평정심으로 돌아온다. 선생님이 훌륭한 도로 나를 인도한 것인지, 아니면 내가 스스로 깨우친 것인지 잘 모르겠다. 내가 선생님 밑에서 배운 지 19년이 되었으나 한 번도 내가 절름발이라는 것을 의식하지 못했다. 그런데 지금 그대는 나와 정신적으로 교유해 왔음에도 나를 겉으로 드러난 외면에서만 찾고 있다. 이 또한 잘못이 아닌가?"

자산이 크게 놀라 이내 안색을 바꾸고 태도를 고친 후 이같이 사죄했다.

"그대는 더 이상 말하지 않아도 되네."

유여요쟁선猶與堯爭善을 두고 성현영 등은 자산이 스스로를 요임금에 비겨 말한 것으로 보았다. 요堯를 자산의 이름인 교僑의 잘못으로 보는 이유다. 이 경우 '신도가가 자산과 선을 다툰다'는 뜻이 된다. 그러나 문맥상 '신도가가 선이 지극한 요순과 더불어 선을 다툰다'의 뜻으로 풀이하는 게 훨씬 자연스럽다.

자상기과自狀其過의 상狀을 두고 임희일은 진술 내지 변명으로 풀이했다. 약명若命을 대개 순명順命으로 풀이하나 어의 그대로 여명如命으로 보는 게 낫다. 유어예지구중遊於羿之彀中은 세간에 사는 것 자체가 우환이 아닌 것이 없다는 뜻을 담고 있다. 전설적인 명궁인 예羿가 각기 다른 시기에 등장하는 것과 관련해 왕부지는 『사서패소四書稗疏』에서 고대에 활을 잘 쏘는 사람으로 '예'가 존재했고, 이후 명궁을 모두 '예'로 부르게 됐다고 주장했다. 구彀를 두고 육덕명은 '활을 당기는 것', 고형高亨은 '과녁'으로 간주했다. 풀이는 동일하다. '부중자不中者, 명야命也'는 사람들이 '예'의 화살을 맞지 않는 식으로 우환을 면할지라도 이는 요행에 지나지 않는다는 뜻을 담고 있다.

세아이선洗我以善의 세洗는 이끈다는 뜻의 선先과 통한다. '오지자오야吾之自寤邪'의 다섯 글자가 빠진 판본이 대부분이나 곽상의 주에 이에 대한 해석이 나오고 있는 점에 비춰 보충해 해석하는 게 옳다. 미상지오올자未嘗知吾兀者의 주어가 무엇인지를 놓고 백혼무인과 신도가로 보는 견해가 대립한다. 문맥상 지知를 각覺으로 간주해 신도가로 보는 게 더 자연스럽다. 유어형해지내遊於形骸之內의 형해지내는 외형에 구애받지 않는 정신세계를 뜻하고, 형해지외形骸之外는 겉모습을 중시하는 현실세계를 상징한다. 축연蹴然은 놀라고 부끄러워하는 모습을 말한다. 개용경모改容更貌는 안색을 바꾸고 태도를 고친다는 뜻이다. 자무내칭子無乃稱의 내乃를 두고 마서륜 등은 더 이상의 뜻을 지닌 잉仍으로 보았다.

5-7

魯有兀者叔山無趾, 踵見仲尼. 仲尼曰, "子不謹前, 旣犯患若是矣.

雖今來, 何及矣." 無趾曰, "吾唯不知務而輕用吾身, 吾是以亡足. 今吾來也, 猶有尊足者存, 吾是以務全之也. 夫天無不覆, 地無不載, 吾以夫子爲天地, 安知夫子之猶若是也." 孔子曰, "丘則陋矣, 夫子胡不入乎. 請講以所聞." 無趾出. 孔子曰, "弟子勉之. 夫無趾, 兀者也, 猶務學以復補前行之惡, 而況全德之人乎."

노나라에 절름발이 숙산무지叔山無趾가 있었다. 하루는 중니를 찾아가 인사하자 중니가 말했다.

"그대는 전에 행동을 삼가지 않은 탓에 이미 죄를 범해 이 지경이 되었다. 비록 지금 와서 나에게 배운들 무엇을 어찌할 수 있겠는가?"

숙산무지가 대답했다.

"저는 다만 세상물정을 잘 몰라 몸을 함부로 굴렸다가 발을 잃었습니다. 지금 제가 온 것은 발보다 더 중요한 것이 있기 때문입니다. 저는 그것을 보존하려고 애쓰고 있습니다. 무릇 하늘은 덮어주지 않는 게 없고, 땅은 실어주지 않는 게 없습니다. 저는 오랫동안 선생님을 하늘과 땅으로 여겼습니다. 어찌 선생님이 이런 분인 줄 알았겠습니까?"

중니가 사과했다.

"내가 소견이 좁았습니다. 선생은 안으로 들어오십시오. 내가 들은 바대로 얘기해 보겠습니다."

숙산무지가 문 밖으로 나가버리자 공자가 제자들에게 말했다.

"제자들아, 힘쓰도록 해라. 숙산무지는 절름발이인데도 오히려 배우기에 힘쓰면서 지난 잘못을 속죄하려고 한다. 하물며 아무 죄도 짓지 않아 덕이 온전한 사람이야 더 말해 뭐하겠는가?"

숙산무지叔山無趾도 가공인물이다. 무지無趾는 발가락이 잘려

없다는 뜻이다. 종현踵見은 찾아와 인사한다는 뜻이다. 종踵의 해석이 분분하다. 곽상은 빈번하다는 뜻의 빈頻, 최선은 발뒤꿈치로 걸어갔다는 뜻의 종행踵行, 임희일은 계繼 등으로 보았다. 『맹자』「등문공 상」편에 종문踵門 표현이 나온다. '발이 문에 닿다'의 뜻이다. 지至로 해석하는 게 타당하다. 존족자尊足者는 존어족자尊於足者의 준말이다. 부자호불입夫子胡不入은 공자가 문득 숙산무지를 부자夫子로 칭하며 태도를 바꿨음을 보여준다.

무지출無趾出을 두고 해석이 엇갈린다. 곽상은 숙산무지가 공자의 말을 다 들은 뒤 나간 것으로 보았으나 성현영은 아무 말 않고 곧바로 나간 것으로 풀이했다. 두 사람의 대화내용이 기록되지 않은 것을 이유로 곧바로 나간 것으로 보는 것은 지나치다. 출出 자가 있는 점에 비춰 일단 공자의 말을 들은 것으로 보는 게 옳다. 공자가 제자들 앞에서 그를 칭송한 것도 이런 추론을 뒷받침한다.

전덕지인全德之人을 두고 대개 절름발이와 대비시켜 '몸이 온전한 사람'으로 풀이하고 있으나 이는 문장의 기본취지와 동떨어져 있다. 「천지」와 「전자방」편에도 같은 표현이 나온다. 아무 죄도 짓지 않아 덕이 온전한 사람으로 보는 게 옳다.

5-8

無趾語老聃曰, "孔丘至於至人, 其未邪. 彼何賓賓以學子爲. 彼且蘄以諔詭幻怪之名聞, 不知至人之以是爲己桎梏邪." 老聃曰, "胡不直使彼以死生爲一條, 以可不可爲一貫者, 解其桎梏, 其可乎." 無趾曰, "天刑之, 安可解."

숙산무지가 중니를 만나고 난 뒤 노담을 찾아가 말했다.

"공구孔丘는 지인至人의 경지에는 아직 멀었습니다. 그는 어째서 자주 선생에게 배우려 하는 것입니까? 또 그는 수수께끼나 속임수 따위의 헛된 명성을 구하고 있습니다. 지인은 이를 질곡桎梏으로 여기고 있다는 것을 모르고 있습니다."

노담이 말했다.

"어째서 그대는 공구를 만났을 때 그로 하여금 죽고 사는 것을 같은 이치로 여기고 옳고 그름을 하나로 꿰도록 가르쳐 주지 않은 것이오? 그런 식으로 그의 질곡을 풀어주는 게 좋았을 것이오."

숙사무지가 말했다.

"하늘이 그에게 형벌을 내렸는데 어찌 풀 수 있겠습니까?"

하빈빈이학자위何賓賓以學子爲는 '하이何以~위爲' 구조로 돼 있다. '어찌해서 ~ 하다'의 뜻이다. 「소요유」편에서는 '해이奚以~위爲'로 나타나 있다. 빈빈賓賓은 빈빈頻頻과 통한다. 숙궤諔詭를 두고 유월은 「제물론」편의 적궤弔詭와 같은 뜻으로 새겼다. 장병린도 같은 입장이다. '적궤'는 일반인이 이해하기 어려운 이상한 변설로 곧 수수께끼를 뜻한다. 질곡桎梏의 질桎은 발에 차는 차꼬, 곡梏은 손에 차는 수갑을 말한다. 위일관자爲一貫者의 자者는 의문형 종결조사 야邪와 같다. 천형지天刑之는 「양생주」의 둔천지형遁天之刑과 같은 취지이다.

5-9

魯哀公問於仲尼曰, "衛有惡人焉, 曰哀駘它. 丈夫與之處者, 思而不能去也. 婦人見之, 請於父母曰, '與爲人妻, 寧爲夫子妾'者, 十數而未止也. 未嘗有聞其唱者也, 常和人而已矣. 無君人之位以濟乎人之死, 無聚祿以望人之腹, 又以惡駭天下, 和而不唱, 知不出乎4域, 且而雌雄合乎前, 是必有異乎人者也. 寡人召而觀之, 果以惡駭天下. 與寡人處, 不至以月數, 而寡人有意乎其爲人也. 不至乎期年, 而寡人信之. 國無宰, 寡人傳國焉. 悶然而後應, 氾而若辭. 寡人醜乎卒授之國, 無幾何也, 去寡人而行. 寡人卹若有亡也, 若無與樂是國也. 是何人者也."

노애공魯哀公이 중니에게 물었다.

"위나라에 용모가 추악한 사람이 있소. 이름은 애태타哀駘它라고 하오. 남자들 중 상당수는 그와 함께 지내면 이내 그를 사모해 떠날 줄 모르고, 여인들 중에는 그를 보면 부모에게 '다른 사람의 첩이 되느니 차라리 그의 첩이 되겠다'고 떼를 쓰는 사람이 수십 명이나 되오. 지금 그런 사람이 그치지 않고 있소. 과인은 아직 그가 남보다 앞서 무엇을 창도唱導했다는 말을 들어본 적이 없소. 그는 늘 다른 사람이 먼저 창도하면 그 뒤를 따라갈 뿐이오.

군주의 지위로 사람들의 죽음을 구할 수 있는 것도 아니고, 재물을 모아 사람들의 배를 채워줄 수 있는 것도 아니오. 그의 추한 용모는 가히 천하 사람들을 놀라게 할 만하고, 그는 늘 남의 주장을 따르기만 하고 남보다 앞서 창도한 적도 없소. 지혜가 사방의 다른 사람보다 뛰어난 것도 아니오. 그런데도 모든 남녀가 그 앞에 모여들고 있소. 이 사람은 틀림없이 다른 사람들과 다른 점이 있을 것이라고 생각했소. 과인이 그를 불러보았더니 과연 그 추한 용모는 천하 사람을 놀라게 할 만했소.

그러나 과인은 그와 함께 지낸 지 1달이 채 안 돼 그의 사람됨에 마음이 끌리기 시작했소. 1년도 못 돼 과인은 그를 신뢰하게 되었소. 마침 재상 자리가 비어 그에게 국정을 맡기려 하자 그는 한동안 무심히 있다가 응낙했소. 무관심한 표정이 마치 사양하는 듯했소. 이로 인해 과인은 내심 급작스레 그에게 국정을 맡긴 것을 부끄럽게 여겼는데 얼마 안 돼 그는 과인을 버리고 어디론가 가버렸소. 과인은 슬퍼서 무슨 소중한 것을 잃어버린 듯했소. 아직도 과인과 더불어 나라 다스리는 것을 즐거워할 사람이 없는 듯하오. 이 사람은 과연 어떤 사람이오?"

노애공은 춘추시대 말기의 노나라 군주로 이름은 장蔣이다. 공자가 천하유세를 마치고 노나라로 귀국한 이후의 일화로 보는 견해도 있으나 이 문답은 하나의 우화에 지나지 않는다. 애태타哀駘它 역시 유가를 공박하기 위해 만들어낸 가공의 인물이다. 태타駘它는 어리석은 모습을 나타낸다. 타它를 낙타의 타駝로 보아 곱사등이를 지칭한 것으로 풀이한 견해도 있다. 망인지복望人之腹의 망望은 가득 채운다는 만滿의 뜻이다. 『주역』의 효사에 월기망月幾望 용례가 나온다. 출호사역出乎四域은 출중出衆의 뜻이다.

자웅합호전雌雄合乎前을 두고 임희일은 자웅을 암수로 간주해 '짐승들까지 모여든다'로 풀었다. 그러나 『관자』「패형霸形」편은 배우자를 잃은 것을 두고 상자웅喪雌雄으로 표현했다. 앞서 나온 장부丈夫와 부인婦人을 지칭한 것으로 보는 게 자연스럽다.

전국傳國은 통상 나라를 물려준다는 뜻이나 여기서는 국정을 맡긴다는 뜻으로 사용됐다. 민연悶然은 멍하니 무심한 모습을 그린 것이다. 범이약사氾而若辭의 범氾은 얽매임이 없는 무관심한 모습을 뜻하는 것으로 범泛과 통한다. '과인추호졸수지국寡人醜乎卒授之國'의 추醜는 치恥와 뜻이 같다. 성현영 등은 호乎와 졸卒 사이를 떼어 읽으면서 '부끄럽게 여기면서도 그에게 국정을 맡겼다'는 식으로 풀이했다. 문맥상 어색하다. '졸수지국'을 호乎 뒤에 나오는 목적어로 보는 게 타당하다. 술언卹焉의 술卹은 휼恤과 통한다. 시국是國은 치국治國의 뜻이다.

5-10

仲尼曰, "丘也嘗使於楚矣, 適見豘子食於其死母者. 少焉眴若, 皆棄之而走. 不見己焉爾, 不得類焉爾. 所愛其母者, 非愛其形也, 愛使其形者也. 戰而死者, 其人之葬也不以翣資. 刖者之屨, 無爲愛之. 皆無其本矣. 爲天子之諸御, 不爪翦, 不穿耳, 取妻者止於外, 不得復使. 形全猶足以爲爾, 而況全德之人乎. 今哀駘它未言而信, 無功而親, 使人授己國, 唯恐其不受也, 是必才全而德不形者也."

중니가 말했다.

"제가 초나라에 사신으로 간 적이 있습니다. 마침 도중에 새끼돼지들이 죽은 어미돼지의 젖을 빨고 있는 것을 보았습니다. 잠깐 있으려니 새끼돼지들 모두 놀란 듯 어미돼지를 버리고 달아나 버렸습니다. 이는 어미돼지가 자신들에게 시선을 주지 않고 몸이 뻣뻣해져 전날과 같지 않았기 때문입니다. 새끼돼지가 어미돼지를 사랑한 것은 그 형체가 아니라 그 형체를 움직이게 한 것입니다.

전사한 시신이 크게 상해 있으면 장사지낼 때 운삽雲翣의 장식을 쓰지 않고, 사람이 발 잘리는 벌을 당하면 신발에 대해 아낄 필요가 없게 됩니다. 모두 그 근본이 없어졌기 때문입니다.

천자의 후궁이 되면 손톱을 짧게 깎거나 귀를 뚫는 등 신체를 훼손치 못하게 했습니다. 또 새로 아내를 맞이한 관원은 1년 동안 궁 밖의 사택에 머물게 하면서 직무를 면제시켜 주었습니다. 몸이 온전한 경우도 이같이 배려했는데 하물며 '애태타哀駘它' 처럼 덕이 온전한 사람이겠습니까?

지금 '애태타'는 말을 하지 않아도 사람들이 믿습니다. 더구나 공적이 없는데도 군주는 그를 극히 친애한 나머지 재상의 자리를 내리면서도 오히려 그가 받지 않을까 걱정할 정도입니다. 그는 틀림없이 재주가 온전하고 덕이 밖으로 드러나지 않은 사람일 것입니다."

시어초使於楚는 초나라에 사자로 갔다는 뜻이다. 돈자㹠子의 돈㹠은 돈豚의 뜻이다. 현약眴若을 두고 사마표 등은 깜짝 놀라는 모습으로 보았다. 성현영은 현眴을 순간의 순瞬과 통한다고 보아 '눈동자가 움직이는 잠깐의 시간'으로 풀었다. 불견기언이不見己焉爾는 어미돼지의 시선이 새끼돼지를 보지 않았기 때문이라는 뜻이다. 언이焉爾는 단정을 나타내는 종결조사이다. 사기형자使其形者는 형체를 움직이게 한 것이라는 뜻으로 '형'을 두고 곽상은 재덕才德, 성현영은 '정신'으로 풀이했다.

삽자翣資는 새의 깃털로 장식한 장례식을 의미한다. 삽翣을 두고 육덕명은 '부채'로 보았으나 『설문해자』를 좇아 '관을 장식하는 새의 깃털'로 보는 게 낫다. 여기서는 발인할 때 영구의 앞뒤에 세우고 가는 부채 모습의 널판인 운삽雲翣으로 보았다. 자資는 장례를 의미한다.

월자지구刖者之屨는 '발 잘린 사람은 신발에 대해'의 뜻을 지닌 월자지어구刖者之於屨의 줄임말이다. 제어諸御는 후궁의 총칭으로 여기의 어御는 천자를 모시는 사람을 의미한다. 부조전不爪翦은 손톱을 짧게 깎지 않는다는 뜻으로 전翦은 전剪과 통한다. '부전조不翦爪'의 목적어를 동사 앞으로 끌어낸 '부조전'의 어법은 고어의 부정문에 흔히 나타나는 용법이다.

부득부사不得復使는 다시 숙직을 시키지 못한다는 뜻으로 최선은 부득부사입不得復使入으로 풀이했다. 임희일은 『예기』「예운」편의 '삼년상을 치르는 자와 새로 결혼한 자는 1년 동안 부리지 않는다'는 기록을 근거로 일정기간 직무를 면제시켜 주는 것으로 풀이했다.

5-11

哀公曰, "何謂才全." 仲尼曰, "死生·存亡·窮達·貧富·賢與不肖·毁譽·飢渴·寒暑, 是事之變·命之行也. 日夜相代乎前, 而知不能規乎其始者也. 故不足以滑和, 不可入於靈府. 使之和豫通, 而不失於兌. 使日夜無郤, 而與物爲春, 是接而生時於心者也. 是之謂才全." "何謂德不形." 曰, "平者, 水停之盛也. 其可以爲法也, 內保之而外不蕩也. 德者, 成和之脩也. 德不形者, 物不能離也."

노애공이 물었다.

"무엇을 일러 재주가 온전하다고 하는 것이오?"

중니가 대답했다.

"죽음과 삶, 존속과 패망, 곤궁과 영달, 가난함과 부유함, 현명과 불초, 치욕과 명예, 배고프고 목마름, 춥고 더움 따위는 사물의 변화이자 천명天命의 유행流行입니다. 밤낮으로 이런 일이 우리 눈앞에서 교대로 벌어지고 있지만 인간의 지혜로는 그 시작을 헤아릴 수 없습니다. 이런 천지의 변화를 무턱대고 좇아가며 마음의 평정을 어지럽힐 이유가 없습니다. 그런 변화가 마음속으로 침투해 사람을 혼란스럽게 만드는 일이 있어서는 안 됩니다. 그보다는 오히려 내심 조화되고 즐겁게 받아들여 막힘 없이 소통함으로써 기쁜 마음을 잃지 않고, 밤낮으로 쉴 새 없이 만물과 더불어 하나가 되어 따뜻한 봄날과 같은 관계를 만들어야 합니다. 이는 만물과 접촉하면서 마음속에서 자연스레 만물의 변화에 때맞춰 스스로 변화의 흐름을 만들어내는 것을 말합니다. 이를 일컬어 '재주가 온전하다' 고 하는 것입니다."

"그렇다면 무엇을 일러 덕이 밖으로 드러나지 않는다고 하는 것이오?"

공자가 대답했다.

"평평한 것으로는 정지하고 있는 물이 가장 성대합니다. 그것을 가히 기준으로 삼을 만합니다. 안으로 잘 보존되고 밖으로 흔들리지 않기 때문입니다. 덕은 온전한 평정을 닦은 것입니다. 덕이 드러나지 않으면 사람들이 그 곁을 떠날 수 없게 됩니다."

불능규호不能規乎의 규規는 헤아린다는 뜻으로 엿본다는 뜻의 규闚와 통한다. 부족이골화不足以滑和는 마음의 평안을 어지럽히기에 부족하다는 뜻으로 그런 변화에 얽매여 마음의 평정을 잃을 필요는 없다는 취지를 담고 있다. 여기의 골滑은 난亂, 화和는 안安의 뜻이다. 영부靈府를 두고 곽상은 정신이 머무는 곳, 즉 마음으로 해석했다.

사지화예통使之和豫通의 지之는 생사존망 등의 여러 변화를 지칭한다. 여기의 예豫는 즐거움을 뜻한다. 부실어열不失於兌의 열兌은 열悅의 의미이다. 여물위춘與物爲春은 끊임없이 변전變轉하는 천지만물과 더불어 따뜻한 봄날과 같은 관계를 만들어야 한다는 뜻이다. 봄이 만물을 생성시키는 것처럼 스스로 따뜻한 안식처를 만들 것을 주문하고 있다. 임희일은 여기의 춘春을 부실어열不失於兌의 열兌과 같은 뜻으로 새겼다.

'평자平者, 수정지성야水停之盛也' 는 '수정자水停者, 평지성야平之盛也' 의 도치문이다. 성화지수成和之脩를 두고 해석이 분분하다. 임희일은 성成을 온전함, 화和를 마음의 평정으로 해석했다. 물불능리物不能離의 물物은 사람들을 지칭한 말이다. 『도덕경』 제24장에 사람들이 늘 미워한다는 뜻의 물혹오지物或惡之 표현이 나온다.

5-12

哀公異日以告閔子曰, "始也吾以南面而君天下, 執民之紀而憂其死, 吾自以爲至通矣. 今吾聞至人之言, 恐吾無其實, 輕用吾身而亡其國. 吾與孔丘非君臣也, 德友而已矣."

노애공이 다른 날 중니와 문답한 내용을 민자閔子에게 말했다.

"처음에 나는 보위에 올라 천하에 군림했을 때 백성을 다스리는 권력을 잡고는 혹여 정사가 잘못돼 그들이 죽지나 않을까 걱정했소. 나는 스스로 이것을 지극한 도리라고 생각했소. 이제 지인至人 '애태타'에 관한 애기를 듣고 나니 내가 실질적인 덕을 베풀지 못하고 있음을 알게 됐소. 혹여 내가 몸을 경솔히 움직여 나라를 망치지나 않을까 두렵기만 하오. 나와 공구는 군신의 사이가 아니오. 덕으로 사귄 벗일 뿐이오."

민자閔子는 효행으로 유명한 민자건閔子騫을 말한다. 남면南面은 군주를 상징한다. 신하를 뜻하는 북면北面과 대칭되는 말이다. 군천하君天下의 군君은 군림한다는 뜻의 동사이다. 명사는 그 자체로 모두 동사가 될 수 있다. 집민지기執民之紀의 기紀는 기강을 뜻하는 말로 법 등의 권력을 상징한다. 문지인지언聞至人之言의 지인至人을 두고 공자로 풀이하는 해석과 '애태타'로 보는 견해가 대립한다. 문맥상 '애태타'로 보는 게 옳다. 덕우德友를 두고 박세당은 제후가 대부를 벗으로 사귄 것으로 풀이했다. 『맹자』「만장 하」의 '옛날에 천승지국千乘之國의 대국 제후가 선비와 벗했다는 말이 있다'는 구절과 취지를 같이 한다.

5-13

闉跂支離無脤說衛靈公, 靈公說之, 而視全人. 其脰肩肩. 甕瓮大癭說齊桓公, 桓公說之, 而視全人. 其脰肩肩. 故德有所長而形有所忘. 人不忘其所忘而忘其所不忘, 此謂誠忘. 故聖人有所遊, 而知爲孼, 約爲膠, 德爲接, 工爲商. 聖人不謀, 惡用知. 不斲, 惡用膠. 無喪, 惡用德. 不貨, 惡用商. 四者天鬻也. 天鬻者, 天食也. 旣受食於天, 又惡用人. 有人之形, 無人之情. 有人之形, 故羣於人. 無人之情, 故是非不得於身. 眇乎小哉, 所以屬於人也. 謷乎大哉, 獨成其天.

절름발이에 꼽추이자 언청이인 '인기지리무신闉跂支離無脤'이 위령공에게 유세하자 위령공이 크게 기뻐했다. 이후 온전한 사람을 보면 목이 가늘고 길어 이상하게 느껴졌다. 목 아래 커다란 혹이 붙어 있는 옹앙대영甕瓮大癭이 제환공에게 유세하자 제환공은 크게 기뻐했다. 이후 온전한 사람을 보면 목이 가늘고 길어 이상하게 느껴졌다. 내면의 덕이 뛰어나면 외형 따위는 잊어버리기 마련이다. 그러나 세인들은 잊어야 할 외형은 잊지 않고 잊지 말아야 할 내면의 덕은 잊는다. 이를 일러 성망誠忘이라고 한다.

성인은 이런 속박이 없는 무위자연에 노닌다. 지식을 재앙으로 여기고, 사람을 구속하는 예의를 아교풀로 여기고, 세속의 덕을 엉터리 접붙이기로 여기고, 기술을 장삿속으로 여긴다. 성인은 억지를 꾀하지 않으니 지식을 어디에 쓰고, 원형 그대로 간직하고 있으니 아교풀을 어디에 쓰고, 본래의 도를 잃어버리지 않으니 세속의 덕을 어디에 쓰고, 자신을 팔아먹지 않으니 장삿속을 어디에 쓰겠는가? 이 네 가지는 하늘이 길러준 것이다. 하늘이 먹여준다는 뜻이다. 이미 하늘로부터 양육을 받았으니 어찌 또 인위적인 것을 쓰겠는가?

성인은 육신을 가지고 있지만 희로애락의 감정은 없다. 육신을 갖고 있기에 사람들과 무리지어 살지만 희로애락의 감정이 없기에 세속적인 시비의 분별이 몸으로 들어올 수 없다. 까마득히 왜소하구나! 인간에게 속한 인위적인 것이. 참으로 크구나! 홀로 자연의 덕을 이룬 모습이.

인기지리무순闉跂支離無脤은 여러 추한 형상을 그러모은 가공의 인명이다. 인闉은 구부러졌다는 뜻이고, 기跂는 지肢와 통한다. 지리支離는 육체가 온전하지 못하다는 뜻이나 여기서는 곱사등이를 지칭하는 구傴로 사용됐다. 무순無脤은 언청이로 순脤은 순脣과 같다. 기두견견其脰肩肩의 두脰를 두고 육덕명은 목을 뜻하는 경頸으로 보았다. 견견肩肩은 야위고 작은 모습으로 보는 견해와 가늘고 긴 모습으로 보는 견해가 대립한다. 『주례』「재인梓人」의 정현鄭玄 주를 인용한 후자의 견해가 그럴듯하다.

옹앙대영甕盎大癭 역시 항아리만한 큰 혹이 붙어 있는 가공의 인명이다. 옹甕과 앙盎 모두 항아리를 뜻한다. 큰 혹을 뜻하는 대영大癭의 위치는 목 아래로 보는 견해가 일반적이다. 성망誠忘을 두고 성현영 등은 '덕이 밖으로 드러나지 않은 상태'로 보았다. 이는 '성망'을 매우 부정적으로 평가한 본문의 취지와 배치된다. 그보다는 잊지 말아야 할 것을 잊은 세인들의 행태를 지적한 것으로 봐야 한다. 「대종사」편의 좌망坐忘과 대비되는 용어이다.

지위얼知爲孽의 '얼'은 원래 서자庶子를 뜻하는 말이나 여기서는 부산물의 뜻으로 사용됐다. 주희의 『맹자집주』에 나오는 맹얼萌蘖의 얼蘖과 같은 뜻이다. 맹萌은 싹, 얼蘖은 싹 중에서 곁으로 삐져나온 것을 말한다. 약위교約爲膠의 약約은 사람을 구속하는 유가의 예제, 교膠는 사람을 꼼짝하지 못하게 만드는 인위적인 강제를 상징한다.

덕위접德爲接의 접接을 이케다는 『설문해자』를 인용해 나무를 접붙인다는 뜻의 접椄의 가차로 보았다. 문맥상 이게 타당하다. 엉터리 접붙이기의 뜻이다. 공위상工爲商의 상商은 장삿속을 말한다. 후쿠나가는 자신을 팔아먹는 기예로 해석했다.

4자천국四者天鬻의 '4자'는 불모不謀, 불착不斲, 무상無喪, 불화不貨를 뜻한다. 국鬻은 기른다는 뜻으로 국鞠과 통한다. 이 글자는 먹는 미음을 말할 때는 발음이 '죽'으로 죽粥과 통하고, 물건을 판다는 뜻일 때는 발음이 '육'으로 육儥과 통한다. 묘호소재眇乎小哉의 '묘'는 원래 애꾸눈을 뜻하지만 여기서는 극히 작은 모습을 형상한 것이다. 마서륜은 까끄라기를 뜻하는 묘秒의 가차로 보았다. 오호대재謷乎大哉의 '오'는 원래 탄식하는 소리이나 왕념손은 크다는 뜻으로 풀이했다.

5-14

惠子謂莊子曰, "人故無情乎." 莊子曰, "然." 惠子曰, "人而無情, 何以謂之人." 莊子曰, "道與之貌, 天與之形, 惡得不謂之人." 惠子曰, "旣謂之人, 惡得無情." 莊子曰, "是非吾所謂情也. 吾所謂無情者, 言人之不以好惡內傷其身, 常因自然而不益生也." 惠子曰, "不益生, 何以有其身." 莊子曰, "道與之貌, 天與之形, 無以好惡內傷其身. 今子外乎子之神, 勞乎子之精, 倚樹而吟, 據槁梧而瞑. 天選子之形, 子以堅白鳴."

혜자가 장자로부터 성인에 관한 공자의 얘기를 듣고는 이같이 물었다.

"사람은 원래 무정無情한가?"

"그렇다."

"사람이 무정하다면 어떻게 사람이라고 부를 수 있는가?"

"도는 모습을 주었고 하늘은 형체를 주었다. 어찌 사람이라고 부를 수 없겠는가?"

"이미 사람이라고 부른다면 어떻게 무정할 수 있는가?"

"그대가 말하는 정情은 내가 말하는 '정'과 다르다. 내가 말하는 '무정'은 사람이 호오의 감정에 휘말려 자신에게 내상內傷을 입히지 않는 것을 말한다. 성인이 늘 자연의 도를 좇으면서 무리하게 삶을 더 연장시키려 하지 않는 게 그것이다."

혜자가 다시 물었다.

"삶을 더 연장시키려 하지 않는다면 어떻게 그 몸을 유지할 수 있는가?"

장자가 대답했다.

"사람은 도가 모습을 주고 하늘이 형체를 준 만큼 호오의 감정으로 인해 스스로 내상을 입히는 일을 하지 않아야 한다. 그럼에도 지금 그대는 정반대로 가고 있다. 마음을 밖으로 내보내고, 정신을 고달프게 만들고, 나무에 기대 신음소리나 내고, 말라빠진 오동나무 안석에 기대 졸기나 하고 있으니 말이다. 하늘이 그대에게 형체를 잘 갖춰주었는데도 그대는 견백론堅白論 따위의 궤변이나 늘어놓고 있을 뿐이다."

'도여지모道與之貌, 천여지형天與之形'의 도道와 천天, 모貌와 형形은 같은 말이다. '의수이음倚樹而吟, 거고오이명據槁梧而瞑' 구절은 혜시의 말과 행동을 빗대어 표현한 야유이다. 「천운」편의 '의어고오이음倚於槁梧而吟'과 「제물론」의 '혜자지거오惠子之據梧'와 취지를 같이한다. 천손자지형天選子之形의 손選을 두고 성현영은 『설문해자』를 인용해 갖춘다는 뜻을 지닌 손巽의 가차로 보았다.

혜시와 장자의 논쟁은 정情에 대한 이견에서 비롯된 것이다. 혜시가 볼 때 희로애락으로 표출되는 인간의 '정'은 인간이 인간다울 수 있는 인간의 본연에 해당한다. 그가 거듭 '정'이 없는 인간은 인간이 될 수 없다고 역설한 이유다. 이에 대해 장자는 '정'을 두 가지로 나눠 응대하고 있다. 혜시가 말하는 '정'은 외물에 흔들린 나머지 희로애락으로 표출되는 통상적인 세속인의 유정有情에 해당한다. 그러나 성인은 비록 세속인과 똑같은 모습을 하고 있기는 하나 하늘로부터 부여받은 자연의 도를 충실히 따르고 있는 까닭에 외물에 휘둘리는 희로애락의 '유정'이 존재하지 않는다. 이른바 무정無情이다. 혜시는 현실세계의 '형이하'를 언급하고 있는 데 반해 장자는 관념세계의 '형이상'을 얘기하고 있는 것이다. 두 사람의 논쟁이 계속 겉돌 수밖에 없다.

혜시의 형이하 관점에 설 경우 '유정'과 '무정'을 나누는 장자의 논리는 말장난에 지나지 않는다. 그러나 장자의 형이상 관점에 설 경우 '유정'과 '무정'을 구분하지 못하는 혜시는 속물에 지나지 않게 된다. 현실세계에 발을 붙인 채 명리와 영욕 등의 세속적 가치를 그대로 인용하고 있는 혜시의 입세관入世觀과 초속의 입장에서 세속적 가치와 인위적 덕목을 하찮은 것으로 치부하는 장자의 출세관出世觀이 정면충돌한 결과다. 장자가 볼 때 무위자연의 도에 몸을 맡기면 그 누구도 능히 성인 내지 지인이 될 수 있다. 희로애락에 휘둘릴 이유가 전혀 없는 것이다. 이 장에 나온 '무정'은 바로 이를 말한 것이다. 그가 역설한 '무정'은 '도'를 상징하는 '무위자연'의 또 다른 표현에 해당한다.

제6장 대종사(大宗師)

6-1

知天之所爲, 知人之所爲者, 至矣. 知天之所爲者, 天而生也. 知人之所爲者, 以其知之所知以養其知之所不知, 終其天年而不中道夭者, 是知之盛也. 雖然, 有患. 夫知有所待而後當, 其所待者特未定也. 庸詎知吾所謂天之非人乎. 所謂人之非天乎. 且有眞人而後有眞知.

하늘이 운행하는 이치를 알고 사람이 해야 할 바를 아는 사람은 지극한 존재이다. 하늘이 운행하는 이치를 아는 사람은 자연의 도를 좇아서 산다. 사람이 해야 할 바를 아는 사람은 자신의 지혜로 알 수 있는 것을 토대로 앞으로 살 날 등 알지 못하는 것을 지득하는 까닭에 천수를 다 누리고 중도에 요절하지 않는다. 이런 사람은 지혜가 성대한 사람이다.

비록 그렇지만 여전히 근심거리가 남는다. 지혜라고 하는 것은 대상이 존재해야 타당한 인식이 가능한 까닭에 반드시 일정 기간 기다리는 바가 있어야 합당하게 된다. 그러나 알고자 하는 대상은 끊임없이 유전流轉하는 까닭에 그 기다림이 유독 일정하지 않다. 그러니 내가 자연의 도라고 말한 것이 인위적인 인식이 아니고, 내가 인위적인 인식이라고 말한 것이 자연의 도가 아님을 어찌 알 수 있겠는가? 진인眞人이 존재한 연후에 비로소 진지眞知가 존재한다.

지천지소위知天之所爲와 지인지소위知人之所爲를 두고 박세당은 『맹자』「진심 하」편을 인용해 전자는 본성을 그대로 실천한 요순 등의 성지자性之者, 후자는 본성을 잃었다가 회복한 탕무 등의 반지자反之者에 비유했다. 곽상 등은 여기의 천天을 '자연'의 동의어로 해석했다. 진인이후유진지眞人而後有眞知의 '진인'과 '진지'는 도인과 도를 달리 말한 것이다. 먼저 도인의 경지에 들어가야만 도를 알 수 있다는 뜻이다.

6-2

何謂眞人. 古之眞人, 不逆寡, 不雄成, 不謨士. 若然者, 過而弗悔, 當而不自得也. 若然者, 登高不栗, 入水不濡, 入火不熱, 是知之能登假於道者也若此. 古之眞人, 其寢不夢, 其覺無憂, 其食不甘, 其息深深. 眞人之息以踵, 衆人之息以喉.

누구를 진인이라 하는가? 옛날의 진인은 적다고 거절하지 않았고, 공을 이뤄도 뽐내지 않았고, 인위적으로 일을 꾀하지도 않았다. 그런 사람은 실패해도 후회하지 않고, 일이 응당 성사돼도 우쭐거리지 않는다. 높은 곳에 올라가도 두려워 떨지 않고, 물속에 들어가도 젖지 않고, 불속에 들어가도 뜨거워하지 않는 이유다. 지혜가 도의 경지에 이른 모습이 바로 이와 같다. 옛날의 진인은 잠잘 때 꿈을 꾸지 않고, 깨어 있을 때는 근심이 없고, 먹을 때는 달게 여기지 않고, 숨은 길고 길었다. 진인의 숨은 발꿈치까지 미치나 보통 사람의 숨은 목구멍까지 미칠 뿐이다.

불역과不逆寡의 역逆은 거절, 불웅성不雄成의 웅雄은 자랑한다는 뜻이다. 불모사不謨士의 모謨는 모謀, 사士는 사事와 같다. 『관자』 「군신」편에 똑같은 표현이 나온다. 지지능등격어도자知之能登假於道者의 등격登假은 지식이 도의 경지에 오른다는 뜻이다. 여기의 격假은 지至의 뜻이다. 다만 「덕충부」편에 나오는 택일이등하擇日而登假의 등하登假는 승하昇遐와 같은 뜻이므로 '등격'이 아닌 '등하'로 읽어야 한다. 진인지식이종眞人之息以踵은 발뒤꿈치로 숨을 쉰다는 뜻으로 숨이 길고 편안함을 의미한다.

6-3

屈服者, 其嗌言若哇. 其耆欲深者, 其天機淺. 古之眞人, 不知說生, 不知惡死. 其出不訢, 其入不距. 翛然而往·翛然而來而已矣. 不忘其所始, 不求其所終. 受而喜之, 忘而復之. 是之謂不以心捐道, 不以人助天, 是之謂眞人. 若然者, 其心志, 其容寂, 其顙頯. 凄然似秋, 煖然似春, 喜怒通四時, 與物有宜而莫知其極. 故聖人之用兵也, 亡國而不失人心. 利澤施乎萬世, 不爲愛人. 故樂通物, 非聖人也. 有親, 非仁也. 天時, 非賢也. 利害不通, 非君子也. 行名失己, 非士也. 亡身不眞, 非役人也. 若狐不偕·務光·伯夷·叔齊·箕子·胥餘·紀他·申徒狄, 是役人之役·適人之適, 而不自適其適者也.

남에게 굴복하는 자는 마치 목이 멘 사람처럼 아첨하는 말소리가 토하는 듯하고, 욕심이 많은 사람은 생명을 지속시키는 근본인 천기天機가 얕다. 옛날의 진인은 삶을 즐거워할 줄도 모르고, 죽음을 싫어할 줄도 몰랐다. 태어남을 좋아하지도 않았고, 죽음을 거부하지도 않았다. 홀가분하게 떠나고 홀가분하게 태어날 뿐이다. 삶이 시작된 곳을 잊지 않지만 끝나는 곳을 알려고 하지도 않았다. 생명을 받으면 기뻐하고, 잃으면 자연의 원래 자리로 돌아간다. 이를 일컬어 '마음속으로 도를 버리지 않고, 인위로 무리하게 하늘의 운행을 조장하지 않는다'고 한다. 이들이 바로 '진인'이다.

그런 사람은 마음이 한 곳에 머물러 있는 까닭에 모습은 고요하고, 이마는 소박한 삶을 살기에 주름 하나 없이 넓고 평평하다. 서늘함은 가을 같고, 따뜻함은 봄날 같다. 희로의 감정이 사계절과 통하고, 무심하게 대해 사물과 자연스레 어울리는 까닭에 그 끝을 알 수 없다.

성왕은 용병하면서 적국을 패망시켜도 그 백성들의 인심을 잃지 않고, 이익과 은택을 만세에 미칠 정도로 크게 베풀어도 백성들은 은혜를 입었다고 느끼지 않는다. 부귀와 명성 등 외물과 통하는 것을 즐기며 인위적으로 이를 추구하는 자는 성인聖人이 아니고, 가까운 자만을 차별적으로 친애하면 인인仁人이 아니고, 때를 놓치면 현인賢人이 아니고, 이로움을 추구하지도 않고 해로움을 피하지도 않는 등 이해관계를 하나로 꿰지 못하면 군자君子가 아니고, 명예를 추구하면서 자신을 잃어버리면 사인士人이 아니고, 참된 본성을 지키지 못해 진인이 되지 못하면 남을 부리는 역인役人이 아니다.

호불해狐不偕, 무광務光, 백이伯夷, 숙제叔齊, 기자箕子, 서여胥餘, 기타紀他, 신도적申徒狄 등은 다른 사람이 해야 할 일을 대신 행하면서 다른 사람의 즐거움을 자신의 즐거움으로 여긴 자들이다. 이들이 자신의 즐거움을 스스로 즐거워하지 못한 이유이다.

익언약와嗌言若哇는 비굴하게 웃는 모습을 그린 것이다. 익嗌

은 목이 멘 것으로 일噎의 가차이다. 와哇는 토한다는 뜻의 구嘔와 같다. 『맹자』「등문공 하」편에 '협견첨소脅肩諂笑는 여름에 밭두둑으로 땡볕 아래서 일하는 것보다 더 수고스럽다'는 증자의 언급이 나온다. 고개를 숙여 몸을 수긋하게 하며 아첨하는 웃음을 흘리는 것을 말한다. 대략 '익언약와'와 맥을 같이하는 표현이다.

'기욕심자耆欲深者, 기천기천其天機淺'을 두고 임희일은 성리학의 천리인욕 개념을 도입해 기욕耆欲은 인욕, 천기天機는 천리로 간주하면서 '인욕을 막고 천리를 둔다'는 식으로 해석했다. 그러나 이는 말 그대로 '욕심이 많은 사람은 생명을 지속시키는 근본인 천기가 얕다'로 해석하는 게 낫다. 여기의 기耆는 기嗜의 가차이다.

'소연이왕翛然而往, 소연이래翛然而來'는 생사를 홀가분하게 오가는 모습에 비유한 것이다. 소翛는 얽매임이 없는 모습이다. 육덕명의 판본은 빠르다는 뜻의 숙儵으로 되어 있다. 망이복지忘而復之의 망忘은 망亡의 가차이다. 불이심연도不以心捐道의 연捐을 두고 여러 설이 대립한다. 곽상과 장병린 등은 읍揖, 유월은 배偝, 성현영은 기棄의 뜻으로 새겼다. 대략 '훼손'의 뜻으로 새기는 게 좋을 것이다.

기심지其心志는 그 마음이 한 곳에 머물러 있다는 뜻으로 여기의 지志는 전일專一의 의미이다. 기상규其顙頯의 규頯를 두고 곽상은 소박한 모습으로 새겼다. 소박한 삶을 살기에 주름 하나 없을 정도로 이마가 넓고 평평하다는 뜻을 내포하고 있다. 훤연사춘煖然似春은「덕충부」의 만물과 더불어 지냄으로써 봄날 같은 관계를 유지한다는 뜻의 '여물위춘與物爲春'과 취지를 같이한다. 여기의 훤煖은 훤暄과 통한다.

불위애인不爲愛人의 애愛는 혜惠의 뜻이다. '천시天時, 비현야非賢也'는 기본적으로 문맥이 통하지 않는다. 청대 말기 증국번 휘하에 있던 당대의 문인 왕개운王闓運은 실시失時의 오자로 보았다. 이게 타당하다. 시천時天이 뒤집힌 것으로 간주해 대천待天으로 해석하는 견해도 있으나 이 또한 문맥이 잘 통하지 않는다.

'망신부진亡身不眞, 비역인야非役人也'의 망신亡身을 두고 곽상은 참된 본성을 지키지 못한 것으로 풀이했다. 부진不眞은 진인의 경지에 오르지 못한 것을 말한다. 역인役人은 세상 사람을 부리는 진인을 지칭한 것이다.

호불해狐不偕는 요임금 때의 전설적인 현인이다. 『한비자』「설의」편에 호불계狐不稽로 나온다. 무광務光은 『순자』「성상成相」편에 모광牟光으로 되어 있다. 은나라 탕왕의 선양과 관련한 전설적인 인물이다. 백이伯夷와 숙제叔齊는 『사기』의 「열전」 중 맨 앞에 나오는 인물로 은나라 말기 고죽국 군주의 아들이다. 『논어』와 『맹자』, 『한비자』 등에도 나온다.

기자箕子는 은나라 말기의 충신이다. 서여胥餘에 대해서는 이설이 많다. 사마표 등은 기자의 이름, 육덕명은 기자와 함께 은나라 폭군 주왕에게 충간을 하다 죽은 비간比干의 이름, 성현영은 초나라 대부 오자서의 별명으로 보았다. 기타紀他는 탕왕 때의 전설적인 은자이다. 탕왕이 무광에게 선양했다는 소식을 듣고 자신에게 화가 미칠까 우려해 제자들을 이끌고 관수窾水에 빠져 죽었다는 전설이 있다. 신도적申徒狄 역시 탕왕 때의 인물로 기타의 소문을 듣고 하수에 빠져 죽었다고 한다.

부자적기적자不自適其適者는 호불해 등을 세속의 명성에 혹해 천수를 누리지 못한 자들이라고 비판한 것이다. 군자는 백성들에 앞서 걱정하고 백성들이 즐거워한 연후에 즐거워한다는 선우후락先憂後樂은 유가의 기본입장이다. 이에 반해 장자를 위시한 도가는 남에 앞서 자신의 즐거움을 즐거워할 줄 아는 자적기적自適其適을 내세운다. 양주의 위아爲我사상을 깊이 흡입한 결과로 볼 수 있다. 이에 대해 후쿠나가는 장자를 이같이 옹호했다.

"장자는 역사상 청렴결백한 인물로 추앙받는 인물들을 타인에 의해 뒤흔들리고 타인의 위안거리가 된 '자기상실자' 들이라고 비판한 것이다."

자신에게 부합하는 자신만의 즐거움을 누릴 줄 아는 자유인이 아니라는 주장이다. 장자사상의 가장 큰 특징이자 가장 큰 약점이 여기에 있다. 어지러운 세상에 자신만의 삶을 주장하는 것은 나름 일리가 있다. 그러나 국난의 위기상황마저 개인의 '자유' 를 고집할 경우 국가공동체는 이내 위기에 빠질 수밖에 없다. 개인 해탈에서 출발한 불교가 중국에 유입된 후 '호국불교' 로 뒤바뀐 것은 바로 이 때문이다. 유학이 수천 년 동안 유일무이한 관학으로 군림한 데 반해 장자의 도가사상이 미신적인 신선술 등과 결합해 백성들의 기복신앙으로 전락한 것도 이와 무관치 않다.

6-4

古之眞人, 其狀義而不朋, 若不足而不承. 與乎其觚而不堅也, 張乎其虛而不華也. 邴邴乎其似喜也, 崔崔乎其不得已也. 滀乎進我色也, 與乎止我德也. 廣乎其似世也, 謷乎其未可制也. 連乎其似好閉也, 悗乎忘其言也. 以刑爲體, 以禮爲翼, 以知爲時, 以德爲循. 以刑爲體者, 綽乎其殺也. 以禮爲翼者, 所以行於世也. 以知爲時者, 不得已於事也. 以德爲循者, 言其與有足者至於丘也, 而人眞以爲勤行者也. 故其好之也一, 其弗好之也一. 其一也一, 其不一也一. 其一與天爲徒, 其不一與人爲徒, 天與人不相勝也, 是之謂眞人.

옛날의 진인은 외물과 접촉해 적당한 관계를 유지하면서도 무리를 만들지 않았으니, 겉으로는 부족한 듯 보였으나 실은 남의 도움을 필요로 하지 않을 정도로 독립된 모습을 유지했다. 그 결과 몸가짐이 법도에 맞아 단정하면서도 완고하지 않았고, 마음은 넓고 텅 빈 것 같으면서도 전혀 꾸밈이 없었다. 얼굴은 환하게 밝아 마치 기쁜 일이 있는 듯했고, 행동은 상황이 임박해서야 마지못해 움직이는 듯했다. 기쁨이 충만한 모습을 겉으로 드러내면서도 몸가짐이 법도에 맞아 덕을 안으로 숨긴다. 넓은 도량으로 속세와 함께하는 것 같으면서도 오연히 속세의 법제에 제약받지 않는다. 계속 아무 말도 하지 않아 감추는 것을 좋아하는 것 같으면서도 무심한 까닭에 모든 말을 다 잊어버린다.

옛날의 진인은 형벌을 다스림의 본체, 예교를 날개로 삼았다. 또 지식을 시의時宜를 살피는 기준, 덕을 세인들이 좇아서 행해야 할 준칙으로 삼았다. 형벌을 본체로 삼는 것은 죄인을 처형할 때 너그럽게 대하려는 취지이다. 예교를 날개로 삼는 것은 진인의 정치를 세상에 행하려는 취지이다. 지식을 시의를 살피는 기준으로 삼는 것은 부득이 실무에 필요하기 때문이다. 덕을 세인들이 좇아야 할 준칙으로 삼는 것은 세인들이 진인과 함께 걸어 저절로 목적지인 언덕에 도달하게 만들려는 취지이다. 그리하면 세인들은 실로 자신들이 부지런히 걸어 언덕에 도달한 것으로 여길 것이다.

옛날의 진인은 좋아하는 것도 한가지로 여기고, 좋아하지 않는 것도 한가지로 여긴다. 호오가 일치하는 것도 한가지로 여기고, 일치하지 않는 것도 한가지로 여긴다. 한가지로 여기는 것은 하늘과 더불어 한 무리가 되는 것이고, 한가지로 여기지 않는 것은 사람과 더불어 한 무리가 되는 것이다. 하늘과 사람이 서로를 이기려 하지 않는 것을 일컬어 '진인'이라고 한다.

의이불붕義而不朋을 두고 유월과 마서륜 등은 의義를 아峨, 붕朋을 붕崩으로 보고 '진인의 모습이 높이 솟은 산처럼 당당하면서도 무너지지 않았다'로 새겼다. 이같이 새길 경우 부족한 듯 보이면서도 남에게서 받지 않았다는 뜻을 지닌 '부족이불승不足而不承' 구절과 잘 어울리지 못한다. 곽상은 외물과 더불어 마땅한 관계를 유지하되 붕당을 만들지 않는다는 뜻으로 새겼다.

여호기고이불견與乎其觚而不堅의 여호與乎를 두고 이설이 분분하다. 상수는 의심스러워하는 모습, 성현영은 방황하면서 스스로 만족해하는 모습 등으로 풀이했다. 이는 뒤에 나오는 구절 모두 '~하면서도 ~하지 않다'의 형태를 취하고 있는 점에 비춰 '여여호기사고불견與與乎其似觚而不堅'의 축약형으로 보는 게 타당하다. 『논어』「향당」편에 몸가짐이 법도에 맞는 것을 두고 '여여여야與與如也'로 표현한 구절이 나온다. 이같이 볼 경우 이는 몸가짐이 법도에 맞는 모습을 표현한 것으로 보는 게 적당하다. 고이불견觚而不堅의 고觚에 대해서도 여러 해석이 대립한다. 『논어』「옹야」편에 고불고觚不觚 구절이 나온다. 모난 술잔이 모나지 않다는 뜻이다. 여기서도 같은 뜻으로 새기는 게 옳다. 이 경우 '고이불견'은 태도가 단정하면서도 완고하지 않다는 뜻이 된다. 이같이 해석하는 게 문맥상 자연스럽다.

축호진아색滀乎進我色은 자신의 기쁜 감정을 얼굴에 그대로 드러낸다는 뜻이다. 여기의 축滀은 물을 가득 채운다는 뜻이다. 진아색進我色은 뒤따르는 구절의 지아덕止我德과 대구를 이룬다. 광호기사세廣乎其似世는 넓은 도량으로 세인들과 어울리는 것을 말한다. 광廣이 엄하다는 뜻의 여厲로 된 판본도 있으나 이 경우 문맥이 잘 통하지 않는다. 이로 인해 유월 등은 세世를 태泰의 가차로 보는 등 여러 해석을 시도했으나 모두 억지 해석에 가깝다. 최선본에 '광'으로 되어 있는 만큼 이를 좇으면 된다. 문호망기언悗乎忘其言의 문호悗乎는 마음에 전혀 얽매인 것이 없는 무심한 모습을 지칭한 것이다.

'이형위체以刑爲體, 이례위익以禮爲翼' 구절은 도가사상이라기보다는 법가사상에 가깝다. 이로 인해 청대 말기 『후흑학』을 쓴 이종오李宗吾와 서신을 통해 깊은 인연을 맺은 바 있는 장묵생張默生은 『장자』 '내편'의 일반적인 주장과 차이가 있다는 점 등을 근거로 '이형위체' 이하의 구절 모두 삭제해야 한다고 주장했다. 그러나 이는 '내편' 모두 장자의 글이라는 선입견에서 비롯된 것으로 채택키가 어렵다. 그보다는 이케다의 주장처럼 '내편'에도 후대인의 가필이 있었다고 보는 게 합리적이다.

'기일여천위도其一與天爲徒, 기불일여인위도其不一與人爲徒'는 외물의 접촉을 통한 호오好惡의 감정을 하나로 꿰어 같은 것으로 여기면 천도天道, 그렇지 못하면 인도人道의 길을 걷게 된다는 취지이다. 성인과 범인이 갈리는 이유이다. 천도를 절대불변의 진리로 간주한 맹자가 바로 이런 주장을 펼쳤다. '무위자연'의 도를 역설한 장자 역시 기본취지 면에서 맹자와 궤를 같이한다. 절대자인 인격신을 상정한 묵가의 천지天志도 크게 다를 바가 없다. '무위'와 '무정無情'을 천도의 세계, '유위'와 '유정有情'을 인도의 세계로 상정한 결과이다.

주목할 것은 천도와 인도가 서로 다투지 않는 경지에 이른 사람이 '진인'이라는 뜻을 지닌 '천여인불상승야天與人不相勝也, 시지위진인是之謂眞人'의 후속 구절이다. 이는 세속적인 가치관과 덕목, 관행 등을 타기하며 초속의 '무위자연'을 역설한 장자의 입장과 배치된다. 오히려 도를 해치지 않는 범위 내에서 세속적인 명리의 추구를 한정적으로 인정한 열자의 입장에 가깝다. 열자 계열의 후대 도가들이 이 구절을 끼워넣었을 가능성을 배제할 수 없다.

크게 보면 원래 성리학자들이 말하는 성性과 이理는 바로 '무위'와 '무정'을 달리 표현한 것에 지나지 않는다. 이는 맹자가 역설한 '천도'를 이기론으로 정리한 결과이다. 이기론에 등장하는 정情과 기氣 개념은 '유위'와 '유정'을 달리 표현한 것으로 '인도'에 해당한다.

『소요유』와 『제물론』편에 나오는 수많은 일화가 보여주듯이 장자는 '무위자연'의 도를 절대시한 까닭에 이와 배치되는 세속의 인위적인 '유위'를 극도로 타기하는 입장을 보였다. 이는 기본적으로 '천도'를 역설한 맹자의 입장과 궤를 같이하는 것이다. 맹자는 천도에서 벗어난 인도를 타도 대상으로 삼았다. 그가 동서고금을 막론하고 사상 최초로 소위 폭군방벌론暴君放伐論을 전개한 이유이다.

장자 역시 '무위자연'의 도에 어긋나는 일체의 '유위'를 폄훼한 점에서 맹자와 별반 다를 게 없다. 맹자의 '천도'와 장자의 '무위자연', 주희의 '천리', 묵자의 '천지' 모두 절대불변의 진리를 상정한 데서 출발하고 있다. 논리전개의 방식 및 표현만 다를 뿐이다. 이들을 하나로 묶어 소위 형이상학파形而上學派로 규정할 수 있는 이유가 여기에 있다. 이는 서양 철학사에서 19세기 이후 독일을 중심으로 극성했던 소위 관념철학觀念哲學과 궤를 같이하는 것이다. '순수이성'을 언급한 칸트와 '관념적 자아'를 주장한 셸링, '절대정신'을 역설한 헤겔 등이 이에 속한다.

경험론이 아닌 합리론에 의해 이성 중심의 관념철학을 집대성한 칸트는 상대적 진리가 아닌 절대적이며 보편적인 진리가 있다고 주장한 점에서 주희와 닮았다. 주희는 절대선인 인의예지仁義禮智의 사덕四德을 언급한 맹자의 주장을 이어받아 항구불변의 절대선인 천리天理를 역설했다. 칸트는 '순수이성'을 통해 명확히 확인된 선을 실천하기 위한 것이 '실천이성'이고, 실천이성에 의한 명령이 '정언명령'이라고 말했다. 이는 맹자가 길을 가는 필부일지라도 인간에게 선험적으로 존재하는 선한 본성인 측은지심惻隱之心 등의 사덕四德을 발휘하면 마침내 성인이 될 수 있다고 주장한 것과 닮았다.

칸트가 아무런 대가도 바라지 않고 오로지 내면의 순수이성에 의해 선하다고 판단한 보편적 진리를 정언명령에 기초한 실천이성을 통해 구현하고자 한 것도 맹자가 '인도'를 '천도'의 수준으로 끌어올리고자 한 것과 유사하다. 칸트는 인간을 어떤 목적을 달성하기 위한 수단으로 바라보는 '가언명령'을 거부하며 인간 자체를 목적으로 대하는 '정언명령'을 역설했다. 그가 '인간을 항상 수단이 아닌 목적으로 대하라'고 주장하는 이유이다. 이는 맹자가 부국강병의 계책을 묻는 양혜왕의 질문에 '하필 이익을 말하는가? 오직 인의만 있을 뿐이다'라고 질타한 것과 맥을 같이한다.

피히테가 칸트의 후견 아래 실천이성에 초점을 맞춘 주관적 관념론을 역설하고 나서자 셸링은 이를 객관적 관념론으로 일변시켜 헤겔에게 넘겨주면서 훗날 하이데거로 상징되는 실존주의의 단초를 열었다. 헤겔은 관념철학을 총동원해 신의 존재를 규명하는 과정에서 셸링의 객관적 관념론을 절대적 관념론으로 전환시켰다. 이후 사회현실을 중시하는 입장에서 헤겔을 비판한 포이어바흐 등 헤겔 좌파의 사상은 마르크스주의로 연결되었다.

애초부터 관념철학으로 신의 존재를 규명하고자 한 헤겔 신학을 맹렬히 비판했던 쇼펜하우어의 반이성적인 의지의 철학은 이후 '신은 죽었다'고 언명한 니체의 무신론으로 연결된다. 이로 인해 두 사람은 이단아로 몰리게 되었다. 이들의 행보는 성선性善을 주장한 맹자를 비판하며 정악情惡 내지 성악性惡을 주장했다가 이단으로 몰린 순자 및 한비자 등에 비유할 만하다.

맹자를 속유俗儒로 질타한 순자 등은 인간이 인식할 수 없는 형이상의 절대불변의 진리를 거부하고 현실에 기초한 경험을 중시했다. 성인의 '무정'을 역설한 장자를 맹비난하며 현실세계에 발을 붙이고 있는 인간의 '유정'을 인간존재의 대전제로 설정한 혜시를 비롯해 사단 문제를 놓고 맹자와 논쟁을 벌인 고자告子 등은 순자의 선구자에 해당한다. 이들은 맹자 등의 '형이상학파'와 대비되는 '형이하학파'로 분류할 수 있다.

서양 철학사에서 '형이하학파'는 영국을 중심으로 활약한 경험철학經驗哲學으로 나타났다. 그 연원은 고대 그리스의 소피스트에 소급한다. 시기적으로 장자와 논쟁을 벌인 혜시가 활약한 때와 비슷하다. 이들 소피스트들은 소크라테스의 이성주의 합리론 내지 플라톤의 초월주의 관념론과 격렬히 맞섰으나 이내 이단으로 몰리고 말았다. 동양에서 순자가 공자 사당에서 쫓겨난 것과 닮았다.

20세기에 들어와 서양은 과학의 눈부신 발전과 더불어 경험적 사실이 중시되면서 영미 계통의 경험철학이 새삼 각광을 받기 시작했다. 영국의 비트겐슈타인이 1921년에 나온 『논리철학논고』를 통해 '철학의 모든 것은 언어비판이다'라고 선언한 이후 영미의 경험철학은 기호학 및 언어분석철학 등으로 진화하면서 기존의 관념철학을 완전히 압도했다. 그러나 기호학은 하나의 연구방법에 불과하고, 언어분석철학은 서구의 언어만을 중심으로 인공언어 등을 상정하다가 스스로 지리멸렬해지고 말았다.

20세기 후반부터 독일의 관념철학과 영미의 경험철학을 대신해 각광을 받기 시작한 것은 프랑스의 실증철학이다. 당초 독일의 관념철학은 어둡고 깊은 색채의 사색을 담고 있다. 실용을 강조하는 영미의 경험철학이나 명징을 강조하는 프랑스 실증철학의 흐름과 대비된다.

이는 그들의 조상이 험난한 풍토에서 생장한 역사문화 전통과 무관치 않다. 칸트와 헤겔을 위시한 독일의 관념철학자 모두 게르만족의 '고향'에 대한 향수와 온화한 풍토의 '이상향'에 대한 동경을 지니고 있다. 사색을 독일 철학의 특징으로 꼽는 이유이다.

이와 달리 프랑스의 실증철학은 현실의 인간에 바탕을 두고 사물을 생각하는 소위 '인간학'에서 출발하고 있다는 데 그 특징이 있다. 실증과학과 무관하게 발전한 독일의 관념철학과 달리 프랑스의 실증철학은 언제나 실증과학과의 밀접한 상호관계 속에서 발전해 왔다. 데카르트와 더불어 프랑스 실증철학을 대표하는 파스칼은 철학자이기 이전에 천재적인 수학자이며 물리학자였다. 18세기 이후 20세기에 이르기까지 대다수 철학자가 뛰어난 과학자이기도 한 이유가 여기에 있다.

원래 로마의 합리주의 및 실용주의 전통을 이은 프랑스는 역사문화 전통 자체가 어두운 산림과 늪 속에서 생활해야만 했던 게르만족의 전통을 이은 독일의 추상적인 이상론과 거리가 멀다. 실제로 프랑스는 사실에 관한 구체적인 분석을 시도하고 직접적인 인간 관찰의 결과로서 얻어진 실증적인 인식 위에 철학을 구축하고자 했다. 공자가 역설한 학행學行과 덕행德行 중 덕행을 중시한 맹자와 달리 학행을 중시한 순자의 행보와 닮았다. 공자사상은 흔히 '공맹'으로 알려진 것과 달리 맹자가 아닌 순자로 이어졌다.

순자는 죽을 때까지 학문을 닦을 것을 역설했다. 심성의 수행을 통해 성인이 될 것을 역설한 맹자와 극명한 대조를 이루는 대목이다. 프랑스 실증철학의 창시자인 데카르트가 명증明證을 역설한 것과 닮았다. 그의 철학적 방법은 기하학을 연구하다가 찾아낸 것이다. 명증은 모든 것에 적용된다. 그는 『정념론』을 통해 인간의 마음속에 숨어 있는 비합리성을 꿰뚫어 보았다. 이는 한비자 성악설의 원형에 해당하는 순자의 '정악설情惡說'과 사뭇 닮아 있다. 맹자의 '천도'와 주희의 '천리'를 방불하는 '순수이성'과 '정언명제'를 언급한 칸트와 대비되는 대목이다. 데카르트의 반형이상학적인 기질은 이후 볼테르와 루소를 비롯해 사회과학의 창시사인 콩트 등으로 이어졌다.

프랑스 철학은 신의 존재를 증명하기 위해 유별난 조어造語를 만들어낸 독일의 관념철학과 달리 언제나 사실에 직핍해 통상적인 언어로 이를 설명하고자 한다. 그런 점에서 공자와 제자들의 대화를 묶어놓은 『논어』의 문체와 사뭇 닮아 있다. 프랑스 철학을 통상 보편적인 인간성에 호소하는 '인간철학'으로 부르는 것도 이와 무관치 않을 것이다. 실제로 공자사상이 볼테르를 위시한 프랑스의 계몽사상가에게 미친 영향은 거의 절대적이었다.

6-5

死生命也, 其有夜旦之常, 天也. 人之有所不得與, 皆物之情也. 彼特以天爲父, 而身猶愛之, 而況其卓乎. 人特以有君爲愈乎己, 而身猶死之, 而況其眞乎. 泉涸, 魚相與處於陸, 相呴以濕, 相濡以沫, 不如相忘於江乎. 與其譽堯而非桀也, 不如兩忘而化其道.

죽고 사는 생사의 문제는 자연의 명命에 속한 것으로 생사가 밤낮처럼 일정하게 순환하는 것은 자연의 상도이다. 이는 사람이 관여할 수 있는 게 아니니 이게 사물의 실정實情이다. 사람들은 단지 하늘을 부모로 여겨 몸처럼 사랑하고 있는데 하물며 하늘보다 더 뛰어난 도이겠는가? 또 사람들은 줄곧 군주를 자신보다 높다고 여겨 몸을 바치기도 하는데 하물며 참된 도를 사랑하는 더 뛰어난 군주인 진군眞君

이겠는가?

샘이 마르면 물고기들이 땅 위에 남아 서로 숨을 불어주고 거품으로 적셔준다. 그러나 이는 강과 넓은 호수에서 서로 잊고 사느니만 못하다. 요를 기리고 하나라 걸을 비난하는 것은 둘 다 잊고 자연의 도와 일체가 되느니만 못하다.

기유야단지상其有夜旦之常의 유有를 두고 증국번의 제자로 경사대학당 총교습을 지낸 오여륜吳汝綸은 유猶의 가차로 보았다. 이천위부以天爲父를 두고 뒤에 나오는 군君과 대조를 이루는 것으로 파악해 '이부위천以父爲天'의 잘못으로 보는 견해도 있으나 원문 그대로 해석할지라도 문맥상 별 무리가 없다. 상구이습相呴以濕은 서로 습기를 뿜어준다는 뜻이고, 상유이말相濡以沫은 서로 거품으로 적셔준다는 뜻이다. 뭍으로 나온 물고기가 헐떡이는 모습을 이같이 의인화해 표현한 것이다. 「천운」편을 보면 공자와 노담의 대화 중 노담의 언급에 이 얘기가 나온다. 요와 걸을 모두 잊을 것을 권한 것은 성군과 폭군을 나누는 기준 자체가 인위적인 까닭에 그런 시비논란에 휘말릴 필요가 없다는 취지이다.

6-6

夫大塊載我以形, 勞我以生, 佚我以老, 息我以死. 故善吾生者, 乃所以善吾死也. 夫藏舟於壑, 藏山於澤, 謂之固矣. 然而夜半有力者負之而走, 昧者不知也. 藏小大有宜, 猶有所遯. 若夫藏天下於天下而不得所遯, 是恒物之大情也. 特犯人之形而猶喜之. 若人之形者, 萬化而未始有極也, 其爲樂可勝計邪. 故聖人將遊於物之所不得遯而皆存. 善夭善老, 善始善終, 人猶效之, 又況萬物之所係而一化之所待乎.

무릇 대자연은 나에게 육신을 주어 세상에 살게 하고, 삶을 주어 수고롭게 하고, 노쇠케 만들어 편안하게 하고, 죽음을 내려 쉬도록 만든다. 나의 삶을 좋은 것으로 여기는 것은 바로 나의 죽음을 좋은 것으로 여기는 배경이 된다.

사람들은 배를 골짜기에 감추고 산을 연못 속에 감춘 뒤 매우 안전하다고 말한다. 한밤중에 큰 바람이 일어나는 등의 자연의 조화로 인해 일거에 사라질 수도 있으나 잠자는 사람은 이를 알지 못한다. 크고 작은 것을 감추는 데는 각기 마땅한 곳이 있으나 그래도 훔쳐 달아나는 일이 빚어진다. 그러나 천하를 그 천하 속에 감추면 훔쳐 달아날 곳이 없게 된다. 이것이 일정불변한 사물의 큰 진실이다.

세인들은 사람의 형체로 빚어져 세상에 나온 후에는 유독 이 사실만 기뻐한다. 원래 사람의 형체란 천만 가지로 변화해 시작도 끝도 없는 천지변화의 한 가지 형태에 불과하다. 변화에 일정함이 없으니 그에 따른 즐거움 또한 어찌 다 헤아릴 수 있겠는가?

성인은 만물을 훔쳐 달아날 수 없는 만물제동의 세계에 노닐며 사람의 형체만을 유독 좋아하는 세인들과 달리 모든 것을 있는 그대로 보존한다. 일찍 죽는 것도 좋아하고, 오래 사는 것도 좋아한다. 삶도 좋은 것으로 여기고, 죽음도 좋은 것으로 여긴다. 세인들은 이것조차 본받으려 하는데 하물며 만물이 매여 있고 만물의 모든 변화가 시종 하나로 귀일되는 도이겠는가?

대괴大塊는 대자연, 즉 도를 상징한다. 조물자로 보는 견해도 있다. 『회남자』「숙진훈」편에도 이 대목이 나온다. 일아이로佚我以老는 늙게 만들어 수고롭게 한다는 뜻으로 「숙진훈」편에는 일佚이 일逸로 되어 있다.

장산어택藏山於澤의 산山을 두고 유월은 물고기를 잡는 어구인 오구, 즉 산汕의 가차로 보았다. 그러나 이 대목은 인간의 얕은 꾀를 지적한 것이므로 원문 그대로 해석하는 게 타당하다. 곽상과 성현영 등도 그같이 해석했다.

유력자부지이주有力者負之而走는 힘이 센 자가 배를 등에 지고 달아난다는 뜻으로 거센 바람 등이 몰아쳐 배를 흔적도 없이 사라지게 만드는 현상을 의인화해 표현한 것이다. 매자부지昧者不知는 변화를 지각하지 못하는 어리석은 사람을 잠자는 사람에 비유한 것이다. 장천하어천하藏天下於天下는 천하의 모든 존재를 천하 속에 있는 그대로 존재하게 만든다는 뜻이다. 범인지형犯人之形은 사람의 모습을 훔쳤다는 뜻으로 『회남자』「숙진훈」편에는 범인지형範人之形으로 되어 있다. 조물자가 사람의 형상으로 빚어냈다는 의미이다. 「대종사」편은 장藏과 대비되는 뜻을 부각시키기 위해 범範 대신 범犯을 쓴 것이다. 『장자』의 가필이 『회남자』가 나오는 전한 초기 이후에도 계속됐음을 시사한다.

6-7

夫道有情有信, 無爲無形, 可傳而不可受, 可得而不可見. 自本自根, 未有天地, 自古以固存. 神鬼神帝, 生天生地. 在太極之先而不爲高, 在六極之下而不爲深, 先天地生而不爲久, 長於上古而不爲老. 狶韋氏得之, 以挈天地. 伏戲氏得之, 以襲氣母. 維斗得之, 終古不忒. 日月得之, 終古不息. 堪坏得之, 以襲崑崙. 馮夷得之, 以遊大川. 肩吾得之, 以處大山. 黃帝得之, 以登雲天. 顓頊得之, 以處玄宮. 禺强得之, 立乎北極. 西王母得之, 坐乎少廣, 莫知其始, 莫知其終. 彭祖得之, 上及有虞, 下及五伯. 傅說得之, 以相武丁, 奄有天下, 乘東維, 騎箕尾而比於列星.

무릇 도는 정情과 믿음은 있으나 작용이나 형체는 없다. 마음으로 전해줄 수는 있으나 손으로 주고받을 수는 없고, 마음으로 터득할 수는 있으나 눈으로 볼 수는 없다. 스스로를 근본으로 삼는 것은 천지가 있기 전 이미 오랜 옛날부터 엄연히 존재한 탓이다. 귀신과 상제를 신령하게 하고, 천지를 만들고, 태극보다 앞서 존재했다. 그럼에도 높은 체하지 않고, 육극六極 아래 머물면서도 깊은 체하지 않고, 천지보다 앞서 존재했는데도 오래된 체하지 않고, 상고上古보다 더 오래됐는데도 늙은 체하지 않는다.

희위씨豨韋氏는 이를 얻어 천지를 손에 넣었고, 복희씨伏戱氏는 이를 얻어 기氣의 근원을 취했고, 북두성北斗星은 이를 얻어 영원토록 어긋나지 않고, 일월日月은 이를 얻어 영원토록 쉬지 않고, 감괴堪壞는 이를 얻어 곤륜산을 받아들였고, 풍이馮夷는 이를 얻어 큰 냇물을 흐르게 했고, 견오肩吾는 이를 얻어 태산에 머물렀고, 황제黃帝는 이를 얻어 구름 저편의 하늘에 올랐고, 전욱顓頊은 이를 얻어 북방의 궁에 거처했고, 우강禺强은 이를 얻어 북극의 바다에 섰다. 서왕모西王母는 이를 얻어 소광산少廣山에 앉아 영생을 누렸으니 그 시작과 끝을 알 수 없다. 팽조彭祖는 이를 얻어 순임금 때부터 하·은·주 3대의 5패 때까지 무려 8백 년을 살았다. 부열傅說은 이를 얻어 은나라 무정武丁의 재상이 되어 천하를 모두 소유했고, 사후에는 동유성東維星을 타고 기성箕星과 미성尾星을 몰아 별들의 무리에 끼었다.

유정유신有情有信의 정情과 신信은 도가 진실한 존재임을 표현한 것으로 실實의 뜻이다. 「응제왕」과 「추수」편에도 기지정신其知情

信과 시신정호是信情乎 표현이 나온다. 무위무형無爲無形을 두고 성현영은 '고요하고 적막한 것이 무위이고, 보아도 보이지 않는 것이 무형이다' 라고 풀이했다.

가전이불가수可傳而不可受의 전傳은 「양생주」편에 나오는 화전火傳의 '전' 과 같은 뜻으로 여기서는 정신적인 깨달음을 뜻한다. 수受는 물건을 주고받는다는 뜻이다. 신귀신제神鬼神帝의 신神은 신령하게 만든다는 뜻의 동사로 사용된 것이다. 태극지선太極之先의 선先을 두고 유월은 곧이어 나오는 육극지하六極之下를 근거로 태극지상太極之上으로 풀이해야 한다고 주장했다. 그러나 '태극지선' 은 시간적인 선후, '육극지하' 는 공간적인 상하를 논한 것으로 원문 그대로 풀이하는 게 옳다. '6극' 은 동·서·남·북·상·하를 말한다. 「제물론」의 6합六合과 같다. 「응제왕」편에는 육극지외六極之外로 나온다.

시위씨豨韋氏는 문자로 기록되기 이전의 상고시대 제왕의 명칭이다. 유월은 『춘추좌전』과 『국어』 등에 시위豕韋 명칭이 나오고 있는 점에 주목해 은나라 때의 패자覇者로 간주했다. 설천지挈天地를 성현영은 설挈을 계契로 보고 '천지에 부합하다' 의 뜻으로 풀었으나 문맥상 천지를 동여맨다는 원래의 뜻대로 풀이하는 게 낫다. 이습기모以襲氣母의 습襲은 취取의 뜻이고, 기모氣母는 원기元氣의 근원을 뜻한다.

유두維斗는 북두성을 의미한다. 유維를 두고 대부분 북두성이 뭇별의 중심축인 강유綱維로 존재한 까닭에 '유두' 라는 표현을 쓴 것으로 풀이했다. 그러나 『시경』에는 '유' 가 명사 앞에 붙은 유작維鵲 및 유구維鳩를 비롯해 별자리 명칭 앞에 붙은 유삼維參 등의 표현이 나온다. 여기의 '유' 는 단지 글자 수를 맞추기 위해 의미 없이 붙인 어조사에 불과하다.

감배堪坏는 곤륜산의 신을 말한다. 사마표는 사람 얼굴에 짐승 몸을 한 신으로 보았다. 이습곤륜以襲崑崙의 습襲은 입入의 뜻이다. 풍이馮夷는 황하의 신을 말한다. 빙馮은 인명 또는 지명으로 쓰일 때 '풍'으로 읽는다. 『산해경』에는 빙이氷夷, 『목천자전』에는 무이無夷로 나온다.

견오肩吾는 태산의 신이다. 「소요유」편에 나온 바 있는 '견오'는 「응제왕」 및 「전자방」편에도 나온다. 이케다는 견오가 다른 편에서는 보통 사람으로 묘사되고 있는 데 반해 「대종사」편에서는 신선으로 나오고 있는 점에 주목해 시간이 지나면서 신선으로 바뀌었을 가능성을 제기했다. 그러나 여기의 '견오'는 하나라 때의 패자로 전해지는 곤오昆吾의 가차일 공산이 크다. 주희는 『맹자집주』「고자 상」편 주석에서 '하나라의 곤오를 비롯해 은나라의 대팽大彭과 시위豕韋, 주나라의 제환공과 진문공을 5패五霸로 부른다'는 정공저丁公著의 해석을 인용해 놓았다. 이는 춘추5패 이전에 이미 하·은·주 3대에 걸친 '5패'의 명칭이 존재했음을 시사한다. 이 대목에서 전설상의 인물인 3황三皇 중 복희와 황제를 비롯해 5제五帝의 일원인 전욱, 5패의 일원인 은나라 패자 시위 등의 이름이 나오고 있는 점에 비춰 견오 역시 하나라 패자 곤오를 지칭한 것으로 보는 게 타당하다.

황제黃帝는 복희伏犧 및 신농神農과 더불어 '3황'으로 불리는 전설상의 제왕으로 이름은 헌원軒轅이다. 전욱顓頊은 소호少昊, 제곡帝嚳, 요堯, 순舜과 더불어 '5제'로 불리는 전설상의 제왕으로 성은 고양씨高陽氏이다. 현궁玄宮은 북방의 궁으로 현玄은 오행의 방위색인 검은색을 뜻한다. 우강禺强은 전설상의 신으로 북해를 다스렸다. 『산해경』에 따르면 사람의 얼굴에 새의 몸을 가졌다. 『회남자』「추형훈墬形訓」에는 우강隅强으로 나온다.

서왕모西王母는 전설상의 여신으로 『산해경』에는 사람의 얼굴에 표범의 꼬리와 범의 이빨을 지녔고, 휘파람을 잘 불었다고 전해지나 『목천자전』에는 주나라 목왕의 연인으로 나온다. 명대에 나온 『서유기』는 서왕모와 주목왕의 로맨스를 모티브로 한 소설이다. 내용은 실화를 토대로 한 것이나 이야기 구조는 『목천자전』을 그대로 차용했다. 주목왕이 서역 여행 끝에 곤륜산에 이르러 서왕모를 만나 사랑에 빠졌다 돌아왔다는 이야기 구조는 실존인물인 삼장법사의 불경 입수 과정과 흡사하다. 작가 오승은吳承恩은 『목천자전』에 나타나 있듯이 서방의 곤륜산을 낙원으로 생각하는 전통 위에 불교 유입 후 형성된 서방정토淨土에 대한 종교적 열망을 덧씌워 『서유기』라는 대하소설을 만들어낸 것이다.

하급오백下及五伯을 두고 춘추5패로 해석하는 견해도 있으나 문맥상 하나라의 곤오 등을 포함한 하 · 은 · 주 3대의 5패로 보는 게 타당하다. 부열傅說은 은나라의 중흥주인 고종 때의 명재상을 말한다. 엄유천하奄有天下의 엄奄을 두고 마서륜은 모든 것을 덮어씌운다는 뜻을 지닌 엄弇의 가차로 보았다. 승동유乘東維는 동유성東維星에 올라탔다는 뜻으로 부열이 사후에 별이 되었다는 의미이다.

6-8

南伯子葵問乎女偊曰, "子之年長矣, 而色若孺子, 何也." 曰, "吾聞道矣." 南伯子葵曰, "道可得學邪." 曰, "惡, 惡可. 子非其人也. 夫卜梁倚有聖人之才而無聖人之道. 我有聖人之道而無聖人之才. 吾欲以敎之, 庶幾其果爲聖人乎. 不然, 以聖人之道告聖人之才, 亦易矣. 吾猶守而告之, 參日而後能外天下. 已外天下矣, 吾又守之, 七日而後能外物. 已外物矣, 吾又守之, 九日而後能外生. 已外生矣, 而後能朝徹. 朝徹而後能見獨, 見獨而後能無古今, 無古今而後能入於不死不生.

殺生者不死, 生生者不生. 其爲物無不將也, 無不迎也, 無不毁也, 無不成也. 其名爲攖寧. 攖寧也者, 攖而後成者也."

남백자규南伯子葵가 여우女偊 선인에게 물었다.

"당신은 나이가 많은데 얼굴이 어린아이와 같으니 이는 어쩐 일이오?"

여우가 대답했다.

"도를 알기 때문이다."

남백자규가 물었다.

"도라는 것이 배워서 알 수 있는 것입니까?"

여우가 대답했다.

"아, 어찌 배울 수 있겠는가? 그대는 도를 배울 사람이 아니다. 복량의卜梁倚 같은 사람은 성인의 재능은 있으나 성인의 도는 없고, 나는 성인의 도는 있으나 성인의 재능은 없다. 그래서 내가 복량의에게 성인의 도를 가르쳐 줄 생각이지만 그가 과연 성인처럼 될 수 있는 것일까? 설령 그리되지 않을지라도 도는 아는 것보다 실천이 어려운 만큼 성인의 도를 지니고 있는 사람이 성인의 재능이 있는 사람에게 일러주는 것은 쉬운 일이다.

내가 그래도 그의 행동을 지켜보면서 차근차근 도에 관해 일러주자 그는 3일 뒤 천하를 도외시했다. 그가 천하를 도외시한 후 내가 또 지켜보니 그는 7일 뒤 모든 사물을 도외시했다. 그가 모든 사물을 도외시한 후 내가 또 지켜보니 그는 9일 뒤 자신의 삶을 도외시했다. 그는 자신의 삶을 도외시한 후 아침 햇살과 같은 경지에 도달했다. 아침 햇살과 같은 경지에 도달한 후 홀로 우뚝 선 도를 볼 수 있었고, 홀로 우뚝 선 도를 본 후 시간의 흐름을 다 잊을 수 있었고, 시간의 흐름을 잊은 후 죽음도 삶도 없는 경지로 들어갔다.

살아 있는 것을 사멸시키는 존재는 그 자신이 사멸하지 않고, 살아 있는 것을 생성하는 존재는 그 자신이 생성되지 않는다. 스스로 가도록 놓아두기에 보내지 않는 사물이 없고, 스스로 맞이하도록 놓아두기에 맞이하지 않는 사물이 없다. 또한 스스로 허물어지도록 놓아두기에 허물지 않는 사물이 없고, 스스로 이뤄지도록 놓아두기에 이루지 않는 사물이 없다. 이를 일컬어 혼돈의 안정이라는 뜻의 영녕攖寧이라고 한다. '영녕'은 사물과 뒤섞이며 우호적인 관계를 맺는 것을 말한다."

남백자규南伯子葵는 「제물론」의 남곽자기南郭子綦 및 「인간세」와 「서무귀」편의 남백자기南伯子綦와 같은 인물이다. 다만 남곽자기 및 남백자기는 이미 도를 터득한 데 반해 남백자규는 아직 도를 알지 못한 사람으로 나오고 있는 게 다르다.

여우女偊는 중국 신화에서 우주를 창조한 여신 여와女媧를 말한다. 청대에 나온 조설근曹雪芹의 『홍루몽紅樓夢』은 애정소설이지만 구성만큼은 창조의 여신 여와를 모티브로 삼고 있다. 『홍루몽』의 서두에 나오는 '여와가 오색의 돌을 불로 다듬어 푸른 하늘을 기웠다'는 대목이 그 증거다. 이 돌은 인간세상의 부귀영화를 누리고 싶어 도가의 묘묘진인渺渺眞人 등에게 간청해 소설의 주인공인 가보옥賈寶玉으로 태어난다. 그는 현생에서 아름다운 여인들과 세상의 기쁨과 슬픔을 모두 맛본 후 다시 청경봉 아래의 돌로 돌아간다.

원래 서양 소설은 신화, 서사시, 로망스, 근대 소설의 경로를 밟았다. 중국 소설은 서사시의 단계가 없고 선진시대의 신화神話에서 위진 남북조의 지괴志怪, 수당대의 전기傳奇, 명청대의 소설小說로 발전했다. 지괴는 기괴한 일을 적어놓은 짧은 이야기를 뜻한다. 삼국시대에서 남북조를 거쳐 수당대에 이르기까지 불교와 도교의 흥행으로 사람들이 기괴하고 기이한 일들을 자주 얘기하자 문인들이 이런 괴담을 기록하기 시작했다. 거리의 소문이나 자질구레한 이야기를 뜻하는 소설小說이 등장한 배경이다.

당나라 때 지괴가 한층 발전해 하나의 소설 양식으로 정착했다. 그게 바로 전기傳奇이다. 기이한 얘기를 전한다는 뜻이다. 송원대에 들어와 삼국시대 등을 청중에게 구수한 입담으로 전해주는 전문적인 이야기꾼이 등장하고 잡극雜劇에 사용되는 희곡문학이 유행하면서 전기소설은 이내 사라지고 희곡 대본을 책으로 찍어내는 소설시대가 열리게 되었다. 명청대에 들어와 방대한 분량의 소설이 등장하게 된 배경이다. 조선은 갑오개혁 이전까지 여전히 '전기소설'이 유행했다.

복량의卜梁倚는 '복량'이 성, '의'가 이름인 가공의 인물이다. 수이고지守而告之를 두고 왕선겸은 수이불거守而不去로 해석하는 등 이설이 분분하다. 차근차근 도에 관해 일러주었다는 뜻으로 해석하는 게 타당하다. 조철朝徹은 아침 햇살이 모든 것을 밝게 비추는 것처럼 도를 깨우쳤음을 의미한다. 여기의 철徹은 사물을 밝게 안다는 뜻의 통철通徹과 통한다. 견독見獨은 홀로 우뚝 선 도를 본다는 뜻이다. 풍우란은 『중국철학사』에서 '견독'을 이같이 풀이했다.

"장자에게 도는 절대이다. 도와 대립되는 것은 없다고 생각해 '견독'이라고 한 것이다."

영녕攖寧의 영攖을 두고 곽상은 이를 영縈과 같은 것으로 보고 외부의 사물과 어지럽게 얽혀 함께 어울린다는 뜻으로 풀이했다. 녕寧은 외부의 사물과 조화를 이룬다는 뜻이다. 성현영은 '영'과 '녕'을 대립적인 개념으로 파악해 '비록 외부의 사물이 어지러워도 성인의 마음은 편안하다'로 풀이했다. 그러나 '영녕'은 문맥상 하나로 묶어 '외부의 사물과 하나가 돼 조화를 이룬 상태'로 보는 게 옳다. 후쿠나가는 이를 두고 불사불생의 도와 자신이 하나가 된 편안한 경지로 해석하면서 장자의 '절대세계'와 '해탈'이 바로 이 두 글자에 함축돼 있다고 주장했다.

6-9

南伯子葵曰, "子獨惡乎聞之." 曰, "聞諸副墨之子, 副墨之子聞諸洛誦之孫, 洛誦之孫聞之瞻明, 瞻明聞之聶許, 聶許聞之需役, 需役聞之於謳, 於謳聞之玄冥, 玄冥聞之參寥, 參寥聞之疑始."

남백자규가 물었다.
"선생은 홀로 어디에서 그런 말을 들었습니까?"
여우가 대답했다.
"부묵副墨의 아들에게서 들었소. 부묵의 아들은 낙송洛誦의 손자, 낙송의 손자는 첨명瞻明, 첨명은 섭허聶許, 섭허는 수역需役, 수역은 오구於謳, 오구는 현명玄冥, 현명은 참료參寥, 참료는 의시疑始에게 이 말을 들었다."

부묵副墨은 문자를 쓰는 도구인 먹을 의인화한 것이다. 낙송洛誦은 문자보다 자유로운 표현이 가능한 말을 의인화한 것이다. 말로 전해지는 모든 것을 상징한다. 첨명瞻明은 눈으로 보고 사물의 이치를 깨닫는 사람을 말한다. 도의 체득을 시각적으로 표현한 것이다. 섭허聶許는 도를 들으면 바로 알아듣는 사람의 뜻으로 여기의 섭聶은 귀에 대고 일러주는 것을 의미한다.

수역需役은 기다렸다가 도를 기르는 사람을 뜻한다. 도의 실천을 상징한다. 오구於謳를 두고 임희일은 말로 부족해서 길게 노래하는 단계로 풀이했다. 현명玄冥은 깊고 어두워서 알 수 없는 경지를 말한다. 도의 경지에 이르렀음을 의미한다. 참료參寥는 텅 비어 있는 도에 참여한 사람을 뜻한다. 여기의 료寥는 공허의 뜻이다. 의시疑始는 시작을 알 수 없는 도의 궁극에 도달한 지인至人을 상징한다. 이케다는 의疑를 응凝으로 보아 '세계의 근원에 엉겨 하나가 된 상태'로 파악했다.

6-10

子祀 · 子輿 · 子犁 · 子來四人相與語曰, "孰能以無爲首 · 以生爲脊 · 以死爲尻, 孰知死生存亡之一體者, 吾與之友矣." 四人相視而笑, 莫逆於心, 遂相與爲友. 俄而子輿有病, 子祀往問之. 曰, "偉哉, 夫造物者將以予爲此拘拘也." 曲僂發背, 上有五管, 頤隱於齊, 肩高於頂, 句贅指天, 陰陽之氣有沴, 其心閒而無事, 跰而鑑於井, 曰, "嗟乎, 夫造物者又將以予爲此拘拘也."

자사子祀, 자여子輿, 자리子犁, 자래子來 등 네 사람이 함께 이야기를 나누다 서로 이렇게 말했다.

"누가 무위를 머리로 삼고, 삶을 등뼈로 삼고, 죽음을 꽁무니로 삼을 수 있을까? 누가 생사존망生死存亡이 한 몸인 것을 알 수 있을까? 그런 자가 있다면 우리는 그와 사귀고 싶다."

그러고는 서로 쳐다보며 빙그레 웃었다. 마음에 거슬리는 것이 없자 더불어 벗이 되었다. 얼마 후 자여가 병에 걸리자 자사가 문병을 가 이같이 말했다.

"기이하구나! 조물자가 그대를 이처럼 구부러지게 만들었으니."

구부러진 곱사등이 등에 생겨 오장이 위에 붙고, 턱은 배꼽 아래 숨고, 어깨는 이마보다 높고, 상투는 하늘을 향했다. 음양의 기가 조화를 잃어 어지러웠지만 마음은 한가로워 아무렇지도 않은 듯했다. 자여가 비틀비틀 걸어가 우물에 비친 자신의 모습을 보고는 이같이 말했다.

"아, 조물자여, 거듭 나를 이처럼 구부러지게 하는구나!"

자사, 자여, 자리, 자래 등 네 사람은 가공의 인물이다. 『회남자』「정신훈」에 54년 동안 살다가 곱사등이가 된 자영子求라는 인물이 나온다. 내용을 보면 본문의 자여子輿와 일치한다. '장이여위차구구將以予爲此拘拘'를 두고 나를 뜻하는 '여予'에 주목해 대다수 주석가들이 병에 걸린 자여의 말로 해석했다. 이같이 해석할 경우 아래에 이어지는 자여의 말과 중복된다. 최선은 '자子'의 잘못으로 보았다. 이같이 해석하는 게 타당하다. 구구拘拘는 등이 구부러진 모습을 형용한 것이다. 「달생」편에 나오는 '구루痀僂'와 같은 뜻이다. 곡루曲僂는 구루傴僂와 같다. 제齊는 배꼽을 뜻하는 제臍와 통하고, 구췌句贅는 상투를 의미한다. 「인간세」편에는 제臍와 회촬會撮로 되어 있다. 유려有沴는 조화를 잃었다는 뜻이다. 곽상은 여기의 려沴를 크게 어지럽다는 뜻의 능란陵亂으로 풀이했다. 변선跰躃은 비틀거리며 간신히 걸어간다는 뜻으로 여기의 '선'은 병이 들어 비척거린다는 뜻의 선躚과 통한다.

6-11

子祀曰, "女惡之乎." 曰, "亡, 予何惡. 浸假而化予之左臂以爲鷄,予因以求時夜. 浸假而化予之右臂以爲彈, 予因以求鴞炙. 浸假而化予之尻以爲輪, 以神爲馬, 予因以乘之, 豈更駕哉. 且夫得者, 時也. 失者, 順也. 安時而處順, 哀樂不能入也, 此古之所謂縣解也. 而不能自解者, 物有結之. 且夫物不勝天久矣, 吾又何惡焉."

자사가 물었다.

"그대는 그 모습이 싫은가?"

자여가 대답했다.

"아니다. 내가 무엇을 싫어하겠는가? 가령 나의 왼쪽 팔뚝을 점차 변화시켜 닭이 되게 한다면 나는 그것을 받아들여 때 맞춰 새벽을 알리는 울음을 낼 것이다. 가령 나의 오른쪽 팔뚝을 점차 변화시켜 탄환이 되게 한다면 나는 그것을 받아들여 새 구이를 구할 것이다. 가령 나의 꽁무니를 점차 변화시켜 수레바퀴가 되게 하고 나의 정신을 말이 되게 한다면 나는 그것을 받아들여 수레를 탈 터이니 어찌 따로 수레에 멍에를 하겠는가?

무릇 생명을 얻는 것도 때를 따르는 것이고, 생명을 잃는 것도 때를 따르는 것이다. 태어나는 때를 편히 맞이하고, 죽는 때를 순하게 따르며 슬픔과 즐거움 따위가 나의 마음에 들어올 수 없다. 이것이 옛 사람이 꼭지에 거꾸로 매달렸다 풀려났다는 의미로 언급한 소위 '현해縣解'이다. 그런데도 사람들이 스스로 '현해'를 하지 못하는 것은 외물이 사람들을 묶어놓고 있기 때문이다. 외물에 집착한 인간이 자연의 도를 이기지 못한 지 이미 오래되었는데 내가 또 무엇을 싫어하겠는가?"

무亡는 무無와 통한다. 침가浸假의 '침浸'은 점차의 뜻으로 침侵의 가차이다. 성현영은 가假를 가령假令으로 풀이했다. 시야時夜는 밤을 담당한다는 뜻으로 사야司夜와 같다. 현해縣解는 「양생주」편에도 나온다. 상수가 「대종사」편의 '현해'에만 주석을 가한 것을 근거로 당시의 『장자』는 「대종사」편을 「양생주」편 앞에 편제했을 가능성이 크다는 주장이 있다.

6-12

俄而子來有病, 喘喘然將死. 其妻子環而泣之. 子犁往問之, 曰, "叱, 避, 無怛化." 倚其戶與之語曰, "偉哉造化. 又將奚以汝爲. 將奚以汝適. 以汝爲鼠肝乎. 以汝爲蟲臂乎." 子來曰, "父母於子, 東西南北, 唯命之從. 陰陽於人, 不翅於父母. 彼近吾死而我不聽, 我則悍矣, 彼何罪焉. 夫大塊載我以形, 勞我以生, 佚我以老, 息我以死. 故善吾生者, 乃所以善吾死也. 今大冶鑄金, 金踊躍曰, '我且必爲鏌鋣.' 大冶必以爲不祥之金. 今一犯人之形而曰, '人耳, 人耳.' 夫造化者必以爲不祥之人. 今一以天地爲大爐, 以造化爲大冶, 惡乎往而不可哉. 成然寐, 蘧然覺."

또 얼마 후 자래가 병에 걸려 헐떡거리며 이내 죽게 되자 아내와 자식들이 그를 빙 둘러싸고 울었다. 자리가 문병을 와 말했다.

"쉿, 저리 비켜라. 이 엄숙한 변화를 방해하지 말라!"

그러고는 문에 기대어 자래에게 말했다.

"기이하구나, 조화여! 또 그대를 무엇으로 만들고 어디로 데려가려 하는 것인가? 그대를 쥐의 간으로 만들까, 아니면 벌레의 다리로 만들까?"

자래가 말했다.

"자식의 입장에서 볼 때 부모는 동서남북 어디로 가도록 명할지라도 그 명을 좇아야 하는 존재이다. 사람에게 음양은 부모에 비할 바가 아니다. 음양이 나를 죽음에 가까이 하게 했는데 내가 듣지 않는다면 나만 불손한 자가 될 뿐 저 음양에 무슨 죄가 있겠는가? 대자연은 나에게 육신을 주어 세상에 살게 하고, 삶을 주어 수고롭게 하고, 노쇠하게 만들어 편안하게 하고, 죽음을 내려 쉬도록 만든다. 나의 삶을 좋은 것으로 여기는 것은 바로 나의 죽음을 좋은 것으로 여기는 배경이 된다.

지금 대장장이가 쇠붙이를 녹여 주물을 만드는데 쇠붙이가 뛰어올라와 말하기를, '나는 반드시 막야鏌鋣와 같은 명검이 되겠다' 고 하면 대장장이는 반드시 상서롭지 못한 쇠붙이라고 생각할 것이다. 이제 한 번 육신을 받고 세상에 태어나 '나는 언제까지 오직 사람으로만 살겠다' 고 하면 조물자는 반드시 상서롭지 못한 사람이라고 생각할 것이다. 지금 한 번 천지를 커다란 용광로로 삼고 조화를 대장장이로 삼았으니 어디로 가 무엇이 된들 좋지 않겠는가? 편히 잠들었다가 문득 다른 모습으로 깨어날 때를 기다릴 뿐이다."

천천연喘喘然은 숨을 급하게 몰아쉬며 헐떡거리는 모습을 언급한 것이다. 질叱은 꾸짖는 소리이다. 무달화無怛化는 자연의 변화를 좇아 죽음을 맞이한 것을 방해하지 말라는 뜻이다. 무無는 금지명령의 조사이다. 서간鼠肝과 충비蟲臂는 하찮은 사물을 상징한다. 불시不翅는 '~뿐만 아니라' 의 뜻으로 불시不啻 및 불유不惟와 같은 뜻이다. 피근오사彼近吾死의 '근近' 은 가까이 가게 한다는 뜻의 사역동사로 쓰인 것이다.

막야鏌鋣는 명검의 이름이다. 『오월춘추』와 『세설신어』의 기록에 따르면 오나라 사람 간장干將이 오왕 합려의 부탁으로 명검 두 자루를 만들었다. 양검陽劍은 '간장', 음검陰劍은 아내 이름을 붙여 '막야'로 지었다. 일범인지형一犯人之形은 한 번 사람의 형체로 주조되어 세상에 나왔다는 뜻이다. '범犯'은 주조한다는 뜻의 범範 내지 틀로 본을 뜬다는 뜻의 범范과 통한다. 성연매成然寐를 두고 해석이 분분하다. 임희일은 편히 잠든 모습으로 해석했다. 거연교蘧然覺는 화들짝 깨어난다는 뜻으로 성현영은 '놀라고 기뻐하는 모습'으로 풀이했다. 다른 모습으로 깨어날 날을 기다릴 뿐이라는 뜻을 내포하고 있다.

6-13

子桑戶·孟子反·子琴張三人相與友, 曰, "孰能相與於無相與, 相爲於無相爲. 孰能登天遊霧, 撓挑無極, 相忘以生, 無所終窮." 三人相視而笑, 莫逆於心, 遂相與爲友.

자상호子桑戶, 맹자반孟子反, 자금장子琴張 세 사람이 서로 사귀면서 말했다.

"누가 능히 세속적인 교제를 배제한 사귐을 사귀는 것으로 여기고, 누가 능히 세속적인 도음을 배제한 도움을 도와주는 것으로 여길 수 있을까? 누가 하늘에 올라 안개 속을 노니는 가운데 한없이 넓은 무극의 세계에서 자유롭게 움직이며 삶을 잊은 채 끝나고 다하는 바가 없도록 할 수 있을까?"

세 사람이 서로 얼굴을 마주보며 빙그레 웃었다. 각자 마음에 거슬리는 바가 없어 마침내 서로 벗이 되었다.

자상호子桑戶와 맹자반孟子反은 『논어』에 자상백자子桑伯子와 맹지반孟之反으로 나오고, 자금장子琴張은 『맹자』에 금장琴張으로 나온다. 주희는 『논어집주』「옹야」편의 주석에서 '자상백자와 맹지반 모두 노나라 사람으로 『장자』에 나오는 자상호 및 맹자반과 같은 인물이다'고 했다. 또 『맹자집주』「진심 하」편 주석에서는 '금장은 이름이 뢰牢, 자는 자장子張이니 자상호가 죽자 금장이 상을 치르는 곳에서 노래를 불렀다. 그 일화가 『장자』에 나온다'고 했다. 『춘추좌전』에도 맹자반과 자금장의 일화가 나온다. 유월은 자상호를 『초사』에 나오는 자상호子桑扈와 같은 인물로 보았다. 이들 세 사람 모두 공자와 동시대의 인물에 해당한다.

삼인상여우三人相與友를 두고 오여륜은 앞서 나온 사인상여어四人相與語를 근거로 우友를 어語로 고쳐야 한다고 주장했으나 우友를 동사로 해석하면 아무 문제가 없다. 무상여無相與와 무상위無相爲는 세속적인 사귐과 도움이 없는 상황을 의미한다. 등천유무登天遊霧의 무霧는 사물의 차별을 인정하지 않는 도의 세계를 상징한다. 효도撓挑는 이리저리 돌아다닌다는 뜻이다. 여기의 효撓는 굽히거나 어지럽힌다는 뜻일 때는 '뇨', 흔든다는 뜻일 때는 '요', 돈다는 뜻일 때는 '효'로 읽는다.

6-14

莫然有閒, 而子桑戶死, 未葬. 孔子聞之, 使子貢往侍事焉. 或編曲, 或鼓琴, 相和而歌曰, "嗟來桑戶乎, 嗟來桑戶乎. 而已反其眞, 而我猶爲人猗." 子貢趨而進曰, "敢問臨尸而歌, 禮乎." 二人相視而笑曰, "是惡知禮意." 子貢反, 以告孔子曰, "彼何人者邪. 修行無有而外其形骸, 臨尸而歌, 顔色不變, 無以命之. 彼何人者邪." 孔子曰, "彼遊方之外者也, 而丘遊方之內者也. 外內不相及, 而丘使女往弔之, 丘則陋矣. 彼方且與造物者爲人, 而遊乎天地之一氣. 彼以生爲附贅縣疣, 以死爲決潰癰. 夫若然者, 又惡知死生先後之所在. 假於異物, 託於同體. 忘其肝膽, 遺其耳目. 反復終始, 不知端倪, 芒然彷徨乎塵垢之外, 逍遙乎無爲之業. 彼又惡能憒憒然爲世俗之禮, 以觀衆人之耳目哉."

아무 일 없이 얼마 지난 뒤 자상호가 죽었다. 아직 장례를 치르지 못했다는 소식을 들은 공자가 제자 자공을 시켜 장례를 도와주게 했다. 자공이 가서 보니 한 사람은 바둑을 두고 있고 나머지 한 사람은 거문고를 타면서 어울려 노래를 부르고 있었다.

"아, 상호여! 아, 상호여! 그대는 이미 참된 세계로 돌아갔거늘 우리는 아직도 사람으로 남아 있구나. 아!"

자공이 종종걸음으로 그들 앞으로 나아가 물었다.

"감히 묻겠습니다. 시신 앞에서 노래 부르는 것이 예법에 맞는 일입니까?"

두 사람은 서로 마주보고 웃으며 말했다.

"이 사람이 어떻게 예법의 원래 뜻을 알겠는가?"

자공이 돌아와 이 이야기를 고하면서 물었다.

"저들은 도대체 어떤 사람들입니까? 예법에 맞는 행동은 전혀 없고, 생사를 도외시해 시신을 앞에 두고 노래를 부르면서도 안색이 조금도 변하지 않았습니다. 뭐라고 이름을 붙일 수조차 없는 저들은 도대체 어떤 자들입니까?"

공자가 대답했다.

"그들은 예법의 테두리 밖에서 노니는 사람들이고 나는 세상 안에서 노니는 사람이다. 테두리 안팎은 서로 관여하지 않는다. 내가 너를 시켜 조문했으니 내 생각이 짧았다. 저들은 조물자와 벗이 되어 천지

사이에서 노닐고, 삶을 군더더기 사마귀 정도로 여기고, 죽음을 종기가 터지는 일 정도로 생각한다. 그런 사람들이 어찌 삶과 죽음을 비롯해 그 이전과 이후의 소재를 알려고 하겠는가? 저들은 다른 사물을 빌려온 뒤 그와 한몸이 된다. 간담肝膽의 생명활동을 잊고 이목耳目의 감각을 없앤 채 처음과 끝을 반복하니 그 끝을 알 수 없다. 무심히 세속 밖에서 이리저리 노닐며 무위의 근본에서 소요하는데 저들이 또 어찌 번거롭게 세속의 예법을 갖춰 중인의 이목을 즐겁게 하는 구경거리가 되려고 하겠는가?"

막연莫然은 고요하다는 뜻의 막연漠然 및 막연嘆然과 통한다. 잠깐의 시간이 지났다는 뜻의 유한有閒은 『맹자』「등문공 상」편 및 「진심 하」편에 나오는 위간爲間과 같은 뜻이다. 여기의 한閒은 극히 짧은 시간을 뜻하는 간間과 통한다. 시사侍事는 장례의 시중을 든다는 뜻으로 대사待事로 된 판본도 적지 않으나 그 뜻은 같다.

편곡編曲의 곡曲을 두고 성현영 등은 누에 채반을 엮은 것으로 풀이했으나 『국어』「주어 상」편에 나오는 헌곡獻曲과 마찬가지로 악곡의 뜻으로 풀이하는 게 옳다. 아유위인의我猶爲人猗는 '우리는 아직 사람으로 남아 있구나, 아!'의 뜻으로 여기의 의猗는 감탄사 아啊와 통한다.

방지외方之外는 예법의 테두리 밖을 의미한다. 곧 예교와 상식 밖의 세계인 도의 세계를 뜻한다. 여기의 방方은 『예기』「단궁 상」편의 무방無方과 같이 일정한 테두리를 의미한다. 불상급不相及은 서로 관여하지 않는다는 뜻이다. 『춘추좌전』「희공 4년」조에 같은 표현이 나온다. 방차여조물자위인方且與造物者爲人의 방차方且는 '바야흐로 막 ~하다'의 뜻으로 『회남자』「원도훈」에는 방장方將으로 되어 있다. 위인爲人은 벗이 되었다는 의미이다. 「응제왕」과 「천운」편에도 똑같은 구절이 나온다. 박세당은 '조물자와 벗이 된다는 것은 하늘과 같은 무리가 된다는 의미이다' 라고 풀이했다.

부췌현우附贅縣疣의 부附와 현縣 모두 붙어 있다는 뜻이다. 췌贅는 큰 사마귀, 우疣는 작은 사마귀를 말한다. 결환궤옹決潰癰의 결決과 궤潰 모두 터진다는 뜻이다. 환과 옹癰 모두 종기의 종류를 말한다. 사생선후死生先後의 선후先後를 두고 곽상 등은 우열의 뜻으로 풀이했으나 이케다는 생전과 사후의 형체로 풀이했다. 생전의 모습과 사후의 모습 모두 알려고 하지 않는 태도를 말한다.

'망기간담忘其肝膽, 유기이목遺其耳目' 은 간담에 의한 생명활동과 이목에 의한 감각작용을 모두 초월한다는 뜻이다. 똑같은 구절이 「달생」편에도 나온다. 단예端倪는 실마리의 뜻이다. 방황彷徨은 이리저리 노니는 것을 의미한다. 진구塵垢는 세속을 상징한다. 궤궤연憒憒然은 예법의 번거롭고 어지러운 모습을 뜻한다. 관중인지이목觀衆人之耳目의 관觀은 피동의 뜻으로 시示와 통한다. 곽상은 '중인들에게 보이다' 의 관시觀示, 성현영은 '중인들의 이목을 기쁘게 하다' 로 풀이했다.

6-15

子貢曰, "然則夫子何方之依." 孔子曰, "丘, 天之戮民也. 雖然, 吾與汝共之." 子貢曰, "敢問其方." 孔子曰, "魚相造乎水, 人相造乎道. 相造乎水者, 穿池而養給. 相造乎道者, 無事而生定. 故曰, '魚相忘乎江湖, 人相忘乎道術.'" 子貢曰, "敢問畸人." 曰, "畸人者, 畸於人而侔於天. 故曰, '天之小人, 人之君子. 人之君子, 天之小人也.'"

자공이 말했다.

"그렇다면 선생은 방외方外와 방내方內 중 어느 세계에 의지하려는 것입니까?"

공자가 대답했다.

"나는 하늘로부터 형벌을 받아 세속에 묶인 사람이다. 비록 그러하나 나는 너희들과 함께 방외의 세계를 추구할 것이다."

자공이 말했다.

"감히 그 방법을 묻고자 합니다."

공자가 대답했다.

"물고기는 함께 물로 나아가고, 사람은 함께 도로 나아간다. 함께 물로 나아갈 경우 연못을 파주면 능히 기를 수 있고, 함께 도로 나아가는 경우 간섭하는 일이 없으면 삶이 안정된다. 이에 '물고기는 강과 호수 속에서 서로를 잊고, 사람은 도술의 세계에서 서로를 잊고 산다'고 말하는 것이다."

자공이 말했다.

"감히 기인畸人에 대해 묻고자 합니다."

공자가 대답했다.

"기인은 속세인과 다르고 하늘과 닮았다. 그래서 '하늘의 소인은 속세의 군자이고, 하늘의 군자는 속세의 소인이다'라고 말하는 것이다."

오여여공지吾與汝共之의 목적어인 지之를 두고 견해가 대립한다. 곽상과 성현영 등은 방외方外로 해석했다. 후쿠나가 등이 동조한다. 그러나 여혜경은 방내方內로 간주해 '방내에 노닐면서 반드시 방외로 나갈 필요가 없다는 취지를 드러낸 것이다'라고 풀이했다. 이케다 등이 찬동하고 있다. 나름 일리가 있으나 '방외'로 풀이하는 게 보다 자연스럽다.

어상조호수魚相造乎水의 조造를 두고 육덕명 등은 나아가다의 뜻인 예詣로 풀이했다. 「달생」편에도 '조호불형造乎不形' 구절이 나온다. 천지이양급穿池而養給의 급給은 충분하다는 뜻의 족足과 통한다. 『맹자』 「양혜왕 상」편에 나오는 조불급助不給이 동일한 용례이다.

기인畸人은 세속의 기준에 미치지 못하는 사람을 말한다. 여기의 기畸는 원래 정전井田의 배분에서 남은 뙈기밭을 말한다. 일정한 틀에서 벗어났음을 의미한다. 뿔이 하나는 위로 하나는 아래로 향한 소위 천지각天地角을 뜻하는 기觭와 취지를 같이하는 말이다. 모어천侔於天의 모侔는 같다는 뜻의 등等과 통한다.

'천지소인天之小人, 인지군자人之君子' 구절은 뒤이어지는 '인지군자人之君子, 천지소인天之小人'과 동어반복이다. 왕선겸은 앞뒤 구절을 묶어 '천지군자天之君子, 인지소인人之小人'으로 줄여 읽어야 한다고 주장했다. 마서륜과 가나야 등이 이에 동조하고 있다. 앞 구절은 그대로 둔 채 뒤 구절을 왕선겸이 주장한 것처럼 바꿔 해석하는 게 타당할 것이다.

6-16

顔回問仲尼曰, "孟孫才, 其母死, 哭泣無涕, 中心不戚, 居喪不哀. 無是三者, 以善處喪蓋魯國, 固有無其實而得其名者乎. 回壹怪之." 仲尼曰, "夫孟孫氏盡之矣, 進於知矣. 唯簡之而不得, 夫異有所簡矣. 孟孫氏不知所以生, 不知所以死. 不知就先, 不知就後. 若化爲物, 以待其所不知之化已乎. 且方將化, 惡之不化哉. 方將不化, 惡知已化哉. 吾特與汝, 其夢未始覺者邪. 且彼有駭形而無損心, 有旦宅而無情邪. 孟孫氏特覺, 人哭亦哭, 是自其所以乃. 且也相與'吾之'耳矣, 庸詎知吾所謂'吾之'乎. 且汝夢爲鳥而厲乎天, 夢爲魚而沒於淵. 不識今之言者, 其覺者乎. 其夢者乎. 造適不及笑, 獻笑不及排, 安排而去化, 乃入於寥天一."

안회가 중니에게 물었다.

"맹손재孟孫才는 모친상 때 곡읍哭泣을 하면서 곡만 했을 뿐 눈물을 흘리지 않았고, 마음으로 슬퍼하지도 않았고, 상을 치르면서 서러워하지도 않았습니다. 이처럼 세 가지 상례조차 무시했는데 상을 잘 치렀다는 명성이 노나라를 뒤덮었습니다. 본래 그 명성에 해당하는 실제의 행위가 없는데도 명성을 얻을 수 있는 것입니까? 저는 오로지 그게 이상할 따름입니다."

공자가 대답했다.

"맹손씨는 생사의 도리를 극진히 했다. 뿐만 아니라 그것은 상례를 아는 데서 더 나아간 경지이다. 비록 상례를 간소히 치르려 하다가 뜻대로 하지는 못했지만 이미 간소히 한 바가 있다. 맹손씨는 삶과 죽음의 이유를 알려고 하지 않았고, 태어나기 이전과 죽은 이후의 모습도 알려고 하지 않았고, 변화에 순응해 사물과 동화된 채 아직 알지 못하는 변화를 기다렸을 뿐이다. 또 막 변화했을 때 아직 변화지 않은 과거의 모습을 어찌 알고, 아직 변화하지 않았을 때 이미 변화한 이후의 모습을 어찌 알겠는가? 나와 너는 다만 아직 꿈에서 깨어나지 못한 사람일 것이다.

저 맹손씨는 모친상을 당해 몸이 놀라는 일은 있어도 마음이 손상당하는 일이 없고, 마음이 머물고 있는 집이 동요하는 일은 있어도 집에 머물고 있는 마음이 죽는 일은 없다. 그는 홀로 깨어 화광동진和光同塵하며 사람들이 곡을 하면 자신도 곡을 한 것이다. 이것이 바로 그가 그리할 수 있었던 이유이다.

세인들은 잠시 서로 함께하는 것을 두고 '나라고 여기는 것'일 뿐이다. 어찌 나 자신이 이른바 '나라고 여기는 것'임을 알 수 있겠는가? 너는 꿈속에서 새가 되어 하늘에 이르고, 혹은 물고기가 되어 연못 속으로 숨어버릴 수도 있을 것이다. 알 수 없구나! 지금 말하고 있는 내가 꿈에서 깨어난 것인지, 아니면 아직도 꿈을 꾸고 있는 것인지! 잠시 마음속에서만 흐뭇함을 느끼는 것은 즐거움이 웃음으로 나타나는 것만 못하고, 만족스런 웃음은 자연의 변화를 따르느니만 못하다. 자연의 변화를 편안히 받아들여 그 변화조차 잊어버리면 마침내 변화한다는 사실조차 잊어버려 이내 고요한 하늘과 하나가 되는 경지에 들어가게 된다."

맹손재孟孫才는 노나라 3환의 일족으로 이름이 '재才'이나 자세한 이력은 알 수 없다. 이케다는 『논어』에 나오는 맹의자孟懿子 부자가 공자에게 효에 관해 질문한 점에 효행과 관련이 있는 인물로 보았다. 수간지이부득唯簡之而不得의 수唯는 수雖의 뜻이고, 간지簡之는 장례를 간소하게 치른다는 뜻이다. 약화위물若化爲物의 약若은 순順의 의미이다.

유달택有旦宅의 달旦을 두고 곽상은 일신日新으로 풀이했으나 '놀라다'의 뜻을 지닌 달怛과 통하는 것으로 보는 게 옳다. 택宅은 마음이 머물고 있는 집으로 육신을 뜻한다. 소이내所以乃의 내乃를 둘러싸고 이견이 분분하다. 장병린은 연然의 가차로 보아 여차如此로 풀이했다.

상여오지相與吾之의 상여相與는 지금 함께하고 있는 자신의 신체를 의미하고, 오지吾之는 자기 자신으로 여긴다는 뜻이다. 여호천厲乎天

의 여厲는 이른다는 뜻이다. 『시경』 「대아, 한록旱鹿」의 연비여천鳶飛戾天의 여戾와 뜻이 같다. 조적불급소造適不及笑의 조造는 잠시, 적適은 흡족함, 소笑는 소리 내어 웃는 것을 말한다. 헌소불급배獻笑不及排의 헌소獻笑는 드러난 웃음, 배排는 자연의 변화를 따른다는 뜻이다. 입어료천일入於寥天一은 고요하고 텅 빈 하늘과 일체가 되는 경지에 들어간다는 뜻으로 자연과 완전히 동화되었음을 의미한다.

6-17

意而子見許由, 許由曰, "堯何以資汝." 意而子曰, "堯謂我, 汝必躬服仁義而明言是非." 許由曰, "而奚來爲軹. 夫堯旣已黥汝以仁義, 而劓汝以是非矣. 汝將何以遊夫遙蕩恣睢轉徙之塗乎." 意而子曰, "雖然, 吾願遊於其藩." 許由曰, "不然, 夫盲者無以與乎眉目顏色之好, 瞽者無以與乎靑黃黼黻之觀." 意而子曰, "夫無莊之失其美, 據梁之失其力, 黃帝之亡其知, 皆在鑪捶之間耳. 庸詎知夫造物者之不息我黥而補我劓, 使我乘成以隨先生邪." 許由曰, "噫, 未可知也. 我爲汝言其大略. 吾師乎, 吾師乎. 鳌萬物而不爲義, 澤及萬世而不爲仁, 長於上古而不爲老, 覆載天地·刻雕衆形而不爲巧. 此所遊已."

의이자意而子가 허유許由를 만나자 허유가 물었다.

"요堯가 그대에게 무엇을 가르쳐 주던가?"

의이자가 대답했다.

"요는 저에게 말하기를, '그대는 반드시 몸소 인의를 실천하고 시비를 분명히 말하라' 고 했습니다."

허유가 다시 물었다.

"그대는 무엇 때문에 나에게 왔는가? 요가 이미 인의로써 그대 이

마에 먹물을 새겨넣었고, 시비로써 그대의 코를 베어버렸다. 그대가 장차 어떻게 멋대로 소요하고 마음껏 행동하면서 끊임없이 변화하는 도의 세계에 노닐 수 있겠는가?"

의이자가 대답했다.

"비록 그렇기는 하나 그 울타리 언저리에서라도 노닐고자 합니다."

허유가 말했다.

"안 된다. 눈이 어두운 사람은 뛰어난 미목안색眉目顔色을 볼 수 없고, 눈이 보이지 않는 사람은 아름다운 청황흑백의 무늬를 볼 수 없다."

의이자가 말했다.

"옛날의 미인 무장無莊은 도를 듣고 다시 장식하지 않았기에 자신의 미색을 잊었고, 옛날의 역사 거량據梁은 도를 듣고 유약함을 지켰기에 힘을 부리지 않았고, 황제黃帝는 도를 듣고 어리석은 듯한 모습을 보였기에 지혜를 쓰지 않았습니다. 이 모든 게 천지의 조화에 따른 것에 지나지 않습니다. 어찌 조물자가 저의 이마에 새겨진 먹물을 지우고 베인 코를 다시 붙인 후 저로 하여금 온전한 몸으로 선생님을 따르게 하지 않으리라 확신할 수 있겠습니까?"

허유가 말했다.

"아, 그건 알 수 없구나! 그렇다면 내가 그대를 위해 도의 세계에 노니는 대략을 말해주겠다. 나의 스승이여, 나의 스승이여! 만물을 자잘하게 부수어 만들어내고도 의로운 체하지 않고, 은택이 만세에 미치게 하고도 인후한 체하지 않고, 상고上古보다 더 오래되었는데도 늙은 체하지 않고, 하늘과 땅 사이에 노닐며 온갖 형태를 다 조각하고도 기술이 뛰어난 체하지 않으니 이것이 바로 그대가 노닐 도의 세계이다."

의이자意而子는 가공의 인물이다. 이해래위지而奚來爲軹의 이而는 2인칭이다. 지軹는 의문형 종결사로 지只 내지 지止와 통한다. 경黥과 의劓는 세인들이 인의와 시비라는 인위적 덕목으로 사람들을 옥죄는 것을 이마에 먹을 뜨고 코를 베는 형벌에 비유한 것이다. 요탕자휴遙蕩恣睢를 두고 곽상은 방탕하게 소요한다는 뜻으로 새겼다. 자휴恣睢는 마음 내키는 대로 행동한다는 뜻이다. 스스로 만족해하는 모습을 그린 것이다. 전사轉徙는 끊임없이 변화한다는 뜻이다. 도塗는 도道와 통한다.

유어기번遊於其藩의 번藩은 울타리 언저리로 「인간세」편의 번樊과 뜻이 같다. 맹자盲者는 눈이 어두운 묘자眇者, 고자瞽者는 눈이 보이지 않는 사람을 뜻한다. 청황보불지관靑黃黼黻之觀의 '보불'은 보불문장黼黻文章을 뜻한다. 『주례』「동관, 고공기考工記」는 '청색과 적색이 섞인 것은 문文, 적색과 흰색이 섞인 것은 장章, 흰색과 검은색이 섞인 것은 보黼, 검은색과 청색이 섞인 것은 불黻이다'라고 했다.

무장無莊과 거량據梁 모두 가공의 인물이다. '무장'은 장식하지 않고, '거량'은 힘이 세다는 뜻이다. 노추지간鑪捶之間은 풀무와 망치의 사이를 뜻하는 말로 천지의 조화를 비유한 것이다. 최선은 노鑪를 옹기 옹瓮, 추捶를 항아리 추甀와 통하는 것으로 보아 '노추지간'을 좁은 곳으로 풀이했다. 사아승성使我乘成의 승성乘成에 대해 이설이 분분하나 승乘은 재載, 성成은 비備로 간주해 나에게 온전한 몸을 갖추게 했다는 뜻으로 풀이하는 게 적당하다. 제만물螫萬物의 '제螫'는 잘게 부순다는 뜻으로 사마표와 성현영은 '쇄碎'로 풀이했다.

6-18

顔回曰, "回益矣." 仲尼曰, "何謂也." 曰, "回忘仁義矣." 曰, "可矣, 猶未也." 他日復見, 曰, "回益矣." 曰, "何謂也." 曰, "回忘禮樂矣." 曰, "可矣, 猶未也." 他日復見, 曰, "回益矣." 曰, "何謂也." 曰, "回坐忘矣." 仲尼蹴然曰, "何謂坐忘." 顏回曰, "墮肢體, 黜聰明, 離形去知, 同於大通, 此謂坐忘." 仲尼曰, "同則無好也, 化則無常也, 而果其賢乎. 丘也請從而後也."

안회가 중니에게 말했다.

"저는 더 나아간 듯합니다."

"무슨 말인가?"

"저는 인의를 잊었습니다."

"좋기는 하나 아직 도와는 거리가 있다."

다른 날 안회가 다시 공자를 만나 말했다.

"저는 더 나아간 듯합니다."

"무슨 말인가?"

"저는 예악을 잊었습니다."

"좋기는 하나 아직 도와는 거리가 있다."

다른 날 안회가 다시 공자를 만나 말했다.

"저는 더 나아간 듯합니다."

"무슨 말인가?"

"저는 좌망坐忘의 경지에 들어갔습니다."

공자가 깜짝 놀라 얼굴빛을 고치며 물었다.

"무엇을 '좌망'이라 하는가?"

안회가 대답했다.

"사지四肢와 백체百體를 다 버리고, 이목의 감각작용을 물리치고, 육체와 지각작용을 모두 없애 대통大通의 세계와 같아지면 이를 일컬어 '좌망'이라고 합니다."

공자가 말했다.

"대통의 세계와 같아지면 호오好惡가 없게 되고, 큰 도의 변화와 함께하면 집착이 없게 된다. 너는 과연 현명하구나, 나는 너의 뒤를 따르고자 한다!"

익의益矣의 익益은 원래 배움에 진보가 있었다는 진익進益의 뜻으로 사용된다. 그러나 곽상은 도를 추구해 앞으로 나아간 까닭에 인위적인 지식을 더 많이 덜어냈다는 의미로 풀이했다. 『도덕경』 제48장에 '도를 추구하는 것은 날마다 지식을 덜어내는 것이다'라는 표현이 나온다. 곽상의 풀이를 뒷받침하는 대목이다.

좌망坐忘을 두고 사마표는 앉아서 스스로 자신의 몸을 잊어버리는 것으로 풀이했다. 이와 유사한 표현으로 「제물론」편의 상아喪我, 「인간세」편의 심재心齋, 「대종사」편의 조철朝徹 등을 들 수 있다. 「인간세」편의 좌치坐馳는 이와 정반대되는 뜻이다. 축연蹴然은 깜짝 놀라 안색을 고치는 모습을 묘사한 것이다. 「덕충부」에 나오는 축연개용경모蹴然改容更貌와 뜻이 같다.

휴지체墮肢體는 팔다리의 사지와 몸의 온갖 곳을 뜻하는 백체百體를 다 버린다는 뜻이다. 출총명黜聰明은 총명을 물리친다는 뜻으로 모든 감각작용을 내던진다는 의미를 내포하고 있다. 동어대통同於大通은 대도와 일체가 된다는 뜻으로 대통大通은 대도大道와 같은 의미이다. 화즉무상化則無常의 상常은 일정한 것을 지키는 데 집착하는 상집常執을 뜻한다.

6-19

子輿與子桑友, 而霖雨十日, 子輿曰, "子桑殆病矣." 裹飯而往食之. 至子桑之門, 則若歌若哭, 鼓琴曰, "父邪, 母邪, 天乎, 人乎." 有不任其聲而趨擧其詩焉. 子輿入, 曰, "子之歌詩, 何故若是." 曰, "吾思夫使我至此極者而弗得也. 父母豈欲吾貧哉. 天無私覆, 地無私載, 天地豈私貧我哉. 求其爲之者而不得也. 然而至此極者, 命也夫."

자여子輿와 자상子桑은 벗으로 사귀었다. 장맛비가 10일이나 계속되자 자여가 말했다.

"자상이 아마 배가 고파 고통을 당하고 있을 터이니 밥을 싸가지고 가 먹여주어야겠다."

자여가 자상의 집 문앞에 당도하자 집안에서 자상이 노래를 부르는지 아니면 곡哭을 하는지 거문고를 타며 이같이 읊조리는 소리가 들렸다.

"아버지 탓인가 어머니 탓인가, 하늘 탓인가 사람 탓인가?"

그러고는 힘에 부치는 듯 더 이상 소리를 감당하지 못하고 시를 곡조에 맞지 않게 빨리 읊어댔다. 자여가 들어가 자상에게 물었다.

"그대가 시를 노래하는 것이 어째서 이 모습인가?"

자상이 대답했다.

"누가 나를 이 지경에 이르게 했는지 아무리 생각해도 알 수가 없다. 부모가 어찌 내가 가난하기를 바라겠는가? 하늘은 사사로이 덮어주지 않고 땅은 사사로이 실어주지 않으니 하늘과 땅인들 어찌 사사로이 나만 가난하게 만들 리 있겠는가? 그래서 나를 이같이 만든 존재를 아무리 찾아보았지만 결국 아무것도 알아낼 수 없었다. 그러니 내가 이 지경에 이르게 된 것은 운명일 것이다!"

임우霖雨는 장맛비를 말한다. 『춘추좌전』「은공 9년」조에 따르면 3일 이상 내리는 것을 임霖이라고 한다. 태병殆病의 태殆는 추측을 나타내는 '아마도'의 뜻이다. 과반이왕사지裹飯而往食之의 사食는 밥을 먹인다는 사역동사로 사飼와 통한다.

추거趨擧는 대충대충 빨리 읊조린다는 뜻이다. '사부사아지차극자思夫使我至此極者'는 나를 이 지경에 이르게 한 자를 생각했다는 뜻으로 『맹자』「양혜왕 하」편에 유사한 뜻의 '부하사아지어차극야夫何使我至於此極也' 구절이 나온다. '천무사부天無私覆, 지무사재地無私載'는 하늘과 땅은 사사로이 덮거나 실어줌이 없다는 뜻으로 『예기』「공자한거」편에 똑같은 구절이 나온다.

'연이지차극자然而至此極者, 명야부命也夫'는 『맹자』「만장 상」편에 나오는 '막지위이위자莫之爲而爲者, 천야天也. 막지치지지자莫之致之至者, 명야命也' 구절과 취지를 같이한다. '사람이 하지 않아도 그리되는 것을 천天, 이르게 하지 않아도 이르는 것을 명命이다'라는 뜻이다. 맹자와 장자는 '천명' 개념을 통해 서로 비슷한 입장을 취하고 있었다. 천도를 절대불변의 진리로 간주한 결과다. 단 한 번도 조우한 적이 없음에도 두 사람이 사상적으로는 매우 긴밀히 상통하고 있음을 뒷받침하는 대목이다.

제7장 응제왕(應帝王)

7-1

齧缺問於王倪, 四問而四不知. 齧缺因躍而大喜, 行以告蒲衣子. 蒲衣子曰, "而乃今知之乎. 有虞氏不及泰氏. 有虞氏其猶藏仁以要人, 亦得人矣, 而未始出於非人. 泰氏其臥徐徐, 其覺于于. 一以己爲馬, 一以己爲牛. 其知情信, 其德甚眞, 而未始入於非人."

설결齧缺이 스승 왕예王倪에게 질문하면서 네 번이나 물었으나 왕예는 네 번 다 모른다고 대답했다. 설결이 뛸 듯이 기뻐하며 포의자蒲衣子에게 달려가 이를 고했다. 포의자가 말했다.

"그대는 이제 비로소 그것을 알았는가? 유우씨有虞氏 순舜도 태호太昊 복희씨伏羲氏에게는 미치지 못했다. 순은 그래도 마음속에 인仁을 품고 사람들을 불러모아 백성을 얻을 수 있었다. 그는 애초부터 비인非人의 경지로 나아가지 못했다.

복희씨는 누워 잠잘 때는 느긋했고, 깨어 있을 때는 어수룩했다. 어느 때는 자신을 남이 부리는 말로 여기고, 때로는 소로 여기기도 했다. 그의 지혜는 참으로 믿을 만했고, 그의 덕은 매우 진실했다. 그는 애초부터 '비인'의 경지로 들어가려 하지 않았다."

설과 왕예 모두 가공의 인물로 「제물론」편에 두 사람이 나눈 문답이 나온 바 있다. 「제물론」편에도 설결이 스승 왕예에게 네 번 묻는 장면이 나온다. 이케다 등은 여기의 '사문이사부지四問而四不知' 가 바로 이를 가리킨 것으로 풀이하고 있다. 포의자蒲衣子도 가공의 인물이다. 육덕명은 『시자尸子』를 인용해 포의자가 8세 때 순에게 천하를 넘겨주었다고 주장했다. 「천지」편에 따르면 요의 스승은 허유, 허유의 스승은 설결, 설결의 스승은 왕예, 왕예의 스승은 피의被衣이다. 이를 두고 임희일은 '장자가 말하는 포의자와 피의 등은 모두 허언이니 자세히 천착할 필요가 없다' 고 지적했다.

태씨泰氏를 두고 성현영은 3황의 한 사람인 태호太昊 복희씨伏犧氏로 보았다. 『회남자』 「남명覽冥」편에 나오는 '여전히 복희씨의 도에는 미치지 못했다' 는 대목이 논거이다. 요인要人은 사람을 불러모은다는 의미이다. 미시출어비인未始出於非人의 비인非人을 두고 이설이 분분하다. 임희일은 천天으로 간주해 '자연의 경지로 나아가지는 못했다' 고 해석했다. 성현영은 '아직 시비의 영역을 벗어나지 못했다' 고 풀이했다. 진고응은 외물로 간주해 '순임금이 인의를 표방해 사람의 마음을 얻기는 했으나 아직 외물의 얽매임에서 벗어나지 못했다' 고 해석했다.

이 대목은 뒤에 나오는 복희씨의 '미시입어비인未始入於非人' 구절과 함께 해석해야 그 뜻이 선명히 드러난다. 복희씨보다 한 단계 낮은 유우씨 순은 왜 '비인' 의 경지로 들어가지 못하고 유우씨보다 한 단계 높은 복희씨는 왜 '비인' 의 경지로 들어가려 하지 않은 것일까? 가장 그럴 듯한 것은 후쿠나가의 해석이다.

"여기의 '비인' 은 곧 '천' 을 말한다. 장자에게 절대자인 '천' 은 인간세계를 9만 리 상공에서 비상하는 초월자임과 동시에 현실세계로 내려와 속세와 함께하는 유희자이다. 인간을 초월하면서 인간 속에 있고, 세속을 초월하면서 세속 가운데 소요한다. 장자가 말하는 절대자의 '구속됨이 없는 자유'의 요체가 여기에 있다. 그래서 장자는 출어비인出於非人의 초월을 얘기하면서 동시에 '미시출어비인未始出於非人'이라는 현실세계로의 하강을 언급한 것이다."

결국 유우씨 순은 복희씨보다 급이 한 단계 낮은 까닭에 '비인'의 경지로 들어가지 못하고, 급이 한 단계 높은 복희씨는 의도적으로 속세에 머물렀다는 뜻이 된다. 임희일도 이와 유사한 해석을 내렸다.

"앞에서는 '출어비인出於非人' 뒤에서는 '입어비인入於非人'이라고 했다. 이는 전후 맥락을 잘 살펴 해석해야 한다. '입어비인'에 이르러서는 '천' 개념으로 풀이하는 것도 부족하다. 이는 자연에 맡겨두는 것을 의미한다. 그 때문에 '미시입어비인'이라고 표현한 것이다. 제왕의 도는 자연에 맡겨두는 것일 뿐이니, 이 편을 '응제왕'이라고 이름 붙인 의도가 여기에 있다."

'기와서서其臥徐徐, 기교우우其覺于于' 구절을 두고 사마표는 서서徐徐는 안온한 모습, 우우于于는 아는 것이 없는 모습이라고 새겼다. '일이기위마一以己爲馬, 일이기위우一以己爲牛'를 두고 임희일은 누가 말 또는 소라고 하든 이를 따지지 않고 그대로 따른다는 뜻으로 풀이했다. 기지정신其知情信의 정情은 뒤이어지는 '기덕심진其德甚眞'의 심甚과 조응한다. 정도가 심함을 뜻하는 부사이다.

7-2

肩吾見狂接輿. 狂接輿曰, "日中始可以語女." 肩吾曰, "告我, 君人者以己出經式義度, 人孰敢不聽而化諸." 狂接輿曰, "是欺德也. 其於治天下也, 猶涉海鑿河而使蚊負山也. 夫聖人之治也, 治外乎. 正而後行, 確乎能其事者而已矣. 且鳥高飛以避矰弋之害. 鼷鼠深穴乎神丘之下以避熏鑿之患. 而曾二蟲之無知."

견오肩吾가 초광접여楚狂接輿를 만났다. 초광접여가 물었다.

"전날 중시中始가 그대에게 무엇을 말해주던가?"

견오가 대답했다.

"저에게 이르기를, '군주 노릇 하는 자가 스스로 마땅한 법식과 올바른 법도를 행하면 백성들 중 누가 감히 따르지 않거나 교화되지 않는 일이 있겠는가' 라고 했습니다."

초광접여가 말했다.

"그가 말한 것은 거짓 덕이다. 그런 것으로 천하를 다스린다는 것은 마치 바다를 맨발로 걸어서 건너고, 강하를 맨손으로 파 운하를 뚫고, 모기의 등에 산을 짊어지게 하는 것과 같다. 무릇 성인의 다스림을 말하면서 법식 및 법도처럼 외면을 다스리는 것을 언급할 수 있는가? 성인은 자기 자신을 바르게 다스린 후 시행하는 식으로 오직 자신이 할 일인 무위의 다스림을 잘할 뿐이다. 새는 높이 날아 주살의 해를 피할 줄 알고, 생쥐들은 신전 아래 깊이 구멍을 파 연기를 피우거나 파헤쳐지는 재앙을 피할 줄 안다. 자네는 어찌해서 이들 두 짐승의 지혜도 알지 못하는가?"

일중시日中始의 일日은 왕일往日의 뜻이다. 중시中始는 가공의 인물로 유가를 상징한다. 이기출경식의도以己出經式義度를 두고 육덕명은 '출경'에서 끊고 뒤에 나오는 '인人'을 덧붙여 식의도인式義度人으로 재차 끊어서 해석했다. 이 경우 '인의를 사용해 사람을 헤아린다'는 뜻이 된다. 왕념손은 이를 비판하면서 도度와 인人 사이를 끊어서 해석할 것을 주장했다. 이케다와 후쿠나가 등이 모두 이를 좇았다.

섭해착하涉海鑿河는 바다를 맨발로 걸어서 건너고 강하를 맨손으로 파 운하를 뚫는다는 뜻으로 무모함을 지적한 것이다. 『논어』에 나오는 포호빙하暴虎馮河의 취지와 같다. 대부분 착하鑿河를 두고 황하를 뚫는 것으로 풀이하고 있으나 여기서는 운하를 뚫는 것으로 해석하는 게 문맥상 자연스럽다. 뒤이어 나오는 사문부산使蚊負山도 '섭해착하' 내지 '포호빙하'와 같은 취지이다.

증익지해矰弋之害의 '증익'은 화살에 실을 매달아 새를 잡는 도구인 주살을 말한다. 혜서심혈鼷鼠深穴의 혜서鼷鼠는 생쥐를 말한다. 혈穴은 동사로 쓰였다. 신구神丘는 토지신을 모신 사당의 신단을 말한다. 생쥐는 사람들이 신단을 신성시해 함부로 접근하거나 허물지 않는 것을 알고 그곳에 구멍을 파 재앙을 피한다는 뜻이다. 연기를 피우거나 구멍을 파헤치는 식의 훈착지환熏鑿之患이 바로 그것을 말한다.

'이증이충지무지而曾二蟲之無知'는 도치문으로 원래 문장은 '이증무지이충지而曾無知二蟲之'이다. 여기의 증曾은 '어찌 그래'의 뜻이고, 지之는 목적격 조사로 지知를 뜻한다. 장병린은 도치문으로 해석하는 것을 반대했다. 『이아』와 『시경』을 인용해 지知를 필匹로 간주한 뒤 '두 짐승에 필적할 수 없다'는 식으로 풀이했다.

7-3

天根遊於殷陽, 至蓼水之上, 適遭無名人而問焉, 曰, "請問爲天下." 無名人曰, "去. 汝鄙人也, 何問之不豫也. 予方將與造物者爲人, 厭則又乘夫莽眇之鳥, 以出六極之外, 而遊無何有之鄕, 以處壙埌之野. 汝又何帠以治天下感予之心爲." 又復問, 無名人曰, "汝遊心於淡, 合氣於漠, 順物自然而無容私焉, 而天下治矣."

천근天根이 은산殷山의 남쪽에서 노닐 때 요수蓼水가에 이르러 마침 길을 가는 무명인無名人을 만나 물었다.

"청컨대 천하를 다스리는 일에 관해 묻고자 합니다."

무명인이 거칠게 대답했다.

"물러가라! 그대는 비루한 자이다. 어찌 이다지도 불쾌한 질문을 하는 것인가? 나는 바야흐로 조물자와 함께 벗이 되었다가 싫증이 나면 또 아득히 멀리 나는 새를 타고 6극六極 밖으로 나가 무하유지향無何有之鄕에서 노닐다가 끝없이 넓은 들판에 머물려고 한다. 그대는 무엇 때문에 천하를 다스리는 일로 나의 마음을 흔들어대는가?"

천근이 또 다시 묻자 무명인이 말했다.

"그대가 마음을 담박한 곳에서 노닐게 하고, 기氣를 적막한 곳에 부합케 만들고, 사물의 자연스런 변화와 흐름을 좇아 사사로움을 용납하지 않으면 된다. 그러면 천하는 저절로 잘 다스려질 것이다."

천근天根은 자연의 근원을 의인화한 것이다. 원기元氣에 해당한다. 은양殷陽을 두고 최선은 지명으로 해석했으나 은산의 남쪽으로 풀이하는 게 타당하다. 아카츠카 타다시赤塚忠는 『장자』에서 은殷이 은성殷盛의 뜻을 지니고 있는 점에 주목해 왕성한 생명력을 상징하기 위해 '은양' 이라는 가공의 지명을 만든 것으로 보았다. 요수蓼水를 고요한 음기가 흐르는 내로 풀이한 것도 같은 맥락이다. 일리 있는 분석이다.

무명인無名人은 도인을 상징한다. 「소요유」편의 '성인무명聖人無名' 과 같은 취지이다. 『도덕경』 제1장에도 '무명은 만물의 시작이다' 라는 구절이 나온다. '무명' 자체가 도를 상징하기 위한 우의寓意의 표현이다.

위천하爲天下의 위爲는 치治와 통한다. 방장方將은 '바야흐로 ~하다'의 뜻으로 「대종사」편의 방차方且와 같은 뜻이다. 망묘지조莽眇之鳥는 아득히 멀리 나는 새를 의미한다. 『초사』「구장九章」편에 아스라이 멀다는 뜻의 '목묘묘穆眇眇, 망망망莽芒芒'의 표현이 나온다. 무하유지향無何有之鄕은 「소요유」편에도 나온다. 아무것도 없는 곳으로 광랑지야壙埌之野와 같은 뜻이다. 「소요유」편에는 광막지야廣莫之野로 나온다. 하예何帛는 '무슨 까닭으로'를 뜻하는 하이何以 내지 하고何故와 같다. 무용사언無容私焉은 사사로움을 용납하지 않는다는 뜻이다. 언焉은 어차於此의 줄임말이다.

7-4

陽子居見老聃, 曰, "有人於此, 嚮疾彊梁, 物徹疏明, 學道不倦. 如是者, 可比明王乎." 老聃曰, "是於聖人也, 胥易技係, 勞形怵心者也. 且也虎豹之文來田, 猨狙之便執斄之狗來藉. 如是者, 可比明王乎." 陽子居蹴然曰, "敢問明王之治." 老聃曰, "明王之治, 功蓋天下而似不自己, 化貸萬物而民弗恃, 有莫擧名, 使物自喜, 立乎不測, 而遊於無有者也."

양자거陽子居가 노담老聃을 만나 물었다.

"여기 어떤 사람이 있습니다. 아주 민첩하고 굳세며, 사물의 이치를 꿰뚫고 만사를 분명히 알며, 도를 배우면서 싫증을 내지 않습니다. 이런 사람은 가히 명왕明王에 견줄 만합니까?"

노담이 대답했다.

"이런 자는 성인과 비교하면 잡일이나 하며 기예에 얽매인 서리胥吏와 같은 자들에 지나지 않는다. 단지 몸을 수고롭게 하고 이런저런 일로 두려워하며 마음을 졸일 뿐이다. 호랑이와 표범의 아름다운 무늬는 사냥꾼을 불러오고, 원숭이의 민첩함과 살쾡이를 잡는 개의 뛰어난 사냥솜씨는 짐승을 가두는 우리를 불러오는 법이다. 이런 사람을 어찌 명왕에 견줄 수 있겠는가?"

양자거가 물었다.

"감히 명왕의 다스림에 대해 묻고자 합니다."

노담이 대답했다.

"명왕의 다스림은 공이 천하를 뒤덮어도 자신의 공으로 여기지 않고, 교화가 만물에 베풀어져도 백성들이 이를 느끼지 못하고, 무위의 다스림이 베풀어져도 백성들이 그 이름을 일컫지 않는다. 그는 만물로 하여금 스스로 기뻐하게 만든 뒤 헤아릴 수 없는 초월의 경지로 들어가 아무것도 없는 근원의 세계에서 자유롭게 노닌다."

양자거陽子居 역시 가공의 인물이다. 해동奚侗은 위아爲我를 역설한 양주楊朱로 간주했으나 이는 지나치다. 양자거가 노담에게 질문한 내용은 유가의 견해에 가깝다. 장자에게 가장 큰 영향을 끼친 양주가 이런 질문을 할 리 없다. 유가를 상징하는 가공의 인물로 보는 게 옳다. 양자거와 노담의 문답은 「우언」편에도 나온다. 「산목」편에는 제자를 거느린 모습으로 등장한다.

향질강량嚮疾彊梁은 메아리처럼 아주 민첩하고 용사처럼 굳세다는 뜻이다. 「산목」편에도 나오는 강량彊梁은 강량强良과 통한다. 임희일은 강건剛健으로 풀이했다. 『도덕경』 제42장에 나오는 '강량한 자는 제대로 죽지 못하는 법이다' 라는 구절은 '강량' 이 강포强暴의 뜻으로 사용된 경우이다.

학도불권學道不倦은 도를 배우면서 싫증을 내지 않는다는 뜻으로 마서륜 등은 불권不倦을 불로不勞로 풀이했다. 저본에는 권倦이 권勸으로 되어 있다. 서이기계胥易技係의 '서이胥易'는 잡일이나 담당하는 무리를 지칭한다. 여기의 '이易'는 담당한다는 뜻이다. 손이양孫詒讓이 '서胥'를 총명하다는 뜻의 '서諝'로 해석한 이래 장병린과 마서륜 등이 이를 지지했으나 문맥상 서리胥吏로 보는 게 낫다. 기계技係는 기술에 얽매인다는 뜻이다. 「천지」편에도 똑같은 구절이 나온다.

내전來田의 전田은 사냥을 뜻하는 전畋과 통한다. 원저지편猨狙之便의 편便은 민첩하다는 편첩便捷의 뜻이다. 집리지구執斄之狗의 리斄를 두고 최선은 검은 소로 해석했으나 임희일은 살쾡이를 뜻하는 리狸와 통하는 것으로 해석했다. '집리지구'의 구狗는 문장구조상 '원저지편'의 편便과 대비되는 것이나 의미가 서로 조응하지 못하고 있다. 구지집리狗之執斄로 바꿔 해석하는 게 낫다. 내적來藉은 우리에 갇히는 재앙을 뜻한다. 여기의 적藉은 짐승을 가두는 우리를 말한다.

불자기不自己의 자自는 말미암는다는 뜻의 동사이다. 화대만물化貸萬物의 대貸는 시施의 뜻이다. 유막거명有莫擧名은 유有와 관련한 조건절의 주어가 생략돼 있다. 대개 정치나 교화의 베풂이 있는 것으로 풀이하고 있다. 공功과 교화가 이미 앞에 나온 만큼 여기서는 문맥상 '무위지치'를 언급한 것으로 보는 게 자연스럽다. 뒤에 나오는 무유자無有者가 앞서 얘기한 무기無己, 무공無功, 무명無名의 '무위지치'를 지칭하고 있는 사실이 이를 뒷받침한다.

7-5

鄭有神巫曰季咸, 知人之死生·存亡·禍福·壽夭, 期以歲月旬日若神. 鄭人見之, 皆棄而走. 列子見之而心醉, 歸, 以告壺子, 曰, "始吾以夫子之道爲至矣, 則又有至焉者矣." 壺子曰, "吾與汝旣其文, 未旣其實, 而固得道與. 衆雌而無雄, 而又奚卵焉. 而以道與世亢, 必信, 夫故使人得而相汝. 嘗試與來, 以予示之."

정나라에 앞일을 귀신처럼 알아맞히는 신무神巫가 있었는데 이름은 계함季咸이었다. 사람들의 생사와 존망存亡, 화복禍福, 수요壽夭 등에 관해 연월은 물론 열흘 단위의 상순과 하순 등의 날짜까지 맞추는 게 꼭 귀신같았다. 정나라 사람들이 자신의 죽을 날을 알게 될까 크게 두려워한 나머지 그를 보기만 하면 모두 피해 달아났다. 열자는 그를 만나보고는 크게 심취해 돌아온 뒤 스승인 호자壺子에게 말했다.

"당초 저는 선생님의 도가 최고라고 생각했는데 이제 보니 선생님보다 더 뛰어난 사람이 나타났습니다."

호자가 말했다.

"나는 너를 위해 껍데기는 다 전해주었지만 아직 알맹이는 다 전해주지 않았다. 너는 실로 도를 터득했다고 생각하는가? 암탉이 아무리 많아도 수탉이 없으면 어떻게 알을 낳을 수 있는가? 너는 도의 껍데기를 갖고 세상과 겨뤄 세인의 신임을 얻으려 드는 것인가? 그래서 세인이 계함과 같은 자들로 하여금 너의 관상을 쉽게 알아맞히도록 한 것이다. 시험 삼아 그를 데려와 나의 관상을 보게 해라."

유사한 내용이 『열자』「황제」편과 『회남자』「정신훈」편에 나온다. 계함季咸을 두고 남자 무당이 통상 격覡으로 표현되고 있는 점에 주목해 여자 무당으로 보는 견해도 있으나 이는 잘못이다. 무巫는 남녀를 모두 통칭하는 말이다. 오히려 내용상 남자 무당으로 보는 게 옳다.

호자壺子는 열자의 스승으로 이름은 호구자림壺丘子林이다. 『여씨춘추』「하현下賢」편에는 춘추시대 후기 정나라의 현대부 자산子産이 호구자림의 제자로 입문했다는 기록이 나온다. 호구자림의 실존 여부를 떠나 『여씨춘추』가 만들어지는 전한 초기에 그의 이름이 널리 유포됐음을 짐작케 해주는 대목이다.

오여여기기문吾與汝旣其文의 기기문旣其文이 『열자』에는 무기문无其文으로 되어 있다. 유월은 여기의 무无를 두고 『제자평의』에서 관毌의 잘못으로 보았다. '무'를 '관毌'과 비슷한 '무毋'의 착오로 파악한 것이다. 그러나 이는 문맥이 잘 통하지 않는다. '기기문'은 바로 뒤의 '미기기실未旣其實' 구절과 호응하고 있다. 『열자』의 무无는 기旣의 잘못으로 보는 게 타당하다. 기旣는 다 전해준다는 뜻의 진盡과 통한다. 문文과 실實은 형식과 내용, 껍데기와 알맹이 등의 대립된 개념을 표상한다.

7-6

明日, 列子與之見壺子. 出而謂列子曰, "嘻, 子之先生死矣. 弗活矣. 不以旬數矣. 吾見怪焉, 見濕滅焉." 列子入, 泣涕沾襟以告壺子. 壺子曰, "鄕吾示之以地文, 萌乎不震不正, 是殆見吾杜德機也. 嘗又與來." 明日, 又與之見壺子. 出而謂列子曰, "幸矣. 子之先生遇我也, 有瘳矣. 全然有生矣. 吾見其杜權矣." 列子入, 以告壺子. 壺子曰, "鄕吾示之以天壤, 名實不入, 而機發於踵. 是殆見吾善者機也. 嘗又與來." 明日, 又與之見壺子. 出而謂列子曰, "子之先生不齊, 吾無得而相焉. 試齊, 且復相之." 列子入, 以告壺子. 壺子曰, "吾鄕示之以太沖莫勝, 是殆見吾衡氣機也. 鯢桓之審爲淵, 止水之審爲淵, 流水之審爲淵. 淵有九名, 此處三焉. 嘗又與來." 明日, 又與之見壺子. 立未定, 自失而走. 壺子曰, "追之." 列子追之不及. 反, 以報壺子曰, "已滅矣, 已失矣. 吾弗及已.” 壺子曰, “鄕吾示之以未始出吾宗. 吾與之虛而委蛇, 不知其誰何, 因以爲弟靡, 因以爲波流, 故逃也.” 然後列子自以爲未始學而歸. 三年不出, 爲其妻爨, 食豕如食人, 於事無與親, 雕琢復朴. 塊然獨以其形立, 紛而封哉, 一以是終.

다음날 열자가 계함과 함께 와 호자를 만났다. 계함이 호자의 관상을 보고 난 뒤 밖으로 나와 열자에게 말했다.

“아, 그대의 선생은 곧 죽을 것이다. 살아날 가망이 없으니 열흘을 넘기지 못할 것이다. 나는 그대의 선생에게서 괴이한 조짐을 보았다. 바로 젖은 재의 모습이다.”

열자가 들어가 옷섶이 젖도록 눈물을 흘리면서 그 얘기를 호자에게 전했다. 호자가 말했다.

“아까 나는 그에게 생명이 없는 대지의 무늬를 보여주었다. 멍하니 움직이지도 않고 멈추지도 않았으니 그는 아마 생기生氣의 기틀인 소위 생기生機가 꽉 막힌 모습을 보았을 것이다. 시험 삼아 다시 데려오도록 해라.”

다음날 다시 계함과 함께 호자를 만났다. 계함이 밖으로 나오면서 열자에게 말했다.

“다행이다. 그대의 선생은 나를 만난 덕분에 병이 다 나았다. 완전히 생기가 회복됐다. 어제만 해도 나는 그대 선생의 생기가 꽉 막힌 모습을 보았기에 죽을 것이라고 말한 것이다.”

열자가 들어가 호자에게 그 말을 전하자 호자가 말했다.

“아까 나는 그에게 하늘의 모습을 보여주었다. 명칭을 붙일 수도 없고 내용을 알 수도 없는 상황에서 문득 생기가 발뒤꿈치부터 서서히 위로 올라왔을 때 그는 아마 이런 생기를 보았을 것이다. 시험 삼아 다시 데려오도록 해라."

다음날 다시 계함과 함께 호자를 만났다. 계함이 밖으로 나오면서 열자에게 말했다.

"그대 선생의 모습이 일정하지 않아 내가 관상을 볼 수가 없다. 모습이 일정해지면 다시 관상을 보도록 하겠다."

열자가 들어가 호자에게 그 말을 전하자 호자가 말했다.

"아까 나는 그에게 더없이 허무하고 흔적이라고는 전혀 없는 모습을 보여주었다. 그는 아마도 음양의 기가 평형을 이룬 모습을 보았을 것이다. 고래가 이리저리 헤엄치는 깊은 물도 연못이고, 고요히 멈춰 있는 깊은 물도 연못이고, 흘러가는 깊은 물도 연못이다. 연못에는 모두 아홉 가지가 있다. 내가 이번에 그에게 보여준 것은 세 가지에 불과하다. 시험 삼아 다시 데려오도록 해라."

다음날 다시 계함과 함께 호자를 만났다. 호자가 선 채로 아직 앉지도 않았는데 계함이 얼이 빠져 황급히 달아났다. 호자가 열자에게 말했다.

"그 뒤를 쫓아가 잡아라."

열자가 그를 뒤쫓았으나 잡지 못했다. 이내 돌아와 호자에게 말했다.

"이미 모습이 사라진 까닭에 놓치고 말았습니다. 그를 따라 잡을 수 없었습니다."

호자가 말했다.

"아까 나는 그에게 아직 나의 근본에서 떠나지 않은 자연 그대로의 모습을 보여주었다. 마음을 비우고 욕심이 전혀 없는 모습으로 대하자 그는 내가 누구인지 전혀 모르게 됐다. 따라서 무엇이 스러지고 또 무엇인가 노도怒濤처럼 밀려온다고 생각해 이내 달아난 것이다."

이후 열자는 스스로 아직 도를 배우지 못했다고 생각해 집으로 돌아간 뒤 3년 동안 문을 닫고 밖으로 나가지 않았다. 자기 아내를 위해 밥을 짓고, 사람과 짐승의 구별을 잊은 까닭에 돼지를 기르면서 마치 사람을 먹이듯이 했다. 매사에 사사로이 친소를 따지는 일이 없었고, 인위를 깎아버리고 쪼아 없애서 소박한 곳으로 돌아갔다. 아무 감정 없이 모든 차별과 편견을 뛰어넘어 외로이 홀로 선 채로 어지러이 만물과 뒤섞였고, 하나같이 이런 모습을 견지하며 일생을 마쳤다.

습회溼灰는 물에 젖은 재를 말한다. 「제물론」편에 말라버린 나무와 죽은 재를 뜻하는 '고목사회枯木死灰' 구절이 나온다. 사회死灰가 불 꺼진 재라면 '습회'는 불 꺼진 재가 다시 물에 젖어 더 이상 타오를 가망이 없는 상태의 재를 말한다. 사멸의 상태가 더욱 강조된 셈이다. 읍체첨금泣涕沾襟은 옷섶이 젖도록 눈물을 흘리는 것을 말한다.

향鄕은 '아까'의 뜻으로 향向 내지 향嚮 및 향曏 등과 함께 쓰인다. 맹호부진부정萌乎不震不正은 멍하니 움직이지도 멈추지도 않는 상황을 의미한다. 『열자』를 포함해 최선본 등에는 부정不正이 부지不止로 되어 있다. 문맥상 이게 맞다.

오두덕기吾杜德機의 덕기德機를 두고 해석이 분분하다. 『장자』에 나오는 기機는 모두 기계적인 의미의 기틀을 뜻한다. 「추수」편에 천기天機의 표현이 나온다. 천지만물의 운행을 가능케 하는 근원을 의미한다. '덕기'를 두고 성현영이 동기動機, 임희일이 생의生意로 파악한 것도 이런 맥락에서 이해할 수 있다. 『주역』「계사전 하」편에 '천지의 대덕을 생生이라고 한다'는 구절이 나온다. 여기의 '덕'은 '생'으로 풀이하는 게 옳다. '덕기'를 '생기生機'로 해석할 경우 '생기生氣를 발동시키는 기틀'이라는 뜻이 된다. 유추有瘳는 병이 다 나았다는 뜻이다.

두권杜權에 대한 해석도 분분하다. 임희일은 '권權'을 드러난 기틀, '기機'를 은미한 기틀로 간주하면서 '움직이지 않는 가운데 움직임이 있는 것'으로 풀이했다. 이케다 등이 이를 지지하고 있다. 그러나 두덕기杜德機를 생기가 막힌 모습으로 풀이하면서 '두권'을 정반대의 의미로 풀이하는 것은 모순이다. 곽상은 '두덕기'와 '두권'을 같은 의미로 풀이했다.

천양天壤을 두고 사마표 등은 천지天地로 해석했으나 여기의 '천양'은 지문地文과 호응하는 천상天象의 뜻으로 사용된 것이다. 명실불입名實不入은 이름을 붙일 수도 없고 내용을 알 수도 없다는 뜻이다. 『장자』에 나오는 '명실'은 대부분 명칭과 실제의 뜻이다. 오선자기야吾善者機也를 두고 문일다는 '오자선기야吾者善機也'의 잘못으로 보았으나 그보다는 '오선기자야吾善機者也'의 잘못으로 보는 게 낫다.

태충막승太沖莫勝의 막승莫勝을 두고 후쿠나가는 '일체의 대립과 상극이 초극된 상태'로 보았으나 『열자』「황제」편에 따르면 여기의 승勝은 흔적을 뜻하는 짐朕의 잘못이다. 억지 해석할 필요가 없는 것이다. 유월이 주장한 이후 장병린과 이케다 등이 모두 이를 좇고 있다. 진고응은 '태충은 곧 태허太虛이고, 막승은 곧 무짐無朕이니 크게 비어 아무런 조짐이 없다는 뜻이다'라고 풀이했다.

예환지심위연鯢桓之審爲淵의 환桓은 이리저리 오간다는 뜻의 반환盤桓 내지 반선盤旋을 의미한다. 『열자』에는 '반선'을 뜻하는 선旋으로 되어 있다. 심審은 심深의 뜻으로 반潘과 통한다. 연유구명淵有九名과 관련해 『열자』에는 그 명칭이 모두 기록돼 있다. 이에 따르면 고래가 오가는 예선지반鯢旋之潘, 고인 물이 맴도는 지수지반止水之潘, 흐르는 물이 맴도는 유수지반流水之潘, 범람한 물이 맴도는 남수지반濫水之潘, 아래로 떨어진 물이 맴도는 옥수지반沃水之潘, 옆으로 새나온 물이 맴도는 궤수지반氿水之潘, 갈라졌다 합쳐진 물이 맴도는 옹수지반雍水之潘, 땅에서 용출한 물이 맴도는 견수지반汧水之潘, 여러 갈래의 물이 맴도는 비수지반肥水之潘 등이 그것이다.

차처삼언此處三焉을 두고 이론이 분분하다. 이케다와 후쿠나가 등은 고요한 연못은 지문地文의 '두덕기杜德機', 흐르는 연못은 천양天壤의 '선기善機', 고래가 노니는 연못은 태충막짐太沖莫眹의 '형기기衡氣機'로 보고 있다. 위이委蛇는 욕심이 전혀 없는 모습을 말한다. 여기의 이蛇는 비스듬히 가거나 잇달아 있다는 뜻의 이迤와 같다.

선진시대 문헌에 나오는 위이委蛇 내지 위이委迤는 크게 7가지 뜻으로 사용된다. 첫째 스스로 만족해하며 침착하고 느긋한 모습, 둘째 배를 땅에 대고 기어가는 모습, 셋째 구불구불 구부러진 모습, 넷째 비스듬히 나오는 모습, 다섯째 순순히 좇는 모습, 여섯째 기다랗게 연이어진 모습, 일곱째 힘이 빠져 흐느적거리는 모습을 뜻한다. 여기서는 첫 번째 뜻으로 사용된 것이다. 『시경』「소남, 고양羔羊」에 위이위이委蛇委蛇 구절이 나온다. 주희는 『시경집전』에서 '스스로 만족해하는 모습'으로 풀이했다.

이위제미以爲弟靡의 미靡는 무너진다는 뜻으로 이에 대해서는 이견이 없다. 그러나 제弟에 대해서는 이론이 분분하다. 『열자』는 모미茅靡로 되어 있다. 띠풀을 뜻하는 모茅는 제거한다는 뜻을 지닌 제荑와 통한다. 제미荑靡의 잘못으로 보는 게 가장 그럴듯하다. 이위파류以爲波流의 '파류'는 크게 물결치는 모습을 표현한 것이다.

조탁복박雕琢復朴은 인위를 깎고 쪼아서 소박한 데로 돌아간다는 뜻이다. 『열자』는 조전雕瑑으로 되어 있다. 전瑑은 탁琢과 통한다. 괴연塊然은 외로이 우뚝 서 있는 모습을 말한 것이다. 분이봉재紛而封哉는 어지러이 만물과 뒤섞여 '나'와 '너'의 구별이 없게 된 것을 말한다. 최선본은 '봉재'가 봉융封戎으로 되어 있다. 『열자』도 '봉융'이다. 어지럽게 흩어진다는 뜻이다. 뒤에 나오는 일이시종一以是終과 연결시켜 보면 종終과 융戎은 운이 맞는다. 이게 타당하다.

7-7

無爲名尸, 無爲謀府, 無爲事任, 無爲知主. 體盡無窮, 而遊無朕. 盡其所受乎天而無見得, 亦虛而已. 至人之用心若鏡, 不將不迎, 應而不藏, 故能勝物而不傷.

명예의 주인도, 모략의 창고도, 일의 책임자도, 지혜의 주인도 되지 말라. 그보다는 무궁한 도를 완전히 체득해 흔적이 없는 무위자연의 세계에서 노닐도록 하라. 하늘에서 받은 육신과 정신을 극진히 하면서 삶을 인위적으로 연장하는 등 이익을 탐하지 않으니 오직 마음을 비울 따름이다.

지인至人의 마음 씀씀이는 거울과 같다. 사물을 보내지도, 맞이하지도 않는다. 비춰주기만 할 뿐 모습을 간직하지는 않는다. 지인이 만물의 위에 군림하면서도 다치지 않는 이유이다.

무위명시無爲名尸의 시尸는 주인의 뜻이다. 모부謀府는 모략의 창고로 꾀주머니를 뜻하는 지낭智囊과 같은 뜻이다. 사임事任은 일의 책임자, 지주知主는 지혜의 주인을 말한다. 유어무짐遊無朕의 '무짐'은 자취나 흔적이 없는 무위자연의 세계를 뜻한다. 무견득無見得은 이익을 염두에 두지 않는다는 뜻이다. 『논어』「자장」과 「계씨」편에 나오는 견득사의見得思義의 '견득'과 같은 뜻이다. 여혜경은 자연을 따라 살며 억지로 삶을 연장시키지 않는다는 뜻으로 새겼다.

응이부장應而不藏은 비춰주기만 할 뿐 모습을 간직하지 않는다는 뜻으로 곽상은 오면 호응하고 가면 그만둔다는 뜻으로 풀이했다. 승물이불상能勝物而不傷의 승물勝物은 만물을 이긴다는 뜻으로 곧 만물 위에 군림한다는 뜻을 내포하고 있다. 『도덕경』 제73장에 나오는 부쟁이선승不爭而善勝과 같은 취지이다. 싸우지 않고 이기는 게 바로 '능물이불상'의 요체이다.

7-8

南海之帝爲儵, 北海之帝爲忽, 中央之帝爲渾沌. 儵與忽時相與遇於渾沌之地, 渾沌待之甚善. 儵與忽謀報渾沌之德, 曰, "人皆有七竅以視聽食息. 此獨無有, 嘗試鑿之." 日鑿一竅, 七日而渾沌死.

남해의 제왕은 숙儵이고, 북해의 제왕은 홀忽이고, 중앙의 제왕은 혼돈渾沌이다. 숙과 홀이 때때로 혼돈의 땅에서 함께 만났다. 혼돈이 이들을 위해 극진히 대접했다. 숙과 홀은 혼돈의 은혜에 보답하기 위해 함께 상의했다.

"사람은 모두 7개의 구멍이 있어 보고 듣고 먹고 숨을 쉬는 데 사용한다. 혼돈만 유독 구멍이 없으니 시험 삼아 구멍을 뚫어주자!"

하루에 구멍을 하나씩 뚫자 7일 만에 혼돈이 그만 죽고 말았다.

숙과 홀, 혼돈 모두 우의寓意를 담아 의인화된 인물이다. 숙儵과 홀忽은 빠르다는 뜻으로 인간의 작위성을 비유한 것이다. 혼돈渾沌은 일체의 차별적 지식이 아직 발생하지 않은 무위자연 상태를 의미한다. '혼돈'은 뒤섞인 상태를 강조한 혼돈混沌 및 흐릿하다는 뜻의 혼돈倱伅과 통한다. 『회남자』의 곤둔坤屯도 같은 뜻이다. 칠일이혼돈사七日而渾沌死는 인간의 감정이 생기자 혼돈이 죽었다는 뜻이다. 혼돈은 흩어지지 않은 천진天眞, 칠규七竅는 인위적인 식별을 상징한다. 7일 만에 혼돈이 죽은 것은 인위적인 식별이 전개되면서 '천진'이 사라지게 되었음을 뜻한다.

2. 외편

제1장 변무(騈拇)

1-1

騈拇枝指出乎性哉, 而侈於德. 附贅縣肬出乎形哉, 而侈於性. 多方乎仁義而用之者, 列於五藏哉, 而非道德之正也. 是故騈於足者, 連無用之肉也. 枝於手者, 樹無用之指也. 多方騈枝於五藏之情者, 淫僻於仁義之行, 而多方於聰明之用也.

발가락의 군더더기 살과 육손이는 본성에서 비롯된 것이지만 덕성 측면에서 볼 때 일반 사람보다 많다고 할 수 있다. 쓸데없이 붙어 있는 크고 작은 사마귀는 몸에서 비롯된 것이지만 본성 측면에서 볼 때 일반 사람보다 많다고 할 수 있다. 인의를 내세워 이리저리 활용하는 자들은 이를 오장五藏과 나란히 열거하지만 이는 도덕의 바른 모습이 아니다.

발가락에 군더더기 살이 붙어 있는 것은 쓸모없는 살이 이어진 것이고, 손에 군더더기 손가락이 붙어 있는 것은 쓸모없는 손가락이 심어져 있는 것이다. 오장의 본래 모습에 쓸모없는 군더더기 살 등을 이리저리 기워 붙이는 것은 인의만 내세우며 이목耳目을 통해 얻은 세속의 지식을 온갖 방면에 활용하는 것과 같다.

변무지지騈拇枝指는 발가락의 군더더기 살과 육손이를 말한다. 변騈은 합合과 통하고, 무拇는 엄지발가락의 뜻이다. 지지枝指는 곁으로 난 손가락을 가리킨다. 일부 주석가는 '변무'를 '네 발가락'으로 새기기도 한다. 뒤이어지는 글에서 '긴 것을 남는 것으로 여기지 않고, 짧은 것을 부족하다고 여기지 않는다'는 구절이 나온다. 나름 일리가 있으나 문맥상 발가락의 군더더기 살로 보는 게 더 자연스럽다.

부췌현우附贅縣疣의 부附와 현縣은 붙어 있다는 뜻이고, 췌贅와 우肬는 크고 작은 사마귀를 뜻한다. 「대종사」편에는 우肬가 우疣로 나와 있다. 다방변지多方騈枝의 '다방'을 두고 초횡 등은 잘못 끼어든 글자로 해석했으나 이케다 등은 그대로 두고 해석해도 무방하다는 입장이다. 음벽淫僻은 한쪽으로 치우쳤다는 뜻이다. 총명지용聰明之用은 밝은 귀와 눈을 통해 얻은 지식을 여러 방면에 적용하는 것을 말한다.

1-2

是故騈於明者, 亂五色, 淫文章, 靑黃黼黻之煌煌非乎. 而離朱是已. 多於聽者, 亂五聲, 淫六律, 金石絲竹黃鐘大呂之聲非乎. 而師曠是已. 枝於仁者, 擢德塞性以收名聲, 使天下簧鼓以奉不及之法非乎. 而曾·史是已. 騈於辯者, 纍瓦結繩竄句, 遊心於堅白同異之間, 而敝跬譽無用之言非乎. 而楊·墨是已. 故此皆多騈旁枝之道, 非天下之至正也.

눈이 쓸데없이 밝은 자는 5색五色의 아름다움 때문에 눈이 어지럽혀지고, 무늬의 화려함에 지나치게 탐닉하니 청황보불青黃黼黻의 휘황찬란함이 그런 것이 아니겠는가? 이주離朱 같은 자가 바로 그런 자이다. 귀가 쓸데없이 밝은 자는 5성五聲의 아름다움 때문에 귀가 어지럽혀지고, 6률六律의 아름다움에 지나치게 탐닉하니 금석사죽金石絲竹으로 만든 악기소리와 황종黃鐘 및 대려大呂 등의 율려律呂가 그런 것이 아니겠는가? 사광師曠 같은 자가 바로 그런 자이다.

쓸데없이 인의를 내세우는 자는 사람이 태어날 때부터 가진 덕을 뽑아내고 본성을 막는 식으로 명성을 얻으려 든다. 천하 사람들로 하여금 시끄럽게 떠들어대면서 도달할 수 없는 법도를 받들게 하는 짓이 그것이다. 이게 바로 쓸데없이 인의를 내세우는 짓이 아니겠는가? 증삼曾參과 사추史鰌 같은 자가 바로 그런 자이다.

변론을 지나치게 일삼는 자는 매미를 잡기 위해 진흙 공을 쌓아올린 후 거기서 떨어지지 않는 기교를 익힌 누환累丸처럼 공연히 노끈을 묶어 매듭을 만들거나 문장을 어렵게 꾸미는 등 군더더기를 만드는 자이다. 이들은 견백론堅白論이나 동이론同異論 따위에 마음을 빼앗겨 하찮은 명예와 쓸모없는 말에 피폐해질 뿐이다. 이게 바로 변론을 지나치게 일삼는 짓이 아니겠는가? 양주楊朱와 묵적墨翟 같은 자가 바로 그런 자이다. 이 모든 것이 쓸데없이 군더더기를 만들거나 억지로 기워 붙이는 짓이다. 천하의 지극한 정도正道가 결코 아니다.

5색은 청, 황, 적, 백, 흑이다. 5성은 궁宮, 상商, 각角, 치徵, 우羽를 말한다. 6률은 서양의 12음계와 같다. 낮은 음부터 황종黃鐘, 대려大呂, 태주太簇, 협종夾鐘, 고선姑洗, 중려仲呂, 유빈蕤賓, 임종林鐘, 이칙夷則, 남려南呂, 무역無射, 응종應鐘으로 올라간다. 양陽을 상징하는 황종(도), 태주(레), 고선(미), 유빈(파 샤프), 이칙(솔 샤프), 무역(라 샤프) 등 홀수의 6음을 '6률'이라고 한다. 음陰을 상징하는 대려(도 샤프), 협종(레 샤프), 중려(파), 임종(솔), 남려(라), 응종(시) 등 짝수의 6음을 6려六呂라고 한다. 율려律呂는 양률과 음려를 통칭한 말이다. 본래 서양의 12음계는 동양의 율려를 차용한 것이다.

이이주시이而離朱是已의 이주離朱는 『맹자』의 이루離婁와 같은 인물이다. 백 보 밖에서 가을 터럭의 끄트머리를 볼 수 있을 정도로 눈이 밝다. 이而는 여如와 같다. 유월이 처음 제기한 이후 장병린 등이 이를 지지했다. 『맹자』「이루 하」편의 '망도이미지견望道而未之見'의 '이而'도 같은 용법이다. 도를 보고도 아직 보지 못한 듯이 했다는 뜻이다.

지어인자枝於仁者는 인의에 군더더기를 덧붙인 자로 쓸데없이 인의를 내세우는 자를 뜻한다. 탁덕색성擢德塞性의 '탁擢'은 '발拔'과 통한다. 황고簧鼓는 생황을 연주한다는 뜻으로 시끄럽게 떠들어대는 것을 의미한다. 증사曾史는 공자의 제자 증자와 위衛나라 현대부 사추史鰌를 말한다. 『논어』「위령공」편에 나오는 사어史魚를 말한다.

누와纍瓦는 쓸데없는 기교를 부린다는 뜻으로 누纍는 누累와 같고, 와瓦는 환丸의 오자이다. 「달생」편에는 누환累丸으로 나온다. 매미를 잡기 위해 막대기 끝에 진흙 공을 쌓아올린 후 거기서 떨어지지 않도록 기술을 익힌 곱사등이를 말한다. 결승찬구結繩竄句도 같은 뜻이다. '결승'은 노끈을 묶어 매듭을 만든다는 뜻이고, '찬구'는 문구를 마구 뜯어고쳐 화려하게 꾸미는 것을 말한다.

폐규예무용지언敝跬譽無用之言의 규예跬譽는 하찮은 명예, '무용지언'은 쓸모없는 논쟁을 의미한다. 피폐해진다는 뜻의 폐敝를 두고 육덕명은 얽매인다는 뜻의 별蹩로 간주했으나 사마표는 피곤해진다는 뜻의 피罷로 새겼다. 후자의 해석이 낫다. 천하지지정天下之至正은 천하의 대도를 의미한다.

1-3

彼正正者, 不失其性命之情. 故合者不爲駢, 而枝者不爲跂. 長者不爲有餘, 短者不爲不足. 是故鳧脛雖短, 續之則憂. 鶴脛雖長, 斷之則悲. 故性長非所斷, 性短非所續, 無所去憂也. 意仁義其非人情乎, 彼仁人何其多憂也.

지극한 정도를 행하는 사람은 타고난 성명性命의 실정實情을 잃지 않는다. 발가락 사이에 이어져 있는 변무騈拇를 군더더기로 여기지 않고, 손가락이 하나 더 붙은 지지枝指를 여분의 손가락으로 여기지 않는다. 긴 것을 남는 것으로 여기지 않고, 짧은 것을 부족하다고 여기지 않기 때문이다.

오리는 다리가 짧지만 이어주면 슬퍼하고, 학은 다리가 길지만 자르면 슬퍼한다. 본성이 긴 것은 자를 대상이 아니고, 짧은 것은 이어줄 대상이 아니다. 결코 근심거리로 여겨 없애서는 안 된다. 생각건대 인의는 타고난 성명의 실정은 아닐 것이다. 인의를 실천하는 사람은 어찌해서 그리 근심이 많은 것인가?

피정정자彼正正者를 두고 유월은 피지정자彼至正者의 오자로 보았다. 대부분 이를 좇는다. 부경鳧脛과 학경鶴脛은 크고 작거나 짧고 긴 세상만물을 대비시킨 상징어이다. 곽상은 '각자 올바른 기준을 갖고 있으므로 이것을 기준으로 저것을 바로잡아서는 안 된다'는 뜻으로 풀이했다. 성현영은 '어리석은 사람은 학의 긴 다리를 자르고 오리의 짧은 다리를 이어서 가지런히 하려고 한다' 고 지적했다.

의意는 '생각하건대' 의 뜻이다. 성현영은 감탄사 희噫로 해석했으나 뒤에 나오는 고의故意 구절과 견주어 볼 때 인과관계 접속사 고故와 감탄사 희噫가 함께 쓰이는 경우는 없다. 하기다우何其多憂는 유가가 내세우는 인위적인 인의는 타고난 성명의 실정이 아닌 까닭에 애초부터 근심거리가 많을 수밖에 없다는 것을 반어적으로 표현한 것이다.

문제는 변무騈拇와 지지枝指를 놓고 앞에서는 유가의 인의에 비유해 무용지물로 비판했다가 여기서는 정반대로 만물의 생득적인 자연으로 받아들이고 있는 점이다. 논리상의 자가당착인 셈이다. 이를 지적한 후쿠나가는 이같이 분석했다.

"인의에 비유된 변무와 지지가 긍정되어야 할 생득의 자연이라면 인의 또한 긍정되어야 할 것이다. 역으로 인의가 무용지물이라면 변무와 지지 또한 부정되지 않을 수 없다. 논리상 모순이다. 이를 어떻게 이해해야만 할까? 만물제동과 무용지용의 입장에서 모든 기형불구를 긍정하는 '내편' 의 사고와 기형불구를 불순한 것으로 간주하는 상식적인 사고가 뒤엉킨 결과다. 「변무」편을 편제한 작가의 철저하지 못한 사고가 바로 이런 모순을 낳은 것이다."

그러나 「변무」편을 편제한 작가를 탓하기 전에 장자의 '무위자연' 이 지니고 있는 논리 자체에서 근본원인을 찾는 게 옳다. 만물제동의 '무위자연' 논리는 초월의 논리이다. 이를 세속의 잣대로 판단할 수도 없는 것이지만 동시에 '무위자연' 의 논리를 무리하게 세속에 적용해서도 안 된다. 후쿠나가가 지적한 것처럼 곧바로 모순이 빚어지기 때문이다.

유가의 인의 논리는 세속의 논리이다. 세속에서는 이게 통용돼야지

만물제동에 입각한 장자의 '무위자연' 논리가 곧바로 적용되면 국가공동체 자체가 붕괴되고 만다. 양자가 공존하는 길이 있다. 세속의 국가공동체의 논리에는 유가, 초월의 개인 해탈의 논리에는 도가를 적용하면 된다. 인간 자체가 출생 때부터 가족공동체 및 국가공동체의 일원으로 출발하는 까닭에 공동체와 동떨어진 개인은 존재할 수 없다. '무위자연'의 절대적인 자유를 향유하는 해탈도 출발만큼은 어디까지나 공동체에서 시작해야 한다.

1-4

且夫駢於拇者, 決之則泣. 枝於手者, 齕之則啼. 二者或有餘於數, 或不足於數, 其於憂一也. 今世之仁人, 蒿目而憂世之患. 不仁之人, 決性命之情而饕貴富. 故意仁義其非人情乎, 自三代以下者, 天下何其囂囂也.

만일 발가락의 군살을 갈라서 찢어버리면 아파서 눈물을 흘리며 울 것이다. 여분으로 붙어 있는 손가락 역시 물어뜯어 떼어버리면 아파서 소리내 울 것이다. 이들 두 경우는 비록 하나는 통상적인 것보다 수효가 많고 다른 하나는 이보다 모자란 경우이기는 하나 근심거리가 된 점에서는 똑같다.

요즘 세상의 인인仁人은 근심스런 눈으로 세상의 근심을 자신의 근심으로 여기고, 불인不仁한 자는 타고난 성명의 실정을 결딴내며 부귀를 탐하는 자들이다. 아무리 생각해도 인의는 타고난 성명의 실정이 아닌 듯하다. 인의를 들고 나온 삼대 이래 천하가 어찌 이리 시끄러운가?

흘지즉제齕之則啼는 물어뜯어 떼어버리면 소리내 운다는 뜻이다. 읍泣은 눈물을 흘리며 우는 것이고, 제啼는 소리내 운다는 뜻이다. 호목이우세지환蒿目而憂世之患은 근심스런 눈으로 세상의 우환을 걱정한다는 뜻이다. 장병린 등은 '호목'의 호蒿를 눈이 흐리다는 뜻의 모眊의 가차로 보았다. 도귀부饕貴富는 부귀를 탐한다는 뜻이다. 하기효효何其囂囂의 '효효'는 시끄럽게 떠드는 모습을 말한다. 『맹자』「진심 상」편에는 '효효'가 초연히 자족한다는 뜻으로 사용되고 있다.

1-5

且夫待鉤繩規矩而正者, 是削其性者也. 待繩約膠漆而固者, 是侵其德者也. 屈折禮樂·呴兪仁義·以慰天下之心者, 此失其常然也. 天下有常然. 常然者, 曲者不以鉤, 直者不以繩, 圓者不以規, 方者不以矩, 附離不以膠漆, 約束不以纆索. 故天下誘然皆生, 而不知其所以生. 同焉皆得, 而不知其所以得. 故古今不二, 不可虧也. 則仁義又奚連連, 如膠漆纆繩而遊乎道德之間爲哉. 使天下惑也.

갈고리와 먹줄, 그림쇠와 곱자에 의지해 바로잡으려 하는 것은 타고난 본성을 깎아내는 짓이다. 노끈으로 묶고 아교를 칠해 견고하게 붙이려는 것은 타고난 덕을 해치는 짓이다. 몸을 굽혀 예악을 행하고 인의를 실천해 천하인의 마음을 위로하려는 것은 자연스런 본성을 잃는 짓이다.

천하에는 자연스런 본성으로 이뤄진 것이 있다. 굽은 것은 갈고리로 만든 것이 아니고, 곧은 것은 먹줄을 댄 것이 아니고, 둥근 것은 그림쇠로 만든 것이 아니고, 네모난 것은 곱자를 댄 것이 아니고, 붙어 있는 것은 아교칠을 한 것이 아니고, 묶인 것은 노끈으로 동여맨 것이 아니니 이게 바로 자연스런 본성으로 이뤄진 것이다.

천하의 모든 사물은 자연스레 생성되면서도 그 까닭을 알지 못하고, 자연스레 얻으면서도 그 까닭을 알지 못한다. 자연스런 본성은 고금이 다르지 않다. 이 법칙은 어그러질 수 없다. 그런데도 인의를 추구하는 사람들은 어찌하여 아교칠을 하고 노끈으로 동여매듯 기워 붙여서 도덕의 세계에서 노닐고자 하는 것일까? 이는 천하인을 의혹에 빠뜨릴 뿐이다.

곡曲, 직直, 원圓, 방方, 부리附離, 약속約束은 모두 자연스레 이뤄진 사물의 고유한 모습을 표현한 것으로 상연常然에 해당한다. 이는 인위적인 조작을 베풀지 않고 저절로 이뤄지는 것을 상징한다. 이에 반해 구鉤, 승繩, 규規, 구矩, 교칠膠漆, 묵색纆索은 인위적인 잣대를 의미한다. 유연誘然에 대한 해석이 분분하다. 자연스레 생성된다는 취지의 유연油然으로 보는 게 좋을 듯하다. 동언同焉은 어리석은 모습으로 동연侗然과 같다. 우해련련又奚連連의 연련連連은 기워 붙이는 모습을 지칭한 것이다.

1-6

夫小惑易方, 大惑易性. 何以知其然也. 自虞氏招仁義以撓天下也, 天下莫不奔命於仁義. 是非以仁義易其性與. 故嘗試論之. 自三代以下者, 天下莫不以物易其性矣. 小人則以身殉利, 士則以身殉名, 大夫則以身殉家, 聖人則以身殉天下. 故此數子者, 事業不同, 名聲異號, 其於傷性以身爲殉, 一也.

작은 의혹은 방향을 바꾸고 큰 의혹은 본성을 바꾼다. 무엇으로 그러한지 아는가? 순임금이 인의를 내세워 천하를 어지럽힌 이래 천하인 중 인의로 달려가 따르지 않은 자가 없었다. 이것이 인의로써 천성을 바꿔놓은 게 아니고 무엇인가?

이에 시험 삼아 이같이 말해본다. 삼대 이후 천하의 사람들 중 이익과 명예, 집안, 천하 등의 외물로 인해 자신의 본성을 바꾸지 않은 이가 없었다. 소인은 이익을 위해, 선비는 명예를 위해, 대부는 가문을 위해, 성인은 천하를 위해 자신의 몸을 바쳤다. 이들 모두 비록 사업이 같지 않고 명성 또한 상이하지만 본성을 해쳐 몸을 죽음에 이르게 했다는 점에서는 동일하다.

자우씨교인의自虞氏招仁義의 우씨虞氏는 순임금을 말한다. 앞서 나온 「대종사」와 「응제왕」편은 물론 뒤에 나오는 「천지」와 「전자방」, 「지북유」편 등 모두 유우씨有虞氏로 되어 있다. 교인의招仁義의 교招는 '들춰내다' 의 뜻이다. 유월은 '직설적인 얘기를 좋아해 다른 사람의 잘못을 거론하다' 의 뜻을 지닌 『국어』 「주어」의 '호진언이교인과好盡言以招人過' 구절을 예로 들면서 교招를 거擧의 뜻을 지닌 '교' 로 읽을 것을 주장했다.

1-7

臧與穀, 二人相與牧羊而俱亡其羊. 問臧奚事, 則挾筴讀書. 問穀奚事, 則博塞以遊. 二人者, 事業不同, 其於亡羊均也.

장臧과 곡穀 두 사람이 함께 양을 치다가 어느 날 다 같이 양을 잃어버렸다. 사정을 묻자 장은 양몰이용 채찍을 옆구리에 끼고 독서를 했고, 곡은 장기와 주사위 놀이를 했다고 말했다. 두 사람은 하던 일이 같지 않았지만 양을 잃은 점에서는 똑같았다.

장臧과 곡穀에 대한 이설이 분분하다. 최선은 양웅의 『방언』을 인용해 장臧을 사내 종으로 해석했다. 마서륜은 곡穀 또한 획獲의 가차로 보아 똑같은 뜻의 노비로 해석할 것을 주장했다. 왕숙민은 곡穀을 어린아이를 뜻하는 누穀의 가차로 보았다. 마서륜의 주장이 그럴 듯하다.

협책독서挾筴讀書의 '책筴'과 관련해 두 가지 설이 대립한다. 성현영과 육덕명 등은 죽간 등의 서책書冊으로 간주했고, 왕선겸과 전목 등은 양을 치는 데 쓰는 채찍인 책策으로 보았다. 죽간을 옆구리에 끼고 읽는 것은 아무래도 이상하다. 왕선겸의 견해를 좇는 게 좋을 듯싶다. 박색博塞의 박博은 『논어』「양화」편에 나오는 박혁博奕의 박과 같다. 곧 장기놀이를 말한다. 색塞은 쌍륙놀이를 뜻하는 새簺를 지칭한다.

1-8

伯夷死名於首陽之下, 盜跖死利於東陵之上. 二人者, 所死不同, 其於殘生傷性均也. 奚必伯夷之是而盜跖之非乎.

백이伯夷는 수양산 아래서 명예를 위해 죽었고, 도척盜跖은 동릉산東陵山 위에서 이익을 탐하다가 죽었다. 두 사람은 목숨을 바친 배경은 같지 않으나 생명을 해치고 본성을 상하게 한 점에서는 똑같다. 어찌 백이는 옳고 도척은 그르다고 할 수 있겠는가?

도척은 전설적인 도둑의 이름이다. 『사기정의』는 황제 때의 대도였다고 기록해 놓았다. 『한서』의 주석에는 진나라 때의 대도로 나온다. 「도척」편에는 춘추시대 인물인 유하혜의 동생으로 되어 있다. 동릉東陵은 산으로 보는 견해와 능으로 보는 견해가 대립한다.

1-9

天下盡殉也, 彼其所殉仁義也, 則俗謂之君子. 其所殉貨財也, 則俗謂之小人. 其殉一也, 則有君子焉, 有小人焉. 若其殘生損性, 則盜跖亦伯夷已, 又惡取君子小人於其間哉.

천하인은 나름 모두 뭔가를 위해 목숨을 바친다. 세속에서는 인의를 위해 목숨을 바치면 '군자', 재물을 위해 몸을 바치면 '소인'이라고 한다. 뭔가를 위해 목숨을 바친 점에서는 다 같은데 누구는 군자, 누구는 소인이 된다. 생명을 해치고 본성을 해친 점에서 도척 또한 백이와 같다. 그러니 어찌 그 사이에 군자와 소인의 차이를 둘 수 있겠는가?

천하진순天下盡殉은 세상 사람들 모두 자신이 추구하는 가치를 위해 목숨과 맞바꾼다는 뜻이다. 도척역백이盜跖亦伯夷는 '도척이 곧 백이이다'라는 뜻이므로 이에 대응하는 백이역도척伯夷亦盜跖 구절이 생략됐을 공산이 크다. 우오취又惡取의 취取는 차이를 가린다는 뜻의 분分과 통한다.

1-10

且夫屬其性乎仁義者, 雖通如曾·史, 非吾所謂臧也. 屬其性於五味, 雖通如兪兒, 非吾所謂臧也. 屬其性乎五聲, 雖通如師曠, 非吾所謂聰也. 屬其性乎五色, 雖通如離朱, 非吾所謂明也. 吾所謂臧者, 非仁義之謂也, 臧於其德而已矣. 吾所謂臧者, 非所謂仁義之謂也, 任其性命之情而已矣. 吾所謂聰者, 非謂其聞彼也, 自聞而已矣. 吾所謂明者, 非謂其見彼也, 自見而已矣. 夫不自見而見彼, 不自得而得彼者, 是得人之得而不自得其得者也, 適人之適而不自適其適者也. 夫適人之適而不自適其適, 雖盜跖與伯夷, 是同爲淫僻也. 余愧乎道德, 是以上不敢爲仁義之操, 而下不敢爲淫僻之行也.

자기 본성을 인의에 종속시키는 자는 비록 증삼曾參이나 사추史鰌처럼 인의에 통달했을지라도 내가 말하는 '훌륭함'은 아니다. 자기 본성을 오미五味에 종속시키는 것은 비록 유아兪兒처럼 맛에 통달했을지라도 내가 말하는 '뛰어남'은 아니다. 자기 본성을 오성五聲에 종속시키는 자는 비록 사광師曠처럼 음률에 통달했을지라도 내가 말하는 '귀 밝음'은 아니다. 자기 본성을 오색五色에 종속시키는 자는 이주離朱처럼 시각에 통달했을지라도 내가 말하는 '눈 밝음'은 아니다.

내가 말하는 '훌륭함'은 인의를 말하는 것이 아니라 자신의 타고난 덕을 그대로 드러내는 것을 말한다. 내가 말하는 '뛰어남'은 인의를 말하는 것이 아니라 타고난 성명의 실정에 자신을 맡기는 것을 말한다. 내가 말하는 '귀 밝음'이란 소리를 잘 듣는 것을 말하는 것이 아니라 내면의 자기 목소리를 듣는 것을 말한다. 내가 말하는 '눈 밝음'이란 사물을 잘 구분해 보는 것을 말하는 것이 아니라 내면의 자기 모습을 보는 것을 말한다.

무릇 내면의 자기 모습을 보지 못한 채 대상인 사물만 보고 내면의 자신을 얻지 못한 채 대상인 사물만 얻는 자는 다른 사람이 얻고자 하는 것을 얻을 뿐 자신이 얻고자 하는 것을 얻지 못한다. 이런 자는 다른 사람의 즐거움을 자신의 즐거움으로 여기며 스스로 자신의 즐거움을 즐길 줄 모르는 자이다.

다른 사람의 즐거움을 자신의 즐거움으로 여기며 스스로 자신의 즐거움을 즐길 줄 모르는 자는 비록 도척과 백이처럼 겉으로는 다양한 차이가 있을지라도 사실은 하나같이 한쪽에 치우친 자들이다. 내가 세속의 도덕에 부끄러움을 느끼는 이유이다. 이에 나는 위로는 감히 인의를 고집하지 않고 아래로는 감히 한쪽에 치우치지 않는다.

5미는 감甘, 함鹹, 산酸, 신辛, 고苦를 말한다. 유아兪兒는 제환공 때의 실존인물인 역아易兒와 더불어 뛰어난 요리사로 알려진 인물이다. 『회남자』「범론훈氾論訓」은 '유아臾兒와 역아는 치수와 민수가 합쳐지는 곳에서 한 모금의 물을 마셔보고 달고 씀을 알았다'고 기록해 놓았다.

본문은 인의에 뛰어난 증삼과 사추, 요리에 뛰어난 유아를 모두 훌륭하다는 뜻의 장臧으로 표현해 놓았다. 동시에 뒷부분에서 중복된 표현을 쓰고 있다. 이로 인해 오탈이나 착간錯簡이 있었을 것으로 보는 견해가 중론이다. 내용상 똑같이 '장'으로 표현해 놓았으나 증삼과 사추는 훌륭한 행보, 유아는 뛰어난 요리솜씨를 언급한 것이다. '훌륭함'과 '뛰어남'으로 나눠 번역한 이유다. 인의지조仁義之操의 조操는 존存의 뜻이다. 음벽지행淫僻之行은 방자하고 편벽된 행동을 말한다. 본문에서는 한쪽으로 치우친 것을 지적한 것이다.

제2장 마제(馬蹄)

2-1

馬, 蹄可以踐霜雪, 毛可以御風寒. 齕草飮水, 翹足以陸, 此馬之眞性也. 雖有義臺路寢, 無所用之. 及至伯樂, 曰, "我善治馬." 燒之剔之, 刻之雒之. 連之以羈馽, 編之以阜棧, 馬之死者十二三矣. 飢之渴之, 馳之驟之, 整之齊之, 前有橛飾之患, 而後有鞭筴之威, 而馬之死者已過半矣. 陶者曰, "我善治埴." 圓者中規, 方者中矩. 匠人曰, "我善治木." 曲者中鉤, 直者應繩. 夫埴木之性, 豈欲中規矩鉤繩哉. 然且世世稱之曰, "伯樂善治馬, 而陶匠善治埴木." 此亦治天下者之過也. 吾意善治天下者不然. 彼民有常性, 織而衣, 耕而食, 是謂同德. 一而不黨, 命曰天放.

말은 발굽이 있어 서리와 눈을 밟을 수 있고, 털이 있어 바람과 추위를 막을 수 있다. 풀을 뜯으며 물을 마시고, 발을 구르며 달리니 이것이 말의 참 본성이다. 비록 높은 누대나 호사스런 저택이 있을지라도 쓸 곳이 없다. 말의 관상에 뛰어난 백락이 나타나 이같이 말했다.

"나는 말을 잘 다룬다."

그러고는 털을 달군 쇠로 태우거나 가위 등으로 깎고, 굽을 깎거나 낙인을 찍었다. 연이어 굴레를 씌우고, 다리를 묶고, 구유와 마판에 줄줄이 묶었다. 그러자 죽는 말이 열에 두세 마리에 이르게 됐다.

이후 굶기고 목마르게 하며, 달리다가 문득 뛰게 하며, 가로나무와 멍에로 말을 정돈하거나 재갈과 고삐로 가지런히 정돈시켰다. 앞에는 재갈과 가슴걸이로 인한 고통이 있고, 뒤에는 가죽 채찍과 대나무 채찍의 억압이 있자 말의 절반 이상이 죽어나갔다.

하루는 옹기장이가 말했다.

"나는 진흙을 잘 다룬다. 둥근 것은 그림쇠에 딱 들어맞고, 모난 것은 곱자에 꼭 맞는다."

또 하루는 목공이 말했다.

"나는 나무를 잘 다룬다. 굽은 것은 갈고리에 꼭 맞고, 곧은 것은 먹줄에 잘 맞는다."

그러나 진흙과 나무의 본성이 어찌 그림쇠, 곱자, 갈고리, 먹줄에 꼭 맞기를 바라겠는가?

그런데도 세상에서는 대대로 이같이 칭송한다.

"백악은 말을 잘 다뤘고, 옹기장이와 목공은 진흙과 나무를 잘 다뤘다."

이는 천하를 다스리는 제왕들의 잘못이다. 생각건대 천하를 잘 다스린다는 자는 그리하지 않을 것이다. 사물 모두 타고난 본성이 있다. 백성들은 길쌈을 해서 옷을 지어 입고, 밭을 갈아서 먹을 것을 장만한다. 이를 일컬어 타고나면서 다 같이 얻은 덕이라는 의미에서 동덕同德이라고 한다. 백성들이 모두 하나같지만 서로 짜고 동덕을 이룬 것은 아니다. 이를 두고 하늘이 놓아준 것이라는 취지에서 천방天放이라고 한다.

교족이륙翹足以陸은 발을 높이 들어 뛰어다니는 것을 말한다. 교翹는 발돋움한다는 뜻의 교蹻의 가차이다. 륙陸에 대해서는 설이 많다. 육덕명은 『경전석문』에서 말이 뛰어다닌다는 뜻의 륙踛의 가차로 보았다. 사마표는 륙踛의 잘못으로 보았다. 이케다를 포함해 많은 사람들이 육덕명을 지지하고 있다.

의대노침義臺路寢의 '의대'는 예의를 베푸는 높은 누대를 뜻한다. 『회남자』에는 용대容臺로 나온다. '노침'은 고관이 사는 크고 편한 집을 말한다. 로路는 큰 길을 지칭한 데서 이후 정대正大의 뜻을 지니게 되었다. 백락伯樂은 말의 관상을 잘 보는 전설적인 인물이다. 『열자』에 따르면 원래 이름은 손양孫陽이고 '백락'은 자이다. 진목공 때의 인물이다. 그러나 『한비자』「설림 하」편에는 춘추시대 말기 조간자의 마부로 있던 왕량王良을 '백락'으로 표현한 대목이 나온다. '백락'은 크게 두 사람이 존재했던 셈이다.

소지체지燒之剔之는 말의 털을 태우거나 깎는다는 뜻이다. 체剔는 원래 '척'이나 육덕명은 체剃의 가차로 간주해 '체'로 읽을 것을 주장했다. 각지낙지刻之雒之는 굽을 깎고 낙인을 찍는다는 뜻이다. 유월 등은 낙雒을 낙烙의 가차로 보았다.

연지이기칩連之以羈馽의 기羈는 굴레를 뜻하고, 칩馽은 다리를 얽어맨다는 뜻이다. 편지이조잔編之以皁棧은 마판에 줄줄이 묶어놓은 것을 표현한 것이다. 조皁는 말구유, 판板은 습기를 차단하기 위해 마구간 바닥에 까는 마판을 뜻한다. 치지취지馳之驟之의 취驟는 멈춰 있다가 갑자기 달리게 하는 것을 말한다. 정지제지整之齊之를 두고 성현영은 '가로나무와 멍에로 말을 정돈하고, 재갈과 고삐로 말을 가지런히 한다'고 풀이했다.

궐식지환橛飾之患의 궐橛은 재갈로 함銜, 식飾은 가슴걸이인 인靷

과 통한다. 편책지위鞭筴之威의 편鞭은 가죽 채찍, 책筴은 대나무 채찍을 말한다. 동덕同德을 두고 임희일은 만인이 하늘에서 똑같이 얻은 덕이라는 취지에서 '동연지덕同然之德'으로 풀이했다. 천방天放은 하늘이 놓아준 것으로 자연의 방임을 뜻한다. 곽상은 내버려두자 저절로 하나가 된 것으로 보았다. 임희일은 「제물론」의 천행天行과 천균天均, 천유天遊와 같은 뜻으로 보았다.

2-2

故至德之世, 其行塡塡, 其視顚顚. 當是時也, 山無蹊隧, 澤無舟梁. 萬物羣生, 連屬其鄕. 禽獸成羣, 草木遂長. 是故禽獸可係羈而遊, 鳥鵲之巢可攀援而闚. 夫至德之世, 同與禽獸居, 族與萬物竝. 惡乎知君子小人哉. 同乎無知, 其德不離. 同乎無欲, 是謂素樸. 素樸而民性得矣. 及至聖人, 蹩躠爲仁, 踶跂爲義, 而天下始疑矣. 澶漫爲樂, 摘僻爲禮, 而天下始分矣. 故純樸不殘, 孰爲犧樽. 白玉不毁, 孰爲珪璋. 道德不廢, 安取仁義. 性情不離, 安用禮樂. 五色不亂, 孰爲文采. 五聲不亂, 孰應六律. 夫殘樸以爲器, 工匠之罪也. 毁道德以爲仁義, 聖人之過也.

지덕至德의 시대에는 사람들의 걸음걸이가 유유자적했고, 눈매 또한 밝고 환했다. 그때는 산에 지름길이나 땅굴이 없었고, 못에는 배나 다리도 없어 서로 만날 일이 없었다. 백성들이 한 곳에 무리지어 살면서 각기 살고 있는 곳에서 서로 화합해 생활했고, 금수 또한 함께 무리지어 산 까닭에 초목이 잘 자랄 수 있었다. 심지어 금수를 끈으로 묶어 끌고다니며 노닐 수 있었고, 새의 둥지를 끌어당겨 그 안을 들여다 볼 수도 있었다.

지덕의 시대에는 금수와 함께 살면서 무리지어 만물과 차별 없이 살았으니 어찌 군자와 소인의 구별을 알았겠는가? 똑같이 무지한 탓에 그 덕을 잃지 않았다. 똑같이 무욕했으니 이를 일러 소박素樸이라고 한다. 소박을 지키면 본성을 유지할 수 있다.

그러나 성인이 나타나 발돋움하여 달리듯 억지로 인과 의를 힘써 행하면서 천하가 서로 의심하게 되었다. 질펀하게 음악을 연주하고 번거롭게 예를 행하는 지경에 이르자 천하가 마침내 상하의 계층으로 나뉘게 되었다.

누가 과연 자연 그대로의 통나무를 해치지 않고 종묘의 술잔인 희준犧樽을 만들 수 있고, 누가 백옥을 훼손하지 않고 대신들이 홀인 규장珪璋을 만들 수 있고, 누가 도덕을 버리지 않고 인의를 택할 수 있고, 누가 타고난 성정을 떠나지 않고 예악을 쓸 수 있고, 누가 5색을 어지럽히지 않고 무늬를 만들 수 있고, 누가 5성을 어지럽히지 않고 6률을 맞출 수 있겠는가? 무릇 통나무를 해쳐 그릇을 만든 것은 장인의 죄이고, 도덕을 훼손해 인의를 만들어낸 것은 성인의 잘못이다.

전전塡塡은 느긋하며 중후한 모습을 나타낸다. 진진顚顚의 진顚은 눈을 부릅뜬다는 뜻의 진瞋의 가차이다. 산무혜수山無蹊隧의 혜蹊는 지름길, 수隧는 땅굴을 말한다. 택무주량澤無舟梁은 수로가 통하지 않았다는 뜻이다. 이케다는 '산무혜수'와 '택무주량'을 『도덕경』 제80장의 소국과민小國寡民과 비교하며 『장자』가 훨씬 비현실적이며 유토피아성이 강하다고 지적했다. 『도덕경』의 해당 대목은 이렇다.

"백성으로 하여금 죽음을 중히 여겨 멀리 옮겨다니지 않게 한다. 비록 배와 수레가 있을지라도 이를 탈 일이 없다."

지덕지세至德之世는 '소국과민'을 부연설명한 것으로 볼 수 있으나 장자 자신이 입세론入世論에 입각한 노자와 달리 출세론出世論에 입각해 있는 까닭에 기본취지가 다르다. 『도덕경』은 백성들이 비록 이웃 땅으로 옮겨다니지는 않을지라도 배와 수레를 이용해 마을 내에서 움직이는 것은 허용하고 있다. 그러나 『장자』「마제」편은 이마저도 부정하고 있다. 이케다가 『장자』가 말하는 도가 『도덕경』에 비해 훨씬 비현실적이며 유토피아성이 강하다고 지적한 것은 바로 이 때문이다.

역대 주석가의 연속기향連屬其鄕에 대한 주석이 이를 뒷받침한다. 성현영은 '나라와 집안 사이에 차이가 없기 때문에 고을이 연속돼 있다' 고 풀이했다. 이케다는 이런 해석이 바로 유토피아의 무정부주의적 성격을 드러낸 것이라고 지적했다. 이는 왕부지가 풀이한 것처럼 각기 살고 있는 곳에 서로 화합해 생활한 것으로 풀이하는 게 적당하다. 『도덕경』의 '소국과민' 에서는 결코 유토피아의 무정부주의 색채가 이처럼 짙게 드러나지 않는다.

이케다가 지적했듯이 『장자』가 만물제동의 입장에서 무위자연의 도를 역설한 것은 절대자아를 중시했다는 입장에서 나름 이해할 수 있다. 그러나 「마제」편의 이 대목을 포함해 역대 주석가들의 비현실적인 무정부주의적 해석은 장자사상을 현실과 더욱 동떨어지게 만드는 배경이 되었다. 후대 도가들의 어설픈 가필이 불러온 후과이다. 앞서 『장자』의 '외편' 과 '잡편' 은 말할 것도 없고 '내편' 조차도 이처럼 비현실적이며 유토피아성이 강한 내용이 있다는 사실을 지적한 바 있다. 『장자』를 읽을 때 반드시 『도덕경』 및 『열자』와 비교하며 도가사상의 흐름을 하나로 꿰는 노력이 필요한 이유가 여기에 있다.

조작지소鳥鵲之巢가 『회남자』「범론훈」편에는 오작지소烏鵲之巢로 되어 있다. 『순자』「애공」편도 '오작지소' 로 되어 있다. 이같이 해석하는 게 옳다. 소박이민성득의素樸而民性得矣를 두고 후쿠나가는 소박함을 드러내며 가슴으로 품는 『도덕경』 제19장의 현소포박見素抱樸 및 제28장의 귀박歸樸과 연결시켜 이같이 풀이했다.

"만물과 일체가 된 삶 속에서는 만물의 하나에 지나지 않는 인간을 일면적인 가치관에 의해 다시 군자와 소인으로 나눌 필요가 전혀 없다. 사람들은 어리석은 사람처럼 무지해 무위자연의 도를 그대로 좇고 백치처럼 무욕하니 『도덕경』이 역설하는 '소박'이 바로 이것이다."

『장자』의 '소박'과 『도덕경』의 '포박' 및 '귀박'을 하나로 회통시킨 해석이다. 별설위인蹩躠爲仁은 억지로 노력해 인을 행하는 것을 말한다. 별설은 발돋움하여 바라보며 힘써 행하는 모습을 그린 것이다. 제기위의踶跂爲義 역시 발돋움하여 의를 행한다는 뜻이다. 단만위악澶漫爲樂의 '단만'은 질펀한 모습을 언급한 것이다. 적벽위례摘僻爲禮는 번거롭게 예를 시행한다는 뜻이다. 희준犧樽은 희생 소를 장식으로 그린 술통을 말한다. 규장珪璋은 옥으로 만든 홀笏의 총칭으로 '규'는 위가 좁고 뾰족하며 밑부분이 길게 네모난 것, '장'은 규의 절반 크기의 홀로 규圭와 통한다. 성정불리性情不離의 '성정'은 천성의 자연스런 작용을 뜻하는 말로 정성情性의 착간으로 보는 견해가 많다.

잔박이위기殘樸以爲器는 통나무가 잘려나가 그릇이 된다는 뜻으로 인위적인 목적을 위해 통나무의 소박함이 사라지게 되었음을 시사한다. 외견상 『도덕경』 제28장의 '박산위기樸散爲器' 취지와 같다. 그러나 그 내용은 다르다. 『도덕경』은 '박산위기'를 성인의 잘못으로 몰아가기는커녕 오히려 칭송하고 있다.

"성인은 '박산위기'의 이치를 활용해 왕후 등의 관장官長을 세웠다. 그래서 천하를 다스리는 데 해침이 없는 것이다."

「마제」편과 정반대로 '박산위기'를 오히려 긍정적으로 평가하고 있는 것이다. 『도덕경』을 깊이 연구한 초횡은 도덕을 훼손해 인의를 만들어낸 성인의 잘못을 지적한 「마제」편의 해당 구절을 이같이 비판했다.

"쭉정이와 기왓장 속에도 도가 없는 곳이 없다고 하면서 유독 인의 예악만 버리는 것은 장자의 뜻이 아니다. 장자는 '멀리 있지만 가서 머물지 않을 수 없는 것이 의義이고, 작지만 쌓지 않을 수 없는 것이 예禮이다'라고 했다. 그런데도 학자들은 장자의 한 가지 주장만 알고 또 다른 주장을 알지 못한다."

『도덕경』의 내용을 바탕으로 「마제」편의 과격한 주장을 배격한 것으로 볼 수 있다. 『도덕경』은 『장자』와 달리 성인은 물론 제왕의 통치를 결코 부정적으로 보지 않았다. 『도덕경』과 『장자』의 가장 큰 차이점이 여기에 있다. 『열자』는 『도덕경』의 논지를 그대로 좇고 있다. 노자사상이 장자가 아닌 열자 쪽으로 이어졌음을 뒷받침하는 대목이다.

2-3

夫馬陸居則食草飮水, 喜則交頸相靡, 怒則分背相踶. 馬知已此矣. 夫加之以衡扼, 齊之以月題, 而馬知介倪 · 闉扼 · 鷙曼 · 詭銜 · 竊轡. 故馬之知而態至盜者, 伯樂之罪也. 夫赫胥氏之時, 民居不知所爲, 行不知所之, 含哺而熙, 鼓腹而遊. 民能以此矣. 及至聖人, 屈折禮樂以匡天下之形, 縣跂仁義以慰天下之心, 而民乃始踶跂好知, 爭歸於利, 不可止也. 此亦聖人之過也.

무릇 말은 대지 위에 살면서 풀을 뜯어먹고 물을 마신다. 기쁘면 목을 대고 서로 비비고, 성나면 등을 지고 서로 걷어찬다. 말이 아는 것이 고작 이 정도에 그쳤다.

그러나 인간이 이 야생의 말을 잡아와 수레를 끌게 하려고 가로나무와 멍에를 달고 달 모양의 장식을 붙여 가지런히 정돈하자 말이 흉포해졌다. 끌채 끝을 부러뜨리고, 멍에를 망가뜨리고, 멈추며 더디 걷고, 재갈을 토해내고, 고삐를 물어뜯을 줄 알게 된 게 그것이다. 말의 지혜로 도적질을 할 수 있을 정도로 흉포하게 된 것은 백락의 죄이다.

옛날 혁서씨赫胥氏 시절에는 백성들이 집에 머물 때 무엇을 해야 할지 몰랐고, 길을 갈 때도 어디로 가야 할지 몰랐다. 먹을거리를 입에 물고 즐거워하며 배를 두드리고 놀았다. 사람들이 할 줄 아는 것이 이 정도에 그쳤다.

그러나 성인이 나타나 몸을 구부리고 꺾는 식으로 예악을 행하며 천하인의 몸가짐을 바로잡으려 들고, 인의를 겉에 내걸어 천하인의 마음을 달래려고 하자 사람들이 서로 다투게 됐다. 발돋움하며 지혜 겨루기를 좋아하고, 다투어 이익을 추구하는 바람에 다툼이 그치지 않게 된 것이 그것이다. 이 또한 성인의 잘못이다.

육거陸居를 두고 마서륜은 연자衍字로 보았으나 문맥상 큰 무리가 없다. 대지 위에 뛰놀며 살았다는 식으로 해석하면 된다. 교경상미交頸相靡의 미靡는 서로 사랑하다는 뜻이다. 「인간세」의 '상미이신相靡以信' 구절이 그 경우다. 왕념손 등은 비빈다는 뜻의 마摩와 통하는 것으로 보았다. 분배상제分背相踶는 등을 지고 서로 걷어찬다는 뜻이다. 제踶는 답蹋과 통한다. 『한비자』「설림 하」편에 '마지상제馬之相踶'라는 표현이 나온다.

형액衡扼은 마차의 수레 끌채 끝에 댄 가로나무와 멍에를 뜻한다. 액扼은 액軛과 통한다. 월제月題는 말 이마 위의 두개골을 덮는 달 모양의 장식물을 말한다. 청동제가 많고 당로當顱라고도 한다. 올예介倪

에 대한 해석이 분분하다. 흘겨본다는 뜻의 올예兀倪의 잘못으로 보는 견해가 많다. 올兀은 부러뜨린다는 뜻도 있는 만큼 수레 끌채를 부러뜨린다는 뜻으로 풀이하는 게 적당하다. 예倪는 예輗의 가차이다. 인액闉扼은 멍에를 구부려 망가뜨린다는 뜻이다.

지만鷙曼은 사납게 문득 달려드는 것을 표현한 것이다. 지鷙는 원래 맹금류를 뜻한다. 임희일은 만曼을 돌突과 통하는 것으로 보았다. 궤함詭銜을 두고 육덕명은 재갈을 토해내는 것으로 풀이했다. 마서륜은 궤詭를 훼毁의 가차로 보았다. 설비竊轡는 고삐를 물어뜯는다는 뜻이다. 설竊은 설齧의 가차이다.

태지도자態至盜者는 말의 지혜로 도둑질을 할 수 있게 되었다는 뜻으로 여기의 태態는 능能의 잘못이다. 혁서씨赫胥氏를 두고 유월은 『열자』에 나오는 가공의 상고시대 제왕인 화서씨華胥氏와 동일한 인물로 보았다. 「거협」편에도 나온다. 함포이희含哺而熙의 포哺는 입속에 머금고 있는 음식물로 포餔와 통한다. 왕부지는 희熙가 희嬉와 통한다고 보았다. 『회남자』 「숙진훈」편에도 비슷한 구절이 나온다.

고복이유鼓腹而遊는 배를 두드리며 노닌다는 뜻이다. 아카츠카는 『제왕세기』와 『십팔사략』에 나오는 '격양가擊壤歌'가 여기서 전개된 것으로 추정했으나 이는 지나치다. 땅을 치며 노래한다는 뜻을 지닌 이 노래는 요임금 때의 태평세월을 노래한 것이다. 전설에 따르면 천하를 다스린 지 50년이 되었을 때 요임금이 평민 차림으로 민정시찰에 나섰다. 번화한 네거리에 이르렀을 때 아이들의 노랫소리가 들렸다.

우리 백성 살리는 데 그대 지극함 아닌 게 없네

立我烝民, 莫匪爾極

느끼지도 알지도 못하면서 군주의 법을 따르네

不識不知, 順帝之則

타고난 본성을 좇아 백성을 인도한 덕분에 백성들이 법과 정치 등을 배워 알거나 하지 않아도 자연히 군주의 가르침에 따르게 된다는 뜻이다. 노자와 장자가 역설하는 '무위지치'를 칭송한 것이다. 요임금이 다시 발길을 옮기자 한 노인이 길가에 두 다리를 쭉 뻗고 앉아 한 손으로 배를 두들기고 또 한 손으로는 땅바닥을 치며 노래를 부르고 있었다.

해가 뜨면 일하고, 해가 지면 쉬고 日出而作, 日入而息
우물 파서 마시고, 밭 갈아 먹으니 鑿井而飮, 耕田而食
군주의 덕이 내게 무슨 소용 있나 帝力于我何有哉

「마제」편의 '고복이유鼓腹而遊' 취지와 같다. 그러나 연원으로 보면 '격양가'가 「마제」편의 '고복이유' 구절보다 훨씬 앞섰다고 보는 게 옳다. 현기인의縣跂仁義의 현縣은 현懸과 통하고, 기跂는 발돋움하며 숭상한다는 뜻이다. 제기호지踶跂好知의 '제기' 역시 발돋움하여 숭상한다는 뜻이나 억지로 노력한다는 뜻을 담고 있다. 성인지과聖人之過의 성인은 인의를 내걸어 장자의 유토피아 세계를 파괴하는 유가의 성인을 지칭한다. 『도덕경』이 성인을 『장자』가 말하는 지인至人의 의미로 사용하는 것과 대비되는 대목이다. 『도덕경』에서 말하는 성인지치聖人之治는 '무위지치'의 또 다른 표현이다. 이게 유가에서 말하는 '성인지치'와 다른 것은 말할 것도 없다.

제3장 거협(胠篋)

3-1

將爲胠篋探囊發匱之盜而爲守備, 則必攝緘縢, 固扃鐍, 此世俗之所謂知也. 然而巨盜至, 則負匱揭篋擔囊而趨, 唯恐緘縢 · 扃鐍之不固也. 然則鄕之所謂知者, 不乃爲大盜積者也.

작은 상자와 자루를 열고 궤짝을 뒤지는 도둑을 방비하기 위해 반드시 끈이나 줄을 당겨 단단히 묶고 튼튼한 빗장이나 자물쇠로 채운다. 이것이 세속에서 말하는 소위 도둑을 방비하는 지혜라는 것이다. 그러나 큰 도둑이 오면 궤짝을 통째로 등에 지고 상자를 손에 들고 자루를 어깨에 메고 달아난다. 이들은 오히려 끈이나 줄, 빗장이나 자물쇠가 튼튼하지 않을까 걱정한다. 그렇다면 세속에서 말하는 소위 '도둑을 방비하는 지혜' 라는 것은 결국 큰 도둑을 도와주는 게 아니고 무엇이겠는가?

거협胠篋은 작은 상자를 열어 상자 안의 물건을 훔친다는 뜻이다. 거胠는 연다는 뜻이다. 협篋은 작은 상자, 상箱은 큰 상자를 말한다. 탐낭발궤探囊發匱는 자루를 뒤지고 나무 상자를 뜯어낸다는 뜻이다. 낭囊은 크고 작은 자루나 주머니를 말한다. 궤匱는 궤짝을 뜻하나 육덕명은 우리를 뜻하는 함檻까지 포함시켰다. 섭함등攝緘縢의 섭攝은 묶는다는 뜻이다. 함등緘縢은 크고 작은 끈을 말한다. 고경휼固扃鐍의 고固는 단단히 한다는 뜻이다. 경扃은 빗장으로 관關과 통하고, 휼鐍은 자물쇠로 쇄鎖와 통한다. 게협揭篋의 게揭를 두고 마서륜은 등에 지고 간다는 뜻의 갈竭의 가차로 보았다. 위대도적자爲大盜積者는 큰 도둑을 도와준다는 뜻이다. 여기의 적積은 미리 준비한다는 뜻이니 결국 도와준다는 의미이다.

3-2

故嘗試論之. 世俗之所謂知者, 有不爲大盜積者乎. 所謂聖者, 有不爲大盜守者乎. 何以知其然邪. 昔者齊國鄰邑相望, 鷄狗之音相聞, 罔罟之所布, 耒耨之所刺, 方二千餘里. 闔四竟之內, 所以立宗廟社稷·治邑屋州閭鄉曲者, 曷嘗不法聖人哉. 然而田成子一旦殺齊君而盜其國, 所盜者豈獨其國邪. 幷與其聖知之法而盜之. 故田成子有乎盜賊之名, 而身處堯舜之安, 小國不敢非, 大國不敢誅,十二世有齊國, 則是不乃竊齊國幷與其聖知之法以守其盜賊之身乎.

시험 삼아 한번 따져보자. 세속에서 말하는 이른바 도둑을 방비하는 지혜가 결국 큰 도둑을 도와주는 것이라면 소위 성인이라는 것도 큰 도적을 지켜주는 데 불과한 게 아닐까? 어떻게 그런 줄 알 수 있는가?

옛날 제나라는 이웃 마을이 서로 바라보이며 닭 우는 소리와 개 짖는 소리가 들릴 정도로 백성이 많았고, 그물을 펼치는 곳과 쟁기질을 하는 곳이 사방 2천여 리에 달할 정도로 영토가 넓었다. 사방의 경내를 통틀어 종묘와 사직단을 세우고 크고 작은 고을을 다스리면서 구석구석까지 성인을 본받지 않은 게 없었다.

그런데도 전성자田成子가 하루아침에 군주를 죽이고 나라를 훔쳤다. 훔친 것이 어찌 나라뿐이겠는가? 성인의 지혜로 만들었다는 규범까지 함께 훔쳤다. 전성자는 비록 도적이라는 이름을 얻었지만 몸은 요순과 같은 안락함을 누렸다. 소국은 감히 비난하지 못하고, 대국 또한 감히 주벌誅罰에 나서지 못한 탓에 여러 세대에 걸쳐 제나라를 차지할 수 있었다. 이것이 나라는 물론 성인의 지혜로 만들었다는 규범까지 훔쳐 도적의 몸을 지킨 게 아니고 무엇이겠는가?

'인읍상망鄰邑相望, 계구지음상문鷄狗之音相聞' 구절은 '소국과민'을 설명한 『도덕경』 제80장에도 나온다. 망고지소포罔罟之所布는 조수와 물고기를 잡는 그물을 놓는 곳으로 산림천택을 상징하고, 뇌누지소자耒耨之所刺는 쟁기와 보습을 찌르는 곳으로 경작지를 말한다. 합사경지내闔四竟之內는 사방 국경 안을 통틀어 언급한다는 뜻이다. 합闔은 덮는다는 의미의 개蓋와 통한다. 경竟은 끝까지 간다는 뜻으로 경계를 뜻하는 경境과 통용되는 옛 글자이다.

읍옥주려향곡邑屋州閭鄕曲은 크고 작은 마을 단위를 말한다. 성현영은 병서인 『사마법』을 인용해 6척尺은 1보步, 1백 보는 1무畝, 1백 무는 1부夫, 3부는 1옥屋, 3옥은 1정井, 4정은 1읍邑에 해당한다고 주장했다. 동시에 가호 단위로 계산하면 5가家는 1비比, 5비는 1려閭, 5려는 1족族, 5족은 1당黨, 5당은 1주州, 5주는 1향鄕에 해당한다. 그러나 정현의 『주례周禮』 주석에 따르면 1려閭는 25가, 1주州는 2,500가, 1향은 12,500가이다. 곡曲은 구역 단위가 아니라 고을 일부분을 의미하는 방방곡곡坊坊曲曲을 뜻한다. 전성자田成子는 강씨姜氏의 제나라를 찬탈한 전화田和의 증조부 진항陳恒을 말한다. 진씨는 제나라를 찬탈한 뒤 성을 전씨田氏로 바꿨다. 제환공 시절 진陳나라에서 제나라로 도주한 진완陳完의 손자인 전성자는 『논어』 등에는 진항 내지 진성자陳成子, 『사기』 등에는 전상田常으로 기록돼 있다.

12세유제국十二世有齊國을 두고 설이 분분하다. 유월과 마서륜은 십이세十二世를 세세世世의 오기로 보았다. 반드시 12세대로 해석할 필요가 없다는 것이다. 사실 전성자에서 최후의 전건田建까지 계산하면 10세밖에 안 된다. 이에 대해 『죽서기년竹書紀年』을 원용해 중간에 누락된 2명의 군주를 끼워넣을 경우 12세에 해당한다는 주장이 있으나 설득력이 약하다. 유월의 견해를 좇는 게 좋을 듯하다. 가나야는 이 대목을 근거로 「거협」편의 편제시기를 전건이 즉위한 기원전 265년 이후로 추정했다.

3-3

嘗試論之. 世俗之所謂至知者, 有不爲大盜積者乎. 所謂至聖者, 有不爲大盜守者乎. 何以知其然邪. 昔者, 龍逢斬, 比干剖, 萇弘胣, 子胥靡. 故四子之賢而身不免乎戮. 故跖之徒問於跖曰, "盜亦有道乎." 跖曰, "何適而無有道邪. 夫妄意室中之藏, 聖也. 入先, 勇也. 出後, 義也. 知可否, 知也. 分均, 仁也. 五者不備而能成大盜者, 天下未之有也." 由是觀之, 善人不得聖人之道不立, 跖不得聖人之道不行. 天下之善人少而不善人多, 則聖人之利天下也少而害天下也多. 故曰, 脣竭則齒寒, 魯酒薄而邯鄲圍, 聖人生而大盜起. 掊擊聖人, 縱舍盜賊, 而天下始治矣. 夫川竭而谷虛, 丘夷而淵實. 聖人已死, 則大盜不起, 天下平而無故矣. 聖人不死, 大盜不止, 雖重聖人而治天下, 則是重利盜跖也.

이를 근거로 한번 따져보자. 세속에서 말하는 소위 '최고의 지혜' 치고 '큰 도둑'을 도와주지 않은 적이 있는가? 소위 '최고의 성인' 치고 '큰 도둑'을 지켜주지 않은 적이 있는가? 어떻게 그런 줄 알 수 있는가?

옛날의 관용봉關龍逢은 하나라 걸桀에게 간하다가 참수되었고, 비간比干은 은나라 주紂에게 간하다가 가슴을 찢겨 죽임을 당했고, 장홍萇弘은 주나라 왕에게 간하다가 창자가 끊겨 죽임을 당했고, 오자서伍子胥는 오왕 부차에게 간하다가 시체가 물속에서 썩게 되었다. 이들은 모두 현자였으나 끝내 죽임을 면치 못했다.

옛날 도척의 무리 중 한 사람이 우두머리인 도척에게 물었다.

"도둑질하는 데도 도가 있습니까?"

도척이 대답했다.

"어디엔들 도가 없겠는가? 남의 집안에 감춰진 재물을 멀리서 바라보는 것만으로도 짐작해 알아내는 것이 성聖, 도둑질할 때 먼저 들어가는 것이 용勇, 맨 뒤에 나오는 것이 의義, 도둑질이 가능한지 여부를 아는 것이 지知, 도둑질한 물건을 고르게 나누는 것이 인仁이다. 이 다섯 가지를 갖추지 않고 큰 도둑이 된 자는 천하에 아직 없다."

이로써 보면 선한 사람도 성인의 도를 얻지 못하면 선행을 이룰 수 없고, 천하의 큰 도둑인 도척도 성인의 도를 얻지 못하면 도둑질을 제대로 할 수 없다. 천하에는 선한 사람은 적고, 선하지 못한 자가 많다. 성인이 천하를 이롭게 하는 게 적고, 오히려 해롭게 하는 게 많은 이유이다.

이에 이르기를, '입술이 없어지면 이가 시리고, 노나라에서 담근 술이 시원치 않자 조나라 수도 한단邯鄲이 포위되었고, 성인이 나타나자 큰 도둑이 일어났다'고 하는 것이다. 성인을 배격하고 도둑을 그대로 내버려 두어야 천하가 비로소 다스려질 것이다.

냇물이 마르면 골짜기가 비고, 언덕이 무너지면 깊은 연못이 메워진다. 성인이 죽고 나면 도척 같은 큰 도둑이 일어나지 않을 것이고, 천하 또한 이내 다스려져 변고가 없게 될 것이다. 그러나 성인이 죽지 않으면 도척 같은 큰 도둑이 그치지 않을 것이다. 비록 성인이 거듭 나타나 천하를 다스릴지라도 이는 오히려 도척 같은 도둑을 거듭 이롭게 해주는 것에 지나지 않는다.

관용봉은 「인간세」편에 이미 나온 바 있다. 「외물」편에도 나온다. 비간 역시 「인간세」편에 나왔다. 「산목」과 「외물」, 「도척」편에도 거듭 나온다. 관용봉은 가공의 인물에 가깝고, 비간은 실존인물인지 여부를 확언키가 어렵다. 그러나 장홍萇弘은 실존인물이다. 사마표는 주영왕周靈王 때의 충신으로 보았으나 이케다는 『한비자』「내저설 하」와 「난언」편, 『여씨춘추』「필기」와 「이소」편 등을 근거로 춘추 후기 주경왕周景王과 주경왕周敬王 때 진晉나라 대부 숙향叔向의 계략에 걸려 살해된 인물로 보았다. 이케다의 견해가 옳다. 『춘추좌전』에 장홍에 관한 기록이 제법 많이 나온다. 장홍의 죽음을 설명한 '이胣'는 창자가 끊겨 죽었다는 뜻이다. 찢는다는 뜻의 '이胣'로 되어 있는 판본이 제법 많다. 뜻은 같다.

자서미子胥靡의 미靡는 썩어 문드러진다는 뜻으로 미糜와 통한다. 『사기』「오자서열전」에 따르면 부차는 오자서에게 촉루屬鏤라는 검을 내려 자결케 한 뒤 그 시신을 강물에 내던졌다. 고기밥이 된 것을 미靡로 표현한 것이다.

하적이무유도야何適而無有道邪는 『여씨춘추』「당무當務」편에 '하적기유도야何適其有道邪'로 되어 있다. 왕념손은 무유無有를 연자衍字

로 보았으나 그대로 두고 해석해도 무리가 없다. 하적何適은 '어디로 간들'의 의미이다. 망의妄意는 멀리서 바라보는 것만으로도 알아맞힌다는 뜻이다. 망妄은 망望과 통한다.

순갈즉치한脣竭則齒寒은 입술이 없으면 이가 시리다는 뜻이다. 『묵자』「비공 중」과 『전국책』「조책」 등에는 순망즉치한脣亡則齒寒, 『여씨춘추』「권훈權勳」과 『회남자』「설림훈」 등에는 순망이치한脣亡而齒寒, 『한비자』「십과」편과 「춘추좌전」「희공 5년」조 등에는 순망치한脣亡齒寒으로 되어 있다.

노주박이한단위魯酒薄而邯鄲圍는 노나라에서 담근 술이 조나라 수도 한단의 포위의 원인遠因이 되었다고 지적한 것으로 인구에 회자하는 매우 유명한 구절이기도 하다. 뜻밖의 인과관계로 인한 사건의 전개를 의미한다. 육덕명은 『경전석문』에서 이와 관련한 두 가지 고사를 기록해 놓았다.

첫 번째 고사이다. 한번은 초선왕楚宣王이 제후들의 조공을 받게 되었다. 노공공魯恭公이 늦게 도착한 데다 진공한 술마저 시원치 않았다. 화가 난 초선왕이 노공공을 질책하자 노공공이 이같이 반발했다.

"우리 노나라는 주공 단旦이 세운 나라입니다. 제후들의 어른으로 주나라 왕실에 공을 세워 천자의 예악을 시행하게 되었습니다. 제가 술을 보낸 것도 주나라 왕실에 대해 이미 예를 잃은 것인데 술이 시원치 않다고 질책하는 것은 너무 심하지 않습니까?"

그러고는 인사도 하지 않은 채 귀국했다. 대로한 초선왕이 군대를 동원해 제나라와 노나라를 동시에 쳤다. 당시 양혜왕은 초나라를 치려고 했으나 초나라가 조나라를 구원할까 두려운 나머지 머뭇거리고 있었다. 그는 초나라가 노나라 및 제나라에 대한 공격으로 인해 조나라를 돌아볼 여지가 없게 되자 이내 군사를 동원해 한단을 포위했다.

여기서 자신과 아무런 상관도 없는 일로 인해 화를 입었다는 뜻의 '노주박한단위魯酒薄邯鄲圍' 고사가 나왔다.

두 번째 고사이다. 한번은 초왕이 제후들과 회맹하게 되었을 때 노나라와 조나라가 각각 술을 진헌했다. 노나라 술은 시원찮았고 조나라 술이 좋았다. 초나라에서 술을 담당하는 관원이 사적으로 조나라에 술을 달라고 하자 조나라가 이를 거절했다. 화가 난 초나라 관원인 조나라와 노나라의 술을 바꿔서 초왕에게 올렸다. 초왕이 화를 내며 마침내 한단을 포위했다는 내용이다. 이는 『회남자』의 허신 주석에서 인용한 것으로 첫 번째 고사보다 내용이 크게 빈약하다. 첫 번째 고사가 널리 알려진 이유이다.

종사도적縱舍盜賊은 성인의 법으로 도둑을 없애려 하는 것은 오히려 도둑들을 가르치는 것이므로 차라리 그냥 방치하는 게 낫다는 뜻이다. 『도덕경』 제57장의 '법령자창法令滋彰, 도적다유盜賊多有' 구절과 취지를 같이한다. 성인의 법령이 드러날수록 도적이 더 많아진다는 뜻이다. 구이이연실丘夷而淵實의 이夷는 평平과 통한다. 구이丘夷는 곧 언덕이 무너져내려 평평해진다는 뜻이다.

3-4

爲之斗斛以量之, 則幷與斗斛而竊之. 爲之權衡以稱之, 則幷與權衡而竊之. 爲之符璽以信之, 則幷與符璽而竊之. 爲之仁義以矯之, 則幷與仁義而竊之. 何以知其然邪. 彼竊鉤者誅, 竊國者爲諸侯, 諸侯之門而仁義存焉, 則是非竊仁義聖知邪. 故逐於大盜, 揭諸侯, 竊仁義幷斗斛·權衡·符璽之利者, 雖有軒冕之賞弗能勸, 斧鉞之威弗能禁. 此重利盜跖而使不可禁者, 是乃聖人之過也.

됫박을 만들어 곡식의 양을 헤아리면 도둑은 됫박까지 훔치고, 저울을 만들어 무게를 재면 도둑은 저울까지 훔치고, 부절과 옥새를 만들어 신표로 삼으면 도둑은 부절과 옥새까지 훔치고, 인의를 만들어 바로잡으려 들면 인의까지 훔친다. 어떻게 그럴 줄 알 수 있는가?

혁대 고리를 훔친 자는 죽임을 당하나 나라를 훔친 자는 제후가 된다. 일단 제후가 되면 사람들은 그의 가문을 온통 인의로 포장한다. 이게 곧 도적놈이 인의와 성인의 지혜를 훔친 게 아니고 무엇인가?

이들 도적놈이 큰 도둑이라는 오명을 떨쳐버리고 제후라는 이름을 내세워 인의를 훔친 뒤 됫박과 저울 및 부절과 옥새의 이로움까지 훔치면 더 이상 어찌할 도리가 없다. 중앙조정의 고관대작 자리를 미끼로 내걸어도 회유할 수 없고, 참형 등의 위협을 가할지라도 이들의 도적질을 막을 길이 없다. 도척 같은 도적을 거듭 이롭게 해 마침내 이들의 도적질을 금할 수 없는 지경에 이르게 된 것은 전적으로 성인의 잘못이다.

두곡斗斛은 중량을 헤아리는 단위이다. 1두는 대략 1.94리터에 해당한다. 10두가 1곡이다. 제나라는 중량을 헤아리는 단위로 네 종류가 있었다. 4승升이 1두豆, 1두6승이 1구區, 6두4승이 1부釜, 6곡4두가 1종鍾이다. 권형權衡은 저울로 여기의 '권'은 저울추, '형'은 저울대를 말한다. 부새符璽는 부절과 제왕의 인장을 말한다.

절구자竊鉤者는 좀도둑, 절국자竊國者는 전성자처럼 군주를 시해하고 나라를 찬탈하는 권신을 의미한다. 축어대도逐於大盜의 축逐을 두고 해석이 분분하다. 크게 두 가지이다. 성현영처럼 '따르다'의 수隨로 간주해 대도가 되려는 것으로 풀이하는 게 하나이다. 다른 하나는 이케다처럼 '물리치다'로 간주해 '대도의 오명을 떨쳐버리다'의 뜻으로 해석하는 견해이다. '제후의 이름을 내걸다' 의 뜻을 지닌 뒤의 게제후揭諸侯 구절을 감안할 때 후자가 자연스럽다.

헌면지상軒冕之賞은 고관대작의 자리를 미끼로 내세워 회유하는 것을 비유한 것이다. 이미 한 지역을 장악해 제후가 된 자를 유인하기 위해서는 중앙조정의 정승 등과 같은 고위직밖에 없다. 여기의 헌軒은 고관이 타는 수레, 면冕은 고관이 쓰는 갓을 말한다. 부월지위斧鉞之威는 도끼 등으로 목을 베고 허리를 베는 등의 위협을 가하는 것을 의미한다.

3-5

故曰, "魚不可脫於淵, 國之利器不可以示人." 彼聖人者, 天下之利器也, 非所以明天下也. 故絶聖棄知, 大盜乃止. 擿玉毁珠, 小盜不起. 焚符破璽, 而民朴鄙. 掊斗折衡, 而民不爭. 殫殘天下之聖法, 而民始可與論議. 擢亂六律, 鑠絶竽瑟, 塞瞽曠之耳, 而天下始人含其聰矣. 滅文章, 散五采, 膠離朱之目, 而天下始人含其明矣. 毁絶鉤繩而棄規矩, 攦工倕之指, 而天下始人有其巧矣. 故曰, '大巧若拙.' 削曾·史之行, 鉗楊·墨之口, 攘棄仁義, 而天下之德始玄同矣. 彼人含其明, 則天下不鑠矣. 人含其聰, 則天下不累矣. 人含其知, 則天下不惑矣. 人含其德, 則天下不僻矣. 彼曾·史·楊·墨·師曠·工倕·離朱, 皆外立其德而以爚亂天下者也, 法之所無用也.

이에 노자는 말하기를, '물고기는 깊은 물속에서 벗어나면 안 되고, 나라의 이기利器는 사람들에게 보여줘서는 안 된다' 고 했다. 성인이라는 존재는 천하를 다스리는 이기에 해당한다. 천하에 밝게 드러내서는 안 되는 이유이다.

세상에 통용되는 성인의 지혜를 끊어버려야 큰 도둑이 그치고, 보옥을 내던지고 구슬을 부숴버려야 작은 도둑이 일어나지 않고, 부절과 옥새를 깨버려야 백성들이 소박함을 회복하고, 됫박을 부수고 저울을 분질러야 백성들이 다투지 않고, 천하에 통용되는 성인의 법을 철폐해야 백성들이 비로소 함께 도를 논하게 된다.

6률의 가락을 흩뜨려 버리고, 악기를 태워버리고, 사광師曠과 같은 악사의 귀를 막아야만 천하의 사람들이 비로소 밝은 귀를 갖게 될 것이다. 화려한 무늬를 없애고, 이주離朱의 눈을 아교로 붙여야만 천하의 사람들이 비로소 밝은 눈을 갖게 될 것이다. 갈고리를 부수고, 먹줄을 끊어버리고, 그림쇠와 곱자를 내버리고, 공수工倕의 손가락을 꺾어버려야만 천하의 사람들이 비로소 진실한 재주를 갖게 될 것이다. 큰 기술은 마치 졸렬한 것 같다는 뜻의 '대교약졸大巧若拙'을 말하는 이유이다.

증삼과 사추, 양주, 묵적의 입에 재갈을 물리고 인의를 물리치면 천하의 덕이 비로소 자연의 도와 하나가 될 수 있다. 천하의 사람들이 본래의 밝은 눈을 간직하게 되면 천하가 마치 녹을 듯이 시끄러워지는 일이 없을 것이고, 본래의 밝은 귀를 간직하게 되면 천하가 쓸데없는 사안에 얽매이는 일이 없을 것이고, 본래의 밝은 지혜를 간직하게 되면 천하가 어리석은 자에게 미혹되는 일이 없을 것이고, 본래의 덕을 간직하게 되면 천하가 한쪽에 치우치는 일이 없을 것이다.

저들 증삼과 사추, 양주, 묵적, 사광, 공수, 이주 등과 같은 자들 모두 자신의 알량한 덕을 전면에 내세워 천하를 어지럽힌 자들이다. 본받을 게 하나도 없는 쓸모없는 자들에 지나지 않는다.

'어불가탈어연魚不可脫於淵, 국지이기불가이시인國之利器不可

以示人' 구절은 『도덕경』 제36장에 똑같은 구절이 나온다. 『한비자』 「유로」와 「내저설 하」편, 『회남자』 「도응훈」편에는 노자의 말로 인용돼 있다.

절성기지絶聖棄知는 성인의 지혜를 끊어버린다는 뜻이다. 성聖과 지知를 두고 적잖은 사람들이 성인과 현자의 지혜로 풀이하고 있다. 그러나 이는 '성인의 지혜'로 보는 게 옳다. '절성기지絶聖棄知'는 '절기성지絶棄聖知'의 강조용법이다. 원래 이 구절은 『도덕경』에서 나온 것이다. 현존하는 『도덕경』 제19장의 원문은 이같이 되어 있다.

"'절성기지' 하면 백성들의 이익이 1백 배나 늘고, 절인기의絶仁棄義, 즉 인의를 끊어버리면 백성들이 효자孝慈로 돌아오고, 절교기리絶巧棄利 즉 교묘한 재주를 끊어버리면 도적이 사라진다."

예로부터 '절성기지'의 '절성絶聖'의 해석을 놓고 논란이 많았다. 직역하면 '성인을 끊어버린다'는 뜻이 된다. 이는 『장자』와 달리 '성인'을 긍정적으로 평가한 『도덕경』의 기본입장과 배치된다. 이로 인해 일부 주석가는 '성聖'을 '재지才智가 있는 사람' 등으로 번역했다. 고육지책이다. 이를 일거에 해결해 준 사건이 지난 1993년에 일어났다.

당시 고고학자들이 호북성 형문시 곽점촌郭店村의 소위 '곽점 1호묘'에서 죽간으로 된 『도덕경』을 발견했다. 소위 『초간노자楚簡老子』로 불리는 『곽점본 도덕경』이다. 학자들은 곽점 1호묘의 조성시기를 전국시대 중기 후반으로 잡았다. 『도덕경』의 편제시기가 처음으로 전국시대 중기 이전으로 소급케 돼 『도덕경』이 『장자』보다 나중에 나왔다는 일각의 주장을 일거에 잠재운 배경이다.

이 『곽점본 도덕경』에는 '절성기지'가 '절지기변絶智弃辯'으로 되어 있다. '기弃'는 '기棄'의 옛 글자이다. 뜻인즉 현존하는 『도덕경』과 달리 '지혜와 변설을 끊어버린다' 는 의미이다. 이는 후대 도가들에 의해 원래의 '절지기변' 이 '절성기지' 로 개작되었을 가능성을 암시한다.

현존 『도덕경』의 '절성기지' 에 뒤이어 나오는 '절인기의絶仁棄義' 구절 역시 오랫동안 『도덕경』이 성인을 숭상하는 유가사상을 부인한 근거로 원용됐다. 그러나 『곽점본 도덕경』에 따르면 이는 원래 '절위기려絶僞棄慮' 로 되어 있다. 작위作爲와 사려를 끊어버린다는 뜻이다. 결코 유가의 덕목인 '인의' 를 반대한 게 아니다. 본래 '위려僞慮' 는 성인이 오랫동안 사려를 통해 만들어낸 작위의 결과물, 즉 '예禮' 를 상징하는 말로 『순자』의 핵심 개념이기도 하다. 이 또한 순자의 '예치禮治' 를 반대하는 후대 도가에 의해 개작했을 가능성을 시사한다.

『곽점본 도덕경』에는 노자사상을 상징하는 제1장의 '도가도비상도道可道非常道' 와 같은 형이상의 구절이 전혀 나타나지 않고 있다. 『곽점본 도덕경』이 편제되는 전국시대 중기까지만 해도 유가와 도가의 대립은 없었고, 오히려 도가가 유가의 덕목을 적극 수용했다고 보는 게 옳다. 『곽점본 도덕경』에 나타나지 않는 형이상의 용어가 후대의 『도덕경』에 대거 등장한 것은 전국시대 말기의 시대사조와 밀접한 관련이 있다. 『논어』에 거의 나타나지 않는 형이상의 용어가 『맹자』에 대거 등장한 것과 같은 맥락이다. 『도덕경』 역시 시대사조를 흡입해 대대적인 손질이 이뤄졌다고 보는 게 타당하다. 『곽점본 도덕경』에 존재하지 않는 '절성기지絶聖棄知' 구절이 후대 도가들의 가필로 이뤄진 외편의 「거협」편에 등장하고 있는 점이 이를 뒷받침한다.

척옥훼주擿玉毁珠의 척擿은 내던진다는 뜻의 척擲, 부두절형掊斗折衡의 부掊는 부순다는 뜻의 부剖와 통한다. 탄잔殫殘은 모두 없앤다는 뜻으로 진멸盡滅과 같다. 탁란육률擢亂六律의 '탁擢' 을 두고 이설이 분분하다. 마서륜은 뒤섞는다는 뜻의 교攪, 고형은 휜다는 뜻의 도

挑, 아카츠가는 흔든다는 뜻의 도掉의 가차 등으로 보았다. 뽑아버린다는 뜻의 발拔로 간주한 성현영의 해석이 가장 낫다.

여공수攦工倕의 공수工倕는 『서경』 「순전」에 나오는 전설상의 장인으로 순임금의 부름을 받아 공공共工의 관직에 임명되었다고 한다. 「달생」편에도 나온다. 여攦는 꺾는다는 뜻의 절折과 찢는다는 뜻의 시撕로 간주하는 견해가 대립하나 뜻은 거의 같다.

현동玄同을 두고 곽상은 현덕玄德과 같아지는 것으로 풀이했으나 아카츠카는 「마제」편의 동덕同德과 같은 뜻으로 풀이했다. 천하불삭天下不鑠의 삭鑠을 두고 최선은 '소멸'로 해석한 데 반해 마서륜은 흐리다는 뜻의 모眊의 가차로 보았다. 약란천하爚亂天下의 약爚은 현혹한다는 뜻이다. 사마표와 최선은 산散, 임희일은 어지럽힌다는 뜻의 요撓로 풀이했다.

3-6

子獨不知至德之世乎. 昔者容成氏·大庭氏·伯皇氏·中央氏·栗陸氏·驪畜氏·軒轅氏·赫胥氏·尊盧氏·祝融氏·伏犧氏·神農氏, 當是時也, 民結繩而用之, 甘其食, 美其服, 樂其俗, 安其居, 鄰國相望, 鷄狗之音相聞, 民至老死而不相往來. 若此之時, 則至治已. 今遂至使民延頸擧踵, 曰, "某所有賢者." 贏糧而趣之, 則內棄其親而外去其主之事, 足迹接乎諸侯之境, 車軌結乎千里之外. 則是上好知之過也. 上誠好知而無道, 則天下大亂矣. 何以知其然邪. 夫弓弩畢弋機變之知多, 則鳥亂於上矣. 鉤餌罔罟罾笱之知多, 則魚亂於水矣. 削格羅落罝罘之知多, 則獸亂於澤矣. 知詐漸毒·頡滑堅白·解垢同異之變多, 則俗惑於辯矣. 故天下每每大亂, 罪在於好知. 故天下皆知求其所不知而莫知求其所已知者, 皆知非其所不善而莫知非其所已善者, 是以大亂. 故上悖日月之明, 下爍山天之精, 中墮四時之施, 惴耎之蟲, 肖翹之物, 莫不失其性. 甚矣夫, 好知之亂天下也. 自三代以下者是已. 舍夫種種之民而悅夫役役之佞. 釋夫恬淡無爲而悅夫啍啍之意. 啍啍已, 亂天下矣.

그대만이 지덕至德이 유지됐던 시대를 모르고 있다는 말인가? 그 옛날 용성씨容成氏, 대정씨大庭氏, 백황씨伯皇氏, 중앙씨中央氏, 율륙씨栗陸氏, 여축씨驪畜氏, 헌원씨軒轅氏, 혁서씨赫胥氏, 준로씨尊盧氏, 축융씨祝融氏, 복희씨伏犧氏, 신농씨神農氏 등 12명의 제왕이 천하를 다스렸던 시대가 있었다. 그 시대에는 백성들이 새끼줄을 묶어 서로 의사를 전하고, 자신들의 음식을 달게 먹었고, 자신들의 의복을 아름답게 여겼고, 자신들의 풍속을 즐거워했고, 자신들의 거처를 편안하게 여겼다. 이웃나라가 서로 바라보이고 닭 우는 소리와 개 짓는 소리가 서로 들릴 정도였다. 그러나 사람들은 늙어 죽을 때가지 서로 왕래하지 않았다. 당시야말로 지치至治의 시대였다.

그러나 지금은 백성들이 목을 길게 빼고 발꿈치를 든 채 '모처에 현자가 있다' 고 하면 식량을 짊어지고 달려가는 지경에 이르게 됐다. 안으로 부모를 버리고 밖으로 군주에 대한 의리를 내던지게 된 이유이다. 이들의 족적이 다른 제후국 영토까지 미치고 수레바퀴 자국이 천리 밖까지 연결되었으니 이는 윗사람이 지혜를 좋아한 결과이다. 윗사람이 실로 지혜를 좋아하고 도를 무시하면 천하는 크게 어지러워진다. 어떻게 그런 줄 알 수 있는가?

무릇 활과 쇠뇌, 새그물과 주살 따위를 이용하는 지혜가 많아지면 하늘의 새들은 하늘에서 혼란에 빠진다. 낚싯바늘과 미끼, 크고 작은 그물, 삼태그물과 통발 따위를 이용하는 지혜가 많아지면 물고기들은 물속에서 혼란에 빠진다. 그물을 걸어두는 목책木柵과 새 잡는 그물, 토끼그물, 짐승 잡는 그물 따위를 이용하는 지혜가 많아지면 짐승들은 늪에서 혼란에 빠진다. 남을 속이는 못된 지혜, 매끄러운 말재주와 견백론堅白論 같은 언변과 동이론同異論 같은 궤변이 많아지면 세속의 사람들은 이런 말다툼으로 인해 혼란에 빠진다. 천하가 캄캄해져 크게 혼란에 빠지는 것은 바로 이런 지혜를 좋아했기 때문이다.

이로 인해 천하의 사람들 모두 아직 알지 못하는 것을 알려고만 하고, 이미 알고 있는 것을 추구할 줄 모른다. 모두 선하지 않은 것을 비난할 줄만 알고, 이미 선하다고 알고 있는 것을 비판할 줄 모른다. 세상이 크게 혼란스런 이유이다. 이리되면 위로는 해와 달의 밝음에 어긋나고, 아래로는 산천의 정기를 태워버리고, 가운데로는 사계절의 자연스런 운행이 일그러져 땅 위를 기어다니는 벌레와 날개 달린 곤충까지 천성을 잃고 만다.

참으로 심하구나! 지혜를 좋아해 천하를 어지럽히는 것이. 삼대三代 이래의 세상이 바로 이런 시대에 해당한다. 저 소박한 백성들을 버린 채 교활한 말재간꾼이나 좋아하고, 편안하고 담백하며 작위가 없는 무위를 놓아둔 채 교묘한 말재주의 취지에 공감해 크게 기뻐한다. 교묘한 말재주가 횡행하면 천하는 이내 어지러워진다.

용성씨容成氏 이하 12명 모두 고대의 전설적인 제왕으로 『한서』와 『제왕세기』에 그 이름이 나온다. 용성씨는 『여씨춘추』 「물궁」편과 『세본世本』 「작편作篇」에 역曆을 만든 사람으로 나온다. 대정씨大庭氏는 『한서』 「고금인표」에 대정大廷으로 되어 있다. 백황씨伯皇氏는 상황씨相皇氏, 중앙씨中央氏는 중황씨中皇氏와 같다. 율륙씨栗陸氏는 『등석자鄧析子』에 동리자東里子를 죽인 것으로 되어 있다. 여축씨驪畜

氏는 여운씨驪運氏와 같다. 헌원씨軒轅氏는 황제黃帝를 말한다. 혁서赫胥氏는 「마제」편에 이미 나왔다. 이곳의 12명 제왕은 혁서씨 얘기를 확대한 것이다. 준로씨尊盧氏 역시 『한서』와 『제왕세기』에 그 이름이 나온다.

축융씨祝融氏는 『여씨춘추』에 따르면 여름의 신이다. 복희씨伏犧氏는 3황의 한 사람으로 팔괘를 만들고 백성에게 수렵과 어업 및 목축을 가르쳤다. 희犧가 희羲 또는 희戲로 된 판본이 있다. 신농씨神農氏는 『주역』「계사전 하」편에 따르면 인간에게 농업과 상업을 가르친 신이다.

결승結繩은 문자 대신 새끼줄을 묶어 사용한 것을 말한다. 『주역』「계사전 하」편에 상고시대에 새끼줄을 묶어 사용했다는 얘기가 나온다. 『도덕경』 제80장에도 이에 관한 언급이 있다.

"백성들로 하여금 다시 새끼줄을 묶어 사용하도록 한다. 이에 백성들은 음식을 달게 여기고, 옷을 아름답게 여기고, 거처를 편히 여기고, 풍속을 즐기게 된다. 그리하면 인국鄰國이 서로 바라보이고 닭과 개 소리가 서로 들릴 정도로 가까울지라도 백성들은 늙어 죽을 때까지 서로 왕래치 않을 것이다."

「거협」편의 내용과 거의 같다. 아카츠카는 『도덕경』이 '백성들로 하여금 ~하도록 했다'고 기록한 점에 주목해 「거협」편이 법률과 문서 및 학문 등을 배척한 『도덕경』의 소박주의를 원용해 백성들의 소박자족素朴自足을 표현했다고 분석했다. 유토피아의 무정부주의 취향을 드러낸 것으로 파악한 셈이다.

영량이취지贏糧而趣之는 식량을 싸 짊어지고 달려간다는 뜻이다. 최선은 영贏을 싸다는 뜻의 과裹, 왕념손은 멘다는 뜻의 영攍으로 간주했다. 마서륜은 『광아廣雅』「석언釋言」을 인용해 짊어진다는 뜻의 부負로 풀이하면서 산동 일대의 방언으로 보았다. 「경상초」편에는 영량贏糧으로 나온다. 량糧은 량粮과 통한다.

필익기변畢弋機變은 새그물과 주살 등의 짐승 잡는 도구로 속임수를 쓰는 것을 말한다. 필畢은 토끼그물을 말한다. 필罼과 통한다. 익弋은 주살을 말한다. 기변機變은 '기'와 '변'을 각각 화살 등의 도구로 해석하는 견해가 있으나 속임수를 쓰는 것으로 풀이하는 게 낫다. 『맹자』「진심 상」편에 '기변지교機變之巧'라는 표현이 나온다. 임희일은 능수능란한 속임수를 뜻하는 변사變詐로 풀이했다.

구이鉤餌는 낚싯바늘과 미끼를 말한다. 왕념손은 구鉤를 조釣의 잘못으로 보았으나 두 글자는 서로 통한다. 망고증구罔罟罾笱의 '망고'는 크고 작은 그물, '증구'는 삼태그물과 통발을 뜻한다. 삭격削格은 그물을 걸어두는 목책을 말한다. 나락羅落은 줄줄이 엮여 있는 그물로 락落은 락絡의 가차이다. 저부罝罘의 저罝는 토끼그물을 뜻하고, 부罘는 짐승 잡는 그물의 총칭이다.

점독漸毒은 속임수를 말한다. 이케다는 도홍경陶鴻慶 등과 마찬가지로 '점漸'을 사기詐欺로 풀이했다. 힐골頡滑은 매끄러운 골계滑稽의 뜻이다. 해구解垢를 두고 육덕명은 속이고 왜곡한다는 뜻의 궤곡詭曲으로 보았다. 일부 판본에는 구垢가 꾸짖는다는 뜻의 후詬로 나와 있다. 「천지」편에 나오는 끽후喫詬와 뜻이 같다.

매매대란每每大亂의 '매매'는 어리석다는 뜻의 혼혼昏昏과 통한다. 삭산천지정爍山天之精의 삭爍은 태운다는 뜻이나 이견이 많다. 최선은 찌른다는 뜻의 력櫟으로 보았다. 마서륜은 『설문해자』를 인용해 녹인다는 뜻의 삭鑠으로 보았다. 사시지이四時之施의 이施는 『설문해자』에 따르면 옮긴다는 뜻의 '이迻'와 통한다. 췌연지충惴耎之蟲의 '췌연'은 발 없는 벌레가 꿈틀거리는 모습을 말한다. 초교지물肖翹之

物은 날아다니는 작은 곤충을 뜻하는 말로 초肖는 작은 곤충, 요翹는 가볍게 날아다니는 곤충을 지칭한다.

종종지민種種之民은 순박한 백성의 뜻이다. 종종種種을 두고 청대 호문영胡文英은 『장자독견莊子獨見』에서 소박할 박朴으로 풀었다. 역역지녕役役之佞은 말재간꾼을 말한다. 임희일은 역역役役을 밖으로 꾸미는 데 힘쓰는 모습으로 해석했다. 염담무위恬淡無爲의 염담恬淡은 편안하고 담백하다는 뜻이다. 「천도」편에는 허정염담虛靜恬淡으로 나온다.

톤톤지의啍啍之意는 어지러이 말재주를 부리는 취지를 의미한다. 톤啍을 두고 해동은 정답다는 뜻의 순諄으로 풀었고, 마서륜 및 후쿠나가는 『이아』「석훈」을 인용해 횡설수설하는 준訰으로 해석했다. 원래 '톤' 자체가 자기 멋대로 꾸미는 것을 말한다. 어지러이 말재주를 부리는 것으로 풀이하는 게 낫다.

제4장 재유(在宥)

4-1

聞在宥天下, 不聞治天下也. 在之也者, 恐天下之淫其性也. 宥之也者, 恐天下之遷其德也. 天下不淫其性, 不遷其德, 有治天下者哉. 昔堯之治天下也, 使天下欣欣焉, 人樂其性, 是不恬也. 桀之治天下也, 使天下瘁瘁焉, 人苦其性, 是不愉也. 夫不恬不愉, 非德也. 非德也而可長久者, 天下無之.

천하를 있는 그대로 두거나 풀어준다는 말은 들었어도 천하를 다스린다는 말은 듣지 못했다. 있는 그대로 두는 것은 천하의 사람들이 인위로 인해 타고난 천성天性을 어지럽힐까 염려하기 때문이고, 풀어주는 것은 천하의 사람들이 타고난 천덕天德을 바꿀까 염려하기 때문이다. 천하의 사람들이 천성을 어지럽히지 않고 천덕을 바꾸지 않는다면 어찌 따로 특별히 천하를 다스릴 필요가 있겠는가?

옛날 요임금은 천하를 다스리면서 천하 사람들로 하여금 기뻐하는 표정을 지으며 천성을 즐기도록 만들었다. 이는 편안하게 한 것이 아니다. 하나라 걸은 천하를 다스리면서 천하 사람들로 하여금 고달픈 표정을 지으며 천성을 괴롭히도록 만들었다. 이는 즐겁게 한 것이 아니다. 편안하거나 즐겁게 하지 못한 것은 천덕을 거스른 것이다. 천덕을 거스르고도 오랫동안 천하를 다스린 경우는 없다.

재유천하在宥天下는 재천하在天下와 유천하宥天下를 합친 말이다. 여기의 재在는 있는 그대로 놓아둔다는 뜻의 타동사이다. 유宥 역시 너그럽게 풀어준다는 뜻의 타동사로 육덕명은 너그러울 관寬으로 풀이했다. '재천하'와 '유천하' 모두 인위적으로 다스리는 유가의 치천하治天下 개념과 대비된다.

천기덕遷其德의 천遷을 두고 여혜경은 실덕失德으로 풀이했고, 임희일은 외물에 의해 옮겨지는 것으로 보았다. 바뀐다는 뜻의 변變으로 보는 게 그럴듯하다. '사천하흔흔언使天下欣欣焉, 인락기성人樂其性' 구절은 '사천하인흔흔언使天下人欣欣焉, 낙기성樂其性'의 도치문이다. 도치문이 아니라고 볼 경우 '인人'은 사람마다를 뜻하는 '인인人人'의 줄임말로 해석하면 된다. 흔흔언欣欣焉은 기뻐하는 모습을 표현한 것으로 여기서는 인의 등의 인위적인 덕목에 의해 억지로 기뻐하는 모습을 뜻한다. 췌췌언瘁瘁焉은 이와 대비되는 모습을 형용한 것이다. 육덕명은 '우憂'의 뜻으로 해석했다.

「재유」편에 나오는 재천하在天下와 유천하宥天下 개념은 세속의 통치에 대한 도가의 기본입장을 선명히 보여준다. 원래 세속의 통치에 대한 장자의 기본입장은 '재천하'이다. 천하를 있는 그대로 놓아두는 게 「소요유」와 「제물론」편에서 역설하는 '만물제동'의 취지에 부합한다. 장자의 '재천하' 입장은 인의 등의 덕목을 내세운 유가의 '치천하' 입장과 하등 충돌할 일이 없다. 개인 차원의 입도入道와 득도得道를 역설하는 장자사상은 세속을 떠난 출세出世 내지 초속超俗의 입장이다. 이에 반해 국가공동체 차원의 수제修齊와 치평治平을 역설하는 유가사상은 세속을 전제로 한 입세入世 내지 재속在俗의 입장이다. 다틀 이유가 없는 것이다.

이에 반해 '유천하'는 인위적인 통치를 전제로 한 것으로 노자가 역설하는 '무위지치'의 취지와 부합한다. 『도덕경』은 『장자』와 달리 세속을 떠난 '출세'와 '초속'을 역설한 적이 없다. 노자가 말한 '무위지치'는 다스림이 배제된 무치無治가 아니라 인위가 배제된 다스림을 말한다. 노자의 '무위지치'가 장자의 '재천하' 입장과 구별되는 지점이 바로 여기에 있다. 무위無爲가 국가공동체 차원의 치도治道로 활용되는가, 아니면 개인 득도 차원의 수도修道 원리로 활용되는가 여부에 따른 분기점이다.

4-2

人大喜邪, 毗於陽. 大怒邪, 毗於陰. 陰陽幷毗, 四時不至, 寒暑之和不成, 其反傷人之形乎. 使人喜怒失位, 居處無常, 思慮不自得, 中道不成章. 於是乎天下始喬詰卓鷙, 而後有盜跖·曾·史之行. 故擧天下以賞其善者不足, 擧天下以罰其惡者不給. 故天下之大不足以賞罰. 自三代以下者, 匈匈焉終以賞罰爲事, 彼何暇安其性命之情哉.

사람이 지나치게 기뻐하면 양기가 손상되고, 지나치게 화를 내면 음기가 손상된다. 음양이 모두 손상되면 사계절이 제때 이르지 않고, 한서寒暑의 조화가 제대로 이뤄지지 않으면 도리어 사람의 몸을 상하게 한다. 사람들이 희로喜怒에 마땅함을 잃고, 거처居處에 일정함이 없고, 사려思慮에 스스로 터득함이 없고, 중도中道에 제대로 된 성공사례가 없게 만드는 배경이다.

이에 천하의 사람들이 거만한 태도로 남을 힐난하고 사납게 굴기 시작했다. 도척과 증자, 사추와 같은 자들이 횡행하게 된 것도 다 이 때문이다. 천하의 모든 재물을 다 동원해 선한 자에게 상을 준다 할지라도 이들을 다 상주기에 부족할 것이고, 천하의 모든 형벌을 다 동원해 악한 자에게 벌을 준다 할지라도 이들을 다 벌주기에 부족할 것이다. 이처럼 천하의 광대함으로 이들을 상주고 벌주기에 부족한 터에 삼대 이후의 위정자들은 시끄럽게 떠들어대면서 끝내 상벌로 천하에 임했다. 그러니 저들이 어느 겨를에 타고난 성명性命의 자연스런 실정에 마음 편히 머물 수 있겠는가?

비어양毗於陽의 비毗를 두고 '도와주다'로 풀이하는 견해와 '손상시키다'로 해석하는 견해가 팽팽히 대립한다. 사마표와 육덕명, 임희일 등이 '도와주다'로 풀이하고 있다. 그러나 유월은 『회남자』「원도훈」에 나오는 '사람이 너무 노여워하면 음기를 상하게 하고, 너무 기뻐하면 양기를 떨어뜨린다'는 구절을 인용해 '손상시키다'로 해석했다. 마서륜과 이케다 등이 지지한다. 문맥상 후자가 타당하다.

중도불성장中道不成章은 중용의 도리를 아름답게 이루지 못한다는 뜻이다. '중도中道'를 두고 여혜경과 아카츠카 등은 『중용』을 근거로 중용中庸 내지 중화中和로 풀이했다. 불성장不成章을 두고 임희일은 '문장은 조리가 있다는 뜻으로 문장을 잃었다는 것은 곧 중도를 잃었다는 것이다'라고 풀이했다. 『논어』「공야장」편에 빛나게 문장을 이룬다는 뜻의 '비연성장斐然成章' 구절이 나온다. '불성장'은 '비연성장'과 상반되는 말이다.

교힐탁지喬詰卓鷙는 거만한 태도로 남을 나무라고 사람들에게 사납게 구는 것을 말한다. 임희일은 '교喬는 고원함을 지나치게 좋아하고, 힐詰은 의논하면서 서로 힐책하는 것이고, 탁卓은 홀로 섬이고,

지鷙는 사나움이다. 모두 조화롭지 못함을 형용한 것이다' 라고 풀이했다. 유도척증사지행有盜跖曾史之行은 도척과 증자, 사추의 행보를 싸잡아 비판한 것이다. 마서륜은 아래의 문장에 근거해 도척盜跖을 하나라 걸과 도척을 통칭한 걸척桀跖으로 보아야 한다고 주장했으나 '걸'은 이미 위 문장에서 '요堯'와 대비해 등장했으므로 있는 그대로 해석하는 게 낫다.

흉흉언匈匈焉은 시끄럽게 떠드는 것을 지칭한 것이다. 해동은 『설문해자』를 근거로 흉匈을 송사를 벌인다는 뜻의 흉訩의 가차로 보았다. 성명지정性命之情은 타고난 성명의 자연스런 실정實情을 말한다. 인정人情과 같은 뜻이다.

4-3

而且說明邪, 是淫於色也. 說聰邪, 是淫於聲也. 說仁邪, 是亂於德也. 說義邪, 是悖於理也. 說禮邪, 是相於技也. 說樂邪, 是相於淫也. 說聖邪, 是相於藝也. 說知邪, 是相於疵也. 天下將安性命之情, 之八者 存可也, 亡可也. 天下將不安其性命之情, 之八者, 乃始臠卷獊囊而亂天下也, 而天下乃始尊之惜之. 甚矣, 天下之惑也. 豈直過也而去之邪. 乃齊戒以言之, 跪坐以進之, 鼓歌以儛之. 吾若是何哉.

명明을 밝히면 이는 아름다운 색을 탐닉하는 것이고, 총聰을 밝히면 이는 아름다운 소리를 탐닉하는 것이고, 인仁을 밝히면 이는 타고난 덕을 어지럽히는 것이고, 의義를 밝히면 이는 자연의 조리를 어기는 것이고, 예禮를 밝히면 이는 기교를 조장하는 것이고, 악樂을 밝히면 이는 음란을 조장하는 것이고, 성聖을 밝히면 이는 기예를 조장하는 것이고, 지知를 밝히면 이는 험담을 조장하는 것이다.

천하 사람들이 타고난 성명의 자연스런 실정을 조용히 펼칠 수만 있다면 명明, 총聰, 인仁, 의義, 예禮, 악樂, 성聖, 지知 등 8가지 덕목은 있어도 그만이고 없어도 그만이다. 만일 천하의 사람들이 그리할 수 없다면 이 8가지 덕목은 서로 얽혀 번거롭게 흔들어대며 천하를 어지럽힐 것이다. 그런데도 천하 사람들은 이내 이를 높이거나 애석히 여긴다.

심하다, 천하 사람들의 미혹됨이! 어찌 사람들이 단지 8가지 덕목 곁을 곧바로 들러보기만 하고 그냥 지나칠 리 있겠는가? 이내 8가지 덕목을 위해 재계하여 말하고, 꿇어앉아 위정자에게 진언하고, 북 치고 노래하고 춤을 추며 찬양한다. 그러니 난들 이를 어찌할 수 있겠는가?

명明, 총聰, 인仁, 의義, 예禮, 악樂, 성聖, 지知는 유가에서 중시하는 덕목이다. 맹자는 인의예지仁義禮知만을 특별히 뽑아내 소위 4덕四德이라고 했다. 나머지 총명성악聰明聖樂 중 악樂은 예禮와 늘 하나로 묶여 예악禮樂으로 통칭된다. 성聖 역시 지知와 하나로 묶여 성지聖知로 표현된다. 총명聰明은 눈과 귀가 밝은 것을 지칭하는 것으로 특별히 유가의 덕목으로 보기는 어렵다.

『장자』에 나오는 인의仁義는 사실 맹자가 말한 '인의예지'를 총칭한 것이나 다름없다. 순자는 맹자와 달리 '인의예지'를 말하지 않았다. 그는 '인'과 '예'를 역설했다. 『논어』의 취지와 똑같다. 순자가 말한 '예'는 '악'을 내포한 개념이다. 특이하게도 그는 「재유」편이 지적하고 있는 것처럼 총명聰明을 성지聖知와 하나로 묶어 유가의 중요한 덕목으로 제시하고 있다. 『순자』 「비십이자」편에 이를 뒷받침하는 대목이 나온다.

"천하인의 마음을 감복시키려면 존귀하고 높은 관직의 신분으로 남에게 교만하지 않고, '총명성지'의 지혜로 남을 궁지에 몰아넣지 않고, 알지 못하는 일은 남에게 묻고, 하지 못하는 일은 남에게 배우고, 비록 할 수 있을지라도 남에게 양보해야 한다. 그런 연후에 비로소 덕을 지니게 된다."

이를 통해 『순자』에서는 '총명성지'가 위정자의 기본덕목으로 제시되었음을 알 수 있다. 이는 『도덕경』이 성인의 '불출호不出戶, 지천하知天下'를 역설한 것과 취지를 같이한다. 자연의 도에 입각해 앉아서도 천하의 실정을 두루 꿴다는 뜻이다. 『순자』는 '총명성지'를 이루기 위한 방안에서도 『도덕경』과 취지를 같이한다. 『도덕경』은 겸하謙下와 '우인지심愚人之心'을 제시했다. 『순자』「유좌宥坐」편에 이에 버금하는 해법이 제시돼 있다.

"총명성지는 우인愚人의 모습으로 지키고, 세상을 뒤덮을 만한 공은 사양하는 모습으로 지킨다."

『도덕경』 제20장에 나오는 '우인지심'을 방불케 하는 대목이다. 공자와 노자, 순자 모두 '성인의 치천하' 대목에서 서로 통하고 있음을 알 수 있다. 노자와 장자가 이 대목에서 확연히 갈리고 있는 것과 대비된다.

이를 통해 「재유」편에서 언급한 유가의 8가지 덕목은 맹자와 순자가 중시하는 성인 및 군자의 덕목을 총망라한 개념이라는 사실을 알 수 있다. 문제는 맹자의 '인의예지'의 덕목을 넘어 '총명성지'를 역설한 순자까지 싸잡아 비판하고 있는 점이다. '성인의 치천하' 대목에서 노자와 상통하고 있는 순자를 비판한 것은 곧 노자를 비판한 것이나 다름없다. 노자와 장자를 구분해야 하는 이유다.

유가의 8가지 덕목을 싸잡아 비판한 「재유」편의 내용은 앞서 나온

「변무」편의 내용과 유사하다. 원래의 출처는 『도덕경』 제12장이다.

"5색은 사람의 눈을 어둡게 하고, 5음은 사람의 귀를 멀게 하고, 5미는 사람의 입을 상하게 한다. 말을 타고 내달리며 사냥하는 것은 사람의 마음을 발광하도록 만들고, 얻기 어려운 재화는 사람의 행실을 방해한다. 이에 성인은 스스로를 충실히 할 뿐 밖을 화려하게 꾸미지 않는다."

외견상 「재유」편에서 말하고 있는 취지와 사뭇 닮아 있다. 그러나 그 내용은 다르다. 『도덕경』은 주제가 '성인의 치천하' 이고, 요체는 외화내빈을 배척하는 '거화취실去華就實' 이다. 이와 달리 「재유」편은 주제가 속세를 떠난 '초인超人의 재천하在天下' 이고, 요체는 유가가 얘기하는 모든 인위적인 덕목을 내던지고 무위자연의 도로 들어가는 '거덕취도去德就道' 이다. 『도덕경』이 무위자연의 '도' 를 역설하면서 동시에 유가의 인위적 덕목인 하덕下德보다 한 단계 더 높은 무위의 상덕上德을 역설한 것과 대비된다. 『장자』에는 오직 '도' 만 나오고 '덕' 은 나오지 않는다. 현실과 동떨어진 우원迂遠한 얘기로 꾸며져 있다는 비판이 나오는 이유이다.

시상어음是相於淫의 음淫을 두고 마서륜은 음란하다는 뜻의 음婬으로 새겼다. 시상어예是相於藝의 예藝는 재능이 많다는 뜻이다. 『논어』 「옹야」편에도 '염구는 재능이 많다' 는 뜻의 '구야예求也藝' 구절이 나온다. 시상어자是相於疵의 자疵를 두고 아카츠카는 헐뜯는다는 뜻의 자訾의 가차로 보았다.

연권창낭臠卷猖囊은 서로 뒤엉켜 번거롭게 흔들어댄다는 뜻이다. 최선본에는 연臠이 난欒, 창猖이 장戕으로 되어 있다. 해동은 '연'을 엮는다는 뜻의 연攣의 가차로 보았다. 연권은 뒤엉켜 펴지지 않는 모습을 지칭한 것이다. 창낭猖囊은 여러 해석이 있으나 번거롭게 흔들어댄다는 뜻으로 풀이한 왕숙민의 견해가 그럴듯하다. 마서륜은 '연권'과 '창낭'을 운이 겹치는 첩운疊韻으로 보았다. 재계齊戒의 재齊는 재齋와 통한다.

4-4

故君子不得已而臨莅天下, 莫若無爲. 無爲也, 而後安其性命之情. 故貴以身於爲天下, 則可以託天下. 愛以身於爲天下, 則可以寄天下. 故君子苟能無解其五藏無擢其聰明, 尸居而龍見, 淵默而雷聲, 神動而天隨, 從容無爲而萬物炊累焉. 吾又何暇治天下哉.

이로 인해 군자가 부득이 천하에 군림하게 될지라도 무위보다 나은 게 없다. 무위한 뒤에야 타고난 성명의 실정을 조용히 펼칠 수 있다. 자신의 몸을 천하를 돌보는 것보다 중시하는 사람에게 천하를 맡길 수 있고, 자신의 몸을 천하를 돌보는 것보다 아끼는 사람에게 천하를 맡길 수 있는 이유이다.

군자가 자신의 5장五臟을 해부하지 않고 자신의 총명을 끄집어내지 않을 수 있다면 직무를 방치한 채 가만히 있어도 용처럼 자유롭게 출현할 수 있고, 깊은 물처럼 침묵하고 있어도 우레처럼 커다란 소리를 낼 수 있고, 정신이 사물을 따라 움직일지라도 천지의 운행과 절로 부합할 수 있고, 조용히 아무 하는 일이 없을지라도 만물이 절로 생육된다. 그러니 내가 어느 겨를에 천하를 다스리겠는가?

임리천하臨莅天下의 임臨과 리莅 모두 군림한다는 뜻이다. 귀이신어위천하貴以身於爲天下의 위천하爲天下는 천하를 다스린다는 뜻으로 위爲는 치治와 통한다. 이하 구절은 『도덕경』 제13장 내용과 같다.

"자신의 몸을 천하처럼 귀하게 여기는 사람에게는 가히 천하를 맡길 수 있고, 자신의 몸을 천하처럼 아끼는 사람에게도 가히 천하를 맡길 수 있다."

『회남자』「도응훈」에도 똑같은 내용이 인용돼 있다. 해기5장解其五藏은 5장을 드러낸다는 뜻으로 여기의 5장은 유가의 덕목인 인의예지신仁義禮智信의 5상五常을 상징한다. 장藏은 장臟과 통한다. 5장과 5상의 대응관계는 다음과 같다. 간肝은 인仁, 폐肺는 의義, 심心은 예禮, 신腎은 지智, 비脾는 信에 해당한다. 탁기총명擢其聰明은 자신의 총명을 지나치게 믿고 남용하지 않는 것을 의미한다.

시거이용현尸居而龍見의 '시거'는 직무를 방치한다는 뜻으로 가만히 앉아서 봉록만 받아 먹는다는 의미를 담고 있다. 시록尸祿과 시관尸官, 시위소찬尸位素餐과 같다. 연묵이뇌성淵默而雷聲은 깊은 물처럼 침묵하고 있어도 우레처럼 큰 소리를 낸다는 뜻이다. 「천운」편에 똑같은 구절이 나온다. 신동이천수神動而天隨를 두고 곽상은 '정신은 사물을 따라 움직이고 하늘의 이치를 따라 운행한다'는 뜻으로 풀었다. 곧 정신이 움직이면 천지가 따른다는 의미이다. 「천운」편에는 '발동여천지發動如天地'로 되어 있다. 만물취루萬物炊累의 '취루'와 관련해 이설이 분분하나 대략 생기가 쌓여 성숙한다는 의미로 풀이할 수 있다.

하가치천하何暇治天下는 일종의 반어법으로 앞에 나온 재천하在天下와 취지를 같이한다. 유가의 '치천하'를 공박한 것으로 「양왕」편에도 같은 구절이 나온다. 「소요유」편에 나오는 '천하를 가지고 할 일이 없다'는 뜻의 '무소용천하위無所用天下爲'와 상통한다.

4-5

崔瞿問於老聃曰, "不治天下, 安藏人心." 老聃曰, "女愼, 無攖人心. 人心排下而進上, 上下囚殺, 淖約柔乎剛彊, 廉劌雕琢, 其熱焦火, 其寒凝冰, 其疾俯仰之間而再撫四海之外. 其居也, 淵而靜. 其動也, 縣而天. 僨驕而不可係者, 其唯人心乎. 昔者黃帝始以仁義攖人之心, 堯舜於是乎股無胈, 脛無毛, 以養天下之形. 愁其五藏以爲仁義, 矜其血氣以規法度, 然猶有不勝也. 堯於是方讙兜於崇山, 投三苗於三峗, 流共工於幽都, 此不勝天下也. 夫施及三王, 而天下大駭矣. 下有桀·跖, 上有曾·史, 而儒·墨畢起. 於是乎喜怒相疑, 愚知相欺, 善否相非, 誕信相譏, 而天下衰矣. 大德不同, 而性命爛漫矣. 天下好知, 而百姓求竭矣. 於是乎釿鋸制焉, 繩墨殺焉, 椎鑿決焉. 天下脊脊大亂, 罪在攖人心. 故賢者伏處大山嵁巖之下, 而萬乘之君憂栗乎廟堂之上. 今世殊死者相枕也, 桁楊者相推也, 刑戮者相望也, 而儒·墨乃始離跂攘臂乎桎梏之間. 意, 甚矣哉, 其無愧而不知恥也甚矣. 吾未知聖知之不爲桁楊椄槢也, 仁義之不爲桎梏鑿枘也, 焉知曾·史之不爲桀·跖嚆矢也. 故曰, '絶聖棄知而天下大治.'"

최구崔瞿가 노담에게 물었다.

"천하를 다스리지 않는다면 어떻게 사람의 마음을 선하게 할 수 있습니까?"

노담이 대답했다.

"그대는 삼가서 사람들의 마음을 흔들지 마라. 사람의 마음은 남을 밀쳐내고 자신을 올리려고 드는 법이다. 윗사람과 아랫사람이 서로 가둬 죽이려 드는 이유이다. 나긋나긋하게 하면서 강한 것을 부드럽게 만드는가 하면 모질게 해쳐 새기고 쪼아대기도 한다. 그 뜨거움은 타오르는 불길 같고, 그 차가움은 얼어붙은 얼음 같다. 빠르기는 고개를 끄덕이는 사이 온 세상을 두 바퀴나 돌 정도이다. 가만히 있을 때는 깊은 연못처럼 고요하고, 움직일 때는 어느덧 하늘에 걸린다. 이처럼 제멋대로 내달리는 까닭에 붙들어둘 수 없는 게 바로 사람의 마음이다."

옛날 황제黃帝는 처음 인의로써 사람의 마음을 흔들어댔다. 요순은 넓적다리와 정강이에 털이 없어질 정도로 부지런히 일해 천하인의 몸을 기르고, 온몸을 수고롭게 하면서 인의를 행하고, 혈기를 괴롭히면서까지 법도를 만들었다. 그러나 천하사를 다 감당할 수 없었다. 결국 요는 환두讙兜를 숭산崇山으로 추방하고, 삼묘三苗를 삼위三峗로 몰아내고, 공공共工을 유도幽都로 유배보냈다. 이는 천하를 감당할 수 없었기 때문이다.

삼왕三王의 시대에 이르러 천하가 크게 소란스러워졌다. 아래로는 걸桀과 도척盜跖 같은 악인이 등장하고 위로는 증자曾子 및 사추史鰌 같은 선인이 나타나자 유가와 묵가가 일시에 등장했다. 이를 계기로 찬성하고 반대하는 자들이 서로 의심하고, 어리석고 지혜로운 자들이 서로 속이고, 선하고 악한 자들이 서로 비난하고, 거짓되고 신의 있는 자들이 서로 헐뜯었다. 천하가 쇠퇴하게 된 배경이다.

이로써 큰 덕이 해체되고 사람들의 타고난 성명이 어지러워지면서 천하 사람들은 지혜를 좋아하고 욕심을 끝까지 부리게 되었다. 마침내 자귀나 톱으로 자르는 형벌이 가해지고, 새끼줄이나 밧줄로 사람을 묶어 죽이고, 몽치나 끌로 사람을 결딴내는 일이 빚어지게 되었다. 천하가 이처럼 크게 어지러워진 죄는 사람들의 마음을 흔든 데 있다. 이후 현자들은 높은 산이나 험준한 바위 아래 숨어 살게 되었고, 만승萬乘의 대국 군주가 보위에 앉아 크게 근심하며 두려워 떨게 되었다.

지금 세상을 보면 처형당한 자들은 시체가 서로 베개를 베고 누워 있을 정도로 넘쳐나고, 차꼬를 차고 칼을 쓴 죄인들은 서로 밀칠 정도로 바글거리고, 형륙刑戮을 당한 자들은 서로 마주 바라볼 정도로 많다. 그런데도 유가와 묵가의 선생이라는 자들은 차꼬와 수갑을 찬 죄인들 사이를 뛰어다니며 팔을 걷어붙인 모습으로 '인의' 운운하고 있다. 아, 심하구나! 저들이 부끄럼 없이 수치를 모르는 것이. 참으로 심하다!

나는 성인의 지혜가 차꼬나 목에 씌우는 칼 따위의 쐐기가 되지 않는다고 확신할 수 없고, 인의가 질곡을 채우는 자물쇠가 되지 않는다고 확신할 수 없다. 그러니 어찌 증자와 사추가 걸과 도척의 효시嚆矢가 아니라고 확신할 수 있겠는가? 그래서 말하기를, '절성기지絶聖棄知해야만 천하가 크게 다스려진다' 고 하는 것이다.

최구崔瞿는 가공의 인물이다. 안장인심安藏人心의 장藏을 곽상과 성현영은 선善으로 해석했다. 영인심攖人心은 사람의 마음을 뒤흔든다는 뜻이다. 임희일은 영攖을 요란撓亂으로 풀었다. 주목할 것은 이 장에서는 도가에서 이상적인 제왕으로 간주하고 있는 황제黃帝까지 인의로써 '영인심' 한다고 비판한 점이다. 당시 일부 유가가 전래의 성군인 요순은 물론 황제까지 '인의'를 행한 인물로 간주했음을 시사한다.

요약淖約은 나긋나긋하다는 뜻으로 성현영은 유약柔弱으로 해석했다. 염귀조탁廉劌雕琢의 염廉을 두고 왕선겸은 모질다는 뜻의 릉棱으로 풀이했으나 마서륜은 예리하다는 뜻이 섬剡의 가차로 보았다. 귀劌는 할割과 통한다.

재무사해지외再撫四海之外는 온 세상을 두 바퀴 왕복해 돈다는 뜻이다. 무撫를 두고 마서륜은 『설문해자』를 인용해 덮는다는 뜻의 '무幠'의 가차로 보았다. 연이정淵而靜의 이而를 두고 해동과 고형 등은 여如의 잘못으로 보았으나 이케다는 그대로 두고 해석할 것을 주장했다. 분교僨驕는 제멋대로 내달린다는 뜻이다.

고무발股無胈의 발胈을 두고 해동과 마서륜은 『광운廣韻』을 인용해 넓적다리의 작은 털로 해석했다. 긍기혈기矜其血氣의 긍矜은 『이아』「석언」에서 고苦와 같다고 했다. 환두讙兜는 『서경』「요전」에 나오는 전설적인 악인이다. 『서경』에는 환두驩兜로 되어 있다. 삼묘三苗를 두고 『사기』「오제본기」는 장강 일대에 살며 자주 반란을 일으킨 인물로 기록해 놓았다. 공공共工은 환두가 요에게 천거한 인물로 말만 번드레하고 행실이 어긋난다는 이유로 내침을 당했다.

이급삼왕施及三王의 이施는 도달한다는 뜻이다. '삼왕'은 하·은·주 삼대의 성왕인 우禹와 탕湯, 문왕文王 및 무왕武王을 말한다. 문왕과 무왕 부자는 한 사람으로 친다. 선비상비善否相非의 비否는 악惡과 통한다. 난만爛漫은 흩어지고 어지러워졌다는 뜻이다. 백성구갈百姓求竭을 두고 이설이 분분하다. 곽상은 끝없는 욕심으로 풀이했으나 장병린은 크게 어지럽다는 뜻의 규갈糾竭의 가차로 보았다.

근거제언釿鋸制焉의 근釿은 자귀, 거鋸는 톱, 제制는 절단을 뜻한다. 성현영은 '기술자는 자귀나 톱으로 본연의 통나무를 치고, 성인은 예법으로 도를 해친다'고 풀이했다. 승묵살언繩墨殺焉의 묵墨을 두고 아카츠카는 노끈을 뜻하는 묵纆의 가차로 보았다. 척척대란脊脊大亂의 '척척'은 어지럽게 깔아뭉갠 모습으로 낭자狼藉와 통한다. 육덕명은 『광아』를 근거로 어지럽다는 뜻의 '효肴'의 가차로 보았다. 감암지하嵁巖之下의 감嵁을 두고 유월은 깊다는 뜻의 담湛으로 해석했으나 마서륜은 『설문해자』를 인용해 험준한 돌산을 뜻하는 참嶃의 가차로 보았다.

수사殊死의 수殊는 사형에 처한다는 뜻이다. 항양桁楊은 목에 씌우는 칼과 다리에 채우는 차꼬를 통칭한 말이다. 이기양비離跂攘臂의 이기離跂는 뛰어다니는 모습을 그린 것으로 서두른다는 뜻을 내포하고 있다. 「천지」편에도 나온다. 「마제」편의 제기踶跂와 같은 뜻이다.

희意는 탄식의 감탄사로 희噫의 가차이다. 접습椄槢은 차꼬와 칼 따위를 채우는 쐐기를 말한다. 문설주를 고정시키는 쐐기의 의미인 설楔과 통한다. 질곡착예桎梏鑿枘는 질곡을 채우는 자물쇠로 상수본에는 예枘가 예內로 되어 있다. 성현영은 '착예'를 물건을 구멍 속에 집어넣는 것으로 풀이했다. 효시嚆矢는 사물의 시작을 뜻하는 말로 인구에 회자하는 '효시' 성어는 여기서 나왔다. 상수는 소리내는 화살로 풀이했으나 원래 전쟁을 시작할 때 우는 화살을 먼저 쏜 데서 유래한 말이다.

'절성기지絶聖棄知, 이천하대치而天下大治'는 「거협」편에 나오는 '절성기지絶聖棄知, 대도내지大盜乃止' 구절과 같은 취지이다. 절지기변絶智弃辯으로 되어 있던 원문이 후대 도가들에 의해 개작되었을 가능성이 크다.

4-6

黃帝立爲天子十九年, 令行天下, 聞廣成子在於空同之上, 故往見之, 曰, "我聞吾子達於至道, 敢問至道之精. 吾欲取天地之精, 以佐五穀, 以養民人. 吾又欲官陰陽以遂羣生, 爲之奈何." 廣成子曰, "而所欲問者, 物之質也. 而所欲官者, 物之殘也. 自而治天下, 雲氣不待族而雨, 草木不待黃而落, 日月之光益以荒矣. 而佞人之心翦翦者, 又奚足以語至道." 黃帝退, 捐天下, 築特室, 席白茅, 閑居三月, 復往邀之. 廣成子南首而臥, 黃帝順下風膝行而進, 再拜稽首而問曰, "聞吾子達於至道, 敢問, 治身奈何而可以長久." 廣成子蹶然而起, 曰, "善哉問乎. 來, 吾語女至道. 至道之精, 窈窈冥冥. 至道之極, 昏昏默默. 無視無聽, 抱神以靜, 形將自正. 必靜必淸, 無勞女形, 無搖女精, 乃可以長生. 目無所見, 耳無所聞, 心無所知, 女神將守形, 形乃長生. 愼女內, 閉女外, 多知爲敗. 我爲女遂於大明之上矣, 至彼至陽之原也. 爲女入於窈冥之門矣, 至彼至陰之原也. 天地有官, 陰陽有藏. 愼守女身, 物將自壯. 我守其一而處其和, 故我修身千二百歲矣, 吾形未常衰." 黃帝再拜稽首曰, "廣成子之謂天矣." 廣成子曰, "來, 余語女. 彼其物無窮, 而人皆以爲有終. 彼其物無測, 而人皆以爲有極. 得吾道者, 上爲皇而下爲王. 失吾道者, 上見光而下爲土. 今夫百昌皆生於土而反於土. 故余將去女, 入無窮之門, 以遊無極之野. 吾與日月參光, 吾與天地爲常. 當我緡乎. 遠我昏乎. 人其盡死, 而我獨存乎."

황제黃帝가 천자의 자리에 오른 지 19년이 되어 그의 정령이 천하에 널리 시행되고 있었다. 하루는 광성자廣成子가 공동산空同山 위에 있다는 소문을 듣고 일부러 찾아가 만나보고 이같이 말했다.

"나는 선생이 지극한 도에 통달했다는 얘기를 들었습니다. 감히 묻건대 지극한 도의 정수는 과연 어떤 것입니까? 나는 천지의 정기를 모아 오곡의 생장을 돕는 방법으로 백성을 양육하고, 또 음양을 잘 다스려 뭇 생명의 생장을 돕고자 합니다. 어찌하면 좋겠습니까?"

광성자가 말했다.

"그대가 묻고자 하는 것은 사물의 본성이나 그대가 관리하고자 하는 것은 사물을 해치는 것이다. 그대가 천하를 다스린 후 구름은 충분히 모이기도 전에 비가 되어 내리고, 초목은 잎이 누렇게 변하기도 전에 떨어지고, 해와 달 또한 그 빛이 갈수록 산만해져 광휘光輝가 사라지고 있다. 그대는 교묘한 말로 사람들의 마음에 영합하는 천박한 자이다. 그러니 어찌 지극한 도를 일러줄 만한 인물이겠는가?"

이내 물러난 황제는 곧 천하를 잊은 채 홀로 머무는 독채를 짓고 백모白茅 위에서 3달 동안 조용히 지낸 후 다시 광성자를 찾아가 면회를 청했다. 마침 광성자는 머리를 남쪽으로 하고 누워 있었다. 황제가 아래쪽에서 무릎으로 기어가 두 번 절하고 머리를 조아리며 물었다.

"나는 선생이 지극한 도를 통달했다고 들었습니다. 다시 묻건대 몸을 어떻게 닦아야 장구長久할 수 있습니까?"

광성자가 벌떡 일어나 말했다.

"참으로 좋소, 그 질문이! 이리 오시오. 내가 그대에게 지극한 도를 말해주겠소. 지극한 도의 정수는 그윽하고 어두우며, 지극한 도의 극치는 모습도 소리도 없소. 보지도 듣지도 말고 정신을 안으로 간직한 채 고요함을 유지하면 몸이 절로 바르게 될 것이오.

반드시 고요함과 깨끗함을 지켜 그대의 몸을 수고롭게 하지 말고 그대의 정신을 어지럽히지 말아야 비로소 장생할 수 있소. 눈으로 보는 것도 없고, 귀로 듣는 것도 없고, 마음으로 아는 것도 없는 경지에 이르러야 그대의 정신이 이내 그대의 몸을 지킬 수 있고, 그때 비로소 그대의 몸이 장생할 길이 열리게 되오. 그러니 그대는 안에 있는 정신을 삼가 지키면서 밖으로 향하는 지각을 닫도록 하시오. 지각하는 게 많으면 실패할 수밖에 없소.

내가 그대를 위해 커다란 광명이 있는 저 하늘 위로 올라가 지극한 양기의 근원에 다다른 뒤 다시 그대를 위해 그윽하고 어두운 문으로 들어가 지극한 음기의 근원에 갔다 오도록 하겠소. 하늘과 땅은 맡아 기르는 게 있고, 음양은 간직하고 있는 기운이 있소. 그대가 삼가 몸을 잘 지키면 만물은 절로 생장할 것이오. 나는 늘 순일純一한 도를 지키며 조화 속에 머물러 있소. 내가 몸을 닦은 지 1,200년이 지났는데도 아직 쇠해지지 않은 이유가 여기에 있소."

황제가 두 번 절하고 머리를 조아리며 말했다.

"광성자 선생이야말로 하늘이라고 일컬을 만합니다!"

광성자가 말했다.

"이리 오시오. 내가 그대에게 말해줄 게 있소. 저 도는 영원무궁永遠無窮한 것인데도 사람들은 모두 언젠가는 끝나는 날이 있을 것으로 생각하고 있소. 저 도는 헤아릴 수 없이 광대무변廣大無邊한 것인데도 사람들은 모두 어딘가에는 끝이 있을 것으로 생각하고 있소. 나의 도를 체득한 사람은 위로는 복희 및 신농 등의 삼황三皇 같은 인물이 되고, 아래로는 우왕 및 탕왕 등의 삼왕三王 같은 인물이 될 수 있소. 그러나 나의 도를 잃어버린 사람은 위로는 해와 달의 빛을 받고 사는 동식물이 되고, 아래로는 흙덩이 따위밖에 될 수 없소.

지금 한때 왕성하게 생장한 이 세상의 모든 만물은 결국 흙에서 나와 흙으로 돌아가게 되어 있소. 나 또한 이제 곧 그대와 헤어진 뒤 무궁의 문으로 들어가 광대무변한 무극無極의 들판에서 노닐 생각이오. 그리되면 해와 달과 함께 빛나고 천지와 더불어 영원히 존재하게 되오. 사람들이 나에게 다가올지라도 어지러워 볼 수 없고, 멀어지면 또한 어두워서 볼 수 없을 것이오. 사람들이 다 죽을지라도 나는 홀로 남게 될 것이오."

19년은 『장자』에서 오랜 기간을 상징하는 말이다. 「양생주」편의 포정庖丁과 「덕충부」편의 신도가申徒嘉 모두 19년 동안 수련한 것으로 나온다. 광성자廣成子를 두고 이케다는 『장자』가 만들어낸 가공의 인물로 보았다. 『회남자』 「전언훈」편에도 광성자 일화가 나온다.

이케다는 『장자』의 이 대목을 출처로 보고 있다. 『경전석문』은 광성자를 노자로 간주하는 견해를 소개했으나 유월은 『신선전神仙傳』에서 그 출처를 찾고 있다.

공동지상空同之上의 공동空同은 전설적인 산 이름이다. 공동崆峒으로 기록해 놓은 문헌이 많다. 여혜경은 '공은 어떤 사물도 없다는 뜻이고, 동은 크게 뚫렸다는 뜻이다. 공동산 위라고 한 것은 아무 사물도 없이 크게 소통되어 어떤 것도 올려놓을 수 없는 곳을 말한다' 고 풀이했다. '상上' 이 '산山' 으로 되어 있는 판본도 있다. 관음양官陰陽의 관官은 치治의 뜻이다. 수군생遂羣生의 수遂는 육育의 의미이다.

물지질物之質과 물지잔物之殘을 두고 해석이 엇갈린다. 아카츠카는 여기의 질質을 사물의 본연인 지도至道, 잔殘을 분산되고 해체된 사물로 풀었다. 전전翦翦을 두고 왕선겸은 식견이 얕고 천박하다는 뜻의 전전譾譾의 가차로 보았다. 연천하捐天下는 천하를 버렸다는 뜻으로 곧 천하를 잊었다는 의미이다. 축특실築特室의 '특실' 은 잡다한 일을 피해 홀로 재계하는 집으로 독채를 의미한다. 후쿠나가는 '특실' 의 유래와 관련해 "남북조시대 이후 천자가 도사를 초빙할 때 관사를 건축해 재계하는 형식을 취한 것은 바로 이 문장에 근거한다" 고 주장했다. 주목할 만한 견해이다.

석백모席白茅는 흰 띠풀을 자리로 삼았다는 뜻이다. 당시 '백모' 는 더러움을 깨끗이 하는 주술적인 힘이 있는 것으로 여겨졌다. 춘추시대 중엽 관중이 제환공을 부추겨 초나라를 치고 패권을 장악했을 때 초나라 토벌의 명분으로 내세운 것이 바로 '백모' 였다. 초나라가 주나라 왕실에 바치는 특산품 '백모' 의 진공을 제대로 이행하지 않아 제사를 제대로 치를 수 없다는 게 그 이유였다. 사람이 '백모' 위에 앉았다는 것은 자신을 신에게 바친다는 뜻을 담고 있다.

복왕요지復往邀之의 요邀를 두고 왕선겸은 요청要請으로 풀이했다. 남수이와南首而臥는 남쪽으로 머리를 하고 누웠다는 뜻으로 후쿠나가는 남수南首를 제왕의 군림을 뜻하는 남면南面의 의미로 풀이했다. 상식적인 예를 무시하고 마음 내키는 대로 행동했다는 의미를 내포하고 있다는 분석이다. 순하풍順下風의 순順을 두고 마서륜은 순循의 가차로 보았다. 여기의 풍風은 방향을 뜻하는 방方과 통한다. 「천운」편에 수놈이 위쪽에서 운다는 뜻의 웅명어상풍雄鳴於上風 구절이 나온다.

궐연蹶然은 벌떡 일어나는 모습이다. 요요명명窈窈冥冥은 그윽하고 어두운 모습을 표현한 것이다. 『도덕경』 제21장에 깊고 그윽하다는 뜻의 요혜명혜窈兮冥兮 구절이 나온다. 혼혼묵묵昏昏默默은 어두워 모습이 보이지 않고 소리가 나지 않아 들리지 않는다는 뜻이다. 여혜경은 '알 수 있어서 말로 표현하면 그 극치가 아니니 모습도 보이지 않고 소리도 들리지 않는 게 바로 도의 극치가 된다' 고 풀이했다.

다지위패多知爲敗는 지각하는 게 많으면 실패한다는 뜻이다. 「양생주」편에서 '우리의 생명은 유한하나 지식은 무한하다. 끝이 있는 것을 가지고 끝이 없는 것을 추구하면 위태롭다' 고 한 구절과 취지를 같이한다. 대명지상大明之上의 대명大明을 두고 후쿠나가는 『예기』 「예기禮器」편을 근거로 태양으로 해석했다. 태양을 포함해 우주에서 밝게 빛나는 항성을 총칭한 것으로 보는 게 낫다.

수기일守其一은 순일한 도를 지킨다는 뜻이다. 『도덕경』 제10장의 포일抱一, 제22장의 집일執一과 같은 맥락이다. 미상쇠未常衰의 상常은 '아직' 의 뜻을 지닌 상嘗과 통한다. 백창百昌은 곧 백물百物로 만물을 의미한다. 당아민호當我緡乎의 민緡을 두고 마서륜은 어지러울 혼惛의 가차, 아카츠카는 같은 뜻의 민泯의 가차로 보았다.

아독존我獨存은 도를 체득한 자만이 불멸의 영생을 얻을 수 있다는 뜻이다. 뒤이어지는 글에서 홀로 가고 홀로 오는 존재라는 뜻의 독유獨有가 나온다. 불가에서 말하는 유아독존唯我獨尊의 취지와 닮았다. 『도덕경』 제25장에서 홀로 서서 변치 않는다는 뜻의 '독립이불개獨立而不改'를 언급한 것도 같은 맥락이다. 독립과 독유, 독존 모두 도를 체득한 경지를 달리 표현한 것이다.

4-7

雲將東遊, 過扶搖之枝而適遭鴻蒙. 鴻蒙方將拊脾雀躍而遊. 雲將見之, 倘然止, 贄然立, 曰, "叟何人邪. 叟何爲此." 鴻蒙拊脾雀躍不輟, 大雲將曰, "遊." 雲將曰, "朕願有問也." 鴻蒙仰而視雲將曰, "吁." 雲將曰, "天氣不和, 地氣鬱結, 六氣不調, 四時不節. 今我願合六氣之精以育羣生, 爲之奈何." 鴻蒙拊脾雀躍掉頭曰, "吾弗知, 吾弗知." 雲將不得問. 又三年, 東遊, 過有宋之野, 而適遭鴻蒙. 雲將大喜, 行趨而進曰, "天忘朕邪. 天忘朕邪." 再拜稽首, 願聞於鴻蒙. 鴻蒙曰, "浮遊不知所求, 猖狂不知所往, 遊者鞅掌, 以觀無妄. 朕又何知." 雲將曰, "朕也自以爲猖狂, 而民隨予所往. 朕也夫得已於民, 今則民之放也. 願聞一言." 鴻蒙曰, "亂天之經, 逆物之情, 玄天弗成, 解獸之羣而鳥皆夜鳴, 災及草木, 禍及止蟲. 意. 治人之過也." 雲將曰, "然則吾奈何." 鴻蒙曰, "意, 毒哉. 僊僊乎歸矣." 雲將曰, "吾遇天難, 願聞一言." 鴻蒙曰, "意, 心養, 汝徒處無爲而物自化. 墮爾形體, 吐爾聰明, 倫與物忘, 大同乎涬溟. 解心釋神, 莫然無魂. 萬物云云, 各復其根. 各復其根而不知, 渾渾沌沌, 終身不離. 若彼知之, 乃是離之. 無問其名, 無闚其情, 物固自生." 雲將曰, "天降朕以德, 示朕以默. 躬身求之, 乃今也得." 再拜稽首, 起辭而行.

운장雲將이 동쪽으로 놀러가 커다란 부요扶搖나무의 가지를 지나다가 마침 홍몽鴻蒙을 만났다. 홍몽이 막 넓적다리를 두드리며 참새처럼 껑충껑충 뛰어놀고 있었다. 운장이 그를 보고 문득 발걸음을 멈추고 망연히 서 있다가 말을 걸었다.

"노인장은 어떤 분이십니까? 왜 그리하는 것입니까?"

홍몽이 놀기를 그치지 않으면서 운장에게 이같이 대답했다.

"놀고 있다."

"제가 묻고 싶은 게 있습니다."

홍몽이 머리를 들어 운장을 쳐다보며 말했다.

"음, 그래?"

운장이 물었다.

"천기天氣는 고르지 않고, 지기地氣는 부합하지 않고, 6기六氣는 조화를 잃고, 사계절은 질서에 맞지 않습니다. 지금 저는 육기의 정수를 모아 뭇 생명을 양육코자 하는데 어찌하면 되겠습니까?"

홍몽이 놀기를 그치지 않으면서 고개를 저었다.

"난 몰라, 난 몰라!"

운장이 더 이상 묻지 못했다. 3년이 지났다. 운장이 동쪽으로 놀러가 송나라의 들판을 지나다가 마침 홍몽을 또 만났다. 운장이 크게 기뻐하며 달려가 말했다.

"하늘이 저를 잊었습니까, 하늘이 저를 잊었습니까?"

이어 두 번 절하고 머리를 땅에 조아리면서 가르침을 청했다. 홍몽이 말했다.

"나는 이리저리 떠도는 탓에 스스로 무엇을 찾는지도 모른다. 마음 내키는 대로 돌아다니는 탓에 스스로 어디로 갈지도 모른다. 오로지 노는 데 바빠 만물의 거짓 없는 실상만 볼 수 있을 뿐이니 내가 또 무엇을 알겠는가?"

운장이 말했다.

"저 또한 스스로는 마음 내키는 대로 한다고 생각합니다. 그런데도 백성들은 제가 가는 곳마다 따라옵니다. 저도 부득이 백성들의 요청을 거절할 수 없어 본의 아니게 백성들이 의지하는 바가 되어 있습니다. 한 마디 가르침을 내려주십시오."

홍몽이 말했다.

"하늘의 상도를 어지럽히고 만물이 타고난 실정을 거스르면 현묘한 하늘인 현천玄天은 이뤄지지 않는다. 그리되면 짐승이 무리가 흩어지고, 새들이 모두 밤에 울고, 재앙이 초목에 미치고, 벌레에게까지 그 화가 미치게 된다. 아, 이는 모두 무위에 맡기지 않고 다스린 탓이다!"

운장이 물었다.

"그렇다면 어찌해야 좋습니까?"

홍몽이 대답했다.

"아, 마음을 길러야 할 것이다. 그러면 하늘 위로 날아가게 될 것이다."

운장이 말했다.

"저는 여간해서는 선생을 만나기 어렵습니다. 바라건대 한 말씀 더 듣고자 합니다."

홍몽이 말했다.

"아, 마음을 기르는 것뿐이다. 그대가 무위에 머물 수만 있다면 만물은 저절로 감화될 것이다. 그대의 몸을 잊어버리고, 그대의 총명을 버려라. 세상의 규범이나 외물을 잊어버리면 혼돈의 도와 같아질 것이다. 마음을 비우고 정신을 풀어주어 고요히 혼도 없는 경지에 이르면 만물이 성대하게 자라고, 각기 근본으로 돌아갈 것이다.

각기 근본으로 돌아가면서도 그 까닭을 알지 못하면 혼돈의 도와 하나가 되어 종신토록 떠나지 않을 것이다. 그러나 만일 저들이 그것을 알게 되면 곧 도에서 떠나게 될 것이다. 그대도 이름을 묻지도 말고, 실정을 엿보려고 하지도 말라. 그러면 만물이 저절로 생육될 것이다."

운장이 말했다.

"하늘인 선생이 저에게 덕을 내려주고, 말하지 않는 도를 보여주셨습니다. 저는 지금까지 이를 애타게 찾았는데 이제야 비로소 얻게 되었습니다."

이내 두 번 절하고 머리를 조아린 뒤 일어나 작별을 고하고 길을 떠났다.

운장雲將은 구름을 의인화한 가공인물이다. 부요扶搖는 뽕나무로 부상扶桑과 같은 뜻이다. 「소요유」편의 '부요'는 회오리바람이다. 홍몽鴻蒙 역시 우주의 근원인 기를 의인화한 가공인물이다. 부비작약拊髀雀躍의 부拊는 두드린다는 뜻이고, 비髀는 넓적다리를 뜻하는 비髀와 통한다. 작약雀躍은 작은 새처럼 폴짝폴짝 뛰어다니는 모습을 지적한 것이다.

당연倘然은 멈칫하는 모습이다. 당倘은 당儻과 통한다. 지연贄然은 움직이지 않고 가만히 서 있는 모습이다. 예물을 바치러 온 것처럼 공손함을 극진히 한 모습을 말한다. 우吁는 의아하게 여길 때 내는 소리로 부정적인 의미를 담은 감탄사이다. 도두掉頭는 부정적인 취지의 머리를 흔드는 동작을 말한다. 유송有宋의 유有는 국명 앞에 붙이는 접두사로 성대하다는 뜻의 미칭이다.

천망짐야天忘朕邪의 천天은 홍몽에 대한 극존칭이다. 짐朕은 진시황의 천하통일 이전까지만 해도 통상적인 1인칭으로 아我와 같다. 야邪는 의문조사로 야耶와 통한다. 창광猖狂은 마음 내키는 대로 행동한다는 뜻이다. 유자앙장遊者鞅掌의 앙장鞅掌은 형체에 얽매이지 않을 정도로 어지러이 바쁜 모습을 표현한 것이다. 여혜경은 앙鞅과 장掌 모두 얽매임을 뜻한다고 풀이했다. 노는 데 얽매였으므로 무심히 자유로운 상태에 해당한다. 민지방야民之放也의 방放은 믿고 의지한다는 뜻의 의방依放과 통한다. 『논어』「이인」편에 이익에 의지한다는 뜻의 '방어리放於利' 표현이 나온다.

천지경天之經은 하늘의 상도常道를 말한다. 『효경』과 『춘추좌전』에도 나온다. 현천玄天은 심원하고 끝이 없는 자연의 도를 표현한 것이다. 독재毒哉는 길러야 한다는 뜻이다. 『도덕경』 제51장에 만들어 숙성시킨다는 뜻의 '형지독지亭之毒之' 표현이 나온다. 마서륜은 독篤의 가차로 보아 '아, 지독한 중증이구나'로 해석했다. 후쿠나가와 이케다 등이 이를 좇았다.

선선僊僊에 대한 설이 분분하다. 선선仙仙으로 된 판본도 있다. 여혜경은 '사람이 신선처럼 하늘로 올라간다'는 뜻으로 풀었다. 심양心養은 「인간세」편의 심재心齋와 취지를 같이한다. '도처무위이물자화徒處無爲而物自化'는 단지 무위에 머물기만 하면 만물이 저절로 감화된다는 뜻이다. 『도덕경』 제57장에 '나는 아무것도 하는 일이 없는데 백성들이 저절로 감화된다'는 뜻의 '아무위이민자화我無爲而民自化' 구절이 나온다.

재명涬溟은 혼돈을 뜻하는 말로 도를 상징한다. 이케다는 『회남자』「남훈편」에 나오는 '대도혼명大道混冥'의 '혼명'과 같은 뜻으로 보았다. 해심석신解心釋神은 심신을 풀어놓는다는 뜻으로 고요히 혼돈 없는 경지에 이른다는 의미이다. 『회남자』에는 해의석신解意釋神으로 되어 있다. 만물운운萬物云云은 만물이 성대하게 자란다는 뜻으로 운云은 운芸과 통한다. 『도덕경』 제16장에는 '만물운운萬物芸芸'으로 되어 있다. 시짐이묵示朕以默의 묵默을 두고 마서륜은 고요하다는 뜻의 밀謐의 가차로 보았다. 궁신구지躬身求之의 궁躬은 궁窮과 통한다.

4-8

世俗之人, 皆喜人之同乎己而惡人之異於己也. 同於己而欲之, 異於己而不欲者, 以出乎衆爲心也. 夫以出乎衆爲心者, 曷常出乎衆哉. 因衆以寧所聞, 不如衆技衆矣. 而欲爲人之國者, 此攬乎三王之利而不見其患者也. 此以人之國僥幸也. 幾何僥幸而不喪人之國乎. 其存人之國也, 無萬分之一. 而喪人之國也, 一不成而萬有餘喪矣. 悲夫, 有土者之不知也. 夫有土者, 有大物也. 有大物者, 不可以物. 物而不物, 故能物物. 明乎物物者之非物也, 豈獨治天下百姓而已哉. 出入六合, 遊乎九州, 獨往獨來, 是謂獨有. 獨有之人, 是謂至貴.

세속 사람들 모두 남들이 자신에게 동조할 때 기뻐하고 다를 때 싫어한다. 자신에 동조하기를 바라고 다른 것을 바라지 않는 것은 남들보다 뛰어나기를 바라기 때문이다. 그러나 남들보다 뛰어나기를 바라는 자들이 어찌 수많은 사람들보다 더 뛰어날 수 있겠는가?

많은 사람이 동조하는 것을 배경으로 자신이 들은 것을 정당화하려는 것은 많은 사람들이 기예를 많이 가진 것만 못하다. 남의 나라를 도와주려고 하는 자는 삼왕의 이로움만 취할 뿐 그 폐해를 보지 못하는 자들이다. 이는 남의 나라를 이용해 요행을 꾀하는 것이나 다름없다. 요행을 바라고 남의 나라 정치를 맡아서 남의 나라를 멸망시키지 않은 경우가 과연 얼마나 되는가? 남의 나라를 보존해 준 경우는 만분의 일도 안 된다. 남의 나라를 멸망에 이르게 할 경우 단 한 나라도 살아남는 경우는 없고 만이 넘는 모든 나라가 이내 멸망하고 말 것이다.

슬프다! 영토를 지닌 한 나라의 위정자가 이를 알지 못하는 것이. 한 나라를 다스리는 자는 만물의 일부인 큰 물건을 보유한 자이다. 큰 물건을 보유한 자는 단순한 하나의 사물이어서는 안 된다. 그 자신이 하나의 사물이면서 동시에 사물의 차원을 넘어야 한다. 그래야 사물이 자연 그대로의 사물로 존재할 수 있다.

만일 큰 물건을 보유한 자가 사물이 사물로 존재하는 게 단순한 사물 차원의 존재가 아님을 꿸 수만 있다면 어찌 다만 천하의 백성을 다스리는 것에 그치겠는가? 천지사방을 자유로이 드나들며 지상의 전 세계 위에서 마음껏 노닐고, 홀로 가고 홀로 오는 사람이 될 것이다. 이를 일컬어 '독유獨有'라고 하고, '독유'의 경지에 이른 사람을 '지귀至貴'라고 한다.

갈상출호중재曷常出乎衆哉는 어찌 많은 사람들보다 뛰어날 수 있겠는가의 뜻으로 갈상曷常은 갈상曷嘗과 같다. 영소문寧所聞은 자신이 들은 것을 정당화한다는 뜻으로 정당성의 근거를 남에게서 찾는 의존적인 태도를 지적한 것이다. 불여중기중不如衆技衆을 두고 곽상은 '나 홀로 들은 것은 많은 사람들이 기예를 많이 가진 것만 못하기에 많은 사람들이 동조하는 것을 따른다'고 풀이했다. 요행僥幸은 이익을 추구하는 것으로 요僥는 요徼와 통한다. 9주九州는 지상의 세계 전체를 지칭하는 말로 사해四海와 같다. 동남쪽의 신주神州, 남쪽의 차주次州, 서남쪽의 융주戎州, 서쪽의 엄주弇州, 중앙의 기주冀州, 서북쪽의 태주台州, 북쪽의 제주泲州, 동북쪽의 박주薄州, 동쪽의 양주

陽州가 그것이다.

독왕독래獨往獨來는 「천하」편에 나오는 '홀로 천지의 정신과 왕래한다'는 뜻의 '독여천지정신왕래獨與天地精神往來'와 취지를 같이한다. 독유獨有는 독존獨存과 같은 뜻으로 홀로 도를 보유하고 있다는 의미를 내포하고 있다. 성현영은 중인들이 이런 능력을 지니지 못한 까닭에 '독유'라는 명칭을 부여한 것으로 풀이했다. 지귀至貴는 곧 '독유독존'의 도를 터득한 자를 뜻한다.

4-9

大人之敎, 若形之於影, 聲之於嚮. 有問而應之, 盡其所懷, 爲天下配. 處乎無嚮, 行乎無方. 挈汝適復之撓撓, 以遊無端, 出入無旁, 與日無始. 頌論形軀, 合乎大同, 大同而無己. 無己, 惡乎得有有. 覩有者, 昔之君子. 覩無者, 天地之友.

대인의 가르침은 마치 형체와 그림자, 소리와 메아리의 관계와 같다. 남이 물으면 대답하되 자신이 생각하는 바를 극진히 하여 천하의 모든 사람과 짝이 된다. 메아리 없는 곳에 머물며 일정한 장소를 가리지 않고 자유자재로 움직인다. 그대들을 데리고 어지럽고 혼돈한 도의 세계를 누차 왕복하며 끝없는 경지에 한없이 노니는 까닭에 출입에 일정한 장소가 없다. 해와 더불어 시간의 흐름을 초월한 까닭에 그 말과 몸이 만물제동의 대동大同과 부합된다. 대동의 도를 이루면 사사로운 자기自己가 없게 된다. 자기가 없는데 어찌 현실세계에 존재하는 사물만 있는 것으로 간주할 수 있겠는가? 있는 것만 보는 사람은 옛날의 군자이고, 없는 것을 보는 자는 천지의 벗이다.

『장자』는 대인大人을 통상 도를 이룬 지인至人 내지 신인神人과 거의 같은 뜻으로 인용하고 있다. 후쿠나가는 '대인'을 아예 '지인'의 동의어로 간주한다. '대인'은 「재유」편을 위시해 「추수」와 「지북유」, 「서무귀」, 「칙양」편 등에도 나온다. 이는 원래 유가에서 나온 말이다. 『논어』와 『맹자』, 『묵자』 등에 두루 나온다. 정약용에 따르면 유가에서는 덕이 큰 사람, 지위가 높은 사람, 엄한 부친, 몸이 큰 사람 등 4가지 경우에 '대인'이 사용됐다. 여기서는 '덕이 큰 사람'의 뜻으로 사용된 경우이다.

위천하배爲天下配는 천하의 모든 사람과 짝이 된다는 뜻으로 『도덕경』 제28장에 나오는 '위천하곡爲天下谿' 내지 '위천하곡爲天下谷'과 같은 뜻이다. 설녀적복지요요挈汝適復之撓撓의 설挈은 데리고 간다는 뜻의 지持와 통한다. 여汝를 두고 곽상은 만물, 예혜경은 천하, 임희일은 온 세상 사람 등으로 해석했으나 이케다는 작자가 독자에게 한 말로 간주했다. 적복適復은 왕복을 뜻한다. 지之는 어於의 뜻이다.

요요撓撓를 두고 곽상과 성현영은 자동自動으로 풀이했으나 유월은 어지러운 모습으로 해석했다. 이케다는 '요요'를 아래 글에 나오는 무단無端, 무방無旁, 무시無始와 함께 혼돈한 도의 한 측면을 형상한 것으로 풀이했다. 이유무단以遊無端의 '무단'은 도의 끝없는 경지를 말한다. 출입무방出入無旁의 '무방'은 일정한 장소가 없다는 뜻이다. 장병린은 방旁을 방方으로 해석했다. 여일무시與日無始는 해와 함께 시작이 없다는 뜻으로 시간의 흐름을 초월한 영원한 존재라는 의미이다. 「대종사」편에 나오는 일월불식日月不息과 취지를 같이한다.

송론頌論과 형구形軀는 각각 말과 몸을 뜻하는 명사이다. 임희일 등을 인용한 이케다는 정신과 육체, 장병린의 설을 끌어들인 후쿠나가는 용모와 체구로 풀이했다. 오호득유유惡乎得有有를 두고 임희일은

'이미 자기가 없으니 무엇을 있는 것으로 여기겠는가?' 의 뜻으로 풀이했다. 유유有有 중 앞의 '유' 는 있는 것으로 간주한다는 뜻의 동사이고, 뒤의 '유' 는 사물의 존재 및 현상을 뜻한다. 석지군자昔之君子는 요순 등 유가의 성인을 지칭한 것이다. 천지지우天地之友는 무위자연의 도를 터득한 사람을 말한다. 「대종사」와 「응제왕」편에 나오는 '조물자와 벗이 된다' 는 뜻의 여조물자위인與造物者爲人과 취지를 같이 한다.

4-10

賤而不可不任者, 物也. 卑而不可不因者, 民也. 匿而不可不爲者, 事也. 麤而不可不陳者, 法也. 遠而不可不居者, 義也. 親而不可不廣者, 仁也. 節而不可不積者, 禮也. 中而不可不高者, 德也. 一而不可不易者, 道也. 神而不可不爲者, 天也. 故聖人觀於天而不助, 成於德而不累, 出於道而不謀, 會於仁而不恃, 薄於義而不積, 應於禮而不諱, 接於事而不辭, 齊於法而不亂, 恃於民而不輕, 因於物而不去. 物者莫足爲也, 而不可不爲. 不明於天者, 不純於德. 不通於道者, 無自而可. 不明於道者, 悲夫. 何謂道. 有天道, 有人道. 無爲而尊者, 天道也. 有爲而累者, 人道也. 主者, 天道也. 臣者, 人道也. 天道之與人道也, 相去遠矣, 不可不察也.

가치로 따지면 보잘것없기는 하지만 평소 사용하지 않을 수 없는 게 물건物件이다. 신분은 비록 낮지만 군주도 그 뜻을 따르지 않을 수 없는 게 인민人民이다. 번거롭기는 하지만 행하지 않을 수 없는 게 정사政事이다. 그 내용이 비록 거칠기는 하지만 사방에 널리 펴지 않을 수 없는 게 법法이다. 친소관계가 먼 탓에 행하기가 쉽지 않지만 늘 몸을 그 가운데에 두지 않을 수 없는 게 의義이다. 친소관계가 가까운 탓에 인정에 빠지기 쉽지만 넓히지 않을 수 없는 게 인仁이다. 절차 등을 꼬치꼬치 따지지만 평소 익혀두지 않을 수 없는 게 예禮이다. 지나침과 모자람을 경계한다고는 하지만 의도적으로 높여나가지 않을 수 없는 게 인위적인 인덕人德이다. 그 본질은 한결같은 것이지만 때에 따라 그 모습을 바꾸지 않을 수 없는 게 인도人道이다. 신묘하기 짝이 없어 실행키는 쉽지 않지만 마음속으로 늘 그 취지를 좇지 않을 수 없는 게 천도天道이다.

이에 성인은 천도의 변화를 살피기는 하나 개입하지는 않고, 인덕을 이루기는 하나 인위에 얽매이지는 않고, 계책이 인도에서 나오기는 하나 의도적으로 도모하지는 않고, 실천이 인에 부합하기는 하나 보답을 바라지 않고, 의에 다가가기는 하나 쌓아두지는 않고, 예를 지키기는 하나 금기에 얽매이지는 않고, 정사를 행하기는 하나 핑계 대지는 않고, 법으로 백성들을 가지런히 하나 집행을 어지럽게 하지는 않고, 백성에 의지하기는 하나 백성을 가벼이 부리지는 않고, 물건을 용도에 따라 쓰기는 하나 함부로 버리지는 않는다.

통상 물건은 추구할 만한 가치는 없지만 늘 곁에 두고 사용하지 않을 수 없다. 천도를 좇는 것도 같은 이치이니 천도를 밝게 알지 못하는 자는 덕이 순일하지 못하고, 인도를 통달하지 못한 자는 스스로 자유롭게 행할 수 있는 게 없다.

도를 밝게 알지 못하는 자여, 슬픈 일이다! 무엇을 도라고 하는가? 천도와 인도가 있다. 무위無爲로 인해 존귀한 것이 천도이고, 유위有爲로 인해 외물과 엮여 있는 게 인도이다. 군주는 천도를 실천하는 자이고, 신하는 인도를 실천하는 자이다. 천도와 인도는 이처럼 차이가 큰 까닭에 자세히 살피지 않을 수 없다.

익이불가불위자匿而不可不爲者는 정사는 번거롭지만 밝게 처리하지 않을 수 없다는 뜻이다. 여기의 익匿은 번거롭다는 뜻의 욕縟과 통한다. 중이불가불고자中而不可不高者의 중中을 두고 이론이 분분하다. 임희일은 세상과 뒤섞이는 화동和同, 아카츠카는 '중용'으로 풀이했다. 그러나 '화동'은 『도덕경』 제56장에서 말하는 화광동진和光同塵의 도를 의미하고, '중용' 역시 『주역』의 핵심어에 해당하는 까닭에 채택하기가 어렵다. 대략 지나침과 모자람을 경계하는 신중한 태도로 이해하는 게 낫다. 『논어』「선진」편에서 공자가 자공은 지나치고 자하는 모자란다고 지적하며 지나친 것은 모자란 것과 같다는 뜻의 '과유불급過猶不及'을 언급한 게 여기서 말하는 '중中'의 취지에 부합한다.

'일이불가불역자一而不可不易者'의 역易을 두고 곽상은 난이難易의 이易로 보았다. 도를 때에 따라 바꾼다고 풀이하는 게 부담스러운 나머지 이런 억지 해석을 시도한 것이다. 전후 문맥에 비춰 이는 이케다의 지적처럼 변역變易의 '역'을 뜻하는 게 확실하다. 임희일과 마서륜, 전목 등이 모두 이같이 해석하고 있다. 전목은 『관자』「형세」편에 나오는 '도가 말하는 것은 하나이지만 그것을 쓰는 것은 다르다'는 구절을 논거로 들었다. 도의 본질은 하나이고 한결같지만 변역의 관점에서 보면 매우 다양한 모습으로 드러날 수밖에 없다. 『관자』는 바로 이를 지적한 것이다. 전후 문맥에 비춰볼 때 이는 인도人道를 언급한 것이다. 그래야 바로 뒤에 나오는 천天을 천도天道로 해석한 취지와 맞아 떨어진다.

'신이불가불위자神而不可不爲者'는 신묘하지만 군주가 '치천하'의 잣대로 삼지 않을 수 없는 하늘, 즉 천도를 언급한 것이다. 대부분의 주석서가 뒤이어지는 '성인관어천이부조聖人觀於天而不助' 구절의

'부조不助'를 조장하지 않는다는 의미로 풀이하고 있다. 이는 『장자』에서 말하는 성인과 천도의 상호관계에 대한 인식 부족에서 비롯된 것이다. 천도는 성인이 늘 관찰하며 좇아야 할 대상이지 그 오묘한 변화에 개입할 수 있는 대상이 아니다.

『도덕경』에 따르면 자연의 덕에 해당하는 무위의 상덕上德은 곧 천도의 구체적인 표현인 데 반해 인위적인 유위의 하덕下德은 인도의 구체적인 표현에 해당한다. 「재유」편이 점층적인 수사법을 동원해 '도' 위에 '천'을 언급한 것은 『도덕경』 제25장에서 언급하고 있는 '천법도天法道' 논리와 배치된다. 이 장에 나오는 '덕'과 '도'를 인위적인 인덕人德과 인도人道로 해석해야 하는 이유이다.

회어인이불시會於仁而不恃의 불시不恃는 보답을 기대하지 않는다는 뜻이다. 왕선겸은 믿고 의지하지 않는다는 뜻으로 해석했다. 그러나 이케다의 지적처럼 『도덕경』 제2장에서 만물에 덕을 베풀고도 보답을 기대치 않는다는 뜻으로 사용한 '위이불시爲而不恃'의 '불시不恃'와 같은 뜻으로 새기는 게 낫다.

박어의薄於義의 박薄을 두고 마서륜은 다가간다는 뜻의 박迫의 가차로 보았다. 임희일은 핍逼과 통하는 것으로 새겼다. 접어사이불사接於事而不辭의 불사不辭를 두고 곽상 등은 사양하지 않는다는 뜻으로 풀이했다. 그러나 이는 문맥상 핑계를 대지 않는다는 뜻이다. 이케다는 일부 판본에 사辭가 양讓으로 되어 있는 점에 주목해 곽상 등이 이 판본을 근거로 이런 오류를 범한 것으로 분석했다.

제어법이불란齊於法而不亂의 불란不亂을 두고 이케다와 가나야 등은 민국시대 호원준胡遠濬의 『장자전고莊子詮詁』를 인용해 불치不治로 해석했다. 이 경우 '법으로 백성들을 가지런히 하면서도 다스리지 않은 게 없다'는 뜻이 된다. 난亂이 치治의 뜻을 내포하고 있으므로 나름 일리가 있다.

그러나 '불란'은 원래 뜻대로 해석하는 게 낫다. 이 경우 '법으로 백성들을 가지런히 하면서도 법집행을 자의적으로 하여 법질서를 어지럽게 만드는 일이 없다'는 뜻이 된다. 이 구절은 법치의 치불치治不治를 논한 게 아니라 형법을 위주로 한 법의 효용인 제부제齊不齊를 논한 것이다. 『논어』「위정」편의 '제지이형齊之以刑'과 같은 취지이다. 여기의 형刑은 당시 최고의 강행법으로 통용된 형법을 지칭한 것으로 법 일반을 상징한다.

한마디로 여기의 난亂을 『장자전고』 등을 끌어들여 치治로 간주하면서 억지 해석을 시도할 필요가 없는 것이다. 그럼에도 국내에서 가장 상세한 주석을 시도한 안병주와 전호근 공역의 『역주 장자』와 안동림의 『장자』 모두 이케다의 해석을 좇으면서 난亂을 글자 그대로 해석하는 번역본이 많다'고 지적했다. 이는 잘못이다.

무자이가無自而可에 대해서도 『역주 장자』는 임희일의 해석을 끌어들여 '무엇에 의해서도 가한 게 없다'며 자自를 적適 내지 왕往으로 풀이했으나 이 또한 지나치다. '자유롭다'는 의미의 형용사로 간주해 있는 그대로 해석하는 게 낫다. 이 경우 '무엇에 구속받지 않고 스스로 자유롭게 행할 수 있는 게 없다'는 뜻이 된다. 이게 훨씬 자연스럽다.

제5장 천지(天地)

5-1

天地雖大, 其化均也. 萬物雖多, 其治一也. 人卒雖衆, 其主君也. 君原於德而成於天, 故曰, “玄古之君天下, 無爲也. 天德而已矣.” 以道觀言而天下之君正. 以道觀分而君臣之義明. 以道觀能而天下之官治. 以道泛觀而萬物之應備. 故通於天地者, 德也. 行於萬物者, 道也. 上治人者, 事也. 能有所藝者, 技也. 技兼於事, 事兼於義, 義兼於德, 德兼於道, 道兼於天. 故曰, “古之畜天下者, 無欲而天下足, 無爲而萬物化, 淵靜而百姓定.” 『記』 曰, “通於一而萬事畢, 無心得而鬼神服.”

천지가 비록 크다고는 하나 거기서 일어나는 만물의 변화는 동일하다. 만물이 비록 잡다하기는 하나 그것이 정연하게 다스려지는 이치는 하나이다. 사람이 비록 많다고는 하나 그 주인은 한 사람의 군주이다. 군주는 다스림을 천덕天德에서 시작해 천도 속에서 완성한다. 그래서 말하기를, ‘먼 옛날부터 천하에 군림한 군주는 무위로 임했고, 그 요체는 바로 천덕일 뿐이다’ 라고 하는 것이다.

천도로써 사람들의 말을 살피면 천하의 군주들이 올바르게 되고, 천도로써 상하의 신분질서를 조정하면 군신 간의 의가 밝혀지고, 천도로써 사람들의 재능을 살피면 천하의 모든 관직이 잘 구성되고, 천도로써 모든 사물을 널리 관찰하면 모든 사물에 대한 대응이 잘 갖춰질 것이다. 천지 사이에 널리 통하는 것이 천덕, 만물 사이에 널리 작용하는 것이 천도이다.

사람을 다스리는 것을 최고의 가치로 여기는 세속의 평가는 정사이고, 재능이 많은 것을 유능한 것으로 여기는 세속의 평가는 기술이다. 기술은 정사에 포섭되고, 정사는 의에 포섭되고, 의는 인덕에 포섭되고, 인덕은 인도에 포섭되고, 인도는 천도에 포섭된다.

그래서 말하기를, "옛날 천하를 다스린 군주는 스스로 무욕하여 천하 인민의 삶이 충족됐고, 스스로 무위해 만물이 절로 화육化育했고, 스스로 깊은 못처럼 고요해 백성의 삶이 안정됐다"고 하는 것이다. 전해지는 기록에도 이르기를, "도에 통달하면 만사가 모두 잘되고, 무심의 경지에 도달하면 귀신까지 감복한다"고 했다.

인졸人卒은 일반 백성을 말한다. 원어덕原於德의 '덕'은 만물 본래의 작용인 천덕을 말한다. 성어천成於天의 '천'은 천도를 말한다. '행어만물자行於萬物者, 도야道也'의 '도'를 놓고 후쿠나가는 의義로 고칠 것을 주장했으나 이케다 등은 이에 반대한다. 그대로 두고 해석하는 게 낫다. 상치인자上治人者의 상上은 최상으로 친다는 뜻의 동사이다. 능유소예자能有所藝者의 능能 또한 유능한 것으로 여긴다는 뜻의 동사이다. 기왈記曰의 기記를 두고 육덕명은 노자가 지은 책으로 보았으나 '전왈傳曰'과 마찬가지로 전해오는 기록의 인용으로 보는 게 낫다.

5-2

夫子曰, "夫道, 覆載萬物者也, 洋洋乎大哉. 君子不可以不刳心焉. 無爲爲之之謂天, 無爲言之之謂德, 愛人利物之謂仁, 不同同之之謂大, 行不崖異之謂寬, 有萬不同之謂富. 故執德之謂紀, 德成之謂立, 循於道之謂備, 不以物挫志之謂完. 君子明於此十者, 則韜乎其事心之大也, 沛乎其爲萬物逝也. 若然者, 藏金於山, 藏珠於淵. 不利貨財, 不近貴富. 不樂壽, 不哀夭. 不榮通, 不醜窮. 不拘一世之利以爲己私分, 不以王天下爲己處顯, 顯則明. 萬物一府, 死生同狀."

하루는 공자가 말했다.

"무릇 도는 만물을 덮어주고 실어주는 것이다. 넓고도 크구나! 군자는 사심을 도려내지 않으면 안 된다. 무위로 다스리는 것을 천도天道, 무위로 말하는 것을 천덕天德, 사람을 사랑하고 만물을 이롭게 하는 것을 인仁, 같지 않은 것을 같게 보는 것을 대동大同, 행동을 남과 다르게 하지 않고 뒤섞이는 것을 관용寬容, 만 가지 다른 것을 모두 소유하는 것을 부富라고 한다. 또 덕을 굳게 붙잡는 것을 기강紀綱, 덕을 자신의 내면에서 완성시키는 것을 자립自立, 도를 좇아 갖추는 것을 순비循備, 외물과 접촉할지라도 이로 인해 뜻을 꺾지 않고 오히려 온전하게 하는 것을 완지完志라고 한다. 군자는 이 10가지를 밝게 알면 널리 만물을 포용해 마음을 크게 세울 수 있고, 은덕을 성대히 베풀어 만물이 돌아가는 귀의처가 될 수 있다.

이런 사람은 황금을 원래 있던 산속에 그대로 두고, 구슬을 원래 있던 깊은 연못 속에 그대로 둔다. 재물을 탐내지 않고 부귀를 가까이 하지 않는 이유이다. 또한 그는 장수를 기뻐하지도 않고, 요절을 슬퍼하지도 않는다. 벼슬길로 나가는 것을 영예로 여기지도 않고, 곤궁하게 사는 것을 수치로 여기지도 않는다. 그는 온 세상의 부를 모두 긁어모을지라도 자신의 사사로운 몫으로 삼지 않고, 천하를 호령하는 제왕으로 군림할지라도 자신이 지존의 자리에 있다고 여기지 않는다. 만물을 한 곳집 속에 있는 것으로 여기고, 생사를 동일한 현상으로 여기는 이유이다."

여기의 부자夫子를 두고 견해가 엇갈린다. 사마표는 장자, 성현영은 노자로 보았다. 그러나 뒤에 나오는 글에 노자가 이름이 '구丘'인 사람과 대화하는 내용이 나온다. '구'는 공자의 이름이다. 통상 그는 부자夫子로 불리기도 한다. 공자로 간주하는 게 낫다. '복재만물자야覆載萬物者也, 양양호대재洋洋乎大哉' 구절을 두고 『중용』의 유사한 구절에 주목한 일부 학자는 도가의 도전에 자극을 받은 유가가 이를 참조해 『중용』에 실었다는 견해를 피력했다. 실제로 『중용』에는 동일한 뜻의 '양양호발육만물洋洋乎發育萬物, 준극어천峻極于天' 구절이 나온다. 『중용』과 『대학』의 원본에 해당하는 『예기』가 전한시대 전기에 편제된 점에 비춰 나름 일리가 있다. 『회남자』「원도훈」편에도 유사한 구절이 나온다.

과심刳心은 사적인 마음을 도려낸다는 뜻이다. 행불애이行不崖異의 '애이崖異'는 일반인과 다르게 행동하는 것을 말한다. 도호기사심지대야韜乎其事心之大也의 도韜를 두고 성현영은 포용으로 해석했다. 사심事心은 입심立心의 뜻이다. 여기의 사事는 세운다는 뜻의 사倳와 통한다. 불구일세지리不拘一世之利의 구拘는 긁어모은다는 뜻을 지닌 갈고리 구鉤의 가차이다.

현즉명顯則明은 드러나면 밝아진다는 뜻이나 이 구절에 대해서는 논의가 분분하다. 곽상은 '드러나지 않으면 침묵할 뿐이다'라고 풀이했다. 그러나 이케다는 주득지朱得之의 『장자통의』에 의거해 이를 연문衍文으로 보았다. 곽상의 주석에 나오는 '현즉명' 구절이 본문에 잘못 끼어들었다는 것이다. 만물일부萬物一府는 만물을 한 곳집 속에 함께 있는 사물로 간주한다는 뜻이다. 사생동상死生同狀도 같은 취지이다. 만물제동의 취지를 설명한 것이다.

5-3

夫子曰, "夫道, 淵乎其居也, 漻乎其淸也. 金石不得無以鳴. 故金石有聲, 不考不鳴. 萬物孰能定之. 夫王德之人, 素逝而恥通於事, 立之本原而知通於神, 故其德廣. 其心之出, 有物采之. 故荊非道不生, 生非德不明. 存形窮生, 立德明道, 非王德者邪. 蕩蕩乎, 忽然出, 勃然動, 而萬物從之乎. 此謂王德之人. 視乎冥冥, 聽乎無聲. 冥冥之中, 獨見曉焉. 無聲之中, 獨聞和焉. 故深之又深而能物焉. 神之又神而能精焉. 故其與萬物接也, 至無而供其求, 時騁而要其宿, 大小·長短, 脩遠."

공자가 말했다.

"무릇 도는 깊은 못처럼 고요히 머물러 있고, 맑은 물처럼 깨끗하다. 악기로 사용되는 금석金石이 이를 얻지 못하면 소리를 낼 수 없다. 금석은 원래 소리를 낼 수 있는 자질을 지니고 있지만 도에 맞춰 두드리지 않으면 소리가 제대로 나지 않는다. 만물 가운데 과연 누가 그 기준을 정할 수 있겠는가?

왕자王者의 덕을 지닌 사람은 타고난 소박함을 지켜 만물의 변화를 좇는 까닭에 세속의 정사에 능통한 것을 부끄럽게 여긴다. 사물의 본원인 도를 확립하면 지혜가 신묘한 경지로 이어진다. 왕자의 덕이 광대한 이유이다. 왕자의 마음이 밖으로 드러나는 것은 다른 사물이 먼저 그것을 요구했기 때문이다.

형체는 도가 아니면 생성되지 못하고, 생성된 사물은 덕이 아니면 밝게 빛나지 못한다. 형체를 지닌 사물이 사물로 존재하고, 만물이 각자 삶을 끝까지 누리고, 덕을 이루고 도를 밝히는 당사자가 바로 왕자의 덕을 갖춘 자가 아니겠는가? 광대하구나! 홀연히 나타나 갑자기 움직이자 만물이 모두 그를 따르는 것인가? 이런 사람을 일컬어 '왕자의 덕을 지닌 자'라고 한다.

왕자의 덕을 지닌 자는 캄캄한 어둠 속에서도 보고, 고요한 정적 속에서도 듣는다. 어둠 속에서 홀로 새벽빛을 보고, 정적 속에서 홀로 대자연이 만드는 화음을 듣는다. 그 도가 깊고 또 깊어 만물이 만물로 존재하고, 그 도가 신묘하고 신묘해 만물이 정묘해진다. 그는 만물과 접촉할 때 스스로 지극한 무위로써 만물의 각기 다른 요구에 응한다. 마치 나그네가 때로 말을 타고 내달리며 숙소를 찾는 것처럼 만물의 대소 및 장단에 맞춰 영원한 곳에 이르기까지 만물이 편히 쉴 곳을 찾아준다."

요호기청漻乎其淸의 요漻는 깨끗한 모습을 말한다. 금석金石은 편종編鐘 및 편경編磬으로 사용되는 쇠붙이와 돌을 말한다. 편경과 편종은 기준이 되는 황종黃鐘 음을 잡는 데 사용된다. 불고불명不考不鳴의 고考는 두드린다는 뜻의 고叩의 가차이다. 『회남자』「전언훈」에는 고叩로 되어 있다.

소서素逝는 타고난 소박함을 지킨다는 뜻이다. 여기의 서逝는 순順의 뜻이다. 이케다는 「산목」편에 나오는 해서偕逝의 서逝와 같은 의미로 새겼다. 유물채지有物采之는 외물이 먼저 왕자의 마음이 밖으로 나올 것을 요구한다는 의미이다. 유有는 유由와 통한다. 성현영은 채采

를 구求로 해석했다.

존형궁생存形窮生은 형체를 지닌 사물이 있는 그대로 존재하고, 각기 자연이 허용한 수명을 끝까지 누린다는 뜻이다. 능물언能物焉은 만물을 만물로 존재케 한다는 뜻으로 여기의 능能을 유有로 바꿔야 한다는 주장이 있으나 물物을 만물로 존재한다는 뜻의 동사로 보면 아무 문제가 없다.

'대소장단大小長短, 수원脩遠'에 대한 해석이 분분하다. 수脩를 두고 마서륜과 임희일 등은 근近의 뜻으로 풀이했다. 곽상도 '대소와 장단, 원근을 막론하고 모두 마음대로 하게 맡겨 궁극의 장소로 모이게 할 따름이다'라고 해석했다. 그러나 문맥상 대소 및 장단은 공간, 원근은 시간을 나타낸 것으로 간주해 '영원한 곳까지 안내하다'의 뜻으로 풀이하는 게 더 낫다. 안병주의 『역주 장자』도 이같이 해석해 놓았다.

5-4

黃帝遊乎赤水之北, 登乎崑崙之丘而南望. 還歸, 遺其玄珠, 使知索之而不得, 使離朱索之而不得, 使喫詬索之而不得也. 乃使象罔, 象罔得之. 黃帝曰, "異哉. 象罔乃可以得之乎."

황제가 적수赤水의 북쪽에서 노닐 때 곤륜산崑崙山에 올라 남쪽을 관망한 뒤 돌아오던 중 검은 구슬인 현주玄珠를 잃어버렸다. 지혜가 많은 지知를 시켜 찾아보게 했으나 찾지 못했다. 눈 밝은 이주離朱에게 찾아보게 했으나 역시 찾지 못했다. 이어 소리에 밝은 끽후喫詬에게 찾아보게 했으나 그 역시 찾지 못했다. 마침내 모든 것을 잊는 상망象罔에게 찾게 했더니 그는 과연 현주를 찾아왔다. 황제가 의아해하며 말했다.

“기이하구나! 만물의 형상을 기억치 못하는 상망이 오히려 현주를 낸 것이.”

적수赤水는 가공의 지명이다. 남망南望은 그 일대의 지배자가 되었음을 상징한다. 선귀還歸의 선還이 선旋으로 된 판본이 있다. 육덕명은 ‘환’이 아닌 ‘선’으로 읽어야 한다고 주장했다. 현주玄珠는 무위자연의 도를 상징한 것이다. 지知는 인간의 이지理知를 의인화한 것이다. 끽후喫詬는 뛰어난 변설을 의인화한 표현이다. 상망象罔은 인간의 감각이나 지각으로는 알 수 없는 도를 의인화한 것이다. 망상罔象으로 된 판본도 있다. 성현영은 마음이 없다는 뜻의 무심無心으로 풀이했다. 「제물론」편에 나오는 망량罔兩에 가깝다.

5-5

堯之師曰許由, 許由之師曰齧缺, 齧缺之師曰王倪, 王倪之師曰被衣. 堯問於許由曰, “齧缺可以配天乎. 吾藉王倪以要之.” 許由曰, “殆哉, 圾乎天下. 齧缺之爲人也, 聰明睿知, 給數以敏, 其性過人, 而又乃以人受天. 彼審乎禁過, 而不知過之所由生. 與之配天乎. 彼且乘人而無天. 方且本身而異形, 方且尊知而火馳, 方且爲緖使, 方且爲物絯, 方且四顧而物應, 方且應衆宜, 方且與物化而未始有恒. 夫何足以配天乎. 雖然, 有族有祖, 可以爲衆父而不可以爲衆父父. 治亂之率也, 北面之禍也, 南面之賊也.”

요堯의 스승은 허유許由, 허유의 스승은 설결齧缺, 설결의 스승은 왕예王倪, 왕예의 스승은 피의被衣이다. 하루는 요가 스승 허유에게 물었다.

"스승의 스승인 설결은 하늘과 짝할 만합니까? 저는 설결의 스승인 왕예를 통해 억지로라도 천자의 자리를 넘길 생각입니다."

허유가 대답했다.

"위태롭구나, 참으로 위태롭구나, 천하가! 그는 사람이 총명하고 지혜가 밝은 데다 일을 처리하는 게 민첩하다. 타고난 자질이 남보다 뛰어난 까닭에 이내 인위로써 하늘의 명분을 조작해 멋대로 일을 행하려 들 것이다. 그는 백성의 범법과 과오를 추궁하는 데는 세심하지만 그 원인은 제대로 알려고 하지 않는다.

그가 천자의 자리에 오르면 틀림없이 인위에 편승해 자연 그대로의 천도를 무시할 것이고, 자기 입장에서 형체 있는 만물을 존비귀천으로 나누려 할 것이다. 또 지식을 극도로 숭상해 마치 불이 타는 것처럼 광분할 것이고, 사소한 일까지 따지며 백성들을 부리려 들 것이다. 이는 사물에 속박당하는 것으로 그는 틀림없이 천지사방을 돌아다니며 외물에 응할 것이다. 외물의 편의를 좇아 비위를 맞추게 되면 외물과 함께 변화하는 까닭에 이내 본래의 항심恒心이 사라지게 된다.

그러니 어떻게 이런 인물이 천자의 자리에 오를 수 있겠는가? 비록 그렇기는 하나 나라가 아닌 부족 차원에서 존숭하는 조상으로 모시고자 한다면 그는 그런 무리의 우두머리는 될 수 있을 것이다. 그러나 국가 차원의 우두머리가 될 수는 없다. 그가 보위에 오르게 되면 수시로 치란治亂이 마구 뒤섞이는 양상이 나타나 북면北面한 신민臣民에게는 재앙이 되고, 장차 남면南面한 제왕들에게는 도적의 표상으로 지탄을 받게 될 것이다."

배천配天은 하늘과 짝한다는 뜻으로 곧 천자의 자리에 오르는 것을 의미한다. 자왕예藉王倪의 자藉는 도움을 입는다는 뜻으로 자資와 통한다. '태재殆哉, 급호천하圾乎天下' 는 위태로움을 지적한 감탄문이다. 『맹자』「만장」편에도 '천하태재, 급급호岌岌乎' 구절이 나온다. '천하가 위태롭구나, 몹시도 위태롭구나!' 의 뜻이다.

급삭이민給數以敏의 급給은 말을 잘한다는 뜻의 구급口給을 의미한다. 삭數은 급急과 통한다. 이인위천以人受天은 인위로써 천분을 받아 멋대로 이루려고 한다는 뜻이다. 심호금과審乎禁過의 심審은 자세히 살핀다는 의미이다. 금과禁過는 백성들이 저지르는 위법행위와 과실을 총칭한 말이다. 이케다는 심審을 '훤히 알다' 의 뜻으로 새기고 있으나 문맥상 '자세히 살피다' 의 뜻으로 보는 게 더 자연스럽다.

'훤히 알다' 의 뜻으로 새기면 '부지과지소유생不知過之所由生' 은 백성들의 '금과' 배경은 모른다는 뜻으로 새겨야 한다. 일면 그럴듯하나 논리적으로 모순이다. 백성들의 '금과' 상황을 훤히 안다면 최소한 그 배경에 대해서도 어느 정도 안다고 간주하는 게 옳다. 이케다는 「인간세」편에 나오는 '다른 사람의 과실은 잘 알면서 자신의 과실은 알지 못한다' 는 구절을 논거로 들고 있으나 '자신의 과실' 과 백성의 '금과' 는 차원이 다르다. 심審을 통상적인 의미의 '자세히 살피다' 로 새기는 게 훨씬 낫다. 이 경우 뒷구절의 '부지不知' 는 의도적으로 백성들의 '금과' 배경을 자세히 알려고 하지 않는다는 의미로 새겨야 한다. 이게 논리적으로 맞다.

통상 설결처럼 머리가 좋고 자부심이 강한 자가 보위에 앉으면 주변의 충언을 듣지 않고 독선적인 모습을 보이게 마련이다. 자신이 선포한 법금法禁을 어긴 자에게 아량을 베풀 리 없다. 백성들의 '금과' 배경을 짐작하지 못하는 게 아니라 무오류의 자부심이 강한 나머지 알려고 하지 않는다고 추론하는 게 옳다. 이같이 새겨야만 인위로써 하늘의 명분을 조작한다는 뜻을 지닌 앞구절 '이인수천以人受天' 과 자연스럽게 조응하게 된다.

방차方且는 '바야흐로 또한' 의 의미로 여기서는 '틀림없이' 의 뜻이다. 본신이이형本身而異形은 자신의 입장에서 백성들을 존비귀천으로 분류하려 들 것이라는 뜻을 담고 있다. 화치火馳는 불타오르듯 광분한다는 뜻이다. 「외물」편에도 나온다.

위서사爲緖使는 지엽말단의 작은 일에 부림을 당한다는 의미이다. 서緖는 말末과 통한다. 임희일은 '말사末事에 사역당해 그 근본을 알지 못한다' 고 새겼다. 위물해爲物絃의 해絃를 두고 육덕명은 속박된다는 뜻의 속束으로 풀었다. 미시유항未始有恒의 항恒은 주체적으로 도와 일체가 되고자 하는 항심恒心을 의미한다. 「덕충부」에서 자연의 도를 지킨다는 뜻으로 사용된 수종守宗과 취지를 같이한다.

유족유조有族有祖는 하나의 종족宗族이 있으면 종조宗祖가 있기 마련이라는 뜻이다. 중부衆父는 한 종족의 우두머리, 중부부衆父父는 여러 종족의 우두머리를 의미한다. 후쿠나가는 여기의 '중부' 를 『도덕경』 제21장에서 만물의 시작을 뜻하는 말로 사용된 중보衆甫와 같은 뜻으로 풀이했다. 그러나 보甫는 남자의 미칭으로 원로의 뜻으로 사용된 여기의 부父와는 그 뜻이 확연히 다르다. 여기의 '부' 는 부로父老의 뜻으로 사용된 것이다. 문맥상으로 볼지라도 일개 종족의 우두머리 수준에 불과하다고 비판하고 있는 게 확실하다. 『도덕경』의 일부 판본에 중보衆甫가 중보衆父로 되어 있는 게 사실이나 문맥이 완전히 다른 만큼 『도덕경』 제21장과 연계시켜 해석하는 것은 지나치다.

치란지수治亂之率의 수率는 수帥와 통한다. 혼란스런 치란의 장본인이라는 의미이다. 임희일은 '설결과 같은 사람이 정사를 펼치면 치治를 이룰 수도 있고 난亂을 야기할 수도 있다' 고 풀이했다. 맹자는 성군과 폭군의 '치란'을 대비시켜 왕조 교체를 설명한 바 있다. 여기의 '치란'도 이런 맥락에서 풀이하는 게 좋다. 설결과 같은 인물은 치란의 이치를 제대로 파악치 못한 까닭에 본인은 '치'라고 생각해 정사를 펼치지만 결과는 '난'으로 귀결될 소지가 크다. 치란이 무시로 뒤섞일 수밖에 없다. 자칫 폭군이 재위할 때보다 더 혼란스러울 수도 있다. 문맥상 이런 취지로 해석하는 게 더 자연스럽다.

북면지화北面之禍는 설결이 천자가 되면 신민의 재앙이 될 것이라는 뜻이다. 이와 대구를 이루고 있는 남면지적南面之賊 역시 설결이 천자가 되면 남면하는 제왕들에게 도적의 표상으로 지탄받게 될 것이라는 의미이다. 이에 대해 안병주의 『역주 장자』와 안동림의 『장자』는 '북면지화'는 설결이 천자가 될 경우를, '남면지적'은 설결이 신하가 될 경우를 언급한 것으로 해석했다. 이는 '북면지화'를 설결이 신하가 될 경우, '남면지적'을 설결이 천자가 될 경우로 풀이한 일부 주석과 정반대되는 해석이다.

결론부터 말하면 양자 모두 문맥과 동떨어진 오역이다. '북면지화'와 '남면지적' 모두 설결이 요의 뒤를 이어 보위에 오른 것을 전제로 한 것이다. 허유가 자신의 스승인 설결을 '치란지수治亂之率'로 규정한 것은 그가 보위에 오를 경우 '치란'이 무상하게 반복되는 혼란이 일어날 수밖에 없다는 점을 지적하기 위한 것이다. 이같이 해석치 않을 경우 일족의 우두머리가 되는 것은 가하다고 언급한 '가이위중부可以爲衆父' 취지와 정면 충돌하게 된다. 허유가 '중부부衆父父' 운운한 것은 바로 설결이 요의 뒤를 이어 보위에 오르는 것을 극구 만류하기 위한 것이다. '북면지화'와 '남면지적' 모두 설결이 보위에 오르는 것을 전제로 한 우려로 해석하는 게 옳다.

5-6

堯觀乎華, 華封人曰, "嘻, 聖人. 請祝聖人, 使聖人壽." 堯曰, "辭." "使聖人富." 堯曰, "辭." "使聖人多男子." 堯曰, "辭." 封人曰, "壽·富·多男子, 人之所欲也. 女獨不欲, 何邪." 堯曰, "多男子則多懼, 富則多事, 壽則多辱. 是三者, 非所以養德也, 故辭." 封人曰, "始也我以女爲聖人邪, 今然君子也. 天生萬民, 必授之職. 多男子而授之職, 則何懼之有. 富而使人分之, 則何事之有. 夫聖人, 鶉居而鷇食, 鳥行而無彰. 天下有道, 則與物皆昌. 天下無道, 則修德就閒. 千歲厭世, 去而上僊, 乘彼白雲, 至於帝鄉. 三患莫至, 身常無殃, 則何辱之有." 封人去之, 堯隨之曰, "請問." 封人曰, "退已."

요가 화華 땅을 유람했다. 관문지기인 봉인封人이 요를 극구 칭송했다.

"아, 성인이시여! 청컨대 성인이 장수하기를 빌고자 합니다."

"사양한다."

"부자가 되길 빕니다."

"사양한다."

"아들을 많이 두길 빕니다."

"사양한다."

봉인이 물었다.

"장수하고, 부유하고, 아들을 많이 두는 것은 누구나 바라는 것입니다. 그런데도 그대는 유독 이를 바라지 않으니 이는 무슨 까닭입니까?"

요가 말했다.

"아들을 많이 두면 두려움이 많아지고, 부유해지면 신경 쓸 일이 많아지고, 장수하면 욕될 일이 많아진다. 이 세 가지는 무위자연의 덕을 기르는 방법이 아니다. 그래서 사양한 것이다."

봉인이 말했다.

"처음에 나는 그대를 성인으로 여겼소. 그러나 이제 보니 그저 그런 군자에 지나지 않소. 하늘은 만민을 세상에 내보낼 때 반드시 일정한 직분을 주기 마련이오. 아들이 많으면 많은 대로 그들에게 맞는 직분이 주어질 터인데 두려워할 일이 뭐 있겠소? 또 부유해지면 다른 사람에게 재물을 나눠주면 될 터인데 신경 쓸 일이 뭐 있겠소?

무릇 성인은 메추라기처럼 이리저리 다니며 자유를 즐기고, 새 새끼가 먹이를 받아먹듯이 자연에 몸을 맡긴 채 작은 것에 만족하고, 창공을 나는 새가 흔적을 남기지 않듯이 무심히 자연을 따르오. 천하에 도가 있으면 만물과 함께 창성하고, 천하에 도가 없으면 덕을 닦으며 한가로이 사는 이유요. 천 년을 살다가 싫증이 나면 세상을 떠나 위로 올라가 신선이 된 뒤 흰 구름을 타고 상제上帝가 있는 곳으로 가 노닐면 되오. 애초부터 아들이 많은 데 따른 두려움, 부유한 데 따른 신경 쓸 일, 오래 사는 데 따른 욕될 일 등 세 가지 근심이 있을 리 없소. 몸에 늘 아무런 재앙도 없을 터인데 무슨 욕됨이 있겠소?"

그러고는 이내 떠나자 요가 황급히 따라가며 말했다.

"물어볼 말이 있습니다."

"물러가시오!"

화華는 가공의 지명이다. 봉인封人은 국경을 수비하는 관문지기로 여기의 봉封은 국경을 의미한다. 다남즉다구多男子則多懼는 징병 및 징용 등을 지적한 것이다. 부즉다사富則多事는 도둑 예방 등을 의미한다. 수즉다욕壽則多辱은 노욕老欲 등을 지칭한 것이다. 금연군자今

然君子의 연然은 내乃와 통한다. 천생만민天生萬民은 『시경』「대아」편의 천생증민天生烝民과 같은 뜻이다.

순거이구식鶉居而鷇食의 순거鶉居를 두고 육덕명은 일정한 거처가 없이 나다니는 것으로 풀이했다. 구식鷇食은 어미 새가 주는 것을 받아 먹는다는 뜻으로 작은 것에 만족한다는 뜻을 내포하고 있다. 거이상선去而上僊'의 '선'은 선仙과 같다. 3환三患을 두고 병로사病老死 등으로 해석하는 견해가 있으나 이케다는 본문에 나오는 구懼, 사事, 욕辱으로 보았다. 문맥상 이게 맞다.

5-7

堯治天下, 伯成子高立爲諸侯. 堯授舜, 舜授禹, 伯成子高辭爲諸侯而耕. 禹往見之, 則耕在野. 禹趨就下風, 立而問焉, 曰, "昔堯治天下, 吾子立爲諸侯. 堯授舜, 舜授予, 而吾子辭爲諸侯而耕. 敢問其故何也." 子高曰, "昔堯治天下, 不賞而民勸, 不罰而民畏. 今子賞罰而民且不仁, 德自此衰, 刑自此立, 後世之亂自此始矣. 夫子闔行邪. 無落吾事." 俋俋乎耕而不顧.

요가 천하를 다스릴 때 백성자고伯成子高를 제후로 삼았다. 요가 보위를 순舜에게 물려주고, 순이 다시 우禹에게 넘기자 백성자고는 제후의 자리를 사양하고 농사를 지었다. 우가 그를 찾아갔을 때 그는 밭을 갈고 있었다. 우가 종종걸음으로 아래쪽으로 가 선 채로 물었다.

"옛날 요가 천하를 다스릴 때 그대는 제후가 되었소. 요가 순에게 전하고 순이 나에게 물려주자 그대는 제후 자리를 사양하고 농사를 짓기 시작했소. 감히 묻건대 왜 그런 것이오?"

백성자고가 대답했다.

"옛날 요가 천하를 다스릴 때는 상을 내리지 않아도 백성들이 힘써 일했고, 벌을 내리지 않아도 두려워하며 삼갔소. 지금 그대가 상벌을 시행하자 백성들은 오히려 불인不仁을 저지르고 있소. 이로부터 자연의 타고난 덕이 쇠퇴하고, 인위의 형벌이 만들어지게 됐소. 후대의 혼란은 여기서 시작된 것이오. 그대는 왜 속히 돌아가지 않는 것이오? 내 일을 방해하지 마시오."

그러고는 머리를 숙여 밭을 갈며 다시는 돌아보지 않았다.

백성자고伯成子高 역시 가공의 인물이다. 육덕명은 『통변경通變經』을 인용해 '노자는 이 세상이 개벽한 이래 자신의 몸을 1,200번 바꿔 후세에 득도했다. 백성자고가 바로 그 사람이다' 라고 했다. 『여씨춘추』「장리長利」편을 비롯해 『회남자』「범론훈」, 『신서新書』「절사節士」, 『열자』「양주」편에도 백성자고에 관한 기록이 나온다. 『열자』에서는 백성자고가 양주의 위아爲我사상을 상징하는 소위 '일모불발一毛不拔' 의 주인공으로 나온다.

"백성자고는 터럭 하나로 사물을 이롭게 하는 일조차 거부한 채 나라를 버리고 은둔하여 땅을 경작했다. 옛사람은 터럭 하나를 버려 천하를 이롭게 할 수 있을지라도 이를 허락하지 않았고, 천하를 모두 들어 자신을 받든다 할지라도 이를 취하지 않았다."

'일모불발' 을 두고 예로부터 많은 비판이 있었지만 이는 양주가 역설한 '위아' 의 기본취지를 제대로 파악하지 못한 사실과 무관치 않다. 양주의 기본입장은 '세상은 본래 터럭 하나로 구제할 수 있는 게 아니다' 라는 주장에 집약돼 있다. 터럭 하나와 세상을 맞교환하는 식의 전제가 잘못됐다는 지적이다. 그럼에도 적잖은 사람들은 이를 제대로 이해하지 못하고 양주는 극단적인 '위아주의' 를 역설했다는 식으로 이해하고 있는 것이다.

형자차립刑自此立은 형벌이 이로부터 확립됐다는 뜻으로 『여씨춘추』에는 이자차작利自此作으로 되어 있다. 부자합행야夫子闔行邪은 그대는 왜 돌아가지 않느냐는 뜻이다. 여기의 합闔은 합盍의 가차로 '하불何不'의 뜻이다. 『여씨춘추』에는 합盍으로 되어 있다. 무락오사無落吾事의 무無는 금지명령어로 무毋와 같다. 락落은 폐廢의 뜻이다. 읍읍호俋俋乎를 두고 임희일은 머리를 숙이고 밭을 가는 모습으로 새겼다.

5-8

泰初有無, 無有無名. 一之所起, 有一而未形. 物得以生謂之德. 未形者有分, 且然無間謂之命. 留動而生物, 物成生理謂之形. 形體保神, 各有儀則謂之性. 性修反德, 德至同於初. 同乃虛, 虛乃大. 合喙鳴, 喙鳴合, 與天地爲合. 其合緡緡, 若愚若昏, 是謂玄德, 同乎大順.

태초에는 무無만 있었다. 존재를 뜻하는 유有도, 이름을 뜻하는 명名도 없었다. '무'에서 일一이 나왔다. 여기서는 모든 것이 나눠지기 전의 '일'만 존재했을 뿐 아직 형체는 없었다. 만물이 이로써 생기生氣를 얻게 됐으니 이를 일컬어 덕德이라고 한다. 형체가 정해지지는 않은 '덕'의 상태에서 구분이 생기기는 했으나 아직 틈이 없어 구분되지 않는 것을 일컬어 명命이라고 한다. '명'이 움직여 만물을 낳으니 만물이 생리生理를 갖추게 되는 것을 일컬어 형形이라고 한다. '형'이 정신을 보유해 각기 고유한 법칙을 갖추게 되는 것을 일컬어 성性이라고 한다. '성'이 닦여져 '덕'으로 돌아가면 덕이 처음과 같아진다.

같아지면 모든 게 비게 되고, 비게 되면 곧 무한대가 된다. 새처럼 무심하게 지저귀고, 이런 얽매이지 않는 모습으로 천지와 합하고, 이어 완전한 합일이 이뤄지면 마치 어리석고 어두운 듯하다. 이를 일컬어 현덕玄德이라고 한다. 도의 자연스런 전개와 일체가 된 경지가 그것이다.

무유무명無有無名은 무無에 대한 부연설명이다. 태초泰初를 두고 임희일은 '조화의 시작'으로 풀이했다. 일지소기一之所起는 『도덕경』 제42장에 나오는 도생일道生一과 같은 취지이다. 여기의 일一은 음양으로 분화하기 이전의 일기一氣를 뜻한다. 대도大道의 의미이다. 임희일은 무無로 보았다. 도가는 '도'를 '무'로 표현하고 있는 만큼 어느 쪽으로 해석해도 가하다. '유일이미형有一而未形'은 '도', 즉 '무'가 음양의 두 기운으로 분화해 형체를 띠기 이전의 상황을 표현한 것이다.

물득이생物得以生의 생生은 기운으로 존재하는 생기生氣를 말한다. 이를 덕德이라고 부른 것은 '도'가 '만물'을 낳게 된 배경을 칭송한 것이다. 만물은 '생기'를 얻은 연후에 비로소 그 모습을 갖출 수 있다. 만물에 본연의 덕이 있다고 말할 수 있는 이유다. '덕'의 상태에서는 오직 '생기'만 존재한다.

미형자유분未形者有分은 아직 형체가 정해지지 않은 상태에서 구분이 나타났다는 뜻이다. 여기의 유분有分은 음양의 분화 필연성을 말한다. 차연무간且然無間을 두고 임희일은 '구분이 있는 것 같지만 또 이를 구분하려고 하면 구분되지 않는 혼연渾然의 상황을 말한다'고 풀이했다. 이것이 곧 명命이다.

유동이생물留動而生物의 '유留'를 두고 성현영처럼 '머물다'의 뜻으로 보는 견해와 육덕명처럼 '흐르다'는 뜻의 '류流'와 같은 뜻으로 보는 견해가 대립한다. 후자가 문맥상 자연스럽다. 물성생리物成生理의 리理는 사물이 이뤄지는 이치의 뜻이다. 『한비자』「해로」편에 '이理는 사물이 이뤄지는 문리文理, 도는 만물이 이뤄지는 근거이다'라는 구절이 나온다.

형形과 신神 및 성性의 상호관계에 대해 후쿠나가는 "만물은 제각기 상이한 형체를 지니고 있다. 이 형체를 움직이게 하는 것이 정신이다. 형체는 정신을 머무르게 하는 도구이다. 형체와 정신에 자연의 법칙이 갖춰져 있는 상태를 '성'이라고 한다"고 풀이했다. 「천지」편에서 말하는 성性 및 리理가 후대 성리학자들이 말하는 '성리'와 다른 것은 말할 것도 없다.

'동내허同乃虛, 허위대虛乃大'는 천지만물과 같아져 모든 것이 비게 되고 그 허정虛靜의 규모는 헤아릴 수 없이 커져 마침내 도의 상태로 환원된다는 뜻을 담고 있다. 『도덕경』 제25장에서 도를 두고 '나는 그 이름을 알지 못하니 자字를 붙여 말하면 도道라 하고, 억지로 이름을 붙여 말하면 대大라 한다'고 언급한 취지와 같다. 여기의 대大는 그 끝을 알 수 없는 무한대無限大의 의미이다.

합훼명合喙鳴은 새가 부리로 무심無心의 말을 자유자재로 재잘거리는 것을 말한다. 무심한 새들의 지저귐처럼 얽매이지 않는 경지에 도달하면 천지의 조화와 하나가 될 수 있다는 뜻을 내포하고 있다. 여기의 합合을 두고 아카츠카는 닫는다는 뜻의 합闔의 가차로 보았다. 기합민민其合緡緡의 민緡은 「재유」편의 '사람들이 나에게 다가와도 어지러워 보이지 않는다'는 뜻의 '당아민호當我緡乎' 취지와 같다. 아카츠카는 어떤 구별도 없이 일체가 된 것으로 풀이했다.

약우약혼若愚若昏은 『도덕경』 제20장에서 '세상 사람은 밝은데 나만 홀로 어둡고, 세상 사람은 똑똑한데 나만 홀로 어리석다'는 의미로 사용된 '아독혼혼我獨昏昏' 및 '아독민민我獨悶悶' 취지와 같다. 현덕玄德 역시 『도덕경』 제10장에서 만물을 낳아 기르면서도 뽐내지 않는 것을 두고 '현덕'이라고 언급한 취지와 동일하다. 『서경』「순전」에도 순임금의 덕을 '현덕'으로 표현한 대목이 나온다. 동호대순同乎大順의 대순大順을 두고 임희일은 '태초의 자연의 이치', 아카츠카는 '도의 자연스런 전개'로 풀이했다.

5-9

夫子問於老聃曰, "有人治道若相放, 可不可, 然不然. 辯者有言曰, '離堅白, 若縣寓.' 若是則可謂聖人乎." 老聃曰, "是胥易技係, 勞形怵心者也. 執留之狗成思, 猨狙之便自山林來. 丘, 予告若, 而所不能聞與而所不能言. 凡有首有趾·無心無耳者衆, 有形者與無形無狀而皆存者盡無. 其動止也, 其死生也, 其廢起也, 此又非其所以也. 有治在人, 忘乎物, 忘乎天, 其名爲忘己. 忘己之人, 是之謂入於天."

공자가 노담에게 물었다.

"어떤 사람이 도를 닦는데 세상의 상식과 서로 어긋나고 있습니다. 옳지 않은 것을 옳다 하고, 그렇지 않은 것을 그렇다고 합니다. 변론가들은 견백론堅白論을 두고 말하기를, '단단하고 흰 것을 둘로 나누는 명백함이 마치 집의 처마 끝에 매달아 사람들에게 보여주는 것처럼 명백하다'고 합니다. 이런 사람은 성인이라 할 만합니까?"

노담이 대답했다.

"그런 자들은 잡일을 하는 서리나 기교에 얽매여 잔재주나 부리는 기술자에 불과한 자들이다. 몸을 수고롭게 하고 마음을 번거롭게 할 뿐이다. 살쾡이를 잡는 사냥개가 사냥에 동원되고 민첩한 원숭이가 산림에서 잡혀오는 것과 같은 이치이다. 공구야, 내가 너에게 네가 들을 수 없는 것과 네가 말할 수 없는 것을 일러주겠다.

무릇 머리와 발이 있을지라도 마음도 없고 귀도 없는 존재가 많다. 형체를 지닌 존재 가운데 형체도 형상도 없는 도와 하나가 되어 함께 영원한 생명을 누리는 존재는 없다. 형체를 지닌 존재는 반드시 움직임과 그침, 삶과 죽음, 흥기와 폐지의 흐름을 벗어날 수 없기 때문이다. 이는 그들이 어찌할 수 있는 것도 아니다.

세속의 유위有爲에 의한 다스림은 사람에게 달려 있고, 무위無爲의 다스림은 하늘에 달려 있다. 만물을 잊고 무위자연의 하늘까지 잊는 것을 두고 자신을 잊는다는 뜻의 '망기忘己'라고 한다. 자신을 잊은 사람을 일컬어 '무위자연의 경지에 들어간 사람'이라고 한다."

내용은 「제응왕」편에 보이는 양자거와 노담의 문답과 거의 같다. 유인치도有人治道는 도를 닦는 사람이 있다는 뜻으로 여기의 치治는 수修와 통한다. 약상방若相放의 방放은 어긋난다는 뜻으로 논쟁을 좋아해 다른 사람의 말을 거스른다는 뜻을 내포하고 있다. 마서륜은 방謗의 가차로 보았다. 아카츠카는 『맹자』「양혜왕 상」편에서 선왕의 명을 거역하고 백성을 학대한다는 뜻으로 사용된 '방명학민方命虐民'의 '방方'과 같은 것으로 보았다.

'가불가可不可, 연불연然不然' 구절의 취지는 「제물론」에 나오는 구작자瞿鵲子와 장오자長梧子의 문답과 「추수」편에 나오는 공손룡公孫龍과 위모魏牟의 문답과 닮아 있다. '이견백離堅白, 약현우若縣寓' 구절을 두고 사마표는 '변론의 명백함이 마치 집에 매달아 사람들 앞에 보여주는 것과 같다'고 풀이했다. 여기의 견백堅白은 단단하고 흰 돌은 하나가 아니고 둘이라고 주장한 궤변을 말하고, 우寓는 우宇의 뜻이다.

서이기계胥易技係는 잡일이나 하는 서리와 기술에 얽매인 자들을 말한다. 여기의 이易는 다스린다는 뜻으로 잡역雜役을 의미한다. 노형출심勞形怵心은 몸을 수고롭게 하고 마음을 졸인다는 뜻으로 출怵을 두고 성현영은 두려워한다는 뜻의 척惕, 임희일은 두려워 벌벌 떠는 공恐으로 해석했다.

집류지구성사執留之狗成思의 성사成思를 두고 오여륜과 장병린 등은 유사한 구절이 나오는 「응제왕」편을 근거로 사냥꾼을 불러온다는 뜻의 내전來田의 잘못으로 보았다. 이케다는 원문 그대로 해석해 '묶여 있는 개는 이리저리 머리를 굴려 생각한다' 고 풀이했다. 문맥상 '내전' 의 잘못으로 풀이하는 게 낫다.

비기소이非其所以의 이以는 위爲의 뜻으로 『논어』 「위정」편에 나오는 '그가 하는 것을 보다' 의 뜻을 지닌 '시기소이視其所以' 의 이以와 같다. 유치재인有治在人은 다스림은 사람에게 달려 있다는 뜻으로 『중용』장에서 정사의 성패는 사람에게 달려 있다는 뜻으로 사용된 위정재인爲政在人 취지와 같다. 이는 유가의 유위지치有爲之治를 말한 것으로 '무위지치' 를 언급코자 한 「천지」편의 취지와 약간 동떨어져 있다. 후쿠나가가 '유치재인' 뒤에 무치재천無治在天 구절을 덧붙여 풀이해야 한다고 주장한 배경이다. 타당한 지적이다.

망호천忘乎天의 천天은 무위자연의 하늘을 의미한다. 망기忘己는 「대종사」편에 나오는 좌망坐忘과 동일한 뜻이다. 이케다는 「소요유」와 「재유」편의 '무기無己' 를 부드럽게 표현한 것으로 해석했다. 입어천入於天은 무위자연의 경지에 들어갔다는 뜻이다. 성현영은 '사람이 잊기 어려운 것이 자기 자신이다. 자기 자신조차 잊어버렸으니 천하의 어떤 사물이 족히 마음속에 남아 있겠는가? 이런 사람은 대상과 나를 모두 잊어버릴 줄 아는 사람이다. 그래서 자연의 도에 합치할 수 있는 것이다' 라고 풀이했다. 이케다와 후쿠나가는 「대종사」편에 나오는 '입어료천일入於寥天一' 과 같은 뜻으로 새겼다.

5-11

將閭葂見季徹曰, "魯君謂葂也曰, '請受教.' 辭不獲命. 旣已告矣, 未知中否, 請嘗薦之. 吾謂魯君曰, '必服恭儉, 拔出公忠之屬而無阿私, 民孰敢不輯.'" 季徹局局然笑曰, "若夫子之言, 於帝王之德, 猶螳蜋之怒臂以當車軼, 則必不勝任矣. 且若是, 則其自爲處危, 其觀臺多物, 將往投迹者衆." 將閭葂覤覤然驚曰, "葂也汒若於夫子之所言矣. 雖然, 願先生之言其風也." 季徹曰, "大聖之治天下也, 搖蕩民心, 使之成教易俗, 擧滅其賊心而皆進其獨志. 若性之自爲, 而民不知其所由然. 若然者, 豈兄堯舜之教民, 溟涬然弟之哉. 欲同乎德而心居矣."

장려면將閭葂이 계철季徹을 만나 이같이 말했다.

"전에 노나라 군주가 저에게 '청컨대 가르침을 받고자 합니다' 라고 부탁하기에 제가 사양했으나 이내 허락을 받지 못해 결국 말을 하고 말았습니다. 당시 제가 한 말이 맞는지 틀리는지 알 수 없어 시험 삼아 말씀드려 평을 받아볼까 합니다. 제가 노나라 군주에게 말하기를, '반드시 공손하고 검소하게 행동하고, 공정하며 충직한 사람들을 발탁한 뒤 사사로이 편애하지 않으면 됩니다. 그러면 백성들 중 누가 감히 화합하지 않겠습니까?' 라고 했습니다."

계철이 몸을 구부려 웃으면서 말했다.

"당신이 말한 덕목은 성인인 제왕의 덕목에 비하면 마치 버마재비가 팔뚝을 휘두르며 수레바퀴에 맞서는 것과 같아 노나라 군주는 틀림없이 감당하지 못할 것이오. 또 그리했다가는 스스로 위험에 처하고 집안에 번거로운 일이 많아져 이내 한몫 보려고 몰려드는 자가 많아질 것이오."

장려면이 크게 놀라 청했다.

"저는 선생의 말에 그저 막막할 뿐입니다. 원컨대 선생의 도에 관한 언급을 듣고자 합니다."

계철이 말했다.

"위대한 성인의 치천하治天下는 민심을 고취하는 방법으로 교화시켜 풍속을 바꾸는 것이오. 남보다 앞서 나가기 위해 남을 해치려는 마음을 모두 제거하고, 백성들 모두 스스로 만족해하는 독지獨志의 경지로 나아가게 만드는 게 그것이오. 이리하면 만물의 본성이 저절로 그러한 것처럼 백성들 역시 그리된 까닭을 알지 못하게 되오. 이런 식의 '치천하'를 하는 성인이 어찌 요순의 교민敎民 방식을 따를 만하다고 여겨 그들과 뒤섞인 채 대등해지려고 하겠소! 성인은 참된 덕과 하나가 되고자 하는 까닭에 마음 또한 절로 편해질 수밖에 없소."

장려면將閭葂과 계철季徹 모두 가공의 인물이다. 여기의 면葂과 철徹을 두고 왕부지는 힘써 노력한다는 뜻의 면강勉强과 사리에 통달한 사람을 뜻하는 통철通徹을 우의로 삼은 것으로 풀이했다. 무아사無阿私는 사사로이 편애하지 않는다는 뜻이다. 국국연소局局然笑를 두고 성현영은 몸을 앞으로 구푸려 웃는 면신이소俛身而笑로 풀이했다. '당랑지노비螳蜋之怒臂, 이당거질以當車軼'은 「인간세」편에 나온 당랑거철螳螂拒轍의 취지와 같다. 수레바퀴를 뜻하는 질軼은 철轍과 통한다.

관대다물觀臺多物의 관대觀臺는 전망을 위해 높이 지은 건물로 노나라 군주의 거처를 지칭한다. 다물多物은 번거로운 일이 많다는 뜻이다. 여기의 물物은 사事와 통한다. 투적投迹은 발을 위로 들어 앞으로 나아가는 모습을 그린 것이다. 이에 대해 곽상은 구두점을 달리 찍어 '자위처위自爲處危, 기관대其觀臺, 다물장왕多物將往, 투적자중投迹者衆'으로 본 뒤 "그런 일은 모두 높은 자리에 있는 것과 같은지라 큰 건물이 그렇듯이 남의 눈에 잘 띄게 된다. 많은 사람들이 그것을 얻으려고 올 것이니 본분을 잊은 채 불안한 상태가 되는 자가 많을 것이다"라고 풀이했다. 안병주의 『역주 장자』도 곽상과 유사하나 특이하게도 '자위처自爲處, 위기관대危其觀臺'로 끊으면서 '스스로 머물 곳을 만들어 조망대를 높이 쌓았다'고 풀이했다. '위危'를 높인다는 뜻의 '고高'로 해석한 일부 주석가의 견해를 좇은 결과이다.

나름 이해할 수 있으나 양자 모두 해석이 매끄럽지 못하다. 가장 큰 문제는 다물多物의 '물物'을 사람으로 간주한 데 있다. 문맥상 이는 사물事物로 보는 게 자연스럽다. 투적자중投迹者衆을 현자와 지자의 행동을 흉내 내다가 본래의 걸음걸이가 불안해져 존재의 근거를 잃는 사람이 많아진다는 식으로 의역한 것도 지나쳤다. 글자 그대로 발을 높이 들어 앞으로 내달리는 자가 많다고 해석하는 게 타당하다.

혁혁覤覤은 깜짝 놀란 모습을 표현한 것이다. 선생지언기풍先生之言其風의 풍風을 두고 성현영은 가르침을 뜻하는 교敎, 유월은 대범大凡, 후쿠나가는 무위자연의 도로 풀이했다. 문맥상 후쿠나가의 견해가 낫다. 요탕민심搖蕩民心의 '요탕'을 두고 왕선겸은 고무鼓舞로 해석했다. 감동시킨다는 뜻이다. 거멸기적심擧滅其賊心의 '거擧'는 일체의 뜻을 지닌 부사어이다.

기형요순지교민豈兄堯舜之敎民의 형兄과 명행연제지재溟涬然弟之哉의 제弟를 둘러싸고 해석이 분분하다. 여기의 '형'을 두고 곽상은 '형으로 존경한다'고 풀이했고, 손이양孫詒讓은 황況으로 풀이했다. 일부 판본에는 족足으로 되어 있다. 문맥상 이게 타당하다. 제弟는 평평하다는 뜻의 이夷의 잘못으로 보는 견해가 그럴듯하다. 명행연溟涬然은 뒤섞여 있는 모습을 그린 것이다.

욕동호덕欲同乎德을 두고 『역주 장자』는 '욕심과 덕과 같아지면'으로 해석했으나 이는 잘못이다. 여기의 욕欲은 '동호덕同乎德'을 모두 받는 원망 조동사의 일종으로 원願과 같다. 뒤에 나오는 '이심거의而心居矣'는 조건절인 '욕동호덕'과 호응하는 결과절에 해당한다. 이而는 즉則의 뜻이다.

5-12

子貢南遊於楚, 反於晉, 過漢陰, 見一丈人方將爲圃畦, 鑿隧而入井, 抱甕而出灌, 搰搰然用力甚多而見功寡. 子貢曰, "有械於此, 一日浸百畦, 用力甚寡而見功多, 夫子不欲乎." 爲圃者卬而視之曰, "奈何." 曰, "鑿木爲機, 後重前輕, 挈水若抽, 數如泆湯, 其名爲槔." 爲圃者忿然作色而笑曰, "吾聞之吾師, 有機械者必有機事, 有機死者必有機心. 機心存於胸中則純白不備. 純白不備則神生不定. 神生不定者, 道之所不載也. 吾非不知, 羞而不爲也." 子貢瞞然慚, 俯而不對. 有間, 爲圃者曰, "子奚爲者邪." 曰, "孔丘之徒也." 爲圃者曰, "子非夫博學以擬聖, 於于以蓋衆, 獨弦哀歌以賣名聲於天下者乎. 汝方將忘汝神氣, 墮汝形骸, 而庶幾乎. 而身之不能治, 而何暇治天下乎. 子往矣. 無乏吾事." 子貢卑陬失色, 頊頊然不自得, 行三十里而後愈. 其弟子曰, "向之人何爲者邪. 夫子何故見之變容失色, 終日不自反邪."

曰, "始吾以爲天下一人耳, 不知復有夫人也. 吾聞之夫子. 事求可, 功求成, 用力少, 見功多者, 聖人之道. 今徒不然. 執道者德全, 德全者形全, 形全者神全. 神全者, 聖人之道也. 託生與民竝行而不知其所之, 汒乎淳備哉. 功利機巧必忘夫人之心. 若夫人者, 非其志不之, 非其心不爲. 雖以天下譽之, 得其所謂, 謷然不顧. 以天下非之, 失其所謂, 儻然不受. 天下之非譽無益損焉, 是謂全德之人哉. 我之謂風波之民." 反於魯, 以告孔子. 孔子曰, "彼假脩渾沌氏之術者也. 識其一, 不知其二. 治其內而不治其外. 夫明白入素, 無爲復朴, 體性抱神, 以遊世俗之間者, 汝將固驚邪. 且渾沌氏之術, 予與汝何足以識之哉."

자공이 남쪽으로 초나라를 여행하고 진나라로 돌아오다가 한수漢水의 남쪽을 지나던 중 한 노인이 야채밭에서 막 밭일을 하는 것을 보게 됐다. 노인은 땅을 파서 길을 뚫고 우물로 들어가서는 옹기에 물을 채워 밖으로 나온 뒤 이를 안고 밭으로 가 물을 주고 있었다. 끙끙대며 열심히 일하기는 했으나 힘만 많이 들고 성과는 극히 적었다. 자공이 노인에게 안타까운 듯이 말했다.

"기계를 쓰면 하루에 1백 이랑이나 물을 댈 수 있습니다. 힘을 적게 들이고도 큰 성과를 볼 수 있는데 노인장은 왜 그리하지 않는 것입니까?"

노인이 고개를 들어 자공을 바라보며 물었다.

"그게 어찌하는 것이오?"

자공이 설명해 주었다.

"나무에 구멍을 뚫어 기계를 만듭니다. 이때 뒤쪽은 무겁고 앞쪽은 가볍게 해야 합니다. 이후 손으로 줄을 당기면 물이 끓어 넘치듯 콸콸 쏟아져 나옵니다. 이름은 두레박이라고 합니다."

노인이 문득 얼굴을 붉히며 화난 표정을 지었다가 곧바로 웃으며 말했다.

"나는 나의 스승으로부터 이런 말을 들은 적이 있소. '기계가 있으면 반드시 기계로 인해 인위적인 일이 생기고, 기계로 인한 일이 생기면 반드시 기계로 인해 과도한 욕심이 생기기 마련이다. 그런 마음이 가슴속에 있으면 마음이 혼탁해져 순수하고 깨끗한 정서가 유지되지 못하고, 그리되면 이내 신묘한 본성마저 흔들리게 된다. 그런 자에게는 도가 깃들지 않는다.' 나는 두레박을 모르는 게 아니라 부끄럽게 여겨 안 쓰는 것일 뿐이오."

자공이 부끄러워 고개를 숙인 채 대답하지 못했다. 잠시 후 노인이 물었다.

"그대는 무엇을 하는 사람이오?"

자공이 대답했다.

"공구孔丘의 제자입니다."

노인이 말했다.

"그자는 박학博學을 구실로 성인 흉내를 내고, 과장된 허튼 소리로 사람들을 혼란에 빠뜨리고, 홀로 거문고를 타면서 슬픈 목청의 노래로 천하에 명성을 파는 자가 아닌가! 그대는 지금이라도 자신의 신기神氣를 잊고 몸을 버려야만 도에 가까워질 수 있소. 자신의 몸도 다스리지 못하면서 어느 겨를에 천하를 다스린다는 것이오? 그대는 이만 가시오, 나의 일을 방해하지 말고!"

자공이 부끄러운 나머지 창백한 모습으로 자신을 잊은 채 30리나 간 뒤에야 겨우 정신을 차렸다. 자공의 제자가 물었다.

"아까 그 사람은 어떤 사람입니까? 선생은 어째서 그를 만나보고는 안색이 창백해져 종일토록 평소의 모습을 찾지 못하는 것입니까?"

자공이 대답했다.

"당초 나는 천하에 우리 공부자孔夫子가 천하제일이라 여겼기에 그런 사람이 있을 줄은 생각지도 못했다. 나는 공부자로부터 이런 얘기를 들었다. '일은 잘되기를 구하고, 공은 이뤄지기를 구한다. 힘은 적게 들이고 효과는 많이 얻는 게 성인의 도이다.' 그러나 이제 그렇지 않다는 것을 알게 됐다.

도를 확고히 잡으면 덕이 온전하고, 덕이 온전하면 몸이 온전하고, 몸이 온전하면 정신이 온전하게 된다. 정신이 온전한 것이야말로 바로 성인의 도이다. 성인은 자신의 삶을 세상에 맡겨 백성들과 함께 나란히 걸어가지만 어디로 가는지는 그 자신도 알지 못한다. 얽매임이 없는 자유로운 모습으로 순박함을 온전히 갖추고 있는 까닭에 세속의 공리功利와 기교機巧 따위는 애초부터 그의 마음에 존재하지 않는다.

그런 사람은 자신의 뜻에 맞지 않으면 어디에도 가지 않고, 자신의 마음이 원치 않으면 어떤 일도 하지 않는다. 비록 온 세상 사람들이 그의 말이 옳다고 칭송해도 좋아라고 돌아보지 않고, 온 세상 사람들이 그의 생각이 잘못이라고 비난해도 무심히 들은 체도 하지 않는다. 온 세상이 비난하고 칭찬해도 그에게는 아무런 손익이 없다. 이런 사람을 일컬어 내면의 덕을 온전히 갖춘 '전덕지인全德之人'이라고 부른다. 나 같은 사람은 바람에 흔들리는 물결처럼 남의 비난과 칭찬에 좌우되는 '풍파지민風波之民'이라고 한다."

자공이 노나라에 돌아와 공자에게 이를 보고하자 공자가 이같이 말했다.

"그 노인은 혼돈씨混沌氏의 도를 잘못 닦은 사람이다. 하나만 알고 둘은 모르며, 내면만 다스릴 줄 알고 외양은 다스릴 줄 모른다. 네가 만일 밝은 지혜로 소박한 경지로 들어간 후 무위로 소박을 회복하고,

본성을 체득해 정신을 지키며 세속에서 자유롭게 노니는 혼돈씨의 도인을 보았더라면 어찌 그 노인을 보고 놀랄 것까지야 있었겠는가? 저 혼돈씨의 도를 나나 너 같은 세속의 사람이 어찌 충분히 알 수 있겠는가!"

자공子貢은 공자의 제자 중 가장 머리가 좋은 인물이다. 자공과 밭에서 일하는 농부를 대비시킨 것은 말할 것도 없이 유가를 공박하기 위한 것이다. 『논어』「미자」편에 유사한 일화가 나온다.

위포휴爲圃畦는 밭일을 한다는 뜻으로 포圃와 휴畦 모두 채마밭을 뜻한다. 골골연搰搰然은 끙끙대며 힘을 쓰는 모습을 그린 것이다. 일일침백휴一日浸百畦는 하루에 백 이랑에 물을 대는 것을 말한다. 『설문해자』에 따르면 원래 휴畦는 50무畝의 면적이다. 설수약추挈水若抽는 잡아당기듯 물을 끌어올리는 것을 말한다. 삭여일탕數如泆湯의 삭數은 빠르다는 뜻의 질疾과 통하고, 일탕泆湯은 뜨거운 물이 끓어오르는 것을 말한다. 기명위고其名爲槔의 고槔를 두고 성현영은 두레박을 뜻하는 길고桔槔로 해석했다. 용두레로 해석하는 견해도 있으나 문맥상 두레박에 가깝다.

순백불비純白不備는 마음이 혼탁해지는 것을 말한다. 『회남자』「원도훈」편에는 '순백불수純白不粹'로 되어 있다. 신생부정神生不定은 신묘한 본성이 제자리를 잡지 못하고 흔들리는 것을 의미한다. 만연참瞞然慚은 겸연쩍어하며 부끄러워한다는 뜻이다. 어우이개중於于以蓋衆의 어우於于는 과장된 허튼 소리, 개중蓋衆은 민중을 뒤덮는다는 뜻으로 혼란스럽게 만든다는 의미이다.

독현애가獨弦哀歌를 두고 임희일은 남들이 알아주지 않아 외로이 자신의 주장을 펼치는 것으로 풀이했다. 망여신기忘汝神氣의 신기神氣

는 욕심에 따라 움직이는 정신작용, 타여형해墮汝形骸의 형해形骸는 이와 대비되는 껍데기인 몸을 지칭한다. 무핍오사無乏吾事의 핍乏은 방해한다는 뜻의 폐廢와 같다. 비추실색卑陬失色은 부끄러워 얼굴이 창백해진 것을 말한다. 장병린은 비추卑陬를 찡그린다는 뜻의 빈축顰蹙으로 풀이했다.

욱욱연頊頊然은 정신을 못 차린 모습을 말한다. 향지인向之人은 아까 그 사람으로 여기의 향向은 지난번의 뜻인 향嚮과 통한다. 금도불연今徒不然의 '도徒'를 두고 왕선겸 등은 '무리'로 해석했으나 왕인지王引之는 '비로소'의 뜻을 지닌 내乃와 통하는 것으로 보았다. 망호순비汒乎淳備는 얽매임이 없는 모습으로 순박함을 온전히 한다는 뜻이다. 망汒은 망茫과 통한다. 오연불고謷然不顧와 당연불수儻然不受는 서로 대구를 이루고 있다. 오謷는 거만하게 굴면서 관심을 보이지 않는 오傲, 당儻은 들은 체도 하지 않으면서 무심한 모습을 보이는 태泰와 통한다. 가수혼돈씨지술자假脩渾沌氏之術者의 가假를 둘러싸고 이설이 많으나 곽상은 글자 그대로 '거짓'으로 보았다. 문맥상 이게 합당하다.

'식기일識其一, 부지기이不知其二'를 두고 왕숙민은 일一 뒤에 이而가 들어가야 한다고 주장했으나 이케다는 무방하다고 주장했다. 동진의 왕탄지王坦之는 『장자』를 불태워야 한다고 주장한 「폐장론廢莊論」에서 '장자는 하나만 알고 둘은 모른다'며 이 구절을 그대로 인용한 바 있다.

여장고경야汝將固驚邪의 '고固'를 두고 곽상과 성현영은 반드시의 뜻을 지닌 필必로 새겼으나 유월은 '어찌'의 뜻을 지닌 호胡로 새겼다.

5-13

諄芒將東之大壑, 適遇苑風於東海之濱. 苑風曰, "子將奚之." 曰, "將之大壑." 曰, "奚爲焉." 曰, "夫大壑之爲物也, 注焉而不滿, 酌焉而不竭, 吾將遊焉." 苑風曰, "夫子無意於橫木之民乎. 願聞聖治." 諄芒曰, "聖治乎, 官施而不失其宜, 拔擧而不失其能, 畢見其情事而行其所爲, 行言自爲而天下化. 手撓顧指, 四方之民莫不俱至, 此之謂聖治." "願聞德人." 曰, "德人者, 居無思, 行無慮, 不藏是非美惡. 四海之內共利之之謂悅, 共給之之爲安. 怊乎若嬰兒之失其母也, 儻乎若行而失其道也, 財用有餘而不知其所自來, 飮食取足而不知其所從, 此謂德人之容." "願聞神人." 曰, "上神乘光, 與形滅亡, 是謂照曠. 致命盡情, 天地樂, 而萬事銷亡, 萬物復情, 此之謂混冥."

순망諄芒이 동쪽 대해로 가려다가 마침 동해 바닷가에서 원풍苑風을 만났다. 원풍이 물었다.

"선생은 어디로 가는 중이오?"

순망이 대답했다.

"대해로 가는 중이오."

"거기 가서 무엇을 하려는 것이오?"

"대해는 아무리 물을 부어도 가득 차지 않고 아무리 퍼내도 마르지 않소. 내가 거기로 가 노닐 생각이오."

원풍이 청했다.

"선생은 이 세상에 살고 있는 인간에 대해 관심이 없는 것이오? 성인의 다스림에 대해 듣고 싶소."

순망이 말했다.

"아, 성인의 다스림 말이오? 관직을 설치하면서 마땅함을 잃지 않고, 인재를 발탁하면서 능력 있는 자를 놓치지 않고, 신하들의 속사정을 자세히 살펴보면서 그들이 마땅히 해야 할 것을 행하도록 하면 되오. 그러면 행동과 말이 스스로 이뤄지는 까닭에 천하가 자연스레 교화될 수 있소. 이후 손가락을 까닥이고 고개를 돌려 지시하는 것만으로도 사방의 백성이 모두 이르게 될 것이오. 이를 일컬어 '성인의 다스림'이라고 하오."

원풍이 다시 청했다.

"덕인德人에 대해서도 듣고 싶소."

순풍이 말했다.

"덕인은 가만히 머물러 있을 때는 생각함이 없고, 돌아다닐 때도 헤아림이 없소. 그러니 시비是非와 미악美惡 등에 관한 생각이 있을 턱이 없소. 온 세상 사람들이 다같이 이롭다고 여기는 것을 자신의 기쁨으로 여기고, 온 세상 사람들이 다같이 만족스럽게 여기는 것을 자신의 편안함으로 여기오.

그러면서도 기운 없는 모습이 마치 어린아이가 어미를 잃은 것 같고, 멍한 모습이 마치 길을 가다 길을 잃은 듯하오. 또한 재용이 넉넉한데도 그것이 어디서 온 것인지 알려고 하지 않고, 음식을 충분히 먹으면서도 그것이 어디서 온 것인지 모르오. 이를 일컬어 '덕인의 모습' 이라고 하오."

원풍이 마지막으로 청했다.

"신인神人에 대해서도 듣고 싶소."

순망이 말했다.

"신인은 자신의 정신을 하늘 위로 올라가게 한 뒤 해와 달에 올라타 형체와 함께 완전히 사라짐으로써 무로 돌아가오. 이를 일컬어 조광照曠이라고 하오. 천명을 극진히 하고 자신의 성정을 다하면 천지가 즐거워해 만사가 모두 소멸돼 없어지고, 만물이 본래의 모습을 회복하게 되오. 이를 일컬어 '혼명混冥'이라고 하오."

순망諄芒의 순諄은 순박할 순淳, 망芒은 멍하니 어리석다는 뜻의 망茫과 통한다. 순망은 순박하고 멍한 모습의 도인을 상징하는 우의寓意의 인물이다. 대학大壑은 대해大海를 뜻하는 말로 광대무변한 도를 상징한다. 원풍苑風은 세속에 살면서 도를 추구하는 우의의 인물이다. 횡목지민橫木之民은 속세에 사는 사람을 뜻한다. 성현영은 '오행의 부류 중 오직 사람만이 옆으로 찢어진 눈을 갖고 있다'고 풀이했다.

관시官施는 관직에 임용한다는 뜻이다. 『순자』「왕패」편에서 성왕의 길을 두고 덕을 따져 유능한 자를 부리며 그들을 관직에 앉히는 것이라고 주장한 '논덕사능이관시論德使能而官施'라는 표현이 나온다. 수요고지手撓顧指는 손가락을 움직이고 고개를 돌려 지시한다는 뜻이다. 일부 판본은 고지顧指가 턱을 끄덕이며 지시한다는 뜻의 이지頤指로 되어 있다. 뜻은 같다.

공급지지위안共給之之爲安은 온 세상 사람들이 모두 만족스럽게 여기는 것을 자신의 편안함으로 여긴다는 뜻이다. 여기의 급給은 족足, 위爲는 위謂와 같다. 초호怊乎는 구슬프게 기운 없는 모습으로 육덕명은 낙담해 슬퍼한다는 뜻의 창悵으로 풀이했다. 당호儻乎는 멍하니 돌아갈 곳이 없는 모습을 말한다. 상신승광上神乘光은 정신을 하늘 위로 올라가게 해 해와 달의 빛을 올라탄다는 뜻이다. 임희일은 '정신이 위로 날아올라 천지 밖으로 나가 노니는 까닭에 해와 달의 빛이 도리어 그 아래에 있어 빛을 탄다고 말한 것이다'라고 풀이했다. 여형멸망與形滅亡은 형제와 함께 사라져 무로 돌아간다는 뜻으로 육체적 속박으로부터 완전히 벗어난다는 뜻을 담고 있다.

조광照曠은 밝은 공허의 뜻으로 형체에 구속받지 않는 것을 표현한 것이다. 조照는 소昭, 광曠은 허虛와 통한다. 만사소망萬事銷亡은 세상의 모든 재앙이나 불상사가 소멸되어 없어진다는 뜻이다. 만사복정萬物復情은 만물이 본래의 모습으로 돌아간다는 뜻으로 여기의 정情은 성性과 통한다. 혼명混冥은 혼돈한 어두움을 뜻하는 말로 후쿠나가는 '참된 존재'로 풀이했다 .

5-14

門無鬼與赤張滿稽觀於武王之師, 赤張滿稽曰, "不及有虞氏乎, 故離此患也." 門無鬼曰, "天下均治而有虞氏治之邪. 其亂而後治之與." 赤張滿稽曰, "天下均治之爲願, 而何計而有虞氏爲. 有虞氏之藥瘍也, 禿而施髢, 病而求醫. 孝子操藥以修慈父, 其色燋然, 聖人羞之. 至德之世, 不尙賢, 不使能, 上如標枝, 民如野鹿. 端正而不知以爲義, 相愛而不知以爲仁, 實而不知以爲忠, 當而不知以爲信, 蠢動而相使不以爲賜. 是故行而無迹, 事而無傳."

문무귀門無鬼와 적장만계赤張滿稽가 은나라 군사를 토벌하는 주나라 무왕武王의 군사를 구경했다. 적장안계가 말했다.

"무왕의 덕은 유우씨有虞氏 순舜에 미치지 못한다. 그래서 보위를 선양받지 못하고 무력으로 토벌하는 이런 환난을 만난 것이다."

문무귀가 물었다.

"그렇다면 순은 천하가 고르게 잘 다스려지고 있는데 나타나 천하를 다스린 것인가, 아니면 어지러워진 연후에 등장해 다스린 것인가?"

적장만계가 말했다.

"천하가 고르게 잘 다스려지는 것은 모든 사람들이 바라는 바이다.

천하가 고르게 잘 다스려지고 있는데 또 어찌 순이 새삼 다스려 주기를 바라겠는가? 순이 천하를 다스린 방식을 병의 치료에 비유하면 이미 머리가 벗겨진 뒤 가발을 씌우고 병이 심해진 뒤 의원을 찾는 것처럼 천하의 혼란을 미연에 방지할 수 있는 게 아니다. 효자는 약을 마련해 부모에게 바칠 때 걱정으로 인해 안색이 초췌해진다. 그러나 성인은 평소 부모가 병들지 않도록 제대로 봉양하지 못한 것을 부끄러워한다.

지덕의 시대에는 어진 사람을 숭상하지 않았고, 능력 있는 자를 부리지 않았다. 그래서 위정자는 마치 나뭇가지 끝과 같았고, 백성들은 들판의 사슴처럼 자유로웠다. 올바르게 행동하고도 자신의 의행義行을 알지 못했고, 서로 사랑하고도 자신의 인행仁行을 알지 못했고, 진실하게 행동하고도 자신의 충행忠行을 알지 못했고, 마땅하게 행동하고도 자신의 신행信行을 알지 못했고, 벌레처럼 부지런히 움직이며 서로 도와주고도 이를 은사恩賜로 여기지 않았다. 이에 행동에 자취가 없었고, 일을 했어도 후대에 전해진 게 없다."

문무귀門無鬼와 적장만계赤張滿稽 모두 우의의 인물이다. 성현영은 주나라 무왕이 은나라 주를 토벌하기 위해 맹진孟津나루를 건널 때 문무귀와 적장만계 두 사람이 함께 구경했다고 풀이했다. 이차환離此患은 순이 요의 선양을 받아 천자가 된 데 반해 무왕은 선양을 받지 못했기에 군사를 동원해 혁명을 하는 우환을 만났다는 뜻이다. 여기의 이離는 걸린다는 뜻의 이罹와 통한다.

기란이후치지여其亂而後治之與의 기其는 '아니면'에 해당하는 억抑의 뜻이다. 여與는 가벼운 의미의 의문조사이다. 약양藥瘍은 두창頭瘡을 치료한다는 뜻으로 여기서는 천하가 어지러운 뒤에 나타나 다스린 것을 병의 치료에 비유한 것이다. 독이시체禿而施髢는 머리가 벗겨진 뒤 일종의 가발에 해당하는 다리, 즉 체髢를 씌운다는 뜻이다. 처음부터 머리가 벗겨지지 않도록 조처하느니만 못하다는 의미를 내포하고 있다.

이수자부以修慈父를 두고 임희일은 '수修는 바친다는 뜻의 수羞와 같다. 옛날에서 서로 통용했다' 고 풀이했다. 치료한다는 의미의 치治로 새기는 견해도 있다. 기색초연其色燋然은 안색이 초췌하다는 의미로 여기의 초燋는 애태운다는 뜻의 초憔와 통한다. 불상현不尙賢은 현자를 숭상하지 않았다는 뜻으로 『도덕경』 제3장의 '어진 사람을 숭상하지 않아 백성들이 다투지 않았다' 는 구절과 취지를 같이한다.

상여표지上如標枝의 표지標枝는 나뭇가지의 끝이다. 윗사람은 마치 나뭇가지 끝에 머물러 있는 것처럼 단지 높은 자리에 앉아 있었을 뿐 군림하려는 마음이 없었음을 의미한다. 민여야록民如野鹿은 백성들이 마치 들판의 사슴처럼 아무것에도 구속받지 않고 자유롭게 살았다는 뜻이다. 준동이상사蠢動而相使는 벌레처럼 부지런히 움직여 서로 도와준다는 의미이다. 여기의 상사相使는 상조相助와 같다. 행이무적行而無迹은 자취를 남겨 길이 명성을 남기려는 욕심이 없다는 뜻이다. 『도덕경』 제27장에 나오는 '길을 잘 다니는 사람은 흔적을 남기지 않는다' 는 뜻의 '선행무철적善行無轍迹' 과 같은 취지이다.

5-15

孝子不諛其親, 忠信不諂其君, 臣 · 子之盛也. 親之所言而然, 所行而善, 則世俗謂之不肖者. 君之所言而然, 所行而善, 則世俗謂之不肖臣. 而未知此其必然邪. 世俗之所謂然而然之, 所謂善而善之, 則不謂之道諛之人也. 然則俗故嚴於親而尊於君邪. 謂己道人, 則勃然作色.

謂己諛人, 則勃然作色. 而終身道人也, 終身諛人也, 合譬飾辭聚衆也, 是終始本末不相坐. 垂衣裳, 設采色, 動容貌, 以媚一世, 而不自謂道諛. 與夫人之爲徒, 通是非, 而不自謂衆人, 愚之至也. 知其愚者, 非大愚也. 知其惑者, 非大惑也. 大惑者, 終身不解. 大愚者, 終身不靈. 三人行而一人惑, 所適者, 猶可致也, 惑者少也. 二人惑則勞而不至, 惑者勝也. 而今也以天下惑, 予雖有祈嚮, 不可得也, 不亦悲乎. 大聲不入於里耳, 折楊·皇荂, 則嗑然而笑. 是故高言不止於衆人之心. 至言不出, 俗言勝也. 以二垂鍾惑, 而所適不得矣. 而今也以天下惑, 予雖有祈嚮, 其庸可得邪. 知其不可得也而强之, 又一惑也. 故莫若釋之而不推. 不推, 誰其比憂. 厲之人, 夜半生其子, 遽取火而視之, 汲汲然唯恐其似己也.

효자는 어버이에게 아유阿諛하지 않고, 충신은 군주에게 아첨阿諂하지 않는다. 이것이 신하와 자식된 자의 도리이다. 어버이가 어떻게 말하든 그렇다고 긍정하고, 어떻게 행하든 좋다고 아첨하면 세상 사람들이 그를 불초자不肖子라고 할 것이다. 군주가 어떻게 말하든 그렇다고 긍정하고, 어떻게 행하든 좋다고 아첨하면 세상 사람들이 그를 불초신不肖臣이라고 할 것이다.

그러나 이게 반드시 그러한지 알지 못하겠다. 세속에서는 그렇다고 하면 그렇다고 긍정하고, 좋다고 하면 좋다고 좇을지라도 세인世人들은 그를 첨유諂諛를 일삼는 사람이라고 말하지 않는다. 그렇다면 세론世論이 참으로 어버이보다 존엄하고 군주보다 존귀하다는 말인가? 누군가 자신을 아첨하는 사람이라고 말하면 발끈 화를 내며 얼굴을 붉히고, 자신을 아유하는 사람이라고 말하면 역시 발끈 화를 내며 얼굴을 붉힌다. 그러나 세론에 대해서만큼은 종신토록 아첨과 아유를 일삼는다.

이들은 비유를 사용하고 말을 꾸며대는 식으로 많은 동조자를 그러모은다. 그러나 이들은 시종始終과 본말本末이 지리멸렬해 논리의 앞뒤가 맞지 않는다. 이들은 번듯한 옷을 걸치고, 교양 있게 행동하고, 용모를 꾸며 세상에 아첨하면서 스스로는 결코 아첨한다고 여기지 않는다.

세인과 한 무리가 되어 시비를 함께 논하면서도 스스로를 중인衆人이라고 말하지 않으니 지극히 어리석다. 자신의 어리석음을 아는 자는 크게 어리석은 게 아니고, 자신의 미혹됨을 아는 자는 크게 미혹된 게 아니다. 크게 미혹된 자는 종신토록 깨닫지 못하고, 크게 어리석은 자는 종신토록 영명해지지 못한다.

세 사람이 길을 갈 때 한 사람이 미혹될지라도 목적지에 이를 수 있다. 미혹된 자가 적기 때문이다. 그러나 두 사람이 미혹되면 아무리 애를 써도 목적지에 이를 수 없다. 미혹된 자가 더 많기 때문이다. 그런데 지금 온 천하가 미혹돼 있다. 내가 비록 바라는 것이 있을지라도 얻을 수 없으니 이 또한 슬픈 일이 아닌가?

훌륭한 음악은 촌사람 귀에는 들어가지 않는다. 그러나 「절양折楊」이나 「황화皇荂」 같은 속악은 사람들이 환성을 지르고 웃어대며 좋아한다. 고언高言이 중인들의 마음속에 받아들여지지 않는 이유이다. 지언至言이 나오지 못한 것 역시 세속의 비속한 말이 너무 많기 때문이다.

세 사람 중 두 사람의 발이 길을 잃어도 목적지에 이를 수 없는데 하물며 지금 온 세상 사람이 미혹돼 있으니 내가 비록 바라는 게 있을지라도 어찌 얻을 수 있겠는가? 불가능한 줄 알면서도 억지로 이루고자 하면 이 또한 미혹된 짓이다. 차라리 세론을 그대로 놓아두느니만 못하니 세론을 거슬러 무리할 필요가 없다. 억지로 추구推究하지 않으면 공연히 나와 함께 근심하고 괴로워할 사람이 없게 될 것이다. 문둥병자는 한밤중에 아기를 낳으면 황급히 등불을 들고 불안한 마음으로 들여다본다. 자신을 닮았을까 두려워하기 때문이다.

효자불유기친孝子不諛其親과 충신불첨기군忠信不諂其君의 유諛와 첨諂을 두고 「어부」편은 다른 사람의 의중을 살펴 아첨하는 것은 첨諂, 시비를 가리지 않고 아첨하는 것은 유諛로 구분해 놓았다. 여기서도 아첨阿諂과 아유阿諛를 구분할 필요가 있다. 도유지인道諛之人은 아첨과 아유를 행하는 사람이라는 뜻으로 여기의 '도'는 첨諂의 뜻이다. 고엄어친故嚴於親의 '고故'는 '진실로'의 뜻을 지닌 고固와 통한다. 불상좌不相坐는 서로 맞지 않고 모순된다는 뜻이다. 전목은 '모순'으로 풀이했다.

수의상垂衣裳은 근사하게 옷을 걸친 것을 말한다. 『주역』「계사전하」편에 황제와 요순이 옷을 잘 걸치기만 하고도 천하를 잘 다스렸다는 취지의 '황제요순수의상黃帝堯舜垂衣裳' 표현이 나온다. 설채색設采色은 교양 있게 행동하는 것을 뜻한다. 동용모動容貌는 용모를 꾸민다는 뜻으로 『논어』「태백」편에도 '용모를 꾸밀 때는 사나움과 태만함을 멀리 한다'는 취지의 '동용모' 구절이 나온다.

중인衆人은 일반인을 말하나 여기서는 세론에 아부하는 소인배를 뜻한다. 종신불해終身不解의 '불해'는 깨닫지 못한다는 뜻이다. 종신불령終身不靈의 '불령'도 유사한 의미이다. 성현영은 해解를 오悟, 령靈을 지知로 풀었다. 금야이천하혹今也以天下惑은 지금은 온 천하가 미혹돼 있다는 뜻으로 여기의 이以는 즉則과 같다. 수유기향雖有祈嚮의 기祈를 두고 유월은 소所의 잘못으로 보았다. 대성불입어리이大聲

不入於里耳는 좋은 음악은 촌사람의 귀에 들어가지 않는다는 뜻으로 리이里耳는 촌사람의 속된 귀를 의미한다. 절양折楊과 황화皇荂는 세속의 음악을 대표하는 악곡의 명칭이나 자세한 내용은 알려져 있지 않다. 황화皇華로 된 인용문이 있다. 합연嗑然은 환성을 내지르며 웃는 모습을 그린 것이다. 고언高言은 수준 높은 말, 지언至言은 지극한 이치를 담고 있는 말이다. 속언俗言과 대비된다.

2수종혹二垂踵惑은 두 사람의 발이 길을 잃는다는 뜻이다. 일부 판본은 수종垂踵이 부종缶鍾으로 되어 있다. '수종'에 대해 이설이 분분하다. 마서륜은 『장자의증莊子義證』에서 '두 갈래 길'로 해석했다. 그러나 고형은 『제자신전諸子新箋』에 수록된 「장자신전」에서 『회남자』 「도응훈」편을 인용해 '옛날에는 3분의 1을 수垂로 표현했다'고 주장했다. 이를 따를 경우 '이수종二垂踵'은 두 사람의 발길이 된다. 이케다 등이 이를 추종하고 있다. 이게 가장 그럴듯하다.

기용가득야其庸可得邪는 어찌 얻을 수 있는가의 뜻으로 여기의 용庸은 하何와 통한다. 막약석지이불추莫若釋之而不推는 세론을 그대로 놓아두고 억지로 미뤄나가지 않는 게 자장 좋다는 뜻이다. 세론을 따라가면서 영합하는 것은 나쁘지만 세론을 거슬러 무리할 필요도 없다는 뜻을 내포하고 있다. 불추不推의 추推는 억지로 추진해 탐구해 나가는 것을 말한다. 비우比憂는 나와 더불어 근심한다는 뜻이다. 라지인厲之人은 문둥병자를 뜻하는 말로 라厲는 라癩와 통한다. 원래 음은 '뢰'이다. 급급연汲汲然은 불안해하는 모습을 표현한 것이다. 유공기사기야唯恐其似己也는 문둥병자가 자식을 낳고 자신을 닮았을까 두려워한다는 뜻이다. 세론과 다른 자신의 근심과 괴로움이 자식에게 전염되지나 않을까 두려워한 것을 비유한 것이다. 공연히 근심하지 말고 무위자연의 대도를 좇아 살 것을 주문하고 있다.

5-16

百年之木, 破爲犧尊, 靑黃而文之, 其斷在溝中. 比犧尊於溝中之斷, 則美惡有間矣, 其於失性一也. 二與曾·史, 行義有間矣, 然其失性均也. 且夫失性有五. 一曰五色亂目, 使目不明. 二曰五聲亂耳, 使耳不聰. 三曰五臭熏鼻, 困惾中顙. 四曰五味濁口, 使口厲爽. 五曰趣舍滑心, 使性飛揚. 此五者, 皆生之害也. 而楊·墨乃始離跂自以爲得, 非吾所謂得也. 夫得者困, 可以爲得乎. 則鳩鴞之在於籠也, 亦可以爲得矣. 且夫趣舍聲色以柴其內, 皮弁鷸冠搢笏紳修以約其外. 內支盈於柴柵, 外重纆繳, 睆睆然在纆繳之中而自以爲得, 則是罪人交臂歷指而虎豹在於囊檻, 亦可以爲得矣.

1백 년 된 나무를 쪼개 제사용 술동이인 희준犧尊을 만들 때 청색과 황색으로 그림을 그려 장식한다. 깎여진 나무 찌꺼기는 더러운 도랑에 버려진다. '희준' 을 도랑에 버려진 나무 찌꺼기와 비교하면 미악美惡에는 커다란 차이가 있으나 나무의 본성을 잃어버렸다는 점에서는 똑같다. 도척과 증자, 사추 역시 의행義行을 기준으로 보면 큰 차이가 있으나 인간의 자연스런 본성을 잃어버렸다는 점에서는 똑같다. 인간이 본성을 잃어버리는 경우는 크게 5가지 경우가 있다.

첫째, 5색五色이 사람의 눈을 어지럽혀 눈이 밝게 보지 못하도록 만든다. 둘째, 5성五聲이 사람의 귀를 어지럽혀 귀가 밝게 듣지 못하도록 만든다. 셋째, 5취五臭가 사람의 코를 그을려서 코가 막히고 머리가 지끈거리도록 만든다. 넷째, 5미五味가 사람의 입을 탁하게 하여 입맛이 지나치게 맵고 짜거나 시원한 쪽으로 치우치는 등 병들게 만든다. 다섯째, 선택과 판단을 뜻하는 취사趣舍가 사람의 마음을 어지럽혀 본성이 욕망을 좇아 끊임없이 내달리게 만든다. 이 5가지는 모두 본성을 해치는 것이다.

그런데 양주와 묵적은 마침내 이리저리 뛰어다니며 스스로 진리를 얻었다고 자부한다. 이는 내가 말하는 진리와 다르다. 저들이 말하는 진리는 사실 꽉 막힌 것인데도 이를 두고 과연 진리를 얻었다고 말할 수 있는 것일까? 그런 식이라면 비둘기와 올빼미가 새장에 갇혀 있는 것을 두고도 자유를 얻었다고 말할 수 있을 것이다.

저들은 안으로 취사선택의 판단과 음악 및 색채의 유혹에 휩쓸려 자신의 내면에 있는 본성을 가로막고, 밖으로 가죽이나 비취 새의 깃털로 만든 관과 옥홀 및 큰 띠와 긴 치마 등을 착용해 자신의 몸을 속박한 자들이다. 안으로는 빙 둘러친 나무 울타리로 꽉 막히고, 밖으로는 질서와 예의라는 새끼줄과 끈으로 겹겹이 묶여 있는데도 저들은 그 안에서 스스로 도를 얻었다고 떠벌이고 있다. 이는 죄인의 팔이 등 뒤로 돌려 묶인 탓에 손가락이 꺾여 있고, 범이나 표범이 함정이나 우리 속에 갇혀 바장이는 것을 두고 자유를 얻었다고 말하는 꼴이나 다름없다.

희준犧尊은 희생소를 장식으로 그린 제사용 술동이를 말한다. 여기의 준尊은 준樽과 통한다. 「마제」편에 이미 '희생용 소의 모습을 그려 술잔을 장식했다'는 표현이 나온 바 있다. 본성을 잃게 만드는 5가지 유형은 『도덕경』이 제12장에서 5색과 5음 재화 등의 폐해를 거론한 것과 취지를 같이한다.

오취훈비五臭熏鼻의 '5취'는 성현영에 따르면 노린내의 전羶, 향내 나는 풀의 향기인 훈薰, 몰약 및 유향에서 나는 향香, 비린내의 성腥, 썩은 냄새인 부腐 등을 말한다. 곤수중상困惾中顙은 코를 막게 하고 두통을 일으킨다는 뜻이다. 수惾는 막힌다는 뜻의 '색塞'과 통하고,

중상中顙은 이마를 때린다는 뜻이다. 사구려상使口厲爽은 입맛을 지나치게 맵거나 상쾌한 쪽으로 몰아가 병들게 만든다는 뜻이다.

취사골심趣舍滑心은 취사선택의 판단으로 인해 사람의 마음이 어지러워지는 것을 말한다. 취趣는 취取와 통하는 것으로 이익을 보면 손에 넣는다는 뜻이고, 사舍는 해를 당하면 버린다는 뜻이다. 골滑은 어지럽힌다는 의미이다. 양묵내시이기楊墨乃始離跂는 양주와 묵가 무리가 서둘러 뛰어다닌다는 뜻으로 본성을 잃게 하는 데 열중한다고 비판한 것이다. 「재유」편에는 양묵楊墨 대신 유묵儒墨이 차꼬와 수갑을 찬 죄수들 사이를 뛰어다니며 뽐내는 것으로 되어 있다.

피변皮弁은 가죽으로 만든 관, 휼관鷸冠은 비취 새의 깃털로 만든 관을 말한다. 진홀신수搢笏紳脩를 두고 성현영은 진홀搢笏은 옥홀을 꽂음, 신紳은 큰 허리띠, 수脩는 긴 치마로 풀이했다. 지영어채책支盈於柴柵의 지영支盈은 꽉 막는다는 뜻이고, 채책柴柵은 나무 울타리로 여기의 채柴는 울타리를 뜻하는 채寨와 통한다. 환환연睆睆然은 본래 곤경을 당해 눈을 부릅뜨고 바라보는 모습이나 여기서는 한 곳에 얽매인다는 것을 지칭한 것이다. 묵작纆繳은 새끼줄과 노끈을 말한다. 교비력지交臂歷指는 팔을 등 뒤로 돌려 묶고 손가락을 꺾는 것을 말한다. 력歷은 「거협」편에서 '공수工倕의 손가락을 꺾다'의 뜻으로 쓰인 려攦와 통한다. 낭함囊檻은 함정과 우리를 말한다. 함檻을 두고 단옥재段玉裁는 『설문해자』 주석에서 죄인이나 표범 따위가 머무는 창살 있는 우리를 뜻하는 롱櫳으로 새겼다.

제6장 천도(天道)

6-1

天道運而無所積, 故萬物成. 帝道運而無所積, 故天下歸. 聖道運而無所積, 故海內服. 明於天, 通於聖, 六通四辟於帝王之德者, 其自爲也, 昧然無不靜者矣. 聖人之靜也, 非曰靜也善, 故靜也. 萬物無足以鐃心者, 故靜也. 水靜則明燭鬚眉, 平中準, 大匠取法焉. 水靜猶明, 而況精神聖人之心靜乎. 天地之鑒也, 萬物之鏡也. 夫虛靜恬淡寂漠無爲者, 天地之平而道德之至也, 故帝王聖人休焉. 休則虛, 虛則實, 實者倫矣. 虛則靜, 靜則動, 動則得矣. 靜則無爲, 無爲也則臨事者責矣. 無爲則兪兪. 兪兪者, 憂患不能處, 年壽長矣. 夫虛靜恬淡寂漠無爲者, 萬物之本也. 明此以南鄕, 堯之爲君也. 明此以北面, 舜之爲臣也. 以此處上, 帝王天子之德也. 以此處下, 玄聖素王之道也. 以此退居而閒遊, 江海山林之士服. 以此進爲而撫世, 則功大名顯而天下一也. 靜而聖, 動而王, 無爲也而尊, 樸素而天下莫能與之爭美. 夫明白於天地之德者, 此之謂大本大宗, 與天和者也, 所以均調天下, 與人和者也. 與人和者, 謂之人樂. 與天和者, 謂之天樂. 莊子曰, "吾師乎, 吾師乎. 虀萬物而不爲戾, 澤及萬世而不爲仁, 長於上古而不爲壽, 覆載天地 · 刻雕衆形而不爲巧." 此之謂天樂. 故曰, "知天樂者, 其生也天行, 其死也物化. 靜而與陰同德, 動而與陽同波. 故知天樂者, 無天怨, 無人非, 無物累, 無鬼責." 故曰, "其動也天, 其靜也地, 一心定而王天下. 其鬼不祟, 其魂不疲, 一心定而萬物服." 言以虛靜推於天地, 通於萬物, 此之謂天樂. 天樂者, 聖人之心以畜天下也.

하늘의 도인 천도天道는 끊임없이 운행해 잠시라도 정체하는 법이 없다. 만물이 이뤄지는 이유이다. 제왕의 도인 제도帝道 역시 끊임없이 운행해 잠시라도 정체하는 법이 없다. 천하가 모두 귀복하는 이유이다. 성인의 도인 성도聖道 또한 끊임없이 운행해 잠시라도 정체하는 법이 없다. 해내海內의 사람들이 복종하는 이유이다. 천도를 분명히 알고 성도에 통달한 데 이어 6합六合의 공간과 4시四時의 시간에 올라타는 제왕지덕帝王之德을 갖춘 자는 그 다스림이 멍하니 그저 고요할 따름이다.

성인의 고요함은 고요함 자체가 좋다는 이유로 일부러 고요한 게 아니다. 만물 중에서 어느 것도 족히 성인의 마음을 뒤흔들 만한 것이 없기 때문에 저절로 고요한 것이다. 물이 고요하면 그 밝음이 수면을 바라보는 사람의 수염이나 눈썹까지도 분명하게 비추고, 그 평평함이 수준기에 딱 들어맞아 목수가 기준으로 택한다.

하나의 사물에 지나지 않는 물이 고요해도 오히려 이처럼 밝고 맑은데 하물며 정밀하고 신묘한 성인의 마음이 고요한 경우야 더 말할 게 있겠는가? 성인의 고요한 마음이야말로 천지를 있는 그대로 비추는 거울이고, 만물을 빠짐없이 비추는 거울이다.

마음을 비워 고요함을 지키는 가운데 편안하고 담백하며 적막하고 무위한 것은 천지자연의 기준이며 지극한 도덕이다. 제왕과 성인이 이곳에서 쉬는 이유이다. 쉬면 마음이 비워지고, 마음이 비워지면 이내 채워지고, 채워지면 차례가 갖춰진다.

원래 마음을 비우면 고요해지고, 고요하면 움직이게 되고, 움직이면 바라는 것을 얻게 된다. 이어 고요하면 무위하게 되고, 군주가 무위하면 일을 담당한 신하들이 책임지고 일을 완수하게 된다. 또 무위하면 즐겁게 되고, 즐거우면 우환이 머물 수 없어 수명이 길어진다.

무릇 마음을 비워 고요함을 지키는 가운데 편안담백하며 적막무위한 것은 만물의 근본이다. 이것을 분명히 알고 남면南面하여 천하를 다스린 것이 바로 요의 군주 노릇이고, 이것을 분명히 알고 북면北面하여 군주를 섬긴 것이 바로 순의 신하 노릇이었다.

이것을 갖고 윗자리에 머무는 것이 제왕과 천자의 덕이고, 이것을 가지고 아래에 머무는 것이 깊은 덕을 가진 성인과 왕위 없는 왕자인 소왕素王의 도리이다. 이것을 가지고 물러나 머물면서 한가로이 노닐면 강해江海와 산림 속에 숨어 사는 은자들까지 심복할 것이고, 이것을 가지고 세상 사람들을 어루만지면 공명을 크게 떨쳐 천하가 하나로 통일될 것이다. 고요히 멈춰 있으면 성인이 되고, 움직이면 제왕이 되고, 무위하면 존중받고, 자연 그대로 소박을 지키면 천하에 그 누구도 그와 아름다움을 다툴 수 없다.

천지의 덕을 밝게 아는 것을 일컬어 대본大本 또는 대종大宗이라고 한다. 이는 하늘과 조화를 이룬 자이다. 천하를 고르게 다스리는 것은 사람과 조화를 이룬 자이다. 사람과 조화를 이룬 것을 두고 사람의 즐거움인 인락人樂, 하늘과 조화를 이룬 것을 두고 하늘의 즐거움인 천락天樂이라고 한다. 앞서 나온 『장자』에 이런 구절이 나온다.

"나의 스승이여, 나의 스승이여! 만물을 산산이 조각내면서도 스스로 사납다고 여기지 않고, 은택이 만세에 미쳐도 스스로 어질다 여기지 않고, 아득히 먼 상고 때보다 더 오래 되었는데도 스스로 장수했다고 여기지 않고, 하늘과 땅을 덮어주고 실어주며 만물의 형상을 새기고도 스스로 기술이 뛰어나다고 여기지 않았구나!"

이를 일컬어 '천락'이라고 하는 것이다. 그래서 이같이 말한다.

"천락을 아는 자는 살아 있을 때는 천지자연의 운행을 따르고, 죽어서는 사물과 동화된다. 고요할 때는 음기와 함께 무위자연의 덕을 닮고, 움직일 때는 양기와 함께 세파世波에 올라타 덕을 편다. 천락을 아는 자는 하늘의 원망도 받지 않고, 사람의 비난도 받지 않는다. 사물의 얽매임도 없고, 귀신의 책망도 없다."

그래서 말하기를, '천락을 아는 자가 움직일 때는 하늘과 같고, 고요히 머물 때는 땅과 같다. 그가 마음을 정하면 아무 때나 천하의 왕노릇을 할 수 있다. 이때 그의 정신은 핑계를 대지 않고, 게으름을 피우지 않는다. 그가 마음을 정해 천하에 군림하면 천하만물이 곧 복종한다'고 하는 것이다.

이는 자신의 무심하고 고요한 마음을 하늘과 땅 끝까지 추진해 나가 만물에 통하게 하는 것을 말한다. 이것이 바로 '천락'이다. 천락은 곧 성인의 마음으로 천하만물을 기르는 요체이다.

이 장에서는 천도天道와 제도帝道, 성도聖道를 나눠 설명하고 있다. 성도를 언급한 것은 선진 문헌 중 『장자』가 유일하다. 전국시대 말기에 들어와서는 제자백가 모두 서로 깊은 영향을 주고받았다. 『장자』의 「천지」편 등에 유가 및 법가사상과 맥을 같이하는 내용이 삽입된 것을 특별히 이상하게 볼 것도 아니다. 『천지』편은 도가가 유가에서 들고 나온 치도治道 논쟁에 적극 끼어든 역사적 사실을 방증한다.

『맹자』는 시종일관 왕도王道만을 높이며 패도霸道로 사정없이 폄훼했다. 이와 달리 『순자』는 왕도와 패도를 같은 차원에서 논하면서 제도를 최상의 치도로 평가했다. 천도와 가까운 인도人道의 순서를 중시한 결과다. 『순자』의 입장에서 볼 때 성도는 제도, 즉 황도皇道와 별반 차이가 없다.

『장자』는 앞서 나온 「재유」편에서 천도와 대비되는 인도人道를 언급한 바 있다. 이케다는 「천지」편을 이에 대한 부연설명으로 간주했다. 천도는 우주자연, 제도는 정치사회, 성도는 도덕철학의 이상형을 제시한 것으로 도를 3가지로 분류한 첫 번째 경우에 해당한다는 게 그의 분석이다.

아카츠카는 천도가 제도의 절대권위를 지원하고 있는 점 등을 거론하며 장자사상의 새로운 전개로 파악했다. 그는 특히 성도가 제도 아래에 포섭된 점에 주목해 황제의 권력이 사상계 내에 깊이 침투한 결과로 파악했다. 「천지」편의 편제시기를 전한시대 문제文帝 및 경제景帝의 치세인 소위 '문경지치文景之治'의 시기로 추정했다. 주목할 만한 견해이다.

육통사벽六通四辟을 두고 그간 여러 해석이 나왔지만 유월과 진고응 등의 풀이가 가장 그럴듯하다. 이들은 6합의 공간과 4시의 시간을 지칭한 것으로 풀이했다. 4벽四辟의 '벽辟'은 개벽의 '벽闢'과 통하는 것으로 이같이 해석한 최초의 인물은 여혜경이다.

매연昧然은 멍한 모습을 말한다. 「전자방」과 「지북유」편에도 나오나 의미가 약간씩 다르다. 진고응은 캄캄하다는 뜻의 명연冥然으로 풀이했다. 요심鐃心은 성인의 마음을 뒤흔든다는 뜻이다. 여기의 요鐃는 흔든다는 뜻의 요撓와 통한다. 평중준平中準은 평평함이 수준기水準器에 딱 들어맞는 것을 말한다. 준準이 준准으로 되어 있는 판본이 있다. 준准은 속자이다.

황정신성인지심정호況精神聖人之心靜乎의 '정신'을 두고 잘못 끼어든 문자로 보는 견해도 있으나 여기서는 정심하고 신묘하다는 뜻의 형용사로 사용된 것이다. 천지지감天地之鑒과 만물지경萬物之鏡을 두고 후쿠나가는 훗날 선가에서 깨달음의 경지를 소위 명경지수明鏡止水로 표현한 것은 바로 이 구절에서 나온 것으로 추정했다.

허정염담적막무위虛靜恬淡寂漠無爲는 크게 허정虛靜과 염담恬淡, 적막寂漠, 무위無爲 등 4가지로 나눠보는 게 옳다. 후쿠나가는 『도덕경』에서 해당 구절을 모두 찾았다. '허정'은 『도덕경』 제16장의 '허虛를 극진히 이루고, 정靜을 독실하게 지킨다'는 구절에서 나왔다. '염담'은 『도덕경』 제31장에 나온다. '병기는 부득이할 때 쓰는 것이니 염담恬淡을 높이 친다'는 구절이 그것이다. 담淡은 편안하다는 뜻의 담惔 내지 조용하다는 뜻의 담澹과 통한다. '적막'은 『도덕경』 제25장에 나오는 '적료寂廖'와 같은 뜻이다. '무위'는 『장자』에서도 「소요유」편 이하 용례가 매우 많을 뿐만 아니라, 『도덕경』에서도 이를 도가사상의 핵심어로 삼아 수시로 언급하고 있는 만큼 따로 예를 들 필요조차 없다.

천지지평天地之平의 평平과 도덕지지道德之至의 지至를 두고 마서륜은 「각의」편을 근거로 '본本'과 '질質'의 잘못으로 보았다. 그러나 '평'에 대해 초횡은 앞서 나온 '평중준平中準'을 이어서 말한 것으로 보았고, '지'에 대해 여혜경은 더 보탤 수 없는 경지를 언급한 것으로 풀이했다. 이케다가 이를 강력 지지하고 있다.

허즉실虛則實을 두고 임희일은 '선가에서 빈 뒤에 유有가 실재한다고 말하는 것과 같다'고 풀이했다. 「인간세」편에 나오는 '도는 오직 마음을 비우는 곳에 응집된다'는 구절과 취지를 같이하는 것이다. 실자륜의實者倫矣는 채워지면 차례가 갖춰진다는 뜻으로 여기의 '자者'는 '즉則'의 뜻이다. 마서륜 등은 일부 판본에 '륜倫'이 '비備'로 되어 있는 점에 주목해 바꿔 해석할 것을 주장하고 있다. 그러나 이케다는 원래 그대로 두고 해석하는 게 낫다고 주장하며 곽상이 '륜倫'을 '리理'로 풀이한 것을 논거로 들었다.

임사자책臨事者責은 군주가 무위하게 되면 신하들이 책임을 지고 일을 한다는 뜻이다. 『한비자』「주도」편에 '명군이 위에서 무위하면 신하들이 두려워한다. 명군의 도리는 현자로 하여금 재능을 다하게 하는 데 있다'는 구절이 나온다. 똑같은 취지이다. 이케다는 이 구절을 법가로부터 역수입한 대목으로 본다. 유유兪兪는 즐거운 모습으로 유兪는 '유愉'와 통한다.

남향南鄕은 남면南面의 뜻이다. 향鄕은 향向과 통한다. 현성소왕지도玄聖素王之道의 현성玄聖은 깊은 덕을 지닌 성인으로 노자를 지칭하고, 소왕素王은 왕의 지위는 없지만 왕자의 덕을 지닌 사람으로 공자를 지칭한다. 소왕素王을 소황素皇으로 보는 견해도 있다. '정이성靜而聖, 동이왕動而王'은 「천하」편에 나오는 내성외왕內聖外王과 같은 취지이다. 소박이천하막능여지쟁미樸素而天下莫能與之爭美는 『도덕경』 제32장에 나오는 '박樸은 비록 하찮은 것이지만 천하에 그 누구도 그를 신하로 삼을 수 없다'는 구절과 취지를 같이한다.

대본대종大本大宗은 「대종사」편의 자본자근自本自根과 마찬가지로 도의 근원을 언급한 것이다. 이케다는 장자왈莊子曰 이하의 인용문은 장자의 말이 아니라 이미 성립돼 있는 원래의 『장자』에서 인용한 것이라고 보았다. 「대종사」편에서 허유가 의이자意而子에게 말한 것과 같은 내용이라는 점에서 타당한 지적이다.

동파同波를 두고 임희일은 세상과 함께 흘러가는 동류同流로 풀이했다. 이를 두고 일각에서 '파동을 함께한다'는 식으로 해석해 놓았으나 천도와 더불어 제도와 성도 등을 언급한 글의 취지에 비춰 강한 양기의 힘을 배경으로 세파世波에 올라타 덕을 편다는 식으로 해석하는 게 옳다. 『주역』도 때가 아니면 조용히 덕을 닦고 때가 오면 밖으로 나가 적극 덕을 펼칠 것을 역설하고 있다.

『주역』에서 말하는 전망은 크게 '자수自修'와 '쾌단夬斷'으로 요약할 수 있다. '자수'는 시기가 불리한 까닭에 더 이상 나아가지 않은 채 스스로 덕을 닦는 것을 말하고, '쾌단'은 유리한 상황이 도래한 까닭에 속히 결단하여 앞으로 나아가는 것을 말한다. 『주역』에서 '자수'도 '쾌단'도 아닌 '현상유지'와 '유예猶豫'를 주문한 경우는 전무하다. 이는 바로 인간의 굳은 의지와 부단한 노력, 쾌도난마의 결단력을 촉구한 것이다. '천락'을 아는 사람이 양기와 더불어 움직인다는 것은 곧 '쾌단'을 뜻한다. 세파에 적극 올라타 덕을 펴는 것으로 보는 게 본문의 취지에 부합한다.

일심정이왕천하一心定而王天下는 '천락'을 아는 사람의 마음이 안정되어 천하를 다스린다는 뜻이다. 일심정一心定을 두고 '한 사람의 마음이 안정되다'로 해석하는 견해가 있으나 문맥이 잘 통하지 않는다. 이케다는 『관자』「내업」편에 나오는 '한마디 말이 정해지자 천하가 따른다'는 뜻의 '일언정이천하청一言定而天下聽'을 유사한 예로 들었다. 문맥상 '일심정이왕천하'와 통한다. 이 구절은 '천락'을 아는 사람이 천하에 임할 때를 설명한 것이다.

'기귀불수其鬼不祟, 기혼불피其魂不疲'는 '천락'을 아는 자가 천하에 군림했을 때의 모습을 그린 것으로 핑계를 대지 않고 게으르지 않는 자세를 언급한 것이다. 여기의 귀鬼와 혼魂은 '정신'으로 보는 게 옳다. 「각의」편에도 '그 정신이 순수하고 그 혼이 쉬지 않는다'는 뜻의 '기신순수其神純粹, 기혼불피其魂不罷' 구절이 나온다. 여기의 피罷는 피疲와 통한다. 휵천하畜天下는 양천하養天下와 같은 뜻이다.

예로부터 「천도」편의 이 장을 놓고 논란이 많았다. 송대의 구양수는 '이상의 내용은 『장자』 같지 않다' 고 했다. 왕부지는 전한 초기에 황로술을 갖고 군주에게 알아주기를 구한 자가 저술한 것 같다고 분석한 바 있다. 진고응은 '부제왕지덕夫帝王之德' 으로 시작해 '비상지소이휵하야非上之所以畜下也' 의 구절까지 연결되는 다음 장을 완전히 삭제해야 한다는 주장을 내놓기도 했다. 그러나 이는 지나치다. 『논어』를 위시한 선진시대 문헌 모두 후대인의 가필이 가해졌다. 기본취지와 다르다는 이유로 일거에 들어낼 것을 주장하는 것은 자칫 사상탄압의 조장으로 내비칠 소지가 크다. 장자사상의 흐름을 추적한다는 측면에서 그대로 놓아둔 채 분석하는 게 합당하다.

전한 초기 최고의 통치사상으로 등장한 황로사상의 관점에서 보면 오히려 아래 대목은 유가와 법가를 압도하는 도가의 뛰어난 통치사상을 집약해 놓은 것으로 볼 수 있다. 유가의 경전은 물론 『도덕경』까지 높이 받들고 있는 '성인' 을 일거에 폄하하는 내편의 관점을 장자사상의 전부라고 해석하는 것 자체가 편협한 발상이다. 장자가 노자와 달리 입세간의 '치천하' 의 관점을 떠나 출세간의 '초속超俗' 에 초점을 맞춘 것은 사실이나 그렇다고 불교처럼 온통 종교적인 초월의 세계에만 머문 것은 아니다.

전한시대에 '장학莊學' 의 지류인 '황로학' 이 등장한 것도 바로 이런 맥락에서 접근하는 게 옳다. 이는 성리학이 공학孔學은 물론 맹학孟學과도 커다란 차이가 있음에도 불구하고 유학의 틀 내에 존재하는 것과 같다. '장학' 도 큰 틀에서 보면 노학老學에서 벗어나 있는 게 아니다. 객관적으로 볼 때 『한비자』 「유로」편 등이 보여주는 바와 같이 한학韓學이 '장학' 보다 '노학' 에 훨씬 가까운 측면이 있다. 제자백가의 사상 전개과정을 총체적으로 파악할 경우 『한비자』의 일부 내용이

『장자』에 끼어든 것은 자연스런 일이다.

아래 글에 나오는 제왕지덕帝王之德은 『순자』가 최상의 치도로 평가한 제도帝道와 관련해 후대의 도가들이 사상 최초로 정립한 이론에 해당한다. 그만큼 가치가 높다는 뜻이다. 이런 대목을 두고 장자사상의 기본입장과 배치되는 까닭에 완전히 들어내야 한다고 주장하는 것은 취지상 진시황의 '분서갱유' 입장과 별반 다를 바가 없는 것이다. 장자사상 전반에 걸친 재조명이 절실히 요구되는 이유이다.

6-2

夫帝王之德, 以天地爲宗, 以道德爲主, 以無爲爲常. 無爲也, 則用天下而有餘. 有爲也, 則爲天下用而不足. 故古之人貴夫無爲也. 上無爲也, 下亦無爲也, 是下與上同德. 下與上同德則不臣. 下有爲也, 上亦有爲也, 是上與下何同道. 上與下同道則不主. 上必無爲而用天下, 下必有爲爲天下用, 此不易之道也. 故古之王天下者, 知雖落天地, 不自慮也. 辯雖雕萬物, 不自說也. 能雖窮海內, 不自爲也. 天不産而萬物化, 地不長而萬物育, 帝王無爲而天下功. 故曰, '莫神於天, 莫富於地, 莫大於帝王.' 故曰, '帝王之德配天地.' 此乘天地, 馳萬物, 而用人群之道也. 本在於上, 末在於下. 要在於主, 詳在於臣. 三軍五兵之運, 德之末也. 賞罰利害, 五刑之辟, 教之末也. 禮法度數, 刑名比詳, 治之末也. 鐘鼓之音, 羽旄之容, 樂之末也. 哭泣衰絰隆殺之服, 哀之末也. 此五末者, 須精神之運, 心術之動, 然後從之者也. 末學者, 古人有之, 而非所以先也. 君先而臣從, 父先而子從, 兄先而弟從, 長先而少從, 男先而女從, 夫先而婦從. 夫尊卑先後, 天地之行也, 故聖人取象焉. 天尊地卑, 神明之位也. 春夏先, 秋冬後, 四時之序也. 萬物化作, 萌區有狀, 盛衰之殺, 變化之流也. 夫天地至神矣, 而有尊卑先後之序, 而況人道乎. 宗廟尙親, 朝廷尙尊, 鄕黨尙齒, 行事尙賢, 大道之序也. 語道而非其序者, 非其道也. 語道而非其道者, 安取道哉. 是故古之明大道者, 先明天而道德次之, 道德已明而仁義次之, 仁義已明而分守次之, 分守已明而刑名次之, 刑名已明而因任次之, 因任已明而原省次之, 原省已明而是非次之, 是非已明而賞罰次之. 賞罰已明而愚知處宜, 貴賤履位, 仁賢不肖襲情, 必分其能, 必由其名. 以此事上, 以此畜下, 以此治物, 以此修身, 知謀不用, 必歸其天. 此之謂大平, 治之至也. 故書曰, "有刑有名." 刑名者, 古人有之, 而非所以先也. 古之語大道者, 五變而刑名可擧, 九變而賞罰可言也. 驟而語刑名, 不知其本也. 驟而語賞罰, 不知其始也. 倒道而言, 迕道而說者, 人之所治也, 安能治人. 驟而語刑名賞罰, 此有知治之具, 非知治之道. 可用於天下, 不足以用天下. 此之謂辯士, 一曲之人也. 禮法數度, 刑名比詳, 古人有之. 此下之所以事上, 非上之所以畜下也.

무릇 제왕지덕帝王之德은 천하를 통치의 근본, 도덕을 통치의 주제, 무위를 통치의 일반법칙으로 삼는다. 무위하면 천하만민을 마음대로 부려도 남음이 있고, 유위하면 천하만민을 위해 부림을 당하게 되어도 오히려 부족함이 있다. 옛사람들이 무위를 중시한 이유이다.

윗사람이 무위한다고 해서 아랫사람 또한 무위하면 아랫사람이 윗사람과 '제왕지덕'을 함께하는 셈이 된다. 이리하면 아랫사람이 신하 노릇을 할 수 없게 된다. 아랫사람이 유위하다고 해서 윗사람 또한 유위하면 윗사람이 아랫사람과 신도臣道를 함께하는 셈이 된다. 이리하면 윗사람이 군주 노릇을 할 수 없게 된다.

윗사람은 반드시 무위해서 천하의 사람들을 부리고, 아랫사람은 유위해서 천하를 위해 일해야 한다. 이것이 바꿀 수 없는 치도治道이다.

옛날 천하를 다스린 제왕은 비록 천지를 다 망라할 정도의 지식을 가지고 있을지라도 스스로 생각하지 않았다. 비록 만물을 두루 다 논할 정도의 말재주를 가지고 있을지라도 스스로 말하지 않았다. 비록 사해 안의 모든 일을 맡아 처리할 능력을 가지고 있을지라도 스스로 일하지 않았다. 하늘이 스스로 낳지 않아도 만물은 저절로 화생化生했고, 땅이 스스로 키워주지 않아도 만물은 저절로 화육化育했다. 제왕이 무위해도 천하의 공업이 저절로 이뤄진 이유이다.

이에 이르기를, '하늘보다 신묘한 것은 없고, 땅보다 부한 것은 없고, 제왕보다 위대한 것은 없다' 라고 하는 것이다. 그래서 또 말하기를, '제왕지덕은 천지와 짝한다' 고 하는 것이다. 이것이 천지에 올라탄 뒤 만물을 휘몰아 사람의 무리를 부리는 치도이다.

무위의 근본은 윗사람에게 있고, 유위의 말절은 아랫사람에게 있다. 치도의 관건은 바로 요체는 군주가 맡고 세세한 것은 신하에게 맡기는 데 있다. 3군三軍을 동원하고 5병五兵을 운용하는 전쟁은 제왕지덕帝王之德의 말절에 불과하다. 상벌을 시행하고, 이해득실을 따지고, 5형五刑으로 사람을 처벌하는 것은 제왕지교帝王之敎의 말절에 불과하다. 예법을 신분에 따라 차등적으로 적용하고, 관원의 성적을 엄히 조사해 평가하는 것은 제왕지정帝王之政의 말절에 불과하다. 종고鐘鼓를 치는 음악과 우모羽旄로 장식한 춤은 제왕지악帝王之樂의 말절에 불과하다. 곡읍哭泣과 상복의 차등적인 적용 등과 관련한 상례는 제왕지애帝王之哀의 말절에 불과하다.

이들 5가지 말절은 정신精神이 운행되고 심술心術이 움직인 연후에 따라가는 것이다. 옛사람 중에도 이런 말절의 치학治學을 배우는 사람이 있기는 했다. 그러나 이런 말절의 치학이 다른 치학보다 앞선 것은 아니었다.

군주가 앞서면 신하가 뒤따르고, 아비가 앞서면 자식이 뒤따르고, 형이 앞서면 아우가 뒤따르고, 어른이 앞서면 젊은이가 뒤따르고, 남자가 앞서면 여자가 뒤따르고, 지아비가 앞서면 지어미가 뒤따른다. 존비의 차별과 선후의 순서가 있는 것은 천지운행의 법칙이다. 성인이 본보기를 보인 이유이다.

하늘은 높고 땅이 낮은 것은 영묘한 세계인 신명神明의 위계이고, 봄과 여름이 먼저 오고 가을과 겨울이 뒤에 오는 것은 사시四時의 차례이다. 만물이 생장소멸의 화작化作이 이뤄질 때 비록 싹이 트고 순이 나는 모습이 다양하기는 하나 반드시 피었다가 시드는 단계를 밟는 것은 변화의 일정한 흐름 때문이다. 무위자연의 천지는 지극히 신묘한데도 존비선후의 서열이 있다. 하물며 인도야 더 말해 뭐하겠는가? 종묘에서는 혈연관계가 가까운 친척을 숭상하고, 조정에서는 관작이 높은 이를 숭상하고, 고을에서는 나이가 많은 이를 숭상하고, 일을 처리할 때는 현자를 숭상한다. 이것이 치도의 서열이다.

치도를 말하면서 그 차례에 맞지 않으면 마땅한 치도가 아니고, 마땅한 치도가 아니라면 장차 어떻게 치도를 체득할 수 있겠는가?

그래서 옛날에 치도를 밝게 안 사람은 먼저 천도를 밝힌 연후에 치도治道와 치덕治德을 말하고, 치도와 치덕을 밝힌 연후에 인의仁義를 말하고, 인의를 밝힌 연후에 명목과 실질을 비교하는 자신의 직분을 지키는 분수分守를 말하고, 분수를 밝힌 연후에 형명刑名을 말하고, 형명을 밝힌 연후에 재능에 따라 일을 맡기는 인임因任을 말하고, 인임을 밝힌 연후에 안팎을 면밀히 살피는 원성原省을 말하고, 원성을 밝힌 연후에 시비是非를 말하고, 시비를 밝힌 연후에 상벌賞罰을 말했다.

상벌이 밝혀진 연후에 비로소 어리석은 자와 지혜로운 자가 그에 합당한 평가를 받고, 귀하고 천한 자가 신분에 어울리는 자리에 앉고, 어진 자와 불초한 자가 실정에 부합하는 처우를 받게 됐다. 사람들마다 반드시 그 능력에 따라 일을 하고, 이름에 걸맞게 행동하게 된 이유이다. 이런 이치로 윗사람을 섬기고, 아랫사람을 기르고, 남을 다스리고, 자신을 수양하면 된다. 그리하면 제왕을 비롯해 일반 서민에 이르기까지 모든 사람이 지모를 쓰지 않을지라도 반드시 천도로 돌아갈 것이다. 이를 일컬어 지극히 평등하다는 뜻의 소위 '태평大平'이라고 한다. 이것이 바로 치도의 지극한 모습이다.

그래서 옛 책에서도 이르기를, '실제의 모습인 형刑이 있으면 그에 따른 명칭과 명분을 뜻하는 명名이 있다'고 했다. 옛사람 중에도 형명刑名의 일치를 주장하는 사람이 있기는 했다. 그러나 이런 형명의 치술治術이 다른 치술보다 앞선 것은 아니었다.

옛날의 치도는 5번에 걸친 변화의 추이를 꿰어야 비로소 형명을 거론할 수 있고, 9번에 걸친 변화의 추이를 꿰어야 비로소 상벌을 말할 수 있었다. 그런데도 지금은 문득 형명을 말하니 이는 그 근본을 모르는 것이고, 문득 상벌을 말하니 이는 그 시작을 모르는 것이다.

이처럼 치도의 순서를 거꾸로 말하고 치도를 거슬러 말하는 자는 다른 사람의 다스림을 받을 자이다. 그러니 이런 자가 어찌 다른 사람을 다스릴 수 있겠는가? 문득 형명의 일치를 논하고 그에 따른 상벌을 말하면 이런 자는 통치의 도구인 치구治具만 아는 것이고 치도를 아는 게 아니다.

천하에 쓰일 수는 있을지언정 천하를 부리기에는 부족하니 이런 사람을 일컬어 소위 '말만 잘하는 변사辯士' 또는 '일부밖에 모르는 일곡지인一曲之人'이라고 한다.

옛사람 중에도 예법을 신분에 따라 차등적으로 적용하는 일과 관원의 성적을 엄격히 조사해 평가하는 일을 추구한 사람이 있기는 했다. 그러나 이는 어디까지나 아랫사람이 윗사람을 섬기기 위한 것이지 윗사람이 아랫사람을 기르기 위한 것은 아니었다.

천지위종天地爲宗의 종宗은 근본의 뜻이다. '천지'가 '천하'로 되어 있는 판본이 있다. 제왕의 덕을 논한 글의 취지상 '천하'로 해석하는 게 옳다. 도덕위주道德爲主의 주主는 '요체'의 뜻이다. 무위위상無爲爲常의 상常은 일반 법칙을 뜻한다. 대다수 주석가들이 '무위위상'의 '상常'을 영원한 법칙으로 해석하고 있으나 이는 '무위'를 '도' 자체로 간주한 내편의 논점을 그대로 좇은 것으로 본문의 취지와 동떨어진 것이다.

'천불산이만물화天不産而萬物化, 지부장이만물육地不長而萬物育'은 만물의 화생化生과 화육化育이 만물에 내재한 도와 덕의 힘에 의해 저절로 그리되었음을 의미한다. 『도덕경』 제7장의 '천지가 장구할 수 있는 까닭은 스스로 낳지 않았기 때문이다'라는 구절과 취지를 같이 한다. 막대어제왕莫大於帝王은 천하의 그 어떤 것도 제왕보다 위대할 수 없다는 뜻으로 『도덕경』 제25장의 다음 구절과 맥을 같이하는 것이다.

"도가 크고 하늘이 크고 땅이 크고 제왕 또한 크다. 이 세상에 큰 것이 4가지 있는데 이 가운데 제왕이 하나를 차지한다."

진고응의 격노와 이케다의 탄식과 달리 「천도」편을 편제한 후대 도가들은 오히려 장자사상을 노자사상에 가깝게 수정했음을 알 수 있다. 노자와 장자는 '성인의 통치'를 긍정 또는 부정적으로 보는지 여부에 따라 확연히 갈리고 있다. 공학이 맹학과 성리학으로 인해 시간이 갈수록 더욱 크게 왜곡된 것과 달리 노학은 오히려 후대 도가들의 장학에 대한 부분 수정작업을 통해 노자사상에 접근해 가는 과정을 걸은 셈이다. '황로학'을 무위자연의 철학과 동떨어진 미신적인 도교로 치부하는 기존의 견해에 일정 부분 수정을 요하는 대목이다.

용인군지도用人群之道는 '제왕지도'를 '사람의 무리를 부리는 도'로 규정한 것이다. 『도덕경』 제68장에서 '위정자는 사람을 부릴 때 스스로를 낮추니 이를 일컬어 사람을 잘 부리는 능력이라고 한다'고 언급한 것과 취지를 같이한다. 이는 『순자』 「영욕」편에 나오는 '군거화일群居和一'과 취지를 같이하는 것이기도 하다. 해당 대목이다.

"3년상은 위로는 하늘을 본받고, 아래로는 땅을 본받고, 가운데로는 사람의 예제를 좇는 것이다. 이리하면 사람들이 무리지어 살며 하나로 조화되는 이치를 모두 실현할 수 있다."

삼군오병三軍五兵의 '군軍'은 주나라 제도에 따르면 1만 2천5백의 군사규모를 말한다. '5병'에 대해서는 설이 엇갈린다. 성현영은 활인 궁弓, 8각형 몽둥이인 수殳, 자루가 긴 창인 모矛, 방패 과戈, 창끝이 두 가닥으로 된 극戟을 들었다. 오형지벽五刑之辟의 벽辟은 처벌한다는 뜻의 죄罪와 통한다. '5형'을 두고 성현영은 코를 베는 의형劓刑, 먹을 뜨는 묵형墨刑, 발꿈치를 베는 월형刖刑, 거세하는 궁형宮刑, 목을 치는 대벽大辟을 들었다.

예법도수禮法度數는 신분에 따라 차등적으로 법을 적용하는 것을 말한다. 형명비상刑名比詳의 형명刑名은 형명形名으로 되어 있는 판본이 많다. 두 글자는 통용되는 까닭에 바꿀 필요가 없다. 이는 법가에서 나온 용어이다. 『한비자』 「주도」편은 그 의미를 이같이 풀이했다.

"말을 하는 자는 저절로 이름이 있게 되고, 일을 하는 자는 저절로 실적이 있게 된다."

『사기색은』에 인용된 유향의 『별록別錄』에는 '신불해의 학문을 형명가刑名家라고 했다. 명칭을 따라 실질을 요구한 것을 말한다'고 되어 있다. 비상比詳은 실제로 이뤄진 업적과 임무를 자세히 대조해 살핀다는 뜻이다.

우모지용羽旄之容은 새의 깃이나 짐승의 털로 장식한 화려한 춤을 의미한다. 최질융쇄지복衰絰隆殺之服은 상례 일반을 말한 것이다. 최衰는 최縗와 통하고, 질絰은 머리에 쓰는 수질首絰과 허리에 두르는 요질腰絰이 있다. 융쇄隆殺는 죽은 사람과의 친소관계에 따라 상복을 차등적으로 입는 것을 말한다. 참최斬衰, 자최齊衰, 대공大功, 소공小功, 시마緦麻 등이 있다. 이를 5복五服이라고 한다.

수정신지운須精神之運의 수須는 기다린다는 뜻의 대待와 통한다. 심술心術은 사고하는 방법을 의미한다. 『관자』에 「심술」편이 있다. 만물화작萬物化作의 '화작'은 화생化生과 화육化育, 화멸化滅 등을 총칭한 말이다. 맹구유상萌區有狀은 싹이 트고 순이 나는 여러 모습을 언급한 것이다. 『관자』「오행」편에 초목의 순과 싹을 뜻하는 '초목구맹草木區萌' 구절이 나온다. '비기서자非其序者, 비기도非其道'는 『대학』의 다음 구절과 취지를 같이하는 것이다.

"사물에는 본말이 있고, 일에는 시종이 있다. 먼저 해야 할 것과 나중에 해야 할 것을 알면 도에 가깝다."

분수分守는 각자 분수를 지킨다는 뜻의 '각수기분各守其分'의 뜻이다. 인임因任은 능력에 따라 맡긴다는 뜻이다. 원성原省은 실정을 살피고 일의 성패를 고찰한다는 뜻이다. 상벌賞罰을 두고 『한비자』「주도」편은 임무와 실적을 비교하는 소위 형명참동刑名參同의 관점에서 이같이 풀이했다.

"신표를 맞춰보는 것이 상벌이 생긴 유래이다."

'우지처의愚知處宜, 귀천리위貴賤履位'는 귀천현우를 엄격히 구분하는 순자 및 법가의 관점이다. 한비자는 스승인 순자보다 훨씬 강고한 입장이다. 이를 뒷받침하는 『한비자』「유도」편의 해당 대목이다.

"귀천이 서로 넘지 않고, 현명한 자와 어리석은 자가 자신의 위치에 서는 것이 다스림의 지극함이다."

태평大平을 두고 성현영은 '무위하여 아랫사람에게 일을 맡기고 자연으로 돌아가면 태평의 군주라고 할 만하다' 고 풀이했다. 『순자』「영욕」편은 이를 지평至平으로 규정했다. 취이어형명驟而語刑名의 취驟는 창졸倉卒의 뜻이다. 오도迕道는 도를 거스른다는 뜻으로 오迕는 역逆의 뜻이다.

일곡지인一曲之人을 두고 해석이 분분하다. 이케다는 두루 망라하지 못하고 일부분만 아는 사람으로 풀이했다. 이게 맞다. 「추수」편에 비슷한 뜻으로 사용된 곡사曲士라는 표현이 나온다. 『순자』「해폐」편에 일곡一曲의 표현이 나온다. 보다 확실한 것은 『회남자』「무칭훈繆稱訓」에 나오는 다음 구절이다.

"일부분만 살피는 '일곡자一曲者' 와는 함께 변화를 논할 수 없고, 한때만 살피는 자와는 대도를 논할 수 없다."

이 장은 말미의 '일곡지인' 이 첫머리에 나오는 '제왕지덕' 과 수미일관해 조응하고 있다. 첫머리가 '제왕지덕' 의 중요성에 따라 '근본인 천하 〉 주제인 도덕 〉 일반법칙인 무위' 의 순서로 되어 있는 점에 주목할 필요가 있다. 이는 '통치의 목적론인 천하 〉 통치의 요체인 도덕 〉 통치의 방법론인 무위' 로 평가한 결과이다. '무위' 가 '도' 자체로 간주되어 온 기왕의 논리가 완전히 뒤집힌 것이다. 이를 두고 이케다는 이같이 탄식했다.

"여기의 '무위' 는 제왕의 통치술로서의 '무위' 를 말한다. 이로써 장자사상의 핵심인 무위가 졸지에 제왕은 무위하고 신민은 유위한다는 법가의 '형명참동' 통치술로 변질돼 버렸다. 여기에는 이미 철학이 없다. 그리고 도가의 장래도 없다."

그러나 그의 이런 탄식은 지나치다. 장자사상을 현실 통치에 적용시키기 위해서는 어떤 식으로든 형이상의 '무위' 개념을 형이하의 개념으로 구체화할 필요가 있다. 그게 바로 '천하 〉 도덕 〉 무위'로 나타난 것이다. 현실 통치의 관점에서 보면 통치의 궁극적인 목적은 치천하治天下 내지 안천하安天下일 수밖에 없다. 이는 『도덕경』의 기본 입장이기도 하다. 노자는 장자와 달리 결코 개인 차원의 '득도'를 역설한 적이 없다. 모두 '치천하'와 '안천하'를 위한 방법론 차원에서 치자와 피치자의 '무위'와 과욕寡欲, 겸하謙下 등을 역설했다. 똑같은 '무위'와 '도', '자연', '천' 등을 언급했음에도 불구하고 그 차이가 이처럼 크다. 초점을 출세간에 맞추는가, 아니면 입세간에 맞추는가 하는 접근의 차이가 이처럼 엄청난 괴리를 초래한 것이다. 이케다가 '철학이 없다'고 탄식한 것은 사변철학 내지 윤리도덕의 관점에서는 나름 타당하나 통치철학 내지 정치철학의 관점에서 보면 아무래도 지나치다.

6-3

昔者舜問於堯曰, "天王之用心何如." 堯曰, "吾不敖無告, 不廢窮民, 苦死者, 嘉孺子而哀婦人, 此吾所以用心已." 舜曰, "美則美矣, 而未大也." 堯曰, "然則何如." 舜曰, "天德而出寧, 日月照而四時行, 若晝夜之有經, 雲行而雨施矣." 堯曰, "膠膠擾擾乎. 子, 天之合也. 我, 人之合也." 夫天地者, 古之所大也, 而黃帝·堯·舜之所共美也. 故古之王天下者, 奚爲哉. 天地而已矣.

옛날에 순이 요에게 물었다.

"천왕天은 천하를 다스리면서 어떤 곳에 마음을 씁니까?"

요가 대답했다.

"나는 하소연할 곳이 없는 백성들을 함부로 대하지 않고, 궁색한 백성을 버리지 않고, 죽은 사람을 애도하고, 부모 없는 어린아이들을 사랑하고, 과부를 애처롭게 여긴다. 이것이 내가 천하를 다스리면서 마음을 쓰는 일이다."

순이 말했다.

"참으로 아름답기는 합니다만 아직 위대하다고 할 수는 없습니다."

요가 물었다.

"그러면 어찌해야 하는가?"

순이 대답했다.

"하늘과 땅의 덕이 골고루 이뤄져 해와 달이 만물을 두루 비추고, 사계절이 운행되고, 낮과 밤에 일정한 규칙이 있고, 구름이 흘러가며 비가 내리는 것처럼 되어야 합니다."

요가 말했다.

"그렇다면 나는 세상일에 집착해 마음을 어지럽히고 있는 것인가? 그대가 말한 것은 하늘에 부합하고, 내가 하는 것은 사람들에게 영합하는 수준이구나!"

무릇 천지란 예로부터 위대하다고 여긴 것이다. 황제와 요순 모두 이를 아름답다고 여긴 이유이다. 옛날에 제왕으로서 천하를 호령하던 사람들은 무엇을 했는가? 단지 천지자연을 따랐을 뿐이다.

이케다는 순을 요보다 높인 여기의 일화를 전국시대 말기의 상현尙賢사상의 성행에 따른 보편적인 현상으로 분석했다. 『여씨춘추』「하현下賢」과 『한비자』「난일」편의 모순矛盾 일화 등이 그 논거로 제시되었다. 주목할 것은 『논어』「위령공」편에 나온 공자의 언급이다.

"무위의 치도로 다스린 사람은 순임금이다. 어떻게 그리했겠는가? 오직 몸을 공손히 하여 바르게 남면南面했을 뿐이다."

이케다는 「위령공」편에 나온 공자의 이 언급이 배경이 됐을 것으로 추정했다. 그러나 이는 정반대로 보는 게 낫다. 남송대의 주희는 「위령공」편에 나오는 공자의 언급을 두고 성인의 성덕盛德으로 백성이 교화돼 유위지치有爲之治가 필요없는 경지로 풀이했다. 그러나 조선의 정약용은 주희의 주장을 도가의 '무위설'에 입각한 것이라며 정면으로 반박했다.

정약용에 따르면 공자는 유위의 위정爲政을 말한 적은 있어도 무위의 무정無政을 말한 적이 없다. 순이 우禹와 후직后稷 등 22명의 현자에게 업무를 분장시켜 천하를 다스린 것을 예로 들어 인재의 중요성을 언급한 것으로 결코 '무위지치'를 언급한 것이 아니라는 것이다. 주희의 '무위설'에 입각한 왜곡된 해석으로 인해 후대인들이 요순의 정치를 '무위지치'로 잘못 인식하게 되었다는 게 정약용의 지적이다.

전국시대 말기에 활동한 순자는 '무위지치'를 최상의 치도인 제도帝道로 평가한 바 있다. 주희 등이 순자를 좇아 이같이 해석했는지는 알 길이 없으나 순자가 언급한 치도의 단계를 염두에 두고 있었던 것만은 확실하다. 그러나 공자가 생존한 춘추시대 말기에는 무위의 통치를 최상의 치도로 간주하는 이론은 존재하지 않았다. 정약용의 지적이 옳다.

그럼에도 중국에서는 비록 전국시대 말기 순자 이후의 일이기는 하나 요순의 통치를 무위의 통치로 해석하는 흐름이 형성돼 수천 년 동안 지속된 게 사실이다. 역사적인 관점에서 볼 때 주희의 '무위설'에 입각한 해석은 나름 타당하다. 정약용의 지적은 고증학적인 측면에서 탁월한 것이기는 하나 주희 등의 '무위설'을 일도양단하여 잘못된 것으로 치부할 수는 없다.

『논어』에서 '순'이 언급된 장은 많지 않다. 「태백」편에 나오는 일화는 『서경』「우서」 및 「하서」에 기초한 것으로 맹자가 출현하기 전후에 부가된 것으로 추정되고 있다. 「요왈」편에 나오는 일화 또한 『서경』의 내용을 기반으로 한 것으로 맹자 이후에 나온 것이다. 「옹야」편과 「헌문」편에 나오는 요순에 관한 언급도 후대인에 의해 윤색된 것으로 추정되고 있다.

중요한 것은 『논어』 전체를 통틀어 '무위'를 언급한 것은 「위령공」편에 나오는 이 대목뿐이라는 사실이다. 유가 내에서 요순을 처음으로 언급한 사람은 맹자이다. 춘추시대 말기에 활약한 공자가 '무위'는 물론 '순'을 언급했을 리 없다. 도가사상에 경도된 후대의 유가가 이를 끼워넣은 게 분명하다.

그렇다면 이케다의 주장과는 정반대로 「천도」편의 일화를 토대로 「위령공」편의 일화가 나왔다고 보는 게 합리적이다. 후대 도가들이 맹자를 위시한 후대 유가들로부터 많은 영향을 받아 「천도」편을 편제한 것과 마찬가지로 후대 유가들 역시 장자를 비롯한 후대 도가들로부터 심대한 영향을 받았음을 방증하는 대목이다.

천왕天王은 천자를 지칭한다. 『춘추』의 경문은 천자를 '천왕'으로 기록해 놓았다. '불오무고不敖無告, 불폐궁민不廢窮民'은 하소연할 곳이 없는 백성을 함부로 대하지 않고 곤궁한 백성을 버리지 않는다는 뜻이다. 『서경』「대우모」편에 나오는 '하소연할 곳이 없는 사람을 학대하지 않고 곤궁한 사람을 버리지 않는다'는 뜻의 '불학무고不虐無告, 불폐곤궁不廢困窮' 구절과 취지를 같이한다. 여기의 오敖는 업신여긴다는 뜻의 오傲와 통한다.

고사자苦死者의 고苦는 애도한다는 뜻이고, 애부인哀婦人의 부인婦人은 과부를 뜻한다. 천덕이출녕天德而出寧의 출出을 두고 손이양과 장병린은 토土의 잘못으로 보았다. 운행이우시雲行而雨施는 구름이 흘러가며 비가 내린다는 뜻으로 『주역』「문언전」에 똑같은 표현이 나온다. 무위자연으로 천하를 다스린다는 뜻이다.

교교요요膠膠擾擾는 세상일에 집착해 마음을 어지럽힌다는 뜻이다. 성현영은 교교膠膠와 요요擾擾 모두 요란한 모습으로 풀이했다. 천지합天之合과 인지합人之合은 각각 「대종사」편에 나오는 '여천위도與天爲徒', '여인위도與人爲徒'와 취지를 같이한다.

6-4

孔子西藏書於周室, 子路謀曰, "由聞, 周之徵藏史有老聃者, 免而歸居, 夫子欲藏書, 則試往因焉." 孔子曰, "善." 往見老聃, 而老聃不許, 於是繙十二經以說. 老聃中其說, 曰, "大謾, 願聞其要." 孔子曰, "要在仁義." 老聃曰, "請問, 仁義, 人之性邪." 孔子曰, "然. 君子不仁則不成, 不義則不生. 仁義眞人之性也, 又將奚爲矣." 老聃曰, "請問, 何謂仁義." 孔子曰, "中心物愷, 兼愛無私, 此仁義之情也." 老聃曰, "意, 幾乎, 復言夫兼愛, 不亦迂乎. 無私焉, 乃私也. 夫子若欲使天下無失其牧乎. 則天地固有常矣, 日月固有明矣, 星辰固有列矣, 禽獸固有群矣, 樹木固有立矣. 夫子亦放德而行, 循道而趨, 已至矣, 又何偈偈乎揭仁義, 若擊鼓而求亡子焉. 意, 夫子亂人之性也."

공자가 서쪽으로 가서 주나라 왕실에 자신이 편수한 서적을 소장시키려고 하자 자로가 꾀를 내어 말했다.

"제가 들으니 주나라의 서고 관리자인 징장사徵藏史 중에 노담老聃이라는 사람이 있는데 지금은 그만두고 향리로 돌아가 살고 있다 합니다. 선생님이 저서를 소장시키고자 하면 시험 삼아 그에게 가 소개를 부탁하도록 하십시오."

"좋은 생각이다."

공자가 노담을 만나고자 했으나 노담이 허락지 않았다. 공자가 가지고 간 12경經을 펴놓고 설득했다. 노담이 중간에 말을 끊었다.

"너무 번거로우니 요점만 듣고 싶소."

공자가 말했다.

"요점은 인의에 있습니다."

노담이 물었다.

"묻겠는데 인의는 사람의 본성이오?"

공자가 대답했다.

"그렇습니다. 군자는 불인하면 목적을 이루지 못하고, 불의하면 사람들과 함께 살 수 없습니다. 인의는 참으로 사람의 본성입니다. 이것 말고 또 무엇을 하겠습니까?"

노담이 말했다.

"묻겠는데 무엇을 인의라 하오?"

공자가 대답했다.

"마음속으로 만물을 보고 즐거워하면서 모든 사람을 똑같이 사랑하는 겸애兼愛와 사심이 없는 무사無私를 행하는 것입니다. 이것이 인의의 진실한 모습입니다."

노담이 말했다.

"아, 위태롭구나! 거듭해서 겸애를 말하니 이 또한 우활迂闊하지 않은가? 사심을 없애려고 하는 것이 바로 사심이오. 그대가 천하로 하여금 목양牧養의 취지를 잃지 않게 하려면 우선 '천지는 본래 상도常道가 있고, 해와 달은 본래 밝고, 별들은 본래 질서 있게 배열돼 있고, 금수는 본래 무리지어 살고, 수목은 본래 대지 위에 서 있다'는 사실을 명심해야 하오. 그대 또한 본래의 덕에 따라 행동하고, 도를 좇아 나아가면 그것으로 충분하오. 그런데 또 무엇 때문에 굳이 인의를 내걸고 마치 북을 두드리며 잃어버린 자식을 찾듯 하는 것이오? 아, 그대는 지금 사람의 참다운 본성을 어지럽히고 있소!"

『장자』에서 공자와 노담이 문답을 나누는 일화는 모두 8번 나온다. 그 중에서 인의 등의 유가 덕목을 논하는 것은 이 장을 포함해 「천운」편의 두 곳 등 모두 세 곳이다. 이케다는 이들 세 대목은 모두 동일한 인물에 의해 편제된 것으로 보았다.

이 장에 나온 얘기는 공자가 노자를 찾아가 예에 관해 물었다는 소위 문례問禮 설화를 가공한 것으로 『도덕경』의 저자를 둘러싼 논란과 밀접한 관련이 있다. 적잖은 사람들은 '문례' 설화를 역사적 사실로 간주하면서 『도덕경』의 원본에 해당하는 『곽점본 도덕경』의 저자를 이 장에 나오는 '노담'으로 추정하고 있다.

그러나 '문례' 설화는 후대인이 만들어낸 허구이다. 『사기』「노자한비열전」에 이 일화가 나온다. 이는 항간에 나도는 얘기를 그대로 수록해 놓은 것으로 신뢰성이 떨어진다. 이를 토대로 『곽점본 도덕경』의 저자를 '노담'으로 단정하는 것은 잘못이다. 그보다는 전국시대 말기 이전에 대략 '노담'으로 추정되는 사람이 『도덕경』을 펴낸 이래 여러 이본異本의 형태로 존재하다가 여러 사람의 손을 거쳐 마침내 하나로 통합되어 현존『도덕경』의 모습을 갖추게 되었다고 보는 게 합리적이다.

징장사徵藏史를 두고 이케다는 후대인이 만들어낸 말로 보았다. 『사기』「노자한비열전」은 노자의 관직을 '주수장실지사周守藏室之史'로 기록해 놓았다. 선진시대에는 이런 관명이 없었다는 것이다. 한무제 치세를 전후해 나온 용어라는 지적이다. 노자가 '주하사柱下史'로 있었다는 얘기도 후대에 나온 것이다. 도서 및 서기를 맡은 주대의 관직으로 진나라의 어사御史와 전한의 시어사侍御史에 해당한다. 일화 자체가 후대인들이 만들어낸 것인 만큼 '징장사'가 실제의 관직인지 여부는 하등 중요치 않다는 게 이케다의 주장이다. 노담老聃을『도덕경』의 저자인 노자로 간주해서는 안 된다는 얘기는 앞서 언급한 바 있다.

시왕인언試往因焉은 시험 삼아 가서 소개를 부탁한다는 말로 여기의 인因은 의탁한다는 뜻의 의依와 통한다. 번십이경繙十二經은 '12경'을 펼친다는 뜻이다. 번繙을 두고 마서륜은『설문해자』를 인용해 펼친다는 뜻의 파譒의 가차로 보았다. '12경'에 대해서는 이설이 분분하다. 유가에서 '경經'의 관념이 생긴 것은 전국시대 말기 순자로부터 시작됐다. 그가 지목한 것은 시詩, 서書, 예禮, 악樂, 춘추春秋 등 '5경'이다. 한무제는 '오경박사五經博士'를 두기도 했다. 그러나 한대에는 역易을 덧붙인 '6경'을 든 경우가 매우 많다. 가의의『신서』「육술」과『한서』「예문지」등이 그 실례이다.

육덕명은 '12경'을 두고 "기존의 6경에 또 다시 6경을 보태 12경으로 만들었다고 말하는 사람도 있고, 혹자는『춘추』를 해석한 12명의 경전으로 보기도 한다"고 했다. 비록 후대이기는 하나 당제국 때 '12경'을 돌에 새긴 개성석경開成石經이 있기는 했다. 이는 현존하는 석경으로는 가장 오래된 것으로 역易, 서書, 시詩, 주례周禮, 의례儀禮, 예기禮記, 좌전左傳, 공양전公羊傳, 곡량전穀梁傳, 효경孝經, 논어論語, 이아爾雅를 들고 있다. 이세以說는 설득한다는 뜻으로 '세說'는 유세의 의미이다.

태만大謾은 너무 번거롭다는 뜻으로 '대大'는 지나치다는 뜻의 부사로 쓰일 때는 '태'로 읽는다. 여기의 만謾은 번거롭다는 뜻의 만曼과 통한다. 군자불인즉불성君子不仁則不成은 『논어』「이인」편에 나오는 '군자가 인을 떠나면 어디서 이름을 얻겠는가?'의 의미인 '군자거인君子去仁, 오호성명惡乎成名'과 취지를 같이한다. 『맹자』「이루 상」편에도 '천자가 불인하면 사해를 보존하지 못한다'는 구절이 나온다.

불의즉불생不義則不生을 두고 성현영은 '의롭지 않으면 삶의 도리가 성립되지 않는다'의 뜻으로 풀었다. 인의진인지성仁義眞人之性은 맹자의 '성선설'의 요체를 언급한 것이나 다름없다. 『맹자』「진심 상」편에 나오는 '군자가 타고난 본성은 인의예지로 마음속에 근거하고 있다'는 구절이 그것이다. 중심물개中心物愷는 마음에서부터 만물을 보고 즐거워한다는 뜻으로 여기의 '개愷'를 두고 이설이 분분하다. 글자 그대로 '락樂'의 뜻으로 풀이하는 게 낫다. 임희일은 '만물을 즐거움으로 여겨 만물과 하나가 된다는 뜻이다'라고 풀이했다.

겸애무사兼愛無私를 두고 이케다는 묵가의 이념인 '겸애'가 친소에 따른 차별을 강조한 유가의 별애別愛와 혼동된 점에 주목해 전한 이후에 이런 현상이 크게 나타났다며 편제시기를 전한 초기로 추정했다.

부언부겸애復言夫兼愛는 원문에 후언後言으로 되어 있다. 성언경은 앞에 나온 기호幾乎를 '후언'과 연결시켜 '뒤에 하는 말은 거짓에 가깝다'로 풀이했으나 이는 문맥과 어긋난다. 마서륜의 주장을 좇아 부언復言으로 고쳐 읽으면서 기호幾乎와 떼어서 해석하는 게 낫다.

불역우호不亦迂乎는 현실과 동떨어진 우활迂闊한 얘기가 아닌지를 묻는 것이다. 우迂를 두고 성현영은 굽었다는 뜻의 곡曲, 임희일은 왜곡돼 시행하기 어려운 난행지설難行之說로 풀었다. 무실기목無失其牧의 목牧을 두고 사마표는 양養으로 풀이했다. 걸걸호偈偈乎는 표나게 기치를 내건 모습을 표현한 것으로 하필何必의 뜻이다. 「천운」편에 나오는 걸연傑然과 같은 뜻이다.

6-5

士成綺見老子而問曰, “吾聞夫子聖人也. 吾固不辭遠道而來願見, 百舍重趼而不敢息. 今吾觀子非聖人也, 鼠壤有餘蔬而棄妹, 不仁也. 生熟不盡於前, 而積無崖.” 老子漠然不應. 士成綺明日復見, 曰, “昔者吾有刺於子, 今吾心正卻矣, 何故也.” 老子曰, “夫巧知神聖之人, 吾自以爲脫焉. 昔者子呼我牛也而謂之牛, 呼我馬也而謂之馬. 苟有其實, 人與之名而弗受, 再受其殃. 吾服也恒服, 吾非以服有服.” 士成綺鴈行避影, 履行遂進而問, “修身若何.” 老子曰, “而容崖然, 而目衝然, 而顙頯然, 而口闞然, 而狀義然. 似繫馬而止也, 動而持, 發也機, 察而審, 知巧而覩於泰, 凡以爲不信. 邊竟有人焉, 其名爲竊.”

사성기士成綺가 하루는 노자를 만나 이같이 물었다.

“저는 선생이 성인이라고 들었습니다. 저는 실로 선생을 찾아뵐 생각으로 수천 리를 마다하지 않고 달려오면서 발에 못이 수없이 박히면서도 감히 쉴 생각을 하지 못했습니다. 그런데 제가 지금 선생을 만나보니 선생은 성인이 아닙니다. 쥐구멍에 먹다 남은 쌀 알갱이가 흩어져 있는데도 이를 내버려 두는 것은 어진 일이 못 됩니다. 또 날것과 익힌 것이 눈앞에 잔뜩 있는데 한없이 쌓아두고 저장만 하고 있습니다."

노자가 조용히 아무 대꾸도 하지 않았다. 사성기가 다음날 다시 노자를 만나 물었다.

"어제는 제가 선생을 헐뜯었으나 지금은 제 마음이 바르게 되어 그런 생각을 물리치게 됐습니다. 이는 무슨 까닭입니까?"

노자가 대답했다.

"나는 스스로 뛰어난 지혜를 지닌 신묘한 성인의 경지를 벗어났다고 생각한다. 그대가 어제 나를 '소'라고 불렀다면 나 또한 스스로 '소'라고 하고, '말'이라고 했으면 나 또한 '말'이라고 했을 것이다. 실로 그에 해당하는 실체가 있어 사람들이 이름을 지어주었는데 내가 이를 받아들이지 않는다면 더 큰 재앙을 입게 될 것이다. 내가 승복하는 것은 늘 그렇듯 무심히 승복하는 것이지 결코 의도적으로 그게 낫다고 판단해 승복하는 게 아니다."

사성기가 노자를 비스듬히 뒤따라 걸으면서 그림자를 밟지 않도록 조심했다. 이어 천천히 걸어 가까이 다가서면서 이같이 물었다.

"몸을 닦으려면 어찌해야 합니까?"

노자가 대답했다.

"그대 얼굴은 깎아지른 듯 모나고, 눈은 마치 튀어나올 듯이 쏘아보고, 이마는 높이 솟아 있고, 입은 크게 벌려져 있고, 풍채는 높은 산처럼 위압적이어서 마치 내달리는 말을 억지로 묶어 멈추게 한 듯하다. 움직이고 싶은 것을 억지로 참고 있으나 일단 튕겨나가면 그 움직임은 쇠뇌처럼 빠르고, 살피는 일은 극히 상세하고, 뛰어난 지혜로 인해 교만이 절로 밖으로 드러나 보인다. 이런 것들은 모두 믿을 수 없는 것들이다. 변경에 이런 자가 있는데 그 이름을 '도둑놈'이라고 한다."

사성기士成綺는 가공의 인물이다. 이름 자체가 유가의 덕목을 화려하게 닦은 선비라는 우의愚意를 반영하고 있다. 백사중견百舍重趼의 백사百舍를 두고 사마표는 백 일 동안 숙박한 것으로 풀이했으나 여기의 사舍는 30리를 뜻하는 거리 단위로 보는 게 문맥상 자연스럽다. 대략 3천 리에 달한다. 견趼은 굳은살을 뜻하는 지胝와 통한다.

서양유여소이기매鼠壤有餘蔬而棄妹의 서양鼠壤은 『광아소증廣雅疏證』에 따르면 산동 일대의 방언으로 쥐구멍의 흙덩어리를 말한다. 소蔬를 두고 성현영은 푸성귀로 풀이했으나 사마표는 쌀 알갱이를 뜻하는 서糈로 해석했다. 기매棄妹에 대한 해석이 분분하다. 예혜경은 글자 그대로 해석해 노자가 굶주리는 여동생을 방치한 것으로 해석했다. 임희일은 '매妹'를 어둡다는 뜻의 '매昧'의 가차로 보아 음식물을 아끼지 않는 행위를 비난한 것으로 풀이했다. 이케다의 주장처럼 지워 없앤다는 뜻의 말抹의 가차로 보는 게 간편하고 자연스럽다.

막연漠然의 막漠은 아무 말도 하지 않는다는 뜻의 막嘆과 통한다. 오심정각吾心正卻의 '각卻'은 물리친다는 뜻의 각却과 통한다. 안행피영鴈行避影은 기러기 행렬처럼 비스듬히 뒤따라 걷는 모습을 표현한 것이다. 『예기』「왕제」편에 '어버이 나이에 해당하는 어른과 길을 갈 때는 따라 걷고, 형 나이에 해당하는 연장자와 갈 때는 비스듬히 뒤따라 걷고, 벗과 갈 때는 서로 앞서지 않는다'는 구절이 나온다.

상규연顙頯然은 이마가 툭 튀어나온 모습으로 거만한 모습을 의미한다. 「대종사」편에도 같은 표현이 나온다. 구함연口闞然은 입이 크게 벌어진 모습을 말한다. 원래 함闞은 범이 소리 지르는 모습이다. 도어태覩於泰는 마음의 교만함이 밖으로 드러나는 것을 말한다. 도覩는 드러난다는 뜻의 현現과 통한다. 태泰는 교만한 모습의 태연泰然을 뜻한다.

6-6

夫子曰, "夫道, 於大不終, 於小不遺, 故萬物備." 廣廣乎其無不容也, 淵淵乎其不可測也. 形德仁義, 神之末也, 非至人孰能定之. 夫至人有世, 不亦大乎. 而不足以爲之累. 天下奮棅而不與之偕. 審乎無假而不與利遷. 極物之眞, 能守其本. 故外天地, 遺萬物, 而神未嘗有所困也. 通乎道, 合乎德, 退仁義, 賓禮樂, 至人之心有所定矣.

노자가 말했다.

"무릇 도는 아무리 큰 것을 수용해도 다하지 않고, 아무리 작은 것이라도 빠뜨리지 않는다. 만물이 모두 여기에 갖춰져 있는 이유이다. 넓고 넓구나! 용납하지 않는 게 없는 것이. 깊고 깊구나! 그 깊이를 헤아릴 수 없는 것이. 형덕刑德이나 인의仁義에 의한 통치는 정신의 말절에 지나지 않는다. 지인至人이 아니면 과연 누가 이런 근본과 말절의 관계를 정할 수 있겠는가? 지인이 세상을 다스리는 일 또한 큰일이 아닌가? 그러나 근본과 말절의 관계를 정하고 세상을 다스리는 일은 지인의 마음을 얽매이게 하는 걱정거리가 되기에 부족하다.

지인은 온 세상 사람들이 권력을 얻으려고 날뛸지라도 그들과 함께 어울리지 않고, 거짓 없는 진실의 도를 잘 살피는 까닭에 세인들처럼 이익을 좇아 움직이지 않는다. 사물의 진실을 극진히 하는 까닭에 그 근본을 지킬 줄 안다. 천지를 도외시하고 만물을 다 잃을지라도 정신만큼은 조금도 피곤해하지 않는 이유이다. 도에 통하고, 타고난 덕에 부합하고, 인의를 물리치고, 예악의 속박을 물리친 덕분이다. 이것이 바로 지인의 마음이 천하를 다스리기로 결심할 때의 모습이다.

광광호廣廣乎와 연연호淵淵乎가 일부 판본에는 광호廣乎와 연호淵乎로 되어 있다. 마서륜은 '광광호'와 '연연호'로 바꿔야 한다고 주장했으나 뜻은 같다. 형덕形德의 형形은 형刑의 의미이다. 유세有世는 세상을 다스린다는 뜻으로 여기의 유有는 치治와 통한다. 천하분병天下奮棅의 병棅은 손잡이의 뜻으로 병柄과 같다. 여기서는 권병權柄을 의미한다. 마서륜 등은 분奮을 탈奪의 오자로 보았으나 그대로 두고 해석하는 게 더 낫다. 이케다는 『한비자』 「이병」편의 '군주가 형벌과 은덕을 이용하면 신하들이 두려워하고 이익으로 돌아갈 것이다'라고 한 구절에서 '천하분병' 구절이 나온 것으로 보았다.

불여이천不與利遷의 이利를 두고 마서륜 등은 「덕충부」편의 불여물천不與物遷 구절을 근거로 물物의 오자로 보았으나 문맥상 무리가 없으므로 그대로 두고 해석하는 게 낫다. 빈예악賓禮樂의 빈賓은 물리친다는 뜻의 빈擯과 통한다.

지인지심유소정의至人之心有所定矣를 두고 대부분 '지인의 마음이 안정되다' 또는 '지인의 마음에는 확고하게 안정된 데가 있다'는 식으로 해석하고 있다. 문맥상 자연스럽지 못하다. 앞 대목에 '근본과 말절의 관계를 정하고 세상을 다스리는 일은 지인의 마음을 얽매이게 하는 걱정거리가 되기에 부족하다'고 언급한 점에 주목할 필요가 있다. 이는 일종의 조건문이다. 그 뒤에 나오는 내용은 지인이 천하를 다스릴 때의 상황을 묘사한 결과문에 해당한다. '지인지심유소정의至人之心有所定矣'는 바로 결과문을 요약한 것이다. 앞에 나온 '일심정이왕천하一心定而王天下' 구절과 취지를 같이한다.

6-7

世之所貴道者, 書也. 書不過語, 語有貴也. 語之所貴者, 意也, 意有所隨. 意之所隨者, 不可以言傳也, 而世因貴言傳書. 世雖貴之哉,猶不足貴也, 爲其貴非其貴也. 故視而可見者, 形與色也. 聽而可聞者, 名與聲也. 悲夫, 世人以形色名聲爲足以得彼之情. 夫形色名聲, 果不足以得彼之情, 則知者不言, 言者不知, 而世豈識之哉.

세인들이 귀하게 여기는 것은 서책書冊이다. 그러나 서책은 남이 말한 것을 기록해 놓은 것에 불과하다. 통상 말에는 귀하게 여기는 게 있을 것이다. 말이 귀하게 여기는 것은 바로 그 뜻이다. 통상 뜻에는 좇아가는 바가 있을 것이다. 그러나 그 뜻이 좇아가고자 하는 '도'와 같은 개념은 정작 말로 전할 수 있는 게 아니다. 그럼에도 세인들은 말을 귀하게 여기며 서책을 대대로 전한다. 세인들은 서책을 귀하게 여길지 모르나 오히려 귀하게 여기기에 부족할 뿐이다. 세인들이 귀하게 여기는 서책은 결코 귀하게 여길 만한 게 못 되기 때문이다.

사람들이 사물을 대할 때 눈으로 볼 수 있는 것은 형색形色뿐이고, 귀로 들을 수 있는 것은 명성名聲뿐이다. 슬프다! 세인들이 형색과 명성만으로도 족히 저 도의 실상을 알 수 있다고 여기는 것이. 무릇 형색과 명성이란 도의 실상을 알기엔 결단코 부족한 것들이다. '아는 자는 말하지 않고, 말하는 자는 알지 못한다'고 하는 이유가 여기에 있다. 세인들이 어찌 그 이치를 알 리 있겠는가!

세지소귀도자世之所貴道者는 세인이 도라고 하여 귀하게 여긴다는 뜻이다. 일부 판본에는 '도道'자가 빠져 있다. 사실 그같이 해석하는 게 문맥상 더 자연스럽다. 『한비자』「유로」편에 서책의 의미를 경시하는 왕수王壽의 일화가 나온다. '지자부장서智者不藏書' 구절이 이를 상징한다. 『회남자』「도응훈」편에도 똑같은 일화가 나온다. 서불과어書不過語는 「유로」편의 '서자언야書者言也' 구절과 취지를 같이

한다. 「도응훈」편에는 '서자언지소출야書者言之所出也'로 되어 있다. 모두 서책이란 남이 말한 것을 기록한 것에 지나지 않는다는 뜻이다.

'어지소귀자語之所貴者, 의야意也'는 말이 중시하는 것은 말하는 사람이 전달하고자 하는 의미일 것이라는 뜻이다. 「유로」편에는 말은 지식에서 나온다는 뜻의 '언생어지言生於知'로 되어 있다. 이 구절은 「외물」편의 '말이란 의미를 전하는 데 기본취지가 있으니 뜻을 얻고 나면 말은 잊어도 된다'는 구절과 취지를 같이하는 것이다. 『여씨춘추』 「이위離謂」편에도 '말은 뜻의 껍데기일 뿐이다'라는 구절이 나온다.

후쿠나가에 따르면 서書와 언言, 의意는 고대로부터 커다란 관심을 불러일으킨 철학적 명제에 해당한다. 그는 『주역』 「계사전 상」편에 나오는 '서부진언書不盡言, 언부진의言不盡意' 구절을 예로 들었다. 일종의 '언어불신론'에 해당한다는 것이다. 그는 이런 '언어불신론'이 선가에서 말하는 불립문자不立文字 사상과 직결돼 있다고 보았다.

의유소수意有所隨에서 수隨의 주어는 의意이다. 뜻이 무언가를 따라간다는 의미이다. '의지소수意之所隨'로 표현하는 게 보다 확실하다. '세수귀지재世雖貴之哉, 유부족귀야猶不足貴也'는 일부 판본에 재哉가 빠져 있거나 유猶 앞에 아我가 덧붙여져 있다. 문맥상 재哉와 아我 모두 빼고 해석하는 게 더 낫다.

지자불언知者不言, 언자부지言者不知는 도를 아는 자는 '도' 운운하지 않고, '도' 운운하는 자는 도를 모르는 자라는 뜻이다. 『도덕경』 제56장에 나오는 구절을 옮겨온 것이다. 「지북유」편에도 같은 구절이 나온다.

6-8

桓公讀書於堂上, 輪扁斲輪於堂下, 釋椎鑿, 而上問桓公曰, "敢問,公之所讀者, 何言邪." 公曰, "聖人之言也." 曰, "聖人在乎." 公曰, "已死矣." 曰, "然則君之所讀者, 古人之糟魄已夫." 桓公曰, "寡人讀書, 輪人安得議乎. 有說則可, 無說則死." 輪扁曰, "臣也以臣之事觀之. 斲輪, 徐則甘而不固, 疾則苦而不入, 不徐不疾, 得之於手而應於心, 口不能言, 有數存乎其間. 臣不能以喩臣之子, 臣之子亦不能受之於臣, 是以行年七十而老斲輪. 古之人與其不可傳也死矣, 然則君之所讀者, 古人之糟魄已夫."

제환공齊桓公이 당상에서 글을 읽고 있을 때 마침 윤편輪扁이 당하에서 수레바퀴를 깎고 있었다. 윤편이 이내 몽치와 끌을 내려놓은 뒤 제환공을 올려다 보며 물었다.

"감히 묻건대 군공君公이 읽고 있는 것은 어떤 말입니까?"

제환공이 대답했다.

"성인의 말씀이다."

"성인이 지금 살아 있습니까?"

"이미 돌아가셨다."

"그렇다면 군공이 읽고 있는 것은 옛사람의 찌꺼기일 뿐이로군요!"

제환공이 화를 냈다.

"과인이 글을 읽고 있는데 한낱 수레바퀴나 깎는 공인 따위가 어찌 끼어드는 것인가? 그럴듯한 이유를 대면 괜찮으나 그렇지 못할 경우 죽음을 면치 못할 것이다."

윤편이 말했다.

"신은 신이 하는 일로 그 이유를 살펴보겠습니다. 수레바퀴를 여유 있게 깎으면 헐거워서 견고하지 못하고, 반대로 너무 꼭 맞게 깎으면 빡빡해서 들어가지 않습니다. 신이 여유 있게 깎지도 않고 너무 꼭 맞게 깎지도 않는 것은 손으로 터득한 뒤 마음으로 호응했기 때문입니다.

이는 결코 입으로는 말할 수 없는 것으로 교묘한 기술이 그 사이에 있습니다. 신도 그것을 자식에게 깨우쳐 줄 수 없고, 신의 자식도 이를 신에게서 물려받을 수 없습니다. 신이 나이 칠십이 되도록 늙은 나이까지 계속 수레바퀴를 깎는 이유입니다. 옛 성인은 도를 말로 전할 수 없는 까닭에 그것을 함께 가지고 무덤에 들어갔을 것입니다. 그래서 군공이 읽는 것은 옛 성현의 주변 얘기나 써놓은 사람의 쓸모없는 옛사람의 찌꺼기에 지나지 않는다고 한 것입니다."

이 일화에서 소위 '고인조박古人糟粕'의 고사가 나왔다. 고식적으로 옛사람의 언행을 좇는 것을 말한다. 환공桓公을 춘추시대 첫 번째 패자인 제환공으로 보는 데 이견은 없다. 유사한 일화가 『한시외전』을 포함해 『회남자』 「도응훈」편 등에 실려 있다. 다만 『한시외전』에는 제환공 대신 초성왕楚成王이 일화의 주인공으로 나온다. 초성왕은 제환공과 패권을 다툰 당대의 명군이다.

윤편輪扁은 가공의 인물로 이름 자체가 수레바퀴를 만드는 장인을 뜻하는 우의를 담고 있다. 「양생주」의 포정庖丁, 「인간세」의 장석匠石, 「변무」편의 도척盜跖 등과 동일한 방식의 작명이다. 착륜斲輪의 착斲을 두고 성현영은 쪼아서 새긴다는 뜻의 조작雕斫으로 해석했다.

'석추착釋椎鑿, 이상문환공而上問桓公' 구절을 두고 구두점을 달리 찍어 '석추착이상釋椎鑿而上, 문환공問桓公'으로 읽는 경우도 있다. 이 경우 당하에 있던 윤편이 당상으로 올라가 제환공에게 물은 게 된다. 문장구조 면에서는 이같이 보는 게 보다 타당하나 문맥상 자연스럽지 못하다. 당하에서 몽치와 끌을 내려놓은 뒤 위를 쳐다보며 물었다고 해석하는 게 자연스럽다.

고인지조박이부古人之糟魄已夫의 백魄을 두고 해석이 분분하다. 사마표는 썩은 밥을 뜻하는 난식爛食, 육덕명은 혼백, 마서륜은 술 찌꺼기인 박粕의 가차로 보았다. 이케다는 마서륜의 설을 좇았다. 부夫는 감탄 종결사이다. 『묵자』「경주」편은 선왕을 칭송하는 것을 두고 말라빠진 뼈다귀인 '고골槁骨'을 칭송하는 것으로 폄훼해 놓았다.

유수존有數存의 수數는 기술을 뜻한다. 행년70이로行年七十而老의 행년行年은 현재의 나이를 뜻하는 말이다. 「천운」과 「달생」, 「우언」편 등에 두루 사용되고 있다. 여기의 이로而老가 『회남자』「도응훈」편에는 로이老而로 되어 있다. 이게 더 타당하다.

제7장 천운(天運)

7-1

"天其運乎, 地其處乎, 日月其爭於所乎, 孰主張是. 孰維綱是. 孰居無事推而行是. 意者其有機緘而不得已邪. 意者其運轉而不能自止邪. 雲者爲雨乎. 雨者爲雲乎. 孰隆施是. 孰居無事淫樂而勸是. 風起北方, 一西一東, 有上彷徨. 孰嘘吸是. 孰居無事而披拂是. 敢問何故." 巫咸祒曰, "來, 吾語女. 天有六極五常, 帝王順之則治, 逆之則凶. 九洛之事, 治成德備, 監照下土, 天下載之, 此謂上皇."

누군가 무함巫咸에게 물었다.

"하늘은 부단히 운행하는 것인가? 땅은 멈춰 있는 것인가? 해와 달은 자리를 다투는가? 누가 천지일월의 운행을 주재하는가? 누가 천지일월이 정연하게 운행하도록 질서를 부여하는가? 누가 스스로 무위에 머물며 천지일월을 밀어서 움직이게 하는 것인가? 혹 기계에 묶여 그만두지 못하는 일은 빚어지지 않는 것인가? 혹 저절로 굴러가기 때문에 스스로 그치지 못하는 것인가? 구름이 저절로 내려 비가 되는 것인가? 비가 스스로 올라가 구름이 되는 것인가? 누가 이 비구름의 순환을 맡아서 처리하는 것인가? 누가 무위에 머물며 조화의 음락淫樂

에 빠진 채 이를 권하는 것인가? 바람은 북쪽에서 일어나 한번은 서쪽으로 불고, 한번은 동쪽으로 불고, 또 높이 올라가 이리저리 방황하기도 한다. 누가 이 바람을 호흡하는가? 누가 무위에 머물며 이 바람을 부채질해 일으키는 것인가? 감히 묻건대 이는 무슨 까닭인가?"

무함이 고하여 말했다.

"이리 오라, 내가 너에게 말해주겠다. 천지에는 6극六極과 5행五行이 있다. 제왕이 '6극5행'의 도를 따르면 천하가 잘 다스려지고, 이를 어기면 재앙이 일어난다. 제왕이 홍범9주洪範九疇와 하도낙서河圖洛書의 뜻을 좇아 덕을 닦고 천하에 군림하면 천하가 이내 떠받들 것이다. 이를 일컬어 최고의 제왕인 '상황上皇'이라고 한다."

천기운호天其運乎와 지기처호地其處乎 등의 구절은 『초사』「천문天問」편과 내용이 상통한다. 「천문」편은 고대인의 천문지리에 관한 모든 궁금증을 자세히 묻고 있다. 본문에는 나와 있지 않지만 뛰어난 무당인 이른바 신무神巫인 무함巫咸은 바로 이런 질문에 대한 해답을 도가 차원에서 제시한 것이다.

무함은 선진시대 문헌에 자주 등장하는 매우 유명한 신무이다. 『서경』「군석」편에 은나라의 현자인 무함이 재상이 되어 왕가王家를 다스렸다는 얘기가 나온다. 『사기』의 「은본기」와 「봉선서」 및 「연세가」도 이를 그대로 전재해 놓았다. 일각에서는 은대의 갑골 복사卜辭에 나오는 함무咸戊로 추정하기도 한다. 『산해경』 등에 무함의 이름이 나오고 있는 것 등이 논거이다. 실제로 『한비자』「설림 하」편에도 '무함은 비록 축원을 잘했지만 스스로 액땜을 하지는 못했다'는 기록이 나온다.

「응제왕」편에 이미 정나라의 신무인 계함季咸이 등장한 바 있다.

『열자』「황제」편에 나오는 계함의 고사는 동일한 내용을 다룬「응제왕」편 고사보다 훨씬 정교하다.『회남자』「정신훈」편에도 유사한 일화가 나온다. 계함을 무함으로 보는 견해가 있으나 이는 무리이다. 무함은 여러 정황에 비춰 실존인물일 가능성이 크나 계함은 가공인물에 지나지 않는다.

숙주장시孰主張是를 두고 성현영은 '누가 주재하면서 베푸는가'로 풀이했다. 거무사居無事는 무위의 일에 머문다는 뜻으로 결국 무위를 행한다는 의미이다.『도덕경』제2장에 나오는 '성인은 무위의 일에 머물며 말없는 가르침을 행한다'는 구절과 취지를 같이한다. 추이행시推而行是를 두고 일각에서는 '이추행시而推行是'로 바꿔야 한다고 주장했으나 그대로 두고 해석해도 큰 무리는 없다.

의자意者는 '혹여'의 뜻으로 억抑과 같다. 기함機緘의 함緘을 두고 마서륜은 감感의 가차로 보는 등 여러 해석이 있으나 글자 그대로 묶여 있다는 뜻으로 풀이하는 게 낫다. 어떤 기계에 묶여 돌아가는 탓에 스스로 그만두지 못하는 것인가 하는 의문의 뜻이다. 융시隆施에 대해 유월은 융隆을 강降의 잘못으로 보고, 성현영은 시施를 폐廢로 해석하는 등 여러 이견이 있으나 앞서 나온 운행우시雲行雨施의 '행시行施'와 유사한 뜻으로 새기는 게 타당하다. 음락淫樂은 운우지락雲雨之樂과 같은 뜻이다. 허흡噓吸은 호흡과 같은 말이다. 피불披拂은 부채질하여 바람을 일으키는 것을 말한다.

무함초巫咸祒의 초祒를 놓고 의견이 엇갈린다. 마서륜은 초招의 와전으로 보았고, 가나야는 무함의 이름으로 해석했다. 그보다는 고한다는 뜻의 조詔의 가차로 본 아카츠카의 견해가 그럴듯하다. 6극六極은「대종사」와「응제왕」편에 나온 것처럼 사방과 상하를 포함한 공간을 뜻한다. 5상五常에 대해서는 설이 분분하다. 성현영과 임희일은 오행

五行으로 보았다. 이케다가 이를 지지한다.

9락지사九洛之事를 두고 여혜경 등은 『서경』에 나오는 홍범9주洪範九疇와 『주역』 「계사상전」에 나오는 하도낙서河圖洛書로 보았다. 홍범9주는 기자가 주무왕에게 답한 9개의 정치규범을 말한다. 하도낙서는 우임금이 홍수를 다스리자 하늘이 내려준 상서로운 조짐의 부서符書를 말한다. 이케다는 전한 말기 이전에 '9주'와 '낙서'를 결부시키는 사고가 형성됐을 것으로 추정했다.

감조하토監照下土는 아래 세상을 비춘다는 뜻으로 천하에 군림한다는 의미이다. 천하대지天下戴之의 대載는 떠받든다는 뜻의 대戴의 가차이다. 일부 판본은 대戴로 되어 있다. 상황上皇은 여기서 최고의 제왕을 뜻하는 말로 사용됐다. 「재유」편에 나오는 '나의 도를 체득한 사람은 위로 황皇이 되고, 아래로 왕王이 될 수 있다'는 구절과 취지를 같이한다.

7-2

商大宰蕩問仁於莊子. 莊子曰, "虎狼, 仁也." 曰, "何謂也." 莊子曰, "父子相親, 何爲不仁." 曰, "請問至仁." 莊子曰, "至仁無親." 大宰曰, "蕩聞之, 無親則不愛, 不愛則不孝. 謂至仁不孝, 可乎." 莊子曰, "不然. 夫至仁尙矣, 孝固不足以言之. 此非過孝之言也, 不及孝之言也. 夫南行者至於郢, 北面而不見冥山, 是何也. 則去之遠也. 故曰, '以敬孝易, 以愛孝難, 以愛孝易, 以忘親難.' 忘親易, 使親忘我難. 使親忘我易, 兼忘天下難. 兼忘天下易, 使天下兼忘我難. 夫德遺堯舜而不爲也, 利澤施於萬世, 天下莫知也, 豈直太息而言仁孝乎哉. 夫孝悌仁義, 忠信貞廉, 此皆自勉以役其德者也, 不足多也. 故曰, 至貴, 國爵幷焉. 至富, 國財幷焉. 至願, 名譽幷焉. 是以道不渝."

송나라 태재太宰 탕蕩이 장자에게 인에 관해 물었다. 장자가 대답했다.

"호랑이와 이리도 인仁합니다."

"무슨 말입니까?"

장자가 대답했다.

"호랑이와 이리는 부자간에 서로 친합니다. 어찌 인仁하지 않다고 할 수 있겠습니까?"

태재가 물었다.

"지극한 인仁에 관해 묻고자 합니다."

"지극한 인仁은 친함이 없습니다."

태재가 물었다.

"나는 친함이 없으면 사랑하지 않게 되고, 사랑하지 않으면 어버이에게 효도하지 못한다고 들었습니다. 그렇다면 지극한 인仁은 불효로 불러도 되는 것입니까?"

장자가 대답했다.

"그렇지 않습니다. 무릇 지극한 인은 그보다 나은 것이 없는 최고의 경지입니다. 효는 실로 지극한 인의 경지를 말하기에 부족합니다. 그대의 말은 효보다 낫기는커녕 그것에 미치지도 못합니다. 무릇 남쪽으로 여행하는 송나라의 나그네가 초나라 수도 영郢에 이르러 북쪽을 바라보면 한韓나라의 명산冥山이 보이지 않습니다. 이는 무슨 까닭입니까? 너무 멀리 떠났기 때문입니다.

그래서 말하기를, '존경으로 효를 행하기는 쉬워도 사랑으로 효를 행하기는 어렵고, 사랑으로 효를 행하기는 쉬워도 내가 어버이를 잊기는 어렵고, 내가 어버이를 잊기는 쉬워도 어버이가 나를 잊게 하기는 어렵고, 어버이가 나를 잊게 하기는 쉬워도 내가 천하인을 두루 잊기는 어렵고, 내가 천하인을 두루 잊기는 쉬워도 천하인이 나를 잊게 하기는 어렵다'고 하는 것입니다. 지극한 인에 이른 사람은 덕이 요순을 안중에 두지 않을 정도로 뛰어날지라도 새삼 나서서 일하지 않습니다. 그가 베푼 은택이 만세에 미치지만 천하의 그 누구도 이를 알지 못합니다. 그러니 어찌 다만 저들 세속의 사람들처럼 크게 탄식하면서 '인'과 '효'를 들먹일 뿐이겠습니까?

무릇 효제孝悌와 인의仁義, 충신忠信, 정렴貞廉 따위의 덕목은 모두 억지로 힘써 덕을 부리는 것에 지나지 않습니다. 결코 크게 존중할 게 못 됩니다. 그래서 말하기를, '지귀至貴는 나라에서 주는 작위 따위는 돌아보지 않고, 지부至富는 나라에서 주는 재물 따위는 돌아보지 않고, 지원至願은 세속의 명예 따위는 돌아보지 않는다'고 하는 것입니다. 무위자연의 도가 변하지 않는 이유입니다."

춘추전국시대 당시 송宋나라는 상商으로 불리기도 했다. 상나라의 유민들이 세운 나라이기 때문이다. 태재大宰는 백관을 총괄하는 재상의 벼슬 이름이다. 호랑인야虎狼仁也는 가장 사나운 호랑이와 이리가 '인'을 행한다는 뜻으로 '인' 자체가 허섭스레기에 불과하다는 역설이다. 지인무친至仁無親은 천도무친天道無親의 뜻으로 「제물론」의 대인불인大仁不仁 취지와 상통한다.

지인불효가호至仁不孝可乎는 유가의 효와 인을 비판한 것이다. 『논어』「학이」편은 효제孝悌를 인의 근본이라고 주장했고, 「안연」편과 『맹자』「이루 하」편은 사람을 사랑하는 애인愛人을 인의 요체로 설명했다. 『맹자』「진심 상」편은 어버이를 사랑하는 친친親親을 인의 핵심으로 간주했다.

차비과효지언此非過孝之言의 차此를 두고 설이 분분하다. 아카츠카는 장자의 '지인무친至仁無親', 이케다는 송나라 태재 탕의 '지인불효至仁不孝'로 해석했다. '태자 탕의 말'로 풀이한 후쿠나가의 해석이 가장 그럴듯하다. 영郢은 초나라 도읍으로 지금의 호북성 강릉현 서북쪽에 있다. 명산冥山을 두고 곽상과 사마표는 북극 내지 북해의 산 이름으로 풀이했다. 이케다는 『사기』「소진열전」에 '명산' 명칭이 나오고 있는 점에 주목해 『사기색인』을 인용해 한韓나라에 있는 산 이름으로 추정했다. 송나라 수도 상구商丘로부터는 약 300킬로미터, 초나라 수도 영으로부터는 270킬로미터 가량 떨어져 있다.

거지원야去之遠也를 두고 여러 해석이 있으나 이케다의 설명이 가장 그럴듯하다. 송나라 수도 상구를 떠나 초나라 영까지의 중간쯤에 위치한 지점에 한나라의 명산이 있다. 송나라 태재 탕이 말하는 지인至仁은 불급효不及孝의 경지에서 출발해 중간지점인 명산, 즉 세속의 효孝를 거쳐 다시 멀리 초나라 수도인 영에 이르렀다는 취지이다. 이곳이 '지인무친'의 최고 경지이다. 결국 송나라 나그네로 비유된 태재 탕은 '불급효'에서 출발한 뒤 세속의 '효'를 지나 '지인무친'의 초월의 경지까지 언급한 셈이 된다. 그러니 세속의 '효', 즉 명산이 눈에 들어올 리 없게 된다. 초나라의 수도 영 대신 한나라의 명산을 '지인무친'으로 간주하는 이설이 있기는 하나 이케다의 설명이 명쾌하다.

이경효이以敬孝易는 『논어』「위정」편에 나오는 '지금의 효는 물질적으로 잘 봉양하는 것을 말하니, 개와 말도 잘 사육하면서 부모를 공경하지 않으면 무슨 구별이 있겠는가?'라는 구절과 취지를 같이한다. 겸망천하兼忘天下는 두루 천하를 잊는다는 뜻으로 여기의 겸兼은 '두루'를 뜻하는 주周와 통한다. 덕유요순德遺堯舜의 유遺는 잊어버린다는 뜻으로 안중에도 두지 않는다는 의미이다. 효제孝悌는 부모에게 효도하고 형제에게 우애가 있음, 仁義는 어질고 의리가 있음, 충신忠信

은 충실하고 믿음직함, 정렴貞廉은 마음이 곧고 깨끗함을 뜻한다.

역기덕役其德은 본래의 순수한 덕을 혹사한다는 뜻으로 여기의 역役은 사역을 뜻하는 사使와 통한다. 국작병언國爵并焉은 나라에서 주는 작위 따위를 물리친다는 뜻으로 국작國爵은 『맹자』「고자 상」편의 인작人爵과 같은 뜻이다. 여기의 병并은 물리친다는 뜻의 병屛의 가차이다. 마서륜 등은 『설문해자』를 인용해 제거한다는 뜻의 병姘의 가차로 보았다. 지원至願은 무위자연의 도와 덕에 대한 동경을 지닌 사람을 뜻한다. 해동과 마서륜 등은 원願을 현顯의 잘못으로 보았으나 문맥이 잘 통하지 않는다. 이케다는 경모한다는 뜻의 모慕로 풀이했다. 도불유道不渝의 유渝를 두고 성현영은 변變 내지 야박함의 박薄으로 풀이했다. 여기의 도는 「변무」편의 상연常然에 가깝다.

7-3

北門成問於黃帝曰, "帝張咸池之樂於洞庭之野, 吾始聞之懼, 復聞之怠, 卒聞之而惑, 蕩蕩默默, 乃不自得." 帝曰, "汝殆其然哉. 吾奏之以人, 徽之以天, 行之以禮義, 建之以大清. 四時迭起, 萬物循生, 一盛一衰, 文武倫經. 一淸一濁, 陰陽調和, 流光其聲. 蟄蟲始作, 吾驚之以雷霆. 其卒無尾, 其始無首. 一死一生, 一僨一起, 所常無窮, 而一不可待. 汝故懼也. 吾又奏之以陰陽之和, 燭之以日月之明. 其聲能短能長, 能柔能剛, 變化齊一, 不主故常. 在谷滿谷, 在阬滿阬. 塗郤守神, 以物爲量. 其聲揮綽, 其名高明. 是故鬼神守其幽, 日月星辰行其紀. 吾止之於有窮, 流之於無止. 子欲慮之而不能知也, 望之而不能見也, 逐之而不能及也. 儻然立於四虛之道, 倚於槁梧而吟. '目知窮乎所欲見, 力屈乎所欲逐, 吾旣不及已夫.' 形充空虛, 乃至委蛇. 汝委蛇, 故怠. 吾又奏之以無怠之聲, 調之以自然之命. 故若混逐叢生, 林樂而無形, 布揮而不曳, 幽昏而無聲. 動於無方, 居於窈冥, 或謂之死, 或謂之生. 或謂之實, 或謂之榮. 行流散徙, 不主常聲. 世疑之, 稽於聖人. 聖也者, 達於情而遂於命也. 天機不張而五官皆備. 此之謂天樂, 無言而心說. 故有焱氏爲之頌曰, '聽之不聞其聲, 視之不見其形, 充滿天地, 苞裹六極.' 汝欲聽之而無接焉, 而故惑也. 樂也者, 始於懼, 懼故祟. 吾又次之以怠, 怠故遁. 卒之於惑, 惑故愚. 愚故道, 道可載而與之俱也."

황제의 신하 북문성北門成이 황제에게 물었다.

"황제는 함지咸池의 음악을 저 광원한 동정洞庭의 들판에서 연주했습니다. 저는 첫 번째 연주를 듣고는 두려움에 빠졌고, 두 번째 연주를 듣고는 두려움이 사라져 나른해졌고, 마지막 세 번째 연주를 듣고는 어지러워져 마음이 흔들리고 할 말조차 잊고 마침내 스스로 정신을 차리지 못했습니다."

황제가 말했다.

"그대는 아마 그랬을 것이다. 나는 먼저 인간세상의 규율에 따라 연주하고, 자연의 흐름에 따라 소리를 울리고, 예의의 질서를 갖춰 연주를 진행하고, 태청太淸의 무위자연 경지에 맞게 그것을 맺어 나갔다. 사계절의 교대를 좇아 만물이 돌아가며 생멸生滅하듯 혹은 성대해지고 혹은 쇠퇴하는 가운에 문무의 부드럽고 강직한 음색이 서로 정돈되고, 소리가 맑아졌다 탁해지는 가운데 음양이 조화를 이루자 그 조화된 소리가 널리 흘러 퍼져나갔다.

나는 동면하고 있던 벌레가 일어나기 시작하면 뇌정雷霆의 울림으로 이들을 놀라게 했다. 이 음악은 끝이 어딘지, 시작이 어딘지 알 수 없다. 끊어졌다 다시 이어지기도 하고, 엎어졌다 다시 일어나기도 한다. 변화를 일정한 모습으로 삼아 일정함에 끝이 없는 까닭에 그 흐름을 전혀 예측할 수 없다. 그대는 이 때문에 두려워했을 것이다.

나는 또 음양의 조화에 따라 연주하고, 해와 달의 밝음에 따라 음악을 화려하게 연주했다. 그 소리는 짧게 끊거나 길게 늘일 수도 있고, 부드럽게 하거나 굳세게 할 수도 있다. 일제히 변화해 옛 가락에 구애받지 않는다. 골짜기를 만나면 골짜기를 채우고, 구덩이를 만나면 구덩이를 채운다. 욕망의 틈을 막고 정신을 지켜 대상 사물의 있는 그대로의 모습에 순응한다. 그 소리가 맑게 울리자 '함지'라는 악곡 이름도 높고 밝게 빛났다.

이에 귀신도 어두운 곳을 지켜 떠나지 않고, 일월성신도 제 길을 따라 움직이게 됐다. 나는 연주를 유한한 세계에서 그치기도 하고, 무한한 세계까지 흘려보내기도 한다. 그대가 아무리 헤아려 보고자 해도 알 수 없고, 아무리 바라보고자 해도 볼 수 없고, 아무리 좇아가고자 해도 미칠 수 없다. 그대는 넋 나간 모습으로 사방이 텅 빈 대도 가운데 서 있거나 말라빠진 오동나무 책상에 기댄 채 신음소리만 낼 것이다.

눈과 지식은 결국 보고자 하는 데서 그치고, 힘 또한 좇아가고자 하는 데서 그친다. 나도 이미 '함지' 음악의 경지에 미칠 수 없기에 그친 것이다. 사람은 몸에 공허함이 가득 차면 이내 힘이 빠져 흐느적거려 종잡을 수 없게 된다. 그대 또한 이처럼 종잡을 수 없게 되었기에 느슨해진 것이다.

나는 또 나른함을 없애는 소리를 연주하고, 자연의 명에 따라 소리를 조절했다. 이에 만물이 떨기로 자라는 것처럼 소리가 이리저리 뒤섞여 서로 좇아다니며 크게 즐거워하는데도 그 모습은 보이지 않는다. 널리 울려퍼지는데도 끌고 다니지 않아 소리가 자취를 남기지 않고, 그윽하고 어두운 세계로 들어가 이내 아무 소리도 나지 않게 된다. 이는 소리가 일정한 방향도 없이 움직이다가 이내 그윽하고 어두운 근원의 세계에 조용히 머문 결과이다. 이를 두고 어떤 사람은 소리가 죽었다고 하고, 어떤 사람은 살아 있다고 하고, 어떤 사람은 충실하다고 하고, 어떤 사람은 열매도 없이 꽃만 무성하다고 한다.

소리가 자유자재로 흘러다니며 이리저리 옮기는 까닭에 일정한 소리에 얽매이지 않는다. 세인들이 이를 의아하게 생각해 성인에게 물어보는 이유이다. 성인은 자신의 성정을 남김없이 실현하고, 주어진 자연의 명을 완수하는 자이다. 자연의 조화인 천기天機를 인위적으로 펼치지 않아도 5관五官의 기능이 모두 갖춰져 있다. 이를 일컬어 '천락天樂' 이라고 한다. 이는 말없이 마음으로 기뻐하는 것을 말한다.

옛날 유염有焱 신농씨神農氏도 이 '함지' 의 음악을 듣고 칭송하기를, '들으려 해도 들리지 않고 보려고 해도 보이지 않으니 천지 사이에 소리가 충만해 6극六極을 감쌌구나!' 라고 했다. 그대가 이 음악을 듣고자 해도 접할 수 없는 것은 그대가 이미 어지러워졌기 때문이다.

'함지' 의 음악은 듣는 자에게 처음에는 두려운 느낌을 갖게 한다. 사람들은 두려워하기에 불안해한다. 나는 이어 나른하게 만드는 음악을 연주한다. 사람들은 나른해지기에 멀리 도망치고자 한다. 마지막으로 어지럽게 하는 음악을 연주한다. 어지러워지면 어리석게 되고, 어리석어지면 도와 하나가 될 수 있다. 그러면 도에 내 몸을 싣고 도와 함께 노닐 수 있다."

북문성北門成은 가공의 인물로 성현영은 황제黃帝의 신하로 보았다. 이케다는 전한 말기에 나온 유향의 『별록』에서 유래한 목록문헌인 『한서』「예문지」에 황제의 이름을 붙인 음악서는 보이지 않는다고 했다. 그러나 『여씨춘추』「고악古樂」편에 황제가 영륜伶倫에게 명해 6율을 만들고, 이어 영륜과 영장榮將에게 명해 12종을 주조하게 해 '함지' 음악을 만들었다는 기록이 나온다. 『관자』「오행」편에 황제가 5성을 만들었다는 기록이 있다. 『한비자』「십과」편은 황제가 '함지'가 아닌 청각淸角의 악곡을 만들었다고 기록해 놓았다. 전국시대 말기에 이르러 황제를 '함지'의 제작자로 간주하는 등 음악과 결부시킨 전설이 만들어졌을 공산이 크다. 이케다도 이를 수긍하고 있다.

함지咸池의 명칭을 두고 전한 말기의 정현鄭玄은 『예기』「악기」를 주석하면서 "황제가 작곡한 음악으로 함咸은 모두, 지池는 베푼다는 뜻이다. 덕이 베풀어지지 않음이 없다는 뜻이다"라고 풀이했다. 「지악」편에서도 '황제의 음악인 함지와 순임금의 음악인 구소九韶의 음악을 동정의 들판에서 연주했다'는 구절이 나온다. 『회남자』「제속훈」에도 비슷한 내용이 나온다. 여혜경은 '함지'를 도에 비유한 것으로 풀이했다. 성현영은 동정지야洞庭之野를 '천지의 사이'로 풀이했다. 여혜경은 「소요유」편의 '광막지야廣莫之野'와 같은 것으로 보았다.

부문지태復聞之怠의 태怠는 『광아』「석고釋詁」에 따르면 나태하다는 뜻의 나懶와 통한다. 탕탕묵묵蕩蕩默默은 마음이 흔들리고 할 말조차 잃은 것을 말한다. 휘지이천徽之以天은 자연의 흐름에 따라 소리를 울린다는 뜻이다. 휘徽는 악기를 연주하는 휘揮의 뜻으로 저본에는 징徵으로 되어 있다. 건지이태청建之以大淸은 맑은 무위의 경지에 맞게 음을 맺어 나갔다는 뜻이다. 저본에는 이 아래에 35개 자가 있었으나 소철蘇轍이 연문으로 간주한 이래 생략하는 게 정설이다. 곽상의 주가 잘못 끼어들었다는 게 소철의 주장이다. 일부는 성현영의 소가 끼어든 것으로 보고 있다.

사시질기四時迭起의 질迭이 일부 판본에는 체遞로 되어 있다. 마서륜은 질迭을 체遞의 약자로 보았다. 문무경륜文武倫經은 평화로운 북소리와 전투적인 징소리가 차례대로 펼쳐진다는 뜻이다. 유광기성流光其聲은 조화된 음악 소리가 널리 흘러 퍼진다는 뜻으로 여기의 광光을 두고 마서륜은 광廣의 가차로 보았다. 칩충시작蟄蟲始作은 동면하던 벌레가 비로소 일어난다는 뜻으로 『예기』「월령」편의 중춘지월仲春之月에 '이 달에는 우레가 소리를 내며 처음으로 번개가 치고 겨울잠을 자던 벌레가 모두 움직인다'는 구절이 나온다.

일분일기一僨一起의 분僨을 두고 사마표는 엎어진다는 뜻의 부仆로 풀이했다. 소상무궁所常無窮은 일정함이 끝이 없다는 뜻이다. 곽상은 '변화를 일정한 모습으로 삼기 때문에 일정함에 끝이 없다'고 풀이했다. 『주역』이 변역變易만이 오직 유일한 상도常道라고 역설한 것과 취지를 같이한다. 일불가대一不可待의 일一을 두고 유월은 '전혀'의 뜻으로 풀이했다.

촉지이일월지명燭之以日月之明의 촉燭을 마서륜은 조照의 가차로 보았다. 음악을 밝게 연주했다는 뜻이다. 부주고상不主故常의 주主는 주住, 고故는 구舊와 통한다. 재갱만갱在阬滿阬의 갱阬은 갱坑과 통한다. 육덕명은 『이아』를 인용해 허虛로 풀이했다. 도각수신塗卻守神은 욕망의 틈을 막고 정신을 지킨다는 뜻으로 도塗는 색塞, 각卻은 극隙과 통한다. 『도덕경』 제56장에 나오는 '욕심의 출구와 통행로를 폐색한다'는 취지의 색태폐문塞兌閉門 구절과 같은 맥락이다. 이물위량以物爲量은 대상 사물의 분량에 따라 소리를 크게도 작게도 한다는 뜻이다.

기성휘작其聲揮綽의 휘揮는 빛날 휘暉와 통하고, 작綽은 밝다는 뜻의 작焯의 가차이다. 귀신수기유鬼神守其幽는 귀신이 유명계幽冥界에 머물러 재앙을 입히려 돌아다니지 않는다는 뜻으로 곧 귀신도 협조한다는 의미를 담고 있다. 「천지편」의 '귀신복鬼神服'과 「천도」편의 '무귀책無鬼責'과 취지를 같이한다.

자욕려지이불능지子欲慮之而不能知는 아무리 헤아려도 알 수 없다는 뜻으로 『도덕경』 제14장에 나오는 '보려 해도 볼 수 없는 것을 이夷, 들으려 해도 들을 수 없는 것을 희希, 잡으려 해도 잡을 수 없는 것을 미微라고 한다'는 구절과 상통한다. 당연입어사허지도儻然立於四虛之道의 당연儻然은 멍한 모습을 표현한 것으로 후쿠나가는 멍하니 바라본다는 뜻의 당矘의 가차로 보았다. 4허四虛를 두고 성현영은 사방이 텅 빈 것으로 풀이했다.

의어고오이음倚於槁梧而吟은 음악을 분석할 요량으로 말라빠진 오동나무 책상에 기대 신음소리를 내는 것을 말한다. 「덕충부」에도 유사한 구절이 나온다. 이케다는 「덕충부」에서 혜시 일파의 변론가들을 비판한 것처럼 여기서도 잔재주를 부리는 분석적 학문이 도라는 음악 앞에 무력할 수밖에 없음을 풍자한 것으로 분석했다.

목지궁호소욕견目知窮乎所欲見 구절은 잇달아 나오는 역굴호소욕축力屈乎所欲逐 구절과 대구를 이룬다. 이로 인해 목지目知의 지知를 연자로 간주해 이를 빼고 해석하는 견해가 있으나 이케다는 그대로 두고 해석할 것을 주장했다. 마서륜은 이 구절 앞에 있던 심궁호소욕지心窮乎所欲知 구절이 탈락하면서 '지知'만 남게 되었다고 보았다. 형충공허形充空虛는 몸 안에 공허함이 가득 찼다는 뜻으로 마음을 비우게 되었음을 의미한다. 위이委蛇는 힘이 빠져 흐느적거리는 모습을 표현한 것이다.

혼축총생混逐叢生 구절을 두고 마서륜은 만물이 떨기로 자라는 것처럼 이리저리 뒤섞여 서로 쫓겨다니는 것으로 풀이했다. 「재유」편에서 만물이 무수히 많다는 뜻으로 '만물운운萬物云云' 한 것과 취지를 같이한다. 임락이무형林樂而無形의 임락林樂은 수풀이 무성한 것처럼 모두 크게 즐거워한다는 의미이다. 곽숭도는 군락群樂으로 풀이했다.

5관五官은 다섯 가지 감각기관인 눈, 귀, 코, 혀, 피부를 말한다. 유염씨有焱氏를 두고 성현영은 염제 신농씨의 별칭으로 보았다. 포과육극苞裹六極의 포苞가 일부 판본에는 포包로 되어 있다. 구고수懼故祟는 두려워하기에 불안감이 생긴다는 뜻이다. 우고도愚故道를 두고 성현영은 분별심이 사라진 경지로 풀이했다.「제물론」의 '성인우둔聖人愚芚' 구절과 같은 취지이다.

7-4

孔子西遊於衛, 顔淵問師金曰, "以夫子之行爲奚如." 師金曰, "惜乎. 而夫子其窮哉." 顔淵曰, "何也." 師金曰, "夫芻狗之未陳也, 盛以篋衍, 巾以文繡, 尸祝齊戒以將之. 及其已陳也, 行者踐其首脊, 蘇者取而爨之而已. 將復取而盛以篋衍, 巾以文繡, 遊居寢臥其下, 彼不得夢, 必且數眯焉. 今而夫子亦取先王已陳芻狗, 聚弟子遊居寢臥其下. 故伐樹於宋, 削迹於衛, 窮於商周, 是非其夢邪. 圍於陳蔡之間, 七日不火食, 死生相與鄰, 是非其眯邪. 夫水行莫如用舟, 而陸行莫如用車. 以舟之可行於水也, 而求推之於陸, 則沒世不行尋常. 古今非水陸與. 周魯非舟車與. 今蘄行周於魯, 是猶推舟於陸也. 勞而無功, 身必有殃. 彼未知夫無方之傳, 應物而不窮者也. 且子獨不見夫桔槔者乎. 引之則俯, 舍之則仰. 彼, 人之所引, 非引人者也, 故俯仰而不得罪於人. 故夫三皇五帝之禮義法度, 不矜於同而矜於治. 故譬三皇五帝之禮義法度, 其猶柤梨橘柚邪. 其味相反而皆可於口. 故禮義法度者, 應時而變者也. 今取猨狙而衣以周公之服, 彼必齕齧挽裂, 盡去而後慊. 觀古今之異, 猶猨狙之異乎周公也. 故西施病心而矉其里, 其里之醜人見之而美之, 歸亦捧心而矉其里. 其里之富人見之, 堅閉門而不出. 貧人見之, 挈妻子而去走. 彼知美矉而不知矉之所以美. 惜乎, 而夫子其窮哉."

공자가 서쪽 위衛나라로 유세하러 떠났을 때 안연이 사금師金에게 물었다.

"우리 선생님의 이번 유세 여행을 어떻게 생각하십니까?"

사금이 대답했다.

"애석하구나! 그대의 선생은 이내 궁지에 빠질 것이다."

"어째서 그렇다는 것입니까?"

사금이 대답했다.

"무릇 제사를 지낼 때 악령을 좇기 위해 쓰는 추구芻狗는 아직 제사에 진열되기 전에 훌륭한 대나무 상자에 담고, 아름답게 수놓은 천으로 덮고, 시축尸祝으로 불리는 제관들이 몸을 깨끗이 재계한 뒤 그것을 받든다. 그러나 제사가 끝나면 길가는 사람들이 '추구'의 머리와 등줄기를 밟고 지나가는가 하면 풀 베는 사람들이 주워 불을 붙인다. 만일 이를 다시 가져다가 훌륭한 대나무 상자에 담고, 아름답게 수놓은 천으로 덮고, 그 아래에서 이리저리 오가며 놀거나 곁에서 누워 자면 분명 악몽을 꾸거나 자주 가위눌림을 당할 것이다.

지금 그대의 선생 또한 이런 짓을 하고 있다. 옛 성왕들이 이미 진설한 바 있는 인의예악이라는 '추구'를 주워 모셔놓고, 제자들을 끌어모으고, 그 아래에서 이리저리 오가며 놀거나 곁에서 누워 자고 있다. 그대의 선생이 송나라에서 환퇴桓魋에 의해 나무 밑에 깔려 죽을 뻔하고, 위나라에서 발자취까지 삭제되는 수모를 당하고, 상나라의 옛터나 주나라의 수도에서 궁지에 빠진 이유이다. 이것이 바로 악몽이 아니겠는가? 또 진陳, 채蔡 사이에서 사람들에게 포위당해 7일 동안 따뜻한 밥을 지어먹지 못하는 등 생사가 서로 이웃이 될 정도로 죽도록 고생했다. 이것이 바로 가위눌림을 당한 게 아니겠는가?

무릇 물 위로 갈 때는 배를 타느니만 못하고, 땅 위를 갈 때는 수레를 타느니만 못하다. 배가 물 위에서 갈 수 있다고 해서 그것을 땅 위에서 밀고 가려 한다면 죽을 때까지 할지라도 얼마 가지 못할 것이다. 옛날과 지금의 차이는 물과 뭍의 차이가 아니겠으며, 주나라와 노나라의 문화 차이는 배와 수레 차이가 아니겠는가? 지금 노나라에서 옛날 주나라의 문물제도를 그대로 시행하려 한다면 이는 마치 땅 위에서 배를 밀고 가려는 것과 같다. 공연히 수고스럽기만 할 뿐 아무 효과가 없고, 오히려 몸에 재앙만 입을 것이다. 저 공자라는 사람은 일정한 방향 없이 자유롭게 유전하는 도가 사물에 응하며 다함이 없다는 사실을 알지 못하는 자이다.

그대는 홀로 두레박을 보지 못했는가? 줄을 끌어당기면 아래쪽으로 엎어지고, 손을 놓아버리면 위를 올려다 본다. 저 두레박은 사람이 끌어당겨 그리된 것이지, 두레박이 사람을 끌어당겨 그리된 게 아니다. 아래를 굽어보거나 위를 올려다 보거나 사람에게 책망받는 일이 없는 이유이다.

저 삼황오제三皇五帝가 만든 예의법도라는 것도 똑같이 시행하는 데 그 뜻이 있는 게 아니고, 세상을 다스리는 데 그 가치가 있을 것이다. 삼황오제의 예의법도를 열매에 비유하면 아가위나무, 배나무, 귤나무, 유자나무의 열매와 같다. 비록 열매의 맛은 서로 다를지언정 사람의 입맛에 맞는다는 점에서는 모두 같다.

예의법도는 시대에 따라 변하기 마련이다. 지금 원숭이를 잡아다가 주공의 옷을 입히면 원숭이는 반드시 그 옷을 깨물고, 물어뜯고, 잡아

당겨 찢어 모두 없애야만 비로소 흡족해할 것이다. 고금의 차이를 생각해 보면 이는 원숭이와 주공의 차이와 같다.

옛날 서시西施는 가슴앓이 병이 있어 마을을 오갈 때 자주 얼굴을 찡그렸다. 그 마을의 추녀가 이를 보고 아름답다고 여겨 자기 집으로 돌아온 이후 매양 가슴을 부여잡고 마을 사람들 앞에서 얼굴을 찡그리고 다녔다. 마을의 부자들은 그것을 보고는 문을 걸어 잠근 후 밖으로 나오려 하지 않았고, 마을의 가난한 사람들은 그것을 보고는 처자식의 손을 이끌고 황급히 그 마을을 떠나버렸다. 그 추녀는 서시의 찡그린 얼굴이 아름다운 것만 알았지 그 까닭을 몰랐던 것이다. 애석하구나! 그대의 선생은 이내 궁지에 빠지고 말 것이다."

공자가 천하유세에 나선 후 처음으로 들른 나라가 위衛나라이다. 여기의 일화는 그와 상관없는 것이기는 하나 노나라 수도 곡부에서 위나라 수도 제구帝丘까지는 서쪽으로 약 180킬로미터이다. 사금師金은 악사 금金을 말한다. 사師는 악사의 우두머리를 말한다. 대략 노나라의 태사太師로 추정된다. 『논어』에는 「팔일」편을 비롯해 공자가 노나라 태사와 얘기하는 대목이 몇 차례 나온다. 그러나 「천운」편의 사금은 가공인물로 보는 게 옳다.

추구芻狗는 풀을 엮어 개 모습으로 만든 것으로 무축이 이를 사용했다. 협연篋衍의 대나무 상자로 연衍은 대광주리인 단簞의 가차이다. 건이문수巾以文繡의 건巾은 덮는다는 뜻의 복覆의 의미이다. 시축재계尸祝齊戒의 시축尸祝은 제관을 말한다. 성현영은 시尸를 태묘 안의 신주로 보았다. 통상 시尸는 제사 때 신위 자리에 앉히는 어린 시동尸童을 말한다. 축祝은 축문을 읽는 제관을 뜻한다. 소자蘇者는 풀 베는 사람을 의미한다. 필차삭미必且數眯의 필차必且는 반드시, 삭數은 빈번을 뜻한다. 미眯는 가위눌림의 뜻으로 염魘과 통한다.

벌수어송伐樹於宋은 송나라에서 사마로 있던 환퇴桓魋가 나무를 베어 죽이려고 한 일을 언급한 것이다. '환퇴'는 송나라 사마 상퇴向魋를 말한다. 송환공의 후예인 까닭에 흔히 '환퇴'로 불렸다. 그는 공자의 후기 제자인 '사마우司馬牛'의 친형이기도 하다. 환퇴가 문득 사람들을 시켜 공자를 죽일 생각으로 그 나무를 뽑아버리게 하자 공자는 할 수 없이 그곳을 떠나게 되었다. 이때 제자들이 다급하게 재촉하자 공자가 이같이 대답했다.

"하늘이 나에게 덕을 이을 사명을 주었는데 환퇴가 나를 어찌하겠는가."

이 대목은 『논어』「술이」편에 그대로 나온다. 삭적어위削迹於衛는 위나라에서 배척당한 것을 말한 것이다. 이 두 고사에서 '삭적벌목削跡伐木' 성어가 나왔다. '수레바퀴 자국을 지우고 나무를 뽑았다'는 뜻으로 관직에 임용되지 못하고 여기저기 떠돌아다니는 불우한 인재를 뜻하는 말로 전용되었다. 공자가 온갖 어려움을 무릅쓰고 자신의 뜻을 펴기 위해 이곳저곳을 쏘다닌 데서 나온 말이다. 위어진채지간圍於陳蔡之間은 진나라와 채나라가 오나라 및 초나라의 각축장이 되어 있었던 까닭에 공자 일행에게 식량을 제대로 보급하지 못한 사정을 언급한 것이다. 이는 공자가 천하유세 기간 중에 겪은 최후의 조난이었다.

구추지어륙求推之於陸은 배를 땅 위에서 밀고 가려는 무모한 짓을 언급한 것이다. 『서경』「익직益稷」편에 요의 아들 단주丹朱가 물 없는 데에서 배를 가게 하려 한다는 뜻의 '망수행주罔水行舟' 표현이 나온다. 아카츠카는 이런 설화를 배경으로 '단주가 이런 터무니없는 짓을 저지른 자이다'라고 해석했다.

심상尋常의 심尋은 8척, 상常은 그 두 배로 16척에 해당한다. 여기의 '심상'은 '조금'이라는 뜻으로 사용된 것이다. 길고桔槔는 두레박으로 「천지」편에서는 도와 상충되는 기계의 상징어로 고槔가 나왔다. 이는 '길고'가 긍정적인 의미로 사용된 「천운」편의 취지와 배치된다. 이를 두고 이케다는 두레박이 세상에서 널리 사용하는 물건이 되면서 도가 역시 새로운 시대에 대응해 나가지 않으면 안 되었을 것으로 추정했다.

비인인자非引人者는 두레박이 사람을 끌어당기는 게 아니라는 뜻으로 예의법도 등의 도구 역시 세상의 변화에 따라야 한다는 취지를 담고 있다. 두레박은 무심히 오르내릴 뿐 결코 시대를 거스르는 작위를 하지 않는다는 취지이다. 예의법도禮義法度의 의義가 의儀로 되어 있는 판본이 있다. 뜻은 같다. 불긍어동不矜於同은 똑같이 시행하는 것을 가치 있게 여기는 것이 아니라는 뜻으로 여기의 긍矜은 숭상하다는 뜻의 상尙과 통한다.

사리귤유柤梨橘柚는 앵두나무의 일종인 아가위나무를 비롯해 배나무, 귤나무, 유자나무의 열매를 의미한다. 모두 유실수이다. 「인간세」편에 이미 나온 바 있다. 기미상반이개가어구其味相反而皆可於口는 맛은 다르지만 모두 사람의 입에 맞는다는 뜻으로 『회남자』「설림훈」편에도 유사한 구절이 나온다. 응시이변자應時而變者는 예의법도의 시대에 따른 변화를 언급한 것으로 『한비자』「오두」편에 나오는 '성인은 옛것을 새롭게 하고 다른 방식으로 세상의 일에 대비한다'는 구절과 취지를 같이한다.

주공周公은 주무왕의 동생 단旦을 말한다. 주왕조의 예의법도를 제정한 인물로 공자로부터 성인이라는 칭호를 받았다. 흘설만렬齕齧挽裂의 '흘설'은 깨물고 물어뜯는다는 뜻이고, '만렬'은 잡아당겨 찢는다는 의미이다. 진거이후겸盡去而後慊은 모두 없앤 뒤에야 비로소 흡족해한다는 뜻이다. 겸慊은 여기서 흡족하다는 뜻의 쾌快의 의미로 사용되었으나 원래는 마음이 찐덥지 않다는 뜻의 불쾌不快의 의미로 사용되는 말이다. 난亂이 어지럽다는 뜻과 더불어 다스린다는 뜻을 지니고 있는 것과 같다.

서시西施는 월나라의 전설적인 미인으로 이미 「제물론」편에 나온 바 있다. 기리지추인其里之醜人은 서시와 같은 마을에 사는 추녀를 말한다. 통상 '서시'와 대비돼 동시東施로 불린다. 병심이빈기리病心而矉其里는 가슴을 앓아 마을에서 얼굴을 찡그리고 다녔다는 뜻이다. 빈矉은 이맛살을 찌푸리는 것으로 빈顰과 통한다.

견지이선지見之而美之의 미美를 두고 이케다는 선망하다는 뜻의 선羨의 가차인 까닭에 '선'으로 읽어야 한다고 주장했다. 피지미빈彼知美矉의 미빈美矉이 저본에는 빈미矉美로 되어 있다. '서시의 찡그린 얼굴이 아름답다고 여길 줄 알았다'의 뜻을 살리기 위해서는 '미빈'이 되어야만 한다. 그러나 저본처럼 '빈미'를 그대로 두고 '찡그리는 게 아름답다는 것을 알았다'고 해석해도 가하다. 이 일화에서 동시효빈東施效顰의 성어가 나왔다. 까닭도 모르고 무턱대고 흉내 내는 자들을 비웃는 말이다.

7-5

孔子行年五十有一而不聞道, 乃南之沛見老聃, 老聃曰, "子來乎. 吾聞子, 北方之賢者也. 子亦得道乎." 孔子曰, "未得也." 老子曰, "子惡乎求之哉." 曰, "吾求之於度數, 五年而未得也." 老子曰, "子又惡乎求之哉." 曰, "吾求之於陰陽, 十有二年而未得也." 老子曰, "然. 使道而可獻, 則人莫不獻之於其君. 使道而可進, 則人莫不進之於其親.

使道而可以告人, 則人莫不告其兄弟. 使道而可以與人, 則人莫不與其子孫. 然而不可者, 無佗也, 中無主而不止, 外無正而不行. 由中出者, 不受於外, 聖人不出. 由外入者, 無主於中, 聖人不隱. 名, 公器也, 不可多取. 仁義, 先王之蘧廬也, 止可以一宿而不可久處, 覯而多責. 古之至人, 假道於仁, 託宿於義, 以遊逍遙之虛, 食於苟簡之田, 立於不貸之圃. 逍遙無爲也, 苟簡易養也, 不貸無出也. 古者謂是采眞之遊. 以富爲是者, 不能讓祿. 以顯爲是者, 不能讓名. 親權者, 不能與人柄, 操之則栗, 舍之則悲, 而一無所鑒. 以闚其所, 不休者, 是天之戮民也. 怨·恩·取·與·諫·教·生·殺八者, 正之器也, 唯循大變無所湮者爲能用之. 故曰, '正者, 正也.' 其心以爲不者, 天門弗開矣."

공자는 살아온 나이가 51세가 되었는데도 아직 참다운 도가 무엇인지 듣지 못했다. 마침내 남쪽 패沛 땅으로 가 노담을 만났다. 노담이 물었다.

"그대가 마침 잘 왔소! 나는 진작부터 그대가 북방의 현자라는 말을 들어왔는데 그대 또한 도를 체득했지 않았겠소?"

공자가 대답했다.

"아직 얻지 못했습니다."

노자가 물었다.

"그대는 어디에서 그것을 찾으려 했소?"

"저는 예악의 법도에서 찾으려 했지만 5년이 지나도록 아직 얻지 못했습니다."

"그러면 그대는 또 어디서 그것을 찾으려 했소?"

"저는 음양의 이치에서 찾으려 했지만 12년이 지나도록 아직 얻지 못했습니다."

노자가 말했다.

“예악과 음양에서 찾으려 했다면 아마 그랬을 것이오. 만일 도가 다른 사람에게 공헌貢獻할 수 있는 것이라면 그것을 군주에게 바치지 않을 자가 없었을 것이고, 진언進言할 수 있는 것이라면 어버이에게 진언하지 않을 자가 없었을 것이고, 고지告知할 수 있는 것이라면 형제에게 알려주지 않을 자가 없었을 것이고, 증여贈與할 수 있는 것이라면 자손에게 물려주지 않을 자가 없었을 것이오.

그리되지 않은 데는 나름 이유가 있소. 심중心中에 도를 받아들일 주인이 없으면 도가 와서 머물지 않고, 심외心外에 도가 향할 만한 표적이 없으면 도가 가지 않기 때문이오. 성인은 심외의 도에 의해 수용될 여건이 마련돼 있지 않으면 심중의 주인을 밖으로 드러내지 않고, 심중의 주인이 자리를 잡고 있지 못하면 심외의 도를 간직해 두지 않소.

명성은 천하의 공기公器인 까닭에 한 사람이 홀로 많이 가져서는 안 되고, 인의는 옛 선왕들이 잠시 묵었던 임시 처소인 까닭에 하룻밤 가량 묵는 것은 가하나 오래 머물러서는 안 되오. 오래 머물면 책망을 많이 받기 때문이오. 옛날의 지인은 인仁의 길을 잠시 빌리고 의義의 집에서 잠시 의탁하기는 했으나 기본적으로 자유로운 소요의 언덕에서 노닐며 구간苟簡의 밭에서 먹을 것을 얻었소. 남에게 베푸는 것을 의식하지 않는 경지에 서 있는 사람은 도를 함부로 말하지 않소. 옛날에는 이를 일컬어 ‘참된 도를 얻는 놀이’라고 했소.

그러나 지금 부富를 최고의 가치로 여기는 자는 남에게 녹봉을 양보할 줄 모르고, 현달顯達을 옳은 것으로 여기는 자는 남에게 명예를 양보할 줄 모르고, 권병權柄을 가까이하는 자는 남에게 권력을 넘길 줄 모르오. 부와 명예와 권력을 손에 넣으면 빼앗길까 두려워 떨고,

이를 잃으면 크게 슬퍼하며 조금도 자신을 돌아보지 않소. 이들은 부와 명예와 권력이 있는 곳이면 두리번거리며 엿보는 일을 잠시도 멈추지 않소. 이런 자는 하늘의 형벌을 받은 죄인일 뿐이오.

원망하고 은혜를 베푸는 원은怨恩과 빼앗거나 주는 취여取與, 간언을 듣거나 가르치는 간교諫教, 죽이거나 살리는 생살生殺 등 8가지 일은 천하를 다스리는 바른 도구요. 이는 오직 커다란 변화를 좇아 변화의 흐름을 막는 일이 없는 자라야만 능히 쓸 수 있소. 공자가 '정치는 바르게 하는 것이다' 라고 역설한 이유가 여기에 있소. 마음속에서 그렇다고 동의하지 않는 자에게는 결코 하늘의 문이 열리는 법이 없소."

행년行年은 지금까지 살아온 햇수를 말한다. 공자가 노자를 만나 가르침을 받았다는 이 일화는 『사기』 「공자세가」에도 나온다. 거기에는 30세 때의 일로 되어 있다. 「천운」편에서 공자의 나이를 51세로 잡은 것을 두고 이케다는 공자가 50대를 천명을 아는 소위 지명知命의 나이로 규정한 사실과 무관치 않을 것으로 보았다.

주목할 것은 「천운」편의 일화에서 노담老聃과 노자老子를 혼용해 쓰고 있는 점이다. 「천운」편을 편제한 저자는 노자가 바로 노담이라고 생각했음에 틀림없다. 그러나 사마천은 「노자한비열전」에서 노자에 관해 자세히 알 길이 없어 부득불 항간에 나도는 모든 얘기를 기록해 둔다고 털어놓은 바 있다. 앞서 언급한 바 있지만 노담과 노자는 별개의 인물로 보는 게 통설이다.

패沛는 지금의 강소성 패현이다. 노나라 수도 곡부에서 약 1백 킬로미터 가량 떨어져 있다. 「우언」편에도 노담의 고향을 '패' 땅으로 규정한 구절이 나온다. 그러나 「노자한비열전」은 지금의 하남성 녹읍현인 초나라의 고현苦縣을 노자의 고향으로 기록해 놓았다. 견노담見

老聃의 '견見'을 두고 공자가 노담의 가르침을 받고자 한 만큼 알현의 뜻을 지닌 '현見'으로 읽어야 한다는 주장이 있으나 이는 지나치다. 『장자』에는 공자와 노담이 문답을 나눈 일화가 모두 7번 나온다. 「천지」와 「천도」, 「전자방」, 「지북유」편에 각각 1번, 「천운」편에 3번 등장한다.

도수度數는 예악의 법도를 말한다. 「천도」편에 이미 예악도수禮樂度數 표현이 나왔다. 중무주中無主의 중中은 마음속을 뜻하는 심중心中의 의미이다. 주主는 주체를 뜻한다. 외무정外無正의 외外는 마음 밖의 심외心外를 의미한다. 정正에 대해서는 설이 엇갈린다. 마서륜과 여혜경은 화살을 쏘는 표적으로 해석했다. 이케다는 왕부지가 『사서패소四書稗疏』에서 정곡正鵠의 정正을 표적을 뜻하는 정鴊의 약자로 고증한 것을 근거로 이를 지지한다.

성인불은聖人不隱의 불은不隱은 숨기지 않는다는 뜻으로 여기서는 간직해 두지 않는다는 뜻으로 사용되었다. 심중에 주체가 없으면 도가 머물지 않는 상황에서 억지로 도를 끌어당기며 '쉬쉬'하지 않는다는 의미이다. 도를 받아들일 준비가 전혀 안 돼 있는 자가 도인을 자처하는 행태를 지적한 것이다.

선왕지거려先王之蘧廬의 거려蘧廬는 임시숙소를 말한다. 이케다는 손이양이 『설문해자』를 인용해 고증한 것을 근거로 거蘧를 임시 처소를 뜻하는 거遽의 가차로 보았다. 구이다책覯而多責의 구覯를 두고 마서륜은 머문다는 뜻의 두逗의 가차로 보았다. 가나야와 후쿠나가 등이 이를 지지한다. 이케다는 『광아』에서 구構를 성成으로 해석한 것을 근거로 구構의 가차로 보았다. 문맥상 마서륜의 풀이가 자연스럽다.

'가도어인假道於仁, 탁숙어의託宿於義' 구절은 『맹자』 「이루 하」편에 나오는 '인은 사람이 편히 쉴 안택安宅이고, 의는 사람이 걸어야 할 정로正路이다' 구절과 대비된다. 앞서 언급한 바와 같이 '인의'를 최초로 언급한 사람은 묵적이고, 이를 유가에 적극 도입한 사람은 맹자이다. 맹자의 '인의' 사상은 '안택'과 '정로'의 비유에 집약돼 있다. 비록 집과 길이 뒤집어져 있기는 하나 「천운」편의 '가도假道'와 '탁숙託宿'은 '정로'와 '안택'으로 상징되는 맹자의 '인의' 사상을 통렬히 비판한 핵심어에 해당한다.

소요지허逍遙之虛의 허虛는 빈 공간을 뜻하는 허墟와 통한다. 일부 판본에는 허墟로 되어 있다. 식어구간지전食於苟簡之田의 구苟는 '간신히'의 뜻이고, 간簡은 간략한 식사를 상징한다. 입어부대지포立於不貸之圃는 남에게 베푸는 것을 의식하지 않는 무위자연의 경지를 말한다. 사마표는 대貸를 시여施與로 해석했다. 부대不貸를 함부로 베풀지 않는다는 뜻으로 해석하는 견해도 있으나 문맥상 '베푸는 것을 의식하지 않는다'고 풀이한 후쿠나가의 해석이 그럴듯하다.

채진지유采眞之遊의 채采를 두고 곽상이 채읍采邑으로 해석한 이후 많은 주석가들 이를 좇았다. 임희일은 '진실한 이치의 채취'로 풀이했다. '참된 도를 얻음'으로 해석하는 게 낫다. 일무소감一無所鑒의 감鑒은 은나라 패망의 역사를 스스로를 경계하는 거울로 삼는다는 뜻의 은감殷鑑을 의미한다. '이규기소불휴자以闚其所不休者' 구절은 문법을 좇아 '소所' 이하를 목적어로 해석할 경우 전체 문맥과 동떨어진 해석이 나올 수밖에 없다. 적잖은 억지 해석이 나온 이유다. '소所' 다음에 구두점을 찍어 해석하는 게 가장 무난하다. 정지기야正之器也의 '정正'은 '정政'의 뜻이다. 춘추전국시대에는 두 글자가 혼용됐다. 무소인無所湮의 인湮은 흙으로 막거나 묻는다는 뜻의 인堙과 통한다.

정자정야正者正也는 『논어』「안연」편에서 '정치란 바르게 하는 것이다'라고 언급한 공자의 말과 똑같다. 후쿠나가는 공자가 노나라의 실권자인 계강자季康子를 야유한 취지를 그대로 답습한 것으로 풀이했다. '정자정야政者正'는 인仁과 예禮를 역설한 공자의 명분론을 집약한 구절이다. 맹자의 '인의'는 물론 순자가 역설한 '예악' 등을 신랄하게 비판하고 있는 『장자』가 공자의 '명분론'을 드러내 놓고 칭송한 것은 매우 드문 일이다. 전한 초기 황로학이 통치사상으로 작동한 결과로 볼 수 있다.

천문불개天門弗開의 천문天門을 놓고 인간의 내면에 있는 것인지 여부를 놓고 견해가 엇갈린다. 성현영을 위시해 진고응 등은 인간의 마음, 고형은 이목구비 등으로 해석했다. 이케다는 무위자연의 대도를 상징하는 「인간세」편의 호천皞天과 같은 것으로 풀이했다. 문맥상 이게 타당하다.

7-6

孔子見老聃而語仁義. 老聃曰, "夫播糠眯目, 則天地四方易位矣. 蚊虻噆膚, 則通昔不寐矣. 夫仁義憯然, 乃憤吾心, 亂莫大焉. 吾子使天下無失其朴, 吾子亦放風而動, 總德而立矣. 又奚傑然若負建鼓而求亡子者邪. 夫鵠不日浴而白, 烏不日黔而黑. 黑白之朴, 不足以爲辯. 名譽之觀, 不足以爲廣. 泉涸, 魚相與處於陸, 相呴以濕, 相濡以沫, 不若相忘於江湖." 孔子見老聃歸, 三日不談. 弟子問曰, "夫子見老聃, 亦將何規哉." 孔子曰, "吾乃今於是乎見龍. 龍, 合而成體, 散而成章, 乘雲氣而養乎陰陽. 予口張而不能嗋, 予又何規老聃哉." 子貢曰, "然則人固有尸居而龍見, 雷聲而淵默, 發動如天地者乎. 賜亦可得而觀乎." 遂以孔子聲見老聃. 老聃方將倨堂而應微曰, "予年運而往矣, 子將何以戒我乎." 子貢曰, "夫三皇五帝之治天下不同, 其係聲名一也. 而先生獨以爲非聖人, 如何哉." 老聃曰, "小子少進. 子何以謂不同."

對曰, “堯授舜, 舜授禹. 禹用力而湯用兵, 文王順紂而不敢逆, 武王逆紂而不肯順, 故曰不同.” 老聃曰, “小子少進, 余語汝三皇五帝之治天下. 黃帝之治天下, 使民心一, 民有其親死不哭而民不非也. 堯之治天下, 使民心親, 民有爲其親殺其殺而民不非也. 舜之治天下, 使民心競, 民孕婦十月生子, 子生五月而能言, 不至乎孩而始誰, 則人始有夭矣. 禹之治天下, 使民心變, 人有心而兵有順, 殺盜非殺人, 自爲種而天下耳. 是以天下大駭, 儒墨皆起. 其作始有倫, 而今乎婦女, 何言哉. 余語汝. 三皇五帝之治天下, 名曰治之, 而亂莫甚焉. 三皇之知, 上悖日月之明, 下睽山川之精, 中墮四時之施. 其知憯於蠣蠆之尾, 鮮規之獸, 莫得安其性命之情者, 而猶自以爲聖人, 不可恥乎. 其無恥也.” 子貢蹴蹴然立不安.

공자가 노담을 만나 인의를 얘기했다. 노담이 말했다.

“무릇 키질을 하다 날린 겨가 눈에 들어가면 천지사방의 위치가 뒤바뀌어 분간할 수 없게 되오. 모기나 등에가 살을 물면 밤새 잠을 이룰 수 없소. 저 인의라고 하는 것도 참으로 큰 해독을 끼쳐 우리의 마음을 어지럽게 만들고 있소. 천하를 어지럽히는 것이 이보다 큰 게 없소.

그대가 만일 천하 사람들로 하여금 그 소박함을 잃지 않도록 하려면 그대 또한 바람 부는 대로 따라 움직이며 자연의 덕을 잘 잡고 있어야 할 것이오. 그런데도 어찌하여 억지로 애쓰면서 마치 큰 북을 짊어지고 북소리를 울리면서 집 나간 자식을 찾는 사람처럼 구는 것이오?

무릇 백조는 날마다 목욕을 하지 않아도 희고, 까마귀는 날마다 검게 칠하지 않아도 검소. 본래 생득生得의 흑백에 대해서는 새삼 검다 희다 떠들 것이 없는 것이오. 명예라는 껍데기는 새삼 널리 알릴 만한 가치가 없는 것이오. 샘이 마르면 물고기들이 땅 위에 남아 서로 숨을 불어주고 거품으로 적셔주오. 그러나 이는 강과 넓은 호수에서 서로 잊고 사느니만 못하오."

공자가 노담을 만나고 돌아온 뒤 3일 동안 말이 없었다. 제자들이 물었다.

"선생님은 노담을 만나 무엇을 가지고 그를 바로잡아 주셨습니까?"

공자가 대답했다.

"나는 이번에 처음으로 여기서 용을 보았다. 그 용은 기가 합치면 형체를 이루고, 기가 흩어지면 아름다운 문채를 만들어 구름을 타고 음양 사이를 마음껏 날아다닌다. 나는 그것을 보고 입을 벌린 채 다시 다물지 못했다. 그러니 내가 또 어떻게 노담을 바로잡아 줄 수 있겠는가?"

자공이 물었다.

"그렇다면 세상 사람들 가운데 참으로 신주처럼 조용히 있다가 문득 변환해 용처럼 출현하고, 우레 같은 소리를 내다가 문득 깊은 연못처럼 침묵을 지킴으로써 발동發動이 천지와 같은 사람이 있다는 것입니까? 저도 그런 분을 만나보고 싶습니다."

마침내 자공이 공자의 소개로 노담을 만났다. 그때 노담은 막 마루 한가운데 걸터앉아 있다가 자공의 인사에 가느다란 소리로 말했다.

"나는 이제 나이를 먹어 늙었는데 그대는 무엇으로 나를 가르치려 하는가?"

자공이 물었다.

"저 삼왕오제가 천하를 다스린 방법은 같지 않았으나 그들 모두 세상에 명성을 떨친 것은 같습니다. 그런데 선생은 유독 그들을 성인이 아니라고 하니 이는 무슨 까닭입니까?"

노담이 반문했다.

"젊은 친구여! 이쪽으로 가까이 오라. 그대는 무슨 근거로 삼황오제의 치세법이 같지 않다고 말하는 것인가?"

자공이 대답했다.

"요는 순에게 보위를 물려주고, 순은 우에게 물려주었습니다. 그러나 하나라의 우는 인력을 사용해 치수治水에 성공한 것을 빌미로 보위를 자손에게 물려주었고, 상나라의 탕은 무력을 사용해 하나라 걸을 방벌放伐했습니다. 주문왕은 은나라 주에게 공순하고 감히 반역하지 않았는데 그 아들 주무왕은 주를 거역하며 따르지 않았습니다. 그래서 같지 않다고 한 것입니다."

노담이 말했다.

"젊은 친구여! 조금 더 가까이 오라. 내가 그대에게 삼황오제가 천하를 다스린 진상을 말해주겠다. 옛날에 황제가 천하를 다스리던 때는 백성들이 마음을 의식적으로 차별 없이 하나로 통일했다. 백성들 중 자신의 부모가 죽었을 때 곡하지 않는 자가 있어도 백성들은 그것을 나쁘다고 비난하지 않았다.

요가 천하를 다스리면서 백성들에게 가까운 사람을 친애하도록 했다. 백성들 중 자신의 부모를 위해 부모를 죽인 원수를 죽일지라도 백성들은 그것을 나쁘다고 비난하지 않았다. 순이 천하를 다스리면서 백성들에게 경쟁하는 마음을 갖게 했다. 이에 백성들 사이에서 임산부가 10달 만에 자식을 낳으면 태어난 아이는 겨우 5달 만에 말을 하며 웃을 줄 아는 데 이르지 않고도 벌써 낯을 가리게 됐다. 사람들 중 처음으로 요절하는 이가 생긴 이유이다.

우가 천하를 다스리던 때는 백성들의 마음을 크게 변화시킨 탓에 사람들 모두 이기심을 갖게 되어 무기를 사용하는 일도 정당하게 여졌다. 도둑을 죽이는 것은 살인이 아니라고 여기고, 자기 자신이 천하에서 제일 근본이 되는 존재라고 여기며 잘난 체하기에 이르렀다. 천하가 크게 놀라 유가와 묵가가 일시에 나타난 배경이다. 이에 처음 일을 시작했던 때는 그래도 도리에 합당한 것이 있었으나 지금에 와서는 부녀자들의 시끄러운 다툼처럼 되고 말았다. 여기에 무슨 말을 더 하겠는가?

내가 그대에게 삼황오제가 천하를 다스린 진상을 말해주겠다. 명목은 다스렸다고 하나 어지러움이 그보다 심한 적이 없다. 삼황의 지혜는 위로는 해와 달의 밝음과 어긋나고, 아래로는 산천의 정기와 어긋나고, 가운데로는 사계절의 운행과 동떨어져 있다. 그 지혜가 마치 전갈의 꼬리보다 무자비한 까닭에 작은 벌레까지 본래의 생명을 온전히 할 수 없었는데도 오히려 스스로 성인을 자부했다. 부끄럽지 아니한가! 실로 부끄러움을 모른 자들이다."

자공이 크게 놀라 안절부절 못하며 서 있는 것조차 불안해 보였다.

공자가 노자를 만나 예를 물었다는 '문례問禮' 설화는 『사기』의 「공자세가」와 「노자한비열전」에도 실려 있다. 『사기』에 앞서는 선진시대 문헌 중 '문례' 설화를 소개한 것은 없다. 『전국책』 「초책」에 노래자老萊子가 공자에게 군주를 섬기는 것에 관해 가르쳤다는 기록이 나오나 이는 '문례' 설화로 보기 어렵다.

이를 두고 이케다는 사마천이 유가와 도가를 종합하려는 의도를 갖고 '문례' 설화를 수정해 노자를 예에 통달한 유가의 인물로 둔갑시켰다고 지적했다. 노자와 공자를 평등한 관계로 만들려 했다는 지적이다. 『예기』 「증자문」편에 나오는 '문례' 설화가 논거이다. 그러나 훗날 주희가 『예기』의 '문례' 설화에 대해 강한 이의를 제기한 데서 알 수 있듯이 『예기』에 '문례' 설화가 수록된 것을 두고 노자와 공자를 평등한 관계로 만들려는 시도로 해석하는 것은 무리가 있다. '문례' 설화 자체가 예에 관한 것이므로 이를 『예기』에 수정해 실었다고 보는 게 합리적이다.

파강미목播糠眯目은 키질을 하다 날린 겨가 눈에 들어갔다는 뜻이다. 파播는 키를 까부른다는 뜻의 파簸의 가차이다. 미眯는 『자림字林』에서 '이물질이 눈에 들어가 병이 되다'의 뜻으로 풀었다. 문맹참부蚊虻噆膚는 모기나 등에가 살을 물었다는 의미이다. 참噆은 깨물었다는 뜻으로 설齧과 통한다. 통석불매通昔不寐의 석昔은 석夕의 뜻으로 이같이 된 판본도 있다. 왕념손은 『춘추곡량전』이 야夜를 석昔으로 기록한 것을 근거로 '밤중'으로 풀이했다. 인의참연仁義憯然의 참憯은 참혹하다는 뜻의 참慘과 통한다. 내궤오심乃憒吾心의 궤憒가 일부 판본에는 분憤으로 되어 있으나 왕념손은 모습이 비슷해 오자가 나온 것으로 보았다. 마서륜은 『설문해자』를 근거로 궤憒를 난亂의 뜻으로 풀이했다.

총덕總德의 총總은 잡는다는 뜻의 병秉과 같다. 우혜걸연又奚傑然의 '걸연'은 크게 애쓰는 모습을 표현한 것이다. 『경전석문』과 성현영의 소는 '걸연'으로 되어 있다. 마서륜 등은 일부 판본이 걸걸연傑傑然으로 되어 있는 것을 근거로 이같이 바꿀 것을 주장하면서 잘난 체하는 모습으로 풀이했다. 부건고負建鼓는 북을 등에 치고 친다는 뜻이다.

곡鵠은 흰 새로 백조를 말한다. 일부 판본은 학鶴으로 되어 있다. 명예지관名譽之觀의 관觀은 겉으로 드러나 보이는 껍데기를 말한다. 「소요유」편에 문장지관文章之觀이라는 유사한 표현이 나온다. 상구이습相呴以濕은 물고기들이 서로 습기를 뿜어준다는 뜻이다. 구呴는 토吐와 같은 뜻으로 일부 판본에는 입맞춤한다는 뜻의 문吻으로 되어 있다. 「대종사」편에도 동일한 내용의 구절이 나오나 그 취지가 다르다. 「대종사」편은 요와 걸을 모두 잊고 도와 일체가 되는 것이 낫다는 입장이다. 그러나 「천운」편은 물 마른 진흙땅 위에서 물고기들이 구차스럽게 서로 적셔주는 배경을 인의에서 찾고 있다. 똑같이 '상망어강호相忘於江湖'를 역설하고 있지만 그 취지는 크게 다르다.

오내금어시호견룡吾乃今於是乎見龍은 이번에 처음으로 여기서 용을 보았다는 뜻으로 이하의 내용은 『사기』「노자한비열전」에도 나온다. 양호음양養乎陰陽은 음양 2기 사이를 마음껏 난다는 뜻으로 여기의 양養을 두고 유사배는 날개를 편 채 바람을 타고 난다는 뜻의 상翔으로 풀이했다. 구장이불능협口張而不能嗋은 입을 벌린 채 다물지 못한다는 의미이다. 협嗋은 흡噏과 통한다. 「추수」편에도 유사한 표현이 나온다.

이공자성以孔子聲의 성聲은 이름을 소개한다는 뜻으로 칭稱과 통한다. 거당倨堂은 마루 한가운데 걸터앉는다는 뜻이다. 아카츠카는 예에 얽매이지 않는 태도로 풀이했다. 응미應微는 가느다란 소리로 응답한다는 뜻이다. 우용력禹用力은 우가 백성을 동원해 황하의 범람을 막는 대공을 세우기는 했으나 대신 보위를 자손에게 전하는 짓을 벌였다는 비난의 뜻을 담고 있다. 탕용병湯用兵 역시 상나라 탕왕이 무력을 동원해 하나라 걸을 방벌한 것을 비난한 것이다.

살기살殺其殺은 부친의 원수를 죽인다는 뜻으로 일부 판본은 쇄기복殺其服으로 되어 있다. 성현영과 임희일, 후쿠나가, 가나야 등은 「천도」편에 나오는 융쇄지복隆殺之服을 근거로 '쇄기복'으로 해석할 것을 주장했다. 후쿠나가는 '살기살殺其殺'을 그대로 두되 '쇄기최殺其殺'로 해석했다. 뒤의 살殺을 상복을 뜻하는 최縗의 가차로 본 것이다. 이에 대해 이케다는 '쇄기쇄殺其殺'로 해석할 것을 주장했다. 뒤의 쇄殺는 관계가 소원한 사람을 뜻한다고 풀이한 것이다.

그러나 문맥상 '살기살'로 보는 게 더 낫다. 황제 때는 자기 부모와 다른 사람을 똑같이 여긴 탓에 부모가 죽었을 때 곡을 하지 않아도 비난을 받지 않았다. 순 때는 상황이 더 악화돼 부모를 위해서라면 무슨 짓을 하든 정당하게 받아들여졌다. '살기살'로 해석해야 이와 같은 문맥의 취지가 드러난다. 『맹자』「진심 하」편에 나오는 '내가 이제야 남의 부모 죽이는 일의 중대함을 깨달았다'는 구절과 『예기』「곡례 상」편의 '부모의 원수는 함께 하늘을 이고 살지 않는다'는 구절이 이를 뒷받침한다. 전호근의 『역주 장자』가 이런 독창적인 해석을 시도했다. 문맥상 이게 타당하다.

부지호해이시수不至乎孩而始誰의 해孩는 어린아이가 웃는 것을 지칭한 것이다. 수誰를 두고 곽상은 사람을 구분하는 뜻으로 새겼다. 자위종이천하이自爲種而天下耳의 자위종自爲種은 스스로 씨앗이라고 여긴다는 뜻으로 자신을 천하에서 가장 중요한 존재로 여긴다는 의미를 내포하고 있다. 일각에서는 여기의 이而를 어於와 같다고 보았으나 이케다는 이를 반대하며 '스스로를 근본으로 여겨 내가 있고 천하가 있을 따름이다'라고 풀이했다.

하규산천지정下睽山川之精은 아래로 산천의 정기와 어긋난다는 뜻이다. 규睽는 등지고 노려본다는 뜻이다. 중휴사시지시中墮四時之施는 중간으로는 사계절 운행과 동떨어졌다는 의미이다. 여기의 휴墮는 두 가지 발음이 있다. 통상 무너질 '타墮'로 읽으나 여기서는 무너뜨릴 '휴隳'의 의미로 쓰였다. 기지참어여채지미其知憯於蠣蠆之尾의 참憯을 두고 성현영은 독하다는 뜻의 독毒, 마서륜은 참혹다다는 뜻의 참慘으로 새겼다. 여채蠣蠆의 여蠣와 채蠆 모두 전갈을 뜻한다. 선규지수鮮規之獸의 선규鮮規는 작은 벌레를 말한다. 축축연蹴蹴然은 두려움에 안절부절못하는 모습이다. 축연蹴然은 이미 「덕충부」와 「대종사」, 「응제왕」편에 나온 바 있다.

7-8

孔子謂老聃曰, "丘治『詩』·『書』·『禮』·『樂』·『易』·『春秋』六經, 自以爲久矣, 孰知其故矣, 以奸者七十二君, 論先王之道而明周·召之迹, 一君無所鉤用. 甚矣夫, 人之難說也, 道之難明邪." 老子曰, "幸矣, 子之不遇治世之君也. 夫六經, 先王之陳迹也, 豈其所以迹哉. 今子之所言, 猶迹也. 夫迹, 履之所出, 而迹豈履哉. 夫白鶂之相視, 眸子不運而風化. 蟲, 雄鳴於上風, 雌應於下風而風化. 類自爲雌雄, 故風化. 性不可易, 命不可變, 時不可止, 道不可壅. 苟得於道, 無自而不可. 失焉者, 無自而可." 孔子不出三月, 复見, 曰, "丘得之矣, 烏鵲孺, 魚傅沫, 細要者化, 有弟而兄啼. 久矣, 夫丘不與化爲人. 不與化爲人, 安能化人." 老子曰, "可, 丘得之矣,"

공자가 노담에게 말했다.

"저는 『시』·『서』·『예』·『악』·『역』·『춘추』 등 6경을 익힌 지 스스로 오래되었다고 여기고 있고, 실제로 그 내용을 잘 알고 있습니다. 저는 그것을 가지고 72명에 달하는 제후들을 찾아가 선왕의 도를 논하고 주공周公과 소공召公의 자취를 밝혔습니다. 그러나 단 한 명의 제후도 이를 채택해 사용한 적이 없습니다. 참으로 심하구나! 사람을 설복하고 도를 밝히기 어려운 것이."

노자가 말했다.

"오히려 다행이오. 그대가 치세의 군주를 만나지 못한 것이. 무릇 6경은 선왕이 남긴 낡은 자취에 불과하오. 어찌 그 자취가 참다운 도의 모습일 수 있겠소? 마찬가지로 지금 그대가 하는 말은 자취와 같은 것이고, 그 자취는 실제의 발걸음에서 나온 것이오. 그러니 그대의 자취가 어찌 그대의 실제 발걸음일 수 있겠소?

흰 물새는 서로 마주보며 눈동자를 움직이지 않고도 마음이 통해 새끼를 낳고, 같은 무리들은 저절로 상대를 암컷이나 수컷으로 삼기에 서로 마음이 통해 새끼를 낳게 되오. 본성을 바꿔서도 안 되고, 운명을 변화시켜도 안 되오. 때를 지체시켜서도 안 되고, 도를 막아서도 안 되오. 도를 터득하면 무엇에 기인하든 안 될 것이 없으나 도를 잃으면 무엇에 기인하든 되는 일이 없소."

공자가 3달 동안 외출하지 않다가 다시 노자를 만나 이같이 말했다.

"제가 드디어 도를 터득했습니다. 까막까치는 알을 부화시켜 새끼를 낳고, 물고기는 정액을 뿌려 새끼를 낳고, 벌처럼 허리 가는 벌레는 애벌레를 낳아 자식으로 삼고, 사람은 동생이 생기면 형이 울고불고합니다. 참으로 저는 오랫동안 조화와 벗이 되지 못했습니다. 조화와 벗이 되지 못했으니 어떻게 제후들을 감화시킬 수 있었겠습니까?"

노자가 말했다.

"됐소, 공구여! 그대는 이제 도를 터득했소."

공자가 말한 6경은 고급학문을 말한다. 이보다 한 단계 낮은 것이 6예六藝이다. 이는 통상적인 일반 예절인 예禮, 일반 음악인 악樂, 활 쏘는 사射, 말을 모는 어御, 글씨를 쓰는 서書, 숫자를 계산하는 수數를 말한다. 예와 악, 서가 6경과 겹치나 그 내용 및 수준은 다르다. 6경의 '예'는 외교 차원의 국가 예절을 말하고, '악' 역시 종묘제례악과 같은 국가 차원의 음악을 뜻한다. '서'는 선왕의 언행과 사적을 배우는 일종의 역사에 해당한다.

숙지孰知의 숙孰은 숙熟과 통한다. 이간자칠십이군以奸者七十二君은 6경을 가지고 요구한 대상이 72명에 달한다는 뜻으로 여기의 간奸은 구한다는 뜻의 간干과 통한다. '72군'은 해당 숫자를 말한 게 아니라 단순히 매우 많다는 뜻으로 사용된 것이다. 『사기』「공자세가」도 공자의 제자가 72명이었다고 기록해 놓은 바 있다.

주소지적周召之迹은 주공 단旦과 소공 석奭의 업적을 말한다. 주공은 주무왕의 동생이고, 소공은 주왕실과 동성의 사람으로 주공과 함께 주나라 건국에 큰 공을 세워 지금의 북경 일대인 연燕나라를 봉지로 받았다. 무소구용無所鉤用의 구鉤는 모은다는 취聚의 뜻으로 구拘와 통한다.

불우치세지군不遇治世之君은 알아주는 군주를 만나지 못했다는 뜻이나 공연히 알아주는 군주를 만나 천하를 다스린다고 하다가 오히려 혼란만 가중시킬 뻔했다는 의미를 담고 있다. 일종의 야유에 해당한다. 선왕지진적先王之陳迹은 선왕의 낡은 자취라는 뜻으로 「천도」편에 나오는 '고인조박古人糟粕' 성어 내지 '추구芻狗' 일화와 취지를 같이하는 것이다.

백역지상시白鶂之相視는 흰 물새가 서로 마주본다는 뜻으로 역鶂은 익鷁과 통한다. 모자불운이풍화眸子不運而風化는 눈동자를 움직이지 않은 채 쳐다보기만 해도 마음이 통해 새끼를 낳는다는 뜻이다. 마서륜은 풍화風化의 풍風을 연자라고 보았으나 곽상은 교미 없이 새끼를 밴다는 뜻으로 보았다. 임희일은 '풍화'를 두고 풀이하기를, '모든 생물은 풍기風氣가 만든 것이다. 바람 풍風에 벌레 충虫이 들어가 있는 이유이다. 그래서 '풍화'라고 한 것이다. 이는 새끼를 낳는 것을 말한다'고 했다. 바람을 쐰다는 뜻의 풍風은 암수가 서로 유혹한다는 뜻을 지니고 있다. 『춘추좌전』「희공 4년」조에 이를 뒷받침하는 구절이 나온다. 기원전 656년 제환공이 중원의 연합군을 이끌고 남방의 강국 초나라로 쳐들어갔다. 초성왕楚成王 웅군熊頵이 곧 제환공에게 사자를 보내 이같이 따졌다.

"군주는 북해北海에 살고 과인은 남해南海에 살고 있으니 이는 풍마우불상급風馬牛不相及이오. 군주가 우리 초나라 땅에 들어오리라고는 생각지도 못한 이유요. 나로서는 도무지 그 연고를 알 수가 없소."

풍마우불상급風馬牛不相及은 서로 영향을 미치지 못한다는 뜻이다. 여기의 '풍'을 방放으로 간주해 '우마를 방목해도 서로 미치지 않는다'로 해석하기도 하고, 암수가 서로 부르는 소리로 해석해 '암수 우마가 서로 불러도 미치지 않는다'로 해석하기도 한다. 후자로 해석하는 게 낫다. 화化는 암수가 서로 감통感通해 새끼를 낳는 것을 말한다.

이는 곧바로 뒤에 나오는 '웅명어상풍雄鳴於上風, 자응어하풍이풍화雌應於下風而風化' 구절이 뒷받침한다. 수컷이 위쪽에서 암컷을 부르면 암컷이 아래에서 이에 응해 새끼를 낳는다는 뜻이다. 바람을 쐰다는 뜻의 풍風 자에 벌레 충虫 자가 들어간 데에는 바로 이런 이유가 있다.

'실언자失焉者, 무자이가無自而可'는 도를 잃으면 스스로 말미암을 것이 없어 되는 일이 없다는 뜻이다. 「재유」편에 이미 '도를 통달하지 못하는 자는 할 수 있는 일이 없다'는 뜻의 '불통어도자不通於道者, 무자이가無自而可' 구절이 나온 바 있다.

부견復見의 부復는 원래 돌아온다는 뜻의 '복復'과 통하는 '다시'의 뜻으로 사용된 것이다. 견見을 알현을 뜻하는 '현見'으로 읽어야 한다는 주장이 있으나 앞서 언급한 것처럼 공자가 노자를 반드시 알현했다고 볼 필요는 없다.

오작유烏鵲孺의 유孺를 두고 마서륜은 조류가 새끼를 부화시켜 낳는다는 뜻의 유乳의 가차로 보았다. 어부말魚傅沫은 물고기가 거품 모습의 정액을 뿌려 수정하는 것을 표현한 것이다. 세요자화細要者化는 허리가 가는 벌과 같은 벌레들이 애벌레를 키워 자식으로 삼는다는 뜻으로 여기의 요要는 요腰와 같다. 유제이형제有弟而兄啼를 두고 곽상은 '사람들의 본성은 큰 놈은 놔두고 작은 것을 사랑한다. 이에 형이 우는 것이다' 라고 해석했다. 이상의 네 구절은 조류와 파충류의 난생卵生, 어류의 습생濕生, 곤충의 화생化生, 포유류의 태생胎生을 말한 것이다.

여화위인與化爲人은 조화와 벗이 된다는 뜻이다. 위인爲人은 벗이 된다는 의미로 여기의 인人은 우友와 통한다. 「대종사」와 「응제왕」편에 조물주와 벗이 된다는 뜻의 '여조물자위인與造物者爲人' 구절이 나온다. 곽상은 '조화와 벗이 된 자는 그 스스로 변화하는 것에 몸을 맡긴다. 6경을 버리고 자연에 맡기듯이 유세하면 잘 통할 것이다' 라고 해석했다. 공자의 천하유세 방법에 문제가 있었음을 지적한 것이다.

제8장 각의(刻意)

8-1

刻意尙行, 離世異俗, 高論怨誹, 爲亢而已矣. 此山谷之士, 非世之人, 枯槁赴淵者之所好也. 語仁義忠信, 恭儉推讓, 爲修而已矣. 此平世之士, 敎誨之人, 遊居學者之所好也. 語大功立大名, 禮君臣正上下, 爲治而已矣. 此朝廷之士, 尊主强國之人, 致功幷兼者之所好也. 就藪澤處閒曠, 釣魚閒處, 無爲而已矣. 此江海之士, 避世之人, 閒暇者之所好也. 吹呴呼吸, 吐故納新, 熊經鳥申, 爲壽而已矣. 此道引之士, 養形之人, 彭祖壽考者之所好也. 若夫不刻意而高, 無仁義而修, 無功名而治, 無江海而閒, 不道引而壽, 無不忘也, 無不有也. 淡然無極而衆美從之, 此天地之道, 聖人之德也. 故曰, "夫恬惔寂漠, 虛無無爲, 此天地之平而道德之質也." 故曰, "聖人休焉則平易矣, 平易則恬惔矣." 平易恬惔, 則憂患不能入, 邪氣不能襲, 故其德全而神不虧.

어떤 사람들은 의지를 굳건히 하며 행동을 고결하게 하고, 속세를 떠나거나 속인과 달리 행동하고, 높은 이상을 논하거나 세상에 원망과 비난을 퍼붓는 식으로 자신을 높이는 일에 몰두할 뿐이다. 이런 자들은 심산유곡을 방황하는 선비들이거나 세상을 비난하는 자들이다.

말라비틀어진 모습으로 연못에 몸을 던지는 자들이 좋아할 부류이다.

또 어떤 사람들은 인의와 충신을 말하고, 공검恭儉과 추양推讓을 실천하는 식으로 자신을 수양하는 일에 몰두할 뿐이다. 이런 자들은 평화로운 평세平世의 선비들이거나 남을 가르치는 자들이다. 밖에 나가 유세하거나 들어앉아 강설하는 학자들이 좋아할 부류이다.

또 어떤 사람들은 큰 공을 말하거나 역사에 남을 큰 이름을 세우고, 군간간의 예를 제정해 상하의 신분질서를 엄정히 하는 식으로 나라를 다스리는 일에 몰두할 뿐이다. 이런 자들은 조정의 선비들이거나 군주를 떠받들며 강국을 만들려는 자들이다. 큰 공을 세워 천하를 겸병하려는 자들이 좋아할 부류이다.

또 어떤 사람들은 초목이 우거진 못가로 가거나 한적하고 비어 있는 땅에 살고, 조용한 곳을 찾아 낚시나 즐기는 식으로 무위할 뿐이다. 이런 자들은 강해江海에서 노니는 선비들이거나 세상을 피해 사는 자들이다. 한가한 자들이 좋아할 부류이다.

또 어떤 사람들은 숨을 깊이 쉬거나 천천히 내쉬는 호흡을 통해 묵은 기를 토하며 새로운 기를 받아들이고, 곰처럼 직립하거나 새처럼 목을 펴는 보건체조를 통해 장수하는 일에 몰두할 뿐이다. 이런 자들은 호흡과 보건체조를 통해 장수코자 하는 도인導引을 좇는 선비이거나 몸을 잘 보양하고자 하는 자들이다. 팽조彭祖처럼 장수를 추구하는 자들이 좋아할 부류이다.

이들 5가지 유형을 넘어 천지자연의 도와 성인의 덕에 부합하기 위해서는 뜻을 새기지 않아도 저절로 고결해지고, 인의를 내세우지 않아도 저절로 마음이 닦이고, 공명을 세우는 일이 없어도 나라가 저절로 잘 다스려지고, 도인을 하지 않아도 천수를 누릴 수 있어야 한다. 이런 경지에 도달한 사람은 잊지 않는 게 없기에 오히려 모든 것을 다 가질 수 있다. 담담히 무위를 끝까지 행하면 모든 아름다움이 따르게 된다. 이것이 바로 천지자연의 도이고 성인의 덕이다.

그래서 말하기를, '무릇 무욕의 염담恬惔과 무지의 적막寂漠, 무심의 허무虛無, 무작위의 무위無爲는 천지의 근본이고 도와 덕의 본질이다'라고 하는 것이다. '성인이 이런 경지에서 휴식하니, 휴식하면 이내 마음이 평이平易해지고, 평이해지면 이내 무욕해진다'는 말이 나온 것도 바로 이 때문이다.

이처럼 마음이 평이하고 무욕해지면 그 어떤 우환도 마음속으로 들어올 수 없고, 그 어떤 삿된 기운도 침투할 수 없다. 성인의 덕이 완전하고 마음이 손상되지 않는 이유이다.

각의상행刻意尙行은 의지를 굳건히 하고 행동을 고결하게 한다는 뜻이다. 육덕명은 각의刻意를 두고 뜻을 높이는 것으로 풀이하면서 의意를 지志와 같은 뜻으로 새겼다. 이세이속離世異俗은 속세를 떠나고 세인과 달리 행동하는 것을 말한다. 위항爲亢은 자신을 높인다는 뜻이다. 산곡지사山谷之士는 산곡에 은거한 자를 말한다.

고고부연자枯槁赴淵者를 두고 이케다는 구체적인 사례로 탕의 양위를 피하기 위해 여수에 빠져죽은 「양왕」편의 무광務光과 하수에 빠져죽은 「외물」편의 신도적申徒狄 등을 들면서 가장 대표적인 인물로 멱라수에 몸을 던진 굴원屈原을 꼽았다. 『초사』 「어부」편은 투신 직전의 굴원을 두고 '안색이 초췌하고 형용形容이 말라비틀어져 있었다'고 묘사해 놓았다.

공검추양恭儉推讓은 공손과 검약, 추천, 양보의 실천을 말한다. 『논어』 「학이」편은 군자의 덕목으로 '온량공검양溫良恭儉讓'을 꼽았다. 평세지사平世之士는 치세의 선비를 말한다. 『맹자』 「이루 하」편에 치세를 만났다는 뜻의 '당평세當平世' 구절이 나온다. 여기서는 맹자처럼 인의를 내세운 유가를 지칭한 것이다.

존주강국尊主强國은 순자와 한비자처럼 군주를 높이며 부국강병의 패도를 추구하는 유가와 법가를 싸잡아 지칭한 것이다. 『순자』「성상」편과 『한비자』「간겁시신」편, 『관자』「참환」편 등에 모두 '존주안국尊主安國'으로 나온다. 이케다는 「양왕」편에서 무광에 의해 '강한 힘을 가지고 굴욕을 견딘 인물'로 평가받은 이윤伊尹도 '존주강국'을 추구한 인물로 파악했다. 피세지인避世之人은 세속을 벗어난 은자를 지칭한 것으로 성현영은 허부와 소유를 예로 들었다.

취구호흡吹呴呼吸의 취吹는 숨을 급히 쉬는 것, 구呴는 정반대로 천천히 쉬는 것을 말한다. 도가의 양생호흡법을 언급한 것이다. 웅경조신熊經鳥申은 곰이 나무를 붙잡고 기를 끌어당기고, 새가 목을 펴는 것처럼 허리운동을 하는 것을 말한다. 일종의 보건체조를 언급한 것이다. 도인道引은 호흡법과 보건체조를 통칭한 말이다. 양형지인養形之人은 보양에 몰두하는 자들로 양신養神과 대비되는 자들이다. 「달생」편에 '양형'에 대한 신랄한 비판이 나온다.

담연무극澹然無極은 담담히 끝없는 무위를 행한다는 뜻이다. 담澹은 담淡과 통한다. 중미종지衆美從之의 '중미'를 두고 여혜경은 앞서 나온 고일高逸, 수신修身, 치평治平, 한유閒遊, 장수長壽 등 세인들이 추구하는 5가지 가치를 꼽았다. 염담적막恬惔寂漠은 무욕無欲과 무지無知, 허무무위虛無無爲는 무심無心과 무작위無作爲를 뜻한다. 담惔이 담淡, 막漠이 막莫 내지 막寞으로 되어 있는 판본이 있다. 뜻은 모두 같다. 성인휴언聖人休焉의 휴休가 휴휴休休로 되어 있는 판본이 있다. 유월은 「천도」편을 근거로 '휴언休焉'으로 고칠 것을 주장했다.

8-2

故曰, "聖人之生也天行, 其死也物化. 靜而與陰同德, 動而與陽同波." 不爲福先, 不爲禍始. 感而後應, 迫而後動, 不得已而後起. 去知與故, 循天之理. 故無天災, 無物累, 無人非, 無鬼責. 其生若浮, 其死若休. 不思慮不豫謀, 光矣而不耀, 信矣而不期. 其寢不夢, 其覺無憂, 其神純粹, 其魂不罷. 虛無恬惔, 乃合天德. 故曰, "悲樂者, 德之邪也. 喜怒者, 道之過也. 好惡者, 德之失也." 故心不憂樂, 德之至也. 一而不變, 靜之至也. 無所於忤, 虛之至也. 不與物交, 惔之至也. 無所於逆, 粹之至也. 故曰, "形勞而不休則弊, 精用而不已則勞, 勞則竭." 水之性, 不雜則淸, 莫動則平. 鬱閉而不流, 亦不能淸. 天德之象也. 故曰, "純粹而不雜, 靜一而不變, 惔而無爲, 動而以天行." 此養神之道也.

이에 말하기를, '성인은 살아 있을 때는 천지자연의 운행을 따르고, 죽어서는 사물과 동화된다. 고요할 때는 음기와 함께 무위자연의 덕을 닮고, 움직일 때는 양기와 함께 세파世波에 올라타 덕을 편다' 고 하는 것이다.

복福의 앞이 되지도 않고, 화禍의 시작이 되지도 않는다. 외물에 감촉感觸된 뒤 호응하고, 외물이 급박하게 다가온 뒤 움직이니 부득이할 때 비로소 일어나는 셈이다. 지혜와 작위를 버리고 오로지 천리天理를 따를 뿐이다. 그래서 하늘의 재앙도 없고, 외물에 얽매이는 일도 없고, 사람들의 비난을 받을 일도 없고, 귀신에게 책망받을 일도 없다.

살아 있을 때는 떠다니는 구름처럼 자유롭고, 죽을 때는 마치 쉬기 위해 들어가는 것처럼 편안하다. 미리 생각하거나 계획하지 않고, 안으로 빛이 감춰져 있어도 밖으로 번쩍거리지 않고, 신의를 중시하지만 반드시 무엇인가 이뤄지기를 기약하지는 않는다. 잠잘 때 꿈을 꾸지 않고 깨어서도 걱정하지 않으니 정신이 순수하고, 혼이 지치지 않는다. 성인이 무심무욕으로 마침내 자연 본래의 작용인 천덕天德과 합치하는 이유이다.

그래서 말하기를, '비락悲樂의 감정은 본래의 덕이 비뚤어지고, 희로喜怒의 감정은 자연의 도가 잘못되고, 호오好惡의 감정은 본래의 덕이 상실된 탓이다' 라고 하는 것이다. 마음속에 근심이나 즐거움이 일어나지 않는 것은 자연의 작용인 덕德의 극치이고, 마음이 한결같아 변하지 않는 것은 고요한 정靜의 극치이고, 외물의 움직임에 거슬림이 없는 것은 텅 빈 허虛의 극치이고, 외물과 교섭하지 않는 것은 담담하고 편안한 담惔의 극치이고, 외물을 거스르지 않는 것은 잡되지 않고 순수한 수粹의 극치이다. 그래서 또 말하기를, '사람의 몸은 혹사만 하고 쉬지 않으면 지쳐 쓰러지고, 정기는 쓰기만 하고 도중에 멈추지 않으면 피로해진다. 피로가 겹치면 몸과 정기 모두 바닥난다' 고 하는 것이다.

물의 본성을 보면 이물질과 섞이지 않으면 맑은 상태를 유지하고, 흔들지 않으면 수평을 이룬다. 그러나 막고 닫아서 흐르지 못하게 하면 결코 맑은 상태를 유지할 수 없다. 천덕의 모습이 이와 같다. 천덕을 두고 '순수해 섞이지 않고, 한결같아 변하지 않고, 편안해 무위하고, 움직이면 천지자연의 운행을 따른다' 고 말하는 이유다. 이게 바로 정신을 기르는 양신養神의 방법이다.

여음동덕與陰同德과 여양동파與陽同波에 관해서는 앞서 「천도」편에서 천락天樂을 분석할 때 자세히 설명한 바 있다. 「각의」편도 성인의 치평治平을 언급하고 있는 점에서 「천도」편과 하등 다를 바가 없다. 감이후응感而後應은 『관자』「심술 상」편과 『회남자』「원도훈」편에 똑같은 구절이 나온다.

부득이이후기不得已而後起는 어쩔 수 없는 처지가 된 후 비로소 움직이기 시작했다는 뜻으로, 곽상은 「장자서莊子序」에서 그 주인공을 노자가 아닌 공자로 보았다. 이는 왕필이 『주역』을 주석하면서 노자가 아닌 주공과 공자를 성인으로 지칭한 것과 맥을 같이한다. 위진남북조 당시 장자사상이 어떻게 전개되었는지를 짐작케 해주는 대목이다.

거지여고去知與故의 고故를 두고 여러 해석이 나왔으나 이케다처럼 '작위'로 풀이하는 게 문맥상 타당하다. 『관자』「심술 상」편에 '군자는 지혜와 작위를 버린다'는 취지의 똑같은 구절이 나온다. 순천지리循天之理의 '천지리天之理'는 하늘의 이법으로 후대 성리학자들이 말하는 '천리'와는 완전히 다른 개념이다. '천지리'가 『회남자』「원도훈」편과 『예기』「악기」편에는 '천리'로 나오고 있다.

광의이불요光矣而不耀는 『도덕경』 제58장의 '광이불요光而不耀'와 같은 뜻이다. 화광동진和光同塵을 의미한다. 신의이불기信矣而不期를 두고 임희일은 '다른 사물에 대해 꼭 이뤄지기를 기약하는 태도를 취하지 않는다'는 뜻으로 해석했다. 이는 『논어』「자한」편에 나오는 다음 구절과 취지를 같이하는 것이다.

"공자에게는 네 가지가 없었다. 사사로운 뜻이 없었고, 꼭 하겠다는 것이 없었고, 고집하는 것이 없었고, 내가 아니면 안 된다는 것이 없었다."

내용상 『논어』「이인」편의 '군자는 천하에 임해 반드시 해야 한다고 주장하는 것도 없고, 결코 해서는 안 된다고 주장하는 것도 없다'는 구절과 상통한다. 『장자』 외편의 많은 내용이 유가사상과 접목하고 있음을 보여주는 증거이다.

비락자悲樂者에서 덕지실야德之失也 구절까지 『회남자』「원도훈」편에 유사한 내용이 나온다. '희로喜怒의 감정은 도가 비뚤어진 것이고, 우비憂悲의 감정은 덕이 상실된 것이고, 호증好憎의 감정은 마음이 잘못된 것이고, 기욕嗜欲은 본성이 얽매인 것이다' 구절이 그것이다. '기욕' 운운이 덧붙여져 있다. 「각의」편의 내용을 참고했을 공산이 크다.

'울폐이불류鬱閉而不流, 역불능청亦不能淸' 구절은 흘러가지 않으면 물이 맑을 수 없다는 뜻이다. 이를 두고 아카츠카는 종전에 없는 비유라며 정신의 유동流動을 중시한 것으로 파악했다. 이케다도 큰 공감을 표시하면서 이는 종전에 없는 사상이라고 주장했다. 아카츠카와 이케다는 구체적으로 지적하지는 않았으나 이 역시 유가사상의 유입으로 볼 수 있다. 『논어』「자한」편에 이를 뒷받침하는 구절이 나온다.

"공자가 냇가에서 개연慨然히 말하기를, '세월이 흘러가는 것이 꼭 이 냇물과 같구나. 밤낮으로 멈추지 않고 흐르는구나' 라고 했다."

주희는 이를 두고 '천지의 조화는 갈 것이 지나가면 올 것이 뒤를 이어 한순간의 멈춤도 없다. 이것이 도의 본연이다. 이를 가리켜서 보기 쉬운 것으로는 흐르는 시냇물만한 것이 없다. 이에 공자가 시냇물을 예로 들어 도의 본연을 사람에게 드러낸 것이다' 라고 해석했다. 만물이 끊임없이 변화해 흘러가는 것을 '도' 의 본연으로 본 점에서 「각의」편의 '흘러가지 않으면 물이 맑을 수 없다' 는 취지와 꼭 맞아 떨어진다. 장자사상이 후대의 유학자들에게 적잖은 영향을 미쳤음을 뒷받침하는 대목이다.

8-3

夫有干越之劍者, 柙而藏之, 不敢用也, 寶之至也. 精神四達竝流,無所不極, 上際於天, 下蟠於地, 化育萬物, 不可爲象, 其名爲同帝. 純素之道, 唯神是守. 守而勿失, 與身爲一. 一之精通, 合於天倫. 野語有之曰, "衆人重利, 廉士重名, 賢士尙志, 聖人貴精." 故素也者, 謂其無所與雜也. 純也者, 謂其不虧其神也. 能體純素, 謂之眞人.

무릇 오월吳越에서 만들어진 명검을 갖고 있는 자가 이를 상자에 넣어 깊숙이 간직한 채 감히 함부로 쓰지 않는 것은 그것이 지극한 보배이기 때문이다. 꼭 이와 같은 게 있으니 정신이 사방으로 통해 널리 유행하고, 세상 끝 어디든 가지 않는 곳이 없고, 위로는 하늘에 다다르고, 아래로는 땅속 깊이 서리고, 만물을 화육하지만 그 형상을 알 수 없는 게 그것이다. 그 이름을 소위 '동제同帝' 라고 한다.

순수하고 소박한 도는 오직 정신을 지킨다. 이를 지켜서 잃지 않으면 정신과 하나가 된다. 하나가 된 정신이 만물에 통하면 자연의 질서인 소위 천륜天倫과 부합한다. 속담에 이르기를, '중인衆人은 이익을 중시하고, 염사廉士는 명예를 중시하고, 현사賢士는 뜻을 중시하고, 성인聖人은 정신을 중시한다' 고 한다. 소박은 함께 섞이는 것이 없고, 순수는 그 정신을 잘 지켜 손상하지 않는 것을 말하는 이유이다. 순수와 소박을 체득한 사람을 일컬어 '진인眞人' 이라고 한다.

간월지검干越之劍의 간干은 명검의 산지로 유명한 오나라의 간계干溪를 뜻한다. 합이장지柙而藏之의 합柙은 짐승우리나 궤, 함 등을 총칭하는 말이다. 여기서는 동사로 쓰였다. 상제어천上際於天과 하반어지下蟠於地 구절은 위로는 하늘에 다다르고 아래로는 땅에 깊이 서린다는 뜻으로 『예기』「악기」편에 유사한 구절이 나온다. 예악이 하늘에 이르고 땅에 서린다는 뜻의 '극호천이반호지極乎天而蟠乎地' 구절이 그것이다. 취지는 똑같다. 반蟠은 서린다는 뜻으로 반盤과 통한다.

화육만물化育萬物은 만물을 생장시킨다는 뜻이다. 『관자』 「심술 상」편에 '화육만물을 덕이라고 부른다'는 구절이 나온다. 상제와 같은 존재라는 뜻을 지닌 동제同帝가 바로 덕의 또 다른 이름임을 뒷받침하는 대목이다. 『도덕경』 제14장에 나오는 '형상 없는 형상'인 '무상지상無狀之狀'이 취지상 '동제'와 부합한다. 유신시수唯神是守의 신神은 정신의 영묘한 작용을 의미한다. 야어野語는 민간의 속담을 뜻한다. 『맹자』 「만장 상」편에 부정적인 의미의 야인지어野人之語 표현이 나온다. 그러나 여기서는 진리를 전하는 긍정적인 의미로 사용된 것이다. 능체순소能體純素의 순소純素는 순수와 소박을 뜻하는 말로 앞서 나온 염담적막恬惔寂漠과 허무무위虛無無爲를 총칭한 말이다. 무욕과 무지, 무심, 무작위를 의미한다.

제9장 선성(繕性)

9-1

繕性於俗, 學以求復其初, 滑欲於俗, 思以求致其明, 謂之蔽蒙之民. 古之治道者, 以恬養知. 知生而無以知爲也, 謂之以知養恬. 知與恬交相養, 而和理出其性. 夫德, 和也. 道, 理也. 德無不容, 仁也. 道無不理, 義也. 義明而物親, 忠也. 中純實而反乎情, 樂也. 信行容體而順乎文, 禮也. 禮樂徧行, 則天下亂矣. 彼正而蒙己德, 德則不冒, 冒則物必失其性也.

세속에서 본성을 닦으면서 학문을 통해 원초의 모습으로 돌아가고자 하거나, 세속에서 욕심에 빠져 있으면서 사려를 통해 밝은 지혜를 이루고자 하는 자들을 일컬어 몽매하기 짝이 없는 '폐몽지민蔽蒙之民' 이라고 한다. 옛날 도를 닦은 사람은 편안한 마음으로 지혜를 기르는 소위 '이념양지以恬養知' 를 행했다. 지혜가 생겨나도 이를 가지고 무엇을 하려고 하지 않았으니, 이를 일컬어 지혜로 편안한 마음을 기르는 소위 '이지양념以知養恬' 이라고 한다. 지혜와 편안한 마음이 서로 길러주면 인화人和와 물리物理가 사물의 본성 안에서 저절로 생겨난다.

덕은 '인화', 도는 '물리'이다. 덕이 작용해 포용하지 않는 사물이 없는 것이 인仁, 도가 작용해 질서가 잡히지 않는 사물이 없는 것이 의義, 의가 분명해져 만민이 서로 친애하는 것이 충忠, 마음이 순수하고 독실해져 본래의 성정으로 돌아가는 것이 악樂, 신뢰가 용모와 태도에 베풀어져 문리에 맞는 것이 예禮이다.

위정자들이 도덕을 한쪽으로 치워둔 채 예악에만 치우쳐 천하를 다스리고자 하면 천하가 어지러워진다. 그들이 예악으로 천하를 바로잡고자 하면 할수록 예악은 그들 자신에게 갖춰져 있는 본래의 덕을 덮게 되고, 덕은 이내 감싸고 덮는 모습으로 만물을 화육하는 일을 할 수 없게 된다. 그런 부족한 덕으로 억지로 만물을 화육하려 들면 만물은 틀림없이 그 본성을 잃고 말 것이다.

선성어속繕性於俗의 선繕은 닦거나 다스린다는 의미를 지닌 수제치평修齊治平과 같은 뜻이다. 저본에는 속속俗俗으로 되어 있으나 대부분 한 글자로 풀이한다. 복기초復其初는 근본으로 돌아간다는 뜻으로 「재유」편의 복기근復其根과 같은 취지이다. 주희는 『대학장구』 주석에서 '배우는 사람은 마땅히 본체가 드러나는 곳을 따라 마침내 그것을 밝혀 처음의 모습으로 돌아가야 한다'며 '복기초'를 언급했다. 「선성」편의 '복귀초' 구절을 원용했을 공산이 크다. 「선성」편의 '복귀초' 구절이 등장케 된 배경과 관련해 이케다는 유가를 포섭하려는 후기 도가의 의도가 작용한 것으로 추정했다.

골욕어속滑欲於俗의 골滑은 골몰汨沒의 골汨과 통한다. 치기명致其明은 『도덕경』 제52장에 나오는 '복귀기명復歸其明'과 취지를 같이하는 것이다. 폐몽지민蔽蒙之民은 몽매한 사람을 뜻하는 말로 상식적인 학문이나 사색을 통해 도에 접근하고자 하는 사람을 지칭한 것이다.

폐蔽와 몽蒙 모두 앞뒤가 막히고 사리에 어두운 것을 의미한다.

'부덕夫德, 화야和也' 구절은 「덕충부」편의 '마음을 덕의 융화 속에서 노닐게 한다'는 유심호덕지화遊心乎德之和 구절와 맥을 같이하는 것으로 인화人和를 가리킨다. '도道, 리야理也' 역시 「천지」편의 '사물이 이뤄져야 결이 나타난다'는 물성생리物成生理 구절과 취지를 같이 하는 것으로 물리物理를 의미한다.

예악편행禮樂偏行의 편행偏行은 치우쳐 행한다는 뜻으로 여기의 편偏이 저본에는 두루 미친다는 뜻의 편徧으로 되어 있다. 문맥이 통하지 않는 것은 아니나 유월의 고증 후 모두 편偏으로 풀이하고 있다. 피정이몽기덕彼正而蒙己德은 위정자들이 예악으로 천하를 바로잡으려 하기에 자신의 본래 덕을 덮어버리게 되었다는 뜻이다. 덕즉불모德則不冒의 모冒는 만물을 감싸고 덮어 화육한다는 뜻이다.

9-2

古之人, 在混芒之中, 與一世而得淡漠焉. 當是時也, 陰陽和靜, 鬼神不憂, 四時得節, 萬物不傷, 羣生不夭, 人雖有知, 無所用之, 此之謂至一. 當是時也, 莫之爲而常自然. 逮德下衰, 及燧人·伏羲始爲天下, 是故順而不一. 德又下衰, 及神農·黃帝始爲天下, 是故安而不順. 德又下衰, 及唐·虞始爲天下, 興治化之流, 淳散朴, 離道以善, 險德以行. 然後去性而從於心, 心與心識, 知而不足以定天下. 然後附之以文, 益之以博. 文滅質, 博溺心. 然後民始惑亂, 無以反其性情而復其初. 由是觀之, 世喪道矣, 道喪世矣, 世與道交相喪也. 道之人何由興乎世, 世亦何由興乎道哉. 道無以興乎世, 世無以興乎道, 雖聖人不在山林之中, 其德隱矣. 隱故不自隱. 古之所謂隱士者, 非伏其身而弗見也, 非閉其言而不出也, 非藏其知而不發也, 時命大謬也. 當時命而大行乎天下, 則反一無迹. 不當時命而大窮乎天下, 則深根寧極而待. 此存身之道也.

옛사람들은 구별이 없는 혼돈 속에 살면서 세인과 더불어 염담恬惔과 적막寂漠의 삶을 누렸다. 당시에는 음양 2기가 본래의 조화를 얻어 고요하고, 귀신도 사람을 동요시키지 않고, 사계절의 운행이 절도에 맞았고, 만물이 손상되지 않았다. 모든 생물이 요절하지 않은 이유이다. 이때는 사람들이 비록 많은 지혜를 지니고 있을지라도 이를 전혀 쓸 필요가 없었다. 이를 일컬어 만물이 하나가 된 소위 '지일至一' 이라고 했다. '지일' 의 시기에는 아무도 억지로 하는 게 없었고 늘 자연 그대로였다.

이후 덕이 점차 쇠해지자 수인씨燧人氏와 복희씨伏羲氏가 나타나 천하를 다스리기 시작했다. 사람들은 비록 순응하기는 했으나 서로 하나가 되지는 못했다. 덕이 더욱 쇠해지자 신농씨神農氏와 황제黃帝 헌원軒轅이 나타나 천하를 다스리기 시작했다. 사람들은 비록 삶이 편안해지기는 했으나 서로 순종하지 않게 되었다.

덕이 더욱 쇠해지자 도당씨陶唐氏 요堯와 유우씨有虞氏 순舜이 나타나 천하를 다스리기 시작했다. 이들은 정치와 교화를 크게 일으켜 오히려 사람들의 순후淳厚한 마음을 천박하게 하고, 소박한 본성을 소산消散케 만들었다. 도에서 이탈한 것을 선하다고 하면서 덕을 위태롭게 만들어 실행하자 사람들이 소박한 본성을 버리고 사심私心을 따르게 되었다. 사심이 서로 부딪치며 분별하고 대립하는 양상이 나타난 이유이다.

이로 인해 지식이 아무리 발달해도 지식으로는 천하를 안정시키기에 부족한 상황이 나타나게 되었다. 이후 그럴듯한 문채文彩를 겉에 붙이고 박학博學으로 장식을 더하면서 오히려 문채는 질박質朴을 사라지게 만들고, 박학은 심전心田을 탐욕에 빠지게 만들었다. 백성들이 미혹되고 혼란에 빠진 나머지 본래의 성정으로 돌아가 처음 상태인 도를 회복할 수 없게 된 이유이다.

이로써 살펴보건대 세상은 도를 잃어버렸고, 도 또한 도를 실현할 세상을 잃어버린 셈이다. 세상과 도가 서로 상대를 잃었으니 도를 체득한 성인이 있다 한들 어떻게 세상에서 도를 펼칠 수 있고, 세상 또한 어떻게 그 도에 의지해 일어날 수 있겠는가? 도가 세상에 일어날 수 없고 세상 또한 도에 의지해 일어날 수 없다면 성인이 비록 일부러 산림 속에 몸을 감추지 않을지라도 그 덕은 자연 감춰진 것이나 다름없다. 이는 부득이 감춰진 것이지 자신이 의도적으로 감춘 게 아니다.

옛날의 소위 은사隱士는 본인이 원해서 몸을 엎드리고 보이지 않게 하거나, 말문을 닫고 얘기하지 않거나, 지혜를 감추고 공표하지 않은 게 아니다. 시운이 크게 어긋났기 때문에 부득불 그리한 것이다. 이들 은사는 시운을 만나 도가 천하에 널리 행해지면 사람들을 '지일'의 상태로 돌아가게 하며 유위有爲의 흔적을 남기지 않았고, 그러지 못해 천하에 크게 곤궁해지면 자연의 근본에 뿌리를 깊이 박고 지극한 도를 편히 여기며 때를 기다렸다. 이게 시운을 좇아 몸을 존양存養하는 도리이다.

혼망混芒은 천지가 분화되기 이전의 혼돈상태를 말한다. 귀신불요鬼神不擾는 귀신이 사람을 놀라게 하지 않는다는 뜻으로 여기의 요擾는 수祟와 통한다. 군생불요群生不夭의 군생群生은 중생衆生, 요夭는 일찍 죽을 요殀와 통한다. 지일至一을 두고 임희일은 '온 세상이 모두 순수 완전하고 도에 비춰 빠지거나 부족함이 없는 상태'로 풀이했다.

상자연常自然을 두고 왕념손은 자성自成으로 풀이하면서 『초사』「원유遠遊」에 나오는 '저것은 장차 저절로 이뤄질 것이다'라는 뜻의 피장자연彼將自然 구절을 논거로 들었다. 『도덕경』 제51장에 아무 명이 없는데도 저절로 이뤄진다는 뜻의 '막지명이상자연莫之命而常自然' 표현이 나온다.

체덕하쇠逮德下衰의 체逮는 도달한다는 뜻의 급及과 통한다. 하下와 쇠衰 모두 쇠퇴한다는 뜻이다. 수인씨燧人氏와 복희씨伏羲氏는 신농씨神農氏와 더불어 삼황三皇으로 불리는 전설상의 제왕이다. 요와 순은 각각 당唐과 우虞나라를 세운 까닭에 성씨는 도당씨陶唐氏 및 유우씨有虞氏로 불린다. 흥치화지류興治化之流의 치화治化는 교화敎化와 같은 뜻이다. 요순산박淳散朴은 순후한 진심을 천박하게 하고 소박한 본성을 소산시킨다는 뜻이다. 요는 얇게 한다는 뜻의 요澆와 통한다.

'이도이선離道以善, 험덕이행險德以行' 구절은 도를 떠난 것을 선이라 하고, 덕을 위태롭게 만들어 실행한다는 뜻이다. 『회남자』「숙진훈」편에는 '잡도이위雜道以僞, 검덕이행儉德以行'으로 되어 있다. 왕념손은 『회남자』를 좇아 해석할 것을 주장했으나 원문 그대로 해석해도 큰 문제는 없다.

심여심식心與心識은 개개인이 사심을 가지고 사심을 엿본다는 뜻이다. 여기의 식識을 두고 임희일은 서로 살핀다는 뜻의 상찰相察로 해석했다. '문멸질文滅質, 박닉심博溺心'은 문채가 바탕을 없애고 박학이 인간의 마음을 탐닉케 한다는 뜻이다. 이는 『논어』「옹야」편에 나오는 '바탕이 문채를 이기면 촌스러워지고, 문채가 바탕을 이기면 고루해진다'는 구절과 취지를 같이한다. 공자는 문채와 바탕이 균형을 이루는 '문질빈빈文質彬彬'을 군자의 표상으로 삼았다. 세상과 도가 서로 상대를 잃어버린 것을 탄식한 '세여도교상상世與道交相喪' 구절도 도와 세상의 관계를 적극적으로 해석하는 유가의 치도治道를 언급한 것이다. 「양왕」편에 나오는 '도의 진수를 갖고 자기 몸을 다스리고, 남은 실마리로 국가를 다스리고, 그 찌꺼기로 천하를 다스린다'는 구절과 극명한 대조를 이루고 있다. 전한시대에 나타난 장자사상의 다양한 분화 배경을 짐작케 해주는 대목이다.

복기신이불현伏其身而弗見의 불현弗見을 두고 성현영은 뒤에 나오는 불출不出 및 불발不發과 대구를 이루기 위해서는 불현不見으로 바꿔야 한다고 주장했다. 여기의 현見은 나타날 현現의 뜻이다. 시명대무時命大謬의 시명時命은 세도世道가 흥하거나 쇠하는 시운時運의 뜻이다. 무謬는 주희의 『맹자』「양혜왕 상」편을 주석하면서 털끝의 차이가 천리의 어긋남을 가져온다는 뜻으로 사용한 '호리지차毫釐之差, 천리지무千里之謬'의 무謬와 같다. 반일무적反一無迹은 지일至一의 상태로 돌아가 유위의 자취를 보이지 않는다는 뜻이다.

9-3

古之行身者, 不以辯飾知, 不以知窮天下, 不以知窮德, 危然處其所而反其性已, 又何爲哉. 道固不小行, 德固不小識. 小識傷德, 小行傷道. 故曰, 正己而已矣. 樂全之謂得志. 古之所謂得志者, 非軒冕之謂也, 謂其無以益其樂而已矣. 今之所謂得志者, 軒冕之謂也. 軒冕在身, 非性命也, 物之儻來, 寄者也. 寄之, 其來不可圉, 其去不可止. 故不爲軒冕肆志, 不爲窮約趨俗, 其樂彼與此同, 故無憂而已矣. 今寄去則不樂. 由是觀之, 雖樂, 未嘗不荒也. 故曰, "喪己於物, 失性於俗者, 謂之倒置之民."

옛날 자기 몸을 안전하게 보존했던 사람은 말재주로 자신의 지혜를 꾸미지 않았고, 지혜로 천하만물을 다 알아내려 하지 않았고, 지혜로 덕을 궁구窮究하지 않았다. 홀로 자신의 자리에 똑바로 서 있으면서 자연의 본성으로 돌아갔을 뿐이다. 그밖에 또 무엇을 했겠는가?

도는 본래 작은 행실로 이룰 수 있는 게 아니고, 덕 역시 본래 작은 지식으로 엿볼 수 있는 게 아니다. 작은 지식은 덕을 해치고, 작은 행실은 도를 해친다. 그래서 말하기를, '내 몸을 바로잡을 뿐이다' 라고 하는 것이다. 즐거움이 온전해지는 것을 일컬어 '득지得志' 라고 한다.

옛날의 이른바 '득지' 는 수레를 타고 면류관을 쓰는 벼슬을 말하는 게 아니다. 그 어떤 즐거움도 더 보탤 게 없는 경지를 말할 뿐이다. 그러나 오늘날의 '득지' 는 수레를 타고 면류관을 쓰는 벼슬로 통한다. 높은 벼슬이 내 몸에 떨어질지라도 이는 하늘이 인간에게 내려준 성명性命이 아니라 외물이 우연히 밖에서 들어와 내 몸에 붙은 것일 뿐이다. 외물이 밖에서 들어와 몸에 붙을 경우 오는 것을 막을 수도 없고, 가는 것을 붙들 수도 없다.

이에 옛날에 득지한 사람은 높은 벼슬자리에 올랐다고 해서 뜻을 멋대로 펴지 않았고, 곤궁하고 빈핍貧乏하다고 해서 세속에 영합하지 않았고, 오히려 이런 상황을 부귀할 때와 똑같이 여기며 즐겼다. 마음속에 근심이 없었던 이유이다. 그러나 지금 사람들은 몸에 붙어 있던 외물이 떠나면 곧 앙앙불락怏怏不樂한다. 이로써 살펴보면 비록 높은 벼슬이 나의 몸에 붙어 일시 즐거움을 누릴지라도 이내 벼슬이 떨어지면서 황망해하지 않은 사람이 없다. 이처럼 자신의 마음을 외물에 의해 잃어버리고 세속에 이끌려 본성을 잃는 자를 일컬어 본말이 뒤바뀐 '도치지민倒置之民' 이라고 한다.

고지행신古之行身의 행行이 저본에는 존存으로 되어 있다. 이케다 등은 존存으로 해석하는 게 낫다고 보았다. 문맥상 이같이 해석하는 게 옳다. 불이지궁천하不以知窮天下의 궁窮은 끝까지 탐구한다는 뜻의 궁구窮究의 의미이다. 위연危然은 홀로 똑바로 선 모습으로 위危는 독獨과 같은 뜻이다. 왕숙민은 반기성이反其性已의 이已가 기己로 되어 있는 판본에 주목해 '기己'를 뒤에 나오는 구절과 연결시켜 '자신이 또 무엇을 하겠는가?'의 기우하위재己又何爲哉로 풀이했다. 이같이 해석해도 가하다.

헌면軒冕은 제왕을 포함한 높은 벼슬아치를 상징하는 말로 헌軒은 고관용 수레, 면冕은 면류관을 뜻한다. 물지당래物之儻來의 당儻은 뜻밖의 요행으로 홀忽과 통한다. 불가어不可圉의 어圉가 어御로 되어 있는 판본도 있다. 막을 어禦의 가차로 보아야 할 것이다. 궁약窮約은 곤궁하고 빈핍貧乏한 상황으로 헌면軒冕과 정반대되는 경우를 말한다. 실성어속失性於俗의 속俗은 벼슬 등의 세속적 가치를 말한다. 도치지민倒置之民을 두고 상수向秀는 외물과 자신의 내면을 바꾼 사람으로 풀이했다.

제10장 추수(秋水)

10-1

秋水時至, 百川灌河. 涇流之大, 兩涘渚涯之間, 不辨牛馬. 於是焉河伯欣然自喜, 以天下之美爲盡在己. 順流而東行, 至於北海, 東面而視, 不見水端. 於是焉河伯始旋其面目, 望洋向若而嘆曰, "野語有之曰, '聞道百, 以爲莫己若者.' 我之謂也. 且夫我嘗聞少仲尼之聞而輕伯夷之義者, 始吾弗信. 今我睹子之難窮也, 吾非至於子之門則殆矣, 吾長見笑於大方之家." 北海若曰, "井鼃不可以語於海者, 拘於虛也. 夏蟲不可以語於冰者, 篤於時也. 曲士不可以語於道者, 束於敎也. 今爾出於崖涘, 觀於大海, 乃知爾醜, 爾將可與語大理矣. 天下之水, 莫大於海. 萬川歸之, 不知何時止而不盈. 尾閭泄之, 不知何時已而不虛. 春秋不變, 水旱不知. 此其過江河之流, 不可爲量數, 而吾未嘗以此自多者, 自以比形於天地, 而受氣於陰陽, 吾在於天地之間, 猶小石小木之在大山也. 方存乎見小, 又奚以自多. 計四海之在天地之間也, 不似礨空之在大澤乎. 計中國之在海內, 不似稊米之在大倉乎. 號物之數謂之萬, 人處一焉. 人卒九州, 穀食之所生, 舟車之所通. 此其比萬物也, 不似豪末之在於馬體乎. 五帝之所連, 三王之所爭, 仁人之所憂, 任士之所勞, 盡此矣. 伯夷辭之以爲名, 仲尼語之以爲博. 此其自多也,不似爾向之自多於水乎."

가을에 물이 때맞춰 불어나자 온갖 하천의 물이 황하로 흘러들었다. 출렁이는 물결의 광대함이 양쪽 기슭에서 반대편 물가에 있는 소와 말을 구분할 수 없을 정도였다. 황하의 신 하백河伯이 흔연欣然히 스스로 기뻐하며 천하의 영화와 아름다움이 모두 자신에게 집중돼 있다고 생각했다. 그는 흐름을 따라 동쪽으로 흘러 북해에 이른 뒤 동쪽을 바라보았다. 그러나 아무리 보아도 망망대해만 보일 뿐 물의 끝을 볼 수 없었다.

하백이 비로소 얼굴을 돌려 멍한 눈으로 북해의 신 약若을 바라보고 크게 탄식하며 이같이 말했다.

"세간의 속담에 이르기를, '도에 대해 약간 들은 자가 세상에 자기만한 자가 없다고 우쭐댄다' 고 했습니다. 바로 저 같은 사람을 두고 한 말입니다. 저는 일찍이 중니仲尼의 박문博聞을 견문이 적다고 지적하고 백이伯夷의 의로운 행동을 가벼이 여긴다는 얘기를 들었을 때 처음에는 그것을 믿지 않았습니다. 그러다가 지금 그대의 끝을 헤아리기 어려운 광대함을 보고서야 비로소 그 얘기의 취지를 알게 되었습니다. 제가 당신의 문하門下에 이르지 않았다면 참으로 위태로웠을 것입니다. 하마터면 대도를 깨달은 사람들에게 길이 웃음거리가 될 뻔했습니다."

북해의 신 약이 말했다.

"우물 안 개구리에게 바다에 관한 얘기를 해줄 수 없는 것은 이들이 머무는 곳에 얽매여 있기 때문이다. 여름날 곤충에게 얼음에 관한 얘기를 해줄 수 없는 것은 이들이 사는 때에 제약되어 있기 때문이다. 한쪽으로 치우친 곡사曲士에게 도에 관한 얘기를 해줄 수 없는 것은 이들이 알고 있는 지식에 속박돼 있기 때문이다. 이제 그대는 황하의 양쪽 기슭에서 벗어나 큰 바다를 보고 마침내 그대 자신의 보잘것없음을 알았으니 함께 커다란 도리인 대리大理에 관해 얘기할 만하다.

천하의 물은 바다보다 넓은 것이 없다. 온갖 하천의 물이 바다로 흘러들기 때문이다. 어느 때 그치는지 알 수 없으나 고갈되지 않고, 봄 가을의 계절에 따라 변화하지 않고, 홍수가 나든 가뭄이 들든 그것에 좌우되지 않는다. 바다가 장강이나 황하 따위보다 나은 정도는 산술적으로 헤아릴 수 있는 게 아니다. 그럼에도 내가 이를 가지고 스스로 자랑하지 않는 것은 내가 천지 사이에 형체를 의탁하고 음양으로부터 기를 받아 이루어진 존재라고 생각하기 때문이다. 내가 천지 사이에 있는 것은 마치 작은 돌이나 작은 나무가 큰 산에 있는 것과 같다. 곧바로 작다는 사실이 드러나는데 어찌 스스로 물이 많다고 여겨 자랑할 수 있겠는가?

사해에 둘러싸여 있는 이 세계도 천지 사이에 있는 점을 감안하면 개미구멍이 큰 소택沼澤 가에 있는 것과 같지 않은가? 중국이 해내海內에 있는 점을 감안하면 가축의 사료로 쓰이는 돌피의 낱알이 커다란 창고에 있는 것과 같지 않은가? 사람들은 사물을 헤아릴 때 큰 수를 일컬어 만萬이라고 하는데 사람은 그 중의 하나를 차지한 것에 지나지 않는다. 사람들이 비록 9주九州에 널리 퍼져 살고 있지만 곡식이 자라고 배와 수레가 통하는 모든 땅 위에서 사람은 그 중의 하나를 차지한 것에 지나지 않는다. 이를 만물과 견줘보면 털끝 하나가 말 몸에 붙어 있는 것과 같지 않은가?

오제가 서로 계승해 오고, 삼왕이 서로 쟁탈하고, 어진 사람이 근심하고, 세상을 다스리는 자들이 수고한 것이 모두 이 작은 것을 극진히 한 것에 지나지 않는다. 백이는 이 작은 것을 사양해 명예를 얻었고,

중니는 이 작은 것을 말해 박식하다는 칭찬을 받았다. 백이와 중니가 이런 것을 갖고 스스로 자랑한 것은 아까 그대가 스스로 황하의 물이 많다고 자랑한 것과 같지 않은가?"

추수시지秋水時至를 두고 성현영은 '큰 물은 봄에 생기고 가을에 왕성해진다' 고 해석했다. 오행론에 입각한 해석이다. 경류지대涇流之大는 출렁이는 물결의 광대함을 표현한 것이다. 경涇에 대한 해석이 분분하다. 최선은 곧게 흐르는 직도直度, 사마표는 통通, 임희일은 탁濁으로 해석했다. 장병린은 『설문해자』를 근거로 질펀하게 흐른다는 뜻의 경巠의 가차로 보았다. 마서륜과 진고응, 후쿠나가 등이 이를 지지하고 있다.

양사兩涘의 사涘는 기슭으로 성현영은 안岸으로 새겼다. 저애지간渚涯之間의 저渚는 모래톱, 애涯는 물가를 말한다. 사마표가 물속에 머물 수 있는 곳으로 풀이한 이래 대다수 주석가들이 이를 좇고 있으나 후쿠나가는 저안渚岸, 즉 안변岸邊으로 풀이했다. 아카츠카와 이케다가 이를 좇고 있다.

하백河伯을 두고 육덕명은 '이름이 풍이馮夷이다. 빙이冰夷 또는 풍지馮遲라고도 한다. 어떤 사람은 여공자呂公子가 원래 이름이고 풍이는 아내의 이름이라고 한다' 고 풀이해 놓았다. 북해北海를 두고 아카츠카는 발해渤海로 해석했으나 굳이 특정 해역의 명칭으로 볼 필요는 없다. 일부 주석가는 북해를 성인의 도, 황하의 가을 물을 제자백가의 학술을 뜻하는 것으로 풀이하고 있다. 나름 일리가 있다.

망양望洋은 멍한 눈으로 바라본다는 뜻이다. 『경전석문』에는 망望이 우러러 본다는 뜻의 망盳으로 되어 있다. 임희일과 진고응 등은 망양望洋을 두고 바다를 바라보는 것으로 해석했으나 마서륜은 일종의 첩운疊韻으로 간주해 멀리 아득하게 바라본다는 뜻의 원시망망遠視茫茫으로 풀이했다. 이케다 등이 이를 지지하고 있다.

북해의 신 약若을 두고 사마표는 해신海神의 이름으로 간주했다. 야어野語는 속어를 말한다. 문도백聞道百은 글자 그대로 해석하면 '도를 1백 가지 정도 들었다'는 뜻이 된다. 대부분의 주석가들이 '도를 약간 들었다'는 의미로 풀이하고 있다. 이에 대해 청대 말기의 곽숭도가 처음으로 '도를 많이 들었다'는 뜻으로 해석한 이래 진고응 등이 이를 지지하고 있다. 마서륜은 『설문해자』를 근거로 크다는 뜻의 부溥의 가차로 보았다. 이케다는 아카츠카의 견해를 좇아 '도를 어느 정도 들음'으로 해석했다.

소중니지문少仲尼之聞은 공자의 박문博聞을 적다고 여긴다는 뜻이다. 아자도지난궁我子睹之難窮은 그대의 끝을 헤아리기 어려운 크기를 보았다는 뜻이다. 육덕명은 『설문해자』를 근거로 도睹를 도覩의 후대 글자로 보았다. 대방지가大方之家의 대방大方을 사마표는 대도大道로 풀이했다. 정와井鼃는 우물속의 맹꽁이로 개구리를 뜻하는 와蛙 내지 와䵷와 통한다. 와鼃는 와蛙의 옛 글자이다.

독어시야篤於時也의 독篤에 대한 해석이 분분하다. 곽경번은 『이아』를 근거로 고정됐다는 뜻의 고固로 풀이했다. 왕선겸과 이케다 등이 이를 지지하고 있다. 곡사曲士는 일부만 아는 선비를 말한다. 사마표는 시골구석의 선비인 향곡지사鄕曲之士, 성현영은 치우친 견해를 고집하는 곡견지사曲見之士로 풀이했다. 문맥상 후자가 타당하다. 「천도편」과 「천하」편에 나오는 일곡지인一曲之人과 같은 뜻이다. 진고응은 『순자』 「해폐」편에 나오는 '곡지지인曲知之人'과 같다고 했다.

속어교束於教의 교教를 두고 성현영은 유가의 명교名教, 여혜경은 교리教理로 풀이했다. 결국 '곡사'들이 알고 있는 알량한 지식을 뜻한다. 출어애사出於崖涘는 황하의 양쪽 기슭 사이에서 벗어나는 것을 말한다. 애崖가 애涯로 되어 있는 판본이 있다. 미려설지尾閭泄之의 미려尾閭를 두고 여러 해석이 나왔으나 사마표는 바닷물이 빠져 바깥으로 나가는 곳으로 해석했다. 과강하지류過江河之流의 과過는 낫다는 뜻이다. 능력이나 지식 등이 보통 사람보다 뛰어나다는 뜻의 과인過人의 과過와 같다. 비형어천지比形於天地의 비比를 두고 임희일은 '비교', 후쿠나가는 '나란히 하다'의 뜻으로 풀이했다. 고형은 『방언』을 근거로 의탁한다는 뜻의 비庇로 해석했다. 진고응이 이를 좇았다.

뇌공礨空은 개미구멍을 말한다. 임희일은 벌집구멍인 봉과蜂窠로 풀이했다. 제미지재태창稊米之在大倉의 제미稊米를 두고 사마표는 작은 쌀알인 소미小米, 이이李頤는 원래 의미 그대로 가축의 사료로 쓰이는 돌피의 낟알로 해석했다.

인졸구주人卒九州의 졸卒을 두고 사마표는 인중人衆, 최선은 진盡으로 풀이했다. 대다수 주석가들이 양쪽으로 갈리고 있다. 문맥상 사마표의 견해가 더 낫다. 임사任士는 일을 담당한 선비로 이를 두고 임희일은 치세지사治世之士로 풀이했다.

10-2

河伯曰, "然則吾大天地而小豪末, 可乎." 北海若曰, "否. 夫物, 量無窮, 時無止, 分無常, 終始無故. 是故大知觀於遠近, 故小而不寡, 大而不多, 知量無窮. 證曏今故, 故遙而不悶, 掇而不跂, 知時無止. 察乎盈虛, 故得而不喜, 失而不憂, 知分之無常也. 明乎坦塗, 故生而不說, 死而不禍, 知終始之不可故也. 計人之所知, 不若其所不知. 其生之時, 不若未生之時. 以其至小, 求窮其至大之域, 是故迷亂而不能自得也. 由此觀之, 又何以知毫末之足以定至細之倪. 又何以知天地之足以窮至大之域."

하백이 물었다.

"그렇다면 저는 천지를 크다 여기고 털 끝머리를 작다고 여겨야 되지 않겠습니까?"

북해 약이 대답했다.

"그렇지 않다. 대저 사물이란 만물 전체의 공간적인 크기를 뜻하는 양量은 무궁하고, 과거와 현재 및 미래를 잇는 시時는 멈춤이 없고, 주어진 몫을 뜻하는 분分은 일정하게 정해진 게 없고, 처음과 끝을 의미하는 시종始終은 고정된 게 없다.

큰 지혜를 갖춘 사람이라야 원대한 도리와 비근한 일상의 사물을 두루 볼 수 있다. 작아도 그것을 적다 여기지 않고, 커도 그것을 많다 여기지 않는 이유이다. 이는 사물의 양이 무궁하다는 것을 알고 있기 때문이다.

큰 지혜를 갖춘 사람이라야 과거와 현재를 밝게 안다. 미래의 일이 명백히 드러나지 않을지라도 근심하지 않고, 지금의 일이 빨리 지나갈지라도 발돋움하며 허둥대지 않는 이유이다. 이는 시간에 멈춤이 없다는 것을 알고 있기 때문이다.

큰 지혜를 갖춘 사람이라야 세상의 영고성쇠榮枯盛衰를 살펴서 잘 안다. 얻었다고 기뻐하지 않고, 잃었다고 근심하지 않는 이유이다. 이는 분수에 일정한 몫이 없다는 것을 알고 있기 때문이다.

큰 지혜를 갖춘 사람이라야 평탄한 대도를 분명히 안다. 태어나도 기뻐하지 않고, 죽어도 그것을 재앙으로 여기지 않는 이유이다. 이는 시종에 고정된 게 없다는 것을 알고 있기 때문이다.

사람이 아는 것을 따지는 것은 알지 못하는 것이 많음만 못하고,

태어나서 살아 있는 시간은 아직 태어나지 않는 때의 장구함만 못하다. 지극히 작은 것을 가지고 지극히 큰 것을 궁구하려 들면 이내 미혹되고 어지러워져 스스로 망연자실하지 않을 수 없다. 이로써 살펴보면 어찌 털 끝머리가 지극히 작은 것 중에서 가장 끝에 해당하고, 또 어찌 천지가 지극히 큰 세계에서 극한에 해당한다고 말할 수 있겠는가?"

호말豪末의 호豪가 호毫로 된 판본이 있다. 서로 통한다. 부물夫物을 두고 아카츠카가 뒤에 나오는 양量, 시時, 분分, 종시終始 등 네 구절에 연결됐다고 주장한 이후 대다수 주석가들이 이를 좇고 있다. 종시무고終始無故의 고故를 두고 고형이 고固로 해석한 이후 통설이 됐다. 증향금고證曏今故는 과거와 현재를 밝게 안다는 뜻으로 향曏은 원래 접때라는 뜻이나 여기서는 증證과 마찬가지로 명백하게 한다는 뜻이다. 철이불기掇而不跂는 빨리 지나가는 일이라도 바장이지 않는다는 뜻이다. 철掇을 두고 곽상은 단短으로 해석했다. 기跂에 대해서는 이설이 분분하나 발돋움하며 허둥대지 않는다는 뜻으로 보는 게 가장 낫다. 탄도坦塗는 평탄한 대도의 뜻이다. 지세지예至細之倪의 예倪는 끝을 뜻하는 단端과 통한다.

10-3

河伯曰, "世之議者皆曰, '至精無形, 至大不可圍.' 是信情乎." 北海若曰, "夫自細視大者不盡, 自大視細者不明. 夫精, 小之微也. 垺, 大之殷也. 故異便, 此勢之有也. 夫精粗者, 期於有形者也. 無形者, 數之所不能分也. 不可圍者, 數之所不能窮也. 可以言論者, 物之粗也. 可以意致者, 物之精也. 言之所不能論, 意之所不能察致者, 不期精粗焉. 是故大人之行, 不出乎害人, 不多仁恩. 動不爲利, 不賤門隸. 貨財弗爭, 不多辭讓. 事焉不借人, 不多食乎力, 不賤貪汙. 行殊乎俗, 不多辟異. 爲在從衆, 不賤佞諂. 世之爵祿不足以爲勸, 戮恥不足以爲辱. 知是非之不可爲分, 細大之不可爲倪. 聞曰, '道人不聞, 至德不得, 大人無己.' 約分之至也."

하백이 말했다.

"세상의 논객들은 모두 말하기를, '지극히 작은 것은 보이지 않고, 지극히 큰 것은 밖에서 에워쌀 수 없다' 고 합니다. 이게 참으로 사실입니까?"

북해의 신 약이 말했다.

"무릇 작은 것을 기준으로 큰 것을 보면 다 보지 못하고, 큰 것을 기준으로 작은 것을 보면 분명히 보지 못한다. 지극히 작은 '정精' 은 작은 것 중에서 가장 작은 것이고, 지극히 큰 '부垺' 는 큰 것 중에서 가장 큰 것이다. 그러나 이는 본래 편의상의 구분에 지나지 않고, 각각의 사물이 놓인 상황에 따라 정해지는 것이다.

무릇 작다 크다 하는 것도 형체가 있는 대상을 예상해 하는 말이다. 형체가 없으면 수량으로 구분할 수 없고, 에워쌀 수 없으면 수량으로 알아낼 수 없다. 말로 설명할 수 있는 것은 만물 가운데 큰 것이고, 마음으로 이해할 수 있는 것은 만물 가운데 작은 것이다. 말로도 설명할 수 없고 마음으로도 이해할 수 없는 것은 크다 작다 하는 것을 초월해 있다.

그래서 대인의 행동은 남을 해치는 데로 나아가지도 않고, 인혜仁惠와 은덕을 베푸는 행위를 자랑하지도 않는다. 이익을 추구하지도 않고, 성문의 문지기를 천하게 여기지도 않는다. 재산 문제로 남과 다투지도 않고, 사양하는 미덕을 자랑하지도 않는다. 일을 할 때 남의 힘을 빌리지는 않지만 그렇다고 자력으로 먹고사는 것을 자랑하지도 않고, 탐오貪汙한 사람을 천하게 여기지도 않는다. 행동을 세속과 달리하지만 그렇다고 대중과 크게 다른 것을 자랑하지 않고, 늘 대중을 좇아 행동하고, 윗사람에게 아첨하는 것을 천하게 여기지도 않는다.

대인은 세상의 작록으로도 권장하기에 부족하고, 형륙과 수치로 욕되게 하기에도 부족하다. 사물의 시비를 어떤 잣대를 들이대 가릴 수도 없고, 사물의 대소를 일정한 한계를 그어 구별할 수 없다는 사실을 알고 있기 때문이다. 내가 듣건대 '도를 터득한 사람은 명성이 세상에 들리지 않고, 지극한 덕을 가진 사람은 덕으로 칭송할 수 없고, 대인은 자기가 없다' 고 한다. 이것이야말로 시비와 대소 등의 구별을 버린 소위 '약분約分' 의 극치에 해당한다."

세지의자世之議者는 혜시 등의 논객을 지칭한다. 시신정호是信情乎의 신信은 반드시 내지 참으로의 뜻이다. 신상필벌信賞必罰의 '신信' 과 같다. 여기의 정情은 실정實情으로 사실을 의미한다. 부垺는 지극히 큰 것을 뜻한다. 지극히 작다는 뜻의 정精과 대비된다. 고이편故異便의 고故는 본래의 뜻이고, 이편異便은 편불편便不便을 달리한다는 뜻으로 여기서는 편의상의 구별일 뿐이라는 의미이다.

문례門隸는 문지기로 가난을 벗어나기 위해 문기기 노릇을 하는 사람을 지칭한다. 다식호력多食乎力은 자기 힘으로 먹고사는 것을 자랑한다는 뜻으로 여기의 다多는 떠벌이며 자랑한다는 뜻이다. 불천탐오不賤貪汙는 탐욕스럽고 더러운 사람을 천시하지 않는다는 뜻으로 여기의 오汙는 오汚와 같다. 부다벽이不多辟異의 벽이辟異는 다른 사람과 심하게 다른 것을 의미한다. 벽이僻異 내지 특이特異와 통한다.

지덕부득至德不得의 득得을 두고 곽상은 득실의 득得으로 보았으나 후쿠나가와 이케다는 덕으로 칭송한다는 뜻의 덕德으로 해석했다. 『도덕경』 제38장에 나오는 '최상의 덕은 자신의 덕을 덕으로 여기지 않는다'는 취지의 '상덕부덕上德不德' 구절과 취지를 같이한다. 모두 동사로 쓰인 경우이다.

대인무기大人無己는 「소요유」편의 지인무기至人無己와 같은 뜻이다. 후카나가와 아카츠카는 「소요유」편을 원형으로 보았으나 이케다는 정반대로 보았다. 「추수」편의 표현이 훨씬 고박古朴하다는 게 논거이다. 이는 외편이 내편보다 나중에 생겼다는 통설을 반박하는 것이기도 하다. 약분約分을 두고 설이 분분하다. 후쿠나가는 '자기 본분에 충실히 적응하는 것'으로 해석했고, 이케다는 '구별의식을 극소화해 이내 버림'의 뜻으로 풀이했다. 문맥상 후자가 더 낫다.

10-4

河伯曰, "若物之外, 若物之內, 惡至而倪貴賤. 惡至而倪小大." 北海若曰, "以道觀之, 物無貴賤. 以物觀之, 自貴而相賤. 以俗觀之, 貴賤不在己. 以差觀之, 因其所大而大之, 則萬物莫不大. 因其所小而小之, 則萬物莫不小. 知天地之爲稊米也, 知毫末之爲丘山也, 則差數覩矣. 以功觀之, 因其所有而有之, 則萬物莫不有. 因其所無而無之, 則萬物莫不無. 知東西之相反而不可以相無, 則功分定矣. 以趣觀之, 因其所然而然之, 則萬物莫不然. 因其所非而非之, 則萬物莫不非. 知堯·桀之自然而相非, 則趣操覩矣. 昔者堯·舜讓而帝, 之·噲讓而絶. 湯·武爭而王, 白公爭而滅. 由此觀之, 爭讓之禮, 堯·桀之行, 貴賤有時, 未可以爲常也.

하백이 물었다.

"사물의 밖인지 안인지 알 수 없지만 어디에 이르러 귀천의 구분이 나타나고 어디에 이르러 대소의 구분이 나타나는 것입니까?"

북해의 신 약이 대답했다.

"도의 관점에서 볼 때 사물에는 귀천이 없다. 그러나 사물의 관점에서 보면 모두 자신을 귀하게 여기고 상대방을 천시한다. 세속의 관점에서 볼 때 귀천은 나에게 있지 않은 셈이다.

사물의 대소와 관련한 차별의 관점에서 볼 때 사람들이 각자 크다고 여기는 것을 기준으로 어떤 사물을 크다고 하면 만물 중 크지 않은 게 없고, 각자 작다고 여기는 것을 기준으로 어떤 사물을 작다고 하면 만물 중 작지 않은 게 없다. 그러나 천지가 돌피의 낟알처럼 작은 것이 될 수 있고, 호말毫末이 언덕이나 산처럼 큰 것이 될 수 있다는 것을 알면 사물의 대소가 구별되는 이치를 알 수 있다.

사물의 효용과 관련한 공능의 관점에서 볼 때 사람들이 각자 유용하다고 여기는 것을 기준으로 어떤 사물을 유용하다고 하면 만물 중 유용하지 않은 게 없고, 각자 무용하다고 여기는 것을 기준으로 어떤 사물을 무용하다고 하면 만물 중 무용하지 않은 게 없다. 그러나 동서가 서로 반대편에 있지만 서로 없어서는 안 된다는 것을 알면 사물의 효용성이 명확히 드러날 것이다.

사물의 그러함과 관련한 취향의 관점에서 볼 때 사람들이 각자 그렇다고 하는 것을 기준으로 어떤 사물을 그렇다고 하면 만물 중 그렇지 않은 게 없고, 각자 그렇지 않다고 하는 것을 기준으로 어떤 사물을 그렇지 않다고 하면 만물 중 그렇지 않다고 부인할 수 있는 게 없다. 그러나 성군인 요와 폭군인 걸이 자신을 그렇다고 하고 상대방을 그렇지 않다고 여긴 것을 알면 취향의 근거를 알 수 있다.

옛날 요와 순은 보위를 사양해 제왕이 됐다. 그러나 연나라 재상 자지子之와 연왕 쾌噲는 같은 방법을 썼다가 오히려 나라를 멸망시키고 말았다. 상나라 탕왕과 주나라 무왕은 각각 하나라 걸과 은나라 주와 무력을 다퉈 결국 왕이 됐다. 그러나 초나라 백공白公은 같은 방법을 썼다가 오히려 살해당해 자멸하고 말았다. 이로써 살펴보면 방벌과 선양의 예를 포함해 요 및 걸의 행동 모두 때에 따라 엇갈린 결과를 낳았음을 알 수 있다. 그러니 그 어느 하나를 일정한 법칙으로 삼을 수는 없는 일이다."

예귀천倪貴賤의 예倪는 구별한다는 뜻이다. 이차관지以差觀之의 차差는 사물의 대소를 말한 것이다. 사물의 유무는 공功, 사물의 연불연然不然은 취趣로 표현해 놓았다. 이취관지以趣觀之의 취趣를 두고 왕선겸은 중인들의 취향으로 해석했다. 지쾌양이절之噲讓而絶의 지쾌之噲는 전국시대 중기 연나라 재상 자지와 연왕 쾌噲가 공멸한 일화를 말한 것이다. 당시 연왕 쾌는 요순의 선양을 본받으라는 유세객 소대蘇代의 말을 좇아 재상 자지에게 군주 자리를 양보했다가 3년 만인 기원전 314년 연나라는 패망의 위기에 몰리고 말았다. 이케다는 이 장에서 이 사건을 석자昔者로 표현하고 있는 점에 주목해 「추수」편이 전국시대 말기 이후에 나온 것으로 추정했다.

백공白公은 춘추시대 말기 오자서와 함께 망명했다가 정나라에서 죽임을 당한 초평왕의 태자 건建의 아들로 부친의 원수를 갚겠다며 반기를 들었다가 패망했다. 『춘추좌전』 「애공 16년」조에 그에 관한 일화가 나온다.

10-5

"梁麗可以衝城而不可以窒穴, 言殊器也. 騏驥驊騮一日而馳千里, 捕鼠不如狸狌, 言殊技也. 鴟鵂夜撮蚤, 察毫末, 晝出瞋目而不見丘山, 言殊性也. 故曰, '蓋師是而無非, 師治而無亂乎. 是未明天地之理, 萬物之情者也.' 是猶師天而無地, 師陰而無陽, 其不可行明矣. 然且語而不舍, 非愚則誣也. 帝王殊禪, 三代殊繼. 差其時, 逆其俗者, 謂之簒夫. 當其時, 順其俗者, 謂之義之徒. 默默乎河伯, 女惡知貴賤之門·小大之家."

북해의 신 약이 말했다.

"대들보와 마룻대 같은 큰 나무로는 성벽을 쳐부술 수는 있으나 조그만 구멍을 틀어막을 수는 없다. 이는 도구의 용도가 다름을 말한 것이다. 기기騏驥와 화류驊騮 같은 천리마는 하루에 천 리를 달리지만 쥐를 잡는 일에는 살쾡이만도 못하다. 이는 가지고 있는 재능이 다름을 말한 것이다. 올빼미는 캄캄한 밤에도 벼룩을 잡을 수 있고 털끝을 살필 수 있지만 낮에 나와서는 눈을 크게 부릅뜨고서도 커다란 산과 언덕을 보지 못한다. 이는 타고난 본성이 다름을 말한 것이다. '어찌하여 옳은 것을 스승으로 삼아 그른 것을 무시하고, 치治를 존숭해 난亂을 무시해 버리지 않는 것인가?' 라는 지적이 나오는 이유이다.

그러나 이런 말을 하는 자는 아직 천지의 이치와 만물의 실정을 잘 알지 못하는 자이다. 마치 하늘을 스승으로 삼아 땅을 업신여기고, 음기를 스승으로 삼아 양기를 무시하는 것과 같아 명백히 성립될 수 없는 얘기이다. 그런데도 또 이런 얘기를 계속 떠들며 그만두지 않으니 그는 어리석은 자가 아니면 사람을 속이는 자이다.

고대의 제왕들은 선양하는 방법을 달리했고, 삼대의 왕위를 계승하는 방법도 달랐다. 그 시대와 다르고 그 풍속과 어긋나는 자는 찬탈한 자라는 뜻의 '찬부簒夫'로 불렀다. 그 시대에 합당하고 그 풍속을 따른 자는 의로운 무리라는 뜻의 '의도義徒'로 불렀다. 아무 말도 하지 말라, 하백이여! 그대가 어찌 귀천을 구별하는 문과 대소를 구별하는 집이 어디에 있는지 알 리 있겠는가!"

양려梁麗를 두고 성현영은 대들보인 옥량屋梁과 마룻대인 옥동屋棟으로 해석했다. 충성衝城은 성벽을 무너뜨린다는 뜻이다. 이성狸狌은 너구리와 살쾡이를 말한다. 치휴야촬조鴟鵂夜撮蚤는 올빼미는 캄캄한 밤에도 벼룩을 잡을 수 있다는 뜻으로 원래 치鴟는 올빼미, 휴鵂는 부엉이를 뜻한다. 촬撮은 잡는다는 뜻의 착捉과 통한다. 합사시이무비蓋師是而無非의 합蓋은 합盍과 통하는 말로 하불何不의 약자이다. 대략 내지 생각건대의 뜻을 지닌 '개蓋'로 해석하는 견해도 있으나 뒤에 의문조사 호乎가 붙어 있는 점에 비춰 합盍의 뜻으로 새기는 게 더 낫다. 여기의 사師는 스승으로 삼고 존중한다는 동사이다.

비우즉무야非愚則誣也는 어리석은 자가 아니면 사람을 속이는 자라는 뜻이다. 『한비자』「현학」편에도 똑같은 구절이 나온다. 의지도義之徒는 의로운 무리라는 뜻으로 일부 판본에는 지之가 생략돼 있다. 묵묵호默默乎의 묵默을 두고 마서륜은 삼가 조심한다는 뜻의 밀謐의 가차로 보았다.

10-6

河伯曰, "然則我何爲乎. 何不爲乎. 吾辭受趣舍, 吾終奈何." 北海若曰, "以道觀之, 何貴何賤, 是謂反衍. 無拘而志, 與道大蹇. 何少何多, 是謂謝施. 無一而行, 與道參差. 嚴乎若國之有君, 其無私德. 繇繇乎若祭之有社, 其無私福. 泛泛乎其若四方之無窮, 其無所畛域. 兼懷萬物, 其孰承翼. 是謂無方. 萬物一齊, 孰短孰長. 道無終始, 物有死生, 不恃其成. 一虛一滿, 不位乎其形. 年不可擧, 時不可止. 消息盈虛, 終則有始. 是所以語大義之方, 論萬物之理也. 物之生也, 若驟若馳, 無動而不變, 無時而不移. 何爲乎, 何不爲乎. 夫固將自化."

하백이 물었다.

"그렇다면 저는 무엇을 하고 무엇을 하지 말아야 합니까? 또 사양과 수용, 취사의 선택 등은 최종적으로 어찌해야 합니까?"

북해의 신 약이 대답했다.

"도의 관점에서 보면 만물에는 귀천이 없으니 무엇이 귀하고 무엇이 천하다 하겠는가? 이를 일컬어 구별이 없는 혼돈인 소위 '반연反衍' 이라고 한다. 그대의 뜻을 귀천 구별의 생각에 얽매이지 않게 하라. 만일 얽매이면 크게 어긋나고 말 것이다. 무엇을 적다 많다 하겠는가? 이를 일컬어 경계 없는 도를 표현한 소위 '사이謝施' 라고 한다. 그대의 행동을 한쪽으로 한정하지 말라. 한정하면 참다운 도와 일치하지 않게 된다.

의젓하구나! 나라에 군주가 있는 것처럼 사사로운 은덕 없이 공평히 다스리니. 넉넉하구나! 토지신이 제사에 강림하듯 사사로운 복을 베풀지 않으면서 공평히 복을 내리니. 넓디넓구나! 사방이 끝이 없는 것처럼 사사로운 한정구역을 만들지 않으니. 만물을 모두 포용하는데 그 누구를 사사로이 비호하고 도와줄 것인가? 이를 일컬어 어느 한쪽으로 구애되지 않는 소위 '무방無方' 이라고 한다.

만물은 구별 없이 동일한 존재이다. 그러니 어느 것을 짧다 하고 어느 것을 길다 할 것인가? 도에는 끝도 없고 시작도 없다. 그러나 사물에는 사멸과 생성이 있다. 일시적 성취가 있을지라도 이를 믿을 수 없다. 때론 공허하게 비어 있다가 때론 가득 차기도 하여 하나의 형태로 자리잡지 못하고 있기 때문이다. 세월의 흐름은 막을 수 없고, 시간의 추이는 멈추게 할 수 없다. 쇠했다가 번영하는 소식消息과 찼다가 비는 영허盈虛의 작용이 끝나면 다시 시작이 있게 된다. 이는 작은 절의를 뛰어넘는 대의의 방도를 말한 것으로, 개개의 사물이 아닌 만물의 전체 이치를 논한 것이기도 하다.

사물의 생성은 마치 말이 달리는 것과 같다. 늘 움직이는 까닭에 변하지 않는 경우가 없고, 어느 때고 옮겨가지 않는 게 없다. 그러니 무엇을 하고 무엇을 하지 않겠는가? 본래 만물은 스스로 변화하는 법이다."

사수취사辭受趣舍는 사양하거나 받거나 취하거나 버린다는 뜻이다. 취趣를 두고 어의 그대로 달려간다는 뜻으로 풀이하는 견해가 있으나 이는 잘못이다. 버린다는 뜻의 사舍와 같이 쓰인 점을 감안할 때 여기의 취는 취取의 가차로 보는 게 낫다. 「천지편」에서 취사선택의 판단으로 인해 사람의 마음이 어지러워진다는 취지로 사용된 취사골심趣舍滑心 구절이 이를 뒷받침한다. 이케다는 하백의 '사수취사' 운운을 두고 만물제동의 인식에 도달한 하백이 현실 속의 행동방향을 물은 실천적 질문에 해당한다고 분석하면서 초기 도가에서는 볼 수 없는 현상으로 평가했다.

반연反衍은 「제물론」에서 자연의 변화에 자신을 맡긴다는 뜻으로 사용된 만연曼衍과 그 뜻이 같다. 이케다는 『도덕경』 제40장과 제25장을 인용해 반反은 복귀, 연衍은 확산으로 간주하면서 '귀천의 어디에도 맡기지 않고 자연스런 순환에 맡기는 것이다' 라고 풀이했다. 사이

謝施는 경계가 없는 도의 모습을 표현한 것으로 '반연'과 취지를 같이하는 것이다. 사謝는 변화를 의미하는 만물의 교대를 뜻하고, 시施는 사방으로 뻗어나간다는 뜻의 이移와 뜻이 통한다.

엄호嚴乎는 '엄연하구나!'의 감탄사로 여기의 엄嚴은 의젓하다는 뜻의 엄儼과 통한다. 유유호繇繇乎는 유연하고 넉넉하다는 뜻이다. 범범호泛泛乎는 넓디넓다는 뜻으로 일부 판본은 범汎으로 되어 있다. 『도덕경』 제34장에 나오는 '대도는 넓게 흘러 왼쪽으로 흐를 수도 있고 오른쪽으로 흐를 수도 있다'는 구절과 취지를 같이한다.

진역畛域은 사사롭게 설정한 한정된 구역을 말한다. 승익承翼을 두고 임희일은 '두 손을 맞잡고 붙들어 주는 것이니 사사로이 총애하는 것을 형용한 것이다'라고 풀이했다. 무방無方은 어느 한쪽 방향으로 치우치지 않은 것을 말한다. 연불가거年不可擧를 두고 왕부지는 '미리 들어 예측할 수 없다'는 뜻으로 풀이했다. 곽상은 '들어 보내버리려 해도 불가능하다'고 해석했다. 마서륜은 『장자의증』에서 거擧를 막는다는 뜻의 거歫의 가차로 보았다. 종즉유시終則有始는 마치게 되면 곧 시작이 있다는 뜻이다. 「지북유」편에 나오는 '끝나면 다시 시작된다'는 뜻의 '종즉부시終則復始'와 같은 뜻이다. 여기의 유有는 우又의 뜻으로 사용된 것이다. 자화自化는 『도덕경』 제37장에서 도의 모습은 인위적인 작위가 없으면서도 하지 않음이 없다고 한 '무위이무불위無爲而無不爲' 취지와 꼭같다.

10-7

河伯曰, "然則何貴於道也." 北海若曰, "知道者必達於理, 達於理者必明於權, 明於權者不以物害己. 至德者, 火弗能熱, 水弗能溺, 寒暑弗能害, 禽獸不能賊. 非謂其薄之也, 言察乎安危, 寧於禍福, 謹於去就, 莫之能害也. 故曰, '天在內, 人在外, 德在乎天.' 知天人之行, 本乎天, 位乎得, 蹢躅而屈伸, 反要而語極." 曰, "何謂天, 何謂人." 北海若曰, "牛馬四足, 是謂天. 落馬首, 穿牛鼻, 是謂人. 故曰, '無以人滅天, 無以故滅命, 無以得殉名. 謹守而勿失, 是謂反其眞.'"

하백이 물었다.

"만물이 본래 아무런 차별이 없는 것이라면 도를 귀하게 여길 이유가 어디에 있는 것입니까?"

북해의 신 약이 대답했다.

"도를 아는 자는 반드시 이치에 통달하고, 이치에 통달한 자는 반드시 권도權道에 밝고, 권도에 밝은 자는 외물로 자신을 해치지 않는다. 지극한 덕을 지닌 사람은 불로 뜨겁게 할 수도 없고, 물로 빠뜨릴 수도 없고, 추위와 더위로 해칠 수도 없고, 짐승으로 해칠 수도 없다. 이는 그가 그것들을 가벼이 여긴다는 뜻이 아니다. 안위安危를 잘 살피고, 화복禍福을 모두 편히 여기고, 거취去就를 삼가는 까닭에 그 무엇도 그를 해칠 수 없음을 말한 것이다. 흔히 '천성은 사람 몸 안에 있고, 인위는 사람 몸 밖에 있고, 덕은 천성을 따른다' 고 말하는 이유이다. 천성과 인위를 잘 인식하고, 천성에 근본하고, 참다운 덕의 경지에 머물고, 머뭇거리는 모습으로 구부리거나 펼치며 일진일퇴할 수 있어야 한다. 그러면 근원의 도로 돌아가 궁극의 도에 관해 말할 수 있을 것이다."

하백이 물었다.

"무엇을 천성이라 하고 무엇을 인위라고 하는 것입니까?"

북해의 신 약이 대답했다.

"소와 말에 4개의 발이 있는 것을 두고 '천성', 말의 머리에 낙인을 찍고 소의 코뚜레를 뚫는 것을 '인위' 라고 한다. 인위로 천성을 없애거나, 인간의 의도로 천명을 없애거나, 허명을 얻기 위해 타고난 덕을 잃거나 해서는 안 된다. 삼가 지켜서 천성과 천명, 타고난 덕을 잃지 않는 것을 일컬어 천진天眞의 본성으로 돌아가는 소위 '반기진反其眞' 이라고 한다."

필명어권必明於權의 권權은 권도權道를 말한다. 고정불변의 상도常道와 반대되는 말로 때에 따라 변통하는 임기응변의 자세를 뜻한다. 『맹자』「이루 상」편에서 '형수가 물에 빠졌을 때 손을 잡아 구원하는 것은 권도이다' 라고 말한 게 적절한 설명이다. 지덕자至德者를 두고 수화水火와 한서寒暑, 금수禽獸로도 해칠 수 없다고 한 것은「소요유」편에서 막고야산藐姑射山에 사는 신인들의 덕을 설명한 대목과 「대종사」편에서 옛 진인을 설명한 대목과 취지를 같이한다.

위호덕位乎得을 두고 곽상은 분수에 넘치지 않는다는 뜻으로 풀이했으나 이케다는 덕의 경지에 머문다는 뜻으로 해석했다. 덕得을 덕德의 가차로 본 것이다. 문맥상 이게 맞다. 척촉이굴신蹢躅而屈伸의 척촉蹢躅은 머뭇거리는 모습, 굴신屈伸은 구부리고 펴는 모습을 표현한 것이다.

10-8

夔憐蚿, 蚿憐蛇, 蛇憐風, 風憐目, 目憐心. 夔謂蚿曰, "吾以一足趻踔而行, 予無如矣. 今子之使萬足, 獨奈何." 蚿曰, "不然. 子不見夫唾者乎. 噴則大者如珠, 小者如霧, 雜而下者不可勝數也. 今予動吾天機, 而不知其所以然." 蚿謂蛇曰, "吾以衆足行, 而不及子之無足, 何也." 蛇曰, "夫天機之所動, 何可易邪. 吾安用足哉." 蛇謂風曰, "予動吾脊脅而行, 則有似也. 今子蓬蓬然起於北海, 蓬蓬然入於南海, 而似無有, 何也." 風曰, "然. 予蓬蓬然起於北海而入於南海也, 然而指我則勝我, 鰌我亦勝我. 雖然, 夫絶大木, 蜚大屋者, 唯我能也." 故以衆小不勝爲大勝也. 爲大勝者, 唯聖人能之.

외발 짐승인 기夔는 발이 많은 노래기를 부러워하고, 노래기는 발이 없는 뱀을 부러워하고, 뱀은 모습이 없는 바람을 부러워하고, 바람은 움직이지 않고도 작용하는 눈을 부러워하고, 눈은 사물을 보지 않고도 모든 것을 다 아는 마음을 부러워했다.

기가 노래기에게 물었다.

"나는 외발로 깡충거리며 다니지만 막힘없이 걸어다니는 그대에게 도저히 미치지 못한다. 그대는 그 많은 발을 잘 부리는데 도대체 나만 왜 외발로 걸어다니는 것인가?"

노래기가 대답했다.

"아니, 그렇지 않다. 그대는 저 침을 튀기는 사람을 보지 못했는가? 재채기를 해서 침을 뿜어내면 큰 것은 구슬 같고 작은 것은 안개 같다. 크고 작은 침이 뒤섞여 흩어져 떨어질 때 그 숫자는 이루 다 헤아릴 수 없을 정도이다. 지금 나도 그 많은 발에 부여된 자연의 기능인 천기天機를 그저 움직이게 할 뿐이다. 어째서 그러한지는 전혀 알지 못한다."

노래기가 뱀에게 물었다.

"나는 많은 발로 걷고 있는데도 발이 없는 그대를 따라가지 못한다. 어째서 그런 것인가?"

뱀이 대답했다.

"무릇 '천기'가 움직이는 것은 어떻게 바꿀 수가 없는 것이다. 내가 무엇 때문에 발 따위를 쓸 필요가 있겠는가?"

밤이 바람에게 물었다.

"나는 내 등이나 겨드랑이를 움직여 걸어간다. 이는 그대에게 발이 있는 것과 다르지 않다. 지금 그대는 '휙' 소리를 내며 북해에서 일어나 다시 '휙' 소리를 내며 남해로 들어간다. 형체도 아무것도 없는 게 꼭 무無와 같다. 이는 무슨 까닭인가?"

바람이 대답했다.

"분명 그렇다. 나는 휙휙 소리를 내며 북해에서 일어나 남해로 들어간다. 그러나 사람은 나를 손가락으로 찌르는 것만으로도 나를 이길 수 있고, 발로 밟고 가는 것만으로도 나를 이길 수 있다. 비록 그렇기는 하나 저 큰 나무를 꺾고 큰 집을 날려버리는 것은 오직 나만이 할 수 있다. 내가 여러 작은 패배에도 불구하고 대승을 거둘 수 있는 이유이다. 대승을 거두는 것은 오직 성인만이 할 수 있는 일이다."

기련현夔憐蚿의 기夔는 『산해경』「대황동경」 등에 나오는 상상 속의 외발 짐승이다. 소와 같은 모습에 푸른빛이고, 뿔이 없고, 외발로 다니고, 소리는 우레와 같다. 인憐을 두고 마서륜은 『방언』을 근거로 애愛의 뜻을 지닌 송나라와 노나라 사이의 방언으로 해석했다. 문맥상 애모의 뜻에 가깝다. 현蚿은 지네와 비슷하며 수많은 다리를 갖고 있는 노래기를 말한다.

침탁이행趻踔而行은 외발로 껑충거리며 다닌다는 뜻이다. 침趻은 한 발로 뛰는 앙감질한다는 뜻의 침踸과 통한다. 탁踔도 절름거린다는 뜻이다. 후쿠나가는 '침탁'을 쌍성雙聲의 의태어로 보았다. 여무여의予無如矣의 여如를 두고 장병린은 『장자해고』에서 능能의 가차로 보았으나 이케다는 미칠 급及의 뜻으로 풀이했다.

'자불견부타자호子不見夫唾者乎, 분즉대자여주噴則大者如珠'는 '그대는 저 침 튀기는 사람을 보지 못했는가? 재채기를 해서 침을 뿜어내면 큰 것은 구슬 같다'의 뜻이다. 이 구절에서 소위 '해타성주咳唾成珠' 성어가 나왔다. 권세가의 한마디 말이나 특별히 공을 들이지 않고도 문장이 주옥같이 아름다운 것을 비유할 때 쓰는 말이다. 천기天機는 타고난 그대로의 작용이나 기능 등을 말한다.

즉유사야則有似也의 유사有似를 두고 성현영은 '사似는 상像이다. 뱀이 비록 발이 없으나 형상은 있다'로 풀이했다. 이에 대해 마서륜은 『장자의증』에서 유사有似를 사유似有로 고쳐 해석했다. 이 경우 '형체가 있는 것과 비슷하다'는 뜻이 된다. 왕선겸도 『장자집해』에서 비슷한 해석을 했다. 문맥상 이게 적당하다.

봉봉연蓬蓬然은 바람이 '휙' 하는 소리를 내며 부는 모습을 그린 의성어이다. 추아역승아鰌我亦勝我의 추鰌를 두고 육덕명은 밟는다는 뜻의 추蹜, 곽숭도는 발로 찬다는 뜻의 축蹴으로 풀이했다. 둘 다 통한다. 비대옥蜚大屋의 비蜚는 비飛와 통한다. 소불승小不勝은 작은 패배를 뜻한다.

10-9

孔子遊於匡, 宋人圍之數匝, 而弦歌不惙. 子路入見, 曰, "何夫子之娛也." 孔子曰, "來, 吾語女. 我諱窮久矣, 而不免, 命也. 求通久矣, 而不得, 時也. 當堯舜而天下無窮人, 非知得也. 當桀紂而天下無通人, 非知失也. 時勢適然. 夫水行不避蛟龍者, 漁父之勇也. 陸行不避兕虎者, 獵夫之勇也. 白刃交於前, 視死若生者, 烈士之勇也. 知窮之有命, 知通之有時, 臨大難而不懼者, 聖人之勇也. 由, 處矣. 吾命有所制矣." 無幾何, 將甲者進, 辭曰, "以爲陽虎也, 故圍之. 今非也, 請辭而退."

공자가 천하유세 도중 광匡 땅에 이르렀을 때 송나라 사마司馬 환퇴桓魋의 무리가 겹겹이 포위했다. 공자가 태연히 거문고를 타며 노래 부르기를 그치지 않았다. 제자 자로子路가 공자의 막사로 들어와 물었다.

"이처럼 위급한 상황에서 선생님은 어찌 음악 같은 것을 즐기는 것입니까?"

공자가 대답했다.

"이리 오라, 내가 너에게 말해주겠다. 나는 오래 전부터 역경을 피하려 했지만 끝내 피할 수 없었다. 이것도 천명이다. 또 오래 전부터 영달을 추구해 왔지만 끝내 얻지 못했다. 이것이 시운이다.

요순堯舜의 시대에는 천하에 곤궁한 사람이 없었다. 그러나 이는 그들의 지혜가 뛰어났기 때문이 아니다. 또 걸주桀紂의 시대에는 천하에 통달한 사람이 하나도 없었다. 그러나 이는 그들의 지혜가 뒤떨어졌기 때문이 아니다. 시운이 우연히 그리되었을 뿐이다.

무릇 물 위를 가면서 교룡蛟龍을 두려워하지 않는 것은 어부漁父의 용기이고, 땅 위를 가면서 외뿔소나 호랑이인 시호兕虎를 두려워하지 않는 것은 사냥꾼인 엽부獵夫의 용기이고, 칼날이 눈앞에 교차하는 전투상황에서 죽음을 삶처럼 간주해 두려워하지 않는 것은 열사烈士의 용기이고, 역경 또한 천명이고 통달의 시운이 있음을 알아 큰 위험에 직면해서도 두려워하지 않는 것은 성인聖人의 용기이다. 유由야, 침착하게 처신해라. 나의 운명은 이미 정해진 바가 있다."

얼마 후 무장한 무리들이 찾아와 사과하며 말했다.

"그대를 양호陽號로 생각해 포위했습니다만 이제 양호가 아니라는 것을 알았습니다. 용서를 구하며 이만 물러가고자 합니다."

광匡은 지금의 하남성 장원현으로 황하의 나루터 고을이다. 『사기』「공자세가」에 따르면 천하유세 당시 공자는 진陳나라로 가던 중 광 땅을 지나다가 양호陽虎로 몰려 죽을 뻔했다. 양호는 원래 노나라 계씨 가문의 가신으로 폭력을 동원해 권력을 장악하려다가 실패하자 이내 망명한 인물로 평판이 좋지 않았다. 『사기』「공자세가」는 당시의 상황을 이같이 기술해 놓았다.

"공자가 진나라로 가는 도중에 광 땅을 지날 때 제자 안각顔刻이 말을 몰았다. 도중에 그가 말채찍으로 한 곳을 가리키며 말하기를, '전에 제가 이곳에 왔을 때는 저 파손된 성곽이 틈 사이로 들어왔습니다' 라고 했다. 광 땅 사람들은 이 말을 듣고 노나라의 양호가 또 온 것이라고 여겼다. 양호는 일찍이 광 땅 사람들에게 포악하게 대한 적이 있었다. 광 땅 사람들이 공자의 앞길을 막았다. 공자의 모습이 양호와 비슷했기 때문이다. 공자는 5일 동안 포위당해 있었다. 안연이 뒤따라 도착하자 공자가 크게 기뻐하며 말하기를, '나는 자네가 난중에 이미 죽은 것으로 알았다' 라고 했다. 안연이 대답하기를, '선생님이 계시는데 제가 어찌 감히 무모하게 죽겠습니까!' 라고 했다. 광 땅 사람들이 공자를 향해 더욱 급하게 포위망을 좁혀오자 제자들이 두려워했다. 이에 공자가 말하기를, '주문왕은 이미 돌아가셨으나 예악문화의 전통인 사문斯文이 여기에 있지 않은가? 하늘이 사문을 없애려 했다면 우리들로 하여금 사문을 전승할 수 없게 했을 것이다. 하늘이 사문을 없애려 하지 않는데 광 땅 사람들이 나를 어찌하겠는가!' 라고 했다. 공자가 사자를 위나라 대부 영무자寧武子에게 보내 위나라의 신하가 되게 한 후 비로소 그곳을 떠날 수 있었다."

이 기록은 여러 일화를 한데 뭉뚱그려 놓은 것으로 이를 액면 그대로 믿기는 어렵다. 『춘추좌전』에 따르면 영무자는 이미 이 사건이 일어나기 1백여 년 전에 사망했다. 그러나 당시 공자가 진나라로 가던 도중 광 땅에서 곤액을 당한 것은 사실에 부합한다. 『논어』「자한」편에 유사한 일화가 나온다.

송인위지수잡宋人圍之數匝의 잡匝이 한 바퀴 빙 돈다는 뜻의 잡帀으로 되어 있는 판본이 있다. 뜻은 똑같다. 현가불철弦歌不惙의 철惙이 일부 판본에는 멈춘다는 뜻의 철轍로 되어 있다. 왕숙민과 이케다는 철轍의 가차로 볼 것을 주장했다. 자로입현子路入見의 자로子路는 공자의 고족제자高足弟子로 성은 중仲, 이름은 유由이다. 자는 '자로' 또는 '계로季路'이다. 『논어』「위령공」편에 이 일화가 실려 있다.

"공자 일행이 진陳나라에 있을 때 양식이 떨어졌다. 제자들이 병이 들어 일어나지 못했다. 군자는 학문을 배운 까닭에 녹祿이 그 안에 있다고 생각한 자로가 이내 성난 얼굴로 공자를 찾아와 묻기를, '군자도 궁할 때가 있는 것입니까?' 라고 했다. 공자가 대답하기를, '군자도 실로 궁할 때가 있으나 재물에 집착하지 않는 까닭에 능히 이를 담아낼 수 있다. 그러나 소인은 궁하게 되면 이를 담아내지 못해 곧 그 곤궁함이 차고 넘치게 된다' 고 했다."

구통구의求通久矣의 통通을 두고 성현영은 영달로 풀이했다. 지득知得과 지실知失은 원래 사람들의 지혜가 타당성을 얻거나 잃었다는 뜻이다. 교룡蛟龍은 용의 일종으로 뿔은 없고, 모습이 뱀과 같고, 길이가 한 길이 넘고, 홍수를 일으키는 상상의 동물이다. 시호兕虎는 외뿔소와 호랑이로 『도덕경』 제50장에 "육지를 여행할 때는 '시호' 를 만나지 않는다"는 구절이 나온다.

10-10

公孫龍問於魏牟曰, "龍少學先王之道, 長而明仁義之行. 合同異,離堅白. 然不然, 可不可. 困百家之知, 窮衆口之辯. 吾自以爲至達已. 今吾聞莊子之言, 汒焉異之. 不知論之不及與. 知之弗若與. 今吾無所開吾喙, 敢問其方." 公子牟隱机大息, 仰天而笑曰, "子獨不聞夫埳井之鼃乎. 謂東海之鼈曰, '吾樂與, 出跳梁乎井幹之上, 入休乎缺甃之崖. 赴水則接腋持頤, 蹶泥則沒足滅跗. 還虷蟹與科斗, 莫吾能若也. 且夫擅一壑之水, 而跨跱埳井之樂, 此亦至矣, 夫子奚不時來入觀乎.' 東海之鼈左足未入, 而右膝已縶矣. 於是逡巡而却, 告之海曰, '夫千里之遠, 不足以擧其大. 千仞之高, 不足以極其深. 禹之時, 十年九潦, 而水弗爲加益. 湯之時, 八年七旱, 而崖不爲加損. 夫不爲頃久推移, 不以多少進退者, 此亦東海之大樂也.' 於是埳井之鼃聞之, 適適然驚, 規規然自失也. 且夫知不知是非之竟, 而猶欲觀於莊子之言, 是猶使蚊負山, 商蚷馳河也, 必不勝任矣. 且夫知不知論極妙之言, 而自適一時之利者, 是非埳井之鼃與. 且彼方跐黃泉而登大皇, 無南無北, 奭然四解, 淪於不測. 無東無西, 始於玄冥, 反於大通. 子乃規規然而求之以察, 索之以辯, 是直用管闚天, 用錐指地也, 不亦小乎. 子往矣. 且子獨不聞夫壽陵餘子之學行於邯鄲與. 未得國能, 又失其故行矣, 直匍匐而歸耳. 今子不去, 將忘子之故, 失子之業." 公孫龍口呿而不合, 舌擧而不下, 乃逸而走.

공손룡公孫龍이 위나라 공자 모牟에게 물었다.

"저는 어려서부터 선왕의 도를 배웠고, 커서는 인의의 행실에 밝았습니다. 사물의 동이同異를 조화시키고, 돌의 견백堅白을 변별하고, 세상에서 흔히 그렇지 않다고 하는 것을 그렇다고 하고, 세상에서 가하지 않다고 하는 것을 가하다고 하는 데 성공했습니다. 이에 많은 학자들의 지식을 곤혹스럽게 만들고 뭇사람들의 변론을 궁지에 몰아넣었습니다. 제가 스스로 최고의 경지에 도달했다고 생각해 온 이유입니다.

그런데 지금 저는 장자의 말을 듣고는 멍해진 채 무엇이 무엇인지 모르게 되었습니다. 참으로 알지 못하겠습니다. 저의 의론이 그에게 미치지 못하는 것입니까, 아니면 저의 지식이 그에게 미치지 못하는 것입니까? 지금 저는 입도 벌릴 수 없을 정도입니다. 감히 이에 대한 처방을 묻고자 합니다."

공자 모가 팔뚝을 안석案席에 기댄 채 크게 한숨을 쉬고는 하늘을 보고 웃으며 말했다.

"그대는 저 우물 안 개구리 이야기를 듣지 못했소? 그 개구리가 동해에 사는 자라에게 이렇게 말했소.

'아, 즐겁다. 나는 우물 밖으로 튀어나와서는 우물 난간 위에 껑충 뛰어올라 놀다가 우물 안으로 들어와서는 깨진 벽돌 끝에서 쉬곤 한다. 물에 들어가서는 두 겨드랑이를 물에 찰싹 붙인 채 턱을 들기도 하고, 진흙을 찰 때는 발이 빠져 발등까지 물에 잠기기도 한다. 장구벌레와 게와 올챙이를 두루 둘러볼지라도 나를 따라올 만한 게 없다. 또한 우물 안의 물을 마음대로 휘저으면서 물 안에서 노는 즐거움을 독차지할 수 있다. 이 또한 내가 노닐 수 있는 최고의 경지이다. 그대는 왜 이따금 오면 우물 안으로 들어와 두루 살펴보려 하지 않는 것인가?'

동해의 자라는 그 말을 듣고 우물 안으로 들어가려 했으나 왼발이 채 들어가기도 전에 오른쪽 무릎이 벌써 우물 틈 사이에 꽉 끼어버렸소. 망설이다가 이내 뒤로 물러나서는 곧 개구리에게 바다의 얘기를 이같이 전해주었소.

'무릇 바다는 천 리의 넓이를 가지고도 그 크기를 표현할 수 없고,

천 길 높이로도 그 깊이를 표현하기에 부족하다. 하나라 우왕 때 10년 동안 9번이나 홍수가 났지만 바닷물은 이 때문에 더 불어나는 일은 없었다. 은나라 탕왕 때 8년 동안 7번이나 가뭄이 들었지만 바닷가 수위는 이 때문에 더 내려가는 일은 없었다. 시간의 길고 짧음에 따라 좌우되는 일도 없고, 강우량의 많고 적음에 따라 증감되지도 않는다. 이것이 또한 동해의 큰 즐거움이다'

우물 안 개구리가 이 말을 듣고는 깜짝 놀란 나머지 멍하니 얼이 빠져버렸소.

그대가 시비 구별의 지력도 갖추지 못한 주제에 장자의 말을 이해하려 하는 것은 마치 모기에게 산을 짊어지게 하고 노래기에게 황하를 건너게 하는 것과 같소. 그대가 이를 감당할 수 없는 것은 더 말할 필요도 없소. 게다가 그대는 근원적이고 영묘한 얘기를 논할 만한 지혜도 없는 주제에 일시적인 이익에 자족하는 모습을 보이니 저 우물 안 개구리와 무엇이 다르겠소?

지금 장자는 땅속 황천黃泉에까지 발을 들여놓고 하늘 끝 대황大皇까지 오르려 하고 있소. 남북 방향도 없이 거침없는 모습으로 사방으로부터 아무 구속도 받지 않은 채 짐작할 수도 없는 경지에 침잠하고 있는 사람이오. 그러면서 동서도 방향도 없이 어둡고 깊은 경지에서 모든 것을 자유로이 소통시키는 대도로 돌아가려 하고 있소. 그런데도 그대는 정신없는 모습으로 하찮은 관찰을 통해 그를 찾으려 하고, 쓸모없는 변론으로 그를 잡으려 하고 있소. 이는 단지 가느다란 대롱 구멍으로 하늘을 엿보는 '용관규천用管闚天' 내지 송곳을 땅에 꽂고 대지의 깊이를 측량하려는 '용추지지用錐指地'에 지나지 않소. 이 어찌 작은 소견이 아니겠소? 그대는 어서 돌아가시오.

그대 홀로 수릉壽陵의 젊은이가 조나라 서울 한단邯鄲으로 가 그곳의 걸음걸이를 배웠다가 웃음거리가 된 얘기를 듣지 못한 것이오? 이 젊은이는 한단의 걸음걸이를 미처 배우기도 전에 이전의 걸음걸이마저 잊어버려 결국 기어서 고향으로 돌아갈 수밖에 없었소. 이제 그대가 속히 이곳을 떠나지 않으면 장자를 배우기는커녕 지금까지 쌓아온 지식은 물론 그대 자신의 학업마저 잃어버리고 말 것이오!"

공손룡이 열린 입을 닫지 못하고 올라간 혀를 내려놓지 못했다. 이내 뒤도 돌아보지 않고 황급히 달아났다.

공손룡公孫龍은 혜시와 더불어 논리학파인 명가名家의 대표적인 인물이다. 조나라 평원군 조승趙勝의 천거로 벼슬을 살았다. 위모魏牟는 장자의 고국인 송나라에 인접한 위나라 공자 모牟를 말한다. 『한서』「예문지」에는 그의 저서인 『공자모公子牟』 4편이 기록돼 있으나 현존하지 않는다. 「양왕」편에는 중산공자中山公子로 나온다.

합동이合同異는 다른 내용을 합해 하나로 합치는 혜시의 궤변, '이견백離堅白은 같은 것을 다른 것으로 규정하는 공손룡의 궤변을 말한다. 망언이지汒焉異之의 망汒은 아득하고 멀다는 뜻이다. 망연茫然 내지 망언芒焉으로 풀이하기도 한다. 망汒과 망茫, 망芒은 예로부터 서로 통용됐다.

은궤태식隱机大息은 안석에 기댄 채 한숨을 깊이 쉬는 것을 말한다. 궤机는 궤几와 같다. 감정지왜埳井之鼃의 감정埳井을 두고 사마표는 '무너진 우물'로 풀이했다. 감埳은 감坎과 통한다. 결추지애缺甃之崖는 깨진 벽돌 끝이라는 의미이다. 접액接腋은 두 겨드랑이를 물에 찰싹 붙였다는 뜻으로 여기의 액腋이 액掖으로 되어 있는 판본이 있다. 지이持頤는 턱을 지탱한다는 뜻으로 턱을 물 위에 올려놓았다는 의미이다. 몰족멸부沒足滅跗는 발이 빠져 발등까지 물에 잠겼다는 뜻이다. 선간해여과두還虷蟹與科斗의 선還은 한 바퀴 빙 둘러 두루 돌아 본다는 뜻의 선旋과 같다. 간虷은 장구벌레의 뜻이다. 과두科斗는 올챙이로 과두蝌蚪와 같다.

'막오능약莫吾能若'은 능히 나와 같다는 뜻의 '능약오能若吾'의 부정문이다. '막능약오莫能若吾' 대신 '막오능약莫吾能若' 어순이 된 것은 오吾가 대명사로 쓰였기 때문이다. 그것이 있다는 뜻의 '유지有之'의 부정문이 '미유지未有之' 대신 '미지유未之有'로 되는 것과 같다. 과치跨跱는 자기 멋대로 한다는 뜻이다. 과跨는 올라탐, 치跱는 우뚝 섬의 의미로 특출하다는 뜻을 내포하고 있다.

우슬이칩右膝已縶의 칩縶은 묶거나 붙잡는다는 뜻이다. 여기서는 우물 틈 사이에 끼었다는 의미이다. 준순이각逡巡而却의 준순逡巡은 망설이며 주춤주춤하는 모습을 그린 첩운疊韻의 의태어이다. 불위가익弗爲加益의 위爲는 이유를 나타내는 '때문에'의 뜻이다. 적적연適適然과 규규연規規然 모두 크게 놀라 두려워하는 모습이다.

방자황천方跐黃泉의 자跐를 두고 육덕명은 『광아』를 인용해 밟는다는 뜻의 답蹋 내지 도蹈로 풀이했다. 대황大皇은 하늘을 뜻하는 천공天空과 같다. 석연사해奭然四解는 거침없이 사방으로 자신을 해방한다는 뜻이다. 석연奭然은 풀어진다는 뜻의 석연釋然과 같다. 후쿠나가는 사해四解를 사방으로부터 구속을 받지 않는 것으로 풀이했다.

용관규천用管闚天은 작은 대롱으로 하늘을 본다는 뜻으로, 여기서 좁은 소견을 뜻하는 '관견管見' 성어가 나왔다. 용추지지用錐指地는 송곳을 땅에 꽂아 대지의 깊이를 측량하는 것으로, 여기서 좁은 식견으로 큰 도리를 관찰하는 것을 비유하는 '추지錐指' 성어가 나왔다.

수릉壽陵은 전국시대 연나라의 도읍 이름이다. 여자餘子는 성년이 되지 않은 젊은이를 뜻한다. 학행어한단學行於邯鄲은 조나라 도읍 한단으로 가서 도시풍의 걸음걸이를 배운다는 뜻이다. 행行은 보步와 통한다. 여기서 함부로 남의 흉내를 내면 자신이 지녔던 좋은 점까지 잃게 된다는 뜻의 한단지보邯鄲之步와 한단학보邯鄲學步의 성어가 나왔다. 국능國能은 조나라 국도 한단에서 통용되는 걸음걸이를 뜻한다. 구거이불합口呿而不合은 입이 벌어진 채 닫히지 않는다는 의미이다. 「천운」편의 '구장이불능협口張而不能嗋'과 똑같은 뜻이다.

10-11

莊子釣於濮水. 楚王使大夫二人往先焉, 曰, "願以境內累矣." 莊子持竿不顧, 曰, "吾聞楚有神龜, 死已三千歲矣. 王巾笥而藏之廟堂之上. 此龜者, 寧其死爲留骨而貴乎. 寧其生而曳尾於塗中乎." 二大夫曰, "寧生而曳尾塗中." 莊子曰, "往矣. 吾將曳尾於塗中."

장자가 복수濮水에서 낚시를 했다. 초왕이 먼저 대부 두 사람을 사자로 보내 이같이 제안했다.

"원컨대 우리 초나라의 일을 선생에게 맡기고자 합니다."

장자가 낚싯대를 쥔 채 돌아보지도 않고 말했다.

"나는 초나라에 죽은 지 3천 년이나 되는 신구神龜가 있는데 왕이 이것을 상자에 넣고 비단보로 잘 싸서 묘당廟堂 위에 모셔두고 있다는 얘기를 들었소. '신구'는 생전에 과연 자신이 죽은 뒤 뼈를 남겨 소중히 받들어지기를 바랐겠소, 아니면 계속 살아서 진흙 속에 꼬리를 끌고 다니기를 바랐겠소?"

두 대부가 말했다.

"그야 차라리 살아서 진흙 속에 꼬리를 끌고 다니기를 바랐을 것입니다."

장자가 말했다.

"어서 돌아가시오. 나 또한 진흙 속에서 꼬리를 끌고 다니는 거북처럼 자유롭게 지낼 생각이오."

복수濮水는 산동성 동군에 있는 황하의 지류이다. 지금은 흐름이 바뀌어 없어졌다. 신구神龜는 점복에 사용하는 거북을 말한다. 「외물」편에도 '신구' 얘기가 나온다. 건사이장지巾笥而藏之는 상자에 넣고 비단보로 싼다는 뜻이다. 사笥는 갑匣의 일종이다. 묘당廟堂은 종묘와 조정을 통칭하는 말이다. 예미어도중曳尾於塗中은 진흙 속에서 꼬리를 끌고 다닌다는 뜻이다. 도塗는 진흙을 뜻하는 니도泥塗를 말한다.

10-12

惠子相梁, 莊子往見之. 或謂惠子曰, "莊子來, 欲代子相." 於是惠子恐, 搜於國中三日三夜. 莊子往見之, 曰, "南方有鳥, 其名爲鵷鶵, 子知之乎. 夫鵷鶵發於南海而飛於北海, 非梧桐不止, 非練實不食, 非醴泉不飮. 於是鴟得腐鼠, 鵷鶵過之, 仰而視之曰, '嚇.' 今子欲以子之梁國而嚇我邪."

혜자惠子가 양梁나라 재상으로 있을 때 장자가 그를 찾아갔다. 어떤 자가 혜자에게 말했다.

"장자가 오면 장차 그대를 대신해 재상 자리를 차지하려 할 것입니다."

혜자가 두려운 나머지 3일 낮밤을 샅샅이 수색해 장자를 잡으려 했다. 장자가 스스로 혜자를 찾아가 말했다.

"남쪽에 새가 있는데 이름은 원추鵷鶵라고 한다. 그대는 이를 알고 있는가? 원추는 남해에서 날아올라 북해로 날아가는데 오동나무가 아니면 머물지 않고, 연실練實이 아니면 먹지 않고, 예천醴泉이 아니면 마시지 않는다. 마침 솔개가 썩은 쥐 한 마리를 얻게 되었다. 솔개는 원추가 자신의 곁을 지나가자 썩은 쥐를 빼앗길까 두려워 위를 올려다 보며 '꽥' 하고 소리를 질러댔다. 지금 그대도 양나라 재상 자리가 걱정돼 나에게 '꽥' 하고 소리를 질러대는 것인가?"

국중國中은 도성 안을 뜻한다. 국國은 국도國都를 뜻한다. 원추鵷鶵는 상상 속의 새로 봉황과 비슷한 종류이다. 발어發於의 어於는 '~로부터', 비어飛於의 어於는 '~로'의 뜻이다. 연실練實은 먹구슬나무 열매를 말한다. 마서륜은 봉황이 먹는다는 대나무 열매인 죽실竹實로 보았다. 예천醴泉은 감로甘露가 나오는 샘을 뜻한다. 치득부서鴟得腐鼠는 솔개가 썩은 쥐 한 마리를 얻었다는 뜻으로 여기서 벼슬자리를 빗대어 표현하는 '부서腐鼠' 내지 '취부臭腐' 용어가 나오게 됐다. 혁嚇은 '꽥'의 의성어이다.

10-13

莊子與惠子遊於濠梁之上. 莊子曰, "儵魚出遊從容, 是魚之樂也." 惠子曰, "子非魚, 安知魚之樂." 莊子曰, "子非我, 安知我不知魚之樂." 惠子曰, "我非子, 固不知子矣. 子固非魚也, 子之不知魚之樂, 全矣." 莊子曰, "請循其本. 子曰 '汝安知魚樂' 云者, 旣已知吾知之而問我. 我知之濠上也."

장자가 혜자와 함께 호수濠水의 돌다리 위에서 한가롭게 노닐었다.

장자가 혜자에게 말했다.

"피라미가 나와 한가로이 놀고 있으니 물고기의 즐거움이 바로 이런 것인 듯하다."

혜자가 물었다.

"그대는 물고기도 아닌데 물고기가 즐거워하는지 여부를 어떻게 알 수 있는가?"

"그렇다면 그대는 내가 아닌데 어떻게 내가 물고기의 즐거움을 아는지 여부를 알 수 있는가?"

혜자가 대답했다.

"그대 말대로 나는 그대가 아니다. 그렇기에 실로 나는 그대의 진짜 속마음을 알 수 없다. 마찬가지로 그대 또한 실로 물고기가 아니다. 그러니 그대 또한 물고기가 즐거워하는지 여부를 모른다고 해야 논리가 맞지 않겠는가!"

장자가 반박했다.

"질문의 원점으로 돌아가자. 당초 그대는 나에게 묻기를, '물고기도 아닌데 물고기가 즐거워하는지 여부를 어떻게 알 수 있는가?' 라고 했다. 그렇다면 그대는 내가 아닌데 어떻게 내가 물고기의 즐거움을 제대로 아는지 여부를 물은 것인가? 이는 그대가 나름 나의 속마음을 읽고서 그같이 질문한 게 아니겠는가! 내가 아닌 그대가 나의 속마음을 나름 읽을 수 있다면 나라고 어찌 물고기의 즐거움을 읽지 못할 리 있겠는가? 나는 호수濠水의 돌다리 위에서 물고기들이 노는 것을 보고 이내 그들이 즐거워한다는 것을 알 수 있었다."

호량濠梁은 호수濠水 위의 다리이다. '호수' 를 두고 성현영은 회남의 종리군에 있는 다리로 장자의 묘소가 있다고 했다. 조어儵魚

는 피라미를 뜻한다. 종용從容은 한가로이 노니는 모습이다. 여안지어락汝安知魚樂은 '그대가 어떻게 물고기의 즐거움을 알겠는가.' 의 뜻이다. 아지지호상我知之濠上은 장자가 혜시의 질문을 슬쩍 뒤틀어 '어디서 알긴 어디서 알아? 호수가에서 알았지!' 라고 응답한 것이다. 이를 두고 곽말약은 장자가 혜시의 본의를 일부러 곡해해 호상濠上을 언급했다고 지적했다.

제11장 지락(至樂)

11-1

天下有至樂無有哉. 有可以活身者無有哉. 今奚爲奚據. 奚避奚處. 奚就奚去. 奚樂奚惡. 夫天下之所尊者, 富貴壽善也. 所樂者, 身安·厚味·美服·好色·音聲也. 所下者, 貧賤·夭·惡也. 所苦者, 身不得安逸, 口不得厚味, 形不得美服, 目不得好色, 耳不得音聲. 若不得者, 則大憂以懼. 其爲形也亦愚哉. 夫富者, 苦身疾作, 多積財而不得盡用, 其爲形也亦外矣. 夫貴者, 夜以繼日, 思慮善否, 其爲形也亦疏矣. 人之生也, 與憂俱生. 壽者惛惛, 久憂不死, 何苦也. 其爲形也亦遠矣. 烈士爲天下見善矣, 未足以活身. 吾未知善之誠善邪, 誠不善邪. 若以爲善矣, 不足活身. 以爲不善矣, 足以活人. 故曰, '忠諫不聽, 惛循勿爭.' 故夫子胥爭之, 以殘其形. 不爭, 名亦不成. 誠有善無有哉. 今俗之所爲與其所樂, 吾又未知樂之果樂邪, 果不樂邪. 吾觀夫俗之所樂, 擧羣趣者, 誙誙然如將不得已, 而皆曰樂者, 吾未之樂也, 亦未之不樂也. 果有樂無有哉. 吾以無爲誠樂矣, 又俗之所大苦也. 故曰, '至樂無樂, 至譽無譽.' 天下是非果未可定也. 雖然, 無爲可以定是非. 至樂活身, 唯無爲幾存. 請嘗試言之. 天無爲以之淸, 地無爲以之寧. 故兩無爲相合, 萬物皆化生. 芒乎芴乎, 而無從出乎. 芴乎芒乎, 而無有象乎. 萬物職職, 皆從無爲殖. 故曰, "天地無爲也而無不爲也." 人也孰能得無爲哉.

천하에 지극한 즐거움이란 게 있는 것인가 없는 것인가? 내 몸을 편히 살게 하는 방법이 있는 것인가 없는 것인가? 이제 무엇을 하고 무엇을 그만두며, 무엇을 피하고 무엇에 머물며, 무엇에 나아가고 무엇을 떠나고, 무엇을 좋아하고 무엇을 싫어할 것인가?

무릇 천하 사람들이 중시하는 것은 부귀富貴와 장수長壽와 선예善譽이고, 좋아하는 것은 신안身安과 후미厚味와 미복美服과 호색好色과 음성音聲이고, 하찮게 여기는 것은 빈천貧賤과 요절夭折과 악평惡評이다. 또한 고통스럽게 생각하는 것은 몸이 편안함을 얻지 못하는 것과 입이 맛있는 음식을 먹지 못하는 것, 몸이 아름다운 옷을 입지 못하는 것, 눈이 좋은 색깔을 보지 못하는 것, 귀가 좋은 음악을 듣지 못하는 것 등이다. 즐거움을 얻지 못하면 사람들은 크게 근심하고 두려워한다. 이런 것들을 가지고 몸을 기르는 것 또한 어리석은 짓이다.

무릇 부자는 몸을 괴롭혀 열심히 일하며 재물을 축적한다. 그러나 그것을 다 쓰지도 못하니 그 몸을 기르는 방법 또한 빗나간 짓이다. 무릇 신분이 귀한 자는 밤으로 낮을 이어 쉴 틈도 없이 정치의 선악을 따지느라 애를 태운다. 그러니 그것을 가지고 몸을 기르는 방법 또한 치밀하지 못한 일이다. 사람은 근심과 함께 살아간다. 장수하는 사람은 정신이 흐린 상태에서 오래도록 근심하면서 죽지도 않으니 이 무슨 괴로운 일인가? 그것을 가지고 몸을 기르는 방법 또한 멀리 빗나간 일이다.

열사는 천하 사람들로부터 선하다는 평가를 받지만 자신의 몸을 살리지는 못한다. 나는 참으로 알 수 없으니 세상에서 말하는 선이 참으로 선인가, 아니면 참으로 선이 아닌가? 만일 그것을 선이라고 한다면 선이라는 것은 자신의 몸조차 살리기에 부족한 것이 되고, 선이 아니라고 하면 오히려 많은 사람을 족히 살린 셈이 된다. 그래서 말하기를, '충간을 했을 때 군주가 들어주지 않으면 뒷걸음쳐 물러나 군주와 다투지 말라'고 한 것이다.

오자서伍子胥는 오왕 부차夫差에게 억지로 선을 강요한 결과 그 자신의 몸을 해쳤다. 만일 그때 선을 강요해 다투지 않았다면 열사라는 명예가 또한 이뤄지지 않았을 것이다. 이같이 생각해 볼 때 선은 과연 있는 것인가, 아니면 없는 것인가?

지금 세상 사람들이 행동하는 것과 즐거워하는 것을 볼 때 나 또한 알 수 없는 게 있으니 그 즐거움이란 게 과연 즐거운 것인가, 아니면 즐겁지 않은 것인가? 세상 사람들이 즐거워하는 것을 살펴보건대 온 세상 사람들이 무리지어 달려가는 것이 죽을 둥 살 둥 하여 마치 장차 그만두고 싶어도 그만둘 수 없어서 그러는 것 같다. 세상 사람들이 모두 즐겁다고 하지만 나는 그게 즐거운 줄 모르겠고, 그렇다고 그것이 즐겁지 않은 줄도 모르겠다. 그렇다면 즐거움이란 과연 있는 것인가, 아니면 없는 것인가? 나는 무위만이 실로 즐거운 것이라고 생각한다. 그러나 세상 사람들은 이를 크게 고통스럽게 여긴다. 그래서 말하기를, '지극한 즐거움은 즐거움이 없는 것이고, 지극한 명예는 명예가 없는 것이다'라고 하는 것이다.

천하의 시비에 관한 판단은 과연 결정하기 어려운 것이다. 비록 그렇기는 하나 무위의 태도를 지켜야만 비로소 시비를 결정할 수 있다. 지극한 즐거움은 자신의 몸을 살릴 수 있다. 오직 무위를 지켜야만 보존될 수 있다.

시험 삼아 말해보겠다. 하늘은 무위한 까닭에 맑고, 땅은 무위한 까닭에 안녕하다. 하늘과 땅의 무위가 서로 합쳐야만 만물이 모두 생성 변화하여 황홀한 가운데 어디서 생성된지 알 수 없게 되고, 황홀한 가운데 그 모습이 보이지 않게 된다. 만물이 무성하게 퍼져나가는 것이 모두 무위에서 나온 것이다. 이에 이르기를, '천지는 무위이지만 하지 않는 게 없다' 고 하는 것이다. 사람들 중 누가 이런 무위를 행할 수 있겠는가?

해위해거奚爲奚據는 '무엇을 하고 무엇을 그만두어야 할 것인가' 의 뜻이다. 『열자』 「역명」편에는 '해위해불위奚爲奚不爲' 로 되어 있다. 해요해오奚樂奚惡의 요樂는 호好와 통한다. 부귀수선富貴壽善은 부귀와 장수, 명예를 말한다. 여기의 선善은 미美와 뜻이 같다. 사려선비思慮善否는 선악을 따진다는 뜻이다. 비否는 통상 부정한다는 뜻으로 사용될 때는 '부' 로 읽지만 악惡의 뜻으로 사용될 때는 '비' 로 읽는다. 수자혼혼壽者惛惛의 혼혼惛惛이 일부 판본에는 어지럽다는 뜻의 민민惛惛으로 되어 있다. 뜻은 같다.

열사烈士는 절의에 몸을 바친 사람이다. 일부 판본에는 열사列士로 되어 있다. 위천하견선爲天下見善은 천하인들로부터 선하다는 평을 받는다는 뜻이다. 여기의 견見은 피동 조동사로 피被와 같다. 준순물쟁蹲循勿爭의 준순蹲循은 뒷걸음쳐 물러난다는 뜻으로 준순逡巡과 같다. 거군취자擧羣趣者의 거擧는 개皆, 취趣는 추趨와 같다. 경경연誙誙然은 세상 사람들이 앞다퉈 즐거움을 찾기 위해 달려가는 모습을 표현한 것이다. 경誙 자체가 죽음을 향해 달려간다는 뜻을 지니고 있다. 성현영이 그같이 풀이했다.

오미지락吾未之樂은 나는 그게 즐거운지 모르겠다는 뜻으로 미未 자 아래에 지知 자가 빠진 것으로 보는 견해가 많다. '천무위이지청天

無爲以之淸, 지무위이지녕地無爲以之寧'은 천지 모두 무위를 통해 맑고 편안하다는 뜻이다. 『도덕경』 제39장에 나오는 '하늘은 하나를 얻어 맑고, 땅은 하나를 얻어 편안하다'는 '천득일이청天得一以淸, 지득일이녕地得一以寧' 구절과 취지를 같이한다. 망호홀호芒乎芴乎는 무위의 도가 황홀하다는 뜻으로 『도덕경』 제21장에 나오는 '도의 모습은 황홀하다'는 뜻의 '유황유홀惟恍惟惚'과 같다. 여기의 홀芴은 홀忽의 가차이다. 황홀하다는 뜻의 홀惚은 원래 홀忽의 속자이다.

만물직직萬物職職은 만물이 무성하게 퍼져나간다는 뜻으로 여기의 직직職職은 크게 번성하는 모습의 의태어이다. '천지무위야이무불위天地無爲也而無不爲'는 『도덕경』 제37장에 나오는 '도는 늘 무위하지만 하지 않는 게 없다'는 뜻의 '도상무위이무불위道常無爲也而無不爲也' 구절과 취지를 같이한다.

11-2

莊子妻死, 惠子弔之, 莊子則方箕踞鼓盆而歌. 惠子曰, "與人居, 長子老身, 死, 不哭亦足矣, 又鼓盆而歌, 不亦甚乎." 莊子曰, "不然. 是其始死也, 我獨何能無槪然, 察其始而本無生. 非徒無生也, 而本無形. 非徒無形也, 而本無氣. 雜乎芒芴之間, 變而有氣, 氣變而有形, 形變而有生, 今又變而之死. 是相與爲春秋冬夏四時行也. 人且偃然寢於巨室, 是我噭噭然隨而哭之, 自以爲不通乎命, 故止也."

장자의 부인이 죽었을 때 혜자가 문상을 갔다. 장자가 마침 두 다리를 뻗고 철퍼덕 앉아 동이를 두드리며 노래를 부르고 있었다. 혜자가 힐난했다.

"그대는 아내와 함께 살면서 자식을 키우고 늙도록 나이를 먹다가 이제 아내가 죽는 지경에 이르게 됐다. 곡을 하지 않는 것은 그래도 괜찮으나 동이를 두드리며 노래를 부르는 것은 너무 심하지 않은가?”

장자가 대꾸했다.

“그렇지 않다. 이 사람이 처음 죽었을 때 난들 어찌 슬프지 않았겠나? 그러나 그 삶의 시원을 가만히 살펴보니 본래 삶이 없었고, 삶뿐만 아니라 형체도 없었고, 형체뿐만 아니라 기氣도 없었다. 황홀한 가운데 섞여 있다가 변하여 기가 나타났고, 기가 변해 형체가 이뤄졌고, 형체가 변해 삶이 이뤄졌다가 지금 또 변화해 죽음으로 나타난 것이다. 이는 춘하추동의 사계절이 운행하는 것과 같다. 저 사람이 천지의 큰 집에서 편히 쉬고 있는데 내가 소란스럽게 세간의 풍속을 좇아 곡을 하는 것은 천명을 모르는 소치로 생각한다. 내가 곡을 그친 이유다.”

기거箕踞는 두 다리를 곧게 뻗고 앉아 있는 모습이다. 장자가 세속의 예절에 전혀 구속받지 않았음을 보여준다. 장자노신長子老身은 자식을 키우고 몸이 늙도록 함께 살았다는 뜻이다. 개연槪然은 슬픈 모습으로 개槪는 탄식한다는 뜻의 개慨와 통한다. 비도무생非徒無生의 비도非徒는 ‘~할 뿐만 아니라’의 뜻으로 비단非但과 같다. 언연침어거실偃然寢於巨室의 언연偃然은 편히 쉬는 모습을 말하고, 거실巨室은 천지 사이를 표현한 것이다.

11-3

支離叔與滑介叔觀於冥伯之丘, 崑崙之虛, 黃帝之所休. 俄而柳生其左肘, 其意蹶蹶然惡之. 支離叔曰, “子惡之乎.” 滑介叔曰, “亡, 予何惡. 生者, 假借也. 假之而生生者, 塵垢也. 死生爲晝夜. 且吾與子觀化而化及我, 我又何惡焉."

지리숙支離叔이 골개숙滑介叔과 함께 명백冥伯의 언덕과 곤륜崑崙의 터에 가보았다. 이곳은 옛날 황제가 머물던 곳이다. 얼마 후 문득 골개숙의 왼쪽 팔꿈치에 커다란 혹이 생겨났다. 골개숙이 크게 놀라 허둥지둥하며 싫어하는 모습을 보였다. 지리숙이 물었다.

"자네는 그게 싫은가?"

골개숙이 대답했다.

"아니다. 내가 어찌 싫어하겠는가? 원래 사람의 생명은 임시로 빌린 것에 지나지 않는다. 빌려서 살고 있으니 생명이란 먼지나 때와 같은 것이다. 삶과 죽음은 낮과 밤의 교대와 같은 셈이다. 게다가 나는 자네와 함께 만물의 변화를 이 눈으로 보고 있는데 마침 그 변화가 나에게 미친 것일 뿐이다. 내가 어찌 싫어할 리 있겠는가?"

지리숙支離叔은 사지가 지리멸렬하다는 뜻을 지닌 가공의 인물이다. 「인간세」편의 지리소支離疏와 유사하다. 이름에 숙叔을 붙인 것은 「소요유」편의 연숙連叔과 마찬가지로 통상적인 남자를 지칭한 것이다. 골개숙滑介叔 역시 우스꽝스러움을 나타내는 골계滑稽의 인물이라는 뜻이다. 명백지구冥伯之丘는 희미하고 어두운 언덕의 뜻으로 명백冥伯이 명막冥漠 또는 망박冥泊으로 된 판본도 있다. 곤륜지허崑崙之虛 역시 가공의 장소 명칭이다. '곤륜'은 원래 서북쪽 끝의 땅으로 상상되는 신산神山이다. 아카츠카는 혼륜混淪의 뜻으로 풀이했다. '명백지구'는 죽음의 땅, '곤륜지허'는 삶이 시작되는 땅을 상징한다.

류생기좌주柳生其左肘는 골개숙의 왼쪽 팔꿈치에 문득 혹이 생겨난 것을 말한다. 죽음을 예감케 하는 불길한 조짐을 의미한다. 이케다는 류柳를 두고 글자 그대로 '버드나무'로 해석했으나 곽숭도와 손이양 및 왕선겸 등은 몸에 생기는 혹인 '류瘤'의 가차로 보았다. 이게 통설이다.

궐궐연蹶蹶然은 놀라서 허둥대는 모습이다. 무亡는 아니라는 부정사로 무無와 통한다. 관화觀化는 천지만물의 변화를 목격했다는 뜻이다. 죽음의 땅인 '명백지구'와 삶이 시작되는 '곤륜지허'에서 노닐며 죽음을 매개로 전생轉生하는 만물의 변화를 목격했다는 뜻을 담고 있다.

11-4

莊子之楚, 見空髑髏, 髐然有形. 撽以馬捶, 因而問之, 曰, "夫子貪生失理而爲此乎. 將子有亡國之事·斧鉞之誅而爲此乎. 將子有不善之行, 愧遺父母妻子之醜而爲此乎. 將子有凍餒之患而爲此乎. 將子之春秋故及此乎." 於是語卒, 援髑髏, 枕而臥. 夜半, 髑髏見夢曰, "向子之談者似辯士, 視子所言, 皆生人之累也, 死則無此矣. 子欲聞死之說乎." 莊子曰, "然." 髑髏曰, "死, 無君於上, 無臣於下, 亦無四時之事, 從然以天地爲春秋, 雖南面王樂, 不能過也." 莊子不信, 曰, "吾使司命復生子形, 爲子骨肉肌膚, 反子父母妻子·閭里知識, 子欲之乎." 髑髏深矉蹙頞曰, "吾安能棄南面王樂而復爲人間之勞乎."

장자가 초나라로 가다가 속이 빈 해골이 앙상하게 마른 채 형체만 남아 있는 것을 보았다. 말채찍으로 해골을 치며 물었다.

"그대는 과도하게 생의 욕망을 추구하다가 도리를 잃어 이리된 것인가, 아니면 나라가 멸망하는 일로 인해 죽었거나 도끼로 주륙을 당하는 형벌에 처해져 이리된 것인가, 또는 선하지 못한 짓을 하여 부모처자에게 치욕을 남기게 된 것을 부끄럽게 여겨 스스로 목숨을 끊어서 이리된 것인가? 아니면 추위와 배고픔의 환난을 당해 이리된 것인가? 그것도 아니면 수명이 다해 이리된 것인가?"

말을 마친 후 해골을 끌어당겨 베개로 삼고 잠을 잤다. 한밤중에 해골이 꿈에 나타나 이같이 말했다.

"아까 그대의 이야기는 마치 변사와 같았다. 그러나 그대가 말한 것을 살펴보니 모두 산 사람의 걱정거리뿐이다. 죽게 되면 그런 괴로움이 없다. 그대는 죽은 자의 얘기를 한번 들어보지 않겠는가?"

장자가 말했다.

"그리하겠다."

해골이 말했다.

"죽음의 세계는 위로 군주도 없고, 아래로 신하도 없다. 또 계절에 따라 쫓기는 일도 없다. 자유롭게 천지자연의 장구한 시간을 봄가을로 삼는다. 비록 천하를 다스리는 제왕의 즐거움도 이보다 더할 수는 없다."

장자는 믿지 못해 말했다.

"내가 수명을 관장하는 신으로 하여금 그대의 목숨을 다시 살려낸 뒤 그대의 골육과 피부를 재생시켜 부모처자와 마을의 지인들에게 돌려보내도록 하겠다. 그대 생각은 어떠한가?"

해골이 눈살과 이맛살을 심하게 찌푸리며 말했다.

"내 어찌 남면하는 제왕보다 더한 즐거움을 버리고 인간세상의 괴로움을 반복할 수 있겠는가!"

촉루髑髏는 사람의 두개골을 말한다. 효연髐然은 해골이 바짝 말라버린 모습을 표현한 것이다. 교이마추撽以馬捶는 말채찍으로 해골을 친다는 뜻이다. 장자유망국지사將子有亡國之事의 장將은 '아니면'의 뜻을 지닌 억抑과 같다. 동뇌凍餒는 추위에 떨고 굶주린다는 뜻이다.

시자소언視子所言은 그대가 한 얘기를 살펴본다는 뜻으로 일부 판본에는 시視가 제諸로 되어 있다. 이 경우 '그대가 말한 모든 것'의 의미가 된다. 임희일은 그같이 풀이했다. 후쿠나가 등은 원래 글자 그대로 해석할 것을 주장했다. 종연從然은 자유로운 모습으로 종용從容과 같다. 여리지식閭里知識은 동네에서 알고 지내던 지인을 말한다. 심빈축알深矉蹙頞은 눈살을 심하게 찡그리고 이맛살을 찌푸린다는 뜻이다. 빈矉은 빈顰과 통한다.

11-5

顔淵東之齊, 孔子有憂色. 子貢下席而問曰, "小子敢問. 回東之齊, 夫子有憂色, 何邪." 孔子曰, "善哉汝問. 昔者『管子』有言, 丘甚善之, 曰, '褚小者不可以懷大, 綆短者不可以汲深.' 夫若是者, 以爲命有所成而形有所適也, 夫不可損益. 吾恐回與齊侯言堯·舜·黃帝之道, 而重以燧人·神農之言. 彼將內求於己而不得, 不得則惑, 人惑則死. 且女獨不聞邪. 昔者海鳥止於魯郊, 魯侯御而觴之於廟, 奏『九韶』以爲樂, 具太牢以爲膳. 鳥乃眩視憂悲, 不敢食一臠, 不敢飮一杯, 三日而死. 此以己養養鳥也, 非以鳥養養鳥也. 夫以鳥養養鳥者, 宜栖之深林, 遊之壇陸, 浮之江湖, 食之鰌鮲, 隨行列而止, 委蛇而處. 彼唯人言之惡聞, 奚以夫譊譊爲乎. 咸池九韶之樂, 張之洞庭之野, 鳥聞之而飛, 獸聞之而走, 魚聞之而下入, 人卒聞之, 相與還而觀之. 魚處水而生, 人處水而死. 彼必相與異, 其好惡故異也. 故先聖不一其能, 不同其事. 名止於實, 義設於適, 是之爲條達而福持."

안연顔淵이 동쪽 제나라로 가려고 할 때 공자의 얼굴에 근심스런 기색이 있었다. 자공子貢이 자리에서 내려와 물었다.

"제가 감히 여쭙고자 합니다. 안연이 제나라로 가는데 선생은 근심스런 얼굴이니 무슨 까닭입니까?"

공자가 대답했다.

"좋은 질문이다. 옛날 제나라 재상 관중管仲이 쓴 『관자』에 나온 말을 내가 아주 좋아한다. '주머니가 작으면 큰 것을 담을 수 없고, 두레박 줄이 짧으면 깊은 물을 퍼올릴 수 없다.' 무릇 이 말은 운명이란 정해져 있고, 형체는 꼭 맞는 것이 있다고 하는 뜻이다. 인위로 덜어낼 수도, 보탤 수도 없는 것이다. 내가 걱정하는 것은 안연이 제나라 군주에게 요순과 황제의 도를 말하고, 수인씨와 신농씨의 말을 더 보탤까 하는 것이다. 그리하면 제나라 군주는 장차 안으로 성인의 도를 자신에게서 찾으려 들다가 이내 얻지 못할 것이고, 얻지 못하면 의혹이 생길 것이고, 의혹이 생기면 안연은 죽게 될 것이다.

또한 너는 유독 이런 말을 듣지 못했는가? 옛날 해조海鳥가 노나라 국도의 교외로 날아와 머물렀다. 노나라 군주가 해조를 맞아들여 묘당에서 잔치를 베풀고, 순의 음악인 구소九韶를 연주곡으로 삼고, 소와 염소와 돼지로 구성된 태뢰太牢의 음식을 차렸다. 해조가 마침내 눈이 어질어질해지며 근심과 슬픔에 젖었다. 고기 한 점도 먹지 못하고 물 한 모금도 마시지 못하다가 결국 사흘 만에 죽고 말았다. 이는 노나라 군주가 자신을 보양하는 방법으로 새를 기르려 한 결과이다. 새를 기르는 방법으로 새를 기르지 않은 게 화근이다.

무릇 새를 기르는 방법으로 새를 기르는 자는 의당 새로 하여금 깊은 숲속에 깃들게 하고, 넓은 들판에 놀게 하고, 강호를 떠다니며 미꾸라지와 피라미를 먹게 하고, 같은 무리를 따라다니거나 함께 머물게 하고, 있는 그대로 자족하며 살게 한다. 새들은 유독 사람의 말소리를 듣기 싫어하는데 어찌 저토록 시끄러운 인간의 음악을 연주한 것인가?

요의 '함지咸池' 와 순의 '구소' 음악을 동정洞庭의 들판에서 성대하게 연주하면 새들은 그것을 듣고 날아가 버리고, 다른 짐승들도 달아나 버리고, 물고기는 물속 깊이 숨어버린다. 사람들만이 그것을 듣고 그 둘레를 빙 둘러싸고 감상할 뿐이다.

물고기는 물에 머물러 살지만 사람은 물속에 머물면 죽는다. 서로 호오好惡를 달리하기 때문이다. 이처럼 사람과 물고기는 서로 다른 것이다. 옛 선성先聖들도 그 재능이 하나같지 않다. 사적 또한 똑같지 않다. 명칭이 사실에 멈추고 의리가 적의適宜한 데 세워진 결과다. 이를 일컬어 '조리가 통달해 행복이 유지된다' 고 한다"

하석下席은 자리에서 내려오는 것으로 피석避席과 마찬가지로 질문하거나 대답할 때 상대를 공경하는 표시이다. '관자유언管子有言' 을 두고 성현영은 '『관자』에 이런 말이 나온다' 는 뜻으로 풀이했지만 해당 구절이 현재의 『관자』에는 보이지 않는다. 다만 『관자』 「참환」편 등에 '쇠뇌가 화살을 멀리 날리지 못하면 짧은 병기를 갖고 싸우는 것과 같다' 는 뜻의 '노불가이급원弩不可以及遠' 등의 유사한 구절이 보이기는 한다.

해조海鳥에 관한 일화는 『국어』 「노어」편에 나온다. 원거爰居라는 해조가 노나라 도성 동문 밖에 3일 동안 머물러 있자 노나라 사람들이 제사를 지냈다는 내용이다. 「달생」편에도 해조에 관한 얘기가 나온다. 노후아이상지魯侯御而觴之는 노나라 군주가 맞이해 주연을 베풀었다는 뜻이다. 여기의 아御는 음이 통상 군주를 뜻하는 '어' 이나 맞이할 영迎의 뜻으로 쓰일 때는 '아' 이다.

9소九韶와 관련해 『서경』「익직」편에 '순의 음악인 소韶를 9번 연주하자 봉황이 날아와 춤을 추었다' 는 기록이 나온다. 유지단륙遊之壇陸은 넓은 들판에서 놀게 한다는 뜻으로 「달생」편의 '평륙平陸' 과 같은 뜻이다. 식지추조食之鰌鰷는 미꾸라지나 피라미를 먹는다는 뜻이다. 조鰷는 조鯈와 같은 글자이다. 위이이처委蛇而處는 있는 그대로 만족스럽게 지낸다는 뜻이다. 원문에는 이蛇가 이虵로 되어 있다. 이蛇의 속자이다.

요뇨譊譊는 시끄럽게 다투는 모습으로 뇨譊는 뇨鬧와 통한다. 상여환相與還의 환還은 에워싼다는 뜻의 요繞와 같다. 환環의 가차로 보기도 한다. 조달이복지條達而福持는 조리가 통달해 행복이 유지된다는 뜻으로 여기의 복지福持를 두고 임희일은 복이 늘 있는 것으로 풀이했다.

11-6

列子行, 食於道, 從見百歲髑髏, 攓蓬而指之曰, "唯予與汝知而未嘗死 · 未嘗生也. 若果養乎. 予果歡乎." 種有幾, 得水則爲㡭, 得水土之際則爲鼃蠙之衣, 生於陵屯則爲陵舃, 陵舃得鬱棲則爲烏足, 烏足之根爲蠐螬, 其葉爲胡蝶. 胡蝶胥也化而爲蟲, 生於竈下, 其狀若脫, 其名爲鴝掇. 鴝掇千日爲鳥, 其名爲乾餘骨. 乾餘骨之沫爲斯彌, 斯彌爲食醯. 頤輅生乎食醯, 黃軦生乎九猷, 瞀芮生乎腐蠸, 羊奚比乎不箰, 久竹生青寧, 青寧生程, 程生馬, 馬生人, 人又反入於機. 萬物皆出於機, 皆入於機.

열자가 여행을 하다가 길에서 밥을 먹었다. 우연히 백 년 묵은 해골을 발견하고는 쑥대를 뽑아 해골을 가리키며 이같이 중얼거렸다.

"오직 나와 그대만이 그대가 아직 완전히 죽지도, 전생轉生하지도 않은 것을 알고 있다. 그대는 과연 슬퍼하고, 나는 과연 기뻐하고 있는 것인가!"

씨에는 미묘한 작용이 있다. 씨가 물을 얻으면 물속에서는 계繼라는 수초가 되고, 물가의 습지에서는 갈파래인 청태靑苔가 되고, 언덕에 생기면 질경이인 능석陵舃이 된다. '능석'이 거름더미 속에서 자라면 오족烏足이라는 독초가 된다. '오족'의 뿌리는 땅속에서 나무굼벵이인 제조蠐螬가 되고, 그 잎사귀는 땅 위에서 나비인 호접胡蝶이 된다. '호접'은 얼마 있다가 변화해 벌레로 자라는데 부뚜막 밑에서 생겨난다. 이 벌레는 그 모습이 막 껍질을 벗은 것과 같으니 그 이름을 귀뚜라미인 '구철鴝掇'이라고 한다.

'구철'은 1천 일이 되면 새가 되는데 그 이름을 간여골乾餘骨이라고 한다. '간여골'의 침은 쌀벌레인 시미斯彌가 되고, '시미'는 술독 안의 벌레인 식혜食醯가 된다. 이로頤輅라는 벌레는 바로 이 '식혜'에서 생겨난 것이다. 황축黃軦 벌레는 구유九猷 벌레, 무예瞀芮 벌레는 부권腐蠸 벌레에서 생겨난다. 양해羊奚 풀은 더 이상 죽순이 생지지 않는 늙은 대나무와 교합해 대의 뿌리에 사는 청녕靑寧이라는 벌레를 낳는다. '청녕' 벌레는 정程이라는 짐승을 낳고, '정'은 말을 낳고, 말은 사람을 낳고, 사람은 다시 씨의 미묘한 작용으로 돌아간다. 이처럼 만물은 모두 천기天機에서 나와 천기로 들어간다.

유사한 일화가 『열자』「천서」편에 나온다. 건봉攓蓬은 쑥대를 뽑는다는 뜻이다. 과양호果養乎의 양養을 두고 유월은 『이아』「석고」를 인용해 근심한다는 뜻의 양恙으로 풀이했다. 종유기種有幾는 씨에는 미묘한 작용이 있다는 뜻으로 천변만화의 근원이 되는 종자의 공능을 언급한 것이다. 득수즉위계得水則爲㡭의 계㡭는 수초의 일종으로 계繼와 같다. 와빈지의鼃蠙之衣는 물이끼의 일종인 청태靑苔를 말한다. 능석陵舃은 언덕에서 자라는 질경이를 뜻한다. 울서鬱棲는 거름더미로 곧 분양糞壤을 말한다. 오족烏足은 독초의 일종으로 부자附子로 보는 견해가 있다. 호접서야胡蝶胥也의 서胥를 두고 육덕명은 나비의 별칭으로 보았으나 유월과 이케다 등은 '잠시 후'의 뜻으로 보았다. 기상약태其狀若脫의 태脫는 곤충의 허물을 뜻하는 태蛻와 같다. 비호불순比乎不筍의 비比는 나란히 해 합친다는 뜻의 비합比合의 뜻이다. 죽순을 뜻하는 순筍은 순笋 내지 순筍 및 순笋과 같다.

제12장 달생(達生)

12-1

達生之情者, 不務生之所無以爲. 達命之情者, 不務知之所無奈何. 養形必先之以物, 物有餘而形不養者有之矣, 有生必先無離形, 形不離而生亡者有之矣, 生之來不能却, 其去不能止. 悲夫, 世之人以爲養形足以存生, 而養形果不足以存生, 則世奚足爲哉. 雖不足爲而不可不爲者, 其爲不免矣. 夫欲免爲形者, 莫如棄世, 棄世則無累, 無累則正平, 正平則與彼更生, 更生則幾矣. 事奚足棄而生奚足遺. 棄事則形不勞, 遺生則精不虧. 夫形全精復, 與天爲一. 天地者, 萬物之父母也. 合則成體, 散則成始. 形精不虧, 是謂能移. 精而又精, 反以相天.

생명의 실정에 통달한 자는 어찌할 도리가 없는 삶을 이루기 위해 애쓰지 않는다. 명운의 실상을 통달한 자는 어찌할 수 없는 명운을 벗어나기 위해 애쓰지 않는다. 몸을 보양하기 위해서는 반드시 재물을 먼저 마련해야 한다. 그러나 재물이 넉넉해도 몸을 보양할 수 없는 경우가 있다. 생명을 보존하기 위해서는 반드시 몸을 먼저 유지해야만 한다. 그러나 몸을 유지하면서도 생명을 잃는 경우가 있다.

생명은 찾아오는 것을 물리칠 수도 없고, 가는 것을 멈추게 할 수도 없다. 슬프다! 세인들이 몸을 잘 기르기만 하면 족히 생명을 보존할 수 있다고 여기는 것이.

몸을 잘 보양할지라도 생명을 보전하기에 부족하다면 세인들이 몸을 보양하려는 노력이 어찌 해볼 만한 가치가 있는 것이겠는가? 비록 해볼 만한 가치가 없는 것일지라도 하지 않을 수 없는 것은 그것을 피할 수 없기 때문이다.

무릇 몸을 보양하려는 집착에서 벗어나고자 하면 세속과 인연을 끊는 게 가장 좋은 방법이다. 세속과 절연하면 얽매임이 없게 되고, 얽매임이 없게 되면 마음이 바르고 평안해진다. 마음이 바르고 평안해지면 몸과 함께 새로운 삶이 시작된다. 새로운 삶이 시작되면 거의 삶을 통달한 것에 가깝게 된다.

세상의 일이 어찌 족히 버릴 수 있는 대상이고, 생명이 어찌 족히 잊을 수 있는 대상일 수 있겠는가? 그러나 세속의 일을 버리면 육체가 피로하지 않게 되고, 생명에 대한 집착을 잊어버리면 정기가 손상되지 않는다. 무릇 몸이 완전해지고 정기가 회복되면 천지자연과 하나가 된다. 천지란 만물의 부모이다.

하늘과 땅의 기운이 합쳐지면 만물의 형체가 이뤄지고, 흩어지면 만물이 새롭게 시작하는 최초의 상태로 돌아간다. 몸과 정기가 손상되지 않는 것을 일컬어 천지자연과 함께 변화하는 소위 '능이能移'라고 한다. 몸과 정기를 정묘하고 정묘하게 할 수 있다면 생명의 근원으로 되돌아가 천지의 작용을 도울 수 있을 것이다.

달생지정자達生之情者는 생명의 실정에 통달한 사람의 뜻이다. 『회남자』 「전언훈詮言訓」편에는 달達이 통通, 생生이 성性으로 되어 있다. 무이위無以爲는 『도덕경』 제38장에 나오는 '무위이무이위無

爲而無以爲' 구절과 취지를 같이한다. 여기의 이以는 원인을 나타내는 소이所以의 뜻으로 사용된 것이다. 불무지소무내하不務知之所無奈何의 지知를 두고 대개 명命의 잘못으로 해석하고 있다. 그러나 지之를 명命의 대명사로 간주해 '명의 어찌할 수 없는 바를 알려고 애쓰지 않는다' 라고 해석해도 뜻이 통하기는 한다. 양형과부족이존생養形果不足以存生은 몸을 잘 기르는 것만으로는 결코 생명을 보존하기에 부족하다는 뜻이다. 여기의 과果를 두고 마기창馬其昶은 『장자고莊子故』에서 『예기』에 나오는 정현의 주를 좇아 결決로 간주했다. 여피갱생與彼更生의 피彼를 두고 임희일 등은 조물자로 보았으나 아카츠카와 이케다 등은 몸을 뜻하는 형形으로 보았다.

12-2

子列子問關尹曰, "至人潛行不窒, 蹈火不熱, 行乎萬物之上而不栗. 請問何以至於此." 關尹曰, "是純氣之守也, 非知巧果敢之列. 居, 予語女. 凡有貌象聲色者, 皆物也, 物與物何以相遠. 夫奚足以至乎先. 是色而已. 則物之造乎不形, 而止乎無所化. 夫得是而窮之者, 物焉得而止焉. 彼將處乎不淫之度, 而藏乎無端之紀, 遊乎萬物之所終始. 壹其性, 養其氣, 合其德, 以通乎物之所造. 夫若是者, 其天守全, 其神無郤, 物奚自入焉. 夫醉者之墜車, 雖疾不死, 骨節與人同而犯害與人異, 其神全也. 乘亦不知也, 墜亦不知也, 死生驚懼不入乎其胸中, 是故遻物而不慴. 彼得全於酒而猶若是, 而況得全於天乎. 聖人藏於天, 故莫之能傷也. 復仇者, 不折鏌干. 雖有忮心者, 不怨飄瓦, 是以天下平均. 故無攻戰之亂·無殺戮之刑者, 由此道也. 不開人之天, 而開天之天. 開天者德生, 開人者賊生. 不厭其天, 不忽於人, 民幾乎以其眞."

열자가 관문지기인 관윤關尹에게 물었다.

"지인至人은 수중으로 다녀도 질식하지 않고, 불을 밟아도 뜨겁지 않고, 만물을 내려다 보는 높은 낭떠러지 위를 걸어다녀도 두려워하지 않는다고 합니다. 청컨대 어찌해야 이런 경지에 이를 수 있는지 묻고자 합니다."

관윤이 대답했다.

"그것은 순수한 기를 지키고 있기 때문이다. 지혜와 기교 또는 과감한 용기 등에 기인한 게 아니다. 거기 앉아라. 내가 그대에게 가르쳐 주겠다.

무릇 모습과 소리, 색채를 지니고 있는 것은 모두 사물이다. 이들 사물이 어찌 서로 다를 리 있겠는가? 모든 사물은 서로 다른 존재일 수 없는데 사물이 어찌 사물의 모습이 존재하기 이전의 상태인 도에 도달할 수 있겠는가? 이는 모습과 소리, 색채 등에 지나지 않는다. 무릇 사물은 아직 형체를 갖추지 않은 상태에서 시작해 생멸변화가 없는 데서 그친다. 이를 터득해 그 묘리를 궁구하는 사람이 어찌 그 이치를 파악하고도 장애를 받을 수 있겠는가?

그는 장차 정도에 넘치지 않는 절도에 머물러 끝없이 순환 왕복하는 근원에 몸을 감추고, 만물이 끝나고 시작하는 도의 세계에서 노닐 것이다. 자신의 천성을 하나같이 지키고, 정기를 기르고, 덕을 천지와 합쳐 만물이 만들어진 원리를 통달하고자 할 것이다. 무릇 이런 사람은 그 천성을 온전히 지키고, 그 정신도 다른 것이 끼어들 틈이 없을 정도로 통일시킨다. 그러니 물이나 불 따위의 재앙이 어디로부터 들어올 수 있겠는가?

무릇 술에 취한 사람이 수레에서 떨어지면 비록 질주하는 상황일지라도 죽지 않는다. 골절이 다른 사람들과 같은데도 상해를 당한 정도가 보통 사람과 다르다. 이는 술의 힘으로 그 정신이 온전히 보존했기 때문이다. 수레에 탄 것도 수레에서 떨어지는 것도 알지 못한 까닭에 죽음과 삶의 놀라움과 두려움이 마음속으로 들어오지 못한 것이다. 뜻밖의 사물과 문득 만날지라도 전혀 두려워하지 않은 이유이다.

술에 의지해 정신을 온전하게 한 사람조차 이와 같은데 하물며 천성에 의해 온전하게 된 사람이겠는가? 성인은 하늘에 몸을 숨겨 천지자연과 혼연일체가 되었기에 그 무엇도 그를 손상시킬 수 없다. 예컨대 복수를 꾀하는 자도 원수는 미워하지만 원수가 살인에 사용한 막야鏌邪와 간장干將의 명검을 미워해 그것을 부러뜨리려 하지는 않는다. 또 비록 남을 해치려는 마음을 지닌 자일지라도 바람에 날려 떨어진 기왓장을 원망하지는 않는다. 위정자의 마음이 칼이나 기왓장처럼 무심하게 되면 천하가 평화롭고 균등하게 다스려진다.

전쟁에 따른 혼란이 없게 되고 사람을 죽이는 형륙刑戮이 없게 되는 것은 모두 이 무위자연의 도로 인한 것이다. 성인은 인간들이 하늘로 떠받드는 지혜나 기교 따위를 계발하지 않고 자연 그대로의 하늘을 계발한다. 자연 그대로의 하늘을 계발하면 무위자연의 덕이 생기고, 인간의 지혜나 기교 따위를 계발하면 덕을 해치는 일이 생겨난다. 무위자연의 경지를 꺼리지 않고 인위의 폐해를 없애는 데 소홀하지 않으면 백성들의 삶은 거의 참다운 삶에 가까워질 것이다."

자열자子列子는 열자의 존칭이다. 유사한 얘기가 『열자』 「황제」편에 나온다. 후쿠나가 등은 열자의 후계자가 이 장을 쓴 것으로 추정했다. 『열자』가 『장자』보다 먼저 편제된 점에 주목한 견해이다. 이에 대해 이케다는 편제시기 등에 관한 접근에 보다 신중한 자세를 요구했다.

관윤關尹은 관문지기로 『사기』 「노자한비열전」의 기록에 따르면 함곡관의 관문지기 윤희尹喜를 말한다. 윤희의 성은 윤尹, 이름은 희喜, 자는 공도公度이다. 노자로부터 『도덕경』을 받아 공부한 뒤 노자를 좇아 서쪽으로 갔다고 한다. 「천하」편은 관윤을 박대博大한 진인眞人이라며 노자와 같은 반열에 놓았다. 『한서』 「예문지」에는 『관윤자』 9편이 기록돼 있다. 현존 『관윤자』는 후대의 위작이다. 남송대 진진손陳振孫의 『직재서록제해直齋書錄題解』에 따르면 남송대 손정孫定이 만든 것이다.

잠행부질潛行不窒은 수중으로 다녀도 숨이 막히지 않는다는 뜻으로 『열자』에는 잠행불공潛行不空으로 되어 있다. 그러나 『열자』도 송대 휘종본에는 공空이 질窒로 되어 있다. 해족이지호선奚足以至乎先은 '사물이 어찌 사물의 모습이 있기 이전의 상태에 먼저 이를 수 있겠는가' 의 뜻이다. 사물은 서로 다른 존재일 수 없으므로 사물의 근원에 있는 도에 도달할 수 없다는 의미를 내포하고 있다.

시색이이是色而已의 색色을 두고 요내姚鼐와 해동 등은 강남고장본江南古藏本에 형색形色으로 되어 있는 점을 들어 모습과 색채로 풀이할 것을 주장했다. 그러나 임희일은 『열자』도 똑같이 기록돼 있는 점 등을 들어 '색色은 곧 자취이니 모습과 소리, 색채 등을 모두 언급한 것이다' 라고 풀이했다.

무단지기無端之紀의 기紀를 두고 마서륜은 기基의 가차로 보았고, 아카츠카는 시원 내지 근원으로 풀이했다. 오물이불습遻物而不慴은 어떤 사물을 만나도 두려워하지 않는다는 뜻으로 여기의 오遻는 만난다는 뜻의 역逆과 통한다. 불원표와不怨飄瓦는 바람에 날려 떨어지는 기왓장을 원망하지 않는다는 뜻으로, 성인은 무심함으로써 외물의 해침을 피할 수 있다는 뜻을 내포하고 있다. 천하평균天下平均은 천하가 평화롭게 다스려진다는 뜻이다. 인지천人之天은 인간들이 하늘로 떠받드는 지혜나 기교 따위를 상징하고, 천지천天之天은 무위자연의 하늘로 곧 무위무심의 경지를 의미한다.

12-3

仲尼適楚, 出於林中, 見痀僂者承蜩, 猶掇之也, 仲尼曰, "子巧乎. 有道邪." 曰, "我有道也. 五六月累丸二而不墜, 則失者錙銖. 累三而不墜, 則失者十一. 累五而不墜, 猶掇之也. 吾處身也, 若橛株拘. 吾執臂也, 若槁木之枝. 雖天地之大, 萬物之多, 而唯蜩翼之知. 吾不反不側, 不以萬物易蜩之翼, 何爲而不得." 孔子顧謂弟子曰, "用志不分, 乃凝於神. 其痀僂丈人之謂乎."

중니가 초나라로 갈 적에 숲속을 지나던 중 한 곱사등이 노인이 채를 이용해 매미를 잡는 모습을 보았다. 마치 물건을 줍는 듯했다. 중니가 물었다.

"재주가 참 좋소. 무슨 비결이라도 있는 것이오?"

곱사등이 노인이 대답했다.

"내게 비결이 있기는 있소. 대여섯 달 동안 손바닥 위에 둥근 구슬 2개를 포개놓아도 떨어뜨리지 않을 정도가 되면 매미를 잡는 것보다 놓치는 경우가 적어지게 되오. 3개를 포개놓아도 떨어뜨리지 않을 정도가 되면 매미를 놓치는 것은 10번에 1번 정도가 되오. 5개를 포개놓고도 떨어뜨리지 않을 정도가 되면 매미를 거의 줍는 것과 같이 되오.

이때 나는 마치 나무 그루터기처럼 몸을 웅크린 채 팔뚝을 시든 나뭇가지처럼 만드오. 비록 천지가 광대하고 만물이 많다지만 나는 오직 매미날개에만 모든 정신을 쏟을 뿐이오. 뒤를 돌아보지도 않고 옆으로 기울지도 않으면서 만물 중 그 어느 것도 매미날개를 바꿀 생각을 하지 않는데 어찌하여 매미를 물건 집듯이 잡지 못할 리가 있겠소!"

공자가 제자들을 돌아보며 말했다.

"뜻을 한 가지 일에 집중시키면 이내 정신이 하나로 응결돼 신묘한 경지에 이르게 된다. 이는 바로 이 곱사등이 노인을 두고 한 말일 것이다."

이 일화 역시 『열자』「황제」편에 나온다. 구루痀僂는 곱사등이로 여기의 구痀는 구佝 또는 구傴와 통한다. 「대종사」편의 곡루曲僂와 같다. 승조承蜩는 채를 이용해 매미를 잡는다는 뜻으로 성현영은 승承을 취取로 풀이했다. 오륙월五六月을 두고 한여름을 뜻하는 5월과 6월의 '오뉴월'로 풀이하는 견해가 있으나 성현영은 5, 6개월의 연습기간으로 풀이했다. 문맥상 이게 타당하다.

누환累丸이 『열자』에는 류환纍垸으로 되어 있다. 이는 막대기 끝에 쌓아올린 진흙 공을 뜻한다. 류纍는 루累, 완垸은 환丸과 통한다. 치수錙銖는 원래 무게 단위이다. 『회남자』「천분」편에 따르면 1량兩은 4치錙, 1치는 6수銖, 1수는 12푼分에 해당한다. 여기의 치수錙銖는 극소의 의미로 사용된 것이다.

궐주구橛株拘는 나무그루터기처럼 웅크린다는 뜻이다. 궐橛은 립立과 통한다. 궐厥 또는 궐撅로 된 판본도 있다. 구拘는 웅크린 모습이다. 『열자』는 궐주구厥株駒로 되어 있다. 여기서는 궐厥을 서 있다는 뜻의 립立과 통하고 주구株駒는 늙은 고목으로 풀이한다. 집비執臂의 집執을 두고 성현영은 용用으로 풀이했으나 진수창은 견지堅持의 뜻으로 보았다.

유조익지지唯蜩翼之知는 매미날개만 안다는 뜻으로 매미 잡는 일에 전념한다는 의미이다. 불반불측不反不側은 몸을 젖히거나 기울이지 않는다는 뜻이다. 다른 일에 눈길을 주지 않는 것을 이같이 표현한 것이다. 반측反側은 『서경』의 '관저關雎'에서 몸을 이리저리 뒤척인다는 뜻으로 사용한 전전반측輾轉反側을 의미한다. 내응어신乃凝於神은 귀신과 다를 것이 없다는 뜻으로 응凝이 의疑로 된 판본이 있다. 임희일이 응凝을 의疑로 바꿀 것을 주장한 후 육덕명과 유월, 왕선겸 등이 이를 좇았다. 그러나 아카츠카와 이케다는 응凝을 그대로 둔 채 의疑 또는 비긴다는 뜻의 의擬로 해석할 것을 주장했다. 특이하게도 『열자』에는 공자의 언급 뒤에 곱사등이 노인의 충고가 나온다.

"그대는 봉의지도逢衣之徒인데 어찌하여 이런 일을 묻는 것이오? 그대가 하는 학문의 도리나 잘 닦은 후에 재차 이런 얘기를 기록하도록 하시오."

'봉의지도'는 소매 등이 넓은 유복儒服을 입는 무리, 즉 유가를 지칭한 것이다. 여기의 봉逢은 대大와 통한다. 『주례』「사복司服」편의 정현 주에 따르면 선비의 옷소매는 2척 2촌, 대부 이상은 3척 3촌에 달한다. 구루장인의 '봉의' 언급에는 유자들에 대한 경멸의 뜻이 담겨 있다. 이는 『장자』「달생」편의 편제시기보다 훨씬 후대의 사람이 이 구절을 『열자』에 끼워넣었을 가능성을 시사하고 있다. 「달생」편에 이 구절이 빠져 있는 게 그 증거이다. 그러나 후대의 사람이 『열자』「황제」편의 이 일화를 『장자』「달생」편에 전재하는 과정에서 유가를 지나치게 폄하한 이 대목을 의도적으로 빼놓았을 가능성도 배제할 수 없다. 『장자』의 외편이 대개 그렇듯이 유가와 타협적인 모습을 보이고 있는 게 그 증거이다.

12-4

顔淵問仲尼曰, "吾嘗濟乎觴深之淵, 津人操舟若神. 吾問焉曰, '操舟可學邪.' 曰, '可. 善遊者數能. 若乃夫沒人, 則未嘗見舟而便操之也.' 吾問焉而不吾告, 敢問何謂也." 仲尼曰, "善遊者數能, 忘水也. 若乃夫沒人之未嘗見舟而便操之也, 彼視淵若陵, 視舟之覆, 猶其車却也. 覆却萬方陳乎前而不得入其舍, 惡往而不暇. 以瓦注者巧, 以鉤注者憚, 以黃金注者殙. 其巧一也, 而有所矜, 則重外也. 凡外重者內拙."

안연이 중니에게 물었다.

"제가 일찍이 상심지연觴深之淵으로 불리는 물살이 센 곳을 건넌 일이 있습니다. 그때 사공이 배를 모는 솜씨가 귀신같았습니다. 제가 '배 젓는 것을 배울 수 있겠소?' 라고 묻자 그가 대답하기를, '있지, 헤엄을 잘치는 사람은 빨리 익힐 수 있지. 잠수부는 일찍이 배를 본 적이 없어도 곧바로 배를 저을 수 있지' 라고 했습니다. 제가 그 이유를 묻자 재차 말하지 않았습니다. 감히 여쭙건대 이는 무슨 까닭입니까?"

중니가 대답했다.

"헤엄을 잘치는 사람이 빨리 배울 수 있다는 것은 그가 물을 잊었기 때문이다. 잠수부가 배를 한 번도 본 적이 없어도 곧바로 배를 저을 수 있는 것은 그가 깊은 연못을 마치 언덕처럼 여기고, 배가 뒤집히는 것을 마치 수레가 후진하는 정도로 여기기 때문이다. 뒤집히고 후진하는 등 여러 일들이 눈앞에 펼쳐질지라도 그의 마음을 어지럽히지 못하니 어디에 간들 여유가 없을 리 있겠는가?

별 가치가 없는 기왓장을 경품으로 내건 놀이에서 뛰어난 실력을 보이는 자도 은이나 동으로 만든 혁대 고리를 경품으로 내걸면 마음이 떨려 두려워하고, 황금을 내걸면 마음이 이내 어두워져 혼란에 빠진다. 기교는 같은데도 놓치면 아깝다는 애착심으로 인해 외물을 중시하며 거기에 마음을 빼앗겼기 때문이다. 외물을 중시하면 이내 내면의 마음이 졸렬해진다."

유사한 내용이 『열자』「황제」편에 나온다. 상심지연觴深之淵을 두고 성현영은 송나라에 실재했던 술잔 모습의 깊은 연못으로 해석했으나 상상의 연못으로 풀이하는 게 옳다. 아카츠카 등은 상觴을 광대하다는 뜻의 탕상湯觴으로 풀이했다.

선유자삭능善遊者數能은 헤엄을 잘치는 사람은 배 젓는 일을 빨리 익힐 수 있다는 뜻이다. 삭능數能을 두고 『천연론』을 펴낸 청대 말기의 엄복嚴復은 속성速成으로 풀이했다. 삭數은 숫자와 운수 및 기술 등의 의미일 때는 '수'로 읽으나 빠르거나 빈번하다는 뜻으로 쓰일 때는 '삭'으로 읽는다. 빈번히 오간다는 뜻의 '삭삭왕래數數往來'가 그 실례이다. 그러나 가늘거나 빽빽하다는 의미로 쓰일 때는 '촉'으로 읽는다. 그물눈을 촘촘하게 만든 촉고數罟가 그 실례이다.

약내부몰인若乃夫沒人은 잠수부 같은 사람의 뜻으로 약내若乃가 『열자』처럼 내약乃若으로 된 판본이 있다. 육덕명은 『경전석문』에서 약내若乃를 화제를 돌릴 때 사용하는 어구로 분석했다. 복각覆却은 배가 뒤집히고 수레가 후진하는 것을 말한다. 『열자』는 각却이 극郤으로 되어 있다. 만방萬方은 여러 가지 일을 뜻하는 만단萬端과 같다.

이와주자교以瓦注者巧는 가치 없는 기왓장을 경품으로 내건 놀이에서 뛰어난 실력을 보이는 자라는 의미이다. 이 구절 이하의 얘기는 매우 유명해 『여씨춘추』「거우去尤」편을 비롯해 『회남자』「설림훈」편 등에도 나온다. 『여씨춘추』에는 중니왈仲尼曰 대신 장자왈莊子曰로 되어 있다.

여기의 주注가 『여씨춘추』는 발사한다는 뜻의 주投, 『회남자』는 유희의 일종인 주鉒, 『열자』는 투척한다는 뜻의 구摳로 되어 있다. 주사위를 대던지는 도박의 일종이다. 이구주자탄以鉤注者憚의 탄憚이 『여씨춘추』에는 두려워 떤다는 뜻의 전戰, 『회남자』에는 비틀거린다는 뜻의 발跋로 되어 있다. 뜻은 대동소이하다.

이유소긍而有所矜의 긍矜이 『여씨춘추』에는 태자殆者로 되어 있다. 성현영은 '아껴서 애석히 여기다'의 뜻으로 해석했다. 외중자내졸外重者內拙은 외물을 중시하는 자는 내면의 마음이 졸렬하다는 뜻으로 『열자』에는 중외자졸내重外者拙內로 되어 있다. 문장구조상 『열자』의 표현이 더 정확하다.

12-5

田開之見周威公, 威公曰, "吾聞祝腎學生, 吾子與祝腎遊, 亦何聞焉." 田開之曰, "開之操拔篲以侍門庭, 亦何聞於夫子." 威公曰, "田子無讓, 寡人願聞之." 開之曰, "聞之夫子曰, '善養生者, 若牧羊然, 視其後者而鞭之.'" 威公曰, "何謂也." 田開之曰, "魯有單豹者, 巖居而水飮, 不與民共利, 行年七十而猶有嬰兒之色, 不幸遇餓虎, 餓虎殺而食之. 有張毅者, 高門縣薄, 無不走也, 行年四十而內熱之病以死. 豹養其內而虎食外, 毅養其外而病攻其內. 此二子者, 皆不鞭其後者也." 仲尼曰, "無入而藏, 無出而陽, 柴立其中央. 三者若得, 其名必極. 夫畏塗者, 十殺一人, 則夫子兄弟相戒也, 必盛卒徒而後敢出焉, 夫亦知乎. 人之所取畏者, 衽席之上, 飮食之間, 而不知爲之戒者, 過也."

전개지田開之가 주위공周威公을 만나자 주위공이 물었다.

"내가 들으니 축신祝腎이 양생술을 배운다고 하오. 그대는 축신과 교유하고 있으니 무슨 좋은 말을 들은 게 있지 않겠소?"

전개지가 대답했다.

"저는 빗자루를 손에 들고 문 안 마당이나 쓸면서 그 분을 모시고 있을 뿐인데 또 무슨 말을 들었을 리 있겠습니까?"

주위공이 거듭 청했다.

"선생은 겸양하지 마시오. 과인은 꼭 듣고 싶소."

전개지가 대답했다.

"제가 들은 것이라고는 오직 이 한마디뿐입니다. '양생을 잘하는 것은 양을 기르는 것과 같으니 제대로 가는 놈은 놓아두고 뒤처진 놈을 보고 채찍질한다' 고 했습니다."

주위공이 물었다.

"그게 무슨 말이오?"

전개지가 대답했다.

"노나라에 선표單豹라는 은자가 있었습니다. 산속 바위굴을 거처로 삼고 골짜기와 내의 물을 마시며 살았습니다. 세상 사람과 이해를 다투지 않아 나이가 70인데도 오히려 어린아이처럼 불그레한 혈색을 지녔으나 불행히도 굶주린 호랑이를 만나 잡아먹히고 말았습니다. 또 노나라에 장의張毅라는 사람이 있었습니다. 그는 덕을 베풀기 위해 대문이 높이 솟은 부잣집과 발을 늘어뜨린 보통 사람들의 집을 열심히 찾아다니지 않은 적이 없었습니다. 그러나 결국 나이 40에 몸에서 열이 나는 병에 걸려 이내 죽고 말았습니다. 선표는 내면의 덕을 잘 길렀으나 호랑이가 그의 몸을 잡아먹어 버렸고, 장의는 외면의 덕을 잘 길렀으나 병이 나 죽고 말았습니다. 두 사람 모두 뒤처진 부분을 채찍질하지 않은 결과입니다."

중니가 말했다.

"안으로만 파고들어 은둔하지 말고, 밖으로만 나돌아 지나치게 드러내지 말고, 안팎의 한가운데 고목처럼 서 있어야 한다. 이 3가지를 잘하면 그 명성이 반드시 최고의 경지까지 올라갈 것이다. 무릇 길 떠나는 위험을 아는 자는 10명 가운데 1명이라도 죽음을 당하는 위험이 있으면 부자형제처럼 서로 합심해 경계한다. 반드시 호위하는 졸도卒徒를 성대하게 갖춘 뒤 감히 길을 떠나니 이 또한 지혜롭지 않은가? 사람이 두려워해야 할 것으로 이 밖에도 성욕과 식욕의 문제가 있다. 이를 경계할 줄 모르면 수양을 잘못한 것이다."

전개지田開之는 도를 배우는 가공의 인물이다. 『사기』「주본기」에 따르면 주위공周威公은 주공 단旦의 후손이다. 최선본에는 이름이 조竈로 되어 있다. 축현祝腎은 가공의 인물이다. 조발세操拔篲는 빗자루를 손에 잡고 청소한다는 뜻으로 여기의 세篲는 추帚와 통한다. 선표單豹는 은자의 이름이다. 『여씨춘추』「필기必己」편과 『회남자』「인간훈」편에도 선표와 장의張毅에 관한 일화가 나온다. 불여민공리不與民共利의 공共은 쟁爭의 뜻이다.

'고문현박高門縣薄, 무부주야無不走也' 구절은 부잣집과 일반인의 집을 가리지 않고 열심히 찾아다녔다는 뜻이다. 현박縣薄의 현縣은 늘어뜨린다는 뜻의 현懸과 통한다. 여기의 박薄은 발을 뜻하는 주렴珠簾의 뜻이다. 임석지상衽席之上은 이부자리 위의 일로 성욕을 의미하고, 음식지간飮食之間은 음식을 먹는 모습으로 곧 식욕을 뜻한다.

12-6

祝宗人玄端以臨牢筴說彘, 曰, "汝奚惡死. 吾將三月犧汝, 十日戒, 三日齊, 藉白茅, 加汝肩尻乎雕俎之上, 則汝爲之乎." 爲彘謀曰, '不如食以糠糟而錯之牢筴之中.' 自爲謀, 則苟生有軒冕之尊, 死得於腞楯之上·聚僂之中則爲之. 爲彘謀則去之, 自爲謀則取之, 所異彘者何也.

종묘의 제관인 축종인祝宗人이 현단복玄端服을 입고 돼지우리에 가 돼지에게 물었다.

"너는 어찌해서 죽는 것을 싫어하는가? 내가 앞으로 3달 동안 너를 잘 먹일 것이다. 그러다가 10일 동안 몸을 깨끗이 하고, 4일 동안 마음을 깨끗이 한 뒤 백모白茅를 깔고 단정히 앉아 네 어깨와 궁둥이 부위 고기를 화려하게 조각한 제기祭器 위에 올릴 것이다. 기꺼이 희생犧牲이 되어줄 것인가?"

이때 사람들은 돼지를 위해 '겨나 술지게미를 먹일지라도 돼지우리 속에서나마 자유롭게 살도록 놓아두는 것이 차라리 낫다' 고 말한다. 그러나 자신을 위한 계책은 이와 정반대이다. 살아서 귀인의 수레와 갓인 헌면軒冕의 존귀함을 누리고, 죽어서 커다란 상여 수레인 전순腞楯 위에서 화려하게 장식한 관곽인 취루聚僂 속에 누울 수만 있다면 굳이 이를 좇으려 한다. 돼지를 위해 생각할 때는 일시적인 호의호식을 버리면서 자신을 위해 생각할 때는 오히려 '헌면' 과 '전순' 및 '취루' 등을 택하고자 한다. 이게 희생으로 제공되는 돼지와 다른 점이 무엇인가?

축종인祝宗人은 종묘의 제사를 관장하는 제관을 말한다. 현단

玄端은 끝부분을 검은색으로 마무리한 예복의 일종이다. 뇌책牢筴은 짐승의 우리를 말한다. 책筴은 책柵과 통한다. 세체說彘는 돼지를 달랜다는 뜻으로 체彘는 원래 암퇘지를 뜻하나 여기서는 암수를 구분하지 않고 사용된 것이다. 환녀犧汝의 환犧은 사육한다는 뜻의 환豢과 같다. 조지뇌책지중錯之牢筴之中의 조錯는 조처한다는 뜻의 조措와 통한다. 전순지상腞楯之上은 영구차 위에 눕고 호화로운 관 속에 눕는다는 뜻이다. 전腞과 순楯 모두 상여 수레를 말한다. 왕념손은 바퀴살이 없는 나무판자로 만든 상여 수레인 전輇과 커다란 상여 수레를 뜻하는 순輴의 가차로 보았다. 전輇은 죽은 사람을 최종 평가한다는 뜻으로도 사용돼 흔히 전형銓衡의 저울질한다는 뜻의 전銓과 통용된다. 취루지중聚僂之中은 관곽棺槨의 안을 말한다.

12-7

桓公田於澤, 管仲御, 見鬼焉. 公撫管仲之手曰, "仲父何見." 對曰, "臣無所見." 公反, 誒詒爲病, 數日不出. 齊士有皇子告敖者, 曰, "公則自傷, 鬼惡能傷公. 夫忿滀之氣, 散而不反, 則爲不足. 上而不下, 則使人善怒. 下而不上, 則使人善忘. 不上不下, 中身當心, 則爲病." 桓公曰, "然則有鬼乎." 曰, "有. 沈有履, 竈有髻. 戶內之煩壤, 雷霆處之. 東北方之下者倍阿, 鮭蠪躍之. 西北方之下者, 則泆陽處之. 水有罔象, 丘有峷, 山有夔, 野有彷徨, 澤有委蛇." 公曰, "請問委蛇之狀何如." 皇子曰, "委蛇, 其大如轂, 其長如轅, 紫衣而朱冠. 其爲物也惡, 聞雷車之聲則捧其首而立. 見之者殆乎霸." 桓公辴然而笑曰, "此寡人之所見者也." 於是正衣冠與之坐, 不終日而不知病之去也.

제환공이 소택지沼澤地에 사냥을 나갔다. 관중管仲이 말을 몰았다.

제환공이 문득 귀신을 보고는 관중의 손을 잡고 말했다.

“중보仲父도 뭔가를 보았소?”

“신은 아무것도 보지 못했습니다.”

제환공이 사냥에서 돌아온 뒤 헛소리를 하며 병을 앓았다. 며칠 동안 아무데도 나가지 못했다. 제나라의 현사賢士 황자고오皇子告敖가 제환공을 문명하면서 이같이 말했다.

“공은 스스로를 손상시킨 것입니다. 귀신이 어찌 공을 손상시킬 리 있겠습니까? 무릇 가득히 맺혀 풀리지 않는 기가 흩어져 돌아오지 않으면 체내의 기가 부족하게 됩니다. 기가 올라가 내려오지 않으면 성을 잘 내게 하고, 아래로 내려가 올라오지 않으면 잘 잊어버리게 됩니다. 또 기가 올라가지도 내려가지도 않으면 한가운데 머물게 되고, 이게 마음속에서 막히면 이내 병이 됩니다.”

제환공이 물었다.

“그렇다면 귀신은 존재하는 것인가?”

황자고오가 대답했다.

“있습니다. 진흙탕에는 이履, 부뚜막에는 계髻. 집안의 더러운 쓰레기더미 속에는 뇌정雷霆, 동북쪽 귀퉁이 담장 아래에는 배아倍阿와 해룡鮭蠪, 서북쪽 귀퉁이 아래쪽에는 일양泆陽, 물속에는 망량罔象, 언덕 위에는 신峷, 산에는 기夔, 들에는 방황彷徨, 소택지에는 위사委蛇라는 귀신이 있습니다.”

제환공이 다시 물었다.

“묻건대 도대체 위사의 모습은 어떤 것인가?”

황자고오가 대답했다.

“크기는 수레바퀴 통만 하고, 길이는 수레 끌채만 하고, 자주색 옷에 붉은 갓을 쓰고 나타납니다. 성질이 사나워 우레 같은 수레소리가 들리는 것을 싫어합니다. 그 소리를 들으면 뱀 대가리 모습의 머리를 쳐들고 일어납니다. 이것을 본 사람은 패자覇者가 될 것입니다."

제환공이 크게 웃으며 말했다.

"과인이 본 것이 바로 그것이다."

제환공이 병석에서 일어나 의관을 바로 한 뒤 그와 마주 앉아 담소했다. 그날이 지나기 전에 병이 나은 것을 알지 못했다.

전어택田於澤의 전田은 사냥한다는 뜻의 전畋과 통한다. 관중어管仲御의 어御는 수레나 말을 몬다는 뜻이다. '중보仲父'는 관중을 높여 부른 말이다. 관중은 이름이 이오夷吾이고 자는 중仲이다. 보父는 남자에 대한 미칭美稱인 보甫와 통하는 글자로 통상 자에 붙여 존경의 뜻을 표한다. 주문왕이 군사軍師인 강태공 여상呂尙을 높여 상보尙父로 부른 것도 마찬가지이다.

진시황은 어렸을 때 섭정을 한 정승 여불위를 높여 '중부仲父'로 불렀다. 이는 선왕인 진장양왕이 평소 여불위와 형제처럼 가까이 지낸 점을 감안한 호칭이었다. 여불위의 '중부'는 부父가 어의 그대로 친족의 어른을 뜻하는 까닭에 숙부叔父와 똑같은 의미이다. 초한전 당시 항우가 70세가 넘은 측근 책사 범증范增을 높여 부친에 버금하는 어른이라는 의미에서 '아부亞父'로 부른 게 그 실례이다.

통상 나이 많은 농부와 어부를 높여 전부田父와 어부漁父로 부르는 것도 같은 취지에서 나온 것이다. 어부漁夫는 통상적인 어부 내지 젊은 어부를 뜻하나 어부漁父는 어옹漁翁처럼 나이 많은 어부에 대한 높임말이다. 농부農父 역시 농사를 짓는 자신의 부친을 지칭하기도 하나 통상 전부田父 및 어부漁父와 동일한 취지의 높임말로 사용된다.

희이위병誒詒爲病은 헛소리를 하며 병을 앓았다는 뜻이다. 황자고

오皇子告敖는 성이 황자皇子인 제나라의 현인으로 가공의 인물이다. 분축지기忿滀之氣는 가득히 맺혀 풀리지 않는 기를 말한다. 분忿은 만滿, 축滀은 응凝과 통한다. 침유리沈有履는 진흙탕 속에 물귀신인 이履가 있다는 뜻이다. 사마표는 침沈을 오니汙泥로 해석했다. 조유계竈有髻는 부뚜막에 부엌귀신 계髻가 있다는 뜻이다. 사마표는 붉은 옷을 입고 미녀의 모습을 하고 있다고 기록했다.

호내지번양戶內之煩壤은 집안의 더러운 쓰레기더미로, 성현영은 번양煩壤을 분양糞壤으로 풀이했다. 배아倍阿와 해롱鮭蠪을 두고 성현영은 '뛰어노는 모습이 어린아이 같고 키가 1척 4촌이며 검은 옷을 입은 채 붉은 머리띠를 두르고 창과 칼을 잡고 있다' 고 기록했다. 일양泆陽에 대해서도 표범의 머리에 말 꼬리를 갖고 있다고 했다. 망량罔象은 물귀신으로 사마표에 따르면 어린아이 모습에 검붉은 색을 띠고 있고 붉은 손톱에 큰 귀와 긴 팔을 갖고 있다고 한다. 신峷을 두고 사마표는 '모습은 강아지 같고 뿔이 있으며 몸에 5가지 색채의 문신이 있다' 고 기록해 놓았다. 기夔를 두고 성현영은 '크기가 소만 하고 모습은 북 같고 한 발로 다닌다' 고 했다. 방황彷徨에 대해서도 모습은 뱀 같고 머리가 두 개이고 5가지 채색이 있다고 했다.

여기의 위사委蛇는 자족하거나 흐느적거린다는 뜻의 위이委蛇와 달리 뱀 귀신을 지칭하고 있는 까닭에 글자 그대로 '위사' 로 읽어야 한다. 기대여곡其大如轂의 곡轂은 수레 축을 집어넣는 구멍으로 수레바퀴의 중심을 말한다. 진연辴然은 크게 웃는 모습이다. 부종일不終日은 하루가 채 끝나기도 전이라는 뜻이다.

12-8

紀渻子爲王養鬪鷄, 十日而問, "鷄已乎." 曰, "未也, 方虛憍而恃氣." 十日又問, 曰, "未也, 猶應嚮景." 十日又問, 曰, "未也, 猶疾視而盛氣." 十日而問, 曰, "幾矣, 鷄雖有鳴者, 已無變矣, 望之似木鷄矣, 其德全矣. 異鷄無敢應者, 反走矣."

기성자紀渻子가 주선왕周宣王을 위해 싸움닭을 길렀다. 10일 후 주선왕이 물었다.

"싸움닭으로 완성되었는가?"

기성자가 대답했다.

"아직 안 되었습니다. 이제 공연히 허세를 부리며 자기 기운을 믿고 있을 뿐입니다."

10일 후 다시 묻자 이같이 대답했다.

"아직 안 되었습니다. 소리와 그림자에 곧바로 신경질적인 반응을 보이고 있습니다."

10일 후 또 다시 묻자 이같이 대답했다.

"아직 안 되었습니다. 상대방을 노려보며 기운이 성한 상태입니다."

10일 후 또 다시 묻자 이같이 대답했다.

"거의 다 되었습니다. 다른 닭이 우는 소리를 내도 전혀 대응을 하지 않습니다. 저 놈을 바라보면 마치 나무로 만든 목계木雞와 같습니다. 본래의 덕이 온전히 갖춰진 덕분입니다. 다른 닭들이 저 놈을 보면 감히 도전할 엄두도 내지 못하고 곧바로 뒤돌아 달아납니다."

『열자』「황제」편에도 여기에 나온 '목계木鷄'의 일화가 실려 있다. '목계'는 외부의 어떤 변화에도 전혀 동요하지 않는 도인의 경지를 상징한다. 기성자紀渻子는 가공의 인물이다. 사마표는 여기에 나오는 왕을 제나라 왕이라고 했으나 유월은 『열자』를 근거로 주선왕周

宣王이라고 주장했다. 그러나 기성자가 가공의 인물인 만큼 굳이 어느 나라 왕인지 따질 필요는 없다.

계이호鷄已乎는 '싸움닭으로 완성되었는가?'의 뜻이다. 『열자』에는 계鷄자 밑에 '가투可鬪' 두 글자가 더 있다. 허교虛憍는 허세를 부린다는 뜻으로 여기의 교憍는 교驕와 통한다. 응영향應響影은 소리와 그림자에 즉각 응한다는 뜻으로 다른 닭의 그림자만 봐도 곧바로 싸우려 드는 것을 의미한다. 반주反走는 다른 닭들이 '목계'를 보자마자 뒤돌아 달아나는 것을 표현한 것으로 성현응은 '천하무적'의 상징으로 풀이했다.

12-8

孔子觀於呂梁, 縣水三十仞, 流沫四十里, 黿鼉魚鼈之所不能遊也. 見一丈夫遊之, 以爲有苦而欲死也, 使弟子竝流而拯之. 數百步而出, 被髮行歌而遊於塘下. 孔子從而問焉, 曰, "吾以子爲鬼, 察子則人也. 請問, 蹈水有道乎." 曰, "亡, 吾無道. 吾始乎故, 長乎性, 成乎命. 與齊俱入, 與汨偕出, 從水之道而不爲私焉. 此吾所以蹈之也." 孔子曰, "何謂始乎故, 長乎性, 成乎命." 曰, "吾生於陵而安於陵, 故也. 長於水而安於水, 性也. 不知吾所以然而然, 命也."

공자가 제자들과 함께 여량呂梁을 구경했다. 폭포의 높이가 30길이나 되고, 물보라 치는 급류는 40리를 흘러갔다. 큰 거북과 악어, 물고기, 자라들도 헤엄칠 수 없는 곳이었다.

마침 한 사내가 그곳에서 헤엄치는 것을 공자가 보게 됐다. 공자는 그가 괴로움으로 인해 투신한 것으로 생각했다. 황급히 제자들을 시켜 물길을 나란히 따라 내려가면서 구해내게 했다. 그러나 그는 수백

보의 거리를 헤엄쳐 내려간 뒤 이내 물 밖으로 나와서는 머리를 풀어 헤친 채 노래하며 방축 아래 길을 유유자적하게 거닐었다. 공자가 곧바로 그의 뒤를 쫓아가 물었다.

"당초 나는 그대가 헤엄치는 모습을 보고 귀신이 아닐까 생각했소. 이제 자세히 살펴보니 사람이 틀림없소. 묻건대 물속을 헤엄치는데 무슨 비결이 있는 것이오?"

사나이가 대답했다.

"없소. 나에게는 비결이 따로 없소. 다만 본래 타고난 소질 그대로 자맥질을 시작하고, 습성을 좇아 물과 더불어 생장하고, 자연의 이치를 좇아 천명을 이뤘을 뿐이오. 소용돌이와 함께 물속으로 들어갔다가 용솟음치는 물 흐름과 더불어 물 밖으로 나온 게 전부요. 물의 이치를 좇으면서 내 멋대로 움직이지 않은 게 내가 물에 들어가 헤엄친 비결이라면 비결일 것이오."

공자가 물었다.

"무엇을 두고 본래 타고난 소질 그대로 시작하고, 습성을 좇아 생장하고, 자연의 이치를 좇아 이루었다고 하는 것이오?"

사나이가 대답했다.

"나는 언덕에서 태어났소. 언덕을 편히 여겼으니 이것이 본래 타고난 소질 그대로 시작한 것이오. 또 물속에서 자라면서 물속을 편히 여기게 됐소. 이것이 자연의 이치를 좇아 천명을 이룬 것이오."

『열자』「황제」편에 똑같은 일화가 나온다. 여량呂梁을 두고 산서성의 '여량산' 등으로 보는 견해도 있으나 『열자』「설부」편에 나오는 하량河梁과 같은 지명으로 보아 제나라와 노나라 사이를 흐르는 사수泗水의 물길이 끊어진 곳으로 해석하는 견해가 우세하다. 『이아爾

雅』「석수釋水」편에 '돌로 인해 물이 끊어진 곳을 량梁이라고 한다'는 구절이 나온다. 역도원酈道元의 『수경주水經注』 역시 '사수가 여현呂縣의 남쪽을 지난다. 물 위에 석량石梁이 있다'고 기록해 놓았다. 『포박자』에도 '여량'의 명칭이 나온다.

현수縣水는 폭포로 현縣은 현懸과 통한다. 원타어별黿鼉魚鼈은 큰 거북과 악어, 물고기, 자라를 말한다. 병류증지竝流拯之는 물길을 나란히 따라가며 구해낸다는 뜻이다. 병竝은 연沿과 통한다. 피발행가被髮行歌는 머리를 풀어헤친 채 노래한다는 의미이다. 유어당하遊於塘下는 뚝 아래를 왔다갔다 하는 것을 표현한 것이다. 도수蹈水는 물속을 헤엄친다는 뜻이다. 시호고始乎故는 타고난 본성과 소질에서 시작한다는 의미이다. 여제구입與齊俱入의 제齊는 소용돌이의 뜻으로 전용되는 제臍와 통한다. 여골개출與汨偕出의 골汨은 물이 솟아나오는 곳을 말한다. 마서륜은 물이 치솟는다는 뜻의 굴淈의 가차로 보았다.

12-9

梓慶削木爲鐻, 鐻成, 見者驚猶鬼神. 魯侯見而問焉, 曰, "子何術以爲焉." 對曰, "臣, 工人, 何術之有. 雖然, 有一焉. 臣將爲鐻, 未嘗敢以耗氣也, 必齊以靜心. 齊三日, 而不敢懷慶賞爵祿. 齊五日, 不敢懷非譽巧拙. 齊七日, 輒然忘吾有四枝形體也. 當是時也, 無公朝. 其巧專而外滑消, 然後入山林, 觀天性形軀, 至矣, 然後成見鐻, 然後加手焉, 不然則已. 則以天合天, 器之所以疑神者, 其是與."

목수 경慶이 큰 나무를 깎아 종을 걸어두는 악기걸이인 거鐻를 만들었다. '거'가 완성되자 이를 본 사람들 모두 귀신같은 솜씨에 경탄했다. 노나라 군주가 이를 보고 그에게 물었다.

"그대는 무슨 기술로 이같이 만든 것이오?"

목수 경이 대답했다.

"신은 목공일 뿐인데 무슨 특별한 기술이 있겠습니까? 다만 이것 하나는 있습니다. 신은 '거'를 만들 때 단 한번도 정신을 분산시킨 적이 없습니다. 먼저 반드시 재계하여 마음을 고요하게 만듭니다. 목욕재계한 지 3일째가 되면 감히 상으로 받는 물건이나 작록에 대한 생각을 품지 않게 됩니다. 5일째가 되면 작품에 대한 세상의 훼예毁譽나 작품의 교졸巧拙에 대한 평가로부터도 자유로워집니다. 7일째가 되면 문득 제가 사지와 몸체를 가지고 있다는 사실조차 잊게 됩니다.

이 단계가 되면 조정의 포상과 벼슬 등에 대한 생각이 마음에 없는 까닭에 신이 지닌 모든 기술이 하나로 집중되고, 외물로 인한 방해 또한 완전히 사라지게 됩니다. 그때 비로소 산속으로 들어가 나무의 자연스런 성질과 모습 등을 살펴봅니다. 이거다 싶은 나무를 발견하는 순간 마음속에 '거'의 모습이 만들어집니다. 연후에 저는 비로소 나무에 손을 댑니다. 이런 경지에 이르지 못하면 결코 작업에 들어가지 않습니다. 저의 소박하고 순진한 마음이 나무의 자연스런 성품과 만나 귀신이 곡할 '거'가 만들어지는 셈입니다. 기술이 있다면 이것이 기술이라고 할 수 있습니다."

재경梓慶을 두고 성현영은 재梓를 목수 직책의 관명인 재인梓人으로 간주해 '노나라의 도목수 경慶'으로 풀이했다. 거鐻는 편종이나 편경 등을 걸어두는 악기걸이를 말한다. 첩연輒然은 원래 '문득' 또는 '언제나'의 의미로 사용되는 부사어이나 여기서는 가만히 움직이지 않는 모습을 묘사한 것이다. 공조公朝는 조정의 권세를 의미한다. 외골外滑은 밖의 어지러움으로 곧 외부의 방해를 뜻한다. 성현거

成見鐻를 두고 멋진 모습으로 완성된 악기걸이가 눈앞에 나타나는 것으로 풀이해도 가하나 악기걸이를 마음속으로 완성한다는 뜻으로 새기는 게 낫다. 의신疑神은 귀신이 만든 것인지 의심한다는 뜻이다.

12-10

東野稷以御見莊公, 進退中繩, 左右旋中規. 莊公以爲父弗過也, 使之鉤百而反. 顔闔遇之, 入見曰, "稷之馬將敗." 公密而不應. 少焉, 果敗而反. 公曰, "子何以知之." 曰, "其馬力竭矣而猶求焉, 故曰敗."

동야직東野稷이 뛰어난 어마술御馬術을 바탕으로 벼슬을 얻고자 위장공衛莊公을 알현했다. 말의 진퇴가 마치 먹줄에 딱 맞는 듯했고, 좌우의 선회는 그림쇠에 딱 들어맞는 듯했다. 위장공은 내심 전설적인 어마술을 자랑하는 조보造父도 동야직만은 못할 것으로 생각했다. 곧 그로 하여금 거리를 한 바퀴 둘러본 뒤 돌아오게 했다. 안합顔闔이 동야직을 보고는 이내 입조해 위장공에게 이같이 진언했다.

"동야직의 말은 이제 곧 지쳐 쓰러질 것입니다."

위장공이 입을 다문 채 대꾸하지 않았다. 잠시 뒤 과연 말은 쓰러지고 동야직만 돌아왔다. 위장공이 안합에게 물었다.

"경은 어떻게 그리될 줄 미리 안 것이오?"

안합이 대답했다.

"말의 힘이 다했는데도 여전히 달리기를 요구한 것을 보았기 때문입니다. 그래서 이내 지쳐 쓰러질 것이라고 말한 것입니다."

동야직東野稷은 성이 '동야'로 말을 잘 모는 가공의 인물이다. 『순자』「애공」편과 『한시외전』 등에는 동야필東野畢로 되어 있다.

보불과야父弗過也는 전설적인 마부인 조보造父도 동야직만 못하다는 뜻이다. '조보'는 주목왕의 말을 몰던 전설적인 마부이다. 전국시대 조나라를 세운 조씨의 조상이다. 조보趙父라고도 한다. 원문에는 보父가 문文으로 되어 있다. 전대흔錢大昕과 오여륜吳汝綸 등이 보父로 고칠 것을 주장한 이래 주석가들 대부분이 이를 좇고 있다. 사지구맥使之鉤百의 맥百은 길이나 두렁을 뜻하는 천맥阡陌의 맥陌과 통한다. 동서로 난 길을 천阡, 남북으로 난 길을 맥陌이라고 한다.

12-11

工倕旋而蓋規矩, 指與物化而不以心稽, 故其靈臺一而不桎. 忘足, 履之適也. 忘要, 帶之適也. 知忘是非, 心之適也. 不內變, 不外從, 事會之適也. 始乎適而未嘗不適者, 忘適之適也.

공수工倕는 탁월한 목수였다. 물건을 만들 때 그가 손을 움직여 선을 그리면 그림쇠와 곱자에 딱 들어맞았다. 그의 손가락은 나무나 쇠 등의 재료와 일체가 된 까닭에 마음속으로 이것저것 따지는 일이 없었다. 마음이 한결같아 막힘이 없었기 때문이다.

무릇 발을 잊는 것은 신발이 꼭 맞기 때문이고, 허리를 잊는 것은 허리띠가 꼭 맞기 때문이다. 우리의 지혜가 시비의 판단을 잊을 수 있는 것 또한 마음이 대상과 꼭 맞기 때문이다. 마음에 동요가 없고 외물에 끌려가는 일이 없는 것은 그 일이 기회와 딱 들어맞기 때문이다. 일과 기회가 딱 들어맞는 데서 시작해 어떤 경우에도 들어맞지 않는 적이 없게 되는 것은 이후 꼭 맞게 하려는 생각 자체를 잊어버린 덕분이다.

공수工倕는 요임금 때의 명공으로 「거협」편에 이미 나온 바 있다. 선이개규구旋而蓋規矩의 선旋은 손가락을 빙 돌려 원 따위를 그리는 것을 의미한다. 개蓋는 부합한다는 뜻의 합盍의 오자 내지 가차이다. 영대일이부질靈臺一而不桎의 영대靈臺는 마음의 뜻으로 「덕충부」편의 영부靈府와 같다. 질桎을 두고 마서륜은 질窒의 가차로 보았다. 구지적야屨之適也는 신발이 꼭 맞는다는 뜻으로 구屨는 신발을 뜻하는 리履와 통한다. 망요忘要의 요要는 요腰의 가차이다. 지망시비知忘是非의 지知를 연자衍字로 보는 견해가 많으나 '지혜' 뜻의 주어로 해석하는 게 오히려 더 낫다. 망적지적忘適之適은 꼭 맞게 하려는 생각조차 잊어버리면 꼭 맞지 않는 경우가 없다는 의미이다. 『논어』 「위정」편의 '군자불기君子不器' 취지와 같다. 일정한 틀에 얽매이지 않는다는 뜻이다. 『중용』에 나오는 '군자는 어디에 가도 스스로 뜻을 얻지 못함이 없다'는 구절도 취지를 같이한다.

12-12

有孫休者, 踵門而詫子扁慶子曰, "休居鄕不見謂不修, 臨難不見謂不勇. 然而田原不遇歲, 事君不遇世, 賓於鄕里, 逐於州部, 則胡罪乎天哉. 休惡遇此命也." 扁子曰, "子獨不聞夫至人之自行邪. 忘其肝膽, 遺其耳目, 芒然彷徨乎塵垢之外, 逍遙乎無事之業. 是謂爲而不恃, 長而不宰. 今汝飾知以驚愚, 修身以明汙, 昭昭乎若揭日月而行也. 汝得全而形軀, 具而九竅, 無中道夭於聾盲跛蹇而比於人數, 亦幸矣, 又何暇乎天之怨哉. 子往矣." 孫子出, 扁子入. 坐有間, 仰天而嘆. 弟子問曰, "先生何爲嘆乎." 扁子曰, "向者休來, 吾告之以至人之德, 吾恐其驚而遂至於惑也." 弟子曰, "不然. 孫子之所言是邪. 先生之所言非辭. 非固不能惑是. 孫子所言非邪. 先生所言是邪. 彼固惑而來矣, 又奚罪焉." 扁子曰, "不然. 昔者有鳥止於魯郊, 魯君說之, 爲具太牢以饗之, 奏九韶以樂之. 鳥乃始憂悲眩視, 不敢飮食. 此之謂以己養養鳥也. 若夫以鳥養養鳥者, 宜棲之深林, 浮之江湖, 食之以委蛇, 則安平陸而已矣. 今休, 款啓寡聞之民也. 吾告以至人之德, 譬之若載鼷以車馬, 樂鴳以鐘鼓也, 彼又惡能無驚乎哉."

노나라에 손휴孫休라는 자가 있었다. 편경자扁慶子 선생 문하에 이르러 스스로를 괴이하게 생각해 이같이 물었다.

"저는 향리에 살면서 수양이 덜 되었다는 말을 들어본 적도 없고, 전쟁터에 나가서는 비겁하다는 비난을 들은 적도 없습니다. 그러나 들에서 농사를 지어도 풍년을 만나지 못하고, 벼슬길에 나가 군주를 섬기고자 해도 때를 만나지 못하고, 결국 향리에서 추방된 데 이어 주州의 관청으로부터도 쫓겨나고 말았습니다. 도대체 하늘에 무슨 죄를 지었단 말인가! 저는 어찌해서 이런 운명을 만나게 된 것입니까?"

편경자가 말했다.

"그대 홀로 지인至人이 어떻게 자유롭게 행동하는지 듣지 못했는가? 지인은 자신의 간담肝膽에 따른 활동을 잊고, 이목耳目에 따른 감각작용을 잊고, 멍하니 속세 밖을 방황하고, 아무것도 일삼지 않는 일에 소요한다고 한다. 이를 일컬어 '일을 하면서도 공을 뽐내지 않고, 길러주면서도 주재하지 않는다' 고 하는 것이다.

지금 그대는 자신을 지혜롭게 꾸며 어리석은 자들을 놀라게 하고, 몸을 수양해 남의 오점을 밝게 드러내고 있다. 자신을 드러내며 행동하는 것이 마치 해와 달을 걸어놓은 듯이 눈에 띈다. 그대 같은 사람이 몸을 온전히 해 각종 기관인 9규九竅를 구비하고, 귀머거리 · 장님 · 절름발이 · 앉은뱅이 등이 되었다가 중도에 요절하는 일이 없고,

사람들 무리 속에 나란히 서 있는 것만도 천만다행이다. 어느 겨를에 하늘을 원망한단 말인가? 그대는 속히 돌아가도록 하라!"

손휴가 나가자 편경자가 전송을 나갔다가 다시 안으로 들어와 잠시 앉아 있다가 하늘을 우러르며 크게 탄식했다. 제자가 물었다.

"선생님은 어찌하여 탄식하는 것입니까?"

편경자가 대답했다.

"아까 손휴가 찾아왔기에 내가 진인의 덕에 대해 말해주었다. 아무래도 그가 크게 놀란 나머지 이내 미혹될까 걱정이다."

제자가 말했다.

"그렇지 않습니다. 만일 그의 말이 옳고 선생님의 말씀이 그르다면 그른 것은 실로 옳은 것을 미혹케 만들 수 없으니 염려할 게 없습니다. 또 그의 말이 그르고 선생님 말씀이 옳다면 본래 미혹된 상태로 찾아온 것이니 달라진 게 없습니다. 원래 미혹된 상태였으니 그게 어찌 선생님의 허물이 될 수 있겠습니까?"

편경자가 말했다.

"그렇지 않다. 옛날 노나라 도성 밖에 새 한 마리가 날아와 앉았다. 노나라 군주가 크게 기뻐하며 태뢰太牢의 음식을 차리고 순의 음악인 구소를 연주해 새를 즐겁게 해주고자 했다. 그러나 새는 처음부터 근심하고 슬퍼하며 눈이 어질어질하며 혼란스러워하다가 감히 먹고 마시지 못했다. 이를 일컬어 '노나라 군주의 양생술로 새를 기른 것이다'라고 한다.

새를 기르는 데 알맞은 방법으로 새를 기르려면 의당 새로 하여금 깊은 숲속에 깃들게 하고, 넓은 들판에 놀게 하고, 강호를 떠다니며 미꾸라지와 피라미를 먹게 하고, 있는 그대로 자족하며 살도록 하면 된다. 그러면 새가 편안해할 것이다.

그런데 저 손휴는 작은 구멍 열어보듯 보는 것이 좁고 들은 것이 적다. 내가 지인의 덕을 얘기해 주었으니 비유하면 생쥐를 수레나 말에 태우고, 메추라기를 종치고 북치는 음악으로 즐겁게 해주려는 격이다. 그가 또 어찌 놀라지 않을 리 있겠는가?"

손휴孫休는 성현영이 노나라 사람이라고 주장한 것 이외에 밝혀진 게 없다. 편경자扁慶子者의 경우도 마찬가지이다. 종문踵門은 발이 문에 닿는다는 뜻이다. 타詫를 두고 사마표는 『맹자』「등문공상」편에 '종문이고踵門而告' 구절이 나오는 점에 주목해 고告로 해석했다. 아카츠카는 꾸짖을 타咤와 통하는 것으로 보았고 이케다는 기이하게 여겨 묻는 것으로 풀이했다.

9규九竅는 사람의 몸에 있는 아홉 개의 구멍, 즉 귀, 눈, 코의 여섯 구멍과 입, 요도, 항문의 세 구멍을 통틀어 이르는 말이다. 한방에서는 9혈九穴이라고 한다. 비어인수比於人數는 온전한 사람들의 수數에 나란히 낄 수 있다는 뜻이다. 관계款啓는 작은 구멍을 열어본다는 뜻으로 소견이 좁은 것을 비유한 것이다. 재혜이거마載鼷以車馬는 생쥐를 수레나 말에 태운다는 뜻이다. 이 또한 좁은 식견을 지적한 것이다. 낙안이종고樂鴳以鐘鼓는 메추라기를 종과 북의 연주로 즐겁게 해준다는 의미이다.

제13장 산목(山木)

13-1

莊子行於山中, 見大木, 枝葉盛茂, 伐木者止其旁而不取也. 問其故, 曰, "無所可用." 莊子曰, "此木以不材得終其天年." 夫子出於山, 舍於故人之家. 故人喜, 命豎子殺雁而烹之. 豎子請曰, "其一能鳴, 其一不能鳴, 請奚殺." 主人曰, "殺不能鳴者." 明日, 弟子問於莊子曰, "昨日山中之木, 以不材得終其天年. 今主人之雁, 以不材死. 先生將何處." 莊子笑曰, "周將處乎材與不材之間. 材與不材之間, 似之而非也, 故未免乎累. 若夫乘道德而浮遊則不然, 無譽無訾, 一龍一蛇, 與時俱化, 而無肯專爲. 一上一下, 以和爲量, 浮遊乎萬物之祖. 物物而不物於物, 則胡可得而累邪. 此神農·黃帝之法則也. 若夫萬物之情, 人倫之傳則不然. 合則離, 成則毁, 廉則挫, 尊則議, 有爲則虧, 賢則謀, 不肖則欺. 胡可得而必乎哉. 悲夫, 弟子志之, 其唯道德之鄕乎."

장자가 산속을 가다가 가지와 잎이 무성한 큰 나무를 보았다. 벌목하는 사람들이 그 옆에 머물러 있으면서도 이를 베지 않았다. 그 까닭을 묻자 이런 대답이 돌아왔다.

"쓸 만한 게 없기 때문입니다."

장자가 감탄했다.

"이 나무는 쓸모가 없기에 천수를 다할 수 있구나!"

장자가 산에서 나와 옛 친구 집에 묵게 되었다. 친구가 크게 반가워하며 아이 종에게 거위를 잡아 요리를 하게 했다. 아이 종이 물었다.

"한 마리는 잘 울고 한 마리는 울지 못합니다. 어느 것을 잡아야 합니까?"

주인이 대답했다.

"울지 못하는 놈을 잡아라."

다음날 제자가 장자에게 물었다.

"어제 산중의 나무는 쓸모가 없었기에 천수를 다할 수 있었고, 지금 주인집 거위는 쓸모가 없기에 죽었습니다. 선생님은 장차 어디에 몸을 두시겠습니까?"

장자가 웃으며 말했다.

"그같이 질문하면 나는 쓸모 있음과 쓸모 없음의 사이에 머물 수밖에 없을 것이다. 쓸모 있음과 쓸모 없음의 사이에 머무는 것은 한편으로 그럴듯하나 아직 완전한 게 아닌 소위 사이비似而非에 불과하다. '사이비'로는 세속의 번거로움을 면할 수 없다.

도와 덕을 타고 노니는 사람은 그렇지 않다. 명예도 비방도 없이 한번은 하늘에 오르는 용이 되고, 또 한번은 땅을 기는 뱀이 되어 때와 함께 변화한다. 한 가지만 고집하는 것을 좋아하지 않는 이유다.

한번은 하늘 높이 올라가고 또 한번은 땅 위로 내려오면서 조화를 도량度量으로 삼아 만물의 근원에서 자유롭게 노닌다. 만물을 만물로 존재하게 하면서도 스스로는 사물에 의해 사물로 규정받지 않는다. 그러니 어떤 사물이 번거롭게 할 수 있겠는가? 이것이 옛날 신농씨와 황제가 지킨 삶의 법칙이다.

지금 만물의 실정과 인간세상의 변전은 그렇지 못하다. 합쳤다가 이내 나뉘고, 성공했다가 이내 패하고, 모가 났다가 이내 꺾이고, 존귀했다가 이내 몰락하고, 일이 이뤄졌다가 이내 무너지고, 현명한 모습을 보였다가 모함에 걸리고, 어리석은 모습을 보였다가 기만을 당한다. 이리하고도 어찌 세상의 번거로움을 면할 수 있다고 자신할 수 있겠는가? 슬프다! 제자들은 잘 기억해 두어라. 오직 도와 덕의 경지에서만 이런 번거로움을 면할 수 있다."

이 장의 일화를 두고 이케다는 「인간세」편에 나오는 '산목散木'과 '부재지목不材之木' 문답에서 주인공을 장자로 바꿔 새롭게 꾸민 일화로 분석했다. 무소가용無所可用 등의 구절이 「인간세」편에도 그대로 나온다. 수자豎子는 동자를 뜻하는 말로 유자孺子와 통한다. 살안이팽지殺雁而烹之의 기러기를 뜻하는 안雁을 두고 왕인지王引之는 『설문해자』를 인용해 오리를 뜻하는 아鵝의 뜻으로 새겼다. 팽지烹之를 두고 왕념손은 향응의 뜻을 지닌 향享의 오자로 보았다. 이같이 해석해도 무리가 없다. 승도덕乘道德의 '도덕'은 『도덕경』의 핵심어로 『장자』 내편에서는 전혀 보이지 않던 용어이다. 후쿠나가는 「변무」와 「거협」, 「천도」 등의 용례를 들어 『도덕경』과 절충이 이뤄진 것으로 추정했다. 무예무자無譽無訾는 명예도 비방도 없다는 뜻으로 세속의 훼예포폄毁譽褒貶에 초연하다는 의미이다.

'일상일하一上一下, 이화위량以和爲量'을 두고 유월은 '이화위량'과 협운을 맞추기 위해 원래 '일하일상一下一上'으로 되어 있는 것을 후대인들이 이를 잘 알지 못하고 잘못 개작했다고 주장했다. 인륜지전人倫之傳의 륜倫은 류類와 같은 뜻이고, 전傳은 변전을 뜻하는 전轉의 가차이다. 염즉좌廉則挫를 두고 성현영은 '청렴하면 꺾이는 상처를 입는다' 고 풀이했다. 『도덕경』 제19장에 '헤아려서 날카롭게 하면 길이 보존될 수 없다' 는 구절이 나온다. 존즉의尊則議의 의議는 기운다는 뜻으로 유월은 기울어진다는 뜻의 아俄의 의미로 새겼다. 지지志之의 지志는 기록한다는 뜻의 지識 내지 지誌의 의미이다. 도덕지향道德之鄕은 「소요유」편에 나오는 '아무것도 없는 허무의 고을' 인 무하유지향無何有之鄕과 같은 뜻이다.

13-2

市南宜僚見魯侯, 魯侯有憂色. 市南子曰, "君有憂色, 何也." 魯侯曰, "吾學先王之道, 修先君之業. 吾敬鬼尊賢, 親而行之. 無須臾離居, 然不免於患, 吾是以憂." 市南子曰, "君之除患之術淺矣. 夫豐狐·文豹, 棲於山林, 伏於巖穴, 靜也. 夜行晝居, 戒也. 雖飢渴隱約, 猶且胥疏於江湖之上而求食焉, 定也. 然且不免於罔羅機辟之患, 是何罪之有哉. 其皮爲之災也. 今魯國獨非君之皮邪. 吾願君刳形去皮, 洒心去欲, 而遊於無人之野. 南越有邑焉, 名爲'建德之國'. 其民愚而朴, 少私而寡欲. 知作而不知藏, 與而不求其報. 不知義之所適, 不知禮之所將, 猖狂妄行, 乃蹈乎大方. 其生可樂, 其死可葬. 吾願君去國捐俗, 與道相輔而行." 君曰, "彼其道遠而險, 又有江山, 我無舟車, 奈何." 市南子曰, "君無形倨, 無留居, 以爲君車." 君曰, "彼其道幽遠而無人, 吾誰與爲鄰. 吾無糧, 我無食, 安得而至焉." 市南子曰, "少君之費, 寡君之欲, 雖無糧而乃足. 君其涉於江而浮於海, 望之而不見其崖, 愈往而不知其所窮. 送君者皆自崖而反, 君自此遠矣. 故有人者累, 見有於人者憂. 故堯非有人, 非見有於人也. 吾願去君之累, 除君之憂, 而獨與道遊於大莫之國. 方舟而濟於河, 有虛船來觸舟, 雖有惼心之人不怒. 有一人在其上, 則呼張歙之. 一呼而不聞, 再呼而不聞, 於是三呼邪, 則必以惡聲隨之. 向也不怒而今也怒, 向也虛而今也實. 人能虛己以遊世, 其孰能害之."

저자의 남쪽에 사는 초나라 사람 웅의료熊宜僚가 노나라 군주를 알현했다. 노나라 군주가 근심스런 모습을 하고 있었다. 웅의료가 물었다.

"군주는 근심스런 모습을 하고 있으니 이는 무슨 까닭입니까?"

노나라 군주가 대답했다.

"나는 옛 성왕들의 치도를 배우고, 선군의 유업을 닦고 있소. 내가 귀신을 공경하고 현자를 존경하며 몸소 이를 실천하는 이유요. 잠시도 선왕의 치도와 선군의 유업에서 안일하게 거처한 적이 없는데도 우환에서 벗어나지 못하고 있소. 그래서 근심하는 것이오."

웅의료가 말했다.

"군주는 우환을 제거하는 방법이 천박합니다. 무릇 풍성한 털을 지닌 여우와 아름다운 무늬를 지닌 표범이 산림 깊숙한 곳에 살며 바위굴 속에 엎드려 있는 것은 고요함을 지키는 것입니다. 밤에 나다니고 낮에 편히 쉬는 것은 경계하는 것입니다. 기갈飢渴로 인해 곤궁할지라도 오히려 강호에서 멀리 떨어진 곳에서 먹이를 구하는 것은 안정을 지키는 것입니다. 그런데도 그물이나 덫에 걸려 죽는 걱정을 면치 못합니다. 지금 어찌 노나라만 유독 군주라는 가죽을 갖고 있지 않을 리 있겠습니까? 제가 바라건대 군주는 몸에 걸치고 있는 군주라는 가죽을 베어내 내던지고, 마음을 씻어 욕심을 버리고, 아무도 없는 들에서 자유롭게 노닐도록 하십시오.

남쪽 월나라에 한 고을이 있는데 이름은 덕을 확립한 나라라는 뜻에서 '건덕지국建德之國' 이라고 합니다. 그곳 백성들은 우직하고 소박합니다. 사사로움을 적게 하고 욕심을 줄여 묵묵히 일할 줄만 알고 자기 몫으로 저장할 줄 모릅니다. 남에게 주는 것만 알고 보답을 바라지도 않습니다. 의에 꼭 맞출 줄도 모르고 예를 받들 줄도 모릅니다. 그러나 내키는 대로 마구 행동하는데도 대도를 벗어나지 않습니다. 살아서는 즐기는 데 지장이 없고, 죽어서는 장사지내는 데 지장이 없습니다. 제가 바라건대 군주도 나라를 떠나 세속의 먼지를 털어버리고 무위자연의 대도와 더불어 서로 도우면서 '건덕지국' 으로 떠나도록 하십시오."

노나라 군주가 물었다.

"그곳으로 가는 길은 멀고 험한 데다 도중에 큰 강과 산이 가로놓여 있소. 더구나 나에게는 배도 수레도 없으니 어찌하면 좋겠소?"

웅의료가 대답했다.

"군주는 겉으로 드러나는 오만함을 없애고, 편히 살겠다는 집착을 없애도록 하십시오. 그것으로 배와 수레를 삼으면 됩니다."

노나라 군주가 다시 물었다.

"그곳으로 가는 길은 깊고 멀어 아무도 찾는 사람이 없소. 그러니 내가 누구와 이웃이 될 수 있겠소? 게다가 나는 양식도 먹을 것도 없소. 그러니 어떻게 그곳에 이를 수 있겠소?"

웅의료가 대답했다.

"군주가 비용을 줄이고 욕심을 적게 하면 비록 양식이 없어도 충분할 것입니다. 강을 건넌 후 바다에 이르러 배 위에서 멀리 바라보면 군주를 전송하는 자들이 서 있는 벼랑이 보이지 않을 것이고, 더욱 멀리 갈수록 그 끝간 데를 알 수 없게 될 것입니다. 군주를 전송하는 자들이 모두 자기 위치로 돌아가면 군주는 이제 세상과 더 멀어지게 되는 것입니다.

남을 부리는 자는 얽매이고, 남에게 부림을 당하는 자는 근심하기 마련입니다. 요가 천하를 다스리면서 남을 부리는 모습을 보이지도 않고 남에게 부림을 당하는 모습도 보이지 않은 이유가 여기 있습니다. 제가 바라건대 군주는 얽매인 것을 풀고 근심하는 것을 제거한 뒤 홀로 도와 함께 커다란 적막의 세계인 대막지국大莫之國에서 노닐도록 하십시오.

두 척의 배를 나란히 띄워 황하를 건널 때 빈 배가 다가와 부딪치면 아무리 속 좁은 사람일지라도 노여워하지 않습니다. 그러나 그 위에 사람이 있으면 큰소리로 배를 밀어라 당겨라 하며 소리칠 것입니다. 한 번 소리쳐서 듣지 못하고 두 번 소리쳐 듣지 못해 세 번 소리치는 지경에 이르게 되면 틀림없이 욕설이 따르게 됩니다. 앞서는 노여워하지 않다가 이번엔 노여워하는 것은 앞서는 배가 비었고 이번엔 배에 사람이 타고 있기 때문입니다. 사람이 이처럼 자신을 비춘 채 세상에 노닐면 그 누가 해칠 수 있겠습니까?"

시남의료市南宜僚를 두고 유월은 『회남자』「주술편」의 고유高誘 주를 인용해 성이 '의료', 이름이 '웅'이라고 주장했으나 육덕명은 『춘추좌전』「애공 16년」조를 인용해 저잣거리 남쪽에 산 초나라 사람 웅의료熊宜僚로 풀이했다. 노후魯侯를 두고 노선공과 노애공으로 보는 견해가 대립하나 노애공으로 보는 견해가 우세하다.

경귀존현敬鬼尊賢은 묵가사상을 반영한 것이다. 경귀敬鬼를 두고 후쿠나가는 『논어』에 나오는 '경귀신敬鬼神'과 같은 것으로 보았으나 아카츠카는 『묵자』에서 귀신의 실재를 밝히는 명귀明鬼사상을 반영한 것으로 해석했다. 그는 존현尊賢 역시 『맹자』에 비록 '존현사능尊賢使

能' 표현이 나오지만 『묵자』의 상현尙賢 개념과 통하는 것으로 보는 게 옳다고 주장했다. 이를 두고 이케다는 「산목」편의 일부 대목이 편제된 시기로 추정되는 전국시대 말기에 이르러 유가와 묵가의 주장이 서로 뒤섞이게 됐다는 주장을 펼쳤다. 맹자의 인의仁義가 원래 묵가의 용어를 차용한 것이라는 점에서 주목할 만한 견해이다.

'무수유리거無須臾離居, 연불면어환然不免於患' 구절을 두고 구두점을 '리離' 뒤에 찍어 거연居然으로 해석하는 견해 등이 있으나 아카츠카가 정리한 것처럼 거居에서 절구絶句하는 게 옳다. 풍호豐狐의 풍豐을 두고 사마표는 대大로 풀이했다. 서어산림棲於山林은 「천지」편에 나오는 '민첩한 원숭이가 산림에서 붙잡혀 온다'는 구절과 취지를 같이한다.

은약隱約은 곤궁하다는 뜻으로 우고憂苦와 통한다. 망라기벽罔羅機辟은 「소요유」편에도 유사한 구절이 나온다. 망罔은 망網과 통한다. 과형거피刳形去皮는 군주의 신분을 베어버리고 노나라라는 가죽을 내버린다는 뜻이다. 보위를 과감히 내던지라는 주문이다. 무인지야無人之野는 「소요유」편의 광막지야廣莫之野, 「재유」편의 무극지야無極之野, 「응제왕」편의 무하유지향無何有之鄕과 같은 말이다. 성현영은 '도덕이 존재하는 고장'으로 풀이했다. 건덕지국建德之國을 두고 이케다는 『사기』「남월열전」을 근거로 남월왕의 이름이 건덕이라고 추정했다.

'기민우이박其民遇而朴, 소사이과욕少私而寡欲'을 두고 후쿠나가는 『도덕경』 제3장과 제19장, 제57장, 제65장에 각각 우愚와 박朴, 소사少私, 과욕寡欲과 유사한 표현이 나오고 있는 점에 주목해 『도덕경』을 답습한 것으로 보았다. 예지소장禮之所將의 장將은 행行의 뜻이다. 창광망행猖狂妄行의 창광猖狂은 상식에 구속되지 않는 모습을 말한다. 「재유」와 「경상초」편에도 나온다. 망행妄行은 「제물론」의 망언妄言 및 망청妄聽과 같은 취지이다.

대방大方의 방方은 도를 의미한다. 기사가장其死可葬의 장葬은 간직한다는 뜻으로 장藏과 통한다. 무형거無形倨는 겉으로 드러나는 오만을 없앤다는 뜻이고, 무류거無留居는 현실에 안주하는 보수적이 태도를 제거하는 것을 의미한다. 대막지국大莫之國은 도의 세계를 뜻하는 것으로, 여기의 막莫은 아득하다는 뜻의 막邈 내지 적막하다는 뜻의 막寞 등과 통한다.

방주方舟는 『설문해자』를 인용해 배를 나란히 띄운다는 뜻의 병선幷船으로 풀이하는 게 그럴듯히다. 방方을 방放의 가차로 간주해도 큰 무리는 없다. 허선虛船은 자신을 비운 무욕의 자세를 말한다. 시인묵객들은 흔히 허주虛舟로 이런 경지를 표현하곤 한다. 호장흡지呼張歙之는 배를 밀고 당기라고 소리치는 것을 말한다. 『회남자』 고유의 주에 '배의 노를 젓는 자가 배를 강가에 가까이 대는 것을 흡歙, 강가에서 멀어지게 하는 것을 장張이라 한다'는 주석이 나온다.

13-3

北宮奢爲衛靈公賦斂以爲鍾, 爲壇乎郭門之外. 三月而成上下之縣. 王子慶忌見而問焉, 曰, "子何術之設." 奢曰, "一之間無敢設也. 奢聞之, '旣雕旣琢, 復歸於朴.' 侗乎其無識, 儻乎其怠疑. 萃乎芒乎, 其送往而迎來. 來者勿禁, 往者勿止. 從其强梁, 隨其曲傅, 因其自窮. 故朝夕賦斂而毫毛不挫, 而況有大塗者乎."

위나라 대부 붕궁사北宮奢가 위영공衛靈公을 위해 세금을 거둬 종을 만들었다. 종을 주조하기 위해 성곽문 밖에 토단土壇을 쌓은 지 불과 3달 만에 위아래에 걸 수 있는 2개의 종을 만들었다. 마침 위나라에 망명 중인 오나라 왕자 경기慶忌가 이를 보고 크게 놀라 물었다.

"그대는 도대체 무슨 기술을 쓴 것인가?"

북궁사가 대답했다.

"저는 마음을 순일하게 했을 뿐 다른 기술은 쓰지 않았습니다. 제가 듣건대 '인위를 깎고 쪼아 없앤 뒤 자연의 소박함으로 돌아간다'고 했습니다. 멍하니 아는 것이 없는 듯하고, 무심히 어리석은 듯합니다. 황홀한 가운데 오가는 사람을 송영送迎하면서 오는 사람을 막지도 않고, 가는 사람을 붙잡지도 않습니다. 사나운 백성은 사나운 채로 놓아두고, 몸을 잘 구부리며 따르는 사람은 따르는 대로 놓아둔 채 그들 스스로 이르게 되는 것을 그대로 좇았을 뿐입니다. 조석으로 세금을 거뒀음에도 백성들을 털끝만큼도 해치는 일이 없었던 이유입니다. 하물며 대도를 체득한 사람이야 더 말할 게 있겠습니까?"

북궁사北宮奢를 두고 성현영은 위나라 대부의 이름으로 궐의 북쪽에 산 까닭에 '북궁'이 성이 되었다고 풀이했다. 위단호곽문지외爲壇乎郭門之外를 두고 기도하기 위해 성곽문 밖에 단을 쌓은 것으로 보는 견해가 있으나 문맥상 종을 주조하기 위해 높은 토단土壇을 쌓았다고 보는 게 옳다. 경기慶忌는 원래 오왕 요僚의 아들로 부친을 죽인 오왕 합려에게 복수하기 위해 명명했다. 마서륜과 이케다 등은 『여씨춘추』「충렴」편에 나오는 '경기'와 동일한 인물로 보았다. '기조기탁旣雕旣琢, 복귀어박復歸於朴' 구절은 『도덕경』 제28장에 나오는 '상덕常德이 이내 넉넉해져 소박함으로 복귀한다'는 뜻의 '상덕내족常德乃足, 복귀어박復歸於樸' 구절과 취지를 같이하는 것이다. 동호侗乎는 바보처럼 어리석은 모습을 표현한 것이다. 당호儻乎의 당儻은 생각 없이 멍한 것으로 어정거린다는 뜻의 당倘과 통한다. 「천지」와 「전자방」편에 나오는 당연儻然과 같은 뜻이다. 태의怠疑를 두고 임희일은 '마치 게으르고 의심하며 결정하지 못하는 듯 마음에 담아두는 게 없는 상태'로 풀이했다.

췌호망호萃乎芒乎의 췌萃를 두고 해동은 황홀하다는 뜻의 홀芴의 가차로 보았다. 망芒을 두고 성현영은 사물을 분간하지 못하는 멍한 상태로 풀이했다. 강량强梁은 힘센 사람을 뜻한다. 곡부曲傅는 스스로를 굽혀 따르는 자를 말한다. 부傅가 전傳으로 된 판본이 있으나 이는 오기이다. 호모부좌毫毛不挫의 호毫가 호豪로 되어 있는 판본이 있다. 좌挫를 두고 마서륜은 꺾는다는 뜻의 좌剉의 가차로 보았다.

13-4

孔子圍於陳蔡之間, 七日不火食. 大公任往弔之, 曰, "子幾死乎." 曰, "然." "子惡死乎." 曰, "然." 任曰, "予嘗言不死之道. 東海有鳥焉, 其名曰意怠. 其爲鳥也, 翂翂翐翐, 而似無能, 引援而飛, 迫脅而棲. 進不敢爲前, 退不敢爲後. 食不敢先嘗, 必取其緒. 是故其行列不斥, 而外人卒不得害, 是以免於患. 直木先伐, 甘井先竭. 子其意者飾知以驚愚, 脩身以明汙, 昭昭乎如揭日月而行, 故不免也. 昔吾聞之大成之人曰, '自伐者無功, 功成者墮, 名成者虧.' 孰能去功與名而還與衆人. 道流而不明居, 得行而不名處. 純純常常, 乃比於狂, 削迹捐勢, 不爲功名. 是故無責於人, 人亦無責焉. 至人不聞, 子何喜哉." 孔子曰, "善哉." 辭其交遊, 去其弟子, 逃於大澤, 衣裘褐, 食杼栗, 入獸不亂羣, 入鳥不亂行. 鳥獸不惡, 而況人乎.

공자가 진·채 사이에서 곤경을 당해 7일 동안 따뜻한 밥을 지어먹지 못했다. 이때 태공임大公任이라는 사람이 찾아와 조문을 하면서 이같이 말했다.

"선생은 이네 거의 죽게 됐소!"

"참으로 그리 됐소."

"그대는 죽음을 싫어하오?"

"물론 그렇소."

대공임이 말했다.

"내가 시험 삼아 죽지 않는 도를 말해주겠소. 동해에 한 마리 새가 있는데 이름은 의이意怠라고 하오. 그 새는 퍼덕퍼덕 날개를 치기만 할 뿐 제대로 날지도 못해 무능해 보이오. 단지 다른 새들이 끌어당기면 겨우 날고, 강압을 당한 후에야 겨우 둥지로 들어가 쉴 뿐이오. 나아갈 때는 무리보다 앞서지 않고, 물러설 때는 무리보다 뒤처지지 않소. 먹이를 먹을 때도 감히 무리보다 먼저 맛보지 않고, 반드시 무리가 먹다 남긴 찌꺼기를 먹소. 무리가 그 새를 대열에서 배척하지 못하고, 외부의 인간도 그 새에게 해를 입힐 수 없소. 그 새가 우환을 면하는 이유요. 곧은 나무는 먼저 베이고, 단 샘물은 먼저 마르기 마련이오. 선생은 지금 자신을 지혜롭게 꾸며 어리석은 자들을 놀라게 하고, 몸을 수양해 남의 오점을 밝게 드러내고 있소. 자신을 드러내며 행동하는 것이 마치 해와 달을 걸어놓은 듯이 눈에 띄오. 결코 근심에서 벗어나지 못할 것이오.

일찍이 나는 크게 도를 이룬 사람으로부터 이런 말을 들었소. '스스로 자랑하는 자는 공을 이룰 수 없고, 공을 이룬 자는 이내 추락하고, 명성을 이룬 자는 이내 이지러진다.' 누가 능히 공명을 내던지고 백성들에게 돌아가 함께 지낼 수 있겠소? 도는 세상에 널리 퍼져 있으면서도 드러난 자리에 처하지 않고, 덕은 만물에 작용하면서도 명성을 차지하지 않소. 순수하고 한결같아 미치광이에 비유되고, 자취를 감춘 채 권세를 버리며 공명을 탐하지 않소. 남을 책망하지도 않고, 남도 그를 책망하지 않는 이유요. 지인은 이처럼 이름이 드러내지 않는 법이오. 선생은 어찌하여 그토록 명성을 좋아하는 것이오?"

공자가 감탄했다.

"참으로 옳은 말이오!"

이후 공자는 사람들과 사귀는 것을 사양하고, 제자들을 돌려보내고, 큰 연못가에 은신했다. 갖옷과 베옷을 입은 채 도토리를 먹고 살았다. 짐승들 속에 들어가도 무리가 흩어지지 않고, 새들 사이에 들어가도 새의 행렬이 흩어지지 않았다. 새와 짐승도 그를 싫어하지 않는데 하물며 사람이야 더 말해 뭐하겠는가!

태공임大公任을 두고 유월은 복성複姓으로 보았다. 이케다 등이 이를 좇고 있다. 의이意怠를 두고 빈둥거린다는 뜻의 '의태'로 읽어야 한다는 견해도 있으나 임희일과 마서륜 등은 제비를 뜻하는 의이鷾鴯로 풀이했다. 분분질질翂翂翐翐은 새가 퍼덕거리며 날개를 치는 소리이다. 필취기서必取其緖의 서緖를 두고 성현영은 '순서'로 풀이했으나 여혜경과 왕념손 등은 '나머지'로 보았다.

자기의자子其意者의 의자意者는 '아마도'의 뜻을 지닌 혹자或者와 통한다. 자벌자무공自伐者無功은 『도덕경』 제24장에 나온다. 아카츠카는 후대인이 첨가했을 것으로 본다. '공성자타功成者墮, 명성자무휴名成者虧'는 『관자』「백심」편에도 나온다. 득행이불명처得行而不名處의 득得을 두고 곽상은 '얻다'로 해석했으나 성현영과 임희일 등은 덕德으로 보았다. 아카츠카는 불명처不名處를 불처명不處名의 도치로 해석했다. 앞에 나오는 불명거不明居도 불거명不居明의 도치이다. 순순상상純純常常은 『도덕경』 제20장에서 순질할 정도로 어리석다는 뜻으로 사용된 돈돈혜沌沌兮와 통한다.

13-5

孔子問子桑雽曰, "吾再逐於魯, 伐樹於宋, 削迹於衛, 窮於商周, 圍於陳蔡之間. 吾犯此數患, 親交益疏, 徒友益散, 何與." 子桑雽曰, "子獨不聞假人之亡與. 林回棄千金之璧, 負赤子而趨. 或曰, '爲其布與, 赤子之布寡矣. 爲其累與, 赤子之累多矣. 棄千金之璧, 負赤子而趨, 何也.' 林回曰, '彼以利合, 此以天屬也.' 夫以利合者, 迫窮禍患害相棄也. 以天屬者, 迫窮禍患害相收也. 夫相收之與相棄亦遠矣. 且君子之交淡若水, 小人之交甘若醴. 君子淡以親, 小人甘以絶, 彼無故以合者, 則無故以離." 孔子曰, "敬聞命矣." 徐行翔佯而歸, 絶學捐書, 弟子無挹於前, 其愛益加進. 異日, 桑雽又曰, "舜之將死, 眞泠禹曰, '汝戒之哉. 形莫若緣, 情莫若率.' 緣則不離, 率則不勞. 不離不勞, 則不求文以待形. 不求文以待形, 固不待物."

공자가 자상호子桑雽에게 물었다.

"나는 노나라에서 두 번이나 쫓겨났고, 송나라에서 환퇴桓魋에 의해 나무 밑에 깔려 죽을 뻔하고, 위나라에서 발자취까지 삭제되는 수모를 당하고, 상나라의 옛터나 주나라의 수도에서 궁지에 빠지고, 진·채 사이에서 포위된 바 있습니다. 내가 이처럼 여러 차례 환난을 당하고, 사람들과 사귀는 일은 갈수록 소원해지고, 문도와 학우들 또한 시간이 갈수록 더욱 사방으로 흩어지고 있으니 이는 도대체 어찌 된 일입니까?"

자상호가 대답했다.

"그대 홀로 가假나라 사람이 도주한 얘기를 못 들은 것이오? 임회

林回라는 자가 천금에 달하는 구슬을 버린 채 갓난아기를 업고 도주했소. 어떤 사람이 묻기를, '돈으로 따지면 갓난아기는 값어치가 없고, 짐으로 따지면 갓난아기는 거추장스럽기 그지없소. 천금의 구슬을 버린 채 갓난아기를 업고 도주하고 있으니 이는 무슨 까닭이오?' 라고 했소. 그러자 임회가 대답하기를, '구슬은 이익으로 결합된 것에 지나지 않으나 이 아기는 천륜으로 맺어진 것이다' 라고 했소.

무릇 이익으로 결합된 것은 궁핍, 재앙, 환난, 손해가 닥치면 서로 버리는 것에 지나지 않소. 그러나 천륜으로 묶인 것은 궁핍, 재앙, 환난, 손해가 닥치면 오히려 서로 거둬들이게 되오. 서로 거둬들이는 것과 서로 버리는 것은 그 차이가 매우 크오. 군자의 사귐은 맑기가 물과 같고, 소인의 사귐은 달기가 단 술과 같소. 군자는 맑은 자세로 사귀기에 친밀함을 이어갈 수 있으나 소인은 달콤한 자세로 사귀기에 이내 관계가 끊어지게 되오. 저들 소인배는 까닭없이 모였다가 까닭없이 흩어지는 자들에 지나지 않소."

"삼가 가르침을 받들겠습니다."

공자가 천천히 걸으며 가벼워진 마음으로 귀가했다. 이후 학문을 끊고 책을 버렸다. 제자들도 공자 앞에서 읍하는 일이 없어졌으나 공자에 대한 마음속의 사랑은 오히려 더욱 깊어졌다.

다른 날 자상호가 또 이같이 말했다.

"순이 죽을 때 우에게 이런 유명을 남겼소. '너는 경계하도록 하라. 몸은 천지자연의 인연을 따르는 것보다 나은 게 없고, 성정은 천지자연의 솔직함에 맡기는 것보다 나은 게 없다.' 몸이 천지자연의 인연을 따르면 도에서 괴리되지 않고, 성정을 천지자연의 솔직함에 맡기면 수고롭지 않게 되오. 괴리되지도 않고 수고롭지도 않으면 화려한 문채文彩로 겉을 꾸미는 일이 없게 되오. 문채로 겉을 꾸미지 않으면 응당 외물에 기댈 일도 없게 되오."

자상호子桑雽의 호雽가 우雩로 되어 있는 판본도 있다. 유월은 「대종사」편의 자상호子桑戶와 같은 인물로 보았다. 범차수환犯此數患의 범犯을 장병린은 봉逢의 가차로 보았다. 가인假人의 가假를 두고 안동림은 사마표가 임회林回를 은나라 도민逃民의 이름으로 본 점에 주목해 은殷의 잘못으로 보았다.

무읍어전無挹於前의 읍挹은 읍揖과 통한다. 진령우眞泠禹는 순이 우에게 신중히 명령했다는 뜻이다. 여기의 진眞을 두고 후쿠나가와 이케다는 신愼을 생략한 글자로 보았다. 그러나 왕인지는 다른 판본에 직直으로 되어 있는 점에 주목해 직直을 내迺의 잘못된 필사로 간주하면서 내乃의 뜻으로 풀이했다. 어느 쪽이든 통한다. 이케다는 령泠을 령令의 오자로 보았다. 정막약솔情莫若率의 솔率은 맡긴다는 뜻이다.

13-6

莊子衣大布而補之, 正緳係履而過魏王. 魏王曰, "何先生之憊邪." 莊子曰, "貧也, 非憊也. 士有道德不能行, 憊也. 衣弊履穿, 貧也. 非憊也, 此所謂非遭時也. 王獨不見夫騰猿乎. 其得柟梓豫章也, 攬蔓其枝而王長其間, 雖羿·蓬蒙不能眄睨也. 及其得柘棘枳枸之間也, 危行側視, 振動悼栗, 此筋骨非有加急而不柔也, 處勢不便, 未足以逞其能也. 今處昏上亂相之間而欲無憊, 奚可得邪. 此比干之見剖心, 徵也夫."

장자가 여기저기 기운 헐렁한 베옷을 입고 삼 줄로 이리저리 묶은 신발을 신은 채 위왕魏王 앞을 지나갔다. 위왕이 물었다.

"선생은 어찌 이처럼 고달프게 사는 것이오?"

장자가 대답했다.

"저는 가난할 뿐 고달프지는 않습니다. 선비에게 도와 덕을 행할 수 없는 것은 고달픈 일입니다. 그러나 옷이 해지고 신발이 터진 것은 가난한 것일 뿐 고달픈 게 아닙니다. 이는 때를 만나지 못한 것에 지나지 않습니다. 대왕은 높은 나무 위에서 이리저리 뛰어다니는 원숭이를 보지 못했습니까? 원숭이는 녹나무나 가래나무 위에 있을 때는 가지를 붙잡고 마치 왕이나 된 듯 그 사이를 자유자재로 오갑니다. 예羿와 봉몽蓬 같은 명궁일지라도 감히 곁눈질할 수 없습니다. 그러나 산뽕나무, 대추나무, 탱자나무, 호깨나무 등의 가시나무에 있을 때는 전혀 다릅니다. 바짝 긴장해 움직이며 수시로 주위를 힐끔거리고 나무가 흔들릴 때마다 벌벌 떨며 두려워합니다. 이는 원숭이의 근골이 더 급해지거나 부드럽지 못해서가 아닙니다. 단지 머물러 있는 형세가 편치 못해 자신의 능력을 제대로 발휘하기에 부족하기 때문입니다. 지금 어두운 군주와 어지러운 재상 사이에 머물면서 고달픈 일이 없기를 바란들 과연 그게 가능하겠습니까? 비간比干이 은왕 주紂에게 간했다가 심장을 가르는 형벌을 받은 게 그 증거입니다."

대포大布는 헐렁한 옷으로 여기서는 천하 사람의 옷을 지칭한다. 정혈계리正縻係履는 삼줄로 이리저리 묶은 신발을 신었다는 뜻이다. 정正을 두고 곽숭도는 '정돈'으로 해석했으나 마서륜은 이以의 오류로 보았다. 가나야와 후쿠나가 등이 마서륜의 견해를 지지했다. 혈縻을 두고 성현영은 신발끈으로 해석했다. 남재예장枏梓豫章의 남枏과 예豫, 장章은 녹나무를 뜻한다. 재梓는 가래나무의 뜻이다. 남만攬

蔓을 두고 마서룬 등은 남攬과 만蔓 모두 끌어당긴다는 의미로 풀이했다. 왕장王長을 두고 장병린은 왕과 패자로 풀이했다. 예羿와 방몽蓬蒙 모두 전설적인 명궁이다. 『맹자』「이루 하」편에 따르면 방몽은 스승 예로부터 활 쏘는 기술을 모두 배운 뒤 스승을 살해했다. 방蓬은 원래 '쑥 봉'이나 성으로 쓸 때는 '방'으로 읽는다. 『맹자』에는 방蓬이 방逢으로 되어 있다.

13-7

孔子窮於陳蔡之間 七日不火食. 左據槁木, 右擊槁枝, 而歌焱氏之風, 有其具而無其數, 有其聲而無宮角, 木聲與人聲, 犁然有當於人之心. 顔回端拱還目而闚之, 仲尼恐其廣己而造大也, 愛己而造哀也, 曰, "回, 無受天損易, 無受人益難. 無始而非卒也, 人與天一也. 夫今之歌者其誰乎." 回曰, "敢問無受天損易." 仲尼曰, "飢渴寒暑, 窮桎不行, 天地之行也, 運物之泄也, 言與之偕逝之謂也. 爲人臣者, 不敢去之. 執臣之道猶若是, 而況乎所以待天乎." "何謂無受人益難." 仲尼曰, "始用四達, 爵祿竝至而不窮. 物之所利, 乃非己也, 吾命其在外者也. 君子不爲盜, 賢人不爲竊, 吾若取之何哉. 故曰, 鳥莫知於鷾鴯, 目之所不宜處不給視, 雖落其實, 棄之而走, 其畏人也而襲諸人間. 社稷存焉爾." "何謂無始而非卒." 仲尼曰, "化其萬物而不知其禪之者, 焉知其所終. 焉知其所始. 正而待之而已耳." "何謂人與天一邪." 仲尼曰, "有人, 天也. 有天, 亦天也. 人之不能有天, 性也. 聖人晏然體逝而終矣."

공자가 진·채 사이에서 곤경을 당해 7일 동안 따뜻한 밥을 지어먹지 못했다. 이때 왼손으로 고목을 잡고 오른 손으로 마른 나뭇가지를 두드리며 염제 신농씨의 노래를 불렀다. 박자를 맞추는 도구는 있었으나 가락이 없었고, 소리는 났지만 음률이 없었다. 그럼에도 나무를 두드리는 소리와 사람의 목소리가 어울려 사람의 마음에 그럴듯하게 와닿는 게 있었다.

안회가 단정히 공수拱手하고 조심스럽게 눈을 돌려 살펴보았다. 공자는 안회가 스승을 달관한 사람으로 간주해 큰 인물로 여기면서 스승을 사랑한 나머지 지나치게 슬퍼할까 우려해 이같이 말했다.

"회야, 하늘이 내리는 재난을 벗어나는 것은 차라리 쉽다. 그러나 사람의 도움을 받지 않고 살기란 매우 어려운 일이다. 천지만물의 변화는 시작도 없고 그침도 없으니 원래 사람과 하늘은 하나이다. 지금 노래를 부르는 나는 본래 무엇이었겠는가!"

안회가 물었다.

"감히 '하늘이 내리는 재난을 벗어나는 것은 차라리 쉽다'라는 뜻을 묻고자 합니다."

공자가 대답했다.

"굶주림과 목마름, 추위와 더위, 곤궁과 질곡, 뜻을 펴지 못하는 것 모두 천지의 자연스런 운행 이치이고 만물 운행의 자연스런 흐름이다. 이는 천지만물이 도와 함께 흘러가는 것을 말한 것이다. 남의 신하된 자가 감히 군주를 버릴 수 없는 것과 같다. 신도臣道를 지키는 것도 이와 같은데 하물며 천도를 기다리는 경우야 더 말할 게 있겠는가?"

안회가 물었다.

"그렇다면 '사람의 도움을 받지 않고 살기란 매우 어려운 일이다'라는 것은 무슨 뜻입니까?"

공자가 대답했다.

"처음 등용돼 사방으로 나갈 때는 벼슬과 녹봉이 함께 이르는 까닭에 곤궁하지 않다. 이는 외물이 나를 이롭게 해준 것으로 나 자신이 이룬 게 아니다. 나의 목숨이 외물에 달린 셈이다. 군자는 벼슬과 녹봉을 도둑질하지 않고, 현인 또한 그것을 훔치지 않는다. 그러니 내가 이를 취하면 어찌되겠는가?

새 중에서 제비보다 지혜로운 게 없다고 하는 것도 이 때문이다. 눈짐작으로 마땅한 처소가 아닌 것 같으면 눈길도 주지 않고, 비록 열매가 앞에 떨어져 있을지라도 이를 버린 채 달아난다. 사람을 두려워하면서도 사람이 사는 곳에 들어가 사니 이는 마치 사직을 함부로 옮기지 못하는 것과 같다."

안회가 물었다.

"그렇다면 '시작도 없고 그침도 없다'는 것은 무슨 뜻입니까?"

공자가 대답했다.

"만물을 변화시키지만 그리하는 이유를 알지 못한다. 그러니 어찌 그것이 그치는 것을 알고 어찌 그것이 시작하는 것을 알 수 있겠는가? 오직 자신을 바르게 하며 천명을 기다릴 뿐이다."

안회가 물었다.

"그렇다면 '원래 사람과 자연은 하나다'라는 것은 무슨 뜻입니까?"

공자가 대답했다.

"사람이 있게 된 것도 자연이고, 하늘이 있게 된 것도 자연이다. 사람들이 천지자연의 도와 합치하지 못하는 것은 성정 때문이다. 그러나 성인은 편안한 마음으로 자연과 함께 흘러가는 이치를 터득한 까닭에 조용히 생을 마치고 자연 속으로 돌아간다."

염씨지풍焱時之風은 염제 신농씨의 노래로 상심한 마음으로 옛날을 생각한다는 뜻이다. 「천운」편에 나오는 유염씨지송有焱氏之頌과 같다. 일부 판본에는 염焱이 표猋로 되어 있으나 나진옥羅振玉은 염焱의 잘못임을 고증했다. 무수인익난無受人益難을 두고 이케다와 가나야는 '영작榮爵을 받기가 어렵다'의 뜻으로 풀이했다. 여기의 인익人益은 사람들의 도움을 의미한다. 의이鷾鴯는 제비로 앞서 나온 의이意怠와 같다. 습저인간襲諸人間의 습襲은 들어간다는 뜻이다. 저諸는 지어之於의 준말이다. 선지자禪之者의 선禪을 두고 마서륜은 물려주며 바뀐다는 뜻의 선嬗의 가차로 보았다.

13-8

莊周遊乎雕陵之樊, 覩一異鵲自南方來者. 翼廣七尺, 目大運寸, 感周之顙, 而集於栗林. 莊周曰, "此何鳥哉. 翼殷不逝, 目大不覩." 蹇裳躩步, 執彈而留之. 覩一蟬方得美蔭而忘其身. 螳蜋執翳而搏之, 見得而忘其形. 異鵲從而利之, 見利而忘其眞. 莊周怵然曰, "噫, 物固相累, 二類相召也." 捐彈而反走, 虞人逐而誶之. 莊周反入, 三日不庭. 藺且從而問之, "夫子何爲頃間甚不庭乎." 莊周曰, "吾守形而忘身, 觀於濁水, 而迷於淸淵. 且吾聞諸夫子曰, '入其俗, 從其令. 今吾遊於雕陵而忘吾身, 異鵲感吾顙, 遊於栗林而忘眞. 栗林虞人以吾爲戮, 吾所以不庭也."

장주莊周가 조릉雕陵의 울타리 안에서 노닐다가 남방에서 온 기이한 까치 한 마리를 보았다. 날개의 너비는 7척, 눈의 크기는 직경이 1촌이었다. 그 까치는 장주의 이마를 스쳐 지나간 뒤 밤나무 숲에 앉았다. 장주가 투덜댔다.

"이 새는 어떤 새인가? 날개는 큰데 제대로 날지 못하고, 눈은 큰데 제대로 보지 못하는구나."

이내 아랫도리를 걷어올리고 살금살금 걸어가 새총을 잡고서는 그것을 당겨 새를 잡으려고 머물렀다. 마침 매미 한 마리가 막 시원한 나무그늘을 얻어 제 몸을 잊고 있었다. 매미 뒤에는 사마귀가 나뭇잎에 숨어 매미를 잡으려고 먹잇감을 노려보느라 제 몸을 잊고 있었다. 이상한 까치는 바로 그 뒤에서 사마귀를 잡는 이득만 생각해 제 몸을 잊고 있었다. 장주가 슬픈 표정으로 말했다.

"아, 만물은 본래 이처럼 서로 해를 끼치는 관계로구나! 이욕에 빠진 두 종이 서로가 서로를 불러들이고 있으니."

장주가 새총을 버리고 몸을 돌려 달아나려 했다. 이때 밤나무숲 산지기가 황급히 쫓아와 장주를 밤을 훔친 범인으로 오인해 호되게 꾸짖었다. 장주가 집에 돌아와 3일 동안 마음이 편치 않았다. 제자인 인저藺且가 찾아와 물었다.

"선생님은 요즘 무엇 때문에 그토록 오랫동안 편치 않아 하시는 것입니까?"

장주가 대답했다.

"나는 바깥의 형체에 정신을 빼앗겨 자신을 잊어버리고, 탁한 물을 보다가 맑은 연못을 잊어버렸다. 나는 우리 스승으로부터 '세속에 들어가서는 세속을 따라야 한다' 고 들은 바 있다. 얼마 전 나는 세속의 법을 어기고 조릉의 울타리 안에서 노닐다가 자신을 잊었는데 마침 괴이한 까치가 내 이마를 스치고 갔다. 나도 모르는 사이 조릉의 밤나무숲으로 들어가 노닐다가 나 자신의 본래 모습을 잊어버렸다. 이때 밤나무숲 산지기가 나를 쫓아와 호되게 꾸짖었다. 그래서 마음이 편치 않은 것이다."

조릉지번雕陵之樊은 구릉인 조릉雕陵의 울타리를 말한다. 율림栗林이 그 안에 있다. 익은불서翼殷不逝의 은殷은 크게 번성한다는 은성殷盛의 의미이다. 건상곽보蹇裳躩步는 아랫도리를 걷어올리고 살금살금 걸어간다는 뜻이다. 건蹇은 걷어올린다는 의미이고, 확躩은 빨리 가는 모양을 형용한 것이다. 집예執翳의 예翳를 두고 고형은 도끼부斧로 해석한 『설문해자』를 근거로 월戉의 가차로 보았다. 우인축이수지虞人逐而誶之는 산지기가 쫓아와 호되게 꾸짖는다는 뜻이다. 수誶는 욕한다는 뜻의 매罵와 통한다. 3일불령三日不庭은 사흘 동안 기분나빠 했다는 뜻이다. 령庭을 두고 왕념손과 이케다는 령逞의 가차로 보았다. 초굉과 왕념손은 저본의 3월三月이 '3일'의 잘못임을 고증했다. 인저藺且는 사람 이름으로 사마표는 장자의 제자라고 했다. 오문저부자吾聞諸夫子의 부자夫子를 두고 이설이 분분하다. 노자와 공자 등 여러 견해가 있으나 이케다는 공자도 아니지만 노자도 아니라고 보았다. 이오위륙以吾爲戮은 나를 밤을 훔친 범인으로 여겼다는 뜻이다. 륙戮은 성현영 이래 치욕으로 풀이하는 게 정설이다.

13-9

陽子之宋, 宿於逆旅. 逆旅人有妾二人, 其一人美, 其一人惡, 惡者貴而美者賤. 陽子問其故, 逆旅小子對曰, "其美者自美, 吾不知其美也. 其惡者自惡, 吾不知其惡也." 陽子曰, "弟子記之, 行賢而去自賢之行, 安往而不愛哉."

양자陽子가 송나라로 갔다가 여관에서 하룻밤을 묵었다. 여관 주인은 첩이 두 명 있었다. 한 명은 미녀이고 또 한 명은 추녀였다. 이상하게도 추녀가 귀한 대접을 받고 미녀가 박대를 받았다. 양자가 그 연유를 묻자 여관 머슴이 이같이 대답했다.

"미녀는 스스로 아름답다고 여기는 까닭에 저는 오히려 그녀가 아름다운지 모르겠고, 추녀는 스스로 추하다고 여기는 까닭에 저는 그녀가 추한지 모르겠습니다."

양자가 따라온 제자들에게 말했다.

"너희들은 이를 잘 기억해 두어라. 현명하게 행동하면서도 스스로 현명하다고 생각하는 몸가짐을 버리면 어디로 간들 사람들로부터 사랑받지 않겠는가?"

양자陽子는 양주楊朱의 높임말이다. 유사한 얘기가 『열자』「황제」편과 『한비자』「설림 상」편에도 나온다. 역려소자逆旅小子는 여관의 머슴을 뜻하나 여관 주인으로 볼 수도 있다. 후쿠나가 『한비자』「설림 상」편을 근거로 역려지보逆旅之父로 보아야 한다고 주장했다. 그러나 소자小子 자체가 나이 어린 머슴을 뜻하고 그같이 해석해도 큰 무리가 없는 만큼 그대로 두는 게 낫다. 『열자』「황제」편에도 '역려소자' 로 되어 있다.

'행현이거자현지행行賢而去自賢之行, 안왕이불애재安往而不愛哉' 는 현명하게 행동하면서도 스스로 현명하다고 과시하는 태도를 버리면 어느 곳을 갈지라도 사람들로부터 사랑받을 것이라는 뜻이다. 『한비자』에는 자현지행自賢之行이 자현지심自賢之心, 안왕이불애安往而不愛가 언왕이불미焉往而不美로 되어 있다. 뜻은 대동소이하다.

제14장 전자방(田子方)

14-1

田子方侍坐於魏文侯, 數稱谿工. 文侯曰, "谿工, 子之師邪." 子方曰, "非也, 無擇之里人也. 稱道數當, 故無擇稱之." 文侯曰, "然則子無師邪." 子方曰, "有." 曰, "子之師誰邪." 子方曰, "東郭順子." 文侯曰, "然則夫子何故未嘗稱之." 子方曰, "其爲人也眞. 人貌而天虛, 緣而葆眞, 淸而容物. 物無道, 正容以悟之, 使人之意也消. 無擇何足以稱之." 子方出, 文侯儻然, 終日不言. 召前立臣而語之曰, "遠矣, 全德之君子. 始吾以聖知之言·仁義之行爲至矣, 吾聞子方之師, 吾形解而不欲動, 口鉗而不欲言. 吾所學者, 直土梗耳. 夫魏眞爲我累耳."

전자방田子方이 위문후魏文侯를 모시고 앉아 얘기를 나눌 때마다 계공谿工을 자주 칭찬했다. 위문후가 물었다.

"계공이 선생의 스승이오?"

전자방이 대답했다.

"아닙니다. 저와 같은 마을에 사는 사람입니다. 도를 말하는 것이 곧잘 합당했기에 그를 칭찬한 것입니다."

"그렇다면 선생은 스승이 없소?"

"있습니다."

"그가 누구요?"

"동곽순자東郭順子입니다."

위문후가 물었다.

"그렇다면 선생은 무슨 까닭으로 한번도 스승에 대해 칭찬하지 않은 것이오?"

전자방이 대답했다.

"그분은 사람됨이 진실한 까닭에 사람의 모습을 하고는 있으나 하늘처럼 텅 비어 있고, 사람을 따르지만 자연의 참된 본성을 잃지 않고, 맑으면서도 만물을 포용합니다. 사물이 무도하면 단정한 모습으로써 깨우치도록 도와주며 다른 사람이 비난하려는 의지를 없애줍니다. 제가 어찌 감히 그분을 입에 올려 칭찬할 수 있겠습니까?"

전자방이 밖으로 나가자 위문후는 멍하니 종일토록 말하지 않았다. 이윽고 앞에 서 있던 신하를 불러 이같이 말했다.

"원대하구나! 덕을 온전히 갖춘 군자의 모습이. 처음에 나는 성지聖知의 말과 인의仁義의 행동을 지극하다고 여겼다. 그러나 전자방 스승에 관한 얘기를 듣고 난 후 내 몸은 해체되어 움직이려 하지 않고, 입은 재갈이 물린 듯 말하려 하지 않는다. 내가 지금까지 배운 것은 단지 흙으로 만든 인형에 지나지 않았다. 위나라는 참으로 나를 얽어매는 물건일 뿐이다."

전자방田子方은 위문후의 스승 역할을 한 현자로 이름은 무택無擇이다. 위문후는 전국시대 초기 천하를 호령한 명군이다. 여기에는 전자방의 역할이 컸다. 계공谿工 역시 위나라의 현자로 등장하고 있으나 가공의 인물일 공산이 크다. 동곽순자東郭順子를 두고 성현영은 성곽 동쪽에 산 까닭에 이를 성씨로 삼았다고 했다. 마서륜은 동곽순자를 실제 인물로 간주해 자공의 제자일 공산이 크다고 주장했으나 아카츠카는 실제 인물로 보는 것은 무리라고 지적했다.

인모이천허人貌而天虛는 사람의 모습을 하고 있으나 하늘처럼 텅 비었다는 뜻으로 곽상 이래 천天에서 구두점을 찍는 경우가 많으나 유월은 허虛에서 찍을 것을 주장했다. 당연儻然은 멍한 모습으로 사마표는 의지를 잃은 실지失志의 결과로 해석했다. 토경土梗은 흙으로 빚은 인형으로 헛된 존재를 의미한다. 사마표는 '흙 인형은 비를 맞으면 뭉개진다' 고 풀이했다. 경梗을 두고 마서륜은 인형을 뜻하는 우偶의 가차로 보았다.

14-2

溫伯雪子適齊, 舍於魯. 魯人有請見之者, 溫伯雪子曰, "不可. 吾聞中國之君子, 明乎禮義而陋於知人心 吾不欲見也." 至於齊, 反舍於魯, 是人也又請見. 溫伯雪子曰, "往也蘄見我, 今也又蘄見我, 是必有以振我也." 出而見客, 入而嘆. 明日見客, 又入而嘆. 其僕曰, "每見之客也, 必入而嘆, 何耶." 曰, "吾固告子矣. 中國之民, 明乎禮義而陋乎知人心. 昔之見我者, 進退一成規 · 一成矩, 從容一若龍 · 一若虎. 其諫我也似子, 其道我也似父, 是以嘆也." 仲尼見之而不言. 子路曰, "吾子欲見溫伯雪子久矣, 見之而不言, 何邪." 仲尼曰, "若夫人者, 目擊而道存矣, 亦不可以容聲矣."

온백설자溫伯雪子가 제나라로 가다가 노나라에서 하룻밤을 묵게 됐다. 어떤 노나라 사람이 만나기를 청했다. 온백설자가 거부했다.

"안 된다. 내가 들으니 중국의 군자들은 예의에는 밝아도 사람의 마음을 아는 데는 서툴다고 한다. 나는 그런 사람을 만나고 싶지 않다."

제나라로 들어갔다가 돌아오는 길에 다시 노나라에서 하룻밤을 묵게 됐다. 먼젓번의 그 노나라 사람이 다시 만나기를 청했다. 온백설자가 흔쾌히 허락했다.

"지난번에 나를 만나려 했다가 거절당했는데도 이번에 다시 만나고자 하니 필시 나를 구해줄 일이 있는 모양이다."

밖으로 나가 그를 만나고 돌아와서는 탄식했다. 다음날에도 그를 만난 후 숙소로 돌아와서는 또 다시 탄식했다. 온백설자의 종복이 물었다.

"손님을 만나볼 때마다 들어와서는 반드시 탄식을 하니 무슨 까닭입니까?"

온백설자가 대답했다.

"내가 전에 그대에게 일러준 적이 있다. 중원의 군자는 예의에는 밝아도 사람의 마음을 아는 데는 서툴다고 말이다. 그런데 그 사람은 나아가고 물러나는 것이 어떤 때는 그림쇠에 꼭 맞고 또 어떤 때는 곱자에 꼭 맞았다. 조용히 있는 모습 또한 어떤 때는 용 같고 또 어떤 때는 호랑이 같았다. 나에게 간할 때는 마치 자식 같고 나를 인도할 때는 마치 어버이 같았다. 그래서 나의 짧은 생각을 탓하며 탄식한 것이다."

노나라 사람인 중니가 온백설자를 만나보고는 아무 말도 하지 않았다. 제자 자로가 물었다.

"선생님은 오래 전부터 온백설자를 만나고자 했습니다. 그런데 정작 그를 만나보고는 아무 말도 하지 않으니 이는 무슨 까닭입니까?"

중니가 대답했다.

"온백설자 같은 사람은 한번 보기만 해도 도가 있는 사람인 것을 금방 알 수 있다. 그의 덕스러운 용모와 언동을 말로 형용하는 게 불가능하기에 입을 다문 것이다."

온백설자溫伯雪子를 두고 성현영은 '성은 온, 이름은 백, 자는 설자이다. 초나라 출신으로 도를 품고 있는 사람이다' 라고 풀이했다. 그러나 유월은 『광운』을 인용해 '온백'의 복성으로 보았다. 어느 경우든 가공의 인물로 보는 게 옳다. 사어로舍於魯의 사舍는 하룻밤을 묵는다는 뜻의 숙宿과 통한다. 노인魯人을 두고 성현영은 공자의 문인으로 보았으나 후쿠나가와 이케다 모두 공자 자신으로 간주했다. 『여씨춘추』에는 '공자'로 되어 있다.

중국지군자中國之君子의 '군자'가 '민民'으로 되어 있는 판본도 있다. 진아야振我也의 진振은 구해준다는 뜻의 증拯과 통한다. 기도아야其道我也의 도道는 이끈다는 뜻의 도導와 같다. 도導로 된 판본도 있다. 목격目擊은 눈으로 본다는 뜻으로 격擊은 움직인다는 뜻의 동動과 통한다. 용성容聲은 덕스러운 용모와 목소리를 뜻하는 덕음德音의 의미이다.

14-3

顔淵問於仲尼曰, "夫子步亦步, 夫子趨亦趨, 夫子馳亦馳, 夫子奔逸絶塵, 而回瞠若乎後矣." 夫子曰, "回, 何謂邪." 曰, "夫子步亦步也, 夫子言亦言也, 夫子趨亦趨也, 夫子辯亦辯也, 夫子馳亦馳也, 夫子言道, 回亦言道也, 及奔逸絶塵而回瞠若乎後者, 夫子不言而信, 不比而周, 無器而民滔乎前, 而不知所以然而已矣." 仲尼曰, "惡, 可不察與. 夫哀莫大於心死, 而人死亦次之. 日出東方而入於西極, 萬物莫不比方, 有目有趾者, 待是而後成功. 是出則存, 是入則亡. 萬物亦然,有待也而死, 有待也而生. 吾一受其成形, 而不化以待盡. 效物而動, 日夜無隙, 而不知其所終. 薰然其成形, 知命不能規乎其前, 丘以是日徂. 吾終身與汝交一臂而失之, 可不哀與. 汝殆著乎吾所以著也. 彼已盡矣, 而汝求之以爲有, 是求馬於唐肆也. 吾服汝也, 甚忘. 汝服吾也, 亦甚忘. 雖然, 汝奚患焉. 雖忘乎故吾, 吾有不忘者存."

안연이 중니에게 물었다.

"선생님이 걸으면 저도 걷고, 빠른 걸음으로 걸으면 저도 빠른 걸음으로 걷고, 내달리면 저도 내달렸습니다. 그러나 먼지 하나 내지 않고 눈에 보이지 않을 정도로 빨리 내달리면 저는 그저 뒤에 처진 채 휘둥그레진 눈으로 바라볼 뿐입니다."

중니가 물었다.

"회야, 그게 무슨 말이냐?"

안회가 대답했다.

"선생님이 걸으면 저도 걷는다고 한 것은 선생님이 말씀하시면 저 또한 말한다는 뜻입니다. 빠른 걸음으로 걸으면 저도 빠른 걸음으로 걷는다고 한 것은 선생님이 변론하시면 저 또한 변론한다는 뜻입니다. 내달리면 저도 내달린다고 한 것은 선생님이 도를 말하면 저도 도에 대해 말한다는 뜻입니다. 그러나 먼지 하나 내지 않고 눈에 보이지 않을 정도로 빨리 내달리면 저는 그저 뒤에 처진 채 휘둥그레진 눈으로 바라볼 뿐이라고 한 것은 선생님이 무언으로 사람들에게 믿음을 주고, 파당을 짓지 않으면서 사람들과 어울리고, 관작 등의 통치수단이 없는데도 백성들이 물밀듯 모여들며 그리되는 까닭을 알 수 없는 것을 언급한 것입니다."

중니가 말했다.

"아, 제대로 살피지 못한 게 있구나. 무릇 슬픈 일로 치면 마음이 죽는 것보다 더 큰 게 없다. 사람의 몸이 죽는 슬픔은 그 다음이다. 해는 동쪽에서 떠올라 서쪽으로 진다. 세상 만물 가운데 이를 따르지 않는 게 없다. 눈이 있고 발이 있는 모든 것은 이 해에 의존한 뒤에야 일을 성취할 수 있다. 해가 뜨는 것은 만물의 생존을 의미하고, 해가 지는 것은 만물의 소멸을 의미한다. 만물의 생장소멸 이치가 바로 이와 같다. 세상 만물 모두 일정한 시기를 기다린 뒤에야 소멸하게 되고, 일정한 시기를 기다린 뒤에야 태어나게 된다.

우리 인간은 세상 만물 가운데 하나이고 나 또한 사람 가운데 하나이니 일단 사람의 형체로 태어난 바에는 곧바로 죽지는 않을지라도 소진되기를 기다릴 수밖에 없다. 그 사이 다른 사물의 존재를 좇아 움직일 수밖에 없으니 밤낮으로 잠시 쉴 틈도 없이 활동하지만 언제 어디서 그게 그칠지 알 길이 없다. 어렴풋한 가운데 사람의 몸을 받고 태어났으니 설령 자신의 운명을 알고 있다 할지라도 이전의 모습은 도저히 알 길이 없다.

그러니 나는 이 몸을 갖고 날마다 천지자연의 변화와 함께 죽음으로 나아가고 있는 셈이다. 나는 종신토록 너와 함께 하는데 너는 팔뚝 한번 스치고 지나간 것처럼 뒤에 처져 나를 잃어버리니 내가 어찌 슬퍼하지 않을 수 있겠는가? 너는 아마도 나의 드러난 면만 보는 듯하다. 나의 겉모습은 이미 다한 것인데 너는 그것을 있는 것으로 여겨 찾고 있다. 이는 마치 말이 주인과 함께 길가의 주막 등 쉬어가는 노정路亭에 잠시 머물다 갔는데도 뒤늦게 허둥대며 그 모습을 찾는 것과 같다.

내가 전에 너에 관해 생각했던 것을 이미 잊은 것처럼 너 또한 나에 관해 생각한 것을 속히 잊도록 해라. 그리할지라도 네가 무슨 걱정할 일이 있겠는가? 비록 나의 옛 모습을 잊을지라도 너는 나에게서 잊히지 않고 존재하는 도의 모습을 찾아내면 된다."

여기서 안연은 말이 내달리는 여러 상황을 예로 들어 스스로를 공자와 비교하고 있다. 임희일은 보步, 추趨, 치馳, 분일奔逸, 절진絶塵 등을 논거로 들었다. 주석가들은 이 장의 일화가 『논어』「자한」편에 나오는 소위 '앙찬첨홀仰鑽瞻忽'을 참고한 것으로 보고 있다. 「자한」편에서 안연은 공자를 두고 '우러러 볼수록 더욱 높고, 뚫을수록 더욱 단단하고, 바라보면 앞에 있더니 홀연 뒤에 있다'고 칭송하고 있다.

'불언이신不言而信, 불비이주不比而周'는 『논어』「위정」편에 나오는 '군자는 두루 사랑하며 패거리를 짓지 않고, 소인은 패거리를 지으며 두루 사랑하지 않는다'는 주이불비周而不備 구절과 취지를 같이한다. 무기無器의 기器는 권력이나 지위 등의 통치수단을 말한다. 막불비방莫不比方의 비방比方은 나란히 따라간다는 뜻이다. 유목유지有目有趾는 눈과 발이 있는 인류를 지칭한다. 「천지」편의 유수유지有首有趾와 같다.

불화이대진不化以待盡은 곧바로 죽지는 않을지라도 몸이 소진되기를 기다린다는 뜻이다. 「제물론」에도 이와 유사한 '불망이대진不亡以待盡' 표현이 나온다. 훈연薰然은 어렴풋한 모습을 그린 것이다. 불능규不能規의 규規는 엿본다는 뜻의 규窺와 통한다. 이시일조以是日徂는 이 몸을 가지고 날마다 변화와 함께 나아간다는 뜻으로 조徂는 왕往의 의미이다. 교일비交一臂는 팔뚝 한번 스치고 지나가는 것처럼 우연히 만나는 짧은 관계를 뜻한다.

구마어당사求馬於唐肆의 당사唐肆에 대한 해석이 분분하다. 대부분 '텅 빈 마시장'으로 보고 있으나 곽상은 사람들이 쉬는 주막 등의 휴

계소를 지칭한 것으로 보았다. 이같이 해석하는 게 문맥상 자연스럽다. 오복여야吾服汝也의 복服을 두고 곽상은 '마음속의 생감함' 으로 풀이했다. 오유불망자존吾有不忘者存은 나에게 잊히지 않는 게 있다는 뜻으로 구체적인 내용과 관련해 여러 해석이 있으나 문맥상 대략 '도' 를 의미한다고 보는 게 타당하다.

14-4

孔子見老聃, 老聃新沐, 方將被髮而乾, 慹然似非人, 孔子便而待之. 少焉見, 曰, "丘也眩與. 其信然與. 向者先生形體掘若槁木, 似遺物離人而立於獨也." 老聃曰, "吾遊心於物之初." 孔子曰, "何謂邪." 曰, "心困焉而不能知, 口辟焉而不能言. 嘗爲汝議乎其將. 至陰肅肅, 至陽赫赫. 肅肅出乎天, 赫赫發乎地. 兩者交通成和而物生焉, 或爲之紀而莫見其形. 消息滿虛, 一晦一明, 日改月化, 日有所爲而莫見其功. 生有所乎萌, 死有所乎歸 始終相反乎無端, 而莫知乎其所窮. 非是也, 且孰爲之宗." 孔子曰, "請問遊是." 老聃曰, "夫得是至美至樂也. 得至美而遊乎至樂, 謂之至人." 孔子曰, "願聞其方." 曰, "草食之獸, 不疾易藪. 水生之蟲, 不疾易水. 行小變而不失其大常也, 喜怒哀樂不入於胸次. 夫天下也者, 萬物之所一也. 得其所一而同焉, 則四支百體將爲塵垢, 而死生終始將爲晝夜, 而莫之能滑, 而況得喪禍福之所介乎. 棄隸者若棄泥塗, 知身貴於隸也. 貴在於我而不失於變, 且萬化而未始有極也, 夫孰足以患心. 已爲道者解乎此." 孔子曰, "夫子德配天地. 而猶假至言以修心. 古之君子, 孰能脫焉." 老聃曰, "不然. 夫水之於汋也, 無爲而才自然矣. 至人之於德也, 不修而物不能離焉. 若天之自高, 地之自厚, 日月之自明, 夫何修焉." 孔子出, 以告顏回曰, "丘之於道也, 其猶醯雞與. 微夫子之發吾覆也, 吾不知天地之大全也."

공자가 노담을 만났다. 마침 노담은 머리를 감은 뒤 바야흐로 머리를 풀어헤친 채 햇볕에 말리려던 참이었다. 그러나 꼼짝도 않고 있는 모습이 사람 같지 않았다. 공자는 물러나 기다리고 있다가 잠시 뒤에 만나 이같이 칭송했다.

"제 눈이 먼 것일까요, 아니면 참으로 그랬던 것일까요? 아까 선생의 형체는 우뚝 서 있는 마른 나무처럼 보였습니다. 마치 만물을 잊고 인간세계를 떠나 딴 세상에 홀로 서 계신 듯했습니다."

노담이 말했다.

"나는 만물의 근원에서 노닐고 있었소."

"무슨 말씀입니까?"

노담이 대답했다.

"마음이 아무리 애써 알고자 해도 알 수 없고, 입이 아무리 크게 열려 있어도 말할 수 없는 게 있소. 시험 삼아 그대를 위해 그 대략을 얘기해 주겠소.

순수한 음기는 고요하며 차고, 순수한 양기는 밝게 빛나며 뜨겁소. 고요하고 찬 음기는 하늘에서 나와 땅으로 내려오고, 밝게 빛나고 뜨거운 양기는 땅에서 나와 하늘로 올라가오. 음양의 이 두 순수한 기가 서로 통해 조화를 이루면 만물이 생겨나오. 혹 무엇인가 처음을 이루는 게 있는 듯 보이지만 그 형체를 볼 수는 없소. 만물이 생장소멸과 영고성쇠의 순환을 되풀이하는 것은 한 번은 어두워졌다 한 번은 밝아지는 식으로 날과 달로 바뀌며 변화하는 과정을 밟게 되오. 이런 작용이 날마다 끊임없이 되풀이되지만 그 공효功效를 볼 길이 없소.

생장하는 사물은 싹이 트는 곳이 있고, 소멸하는 사물은 돌아가는 곳이 있소. 생장과 소멸이 시종 서로 반전反轉하며 끊임없이 이어지는 까닭에 그 끝을 알 길이 없소. 그러니 음양의 이 두 순수한 기가 아니면 도대체 무엇이 만물의 근원이 될 수 있겠소?"

공자가 물었다.

"그렇다면 만물의 근원에서 노닌다는 것은 무슨 뜻입니까?"

노담이 대답했다.

"무릇 음양의 이 두 순수한 기를 얻으면 지극히 아름답고 지극히 즐거워지게 되오. 지극히 아름다운 것을 얻어 지극히 즐거운 경지에 노니는 사람을 일컬어 지인至人이라고 하는 것이오."

공자가 다시 청했다.

"원컨대 그 이치를 듣고 싶습니다."

노담이 대답했다.

"초식동물은 수풀을 옮겨다니는 것을 꺼리지 않고, 수중생물은 물을 달리하며 헤엄치는 것을 꺼리지 않소. 행동에 약간의 변화가 있을지라도 삶의 원칙을 잃지 않기에 작은 변화에 따른 희로애락의 감정이 가슴속으로 뚫고 들어오지 못하기 때문이오.

무릇 천하라고 하는 것은 만물이 하나로 존재하는 곳이오. 만물과 하나로 동화되면 나의 사지와 온몸은 장차 티끌이나 때와 다를 게 없는 존재가 되오. 삶과 죽음, 시작과 끝 모두 낮과 밤의 교대처럼 천지자연의 순환으로 여겨져 전혀 마음을 어지럽히지 못하는 마당에 하물며 득실得失과 화복禍福 등의 세속적인 가치가 끼어들 여지가 있겠소?

사람이 부리던 노비를 내놓을 때 마치 진흙을 버리듯 하는 것은 자신의 몸이 노비보다 귀하다는 것을 알고 있기 때문이오. 귀한 것이 나의 마음속에 있으면 어떤 변화가 있을지라도 그것을 잃는 일은 없소. 만물은 늘 천변만화하여 처음도 끝도 없는 것인데 그 어떤 외물이 귀한 도를 간직한 나의 마음을 족히 괴롭힐 수 있겠소? 이미 도를 이룬 '지인'이 바로 이런 천변만화하는 자연의 변화에서 해방된 사람이오."

공자가 물었다.

"선생은 덕이 이미 천지에 짝할 만한데도 오히려 지극한 말로 마음을 닦고 있습니다. 그러니 옛날 성인군자 중 과연 그 누가 이런 수도修道 이치에서 벗어날 수 있었겠습니까?"

노담이 답했다.

"그렇지 않소. 무릇 물이 솟아나는 것은 아무런 작위도 없이 재질이 저절로 그러한 데 따른 것이오. 지인의 덕 또한 이와 같소. 수양을 하지 않을지라도 천지만물이 그를 사모하는 까닭에 결코 떨어지는 일이 없소. 마치 하늘이 저절로 높고, 땅이 저절로 두텁고, 일월이 저절로 밝은 것과 같소. 그러니 무엇을 닦을 필요가 있겠소?"

공자가 밖으로 나와 안회에게 말했다.

"내가 그간 도에 대해 안 것은 겨우 항아리 속에서 날뛰는 초파리 수준에 지나지 않았다. 노담 선생이 나의 항아리 뚜껑을 열어주지 않았다면 나는 결코 천지자연의 위대함을 알지 못했을 것이다!"

신목新沐은 새로 머리를 감는다는 뜻이다. 저본에는 말沫로 되어 있으나 대부분의 판본에는 목沐으로 되어 있다. 피발이간被髮而乾은 머리를 풀어헤친 채 햇볕에 말린다는 뜻으로 여기의 피被는 연다는 뜻의 피披와 통한다. 간乾은 말린다는 뜻이다. 집연慹然은 몸과 마음이 전혀 움직이지 않는 모습을 표현한 것이다. 편이대지便而待之는 물러나 기다린다는 뜻으로 여기의 편便을 두고 장병린은 막는다는 뜻의 병屛의 가차로 보았다. 굴약고목掘若槁木의 굴약掘若은 우뚝 솟은 모양을 가리킨다.

구벽口辟은 입을 크게 벌린다는 뜻으로 벽辟은 벽闢과 통한다. 부질역수不疾易藪는 수풀을 바꾸는 것을 싫어하지 않는다는 뜻이다. 수

지어작水之於汋의 작汋은 자연스럽게 솟아나는 샘을 말한다. 아무런 작위도 없는 무위자연을 상징한다. 유혜계猶醯鷄는 항아리 속의 '초醋파리'와 같다는 뜻이다. 여기서 '혜계옹醯鷄甕'과 '혜계옹리천醯鷄甕裏天' 등의 성어가 나왔다. 항아리 안을 하늘로 여겨 날아다니는 초파리라는 뜻으로 '우물 안의 개구리'와 같은 의미이다.

14-5

莊子見魯哀公, 哀公曰, "魯多儒士, 少爲先生方者." 莊子曰, "魯少儒." 哀公曰, "擧魯國而儒服, 何謂少乎." 莊子曰, "周聞之, 儒者冠圜冠者知天時, 履句屨者知地形, 緩佩玦者事至而斷. 君子有其道者, 未必爲其服也. 爲其服者, 未必知其道也. 公固以爲不然, 何不號於國中曰, '無此道而爲此服者, 其罪死.'" 於是哀公號之五日, 而魯國無敢儒服者. 獨有一丈夫, 儒服而立乎公門. 公卽召而問以國事, 千轉萬變而不窮. 莊子曰, "以魯國而儒者一人耳, 可謂多乎."

장자가 노애공魯哀公을 알현했다. 노애공이 말했다.

"우리 노나라는 공자의 가르침을 받드는 유사儒士가 많으나 선생의 도를 좇는 자는 적소."

장자가 말했다.

"노나라에는 오히려 유사가 적습니다."

노애공이 물었다.

"온 나라에 유복儒服을 입은 사람들뿐인데 어찌해서 적다고 하는 것이오?"

장자가 대답했다.

"제가 듣건대 유자儒者가 둥근 갓을 머리에 쓰는 것은 천시天時를 알고, 네모난 신발을 신는 것은 지형地形을 알고, 옥 장식을 허리에 차는 것은 일이 생겼을 때 결단할 줄 아는 것을 상징한다고 합니다. 군자가 실로 도를 안다면 반드시 그런 옷을 입을 필요가 없을 것이고, 그런 옷을 입는다고 반드시 도를 아는 것도 아닐 것입니다. 만일 공公이 그렇지 않다고 생각하면 어찌하여 나라에 명을 내려 '유복이 상징하는 도를 얻지 못한 자가 유복을 착용할 경우 사죄에 처한다' 고 하지 않는 것입니까?"

이에 노애공이 마침내 명을 내렸다. 5일이 지나자 노나라 안에 감히 유복을 입는 자가 없게 됐다. 유독 한 사람만이 유복을 입고 공실의 문앞으로 와 알현을 청했다. 노애공이 즉시 불러 국사에 관한 모든 문제를 물었다. 온갖 난문難問에도 전혀 막힘이 없었다. 장자가 말했다.

"노나라를 통틀어 유자가 오직 한 사람뿐이니 어찌 많다고 말할 수 있겠는가!"

장자와 노애공은 1백여 년의 차이가 난다. 이 장의 일화는 우화일 뿐이다. 환관圜冠은 둥근 갓을 말한다. 환圜은 원圓과 통한다. 구구句屨는 각이 진 네모난 신발을 뜻한다. 구句가 방方으로 되어 있는 판본도 있다. 완패결자緩佩玦者는 옥 장식을 허리에 차는 것으로 여기의 완緩은 찬다는 뜻의 수綬의 잘못이다. 옥 장식은 결단을 뜻한다. 『백호통의白虎通義』와 『춘추좌전』 등에 '군자는 결단할 줄 알기에 옥 장식을 허리에 찬다' 는 구절이 나온다.

14-6

百里奚爵祿不入於心, 故飯牛而牛肥, 使秦穆公忘其賤, 與之政也. 有虞氏死生不入於心, 故足以動人.

백리해百里奚는 작록을 바라는 욕심이 마음속으로 들어오지 못했다. 소 먹이는 직책을 맡았을 때 소가 크게 살찌자 이 소식을 들은 진 목공秦穆公이 그의 천한 신분을 개의치 않고 그에게 정사를 맡긴 이유다. 유우씨有虞氏 순舜은 삶과 죽음에 관한 번뇌가 마음속으로 들어오지 못했다. 그래서 사람들을 감동시킬 수 있었다.

백리해百里奚는 춘추시대 중엽 진秦나라의 현대부를 말한다. 『춘추좌전』과 『사기』를 비롯해 『맹자』 등에 그에 관한 일화가 실려 있다. 주희는 『맹자집주』 「만장 상」편을 주석하면서 '장자 왈' 운운하며 이 대목을 인용했다.

14-7

宋元君將畫圖, 衆史皆至, 受揖而立, 舐筆和墨, 在外者半. 有一史後至者, 儃儃然不趨, 受揖不立, 因之舍. 公使人視之, 則解衣般礴臝. 君曰, "可矣, 是眞畫者也."

송원군宋元君이 장차 자신의 초상을 그리려고 하자 수많은 화공이 송나라 도성으로 몰려들었다. 화공들이 송원군과 수인사로 읍揖을 한 뒤 곁에 시립해 붓에 침을 바르고 먹을 갈며 초상을 그리기 시작했다. 궐 밖에서 초상을 그리는 화공만도 전체의 절반이나 되었다. 이때 한 화공이 뒤늦게 이르러 느긋한 모습으로 종종걸음도 하지 않고 수인사로 읍을 한 뒤 곁에 시립해 초상을 그릴 생각도 하지 않고 이내 숙사로 들어갔다. 송원군이 곧 사람을 시켜 엿보게 했다. 그는 옷을 벗고 벌거벗은 채로 그림을 그렸다. 보고를 받은 송원군이 찬탄했다.

"옳다, 이 사람이야말로 진정한 화공이다."

송원군宋元君을 두고 후쿠나가는 춘추시대 말기의 인물로 간주하면서 이 장의 일화는 창조적인 정신을 지닌 인간이 형식적인 속박을 타파한 점에 초점을 맞춘 것이라고 분석했다. 중사衆史는 여러 화공을 의미한다. 성현영은 사史를 화사畫師로 풀이했다. 수읍이립受揖而立을 두고 사마표는 화사가 송원군의 명령을 받고 읍을 한 뒤 선 것으로 풀이했으나 서로 수인사로 읍을 한 것으로 풀이하는 게 타당하다. 지필화묵舐筆和墨은 붓에 침을 바르고 먹을 탄다는 뜻으로 그림 그릴 준비를 하고 있는 모습을 표현한 것이다. 재외자반在外者半은 궐 밖에 있는 자가 절반이었다는 뜻으로 앞다퉈 달려간 자가 많았음을 돌려 표현한 것이다. 탄탄연儃儃然은 느긋한 모양을 뜻한다. 머뭇거리는 모습을 뜻할 때는 '천천연'으로 읽어야 한다. 해의반박라解衣般礴臝는 옷을 벗고 벌거벗은 채로 앉았다는 뜻으로 막 그림을 그리려는 모습을 표현한 것이다. 반박般礴을 두고 사마표는 두 다리를 뻗고 앉은 기좌箕坐로 풀이했다. 진화자眞畫者가 진화지자眞畫之者로 된 판본이 있다.

14-8

文王觀於臧, 見一丈夫釣, 而其釣莫釣. 非持其釣有釣者也, 常釣也. 文王欲擧而授之政, 而恐大臣父兄之弗安也. 欲終而釋之, 而不忍百姓之無天也. 於是旦而屬之大夫曰, "昔者寡人夢見良人, 黑色而, 乘駁馬而偏朱蹄, 號曰, '寓而政於臧丈人, 庶幾乎民有瘳乎.'" 諸大夫蹴然曰, "先君王也." 文王曰, "然則卜之." 諸大夫曰, "先君之命, 王其無它, 又何卜焉." 遂迎臧丈人而授之政. 典法無更, 偏令無出. 三年, 文王觀於國, 則列士壞植散群, 長官者不成德, 斔斛不敢入於四竟. 列士壞植散羣, 則尙同也. 長官者不成德, 則同務也. 斔斛不敢入於四竟, 則諸侯無二心也. 文王於是焉以爲大師, 北面而問曰, "政可以及天下乎." 臧丈人昧然而不應, 泛然而辭, 朝令而夜遁, 終身無聞. 顔淵問於仲尼曰, "文王其猶未邪. 又何以夢爲乎." 仲尼曰, "默, 汝無言. 夫文王盡之也, 而又何論刺焉. 彼直以循斯須也."

주문왕周文王이 민정을 시찰하던 중 장臧 땅으로 갔다가 우연히 한 사내가 낚시하는 모습을 보게 됐다. 그러나 그의 낚시는 낚시가 아니었다. 물고기를 낚으려는 생각으로 낚시하는 게 아니라 따로 낚으려는 게 있어 이런 식으로 늘 밖으로 나와 낚시를 드리우고 있었던 것이다.

주문왕이 그 속셈을 읽고 곧바로 그를 등용해 정사를 맡기고자 했으나 다만 대신들과 친척들이 불안해할까 두려워했다. 그렇다고 그대로 놓아두려니 백성들이 하늘처럼 섬길 재상이 없는 상황을 방치하기도 어려웠다. 다음날 아침 대부들을 불러놓고 이를 상의하게 했다.

"어젯밤 과인은 꿈속에서 한 군자를 보았소. 검은 얼굴에 구레나룻을 길렀는데 한쪽 발굽만 붉은 얼룩말을 타고 와 큰소리로 명하기를, '그대의 정사를 장 땅 노인에게 맡겨라. 그러면 백성들도 고통에서 벗어날 것이다' 라고 했소."

대부들 모두 크게 놀라 자세를 가다듬으며 말했다.

"꿈속의 군자는 바로 선군 고공단보古公亶父입니다."

주문왕이 제안했다.

"그렇다면 점을 쳐 결정토록 합시다."

대부들이 반대했다.

"선군의 명이니 대왕은 달리 생각할 게 없습니다. 또 무엇을 점칠 게 있겠습니까?"

마침내 장 땅 노인을 맞이해 정사를 맡겼다. 그는 법을 전혀 고치지도 않았고, 편파적인 정령을 발하지도 않았다. 3년 후 주문왕이 나라의 형편을 돌아보았다. 조정관원은 빗장을 부수며 붕당을 해산시켰고, 여러 관아의 책임자들은 자신의 덕을 드러내지 않았고, 공인되지 않은 도량형이 감히 사방의 다른 나라로부터 들어오지 않았다.

조정관원이 빗장을 부수며 붕당을 해산시킨 것은 곧 윗사람과 의견이 같음을 숭상한 것이고, 여러 관아의 책임자들이 자신의 덕을 드러내지 않은 것은 일을 똑같이 한 것이고, 공인되지 않은 도량형이 감히 사방의 국경에서 들어오지 않은 것은 제후들에게 두 마음이 없다는 뜻을 드러낸 것이다.

주문왕이 그를 태사太師로 삼은 뒤 스스로 제자의 자리에 앉아 북면하면서 물었다.

"주나라의 이런 정사를 확대해 천하에 능히 미칠 수 있겠습니까?"

장 땅의 노인은 멍한 채로 대답도 하지 않고 사양하는 듯 마는 듯했다. 아침에 명을 받고는 그날 밤으로 달아나 종신토록 소식이 없었다. 이를 두고 안연이 공자에게 물었다.

"주문왕은 성인의 경지에 이르지 못한 듯합니다. 무엇 때문에 굳이 꿈속 인물의 도움을 빌릴 필요가 있겠습니까?"

공자가 대답했다.

"너는 잠자코 아무 말도 하지 마라. 무릇 주문왕은 나름 성인의 덕을 극진히 했으니 어찌 쉽게 비판할 수 있겠는가? 단지 일시적인 방편을 좇았을 뿐이다."

문왕文王은 주문왕을 뜻한다. 육덕명에 의하면 사마표본에는 '문왕' 아래 '미복이微服而' 세 글자가 덧붙여져 있다. 이는 주문왕이 민정시찰에 나섰음을 시사한다. 그같이 해석하는 게 문맥상 자연스럽다. 이 경우 관어장觀於臧의 관觀은 민정시찰을 뜻하는 관정觀政으로 풀이하는 게 옳다. 『주역』에 따르면 '관괘觀卦'의 육사 효사 '관국지광觀國之光'은 덕정을 살피는 것을 의미한다. 현재 여행의 뜻으로 사용되는 관광觀光은 원래 '관국지광'에서 나온 것으로 그 나라의 덕정 여부를 관찰한다는 뜻이다.

촉지대부屬之大夫의 촉屬은 자문을 구한다는 뜻이다. 몽견양인夢見良人의 양인良人을 두고 왕선겸은 선인善人으로 풀이했으나 이케다는 '군자'로 해석했다. 흑색이염黑色而의 염은 구레나룻을 뜻하는 염髥과 통한다. 승박마이편주제乘駁馬而偏朱蹄의 박駁은 순수하지 않은 흑색을 뜻하고, 편주제偏朱蹄는 발굽 하나만 붉다는 뜻이다. 민유류民有瘳는 백성의 고통에서 구제된다는 뜻이다.

축연蹴然은 깜짝 놀라는 모습을 표현한 것이다. 열사괴식산군列士壞植散群은 조정에 늘어선 관원들이 빗장을 부수고 사적인 파벌을 해산시켰다는 뜻이다. 괴식壞植의 식植은 빗장을 뜻한다. 장관자長官者는 관아의 수령을 말한다. 유곡斔斛은 부피를 재는 용기로 여기서는 사사로운 됫박을 뜻한다. 유斔는 6곡2두의 부피를 뜻하는 유斞 내지 유庾와 통한다. 곡斛은 10말의 용량이다.

동무同務는 업무를 평등하게 분담한다는 뜻이다. 범연이사泛然而辭는 얽매임이 없어 마치 사양하는 듯 마는 듯 분명치 않은 태도를 표현한 것이다. 「덕충부」편의 범약사氾若辭와 같은 뜻이다. 범泛과 범氾은 서로 통한다. 직이순사수直以循斯須의 직直은 다만의 뜻이고 사수斯須는 잠깐의 의미이다.

14-9

列禦寇爲伯昏无人射, 引之盈貫, 措杯水其肘上, 發之, 適矢復沓, 方矢復寓. 當是時, 猶象人也. 伯昏无人曰, "是射之射, 非不射之射也. 嘗與汝登高山, 履危石, 臨百仞之淵, 若能射乎." 於是无人遂登高山, 履危石, 臨百仞之淵, 背逡巡, 足二分垂在外, 揖禦寇而進之. 禦寇伏地, 汗流至踵. 伯昏无人曰, "夫至人者, 上闚青天, 下潛黃泉, 揮斥八極, 神氣不變. 今汝怵然有恂目之志, 爾於中也殆矣夫."

열어구列禦寇가 스승인 백혼무인伯昏无人에게 활솜씨를 자랑했다. 활시위를 힘껏 당겼는데도 그 자세가 반듯해 물잔을 팔꿈치에 올려놓을 수 있었다. 그런 자세로 활을 잇달아 쏘자 화살이 과녁의 한복판에 거듭 적중했다. 연이어 쏜 화살이 마치 시간차 없이 나란히 날아가는 듯했다. 이때 그의 모습은 마치 본떠 만든 인형 같았다.

백혼무인이 말했다.

"이는 활쏘기를 의식한 통속적인 활쏘기일 뿐 무심한 차원의 '활쏘기를 초월한 활쏘기'는 아니다. 시험 삼아 나와 함께 높은 산에 오른 후 과연 위태로운 벼랑을 밟고 서서 백 길 밑의 깊은 연못을 내려다보며 활을 쏠 수 있겠는가?"

열어구가 승낙하자 백혼무인이 마침내 그를 데리고 높은 산에 오른 뒤 위태로운 바위를 밟고 서서 백 길 밑의 깊은 연못을 내려다보았다. 이어 못을 등지고 뒷걸음질쳐 발의 3분의 2를 바위 밖 공중으로 내민 채 읍한 뒤 열어구에게 앞으로 나와 그같이 하도록 했다. 열어구가 땅 위에 엎드린 채 엉금엉금 기어갔다. 식은땀이 비 오듯 흘러내려 발꿈치까지 적셨다. 백혼무인이 힐난했다.

"무릇 지인至人은 위로 청천青天을 엿보고 아래로 황천黃泉 속에 잠긴다. 우주의 사방팔방 끝까지 자유로이 날아다니면서도 신기神氣는 조금도 변하지 않는다. 지금 너는 벌벌 떨며 눈을 질끈 감을 정도로 두려워하는 심지心志를 지니고 있으니 백 길 밑의 깊은 연못을 내려다보며 화살을 명중시키기란 거의 불가능에 가깝다."

『열자』「황제」편에 거의 똑같은 내용이 나온다. 『열자』에는 백혼무인伯昏无人의 무无가 눈이 흐릿하다는 뜻의 무瞀로 되어 있다. 영관盈貫은 화살촉이 활대에 닿도록 팽팽히 잡아당겼다는 뜻이다. 여기의 관貫은 화살촉을 뜻하는 적鏑과 통한다. 적시복답適矢復沓은 화살을 쏜 뒤 곧바로 이어서 화살을 쏘는 것을 의미한다. 『열자』에는 적適이 적鏑으로 되어 있다. 방시복우方矢復寓는 뒤에 쏜 화살이 앞서 쏜 화살에 바짝 다가가 몸을 붙이는 것을 말한다. 화살이 마치 꼬리를 문 것처럼 이어졌다는 의미이다. 사지사射之射는 유심한 차원의 통속적인 활쏘기를 뜻하고, 불사지사不射之射는 무심한 차원의 초월적인 활쏘기를 의미한다.

'배준순背逡巡, 족2분수재외足二分垂在外'는 연못을 등지고 뒷걸음질쳐 발의 3분의 2가 바위 밖 공중으로 내민 것을 표현한 것이다. 휘척8극揮斥八極은 사방팔방의 극히 먼 지역까지 자유롭게 돌아다니는 것을 말한다. 출연순복지지怵然恂目之志는 공포로 인해 벌벌 떨며 눈을 감을 정도로 두려워하는 심지를 의미한다. 여기의 순恂은 「제물론」에 나오는 순구恂懼와 같은 뜻이다.

14-10

肩吾問於孫叔敖曰, "子三爲令尹而不榮華, 三去之而無憂色. 吾始也疑子, 今視子之鼻間栩栩然, 子之用心獨奈何." 孫叔敖曰, "吾何以過人哉. 吾以其來不可却也, 其去不可止也. 吾以爲得失之非我也, 而無憂色而已矣, 我何以過人哉. 且不知其在彼乎, 其在我乎. 其在彼邪亡乎我, 在我邪亡乎彼. 方將躊躇, 方將四顧, 何暇至乎人貴人賤哉." 仲尼聞之曰, "古之眞人, 知者不得說, 美人不得濫, 盜人不得劫, 伏戲·黃帝不得友. 死生亦大矣, 而無變乎己, 況爵祿乎. 若然者, 其神經乎大山而無介, 入乎淵泉而不濡, 處卑細而不憊, 充滿天地, 旣以與人己愈有."

견오肩吾가 숙손오孫叔敖에게 물었다.

"그대는 3번이나 초나라의 영윤令尹이 되었으나 이를 영예로 여기지 않고, 3번이나 영윤의 자리에서 물러났으나 전혀 근심하는 기색이 없었소. 나도 처음에는 설마하며 그대를 의심했으나 지금 그대가 코 사이로 숨을 쉬는 것을 살펴보니 매우 조용하오. 도대체 그대의 마음가짐은 과연 어떤 것이오?"

손숙오가 대답했다.

"내가 어찌 특별히 남보다 뛰어날 리 있겠소? 나는 다만 3번 재상이 되고 3번 물러나는 과정에서 영윤 자리가 오는 것을 물리칠 수도 없었고 떠나는 것을 멈추게 할 수도 없었을 뿐이오. 나는 그 자리를 얻고 잃는 것은 나에게 달려 있는 게 아니라고 생각해 근심하는 빛이 없었을 뿐이오. 내가 어찌 특별히 남보다 뛰어날 리 있겠소? 나 또한 알 수 없는 게 있으니 참으로 귀한 것은 나의 외부에 있는 것이오, 아니면 나 자신에게 있는 것이오?

그것이 나의 외부에 있는 것이라면 나와는 상관이 없는 것이니 내가 기뻐하거나 우려할 일이 없소. 또 그것이 나 자신에게 있는 것이라면 나의 외부와 상관이 없는 것이니 내가 외부 사람들을 좇아 기뻐하거나 우려할 일이 없는 것이오. 나는 스스로 유유자적하며 사방을 두루 살피는 데 여념이 없소. 그러니 내가 어느 겨를에 속세의 귀천 문제로 일희일비할 수 있겠소?"

공자가 이 얘기를 듣고 찬탄했다.

"옛날의 진인眞人은 어떤 지자知者도 그를 설득할 수 없고, 어떤 미인도 그를 유혹할 수 없고, 어떤 도적도 그를 겁줄 수 없고, 복희씨와 황제도 그를 벗으로 삼을 수 없고, 생사와 같이 중대한 일조차 그의 마음을 동요시킬 수 없었다. 하물며 작록 따위야 더 말해 무엇하겠는가? 그런 사람은 그 정신이 태산을 지나가도 방해받지 않고, 깊은 물속에 들어갈지라도 물에 젖지 않고, 미천한 신분에 처할지라도 고달파하지 않는다. 신명이 천지에 가득 차 있는 까닭에 남에게 주면 줄수록 오히려 그 자신은 더욱 부유해진다."

견오肩吾는 전설적인 인물로 「소요유」와 「대종사」, 「응제왕」편에 이미 나온 바 있다. 손숙오孫叔敖는 실존인물로 춘추시대 중엽 초나라의 명재상을 말한다. 손숙오가 3번 영윤이 되었다가 3번 그 자리를 떠났다는 '삼위삼거三爲三去' 일화는 중국의 고전에 두루 나오는 매우 유명한 일화다. 어떤 이유로 그런 일이 빚어지게 되었는지는 알 길이 없다. 대략 '그런 일이 있었다'는 식으로 전설처럼 널리 유포됐을 공산이 크다. 『열자』「열부」편에도 유사한 일화가 나온다.

주목할 것은 『논어』「공야장」편에는 이 일화의 주인공이 손숙오보다 두 세대 가량 앞선 초나라 영윤 투자문鬪子文의 일화로 나오고 있는 점이다. 「공야장」편은 '영윤 자문은 3번 벼슬하여 영윤이 되었으면서도 기쁜 빛이 없었고, 3번 그만두었으면서도 성내는 빛이 없었다'고 되어 있다. 두 사람 모두 당대의 현신이었다. 『논어』가 『장자』보다 훨씬 앞서 편제된 점에 비춰 투자문에 관한 일화가 후대로 가면서 손숙오에 관한 일화로 뒤바뀌었을 공산이 크다.

후후연栩栩然은 코로 숨을 쉴 때 숨이 조용히 들락날락하는 모습을 그린 것이다. 「제물론」에서는 나비가 펄럭펄럭 경쾌하게 날아가는 모습을 '후후연'으로 표현해 놓았다. 지자부득세知者不得說의 지知는 지智와 통하고, 세說는 유세의 의미이다. 태산大山이 태산泰山으로 된 판본이 있다. 기이여인기유유既以與人己愈有는 남에게 다 주어도 도리어 자기 자신은 더욱 부유해진다는 뜻으로 『도덕경』 제81장에 나오는 '성인은 쌓아두지 않고 다른 사람에게 모두 주니 더욱 부유해진다'는 구절과 취지를 같이한다.

14-11

楚王與凡君坐, 少焉, 楚王左右曰 '凡亡' 者三. 凡君曰, "凡之亡也, 不足以喪吾存. 夫凡之亡不足以喪吾存, 則楚之存不足以存存. 由是觀之, 則凡未始亡而楚未始存也."

초왕이 패망한 범凡나라 군주와 함께 앉아 있었다. 잠시 후 초왕의 측근 신하들이 말했다.

"범나라에는 망할 조짐이 3가지나 있습니다."

범나라 군주가 대꾸했다.

"범나라의 패망조차 저의 생존을 잃게 하기엔 부족했습니다. 그렇다면 초나라의 존속 또한 도의 존속을 보장하기엔 부족하다는 것을 알 수 있습니다. 이로써 살펴보면 범나라가 처음부터 망한 것도 아니고 초나라가 처음부터 존속한 것도 아닙니다."

초왕楚王을 두고 성현영은 초문왕으로 해석했으나 꼭 그같이 볼 필요는 없다. 범군凡君 역시 범凡나라 희후僖侯를 지칭한 것으로 풀이하고 있으나 이 또한 역사적 사실과 무관한 것이다. 하나의 우화에 지나지 않는다. 문맥상 범나라 군주는 패망한 후 초나라에 몸을 의탁한 것으로 보는 게 옳다.

제15장 지북유(知北遊)

15-1

知北遊於玄水之上, 登隱弅之丘, 而適遭無爲謂焉. 知謂無爲謂曰, “予欲有問乎若. 何思何慮則知道. 何處何服則安道. 何從何道則得道.” 三問而無爲謂不答也. 非不答, 不知答也. 知不得問, 反於白水之南, 登狐闋之上, 而覩狂屈焉. 知以之言也問乎狂屈. 狂屈曰, “唉, 予知之, 將語若.” 中欲言而忘其所欲言. 知不得問, 反於帝宮, 見黃帝而問焉. 黃帝曰, “無思無慮始知道, 無處無服始安道, 無從無道始得道.” 知問黃帝曰, “我與若知之, 彼與彼不知也, 其孰是邪.” 黃帝曰, “彼無爲謂眞是也, 狂屈似之, 我與汝終不近也. 夫知者不言, 言者不知, 故聖人行不言之教. 道不可致, 德不可至. 仁可爲也, 義可虧也, 禮相僞也. 故曰, ‘失道而後德, 失德而後仁, 失仁而後義, 失義而後禮.’ 禮者, 道之華而亂之首也. 故曰, ‘爲道者日損, 損之又損之, 以至於無爲, 無爲而無不爲也.’ 今已爲物也, 欲復歸根, 不亦難乎. 其易也其唯大人乎. 生也死之徒, 死也生之始, 孰知其紀. 人之生, 氣之聚也. 聚則爲生, 散則爲死. 若死生爲徒, 吾又何患. 故萬物一也. 是其所美者爲神奇, 其所惡者爲臭腐. 臭腐復化爲神奇, 神奇復化爲臭腐. 故曰, ‘通天下一氣耳.’ 聖人故歸一.” 知謂黃帝曰, “吾問無爲謂, 無爲謂不應我, 非不我應, 不知應我也. 吾問狂屈, 狂屈中欲告我而不我告, 非不我告, 中欲告而忘之也. 今予問乎若, 若知之, 奚故不近." 黃帝曰, "彼其眞是也, 以其不知也. 此其似之也, 以其忘之也. 予與若終不近也, 以其知之也." 狂屈聞之, 以黃帝爲知言.

지혜가 북쪽으로 현수玄水의 물가에 놀러갔다가 은분隱弅의 언덕에 올라 우연히 무위위無爲謂를 만났다. 지혜가 무위위에게 물었다.

"내가 그대에게 물어볼 게 있소. 어떻게 생각하고 고민해야 도를 알 수 있는 것이오? 어떻게 처신하고 일해야 도에 편히 거처할 수 있는 것이오? 무엇을 따르고 무엇에 인도를 받아야 도를 얻을 수 있는 것이오?"

3가지 질문에 무위위는 대답하지 않았다. 대답하지 않은 게 아니라 대답할 줄 몰랐다. 지혜는 더 이상 물어보지 못하고 백수白水의 남쪽으로 돌아와 호결狐闋의 언덕에 올라 광굴狂屈을 만났다. 지혜가 앞서와 같은 얘기로 묻자 광굴이 대답했다.

"음, 내가 그것을 알고 있소. 그대에게 말해주겠소."

그러나 말을 하려던 중에 말하고자 하는 것을 잊어버렸다. 지혜가 더 이상 물어보지 못하고 황제의 궁으로 돌아가 황제를 만나 물었다. 황제가 대답했다.

"생각하지도 고민하지도 않아야 비로소 도를 알게 되오. 처신하지도 일하지도 않아야 비로소 도에 편히 거처할 수 있소. 그 무엇도 따르지 말고 그 무엇에 인도받지 말아야 비로소 도를 터득할 수 있소."

지혜가 다시 물었다.

"그대의 말을 듣고 나는 이제 그대와 더불어 도에 대해 알게 됐소. 그러나 무위위와 광굴은 여전히 도를 알지 못하고 있소. 과연 누가 옳은 것이오?"

황제가 대답했다.

"저 무위위는 실로 도를 제대로 아는 자이고, 광굴은 도에 가깝고, 나와 그대는 끝내 도에 가까이 갈 수 없는 사람들이오. 무릇 도를 아는 자는 말하지 않고, 말하는 자는 도를 알지 못한 자이오. 성인이 말 없는 교화를 행하는 것은 이 때문이오.

도道는 말로 이룰 수 없고, 덕德은 말로 형언할 수 없소. 이에 반해 인仁은 인위로 이룰 수 있는 것이고, 의義는 인위에 의해 훼손될 수 있는 것이고, 예禮는 인위를 통해 서로 거짓을 꾸미는 것에 지나지 않소. '도를 잃은 후 덕을 말하고, 덕을 잃은 후 인을 말하고, 인을 잃은 후 의를 말하고, 의를 잃은 후 예를 말한다' 는 얘기가 나온 이유요. 예는 도의 겉치레이고 어지러움의 괴수에 해당하오. 그래서 말하기를, '도를 추구하는 것은 날로 인위를 덜어내는 것이다. 덜어내고 또 덜어내 인위가 없는 무위의 경지에 이르면 무위인 동시에 인위가 아닌 게 없게 된다' 고 하는 것이오. 그러나 지금 이미 만물을 인위 속에 묶어 놓았으니 근본으로 돌아가고자 해도 그것이 또한 어렵지 않겠소? 그런 일을 쉽게 할 수 있는 사람은 오직 대인大人밖에 없소.

삶은 죽음과 같은 무리이고, 죽음은 삶의 시작이오. 그 누가 그 끝을 알 수 있겠소? 사람이 태어나는 것은 기가 모인 결과이니 모이면 태어나고 흩어지면 죽게 되오. 만일 삶과 죽음이 같은 무리라는 사실을 안다면 내가 또한 무엇을 근심하겠소?

무릇 만물은 매한가지인데 사람들은 자신이 아름답다고 여기는 것은 신기하다 하고, 자신이 싫어하는 것은 냄새나고 썩었다고 하오. 그러나 냄새나고 썩은 것은 다시 신기한 것으로 바뀌고, 신기한 것은 다시 냄새나고 썩은 것으로 바뀌는 법이오. 그래서 말하기를, '천하를 통틀어 오직 하나의 기氣만 있을 뿐이다'라고 하는 것이오. 성인이 하나를 중시하는 이유가 여기에 있소."

지혜가 황제에게 또 물었다.

"내가 무위위에게 물었을 때 그는 대답하지 않았소. 알고 보니 그는 나에게 대답하지 않은 게 아니라 대답할 줄 몰랐기 때문이오. 내가 광굴에게 물었을 때 그는 나에게 일러줄 듯하다가 일러주지 않았소. 알고 보니 나에게 일러주지 않은 게 아니라 일러주려고 하던 중에 일러줄 것을 잊은 것이오. 지금 내가 그대에게 물었더니 그대는 자세히 알고 있었소. 그런데 어찌해서 도에 가깝지 않다고 하는 것이오?"

황제가 대답했다.

"저 무위위가 실로 도를 제대로 아는 것은 지혜를 알지 못하기 때문이고, 광굴이 도에 가까운 것은 지혜를 잊었기 때문이고, 나와 그대가 끝내 도에 가까이 가지 못하는 것은 지혜를 알기 때문이오."

이 얘기를 들은 광굴은 황제가 말을 제대로 이해하는 사람이라고 여겼다.

지知는 지혜를 뜻하는 가공의 인명이다. 현수玄水는 아래의 백수白水와 상대되는 가공의 물 이름이다. 현玄이 원元으로 되어 있는 판본이 있다. 은분隱弅 역시 가공의 지명이다. 높은 언덕을 뜻하는 분弅이 분盆으로 되어 있는 판본이 있다. 호결狐闋도 여우가 의심을 하며 쉰다는 뜻을 지닌 가공의 언덕 이름이다.

도불가치道不可致의 치致를 두고 성현영은 득得으로 풀이했으나 뒤에 나오는 덕불가지德不可至와 대구를 이루고 있는 점을 감안할 때 초치招致의 뜻으로 풀이하는 게 더 낫다. 실도이후덕失道而後德 이하의 구절은 『도덕경』 제38장과 같고, 위도자일손爲道者日損 이하 구절은 『도덕경』 제48장과 거의 같다. 욕부귀근欲復歸根 구절도 『도덕경』 제16장과 취지를 같이한다.

통천하일기이通天下一氣耳는 천하를 통틀어 하나의 기밖에 없다는 뜻으로 통천하通天下가 통천지通天地로 된 판본도 있다. 이황제위지언以黃帝爲知言의 지언知言을 두고 '황제가 겨우 말귀를 알아들었다'는 식으로 해석하는 견해도 있으나 문맥상 '황제야말로 말을 제대로 이해하는 통찰을 지닌 사람이다'라는 뜻의 칭송으로 보는 게 낫다.

15-2

天地有大美而不言, 四時有明法而不議, 萬物有成理而不說. 聖人者, 原天地之美而達萬物之理. 是故至人無爲, 大聖不作, 觀於天地之謂也. 今彼神明至精, 與彼百化. 物已死生方圓, 莫知其根也. 扁然而萬物, 自古以固存. 六合爲巨, 未離其內. 秋毫爲小, 待之成體. 天下莫不沈浮, 終身不故, 陰陽四時運行, 各得其序. 惛然若亡而存, 油然不形而神, 萬物畜而不知. 此之謂本根, 可以觀於天矣.

천지자연은 커다란 아름다움을 지니고 있으나 말로 표현하지 않는다. 사계절은 밝은 법칙을 갖고 있으나 말로 따지지 않는다. 만물은 생성의 이치를 지니고 있으나 말로 유세하지 않는다. 성인은 천지의 아름다움에 근거해 만물의 이치에 통달한 사람이다. 지인至人은 무위하고 대성大聖은 작위하지 않는 이유다. 이는 천지자연을 살펴보았음을 언급한 것이다.

지금 저 신명神明과 지정至精의 기는 만물과 함께 백 가지로 변화하고 있다. 만물은 이미 죽거나 살거나 모나거나 둥글게 변화하지만 그 근원을 알 수 없다. 날로 새로워지는 만물이 예로부터 이미 존재하고 있다. 6합이 크다지만 그 안을 떠나지 않고, 가을 털이 작다지만 그것을 얻어 몸체를 이루고 있다. 천하만물 모두 예외 없이 부침을 거듭하고, 죽을 때까지 끊임없이 이전의 모습을 바꾸고, 음양과 사계는 계속 쉼 없이 운행하지만 각기 그 차례를 지킨다.

도는 어렴풋하게 존재하지 않는 듯하면서도 존재하고, 느긋하게 모습을 드러내지 않으면서도 신묘하게 작용한다. 만물은 도에 의해 길러지면서도 그런 사실을 알지 못한다. 이를 일컬어 만물의 뿌리인 '본근本根'이라고 한다. 이는 가히 하늘에서나 살펴볼 수 있다.

천지유대미이불언天地有大美而不言은 『논어』 「양화」편에 나오는 '하늘이 무슨 말을 하던가?'의 의미인 '천하언재天何言哉'와 취지를 같이하는 것이다. '지인무위至人無爲, 대성부작大聖不作'의 지인至人과 대성大聖을 구분하는 견해도 있으나 성현영처럼 같은 것으로 보는 게 낫다. 인위가 없는 부작不作은 곧 무위無爲를 뜻한다.

편연扁然은 날마다 변화하는 모습을 그린 것이다. 일부 판본에는 빨리 날아가는 모습을 그린 편연翩然으로 되어 있다. 혼연약무이존惛然若亡而存은 어렴풋이 존재하지 않는 듯하면서 존재한다는 뜻으로 무亡는 무無의 뜻이다. 유연油然은 느긋한 모습으로 성현영은 얽매임이 없는 무계無係로 풀이했다. 본근本根은 천지의 근본으로 곧 도를 의미한다.

15-3

齧缺問道乎被衣, 被衣曰, "若正汝形, 一汝視, 天和將至. 攝汝知, 一汝度, 神將來舍. 德將爲汝美, 道將爲汝居. 汝瞳焉如新生之犢而無求其故." 言未卒, 齧缺睡寐. 被衣大說, 行歌而去之, 曰, "形若槁骸,心若死灰, 眞其實知, 不以故自持. 媒媒晦晦, 無心而不可與謀. 彼何人哉."

설결齧缺이 피의被衣에게 도를 물었다. 피의가 대답했다.

"그대의 몸을 바르게 하고 그대의 시선을 하나같이 하면 자연의 화기가 이를 것이다. 그대의 지식을 거둬들이고 그대의 기를 하나같이 하면 정신이 와서 머물 것이다. 그리하면 덕이 너의 아름다움이 될 것이고, 도가 너의 거처가 될 것이다. 이때 그대는 마치 갓 태어난 송아지처럼 순진한 눈으로 사물을 바라보면 그 연유를 찾지 않을 것이다."

말이 끝나기도 전에 설결은 잠이 들었다. 피의가 크게 기뻐한 나머지 이같이 노래하며 그 자리를 떠났다.

몸은 말라빠진 해골 같고	形若槁骸
마음은 불 꺼진 재와 같네	心若死灰
아는 것을 진실하게 하니	眞其實知,
옛 것을 고집하지도 않네	不以故自持
무지한 듯 어리석은 듯하니	媒媒晦晦
무심하여 헤아릴 수도 없네	無心而不可與謀
과연 그는 어떤 자인가?	彼何人哉

설결齧缺은 「제물론」, 피의被衣는 「응제왕」편에 이미 나왔다. 천화天和는 자연의 화기를 뜻한다. 섭여지攝汝知의 섭攝은 끌어당겨 굳건히 유지한다는 의미이다. 동언瞳焉은 어리석은 모습으로 사리에 어둡다는 뜻의 당惷으로 읽을 것을 주장하는 견해가 있다. 형약고해

形若槁骸는 몸뚱이가 마치 말라빠진 나무줄기 같다는 의미이다. 고해槁骸는 「서무귀」에도 나온다. 「제물론」의 고목槁木, 「경상초」의 고목지지槁木之枝와 같다. 진기실지眞其實知는 자신이 아는 것을 진실되게 한다는 뜻으로 여기의 실實을 두고 오여륜吳汝綸은 『회남자』 「도응훈」 편을 인용해 소所의 뜻으로 풀이했다.

15-4

舜問乎丞曰, "道可得而有乎." 曰, "汝身非汝有也, 汝何得有夫道." 舜曰, "吾身非吾有也, 孰有之哉." 曰, "是天地之委形也. 生非汝有, 是天地之委和也. 性命非汝有, 是天地之委順也. 孫子非汝有, 是天地之委蛻也. 故行不知所往, 處不知所持, 食不知所味. 天地之强陽氣也, 又胡可得而有邪."

순이 뒤에서 보필하는 승丞에게 물었다.

"도는 과연 터득해 소유할 수 있는 것입니까?"

승이 대답했다.

"네 몸도 네 소유가 아닌데 어찌 도를 소유할 수 있겠는가?"

"제 몸이 제 것이 아니라면 누구의 것이란 말입니까?"

승이 대답했다.

"그것은 천지자연이 너에게 모습을 맡긴 것이다. 삶도 너의 소유가 아니라 천지자연이 맡겨놓은 음양의 화합일 뿐이다. 성명性命 역시 너의 소유가 아니라 천지자연이 맡겨놓은 순리일 뿐이다. 자손 또한 너의 소유가 아니라 천지자연이 맡겨놓은 허물일 뿐이다. 길을 가도 갈 데를 모르고, 머물러도 지켜야 할 것을 모르고, 음식을 먹어도 맛있는 것을 모른다. 이는 천지자연의 강건한 양기가 작용한 결과다. 그러니 도를 어찌 소유할 수 있겠는가?"

승丞은 원래 관명으로 육덕명은 '좌보左輔, 우필右弼, 전의前疑, 후승後丞 모두 간쟁을 담당한 관직이다' 라고 주석했다. 증烝으로 된 판본도 있다. 천지지위세天地之委蛻는 천지자연이 허물을 맡겼다는 뜻이다. 손자孫子는 자손의 의미로 자손子孫으로 된 판본도 있다. 세蛻는 허물을 벗는다는 의미로 '태' 로 읽어도 된다.

15-5

孔子問於老聃曰, "今日晏閒, 敢問至道." 老聃曰, "汝齊戒, 疏瀹而心, 澡雪而精神, 掊擊而知. 夫道, 窅然難言哉. 將爲汝言其崖略. 夫昭昭生於冥冥, 有倫生於無形, 精神生於道, 形本生於精, 而萬物以形相生. 故九竅者胎生, 八竅者卵生. 其來無迹, 其往無崖, 無門無房, 四達之皇皇也. 邀於此者, 四肢彊, 思慮恂達, 耳目聰明. 其用心不勞, 其應物無方. 天不得不高, 地不得不廣, 日月不得不行, 萬物不得不昌, 此其道與. 且夫博之不必知, 辯之不必慧, 聖人以斷之矣, 若夫益之而不加益, 損之而不加損者, 聖人之所保也. 淵淵乎其若海, 魏魏乎其終則復始也. 運量萬物而不匱, 則君子之道, 彼其外與. 萬物皆往資焉而不匱, 此其道與. 中國有人焉, 非陰非陽, 處於天地之間, 直且爲人, 將反於宗. 自本觀之, 生者, 喑醷物也. 雖有壽夭, 相去幾何. 須臾之說也, 奚足以爲堯·桀之是非. 果蓏有理, 人倫雖難, 所以相齒. 聖人遭之而不違, 過之而不守. 調而應之, 德也. 偶而應之, 道也. 帝之所興, 王之所起也. 人生天地之間, 若白駒之過郤, 忽然而已. 注然勃然, 莫不出焉. 油然漻然, 莫不入焉. 已化而生, 又化而死. 生物哀之, 人類悲之. 解其天弢, 墮其天袠. 紛乎宛乎, 魂魄將往, 乃身從之. 乃大歸乎. 不形之形, 形之不形, 是人之所同知也, 非將至之所務也, 此衆人之所同論也. 彼知則不論, 論則不至. 明見無値, 辯不若默. 道不可聞, 聞不若塞. 此之謂大得."

공자가 노담에게 물었다.

"오늘 조금 한가한 듯 보여 감히 지극한 도에 대해 여쭙고자 합니다."

노담이 대답했다.

"그대는 우선 재계하여 그대의 마음을 소통시키고, 정신을 깨끗이 씻어내 그대의 지혜를 밀쳐내도록 하시오. 무릇 도란 심원하여 말로 표현하기 어렵소. 그대를 위해 그 언저리나마 대략 말해주겠소.

무릇 밝은 것은 어둠에서 생기고, 모습이 있는 것은 모습이 없는 것에서 생기고, 정신은 도에서 생기고, 모습은 본래 정기에서 생기오. 만물은 모습을 갖추고 생성하니 무릇 사람처럼 9규九竅를 지닌 생물은 태생胎生을 하고, 새처럼 8규八竅를 가진 생물은 난생卵生을 하오. 올 때는 자취가 없고, 갈 때는 끄트머리가 없고, 문도 방도 없어 사방으로 탁 트여 있을 뿐이오. 이를 따르는 자는 사지가 강하고, 사려가 순조롭게 통하고, 이목이 총명하오. 마음 쓰는 것이 수고롭지 않고, 사물을 대응하는 것 역시 일정함이 없소. 하늘이 이를 얻지 못하면 높아질 수 없고, 땅이 이를 얻지 못하면 넓어질 수 없고, 해와 달이 이를 얻지 못하면 운행할 수 없고, 만물이 이를 얻지 못하면 창성할 수 없소. 도가 바로 이런 것이오.

박학다식한 사람일지라도 반드시 도를 아는 것도 아니고, 말재간이 뛰어난 사람일지라도 반드시 도를 아는 것도 아니니 성인은 바로 이런 것들을 끊은 사람들이오. 더하려고 해도 더해지지 않고, 덜어내려

해도 덜어지지 않으니 성인은 다만 보존할 뿐이오. 깊기도 하구나! 마치 바다처럼. 높기도 하구나! 끝나면 다시 시작하는 것이. 만물을 운행하고 포용하면서 버리지 않으니 군자의 도는 그런 일정한 틀에서 벗어나 있는 게 아니겠소? 만물 모두 이에 의지해 운행하지만 조금도 부족해지지 않소. 이것이 바로 진정한 도가 아니겠소."

중국에 어떤 사람이 있는데 음도 양도 아니오. 천지 사이에 머물러 잠시 사람의 형체로 있다가 장차 천지자연의 근본으로 돌아가오. 근본인 대도에서 보면 삶이란 기가 잠깐 모인 것에 지나지 않소. 비록 오래 살고 일찍 죽는 차이가 있으나 그 거리가 얼마나 되겠소? 잠깐의 이야기에 지나지 않는데 어찌 요순堯舜과 걸주桀紂의 시비를 따지기에 충분하겠소? 나무의 과실과 풀 열매도 생장하는 이치가 있소. 인륜은 가지런히 하기가 어렵다고 하나 이빨이 서로 맞물려 배열된 것처럼 나름 질서가 있소. 성인은 그런 것을 만나면 어기지도 않지만 단지 지나칠 뿐 지키려 하지도 않소.

함께 화합하면서 대하는 것은 덕이고, 만나서 호응하는 것은 도이오. 도와 덕은 제왕이 흥기하는 근거에 해당하오. 사람이 천지 사이에 사는 것은 마치 빨리 달리는 흰 망아지가 문틈으로 지나가는 순간을 언뜻 보는 소위 '백구과극白駒過郤'처럼 홀연히 끝날 뿐이오. 줄줄이 쑥쑥 자라나 생성되지 않는 게 없고, 스스로 흘러가 죽음으로 들어가지 않는 게 없소.

만물 모두 이미 변화해 태어났으면 이내 또 변화해 죽게 마련이오. 사물은 같은 무리가 죽으면 슬퍼하고, 사람 역시 가까운 사람이 죽으면 비통해하오. 그러나 사실 이는 하늘의 활통에 갇혀 있다가 풀려난 것이고, 하늘의 칼집에 매여 있다가 떨어져 나온 것이나 다름없소. 이리저리 흩날리고 구르다가 혼백이 막 돌아가게 되면 마침내 몸 또한 함께 따르게 되니 이게 바로 크게 돌아가는 것이오.

드러나지 않던 것이 드러나고 드러난 것이 사라지게 되는 것은 사람들이 다 알고 있소. 이는 막 도에 이르려는 사람이 힘쓰는 바가 아니고 오직 중인들이 서로 모여 이야기하는 것일 뿐이오. 저 도에 이르려는 사람은 말을 하지 않소. 말을 하면 도에 이르지 못하기 때문이오. 도는 밝게 드러내려 해도 드러낼 수 없으니 말을 잘하는 것은 침묵하느니만 못하오. 도는 들어서 알 수 있는 게 아니니 듣는 것은 귀를 막느니만 못하오. 이를 일컬어 크게 깨닫는 '대득大得'이라고 하오."

안한晏閒은 조금 한가하다는 뜻으로 안晏은 안安, 한閒은 한閑과 통한다. 여재계汝齊戒의 재齊는 삼가며 재계한다는 뜻의 재齋와 같다. 소륜이심疏瀹而心의 소疏와 륜瀹 모두 통한다는 뜻이다. 『맹자』「등문공 상」편에 제수와 탑수를 서로 소통시켰다는 뜻의 '윤제탑瀹濟漯' 표현이 나온다. 조설澡雪은 깨끗이 씻어낸다는 뜻으로 성현영은 쇄탁洒濯으로 풀이했다.

부격掊擊은 밀쳐낸다는 뜻으로 타격打擊과 같다. 「인간세」편에 이미 나온 바 있다. 요연窅然은 깊고 먼 모양을 말한다. 「소요유」편에도 나왔다. 언기애략言其崖略은 언저리의 대략을 말한다는 뜻이다. 현묘한 것은 말로 다 표현하기 어려워 단지 그 주변과 대략만 얘기할 수 있다는 취지이다.

사달지황황四達之皇皇은 사방으로 탁 트여 있는 것을 지칭한 것이다. 『도덕경』 제10장의 '명백사달明白四達'과 같은 취지이다. 요어차자邀於此者의 요邀를 두고 성현영은 만난다는 뜻의 우遇로 새겼으나 유월은 『설문해자』를 인용해 따른다는 뜻의 순循으로 풀이했다. 사려순달思慮恂達의 순恂을 두고 성현영은 이해된다는 뜻의 통通으로 새겼다. 차기도여此其道與를 이케다는 감탄문으로 보았다.

성인이단지聖人以斷之의 이以는 고전에서 이已와 통용되는 글자이다. 연연호淵淵乎의 연淵은 심深의 뜻이다. 위위호魏魏乎는 깊고 큰 모양을 말한다. 운량만물이불궤運量萬物而不匱는 만물을 운행하고 포용하며 버리지 않는다는 뜻이다. 불궤不匱가 불유不遺로 된 판본이 있다. 뜻은 같다.

음애물暗醷物은 기가 잠깐 모인 것이라는 의미이다. 상거기하相去幾何는 '서로 간의 차이가 얼마나 되는가'의 뜻으로 『도덕경』 제20장에 똑같은 표현이 나온다. 과라유리果蓏有理는 나무의 과실과 풀에서 자라는 열매는 생장하는 이치가 있다는 뜻이다. 과果는 나무 열매, 라蓏는 풀의 열매를 말한다.

백구지과극白駒之過郤은 빠른 말이 틈을 지나간다는 뜻으로 인생이 순식간에 끝난다는 의미이다. 성현영은 '백구'를 두고 햇빛의 뜻을 지닌 '준마'로 풀이했다. 극郤은 극隙과 통한다.

주연발연注然勃然의 주연注然은 물을 대는 것처럼 연소되는 모습, 발연勃然은 흥기하는 모습을 표현한 것이다. 유연류연油然漻然의 유연油然은 스스로 흘러가는 모습을 그린 것이다. 아카츠카는 평안한 모습을 뜻하는 유유연油油然으로 새겼다. 류연漻然은 만물이 변화해 소멸하는 모습을 그린 것이다. 성현영은 '유연'과 '류연' 모두 사물이 죽음으로 들어가는 모습을 표현한 것으로 해석했다.

'생물애지生物哀之, 인류비지人類悲之'는 태어난 사물은 같은 무리가 죽으면 슬퍼하고, 특히 사람의 무리는 같은 사람이 죽으면 비통해한다는 뜻이다. 변화해 죽게 되면 다른 사물이 되는데 변치 않고 살아있는 것들은 그것을 슬퍼하고, 인간들은 특히 다른 존재가 되는 것을 싫어한다는 뜻을 내포하고 있다.

해기천도解其天弢는 하늘의 활통에 갇혀 있다 풀려났다는 의미이다. 여기의 도弢는 활이나 깃발 등을 넣어두는 주머니를 말한다. 타기천질墮其天袠은 하늘의 칼집에 속박돼 있다 풀려난 것을 뜻한다. 질袠은 칼전대를 뜻하는 질袟과 같은 글자이다. 분호紛乎는 어지러운 모습, 완호宛乎는 이리저리 흩날리는 모습을 그린 것이다. 명견무치明見無値는 분명히 보이는 자는 도를 만나지 못한다는 뜻이다. 치値는 만난다는 의미이다. 대득大得을 두고 성현영은 큰 이치를 터득한 것으로 풀이했으나 후쿠나가 등은 대덕大德의 뜻으로 새겼다.

15-6

東郭子問於莊子曰, "所謂道, 惡乎在." 莊子曰, "無所不在." 東郭子曰, "期而後可." 莊子曰, "在螻蟻." 曰, "何其下邪." 曰, "在稊稗." 曰, "何其愈下邪." 曰, "在瓦甓." 曰, "何其愈甚邪." 曰, "在屎溺." 東郭子不應. 莊子曰, "夫子之問也, 固不及質. 正獲之問於監市履狶也, '每下愈況.' 汝唯莫必, 無乎逃物. 至道若是, 大言亦然. 周遍咸三者, 異名同實, 其指一也. 嘗相與遊乎無何有之宮, 同合而論, 無所終窮乎. 嘗相與無爲乎, 澹而靜乎, 漠而淸乎, 調而閒乎. 寥已吾志, 吾往焉而不知其所至, 去而來而不知其所止. 吾已往來焉而不知其所終, 彷徨乎馮閎, 大知入焉而不知其所窮. 物物者與物無際, 而物有際者, 所謂物際者也. 不際之際, 際之不際者也. 謂盈虛衰殺, 彼爲盈虛非盈虛, 彼爲衰殺非衰殺, 彼爲本末非本末, 彼爲積散非積散也."

동곽자가 장자에게 물었다.

"이른바 도는 어디에 있소?"

장자가 대답했다.

"존재하지 않는 곳이 없소."

"꼭 찍어 말해주어야 알아들을 수 있겠소."

장자가 말했다.

"도는 땅강아지나 개미에게 있소."

"어찌 그처럼 낮은 곳에 있는 것이오?"

장자가 말했다.

"도는 돌피나 피 따위에 있소."

"어찌 더욱 낮아지는 것이오?"

장자가 말했다.

"도는 기왓장이나 벽돌에 있소."

"어찌 더욱 심해지는 것이오?"

장자가 말했다.

"도는 똥과 오줌 속에 있소."

동곽자가 아예 입을 다물어 버렸다. 장자가 말했다.

"그대가 물은 것은 본래 본질에 미치지 못한 것이오. 도축 담당 관원인 정획正獲이 시장 관리인에게 도축 상황을 물으면서 돼지의 넓적다리를 밟아보는 것은 아래쪽으로 내려갈수록 살찐 것을 쉽게 알 수 있기 때문이오. 그대는 반드시 어떤 것이라고 고집하는 마음이 없어야 하오. 그래야만 도가 어떤 물건에서든 떠나지 않고 두루 존재한다는 사실을 알 수 있게 되오. 지극한 도는 바로 이와 같소. 훌륭한 말 또한 그러하오.

'두루'의 뜻인 주周와 '널리'의 뜻인 편遍, '모두'의 뜻인 함咸 등 세 글자는 명칭만 다를 뿐 실제 내용은 같으니 결국 가리키는 것은 하나요. 늘 함께 '그 어떤 것도 없는 궁전'인 무하유지궁無何有之宮에서 노닐면서 만물은 결국 같은 것이라는 입장에 서서 얘기하면 모든 것이 끝없이 무궁무진할 것이오. 늘 함께 무위하고, 담담하며 고요하고, 아득하며 맑고, 고르고 한가하리라!

그리하면 내 뜻이 고요해질 것이니 내가 길을 갈지라도 이르는 곳을 모르게 되고, 이리저리 오갈지라도 멈추는 곳을 모르게 될 것이오. 내가 이리저리 오가면서 시공時空의 끝을 모른 채 텅 빈 공간인 풍굉馮閎에서 방황하면 큰 지혜가 들어오게 되니 그 끝은 알 수 없소.

사물을 원래의 사물로 있게 하는 것은 사물들 사이에 경계가 없기 때문이오. 사물들 사이에 경계가 있는 것을 두고 이른바 '사물의 경계'라고 하오. 경계가 없는 도의 경계에서는 세속에서 말하는 경계가 결코 경계로 나타날 수 없게 되오. 예를 들어 영허쇠살盈虛衰殺의 경우 차고 비는 영허盈虛를 말하지만 도에는 '영허'가 없고, 쇠하고 멸하는 쇠살衰殺을 말하지만 도에는 '쇠살'이 없소. 본말적산本末積散의 경우도 같으니, 뿌리와 가지를 뜻하는 본말本末을 말하지만 도에는 '본말'이 없고, 쌓이고 흩어지는 적산積散을 말하지만 도에는 '적산'이 없소."

동곽자東郭子 역시 가공의 인물로 「전자방」에 나온 전자방의 스승 동곽순자東郭順子와 동일인물로 보인다. 기이후가期而後可를 두고 임희일은 '날짜와 장소 등을 지정한 후 알아들을 수 있다'는 뜻으로 해석했으나 '특별히 지적해 말하다'의 의미로 새기는 게 낫다. 누의螻蟻는 땅강아지와 개미로 땅바닥을 기는 미물에도 도가 존재한다는 의미이다. 불가의 만유불성萬有佛性과 같은 취지이다. 시뇨屎溺는 똥과 오줌으로 시屎가 시矢로 되어 있는 판본이 있다. 시矢는 시屎의 아어雅語이다.

정획正獲의 '획'을 두고 성현영은 '시장을 관할하는 관원 획'으로 풀이했으나 도축을 담당하는 관원으로 보는 견해가 우세하다. 감시監市는 시장의 우두머리를 뜻한다. 이시履狶에 대한 해석이 분분하다. 돼지의 넓적다리를 밟는다는 뜻으로 새기는 게 그럴듯하다. 이이李頤는 '시장의 우두머리가 돼지의 넓적다리를 밟는 것은 이 부분이 살이 오르기 어려운 부분이기 때문이다. 도를 물을 때 또한 낮고 천한 것으로 비유하면 도를 알 수 있다' 고 풀이했다. 뒤이어지는 매하유황每下愈況 구절이 '아래쪽으로 내려갈수록 살찐 것을 알기 쉽다' 의 뜻으로 풀이되는 이유이다. 여기의 황況은 더욱 분명해진다는 뜻이다.

담이정호澹而靜乎는 담박하고 고요하다는 뜻으로 '무위' 를 풀이한 것이다. 요이오지寥已吾志는 오지요이吾志寥已의 도치문으로 이已는 종결조사 의矣의 뜻이다. 풍굉馮閎은 커다란 공간을 뜻한다. 풍馮과 굉閎 모두 크다는 뜻이다. 대지입언大知入焉을 두고 곽상은 대지大知의 인물이 '풍굉' 에 들어온다고 해석했으나 임희일 등은 내가 대지 속으로 들어간다는 의미로 풀이했다. 물물자여물무제物物者與物無際에 대한 해석이 분분하나 여혜경은 '사물을 사물로 있게 하는 것은 사물 사이에 경계가 없기 때문이다' 라고 해석했다. 매우 형이상학적인 구절이다.

15-7

婀荷甘與神農同學於老龍吉. 神農隱几, 闔戶晝瞑. 婀荷甘日中奓戶而入, 曰, "老龍死矣." 神農隱几擁杖而起, 嚗然放杖而笑, 曰, "天知予僻陋慢訑, 故棄予而死. 已矣, 夫子無所發予之狂言而死矣夫." 弇堈弔聞之, 曰, "夫體道者, 天下之君子所繫焉. 今於道, 秋毫之端萬分未得處一焉, 而猶知藏其狂言而死, 又況夫體道者乎. 視之無形, 聽之無聲, 於人之論者, 謂之冥, 冥所以論道而非道也."

아하감婀荷甘은 신농神農과 함께 노룡길老龍吉 밑에서 배웠다. 신농이 책상에 기댄 채 문을 닫고 낮부터 졸았다. 아하감이 한낮에 문을 열고 들어와 말했다.

"늙은 용이 죽었다!"

신농이 책상에 기대어 있다가 지팡이를 짚고 일어나더니 이내 지팡이를 내던지고는 웃으며 말했다.

"하늘 같은 스승은 내가 비뚤어지고 속이 좁으며 거짓말을 잘하고 엉터리인 것을 알았기에 나를 버리고 돌아가셨다. 이제 끝났다! 스승은 나를 계발시켜 줄 광언狂言 한 마디 없이 돌아가셨구나!"

엄강弇堈이 조문을 왔다가 그 말을 듣고 이같이 말했다.

"무릇 도를 체득한 자는 천하의 성인군자들이 귀순하는 대상이다. 지금 노룡길은 도에 대해 추호秋毫의 1만분의 1조차 얻지 못했다. 그런데도 오히려 도에 관한 지극한 말을 간직한 채 죽는 방법을 알았다. 하물며 도를 체득한 사람이야 더 말할 게 있겠는가? 도는 보고자 해도 형체가 없고, 듣고자 해도 소리가 없다. 사람들이 도를 말할 때 흔히 '어둡다'고 한다. 이는 도를 논하는 방법에 지나지 않는 것으로 어둠 자체가 도인 것은 아니다."

아하감婀荷甘은 신농神農과 함께 도를 터득한 노룡길老龍吉 밑에서 도를 배운 가공의 인물이다. 주명晝瞑은 낮잠을 뜻한다. 차호奓戶의 차奓는 열다의 개開와 통한다. 박연嚗然을 두고 웃음소리로 해석한 견해도 있으나 이이는 지팡이를 내던지는 소리로 파악했다. 벽루만이僻陋慢訑는 비뚤어지고, 속이 좁고, 거짓말 잘 하고, 엉터리라는 뜻이다. 여기의 이訑는 허황할 탄誕과 통한다. 엄강조弇堈弔를 이름으로 파악하는 견해도 있으나 문맥상 '엄강'이 조문했다고 해석하는 게 자연스럽다. 광언狂言을 두고 조초기는 『장자천주』에서 지언至言으로 풀이했다. 도에 관한 지극한 말은 일반인이 알아들을 수 없는 까닭에 '광언'으로 표현했다는 것이다. 타당한 해석이다. '위지명謂之冥, 명소이冥所以' 구절에서 명명冥冥에서 구두점을 찍는 견해도 있으나 이케다는 명冥에서 절구할 것을 주장했다. 문맥상 이게 옳다.

15-8

於是泰淸問乎無窮, 曰, "子知道乎." 無窮曰, "吾不知." 又問乎無爲, 無爲曰, "吾知道." 曰, "子之知道, 亦有數乎." 曰, "有." 曰, "其數若何." 無爲曰, "吾知道之可以貴 · 可以賤 · 可以約 · 可以散, 此吾所以知道之數也." 泰淸以之言也問乎無始, 曰, "若是, 則無窮之弗知與無爲之知, 孰是而孰非乎." 無始曰, "不知深矣, 知之淺矣. 弗知內矣, 知之外矣." 於是泰淸卬而嘆曰, "弗知乃知乎. 知乃不知乎. 孰知不知之知." 無始曰, "道不可聞, 聞而非也. 道不可見, 見而非也. 道不可言, 言而非也. 知形形之不形乎. 道不當名." 無始曰, "有問道而應之者, 不知道也. 雖問道者, 亦未聞道. 道無問, 問無應. 無問問之, 是問窮也. 無應應之, 是無內也. 以無內待問窮, 若是者, 外不觀乎宇宙, 內不知乎大初. 是以不過乎崑崙, 不遊乎太虛."

어느 때인가 태청泰淸이 무궁無窮에게 물었다.
"그대는 도를 아는가?"
무궁이 대답했다.
"나는 모른다."
태청이 이를 무위無爲에게 물었다. 무위가 대답했다.
"나는 도를 안다."

"그대가 도를 아는 데는 특별한 방법이라고 있는가?"

"있다."

"그게 어떤 것인가?"

무위가 대답했다.

"나는 도가 귀해질 수도 천해질 수도 있고, 묶어질 수도 흩어질 수도 있다는 것을 안다. 이것이 바로 내가 도를 안 방법이다."

태청이 이 얘기를 무시無始에게 전하면서 물었다.

"그렇다면 무궁이 모르다고 하는 것과 무위가 안다고 한 것 중 어느 쪽이 옳고 어느 쪽이 그른 것인가?"

무시가 대답했다.

"모른다고 한 것은 도를 깊이 체득했기 때문이고, 안다고 한 것은 도를 얕게 알고 있기 때문이다. 알지 못하는 것은 도를 내면에 둔 것이고, 아는 것은 도를 밖에 둔 것이다."

태청이 크게 탄식하며 이같이 말했다.

"모르는 게 아는 것이고 아는 게 모르는 것이란 말인가! 그렇다면 그 누가 과연 모르는 게 곧 아는 것임을 깨달은 지혜인 '부지지지不知之知'를 알 수 있단 말인가?"

무시가 말했다.

"도는 귀로 들을 수 없는 것이니 만일 들을 수 있다면 그건 도가 아니고, 눈으로 볼 수 없으니 만일 볼 수 있다면 그건 도가 아니고, 입으로 말할 수 없는 것이니 만일 말할 수 있다면 그건 도가 아니다. 그대는 이미 드러나 있는 모습을 드러내는 것은 결코 드러내는 게 아니라는 것을 아는가? 도는 이름을 붙일 수 없는 것이다."

무시가 이어 말했다.

"도를 물었을 때 대답하는 자는 도를 모르는 자이다. 아무리 뛰어난 사람을 만나 도에 관해 물을지라도 결코 진정한 도에 관해서는 들을 수 없다. 도는 물을 대상도, 대답할 대상도 아니다. 물을 수 없는 것을 물으면 이는 물음이 다한 것이다. 대답할 수 없는 것을 대답하면 이는 알맹이가 없는 것이다. 알맹이 없는 대답에 혹해 물음이 다하는 것을 기다리는 자는 밖으로는 거대한 우주를 보지 못하고 안으로는 태초가 무엇인지 모르는 자이다. 이들이 곤륜산崑山崙을 넘지 못하고 태허太虛에서 노닐지 못하는 이유이다."

어시於是의 앞에 뒤에 나오는 내용과 관련된 다른 얘기가 있었을 것으로 추정되고 있다. 이케다는 태청泰淸은 하늘의 작용, 무궁無窮은 공간적 무한, 무위無爲의 부정, 무시無始는 시간적 무한을 의인화한 것으로 풀이했다. 앙이탄卬而嘆의 앙卬이 저본에는 중中으로 되어 있으나 문맥상 최선본을 좇아 앙卬으로 고쳐 해석하는 게 낫다. 불과호곤륜不過乎崑崙을 두고 임희일은 '곤륜산조차 지나지 못했는데 어찌 곤륜산 밖에 있는 도의 세계 태허에 이를 수 있는가' 라고 해석했다.

15-9

光曜問乎無有曰, "夫子有乎. 其無有乎." 光曜不得問而孰視其狀貌, 窅然空然. 終日視之而不見, 聽之而不聞, 搏之而不得也. 光曜曰, "至矣, 其孰能至此乎. 予能有無矣, 而未能無無也. 及爲無有矣, 何從至此哉."

광요光曜가 무유無有에게 물었다.

"선생은 유有의 경지에 있는 것이오, 아니면 유가 없는 경지에 있는 것이오?"

대답을 듣지 못한 광요가 더 이상 묻지 못하고 할 수 없이 무유의 모습을 자세히 살펴보았다. 그의 모습이 멀고도 텅 빈 듯했다. 종일토록 주의 깊게 살펴보았지만 아무것도 보이지 않았고, 열심히 듣고자 했지만 아무것도 들리지 않았고, 이리저리 잡고자 했지만 아무것도 잡히지 않았다. 광요가 찬탄했다.

"참으로 지극하구나, 그 누가 이런 경지에 이를 수 있겠는가! 나는 무無가 유有와 대비되어 존재하는 경지까지는 다가갈 수 있으나 그것조차 없는 무무無無의 경지까지는 이를 수 없다. 유가 없는 경지를 겨우 이룬 내가 어떻게 이런 경지에 도달할 수 있겠는가?"

광요문호무유光曜問乎無有를 두고 성현영은 '지智는 비춰 살필 줄 알기 때문에 광요라는 이름을 빌렸고, 경계의 형체는 텅 비고 고요하기 때문에 무유라는 이름을 빌렸다'고 풀이했다. '시지이불견視之而不見, 청지이불문聽之而不聞, 박지이부득搏之而不得'은 『도덕경』 제14장에 똑같은 구절이 나온다. 『도덕경』은 보이지 않는 것을 이夷, 들리지 않는 것을 희希, 잡히지 않는 것을 미微로 표현했다. 능유무能有無는 '없다'는 개념이 '있다'는 개념과 대비돼 존재하는 경지를 말한다. 이와 대비되는 것이 바로 능무무能無無의 경지이다. 유무의 구별이 사라진 경지가 그것이다.

15-10

大馬之捶鉤者, 年八十矣, 而不失豪芒. 大馬曰, "子巧與, 有道與." 曰, "臣有守也. 臣之年二十而好捶鉤, 於物無視也, 非鉤無察也." 是用之者假不用者也, 以長得其用, 而況乎無不用者乎. 物孰不資焉.

대사마大司馬를 위해 갈고리 창을 담금질하는 장인이 있었다. 나이가 80세에 이르렀는데도 작업에 한 치의 오차도 없었다. 대사마가 물었다.

"그대의 기술은 참으로 뛰어나니 무슨 방도라도 있는 것이오?"

장인이 대답했다.

"신이 지키는 방도가 있기는 합니다. 신은 나이 20세에 이르렀을 때 갈고리 창을 단련하는 것을 좋아했습니다. 사물을 볼 때 다른 것은 일절 무시했으니 갈고리 창이 아니면 거들떠보지도 않았습니다."

유용하게 쓰는 것은 원래 쓰이지 않는 것을 빌린 것이지만 하기에 따라서는 이처럼 그 쓰임새를 크게 키울 수 있다. 하물며 쓰이지 않는 데가 없는 경우야 더 말할 게 있겠는가? 무엇인들 도에 의지 하지 않을 수 있겠는가!

대마大馬는 대사마大司馬를 말한다. 추구자捶鉤者는 갈고리 창을 담금질하는 장인으로 곧 무기제조 장인을 의미한다. 대부분 시용지자是用之者 이하의 구절도 장인의 언급으로 간주하고 있으나 문맥상 자연스럽지 못하다. 해설로 보는 게 낫다. 물숙부자언物孰不資焉은 천하만물 모두 도에 의지하고 있다는 의미이다.

15-11

冉求問於仲尼曰, "未有天地可知邪." 仲尼曰, "可. 古猶今也." 冉求失問而退. 明日復見, 曰, "昔者吾 問, '未有天地可知乎.' 夫子曰, '可. 古猶今也.' 昔一吾昭然, 今日吾昧然. 敢問何謂也." 仲尼曰, "昔之昭然也, 神者先受之. 今之昧然也, 且又爲不神者求邪. 無古無今, 無始無終. 未有子孫而有子孫可乎." 冉求未對. 仲尼曰, "已矣, 未應矣. 不以生生死, 不以死死生. 死生有待邪. 皆有所一體. 有先天地生者物邪. 物物者非物, 物出不得先物也, 猶其有物也, 猶其有物也無已. 聖人之愛人也終無已者, 亦乃取於是者也."

염구冉求가 스승 중니에게 물었다.

"아직 천지가 있기 이전의 일을 알 수 있습니까?"

중니가 대답했다.

"알 수 있다. 옛날도 지금과 같았다."

염구는 더 이상 묻지 못하고 이내 물러났다가 다음날 다시 뵙고 물었다.

"어제 제가 '아직 천지가 있기 이전의 일을 알 수 있습니까?' 라고 여쭙자 선생님은 '알 수 있다. 옛날도 지금과 같다' 고 하셨습니다. 어제는 제가 밝게 아는 듯했는데 오늘은 어두워진 듯 전혀 모르겠습니다. 감히 여쭙건대 이는 무슨 뜻입니까?"

중니가 대답했다.

"어제 밝게 알았던 것은 신명이 먼저 받아들였기 때문이고, 오늘 어두워진 듯 모르게 된 것은 신명으로 구하지 않았기 때문이다. 도는 옛날도 지금도 없고, 시작도 끝도 없다. 본래 자손이 없었는데 자손이 있다고 하면 되겠는가?"

염구가 미처 대답하지 못하자 중니가 말했다.

"그만두어라, 아직 대답할 수 없을 것이다. 살아 있는 것을 기준으로 죽은 것을 살리려 하거나 죽은 것을 기준으로 살아 있는 것을 죽여서는 안 된다. 삶과 죽음은 서로 의지하는 바가 있는가? 모든 게 하나이다. 천지에 앞서 사물이 생길 수 있는가? 사물을 사물로 만든 것은 사물이 아니다. 사물은 어디까지나 사물인 까닭에 다른 사물보다 앞서 나타날 수 없다. 사물은 사물을 있게 하는 도에서 비롯된 것이니 사물을 있게 하는 도는 그침이 없다. 성인이 애민愛民 행보를 끝까지 그치지 않는 것 또한 도의 이런 이치를 취한 덕분이다."

신자선수지神者先受之의 신神을 두고 성현영은 '정신'으로 파악했으나 이케다는 인간의 내면에 있는 소박한 '자연의 명지明知'로 해석했다. 신령스럽고 이치에 밝다는 뜻의 통상적인 신명神明으로 해석하는 게 가장 자연스럽다. 미유자손未有子孫의 자손子孫은 천지를 비유한 것이다. 유기유물야무이猶其有物也無已는 만물을 존재하게 하는 도에서 비롯된 것은 그침이 없다는 뜻이다. 도의 끊임없는 생성작용을 언급한 것이다.

15-12

顔淵問乎仲尼曰, "回嘗聞諸夫子曰, '無有所將, 無有所迎.' 回敢問其遊." 仲尼曰, "古之人外化而內不化, 今之人內化而外不化. 與物化者, 一不化者也, 安化安不化, 安與之相靡, 必與之莫多. 狶韋氏之囿, 黃帝之圃, 有虞氏之宮, 湯武之室. 君子之人, 若儒墨者師, 故以是非相齏也, 而況今之人乎. 聖人處物不傷物, 不傷物者, 物亦不能傷也. 唯無所傷者, 爲能與人相將迎. 山林與, 皐壤與, 使我欣欣然而樂與. 樂未畢也, 哀又繼之. 哀樂之來, 吾不能御, 其去弗能止. 悲夫, 世人直爲物逆旅耳. 夫知遇而不知所不遇, 能能而不能所不能. 無知無能者, 固人之所不免也. 夫務免乎人之所不免者, 豈不亦悲哉. 至言去言, 至爲去爲. 齊知之所知則淺矣."

안연이 중니에게 물었다.

"저는 일찍이 선생님으로부터 이런 말을 들었습니다. '보내지도 말고 맞이하지도 말라.' 감히 여쭙건대 저 또한 그런 경지에서 노닐 수 있겠습니까?"

중니가 대답했다.

"옛사람들은 겉으로는 만물과 함께 변하지만 속으로는 천지자연의 본성을 지켜 변하지 않았다. 그러나 요즘 사람들은 이와 정반대로 안으로는 천지자연의 본성을 잃으면서 오히려 밖으로는 전혀 변하지 않고 있다. 옛날 사람들처럼 밖으로 만물과 함께 변하는 사람은 안으로는 하나같이 변하지 않는다. 그러니 무엇이 변하고 무엇이 변하지 않는다고 말할 수 있겠는가? 또 어찌 만물과 다툴 일이 있겠는가? 만물과 다퉈 이기려는 일이 결코 있어서는 안 된다.

희위씨狶韋氏의 동산과 황제黃帝의 들판, 유우씨有虞氏 순의 집, 탕무湯武의 궁실이 바로 그런 곳이다. 이들 군자들이 유가와 묵가의 스승으로 받들어진 후 서로 시비하며 비방하는 일이 그치지 않게 되었으니 하물며 요즘 사람이야 더 말해 뭐하겠는가?

성인은 만물과 함께 살지만 만물을 해치지 않는다. 만물을 해치지 않으니 만물 또한 이들을 해칠 일이 없다. 오직 만물을 해치지 않는 자라야 다른 사람과 서로 보내고 맞이할 수 있다. 높은 산과 깊은 숲, 늪지의 땅을 보았는가? 나와 친한 것도 없는데 나를 흔쾌히 즐겁게 만드는구나! 즐거움이 아직 다하지 않았는데 또 슬픔이 이어진다. 나는 슬픔과 즐거움이 오는 것을 막을 수도 없고 가는 것을 붙잡을 수도 없다. 슬프다! 세상 사람들이 다만 외물을 대하면서 단지 건성으로 맞이하고 보내는 여관처럼 존재하는 것이.

무릇 인간은 자신이 만난 것은 알 수 있지만 만나지 못한 것은 전혀 알지 못하고, 할 수 있는 것은 하지만 할 수 없는 것은 전혀 하지 못한다. 그러나 알 수 없고 할 수 없는 게 있으니 이는 본래 사람이 피할 수 없는 것이다. 그런데도 사람들이 피할 수 없는 것을 굳이 피하려고 애쓰니 이 어찌 슬픈 일이 아니겠는가? 원래 지극한 말은 말로 표현할 수 없고, 지극한 행위는 행위로 드러낼 수 없는 법이다. 사람의 명민한 지혜를 과신한 나머지 알 수 있는 것을 모두 알기 위해 애쓰는 것은 참으로 천박한 짓이다.

무유소장無有所將의 장將은 전송의 뜻이다. 「대종사」편에서 도의 효용으로 언급한 '무부장야無不將也'의 역설적인 표현이다. 감문기유敢問其遊의 유遊는 까닭을 뜻하는 유由와 통한다. 안화安化의 안安을 두고 성현영은 맡길 임任의 뜻으로 풀이했으나 문맥상 '어찌'의 뜻으로 해석하는 게 낫다. 막다莫多는 다多를 두고 임희일은 '많기를 구하는 것은 서로 이기려 하는 것이니 많기를 구하지 않으면 서로 이기려 하지 않는다'고 풀이했다. 이시비상제以是非相韲는 시비를 가지고 서로 다투는 것을 말한다. 제韲는 원래 잘게 부순다는 의미이나 여기서는 다툰다는 뜻의 '투鬪' 의미로 사용됐다.

'산림여山林與, 고양여皐壤與'는 산림과 늪지의 땅을 보았는지를 묻는 감탄문이다. 강남고장본에는 그 밑에 '여아무친與我無親' 구절이 나온다. 곽상은 이를 전제로 '산림과 늪지의 땅이 나에게 잘해주지 않았지만 내가 그것들을 즐거워했다'고 풀이했다. 지우知遇는 인간이 통상 자신이 경험한 것만 아는 한계를 지적한 것이다. 제지齊知를 두고 아카츠카와 이케다는 하나의 성어로 보아 인간의 명민한 지혜로 해석했다.

3. 잡편

제1장 경상초(庚桑楚)

1-1

老聃之役有庚桑楚者, 偏得老聃之道, 以北居畏壘之山. 其臣之畫然知者去之, 其妾之挈然仁者遠之, 擁腫之與居, 鞅掌之爲使, 居三年, 畏壘大壤. 畏壘之民相與言曰, "庚桑子之始來, 吾洒然異之. 今吾日計之而不足, 歲計之而有餘. 庶幾其聖人乎. 子胡不相與尸而祝之, 社而稷之乎." 庚桑子聞之, 南面而不釋然, 弟子異之. 庚桑子曰, "弟子何異於予. 夫春氣發而百草生, 正得秋而萬寶成. 夫春與秋, 豈無得而然哉. 天道已行矣. 吾聞至人, 尸居環堵之室, 而百姓猖狂不知所如往. 今以畏壘之細民, 而竊竊焉欲俎豆予於賢人之間, 我其杓之人邪. 吾是以不釋於老聃之言." 弟子曰, "不然. 夫尋常之溝洫, 巨魚無所還其體, 而鯢鰍爲之制. 步仞之丘陵, 巨獸無所隱其軀, 而孽狐爲之祥. 且夫尊賢授能, 先善與利, 自古堯舜以然, 而況畏壘之民乎. 夫子亦聽矣." 庚桑子曰, "小子來. 夫函車之獸, 介而離山, 則不免於罔罟之患. 呑舟之魚, 碭而失水, 則螻蟻能苦之. 故鳥獸不厭高, 魚鼈不厭深. 夫全其形生之人, 藏其身也, 不厭深眇而已矣. 且夫二子者, 又何足以稱揚哉. 是其於辯也, 將妄鑿垣墻而殖蓬蒿也, 簡髮而櫛, 數米而炊, 竊竊乎又何足以濟世哉. 擧賢則民相軋, 任知則民相盜. 之數物者, 不足以厚民. 民之於利甚勤, 子有殺父, 臣有殺君. 正晝爲盜, 日中穴阫. 吾語女. 大亂之本, 必生於堯舜之間, 其末存乎千世之後. 千世之後, 其必有人與人相食者也."

노담의 제자 중 경상초庚桑楚라는 자가 있었는데 노담의 도를 일부 주워들어 북쪽 외루산畏壘山에서 살았다. 그는 신하 중에서 분명히 획을 긋는 것을 지혜로운 것으로 여기는 자들을 물리치고, 첩 중에서 인자하게 이끌어 주는 것을 어진 것으로 여기는 자들을 멀리했다. 이어 법도에 맞지 않게 행동하는 자와 함께하고, 용모를 꾸미지 않는 자를 부려 3년 동안 머물자 외루畏壘가 크게 번성했다. 외루의 백성들이 서로 이같이 말했다.

"경상자庚桑子가 처음 왔을 때만 해도 우리 모두 크게 놀라 기이하게 여겼다. 지금 날마다 헤아려 보면 부족하고, 1년 동안 헤아려 보면 넉넉하다. 거의 성인인 듯하다! 그대들은 어찌하여 함께 그를 시축尸祝으로 받들고 사직을 세워 모시려 하지 않는 것인가?"

경상자가 이 얘기를 듣고 남쪽을 바라보며 기뻐하지 않았다. 제자들이 이상히 여기자 경상초가 이같이 말했다.

"제자들은 무엇 때문에 나를 기이하게 여기는 것인가? 무릇 봄기운이 나타나면 1백 가지 초목이 자라고, 가을이 되면 1만 가지 보배가 이뤄진다. 저 봄과 가을이 어찌 아무것도 얻지 않고 그리할 수 있겠는가? 천도의 운행 덕분이다. 내가 듣기로 '지인至人은 담으로 빙 둘러쳐진 방안에 가만히 앉아 있어도 백성들은 멋대로 행동하며 어디로 가야 할지 모를 정도로 자유롭다'고 했다. 지금 외루의 서민들로 하여금 사사로이 이를 논의해 나를 현인 사이에 두고 제사나 지내게 하려 한다. 내가 남의 본보기나 되고자 하는 사람인가? 노담의 가르침을 좇아 내가 기뻐하지 않는 이유이다."

제자가 말했다.

"그렇지 않습니다. 무릇 작은 도랑에서는 큰 물고기가 몸을 돌릴 수 없지만 미꾸라지 따위의 작은 물고기는 몸을 돌리기에 적당하다고 여기고, 몇 걸음에 오를 수 있는 작은 언덕에는 큰 짐승이 몸을 숨길 곳이 없지만 작은 여우는 그것을 좋게 여깁니다. 하물며 어진 사람을 높이고 능력 있는 자에게 일을 시키며 훌륭한 사람에게 이익을 주는 것은 옛날 요순 때부터 그리해 온 것입니다. 하물며 외루의 백성들이야 더 말해 뭐하겠습니까? 선생님은 이를 받아들여야 합니다."

경상초가 말했다.

"제자들아 이리 오너라. 무릇 수레를 삼켜버릴 정도로 큰 짐승일지라도 홀로 산을 떠나게 되면 그물에 걸리는 재앙을 피할 수 없게 되고, 배를 삼킬 만한 큰 물고기일지라도 육지로 뛰어올라 물을 잃게 되면 땅강아지나 개미 따위도 능히 해칠 수 있다. 이에 새와 짐승은 높은 곳을 마다하지 않고, 물고기와 자라는 깊은 곳을 마다하지 않는 것이다. 무릇 타고난 모습을 온전히 지키는 사람은 몸을 감출 때 깊고 어두운 것을 마다하지 않는다.

게다가 요와 순 두 사람이야 어찌 칭송하기에 족하다고 하겠는가? 이들은 사람들을 까다롭게 분별해 장차 함부로 담장을 파고 쑥을 심을 것이다. 머리카락을 가려서 빗질하고, 쌀알을 헤아리며 밥을 지을 것이다. 그처럼 세세히 비교하고 따지는 것으로 어찌 능히 세상을 다스릴 수 있겠는가? 어진 자를 등용하면 백성들이 서로 다투고, 지혜로운 자에게 맡기면 백성들이 서로 도둑질을 할 것이다. 이 몇 가지 일은 백성들을 풍요롭게 하기에 부족하다.

백성들은 이익이라면 물불 안 가리는 탓에 자식으로 어버이를 죽이는 자가 나오고, 신하로서 군주를 죽이는 자가 나오고, 한낮에 도둑질을 하며 해가 중천에 있을 때 담에 구멍을 뚫는 자가 나온다. 내가 너에게 일러주겠다. 큰 어려움의 근원은 반드시 요순의 시대에 생겼다고 할 수 있으니 그 폐해가 1천 년 뒤에도 남게 되었다. 다시 1천 년 뒤에는 반드시 사람들이 서로 잡아먹는 일이 빚어질 것이다."

경상초庚桑楚는 노담의 제자로 가공의 인물이다. 노담지역老聃之役의 역役을 두고 임희일은 문인門人으로 풀이했다. 편득偏得의 편偏을 두고 임희일은 홀로 독獨, 왕숙민은 두루 편徧으로 해석했으나 문맥상 일부를 뜻하는 편片으로 보는 게 낫다. 외루畏壘를 두고 왕념손은 『설문해자』를 인용해 평평하지 않다는 뜻의 외루碨壘의 가차로 보았다. 획연畫然은 분명하게 긋는 모습을 말한다. 획畫은 획劃과 통한다. 설연挈然을 두고 임희일은 인자하고 부드럽게 대한다는 뜻의 자유慈柔로 풀이했다. 설挈이 혈絜로 된 판본도 있다.

옹종擁腫은 「소요유」편에 울퉁불퉁한 나무줄기를 표현하는 용어로 나온 바 있다. 여기서는 법도에 맞지 않는다는 뜻으로 사용되고 있다. 앙장鞅掌은 용모를 꾸미지 않는 것을 말한다. 대양大壤은 크게 번성한다는 뜻으로 여기의 양壤은 풍년을 뜻하는 양穰의 가차이다.

수연洒然은 놀란 모습을 말한다. 원래 수洒는 크게 물 뿌릴 '쇄', 씻을 '세', 놀라는 모양의 '수', 높고 험한 모양의 '최', 공손할 '선' 등 5가지 발음이 있다. 상수向秀는 놀라는 모양의 '수'로 읽어야 한다고 주장했다. 석연釋然은 기뻐하는 모습이다. 정득추이만보성正得秋而

萬寶成은 가을이 되면 만 가지 보배가 이뤄진다는 뜻이다. 유월은 득得이 잘못 들어간 것으로 보았다. 『주역』「설괘전」에 같은 취지의 '정추만물지소열正秋萬物之所說' 구절이 나온다. '정득추正得秋'를 '정추득正秋得'으로 바꿔 해석하는 게 옳다. 시거환도지실尸居環堵之室은 사방으로 좁은 방에 고요히 머문다는 뜻이다. 여기의 도堵는 사방 1장丈을 뜻한다. 기표지인其杓之人의 표杓는 본보기를 뜻하는 표標와 통한다.

심상지구혁尋常之溝洫은 작은 도랑을 말한다. 심尋은 8척, 상常은 16척을 뜻한다. 저본에는 혁洫이 빠져 있으나 마서륜은 『태평어람』 인용구를 인용해 이를 보충했다. 몇 걸음에 오를 수 있는 작은 언덕을 뜻하는 보인지구릉步仞之丘陵과 대구를 이루고 있는 점에 비춰 이게 타당하다. 예추鯢鰍는 도롱뇽과 미꾸라지 등 작은 물고기를 말한다. 얼호위지상蘖狐爲之祥은 들에 사는 작은 여우는 다행으로 여긴다는 뜻으로 여기의 얼蘖은 얼孽과 통한다. 왕숙지는 여기의 상祥을 여우가 요상한 짓을 한다는 취지의 부정적인 의미로 새겼으나 최선은 글자 그대로 선善으로 새겼다. 함거지수函車之獸는 수레를 삼킬 정도의 큰 짐승이라는 뜻으로 여기의 함函은 함含과 통한다. 개이리산介而離山의 개介를 두고 유월은 짐승이 짝이 없는 무우無偶로 풀이했으나 임희일은 홀로의 뜻인 독獨으로 해석했다.

탕이실수碭而失水는 튕겨나가 물을 잃는다는 뜻으로 여기의 탕碭은 물로 씻어 흩어진다는 뜻의 탕蕩과 통한다. 누의능고지螻蟻能苦之는 땅강아지와 개미 따위가 능히 괴롭힐 수 있다는 뜻으로 일부 판본에는 누螻가 빠져 있다.

기기어변是其於辯의 변辯을 두고 성현영은 별別, 마서륜은 치治의 뜻으로 풀이했다. 이케다와 후쿠나가 등이 마서륜을 지지했으나 양자를 합쳐 '요와 순이 사람을 까다롭게 구별해 다스리다'의 뜻으로 해석하는 게 낫다. 변辯은 변辨과 통한다. '거현즉민상알擧賢則民相軋, 임지즉민상도任知則民相盜'는 어진 사람을 등용하면 백성들이 서로 다투고, 지혜로운 자에게 정사를 맡기면 백성들이 서로 도둑질을 한다는 뜻이다. 유사한 내용이 『도덕경』 제3장에 나온다. 민지어리심근民之於利甚勤은 백성들이 이익 앞에 정신을 못 차린다는 뜻으로 여기의 근勤은 힘써 일하며 몹시 바란다는 뜻의 은근慇懃과 통한다.

1-2

南榮趎蹴然正坐曰, "若趎之年者已長矣, 將惡乎託業以及此言邪." 庚桑子曰, "全汝形, 抱汝生, 無使汝思慮營營. 若此三年, 則可以及此言矣." 南榮趎曰, "目之與形, 吾不知其異也, 而盲者不能自見. 耳之與形, 吾不知其異也, 而聾者不能自聞. 心之與形, 吾不知其異也, 而狂者不能自得. 形之與形亦辟矣, 而物或間之邪. 欲相求而不能相得. 今謂趎曰, '全汝形, 抱汝生, 勿使汝思慮營營.' 趎勉聞道達耳矣." 庚桑子曰, "辭盡矣, 奔蜂不能化藿蠋, 越鷄不能伏鵠卵, 魯鷄固能矣. 鷄之與鷄, 其德非不同也. 有能與不能者, 其才固有巨小也. 今吾才小, 不足以化子. 子胡不南見老子." 南榮趎贏糧, 七日七夜至老子之所. 老子曰, "子自楚之所來乎." 南榮趎曰, "唯." 老子曰, "子何與人偕來之衆也." 南榮趎懼然顧其後. 老子曰, "子不知吾所謂乎." 南榮趎俯而慚, 仰而嘆, 曰, "今者吾忘吾答, 因失吾問." 老子曰, "何謂也." 南榮趎曰, "不知乎人謂我朱愚. 知乎反愁我軀. 不仁則害人. 仁則反愁我身. 不義則傷彼. 義則反愁我己. 我安逃此而可. 此三言者, 趎之所患也. 願因楚而問之." 老子曰, "向吾見若眉睫之間, 吾因以得汝矣. 今汝又言而信之. 若規規然若喪父母, 揭竿而求諸海也, 女亡人哉. 惘惘乎, 汝欲反汝情性而無由入, 可憐哉." 南榮趎請入就舍, 召其所好, 去其所惡, 十日自愁, 復見老子. 老子曰, "汝自洒濯, 熟哉鬱鬱乎. 然而其中津津乎猶有惡也. 夫外韄者不可繁而捉, 將內揵. 內韄者不足繆而捉, 將外揵. 外內揵者, 道德不能持, 而況放道而行者乎." 南榮趎曰, "里人有病, 里人問之, 病者能言其病, 病者猶未病也. 若趎之聞大盜, 譬猶飮藥以加病也. 趎願聞衛生之經而已矣." 老子曰, "衛生之經, 能抱一乎. 能勿失乎. 能無卜筮而知吉凶乎. 能止乎. 能已乎. 能舍諸人而求諸己乎. 能翛然乎. 能侗然乎. 能兒子乎. 兒子終日嗥而嗌不嗄, 和之至也. 終日握而手不掜, 共其德也. 終日視而目不瞚, 偏不在外也. 行不知所之, 居不知所爲, 與物委蛇而同其波. 是衛生之經已." 南榮趎曰, "然則是至人之德已乎." 曰, "非也. 是乃所謂冰解凍釋者, 能乎. 夫至人者, 相與交食乎地而交樂乎天, 不以人物利害相攖, 不相與爲怪, 不相與爲謀, 不相與爲事, 翛然而往, 侗然而來. 是謂衛生之經已." 曰, "然則是至乎." 曰, "未也. 吾固告汝曰, '能兒子乎.' 兒子動不知所爲, 行不知所之, 身若槁木之枝而心若死灰. 若是者, 禍亦不至, 福亦不來. 禍福無有, 惡有人災也."

경상자의 제자 남영주南榮趎가 깜짝 놀라 자리를 바로 하고 물었다.

"저는 나이를 먹을 만큼 먹어 이미 성장했습니다. 장차 무슨 일을 해야 선생님의 가르침에 이를 수 있겠습니까?"

경상자가 대답했다.

"너의 몸을 온전히 하고, 생명을 보존하고, 너의 사려로 이리저리 꾀하는 일이 없도록 하라. 이같이 3년 동안 하면 나의 말하고자 하는 것에 이를 수 있을 것이다."

남영주가 말했다.

"눈의 모양이 다른 사람과 다른 것을 저는 알지 못하겠으나 장님은 스스로 보지 못하고, 귀의 모양이 다른 사람과 다른 것을 저는 알지 못하겠으나 귀머거리는 스스로 듣지 못하고, 마음의 모양이 다른 사람과 다른 것을 저는 알지 못하겠으나 미친 자는 스스로 알지 못합니다. 형체가 다른 형체와 비슷할지라도 사물이 간혹 끼어들면 서로 가르침을 주고받고자 할지라도 얻지 못할 것입니다. 지금 저에게 이르시기를, '너의 몸을 온전히 하고, 생명을 보존하고, 너의 사려로 이리저리 꾀하는 일이 없도록 하라' 고 했습니다. 제가 힘써 도를 들어도 귀에만 들어올 뿐입니다."

경상자가 말했다.

"내가 할 수 있는 말은 다 전했다. 재빨리 날아다니는 작은 벌은 커다란 콩잎 벌레를 부화시키지 못하고, 월나라의 작은 닭은 큰 고니의 알을 품을 수 없으나 노나라의 큰 닭은 본래 그리할 수 있다. 닭이란 점에서 비교하면 그 덕이 같지 않은 게 아니지만 어떤 닭은 할 수 있고 어떤 닭은 할 수 없다. 이는 그 재능에 본래 대소의 차이가 있기 때문이다. 지금 나는 재능이 작은 까닭에 너를 교화시킬 수 없다. 너는 어찌하여 남쪽으로 내려가 노자를 만나보지 않는 것인가?"

남영주가 양식을 짊어지고 칠일칠야七日七夜 동안을 걸어 노자가 있는 곳에 이르렀다. 노자가 물었다.

"그대는 경상초가 있는 초나라에서 왔는가?"

"예."

"그대는 어찌하여 여러 사람과 함께 왔는가?"

남영주가 두려워하면서 뒤를 돌아보았다. 노자가 물었다.

"그대는 내가 무슨 말을 하는지 모르는가?"

남영주가 고개를 떨어뜨리고 부끄러워하다가 이내 머리를 들고 이같이 탄식했다.

"저는 뭐라 대답해야 할지를 잊은 까닭에 다시 뭐라고 물어야 할지도 잊었습니다."

노자가 물었다.

"무슨 말인가?"

남영주가 대답했다.

"제가 지혜롭지 못하면 사람들은 저를 어리석다고 할 것이고, 지혜로우면 도리어 제 몸을 괴롭힐 것입니다. 제가 어질지 못하면 다른 사람을 해칠 것이고, 어질면 도리어 제 몸을 괴롭힐 것입니다. 제가 의롭지 못하면 다른 사람을 해칠 것이고, 의로우면 도리어 제 몸을 괴롭힐 것입니다. 제가 어떻게 처신해야만 이런 곤경에서 벗어날 수 있겠습니까? 이 3가지 사안이 저의 고민입니다. 이 때문에 초나라 경상초의 인연을 배경으로 선생님께 이를 여쭙고자 하는 것입니다."

노자가 말했다.

"아까 나는 그대의 두 눈썹 사이를 보고 그대가 어떤 사람인지 알아보았다. 지금 다시 그대가 하는 말을 들어보니 이를 확신하게 됐다. 지금 그대가 허둥지둥 정신없어 하는 모습이 마치 부모를 여읜 듯하고, 장대를 들고 바다의 깊이를 재려는 듯하다. 그대는 본성을 잃은 사람이다. 멍한 모습으로 자신의 정성情性을 되찾고자 하나 그곳으로 들어갈 방법이 없으니 참으로 가련하구나!"

남영주가 노자에게 간청하여 학사學舍로 들어간 뒤 자신이 좋아하는 것을 밝히고 싫어하는 것을 버렸다. 10일 동안 홀로 고민하다가 다시 노자를 찾아갔다. 노자가 말했다.

"그대는 스스로를 깨끗이 씻어내 나름 빛나는 듯하다. 그러나 마음에서 우러나오는 것을 보면 아직 나쁜 것이 남아 있다. 무릇 외물에 얽매인 자는 마음이 번거로워 붙잡을 수 없는 까닭에 안에서 닫아걸 것이고, 안에서 닫아걸면 이리저리 얽혀 마음을 바로잡을 수 없는 까닭에 밖에서 닫아걸 것이다. 안팎에서 닫아걸면 도덕을 지닌 자도 지킬 수 없을 터인데 하물며 도덕을 따라 움직이는 자이겠는가?"

남영주가 말했다.

"마을에 사는 사람이 병이 나 마을 사람이 문병을 왔을 때 병든 사람이 자신의 병을 말할 수 있다면 병을 병으로 여긴 그 사람은 아직 병든 것이 아닙니다. 그러나 제가 선생님으로부터 대도를 들은 것은 이와 정반대입니다. 마치 약을 먹고 병이 더 심해진 것과 같습니다. 저는 생명을 보위하는 도리인 '위생지경衛生之經'을 듣고 싶을 따름입니다."

노자가 말했다.

"저 '위생지경'은 말하자면 이렇다. 능히 하나를 끌어안고 그것을 잃지 않을 수 있는가? 점을 쳐보지 않고 길흉을 알 수 있는가? 멈출 줄 알고 그만둘 줄 아는가? 다른 사람은 놔두고 자신에게서 찾을 줄 아는가? 홀가분하게 떠날 줄 알고 멍한 모습으로 찾아올 줄 아는가? 어린아이처럼 행동할 줄 아는가?

어린아이가 종일토록 울어도 목이 쉬지 않는 것은 조화가 지극하기 때문이고, 종일토록 주먹을 쥐고 있어도 손이 저리지 않는 것은 본성과 합치되기 때문이고, 종일토록 눈을 뜨고 보아도 깜빡이지 않는 것은 집착하는 대상이 밖에 있지 않기 때문이다. 길을 떠나도 가는 곳을 알지 못하고, 머물러 있어도 무엇을 해야 할지 모른다. 다른 사물과 자연스럽게 어울리며 물결치는 대로 함께 흘러가는 게 바로 '위생지경'이다."

남영주가 물었다.

"그렇다면 이것이 '지인의 덕' 입니까?"

노자가 대답했다.

"아니다. 이는 얼음을 녹이고 언 것을 풀 줄 아는 정도면 능히 할 수 있는 것이다. 무릇 지인은 사람들과 함께 땅에서 나는 것을 먹고자 하고, 하늘의 운행을 즐기고자 할 따름이다. 인간과 사물의 관계나 이해 따위로 인해 다른 사람과 서로 다투지 않고, 서로 괴이한 행동을 하지 않고, 서로 모략을 일삼지 않고, 서로 일을 꾸미지 않는다. 그래서 다만 홀가분하게 떠나고 멍한 모습으로 찾아온다. 이게 바로 '위생지경' 이다."

남영주가 말했다.

"그렇다면 이게 지극한 덕의 모습입니까?"

노자가 대답했다.

"아직 아니다. 내가 본래 그대에게 묻기를, '어린아이처럼 행동할 수 있느냐' 고 했다. 어린아이는 움직일 때 무엇을 해야 할지 모르고, 길을 가도 어디로 가야 할지 모른다. 몸은 마른 나뭇가지 같고, 마음은 불 꺼진 재와 같다. 이런 경지에 이르면 화복禍福이 이르지 않는다. 화복이 없는데 어찌 인간으로 인한 재앙이 있을 수 있겠는가?"

남영주南榮趎는 경상초의 제자로 가공의 인물이다. 탁업託業을 두고 임희일은 수학受學으로 풀이했다. 포여생抱汝生은 너의 삶을 끌어안는다는 뜻으로 유월은 포抱를 보保의 뜻으로 새겼다. 영영營營은 사물을 끊임없이 좇아가는 모습을 말한다. 형지여형역비形之與形亦辟는 형체가 다른 형체와 또한 같다는 뜻으로 여기의 비辟를 두고 마서륜은 비譬의 가차로 보면서 '친근' 의 뜻으로 풀이했다.

곽촉藿蠋은 콩 벌레를 말한다. 월계越鷄를 두고 사마표는 작은 닭으로 해석했다. 노계魯鷄를 두고 상수는 큰 닭으로 풀이하면서 노魯를 크다는 뜻의 노路와 통하는 것으로 보았으나 남방의 월나라 닭이 작고 북방의 노나라 닭이 큰 것을 지칭한 것으로 풀이하는 게 낫다.

영량嬴糧은 양식을 등에 짊어졌다는 뜻이다. 주우朱愚를 두고 성현영은 무지한 모습으로 풀이했으나 왕념손은 주朱를 무디다는 뜻의 수銖의 가차로 간주해 무디고 어리석은 모습으로 해석했다. 규규연規規然은 허둥지둥하는 모습을 표현한 것이다. 쇄탁洒濯은 마음을 깨끗이 씻어낸 것을 비유한 것이다. 울울호鬱鬱乎는 빛나는 모습으로 욱욱호郁郁乎와 통한다. 외획자外韄者는 외물에 얽매인 자를 말한다. 획韄을 두고 임희일은 가죽으로 물건을 묶은 것으로 풀이했다.

음약이가병飮藥以加病은 약을 먹고 병이 더 심해졌다는 뜻으로 『도덕경』 제71장에 나오는 '모르는 주제에 안다고 하는 것이 병이다' 라는 구절과 취지를 같이한다. 포일抱一은 '하나로 끌어안다' 의 뜻으로 『도덕경』 제10장에 같은 표현이 나온다. 구저기求諸己는 허물을 자신에게서 찾는다는 뜻으로 『맹자』「공손추 상」편에 나오는 '어진 자는 활쏘기에서 화살이 적중하지 않을지라도 이긴 자를 원망하지 않고 돌이켜 자신에게서 그 원인을 찾는다' 는 구절과 같은 취지이다. 소연翛然은 홀가분한 모습, 동연侗然은 멍한 모습을 말한다.

호이익불사嗥而嗌不嗄는 종일토록 소리치며 울어도 목이 쉬지 않는다는 뜻으로 본래의 도를 잃지 않는 어린아이의 행동을 비유한 것이다. 어린아이가 종일토록 주먹을 쥐고 있어도 손이 저리지 않고, 종일토록 눈을 뜨고 보아도 깜빡이지 않는다는 뜻의 수불예手不掜와 목불순目不瞚도 같은 취지다. 이를 두고 생명을 보위하는 도리인 '위생지경衛生之經' 으로 표현한 것이다.

교식호지交食乎地와 교락호천交樂乎天의 교交를 두고 곽상과 최선 등은 함께한다는 뜻의 구俱로 해석했으나 유월은 『춘추좌전』에 나오는 요복徼福과 요행徼幸, 요란徼亂 등을 근거로 바란다는 뜻의 요徼와 통하는 것으로 해석했다. 문맥상 이게 옳다. 요徼의 원래 발음은 '교'이다. 고목槁木과 사회死灰는 「제물론」과 「지북유」편 등에 이미 나왔다.

1-3

宇泰定者, 發乎天光. 發乎天光者, 人見其人. 人有修者, 乃今有恒. 有恒者, 人舍之, 天助之. 人之所舍, 謂之天民. 天之所助, 謂之天子.

마음속이 태연히 안정된 자는 안으로부터 천광天光이 나온다. 천광이 빛나는 자는 자신의 참모습을 드러낸다. 도덕을 닦은 자는 이내 일정함을 갖춘다. 일정함을 갖춘 자는 사람들이 귀복歸服하고 하늘이 도와준다. 사람들이 귀복하는 자를 일컬어 천민天民, 하늘이 돕는 자를 일컬어 천자天子라고 한다.

우태정자宇泰定者는 마음이 안정된 사람으로 여기의 우宇를 두고 임희일은 『중용』의 성誠 개념 등을 동원해 흉중胸中으로 풀이했다. 인현기인人見其人은 자신의 참모습을 드러낸다는 뜻으로 장군방본張君房本에는 그 아래에 '물현기물物見其物' 4자가 덧붙여져 있다. 방용方勇 등은 곽상의 주석이 잘못 끼어든 것으로 분석했다. 유항자有恒者를 두고 임희일은 『맹자』에 나오는 항심恒心의 관점에서 풀이했으나 맹자의 '항심'은 백성의 항산恒産에 따른 것으로 그 취지가 전혀 다르다. 인사지人舍之의 사舍를 두고 성현영은 머문다는 뜻의 지止, 임희일은 돌아간다는 뜻의 귀歸로 풀이했다. 문맥상 귀의해 복종한다는 귀복歸服으로 해석하는 게 낫다.

1-4

學者, 學其所不能學也. 行者, 行其所不能行也. 辯者, 辯其所不能辯也. 知止乎其所不能知, 至矣, 若有不卽是者, 天鈞敗之. 備物以將形, 藏不虞以生心, 敬中以達彼. 若是而萬惡至者, 皆天也, 而非人也, 不足以滑成, 不可內於靈臺. 靈臺者有持, 而不知其所持而不可持者也. 不見其誠己而發, 每發而不當. 業入而不舍, 每更爲失. 爲不善乎顯明之中者, 人得而誅之. 爲不善乎幽間之中者, 鬼得而誅之. 明乎人·明乎鬼者, 然後能獨行. 券內者, 行乎無名. 券外者, 志乎期費. 行乎無名者, 唯庸有光. 志乎期費者, 唯賈人也. 人見其跂, 猶之魁然. 與物窮者, 物入焉. 與物且者, 其身之不能容, 焉能容人. 不能容人者無親, 無親者盡人. 兵莫憯 於志, 鏌鋣爲下. 寇莫大於陰陽, 無所逃於天地之間. 非陰陽賊之, 心則使之也.

세상의 학문은 배울 수 없는 것을 배우려 하는 것이고, 실천은 행할 수 없는 것을 행하려는 것이고, 변론은 논변할 수 없는 것을 논변하려는 것이다. 인간의 앎이 알지 못하는 데서 그칠 수 있다면 지극한 것이다. 만일 이런 경지로 나아가지 않으면 하늘의 균형인 천균天鈞이 무너질 것이다.

필요한 물자를 갖춰 몸을 기르고, 사려하지 않는 무심의 지혜를 몸에 지녀 마음을 기르고, 공경하는 마음으로 다른 사물에 미친다. 이같이 하고도 오히려 여러 재난이 닥치는 것은 모두 하늘에 의한 것으로 인간에 의한 게 아니다. 따라서 그것으로 마음의 안정을 어지럽히기에는 부족하고 또 신성한 영역인 마음에 들여서도 안 된다. 신성한 영역인 마음은 지키는 것이 있지만 무엇을 지키는지 알 수 없는 까닭에 억지로 지킬 수 없다.

내 마음의 성誠을 확인하지 않고 움직이면 움직일 때마다 적중하지 못한다. 세상의 걱정거리가 이미 마음에 침입해 그만두지 않는 까닭에 일이 바뀔 때마다 모두 실패하게 된다. 사람들이 보는 데서 불선을 행하는 자는 사람들이 잡아서 처벌하고, 사람들이 보지 않는 데서 불선을 행한 자는 귀신이 잡아서 처벌한다. 사람에게도 밝고 귀신에게도 밝은 연후에 비로소 홀로 걸어갈 수 있다.

안을 충실하게 하려는 자는 남에게 알려지는 것을 꺼리며 행하고, 겉으로 드러나는 것을 중시하는 자는 재물을 그러모으는 데 뜻을 둔다. 남에게 알려지는 것을 꺼리며 행하는 자는 평범하게 행해도 빛이 난다. 재물을 그러모으는 데 뜻을 둔 자는 장사치에 지나지 않는데도 사람들은 그가 억지로 발돋움하는 것을 보고 오히려 우뚝하다고 여긴다.

사물과 함께하며 마음을 극진히 하는 자는 사물이 자연스럽게 받아들여지나 사물과 대립하는 자는 자신조차 용납되지 않는다. 그러니 어찌 다른 사람을 용납할 수 있겠는가? 다른 사람을 용납하지 못하는 자는 친한 것이 없다. 친한 것이 없는 까닭에 남을 극도로 괴롭히게 된다.

무기 중 사람의 마음보다 더 참혹한 게 없다. 천하의 명검 막야鏌鋣조차 이보다 아래이다. 만물을 해치는 것으로 음양의 부조화보다 더한 게 없다. 천지 사이에 도망칠 곳이 없는 이유다. 그러나 이 또한 사실은 음양이 그리하는 것이 아니라 사람의 마음이 그리하는 것이다.

장형將形의 장將은 기른다는 뜻이다. 『시경』 「소아」에 어버이를 모신다는 뜻의 '장부將父' 표현이 나온다. 불우不虞의 우虞는 헤아린다는 의미로 탁度과 통한다. 활성滑成은 마음이 안정을 어지럽힌다는 뜻이다. 불가납어영대不可內於靈臺는 마음에 들일 수 없다는 뜻으로 납內은 납納과 통한다. 영대靈臺는 신성한 마음의 영역의 의미로 「덕충부」에는 영부靈府로 나온다.

권내자劵內者는 내면을 충실히 하는 자의 뜻으로 권劵은 힘쓴다는 뜻의 무務와 통한다. 기비期費를 두고 마서륜은 재물을 끌어들인다는 의미의 염재斂財로 풀이했다. 여물궁자與物窮者는 사물과 시종 함께 한다는 의미이다. 여물저자與物且者는 사물과 대립한다는 뜻이다. 저且를 두고 장병린은 막는다는 뜻의 조阻의 가차로 보았다. 진인盡人을 두고 여러 해석이 있으나 문맥상 남을 괴롭힌다는 뜻에 가깝다. 병막참어지兵莫憯於志는 무기 중 사람의 마음보다 더 참혹한 게 없다는 뜻이다. 참憯은 참慘과 통한다.

1-5

道通其分也, 其成也毁也. 所惡乎分者, 其分也以備. 所以惡乎備者, 其有以備. 故出而不反, 見其鬼. 出而得, 是謂得死. 滅而有實, 鬼之一也. 以有形者象無形者而定矣. 出無本, 入無竅. 有實而無乎處, 有長而無乎本剽. 有所出而無竅者有實, 有實而無乎處者, 宇也. 有長而無本剽者, 宙也. 有乎生, 有乎死. 有乎出, 有乎入. 入出而無見其形, 是謂天門. 天門者, 無有也. 萬物出乎無有. 有不能以有爲有, 必出乎無有, 而無有一無有. 聖人藏乎是.

도는 만물을 구분하지 않고 통틀어 하나로 만드니 이루기도 하고 훼손하기도 한다. 구분하는 것을 미워하는 것은 구분할 때마다 갖춰지기를 바라기 때문이고, 갖춤을 미워하는 것은 갖춤을 끊임없이 요구하기 때문이다. 나가서 돌아오지 않으면 귀신을 보게 되는 이유이다. 나가서 얻게 되는 것을 일컬어 죽음을 얻는 득사得死라고 한다.

본질은 소멸되었음에도 여전히 껍데기가 남아 있는 것은 귀신의 일종이다. 형체가 있는 존재로서 형체가 없는 도를 본떠 행동하면 안정될 것이다. 나오면서 근본이 없고, 들어가면서 구멍이 없다. 실재하면서 머무는 곳이 없고, 자라나면서 본말이 없다. 나오면서 들어갈 구멍도 없이 실재하고, 실재하면서 머무는 곳이 없는 게 바로 도의 공간인 우宇이고, 자라나면서 본말이 없는 것이 도의 시간인 주宙이다. 우주 만물 모두 생겨나고, 죽고, 들어가고, 나오는 작용 속에 존재한다. 들고나면서 그 모습을 볼 수 없는 것을 천문天門이라고 한다. 천문은 존재하는 게 없는 무유無有를 말한다. 만물은 '무유'에서 나온다. 유有는 '유'에서 비롯될 수 없으니 반드시 '무유'에서 비롯된다. '무유'는 일체가 무인 까닭에 '무유'라고 한다. 성인은 이를 간직한다.

도통기분야道通其分也는 도란 만물을 구분하지 않고 하나로 만든다는 뜻이다. 일본의 고산사본高山寺本에는 이 구절 뒤에 성야成也 두 글자가 덧붙여져 있으나 잘못 끼어든 글자이다. 우야宇也는 상하사방, 주야宙也는 고금왕래를 뜻한다. 양자 모두 도는 어느 때 어느 곳이나 존재한다는 의미를 지니고 있다. 입출入出이 곽상의 주와 성현영의 소에는 출입出入으로 되어 있다. 천문天門을 두고 곽상은 『도덕경』 제1장에 나오는 '중묘지문衆妙之門'으로 풀이했다. 무유일무유無有一無有를 두고 성현영은 "일체가 모두 무인 까닭에 '일무유'라 한 것이다"라고 해석했다.

1-6

古之人, 其知有所至矣, 惡乎至. 有以爲未始有物者, 至矣, 盡矣, 弗可以加矣. 其次以爲有物矣, 將以生爲喪也, 以死爲反也, 是以分已. 其次曰始無有, 旣而有生, 生俄而死. 以無有爲首, 以生爲體, 以死爲尻. 孰知有無死生之一守者, 吾與之爲友. 是三者雖異, 公族也. 昭景也, 著戴也. 甲氏也, 著封也. 非一也.

옛날 사람들은 그 지혜가 지극한 곳까지 이르렀다. 어디까지 이르렀는가? 처음에 사물이 아직 없다고 생각했다. 지극하고 극진해 이보다 더 나을 수가 없었다. 그 다음은 사물이 있다고 생각했다. 태어나는 것을 잃어버리는 것으로 여기고, 죽는 것을 돌아가는 것으로 여겼다. 이는 여전히 삶과 죽음을 구분하는 단점이 있었다. 그 다음은 비롯됨은 유가 없지만 거기서 유가 생기고, 생기는 것은 홀연히 죽는다고 여겼다. 무유를 머리, 삶을 몸, 죽음을 꼬리로 생각한 이유다. 누가 유무와 사생이 한 가지임을 아는가? 나는 그것을 벗으로 삼을 것이다.

이 3가지 입장은 비록 생각이 다르나 같은 혈통에서 나온 왕공의 동족이다. 같은 공족公族이지만 소씨昭氏와 경씨景氏는 사람들이 떠받드는 직책으로 성을 드러낸 것이고, 갑씨甲氏는 소유한 봉지를 기준으로 성을 드러낸 것이다. 성을 드러내는 방식은 한 가지가 아니다.

시이분이是以分已는 여전히 삶과 죽음을 구분한다는 뜻으로 여기의 이以는 '아직'의 뜻인 유猶와 통한다. 소경야昭景也 및 갑씨야甲氏也를 두고 왕응린王應麟은 『초사』 왕일王逸 주에서 초나라 왕족인 3성을 소씨昭氏와 경씨景氏 및 굴씨屈氏로 기록한 점에 주목해 갑씨甲氏를 굴씨로 보았다. 저대著戴의 대戴는 사람들이 떠받드는 직책, 저

봉蓍封의 봉封은 봉읍을 말한다.

1-7

有生黬也, 披然曰'移是.' 嘗言'移是', 非所言也. 雖然, 不可知者也. 臘者之有膍胲, 可散而不可散也. 觀室者周於寢廟, 又適其偃焉. 爲是舉'移是.' 請嘗言'移是.' 是以生爲本, 以知爲師, 因以乘是非. 果有名實, 因以己爲質, 使人以爲己節, 因以死償節. 若然者, 以用爲知, 以不用爲愚, 以徹爲名, 以窮爲辱. '移是', 今之人也, 是蜩與學鳩同於同也.

삶은 마치 가마솥 밑의 검댕처럼 홀연히 생긴다. 잠깐 사이에 흩어지는 것을 두고 시비판단의 기준이 바뀐다는 뜻의 '이시移是'라고 한다. 시험 삼아 '이시'에 관해 말하고자 해도 이는 쉽게 말할 수 있는 게 아니다. 비록 그러하나 말로 표현하지 않으면 그것을 알 수 없을 것이다.

선달 납일臘日에 한 해 동안 지은 농사형편 등을 여러 신에게 고하는 납제臘祭를 올릴 때 소를 희생으로 바친다. 통상 소의 내장과 굽은 따로 나누지만 제사를 지낼 때는 한 마리의 온존한 소를 바쳐야 하기 때문에 이를 나눠서는 안 된다. 또 집을 볼 때 침전寢殿과 사당祠堂을 두루 살펴본 뒤 측간도 가서 본다. 이것이 '이시'에 해당한다.

시험 삼아 '이시'에 대해 말하고자 한다. 이는 삶을 근본으로 여기고 앎을 스승으로 받들면서 이를 좇아 시비를 가르는 것을 말한다. 시비를 일으켜 서로 이기려고 한 결과 명목과 실질의 분리가 생겨나고 이것이 일치하는지를 따지게 된다. 이때 사람들은 자신을 기준으로 삼은 뒤 다른 사람들로 하여금 자신의 명절名節을 인정케 하고, 죽음으로써 명절을 지켜 보상하려고 한다.

이런 자들은 쓰임이 있는 것을 지혜롭다고 여기고, 쓰이지 못하는 것을 어리석다고 여긴다. 또 세상에 통하는 것을 명예롭게 여기고, 곤궁한 것을 치욕으로 여긴다. 이처럼 시비판단의 기준이 바뀐 '이시'를 스스럼없이 행하는 자들이 바로 요즘 사람들이다. 이는 대붕大鵬을 비웃는 매미나 작은 새들이 하는 짓거리를 똑같이 하는 것이다.

유생암有生黬은 생명은 가마솥 밑의 검댕과 같다는 뜻으로 여기의 암黬은 솥 밑에 붙은 검댕을 말한다. 피연披然은 이리저리 흩어지는 모습이다. 납자지유비해臘者之有膍胲의 납臘은 섣달에 선조 등에 지내는 제사, 비膍는 소나 양 따위의 내장인 처녑, 해胲는 엄지발가락으로 여기서는 굽을 말한다. 조여학구蜩與學鳩는 대붕을 비웃는 매미와 작은 새를 뜻한다. 학學은 학鷽과 통한다. 「소요유」편에 이미 나왔다. 동어동同於同은 무리가 함께하는 짓을 덩달아 같이하는 것을 의미한다.

1-8

蹍市人之足, 則辭以放驁, 兄則以嫗, 大親則已矣. 故曰, '至禮有不人, 至義不物, 至知不謀, 至仁無親, 至信辟金.' 徹志之勃, 解心之謬, 去德之累, 達道之塞. 貴富顯嚴名利六者, 勃志也. 容動色理氣意六者, 謬心也. 惡欲喜怒哀樂六者, 累德也. 去就取與知能六者, 塞道也. 此四六者不蕩胸中則正, 正則靜, 靜則明, 明則虛, 虛則無爲而無不爲也.

시장에서 모르는 사람의 발을 밟을 때는 잘못했다고 사과하고, 형의 발을 밟을 때는 어루만져 주는 정도로 끝내고, 부모의 발을 밟을 때는 잘못했다는 말을 하지 않는다. 지극한 예는 상대를 남으로 대하지 않고, 지극한 의는 다른 일로 여기지 않고, 지극한 지혜는 꾀를 부리지 않고, 지극한 인은 누구를 따로 친애함이 없고, 지극한 믿음은 금옥을 담보로 잡는 일을 물리친다.

마음을 어지럽히는 것을 제거하고, 마음을 묶는 속박을 풀고, 타고난 덕에 달라붙는 장애를 버리고, 도를 막는 방해물을 소통시켜야 한다. 신분이 높은 귀貴, 재산이 많은 부富, 높은 자리의 현顯, 권력을 휘두르는 엄嚴, 명성이 높은 명名, 이익이 많은 이利 등 6가지는 사람의 마음을 어지럽힌다. 얼굴의 용容, 행동의 동動, 표정인 색色, 피부의 리理, 생기의 기氣, 의욕의 의意 등 6가지는 사람의 마음을 속박한다. 증오의 오惡, 욕망의 욕欲, 환희의 희喜, 분노의 노怒, 비애의 애哀, 열락의 락樂 등 6가지는 타고난 덕의 장애가 된다. 사직의 거去, 취임의 취就, 취득의 취取, 시여의 여與, 지혜의 지知, 능력의 능能 등 6가지는 근원의 도를 막는다.

이들 4종류의 6가지가 마음속에서 요동치지 않으면 올바르게 되고, 올바르면 고요하게 되고, 고요하면 앎이 분명해지고, 앎이 분명해지면 마음이 텅 비게 된다. 마음이 텅 비면 무위일지라도 하지 않는 일이 없게 된다.

전시인지족蹍市人之足의 전蹍을 두고 사마표는 도蹈로 풀이했다. 『광아』에는 리履와 통하는 것으로 되어 있다. 방오放鰲는 무례를 저지른다는 뜻으로 방오放傲와 같다. 형칙이구兄則以嫗는 형의 발을 밟았을 때 어루만져 준다는 뜻으로 임희일은 형이 동생의 발을 밟은 것으로 해석했으나 문맥상 거꾸로 해석하는 게 낫다.

철지지발徹志之勃은 마음을 어지럽히는 것들을 제거한다는 뜻으로 철徹은 철撤과 통한다. 발勃이 패悖로 된 판본이 있으나 이는 오류다. 해심지무解心之謬는 마음을 묶는 속박을 푼다는 의미이다. 무謬는 무繆의 가차로 보는 게 옳다. 무繆로 된 판본이 있다. 무위이무불위無爲而無不爲는 『도덕경』 제37장의 구절을 따온 것이다.

1-9

道者, 德之欽也. 生者, 德之光也. 性者, 生之質也. 性之動謂之爲, 爲之僞謂之失. 知者, 接也. 知者, 謨也. 知者之所不知, 猶睨也. 動以不得已之謂德, 動無非我之謂治, 名相反而實相順也. 羿工乎中微而拙乎使人無己譽. 聖人工乎天而拙乎人. 夫工乎天而俍乎人者, 唯全人能之. 唯蟲能蟲, 唯蟲能天. 全人惡天, 惡人之天, 而況吾天乎人乎. 一雀適羿, 羿必得之, 威也. 以天下爲之籠, 則雀無所逃. 是故湯以胞人籠伊尹, 秦穆公以五羊之皮籠百里奚. 是故非以其所好籠之而可得者, 無有也. 介者拸畫, 外非譽也. 胥靡登高而不懼, 遺死生也. 夫復謵不饋而忘人, 忘人, 因以爲天人矣. 故敬之而不喜, 侮之而不怒者, 唯同乎天和者爲然. 出怒不怒, 則怒出於不怒矣. 出爲無爲, 則爲出於無爲矣. 欲靜則平氣, 欲神則順心. 有爲也欲當, 則緣於不得已. 不得已之類, 聖人之道.

도는 덕이 공경하는 것이고, 생명은 덕이 빛나는 모습이다. 본성은 생명의 바탕이다. 본성의 활동을 일컬어 '행위'라 하고, 행위가 거짓된 것을 일컬어 '상실'이라고 한다.

안다는 것은 본성이 외물과 접촉하는 것이고 또한 생각하는 것이기도 하다. 이러한 앎으로 다 알 수 없는 것이 있는 것은 마치 곁눈질하듯이 사물을 제대로 파악하지 못했기 때문이다. 부득이한 연후에 움직이는 것을 '덕', 움직임 속에 자연의 내가 아닌 게 없는 것을 '다스림' 이라고 한다. 이름은 상반되지만 실제로 서로 일치하는 것이다.

예羿는 작은 표적을 맞추는 데 매우 뛰어났으나 사람들이 자신을 칭찬하지 못하도록 하는 데는 졸렬했다. 성인은 하늘에 대해서는 뛰어나나 사람에 대해서는 졸렬했다. 하늘에 대해 뛰어나면서 사람의 일도 잘하는 것은 오직 완전한 전인全人만이 가능하다. 마찬가지로 오직 벌레만이 온전하게 벌레일 수 있고, 자연 그대로 일 수 있다. 전인은 자연을 싫어한다고 하나 그는 인위적인 자연을 싫어하는 것일 뿐이다. 하물며 사람을 하늘로 여기는 경우이겠는가?

참새 한 마리가 명궁인 예羿에게 다가갔을 때 예가 반드시 그것을 쏘아 맞춰 잡고자 하는 것은 미혹된 생각일 뿐이다. 천하를 가지고 새장으로 삼으면 새가 도망칠 곳이 없게 된다. 은나라 탕왕은 요리사 직책을 미끼로 이윤伊尹을 새장에 넣었고, 진목공은 5마리 양가죽을 대가로 백리해百里奚를 새장에 넣었다. 상대방이 좋아하는 것을 가지고 새장으로 삼지 않고 그를 손에 넣는 방법은 없다.

형벌로 다리를 잘린 사람이 화장도구를 버리는 것은 용모에 대한 사람들의 칭찬이나 헐뜯음을 도외시하기 때문이고, 죄수들이 높은 곳에 올라가도 두려워하지 않는 것은 생사를 도외시하기 때문이다. 남에게 굴복하고도 부끄러워하지 않으면 사람들을 잊게 된다. 사람들을 잊게 되면 천인天人이 된다. 사람들이 그를 공경해도 기뻐하지 않고, 멸시해도 성내지 않는 이유다. 이는 오직 자연인 하늘과 동화되어야만 가능한 일이다.

노여움을 드러내도 인위적으로 노여워하지 않으면 노여워하지 않는 데서 노여움이 나오게 된다. 행위를 드러내도 인위적으로 행위하지 않으면 행위가 무위에서 나오게 된다. 고요하기를 바라면 심기를 평화롭게 해야 하고, 신묘하기를 바라면 자연스런 마음을 따라야 하고, 행동이 마땅하기를 바라면 부득이할 때 행동해야 한다. 부득이한 연후에 움직이는 부류는 성인의 도에 이른 자들이다.

유예猶睨는 곁눈질과 같다는 뜻으로 사물을 정확히 인식하지 못하는 인간의 한계를 지적한 것이다. 량호인자俍乎人者는 사람의 일도 잘한다는 뜻으로 량俍은 량良과 같다. 황오천호인호況吾天乎人乎의 천호인天乎人을 두고 해석이 분분하다. 이케다는 사람을 하늘로 여긴다는 뜻의 이인위천以人爲天으로 해석한 왕선겸의 견해를 좇았다.

'예필득지羿必得之, 위야威也' 는 예가 반드시 참새를 쏘아 맞춰 잡는 것은 미혹된 생각이라는 뜻이다. 위야威也를 그대로 두고 '인위의 위력' 으로 해석하는 견해가 있으나 임희일은 혹야或也로 된 판본이 있는 점을 감안해 혹야惑也로 해석했다. 문맥상 이게 맞다. 포인胞人의 포胞는 주방을 뜻하는 포庖와 통한다. 개자치획介者拸畫은 형벌로 다리를 잘린 사람은 화장도구를 버린다는 뜻이다. 치拸가 이移로 된 판본이 있다. 육덕명은 버린다는 뜻의 리離로 풀이했다. 획畫을 두고 곽상은 용모를 꾸미는 도구, 유월은 법도에 구속되지 않는 것으로 해석했다. 곽상의 해석이 간명하다.

서미등고이불구胥靡登高而不懼는 죄수의 무리가 높은 곳에 올라가도 두려워하지 않는다는 뜻으로 여기의 서미胥靡는 형벌을 받아 부역에 끌려간 자들을 뜻한다. 복습불궤復謵不餽는 남에게 굴복하고도 부끄러워하지 않는다는 뜻으로 마서륜은 복습復謵을 복습伏慴의 가차로 보았다. 부득이지류不得已之類는 앞에 나서서 이끌려는 욕심이 없기에 부득이한 상황에서 비로소 움직이는 성인을 지칭한 것이다.

제2장 서무귀(徐无鬼)

2-1

徐无鬼因女商見魏武侯, 武侯勞之曰, “先生病矣, 苦於山林之勞, 故乃肯見於寡人.” 徐无鬼曰, “我則勞於君, 君有何勞於我. 君將盈耆欲, 長好惡, 則性命之情病矣. 君將黜耆欲, 掔好惡, 則耳目病矣. 我將勞君, 君有何勞於我.” 武侯超然不對. 少焉, 徐无鬼曰, “嘗語君吾相狗也. 下之質, 執飽而止, 是狸德也. 中之質, 若視日. 上之質, 若亡其一. 吾相狗又不若吾相馬也. 吾相馬, 直者中繩, 曲者中鉤, 方者中矩, 圓者中規. 是國馬也, 而未若天下馬也. 天下馬有成材, 若卹若失, 若喪其一. 若是者, 超軼絶塵, 不知其所.” 武侯大悅而笑. 徐无鬼出, 女商曰, “先生獨何以說吾君乎. 吾所以說吾君者, 橫說之則以『詩』·『書』·『禮』·『樂』, 從說之則以『金板六弢』, 奉事而大有功者不可爲數, 而吾君未嘗啓齒. 今先生何以說吾君, 使吾君說若此乎.” 徐无鬼曰, “吾直告之吾相狗馬耳.” 女商曰, “若是乎.” 曰, “子不聞夫越之流人乎. 去國數日, 見其所知而喜. 去國旬月, 見所嘗見於國中者喜. 及期年也, 見似人者而喜矣. 不亦去人滋久思人滋深乎. 夫逃虛空者, 藜藿柱乎鼪鼬之逕, 踉位其空, 聞人足音跫然而喜矣, 又況乎昆弟親戚之謦欬其側者乎. 久矣夫, 莫以眞人之言謦欬吾君之側乎.”

서무귀徐无鬼가 여상女商을 따라 위무후魏武侯를 만났다. 위무후가 서무귀를 위로했다.

"선생은 병이 든 듯하오. 산림의 은둔생활 노고로 인해 과인을 기꺼이 만나러 온 듯하오."

서무귀가 말했다.

"제가 오히려 군주를 위로하러 왔습니다. 그러니 군주가 어찌 저를 위로할 일이 있겠습니까? 군주가 먹고 마시는 욕망을 가득 채우고 호오의 감정에 따라 행동하고자 하면 성명性命의 기본정서가 병들 것입니다. 반대로 군주가 먹고 마시는 욕망을 억제해 물리치고 호오의 감정을 버리고자 하면 이목의 감각기관이 병들 것입니다. 그러니 저야말로 군주를 위로해드릴지언정 군주가 어찌 저를 위로할 일이 있겠습니까?"

위무후가 언짢아하며 대답하지 않았다. 잠시 후 서무귀가 말했다.

"시험 삼아 군주에게 제가 개를 감정하는 방법을 말씀드리겠습니다. 하급의 개는 배불리 먹는 데 집착할 뿐이니 이는 고양이와 다를 게 없습니다. 중급의 개는 마치 해를 쳐다보는 것같이 먼 곳을 쳐다봅니다. 상급의 개는 마치 자신을 잊은 듯합니다.

제가 개를 감정하는 것은 말을 감정하는 것만 못합니다. 말을 감정하는 것은 이렇습니다. 말이 직진할 때 먹줄에 들어맞고 굽 모양으로 돌 때 그림쇠에 들어맞으면 그런 말은 온 나라에서 가장 뛰어난 국마國馬라고 할 수 있습니다. 그러나 이는 아직 천하제일의 명마인 천하마天下馬에는 미치지 못합니다.

천하마는 천성의 아름다운 자질을 지니고 있습니다. 이 말은 일견 공허한 듯하고, 뭔가를 잃어버린 듯합니다. 마치 자신을 잃은 듯 멍한 모습으로 있습니다. 이런 말은 한번 내달리면 다른 말들을 곧바로 추월하는 것은 물론 먼지까지 따돌리는 까닭에 어디로 가는지조차 알 길이 없습니다."

위무후가 이 말을 듣고 크게 기뻐하며 흰 이를 훤히 드러내고 웃었다. 서무귀가 밖으로 나오자 여상이 물었다.

"선생은 어떻게 하여 우리 주군을 그토록 기쁘게 만든 것입니까? 나는 우리 군주를 설복키 위해 횡으로는 『시詩』·『서書』·『예禮』·『악樂』을 말하고, 종으로는 『금판육도金板六弢』 등의 병법을 말씀드렸습니다. 때로는 일을 받들어 행하면서 대공을 세운 것 또한 수없이 많습니다. 그러나 우리 군주는 아직까지 크게 기뻐하며 흰 이를 훤히 드러내고 웃은 적이 없습니다. 지금 선생은 우리 군주에게 무슨 얘기를 했기에 군주를 그토록 기쁘게 만든 것입니까?"

서무귀가 대답했다.

"나는 다만 군주에게 개와 말을 감정하는 방법에 대해 말씀드렸을 뿐이오."

여상이 물었다.

"그것뿐입니까?"

서무귀가 대답했다.

"당신 홀로 남쪽 월나라 땅에 유배된 죄인의 얘기를 듣지 못했소? 유배를 떠난 사람은 본국을 떠난 지 며칠이 지나면 자신이 알고 있는 사람을 만날 경우 기뻐하고, 열흘이나 1달이 지나면 전에 본국에서 잠깐 본 일이 있는 사람을 만나도 기뻐하고, 1년이 지나면 본국 사람 비슷한 사람만 만나도 기뻐하오. 이는 사람이 본거지를 떠난 시간이 오래되면 오래될수록 사람을 그리워하는 마음이 더욱 깊어지는 것을 보여주는 게 아니겠소?

인적이 끊긴 산골짜기로 달아나 사는 경우를 봅시다. 족제비나 다니는 좁은 길에 명아주풀이 우거진 가운데 텅 빈 골짜기에서 홀로 이리저리 거닐며 지내다 보면 문득 저벅저벅하는 사람의 발소리만 들어도 기뻐하게 되오. 하물며 형제나 친척이 찾아와 곁에서 기침소리를 내며 이야기라도 나누면 그 얼마나 기뻐하겠소? 참으로 오래됐구나! 진인眞人의 말씀으로 군주 곁에서 충언을 들려주지 못한 것이."

서무귀徐无鬼와 여상女商을 두고 육덕명은 각각 위나라의 은자 및 재신宰臣으로 해석했다. 견호오掔好惡는 호오의 감정을 버린다는 의미로 여기의 견掔은 끌어다 물리친다는 뜻이다. 초연超然을 두고 사마표는 기분 나빠하는 창연悵然으로 풀이했다. 상구相狗는 개를 감정한다는 뜻이다. 한나라 때 무덤에서 『상구경相狗經』이 출토된 점에 비춰 당시 이런 풍속이 널리 유행했음을 알 수 있다. 리덕狸德은 고양이의 성질을 지닌 개의 의미로 여기의 리狸는 묘猫의 뜻이다.

약망기일若亡其一의 일一을 두고 육덕명은 몸으로 새겼으나 내용상 자기 자신을 지칭한다. 천하마유성재天下馬有成材는 천하제일의 명마는 천부의 아름다운 자질을 갖고 있다는 뜻이다. 약술若卹은 일견 공허한 듯하다는 의미로 술卹은 고요하다는 뜻의 혁侐의 가차이다. 초질절진超軼絶塵은 다른 말을 추월해 먼지조차 따돌릴 정도라는 뜻이다. 질軼은 본래 수레를 뜻하나 여기서는 군마群馬를 의미한다. 절진絶塵은 말이 달릴 때 일어나는 먼지가 말을 따라잡지 못하는 것을 지적한 것이다.

횡세橫說와 종세從說는 이리저리 유세해 보았다는 뜻이다. 종從은 종縱과 통한다. 금판金板과 육도六弢는 강태공의 저서로 알려진 『육도삼략』의 병서를 말한다. 임희일은 '조정에 간직되어 있었던 까닭에 금판이라는 이름을 얻게 됐다' 고 풀이했다. 계치啓齒는 이를 드러내고 크게 웃는 것을 말한다. 월지유인越之流人을 두고 사마표는 월나라로 유배된 자로 해석했다. 여조藜藋는 명아주로 잡초를 의미한다. 생유지경鼪鼬之逕은 족제비가 다니는 작은 길이다. 경逕은 경徑과 통한다. 양위기공踉位其空은 빈 골짜기에서 이리저리 거닐며 지낸다는 뜻이다. 량踉은 뛰어간다는 뜻도 있으나 여기서는 천천히 걷는다는 의미이다. 공연跫然은 기뻐하는 모양이다. 경해기측謦欬其側은 곁에서 기침소리를 낸다는 의미이다. 경해謦欬는 윗사람의 말씀이나 가르침의 뜻을 지니고 있다. 경해오군지측謦欬吾君之側은 그런 의미로 사용된 것이다.

2-2

徐无鬼見武侯, 武侯曰, "先生居山林, 食芧栗, 厭葱韭, 以賓寡人, 久矣夫. 今老邪, 其欲干酒肉之味邪, 其寡人亦有社稷之福邪." 徐无鬼曰, "無鬼生於貧賤, 未嘗敢飮食君之酒肉, 將來勞君也." 君曰, "何哉. 奚勞寡人." 曰, "勞君之神與形." 武侯曰, "何謂邪." 徐无鬼曰, "天地之養也一, 登高不可以爲長, 居下不可以爲短. 君獨爲萬乘之主, 以苦一國之民, 以養耳目鼻口, 夫神者不自許也. 夫神者, 好和而惡姦. 夫姦, 病也, 故勞之. 唯君所病之, 何也." 武侯曰, "欲見先生久矣. 吾欲愛民而爲義偃兵, 其可乎." 徐无鬼曰, "不可. 愛民, 害民之始也. 爲義偃兵, 造兵之本也. 君自此爲之, 則殆不成. 凡成美, 惡器也. 君雖爲仁義, 幾且僞哉. 形固造形, 成固有伐, 變固外戰. 君亦必無盛鶴列於麗譙之間, 無徒驥於錙壇之宮, 無藏逆於得, 無以巧勝人, 無以謀勝人, 無以戰勝人. 夫殺人之士民, 兼人之土地, 以養吾私與吾神者, 其戰不知孰善. 勝之惡乎在. 君若勿已矣, 修胸中之誠以應天地之情而勿攖. 夫民死已脫矣, 君將惡乎用夫偃兵哉."

서무귀가 위무후를 만났다. 위무후가 물었다.

"선생은 산림에 들어앉아 도토리나 밤을 먹고, 파와 부추로 실컷 배를 채우고, 과인을 백안시하며 찾지 않은 지 이미 오래되었소. 이처럼 나를 찾아와 주었으니 이제 선생이 늙어서 그런 것이오? 아니면 술과 고기 등 맛있는 음식을 구하기 위해 그런 것이오? 그도 아니면 과인이 사직을 잘 다스릴 만한 복이 있어서 그런 것이오?"

서무귀가 대답했다.

"저는 빈천한 출신인 까닭에 한번도 감히 군주가 즐기는 것과 같은 술과 고기를 먹어보지 못했습니다. 제가 온 것은 단지 군주를 위로하기 위한 것입니다."

위무후가 물었다.

"그게 무슨 말이오? 어떻게 과인을 위로한다는 말이오?"

서무귀가 대답했다.

"군주의 정신과 몸을 위로하려는 것입니다."

위무후가 물었다.

"그건 또 무슨 말이오?"

서무귀가 대답했다.

"천지자연이 만물을 기르는 작용은 하나같이 똑같습니다. 높은 곳에 올랐다고 해서 우월하다고 생각해서는 안 되고, 낮은 곳에 머문다고 해서 열등하다고 생각해서는 안 됩니다. 지금 군주는 만승 대국의 군주가 되어 온 나라 백성을 괴롭히며 이목구비의 욕망을 만족시키고 있습니다. 신명神明 자체가 이런 생활을 좋아하지는 않을 것입니다. 무릇 신명은 조화로움을 좋아하고 간악함을 싫어합니다. 간악함은 병입니다. 제가 군주를 위로하고자 하는 것은 바로 이 때문입니다. 군주는 어찌하여 그런 병에 걸린 것입니까?"

위무후가 물었다.

"선생을 만나고자 한 지 오래되었소. 나는 백성을 사랑하며 의를 위해 전쟁을 그치게 만들 생각이오. 이것이 과연 가능하겠소?"

서무귀가 대답했다.

"좋지 않습니다. 백성을 사랑하겠다는 것이 오히려 백성을 해치는 시초이고, 의를 위해 전쟁을 그치게 만들겠다는 것이 오히려 전쟁을 일으키는 근원입니다. 군주가 이와 같은 생각으로 그리하면 아마도 성공하지 못할 것입니다. 무릇 아름다움을 이루고자 하는 것 자체가 추악함을 담는 그릇입니다. 군주는 비록 인의를 실천한다고 하나 아마도 거짓이 되고 말 것입니다.

형식적 규범은 실로 더욱 거짓된 형식적 규범을 낳고, 그 형식이 일단 만들어지면 실로 실패가 따르게 되고, 마음이 잘못 움직이면 실로 타인과 힘으로 다투게 됩니다. 그러니 군주는 성대한 열병식인 '학열鶴列의 진陣'을 높은 누각 사이에서 펼치지 말고, 보병과 기병의 훈련을 제사지내는 치단錙壇의 궁에서 하지 말고, 도리를 저버린 역기逆氣를 타고난 덕에 간직하지 말고, 인위의 기교로 남에게 이기려 하지 말고, 모략을 써 남에게 이기려 하지 말고, 무력을 통해 남에게 이기려 하지 말아야 합니다.

무릇 타국의 병사와 백성을 죽이고 타국의 영토를 병합해 자신의 사욕과 정신을 만족시키고자 하면 그 전쟁은 무엇이 옳은지 알 수 없게 됩니다. 그러니 승전의 의미를 도대체 어디서 찾을 수 있겠습니까? 군주가 만일 이대로 그만둘 수 없다면 마음속의 성실함을 닦으면서 천지자연의 본래 모습을 그대로 따라야 합니다. 결코 이를 어지럽히는 일이 있어서는 안 됩니다. 그러면 백성들은 이미 사지에서 벗어난 것이나 다름없으니 군주가 장차 전쟁을 멈추려 애쓸 일이 뭐 있겠습니까?"

서율芧栗은 도토리와 밤을 뜻한다. 「산목」편에는 저杼로 되어 있다. 총구蔥韭는 파와 부추를 말한다. 빈과인賓寡人의 빈賓을 글자 그대로 '객客으로 대하다'의 뜻으로 풀이하는 견해도 있으나 여기서는 물리친다는 뜻의 빈擯의 가차로 사용된 것이다. 기욕간주육지미야其欲干酒肉之味邪는 '아니면 술과 고기 등 맛있는 음식을 구하려는 것인가?'의 의미로 여기의 기其는 억抑과 같다. 간干은 구한다는 뜻이다. 언병偃兵은 군대를 쉬게 한다는 뜻으로 전쟁의 중단을 의미한다. '범성미凡成美, 악기야惡器也'의 구두점과 관련해 이견이 있으나 '아름다움을 이루는 것은 악을 담는 그릇이다'라고 풀이한 곽상의 견해가 가장 그럴듯하다. 성고유벌成固有伐의 벌伐을 두고 장병린은 실패한다는 뜻의 패敗로 풀이했다. 변고외재變固外哉는 변하는 마음이 일어나면 반드시 타인과 다툰다는 뜻으로 여기의 변變은 마음이 잘못 움직이는 것을 의미한다.

'무성학열어여초지간無盛鶴列於麗譙之間'의 무無는 하지 말라는 뜻의 무毋와 통한다. 학렬鶴列을 두고 성현영은 군사들을 학의 행렬처럼 배치하는 진법의 일종으로 보았다. 곽상은 여초麗譙를 높은 누대로 해석했다. '무도기어치단지궁無徒驥於錙壇之宮'의 도기徒驥는 보병과 기병의 훈련을 의미한다. 치단錙壇은 궁의 명칭으로 제사를 지내는 곳이다. 군사들의 영루로 해석하는 견해도 있다. '무장역어덕無藏逆於得'은 도리를 저버린 역기逆氣를 타고난 그대로의 덕에 간직하지 말라는 뜻이다. 사마표본에는 덕得이 덕德으로 되어 있다. 물영勿攖은 천지자연의 본래 모습을 어지럽히지 말하는 뜻이다. 사이탈의死已脫矣는 군주가 백성을 사랑하지 않거나 전쟁을 중단하지 않을지라도 백성들 스스로 살 길을 찾을 수 있다는 뜻이다.

2-3

黃帝將見大隗乎具茨之山, 方明爲御, 昌寓驂乘, 張若·謵朋前馬, 昆閽·滑稽後車. 至於襄城之野, 七聖皆迷, 無所問塗. 適遇牧馬童子, 問塗焉, 曰, "若知具茨之山乎." 曰, "然." "若知大隗之所存乎." 曰, "然." 黃帝曰, "異哉小童. 非徒知具茨之山, 又知大隗之所存. 請問爲天下." 小童曰, "夫爲天下者, 亦若此而已矣, 又奚事焉. 予少而自遊於六合之內, 予適有瞀病, 有長者敎予曰, '若乘日之車而遊於襄城之野.' 今予病少痊, 予又且復遊於六合之外. 夫爲天下, 亦若此而已, 予又奚事焉." 黃帝曰, "夫爲天下者, 則誠非吾子之事, 雖然, 請問爲天下." 小童辭. 黃帝又問. 小童曰, "夫爲天下者, 亦奚以異乎牧馬者哉. 亦去其害馬者而已矣." 黃帝再拜稽首, 稱天師而退.

황제가 대외大隗를 만나려고 구자산具茨山으로 여행을 떠났다. 우주만물을 다 알고 있는 방명方明이 고삐를 잡고, 우주를 창성케 하는 창우昌寓가 참승驂乘하고, 힘센 장약張若과 구변이 좋은 습붕謵朋이 선도하고, 혼돈한 바보 곤혼昆閽과 상궤를 벗어난 활계滑稽가 수레의 뒤를 따랐다.

양성襄城의 들판에 이르러 황제를 포함한 이들 7명의 성인이 모두 길을 잃었다. 길을 물으려 해도 물을 사람이 없었다. 이때 마침 말을 먹이는 동자를 만나 길을 물었다.

"그대는 구자산을 아는가?"

"그렇습니다."

"그대는 대외가 있는 곳도 아는가?"

"그렇습니다."

황제가 감탄하며 청했다.

"기이하구나! 어린 목동이. 구자산만 아는 게 아니라 대외가 있는 곳까지 알고 있으니! 청컨대 천하를 다스리는 방법을 묻고자 하오."

동자가 대답했다.

"천하를 다스리는 일도 이와 같을 뿐이니 제가 또 무슨 말을 하겠습니까? 저는 어려서부터 스스로 육합六合 안에서 노닐었는데 마침 눈이 흐려지는 병에 걸렸습니다. 이때 어떤 어른이 저에게 가르쳐 주기를, '너는 해 수레를 타고 양성의 들판에서 노닐도록 하라' 고 했습니다. 지금 저의 병이 조금 호전됐기에 다시 육합 밖에서 노닐 생각입니다. 천하를 다스리는 일도 이와 같을 뿐이니 제가 또 무슨 말을 하겠습니까?"

황제가 재차 청했다.

"천하를 다스리는 일은 실로 그대의 일이 아니다. 비록 그렇기는 하나 천하를 다스리는 방법에 대해 다시 묻고자 하오."

동자가 사양했으나 황제가 거듭 묻자 동자가 대답했다.

"천하를 다스리는 일도 어찌 말을 먹이는 일과 다를 리 있겠습니까? 말을 해치는 일을 제거할 따름입니다."

황제가 두 번 절하고 머리를 조아리는 재배계수再拜稽首를 행하며 동자를 천사天師로 칭한 뒤 이내 물러났다.

대외大隗는 커다란 흙덩이로 무위자연의 도를 상징한다. 구자산具茨山을 두고 하남성 밀현에 존재하는 산으로 보는 견해도 있으나 가공의 산으로 보는 게 옳다. 방명方明과 창우昌寓, 장약張若, 습붕謵朋, 곤혼昆閽, 활계滑稽 모두 가공의 인물이다. 참승驂乘은 수레의 오른쪽에 타고 있었다는 뜻이고, 전마前馬는 일행을 인도했다는 의미이다. 적우목마동자適遇牧馬童子의 적適은 때마침의 뜻이다. 문도問塗의 도塗는 도途와 통한다. 무병瞀病은 눈이 흐려지는 질병을 말한다. 세속에 살다보니 속세의 먼지로 인해 눈이 흐려졌다는 취지이다.

승일지거乘日之車를 두고 왕숙민은 거車가 거居로 되어 있는 원가본元嘉本을 좇아 승일이거乘日而居로 해석해야 한다고 주장했으나 '해를 수레로 삼았다'고 풀이한 사마표의 견해가 문맥에 부합한다. 여병소전予病少痊의 전痊은 병이 나았다는 뜻이다. '역약차이이亦若此而已'를 두고 곽상은 스스로 방치한다는 뜻의 자방임自放任으로 풀이했다. 이에 대해 왕숙민은 '방임은 무위가 아니다. 무위는 자연을 따르는 것이고, 방임은 자연을 잃는 것이다'라고 비판했다. 『도덕경』의 소국과민小國寡民을 두고 자유방임주의로 해석하는 자들에 대한 혹평과 맥을 같이한다. 칭천사稱天師를 두고 곽상은 목동이 곧 대외의 현신임을 뜻한 것이라고 풀이했다.

2-4

知士無思慮之變則不樂, 辯士無談說之序則不樂, 察士無淩誶之事則不樂, 皆囿於物者也. 招世之士興朝, 中民之士榮官, 筋力之士矜難, 勇敢之士奮患, 兵革之士樂戰, 枯槁之士宿名, 法律之士廣治, 禮教之士敬容, 仁義之士貴際. 農夫無草萊之事則不比, 商賈無市井之事則不比, 庶人有旦暮之業則勸, 百工有器械之巧則壯. 錢財不積則貪者憂, 權勢不尤則夸者悲, 勢物之徒樂變. 遭時有所用, 不能無爲也, 此皆順比於歲, 不物於易者也. 馳其形性, 潛之萬物, 終身不反, 悲夫.

지모가 뛰어난 지사知士는 모략을 짜내고 꾸밀 사건이 빚어지지 않으면 즐겁지 않고, 변설이 능한 변사辯士는 열변을 행할 실마리가 없으면 즐겁지 않고, 사물을 잘 살피는 찰사察士는 욕하고 꾸짖으며 몰아칠 일이 생기지 않으면 즐겁지 않다. 이들 모두 외물에 갇혀 자신을 상실한 자들이다.

당대의 영걸인 초세지사招世之士는 왕조를 세우고, 중등의 인물인 중민지사中民之士는 관료로 영달하고, 힘이 센 근력지사筋力之士는 위난을 당해도 자신만만하고, 용기가 뛰어난 용감지사勇敢之士는 환란을 당했을 때 떨쳐 일어나고, 병법에 밝은 병혁지사兵革之士는 전쟁을 즐거워하고, 야위고 까칠해지면서까지 자기 주장을 고집하는 고고지사枯槁之士는 명예에 목숨을 걸고, 법령에 밝은 법률지사法律之士는 법망을 널리 펼치고, 예법을 중시하는 예교지사禮敎之士는 용모를 경건히 하는 데 힘쓰고, 의리를 중시하는 인의지사仁義之士는 사람과의 교제를 중시한다.

농부는 잡초를 뽑는 밭일이 없으면 기꺼워하지 않고, 상인은 시장에서 장사하는 일이 없으면 기꺼워하지 않고, 서민은 아침저녁으로 할 일이 있어야만 힘써 일하고, 기술자는 기계를 만드는 기교가 있어야만 씩씩해진다.

돈과 재물이 쌓이지 않으면 탐욕스런 인간은 근심하고, 권세가 남보다 월등하지 않으면 위세 부리기 좋아하는 인간은 슬퍼한다. 권세와 재물에 사로잡힌 자들은 일이 빚어지는 것을 즐거워하고, 때를 만나 자신이 기용될 지위가 있게 되면 가만히 있지 못한다. 이들 모두 세월의 추이에 따라 외물에 의해 본성을 상실한 자들이다. 자신의 몸과 성정을 몰아 외물에 매몰시킨 나머지 죽을 때까지 본래의 자기로 돌아올 줄 모르니 참으로 슬픈 일이다!

찰사察士는 까다롭게 따지는 사람을 말한다. 능수지사淩誶之事는 욕하고 꾸짖을 수 있는 일을 말한다. 수誶는 그 의미가 꾸짖을 책責일 때는 '수', 물을 신訊일 때는 '신', 욕하며 몰아세울 매罵일 때는 '줄'로 읽는다. 유어물자囿於物者는 외물에 구속된 자들을 말한다. 이케다와 아카츠카 등은 「각의」편에 이어 세상과 타협하지 않는 고집스런 사람을 비판한 것으로 해석했다.

초세지사招世之士는 당대의 매우 뛰어난 인물을 뜻한다. 임희일은 명예를 좋아하는 호명자好名者로 풀이했으나 문맥상 초招는 초超의 가차로 보는 게 간명하다. 근력지사筋力之士는 힘이 센 자로 대개 전설적인 맹분孟賁과 오확烏獲을 지칭한 것으로 풀이한다. 맹분과 오확은 각각 『맹자』의 「공손추 상」과 「고자 하」편에 그 이름이 나온다. 긍난矜難을 두고 임희일은 어려움을 극복하는 것을 자랑으로 여기는 것으로 풀이했다.

고고지사枯槁之士는 자기 주장을 고집하는 사람으로 「각의」편에는 '말라비틀어진 모습으로 연못에 몸을 던지는 자'로 묘사돼 있다. 숙명宿名은 명예를 취한다는 뜻이다. 유월은 숙宿을 거둔다는 뜻의 축縮의 의미로 해석했다. 법률지사法律之士는 법가, 예교지사禮敎之士는 유가를 지칭한 것이다. 초래지사草萊之事는 잡초를 뽑는 일을 말한다. 불비不比는 즐겁지 않다는 뜻이다. 비比를 두고 친비親比의 뜻으로 새기는 견해가 많으나 해동은 『광아』를 인용해 즐거울 락樂으로 풀이했다.

상고商賈의 상商은 행상行商, 고賈는 좌상坐商을 말한다. 권세불우權勢不尤의 우尤를 마서륜은 충充으로 해석했으나 아카츠카는 우優의 가차로 보았다. 불물어역不物於易은 직역할 경우 문맥이 통하지 않는다. 이케다는 이역어물而易於物의 오류로 보았다. 필사할 때 불不과 이而, 역易과 물物 모두 글자 모양이 비슷해 자주 혼동해 기록했다는 게 논거다.

2-5

莊子曰, "射者非前期而中謂之善射. 天下皆羿也, 可乎." 惠子曰, "可." 莊子曰, "天下非有公是也, 而各是其所是. 天下皆堯也, 可乎." 惠子曰, "可." 莊子曰, "然則儒·墨·楊·秉四, 與夫子爲五, 果孰是邪, 或者若魯遽者邪. 其弟子曰, '我得夫子之道矣, 吾能冬爨鼎而夏造冰矣.' 魯遽曰, '是直以陽召陽, 以陰召陰, 非吾所謂道也. 吾示子乎吾道.' 於是爲之調瑟, 廢一於堂, 廢一於室, 鼓宮宮動, 鼓角角動, 音律同矣. 夫或改調一弦, 於五音無當也, 鼓之, 二十五弦皆動, 未始異於聲而音之君已. 且若是者邪." 惠子曰, "今乎儒·墨·楊·秉, 且方與我以辯, 相拂以辭, 相鎭以聲, 而未始吾非也, 則奚若矣." 莊子曰, "齊人蹢子於宋者, 其命閽也不以完, 其求鈃鍾也以束縛, 其求唐子也而未始出域, 有遺類矣. 夫楚人寄而蹢閽者, 夜半於無人之時而與舟人鬪, 未始離於岑而足以造於怨也."

장자가 혜자에게 물었다.

"활을 쏘는 자가 미리 표적을 정해두지 않고 아무 데나 쏘아 맞췄는데도 그것을 두고 활을 잘 쏜다고 말하면 천하의 모든 사람이 명궁인 예羿와 다름없게 된다. 그리 말해도 괜찮은 것인가?"

혜자가 대답했다.

"그렇게 말할 수 있다."

"천하의 모든 사람이 옳다고 여기는 진리가 없는 터에 각자 자신이 옳다고 여기는 것을 인정하면 천하의 모든 사람이 성군인 요堯와 다름없게 된다. 그리 말해도 괜찮은 것인가?"

"그렇게 말할 수 있다."

장자가 물었다.

"그러면 공맹의 유가儒家와 묵적의 묵가墨家, 양주의 위아학파爲我學派, 공손룡의 명가名家 등 4개 학파에 당신의 도가道家를 합치면 모두 5개 학파가 된다. 이 중 어느 학파가 옳은 것인가? 아니면 노거魯遽의 일화와 같은 것인가?

어느 날 노거의 제자가 말하기를, '저는 선생님의 도를 터득했습니다. 겨울에는 솥에 불을 때 밥을 지을 수 있고, 여름에는 얼음을 만들 줄 압니다' 라고 했다. 그러자 노거가 말하기를, '그것은 다만 겨울에는 양기로 양기를 부르고, 여름에는 음기로 음기를 부른 것에 지나지 않는다. 이는 내가 말하는 도가 아니다. 내가 너에게 도를 보여주겠다' 고 했다. 그리고는 거문고를 조율한 뒤 하나는 대청마루에 놓고 또 하나는 방안에 놓았다. 한쪽에서 궁宮의 줄을 퉁기자 다른 한쪽에서도 궁의 줄이 저절로 움직이고, 또 한쪽에서 각角의 줄을 퉁기자 다른 한쪽에서도 각의 줄이 저절로 움직였다. 이는 양쪽의 음률이 같기 때문이다.

또 노거가 한 줄의 현을 고쳐 조율했는데, 이는 5음의 어느 음에도 해당하지 않는 것이었다. 그가 거문고를 뜯자 다른 25개 줄이 모두 공명해 움직였다. 이는 그 음이 다른 음과 다를 게 없지만 위계상 모든 음의 으뜸이었기 때문일 것이다. 지금 그대가 옳다고 주장하는 대동론大同論도 바로 이와 같은 것인가?"

혜자가 대답했다.

"지금 유가와 묵가, 양주, 공손룡 등의 4개 학파는 바야흐로 나와 논쟁하는 와중에 서로 배척하며 큰 소리로 굴복시키려 하고 있다. 그러나 아직 나를 그르다고 하지는 못하고 있다. 어찌 노거와 같다고 하는 것인가?"

장자가 말했다.

"제나라 사람 가운데 자식을 송나라에 팔아넘긴 자가 있었다. 문지기라도 시키려 했으나 온전한 몸으로는 문지기가 안 되기에 이내 자식을 불구로 만들었다. 이 자는 목이 긴 형종鈃鍾 악기를 구하면 혹여 그것이 훼손될까 소중히 싸서 묶는 자이다. 그는 팔려나간 아들이 송나라에서 도주했다는 소식을 듣고도 국경 밖으로 나가 아들을 찾으려 하지 않았다. 참으로 본말이 뒤집힌 자라 할 것이다. 초나라 사람 가운데 절름발이 몸으로 팔려나가 문지기가 된 자가 있었다. 이 자는 한밤중에 아무도 없을 때 도주하기 위해 나루터까지 왔다가 뱃사공과 싸웠다. 아직 건너편 언덕에 닿기도 전에 사공의 원망을 사게 됐으니 참으로 어리석은 짓이라 할 만하다."

전기前期는 미리 표적을 정해놓는다는 뜻이다. 공시公是는 천하 사람이 모두 인정하는 것으로 공리公理와 같은 뜻이다. 유묵양병儒墨楊秉의 병秉을 두고 성현영은 공손룡의 자字로 해석했다. 노거魯遽를 두고 성현영은 주나라 초기의 인물로 해석했다. 동찬정이하조빙冬爨鼎而夏造冰은 겨울에 솥에 불을 때 음식을 만들고 여름에 얼음을 만든다는 뜻이다. 이를 두고 성현영은 "겨울에 1천 년 된 마른 재를 가져다 불을 모으면 잠깐 만에 불이 만들어지니 능히 음식을 끓일 수 있고, 한여름에 물을 담은 항아리를 끓는 물속에 담가두었다가 우물 한가운데 매달아 두면 순식간에 얼음이 생긴다"고 주장했으나 항간의 낭설을 인용한 듯하다.

폐일어당廢一於堂의 폐廢는 놓아둔다는 뜻의 치置와 통한다. 척자어송蹢子於宋의 적蹢을 두고 선영宣穎은 절뚝거리며 걷는 척촉躑躅,

전목은 귀양 간다는 뜻의 적讁으로 풀이했으나 팔아넘긴다는 육鬻의 뜻으로 풀이하는 게 자연스럽다. 명혼命閽은 문지기로 임명한다는 뜻이다. 형종鈃鍾의 형鈃은 원래 목이 긴 술병으로 '견' 으로도 읽는다. 육덕명은 형鈃은 종鍾과 비슷한 악기로 다만 목이 길다고 해석했다. 종鍾은 종鐘과 통한다. 당자唐子는 잃어버린 자식으로 곽상은 당唐을 실失로 풀이했다. 기이적혼寄而蹢閽의 기寄를 두고 마서륜은 절름발이 기踦로 풀이했다. 미시리어잠未始離於岑의 리離는 붙는다는 뜻의 리麗와 같다. 곽상은 잠岑을 기슭 안岸으로 새겼다.

2-6

莊子送葬, 過惠子之墓, 顧謂從者曰, "郢人堊漫其鼻端若蠅翼, 使匠石斲之. 匠石運斤成風, 聽而斲之, 盡堊而鼻不傷, 郢人立不失容. 宋元君聞之, 召匠石曰, '嘗試爲寡人爲之.' 匠石曰, '臣則嘗能斲之. 雖然, 臣之質死久矣. 自夫子之死也, 吾無以爲質矣.' 吾無與言之矣."

장자가 장례식에 참석하기 위해 가던 중 혜자의 묘를 지나게 됐다. 뒤따르는 제자들을 돌아보고 말했다.

"초나라의 영郢 땅 사람 가운데 어떤 사람이 자기 코끝에 백토를 파리 날개인 승익蠅翼만큼 얇게 바르고 돌을 다루는 장석匠石에게 이를 깎아내게 했다. 장석이 바람소리가 날 정도로 도끼를 휘둘러 백토를 깎았다. 백토가 모두 깎였지만 코는 전혀 상하지 않고 영 땅 사람도 꼿꼿이 서 모습을 잃지 않았다. 송원군宋元君이 그 소문을 듣고 장석을 불러 청하기를, '시험 삼아 과인을 위해 그 기술을 보여달라' 고 했다. 장석이 대답하기를, '제가 이전에는 그리할 수 있었으나 지금은 그 기술의 근원이 되는 상대가 죽은 지 오래되었습니다' 라고 대답했다. 지금 나도 혜시가 죽은 후 장석처럼 더불어 얘기할 사람이 없어졌다."

악만기비단堊漫其鼻端은 자신의 코끝에 백토를 바른다는 뜻이다. 성현영은 만漫을 더럽힌다는 뜻의 오汚로 해석했다. 오汚는 오洿 및 오汙와 같은 글자이다. 청이착지聽而斲之는 영 땅 사람이 도끼소리만 듣고 있는 사이 백토를 깎아냈다는 의미이다. 진악盡堊을 두고 왕숙민은 악진堊盡으로 된 인용문을 근거로 도치되었을 가능성을 제기했다. 어느 쪽으로 해석해도 마찬가지다. 장자가 혜시의 무덤 곁을 지나면서 영인승익郢人蠅翼의 비유를 들어 더는 맞수가 없어 논쟁적인 대화를 나눌 수 없게 된 것을 애석하게 여긴 일화는 널리 인용되는 것이기도 하다.

2-7

管仲有病, 桓公問之曰, "仲父之病病矣, 可不謂云, 至於大病, 則寡人惡乎屬國而可." 管仲曰, "公誰欲與." 公曰, "鮑叔牙." 曰, "不可. 其爲人絜廉, 善士也. 其於不己若者不比之, 又一聞人之過, 終身不忘. 使之治國, 上且鉤乎君, 下且逆乎民. 其得罪於君也將弗久矣." 公曰, "然則孰可." 對曰, "勿已則隰朋可. 其爲人也, 上忘而下畔, 愧不若黃帝, 而哀不己若者. 以德分人謂之聖, 以財分人謂之賢. 以賢臨人, 未有得人者也. 以賢下人, 未有不得人者也. 其於國有不聞也, 其於家有不見也. 勿已則隰朋可."

관중이 병이 들자 제환공이 문명하며 물었다.

"중보仲父의 병이 깊으니 말하지 않을 수 있겠는가? 중보의 병이 더 깊어지면 과인은 과연 누구에게 나라를 맡겨야 하겠소?"

관중이 반문했다

"공은 누구에게 맡길 생각입니까?"

제환공이 대답했다.

"포숙아鮑叔牙를 생각하고 있소."

관중이 말했다.

"불가합니다. 그는 사람됨이 결백하고 청렴한 선한 선비입니다. 자기만 못한 사람과는 어울리지 않고, 또 남의 잘못을 한번 들으면 종신토록 잊지 못합니다. 그에게 나라를 맡기면 위로는 장차 군주를 구속할 것이고, 아래로는 백성들과도 어긋날 것입니다. 그가 군주의 노여움을 사 죄를 얻는 일이 그리 멀지 않을 것입니다."

"그러면 누가 좋겠소?"

관중이 대답했다.

"굳이 천거하라면 습붕隰朋이 가할 것입니다. 그는 사람됨이 위로 군주를 잊고, 아래로는 백성들과 함께할 사람입니다. 자신의 덕이 황제黃帝만 못한 것을 부끄럽게 여기고, 자신만 못한 사람을 애처롭게 여기며 돌봐줍니다. 내 몸에 갖춰진 덕을 남에게 나눠주는 자를 성인, 자신이 가지고 있는 재물을 남에게 나눠주는 자를 현인이라고 합니다. 현인이 자신을 높여 군림하는 자세로 임하고도 백성의 신망을 얻은 경우는 아직 없고, 자신을 낮춰 정사에 임하고도 백성의 신망을 얻지 못한 경우 또한 아직 없습니다. 그는 나라를 다스리면서 소쇄한 사안은 듣지 않고, 집안을 다스리면서 소쇄한 사안은 보지 않는 바가 있습니다. 굳이 천거하라면 습붕이 가할 것입니다."

이 일화는 『열자』「역명」편을 비롯해 『여씨춘추』「귀공貴公」

편과 『관자』 「계戒」편 등에도 나오는 매우 유명한 일화이다. 중보지병병仲父之病病에서 뒤의 병病은 병이 위중해진 것을 말한다. 가불위운可不謂云의 위謂가 휘諱로 된 판본이 있다. 『열자』에도 휘諱로 되어 있다. 왕념손과 해동 등은 이같이 해석할 것을 주장했으나 원문 그대로 풀이해도 뜻이 통한다. 지어대병至於大病의 '대병'을 두고 육덕명은 사死로 풀이했다. 일종의 아어雅語에 해당한다.

공수욕여公誰欲與의 여與가 『열자』에는 의문사인 여歟로 되어 있다. 육덕명은 글자 그대로 준다는 뜻으로 해석했다. 양쪽 다 무방하다. 기위인결렴其爲人絜廉의 결絜은 고요하고 맑다는 뜻이나 헤아리거나 약속한다는 의미일 때는 '혈'로 읽는다. 결潔로 된 판본이 있다. 같은 뜻이다. 상망즉하반上忘而下畔의 반畔을 두고 장병린과 이케다 등은 동반한다는 뜻의 반伴과 통하는 것으로 새겼다.

2-8

吳王浮於江, 登乎狙之山, 衆狙見之, 恂然棄而走, 逃於深蓁. 有一狙焉, 委蛇攫抓, 見巧乎王. 王射之, 敏給搏捷矢. 王命相者趨射之, 狙執死. 王顧謂其友顏不疑曰, "之狙也, 伐其巧·恃其便以敖予, 以至此殛也. 戒之哉. 嗟乎, 無以汝色驕人哉." 顏不疑歸而師董梧, 以鋤其色, 去樂辭顯, 三年而國人稱之.

오왕이 강에 배를 띄워 뱃놀이를 하다가 강가에 있는 원숭이 산에 올랐다. 원숭이들이 그를 보고는 깜짝 놀라 거처를 포기한 채 줄달음쳐 풀이 무성한 깊은 숲속으로 달아났다. 그 중 한 마리가 이리저리 오가며 도망치지도 않은 채 나뭇가지를 움켜잡거나 긁거나 하며 오왕에게 재주를 뽐냈다. 화가 난 오왕이 활을 쏘자 민첩하게 화살을 잡아버렸다.

대로한 오왕이 좌우에 명해 연속으로 활을 쏘게 했다. 드디어 원숭이가 잡혀 죽었다. 오왕이 동행한 친구 안불의顔不疑를 돌아보며 말했다.

"이 원숭이는 자신의 재주를 뽐내면서 자신의 날렵함만 믿고 과인에게 오만하게 굴다가 결국 이처럼 참혹한 죽음을 당하게 됐으니 이를 경계로 삼아야 할 것이다. 아, 그대 역시 오만한 얼굴로 남에게 교만하게 굴지 말라!"

안불의는 고향으로 돌아온 뒤 오나라의 도인 동오董梧를 스승으로 삼았다. 교만한 안색을 없애면서 안락한 생활도 버리고 높은 자리에서도 물러났다. 이같이 하여 3년이 지나자 도성 안의 사람들이 그를 칭찬하기 시작했다.

심진深蓁은 깊은 숲속을 말한다. 위이확조委蛇攫抓는 느긋한 모습으로 나뭇가지를 움켜쥐거나 긁는 모습을 말한다. 민급敏給은 민첩하게 계속 움직인다는 뜻이다. 추사지趨射之는 화살을 연이어 쏘게 했다는 의미이다. 안불의顔不疑를 두고 성현영은 오왕의 친구로 해석했다.

2-9

南伯子綦隱几而坐, 仰天而噓. 顏成子入見曰, "夫子, 物之尤也. 形固可使若槁骸, 心固可使若死滅乎." 曰, "吾嘗居山穴之中矣. 當是時也, 田禾一覩我而齊國之衆三賀之. 我必先之, 彼故知之. 我必賣之, 彼故鬻之. 若我而不有之, 彼惡得而知之. 若我而不賣之, 彼惡得而鬻之. 嗟乎. 我悲人之自喪者, 吾又悲夫悲人者, 吾又悲夫悲人之悲者,其後而日遠矣."

남백자기南伯子綦가 팔뚝을 안석에 기대고 앉아 하늘을 우러러보며 크게 탄식했다. 제자 안성자顔成子가 안으로 들어와 뵙고 이같이 물었다.

"선생님은 만물 중 빼어난 분입니다. 실로 몸을 마른 해골처럼 하고, 마음을 불 꺼진 재처럼 하고 있으니 어찌하면 그리할 수 있는 것입니까?"

남백자기가 대답했다.

"내가 일찍이 산속 동굴 안에서 머물렀던 적이 있다. 그때 제나라 왕 전화田禾가 나를 찾아오자 제나라 백성들이 이 일을 3번이나 경하했다. 이는 내가 먼저 현자인 체했기에 그가 이를 눈치챈 것이고, 내가 나를 팔려고 했기에 그가 나를 다시 팔아 명성을 얻은 것이다. 만일 내가 현자인 체하지 않았다면 그가 어찌 나를 알았을 것이며, 내가 나 자신을 팔려는 생각이 없었다면 그가 어찌 나를 다시 팔아 명성을 얻을 생각을 했겠는가?

아, 나는 당초 사람들의 자기 상실을 슬퍼했으나 이 일이 있은 후 사람들의 자기 상실을 슬퍼하는 나 자신을 슬퍼하게 됐다. 이어 사람들의 자기 상실을 슬퍼하는 나 자신을 슬퍼하게 된 또 다른 참된 내가 슬퍼졌다. 이후 날로 자기 상실로부터 멀어지게 되면서 이런 모습을 하게 된 것이다."

남곽자기南郭子綦가 안석에 기대어 앉아 있다가 하늘을 우러러보며 길게 한숨을 내쉬자 제자인 안성자顔成子가 질문하는 모습은 「제물론」편의 첫머리와 같다. 「제물론」에서는 '안성자'가 안성자유顔

成子遊로 나온다. 제나라 왕 전화田禾는 가공의 인물이다. 강씨의 제나라를 찬탈한 전화田和를 끌어들인 것으로 볼 수도 있다. '오우비부비인지비자吾又悲夫悲人之悲者'의 오吾는 비인지비자悲人之悲者의 주체인 참된 나를 지칭한다.

2-10

仲尼之楚, 楚王觴之, 孫叔敖執爵而立, 市南宜僚受酒而祭. 曰, "古之人乎, 於此言已." 曰, "丘也聞不言之言矣, 未之嘗言, 於此乎言之. 市南宜僚弄丸而兩家之難解. 孫叔敖甘寢秉羽而郢人投兵. 丘願有喙三尺. 彼之謂不道之道, 此之謂不言之辯. 故德總乎道之所一, 而言休乎知之所不知, 至矣, 道之所一者, 德不能同也. 知之所不能知者, 辯不能擧也. 名若儒墨而凶矣. 故海不辭東流, 大之至也. 聖人幷包天地, 澤及天下, 而不知其誰氏. 是故生無爵, 死無謚, 實不聚, 名不立, 此之謂大人. 狗不以善吠爲良, 人不以善言爲賢, 而況爲大乎. 夫爲大不足以爲大, 而況爲德乎. 夫大備矣, 莫若天地, 然奚求焉. 而大備矣. 知大備者, 無求·無失·無棄, 不以物易己也. 反己而不窮, 循古而不摩, 大人之誠."

공자가 천하유세 도중 초나라에 이르자 초왕이 그를 위해 주연을 베풀어 주었다. 재상 손숙오孫叔敖가 잔을 들고 서 있었고, 용사로 소문난 시남의료市南宜僚가 술을 받아 땅에 부으며 고수레를 했다. 초왕이 공자에게 청했다.

"옛사람은 이런 때 뭔가 좋은 말이 있었을 것입니다."

공자가 대답했다.

"저는 말없는 말인 '불언지언不言之言'을 들은 적이 있습니다. 지금까지 한번도 아는 체하며 애기한 적이 없습니다만 지금 때가 되었으니 한 마디 하겠습니다. 시남의료 같은 사람은 일찍이 백공 승勝이 모반을 일으켜 영윤인 자서子西를 죽일 것을 강요했을 때 구슬을 갖고 노는 모습을 보여주어 백공과 자서 두 집안의 재난을 해결했습니다. 또 손숙오 같은 사람은 마음 편히 잠을 자고 우선羽扇을 잡은 채 여유작작한 무위를 실천함으로써 영郢 땅 사람들이 무기를 내던지고 평화를 즐기도록 만들었습니다. 이처럼 훌륭한 분들이 있기는 하나 감히 석 자 길이나 되는 긴 이야기를 하고자 합니다.

시남의료의 행위는 말 없는 도인 '부도지도不道之道', 손숙오의 행위는 말없는 변론인 '불언지변不言之辯'에 해당합니다. 덕은 도가 가지런히 하는 대상 속에 통합되고, 말은 인간의 지혜로는 알 수 없는 한계에 멈출 때 지극하다고 할 수 있습니다. 도가 가지런히 하는 대상은 덕으로 통합할 수 없고, 인간의 지혜로 알 수 없는 한계는 말로 표현할 수 없습니다. 말재주로 명성을 떨치는 것은 유가나 묵가들이 하는 짓으로 매우 흉합니다.

바다가 동쪽으로 흐르는 강하를 거부하지 않고 받아들이는 것은 큰 것의 지극함입니다. 성인 또한 천지를 아울러 감싸며 그 은택이 천하에 미치건만 백성들은 그가 누구인지조차 모릅니다. 성인이 살아서는 작호爵號가 없고, 죽어서는 시호諡號가 없고, 재화가 몸에 모이지 않고, 명성도 세워지지 않는 이유가 여기에 있습니다. 이런 사람을 일컬어 대인大人이라고 합니다.

개가 잘 짖는다고 좋은 개라 할 수 없듯이 말을 잘한다고 현인이라 할 수는 없는 일입니다. 하물며 말 잘하는 자를 대인이라 일컫는 게 가당한 일이겠습니까? 무릇 대인이 되려고 노력하는 자 또한 대인이라 칭하기에 부족한데 하물며 덕을 쌓으려고 노력하는 덕인德人이겠습니까?

무릇 모든 것을 완전히 갖춘 대비大備로 말하면 천지만한 게 없습니다. 그러나 어찌 천지가 굳이 그 무엇을 구해 그런 '대비'를 이뤘겠습니까? '대비'가 뭔지를 아는 자는 뭔가를 추구하는 일도 없고, 스스로를 잃는 일도 없고, 뭔가를 내다버리는 일도 없습니다. 외물에 이끌려 본성을 변질시키는 일도 없습니다. 본성으로 돌아가면서 다함이 없고, 옛날의 소박한 도를 좇는 까닭에 본성을 훼손시키지도 않으니 이런 삶이 바로 대인의 진정한 모습이라 할 것입니다."

초왕상지楚王觴之의 상觴은 술잔으로 대접한다는 뜻의 동사로 주연을 베풀었다는 의미이다. 손숙오孫叔敖는 춘추시대 중기 초장왕 때의 인물로 춘추시대 후기에 활약한 공자보다 1백 년 가량 앞선 인물이다. 「전자방」편에 이미 나온 바 있다. 시남의료市南宜僚도 「산목」편에 이미 나왔다. '고지인호古之人乎, 어차언이於此言已'를 두고 초왕의 말로 해석하는 견해와 시남의료의 축사로 해석하는 견해가 대립하고 있다. 앞뒤 문맥에 비춰 초왕의 말로 해석하는 게 옳다.

'농환이량가지난해弄丸而兩家之難解'는 시남의료가 구슬을 갖고 노는 모습으로 백공과 자서 집안의 재난을 해결해 주었다는 뜻이다. 진경원의 『남화진경장구음의南華眞經章句音義』에 인용된 문여해文如海의 해설에 따르면 그 배경은 다음과 같다.

"백공과 자서 집안이 군사를 일으켜 서로 공격했다. 두 집안의 대부들이 말하기를, '시남의료는 은자로서 5백 명을 감당할 만하다'고 했다. 이에 두 집안이 사람을 보내 시남의료를 불렀다. 시남의료는 베개를 높이 베고 편히 누워 두 대부가 보낸 사자들을 보면서 두 손으로 계속 구슬을 갖고 놀다가 이내 잠들었다. 사자들이 칼을 갖다 댔는데도 움직이지 않았다. 사자들이 각기 돌아가 시남의료의 의도를 놓고 상의했다. 두 대부는 말하기를, '베개를 높이 베고 누운 것은 우리들에게 무위해야 한다고 암시한 것이고, 칼을 갖다 댔는데도 움직이지 않은 것은 무력은 믿을 게 못 됨을 알려준 것이고, 두 손은 두 집안을 비유한 것이고, 구슬은 무위에 해당하는 물건이고, 두 손으로 계속 구슬을 갖고 논 것은 두 집안이 모두 곤경에 이를 것임을 보여준 것이다' 라고 했다. 이에 싸움이 그치게 되었다."

원래 백공 승의 난은 공자가 사망한 직후에 일어났다. 공자가 백공 승의 난을 얘기했을 리 없다. 모두 우언에 지나지 않는다. 감침병우이영인투병甘寢秉羽而郢人投兵을 두고 성현영은 "손숙오는 베개를 높이 베고 소요하며 말을 잊었다. 깃으로 만든 부채를 잡고 문무文舞의 춤을 추어 스스로 만족함으로써 마침내 적국으로 하여금 침략하지 못하게 했다. 1천 리 밖에서 적의 군대를 꺾어 초나라 사람이 무사하게 됐으니 이는 문덕을 닦아 무략武略을 중지시킨 것이다"라고 풀이했다. 대략 문장의 취지에 부합한다. 원유훼삼척願有喙三尺은 입의 길이가 석 자나 되는 긴 이야기를 하고자 한다는 뜻이다. 대인지성大人之誠을 두고 곽상은 '인위적인 노력을 하지 않고도 스스로 얻은 까닭에 진실하다고 한 것이다' 라고 풀이했다.

2-11

子綦有八子, 陳諸前, 召九方歅曰,"爲我相吾子, 孰爲祥." 九方歅曰, "梱也爲祥." 子綦瞿然喜曰, "奚若." 曰, "梱也, 將與國君同食以終其身." 子綦索然出涕曰, "吾子何爲以至於是極也." 九方歅曰, "夫與國君同食, 澤及三族, 而況父母乎. 今夫子聞之而泣, 是御福也. 子則祥矣, 父則不祥." 子綦曰, "歅, 汝何足以識之. 而梱祥邪, 盡於酒肉, 入於鼻口矣, 而何足以知其所自來. 吾未嘗爲牧而牂生於奧. 未嘗好田而鶉生於宎. 若勿怪, 何邪. 吾所與吾子遊者, 遊於天地. 吾與之邀樂於天, 吾與之邀食於地. 吾不與之爲事, 不與之爲謀, 不與之爲怪. 吾與之乘天地之誠而不以物與之相攖. 吾與之一委蛇而不與之爲事所宜. 今也然有世俗之償焉, 凡有怪徵者必有怪行. 殆乎, 非我與吾子之罪, 幾天與之也. 吾是以泣也." 無幾何而使梱之於燕, 盜得之於道, 全而鬻之則難, 不若刖之則易. 於是乎刖而鬻之於齊, 適當渠公之街, 然身食肉而終.

남백자기南伯子綦에게 8명의 자식이 있었다. 어느 날 남백자기가 자식들을 앞에 늘어놓은 뒤 관상의 대가인 구방인九方歅을 불러 이같이 말했다.

"나를 위해 자식들의 관상을 봐주시오. 이들 중 누가 가장 상서롭소?"

구방인이 대답했다.

"곤梱입니다."

남백자기가 깜짝 놀라는 동시에 크게 기뻐했다.

"어찌해서 그렇다는 것이오?"

구방인이 대답했다.

"곤은 장차 한 나라의 군주가 먹은 음식과 똑같은 음식을 먹으며 생을 마칠 것입니다."

그러자 남백자기가 눈물을 주르륵 흘리며 말했다.

"내 자식이 어찌하여 이런 지독한 불행을 당해야 한단 말인가?"

구방인이 의아하게 생각했다.

"무릇 한 나라의 군주가 먹는 음식과 똑같은 음식을 먹는 신분이 되면 그 은택이 3족에 미칠 것입니다. 하물며 부모야 더 말할 게 있겠습니까? 지금 선생은 이처럼 기쁜 얘기를 듣고 눈물을 흘리니 이는 자식의 복을 가로막는 짓입니다. 자식은 상서로운데 아비는 상서롭지 못할 것입니다."

남백자기가 말했다.

"구방인이여, 그대가 어찌 그 까닭을 알 리 있겠소? 곤이 상서롭다 한들 기껏 술과 고기를 먹으면서 그 향내와 맛이 코와 입으로 들어오는 것에 그칠 뿐이오. 그대가 어찌 그 술과 고기가 어디서 나오는지 제대로 알 리 있겠소? 내가 일찍이 양을 친 일이 없는데 문득 우리 집 서남쪽 귀퉁이에서 암양이 태어나고, 내가 일찍이 사냥을 즐긴 일이 없는데 우리 집 동남쪽 귀퉁이에서 메추라기가 나타났소. 그대는 이런 일을 조금도 괴이하게 생각지 않으니 이는 어찌된 일이오?

내가 자식들과 함께 노니는 것은 천지 대자연에서 노니는 것이오. 나는 자식들과 사는 즐거움을 하늘에서 찾고, 자식들과 더불어 먹을 것을 땅에서 찾소. 함께 일하지도 않고, 함께 일을 꾸미지도 않고, 함께 기괴한 행동을 하지도 않았소. 나는 자식들과 함께 천지의 진실함에 올라탄 채 사물에 얽매여 서로 가로채는 일을 하지도 않았소. 또 자식들과 함께 느긋하게 자연을 따르는 동시에 일의 마땅한 바를 가려서 하지도 않소. 지금 마침내 암양이 태어나는 등 세속의 보상을 받게 되었소. 무릇 괴상한 조짐이 있는 것은 반드시 괴상한 행위가 있기 때문이오. 위태롭구나, 나와 내 자식의 죄는 아닐 것이고 아무래도 하늘이 내린 재앙인 듯싶구나! 내가 눈물을 흘린 것은 바로 이 때문이오."

얼마 후 남백자기가 아들 곤을 연나라에 사자로 보냈다. 도적들이 곤을 길에서 붙잡았다. 곤을 온전한 몸으로 팔아넘기는 것은 도주 등의 우려가 있어 극히 어려웠다. 발을 잘라 파는 쪽이 쉽다고 생각한 도적들이 이내 그의 발을 잘라 제나라에 팔아넘겼다. 곤은 비록 제나라의 부상富商인 거공渠公이 관할하는 거리의 문지기가 되기는 했으나 평생 고기를 먹으며 생을 마칠 수 있었다.

자기子綦를 두고 성현영은 '초나라 사마司馬자기'라고 했으나 후쿠나가는 남백자기의 이름으로 해석했다. 구방인九方歅을 두고 성현영은 관상을 잘 보는 사람이라고 했다. 구연瞿然을 두고 사마표는 '기뻐하는 모습'으로 보았으나 이이는 '놀라는 모습'으로 풀이했다. 장여국군동식將與國君同食은 문맥상 군주가 먹는 음식과 같은 음식을 먹는 것으로 해석하는 게 옳다. 삭연索然은 눈물을 주르륵 흘리는 모습으로 여기의 삭索은 동아줄을 뜻한다.

여하족이식지汝何足以識之 구절을 두고 후쿠나가는 뒤에 나오는 이곤상야而梱祥邪까지 하나로 합쳐 해석해야 한다고 주장했다. 문맥상 틀린 것은 아니나 끊어서 해석하는 게 더 자연스럽다. 장생어오牂生於奧의 장牂을 두고 육덕명은 『이아』를 인용해 암양으로 풀이했다. 오奧는 집의 서남쪽 모퉁이, 요宎는 동남쪽 모퉁이를 말한다. 오여지요락어천吾與之邀樂於天 구절에서 물여지상영物與之相攖 구절까지는 「경상초」편의 첫머리에 유사한 구절이 나온다. 이케다는 「서무귀」편의 이 구절이 더 오래된 것으로 보았다. 요邀를 두고 곽상과 육덕명은 만날 우遇로 새겼으나 문맥상 찾는다는 뜻의 요要와 통한다.

태호殆乎를 두고 성현영은 위태로움으로 보았으나 뒤의 기幾와 마찬가지로 '아마도 ~에 가깝다'의 의미로 해석하는 게 자연스럽다. 거공渠公을 두고 육덕명은 제나라의 부자 상인으로 풀이했다. 당거공지가當渠公之街는 제나라의 부상인 거공이 관할하는 거리의 문지기가 되었다는 뜻이다. 이에 대해 후쿠나가는 당當은 장掌이고, 거渠는 강康으로 제강공을 뜻하고, 가街는 궁중의 작은 문을 뜻하는 규闈의 오류라고 주장했다. 문맥상 이게 훨씬 자연스러우나 글자 그대로 풀이해도 무리는 없다.

2-12

齧缺遇許由, 曰, "子將奚之." 曰, "將逃堯." 曰, "奚謂邪." 曰, "夫堯, 畜畜然仁, 吾恐其爲天下笑. 後世其人與人相食與. 夫民, 不難聚也, 愛之則親, 利之則至, 譽之則勸, 致其所惡則散. 愛利出乎仁義, 捐仁義者寡, 利仁義者衆. 夫仁義之行, 唯且無誠, 且假乎禽貪者器. 是以一人之斷制利天下, 譬之猶一覕也. 夫堯知賢人之利天下也, 而不知其賊天下也. 夫唯外乎賢者知之矣."

어느 날 설결齧缺이 길에서 우연히 제자인 허유許由를 만났다.

"그대는 장차 어디로 가려는 것인가?"

허유가 대답했다.

"요堯의 세상으로부터 달아나려는 중입니다."

설결이 물었다.

"그게 무슨 말인가?"

허유가 대답했다.

"지금 요는 백성을 돌보고 사랑하면서 인仁을 행하고 있으나 저는 요가 이내 천하의 웃음거리가 될까 두렵습니다. 그런 정치를 하면 그 폐단으로 인해 결국 말세에 가서는 반드시 사람과 사람이 서로 잡아먹는 상황이 빚어질 것입니다.

무릇 백성들을 모으는 일 자체는 어렵지 않습니다. 군주가 백성을 사랑하면 백성은 군주와 친해지고, 이롭게 해주면 가까이 다가오고, 칭찬하면 자발적으로 일을 하고, 싫어하는 일을 하면 달아나 흩어질 뿐입니다. 백성을 사랑하고 이롭게 해주는 행위는 인의의 마음에서 나옵니다. 그런데 인의를 던져버리는 자는 드물고 이를 방편으로 이용하는 자는 많습니다. 이처럼 방편으로 이용하는 자가 많은 까닭에 인의의 실천은 진실성이 없는 위선으로 타락할 수밖에 없습니다. 장차 짐승처럼 탐욕스러운 위정자가 백성을 착취하는 도구로 악용할 것입니다.

위정자 한 사람의 재량으로 천하를 이롭게 하려는 것은 비유컨대 사물의 일면을 얼핏 보는 것과 같습니다. 저 요는 인의를 좋아하는 현인이 천하 만민에게 이익을 주는 일면만 알고, 그것이 천하 만민을 해치는 다른 일면은 알지 못합니다. 오직 세속의 현명함을 버린 자만이 인의의 이런 두 측면을 알 수 있을 것입니다."

설결齧缺과 허유許由는 「소요유」편에 이미 나온 바 있다. 휵휵연畜畜然은 백성을 돌보고 사랑하는 모습을 말한다. 휵畜은 양육하거나 용납한다는 뜻으로 사용될 때는 '휵', 가축 내지 쌓는다는 뜻의 적積의 의미일 때는 '축', 집에서 기르는 들짐승을 뜻할 때는 '추', 기를 만한 짐승을 의미할 때는 '휴'로 읽는다.

가호금탐자기假乎禽貪者器는 금수처럼 탐욕스러운 위정자에게 백성 착취의 도구로 악용된다는 뜻이다. 마서륜과 후쿠나가 등은 금탐자禽貪者의 금禽을 흉凶의 가차로 보았다. 단제리천하斷制利天下에서 리利가 없는 판본이 있다. 이케다는 그대로 두고 해석해도 무방하다고 주장했다. 단제斷制는 『서경』「여형呂刑」편에도 나온다. 마서륜은 제制를 끼어든 글자로 보았다. 유일별猶一瞥은 사물의 일면을 얼핏 보는 것과 같다는 뜻이다. 별覕을 두고 사마표는 잠깐 보는 잠견暫見으로 풀이했다.

2-13

有暖姝者, 有濡需者, 有卷婁者. 所謂暖姝者, 學一先生之言, 則暖暖姝姝而私自說也, 自以爲足矣, 而未知未始有物也. 是以謂暖姝者也. 濡需者, 豕蝨是也, 擇疏鬣, 自以爲廣宮大囿. 奎蹏曲隈, 乳間股脚, 自以爲安室利處. 不知屠者之一旦鼓臂布草操煙火, 而己與豕俱焦也. 此以域進, 此以域退, 此其所謂濡需者也. 卷婁者, 舜也. 羊肉不慕蟻, 蟻慕羊肉, 羊肉羶也. 舜有羶行, 百姓悅之, 故三徙成都, 至鄧之墟而十有萬家. 堯聞舜之賢, 擧之童土之地, 曰, "冀得其來之澤." 舜擧乎童土之地, 年齒長矣, 聰明衰矣, 而不得休歸, 所謂卷婁者也. 是以神人惡衆至, 衆至則不比, 不比則不利也. 故無所甚親, 無所甚疏, 抱德煬和, 以順天下, 此謂眞人. 於蟻棄知, 於魚得計, 於羊棄意. 以目視目, 以耳聽耳, 以心復心. 若然者, 其平也繩, 其變也循. 古之眞人, 以天待之, 不以人入天. 古之眞人, 得之也生, 失之也死. 得之也死, 失之也生.

속세의 인간은 다른 사람과 잘 지내며 아첨을 일삼는 훤주暖姝, 타인에게 의존하며 안일을 탐하는 유수濡需, 몸을 움츠린 채 뻗어나가는 기상이 없는 권루卷婁 등의 유형이 있다.

소위 '훤주'는 어떤 한 사람의 학설을 배우면 부드럽고 요상하게 자신을 꾸며 자기 학설로 삼고는 자기 만족에 빠져버리는 자를 말한다. 그들은 만물이 시작되기 이전을 알지 못한다. 그래서 '훤주'라고 부른다.

'유수' 는 돼지 몸에 기생하는 이가 이에 해당한다. 거칠고 성긴 돼지 털을 가려 그 사이에 살면서 그것을 스스로 넓은 궁궐이나 큰 정원쯤으로 여긴다. 돼지의 굽이 갈라진 발굽 사이, 다리가 꼬부라진 모퉁이 사이, 젖통 사이, 다리 사이 등에 파고들어 그것을 스스로 안전하고 편리한 거처로 생각한다. 어느 날 도살자가 팔을 걷어붙이고 찾아와 돼지를 구워먹으려고 마른 풀을 깔고 불을 지필 때조차 자신이 돼지와 함께 타죽는다는 사실을 모른다. 이는 한정된 구역 안에서만 나아가고 물러난 결과이다. 이런 자를 일컬어 '유수' 라고 한다.

'권루' 는 옛 성인 순과 같은 자들이다. 양고기는 개미를 사모하지 않지만 개미는 양고기를 사모한다. 이는 양고기가 노린내를 풍기기 때문이다. 순이 노린내 나는 행동을 한 까닭에 백성이 그것을 기뻐한 것이다. 그가 거처를 3번 옮겼는데도 그 주위에 도시가 이뤄진 이유다. 등鄧나라의 옛터에 이르렀을 때는 10여 만 호의 민가가 형성됐다. 요는 순이 현명하다는 얘기를 듣고는 불모지에 등용하며 이르기를, '순이 와서 은택을 베풀기를 바란다' 고 했다. 순이 불모지에 등용될 때 나이가 이미 많았고 총명이 크게 쇠해져 있었다. 그럼에도 그만두고 돌아가 쉬지 못했다. 이런 자를 일컬어 '권루' 라고 한다.

이에 신인神人은 많은 사람이 자신을 찾아 몰려오는 것을 싫어한다. 많은 사람이 몰려오면 서로 친하지 못하게 되고, 서로 친하지 못하게 되면 서로 이롭지 못하다. 이들이 사람들을 너무 가까이도 너무 멀리도 하지 않은 채 자연의 덕을 품고 하늘의 조화로운 기운을 배양하며 천하 사람을 따르는 이유이다. 이런 자를 일컬어 '진인眞人' 이라고 한다.

진인은 개미가 되면 양고기를 사모하는 지혜를 버리고, 물고기가 되면 강호에서 서로 잊고 자유로이 헤엄치는 계책을 몸에 익히고, 양이 되면 노린내를 풍겨 개미를 모으는 의도를 버린다. 눈으로는 눈에 보이는 대로 보고, 귀로는 귀에 들리는 대로 듣고, 마음으로는 마음이 가는 곳으로 돌아간다. 이런 자는 그 평탄한 심경이 먹줄을 친 듯 반듯하고, 변화할 때는 자연의 순리를 좇는다. 옛날 진인은 자연 그대로 사물을 대했다. 인위적인 것이 무위자연의 다스림에 끼어들지 않도록 한 이유다. 옛날의 진인은 자연을 얻으면 태어나고 자연을 잃으면 죽었다. 정반대로 인위에 빠지면 죽고 인위에서 벗어나면 살아났다.

훤주暖姝를 두고 육덕명은 훤暖을 부드러운 모습, 주姝를 요상한 모습으로 풀이했다. 후쿠나가는 비굴하게 아첨하는 인물로 보았다. 유수濡需를 육덕명은 구차하게 편하기를 추구하는 자로 풀이했으나 여혜경은 남의 보호권에서 떠나지 못한 채 의존하는 인간으로 보았다. 임희일과 아카츠카 및 이케다 모두 이같이 해석했다. 권루卷婁를 육덕명은 구속되고 얽매인 것으로 풀이했다. 택소렵擇疏鬣은 돼지의 거친 갈기털 사이에 끼어 산다는 뜻으로 여기의 렵鬣은 돼지의 갈기털을 말한다. 뒤에 장모長毛 두 글자가 덧붙어 '택소렵장모擇疏鬣長毛'로 되어 있는 판본이 있다. 거친 갈기와 긴 털 사이를 가려 그 사이에 머문다는 뜻이 된다. 이게 문맥상 훨씬 자연스럽다.

규제곡외奎蹏曲隈의 규제奎蹏의 규奎는 본래 가랑이 사이를 뜻하나 여기서는 제蹏와 함께 사용된 까닭에 '굽이 갈라진 사이'로 해석하는 게 옳다. 제蹏는 제蹄와 통한다. 곡외曲隈는 다리가 구부러진 모퉁이로 곧 숨겨진 부분을 의미한다. 유간고각乳間股脚은 젖통과 다리 사이를 말한다. 고비鼓臂는 팔을 걷어붙였다는 뜻이다. 순유전행舜有膻行은 순이 인의를 행한답시고 노린내 나는 행동을 했다고 비난한 것이다.

삼사성도三徙成都를 두고 성현영은 "순이 요의 아들 단주丹朱를 피했고, 또 많은 사람이 모이는 것을 원치 않아 세 차례 이사했으나 따르는 자가 10만 명이나 되어 도읍을 이뤘다"고 풀이했다. 『사기』「오제본기」는 "1년 만에 순이 머물던 곳에 취락이 이뤄졌고, 2년 만에 읍이 이뤄졌고, 3년 만에 도성이 생겼다"고 했다. 등지허鄧之墟를 두고 『설문해자』는 하남 남양南陽으로 풀이했다.

동토童土는 아직 성숙하지 못한 땅이라는 의미로 곧 불모지를 말한다. 중지즉불비衆至則不比의 불비不比는 화목하지 못하다는 뜻의 불화不和와 같다. 포덕양화抱德煬和의 양화煬和는 조화로운 기운을 배양한다는 뜻으로 해동은 양煬을 양養의 가차로 보았다. '어의기지於蟻棄知, 어어득계於魚得計, 어양기의於羊棄意' 구절을 두고 임희일은 이같이 풀이했다.

"개미는 미천한 곤충이나 여전히 완전히 무지하지 못하고, 양은 지극히 어리석은 동물이나 여전히 완전히 의도가 없지는 못하다. 오직 진인만이 그럴 수 있다. 그래서 개미의 경우는 지혜를 버리고, 양의 경우는 의도를 버린다고 한 것이다. 물고기는 물에 있을 때 자족한다. 진인 역시 스스로를 위해 계책을 세울 때 물고기처럼 할 뿐이다."

이천대지以天待之는 자연 그대로 사물을 대한다는 뜻이다. 진경원의 『장자궐오莊子闕誤』에 인용된 장군방본張君房本에는 지之가 인人으로 되어 있다. 지之를 그대로 두고도 해석이 가능하다. 불이인입천不以人入天은 인위적으로 천지자연에 끼어들지 못한다는 뜻으로 무위자연에 입각해 세상을 다스리는 것을 말한다.

2-14

藥也, 其實菫也, 桔梗也, 雞癕也, 豕零也. 是時爲帝者也, 何可勝言. 句踐也以甲楯三千棲於會稽, 唯種也能知亡之所以存, 唯種也不知其身之所以愁. 故曰, '鴟目有所適, 鶴脛有所節, 解之也悲.' 故曰, '風之過, 河也有損焉. 日之過, 河也有損焉. 請只風與日相與守河, 而河以爲未始其攖也, 恃源而往者也.' 故水之守土也審, 影之守人也審, 物之守物也審. 故目之於明也殆, 耳之於聰也殆, 心之於殉也殆, 凡能其於府也殆. 殆之成也不給改, 禍之長也玆萃, 其反也緣功, 其果也待久, 而人以爲己寶, 不亦悲乎. 故有亡國戮民無已, 不知問是也. 故足之於地也踐, 雖踐, 恃其所不蹍而後善博也. 人之於知也少, 雖少, 恃其所不知而後知天之所謂也. 知大一, 知大陰, 知大目, 知大均, 知大方, 知大信, 知大定, 至矣. 大一通之, 大陰解之, 大目視之, 大均緣之, 大方體之, 大信稽之, 大定持之. 盡有天, 循有照, 冥有樞, 始有彼. 則其解之也似不解之者, 其知之也似不知之也, 不知而後知之. 其問之也, 不可以有崖, 而不可以無崖. 頡滑有實, 古今不代, 而不可以虧, 則可不謂有大揚搉乎. 闔不亦問是已. 奚惑然爲. 以不惑解惑, 復於不惑, 是尙大不惑.

약이라고 하는 것은 약이라는 점에서는 하나이지만 구체적으로는 씀바귀, 도라지, 가시연, 저령 따위이다. 이들 약재가 그때그때의 병세에 따라 주약主藥이 되는 것을 어찌 한마디로 다 설명할 수 있겠는가?

옛날 월왕 구천句踐이 싸움에 패해 3천 명의 군사를 이끌고 회계산會稽山에 들어가 농성을 했다. 이때 오직 대부 문종文種만이 월나라의 패망이 장차 월나라가 흥기할 수 있는 원인이 된다는 사실을 알았다. 그러나 그 역시 월나라의 부흥이 장차 자신이 토사구팽兎死狗烹을 당하는 근심의 원인이 되리라는 사실을 알지 못했다. 그래서 말하기를, '올빼미의 눈은 그 나름 적합함이 있고, 학의 다리 또한 나름 적절함이 있다. 눈과 다리를 제거하면 올빼미와 학이 슬퍼할 것이다' 라고 하는 것이다.

그래서 또 말하기를, '바람이 지나가도 황하가 줄어들고, 해가 지나가도 황하가 줄어들지만 황하는 오히려 바람과 해에게 자신을 지켜달라고 요구한다. 황하는 애초부터 바람과 해가 자신의 것을 빼앗기는커녕 오히려 서로 도와 수호한다고 여기고, 근원에 의지해 흘러가기 때문이다' 라고 하는 것이다. 물이 땅을 지키고 그림자가 사람을 지키는 것도 이처럼 빈틈이 없으니 서로 긴밀히 얽혀 있기 때문이다. 어떤 사물이든 또 다른 사물에 크게 의지하기 마련이다.

눈이 밝게 보는 것만 추구하면 위태롭고, 귀가 분명하게 듣는 것만 추구하면 위태롭고, 마음이 지혜로운 것만 생각하면 위태롭다. 무릇 인간의 모든 능력은 그 기관의 역할에 국한되면 위태롭게 된다. 이미 위태롭게 되면 고치려고 해도 미치지 못하고, 화禍가 커져 점점 더 많이 모이게 된다. 화가 더 많아졌을 때 본래의 모습으로 되돌아가기 위해서는 많은 노력이 있어야 하고, 성과가 이뤄지기까지는 오랜 시간을 기다려야 한다. 그런데도 세인들은 이목의 총명과 마음의 지혜를 보물로 여기고 있으니 이 또한 슬프지 않은가! 군주로서 나라를 망치는 자와 백성으로서 주륙을 당하는 자가 끊임없이 속출하는데도 이를 물어볼 줄 모르는 것은 바로 이 때문이다.

비록 사람의 발이 땅을 직접 밟는 부분은 협소하지만 직접 밟지 않은 땅을 믿은 뒤라야 이리저리 걸어다닐 수 있다. 인간의 지식은 천지의 한없는 광대함에 비하면 매우 적다. 비록 적으나 알지 못하는 바를 믿은 뒤라야 자연이 말하는 바를 알 수 있다.

대일大一을 알고, 대음大陰을 알고, 대목大目을 알고, 대균大均을 알고, 대방大方을 알고, 대신大信을 알고, 대정大定을 알면 지극하다할 것이다. '대일'은 이를 통하게 하고, '대음'은 이를 분해하고, '대목'은 이를 보게 하고, '대균'은 이를 있는 그대로 따르게 하고, '대방'은 이를 체득케 하고, '대신'은 이를 생각게 하고, '대정'은 이를 유지한다. 이들 7가지를 극진히 하면 천도가 훤히 드러나고, 천도를 따르면 밝게 비추는 지혜가 있게 되고, 지혜가 작용하지 않는 데에서 소리 없이 합치면 도의 근간인 추요樞要가 있게 되고, 이어 마침내 저 도가 그 모습을 드러내게 된다.

도를 이해하는 자는 도리어 아무것도 이해하지 못한 것처럼 보이고, 도를 아는 자는 도리어 아무것도 알지 못하는 것처럼 보인다. 알지 못하는 것처럼 보인 연후에 비로소 참된 도를 알게 되는 이유다. 누군가 도에 관해 물으면 그것을 뭐라고 한정지어 대답할 수도 없고, 그렇다고 아무 한정이 없다고 말할 수도 없다.

도는 이리저리 변하고 도는 까닭에 붙잡을 수는 없으나 실재한다. 고금을 통해 변함없이 존속하는 까닭에 훼손되지도 않는다. 그러니 천지를 감싸안은 커다란 테두리라고 말하지 않을 수 있겠는가? 사람들은 어찌하여 이 도를 물어보지 않는 것인가? 미혹되지 않은 지혜로 미혹을 풀고 미혹되지 않은 경지로 돌아가라. 이것이 크게 미혹되지 않은 경지에 가까울 것이다.

근堇은 씀바귀, 길경桔梗은 도라지, 계옹鷄雍은 가시연, 시령豕零은 저령을 말한다. 이들 모두 흔한 약재로 귀한 약재는 아니나 특정 병을 치료할 때는 가장 중요한 약재로 쓰일 수 있다. 시위제자時爲帝者는 병세에 따라 주약主藥이 된다는 뜻이다. 이를 두고 곽상은 풀이하기를, "필요한 때를 만나면 천한 것이 없게 되고, 쓰일 때가 아니면 귀한 것이 없게 된다. 귀천은 때가 있는 법이니 누가 늘 귀할 수 있겠는가?"라고 했다. 문맥에 부합한다. 서어회계棲於會稽의 서棲는 회계산에 올라가 농성했다는 의미이다. 월나라 대부 문종文種은 주군인 월왕 구천을 도와 패업을 이뤘음에도 토사구팽을 당한 인물이다. 사서에 기록된 최초의 토사구팽 희생자에 해당한다. 치목鴟目과 학경鶴脛의 비유는 「변무」편에 나온 바 있다.

심지어순야태心之於殉也殆의 순殉을 두고 성현영은 쫓아갈 축逐으로 해석했으나 장병린은 재빠르다는 뜻의 순徇 내지 지혜롭다는 뜻의 예睿의 가차로 보았다. 불급개不給改의 급給은 급及과 통한다. 화지장야자췌禍之長也茲萃는 화가 화를 불러 더 많이 모이게 된다는 뜻이다. 자茲는 자滋와 통한다. 천踐과 전蹍을 두고 성현영은 모두 밟는다는 뜻으로 해석했으나 유월은 천淺의 잘못으로 보았다. 문맥상 유월의 견해가 옳으나 글자 그대로 해석해도 문제는 없다.

대일大一은 혼돈상태의 도, 대음大陰은 대일 이후의 고요한 상태, 대목大目은 대음 이후 만물이 움직여 여러 명칭이 있게 된 상태, 대균大均은 대목이 있게 된 뒤 천지가 만물을 고르게 화육하는 상태, 대방大方은 대균 이후 만물이 천지에 가득 찬 상태, 대신大信은 만물에 구체적인 실질이 있는 상태, 대정大定은 만물에 각각 올바른 위치와 분수가 있게 된 상태를 말한다.

힐활유실頡滑有實은 도가 위아래에 있다가 이리저리 흘러다녀 붙잡을 수는 없으나 분명 실재한다는 의미이다. 대양각大揚搉은 세계를 크게 싸안은 커다란 테두리로 곧 도를 지칭한다. 합闔은 합盍의 가차로 '어찌 ~하지 않는가?'의 뜻인 하불何不의 줄임말이다. 시상대불혹是尙大不惑의 상尙을 두고 임희일은 '~에 가깝다'는 뜻의 서기庶幾로 풀이했다.

제3장 칙양(則陽)

3-1

則陽遊於楚, 夷節言之於王, 王未之見, 夷節歸. 彭陽見王果曰, "夫子何不譚我於王." 王果曰, "我不若公閱休." 彭陽曰, "公閱休奚爲者邪." 曰, "冬則擉鱉於江, 夏則休乎山樊. 有過而問者, 曰, '此予宅也.' 夫夷節已不能, 而況我乎. 吾又不若夷節. 夫夷節之爲人也, 無德而有知, 不自許, 以之神其交, 固顚冥乎富貴之地, 非相助以德, 相助消也. 夫凍者假衣於春, 暍者反冬乎冷風. 夫楚王之爲人也, 形尊而嚴, 其於罪也, 無赦如虎. 非夫佞人正德, 其孰能橈焉. 故聖人其窮也, 使家人忘其貧. 其達也, 使王公忘爵祿而化卑. 其於物也, 與之爲娛矣. 其於人也, 樂物之通而保己焉. 故或不言而飮人以和, 與人竝立而使人化, 父子之宜. 彼其乎歸居, 而一閒其所施. 其於人心者, 若是其遠也. 故曰 '待公閱休.' "

노나라 사람 팽칙양彭則陽이 초나라에 벼슬을 구하러 왔다. 초왕의 측근인 이절夷節이 그를 천거했으나 초왕이 만나보려 하지 않았다. 이절은 일이 뜻대로 되지 않자 귀향해 버렸다. 팽칙양이 초나라의 현인 왕과王果를 찾아가 물었다.

"선생은 왜 제 얘기를 초왕에게 하지 않는 것입니까?"

왕과가 대답했다.

"나보다는 공열휴公閱休가 더 나을 것이오."

"공열후는 어떤 사람입니까?"

왕과가 대답했다.

"그는 겨울에는 강에 들어가 작살로 자라를 잡고, 여름에는 산그늘에 쉬면서 지내오. 지나가는 과객이 물으면 '이 강과 산이 내 집이다'라고 대답하오. 이절도 못한 일을 내가 어찌할 수 있겠소? 나는 이절만 못한 사람이오.

이절은 사람됨이 덕은 없고 지혜만 뛰어난 사람이오. 스스로 엄히 단속하면서 신명을 바쳐 사람들과 교제하지만 이는 본래 부귀에 마음이 뒤집히고 눈이 어두워진 탓이오. 그러니 덕으로 서로 돕는 것이 아니라 서로 소멸하도록 조장하는 사람이라고 할 만하오.

무릇 추위에 떠는 자는 봄을 옷 삼아 빌리고 싶어 하고, 더위 먹은 자는 추운 겨울로 돌아가고 싶어 하오. 저 초왕은 사람됨이 존엄하고 엄격한 모습을 취하는 까닭에 죄를 지은 자에게는 마치 호랑이처럼 추호의 용서가 없소. 저 이절처럼 말재간이 좋은 자나 공열휴처럼 올바른 덕을 지닌 자가 아니면 그 누가 그를 움직일 수 있겠소?

옛 성인은 궁하여 집에 틀어박혀 있을 때는 집안사람들에게 가난을 잊도록 하고, 영달할 때는 왕공들로 하여금 작록을 잊고 비천한 사람들과 동화하게 하고, 외물을 대할 때는 더불어 하나가 되어 즐거움을 이루고, 사람들을 대할 때는 그들과 막힘 없이 소통하는 것을 즐기면서도 자신을 확실하게 지키오. 때로는 한마디 말도 하지 않은 채 사람들에게 덕의 조화를 만끽하게 하고, 때로는 사람들과 나란히 서 있는 것만으로도 사람들로 하여금 부자관계처럼 느끼게 만들고,

향리로 돌아와서는 오로지 한가하게 행동하오. 공열휴의 마음은 이처럼 보통 사람들의 마음과 커다란 차이가 있소. 그래서 내가 말하기를, '공열휴에게 부탁하라' 고 한 것이오."

칙양則陽을 두고 성현영은 "성은 팽彭, 이름은 양陽, 자는 칙양則陽으로 노나라 사람이다. 유세로 제후를 섬기다 후에 초나라로 들어가 초문왕을 섬기려 했다"고 풀이했다. 이에 대해 육덕명은 "사마표가 말하기를, '이름이 칙양이고 자가 팽양이다' 라고 했다. 일설에는 성이 팽, 이름이 양이고 주나라 사람이라고 했다"고 주석해 놓았다. 성현영의 견해를 좇는 게 좋을 듯싶다.

왕과王果를 두고 사마표는 초나라의 현인으로 풀이했다. 하부담아어왕何不譚我於王은 내 얘기를 왜 초왕에게 하지 않았는지 물은 것으로 일부 판본에는 담譚이 담談으로 되어 있다. 공열휴公閱休는 초나라의 은자이다. 착별어강擉鱉於江은 강에서 작살로 자라를 잡는다는 뜻이다. 착擉은 작살을 말한다. 산번山樊은 산의 주변으로 곧 산그늘을 의미한다.

'부자허不自許' 를 두고 이케다는 남에게는 너그럽게 대하고 자신은 엄격히 관리한다는 뜻으로 새겼다. 이하 구절의 구두점을 두고 이론이 분분하다. 나면도는 '부자허不自許, 이지신기교以之神其交, 고전명호부귀지지固顚冥乎富貴之地' 로 끊었다. 기교其交는 대인관계, 전명顚冥은 마음이 뒤집혀 눈이 어두워진 것을 말한다. 명冥은 명瞑과 통한다. 그러나 진경원과 임희일 등은 '不自許以之神, 其交固顚冥乎富貴之地', 주득지는 '不自許, 以之神, 其交固顚冥乎富貴之地', 임운명은 '不自許以之神其交, 固顚冥乎富貴之地' 로 끊었다. 문맥상 나면도의 견해를 좇는 게 좋을 듯하다.

'동자가의어춘凍者假衣於春, 갈자반동호냉풍暍者反冬乎冷風' 은 추위에 떠는 사람은 봄을 옷 삼아 빌리고 싶어 하고, 더위 먹은 사람은 추운 겨울로 돌아가고 싶어 한다는 뜻이다. 동자凍者와 갈자暍者는 초왕, 의衣와 냉풍冷風은 왕과, 춘春과 동冬은 이절 또는 공열휴를 비유한 것이다. 초왕을 설득하려면 왕과로는 안 되고 이절이나 공열휴를 동원해야 한다는 취지를 담고 있다.

부자지의父子之宜는 친밀한 부자관계를 뜻한다. 이 구절을 두고 곽상과 성현영은 아래 구절에 연결시켜 해석한 데 반해 나면도와 임운명 등은 정반대로 위 구절에 연결시켰다. 아카츠카와 이케다 모두 나면도 등의 견해에 동조했다.

3-2

聖人達綢繆, 周盡一體矣, 而不知其然, 性也. 復命搖作而以天爲師, 人則從而命之也. 憂乎知, 而所行恒無幾時其有止也, 若之何. 生而美者, 人與之鑒, 不告則不知其美於人也. 若知之, 若不知之, 若聞之, 若不聞之, 其可喜也終無已. 人之好之亦無已, 性也. 聖人之愛人也, 人與之名, 不告則不知其愛人也. 若知之, 若不知之. 若聞之, 若不聞之. 其愛人也終無已, 人之安之亦無已, 性也. 舊國舊都, 望之暢然. 雖使丘陵草木之緡入之者十九, 猶之暢然, 況見見聞聞者也, 以十仞之臺縣衆間者也. 冉相氏得其環中以隨成, 與物無終無始, 無幾無時. 日與物化者, 一不化者也. 闔嘗舍之. 夫師天而不得師天, 與物皆殉, 其以爲事也, 若之何. 夫聖人未始有天, 未始有人, 未始有始, 未始有物, 與世偕行而不替, 所行之備而不洫, 其合之也, 若之何. 湯得其司御, 門尹登恒爲之傅之. 從師而不囿, 得其隨成. 爲之司其名, 之名嬴法得其兩見. 仲尼之盡慮, 爲之傅之. 容成氏曰, "除日無歲, 無內無外."

성인은 복잡한 세상사에 통달하고 존재하는 모든 것을 두루 밝게 살피면서도 스스로 그런 사실을 모른다. 본성이 그러하기 때문이다. 천명으로 돌아가 고요하게 있을 때나 성대하게 움직일 때나 하나같이 자연을 스승으로 삼아 좇을 뿐이다. 사람들은 그것을 보고는 이내 뒤따라가 '성인' 운운하며 이름을 붙인다. 세상 사람들은 지혜가 따라가지 못할 것을 우려한 나머지 늘 하는 짓마다 어느 때고 멈추는 일이 없다. 그러니 이를 어찌할 것인가?

태어날 때부터 미모인 자에게는 남이 그에게 거울을 건네주어 비춰보게 한다. 남이 그의 아름다움을 일러주지 않으면 자신이 다른 사람보다 아름다운 것을 알지 못할 것이다. 미인이 설령 이를 알았거나 알지 못했거나, 들었거나 듣지 못했거나 간에 자신의 아름다움을 기뻐하는 것은 어쩔 수 없는 일이다. 사람들이 그의 아름다움을 좋아하는 것 또한 어쩔 수 없는 일이다. 본성이기 때문이다.

성인이 사람을 사랑하는 경우도 같다. 사람들이 그에게 '성인' 운운하며 이름을 붙여준다. 사람들이 그에게 일러주지 않으면 자신이 사람들에게 사랑을 베풀고 있다는 사실을 알지 못할 것이다. 성인이 설령 이를 알았거나 알지 못했거나, 들었거나 듣지 못했거나 간에 사랑을 베푸는 일을 계속하는 것은 어쩔 수 없는 일이다. 사람들이 그를 편히 여기는 것 또한 어쩔 수 없는 일이다. 본성이기 때문이다.

고향을 떠난 사람은 고국의 옛 국도를 멀리서 바라보기만 해도 크게 기뻐한다. 비록 10 중 9가 언덕이나 초목에 가려 약간만 보일지라도 크게 기뻐할 것이다. 하물며 성안으로 들어가 옛날에 보던 것을 보고 옛날에 들은 것을 듣는 경우야 더 말해 뭐하겠는가? 열 길이나 되는 높은 누대에서 여러 사람 사이에 끼어 마치 매달린 듯 바라보는 것처럼 분명할 것이다.

옛날 제왕 염상씨冉相氏는 천지순환의 고리 가운데를 얻어 만물의 생성변화에 자신을 맡겼다. 사물과 더불어 변화한 까닭에 끝도 시작도, 정해진 기일도 때도 없이 함께 움직였다. 날마다 사물과 더불어 변화해 가는 자는 실은 조금도 변화하지 않는 자이다. 그러니 어찌 시험 삼아 이런 경지에 몸을 두지 않을 것인가?

무릇 억지로 자연을 스승으로 삼아 좇으면 결국 자연을 스승으로 삼을 수 없게 되어 이내 외물과 함께 희생되고 만다. 그러니 이런 생각으로 일을 하려 들면 과연 어찌되겠는가? 무릇 성인에게는 본래 하늘도, 인위도, 시작도, 외물도 없다. 세상과 함께 추이推移하면서도 바뀌지 않는다. 행동이 완비돼 있으면서 한계가 없는 이유다. 그러니 이에 억지로 부합하려 들면 과연 어찌되겠는가?

옛날 탕왕은 사어司御이자 문윤門尹으로 있던 등항登恒을 등용해 스승으로 삼고 좇았다. 그러나 그에게 속박되지 않아 만물의 생성변화에 자신을 맡길 수 있었다. 명칭을 부여하는 일이 보편화되면서 그 명칭으로 인해 군더더기의 방법이 생겨나게 됐다. 매사에 명칭과 방법이 등장한 이유다. 중니도 이를 극진히 생각해 남의 스승 노릇을 함으로써 명칭과 방법이라는 두 가지 한계에 갇혀버렸다. 옛 성왕인 용성씨容成氏는 이같이 말했다.

"하루만 빼지라도 한 해는 성립하지 않는다. 내면의 '나'가 없으면 외면의 만물 또한 존재할 수 없다."

주무綢繆는 이리저리 얽혀 있는 세상의 일을 의미한다. 주진일체周盡一體는 존재하는 모든 것을 두루 살펴 통달한다는 뜻이다. 항무기시기유지恒無幾時其有止를 두고 저백수는 "세상 사람들이 지혜가 부족할까 우려해 늘 행동하면서 멈춰서는 일이 없다"고 풀이했다. 창연暢然을 두고 육덕명은 희열喜悅로 새겼다. 구릉초목지민丘陵草木之緡의 민緡을 두고 곽상은 합合, 사마표는 성盛으로 보았다. 유월은 이를 종합해 엄폐掩蔽로 해석했다. 견견문문見見聞聞은 옛날 보고 들은 것을 직접 다시 보고 듣는다는 의미이다. 십인지대十仞之臺는 높은 누대를 여러 사람 사이에 매달아놓고 함께 보고 듣지 않는 게 없는 것을 비유한 것이다.

염상씨冉相氏를 두고 성현영은 3황 이전의 고대 제왕으로 풀이했다. 환중環中은 고리의 가운데로 도를 지칭한다. 「제물론」에 나온 바 있다. 무기무시無幾無時는 기일도 때도 없이 함께 한다는 의미이다. 기幾는 기약한다는 뜻의 기期의 가차이다. 사어司御는 수레 담당관, 문윤門尹은 수문장을 말한다. 등항登恒은 도인을 지칭한다. 지명영법之名嬴法은 그 이름으로 인해 군더더기 방법이 나타난다는 뜻이다. 용성씨容成氏를 두고 육덕명은 노자의 스승으로 해석했으나 유월과 왕선겸은 황제 때 역법을 만든 인물로 보았다. 제일무세除日無歲는 하루가 쌓여 이내 한 해가 되므로 하루를 제거하면 결국 한 해가 성립할 수 없다는 뜻이다.

3-3

魏瑩與田侯牟約, 田侯牟背之, 魏瑩怒, 將使人刺之. 犀首公孫衍聞而恥之, 曰, "君爲萬乘之君也, 而以匹夫從仇. 衍請受甲二十萬, 爲君攻之, 虜其人民, 係其牛馬, 使其君內熱發於背, 然後拔其國. 忌也出走, 然後抶其背, 折其脊." 季子聞而恥之, 曰, "築十仞之城, 城者旣十仞矣, 則又壞之, 此胥靡之所苦也. 今兵不起七年矣, 此王之基也. 衍, 亂人也, 不可聽也." 華子聞而醜之, 曰, "善言伐齊者, 亂人也. 善言勿伐者, 亦亂人也. 謂'伐之與不伐亂人也'者, 又亂人也." 君曰,

"然則若何." 曰, "君求其道而已矣." 惠子聞之, 而見戴晉人. 戴晉人曰, "有所謂蝸者, 君知之乎." 曰, "然." "有國於蝸之左角者, 曰觸氏. 有國於蝸之右角者, 曰蠻氏. 時相與爭地而戰, 伏尸數萬, 逐北旬有五日而後反." 君曰, "噫. 其虛言與." 曰, "臣請爲君實之. 君以意在四方上下有窮乎." 君曰, "無窮." 曰, "知遊心於無窮, 而反在通達之國, 若存若亡乎." 君曰, "然." 曰, "通達之中有魏, 於魏中有梁, 於梁中有王, 王與蠻氏有辯乎." 君曰, "無辯." 客出而君惝然若有亡也. 客出, 惠子見. 君曰, "客, 大人也, 聖人不足以當之." 惠子曰, "夫吹筦也, 猶有嗃也. 吹劍首者, 吷而已矣. 堯舜, 人之所譽也. 道堯舜於戴晉人之前, 譬猶一吷也."

위혜왕魏惠王과 제위왕齊威王이 맹약을 맺었다. 제위왕이 맹약을 배반했다. 화가 난 위혜왕이 자객을 시켜 제위왕을 척살하고자 했다. 자가 서수犀首인 위나라 대신 공손연公孫衍이 이 말을 듣고는 척살의 계책을 부끄러이 여기며 이같이 말했다.

"군주는 만승의 군왕인데 필부가 사용하는 방법으로 원수를 갚으려 합니다. 청컨대 제가 갑사 20만 명을 이끌고 가 주군을 위해 제나라 왕을 치겠습니다. 제나라 인민을 포로로 잡고 우마를 탈취해 제나라 왕으로 하여금 몸에 열이 나고 등에 등창이 나도록 만들겠습니다. 이어 제나라 도성을 점령하고 제나라 장군 전기田忌가 도성을 버리고 달아나면 연후에 제나라 왕을 잡아 그 등을 회초리로 매질하며 그 등뼈를 부러뜨리겠습니다."

위나라 신하인 계자季子가 이 말을 듣고는 공손연의 태도를 부끄러이 여기며 이같이 말했다.

"열 길 높이의 성을 쌓기로 하여 이미 열 길 높이가 되어가는데 이를 다시 헐어버린다면 공사를 담당한 수인囚人들만 괴로울 뿐입니다. 지금 전쟁이 일어나지 않은 지 7년이나 되었으니 이는 군주가 왕업王業을 이룰 기초입니다. 전쟁을 주장하는 공손연은 나라를 어지럽히는 자입니다. 그의 말을 들어서는 안 됩니다."

또 다른 신하 화자華子가 이 말을 듣고는 계자의 태도를 부끄러이 여기며 이같이 말했다.

"교묘한 말로 토벌을 주장하는 공손연과 이를 반대하는 계자 모두 나라를 어지럽히는 자입니다. 또한 이들 모두를 싸잡아 나라를 어지럽히는 자라고 비판한 저와 같은 자들 역시 나라를 어지럽히는 자입니다."

위혜왕이 의아해하며 물었다.

"그러면 어찌하란 말인가?"

화자가 대답했다.

"군주는 도를 구하는 방법밖에 없습니다."

재상으로 있던 혜자惠子가 이 얘기를 듣고는 위혜왕에게 도인 대진인戴晉人을 만나보게 했다. 대진인이 위혜왕에게 물었다.

"소위 달팽이라는 작은 벌레를 군주는 알고 있습니까?"

"알고 있소."

대진인이 말했다.

"달팽이의 왼쪽 뿔에 나라를 세운 군주가 있는데 촉씨觸氏라고 합니다. 또 오른쪽 뿔에 나라를 세운 군주가 있는데 만씨蠻氏라고 합니다. 이 두 나라는 서로 땅을 다투며 수시로 전쟁을 한 까닭에 전사자가 수만 명이나 되었습니다. 패배한 적을 쫓을 때는 15일 이후에나 돌아오기도 했습니다."

"에이, 무슨 실없는 소리를!"

대진인이 물었다.

"신이 군주를 위해 이 얘기가 사실임을 보여드리겠습니다. 군주는 우주공간의 상하사방에 끝이 있다고 생각합니까?"

"끝이 없을 것이오."

대진인이 말했다.

"끝없는 상하사방에 마음을 노닐게 할 줄 알면서 다시 인적이 통하는 한 나라에 마음을 두면 한 나라가 있는 것 같기도 하고 없는 것 같기도 한 작은 존재로 여겨질 것입니다."

"그럴 것이오."

대진인이 말했다.

"인적이 통하는 나라 중에 위나라가 있고, 위나라 안에 도성인 대량大梁이 있고, 대량 안에 군주가 있습니다. 이같이 볼 때 군주의 존재와 달팽이 오른쪽 뿔 위의 군주 만씨와 무슨 구별이 있겠습니까?"

"구별할 수 없을 것이오."

대진인이 나가자 위혜왕이 잠시 멍하니 얼빠진 모습으로 뭔가를 잃어버린 듯했다. 혜자가 대진인을 배웅한 뒤 안으로 들어와 뵙자 위혜왕이 말했다.

"그 손님은 대인이오. 성인도 감당하지 못할 것이오."

혜자가 말했다.

"피리를 불면 오히려 높고 큰 소리가 나지만 칼잡이 구멍에 입을 대고 불면 '픽' 하는 바람소리만 날 뿐입니다. 요순은 사람들이 칭송하는 성인이지만 대진인 앞에서 요순을 말하는 것은 마치 칼잡이 구멍에서 '픽' 하는 바람소리가 나는 것과 같습니다."

여기서 나온 일화가 바로 와각지쟁蝸角之爭이다. 달팽이의 더

듬이 위에서 싸운다는 뜻으로 하찮은 일로 벌이는 싸움을 비유적으로 이르는 말이다. '와각지쟁'이라는 성어는 당나라 때의 시인 백거이가 '대주對酒'에서 처음으로 사용했다. 전문은 다음과 같다.

달팽이 더듬이 위에서 무슨 일로 다투나	蝸牛角上爭何事
전광석화처럼 짧은 삶에 이 몸도 있으니	石火光中寄此身
부유한 대로 가난한 대로 즐거움 있는데	隨富隨貧且歡樂
입 벌려 웃지 않는 자가 어리석은 자이다	不開口笑是痴人

'대주'는 모두 5수로 위 시구는 제2수이다. 백거이는 세상의 모든 다툼을 부질없는 '와각지쟁'에 비유한 것이다. 짧은 삶을 한순간에 번쩍 나타났다 사라지는 전광석화에 비유하면서 빈부를 막론하고 자신이 처한 상황에서 삶의 즐거움을 찾아야 한다고 역설한 것이다. 도인인 대진인戴晉人이 말한 취지와 상통한다.

이 일화에 나오는 위영魏瑩은 위혜왕으로 곧 『맹자』 첫머리에 나오는 양혜왕을 말한다. 위魏는 성, 영瑩은 이름이다. 그러나 『사기』「위세가」에는 그의 이름이 앵罃, 『전국책』「위책」에는 영嬰으로 나온다. 『사기』를 좇아 '앵'으로 보는 게 옳을 듯하다. 곽상본도 그같이 되어 있다.

전후모田侯牟를 두고 사마표는 제위왕으로 풀이했으나 이설이 많다. 육덕명은 『사기』에 제위왕의 이름이 인因으로 나오고 있는 점을 들었고, 유월 역시 『전국책』에 '인'으로 나오고 있는 점을 유력한 반박 근거로 내세웠다. 역사적으로 볼 때 위혜왕과 제위왕은 같은 시기에 재위하면서 일면 협력하기도 하고 일면 크게 다투기도 했다. 당대의 병법가인 위나라의 방연과 제나라의 손빈이 계릉전투와 마릉전투에서 일대 접전을 벌인 것은 유명한 일이다. 전국시대 제나라의 역대 군주 중 이름이 모牟인 군주가 없는 만큼 제위왕의 이름인 인因을 잘못 쓴 것으로 보는 게 옳을 것이다.

양혜왕과 제위왕이 서로 만나 맹약한 것은 역사적 사실에 부합한다. 『자치통감』과 『사기』「전경중완세가」에 따르면 양혜왕 재위 16년, 제위왕 재위 24년인 기원전 355년에 두 사람이 함께 교외에서 수렵을 하게 되었다. 위혜왕이 제위왕에게 물었다.

"귀국 역시 진보珍寶가 있겠지요?"

"없습니다."

위혜왕이 물었다.

"과인의 나라는 비록 작지만 직경이 1촌寸이나 되는 구슬이 있습니다. 이것으로 수레를 비추면 앞뒤로 12승이나 비출 수 있는데 그런 것이 10개나 됩니다. 그런데 어찌 제나라처럼 큰 나라에 보배가 없단 말입니까?"

제위왕이 대답했다.

"과인의 생각은 군왕과 다릅니다. 과인의 신하 중 단자檀子라는 사람이 있습니다. 그에게 남성南城을 지키라고 하자 초나라 군사가 감히 노략질을 못하고, 사수泗水 일대에 사는 12명의 제후들이 모두 우리 제나라에 조현을 왔습니다. 또 과인의 신하 중 반자盼子라는 사람이 있습니다. 그에게 고당高唐을 지키게 하자 조나라 사람들이 감히 동쪽으로 내려와 황하에서 고기잡이를 못합니다. 과인의 관원 중 검부黔夫라는 사람이 있습니다. 그에게 서주徐州를 지키게 하자 연나라 사람들이 도성의 북문에 와 제사를 올리고 조나라 사람들은 서문에 와 제사를 올렸습니다. 두 나라에서 서주로 이사와 살겠다고 한 사람이 7천여 호나 되었습니다. 이 밖에도 과인의 신하 중 종수種首라는 사람이 있습니다. 그에게 도적을 막게 했더니 길에 떨어진 물건을 줍는 사람이 없어졌습니다. 이 네 사람의 능력은 1천 리나 비출 수 있습니다. 그러니 어찌 겨우 수레 12승만 비출 뿐이겠습니까!"

사서는 당시 위혜왕은 제위왕의 이런 얘기를 듣고 크게 부끄러워했다고 기록해 놓았다. 제위왕과 위혜왕의 기량 차이를 여실히 보여주는 대목이다. 당시 3진 중 왕호를 칭한 나라는 오직 위나라뿐이었다. 그만큼 위혜왕의 포부가 컸다. 그러나 그는 불행하게도 실력도 안 되면서 천하의 제후들을 호령코자 했다가 천하인의 비웃음을 산 춘추시대 중엽 송양공의 전철을 밟고 말았다. 본문의 전후모배지田侯牟背之 구절은 제위왕이 맹약을 어겼다는 뜻이나 역사적 사실에 어긋난다.

서수犀首는 위나라 관직명으로 유세가인 공손연公孫衍이 '서수' 자리에 있었던 까닭에 『사기』와 『전국책』 등에는 아예 그의 별칭으로 나오고 있다. 질기배抶其背는 등을 회초리로 친다는 뜻으로 여기의 질抶은 원래 종아리를 때리는 것을 말한다. 계자季子는 위나라의 현신이다. 십인지성十仞之城의 십十을 두고 유월은 성현영의 소에 칠장七丈으로 나오고 있는 점 등을 근거로 오류임을 고증했으나 원문 그대로 해석할지라도 큰 문제는 없다. 화자華子는 「양왕」편의 자화자子華子와 동일 인물이다.

기허언여其虛言與의 '기其~여與' 는 '아마도 ~이겠지' 의 뜻이다. 창연惝然은 무엇인가를 잃어버려 시름하는 모습이다. '객출客出, 혜자견惠子見' 의 '객출' 구절을 두고 왕선겸 등은 두 번 겹쳐나온 점 등을 근거로 잘못 끼어든 글자로 보았다. 취관吹筦은 피리를 분다는 뜻으로 관筦은 관管과 통한다. 유유효猶有嗃는 높고 큰 소리가 나는 것과 같다는 뜻이다. 취검수吹劍首는 칼잡이에 있는 고리의 작은 구멍에 입을 대고 부는 것을 말한다. 혈이이의吷而已矣는 '픽' 하는 바람소리만 날 뿐이라는 뜻이다.

3-4

孔子之楚, 舍於蟻丘之漿. 其鄰有夫妻臣妾登極者, 子路曰, "是稷稷何爲者邪." 仲尼曰, "是聖人僕也. 是自埋於民, 自藏於畔. 其聲銷, 其志無窮, 其口雖言, 其心未嘗言. 方且與世違, 而心不屑與之俱. 是陸沈者也, 是其市南宜僚邪." 子路請往召之. 孔子曰, "已矣. 彼知丘之著於己也, 知丘之適楚也, 以丘爲必使楚王之召己也, 彼且以丘爲佞人也. 夫若然者, 其於佞人也, 羞聞其言, 而況親見其身乎. 而何以爲存." 子路往視之, 其室虛矣.

공자가 초나라로 가다가 의구蟻丘라는 언덕에 있는 찻집에 묵었다. 그때 이웃집 주인 부부와 남녀 하인들이 지붕 위로 올라가 지붕갈이를 하고 있었다. 자로가 공자에게 물었다.

"이렇게 모여 지붕에 오르는 자들은 뭐하는 자들입니까?"

공자가 대답했다.

"이들은 성인의 무리이다. 스스로 백성들 사이에 파묻히고 밭두둑 사이에 은둔한 까닭에 명성은 사라졌지만 그 뜻만은 무궁하다. 입은 비록 세인들처럼 말을 하지만 그 마음만은 한번도 말을 한 적이 없다. 바야흐로 세속을 등지고 사는 까닭에 내심 세속과 함께하는 것을 깨끗하다고 여기지 않는다. 이들은 뭍에서 자맥질하듯 숨어 있는 자들이다. 아마도 초나라 현자인 시남의료市南宜僚일 것이다."

자로가 가서 그를 불러오겠다고 청하자 공자가 만류했다.

"그만두어라. 그는 내가 자기를 세상에 천거하려 하는 것을 알고 있고, 또 내가 초나라에 가는 것도 알고 있다. 내가 초왕을 시켜 자기를 징소徵召할 것으로 생각하는 까닭에 아마도 나를 남의 비위나 잘 맞추는 영인佞人으로 여길 것이다. 그런 사람은 '영인'으로부터 그런 말을 듣는 것조차 수치로 여긴다. 하물며 직접 찾아가 만나는 것을 반길 리 있겠는가? 찾아간들 그가 어찌 집에 있겠는가?"

자로가 찾아가 보았으나 과연 그의 방은 텅 비어 있었다.

장漿은 음료수 등의 음식으로 여기서는 이를 파는 집을 말한다. 신첩臣妾은 남녀 노비를 말한다. 등극登極의 극極을 두고 성현영은 높은 곳으로 해석했다. 가나야가 좇고 있다. 마서륜은 벼이삭이 팬다는 뜻의 알秳의 가차로 보고 공미貢米의 진상으로 해석했다. 후쿠나가가 이를 좇았다. 이에 대해 사마표는 집의 용마루로 해석했다. 이케다가 이를 좇았다. 종종稯稯은 볏단이 묶여 있는 모습으로 많이 모여 있는 것을 뜻한다. 성인지복聖人僕의 복僕을 두고 임희일과 해동은 무리를 뜻하는 도徒로 풀이했다.

육침자陸沈者는 뭍에 몸을 가라앉혔다는 뜻으로 이케다는 몸은 세속에 있으면서도 세속으로부터 모습을 감춘 대지의 침륜자沈淪者, 곧 도인으로 해석했다. 하이위존何以爲存의 존存을 두고 오여륜은 안부를 묻는 존문存問으로 보았으나 성현영은 재在로 풀이했다.

3-5

長梧封人問子牢曰, "君爲政焉勿鹵莽, 治民焉勿滅裂. 昔予爲禾, 耕而鹵莽之, 則其實亦鹵莽而報予. 芸而滅裂之, 其實亦滅裂而報予. 予來年變齊, 深其耕而熟耰之, 其禾蘩以滋, 予終年厭飧." 莊子聞之曰, "今人之治其形, 理其心, 多有似封人之所謂. 遁其天, 離其性, 滅其情, 亡其神, 以衆爲. 故鹵莽其性者, 欲惡之孽, 爲性萑葦蒹葭, 始萌以扶吾形, 尋擢吾性. 竝潰漏發, 不擇所出, 漂疽疥癰, 內熱溲膏是也."

장오長梧의 관문지기가 자뢰子牢에게 말했다.

"그대는 정치를 하면서 거칠고 서투르게 해서는 안 된다. 백성을 다스리면서 아무렇게나 성의 없이 해서는 안 된다. 전에 내가 벼농사를 한 적이 있다. 그때 논을 거칠고 서투르게 경작했더니 그 벼의 알갱이 역시 거친 모습으로 나에게 보답했다. 또 아무렇게나 성의 없이 김을 맸더니 그 벼의 알갱이도 아무렇게나 성의 없이 맺혀 나에게 보답했다. 내가 다음해에 방법을 바꿔 땅을 깊이 갈고 정성껏 흙을 덮어주었더니 그 벼가 무성하게 자라 알갱이가 더욱 많이 맺혔다. 내가 1년 내내 물릴 정도로 먹을 수 있었던 이유다."

장자가 이 말을 듣고는 이같이 말했다.

"요즘 사람들이 몸을 다스리고 마음을 수련하는 것은 바로 이 관문지기가 지적한 것과 유사한 점이 많다. 자연에서 달아나고, 본성을 떠나고, 정서를 소멸시키고, 정신을 잃어버리는 게 그것이다. 이는 인위가 많기 때문이다. 본성을 거칠고 서투르게 대하면 애욕과 증오 등의 움이 돋아나 본성을 해치는 잡초가 된다. 처음에 싹이 나서는 내 몸을 도와주기도 하나 결국에는 나의 본성을 뿌리 채 뽑아버린다. 일시에 종기가 터지고 고름이 흘러나와 몸의 여기저기를 가리지 않는다. 악성 부스럼과 종기, 내장의 발열과 당뇨 같은 게 그것이다."

장오長梧는 지명에서 유래한 명칭으로 「제물론」에는 장오자長梧子로 나오고 있다. 봉인封人은 관문지기로 「천지」편에 나오는 화華의 봉인과 닮았다. 자뢰子牢를 두고 사마표는 공자의 제자인 금뢰琴

牢로 해석했다. 금뢰는 공자의 제자 자장子張을 말한다. 『논어』에는 「자한」편에 자장으로 간주되는 뇌牢라는 이름이 유일하게 나온다. 왕인지와 곽경번 등은 근거가 부족하다며 사마표의 주장을 반박했다.

노무鹵莽는 거칠고 서투르다는 뜻으로 노무魯莽와 같다. 마서륜은 무莽를 어지러울 망妄의 가차로 보았다. 무莽는 추솔하다는 뜻으로 쓰일 때는 '무', 풀이 우거졌다는 뜻일 때는 '망', 묵은 풀을 뜻할 때는 '모'로 읽는다. 멸렬滅裂은 엉터리로 아무렇게나 한다는 뜻이다. 변제變齊를 두고 임희일은 농사짓는 방법을 바꾸는 것으로 해석했다. 제齊는 조절한다는 뜻의 제劑와 통한다. 중위衆爲는 인위가 많다는 뜻으로 가나야는 잡다한 일에 이리저리 손대는 것으로 풀이했다.

욕오지얼欲惡之孼은 욕망과 증오의 싹이라는 뜻이다. 얼孼은 나무 그루터기에 난 새싹으로 얼蘖과 통한다. 환위겸가萑葦蒹葭는 모두 갈대 종류를 뜻하는 말로 여기서는 쓸모없는 잡초를 지칭한다. 환萑은 갈대를 뜻할 때는 '환'으로 읽는다. 물억새를 뜻하는 완薍과 같다. 익모초 내지 우거진 모습을 뜻할 때는 '추'로 읽는다. 시맹이부오형始萌以扶吾形은 처음 싹이 나서는 내 몸의 성장을 돕는다는 의미이다. 표저개옹漂疽疥癰은 악성 부스럼과 종기를 말한다. 수고溲膏는 오줌에 섞여나오는 기름으로 곧 당뇨 증세를 뜻한다.

3-6

柏矩學於老聃, 曰, "請之天下遊." 老聃曰, "已矣. 天下猶是也." 又請之, 老聃曰, "汝將何始." 曰, "始於齊." 至齊, 見辜人焉, 推而强之, 解朝服而幕之, 號天而哭之, 曰, "子乎子乎, 天下有大菑, 子獨先離之. 曰, '莫爲盜, 莫爲殺人.' 榮辱立然後覩所病. 貨財聚然後覩所爭. 今立人之所病, 聚人之所爭, 窮困人之身, 使無休時. 欲無至此得乎.

古之君人者, 以得爲在民, 以失爲在己. 以正爲在民, 以枉爲在己. 故一形有失其形者, 退而自責. 今則不然, 匿爲物而愚不識, 大爲難而罪不敢, 重爲任而罰不勝, 遠其塗而誅不至. 民知力竭, 則以僞繼之. 日出多僞, 士民安取不僞. 夫力不足則僞, 知不足則欺, 財不足則盜. 盜竊之行, 於誰責而可乎."

백구柏矩가 노담에게 배웠다. 하루는 노담에게 청했다.

"청컨대 온 천하를 돌아다니며 견학하고자 합니다."

노담이 만류했다.

"그만두어라. 천하라고 해서 여기와 다를 게 없다."

재차 청하자 노담이 물었다.

"그렇다면 너는 어디서 시작하려는 하느냐?"

백구가 대답했다.

"제나라로부터 시작할 생각입니다."

제나라에 도착하자마자 책형磔刑을 당해 저잣거리에 매달려 있는 시신을 보게 됐다. 시신을 밀어 바로 누이고는 자신의 조복朝服을 벗어 덮어주었다. 이어 하늘을 향해 호곡號哭하며 말했다.

"아, 아, 지금 천하에는 여러 대재앙이 있는데 그대가 유독 먼저 당했구나! 세인들은 말끝마다 '도둑질하지 말라, 살인하지 말라'고 한다. 그러나 영욕이 확연히 선 뒤 근심이 생기고, 재화가 크게 모인 뒤 다툼이 일어나는 법이다. 지금 사람들의 근심을 부채질하는 영욕이 더욱 뚜렷이 서고, 사람들의 다툼을 촉발하는 재화가 더욱 모이고 있다. 사람의 몸이 곤궁하게 돼 잠시도 쉬지 못하는 일이 빚어지고 있는 것이다. 그러니 이 지경에 이르지 않기를 바란들 그게 가능하겠는가?

옛 군주는 성공하면 그 공이 백성에게 있고 실패하면 그 책임이 자신에게 있다고 여겼다. 올바른 것은 백성에게 있고 굽은 것은 자신에게 있다고 여겼다. 한 사람이라도 하늘이 내린 몸을 온전히 보전하지 못하면 이내 물러나 스스로를 질책한 이유다.

그러나 지금은 그렇지 않다. 복잡하게 일을 꾸며놓고는 이를 알지 못하는 백성을 어리석다며 업신여기고, 어렵게 일을 꾸며놓고는 이를 감히 하지 못하는 백성을 용기가 없다며 죄주고, 과중하게 임무를 부여해 놓고는 이를 감내하지 못하는 백성을 위법이라며 벌주고, 높은 이상을 제시해 놓고는 거기에 이르지 못하는 백성을 부도덕하다며 처형한다. 백성들이 이를 도저히 따라갈 수 없어 지혜와 힘이 다하게 되면 이내 거짓이 이어지게 된다. 날마다 수많은 거짓이 속출하는 상황에서 사민士民이 어떻게 거짓을 행하지 않을 수 있겠는가? 무릇 힘이 부족하면 거짓을 행하고, 지혜가 부족하면 남을 속이고, 재화가 부족하면 남의 것을 훔치게 마련이다. 남의 것을 훔치는 행위를 두고 도대체 누구에게 책임을 물어야 옳은 것인가!"

백구柏矩는 가공의 인물이다. 고인辜人을 두고 유월은 시체를 저자에 내거는 책형磔刑을 당한 죄인으로 풀이했다. 자호자호子乎子乎를 두고 유월은 『시경』「당풍·주무綢繆」편의 '자혜자혜子兮子兮'와 마찬가지로 탄식하는 말로 풀이했다. 곽경번과 후쿠나가 등은 이를 좇으면서 자子를 탄식할 자嗞로 읽어야 한다고 주장했다. 독선리지獨先離之의 리離는 걸려들었다는 뜻의 리罹와 통한다.

고지군인자古之君人者 이하 구절은 유가의 주장을 그대로 옮긴 것이나 다름없다. 『서경』「반경」편에 나오는 "나라가 잘 되면 너희 백성들 덕분이고, 잘못되면 나 한 사람의 죄이다"라는 구절과 취지를 같이 한다. 『논어』 「요왈」편에도 "만방의 유죄는 내 한 몸에 있고, 백성들의 과실 책임 또한 내 한 몸에 있다"는 구절이 나온다. 『맹자』 「등문공 상」편에 위정자의 잘못을 질타하는 대목이 나온다.

"백성들이 살아가는 방법을 말하면 안정된 생업이 있는 자는 안정된 마음이 있고 안정된 생업이 없으면 안정된 마음이 없는 법이다. 안정된 마음이 없으면 방탕 · 편벽 · 사특 · 사치한 행동을 하게 된다. 그들을 죄에 빠뜨린 연후에 쫓아가 처벌하는 것은 백성들을 그물질하는 짓이다. 어찌 어진 사람이 보위에 앉아 그런 그물질을 할 수 있겠는가?"

3-7

蘧伯玉行年六十而六十化, 未嘗不始於是之, 而卒詘之以非也, 未知今之所謂是之非五十九非也. 萬物有乎生而莫見其根, 有乎出而莫見其門. 人皆尊其知之所知, 而莫知恃其知之所不知而後知, 可不謂大疑乎. 已乎, 已乎. 且無所逃. 此所謂然與然乎.

위衛나라 현자 거백옥蘧伯玉은 나이 60세가 되도록 살아오면서 모두 60번에 걸쳐 자신의 생각을 바꾸었다. 시작은 옳다고 했지만 끝내 그르다고 물리치지 않은 적이 단 한 번도 없었다. 60세가 된 지금 옳다고 하는 것이 59년 동안 그르다고 한 것과 똑같은 잘못을 저지르는 것이나 아닌지 모르겠다.

만물은 모두 생성되는 과정을 거치지만 그 근원에 있는 도는 볼 수 없다. 세상에 출현한 흔적은 있으나 그 출구는 볼 수 없다. 사람들 모두 자기 지혜가 알고 있는 것만 존중할 뿐이다. 사람의 지혜가 미치지 못하는 바가 있다는 것을 믿어야만 비로소 참다운 지혜가 열린다는 사실을 모른다. 이를 두고 어찌 큰 의혹인 '대의大疑'라고 말하지 않을 수 있겠는가? 그만두어라, 그만두어라! 그런 식으로는 미망의 세계에서 달아날 곳이 없다. 이것이 말하는 바가 과연 그러한가 그렇지 않은가?

거백옥蘧伯玉은 위衛나라의 현인이다. 「인간세」편에 이미 나온 바 있다. 행년육십이육십화行年六十而六十化는 60세가 되도록 삶을 60번이나 바꿨다는 뜻이다. 주희는 『논어집주』「헌문」편에서 이같이 주석해 놓았다.

"장자는 거백옥이 50년을 살면서 49년의 잘못을 알았다고 했다. 또 거백옥 자신이 60년을 살면서 60번 변했다고 했다. 그가 덕으로 나아가는 공부를 늙어서까지 게을리하지 않았음을 알 수 있다."

이케다는 거백옥을 비판한 대목으로 이해했으나 후쿠나가는 "무위자연의 자유인으로서 거백옥을 등장시켜 날마다 자신을 새롭게 하는 삶의 태도를 설명함으로써 장자의 초월철학을 해설한 것이다"라고 풀이했다. 문맥상 후쿠나가의 해석이 옳다. 연여연호然與然乎를 두고 육덕명은 연여然與를 의문문, 연호然乎를 반어문으로 풀이했다. 왕선겸과 이케다 등이 이를 좇았다.

3-8

仲尼問於大史大弢·伯常騫·狶韋曰, "夫衛靈公飮酒湛樂, 不聽國家之政. 田獵畢弋, 不應諸侯之際. 其所以爲靈公者何邪." 大弢曰, "是因是也." 伯常騫曰, "夫靈公有妻三人, 同濫而浴. 史鰌奉御而進所, 搏幣而扶翼. 其慢若彼之甚也, 見賢人若此其肅也, 是其所以爲靈公也." 狶韋曰, "夫靈公也, 死, 卜葬於故墓, 不吉. 卜葬於沙丘而吉.

掘之數仞, 得石槨焉, 洗而視之, 有銘焉, 曰, '不馮其子, 靈公奪而埋之.' 夫靈公之爲靈也久矣. 之二人何足以識之."

하루는 공자가 태사大史로 있는 대도大弢와 백상건伯常騫 및 희위狶韋에게 물었다.

"저 위령공衛靈公은 술을 많이 마시고 쾌락에 탐닉해 나라의 정사를 돌보지 않았소. 사냥을 하거나 그물질을 하거나 주살을 쏘는 일에만 열중해 제후들의 회맹에도 응하지 않았소. 그가 영靈이라는 시호를 얻게 된 까닭은 이와 관련이 있는 것이오?"

대도가 먼저 대답했다.

"그렇소. 바로 그런 행동을 했기에 그런 시호가 붙은 것이오."

백상건이 대답했다.

"저 위령공은 아내가 3명 있었소. 그들과 함께 같은 욕조에서 목욕할 때 대부 사추史鰌가 예물을 받들고 나아가자 위령공이 곧바로 욕조에서 나와 폐백을 받들고 사추를 부축했소. 비록 사생활이 극도로 방탕하기는 했으나 현인을 대하는 태도만큼은 이처럼 정숙했소. 그래서 영공이라는 시호를 얻게 된 것이오."

희위가 대답했다.

"저 위령공이 죽었을 때 선왕의 묘역에 장사지내기 위해 점을 치자 불길하다고 나왔소. 다시 사구沙丘 땅에 장사지내기 위해 점을 치자 길하다고 나왔소. 사구 땅을 몇 길 파자 이내 석곽이 나왔소. 깨끗이 씻고 자세히 살펴보자 이런 명문銘文이 새겨져 있었소. '여기 묻힌 자는 그 자손에게 의지할 수 없다. 장차 영공이 이 자리를 빼앗고 여기에 묻힐 것이다.' 저 위령공이 영靈이라는 시호를 얻게 된 것은 이처럼 이미 오래된 일이오. 저 대도와 백상건 두 사람이 어찌 이를 알 리 있겠소?"

태사大史는 사관을 말한다. 대도大弢와 백상건伯常騫, 희위狶韋 모두 사관의 이름이다. 「대종사」와 「지북유」, 「외물」편에는 희위가 고대 제왕의 이름으로 나온다. 후쿠나가의 주장처럼 「칙양」편에 나오는 사관 희위와는 별개의 인물로 보는 게 옳다. 동감이욕同濫而浴의 감濫은 목욕탕을 뜻하는 감鑑과 통한다. 『설문해자』는 감鑑을 큰 동이인 대분大盆으로 풀이했다.

사추史鰌는 「변무」편에 이미 나왔듯이 위령공의 신하인 사어史魚를 말한다. 『공자가어』에 따르면 그는 생전에 현자를 천거하고 죽을 때에도 불초한 자를 물리치지 못했다고 하여 시신尸身으로써 간했다고 한다. 뒤이어지는 구절의 구두점과 관련해 논란이 있다. 임희일은 '봉어이진소奉御而進所, 박폐이부익搏幣而扶翼'으로 끊었다. 이케다가 이를 좇고 있다. 장병린과 마서륜, 후쿠나가 등은 소所를 뒷구절에 붙여 해석하면서 진進 뒤에 구두점을 끊었으나 이 경우 해석이 애매해진다. 소所를 위령공이 있는 장소로 간주해 진소進所를 붙여 해석하는 게 자연스럽다.

불빙기자不馮其子는 그 자손에게 의지할 수 없다는 뜻이다. 여기의 기자其子를 두고 곽상은 위령공의 아들인 괴외蒯聵를 지칭한다고 보았으나 문맥과 어긋난다. 탈이매지奪而埋之의 매埋가 세덕당본世德堂本 등에는 리里로 되어 있다. 육덕명은 곽상의 주에 의거해 이而를 2인칭으로 간주하면서 '죽어서 사는 집인 택리宅里'로 풀이했으나 문맥상 자연스럽지 못하다.

3-9

少知問於大公調曰, "何謂丘里之言." 大公調曰, "丘里者, 合十姓百名而以爲風俗也, 合異以爲同, 散同以爲異. 今指馬之百體而不得馬, 而馬係於前者, 立其百體而謂之馬也. 是故丘山積卑而爲高, 江河合水而爲大, 大人合并而爲公. 是以自外入者, 有主而不執. 由中出者, 有正而不距. 四時殊氣, 天不賜, 故歲成. 五官殊職, 君不私, 故國治. 文武殊材, 大人不賜, 故德備. 萬物殊理, 道不私, 故無名, 無名故無爲, 無爲而無不爲. 時有終始, 世有變化, 禍福淳淳至, 有所拂者而有所宜. 自殉殊面, 有所正者有所差. 比於大澤, 百材皆度, 觀於大山, 木石同壇. 此之謂丘里之言." 少知曰, "然則謂之道足乎." 大公調曰, "不然. 今計物之數, 不止於萬, 而期曰萬物者, 以數之多者號而讀之也. 是故天地者, 形之大者也. 陰陽者, 氣之大者也. 道者爲之公. 因其大以號而讀之則可也. 已有之矣, 乃將得比哉. 則若以斯辯, 譬猶狗馬, 其不及遠矣." 少知曰, "四方之內, 六合之里, 萬物之所生惡起." 大公調曰, "陰陽相照 · 相蓋 · 相治, 四時相代 · 相生 · 相殺. 欲惡去就, 於是橋起. 雌雄片合, 於是庸有. 安危相易, 禍福相生, 緩急相摩, 聚散以成. 此名實之可紀, 精微之可志也. 隨序之相理, 橋運之相使, 窮則反, 終則始, 此物之所有, 言之所盡, 知之所至, 極物而已. 覩道之人, 不隨其所廢, 不原其所起, 此議之所止." 少知曰, "季眞之莫爲, 接子之或使. 二家之議, 孰正於其情. 孰偏於其理." 太公調曰, "鷄鳴狗吠, 是人之所知. 雖有大知, 不能以言讀其所自化, 又不能以意其所將爲. 斯而析之, 精至於無倫, 大至於不可圍. 或之使, 莫之爲, 未免於物而終以爲過. 或使則實, 莫爲則虛. 有名有實, 是物之居. 無名無實, 在物之虛. 可言可意, 言而愈疏. 未生不可忌, 已死不可阻. 死生非遠也, 理不可覩. 或之使, 莫之爲, 疑之所假. 吾觀之本, 其往無窮. 吾求之末, 其來無止. 無窮無止, 言之無也, 與物同理. 或使莫爲, 言之本也, 與物終始. 道不可有, 有不可無. 道之爲名, 所假而行. 或使莫爲, 在物一曲, 夫胡爲於大方. 言而足, 則終日言而盡道. 言而不足, 則終日言而盡物. 道, 物之極, 言默不足以載. 非言非默, 議有所極."

견문이 좁은 소지少知가 공론을 상징하는 태공조大公調에게 물었다.

"항간의 여론을 뜻하는 소위 '구리지언丘里之言'은 무엇을 뜻하는 것입니까?"

태공조가 대답했다.

"구리丘里는 10개의 서로 다른 성씨를 가진 사람들과 1백 개의 서로 다른 이름을 가진 사람들을 모아서 풍속을 이룬 마을공동체를 말한다. 다른 것을 합쳐 같은 것이 되고, 같은 것을 분산시켜 다른 것이 되는 이치와 같다. 지금 말의 몸체를 이루고 있는 1백 개의 지체肢體를 가리켜 말이라고 할 수는 없다. 그러나 눈앞에 매여져 있는 말의 1백 개의 지체를 총체적으로 모아서 말하면 가히 말이라고 부를 수 있다.

언덕과 산은 낮은 땅이 쌓여 높게 된 것이고, 장강과 황하는 작은 물이 모여 크게 된 것이고, 대인은 모든 사私를 하나로 합쳐 공公을 이룰 수 있는 사람이다. 대인은 외부의 여론을 들을 때 주관을 확립하지만 어느 하나만을 고집하지 않고, 심중의 견해를 밖으로 드러낼 때 올바름을 지키지만 다른 견해를 꺼리지 않는다. 춘하추동의 사시四時는 한서寒暑의 기를 달리하나 자연은 그 중 어느 한 계절에만 혜택을 주지 않는다. 1년이 이뤄지는 이유이다. 춘관·하관·추관·동관·중관 등 나라의 오관五官은 각각 직무를 달리하나 군주는 그 중 어느 한 관직만을 사사로이 중시하지 않는다. 나라가 잘 다스려지는 이유다. 문무文武는 각각 그 기능이 다르나 대인은 그 어느 하나에만 마음을 주지 않는다. 대인이 문무를 겸비하는 이유다. 만물은 각각 속성을 달리하나 도는 그 중 어느 하나만 사사로이 사랑하지 않는다. 도에 이름이 없고, 이름이 없기에 무위하고, 무위하기에 하지 않는 일이 없는 이유다.

때에는 끝과 시작이 있고, 세상에는 변화의 추이가 있다. 화복은 서로 뒤섞여 유행하는 까닭에 마음에 거슬리기도 부합하기도 한다. 사람들 모두 자기 생각을 좇아 행동하면 나아가는 방향이 모두 다른 까닭에 옳다고 생각하는 기준에 차이가 나게 된다. 비유하면 커다란 연못에 여러 소재素材가 모두 머물러 있고, 큰 산에 있는 나무와 돌이 똑같이 산의 기반을 이룬 것과 같다. 이를 일컬어 '구리지언'이라고 한다."

소지가 물었다.

"그렇다면 '구리지언'을 도라고 말해도 좋겠습니까?"

태공조가 대답했다.

"그렇지 않다. 지금 사물의 수를 헤아려 보면 그 수가 1만 가지에 그치지 않는다. 그런데도 그것을 '만물'이라고 한정해 말하는 것은 수 가운데 많은 숫자를 뜻하는 '만萬'을 가지고 무수히 많다는 뜻으로 대체해 읽은 결과다. 천지는 형체가 있는 것 중 가장 큰 것이고, 음양은 기 중에서 제일 큰 것이고, 도는 이를 포괄하는 공公에 해당한다. 도가 크다는 의미에서 도道 또는 대大라고 통칭해 말하면 우선 괜찮기는 하다. 그러나 이름이 붙여진 도가 이미 존재하는 상황에서 이런 도를 가지고 장차 참다운 도에 견줄 수 있겠는가? 이름이 붙여진 도를 가지고 변론을 해나가면 이는 비유컨대 도를 개나 말의 차원으로 끌어내린 것이나 다름없다. 참다운 도와는 거리가 너무나 멀다."

소지가 물었다.

"동서남북 사방의 지상세계와 상하사방 육합의 우주 속에서 만물이 생겨나는 현상은 어떻게 해서 일어나는 것입니까?"

태공조가 대답했다.

"음양의 2기는 서로 비추거나, 해치거나, 도와주거나 한다. 춘하추동의 사시는 서로 교대하거나, 서로 다음 계절을 낳거나, 서로 앞의 계절을 소거하거나 한다. 애증 및 호오의 감정과 그에 따른 진퇴가 번갈아 일어나는 이유다. 음양의 조화를 구하는 암수와 남녀의 결합이 끊임없이 일어나는 것도 이 때문이다. 현실세계를 보면 안위安危가 서로 번갈아 바뀌고, 화복禍福이 서로 맞물려 일어나고, 완급緩急이 서로 마찰을 일으키는 과정에서 개인과 나라의 흥망이 빚어진다. 이것이 사람이 기술할 수 있는 현실세계인 명실名實의 전부이고, 사람이 알 수 있는 오묘한 원리인 정미精微의 전부이다.

사물의 순환변화 순서는 서로 사리에 맞고, 번갈아 일어나는 순환운동은 서로 영허소장盈虛消長을 이룬다. 궁극에 이르면 다시 돌아오고, 마치면 다시 시작한다. 이는 사물에 갖춰진 기본속성이다. 말로 다 표현하고 인간의 지혜로 다 알 수 있다고 하는 것은 기껏 만물의 성질을 밝힌 것에 지나지 않는다. 도를 통찰한 사람은 만물이 사멸하는 세상 밖의 것을 좇지 않고 만물이 생성되는 기원을 탐구하지 않는다. 논의가 멈춰야 할 지점이 바로 여기이다."

소지가 물었다.

"계진季眞이 아무도 그리한 사람이 없다고 주장한 막위설莫爲說과 접자接子가 누군가 그리하도록 시켰다고 주장한 혹사설或使說의 두 주장 가운데 어느 쪽이 사실에 맞고 어느 쪽이 도리에 벗어난 것입니까?"

태공조가 대답했다.

"닭이 울고 개가 짖는 것과 같은 일은 사람들이 모두 알고 있는 일이다. 그러나 비록 큰 지혜의 소유자라 할지라도 그것이 무엇으로부터 전화轉化해 왔는지 말로는 표현할 수 없다. 또 그것이 장차 무엇으로 전화할지 뜻으로는 헤아릴 길이 없다. 이를 한없이 분석해 나갈 경우 작기로 치면 도무지 견줄 수 없을 정도의 극소에 이르게 되고, 크기로 치면 도무지 감쌀 수 없을 정도의 극대에 이르게 된다. 누군가 시켰다는 '혹사설'과 아무도 시키지 않았다는 '막위설' 모두 현상에 얽매인 나머지 사물의 세계를 벗어나지 못했다는 지적을 면키 어렵다.

접자처럼 '혹사설'을 고집하면 모든 게 실實이 되고, 계진처럼 '막위설'을 고집하면 모든 게 허虛가 된다. 모든 사물이 명칭도 있고 실질도 있다고 하면 이는 사물이 겉으로 드러난 현상만을 언급한 것에 지나지 않는다. 정반대로 명칭도 없고 실질도 없다고 하면 이는 사물 모두 공허한 것에 지나지 않는 것으로 치부하는 꼴이 된다. 말로 표현하고 뜻으로 추측하는 것은 그리하면 할수록 더욱 더 진실에서 멀어지게 된다.

세상에 태어나기 전에 태어나는 것을 싫다고 기피할 수 없고, 죽고 난 뒤 죽는 것을 싫다고 거부할 수 없다. 생사의 문제는 우리 주변에서 멀리 떨어져 있는 것은 아니나 그 이치만큼은 인간의 지혜로 쉽게 엿볼 수 있는 게 아니다. 누군가 시켰다는 '혹사설'과 아무도 시키지 않았다는 '막위설' 모두 의심 끝에 도달한 하나의 가설에 지나지 않는 이유다.

내가 만물 생성의 근원을 살펴보건대 그 시간을 아무리 거슬러 올라갈지라도 끝이 없다. 또 내가 만물 전개의 끝을 살펴보건대 그 시간을 아무리 추정해 내려갈지라도 멈춤이 없다. 생성변화의 이치는 이처럼 무궁하고 멈춤이 없다. 말로 표현할 수 없는 경지를 이해해야만 만물과 더불어 생멸변화의 이치를 함께할 수 있다.

'혹사설'과 '막위설' 모두 말을 근거로 한 까닭에 사물과 더불어 시종始終할 수밖에 없다. 참다운 도는 있는 것도 없는 것도 아니다. '도'라는 명칭 자체가 잠시 빌려서 통용하는 것에 지나지 않는다. '혹사설'과 '막위설' 모두 사물의 일부분에만 존재하고 있으니 어찌 이를 갖고 대도를 말할 수 있겠는가? 만일 말로 충분하다면 종일토록 말을 해서 도를 모두 규명할 수 있을 것이다. 그러나 그렇지 않다면 종일토록 말을 해도 겨우 사물의 성질을 구명하는 데 그칠 것이다. 도는 만물의 궁극이다. 말이나 침묵 모두 이를 표현하기에 부족하다. 말도 아니고 침묵도 아닌 경지에 이르러야만 비로소 궁극의 경지인 도를 논할 수 있을 것이다."

소지少知는 적은 지식, 태공조大公調는 공정무사를 상징한다. 구리지언丘里之言은 한 마을의 여론을 말한다. 화복순순지禍福淳淳至는 화와 복이 돌고 돈다는 뜻이다. 마서륜과 후쿠나가는 여기의 지至를 뒤에 나오는 유소불자有所拂者에 붙여서 해석했으나 임희일과 이케다 등은 지至에서 끊었다. 목석동단木石同壇은 나무와 돌이 똑같이 산을 이루는 기반이 된다는 뜻으로 여기의 단壇을 두고 성현영은 기반을 뜻하는 기基로 풀이했다. 기왈만물자期曰萬物者는 그것을 만물이라고 한정해서 말한다는 뜻이다. 임희일은 기왈期曰을 약정해서 말하는 약언約言으로 풀이했다. 상개相蓋는 서로 해친다는 뜻으로 유월은 개蓋를 해害와 통용되는 글자로 보았다.

욕오거취欲惡去就는 애증이 들고나는 진퇴를 말한다. 교기橋起는 번갈아 일어나는 모양을 뜻한다. 편합片合을 두고 임희일은 암수의 분합分合으로 해석했다. 용유庸有는 늘 일어나는 일로 상유常有의 뜻이다. 불원기소기不原其所起의 원原은 근원을 찾는다는 뜻이다. 사물의 근원에 바탕을 두고 그 종말을 내다본다는 뜻으로 사용된 『주역』「계사 상」편의 원시반종原始反終의 원原과 같다.

'계진지막위季眞之莫爲, 접자지혹사接子之或使'는 계진의 막위설莫爲說과 접자의 혹사설或使說을 언급한 것이다. 막위설은 세계적인 물리학자 스티븐 호킹이 2011년 5월 《가디언》과의 인터뷰에서 "천국이나 사후세계는 죽음을 두려워하는 이들을 위한 동화일 뿐이다"라고 언급한 것과 취지를 같이한다. 이에 반해 혹사설은 기독교의 '지적설계론'과 맥을 같이한다. 성현영은 계진과 접자 두 사람을 제나라의 현인으로 해석했다.

재물일곡在物一曲은 '혹사설'과 '막위설' 모두 사물의 일부분에 존재할 뿐이라는 뜻이다. 언묵부족이재言默不足以載의 재載는 싣는다는 뜻으로 여기서는 표현한다는 의미로 사용됐다. 비언비묵非言非默을 두고 곽상은 "도는 자연의 극치이기에 언어나 침묵으로 논의할 수 있는 게 아니다"라고 풀이했다.

제4장 외물(外物)

4-1

外物不可必, 故龍逢誅, 比干戮, 箕子狂, 惡來死, 桀紂亡. 人主莫不欲其臣之忠, 而忠未必信, 故伍員於江, 萇弘死於蜀, 藏其血, 三年而化爲碧. 人親莫不欲其子之孝, 而孝未必愛, 故孝己憂而曾參悲.

외물은 반드시 자기 생각대로 되지 않는다. 관용봉關龍逢과 비간比干이 주륙을 당하고, 기자箕子가 미치광이 노릇을 하고, 악래惡來가 죽고, 걸주桀紂가 패망한 이유다. 군주는 자신의 신하가 충성하기를 바라지 않는 이가 없지만 충신이 반드시 신뢰를 받는 것은 아니다. 오나라의 일등공신 오자서伍子胥가 오왕 부차에게 죽임을 당한 뒤 그 시신이 강물에 떠내려간 이유다. 주왕실의 대부 장홍萇弘은 참소를 당해 촉 땅에서 죽었는데, 촉 땅 사람들이 그가 흘린 피를 보존했더니 3년 후 그 피가 변해 벽옥碧玉이 되었다고 한다.

부모는 자기 자식이 효도하기를 바라지 않는 이가 없지만 효자가 반드시 사랑을 받는 것은 아니다. 은나라 고종의 아들인 효자 효기孝己가 계모에게 학대받아 근심에 빠지고, 공자의 제자 증삼曾參이 부친에게 매를 맞고 슬퍼한 이유다.

악래惡來를 두고 성현영은 은나라 주紂의 영신佞臣으로 풀이했다. '오래'로 읽기도 한다. 『사기』「진본기」에 따르면 비렴蜚廉이 달리기를 잘하자 은왕 주가 그를 삼공으로 삼았다. 비렴은 탐욕스럽고 아첨을 좋아해 지탄을 받았다. 주가 다시 힘이 장사인 비렴의 아들 악래를 기용했다. 악래 또한 시기심이 많아 늘 남을 헐뜯었다. 이에 조정이 어지럽게 되고 제후들이 은나라를 배반하게 됐다. 주무왕이 천하를 차지한 후 악래를 처형했다. 악래는 여방女防이란 자식을 두었다. 여방의 후손이 진秦나라의 시조가 되었다.

악래는 『한비자』「설림 하」편에 숭후崇侯와 더불어 주문왕을 헐뜯은 인물로 나오고 있다. 『순자』「신도」편도 군주를 미혹되게 만들어 화란을 초래한 인물로 비판해 놓았다. 조선조의 율곡 역시 『학부통변발學蔀通辯跋』에서 "요순과 삼대에는 도가 진실로 크게 밝고 크게 행하였는데도 비렴과 악래 등의 무리가 대대로 그치지 않고 나타나 정도를 해치게 되니 이것이 곧 이단의 시작인 것이다"라고 비판했다.

악래는 나관중의 『삼국연의』로 인해 현대인에게도 그 이름이 널리 알려져 있다. 이에 따르면 하루는 하후돈이 기골이 장대한 사람 하나를 데리고 와서 조조에게 선을 보였다. 조조가 누구냐고 묻자 하후돈이 말했다.

"이 사람은 진류 사람으로 이름은 전위典韋인데 용력이 뛰어납니다. 전에 장막을 따라다녔는데 휘하의 사람들과 의가 나서 손으로 수십 명을 죽이고 산속으로 도망쳐 들어갔다고 합니다. 제가 사냥을 나갔다가 이 사람이 범을 쫓아 시내를 건너뛰는 것을 보고 군중에 데려다 놓았는데 오늘 주공께 천거하려고 데려왔습니다."

조조가 전위를 보고 크게 기뻐하며 말했다.

"이 사람의 용모가 특이한 것을 보니 필경 옛날의 악래가 다시 왔음에 틀림없다."

전위는 무용이 뛰어나면서도 곧은 절의와 협기가 있었다. 이는 악래를 '악당'으로 생각지 않았음을 의미한다. 일각에서 조조가 전위를 '악당'의 전형으로 알려진 악래에 비유한 것을 두고 의문을 제기하고 있으나 이는 단순히 전위의 용력을 높이 평가한 것으로 하등 이상하게 볼 게 없다.

원래 「진본기」의 내용은 진시황을 여불위의 자식으로 못 박으면서 폭군의 전형으로 단정하고 있어 일정한 편향을 지니고 있다. 진시황과 진제국을 폄하하기 위해 항간에 떠돌던 얘기까지 역사적 사실인 양 마구 그러모았다는 지적을 받는 이유다. 조조는 죽을 때까지 경서와 사서를 많이 읽은 까닭에 문헌의 행간을 읽는 안목을 지니고 있었다. 현존 『손자병법』인 『손자약해』를 펴내면서 기존의 병법 이론에 여러 비판적인 견해를 덧붙여 놓은 게 그 증거다.

「외물」편의 첫머리에서 악래와 걸주를 관용봉과 비간 및 기자 등과 함께 열거한 것을 두고 곽상은 "선악이 이뤄지는 것 모두 반드시 이뤄진다고 기필期必할 수 없다"고 해석했다. 사람이 하는 일이 선행이든 악행이든 생각한 대로 이뤄지지 않는다는 의미이다. 사실 선과 악의 구분 자체가 상대적이다. 명군과 폭군, 현신과 간신 등의 평가가 시대 및 지역 등 차이에 따라 달리 평가되고 있는 현실이 이를 뒷받침한다.

장홍萇弘은 실존인물이다. 「거협」편에 나온 바 있다. '장기혈藏其血, 삼년이화위벽三年而化爲碧'을 두고 곽경번은 『태평어람』에 실린 사마표의 주석을 인용해 "장홍이 유배를 가 억울하게 죽임을 당하자 그의 피가 썩지 않고 벽옥이 되었다"고 해석했다. 육덕명도 『여씨춘추』에 유사한 얘기가 실려 있다고 풀이했다. 효기孝己는 은나라 고종의 태자이다. 효기우孝己憂를 두고 성현영은 효기가 계모의 핍박으로 근심하다 죽었다고 했다. 증삼비曾參悲에 대해 성현영은 "증삼은 효를 지극하게 행했으나 부모가 미워했다. 언젠가 부모가 때리는 일을 당해 죽을 지경에 이르자 슬피 울었다"고 해석했다.

4-2

木與木相摩則然, 金與火相守則流, 陰陽錯行, 則天地大絯, 於是乎有雷有霆, 水中有火, 乃焚大槐. 有甚憂兩陷而無所逃, 螴蜳不得成, 心若縣於天地之間, 慰暋沈屯. 利害相摩, 生火甚多, 衆人焚和, 月固不勝火, 於是乎有僓然而道盡.

나무와 나무가 서로 마찰하면 불이 붙고, 쇠와 불을 오래도록 함께 놓아두면 쇠가 녹아내린다. 음기와 양기가 잘못 운행되면 천지가 크게 놀란다. 우레와 벼락이 떨어지고, 물속에 불이 생겨나고, 커다란 홰나무가 불에 타는 이유다. 사람도 몹시 근심하는 일이 있으면 안팎에 모두 함정이 생겨 도망갈 곳이 없게 된다. 두렵고 불안해 마음의 안정을 이룰 수 없다. 마음이 마치 천지의 중간에 거꾸로 매달린 것처럼 우울하고 혼란스럽게 된다.

이해가 서로 부딪치면 마음의 불인 심화心火가 무섭게 타오른다. 세인들은 이 심화의 불길 속에서 조화의 덕을 태워버린다. 달이 아무리 원만할지라도 실로 이해의 뜨거운 불길을 이기지 못하는 이유다. 여기서 모든 게 와르르 무너져내린다. 생명에 갖춰져 있던 자연의 도 역시 홀랑 타서 없어지고 만다.

상마즉연相摩則然의 연然은 불사를 연燃과 통한다. 상수즉류

相守則流의 수守는 함께 놓아두고, 류流는 녹아 흐른다는 뜻이다. 「소요유」편에 큰 가뭄으로 쇠붙이와 돌이 녹아 흐른다는 뜻의 '대한금석류大旱金石流' 표현이 나온다. 천지대해天地大絯의 해絯는 놀란다는 뜻으로 해동은 해駭의 가차로 보았다. 수중유화水中有火와 관련해 『주역』「혁괘 상전」에 "못 속에 불이 있는 게 혁괘革卦이다"라는 구절이 나온다. 분대괴焚大槐는 『회남자』「범론훈」편에 나오는 '커다란 홰나무에 불이 난다'는 뜻의 대괴생화大槐生火와 유사한 표현이다.

심우甚憂는 심각한 근심으로 『시경』「패풍·북문」의 '출자북문出自北門, 우심은은憂心殷殷' 구절에서 나온 은우殷憂와 같은 뜻이다. 양함兩陷을 두고 임희일은 음양의 재앙과 인도의 재앙이 함께 일어난 것으로 해석했다. 진돈螴蜳을 두고 성현영은 깜짝 놀라는 출척怵惕으로 해석했으나 마서륜은 두렵고 아찔한 모습으로 풀이했다. 울민慰暋의 울慰은 막혀 우울하다는 뜻의 울鬱과 통한다. 민暋을 두고 왕념손은 란亂으로 보았으나 육덕명은 근심한다는 뜻의 민悶으로 새겼다. 심돈沈屯의 심沈을 두고 육덕명은 심深으로 새겼으나 정도가 심하다는 뜻의 심甚이 더 적절하다. 돈屯을 두고 육덕명은 난難으로 보았으나 왕념손은 란亂으로 해석했다.

생화심다生火甚多의 화火를 두고 후쿠나가는 '정욕의 불길', 이케다는 '뜨거운 불', 가나야는 '육체의 불'로 해석했다. 대동소이하다. 월고불승화月固不勝火의 월月은 원만한 자연의 본성, 화火는 이욕의 불길을 상징한다. 퇴연이도진僓然而道盡의 퇴연僓然은 와르르 무너지는 모습을 말한다. 도진道盡을 두고 성현영은 "허현虛玄의 도리가 여기서 다 없어진다"고 풀이했다.

4-3

莊周家貧, 故往貸粟於監河侯. 監河侯曰, "諾. 我將得邑金, 將貸子三百金, 可乎." 莊周忿然作色曰, "周昨來, 有中道而呼者, 周顧視車轍, 中有鮒魚焉. 周問之曰, '鮒魚來, 子何爲者耶' 對曰, '我, 東海之波臣也. 君豈有斗升之水而活我哉.' 周曰, '諾, 我且南遊吳越之王, 激西江之水而迎子, 可乎.' 鮒魚忿然作色曰, '吾失我常與, 我無所處, 我得斗升之水然活耳. 君乃言此, 曾不如早索我於枯魚之肆.'"

장자는 집이 가난했다. 어느 날 장자가 감하후監河侯에게 양식을 빌리러 갔다. 감하후가 말했다.

"좋소. 내가 나중에 봉읍에서 나오는 세금을 받아 선생에게 3백 금金을 빌려주겠소. 그러면 되겠소?"

장자가 발끈하며 안색을 바꿔 이같이 말했다.

"내가 어제 이리로 올 때 도중에 나를 부르는 자가 있었소. 뒤돌아보니 수레바퀴 자국의 물웅덩이에 붕어 한 마리가 있었소. 내가 묻기를, '붕어야, 너는 거기서 무엇을 하는 것이냐?' 라고 했소. 붕어가 대답하기를, '나는 동해의 물결에서 튕겨져 나온 해신海神의 신하이오. 그대에게 한 말 한 되의 적은 물이라도 있으면 그것으로 나를 살려주시오!' 라고 했소. 그래서 내가 말하기를, '알았다. 내가 바야흐로 남쪽 오나라와 월나라의 왕에게 유세하러 가려는데 그때 서강西江의 물을 거꾸로 흐르게 해서 그대를 맞이하도록 하겠다. 이제 됐는가?' 라고 했소. 그러자 붕어가 발끈하며 안색을 바꿔 말하기를, '나는 지금 내가 늘 함께 하던 물을 잃어버려 몸 둘 곳이 없는 신세요. 지금 한 말 한 되의 물만 있으면 능히 살 수 있소. 그런데 그대가 이처럼 말하니 차라리 일찌감치 나를 건어물 가게에서 찾는 게 나을 것이오!' 라고 했소."

여기서 나온 고사성어가 학철부어涸轍鮒魚이다. 「대종사」편의 학천지어涸泉之魚를 부연한 우화이다. 먼 곳의 물로는 가까운 불을 끄지 못한다는 것처럼 몹시 고단하고 옹색한 상황을 뜻하는 성어로 사용된다. 철부지급轍鮒之急, 학철지부涸轍之鮒, 학부涸鮒, 학린涸鱗, 학철涸轍 등으로도 표현한다. 물기가 마른 물고기를 파는 어물전 의미의 고어지사枯魚之肆도 같은 뜻이다.

감하후監河侯를 두고 육덕명은 유향의 『설원』을 근거로 위문후라고 주장했으나 임희일은 감하監河의 관원을 후侯로 칭했을 가능성을 제시했다. 문맥상 이게 더 적절하다. 삼백금三百金의 금은 중량 단위로 1금은 약 250그램이다. 당시에는 동과 철을 금이라고 했다. 부어래鮒魚來의 래來는 호격조사에 해당하는 어조사이다.

파신波臣을 두고 사마표는 파도의 신하, 성현영은 파도를 다스리는 작은 신하, 임희일은 수관水官으로 풀이했으나 파도에 튕겨져 나온 신하로 보는 게 더 낫다. 군기유두승지수君豈有斗升之水의 기豈를 두고 왕인지는 기其로 풀이했다. 격서강지수激西江之水의 격激은 거꾸로 흐르게 한다는 뜻이다. 『맹자』「고자 상」편에도 거꾸로 흐르게 운행한다는 뜻의 격이행지激而行之 표현이 나온다. 영자迎子의 영迎이 맞이할 역逆으로 된 판본이 있다. 고어枯魚는 물기가 빠진 건어물을 뜻한다.

4-4

任公子爲大鉤巨緇, 五十犗以爲餌, 蹲乎會稽, 投竿東海, 旦旦而釣, 期年不得魚. 已而大魚食之, 牽巨鉤, 錎沒而下, 鶩揚而奮鬐, 白波若山, 海水震蕩, 聲侔鬼神, 憚赫千里. 任公子得若魚, 離而腊之,自制河以東, 蒼梧已北, 莫不厭若魚者. 已而後世諷才諷說之徒, 皆驚而相告也. 夫揭竿累, 趨灌瀆, 守鯢鮒, 其於得大魚難矣. 飾小說以干縣令, 其於大達亦遠矣. 是以未嘗聞任氏之風俗, 其不可與經於世亦遠矣.

옛날 임공자任公子가 커다란 낚싯바늘과 굵은 낚싯줄을 만들었다. 이어 50마리의 불깐 소를 낚시 미끼로 삼아 회계산에 앉아 동해에 낚싯대를 드리웠다. 날마다 낚시를 했으나 1년이 지나도록 물고기를 한 마리도 잡지 못했다.

어느 날 마침내 대어가 미끼를 물었다. 거대한 낚싯바늘을 끌고 엄청나게 큰 쇠고기 미끼를 입에 문 채 바다 밑바닥까지 내려갔다가 다시 바다 위로 솟구쳐 올라 등지느러미를 마구 휘둘러댔다. 흰 파도가 산과 같고 바닷물이 온통 뒤집힐 듯 요동쳤다. 신음소리가 마치 귀신의 울부짖는 소리와 같아 1천 리 밖에 있는 사람들까지 크게 놀라 두려움에 떨었다.

임공자가 이내 이 물고기를 낚아올린 뒤 잘게 썰어 포를 만들었다. 절강浙江의 동쪽에서 창오蒼梧의 북쪽에 이르기까지 이곳에 사는 백성들 중 배불리 먹지 않은 사람이 없었다. 이후 후세의 천박한 재사와 떠벌리는 것을 좋아하는 무리들이 모두 놀라 이 얘기를 서로 전했다.

가느다란 낚싯줄을 묶은 보통의 낚싯대를 쳐들고 관개용灌漑用의 작은 도랑을 좇아 붕어와 같은 잔챙이나 지켜보며 낚으려는 자들은 이런 대어를 낚기가 어렵다. 쓸모없는 작은 언설이나 꾸며대며 현령 같은 벼슬아치에게 작은 자리라도 요구하며 다니는 자들은 이처럼 큰 경지에 이른 대인과는 비교할 수조차 없다. 임공자의 풍도를 아직 듣지 못한 사람과는 함께 천하경영을 논할 수 없는 것 또한 분명한 일이다.

임공자任公子의 임任을 두고 진수창은 지금의 산동성 제녕현 남쪽 50리 부근에 도읍한 나라로 풀이했다. 이케다도 이를 좇았다. 대구거치大鉤巨緇는 커다란 낚싯바늘과 굵은 새끼줄을 말한다. 오십개이위이五十犗以爲餌는 50마리의 불깐 소를 미끼로 장만했다는 뜻이다. 개犗는 불깐 소 내지 궁형宮刑을 뜻한다. 이이已而는 '이윽고'의 뜻이다. 함몰이하錎沒而下는 바다 속으로 빠져들어 바닥까지 내려가는 것을 말한다. 함錎은 추락 의미의 함陷과 같다.

경양이분기驚揚而奮鬐는 바다 위로 놀라 튀어올라 등지느러미를 마구 휘두른다는 뜻이다. 육덕명은 경驚을 질주할 무騖로 표기한 뒤 '어떤 판본에는 경驚으로 되어 있다'고 썼다. 기鬐는 갈기 또는 등지느러미를 뜻한다. 성모귀신聲侔鬼神은 신음소리가 마치 귀신의 울부짖는 소리와 같다는 의미로 모侔는 어떤 모습을 취했다는 뜻이다. 탄혁천리憚赫千里는 1천 리 밖에 있는 사람들까지 크게 놀라 두려움에 떨었다는 의미이다.

임공자득약어任公子得若魚의 약若을 두고 사마표는 「추수」편의 북해 약若에 주목해 큰 물고기의 이름으로 해석했으나 육덕명처럼 지시대명사 차此로 보는 게 더 낫다. 후쿠나가도 이를 좇고 있다. 『논어』「헌문」편에도 공자가 조카사위 남용을 두고 '군자로구나! 이 사람은'의 뜻으로 '군자재君子哉, 약인若人'이라고 표현한 대목이 나온다. 이이석지離而腊之는 잘게 썰어 포를 만들었다는 뜻이다. 리離는 쪼갤 석析의 의미이다.

자절하이동自制河以東의 절制은 절淛의 뜻이다. 절淛은 절강浙江의 옛 이름으로 절강을 뜻할 때는 '제'가 아닌 '절'로 읽어야 한다. 창오蒼梧를 두고 성현영은 순이 묻힌 호남의 산 이름으로 풀이했다. 순이 죽은 후 두 부인인 여영과 아황이 잇따라 죽자 대나무에 핏자국 무늬가 있는 소상반죽瀟湘斑竹이 생겨났다고 한다.

전재輇才는 인물을 저울질하여 비교한다는 뜻으로도 사용되나 여기서는 천박한 재사의 뜻으로 사용된 것이다. 전輇은 크게 상여차인 구거柩車, 사람의 그릇을 저울질한다는 뜻의 전銓, 천박한 재주를 뜻하는 천재淺才 등 3가지 뜻을 지니고 있다. 풍설지도諷說之徒 역시 단순히 외우고 지껄이는 무리를 말한다. 추관독趨灌瀆은 관개용의 작은 도랑으로 달려간다는 뜻이다. 『경전석문』에는 추趨가 취趣로 되어 있다. 수예부守鯢鮒는 작은 물고기를 낚으려는 자를 말한다. 간현령干縣令은 현령 따위의 낮은 직책이나 구하러 다닌다는 뜻이다. 간干은 구求와 통한다. 이에 대해 성현영은 현縣을 현懸의 가차로 보아 '하찮은 행실과 언설을 자랑해 높은 명성과 훌륭한 소문을 구하는 자'로 해석했다. 나름 일리가 있으나 문맥의 취지와 동떨어져 있다.

4-5

儒以『詩』·『禮』發冢, 大儒臚傳曰, "東方作矣, 事之何若." 小儒曰, "未解裙襦, 口中有珠. 『詩』固有之曰, '青青之麥, 生於陵陂. 生不布施, 死何含珠爲.'" 接其鬢, 擪其顪, 儒以金椎控其頤, 徐別其頰, 無傷口中珠.

유자들이 『시』와 『예』를 행위의 기준으로 삼아 남의 무덤을 도굴했다. 무덤 위에 있는 대유大儒가 무덤 아래에 있는 소유小儒에게 물었다.

"동쪽에 해가 밝아온다. 일이 어느 정도 진척되고 있는가?"

소유가 대답했다.

"아직 송장의 치마와 저고리를 다 벗기지 못했습니다. 송장이 입안에 구슬을 물고 있습니다. 『시』에 이르기를, '푸르고 푸른 보리가 비탈진 묘도墓道에 무성하게 자랐구나. 살아서 남에게 베풀어 준 일이 없는데 죽어서 어찌하여 입에 구슬을 물고 있는가' 라고 했습니다."

그러고는 송장의 귀밑털을 잡고 뺨을 손가락으로 눌렀다. 그러자 다른 유자가 쇠망치로 송장의 턱을 쳐서 천천히 그 뺨을 열었다. 마침내 입안의 구슬을 조금도 손상을 입히지 않고 꺼낼 수 있었다.

발총發冢은 굴총掘冢의 뜻으로 도굴을 의미한다. 대유려전왈大儒臚傳曰은 무덤 위의 대유가 무덤 아래의 소유에게 말하여 전했다는 뜻이다. 려臚는 원래 순서대로 늘어놓는다는 뜻이다. 한제국 때 외빈접대 관서의 우두머리를 대홍려大鴻臚로 부른 이유다. '청청지맥青青之麥' 운운의 시를 두고 사마표와 성현영 모두 산일된 시로 보았으나 「외물」편 작자의 창작시로 보는 게 낫다. 엽기훼擪其顪의 엽擪은 손가락으로 누른다는 뜻으로 압壓으로 된 판본도 있다. 훼顪를 두고 사마표는 턱 아래의 털로 해석했다. 유이금추儒以金椎의 유儒를 두고 왕념손은 2인칭인 이而의 잘못으로 보았으나 또 다른 유자로 해석하는 게 문맥에 부합한다.

4-6

老萊子之弟子出薪, 遇仲尼, 反以告, 曰, "有人於彼, 脩上而趨下, 末僂而後耳, 視若營四海, 不知其誰氏之子." 老萊子曰, "是丘也, 召而來." 仲尼至, 曰, "丘, 去汝躬矜與汝容知, 斯爲君子矣." 仲尼揖而退, 蹙然改容而問曰, "業可得進乎." 老萊子曰, "夫不忍一世之傷,而鷘萬世之患, 抑固窶邪, 亡其略弗及邪. 惠以歡爲, 驚終身之醜, 中民之行進焉耳. 相引以名, 相結以隱. 與其譽堯而非桀, 不如兩忘而閉其所譽. 反無非傷也, 動無非邪也. 聖人躊躇以興事, 以每成功. 奈何哉, 其載焉終矜爾."

노래자老萊子의 제자가 들판에 땔나무를 하러 나갔다가 우연히 중니를 만났다. 돌아와서는 노래자에게 이같이 고했다.

"땔나무 하러 간 그곳에 어떤 사람이 있었습니다. 상반신은 길고, 하반신은 짧고, 늙은이처럼 등은 굽고, 귀는 머리 뒤쪽에 붙어 있고, 눈초리는 천하를 경영하는 것처럼 날카로웠습니다. 이 사람이 누구의 자식인지 모르겠습니다."

노래자가 말했다.

"그는 공구孔丘이다. 불러오너라."

중니가 오자 노래자가 말했다.

"구丘여, 그대의 스스로 뽐내는 태도와 아는 체하는 얼굴을 버려라. 그러면 군자가 될 수 있을 것이다."

중니가 깜짝 놀라 읍을 하고 뒤로 물러난 후 안색을 바꾸고 용모를 가다듬어 물었다.

"저의 학업을 더 나아가게 할 수 있겠습니까?"

노래자가 대답했다.

"그대는 한 시대 백성들의 고통을 차마 보지 못해 만세의 근심거리를 아무렇지도 않게 여기고 있다. 도대체 본래 마음이 협소해서 그런 것인가, 아니면 지략이 미치지 못해 그런 것인가? 남에게 작은 은혜를 베푼다고 하여 기뻐하고, 평생의 수치를 아무렇지도 않게 여긴다. 평범한 사람의 행동도 이보다는 나을 것이다.

또 그대는 명성을 이용해 서로 끌어들이고, 사사로운 정으로 서로 패거리를 결성하고 있다. 요堯를 칭송하고 걸桀을 비난하느니 차라리 양쪽을 다 잊고 훼예포폄毁譽褒貶하는 자의적 평가를 막아버리는 게 더 낫다. 이를 어기면 남을 해치지 않는 경우가 없고, 심령이 요동치면 사악하지 않은 게 없게 된다. 성인은 주저하면서 일을 일으키지만 매번 성공한다. 그러니 그대는 장차 어찌할 것인가? 일을 잘하고도 마지막에 뽐내고 자랑하는 것으로 마칠 심산인가?"

노래자老萊子는 노담과 함께 노자와 동일인인지 여부를 놓고 오랫동안 논란의 대상이 된 인물이다. 『사기』「노자한비열전」이 노래자를 두고 '초나라 사람으로 저서 15편이 있는데 공자와 동시대 사람이다' 라고 기록해 놓은 게 논란의 단초가 됐다. 노래자 역시 노담과 마찬가지로 노자와는 별개의 인물로 보는 게 타당하다.

출신出薪은 땔나무를 하러 나간다는 뜻으로 장군방본에는 출습신出拾薪으로 되어 있다. 출채신出採薪 내지 출취신出取薪으로 된 판본도 있다. '출신' 일화와 관련해 성현영은 이같이 풀이해 놓았다.

"노래자는 초나라의 현인으로 은자였다. 일찍이 몽산에 은거한 적이 있는데 초왕이 사람을 보내 그를 재상으로 삼고자 했다. 아내가 땔나무를 하러 갔다가 밖에서 돌아오는데 문앞에 수레바퀴 자국이 나 있는 것을 보고 그 까닭을 물었다. 노래자가 사실을 말하자 아내가 '다른 사람의 재물을 받으면 그의 제재를 받게 된다' 며 마침내 그곳을 떠났다. 노래자도 아내를 따라 강남으로 달아났다. 아무도 이들이 간 곳을 알지 못했다. 그의 제자가 들판에 땔나무를 하러 나갔다가 우연히 중니를 만난 것은 바로 이때의 일이다."

수상이추하脩上而趨下를 두고 곽상은 상반신이 길고 하반신이 짧다는 뜻의 장상촉하長上促下로 풀이했다. 말루이후이末僂而後耳는 등이 굽고 귀가 머리 뒤쪽에 붙어 있다는 뜻이다. 말末을 두고 성현영은 어깨와 등으로 해석했다. 공자가 꼽추였다는 이설은 여기서 나왔다. 선진先秦 문헌의 기록을 종합해 볼 때 공자는 키가 매우 컸다. 구부정한 모습으로 다녔을 공산이 크다. 이를 풍자하기 위해 말루末僂라고 했을지도 모를 일이다.

부지기수씨지자不知其誰氏之子와 유사한 구절이 『도덕경』 제14장에 나온다. "맑고 편안하구나, 마치 늘 존재하는 듯하구나. 나는 그것이 누구의 자식인지 모르겠다. 천제天帝보다 앞선 듯하다." 『도덕경』에서 말한 수지자誰之子는 도의 유래처由來處를 뜻한다. 같은 표현이기는 하나 공자를 비판한 「외물」편의 취지와 동떨어져 있다. 궁긍躬矜과 용지容知는 자긍심과 아는 체하는 용모를 말한다. 『사기』 「노자한비열전」에는 노자가 공자의 교기다욕驕氣多慾과 태색음지態色淫志를 질타하는 것으로 나오고 있다.

오만세지환驁萬世之患은 만세의 근심거리를 아무렇지 않게 여기고 있다는 뜻이다. '만세지환'은 「경상초」 내지 「서무귀」편에 나온 것처럼 인의를 내세운 유가의 병폐로 인해 만세 뒤에 사람과 사람이 서로 잡아먹는 지경을 말한다. 경시한다는 뜻의 오驁가 무騖로 된 판본이 있다. 이를 두고 성현영은 "만세토록 말이 치달리듯 쉬지 않는 것을 말한다"고 풀이했다. 질주할 무騖로 된 판본의 경우 만세의 화근을 만드는 일에 정신없이 내달린다는 뜻으로 해석할 수 있을 것이다.

억고구야抑固窶邪는 '도대체 마음이 협소해서인가'의 뜻으로 억抑은 '도대체' 의미의 부사어이다. 무기략불급야亡其略弗及邪의 무기亡其는 '그것도 아니라면'의 의미이다. 략略은 지략을 의미한다. 중민지행진언이中民之行進焉耳는 평범한 사람의 행동도 이보다는 나을 것이라는 뜻이다. 곽경번에 따르면 『장자궐오』를 비롯해 행行자 뒤에 이易자가 붙은 판본이 있다. 상결이은相結以隱의 은隱을 두고 유월은 사私로 풀이했다.

기재언종긍이其載焉終矜爾는 일을 잘하고도 마지막에 뽐내고 자랑하는 것으로 마칠 생각이냐고 물은 것이다. 여기의 재載는 일을 잘해 나간다는 뜻이다. 『시경』「대아 · 문왕」편과 『중용』에 하늘이 만물을 만들고 생육시킨다는 뜻의 상천지재上天之載 표현이 나온다. 재載는 심어서 키워나간다는 뜻의 재栽와 통한다.

4-7

宋元君夜半而夢人被髮闚阿門, 曰, "予自宰路之淵, 予爲淸江使河伯之所, 漁者余且得予." 元君覺, 使人占之, 曰, "此神龜也." 君曰, "漁者有余且乎." 左右曰, "有." 君曰, "令余且會朝." 明日, 余且朝. 君曰, "漁何得." 對曰, "且之罔得白龜焉, 其圓五尺." 君曰, "獻若之龜." 龜至, 君再欲殺之, 再欲活之. 心疑, 卜之. 曰, "殺龜以卜吉." 乃刳龜, 七十二鑽而無遺筴. 仲尼曰, "神龜能見夢於元君, 而不能避余且之罔, 知能七十二鑽而無遺筴, 不能避刳腸之患. 如是則知有所困, 神有所不及也. 雖有至知, 萬人謀之. 魚不畏罔而畏鵜鶘. 去小知而大知明, 去善而自善矣. 嬰兒生, 無石師而能言, 與能言者處也."

송원군宋元君이 한밤중에 꿈을 꾸었다. 꿈속에서 어떤 사람이 머리를 풀어헤치고 궁실 모퉁이의 쪽문을 들여다 보면서 이같이 말했다.

"저는 재로宰路라고 하는 연못에 왔습니다. 장강의 지류인 청강淸江을 위해 황하의 신 하백河伯에게 사자로 가던 중 어부 여저余且가 나를 사로잡았으니 저를 살려주십시오."

송원군이 꿈에서 깨어난 뒤 사람을 시켜 점을 치게 했다. 점을 친 자가 말했다.

"이 거북이는 신령스런 거북입니다."

송원군이 좌우를 둘러보며 물었다.

"어부 중에 여저라는 자가 있는가?"

좌우에서 대답했다.

"있습니다."

"여저를 조회에 나오게 하라."

다음날 여저가 입조하자 송원군이 물었다.

"물고기를 잡으러 갔다가 무엇을 잡았는가?"

"제 그물에 흰 거북이 걸렸는데 등껍질의 직경이 5자나 됩니다."

"그 거북을 과인에게 헌상하라."

거북이 도착하자 송원군은 재차 이 거북을 죽일 것인지 아니면 살릴 것인지 망설이다가 다시 점을 치게 했다. 거북을 죽여 점을 치면 길하다는 점괘가 나왔다. 결국 거북의 배를 가르고 내장을 다 꺼낸 뒤 점을 쳤다. 모두 72번이나 구멍을 뚫어 점을 쳤지만 한 번도 길흉의 점괘가 틀린 적이 없었다. 중니가 이 얘기를 듣고 말했다.

"그 신령스런 거북은 송원군의 꿈에 현몽할 정도의 신통력을 지니고 있었지만 일개 어부의 그물을 피할 수 없었다. 그 지혜는 능히 72번이나 구멍을 뚫어 점을 쳐도 한 번도 틀린 적이 없었으나 내장이 갈라져 목숨을 잃는 재앙을 피할 수 없었다. 이와 같다면 지력은 어딘가 막히는 데가 있는 것이고, 신통력 것 역시 미치지 못하는 데가 있는 것이다. 비록 지극한 지혜를 지닌 자일지라도 만인이 중지를 모으면 능히 그를 도모할 수 있는 이유다.

물고기는 그물을 두려워하지 않고 사다새만 두려워하다 그물에 걸리고 만다. 작은 지혜를 버리면 큰 지혜가 밝게 드러나고, 세속의 선을 버리면 저절로 참다운 선이 드러난다. 갓난아이는 태어나면서부터 따로 큰 스승이 없을지라도 능히 말할 줄 안다. 말할 줄 아는 사람과 함께 거처하기 때문이다."

피발규아문被髮闚阿門은 머리를 풀어헤치고 궁실 모퉁이 쪽문을 들여다 본다는 뜻이다. 마서륜에 따르면 피被가 피披, 규闚가 규窺로 된 판본이 있다. 아문阿門은 궁실 모퉁이의 작은 쪽문으로 규閨와 통한다. 유월은 어부 여저余且가 『사기』「구책전龜策傳」에는 예저豫且로 되어 있다고 소개했고, 육덕명은 여余를 '예'로 읽어야 한다고 주장했다.

칠십이찬이무유책七十二鑽而無遺筴의 숫자 '72'는 1년의 360을 5행의 5로 나눈 수로 수가 많다는 뜻으로 사용된 것이다. 「천운」편에도 '72명의 군주' 운운 표현이 나온다. 『사기』「공자세가」에서 공자의 제자 중 육예六藝를 다 익힌 자를 72인으로 기록하고, 『관자』「봉선」편에서 봉선을 행한 군주를 72가家로 표현한 것도 같은 맥락이다. 여기의 책筴은 책策과 통한다. 유책遺筴은 실책失策과 같은 뜻으로 점괘가 틀린 것을 의미한다. 제호鵜鶘는 사다새로 육덕명에 따르면 도하淘河로도 불렸다. 석사石師는 큰 스승으로 석사碩師로 된 판본도 있다.

4-8

惠子謂莊子曰, "子言無用." 莊子曰, "知無用而始可與言用矣. 夫地非不廣且大也, 人之所用容足耳. 然則廁足而墊之致黃泉, 人尙有用乎." 惠子曰, "無用." 莊子曰, "然則無用之爲用也亦明矣."

혜자가 장자에게 말했다.

"그대의 말은 무용無用하다."

장자가 물었다.

"무용을 알아야 비로소 유용有用을 더불어 말할 수 있다. 무릇 천지가 넓고 크지 않은 것은 아니지만 실제로 사람이 필요로 하는 것은 발로 밟는 정도의 공간에 지나지 않는다. 비록 그렇기는 하나 발의 크기를 측정해 그 공간만 남기고 주위의 나머지 땅을 깊이 파 황천까지 이르게 하면 과연 그 땅이 사람들에게 유용할 수 있겠는가?"

"무용하겠지."

장자가 말했다.

"그렇다면 무용이 유용하다는 것 또한 분명한 사실이다."

인지소용용족이人之所用容足耳는 「서무귀」편에서 "비록 사람의 발이 땅을 직접 밟는 부분은 협소하지만 직접 밟지 않은 땅을 믿은 뒤라야 이리저리 걸어다닐 수 있다"고 언급한 것과 취지를 같이 한다. 측족이점지廁足而墊之는 발의 크기를 측정해 그 공간만 남기고 주위의 나머지 땅을 깊이 판다는 뜻이다. 측廁은 측測과 통한다. 성현영은 점墊을 굴掘의 뜻으로 새겼다. 무용지위용無用之爲用은 『도덕경』 제11장에서 '유有가 이로운 것은 무無가 쓰이기 때문이다' 라고 언급한 것과 같은 취지이다.

4-9

莊子曰, "人有能遊, 且得不遊乎. 人而不能遊, 且得遊乎." 夫流遁之志, 決絶之行, 噫, 其非至知厚德之任與. 覆墜而不反, 火馳而不顧. 雖相與爲君臣, 時也, 易世而無以相賤. 故曰, 至人不留行焉. 夫尊古而卑今, 學者之流也. 且以狶韋氏之流觀今之世, 夫孰能不波. 唯至人乃能遊於世而不僻, 順人而不失已. 彼敎不學, 承意不彼. 目徹爲明, 耳徹爲聰, 鼻徹爲顫, 口徹爲甘, 心徹爲知, 知徹爲德. 凡道不欲壅, 壅則哽, 哽而不止則跈, 跈則衆害生. 物之有知者恃息, 其不殷, 非天之罪. 天之穿之, 日夜無降, 人則顧塞其竇. 胞有重閬, 心有天遊. 室無空虛, 則婦姑勃谿. 心無天遊, 則六鑿相攘. 大林丘山之善於人也, 亦神者不勝. 德溢乎名, 名溢乎暴, 謀稽乎誸, 知出乎爭, 柴生乎守官, 事果乎衆宜. 春雨日時, 草木怒生, 銚鎒於是乎始脩, 草木之到植者過半而不知其然. 靜默可以補病, 眥搣可以休老, 寧可以止遽. 雖然, 若是勞者之務也, 佚者之所, 未嘗過而問焉. 聖人之所以駴天下, 神人未嘗過而問焉. 賢人所以駴世, 聖人未嘗過而問焉. 君子所以駴國, 賢人未嘗過而問焉. 小人所以合時, 君子未嘗過而問焉.

장자가 말했다.

"어떤 사람이 능히 자유로이 노닐 수 있다면 어떤 상황인들 그를 노닐게 하지 않을 수 있겠는가? 정반대로 어떤 사람이 능히 노닐 수 없다면 아무리 애쓴들 그를 노닐게 할 수 있겠는가?"

아! 무릇 세상을 피해 여기저기 유랑하려는 의지와 속세의 인연을 끊으려는 행동은 지극한 지혜와 두터운 덕성을 지닌 자가 취할 바가 아니리라. 그리하면 뒤집히고 굴러 떨어져도 뒤돌아보려 하지 않고, 불타오르듯 광분해도 뒤돌아보려 하지 않을 것이다. 비록 서로 군신君臣관계가 될지라도 이는 한때의 만남에 지나지 않는다. 세상이 바뀌면 신분이 낮은 사람일지라도 천시할 수 없다. '지인至人은 행보를 멈추지 않는다' 고 말하는 이유다.

무릇 옛것을 중시하고 지금의 것을 낮추는 자는 학자의 무리이다.

하물며 태고의 성인 희위씨狶韋氏 무리의 안목으로 지금의 세상을 보면 과연 그 누가 물결처럼 흔들리지 않을 수 있겠는가? 오직 지인만이 세상에서 유유자적 노닐면서 삿된 욕심에 빠지지 않고, 사람들을 좇으면서도 자신을 잃지 않는다. 지인은 '도'의 가르침을 일부러 배우지 않을지라도 뜻을 잘 잇는 까닭에 '도'의 가르침을 다른 것으로 여기지 않고 자신의 것으로 만든다.

눈의 작용이 막힘 없이 발휘되는 것을 명明, 귀의 작용이 막힘 없이 발휘되는 것을 총聰, 코의 작용이 막힘 없이 발휘되는 것을 선顫, 입의 작용이 막힘 없이 발휘되는 것을 감甘, 마음의 작용이 막힘 없이 발휘되는 것을 지知, 지혜의 작용의 막힘 없이 발휘되는 것을 덕德이라고 한다.

무릇 도는 막히는 것을 바라지 않는다. 막히면 통하지 않게 되고, 통하지 않는 게 멈추지 않으면 곧 작용이 어긋나게 된다. 어긋나면 곧 모든 재해가 거기서 생겨난다. 만물 중 지각작용이 있는 것은 호흡에 의해 생명을 유지한다. 호흡이 왕성하지 못한 것은 하늘의 죄가 아니다. 하늘이 사람의 몸에 구멍을 뚫어 막힘 없이 통하게 한 작용은 밤낮으로 멈추는 법이 없다. 사람이 그 구멍을 막아 통하지 않게 할 뿐이다.

주방에는 여러 개의 출입구가 있다. 마찬가지로 사람의 마음에도 하늘이 노닌다. 방에 공간의 여유가 없으면 고부姑婦간에 다툼이 생긴다. 마음 역시 자연이 노닐 수 있는 공간이 없으면 눈과 귀와 코 등의 감각기관인 육칙六鑿이 서로 다투게 된다. 큰 수풀과 언덕, 산 따위가 사람들에게 좋은 것은 좁은 공간에서는 정신이 이들 감각기관의 상호 다툼을 감당할 수 없기 때문이다. 덕은 명예를 구하는 데서 도를 넘고, 명예는 과시하는 데서 도를 넘는다. 모략은 절박한 데서 고

안되고, 지혜는 경쟁에서 생긴다. 일이 막히는 것은 관청의 관습에 얽매이는 데서 생기고, 일의 성취는 오직 대중의 필요에 영합한 데서 결실을 맺는다.

대개 봄비 내리는 계절이 되어 초목이 힘차게 생장하면 가래와 호미를 갖고 가 초목을 가꾸기 시작한다. 그러나 도리어 초목이 파헤쳐져 거꾸로 선 것이 반이 넘게 되어도 그리된 줄 모른다. 정좌법은 병자의 기운을 북돋울 수 있고, 지압법은 노쇠를 멈추게 할 수 있고, 호흡법은 어지러운 심장박동 등을 고르게 할 수 있다. 비록 그러하나 이런 일들은 몸을 괴롭히는 자들이 하는 일이다. 마음을 편히 하는 사람은 그들 앞을 지날지라도 이를 묻지 않는다.

무릇 성인에게 천하를 놀라게 하는 수단이 있을지라도 신인은 그 앞을 지나면서 이를 묻지 않는다. 또한 현인에게 세상을 놀라게 하는 수단이 있을지라도 성인은 그 앞을 지나면서 이를 묻지 않는다. 나아가 군자에게 나라를 놀라게 하는 수단이 있을지라도 현인은 그 앞을 지나면서 이를 묻지 않는다. 끝으로 소인에게 시류에 부합하는 수단이 있을지라도 군자는 그 앞을 지나면서 이를 묻지 않는다.

인유능유人有能遊의 유遊를 두고 이케다 등은 초기 도가 이래 당연시되어 온 추상적인 개념과 달리 도피하지 않고 세상 안에서 자유롭게 노니는 개념으로 해석하고 있다. 이케다는 곽상과 성현영이 말하는 유遊의 개념을 두고 세상 밖으로의 이탈을 지향하는 숙명론적 개념으로 비판했다. 이케다의 이런 지적이 타당한 것임은 말할 것도 없다. 복추覆墜와 화치火馳는 뒤집히며 굴러 떨어지고, 불타오르듯 광분하는 모습을 말한다. 이미 「덕충부」와 「천지」편 등에 나왔다. 성현영은 '물욕을 말 달리듯 쫓아가는 데 급하기가 타오르는 불길 같다'

고 풀이했다. 역세이무이상천易世而無以相賤은 혁명의 상황을 언급한 것이다. 혁명상황에서는 기존의 귀천이 뒤바뀔 소지가 크다.

'고왈故曰, 지인불류행至人不留行'과 관련해 당사본唐寫本에는 왈曰이 빠져 있다. 이 구절을 두고 왕선겸과 성현영은 '지인은 행적을 남기지 않는다'고 풀이했으나 문맥과 부합하지 않는다. 후쿠나가는 '지인은 자유의 광야를 활보한다'고 풀이했다. 취지는 옳으나 해석이 문의文義를 비껴나 있다. 이케다는 '세속에 머물며 자유로이 행동한다'고 해석했다.

숙능불파孰能不波를 두고 안동림은 '누가 순순히 따라가지 않겠는가'라고 해석했으나 문의와 동떨어져 있다. 안병주 등의 『역주 장자』는 '누가 물결처럼 흔들리지 않겠는가'로 풀이했다. 이게 문의에 부합한다. 지인내능유어세至人乃能遊於世에서 당사본에는 내乃가 빠져 있다. 피교불학彼教不學의 피교彼教를 두고 후쿠나가를 비롯한 대다수 주석가들은 '세속 학자들의 가르침'으로 보았으나 이케다는 '장자가 앞서 언급한 가르침'으로 해석했다. 문맥상 이케다의 해석이 타당하다. 저 가르침을 남의 것으로 보지 않고 자신의 것으로 체득했다는 의미의 승의불피承意不彼 구절이 곧바로 나오고 있는 점이 이를 뒷받침한다.

비철위선鼻徹爲顫은 선顫은 놀라서 수족을 떠는 의미일 때는 '전'으로 읽으나 냄새를 잘 맡는다는 뜻일 때는 '선'으로 읽는다. 구철위감口徹爲甘의 감甘을 두고 마서륜은 감초를 뜻하는 감苷의 가차로 보았다. 경이부지즉진哽而不止則跈은 통하지 않는 일이 계속되면 곧 작용이 어지럽게 어긋나게 된다는 뜻이다. 진跈을 두고 왕념손은 어그러진다는 뜻의 진抮의 가치로 보았다.

기불은其不殷은 호흡이 활발하지 못한 것을 말한다. 여기의 은殷을 두고 곽상과 성현영은 당當, 후쿠나가는 정正으로 풀이했으나 나면도와 이케다 등은 성盛으로 풀이했다. 일야무항日夜無降은 밤낮으로 멈추는 일이 없다는 뜻이다. 여기의 항降을 유월은 몸이 쇠해 느른할 륭癃의 오사誤寫로 간주했다. 이 경우 '밤낮으로 게을리하지 않았다'는 뜻이 된다. 이같이 해석해도 무방할 것이다. 사실 항降을 강降으로 읽어도 이와 유사한 뜻이 된다. 인즉고색기두人則顧塞其竇는 사람이 그 구멍을 막아 스스로 통하지 못하게 할 뿐이라는 의미이다.

포유중랑胞有重閬은 주방에는 여러 개의 출입구가 있다는 뜻으로 공간의 여유가 있다는 취지이다. 여기의 포胞를 두고 육덕명과 성현영은 위장 등이 비어 있는 점에 주목해 뱃속의 태胎로 보았으나 문맥이 잘 통하지 않는다. 마서륜은 주방을 뜻하는 포庖의 가차, 랑閬은 높은 대문으로 보았다. 이케다 등이 이를 좇았다. 육착상양六鑿相攘은 눈과 코와 입 등 6개의 감각기관이 서로 다툰다는 뜻이다. 양攘을 두고 곽상은 거역할 역逆으로 해석했다.

명일호폭名溢乎暴은 명예는 남에게 과시하려는 데서 지나치게 된다는 뜻이다. 폭暴을 곽상과 성현영은 포악暴惡의 뜻으로 새겼으나 여혜경은 드러낸다는 뜻의 폭로暴露로 풀이했다. 모계호현謀稽乎誸은 모략은 절박한 데서 고안된다는 뜻이다. 성현영은 계稽를 고안考案, 현誸을 급사急事로 풀이했다.

시생호수관柴生乎守官은 일이 정체되고 막히는 것은 관청의 관습에 얽매인 데서 생긴다는 뜻이다. 시柴를 육덕명은 쌓을 적積으로 해석했으나 곽상과 성현영은 막힐 색塞으로 해석했다. 구두점과 관련해 곽상을 비롯한 많은 주석가들이 수守에서 끊었다. 후쿠나가도 이를 좇았다. 그러나 전목이 관官에서 끊은 이후 나면도와 이케다 및 가나야 등이 이를 추종하고 있다.

이는 뒤이어지는 사과호중의事果乎衆宜 구절과 함께 연결시켜 해석해야 제대로 된 절구絶句가 가능하다. 통설대로 관官을 뒤로 붙일 경우 앞구절은 시생호수柴生乎守가 되어 훨씬 간명하기는 하나 뒷구절의 관사官事 뜻이 문맥과 잘 호응하지 못하게 된다. 아예 '관官' 자가 없는 것이 전체 문맥에 훨씬 부합하나 부득불 연결시킬 경우는 앞구절에 붙이는 게 문맥상 자연스럽다.

실제로 그리 해석해야만 대중의 기호에 영합해 일을 처리한다는 사과호중의事果乎衆宜 구절의 취지가 선명히 드러난다. 많은 주석가들이 곽상과 성현영의 견해를 좇아 이 구절만 유독 '대중의 필요에 부응해 일을 완성한다'는 식으로 해석해 놓고 있다. 앞에 나온 5개 구절 모두 부정적으로 풀이하면서 유독 이 구절만 긍정적으로 해석하는 이유를 납득하기 어렵다. 관官을 앞구절로 붙인 뒤 6개 구절 모두 부정적으로 해석한 이케다의 견해가 문맥상 타당하다.

조누銚鎒를 두고 성현영은 조銚는 보습의 일종인 사耜, 누鎒는 호미인 서鋤로 풀이했다. 조銚는 흙을 떠서 내던지는 가래를 뜻할 때는 '조', 다리미 의미일 때는 '초', 무쇠나 양은으로 만든 작은 냄비인 쟁개비일 때는 '요'로 읽는다. 가래로 해석하는 게 낫다. 누鎒는 누耨와 통한다. 시수始脩를 두고 성현영은 농기구의 수선으로 풀이했으나 이어지는 구가 초목지도식草木之到植인 점에 비춰 초목을 가꾼다는 뜻으로 해석하는 게 낫다. 도식到植은 도식倒植과 같다. 초목이 거꾸로 섰다는 의미로 여기의 도到는 도倒의 옛 글자이고, 식植은 립立의 뜻이다. 이 구절은 가래와 호미 따위로 초목을 가꾸는 인위가 가해짐으로써 자연이 오히려 파괴되고 있다는 뜻을 내포하고 있다.

자멸가이휴로眥媙可以休老는 지압법으로 노쇠를 막을 수 있다는 뜻이다. 눈꼬리를 뜻하는 자眥를 두고 가나야는 눈가를 비비며 안마

하는 것으로 풀이했으나 자멸訾搣을 합쳐 지압으로 보는 게 낫다. 마서륜은 '멸'을 비빈다는 뜻의 멸搣의 가차로 보았다. 곽경번에 따르면 장군방본과 일본 고산사고초본은 휴休가 목沐으로 되어 있다. 가이지거可以止遽의 거遽를 두고 성현영은 병세가 급해지는 질속疾速으로 풀이했다.

일자지소佚者之所는 마음을 편히 하는 자가 몸을 괴롭히는 자들의 앞을 지날 때를 말한다. 저본에는 앞에 비非가 덧붙여져 있다. 안동림은 저본을 좇아 '한가하게 자적하는 자에게는 소용이 없다'며 앞구절과 연결시켜 해석했다. 이 경우 뒤에 남은 미상과이문언未嘗過而問焉의 해석이 애매해진다. 비非 자를 연자衍字로 간주하고 해석하는 게 타당하다. 성인지소이해천하聖人之所以駴天下는 성인이 천하를 놀라게 하는 치료법을 의미한다. 소이所以는 치료법의 뜻이고, 해駴는 해駭와 통한다.

4-10

演門有親死者, 以善毁爵爲官師, 其黨人毁而死者半. 堯與許由天下, 許由逃之. 湯與務光, 務光怒之. 紀他聞之, 帥弟子而踆於窾水, 諸侯弔之. 三年, 申徒狄因以踣河.

송나라 성문인 연문演門 가까이에 어버이를 여읜 자가 살았다. 상례喪禮의 법도를 잘 지켜 몸이 비쩍 마른 이유 등으로 작위를 받아 관원이 되었다. 이후 고을 사람들 중 상을 치르다 무리하게 굶는 바람에 비쩍 말라 죽은 자가 절반이나 되었다.

요가 허유許由에게 천하를 넘겨주려 하자 허유는 달아났고, 탕이 무광務光에게 천하를 넘겨주려 하자 무광은 더러운 얘기를 들었다며 화를 냈다. 기타紀他는 이 소문을 듣자 제자를 거느리고 관수窾水의 물가로 가 몸을 숨겼다. 제후들이 일부러 찾아가 그를 위문하자 3년 후 신도적申徒狄은 기타를 흠모한 나머지 이내 황하에 몸을 던져 죽었다.

연문演門을 두고 성현영은 송나라 도성의 동문으로 풀이했다. 선훼善毁는 지극한 효성을 보여주기 좋을 정도로 잘 야위었다는 뜻이다. 관사官師는 관원을 의미한다. 준어관수踆於窾水는 관수의 물가에 몸을 숨겼다는 뜻으로 준踆은 웅크린다는 뜻의 준蹲과 통한다. 인이부하因以踣河는 신도적이 물가에 몸을 숨긴 기타의 행보를 흠모해 황하에 투신했다는 의미이다. '북' 으로도 읽는 여기의 부踣는 자빠져 죽는다는 뜻의 부仆와 통한다.

4-11

荃者所以在魚, 得魚而忘荃. 蹄者所以在兎, 得兎而忘蹄. 言者所以在意, 得意而忘言. 吾安得夫忘言之人而與之言哉."

통발은 물고기를 잡는 도구이다. 물고기를 잡으면 통발은 잊어버리기 마련이다. 올무는 토끼를 잡는 도구이다. 토끼를 잡으면 올무는 잊어버리기 마련이다. 이와 마찬가지로 말 역시 뜻을 전하기 위한 도구로 뜻을 전하면 말은 잊어버리기 마련이다. 그런데도 세상의 학자들은 뜻보다 말을 중시하니 내가 어디서 말을 잊은 사람을 만나 더불어 얘기를 나눌 것인가?

여기서 득어망전得魚忘荃 성어가 나왔다. 전荃은 전筌과 통한다. 망전忘荃과 망제忘蹄, 망언忘言 모두 시비선악을 초월한 도의 경지를 상징한다. 천지자연의 도에 도달하면 이에 도달하기 위해 그간 사용한 수단을 모두 내버린다는 뜻이다. 전자荃者는 통발을 말한다. 곽경번에 따르면 전荃이 전筌으로 된 판본이 제법 많다. 성현영은 '대 죽竹 부수에 쓰인 글자도 있고, 풀 초艸 부수에 쓰인 글자도 있다'고 했다. 제자蹄者는 들짐승을 잡는 올무를 뜻한다. 다리를 잡아채는 까닭에 제蹄라고 한 것이다. 득의이망언得意而忘言 구절은 「천도」편에서 "세인들이 귀하게 여기는 것은 서책書冊이다. 그러나 서책은 남이 말한 것을 기록해 놓은 것에 불과하다"고 언급한 것과 취지를 같이한다.

제5장 우언(寓言)

5-1

寓言十九, 重言十七, 巵言日出, 和以天倪. 寓言十九, 藉外論之. 親父不爲其子媒, 親父譽之, 不若非其父者也. 非吾罪也, 人之罪也. 與己同則應, 不與己同則反. 同於己爲是之, 異於己爲非之. 重言十七, 所以已言也. 是爲耆艾, 年先矣, 而無經緯本末以期年耆者, 是非先也. 人而無以先人, 無人道也, 人而無人道, 是之謂陳人. 巵言日出, 和以天倪, 因以曼衍, 所以窮年. 不言則齊, 齊與言不齊, 言與齊不齊也, 故曰, "言無言." 言無言, 終身言, 未嘗言. 終身不言, 未嘗不言. 有自也而可, 有自也而不可. 有自也而然, 有自也而不然. 惡乎然, 然於然. 惡乎不然, 不然於不然. 惡乎可, 可於可. 惡乎不可, 不可於不可. 物固有所然, 物固有所可. 無物不然, 無物不可. 非巵言日出, 和以天倪, 孰得其久. 萬物皆種也, 以不同形相禪, 始卒若環, 莫得其倫, 是謂天均. 天均者, 天倪也.

나의 경우를 보면 다른 사물에 가탁해 서술하는 우언寓言은 세인들로부터 10 중 9는 믿음을 얻고, 세인이 중시하는 인물의 말을 빌려 무게를 더한 중언重言은 10 중 7은 믿음을 얻는다. 앞뒤가 맞지 않는 치언卮言이 날마다 입에서 나오지만 사물의 구별을 없애주는 자연의 작용인 천예天倪를 통해 이를 조화시킨다.

우언이 10 중 9의 믿음을 얻는 것은 밖에서 다른 사람의 말을 빌려와 해당 사안을 논한 덕분이다. 통상 아비는 자기 자식을 위해 중매를 하지 않는다. 이는 아비가 자기 자식을 칭찬하는 것이 다른 사람이 칭찬하는 것만 못하기 때문이다. 내가 이처럼 우언을 쓰지 않을 수 없는 것은 내 책임이 아니라 세인들 책임이다. 세인들은 우언을 빌리지 않고 직접 말할 경우 그것이 자신의 견해와 같으면 따르지만 다르면 반대하고, 같으면 옳다 하고 다르면 그르다고 비난한다.

중언이 10 중 7의 믿음을 얻는 것은 세인들이 중시하는 사람의 말을 끌어들여 시비논쟁을 종식시킨 덕분이다. 이는 원로의 말이기에 잘 통한다. 그러나 나이만 앞서 있고 그 말의 경위經緯와 본말本末이 원로의 언행에 합당하지 않으면 참다운 의미의 선인先人이 아니다. 나이 먹은 사람으로서 앞장서 사람들을 인도할 자질이 없으면 사람다운 도리가 없는 것이다. 나이 먹은 사람으로서 사람다운 도리가 없으면 이런 사람을 일컬어 늙어빠진 사람이라는 뜻의 진인陳人이라고 한다.

치언이 매일 입에서 나오지만 천예天倪로 이를 조화시키는 것은 만물제동의 차원에서 만물과 함께 생명을 다하고자 하기 때문이다. 말을 하지 않을 때는 차별이 아직 나타나지 않은 까닭에 만물이 가지런하다. 그러나 만물제동 차원에서 가지런한 만물은 사물을 구별하는 말로 인해 가지런하지 않게 된다. 가지런하다는 말이 오히려 가지런한 사물과 가지런하지 않게 되는 이유가 여기에 있다. 이에 '무언無言으로 말하라' 고 하는 것이다. 무언으로 말하면 종신토록 말할지라도 실은 아무것도 말하지 않은 것과 같고, 반대로 종신토록 말하지 않을지라도 실은 일찍이 말하지 않은 게 없는 것이나 마찬가지다.

사람들은 누구나 나름 근거가 있는 까닭에 '옳다' 고 하고, 나름 근거가 있는 까닭에 '옳지 않다' 고 한다. 또한 나름 근거가 있는 까닭에 '그렇다' 고 하고, 나름 근거가 있는 까닭에 '그렇지 않다' 고 한다. 무엇을 근거로 '그렇다' 고 하는 것인가? 습관과 편견이 '그렇다' 고 하는 데서 '그렇다' 고 하는 것이다. 무엇을 근거로 '그렇지 않다' 고 하는 것인가? 습관과 편견이 '그렇지 않다' 고 하는 데서 '그렇지 않다' 고 하는 것이다. 무엇을 근거로 '옳다' 고 하는 것인가? 습관과 편견이 '옳다' 고 하는 데서 '옳다' 고 하는 것이다. 무엇을 근거로 '옳지 않다' 고 하는 것인가? 습관과 편견이 '옳지 않다' 고 하는 데서 '옳지 않다' 고 하는 것이다.

만물제동의 차원에서 보면 모든 사물은 실로 그러한 것이 있고 실로 옳은 것이 있다. 어떤 사물이든 실로 그렇지 않은 게 없고 실로 옳지 않은 게 없는 것이다. 앞뒤가 맞지 않는 것처럼 보이지만 자유자재인 치언이 날마다 자연의 작용인 '천예' 에 의해 조화를 이루지 못하면 그 어떤 것이 만물과 일체가 되어 오래갈 수 있겠는가? 만물 모두 자기 안에 새 생명의 씨를 갖고 있으면서 각기 다른 모습의 사물로 전생轉生한다. 사물의 생사가 마치 둥근 고리와 같은 이유다. 그 순환의 도리를 아무도 알 수 없다. 이를 일컬어 '천균天均' 이라고 한다. 천균이 바로 '천예' 이다.

우언십구寓言十九를 두고 성현영은 '『장자』에 나오는 홍몽鴻蒙과 운장雲將, 견오肩吾 등이 모두 우언이다' 라고 해석했다. 대다수가 이와 유사한 해석을 하고 있다. 이에 대해 곽상은 "다른 사람의 얘기를 빌려와 말할 경우 10번 중 9번은 믿음을 얻게 된다"고 풀이했다. 이 해석이 뒤에 이어지는 본문의 내용과 부합한다.

중언십칠重言十七의 중重은 세인이 중시하는 인물을 뜻한다. 이를 두고 임희일은 "옛사람의 이름을 빌려 자신의 무게를 더한 말이다. 황제와 신농, 공자 등이 이에 해당한다"고 풀이했다. 성현영은 "사람들이 장로의 말은 10 중 7은 믿는다"고 해석했다. 중언을 중언부언重言復言으로 해석하는 견해도 있으나 문맥과 동떨어져 있다.

치언일출巵言日出은 엉터리 같은 말이 매일 입에서 튀어나온다는 뜻이다. 치巵는 원래 술잔을 뜻하는 말이다. 곽상은 "술잔이 가득 차면 기울고 텅 비면 주둥이가 위를 쳐다보게 된다"며 치언이 나오게 된 배경을 설명했다. 천예天倪는 자연의 도로 「제물론」에 이미 나온 바 있다.

자외론지藉外論之는 밖에서 다른 사람의 말을 빌려와 논한다는 의미로 자藉는 말미암을 인因의 뜻이다. 곽상은 "자기 입으로 말하면 세인들이 믿지 않는다. 그래서 밖에서 빌려오는 것이다"라고 해석했다. 문의에 부합한다.

소이이언所以已言의 이已를 두고 임희일은 시비논쟁을 종식시킨다는 취지의 지止로 풀이했다. 후쿠나가 등이 이를 좇았다. 이에 대해 아카츠카와 이케다는 이已가 기旣와 통하고 있는 점에 주목해 진盡으로 간주하면서 '하고 싶은 말을 모두 다하다'의 뜻으로 풀이했다. 일리 있는 해석이기는 하나 문맥상 논쟁종식의 의미로 풀이하는 게 더 자연스럽다.

기애耆艾는 60대와 50대의 노인을 말한다. 『예기』「곡례」에 "50세를 애艾라고 하니 관리하는 일에 종사하고, 60세를 기耆라고 하니 지시하고 시키는 일만 한다"고 했다. 성현영은 나이 많은 사람으로 풀이했다. 문맥상 원로元老로 해석하는 게 더 낫다.

'연선의年先矣, 이무경위본말이기년기자而無經緯本末以期年耆者, 시비선야是非先也'는 나이는 앞서 있지만 말의 줄거리와 순서 등이 나이에 합당함이 없으면 참다운 의미의 선인先人이 아니라는 의미이다. 곽상이 이같이 해석했다. 이때 무無는 연기자年耆者까지 걸리게 된다. 그러나 이후 성현영이 '연로하여 다른 사람보다 앞서 있으면서도 본말에 대한 지식이 없다'고 풀이한 후 무無가 본말本末까지 걸리는 것으로 간주하면서 혼란이 생겼다. 마서륜 등이 이를 바로잡은 후 이케다 등이 이를 좇고 있다. 곽경번에 따르면 고산사고초본에는 연기年耆가 래來로 되어 있다. 뜻은 거의 같다.

인이만연因以曼衍은 경계 없는 도를 따른다는 의미이다. 인因은 따른다는 뜻의 종從과 통하고, 만연曼衍은 경계가 없는 도를 뜻한다. 궁년窮年은 하늘이 내린 천년天年을 다한다는 뜻으로 「인간세」편의 종기천년終其天年과 같은 취지이다. '고왈故曰, 언무언言無言'은 저본에 언무언言無言이 무언無言으로 되어 있다. 왕숙민은 고산사고초본에 근거해 '언무언'으로 바꿀 것을 주장했다. 이어지는 구절이 '언무언'에 대한 해설인 점에 비춰 일리 있는 주장이다.

유자야이가有自也而可의 자야自也는 자기 나름의 근거를 의미한다. 곽상은 말미암을 유由로 풀이했다. 오호연惡乎然의 오호惡乎는 '무엇을 근거로'의 뜻을 지닌 의문사이다. 이하 불연어불연不然於不然 구절까지 「제물론」의 표현을 그대로 가져온 것이다. 오호가惡乎可에서 불가어불가不可於不可까지의 구절은 「우언」편의 작자가 「제물론」을 참조해 덧붙인 것임을 알 수 있다.

만물개종萬物皆種은 만물 모두 자기 안에 생명의 씨를 갖고 있다는 뜻이다. 「지락」편의 종유기種有幾 구절과 취지를 같이한다. 상선相禪의 선禪은 전쟁轉生의 의미이다. 막득기륜莫得其倫의 륜倫을 두고 성현영은 순환의 도리로 풀이했다. 천균天均은 저절로 균등해지는 이치로 이미 「제물론」과 「경상초」편에 나온 바 있다.

5-2

莊子謂惠子曰, "孔子行年六十而六十化, 始時所是, 卒而非之, 未知今之所謂是之非五十九非也." 惠子曰, "孔子勤志服知也." 莊子曰, "孔子謝之矣, 而其未之言也. 孔子云, '夫受才乎大本, 復靈以生.' 鳴而當律, 言而當法. 利義陳乎前而好惡是非直服人之口而已矣. 使人乃以心服而不敢蘁, 立定天下之定. 已乎, 已乎, 吾且不得及彼乎."

장자가 혜자에게 말했다.

"공자는 나이 60세가 되도록 60번이나 변했다. 처음에 옳다고 한 것을 끝내 그르다고 했다. 그러니 60세가 된 지금 옳다고 하는 것이 59년 동안 그르다고 한 것과 똑같은 잘못을 저지르는 것이나 아닌지 모르겠다."

혜자가 반박했다.

"공자는 자신의 심지心志를 부지런히 닦고 지식을 추구하는 데 매진했을 뿐이다."

장자가 재차 반박했다.

"공자는 진즉 그런 태도를 버렸다. 단지 그것을 말하지 않았을 뿐이다. 그는 오직 이런 말만 했다. '무릇 인간은 그 재능을 커다란 근원인 도에서 받는 까닭에 영묘한 자연의 본성을 회복해 살아가야 한다.' 지금 그대는 입을 열어 떠드는 것마다 율법에 맞고 말하는 것마다 법도에 부합한다. 그러나 의리지변義利之辨 등을 사람들 앞에 늘어놓아 호오시비好惡是非를 가리는 것은 단지 사람들의 입을 막아 억지로 복종시키는 것에 지나지 않는다. 공자는 사람들로 하여금 이내 심복케 만들어 감히 거스르지 못하게 함으로써 천하를 안정시켰다. 그만두어라, 그만두어라! 우리는 도저히 공자에 미칠 수 없다."

「칙양」편에도 거백옥이 나이 60이 되어 자신의 삶을 60번 바꿨다는 얘기가 나온다. 근지복지勤志服知의 복服은 종사한다는 뜻의 복행服行을 의미한다. 공자사지孔子謝之의 사謝를 두고 곽상은 감사感謝, 성현영은 대代로 풀이했으나 사절謝絶로 보는 게 낫다. 수재호대본受才乎大本의 대본大本은 도의 근원을 말한 것으로 「천도」편에 이미 나왔다. '명이당률鳴而當律, 언이당법言而當法' 구절을 두고 곽상 이래 많은 주석가들은 공자에 대한 칭송으로 해석했으나 후쿠나가와 이케다는 혜자에 대한 비판으로 보았다.

이의진호전利義陳乎前의 이의利義를 두고 성현영은 인의이해仁義利害로 보았으나 그보다는 『논어』에서 말하는 의리지변義利之辨을 언급한 것으로 보는 게 문맥상 자연스럽다. 공자는 『논어』 「이인」편에서 '군자는 의義에 밝고 소인은 이利에 밝다' 고 말했다. 또 「헌문」편에서 '인격이 완성된 성인成人은 이익을 보고 의를 생각한다' 고 역설했다. 공자의 제자 자장도 「자장」편에서 '선비는 이득을 보면 의를 생각한다' 고 주장했다. 『논어』의 의義와 리利는 군자와 소인을 가르는 핵심어에 해당한다. 「우언」편의 이의利義도 바로 이를 언급했을 공산이 크다. 사람들 앞에 늘어놓는다는 뜻의 '진호전陳乎前' 표현을 쓴 사실이 이를 뒷받침한다.

직복인지구直服人之口는 단지 사람들의 입을 막아 억지로 복종시킨다는 뜻이다. 복服을 두고 곽상과 성현영은 용用의 뜻으로 풀이했으나 글자 그대로 해석하는 게 문맥에 부합한다. 불감오不敢蘁는 감히 거스르지 못하게 한다는 뜻이다. 오蘁는 거스른다는 뜻의 오忤와 통한다. 입정천하지정立定天下之定의 립立을 두고 임희일은 앞의 오蘁에 덧붙여 오립蘁立으로 해석했으나 마서륜은 잘못 끼어든 글자로 보았다.

5-3

曾子再仕而心再化, 曰, "吾及親仕, 三釜而心樂. 後仕, 三千鍾不泊, 吾心悲." 弟子問於仲尼曰, "若參者, 可謂無所縣其罪乎." 曰, "旣已縣矣. 夫無所縣者, 可以有哀乎. 彼視三釜·三千鍾, 如鸛雀蚊虻相過乎前也."

공자의 제자 중 효로 유명한 증자曾子는 두 번 벼슬을 했으나 그때마다 심경이 변했다. 그가 말했다.

"나는 부모님과 함께 살며 벼슬할 때는 봉록이 삼부三釜에 지나지 않았으나 마음이 즐거웠다. 그러나 뒤에 벼슬할 때는 봉록이 3천 종鍾이나 되었으나 부모님이 살아 있을 때에 미치지 못했다. 이미 돌아가신 까닭에 내 마음이 크게 슬펐다."

제자 중 한 사람이 공자에게 물었다.

"증삼과 같은 이는 가히 과오를 범할 염려가 없다고 말할 수 있습니까?"

공자가 대답했다.

"이미 과오를 범했다. 과오를 범할 염려가 없는 자라면 어찌 슬퍼하는 마음이 생길 수 있겠는가? 도에 이른 자는 3부이든 3천 종이든 봉록 자체를 마치 작은 새나 모기, 등에 따위가 눈앞을 지나가는 것처럼 보았을 것이다."

1부釜는 약 12리터, 1종鍾은 약 50리터에 해당한다. 세덕당본에는 삼천종三千鍾 뒤에 이而가 붙어 있다. 불계不洎는 어버이가 살아 있을 때 미치지 못했다는 뜻이다. 무소현기죄無所縣其罪의 현縣을 두고 곽상은 관계된다는 뜻의 계係로 풀이했다.

피시彼視의 피彼를 두고 성현영은 녹봉의 다소에 얽매임이 없는 사람으로 풀이했으나 문맥상 도를 터득한 사람으로 보는 게 자연스럽다. 관작문맹鸛雀蚊虻은 작은 새나 모기, 등에 따위를 말한다. 유월은 작雀을 잘못 끼어든 글자로 보았고, 왕숙민 등은 작雀 위에 조鳥가 더해져야 한다고 주장했으나 그대로 두고 해석해도 무리가 없다.

5-4

顔成子遊謂東郭子綦曰, "自吾聞子之言, 一年而野, 二年而從, 三年而通, 四年而物, 五年而來, 六年而鬼入, 七年而天成, 八年而不知死·不知生, 九年而大妙." "生有爲, 死也, 勸公以其私. 死也, 有自也. 而生陽也, 無自也. 而果然乎, 惡乎其所適, 惡乎其所不適. 天有曆數, 地有人據, 吾惡乎求之. 莫知其所終, 若之何其無命也. 莫知其所始, 若之何其有命也. 有以相應也, 若之何其無鬼邪. 無以相應也, 若之何其有鬼邪."

안성자유顔成子遊가 스승인 동곽자기東郭子綦에게 말했다.

"저는 선생님의 말씀을 들은 지 1년이 되자 소박해졌고, 2년이 되자 세속의 풍습을 따르게 됐고, 3년이 되자 남과 하나로 통하게 되었고, 4년이 되자 사물처럼 지각이 없게 되었고, 5년이 되자 사람들이 모여들었고, 6년이 되자 귀신이 내 안에 들어와 머물게 되었고, 7년이 되자 자연의 하늘이 완성됐고, 8년이 되자 죽음도 삶도 모르게 되었고, 9년이 되자 크게 신묘해졌습니다."

동곽자기가 말했다.

"살아서 억지로 작위하면 이내 죽게 된다. 사람들 모두 사사로움을 떠나 공평한 천도로 나아가야 하는 이유다. 사람이 죽는 것은 원인이 있지만 생기의 약동은 원인이 없는 자연이다. 과연 그렇다면 무엇이 생기의 약동에 적합하고 무엇이 적합하지 않다는 것인가?

하늘에는 일월성신의 운행법칙인 역수曆數가 있고, 땅에는 사람들이 살 수 있는 지역이 정해져 있다. 그러니 내가 어떻게 생기의 약동에 적합한 방안을 추구할 수 있겠는가? 사람들은 그것이 어디서 끝나는지 아무도 알지 못한다. 그러니 어찌 운명이 없을 수 있는가? 사람들은 그것이 어디서 시작하는지 아무도 알지 못한다. 그러니 어찌 운명이 있을 수 있는가? 천지와 사람이 서로 호응하는 경우가 있다. 그러니 어떻게 귀신이 없을 수 있는가? 또 서로 호응하지 않는 경우가 있다. 그러니 어떻게 귀신이 있을 수 있는가?"

안성자유顔成子遊는 「제물론」편에서 남곽자기南郭子綦의 제자로 나온 바 있다. 「서무귀」편에서는 안성자顔成子가 남백자기南伯子綦의 제자로 나온다. 그러나 「우언」편에서는 안성자유가 동곽자기東郭子綦의 제자로 나온다. 모두 같은 인물을 약간 달리 표현한 것에 지나지 않는다. 성현영이 동곽자기를 남곽자기 내지 남백자기와 같은 인물로 본 이유다.

일년이야一年而野의 야野를 두고 성현영은 질박으로 해석했다. 2년이종二年而從의 종從을 두고 곽상은 일을 제멋대로 처리하지 않는 것으로 보았으나 성현영은 풍속을 따르는 것으로 풀이했다. 사년이물四年而物의 물物을 두고 곽상과 성현영 모두 사물과 같아지는 것으로 해석했다. 오년이래五年而來의 래來를 두고 곽상은 스스로 터득하는 것으로 보았으나 성현영은 많은 사람이 귀복하는 것으로 풀이했다. 육년이귀입六年而鬼入의 귀입鬼入은 「인간세」편에 나오는 '귀신이 와서 머물 것이다' 라는 뜻의 귀신장래사鬼神將來舍 구절과 통한다.

권공이기사勸公以其私 구절은 저본에 사私가 빠져 있다. 장군방본이나 곽상본 등에 모두 사私가 있다. 이 구절을 두고 안병주의 『역주장자』는 '사사로운 지혜를 가지고 공평한 천도를 도와야 한다' 고 풀이했으나 문맥상 자연스럽지 못하다. 사사로운 지혜와 공평한 천도는 대립되는 개념이다. 권공勸公의 취지를 살리기 위해서는 '사람들 모두 사사로움을 떠나 공평한 천도로 나아가도록 해야 한다' 는 식으로 풀이하는 게 문의에 부합한다. '사야死也, 유자야有自也' 의 자自는 까닭이다. 곽상은 '작위로 말미암아 죽게 된다' 고 풀이했다. '생양야生陽也, 무자야無自也' 의 양陽은 약동한다는 뜻의 동사이다.

5-5

衆罔兩問於景曰, "若向也俯而今也仰, 向也括撮而今也被髮, 向也坐而今也起, 向也行而今也止, 何也." 景曰, "叟叟也, 奚稍問也. 予有而不知其所以. 予, 蜩甲也, 蛇蛻也, 似之而非也. 火與日, 吾屯也. 陰與夜, 吾代也. 彼, 吾所以有待邪. 而況乎以無有待者乎. 彼來則我與之來, 彼往則我與之往, 彼强陽則我與之强陽. 强陽者, 又何以有問乎."

여러 결 그림자인 망량罔兩이 그림자인 영景에게 물었다.

"그대는 방금 전에는 머리를 숙여 아래를 굽어보고 있다가 지금은 머리를 들어 위를 우러러보고 있소. 방금 전에는 머리를 묶고 있더니 지금은 풀어헤쳤소. 방금 전에는 앉아 있더니 지금은 일어나 있소. 방금 전에는 걸어가더니 지금은 멈춰서 있소. 도대체 어찌된 일이오?"

'영'이 대답했다.

"나는 그저 흔들흔들 움직일 뿐이다. 어찌 그런 것을 꼬치꼬치 묻는 것인가? 나에게 그런 점이 있기는 하나 나 또한 그 까닭을 알지 못한다. 그렇다면 나는 매미껍질인가, 뱀껍질인가? 그것들은 형체가 있고 나는 형체가 없으니 비슷하기는 하지만 같지는 않다. 불빛과 햇빛은 내가 모이는 곳이고, 그늘과 야음夜陰은 내가 교대하는 곳이다. 그렇다면 저 불빛과 햇빛은 내가 반드시 의지해야만 하는 대상이란 말인가? 의지하는 대상이 없는 경우야 얼마나 자유롭게 활동하겠는가? 불빛과 햇빛이 오면 나는 그것과 함께 오고, 그것이 가면 나 또한 그것과 함께 간다. 그것이 왕성하게 활동하면 나 또한 그것과 함께 왕성하게 활동한다. 나처럼 왕성하게 활동하는 자에게 어떻게 그런 질문을 하는 것인가?"

망량罔兩을 두고 성현영은 '그림자 바깥의 희미한 그늘이다'라고 풀이했다. 영景은 영影과 통한다. 「제물론」에도 유사한 내용이 나온다. 향야괄촬向也括撮의 향向은 접때를 뜻하는 향曏과 통한다. 괄촬括撮을 두고 사마표는 머리를 묶는 것으로 풀이했다. 저본에는 촬撮이 빠져 있으나 장군방본과 성현영의 소에 모두 나오고 있는 점에 비춰 도중에 누락됐음을 알 수 있다.

수수야叟叟也를 두고 성현영은 무심히 움직이는 모양으로 보았다. 저본에는 수수야搜搜也로 되어 있다. '조갑야蜩甲也, 사세야蛇蛻也'는 매미껍질인지, 뱀껍질인지를 스스로에게 묻는 말이다. 배경을 두고 곽상은 "그림자는 형체와 비슷하나 형체가 아니기 때문이다"라고 풀이했다. 황호이무유대자호況乎以無有待者乎는 '하물며 의지함이 없는 자이겠는가?' 의 뜻이다. 저본에는 무無가 없으나 장군방본과 곽상의 주에는 나온다. 보충해 해석해야만 문맥이 통한다.

5-6

陽子居南之沛, 老聃西遊於秦. 邀於郊, 至於梁而遇於老子. 老子中道仰天而嘆曰, "始以汝爲可敎, 今不可也." 陽子居不答. 至舍, 進盥漱巾櫛, 脫屨戶外, 膝行而前, 曰, "向者弟子欲請夫子, 夫子行不閒, 是以不敢. 今閒矣, 請問其過." 老子曰, "而睢睢盱盱, 而誰與居. 大白若辱, 盛德若不足." 陽子居蹴然變容曰, "敬聞命矣." 其往也, 舍者迎將其家, 公執席, 妻執巾櫛, 舍者避席, 煬者避竈. 其反也, 舍者與之爭席矣.

양자거陽子居가 노자를 만나기 위해 남쪽 패沛 땅을 향해 떠났다. 마침 노자가 서쪽 진秦나라로 여행을 떠났다. 양자거가 위魏나라 수도 대량大梁에 가서 교외에서 기다리다가 마침내 노자를 만나게 되었다. 노자가 양자거와 함께 길을 가던 중 하늘을 우러러 탄식했다.

"당초 나는 그대를 가히 가르칠 만하다고 생각했으나 지금 보니 아무래도 안 되겠다."

양자거가 한마디도 대꾸하지 않았다. 이윽고 객사에 이르러 양자거가 노자를 위해 세수하고, 양치질하고, 수건으로 닦고, 머리를 빗을 때 시중을 들었다. 이어 신을 문 밖에 벗어놓고는 무릎으로 기어 앞으로 다가가 물었다.

"방금 전 선생님의 꾸중을 듣고는 바로 가르침을 청하고자 했으나 선생님이 총총히 길을 떠나는 바람에 겨를이 없어 감히 가르침을 청하지 못했습니다. 지금 겨를이 있는 듯이 보이니 아까 꾸중하신 까닭을 여쭙고자 합니다."

노자가 대답했다.

"그대는 눈을 부릅뜨고 노려보면서 과시하는 모습을 보이니 그래서야 누구와 함께 살 수 있겠는가? 진짜 맑고 깨끗한 것은 때 묻은 것처럼 보이고, 성한 덕은 부족한 듯이 보이는 법이다."

양자거가 돌연 움칠하며 안색을 달리해 대답했다.

"삼가 가르침을 받들겠습니다."

양자거가 처음 객사에 이르렀을 때는 같이 묵게 된 투숙객들이 모두 나와 맞이했다. 객사 주인은 공손히 자리 시중을 하고, 그의 처는 세수와 빗질 시중을 했다. 투숙객들도 자리를 비켜주고, 불을 쬐던 자들도 따뜻한 자리를 양보했다. 그러나 그가 객사를 떠날 즈음에는 투숙객들이 그를 친근히 여긴 나머지 자리를 비켜주기는커녕 서로 먼저 앉고자 다투기까지 했다.

유사한 얘기가 『열자』「황제」편에 나온다. 『열자』에는 양자거陽子居가 양주楊朱로 되어 있다. 성현영과 장담張湛은 '양陽과 양楊은 통하고, 자거는 양주의 자이다' 라고 풀이했다. 양자거와 노자의 대화는 「응제왕」편에 이미 나왔다. 내용도 유사하다.

남지패南之沛의 남南은 방향 부사이고, 패沛는 지금의 강소성 패현 동쪽을 말한다. 요어교邀於郊는 위나라 도성인 대량의 교외에서 기다렸다는 뜻이다. 마서륜은 요어교邀於郊 구절이 뒤에 나오는 우어노자遇於老子 구절 뒤에 나와야 한다고 주장했다. 이게 맞다. 이같이 해석하지 않을 경우 양자거가 대량의 교외에서 노자를 맞이하려 했으나 결국 거기서 조우하지 못하고 도성인 대량에서 노자를 만나게 되었다는 이상한 얘기가 된다. 당시 노자는 서쪽 진나라를 향하고 있던 까닭에 대량의 교외를 지날 수는 있어도 굳이 대량으로 들어올 이유는 없었을 것이다. 양梁을 대량이 아닌 양나라, 즉 위나라로 간주해 해석할지라도 마찬가지이다.

진관수건즐進盥漱巾櫛은 양자거가 노담을 위해 세숫대야와 양치질 물, 수건과 빗 등을 받들어 올렸다는 뜻이다. 관盥은 세숫대야이고, 수漱는 양치질 물로 수嗽와 통한다. '탈구호외脫屨戶外, 슬행이전膝行而前'은 신발을 문 밖에 벗어놓은 뒤 무릎으로 기어 노담 앞으로 나아갔다는 의미이다. 극진한 예의를 표현한 것이다.

휴휴우우睢睢盱盱는 눈을 부릅뜨거나 아래로 내리까는 모습이다. 사람을 두렵게 만들고 거만하게 대하는 모습을 표현한 것이다. 성현영은 조급하고 권위적인 모습으로 해석했다. 곽상은 이를 함부로 날뛰는 모습인 발호지모跋扈之貌로 풀이했다. '발호'는 『후한서』「양기전梁冀傳」에 처음으로 등장한 성어이다.

후한은 외척과 환관의 발호로 패망했다고 해도 과언이 아니다. 외척 중 가장 포악한 자는 20년 동안 권력을 전횡한 한순제漢順帝 황후의 오빠인 양기이다. 그는 한순제가 죽자 2세의 어린 생질을 충제沖帝로 옹립했다. 충제가 3세 때 죽자 8세의 다시 질제質帝를 즉위시켰다. 질제는 매우 총명했다. 어린 눈에도 양기의 전횡이 늘 못마땅했다. 하루는 조회 때 양기를 가리키며 이같이 힐난했다.

"이분이 바로 발호장군이로구나!"

발호장군跋扈將軍의 발跋은 뛰어넘는다는 뜻이고, 호扈는 대나무로 만든 통발을 말한다. 작은 물고기는 통발 속에 갇히면 꼼짝 못하지만 큰 물고기는 통발을 뛰어넘어 달아날 수 있다. 권신이 군주를 무시하고 전횡하는 것을 두고 통발을 뛰어넘어 달아나는 물고기에 비유한 것이다. 군신들 앞에서 '발호장군'의 비유로 큰 망신을 당한 양기는 이내 떡에 독을 넣어 질제를 독살하고 말았다.

'발호장군'은 폭풍을 의미하는 경우도 있다. 이는 글재주가 뛰어난 수양제가 배를 타고 양주로 가던 중 폭풍이 일자 '이 바람은 과연 발호장군처럼 무섭구나!'라고 언급한 데서 유래한다. '발호'는 통상 아랫사람이 윗사람을 침범하는 하극상을 표현할 때 사용한다.

'태백약욕大白若辱, 성덕약부족盛德若不足'은 『도덕경』 제41장의 구절과 거의 같다. 성덕盛德이 광덕廣德으로 된 것만이 다를 뿐이다. 축연蹴然은 돌연 움칠하는 모습을 표현한 것이다. 양자피조煬者避竈는 불을 쬐는 사람이 아궁이를 양보했다는 뜻이다. 사자여지쟁석舍者與之爭席은 투숙객들이 양자거를 친근히 여긴 나머지 자리를 비켜주기는커녕 서로 먼저 앉고자 다투기까지 했다는 의미이다. 양자거가 처음에는 매우 위압적이었으나 노자의 훈계를 들은 후 이내 화광동진和光同塵하는 모습을 보여주었음을 시사한다.

제6장 양왕(讓王)

6-1

堯以天下讓許由, 許由不受. 又讓於子州支父, 子州支父曰, "以我爲天子, 猶之可也. 雖然, 我適有幽憂之病, 方且治之, 未暇治天下也." 夫天下至重也, 而不以害其生, 又況他物乎. 唯無以天下爲者, 可以託天下也.

요가 천하를 허유에게 넘기려 했으나 허유가 받지 않았다. 다시 자주지보子州支父에게 넘기려 하자 자주지보가 사양했다.

"나를 천자로 삼고자 하니 그것도 오히려 괜찮을 것입니다. 그러나 나는 마침 마음의 병에 심하게 걸려 있는 까닭에 이를 치료하는 중입니다. 천하를 다스릴 겨를이 없습니다."

천하는 지극히 중요한 것이다. 그러나 아무리 그럴지라도 그것 때문에 생명을 해칠 수는 없는 일이다. 하물며 작록과 재물 따위야 더 말해 뭐하겠는가? 오직 천하를 다스리려 하지 않는 자만이 가히 천하를 맡길 만하다.

자주지보子州支父를 두고 성현영은 '성은 자子, 이름은 주州,

자는 지보支父이다. 도를 품고 있는 사람으로 은자이다' 라고 풀이했다. 유우지병幽憂之病은 근심이 마음속에 깊이 간직되어 있는 병을 말한다. '유무이천하위자唯無以天下爲者, 가이탁천하야可以託天下也' 는 『도덕경』 제13장에 나오는 '제 몸을 천하처럼 귀하게 여기는 사람에게는 가히 천하를 맡길 수 있고, 제 몸을 천하처럼 아끼는 사람에게도 가히 천하를 맡길 수 있다' 는 구절과 취지를 같이하는 것이다.

6-2

舜讓天下於子州支伯, 子州支伯曰, "予適有幽憂之病, 方且治之, 未暇治天下也." 故天下大器也, 而不以易生. 此有道者之所以異乎俗者也. 舜以天下讓善卷, 善卷曰, "余立於宇宙之中, 冬日衣皮毛, 夏日衣葛絺. 春耕種, 形足以勞動. 秋收斂, 身足以休食. 日出而作, 日入而息, 逍遙於天地之間, 而心意自得. 吾何以天下爲哉. 悲夫, 子之不知余也." 遂不受. 於是去而入深山, 莫知其處. 舜以天下讓其友石戶之農. 石戶之農曰, "捲捲乎, 後之爲人, 葆力之士也." 以舜之德爲未至也, 於是夫負妻戴, 携子以入於海, 終身不反也.

순이 천하를 자주지백子州支伯에게 넘기려고 하자 자주지백이 사양했다.

"나는 마침 마음의 병에 심하게 걸려 있는 까닭에 이를 치료하는 중입니다. 천하를 다스릴 겨를이 없습니다."

천하는 커다란 보기寶器이다. 그러나 아무리 그럴지라도 그것을 귀중한 생명과 바꿀 수는 없는 일이다. 이것이 도인과 속인의 다른 점이다.

순이 또 천하를 현자인 선권善卷에게 넘기려 했다. 그러나 선권이 사양했다.

"나는 이 광대한 우주의 한가운데 서서 겨울에는 모피 옷을 입고, 여름에는 갈포 옷을 입고, 봄에는 밭 갈고 씨 뿌리며 삽니다. 몸은 능히 그 노동을 견딜 만하고, 가을에는 넉넉히 추수한 덕분에 몸이 휴식을 취하고 배를 채우기에 충분합니다. 해가 뜨면 나가서 일하고, 해가 지면 집에 들어와 쉽니다. 천지 사이에 자유로이 노니는 까닭에 마음과 뜻 모두 만족스럽기 그지없습니다. 그러니 내가 어찌 천하를 다스리는 일 따위를 하겠습니까? 슬프다! 그대가 나를 알지 못하는 것이."

선권이 이내 사양한 뒤 곧바로 깊은 산속으로 들어가 버렸다. 그의 거처를 아는 자가 아무도 없었다.

순이 또 다시 천하를 친구인 석호石戶 땅의 농부에게 넘기려 하자 석호 땅의 농부가 사양했다.

"애쓰는구려, 우리 군주여! 그대는 인위로 천하를 다스리려 하는 자일 뿐이오."

그는 순의 덕이 지극하지 못하다고 생각했다. 지아비는 짐을 등에 짊어지고 처는 짐을 머리에 인 모습으로 자식들을 이끌고 바다 가운데 외딴 섬으로 들어간 후 종신토록 돌아오지 않았다.

자주지백子州支伯을 두고 성현영은 앞에 나온 자주지보와 같은 인물로 보았다. 유월도 '『한서』「고금인표古今人表」에 자주지보는 있으나 자주지백은 없다. 같은 사람으로 봐야 한다'고 주장했다. 선권善卷 역시 도를 지닌 은자로 가공의 인물이다. 『여씨춘추』「하현下賢」편에는 선권善綣으로 되어 있다. 하일의갈치夏日衣葛絺의 의衣는 동사이고, 치絺는 고운 갈포를 말한다.

'일출이작日出而作, 일입이식日入而息'은 요의 태평성대를 노래한

「격양가擊壤歌」의 구절에서 따온 것이다. 『열자』「중니」편에 이에 관한 일화가 나온다. 이 일화에서 나온 성어가 강구연월康衢煙月이다. '강구'는 번화한 네거리, '연월'은 달빛이 밥 짓는 연기와 안개 등의 연무煙霧에 가려 은은하게 비치는 모습을 말한다. 풍년이 들어 오곡이 풍성하고 민심이 후한 태평시대를 비유하는 말이다.

'강구요'와 '격양가' 모두 무위지치無爲之治를 숭상하는 후대 도가들의 위작僞作으로 보는 게 옳다. 이 일화의 요체는 군주의 다스림을 전혀 의식하지 못하는 '불식부지不識不知'에 있다. 이는 무위지치를 달리 표현한 것이다. 『도덕경』 제38장에 이런 구절이 나온다.

"상덕上德은 자신의 덕을 덕으로 여기지 않는 부덕不德으로 인해 오히려 유덕有德하다. 하덕下德은 덕을 잃지 않으려고 애쓰는 부실덕不失德으로 인해 오히려 무덕無德하다. 상덕은 무위한 까닭에 의도적인 작위가 없으나 하덕은 유위한 까닭에 의도적인 작위가 있다."

『열자』「중니」편에 요순의 선양禪讓 설화가 인용된 이유가 여기에 있다. 이는 유가에서 극도로 중시하는 덕치德治가 비록 상덕의 도치道治 수준에는 이르지 못하나 나름 하덕下德에 입각한 덕치 정도의 평가를 받았음을 방증한다. 실현 가능성의 견지에서 볼 때 도가에서 말하는 '상덕' 역시 유가에서 말하는 '유덕'을 통해 드러날 수밖에 없다. 큰 틀에서 볼 때 본질적으로 하등 차이가 없는 것이다.

석호지농石戶之農은 석호石戶의 농부를 말한다. 성현영은 석호石戶의 호戶가 후后로 표기된 경우가 있는 점에 주목해 순의 친구로 풀이했다. 문맥과 부합한다. 권권호捲捲乎를 두고 육덕명은 힘쓰는 모습인 용력用力으로 풀이했다. 보력지사葆力之士는 힘을 다해 열심히 일하는 자를 말한다. 천하를 다스리는 데 정신이 팔려 쉴 줄 모르는 자라는 비난의 뜻을 담고 있다. 보葆를 진기유陳奇猷는 시恃로 풀이했으나 아카츠카는 보保의 가차로 보았다. 부부처대夫負妻戴를 두고 성현영은 "옛사람은 물건을 질 때 머리로 이는 경우가 많았다. 지금 고려에는 여전히 이런 풍습이 남아 있다"고 해석했다. 여기의 고려는 고구려를 말한다.

6-3

大王亶父居邠, 狄人攻之. 事之以皮帛而不受, 事之以犬馬而不受, 事之以珠玉而不受, 狄人之所求者土地也. 大王亶父曰, "與人之兄居而殺其弟, 與人之父居而殺其子, 吾不忍也. 子皆勉居矣. 爲吾臣與爲狄人臣奚以異. 且吾聞之, '不以所用養, 害所養.'" 因杖筴而去之, 民相連而從之, 遂成國於岐山之下. 夫大王亶父可謂能尊生矣. 能尊生者, 雖貴富不以養傷身, 雖貧賤不以利累形. 今世之人居高官尊爵者, 皆重失之. 見利輕亡其身, 豈不惑哉.

주나라 태왕 고공단보古公亶父가 빈邠 땅에 살 때 융적戎狄이 쳐들어 왔다. 그들에게 모피와 비단을 바쳐 섬기고자 했으나 융적이 이를 받지 않았다. 개나 말 등을 바쳐 섬기고자 했으나 이 또한 받지 않았다. 주옥을 바쳐 섬기고자 했으나 이 역시 받지 않았다. 융적이 요구하는 것은 땅이었다. 태왕 고공단보가 빈 땅 사람들을 모아놓고 말했다.

"저들과 전쟁을 하면 내가 남의 형과 같이 살고자 그 동생을 죽이고, 남의 부모와 함께 살고자 그 자식들을 죽이는 것과 같소. 이는 내가 차마 할 수 없는 일이오. 그대들은 모두 힘써 그냥 이 땅에 머물며 잘 살기 바라오. 나의 백성이 되는 것과 융적의 백성이 되는 것이 어찌 다르겠소? 내가 듣건대 '사람을 양육한다는 이유로 양육하는 사람을 해쳐서는 안 된다' 고 했소."

태왕 고공단보가 곧 지팡이를 짚고 빈 땅을 떠나자 백성들이 줄을 지어 그의 뒤를 따랐다. 기산岐山 아래 새 나라를 이룬 배경이다.

태왕 고공단보야말로 사람의 생명을 존중할 줄 아는 사람이라고 하겠다. 생명을 존중할 줄 아는 사람은 비록 부귀할지라도 그것 때문에 몸을 해치지 않는다. 또 비록 빈천할지라도 이익을 구하기 위해 몸을 괴롭히지 않는다. 그러나 요즘 세인들은 고관대작이 되면 모두 그것을 잃을까 크게 걱정한다. 이익이 눈앞에 나타나면 생명을 가볍게 여기며 달려들어 이내 몸을 망치고 만다. 어찌 미혹되지 않았다고 할 수 있겠는가?

태왕단보大王亶父는 주문왕의 조부인 고공단보古公亶父를 말한다. 빈邠은 빈豳과 같다. 『맹자』「양혜왕 상」편에 이에 관한 일화가 자세히 소개되어 있다. 적인狄人을 두고 성현영은 고대 북방민족인 험윤玁狁으로 풀이했다. 면거勉居는 정착하기 위해 애쓴다는 의미이다. '불이소용양不以所用養, 해소양害所養' 을 두고 성현영은 "용양用養은 토지, 소양所養은 백성이다"라고 풀이했다.

상련相連을 두고 사마표는 수레를 이끈다는 의미의 련輦으로 새겼다. 장병린과 후쿠나가 등이 이에 동조했다. 그러나 백성들이 줄지어 잇는 연속連續으로 풀이한 성현영의 해석이 간명하다. 기산岐山은 섬서성 기산현 동북 60리 지점에 있는 산으로 지금은 전괄령箭括嶺으로 불린다.

6-4

越人三世弒其君, 王子搜患之, 逃乎丹穴, 而越國無君, 求王子搜不得, 從之丹穴. 王子搜不肯出, 越人熏之以艾, 乘以玉輿. 王子搜援綏登車, 仰天而呼曰, "君乎, 君乎. 獨不可以舍我乎." 王子搜非惡爲君也, 惡爲君之患也. 若王子搜者, 可謂不以國傷生矣. 此固越人之所欲得爲君也.

월나라 사람들이 3대에 걸쳐 군주를 시해했다. 왕자 수搜가 이를 크게 걱정하다가 이내 단혈丹穴이라는 동굴로 도주해 숨어버렸다. 월나라에 군주가 없게 되자 사람들이 왕자 수를 찾아나섰으나 쉽게 찾지 못했다. 마침내 가까스로 단혈을 찾아내 그를 좇고자 했으나 왕자 수는 굴에서 나오려 하지 않았다. 사람들이 할 수 없이 쑥을 태워 연기를 피우는 식으로 억지로 끌어낸 뒤 옥으로 장식된 어가에 태웠다. 왕자 수가 수레의 끈을 잡고 수레에 오르면서 하늘을 우러러 큰 소리로 외쳤다.

"아, 군위君位여, 군위여! 유독 나를 내버려둘 수 없단 말인가!"

왕자 수는 보위에 오르는 것 자체를 싫어한 게 아니라 보위에 올랐다가 시해당하는 환난을 싫어한 것이다. 왕자 수와 같은 사람은 나라 때문에 자신의 생명을 손상시키지 않는 사람이라고 할 수 있다. 이게 사실 월나라 사람들이 그를 군주로 삼고자 한 이유이기도 하다.

월나라 왕자 수搜와 관련해 『사기』「월왕구천세가」에 나오는 『사기색은』은 구천의 5세손인 무전无顓으로 보았다. 단혈丹穴을 두고 성현영은 월나라 도성 남쪽에 있는 남산의 동굴로 해석했다. 옥여玉輿는 곧 어가御駕로 옥로玉輅와 같은 뜻이다. 왕여王輿로 된 판본이 있다. 원유등거援綏登車는 수레를 탈 때 붙잡는 끈을 잡고 수레에 올랐다는 뜻이다.

6-5

韓·魏相與爭侵地, 子華子見昭僖侯, 昭僖侯有憂色. 子華子曰, "今使天下書銘於君之前, 書之言曰, '左手攫之則右手廢, 右手攫之則左手廢. 然而攫之者必有天下.' 君能攫之乎." 昭僖侯曰, "寡人不攫也." 子華子曰, "甚善, 自是觀之, 兩臂重於天下也, 身亦重於兩臂. 韓之輕於天下亦遠矣, 今之所爭者, 其輕於韓又遠. 君固愁身傷生以憂戚不得也." 僖侯曰, "善哉. 敎寡人者衆矣, 未嘗得聞此言也." 子華子可謂知輕重矣.

한韓나라와 위魏나라가 경계에 있는 영토를 두고 서로 침공했다. 자화자子華子가 한나라 군주 소희후昭僖侯를 만났다. 소희후가 근심스런 안색을 보였다. 자화자가 물었다.

"지금 천하 사람들로 하여금 군주 앞에서 서약토록 한다고 합시다. 서약서에 '왼손으로 천하의 대권을 잡으면 오른손을 없애고 오른손으로 잡으면 왼손을 없앨 것이다. 그래도 그것을 움켜잡는 자는 반드시 천하를 소유할 수 있다' 고 쓴다면 군주는 그것을 움켜잡을 것입니까?"

"과인은 움켜잡지 않을 것이오."

자화자 선생이 말했다.

"좋습니다. 이로써 보건대 두 팔은 천하보다 귀중하고 몸은 두 팔보다 귀중합니다. 한나라가 천하보다 가벼운 것 또한 분명합니다. 그런데 지금 위나라와 다투고 있는 영토는 한나라 전체 영토에 비해 하찮은 것입니다. 군주는 몸을 괴롭히고 생명을 해치면서까지 그 하찮은 영토를 얻지 못할까 근심하는 것입니까?"

소희후가 말했다.

"좋은 말이오. 그간 과인을 가르쳐 준 사람은 많았으나 아직까지 그런 말은 듣지 못했소."

자화자는 가히 하찮은 것과 중요한 것을 잘 분간할 줄 아는 사람이라고 할 수 있다.

자화자子華子는 전국시대의 도가로 「칙양」편에는 위나라의 현신 화자華子로 나와 있다. 자子가 앞에 덧붙은 것은 존경의 뜻을 담은 것이다. 『여씨춘추』「귀생貴生」과 「무도誣徒」편에 자화자에도 관한 일화가 나온다. 소희후昭僖侯는 사서에 소후昭侯로 기록되어 있다. 『한비자』「내저설 하」편에는 '희후'와 '소희후' 두 가지로 표현되어 있다. 서명書銘은 서약서를 쓴다는 뜻이다. 확지攫之의 확攫을 두고 성현영은 움켜쥐는 착취捉取로 풀이했다. 군능확지호君能攫之乎의 능能을 두고 마서륜은 원願으로 풀이했다. 『여씨춘추』「심위審爲」편에는 미래 조동사인 장將으로 되어 있다.

6-6

魯君聞顔闔得道之人也, 使人以幣先焉. 顔闔守陋閭, 苴布之衣, 而自飯牛. 魯君之使者至, 顔闔自對之. 使者曰, "此顔闔之家與." 顔闔對曰, "此闔之家也." 使者致幣, 顔闔對曰, "恐聽者謬而遺使者罪, 不若審之." 使者還, 反審之, 復來求之, 則不得已. 故若顔闔者, 眞惡富貴也. 故曰, '道之眞以治身, 其緖餘以爲國家, 其土苴以治天下.' 由此觀之, 帝王之功, 聖人之餘事也, 非所以完身養生也. 今世俗之君子, 多危身棄生以殉物, 豈不悲哉. 凡聖人之動作也, 必察其所以之與其所以爲. 今且有人於此, 以隨侯之珠, 彈千仞 之雀, 世必笑之. 是何也. 則其所用者重而所要者輕也. 夫生者豈特隨侯之重哉.

노나라 군주가 현자인 안합顔闔이 도를 얻은 사람이라는 소문을 듣고는 곧 사람을 시켜 폐백을 들고 가 먼저 찾아보게 했다. 안합이 누항陋巷에 살면서 남루한 삼베옷을 입고 몸소 소를 치고 있었다. 노나라 군주의 사자가 당도하자 안합이 직접 응대했다. 사자가 물었다.

"여기가 안합의 집입니까?"

"여기가 그의 집이오."

사자가 폐백을 전하려 하자 안합이 말했다.

"아무래도 소문을 잘못 들어 장차 사자에게 죄가 미칠까 두렵습니다. 폐백이 누구에게 보내는 것인지 좀 더 살펴보는 게 좋을 듯싶습니다."

사자가 돌아가 다시 잘 살펴 확인한 뒤 안합을 찾아갔으나 이내 찾을 길이 없었다. 안합과 같은 사람은 실로 부귀를 싫어했다고 할 만하다. '도의 요체로 몸을 기르고, 나머지로 나라를 다스리고, 그 중 쓸모없는 부분을 갖고 천하를 다스린다'는 얘기가 나온 이유다.

이로써 보건대 제왕의 공업이란 것도 양신養身을 중시하는 성인에게는 여가가 나면 하는 일에 지나지 않는다. 그런데도 요즘 세속의 군자들은 몸을 위태롭게 하고 생명을 버리면서까지 부귀공명을 좇고 있다. 이 어찌 슬픈 일이 아니겠는가!

무릇 성인은 행동할 때 반드시 마음이 지향하는 바와 행동하는 바를 미리 자세히 살핀다. 지금 가령 여기 어떤 사람이 있다고 하자. 천하의 보배인 수隨나라 군주의 구슬로 천 길 벼랑 위를 나는 참새를 쏠 경우 반드시 세인의 웃음거리가 될 것이다. 이는 무슨 까닭인가? 그가 사용한 것은 귀중하고 얻으려는 것은 하찮기 때문이다. 하물며 사람의 생명을 어찌 수나라 군주가 갖고 있는 구슬의 귀중함에 비유할 수 있겠는가!

노군魯君을 두고 성현영은 공자의 말년에 즉위한 노애공으로 풀이했다. 일부 판본에는 노후魯侯로 되어 있다. 엄격히 말하면 춘추시대 열국 제후의 명칭은 대개 공公으로 되어 있으나 이는 자칭에 불과하다. 주왕실이 내린 작위에 따르면 송宋과 괵虢 등만이 공에 해당한다. 진晉과 제齊 및 노魯 등은 후侯, 진秦과 정鄭 및 조曹 등은 백伯, 초楚와 등滕 등은 자子, 허許는 남男이었다. 유일무이한 남방대국으로 군림하며 천하를 호령한 초왕조차 『춘추좌전』 등에는 초자楚子로 기록되어 있다. 초나라가 스스로 왕호를 칭하며 늘 중원으로 진출하고자 한 것도 이런 불합리한 작위와 무관하지 않았다. 안합顏闔은 노나라의 은자로 「인간세」편에 이미 나온 바 있다. 저포지의苴布之衣는 거친 베옷을 말한다. 저苴는 씨가 있는 암삼으로 여기서는 거칠 조粗의 뜻으로 사용된 것이다. 자반우自飯牛의 반飯은 먹인다는 뜻의 동사로 사용된 것이다.

청자류聽者謬는 듣기를 잘못했다는 뜻이다. 유월은 『여씨춘추』를 근거로 자者를 빼야 한다고 주장했다. 문맥상 빼고 해석하는 게 옳다며 해동과 왕숙민 등이 이에 동조하고 있다. 가리노 나오키狩野直喜는 그같이 된 판본을 제시했다. 이에 대해 이케다 등은 아무 의미가 없는 어조사로 간주한 우창于鬯의 견해를 지지하면서 유월의 연자설衍字說을 비판했다. 어조사로 간주할 경우 하등 다툴 이유가 없다.

부득이不得已는 얻지 못했다는 뜻으로 여기의 이已는 어조사이다. 기서여이위국가其緖餘以爲國家는 도의 나머지를 갖고 나라를 다스린다는 의미이다. 서여緖餘는 나머지를 뜻한다. 위국가爲國家의 위爲는 치治와 통한다. 기토자이치천하其土苴以治天下는 쓸모없는 찌꺼기를 갖고 천하를 다스린다는 뜻으로 여기의 자苴는 썩은 흙 내지 찌꺼기를 의미한다. 자苴는 씨가 있는 암삼이나 꾸러미, 대지팡이, 짚신 바닥을 뜻할 때는 '저'로 읽는다. 그러나 물 위에 떠서 사는 수생식물인 마름 풀을 뜻할 때는 '차', 거름으로 쓰는 풀을 지칭할 때는 '자'로 읽는다. 금차今且는 '지금 가령'의 뜻을 나타내는 가정문 용법이다. 가리노에 따르면 차且가 없는 판본도 있다.

수후지주隨侯之珠 일화는 『회남자』「설산훈說山訓」에 나온다. 춘추시대 당시 수나라 제후가 상처 입은 큰 뱀을 만나 약을 발라주자 그 뱀이 강에서 큰 구슬을 물고 와 은혜를 갚았다는 전설에서 나온 것이다. 이는 통상 화씨지벽和氏之璧과 같이 사용된다. 수주화벽隨珠和璧이 그것이다. 천하의 귀중한 보배를 뜻한다. 여기서 파생된 수화지재隨和之才는 '수후지주' 내지 '화씨지벽'에 비유될 만큼 뛰어난 인재를 말한다.

6-7

子列子窮, 容貌有飢色. 客有言之於鄭子陽者, 曰, "列禦寇, 蓋有道之士也, 居君之國而窮, 君無乃爲不好士乎." 鄭子陽卽令官遺之粟. 子列子見使者, 再拜而辭. 使者去, 子列子入, 其妻望之而拊心曰, "妾聞爲有道者之妻子, 皆得佚樂. 今有飢色, 君過而遺先生食, 先生不受, 豈不命邪." 子列子笑, 謂之曰, "君非自知我也, 以人之言而遺我粟, 至其罪我也, 又且以人之言, 此吾所以不受也." 其卒, 民果作難而殺子陽.

열자가 몹시 궁하여 용모에도 굶주린 빛이 드러났다. 마침 정나라에 유세하러 왔던 어떤 객이 재상인 자양子陽에게 열자의 궁상을 말해주었다.

"열어구列禦寇는 도를 터득한 인물일 터인데 지금 그대의 나라에 살면서 곤궁하게 지내고 있습니다. 세인들이 그대를 두고 훌륭한 인물을 좋아하지 않는다고 말하지 않겠습니까?"

자양이 즉시 관원을 시켜 그에게 곡식을 갖다주게 했다. 열자가 밖으로 나와 사자를 보고는 두 번 절하고는 이내 사절했다. 사자가 떠난 뒤 열자가 안으로 들어가자 그의 처가 그를 빤히 쳐다보고는 가슴을 치며 말했다.

"첩이 듣건대 '도를 터득한 자의 처자는 모두 편안하고 즐겁게 산다' 고 했습니다. 지금 주린 기색이 훤히 드러난 까닭에 윗사람이 이를 잘못으로 여겨 당신에게 양식을 보내주었는데 당신은 이를 받지 않았으니 이 어찌 운명이 아니겠습니까?"

열자가 웃으며 말했다.

"그는 스스로 나를 알아준 게 아니오. 남의 말을 듣고 양식을 보내준 것에 지나지 않소. 장차 나에게 벌을 내리게 될 때도 남의 말을 듣고 그리할 것이오. 내가 양식을 받지 않은 것은 이 때문이오."

과연 얼마 후 정나라 백성들이 반란을 일으켜 자양을 죽여버렸다.

유사한 얘기가 『열자』「설부」편에 실려 있다. 정나라 재상 자양子陽에 관한 얘기는 『한비자』를 비롯해 『회남자』와 『여씨춘추』, 『사기』 등에 두루 나타난다. 기처망지其妻望之의 망望을 두고 양백준楊伯峻은 『열자집석』에서 원망怨望의 뜻으로 풀이했다. 부심拊心은 손으로 가슴을 치는 것을 말한다. 군과君過는 정나라 군주가 잘못으로 여겼다는 뜻이다. 『열자』에는 과過가 '예우하다' 의 뜻인 우遇로 되어 있다.

민과작난이살자양民果作難而殺子陽을 두고 육덕명은 "자양은 매사에 극히 엄격한 태도를 취했다. 한 사람이 잘못하여 활을 부러뜨린 뒤 틀림없이 죽을 것으로 생각해 국인들이 미친 개인 제구猘狗를 쫓는 혼란을 틈타 자양을 죽였다"고 풀이했다. 유월은 "『여씨춘추』「적위適威」편과 『회남자』「범론훈」편에 이 얘기가 나온다. 『사기』「정세가」에서는 정수공鄭繻公 25년에 정수공이 자양을 죽였다고 했고, 27년에는 자양의 무리가 정수공을 시해했다고 하여 앞의 여러 책과 다르다"고 했다. 이 어간에 정나라가 군신간의 갈등으로 인해 이내 패망해 한나라에 병탄된 것만은 분명하다. 이케다는 자양이 살해된 시점이 기원전 398년인 점에 주목해 이 설화는 이보다 좀 더 앞의 일로 추정했다.

6-8

楚昭王失國, 屠羊說走而從於昭王. 昭王反國, 將賞從者. 及屠羊說, 屠羊說曰, "大王失國, 說失屠羊. 大王反國, 說亦反屠羊. 臣之爵祿已復矣, 又何賞之有." 王曰, "强之." 屠羊說曰, "大王失國, 非臣之罪, 故不敢伏其誅. 大王反國, 非臣之功, 故不敢當其賞." 王曰, "見之." 屠羊說曰, "楚國之法, 必有重賞大功而後得見. 今臣之知不足以存國, 而勇不足以死寇. 吳軍入郢, 說畏難而避寇, 非故隨大王也. 今大王欲廢法毁約而見說, 此非臣之所以聞於天下也." 王謂司馬子綦曰, "屠羊說居處卑賤而陳義甚高, 子其爲我延之以三旌之位." 屠羊說曰, "夫三旌之位, 吾知其貴於屠頭之肆也. 萬鍾之祿, 吾知其富於屠羊之利也. 然豈可以貪爵祿而使吾君有妄施之名乎. 說不敢當, 願復反吾屠羊之肆." 遂不受也.

초소왕楚昭王이 나라를 잃자 양을 잡는 도축업자 도양열屠羊說이 달아나면서 초소왕을 호종扈從했다. 초소왕이 도성으로 돌아온 뒤 호종한 자들에게 상을 내렸다. 그 상이 도양열에게도 미치게 되었다. 도양열이 사양했다.

"대왕이 나라를 잃자 신 또한 양을 잡는 직분을 잃었습니다. 대왕이 나라를 회복하자 신 또한 양을 잡을 수 있게 되었습니다. 신의 작록이 이미 회복되었는데 또 무슨 상을 준다는 것입니까?"

초소왕이 좌우에 명했다.

"억지로라도 상을 받게 하라."

도양열이 사양했다.

"대왕이 나라를 잃은 것은 신의 죄가 아닙니다. 그러니 감히 죄를 받을 수는 없습니다. 대왕이 나라를 회복한 것 또한 신의 공이 아닙니다. 그러니 감히 상을 감당할 수 없습니다."

초소왕이 좌우에 명했다.

"과인을 알현케 하라."

도양열이 거듭 사양했다.

"초나라 국법은 반드시 중상重賞을 받을 만한 대공을 세워야만 군주를 알현할 수 있도록 규정해 놓았습니다. 신의 지혜는 국난을 구제해 나라를 존속케 하기에 부족하고, 용기는 죽음으로써 적을 막기에 부족합니다. 오나라 군사가 도성인 영郢까지 쳐들어 왔을 때 신은 화가 미칠까 두려운 나머지 적을 피했을 뿐입니다. 신이 일부러 대왕을 호종한 것은 아닙니다. 지금 대왕은 국법과 규약을 폐하면서 신을 인견引見코자 합니다. 이로 인해 신은 천하에 명성을 떨치게 될 것이나 이는 신이 바라는 바가 아닙니다."

초소왕이 찬탄하며 사마司馬로 있는 자기子綦에게 이같이 명했다.

"도양열은 비천한 지위에 머물러 있음에도 의를 진술하는 것이 심히 고상하오. 사마가 과인을 위해 그를 삼공三公의 자리로 이끌도록 하시오."

이 얘기를 들은 도양열이 극구 사양했다.

"무릇 3공의 지위가 양을 잡는 도축업자 지위보다 귀하다는 것을 잘 알고 있습니다. 만종萬鍾의 녹봉이 도축업의 이익보다 훨씬 많다는 것 또한 잘 알고 있습니다. 그러나 제가 어찌 작록을 탐내 대왕으로 하여금 함부로 상을 베풀었다는 오명을 듣도록 만들 수 있겠습니까? 저는 그런 높은 자리를 감당할 수 없습니다. 원컨대 다시 제가 일하던 가게로 돌아가도록 해주십시오."

그러고는 끝내 상을 받지 않았다.

초소왕楚昭王은 초평왕의 아들로 이름은 진軫이다. 재위 10년인 기원전 506년 겨울 11월, 오자서의 사주를 받은 오왕 합려의 침공으로 인해 도성인 영郢을 버리고 황급히 도주했다. 신포서가 진秦나라의 원군을 이끌고 온 덕분에 간신히 이듬해에 귀국할 수 있었다. 도양열屠羊說을 두고 성현영은 '양의 도살을 업으로 삼은 열說이다'라고 풀이했다. 이 일화는 『한시외전』에도 나온다. 현지見之를 두고 가나야는 크게 표창한다는 뜻으로 새겼다. 『역주 장자』가 이를 좇았다. 그러나 글자 그대로 알현케 하라는 뜻으로 새기는 게 문맥에 부합한다.

사마자기司馬子綦는 '군사 담당관인 사마로 재직하고 있는 자기子綦'라는 뜻이다. 자기위아子其爲我의 자기子其가 저본에는 자기子綦로 되어 있다. 도홍경과 유월 등은 초소왕이 직접 사마자기에게 말한 것이라면 자기子綦로 호칭하지 않고 단순히 자子라고 호칭하는 게 옳다고 주장했다. 삼정지위三旌之位를 두고 임희일은 "삼공의 수레와 옷은 각기 구별이 있기에 삼정三旌이라 한 것이다"라고 풀이했다. 손이양은 대신을 상징하는 홀인 삼규三珪로 풀이했다. 도양지사屠羊之肆

의 사肆는 가게를 뜻하는 말로 사舍와 통한다.

6-9

原憲居魯, 環堵之室, 茨以生草, 蓬戶不完, 桑以爲樞, 而甕牖二室, 褐以爲塞, 上漏下濕, 匡坐而弦歌. 子貢乘大馬, 中紺而表素, 軒車不容巷, 往見原憲. 原憲華冠縱履, 杖藜而應門. 子貢曰, "嘻, 先生何病." 原憲應之曰, "憲聞之, 無財謂之貧, 學而不能行謂之病. 今憲貧也, 非病也." 子貢逡巡而有愧色. 原憲笑曰, "夫希世而行, 比周而友, 學以爲人, 敎以爲己, 仁義之慝, 輿馬之飾, 憲不忍爲也."

공자의 제자 원헌原憲이 노나라에 살았다. 그가 살던 집은 사방이 10척밖에 안 되는 작은 집이었다. 지붕은 푸른 풀로 이었고, 쑥대로 엮은 문은 불안했다. 뽕나무 가지를 깎아 지도리를 만들고, 밑 빠진 항아리를 창으로 삼았다. 두 개의 방은 거친 갈포로 둘러막았다. 지붕 위에서 비가 새 아래 바닥은 축축했다. 원헌은 그 가운에 똑바로 앉아 거문고를 탔다.

하루는 공자의 수제자인 자공子貢이 큰 말이 이끄는 수레를 타고 감색 속옷에 흰색 겉옷을 입은 모습으로 그를 찾아왔다. 수레가 좁은 골목으로 들어올 수 없어 이내 걸어가서 원헌을 만났다. 이때 원헌은 머리에 자작나무 껍질로 만든 갓을 쓰고, 뒤꿈치 없는 신을 신고, 명아주 지팡이를 짚은 모습으로 문에 나가 자공을 맞이했다. 자공이 물었다.

"아, 선생은 어찌 이처럼 병색이 짙은 것이오?"

원헌이 대답했다.

"나는 듣건대 '재물이 없는 것을 가난이라 하고, 도를 배우고도 실천하지 않는 것을 병이라 한다'고 했소. 지금 나는 가난할지언정 병든 게 아니오."

자공이 이 말을 듣고 뒷걸음치며 부끄러운 기색을 드러냈다. 원헌이 웃으며 말했다.

"무릇 세상에 명성을 얻기 위해 행동하고, 패거리를 지으며 친구를 사귀고, 남을 다스리기 위해 학문을 익히고, 자신의 이익을 위해 남을 가르치고, 인의를 내건 채 나쁜 짓을 일삼고, 화려한 수레와 말 장식으로 자신을 꾸미는 짓을 나 원헌은 차마 할 수 없소."

원헌原憲은 공자의 제자로 자는 자사子思이다. 『논어』「헌문」편에는 원사原思로 나오고 있다. 여기의 내용은 『한시외전』 권 1과 『신서新序』「절사節士」편에도 나온다. 환도지실環堵之室은 사방 1장丈 정도 되는 작은 집을 말한다. 사마표는 도堵를 1장으로 보았다. 옹유이실甕牖二室은 밑 빠진 항아리로 창을 만든 방을 2개로 나눠 사용했다는 뜻이다. 성현영은 '깨진 질그릇으로 창문을 만든 것이다'라고 풀이했다. 갈이위색褐以爲塞을 두고 사마표는 '갈포 옷으로 창문을 막은 것이다'라고 해석했다.

자공子貢은 공자의 제자 중 언변과 이재가 가장 뛰어난 인물이었다. 화관쇄리華冠縰履는 자작나무 껍질로 만든 갓을 쓰고 뒤꿈치 없는 신을 신었다는 의미이다. 장려이응문杖藜而應門의 장려杖藜는 명아주 뿌리로 만든 지팡이를 짚었다는 뜻이다. 응문應門을 두고 성현영은 '심부름을 시킬 사람이 없어 직접 문에 나가 맞이한 것이다'라고 풀이했다. 비주이우比周而友는 군자든 소인이든 가리지 않고 사귄다는 뜻이다. 『논어』는 소인의 사귐을 비比, 군자의 사귐을 주周로 나눠 표현해 놓았다. '학이위인學以爲人, 교이위기敎以爲己'는 『논어』「헌문」편에서 공자가 "옛날 학자는 자신을 위해 배웠으나 지금 학자는 남에게 보이기 위해 한다"고 언급한 것과 취지를 같이한다.

6-10

曾子居衛, 縕袍無表, 顔色腫噲, 手足胼胝. 三日不擧火, 十年不製衣. 正冠而纓絶, 捉衿而肘見, 納屨而踵決. 曳縱而歌「商頌」, 聲滿天地, 若出金石. 天子不得臣, 諸侯不得友. 故養志者忘形, 養形者忘利, 致道者忘心矣.

증자가 위衛나라에 살았다. 입고 있던 솜옷은 겉이 닳아 떨어져 속이 보일 정도였고, 안색은 종기로 인해 부기가 심한 데다 푸석푸석했고, 수족은 트고 갈라진 데다 굳은살이 박여 있었다. 3일 동안이나 불로 익힌 식사를 하지 못했고, 10년 동안이나 새옷을 만들어 입지 못했다. 갓을 바로 쓰려 하면 갓끈이 끊어졌고, 옷깃을 여미려 하면 옷이 찢어져 팔꿈치가 드러났고, 신을 신으려 하면 뒤축이 터질 지경이었다.

그런데도 뒤축이 터진 신발을 질질 끌면서 「상송商頌」을 노래했다. 그 노랫소리가 천지 사이에 가득해 마치 쇠와 돌로 만든 악기가 울려 퍼지는 것 같았다. 천자도 그를 신하로 삼을 수 없고 제후도 그를 벗을 삼을 수 없었다. 뜻을 소중히 기르는 자는 몸을 잊고, 몸을 소중히 기르는 자는 세속의 이익을 잊고, 도를 이룬 자는 마음마저 잊는다.

온포무표縕袍無表를 두고 사마표는 『논어』「자한」편에서 공자가 자로를 두고 해진 솜옷을 입고도 전혀 부끄러워하지 않았다고 칭찬한 '의폐온포衣敝縕袍' 구절과 같은 뜻으로 새겼다. 안색종쾌顔色

腫噲는 얼굴색이 종기로 인해 푸석푸석한 모습을 말한 것이다. 곽경번은 "쾌噲는 응당 병이 더해질 괴癐가 되어야 한다"고 주장했다.

수족변지手足胼胝는 수족이 트고 갈라진 데다 굳은살이 박인 것을 말한다. 착금이주현捉衿而肘見은 옷깃을 여미려 하면 옷이 찢어져 팔꿈치가 드러난다는 뜻이다. 마서륜에 따르면 금衿이 같은 뜻의 금襟으로 된 인용문이 많다. 『장자』에는 망형忘形과 망리忘利 및 망심忘心과 유사한 표현이 제법 많이 나온다. 「천지」편에 나오는 망호물忘乎物과 망호천忘乎天, 망기忘己 등이 그것이다. 「대종사」편에도 망인의忘仁義와 망예악忘禮樂, 좌망坐忘 등의 표현이 나온다.

6-11

孔子謂顔回曰, "回, 來. 家貧居卑, 胡不仕乎." 顔回對曰, "不願仕. 回有郭外之田五十畝, 足以給飦粥. 郭內之田十畝, 足以爲絲麻. 鼓琴足以自娛. 所學夫子之道者足以自樂也. 回不願仕." 孔子愀然變容, 曰, "善哉, 回之意, 丘聞之, '知足者, 不以利自累也. 審自得者, 失之而不俱. 行修於內者, 無位而不怍.' 丘誦之久矣, 今於回而後見之, 是丘之得也."

공자가 안회에게 물었다.

"회야, 이리 오너라. 너는 집이 가난한 데다 지위 또한 낮다. 왜 벼슬하려 하지 않는 것인가?"

안회가 대답했다.

"저는 벼슬을 원치 않습니다. 성곽 밖에 50무畝의 밭이 있으니 족히 죽 정도는 먹을 수 있고, 성곽 안에 10무의 밭이 있으니 뽕나무와 삼을 심어 족히 견사絹紗와 삼베옷을 만들 수 있습니다. 또 거문고를 타면서 스스로 즐겁게 지낼 수 있고, 선생님으로부터 배운 도로 족히 스스로 즐길 수 있습니다. 제가 벼슬을 원치 않는 이유입니다."

공자가 정색하여 안색을 바꾸고 말했다.

"훌륭하구나! 너의 뜻이. 내가 듣건대 '분수를 지키며 만족할 줄 아는 자는 이해관계로 자신을 괴롭히지 않고, 잘 살펴 스스로 얻는 자는 외물을 잃어도 두려워하지 않고, 내면의 수양을 잘 한 자는 지위가 없어도 부끄러워하지 않는다' 고 했다. 나는 이 말을 암송한 지 오래되었으나 지금 너의 말을 듣고 나서야 비로소 그 실천을 직접 보게 됐다. 이는 나의 복이다!"

호불사호胡不仕乎는 벼슬길에 나서지 않는 제자 안회에 대한 스승 공자의 안타까움을 드러낸 것이다. 공자는 늘 자공과 대비되는 안회의 빈한貧寒을 애석해하면서도 그의 안빈낙도安貧樂道하는 자세에 대해서는 찬탄을 금치 못했다. 『논어』「옹야」편에서 공자는 안회를 두고 "현명하구나! 회여. 한 소쿠리의 밥을 먹고, 한 표주박의 물을 마시고, 누추한 거리에 살면 사람들은 그 근심을 견디지 못하는데 회는 그 즐거움을 그치지 않는구나. 현명하구나! 회여"라고 칭송했다. 여기서 나온 성어가 '단식표음簞食瓢飮' 이다. 한 소쿠리의 밥과 한 표주박의 물이라는 말로 매우 소박한 생활을 뜻한다. 급천죽給飦粥은 죽을 끓여 먹는다는 뜻이다. 천飦은 되게 쑨 죽을 말한다. 고금鼓琴은 거문고를 연주한다는 뜻으로 여기의 고鼓는 동사로 쓰인 것이다.

6-12

中山公子牟謂瞻子曰, "身在江海之上, 心居乎魏闕之下, 奈何." 瞻子曰, "重生. 重生則利輕." 中山公子牟曰, "雖知之, 未能自勝也." 瞻子曰, "不能自勝則從, 神無惡乎. 不能自勝而强不從者, 此之謂重傷. 重傷之人, 無壽類矣." 魏牟, 萬乘之公子也, 其隱巖穴也, 難爲於布衣之士, 雖未至乎道, 可謂有其意矣.

중산공자中山公子로 불린 위나라 공자 모牟가 현자인 첨자瞻子에게 물었다.

"나는 비록 몸은 강해江海의 물가에 숨어 지내지만 마음만은 위나라 궁궐에 가 있으니 이를 어찌하면 좋겠소?"

첨자가 대답했다.

"자신의 생명을 존중하십시오. 생명을 존중하면 이익은 가벼워집니다."

중산공자 모가 말했다.

"그 이치를 알고 있음에도 아직 스스로 극복하지 못했소."

첨자가 말했다.

"스스로 극복하지 못하면 일단 마음이 내키는 바대로 따르십시오. 그러면 신명이 자신을 미워하는 일은 없지 않겠습니까? 스스로 극복하지 못하는 상황에서 억지로 따르지 않으려 들면 이는 자신을 거듭 해치는 것입니다. 자신을 거듭 해친 사람치고 장수한 경우는 없습니다."

위나라 공자 모는 만승의 나라 공자이다. 그런 사람이 바위굴에 숨어 사는 것은 벼슬 없는 선비인 포의지사布衣之士도 하기 어려운 일이다. 비록 도의 경지에는 이르지 못했을지라도 도로 나아가려는 그 뜻만은 가히 높이 평가할만하다.

중산공자中山公子는 「추수」편에 나온 위나라 공자 모牟를 말한다. 중산에 봉해졌기에 그같이 불린 것이다. 첨자瞻子의 이름은 첨하瞻何이다. 그를 두고 육덕명은 "현인이다. 『회남자』에는 첨하詹何로 되어 있다"고 풀이했다. 위궐魏闕은 궁궐 문밖 양쪽에 있는 누대를 뜻한다. 그 아래에 법령 등을 게시했다. 이를 상위象魏라고 했다. 여기서 '위궐' 및 '상위'가 조정의 뜻으로 전용됐다. 오여륜 등은 이 점에 주목해 위魏를 대大의 뜻으로 보아야 한다고 주장하면서 '위궐'을 '대궐'로 풀이했다. 『설문해자』「외부」에 따르면 위魏는 원래 산이 높고 크다는 뜻의 외巍에서 나온 것이다. 오여륜 등의 주장은 나름 일리가 있다.

『여씨춘추』「개춘」편의 내용은 「양왕」편과 똑같으나 『회남자』「도응훈」편에는 첨자가 중산공자와 얘기를 나눈 데 이어 초왕에게도 『도덕경』을 인용하며 치국의 이치를 설파한 내용이 나온다. 이에 따르면 하루는 초왕이 첨자에게 물었다.

"나라는 어찌 다스려야 하오?"

"신은 치신治身에 관해서만 알 뿐 '치국'에 대해서는 잘 모릅니다."

"과인은 종묘사직을 이미 세웠소. 이를 올바로 지키는 도리를 배우고자 하오."

"신은 일찍이 '치신'에 성공하고도 '치국'에 실패하고, '치신'에 실패하고도 '치국'에 성공했다는 얘기를 들어본 적이 없습니다. 치국의 근본은 '치신'에 있으니 감히 가지에 불과한 것으로 이를 대신할 수는 없는 일입니다."

첨자가 중산공자에게 역설한 것과 취지를 같이한다. 요체는 생명을 중시하며 몸을 다스리는 중생치신重生治身이다.

예로부터 수많은 사람들이 '몸은 강해에 있어도 마음은 위궐 아래에 가 있다'는 뜻의 '신처강해지상身處江海之上, 심재위궐지하心在魏闕之下' 구절을 즐겨 인용했다. 이는 『회남자』에 나오는 구절이다. 남북조 때 남조 양나라 유협劉勰의 『문심조룡文心雕龍』은 신묘한 경지를 이같이 풀이해 놓았다.

"옛사람이 이르기를, '몸은 강해에 있으나 마음은 위궐 아래에 가 있다'고 했다. 이는 신사神思를 말한 것이다."

몸이 움직이면 마음이 고요해지고, 마음이 움직이면 몸이 고요해지는 신묘한 경지를 이같이 표현한 것이다. 이는 첨자의 '중생치신' 차원을 뛰어넘는 것이다. 『문심조룡』이 수많은 서양어로 번역 출간된 후 마침내 21세기에 들어와 동서양을 통틀어 최고의 문예비평서로 평가받는 게 결코 우연이 아니다.

실제로 『문심조룡』을 보면 동서고금을 관통하는 뛰어난 문학이론과 미학이론이 두루 망라돼 있다. 내용도 방대하려니와 논리 또한 탄탄하다. 유협의 문재文才는 중국문학사에서 이백, 두보, 소동파 등과 어깨를 나란히 하고 있다. 서족庶族 출신의 소외된 지식인 출신인 그는 평생을 두고 천신만고 끝에 이 책을 써냈다. 일독을 부탁받은 당대의 문인 심약沈約이 찬탄을 금치 못하며 죽을 때까지 이 책을 곁에 두고 읽었다는 일화는 매우 유명하다. 『문심조룡』은 글의 혼을 중시한 점에서 『장자』와 상통하는 면이 있다. 이를 뒷받침하는 내용이다.

"구절이 청신하고 빼어나려면 문자를 함부로 쓰지 말아야 한다. 한 장章을 고치는 것이 새로 한 편篇을 짓는 것보다 어렵고, 한 자字를 바꾸는 것이 한 절節을 바꾸는 것보다 힘들다. 풍골만 구비되고 수식이 결여된 작품은 마치 매와 같아 높이 날 수는 있으나 아름답지 못하고, 화려한 수식만 있고 풍골이 결핍된 작품은 마치 살찐 꿩과 같아 화려하기는 하나 높이 날지 못한다. 천 개의 곡조를 다룬 후에야 음악을 알게 되고, 천 개의 칼을 본 후에야 명검을 알게 된다."

6-13

孔子窮於陳蔡之間, 七日不火食, 藜羹不糝, 顔色甚憊, 而弦歌於室. 顔回擇菜, 子路·子貢相與言曰, "夫子再逐於魯, 削迹於衛, 伐樹於宋, 窮於商周, 圍於陳蔡. 殺夫子者無罪, 藉夫子者無禁. 弦歌鼓琴, 未嘗絶音, 君子之無恥也若此乎." 顔回無以應, 入告孔子. 孔子推琴, 喟然而嘆曰, "由與賜, 細人也. 召而來, 吾語之." 子路·子貢入. 子路曰, "如此者, 可謂窮矣." 孔子曰, "是何言也. 君子通於道之謂通, 窮於道之謂窮. 今丘抱仁義之道以遭亂世之患, 其何窮之爲. 故內省而不窮於道, 臨難而不失其德. 天寒旣至, 霜雪旣降, 吾是以知松柏之茂也. 桓公得之莒, 文公得之曹, 越王得之會稽. 陳蔡之隘, 於丘其幸乎." 孔子削然反琴而弦歌, 子路扢然執干而舞. 子貢曰, "吾不知, 天之高也, 地之下也." 古之得道者, 窮亦樂, 通亦樂, 所樂非窮通也. 道德於此, 則窮通爲寒暑風雨之序矣. 故許由娛於潁陽, 而共伯得乎共首.

공자가 진·채 사이에서 곤경에 처했을 때 7일 동안 따뜻한 밥을 지어먹지 못했다. 명아주 국에 쌀을 섞어넣지도 못할 지경이었다. 안색이 몹시 고달팠는데도 방안에서 거문고를 타며 노래를 불렀다. 안회가 밖에서 나물을 캐고 있을 때 자로와 자공이 곁에서 서로 한탄했다.

"선생님은 노나라에서 두 번이나 쫓겨났고, 위나라에서는 떠난 뒤 그 자취를 모두 지워버릴 정도의 박해를 당했고, 송나라에서는 큰 나무가 베어지는 와중에 그 밑에 깔릴 뻔했고, 은나라의 옛 도성과 주나라 도성 낙읍에서도 곤경에 처했고, 이번에는 진·채 사이에서 포위되어 꼼짝도 못하는 곤경에 처하게 됐다. 지금 선생님을 죽이려는 자를 죄주지도 못하고, 욕보이려는 자를 막을 수도 없는 상황인데 선생님은 조용히 노래 부르고 거문고를 타며 음악을 멈출 생각을 하지 않으니 군자가 부끄러움을 모르는 게 이토록 심할 수 있단 말인가?"

안회가 대답할 말이 없어 안으로 들어가 이를 공자에게 고했다. 공자가 거문고를 앞으로 밀어놓고 크게 탄식했다.

"유由와 사賜는 소인이다. 가서 불러오너라. 내가 그들에게 말해주겠다."

자로와 자공이 이내 안으로 들어왔다. 자로가 먼저 말했다.

"이런 경우는 가히 궁하다고 말할 수 있을 것입니다."

공자가 말했다.

"그게 무슨 말인가? 군자는 도가 통하는 것을 통한다고 하고, 도가 막히는 것을 궁하다고 한다. 지금 나는 인의의 도를 착실히 품은 채 난세의 재난을 만났을 뿐이다. 이를 어찌 궁하다고 할 수 있는가? 나는 내성內省하는 까닭에 도가 궁하지 않고, 밖으로 위난에 봉착해서도 덕을 잃지 않는다. 추운 계절이 와 서리와 눈이 내린 후에야 우리는 비로소 송백松柏의 무성함을 알 수 있다.

제환공齊桓公의 패업은 거莒나라로 망명하는 고난 속에서 얻은 것이고, 진문공晉文公의 패업은 망명 중 조曹나라에서 당한 모욕 속에서 얻은 것이고, 월왕 구천句踐의 패업은 회계산會稽山의 패배 속에서 얻은 것이다. 지금 진·채 사이의 재난 역시 나에게는 오히려 다행한 일이 아니겠는가?"

공자가 다시 조용히 거문고를 끌어다 놓고 연주하며 노래를 불렀다. 자로가 씩씩한 모습으로 방패를 잡고 춤을 추었다. 자공이 탄식했다.

"나는 지금까지 하늘이 이처럼 높고 땅이 이처럼 깊은 줄 몰랐구나!"

옛날의 득도자는 곤궁할 때도 즐거워했고 영달할 때도 즐거워했다. 그들이 정말 즐거워한 것은 곤궁과 영달 같은 게 아니었다. 도를 얻을 수만 있다면 곤궁과 영달은 단지 한서풍우寒暑風雨와 같이 자연의 추이에 지나지 않았다. 허유가 영수潁水 북쪽에 숨어 살면서 즐거워하고 주왕조의 공백共伯이 공수산共首山 기슭에 숨어 지내며 만족한 삶을 산 이유다.

여갱불삼藜羹不糝은 명아주 국에 쌀을 섞어넣지 못했다는 뜻이다. 삼糝은 쌀알을 뜻하는 삼糂과 같다. 안회택채顔回擇菜는 안회가 밖에서 나물을 캤다는 의미이다. 『여씨춘추』「신인」편에는 '택채' 밑에 어외於外 두 글자가 덧붙여져 있다. 자부자藉夫子의 자藉는 밑에 깐다는 뜻에서 남을 능멸하고 모욕한다는 뜻으로 전용됐다. 육덕명은 능자凌藉로 해석했다.

지송백지무知松柏之茂는 『논어』「자한」편에 나오는 '시절이 추워진 연후에야 송백이 뒤늦게 시드는 것을 알 수 있다'는 구절과 취지를 같이한다. 선비는 궁할 때 그 절의를 볼 수 있다는 뜻의 '사궁견절의士窮見節義'와 세상이 어지러울 때 충신을 알 수 있다는 뜻의 '세란식충신世亂識忠臣'도 같은 의미이다.

'환공득지거桓公得之莒, 문공득지조文公得之曹, 월왕득지회계越王得之會稽'의 3구절은 원래 저본에 없는 것이다. 진경원의 『장자궐오』에 인용된 강남고장본에 이 구절이 들어 있다. 『여씨춘추』「신인」편에도 나온다. 도중에 누락한 것으로 짐작된다. 보충해 해석하는 게 마땅하다. 도덕어차道德於此의 덕德이 『여씨춘추』「신인」편에는 득得으로 나와 있다. 두 글자가 무시로 통용되었음을 뒷받침한다. 『도덕경』에도 이런 사례가 매우 많다.

공백득호공수共伯得乎共首는 주나라 왕족 공백이 공수산 기슭에 숨어 지내며 자득했다는 뜻이다. 이는『사기』「주본기」의 내용에서 나온 것으로 서주 때 주여왕周厲王이 보위를 비웠을 때의 얘기를 언급한 것이다. 당시 주여왕이 백성들의 반란으로 도주한 뒤 소위 공화共和가 들어선 배경과 관련해 두 가지 설이 있다.

『사기』는 주여왕의 아들 주선왕이 어린 까닭에 원로대신 주공과 소공이 섭정했다고 기록해 놓았다. 함께 화합해 섭정을 한 까닭에 '공화' 라는 말이 나왔다는 주장이다. 임시적인 응급체제가 '공화' 인 셈이다. 북경대 등에서 중국문학을 강의하면서『문심조룡강소』를 쓴 범문란范文瀾 등이 이를 추종했다. 다른 하나는『죽서기년』과『여씨춘추』 등에 나오는 '공백共伯 화和' 설이다.『장자』「양왕」편의 이 구절도 그 중 하나에 속한다. 곽말약郭沫若이 이를 지지했다.

여기에도 두 가지 설이 있다.『죽서기년』에는 '공백共伯 화和가 왕위王位를 간干하다"로 되어 있다. 당나라 때 사마정은『사기색은』에서 '간干' 을 '찬簒' 으로 보았다. 이에 대해 청대 말기의 왕국유는『금본죽서기년소증今本竹書紀年疏證』에서 '섭행攝行' 으로 해석했다. 이는『여씨춘추』「개춘」편의 내용과 일치한다.

"공백 화가 수행修行하면서 현인을 좋아하자 해내 사람들이 몰려와 머물렀다. 주여왕 때 민란이 일어나 보위가 비어 후사가 끊어질 지경이 되었음에도 천하 사람들이 모두 몰려와 그에게 보고했다."

여기서는 찬탈자의 모습이 전혀 나타나지 않고 있다.「양왕」편의 이 대목은『여씨춘추』와 맥을 같이하는 것이다. 메이지유신 시절 일본인들이 서양의 '리퍼블릭' 을 '공화' 로 번역한 이후 '공화' 의 어원을 둘러싸고 오랫동안 논란이 지속돼 왔음에도 아직 정설이 없는 상황이다. 대략 왕국유의 설을 좇는 게 좋을 듯하다.

6-14

舜以天下讓其友北人無擇, 北人無擇曰, "異哉. 后之爲人也, 居於畎畝之中, 而遊堯之門, 不若是而已, 又欲以其辱行漫我. 吾羞見之." 因自投淸泠之淵.

순이 천하를 북인무택北人無擇에게 넘기려 하자 북인무택이 이같이 말했다.

"이상하기도 하구나! 군주의 사람됨이. 그대는 본래 논밭 가운데 살면서 농사짓던 자이다. 요의 문하에서 놀더니 끝내 요의 신임을 얻어 천자의 자리에 올랐다. 이것으로 그치지 않고 다시 자신이 저지른 욕된 행위로 나까지 더럽히려 든다. 나는 그대를 보는 것조차 부끄럽다."

그러고는 스스로 청령淸泠이라는 연못에 몸을 던졌다.

북인무택北人無擇을 두고 성현영은 "북방 사람으로 이름은 무택이고, 순의 벗이었다"고 풀이했다. 그러나 '북인무택'이 하나의 이름처럼 사용되고 있고 가공의 인물인 점을 감안해 하나의 별칭으로 보는 게 나을 듯싶다. 후지위인后之爲人也의 후后는 후비와 토지신을 두루 뜻하는 데서 알 수 있듯이 원래 모계사회의 특징을 반영한 글자이다. 후대에 군주의 뜻으로 전용되었다. 여기서는 순을 지칭하고 있다. 기욕행만아其辱行漫我는 순이 저지른 오욕된 행위가 나를 더럽힌다는 의미이다. 만漫은 명예 등을 손상시킨다는 뜻의 매浼와 통한다. 청령지연淸泠之淵을 두고 성현영은 남양 서악현 경계에 있다고 했으나 이 또한 가공의 지명으로 보는 게 옳다.

6-15

湯將伐桀, 因卞隨而謀, 卞隨曰, "非吾事也." 湯曰, "孰可." 曰, "吾不知也." 湯又因務光而謀, 務光曰, "非吾事也." 湯曰, "孰可." 曰, "吾不知也." 湯曰, "伊尹何如." 曰, "强力忍垢, 吾不知其他也." 湯遂與伊尹謀伐桀, 剋之. 以讓卞隨, 卞隨辭曰, "後之伐桀也謀乎我, 必以我爲賊也. 勝桀而讓我, 必以我爲貪也. 吾生乎亂世, 而無道之人再來漫我以其辱行, 吾不忍數聞也." 乃自投椆水而死. 湯又讓務光, 曰, "知者謀之, 武者遂之, 仁者居之, 古之道也. 吾子胡不立乎." 務光辭曰, "廢上, 非義也. 殺民, 非仁也. 人犯其難, 我享其利, 非廉也. 吾聞之曰, '非其義者, 不受其祿. 無道之世, 不踐其土.' 況尊我乎. 吾不忍久見也." 乃負石而自沈於廬水.

상나라 탕湯이 장차 하나라 걸桀을 정벌할 생각으로 은자인 변수卞隨와 계책을 논의코자 했다. 변수가 사양했다.

"이는 제가 할 수 있는 일이 아닙니다."

탕이 물었다.

"그렇다면 누가 좋겠소?"

변수가 대답했다.

"저는 잘 모릅니다."

탕이 다시 은자인 무광務光과 논의하려고 하자 무광이 사양했다.

"이는 제가 할 수 있는 일이 아닙니다."

"그렇다면 누가 좋겠소?"

"저는 잘 모릅니다."

"이윤伊尹은 어떻소?"

무광이 대답했다.

"무리하게 힘쓰는 인물로 능히 치욕을 참아낼 수 있을 것입니다. 그 밖의 능력에 대해서는 잘 모르겠습니다."

탕이 마침내 이윤과 상의해 걸을 쳐 이겼다. 다시 천하를 변수에게 넘기려 하자 변수가 또 사양했다.

"군주가 걸을 치려고 할 때 저와 상의한 것은 저를 도적으로 생각한 것입니다. 이제 걸을 이기고 저에게 천하를 넘기려 하는 것은 저를 탐욕스런 자로 생각한 것입니다. 저는 지금 난세에 태어난 이유로 무도한 사람이 두 번이나 찾아와 욕된 행위를 권유하는 지경에 이르게 됐습니다. 저는 몇 번씩이나 이런 욕된 말을 듣는 것을 차마 견딜 수 없습니다."

그러고는 마침내 스스로 주수椆水에 몸을 던졌다.

탕이 다시 천하를 무광에게 넘기려고 했다.

"지자知者는 천하를 위해 계책을 세우고, 무자武者는 이를 완수하고, 인자仁者는 천자의 자리에 앉는 게 도리요. 그런데도 그대는 어찌하여 보위에 오르려 하지 않는 것이오?"

무광이 사양했다.

"윗사람을 폐하는 것은 의가 아니고, 전쟁으로 백성을 죽이는 것은 인이 아닙니다. 다른 사람이 어려움을 무릅썼는데 내가 아무것도 한 일 없이 그 이익을 누리는 것은 염치없는 짓입니다. 제가 듣건대 '의롭지 않은 자에게는 녹을 받지 않고, 무도한 세상에서는 그 땅을 밟지 않는다'고 했습니다. 하물며 무도한 자가 저를 천자의 자리에 올리려 하는 일이겠습니까? 저는 오래도록 이런 상황을 차마 볼 수가 없습니다."

그러고는 마침내 스스로 돌을 등에 지고 여수廬水의 깊은 물속에 빠졌다.

인변수이모因卞隨而謀의 인因을 두고 방용方勇 등은 취就의 뜻으로 간주해 변수를 찾아가 상의한 것으로 풀이했다. 성현영은 변수의 변卞이 성, 수隨가 이름이라고 했으나 이 또한 가공의 인물에 지나지 않는다. 무광務光은 이미 「대종사」와 「외물」편에 나온 바 있다. 육덕명은 황보밀皇甫謐의 말을 인용해 "황제 때의 사람으로 귀의 길이가 7촌이었다"고 기록해 놓았다. 방용 등은 하나라 말기의 인물로 보았다.

강력인구强力忍垢는 무리하게 힘쓰는 자로 손에 때를 묻히는 것도 능히 참아낼 수 있다는 뜻이다. 저본에는 구垢가 구垢로 되어 있으나 가나야는 이를 오기로 보았다. 『여씨춘추』 「이속」편에는 강력인구彊力忍詢로 되어 있다. 구詢는 꾸짖거나 부끄럽다는 뜻의 구詬와 같다. 주수椆水는 강물 이름으로 조稠 또는 동洞으로 된 판본도 있다. 여수廬水의 위치를 두고 육덕명은 지금의 북경 일대인 북평군 경계로 보았으나 방용 등은 요동 서쪽 경계로 풀이했다.

6-16

昔周之興, 有士二人處於孤竹, 曰伯夷·叔齊. 二人相謂曰, "吾聞西方有人, 似有道者, 試往觀焉." 至於岐陽, 武王聞之, 使叔旦往見之. 與盟曰, "加富二等, 就官一列." 血牲而埋之. 二人相視而笑, 曰, "嘻, 異哉. 此非吾所謂道也. 昔者神農之有天下也, 時祀盡敬而不祈喜. 其於人也, 忠信盡治而無求焉. 樂與政爲政, 樂與治爲治. 不以人之壞自成也, 不以人之卑自高也, 不以遭時自利也. 今周見殷之亂而遽爲政, 上謀而下行貨, 阻兵而保威, 割牲而盟以爲信, 揚行以說衆, 殺伐以要利, 是推亂以易暴也. 吾聞古之士, 遭治世不避其任, 遇亂世不爲苟存. 今天下闇, 周德衰, 其竝乎周以塗吾身也, 不如避之, 以絜吾行." 二子北至於首陽之山, 遂餓而死焉. 若伯夷·叔齊者, 其於富貴也, 苟可得已, 則必不賴高節戾行, 獨樂其志, 不事於世. 此二士之節也.

주왕조가 흥기할 때 깨끗한 선비 두 사람이 고죽국孤竹國에 살았다. 바로 형 백이伯夷와 동생 숙제叔齊였다. 두 형제가 서로 상의했다.

"우리들 귀에 들리기로 '서방에 어떤 지도자가 나타났는데 도를 터득한 사람 같다' 고 하니 어디 한번 시험 삼아 가보기로 하자."

기산岐山 북쪽에 이르렀을 때 주문왕의 뒤를 이은 주무왕이 이 소식을 듣고는 곧 동생인 주공 단旦을 보내 이들을 영접하게 했다. 주공 단이 두 사람 앞에서 맹서했다.

"녹봉은 이등二等으로 높여주고 관위는 일품一品으로 나아가게 해 주겠소."

그러고는 희생을 죽여 그 피를 발라 맹서한 뒤 맹서를 다짐한 문서를 땅속에 묻었다. 두 사람이 서로 바라보다 웃으며 말했다.

"아, 기이하구나! 이는 우리가 말하는 도가 아니다. 옛날 신농씨가 천하를 다스릴 때는 철마다 제사에 공경을 다할 뿐 복을 빌지는 않았다. 백성들을 다스리면서 충신忠信으로 치도治道를 다했을 뿐 백성들에게 어떤 것을 요구하지는 않았다. 이들은 더불어 정사를 펼치는 것을 즐거워하고 더불어 다스리는 것을 즐거워했다. 남이 실패했다고 해서 이를 자신의 성공으로 여기지 않고, 남의 신분이 낮다고 해서 이를 자신의 신분이 높은 것으로 여기지 않고, 좋은 때를 만났다고 해서 이를 자신의 이익으로 삼지 않았다.

그런데 지금 주나라는 은나라가 어지러워진 것을 보고는 문득 선정을 행하고, 모략을 숭상해 뇌물공작을 펼치고, 무력에 의지해 무위를 떨치고 희생을 갈라 피로 맹서하며 신의를 지키게 하고, 자신의 행동을 선전해 백성들을 기쁘게 하고, 살육과 정벌로 이익을 꾀하고 있다. 이는 난정亂政을 추구해 폭정暴政을 바꾸는 것에 지나지 않는다.

우리는 일찍이 듣건대 '옛날 선비들은 치세를 만나면 자신이 해야 할 임무를 피하지 않고 난세를 만나면 구차하게 살려고 하지 않았다'고 했다. 지금 천하가 크게 어지러워졌는데도 주나라의 덕은 아직 쇠약하다. 주나라 치하에 살면서 우리 몸을 더럽히느니 차라리 주나라 세상에서 도망쳐 우리의 행동을 깨끗이 하는 게 낫다."

두 사람은 마침내 북쪽으로 수양산首陽山에 이르러 산속에 숨어 살다가 이내 굶어죽었다. 백이와 숙제 같은 사람은 부귀와 관련해 실로 자신들이 할 수만 있다면 반드시 부귀에 연연하지 않을 사람들이다. 이들은 절의를 고상하게 행하고 덕행을 높였다고 할 수 있다. 이들이 홀로 스스로의 높은 뜻을 즐기며 세속 일을 일삼지 않은 이유다. 이게 두 사람의 절의이다.

고죽孤竹을 두고 성현영은 요서에 있다고 했다. 백이伯夷와 숙제叔齊는 「대종사」편에 이미 나왔다. 두 사람에 관한 일화는 『논어』와 『맹자』, 『한비자』, 『장자』 등에 두루 나온다. 『사기』는 열전의 첫머리에 「백이열전」을 두었다. 성현영은 신농씨의 후손으로 성이 강씨姜氏라고 했다. 취관일렬就官一列의 취就를 두고 성현영은 수여한다는 뜻의 수授로 풀이했다. 그러나 『논어』 「계씨」편에서 능력을 펼쳐 대열에 나아간다는 뜻으로 사용된 진력취열陳力就列의 취就처럼 벼슬자리에 나아간다는 뜻으로 새기는 게 타당하다.

혈생이매지血牲而埋之는 희생을 죽여 그 피를 입술에 발라 맹서한 뒤 희생과 맹세문을 땅속에 묻는다는 뜻이다. 혈血이 살殺로 된 판본도 있다. 상모이하행화上謀而下行貨의 상上은 숭상한다는 뜻의 상尙과 같다. 왕념손은 후대인이 하下 자를 잘못 끼워넣은 것으로 보았다. 실제로 일본 고산사고초본에는 이 글자가 없다. 조병이보위阻兵而保威의 조阻는 믿고 의지한다는 뜻이다. 고유는 의依, 필원畢沅은 시恃로 풀이했다.

수아이사遂餓而死는 백이와 숙제가 마침내 수양산에서 아사했다는 뜻이다. 이를 두고 곽상은 "『논어』에는 굶주렸다는 말만 있고 죽었다는 말이 없다. 여기서 죽었다고 말한 것은 그들이 굶주리는 처지를 끝까지 지키다 죽었음을 말한 것이지 반드시 굶어죽었다고 한 것은 아니다"라고 했다. 고절려행高節戾行은 절의를 높이고 덕행을 닦는다는 의미이다. 임희일은 려戾를 높인다는 뜻의 항亢으로 풀이했다.

제7장 도척(盜跖)

7-1

孔子與柳下季爲友, 柳下季之弟名曰盜跖. 盜跖從卒九千人, 橫行天下, 侵暴諸侯. 穴室樞戶, 驅人牛馬, 取人婦女. 貪得忘親, 不顧父母兄弟, 不祭先祖. 所過之邑, 大國守城, 小國入保, 萬民苦之. 孔子謂柳下季曰, "夫爲人父者, 必能詔其子. 爲人兄者, 必能教其弟. 若父不能詔其子, 兄不能教其弟, 則無貴父子兄弟之親矣. 今先生, 世之才士也, 弟爲盜跖, 爲天下害, 而弗能教也, 丘竊爲先生羞之. 丘請爲先生往說之." 柳下季曰, "先生言爲人父者必能詔其子, 爲人兄者必能教其弟, 若子不聽父之詔, 弟不受兄之教, 雖今先生之辯, 將奈之何哉. 且跖之爲人也, 心如涌泉, 意如飄風, 強足以距敵, 辯足以飾非. 順其心則喜, 逆其心則怒, 易辱人以言. 先生必無往." 孔子不聽, 顏回爲馭, 子貢爲右, 往見盜跖.

공자와 노나라 현자 유하계柳下季는 친구 사이였다. 유하계의 동생은 이름을 도척盜跖이라고 했다. 그는 9천 명의 도적떼를 거느리고 천하를 횡행했다. 제후들의 영토를 침탈해 포악한 행위를 일삼고 민가를 무참히 약탈했다. 남의 집에 구멍을 뚫어 문지도리를 떼어내고 들어가 소와 말을 몰아가고 부녀자를 납치했다. 도적질하여 얻은 이득을 탐하느라 친척도 잊었고, 부모형제도 돌보지 않았고, 조상 제사도 지내지 않았다. 이들이 성읍을 지날 경우 대국은 성을 굳게 지키고, 소국은 보루에 들어가 지켰다. 이로 인해 천하 만민이 커다란 고통을 당했다. 공자가 유하계를 찾아가 말했다.

"무릇 아비된 자는 반드시 그 자식을 타일러 이끌 수 있어야 하고, 형된 자는 반드시 아우를 교화시킬 수 있어야 합니다. 만일 아비가 자식을 타일러 이끌지 못하고 형이 아우를 교화시키지 못하면 부자와 형제 같은 친척을 귀하게 여길 까닭이 없을 것입니다. 지금 선생은 천하가 알아주는 재사입니다. 그 동생이 도적의 우두머리가 되어 천하의 큰 해가 되어 있는데도 교화하지 못하니 저는 적이 선생을 위해 이를 부끄럽게 여깁니다. 청컨대 선생을 대신해 그를 찾아가 설복해 보도록 하겠습니다."

유하계가 말했다.

"선생은 말하기를, '아비된 자는 반드시 그 자식을 타일러 이끌 수 있어야 하고, 형된 자는 반드시 아우를 교화시킬 수 있어야 한다'고 했소. 만일 자식이 아비의 훈계를 듣지 않고 아우가 형의 가르침을 받아들이지 않는다면 비록 지금 선생의 뛰어난 웅변으로 아무리 설득하려 할지라도 장차 그를 어찌할 수 있겠소?

도척이란 위인은 마음은 용솟음치는 샘물처럼 끝이 없고, 의기는 격렬한 회오리바람처럼 사납고, 힘은 족히 어떤 적이라도 막아낼 정도이고, 언변은 족히 자신의 잘못을 꾸며대며 변명할 정도요. 상대가 마음에 들면 기뻐하나 거슬리면 곧바로 욕지거리를 퍼부으며 모욕을 줍니다. 선생은 절대 가지 마시오."

그러나 공자는 유하계의 충고를 듣지 않았다. 곧 안회에게 수레를 몰게 하고 자공을 오른편에 앉힌 뒤 도척을 만나러 갔다.

「도척」편은 인의예지로 요약되는 유가의 인위적인 덕목을 질타한 내용으로 꾸며져 있다. 그 내용이 매우 통쾌해 기존의 틀에 박힌 질서를 타파하고자 하는 사람들에게 커다란 영향을 미쳤다. 에도시대 말기 오사카에서 농민반란을 주도한 막부관원 오오시오 헤이하치로大鹽平八郞가 「세심동탑기洗心洞箚記」에서 「도척」을 두고 "한마디 한마디가 보통 사람이 말하지 못하는 속마음을 대변한다"고 극찬한 게 그 증거다.

유하계柳下季는 『논어』와 『맹자』 등에 나오는 노나라 현대부 유하혜柳下惠와 같은 인물이다. 육덕명은 "유하혜는 성이 전展, 이름이 획獲, 자는 계금季禽이다. 어떤 자는 그의 자가 자금子禽이고, 유하라는 곳에 머물며 덕을 베풀었다고 한다. 시호가 혜惠이고 유하는 고을 이름이라는 주장도 있다. 『춘추좌전』을 살펴보면 전금은 노희공 때의 실존인물로 공자가 태어날 때 나이가 이미 80세에 이르고, 자로가 죽을 때는 이미 150세를 넘었다. 공자가 그를 만나 벗이 될 수 없으니 이는 우언에 지나지 않는다"고 기술해 놓았다. 『맹자』 「만장 하」편에는 백이와 이윤, 유하혜, 공자가 대비되어 나타나고 있다. 「도척」편은 유가에서 유하혜를 현인으로 칭송한 배경을 야유한 것이나 다름없다. 공자가 유하혜의 동생인 도척에게 질타를 당하는 모습으로 그려진 게 그 증거다. 유하혜는 『논어』에 모두 3번 나온다. 「위령공」편에 1번, 「미자」편 2번 나온다. 가장 주목되는 것은 「미자」편에 나오는 다음 일화이다.

유하혜가 옥송을 담당하는 사사士師가 된 후 3번 내침을 당했다. 어떤 사람이 물었다.

"그대는 아직 떠날 때가 아니지 않는가?"

유하혜가 대답했다.

"도를 바로 하여 남을 섬기면 어디를 간들 3번 내침을 당하지 않겠으며, 도를 굽혀 남을 섬기면 어찌 굳이 부모의 나라를 떠날 필요가 있겠는가?"

「미자」편 자체가 후대에 편제된 것으로 역사적 사실과 동떨어진 게 적지 않다. 항간에 나도는 얘기들 중 유가의 전파에 도움이 될 만한 것들을 수록했기 때문이다. 『논어』가 편제되는 전국시대 후기에 유하혜와 관련해 여러 얘기가 나돌고 있었음을 짐작케 해주는 대목이다. 「도척」편에서 천하의 대도 도척이 유하혜의 동생으로 나오고 있는 것도 이런 맥락에서 접근할 필요가 있다.

유하혜, 즉 유하계의 동생 도척盜跖을 두고 육덕명은 "이기李奇가 주석한 『한서』에 따르면 도척은 진秦나라의 대도였다"고 풀이했다. 이에 대해 유월은 "『사기』「백이열전」을 주석한 『사기정의』는 '도척은 황제 때의 대도 이름이다' 라고 했다. 도척이 어느 때 인물인지 정설이 없다. 공자와 유하혜는 동시대가 아니었고, 유하혜와 도척 또한 동시대가 아니다. 독자들은 이 우언을 실제로 생각해서는 안 된다"고 주문했다.

소국입보小國入保의 '보'는 보루의 의미이다. 육덕명은 정현이 주석한 『예기』를 인용해 작은 성으로 해석했다. 거적距敵의 거距는 거拒와 통한다. 안회위어顔回爲馭의 어馭는 마부인 어자御者의 뜻이다. 자공위우子貢爲右의 우右는 수레의 오른쪽에 앉아 보위하는 소위 거우車右를 말한다. 거우는 일명 참승驂乘이라고 했다. 성현영도 그같이 풀이했다. 통상 용력이 뛰어난 인물이 '거우'가 되었다.

7-2

盜跖乃方休卒徒大山之陽, 膾人肝而餔之. 孔子下車而前, 見謁者曰, "魯人孔丘, 聞將軍高義, 敬再拜謁者." 謁者入通. 盜跖聞之大怒, 目如明星, 髮上指冠, 曰, "此夫魯國之巧僞人孔丘非邪. 爲我告之. 爾作言造語, 妄稱文武, 冠枝木之冠, 帶死牛之脅, 多辭繆說, 不耕而食, 不織而衣, 搖脣鼓舌, 擅生是非, 以迷天下主之, 使天下學士不反其本, 妄作孝弟, 而儌幸於封侯富貴者也. 子之罪大極重, 疾走歸. 不然, 我將以子肝益晝餔之膳."

이때 도척은 마침 졸개들을 태산의 남쪽 기슭에 쉬게 하면서 사람의 간을 회로 쳐 간식으로 먹고 있었다. 공자가 수레에서 내려 앞으로 나아가 알자謁者에게 말했다.

"노나라 사람 공구는 장군의 높은 의를 듣고 삼가 알자에게 재배합니다."

알자가 들어가 도척에게 전하자 도척이 그 말을 듣고 크게 노했다. 눈은 번쩍거리는 별과 같고, 머리카락은 갓을 찌를 듯 위로 솟구쳤다. 도척이 말했다.

"그 자는 노나라의 위선자 공구가 아닌가? 가서 내 말이라고 하면서 그대로 전하라. '너는 말을 만들고 이야기를 지어내 함부로 문왕과 무왕을 들먹이며 칭송하고, 머리에는 나뭇가지처럼 장식이 많은 갓을 쓰고, 허리에는 죽은 소의 옆구리 뱃가죽으로 만든 허리띠를 차고, 수다스럽게 잘못된 학설을 지껄이고, 농사도 짓지 않으면서 밥을 먹고, 베를 짤 줄도 모르면서 옷을 입고 다닌다. 게다가 입술을 놀리고 혀를 움직이면서 멋대로 시비의 기준을 만들어 천하의 군주들을 미혹시킨다. 천하의 학문하는 자들로 하여금 근본으로 돌아가지 못하게 만들고, 함부로 효제孝悌 등의 덕목을 만들어 가르치며 장차 제후에 봉해져 부귀하게 되는 요행을 바라는 자이다. 너의 죄는 너무 커 무겁게 처벌받아야 한다. 속히 돌아가도록 하라. 그리하지 않으면 내가 너의 간을 점심 반찬에 보탤 것이다."

발상지관髮上指冠은 머리카락이 위로 솟구쳐 갓을 찌를 듯한 모습을 표현한 것이다. 지指가 충衝으로 된 판본이 있다. 사마천은 「자객열전」에서는 진시황 척살에 나선 형가의 모습을 발진상지관髮盡上指冠으로 「염파인상여열전」에서는 완벽完璧의 고사를 전하면서 인상여의 모습을 노발상충관怒髮上衝冠으로 표현해 놓았다. 다사류설多辭繆說은 말이 많고 오류 투성이의 얘기를 지껄인다는 뜻이다. 요순고설搖脣鼓舌은 입술을 놀리고 혀를 놀린다는 의미의 욕설이다. 망작효제妄作孝悌의 제悌가 제弟로 된 판본이 있다. 같은 뜻이다.

교행儌幸은 요행을 바란다는 뜻으로 여기의 교儌는 망望과 같다. 극중極重은 극히 무겁게 처벌받아야 한다는 뜻으로 유월은 "극極은 사형에 처할 극殛으로 바꿔야 한다. 옛날에는 두 글자가 서로 통용됐다"고 주장했다. 문맥상 일리 있는 주장이다. 주포지선晝餔之膳은 점심식사 반찬을 말한다. 포餔는 원래 새참의 뜻이다.

7-3

孔子復通曰, "丘得幸於季, 願望履幕下." 謁者復通. 盜跖曰, "使來前." 孔子趨而進, 避席反走, 再拜盜跖. 盜跖大怒, 兩展其足, 案劍瞋目, 聲如乳虎, 曰, "丘來前. 若所信順吾意則生, 逆吾心則死." 孔子曰, "丘聞之, '凡天下有三德.' 生而長大, 美好無雙, 少長貴賤見而皆說之, 此上德也. 知維天地, 能辯諸物, 此中德也. 勇悍果敢, 聚衆率兵, 此下德也. 凡人有此一德者, 足以南面稱孤矣. 今將軍兼此三者, 身長八尺二寸, 面目有光, 脣如激丹, 齒如齊貝, 音中黃鐘, 而名曰盜跖, 丘竊爲將軍恥不取焉. 將軍有意聽臣, 臣請南使吳越, 北使齊魯, 東使宋衛, 西使晉楚, 使爲將軍造大城數百里, 立數十萬戶之邑, 尊將軍爲諸侯, 與天下更始, 罷兵休卒, 收養昆弟, 共祭先祖. 此聖人才士之行, 而天下之願也."

공자가 다시 알자를 통해 말했다.

"저는 장군의 형님인 유하계와 친하게 지내고 있습니다. 원컨대 부디 장군을 막하幕下에서라도 바라볼 수 있게 해주십시오."

알자가 다시 전하자 도척이 이내 허락했다.

"내 앞으로 데려오도록 하라!"

공자가 종종걸음으로 앞으로 나아가 자리를 피해 도척에게 두 번 절했다. 도척이 크게 노해 두 다리를 떡 벌리고 앉은 채로 칼자루를 어루만지며 눈을 부릅뜨고 마치 젖 먹이는 어미 호랑이 같은 사나운 목소리로 말했다.

"구丘는 앞으로 나오라! 네가 하는 말이 내 마음에 들면 살려줄 것이고 내 마음에 거슬리면 죽어버릴 것이다."

공자가 말했다.

"제가 듣건대 '무릇 천하에는 3가지 덕이 있다'고 했습니다. 타고나면서부터 장대하고, 용모가 비길 데 없이 아름답고, 노소귀천 모두 그를 좋아하는 것이 상덕上德입니다. 지식이 천지만물을 다 감싸안아 모르는 게 없고, 능력이 모든 사물을 두루 처리할 수 있는 것이 중덕中德입니다. 용맹한 데다 과감하고 많은 사람을 모아 군사를 인솔할 수 있는 것이 하덕下德입니다.

그 누구라도 이 중 한 가지만 있을지라도 능히 보위에 앉을 수 있습니다. 그런데 지금 장군은 이 3가지 덕을 모두 갖추고 있습니다. 키는 8척 2촌이나 되고, 얼굴은 빛이 나고, 입술은 선명한 붉은색을 띠고 있고, 치아는 조개껍질처럼 정돈되어 아름답고, 목소리는 기본음인 황종黃鐘의 음률에 맞습니다. 그런데도 세상에서는 장군을 '도척'으로 부르고 있습니다. 저는 적이 장군을 위해 이를 부끄럽게 여겨 따르지 않고 있습니다.

장군이 제 말을 따를 의향이 있다면 저는 곧 남쪽으로 오吳·월越, 북쪽으로 제齊·로魯, 동쪽으로 송宋·위衛, 서쪽으로 진晉·초楚에 사자로 갈 것입니다. 이어 장군을 위해 그들로 하여금 사방 수백 리 되는 커다란 성곽을 만들게 하고, 수십 만 호의 성읍을 건립하게 하고, 장군을 제후로 추대해 존경받게 하고, 천하 사람들과 더불어 세상을 개혁하게 하고, 전쟁을 그쳐 병사들을 쉬게 하고, 장군의 형제들을 거둬 공손히 조상 제사를 지낼 수 있도록 할 것입니다. 이것이 바로 성인과 재사의 행보이자 천하 만민의 바람이기도 합니다."

구득행어계丘得幸於季의 행幸은 총행寵幸의 뜻이다. 남면칭고南面稱孤는 보위에 앉아 군주를 칭하는 것을 말한다. 『도덕경』 제39장에 유사한 구절이 나온다. 치여제패齒如齊貝는 치아가 마치 아름다운 조개껍질처럼 정돈되어 있다는 뜻이다. 제패齊貝가 함패含貝로 된 판본도 있다. 공제선조共祭先祖는 공손히 조상의 제사를 지낸다는 의미로 여기의 공共은 공恭과 통한다.

7-4

盜跖大怒曰, "丘來前. 夫可規以利而可諫以言者, 皆愚陋恒民之謂耳. 今長大美好, 人見而悅之者, 此吾父母之遺德也. 丘雖不吾譽, 吾獨不自知邪. 且吾聞之, '好面譽人者, 亦好背而毁之.' 今丘告我以大城衆民, 是欲規我以利而恒民畜我也, 安可久長也. 城之大者, 莫大乎天下矣. 堯舜有天下, 子孫無置錐之地. 湯武立爲天子, 而後世絶滅. 非以其利大故邪. 且吾聞之, '古者禽獸多而人少, 於是民皆巢居以避之.' 晝拾橡栗, 暮栖木上, 故命之曰 '有巢氏之民.' 古者民不知衣服, 夏多積薪, 冬則煬之, 故命之曰 '知生之民.' 神農之世, 臥則居居, 起則于于. 民知其母, 不知其父, 與麋鹿共處, 耕而食, 織而衣, 無有相害之心. 此至德之隆也. 然而黃帝不能致德, 與蚩尤戰於涿鹿之野, 流血百里. 堯舜作, 立羣臣, 湯放其主, 武王殺紂. 自是之後, 以強陵弱, 以衆暴寡. 湯武以來, 皆亂人之徒也. 今子修文武之道, 掌天下之辯, 以敎後世. 縫衣淺帶, 矯言僞行, 以迷惑天下之主, 而欲求富貴焉. 盜莫大於子, 天下何故不謂子爲盜丘, 而乃謂我爲盜跖. 子以甘辭說子路而使從之, 使子路去其危冠, 解其長劍, 而受敎於子. 天下皆曰 '孔丘能止暴禁非', 其卒之也, 子路欲殺衛君而事不成, 身菹於衛東門之上, 是子敎之不至也. 子自謂才士聖人邪. 則再逐於魯, 削迹於衛, 窮於齊, 圍於陳蔡, 不容身於天下. 子敎子路菹此患, 上無以爲身, 下無以爲人, 子之道豈足貴邪. 世之所高, 莫若黃帝. 黃帝尙不能全德, 而戰涿鹿之野, 流血百里. 堯不慈, 舜不孝, 禹偏枯, 湯放其主, 武王伐紂, 文王拘羑里. 此七子者, 世之所高也. 孰論之, 皆以利惑其眞而強反其情性, 其行乃甚可羞也. 世之所謂賢士, 伯夷·叔齊. 伯夷·叔齊辭孤竹之君, 而餓死於首陽之山, 骨肉不葬. 鮑焦飾行非世, 抱木而死. 申徒狄諫而不聽, 負石自投於河, 爲魚鼈所食. 介子推至忠也, 自割其股以食文公. 文公後背之, 子推怒而去, 抱木而燔死. 尾生與女子期於梁下, 女子不來, 水至不去, 抱梁柱而死. 此六子者, 無異於磔犬流豕·操瓢而乞者, 皆離名輕死, 不念本養壽命者也. 世之所謂忠臣者, 莫若王子比干·伍子胥. 子胥沈江, 比干剖心. 此二子者, 世謂忠臣也, 然卒爲天下笑. 自上觀之, 至於子胥·比干, 皆不足貴也. 丘之所以說我者, 若告我以鬼事, 則我不能知也. 若告我以人事者, 不過此矣, 皆吾所聞知也. 今吾告子以人之情. 目欲視色, 耳欲聽聲, 口欲察味, 志氣欲盈. 人上壽百歲, 中壽八十, 下壽六十, 除病瘦死喪憂患, 其中開口而笑者, 一月之中不過四五日而已矣. 天與地無窮, 人死者有時. 操有時之具, 而託於無窮之間, 忽然無異騏驥之馳過隙也. 不能說其志意·養其壽命者, 皆非通道者也. 丘之所言, 皆吾之所棄也. 亟去走歸, 無復言之. 子之道狂狂伋伋, 詐巧虛僞事也, 非可以全眞也, 奚足論哉."

도척이 더욱 크게 노해 이같이 말했다.

"구는 앞으로 나오라! 이익으로 행동을 고치고 말로 간할 수 있는 상대는 모두 어리석은 누항의 백성일 뿐이다. 지금 내가 장대하고 아름다운 까닭에 사람들이 보고 좋아하는 것은 나의 부모가 물려준 미덕이다. 네가 나를 칭찬하지 않을지라도 내가 유독 이를 스스로 알지 못하겠는가?

또한 내가 듣건대 '면전에서 남을 칭찬하기 좋아하는 자는 반드시 뒤돌아서 비방하기 좋아한다' 고 했다. 지금 네가 나에게 커다란 성곽과 많은 백성을 준다고 했는데 이는 나를 이익으로 바르게 하고, 비속한 인간으로 취급해 나를 길들이려 하는 것이다. 그것이 어찌 오래 갈 수 있겠는가?

성곽의 크기로 치면 천하보다 큰 것이 없다. 요나 순은 천하를 자신의 것으로 소유했지만 그 자손들은 송곳 하나 세울 좁은 땅조차 없었고, 탕왕이나 무왕은 자립해 천자가 되었지만 그 자손은 모두 절멸하고 말았다. 이는 그들이 손에 넣은 이익이 너무 컸기 때문이 아니겠는가?

또한 내가 듣건대 '아주 옛날에는 새와 짐승은 많고 사람은 적은 탓에 백성들 모두 나무 위에 집을 짓고 살면서 짐승의 해를 피했다'고 했다. 낮에는 도토리나 밤을 줍고 날이 저물면 나무 위로 올라가 잠을 잤다. 이들을 일컬어 '유소씨有巢氏의 백성'이라고 한 이유다. 또 옛적에 사람들은 옷이라는 것을 알지 못했다. 여름이면 땔나무를 쌓아두었다가 겨울에는 이것을 불을 때면서 지냈다. 이들을 일컬어 사는 방법을 안다는 뜻의 '지생知生의 백성'이라고 한 이유다.

신농씨의 세상이 되자 사람들은 누워 잠잘 때는 편안했고, 일어나 깨어 있을 때는 무심한 모습으로 한가로이 지냈다. 사람들이 자신의 어미는 알아도 아비는 몰랐다. 크고 작은 사슴 무리와 함께 살면서 스스로 밭을 갈아 농사지어 먹고, 스스로 베를 짜 옷을 입고, 서로 남을 해치려는 마음을 갖지 않고 지냈다. 그때가 바로 덕이 지극히 성했던 시기였다.

그러나 황제의 시대가 되어 지극한 덕을 시행하지 못하게 되자 치우蚩尤와 탁록涿鹿의 들판에서 전쟁을 치러 수많은 사상자가 나오게 되었다. 이들이 흘린 피가 사방 1백 리까지 흘렀다. 요순이 천자가 되어 여러 신하의 직책을 만들어 상하의 차별을 확립하자 은나라 탕왕이 주군인 하나라 걸왕을 추방하고 주나라 무왕이 은나라 주왕을 죽였다. 이후 강한 자가 약한 자를 능멸하고 다수가 소수를 난폭하게 학대하는 세상이 되었다. 탕왕과 무왕 이후의 제왕은 하나같이 '난폭자의 무리'에 지나지 않는다.

지금 너는 문왕과 무왕의 도를 닦고, 천하의 언론을 장악해 후대인에게 가르침을 전하려 하고 있다. 꿀렁하게 큰 옷에 넓은 폭의 얕은 띠를 맨 채 비뚤고 거짓된 언행으로 천하 군주들의 머리를 혼란에 빠뜨리며 부귀를 구하려 한다. 도적으로 치면 너보다 더한 자가 없다. 천하인은 어찌하여 너를 '도구盜丘'라 하지 않고 도리어 나를 '도척盜跖'이라 일컫는 것인가?

너는 달콤한 말로 자로를 설득해 추종자가 되게 하고, 자로로 하여금 용자의 상징인 높은 갓을 벗고 차고 있던 긴 칼을 푼 뒤 너의 가르침을 받게 했다. 천하의 모든 사람들이 '공구는 능히 난폭한 행동을 누르고 악행을 금할 수 있다'고 떠벌이게 한 이유다. 그러나 결국 자로는 위衛나라 군주 괴외蒯聵를 죽이려 하다가 일을 이루지 못한 탓에 그 몸이 위나라 동문 가까이에서 소금에 절여지는 형벌을 당하고 말았다. 이는 너의 가르침이 지극하지 못했기 때문이다.

너는 자신을 스스로 재사이자 성인이라고 생각하는가? 그렇다면 어찌하여 노나라에서 두 번이나 쫓겨나고, 위나라에서는 네가 떠난 뒤 발자취를 삭제당할 정도로 미움을 받고, 제나라에서는 궁지에 몰리고 진·채 사이에서는 군사에 포위되는 등 천하에 그 몸 하나 용납되지 못하는 곤경에 처했는가? 너는 자로로 하여금 그런 환난을 당하게 했으니 위로는 자신의 몸을 편히 지키지 못했고, 아래로는 남을 편히 살게 하지도 못했다. 그러니 너의 도가 어찌 존중받을 만한 것이겠는가?

세상에서 떠받드는 인물로 황제만한 이가 없다. 그 황제조차 오히려 그 미덕을 온전히 보전할 수 없어 탁록의 들판에서 치우와 전쟁을 치름으로써 그 피가 사방 1백 리까지 흘러내렸다. 요堯는 자식에게 자애롭지 못했고, 순舜은 어버이에게 불효했고, 하나라 우禹는 치수를 한답시고 몸을 돌보지 않아 반신불수가 됐고, 은나라 탕湯은 주군인 하나라 걸을 추방했고, 주나라 무왕武王 역시 주군인 은나라 주를 정벌했고, 문왕文王은 유리羑里 땅에 감금됐다. 이들 7인은 세상에서 높이는 인물들이나 자세히 따져보면 모두 이익 때문에 참다운 진실을 잃어버려 무리하게 성정을 거스른 자들이다. 이들의 행동은 높이 존경받기는커녕 오히려 매우 부끄러워할 만하다.

세인이 말하는 현인은 백이伯夷와 숙제叔齊이다. 그러나 백이와 숙제는 고죽국 군주의 지위를 사양하고 수양산에서 굶어죽었다. 이들의 시신은 장사를 치르지도 못한 채 산속에 버려졌다. 춘추시대의 은자 포초鮑焦는 행동을 고결하게 꾸미며 세상을 비난하다가 나무를 끌어안은 채 말라죽었다. 은나라 때 은자 신도적申徒狄은 군주에게 간했으나 들어주지 않자 돌을 등에 지고 황하에 몸을 던져 물고기 밥이 되었다. 진문공의 신하 개자추介子推는 지극히 충성스러워 자신의 넓적다리 살을 베어 진문공에게 먹일 정도였다. 그러나 진문공이 천하의 패자가 된 후 그를 잊자 대로한 나머지 진나라를 떠나 산속으로 들어가 나무를 껴안은 채 불에 타죽고 말았다. 노나라 사람 미생尾生은 여인과 다리 아래서 만나기로 약속한 후 여인이 오지 않는데도 물이 자꾸 불어나는 와중에 그 자리를 떠나지 않다가 다리 기둥을 끌어안은 채 죽고 말았다. 이들 6인은 제사에 쓰기 위해 찢어발긴 개나 제물로 강물에 던져진 돼지, 아니면 바가지를 들고 걸식하는 거지와 다를 게 없다. 이들 모두 명예와 명분의 덫에 걸려 죽음을 경시한 자들로 삶의 근본을 생각하며 수명을 기르는 일을 제대로 하지 못했다.

세인이 말하는 충신으로 은나라 왕자 비간比干과 춘추시대 오나라 재상 오자서伍子胥만한 자가 없다. 그러나 오자서는 그 시신이 오왕 부차에 의해 장강에 가라앉고, 왕자 비간은 조카인 은왕 주에 의해 심장이 갈라지는 형벌을 당했다. 이들 두 사람은 세상에서 충신이라 말하지만 마침내는 천하의 웃음거리가 되고 말았다.

상고시대부터 살펴보건대 저 황제와 요순으로부터 오자서와 왕자 비간에 이르기까지 모두 존숭하기에 부족한 자들이다. 네가 나에게 말하려는 바를 짐작컨대 만일 내게 귀신의 일을 가지고 말하는 것이라면 내가 알 수 없을지 모르겠다. 그러나 인간의 일을 가지고 나에게 말하는 것이라면 지금 말한 것에 지나지 않을 것이다. 그런 정도는 내가 모두 들어서 알고 있는 것이다.

지금부터 내가 너에게 인간의 참된 실상에 대해 얘기해 주겠다. 사람이란 눈은 아름다운 색을 보고 싶어 하고, 귀는 아름다운 소리를 듣고 싶어 하고, 입은 맛있는 것을 먹고 싶어 하고, 뜻은 만족되기를 바라는 존재이다. 사람의 수명은 최고로 오래 사는 경우라야 기껏 1백 세이다. 중간 정도로 오래 사는 경우는 80세, 낮은 수준으로 오래 사는 경우는 60세이다. 그나마도 병들어 여위거나, 상복을 입거나, 세상사를 근심하거나 하는 시간을 빼면 더욱 짧아지게 된다. 그 짧은 인생 속에서 입을 벌리고 웃으며 지낼 수 있는 기간은 비유하면 기껏 1달 중 4, 5일에 지나지 않는다.

천지는 무궁하지만 사람의 죽음은 일정한 때가 있다. 죽어야 할 때가 정해진 몸을 갖고 무궁한 천지 사이에 의탁하는 것은 마치 천하의 명마인 기기騏驥가 홀연히 문틈 사이를 달려나가는 것과 다를 바가 없다. 마음에 생기는 자연스런 욕구를 만족시키면서 그 수명을 기르지 못한 자는 모두 도를 통한 자가 아니다.

네가 말하려 하는 것은 모두 내가 버린 것들이다. 그러니 두 번 다시 나에게 말하지 말고 속히 이곳을 떠나 줄달음쳐 돌아가도록 하라. 너의 도는 인간의 본성을 잃은 채 급급히 달려가는 것에 지나지 않는다. 온통 남을 속이는 거짓투성이로 인간의 참된 모습인 소위 전진全

眞을 온전히 보전할 수 있는 게 아니다. 어찌 족히 논할 가치가 있겠는가?"

우루항민愚陋恒民은 어리석은 보통 사람이라는 뜻으로 항민恒民이 순민順民으로 된 판본도 있다. 항민휵아恒民畜我는 항민으로 취급해 기른다는 뜻으로 휵畜은 육育과 통한다. 금수다이인소禽獸多而人少는 새와 짐승은 많았고 인류는 적었다는 뜻으로 '인민'이 인人으로 된 판본이 있고 민民으로 표기된 인용도 있다. 와즉거거臥則居居는 누워 잠잘 때 편안했다는 뜻이다. 기즉우우起則于于의 우우于于를 두고 성현영은 자득自得으로 풀이했으나 사마표는 무지無知로 새겼다. 두 구절은 「응제왕」편 나오는 '기와서서기각우우其臥徐徐其覺于于' 구절에서 따온 것이다.

치우蚩尤는 중국의 고대 신화에 나오는 인물로 탁록涿鹿의 싸움에서 황제에게 패했다. 『사기』「오제본기」와 『전국책』「진책」 등에 그 일화가 나온다. 신저身菹는 소금에 절여지는 형벌을 당했다는 뜻이다. 여기의 저菹는 사람을 소금에 절여 죽이거나 젓갈로 만드는 저륙菹戮 내지 저해菹醢의 뜻이다.

자교자로저차환子敎子路菹此患을 두고 왕선겸과 가나야는 차환此患 앞에 신조身遭 두 자가 빠졌다고 주장했으나 원문 그대로 해석해도 큰 무리는 없다. 요부자堯不慈는 요가 덕이 부족한 아들 단주丹朱 대신 효성과 덕성이 뛰어난 순에게 보위를 넘겨준 일화를 토대로 한 것이다. 순 역시 아들 상균商均이 왕위에 적합지 않다고 여겨 우禹를 후계자로 삼았다. 여기서 덕이 높은 자에게 보위를 넘기는 유가의 선양설禪讓說이 만들어졌다.

차칠자자此七子者는 황제와 요, 순, 우, 탕, 문, 무를 가리킨다. 원본은 '6자'로 되어 있다. 진경원은 『장자궐오』에 인용된 강남고장본江南古藏本을 따라 '7자'로 고칠 것을 주장했다. 그러나 통상 문왕과 무왕은 한 사람으로 간주한다. 이 경우 '6자'가 맞다. 원문대로 '6자'로 해석해도 아무 잘못이 없다. 포초칙鮑焦飾은 춘추시대의 은자인 포초가 고결하게 행동했다는 뜻이다. 여기의 칙飾은 삼간다는 뜻의 칙飭과 통한다.

개자추介子推는 제2의 패자인 진문공이 19년 간에 걸친 망명생활을 할 때 곁에서 도와준 인물이다. 진문공이 즉위한 후 포상대상에서 누락되자 모친과 함께 산서성 개휴현 남쪽에 있는 면산綿山에 은거했다. 진문공이 뒤늦게 깨닫고 그를 찾기 위해 불을 질렀으나 그는 끝내 불에 타죽었다. 『춘추좌전』에는 개지추介之推, 성현영의 주에는 개추介推로 되어 있다. 여기의 자子와 지之는 아무 뜻이 없는 조사로 사용된 것이다. 『한비자』「용인」편을 비롯해 『초사』「석왕일惜往日」, 『신서新序』「절사節士」편 등에 그에 관한 일화가 나온다.

미생尾生은 여인과 다리 아래에서 만나기로 약속한 후 여인이 오지 않는 상황에서 물이 불어나는데도 그 자리를 떠나지 않고 난간을 붙들고 익사한 전설적인 인물이다. 미생微生으로 된 판본도 있다. 『논어』「공야장」편에는 미생고微生高, 『전국책』「연책」에는 미생고尾生高로 되어 있다. 『사기』「소진열전」에도 그에 관한 얘기가 나온다. 고유高誘는 노나라 사람으로 보았다. 차육자자此六子者는 백이, 숙제, 포초, 신도적, 개자추, 미생 등을 말한다. 저본에는 '6자'가 '4자'로 되어 있으나 『장자궐오』에 인용된 강남고장본에는 '6자'로 되어 있다.

개오소문지皆吾所聞知는 모두 내가 들어 알고 있다는 뜻이다. 이케다는 『전국책』「제책」에 나오는 "맹상군이 말하기를, '인간의 일은 내가 이미 다 알고 있고 내가 아직 배우지 못한 것은 귀신의 일일 뿐이다' 라고 했다"는 구절을 답습한 것으로 해석했다.

병수病瘦의 수瘦를 두고 왕념손은 근심하여 앓을 유瘐의 잘못으로 보았으나 글자 그대로 여윌 수瘦의 뜻으로 새겨도 큰 무리는 없다. 광광급급狂狂伋伋은 본성을 잃은 채 급히 달려나가는 모습을 표현한 것이다. 마서륜과 이케다 등은 급伋을 급히 간다는 뜻의 급彶의 가차로 보았다.

7-5

孔子再拜趨走, 出門上車, 執轡三失, 目芒然無見, 色若死灰, 據軾低頭, 不能出氣. 歸到魯東門外, 適遇柳下季. 柳下季曰, "今者闕然, 數日不見, 車馬有行色, 得微往見跖邪." 孔子仰天而嘆曰, "然." 柳下季曰, "跖得逆汝意若前乎." 孔子曰, "然. 丘所謂無病而自灸也. 疾走料虎頭, 編虎須, 幾不免虎口哉."

공자가 두 번 절하고 잰걸음으로 달려 도척 진영의 문을 나와 수레에 올랐다. 고삐를 잡다가 3번 놓치고, 눈앞이 캄캄해 아무것도 보이지 않고, 안색은 잿빛처럼 어두웠다. 수레 앞턱 가로나무에 기대어 머리를 숙인 채 숨을 내쉬지 못했다. 노나라 동문 밖에 돌아와 마침 도척의 형 유하계를 만났다. 유하계가 말했다.

"요즘 통 연락이 끊겨 며칠 동안 뵙지 못했소. 그대가 탄 수레와 말의 행색을 보니 혹여 몰래 도척을 만나본 게 아니오?"

공자가 하늘을 우러러 탄식했다.

"그렇습니다."

유하계가 물었다.

"전에 내가 말한 것처럼 내 아우 척跖이 그대의 뜻을 거스른 게 아니오?"

공자가 대답했다.

"그렇습니다. 나는 소위 '병이 없는데도 스스로 뜸을 놓는다'는 격으로 험악한 꼴을 자초하고 말았습니다. 정신없이 달려가서는 호랑이 머리를 툭툭 건드리며 화를 돋우고 호랑이 수염을 만지작거리며 싸움을 건 셈입니다. 하마터면 호랑이 입에서 벗어나지 못할 뻔했습니다."

색약사회色若死灰는 안색이 잿빛처럼 어두웠다는 뜻으로 도인의 경지를 표현한 「제물론」의 고목사회枯木死灰 구절과는 그 취지가 전혀 다르다. 거마유행색車馬有行色의 행색行色은 통상 겉으로 드러나는 차림이나 태도를 뜻하나 여기서는 나다닌 흔적을 말한다. 무병이자구無病而自灸는 병이 없는데도 스스로 뜸을 뜬다는 뜻으로 곤욕을 자초했다는 의미이다. 료호두料虎頭의 료料를 두고 성현영은 촉범觸犯의 뜻으로 새겼으나 마서륜은 싸움을 건다는 뜻의 료撩의 가차로 보았다.

7-6

子張問於滿苟得曰, "盍不爲行. 無行則不信, 不信則不任, 不任則不利. 故觀之名, 計之利, 而義眞是也. 若棄名利, 反之於心, 則夫士之爲行, 不可一日不爲乎." 滿苟得曰, "無恥者富, 多信者顯. 夫名利之大者, 幾在無恥而信. 故觀之名, 計之利, 而言眞是也. 若棄名利, 反之於心, 則夫士之爲行, 抱其天乎." 子張曰, "昔者桀紂, 貴爲天子, 富有天下. 今謂臧聚曰, '汝行如桀紂.' 則有怍色, 有不服之心者, 小人所賤也. 仲尼·墨翟, 窮爲匹夫, 今謂宰相曰, '子行如仲尼·墨翟.' 則變容易色, 稱不足者, 士誠貴也. 故勢爲天子, 未必貴也. 窮爲匹夫, 未必賤也. 貴賤之分, 在行之美惡." 滿苟得曰, "小盜者拘, 大盜者爲諸侯. 諸侯之門, 義士存焉. 昔者桓公小白殺兄入嫂, 而管仲爲臣. 田成子常殺君竊國, 而孔子受幣. 論則賤之, 行則下之, 則是言行之情悖戰於胸中也, 不亦拂乎. 故『書』曰, '孰惡孰美. 成者爲首, 不成者爲尾.'" 子張曰, "子不爲行, 則將疏戚無倫, 貴賤無義, 長幼無序. 五紀六位, 將何以爲別乎." 滿苟得曰, "堯殺長子, 舜流母弟, 疏戚有倫乎. 湯放桀, 武王殺紂, 貴賤有義乎. 王季爲適, 周公殺兄, 長幼有序乎. 儒者僞辭, 墨者兼愛, 五紀六位, 將有別乎. 且子正爲名, 我正爲利. 名利之實, 不順於理, 不監於道. 吾日與子訟於無約, 曰, '小人殉財, 君子殉名, 其所以變其情 · 易其性則異矣, 乃至於棄其所爲而殉其所不爲則一也.' 故曰, '無爲小人, 反殉而天. 無爲君子, 從天之理. 若枉若直, 相而天極. 面觀四方, 與時消息. 若是若非, 執而圓機. 獨成而意, 與道徘徊. 無轉而行, 無成而義, 將失而所爲. 無赴而富, 無殉而成, 將棄而天.' 比干剖心, 子胥抉眼, 忠之禍也. 直躬證父, 尾生溺死, 信之患也. 鮑子立乾, 申子不自理, 廉之害也. 孔子不見母, 匡子不見父, 義之失也. 此上世之所傳, 下世之所語. 以爲士者, 正其言, 必其行, 故服其殃, 離其患也."

공자의 제자 자장子張이 만구득滿苟得에게 말했다.

"그대는 어찌하여 행실을 닦지 않는 것인가? 행실을 닦지 않으면 신뢰받지 못하고, 신뢰받지 못하면 관직에 나아갈 수 없고, 관직에 나아가지 못하면 이익을 얻을 수 없다. 명예로 보나 이익으로 따지거나 의義야말로 실로 최상의 가치에 해당한다. 명예와 이익을 버리고 본심으로 돌아가기로 한다면 선비의 수행은 응당 의를 향해야 하고, 이는 하루라도 거를 수 없다."

만구득이 반박했다.

"부끄러움 없는 자가 부유해지고, 입심 좋은 자가 유명해진다. 무릇 명예나 이익 가운데 큰 것은 거의 부끄러움이 없고 입심 좋은데 의지한다. 명예로 보나 이익으로 따지거나 입심 좋은 것이야말로 실로 최상의 가치에 해당한다. 명예와 이익을 버리고 본심으로 돌아가기로 한다면 선비의 수행은 무슨 특별한 방법이 따로 있는 게 아니라 자연 그대로의 천성을 지키는 것일 뿐이다."

자장이 말했다.

"옛날 하나라 걸과 은나라 주는 귀하기로는 지존인 천자의 신분이었고, 부유하기로는 천하를 소유하고 있었다. 그러나 지금 종이나 마구간지기에게 말하기를, '너는 행동이 걸주와 다를 게 없다' 고 하면 부끄러운 빛을 띠거나 마음으로 승복하지 않는다. 걸주는 미천한 사람들조차 천하게 여기는 대상이기 때문이다.

중니와 묵적은 생전에 곤궁하기로는 필부와 다를 바 없었다. 지금 어떤 재상에게 말하기를, '그대는 중니와 묵적에게 미치지 못한다' 고 하면 그는 용모를 고치고 안색을 바꿔 대답하기를, '저는 중니와 묵적에 미치지 못합니다' 라고 한다. 중니와 묵적은 선비들 모두 실로 존귀하게 여기는 대상이기 때문이다. 그러니 권세를 누려 천자가 될지라도 반드시 존귀한 것이 아니고, 곤궁해 필부의 처지에 놓일지라도 반드시 천한 게 아니다. 인간의 참된 귀천은 그 행실의 미추美醜에 달려 있다."

만구득이 재차 반박했다.

"작은 것을 훔치는 좀도둑은 이내 잡히지만 큰 것을 훔치는 큰 도둑은 오히려 제후가 된다. 제후가 되면 의로운 선비들이 몰려온다. 춘추시대 중엽 제환공 소백小白이 이복형인 공자 규糾를 죽이고 형수를 아내로 삼았지만 공자 규를 모시던 관중管仲이 소백의 신하가 된 게 그 증거다.

춘추시대 말 제나라의 권신 전상田常은 주군인 제간공齊簡公을 죽이고 나라를 훔쳤지만 공자는 이 극악무도한 자로부터 폐백을 받고 그의 초청에 응했다. 그러니 관중과 공자 모두 말로만 제환공과 전상을 경멸했을 뿐이고, 실제 행동을 보면 그들에게 머리를 숙인 셈이다. 이는 말과 행동의 서로 다른 정서가 마음속에서 서로 배반하며 싸운 결과다. 이게 모순이 아니고 무엇인가? 옛날 책에서 이르기를, '어느 쪽이 악이고 어느 쪽이 선인가? 성공한 자는 우두머리가 되고 패한 자는 꼬리가 되게 마련이다' 라고 했다."

자장이 물었다.

"그대가 그런 소리나 하고 행실을 닦지 않으면 곧 멀고 가까운 친인척의 도리가 없어지고, 귀천의 예의가 없어지고, 장유의 질서가 무너질 것이다. 장차 인간관계를 규정하는 소위 '오기육위五紀六位' 의 윤리를 무엇으로 구별할 것인가?"

만구득이 반문했다.

"요는 자신의 장남을 죽였고, 순은 이복동생 상象을 추방했다. 이러고도 멀고 가까운 친인척 사이에 도리가 있다고 할 것인가? 탕은 주군인 하나라 걸을 쫓아내고, 무왕은 주군인 은나라 주를 죽였다. 이러고도 귀천 사이에 예의가 있다고 할 것인가? 주문왕의 부친 왕계王季는 형들을 제쳐놓고 적자가 됐고, 주공 단은 형들을 죽였다. 이러고도 장유 사이에 질서가 있다고 할 것인가? 유가는 말을 거짓으로 하고, 묵가는 구별 없는 겸애兼愛를 주장한다. 이러고도 '오기육위' 의 윤리를 구별할 수 있다고 할 것인가?

또 그대가 명성을 추구한다고 하면 나는 이익을 추구하는 셈이 된다. 명성을 추구하고 이익을 추구하는 행동의 실상은 모두 도리에 맞지 않고, 참된 도에 비춰볼 때 옳지 않은 것이다. 전날 그대와 함께 무약無約 선생을 찾아가 우리의 논쟁거리를 갖고 가르침을 청한 적이 있다.

그때 무약 선생이 이르기를, '소인은 재물 때문에 자기 몸을 희생하고, 군자는 명성 때문에 자기 몸을 희생한다. 그들이 본연의 감정을 변화시키고 본성을 바꾸는 목적은 다르나 인간으로서 해야 할 일을 버리고 해서는 안 될 일에 몸을 희생하는 점에서는 같다' 고 했다.

그래서 또 말하기를, '재물 때문에 자기 몸을 희생하는 소인이 되지 말고 근본으로 돌아가 자연인 하늘을 따르고, 명성 때문에 자기 몸을 희생하는 군자가 되지 말고 근본으로 돌아가 자연인 하늘을 따르도록 하라. 때론 구부리고 때론 곧게 나아가면서 하늘의 극치를 주시하고, 사방의 만물을 바라보면서 때의 추이와 함께 변화하라. 때론 옳다 하고 때론 그르다 하면서 원만함의 중심축을 잡아라. 홀로 너의 뜻을 이뤄나가면서 도와 함께 배회하며 즐겨라. 너의 행동을 한 가지 방향으로만 한정하지 말고, 독단적인 정의를 내세워 이를 완성하려 하지 말라. 그리하지 않으면 장차 참된 도를 잃고 말 것이다. 너의 부유함을 좇지 말고, 너의 세속적 성공에 몸을 희생하지 말라. 그리하지 않으면 장차 너의 하늘을 잃고 말 것이다' 라고 한 것이다.

무약 선생의 말씀처럼 은나라 왕자 비간은 간언 끝에 가슴이 쪼개지는 형벌을 당했고, 오나라 재상 오자서는 오왕 부차에게 간하다가 눈알을 도려내는 형벌을 당했다. 이는 충성이 초래한 재앙이다. 직궁直躬은 부친이 양을 훔친 죄를 관가에 고발했고, 미생尾生은 여인과의 약속을 지키다가 물에 빠져 죽었다. 이는 믿음이 초래한 재앙이다. 또

춘추시대의 은자 포초鮑焦는 나무를 붙들고 선 채로 말라죽었고, 은나라 때의 은자 신도적申徒狄은 간언을 하다 들어주지 않자 스스로 황하에 몸을 던졌다. 이는 청렴이 초래한 환난이다. 공자는 모친의 죽음을 보지 못했고, 광자匡子는 부친과 대립해 부친을 종신토록 만나지 않았다. 이는 의리로 인한 과실이다.

이들 얘기 모두 예로부터 전해오는 것으로 오늘날에도 많은 사람들이 이를 얘기하고 있다. 내가 생각건대 이들 선비들은 자신의 말을 엄정히 하고 자신의 행실을 말한 바대로 실천했다. 그러나 그로 인해 오히려 재앙을 당하고 환난에 걸리고 말았던 것이다."

자장子張은 공자의 제자로 성은 전손顓孫, 이름은 사師이다. 만구득滿苟得을 두고 가나야는 욕망을 좇아 이익을 추구하는 우의寓意의 인물로 풀이했다. 합불위행盍不爲行의 합盍은 원래 하불何不의 뜻이나 여기에는 불不이 붙어 있는 만큼 하何의 뜻으로 새기는 게 옳다. 언진시야言眞是也는 말이 많은 것이 실로 옳다는 의미이다. 저본에는 언言이 신信으로 되어 있으나 이를 그대로 해석할 경우 문맥이 통하지 않는다. 성현영은 저본의 신信을 언言으로 풀이했다. 오사誤寫됐을 공산이 크다.

장추臧聚는 종과 마구간지기를 말한다. 추聚는 말 먹이는 사람을 뜻하는 추騶의 가차이다. 살형입수殺兄入嫂는 형을 죽이고 형수를 아내로 삼았다는 뜻으로 훗날 제환공이 된 소백小白이 이복형인 공자 규糾를 누르고 보위를 차지하게 된 과정을 설명한 것이다. 제환공이 형수를 아내로 삼았다는 것을 두고 마서륜은 오직 「도척」편에만 나오는 것으로 풀이하며 꾸며낸 얘기로 간주했다.

전성자상田成子常은 춘추시대 말기 전횡을 일삼으며 군주인 제간공齊簡公을 시해한 제나라 권신 전상田常을 말한다. 원래 이름은 진항陳恒으로 후대에 성씨를 전씨田氏로 바꾸면서 전항田恒이 되었다. 훗날 한문제 유항劉恒의 이름을 꺼려 문헌에 전상田常으로 기록하게 됐다. 『논어』「헌문」편은 진항으로 기록해 놓았다. 공자가 노애공에게 '진항이 그 군주를 시해했으니 토벌에 나서야 한다' 고 건의했으나 노애공은 이를 좇지 않았다. 「도척」편에서는 공자가 전상으로부터 폐백을 받고 그의 초청에 응한 것으로 나와 있으나 이는 역사적 사실과 동떨어진 것이다.

『사기』「전경중완세가」에 따르면 당시 전항은 제나라 여인 가운데 키가 7척 이상 되는 자를 1백여 명 선발해 자신의 집 후실에 두었다. 그러고는 자신의 집 일족이면 누구를 막론하고 후실에 드나드는 것을 막지 않았다. 후실에 있는 여인의 몸에서 난 자식만도 70여 명에 달하게 되었다. 그는 강태공의 후신인 강씨의 제나라를 찬탈하기 위해 이런 기상천외한 방법을 동원한 것이다.

전항이 죽자 그의 아들 전반田盤이 제나라의 집정대부가 되어 제나라의 실권을 장악했다. 전반은 자신의 일족들을 모든 요소에 두루 배치하고 제나라 땅을 거의 모두 차지했다. 보위찬탈을 위한 모든 준비를 마무리한 뒤 숨을 거두자 아들 전백田白이 뒤를 이어 제나라의 상국이 되었다. 전백의 아들 전화田和가 바로 강씨의 제나라를 빼앗아 전씨의 제나라를 만든 장본인이다. 기원전 386년 전화가 마침내 찬역의 칼을 뽑아들었다. 그는 제강공齊康公 대貸를 임치성에서 내쫓은 뒤 동쪽 바다 근처에 있는 조그마한 마을로 가 살게 하면서 작은 성읍 하나를 떼어주고 강씨 선조들의 제사를 받들게 했다.

이로부터 7년 뒤인 기원전 379년 제강공이 사망하면서 강씨의 제나라는 완전히 사라지고 말았다. 공교롭게도 이때 처음으로 왕을 칭하는 제위왕이 보위에 올랐다. 제강공을 살해했을 가능성을 시사한다. 이들 전씨 4대가 보여준 행보는 삼국시대 말기 위나라의 사마 3대가 조씨曹氏의 위나라를 찬탈하는 과정과 꼭 닮아 있다. 춘추시대의 전씨는 국명을 그대로 사용한 데 반해 사마씨는 국명을 위魏에서 진晉으로 바꾼 것만이 다를 뿐이다.

오기육위五紀六位의 '5기'를 두고 유월과 임희일 등은 '5륜'으로 풀이했다. 6위를 두고 육덕명은 군신부자부부君臣父子夫婦, 성현영은 부모형제부처父母兄弟夫妻로 해석했으나 유월은 6기六紀로 풀이했다. 이케다가 이를 좇았다. 『백호통』에 삼강육기三綱六紀 표현이 나온다. 제부諸父와 형제 및 족인族人을 포함해 이성의 백숙부를 뜻하는 제구諸舅, 스승에 해당하는 사장師長, 붕우 등을 말한다. 순류모제舜流母弟는 순이 계모 소생의 이복동생인 상象을 추방했다는 뜻이다. 계모와 이복동생을 동시에 추방한 것으로 풀이하는 견해가 있으나 『맹자』「만장 상」편에 '상이 날마다 순을 죽이려 했으나 순은 즉위한 뒤 그를 죽이지 않고 단지 추방했을 뿐이다'라는 구절이 나온다.

주공살형周公殺兄은 주나라 건국 후 주공 단이 반란을 일으킨 친형인 관숙管叔을 죽이고 채숙蔡叔을 귀양 보낸 것을 말한다. 『춘추좌전』「노소공 원년」조에 '살관숙살채숙殺管叔蔡蔡叔' 구절이 나온다. 주공 단이 친형 관숙管叔 선鮮을 죽이고 친동생 채숙蔡叔 탁度을 추방했다는 뜻이다. 살채숙蔡蔡叔의 살蔡은 무엇을 본받거나, 거북이 또는 나라 이름을 뜻할 때는 '채'로 읽는다. 그러나 사람 등을 풀어주거나 귀양 보낸다는 뜻으로 사용될 때는 '살'로 읽는다.

원기圓機를 두고 성현영은 「제물론」편에 나오는 도추道樞, 즉 고리의 정중앙인 환중環中으로 풀이했다. 무전이행無轉而行의 전轉을 두고 왕념손은 오로지의 뜻인 전專으로 새겼다. 직궁直躬이 여기서는 사람

이름으로 나오고 있으나 『논어』「자로」편에서는 '정직한 사람'의 의미로 사용되고 있다. 포자입간鮑子立乾은 은자 포초가 나무를 붙들고 선 채 말라 죽었다는 뜻이다. 신자자리申子自理의 신자申子는 춘추시대 중엽 진헌공의 아들인 태자 신생申生으로 해석하는 견해도 있으나 신도적으로 보는 게 낫다. 저본에는 자리自理가 부자리不自理로 되어 있으나 문맥상 부不 자를 빼야 뜻이 통한다. 리理를 매埋의 잘못으로 보는 견해가 있으나 고형高亨과 이케다는 글자 자체를 매埋의 뜻으로 풀이했다.

공자불견모孔子不見母의 모母를 두고 공자가 3살 때 부친이 죽은 것으로 기록한 『공자가어』의 기록에 주목해 부父로 바꿔야 한다고 주장했으나 공자의 모친 역시 일찍 죽었으므로 굳이 바꿀 필요는 없다. 광자불견부匡子不見父의 '광자'를 두고 사마표는 부친에게 간하다가 쫓겨난 뒤 종신토록 부친을 만나지 못한 『맹자』「이루 하」편의 광장匡章으로 해석했다.

가공의 인물인 무약無約이 언급한 내용을 놓고 진경원과 저백수 등은 마지막의 이기환야離其患也 구절까지 그의 언급으로 보았다. 그러나 이케다 등은 비간부심比干剖心 구절 이전까지만 무약의 말이고 이하는 만구득의 얘기로 간주했다. 이케다의 견해가 자연스럽다.

7-7

無足問於知和曰, "人卒未有不興名就利者. 彼富則人歸之, 歸則下之, 下則貴之. 夫見下貴者, 所以長生 · 安體 · 樂意之道也. 今子獨無意焉, 知不足邪. 意知而力不能行邪. 故推正不忘邪." 知和曰, "今夫此人, 以爲與己同時而生, 同鄉而處者, 以爲夫絶俗過世之士焉, 是專無主正, 所以覽古今之時 · 是非之分也. 與俗化世, 去至重, 棄至尊,以爲其所爲也. 此其所以論長生·安體·樂意之道, 不亦遠乎. 慘怛之疾, 恬愉之安, 不監於體. 怵惕之恐, 欣歡之喜, 不監於心. 知爲爲而不知所以爲. 是以貴爲天子, 富有天下, 而不免於患也." 無足曰, "夫富之於人, 無所不利. 窮美究埶, 至人之所不得逮, 賢人之所不能及. 俠人之勇力而以爲威强, 秉人之知謀以爲明察, 因人之德以爲賢良, 非享國而嚴若君父. 且夫聲色滋味權勢之於人, 心不待學而樂之, 體不待象而安之. 夫欲惡避就, 固不待師, 此人之性也. 天下雖非我, 孰能辭之." 知和曰, "知者之爲, 故動以百姓, 不違其度, 是以足而不爭, 無以爲故不求. 不足故求之, 爭四處而不自以爲貪. 有餘故辭之, 棄天下而不自以爲廉. 廉貪之實, 非以迫外也, 反監之度. 勢爲天子, 而不以貴驕人. 富有天下, 而不以財驕人. 計其患, 慮其反, 以爲害於性, 故辭而不受也, 非以要名譽也. 堯舜爲帝而雍, 非仁天下也, 不以美害生. 善卷·許由得帝而不受, 非虛辭讓也, 不以事害己. 此皆就其利·辭其害, 而天下稱賢焉, 則可以有之, 彼非以興名譽也." 無足曰, "必持其名, 苦體·絶甘·約養以持生, 則亦久病長厄而不死者也." 知和曰, "平爲福, 有餘爲害者, 物莫不然, 而財其甚者也. 今富人, 耳營鐘鼓管籥之聲, 口嗛於芻豢醪醴之味, 以感其意, 遺忘其業, 可謂亂矣. 侅溺於馮氣, 若負重行而上阪, 可謂苦矣. 貪財而取慰, 貪權而取竭, 靜居則溺, 體澤則馮, 可謂疾矣. 爲欲富就利, 故滿若堵耳而不知避, 且馮而不舍, 可謂辱矣. 財積而無用, 服膺而不舍, 滿心戚醮, 求益而不止, 可謂憂矣. 內則疑刦請之賊, 外則畏寇盜之害, 內周樓疏, 外不敢獨行, 可謂畏矣. 此六者, 天下之至害也, 皆遺忘而不知察. 及其患至, 求盡性竭財·單以反一日之無故而不可得也. 故觀之名則不見, 求之利則不得. 繚意絶體而爭此, 不亦惑乎."

무족無足이 지화知和에게 물었다.

"사람들 중 명예와 이익을 좇지 않는 자가 없다. 만일 이런 자들이 부유해지면 사람들이 귀의하고, 귀의해서는 이내 몸을 굽히고, 몸을 굽히고는 곧 존귀하게 대한다. 남들로부터 존귀한 대우를 받으면 장수하고, 몸이 안락하고, 기분이 유쾌해진다. 지금 그대만이 유독 이런 명리名利에 전연 뜻이 없으니 이는 지혜가 부족한 탓인가, 아니면 알긴 아는데 행동할 능력이 없는 것인가? 그대가 올바름을 추구하며 도를 잊지 않고자 하는 게 바로 이 때문인가?"

지화가 대답했다.

"지금 명리를 좇는 저 사람들은 부자가 된 자와 같은 시대에 태어나 같은 고장에 살던 사람들이다. 나와 다를 게 없다고 생각하다가 이번에는 거꾸로 범속한 자들을 뛰어넘는 당대의 기인이라고 생각한다. 이는 오로지 올바른 주견이 없는 데 따른 것이다. 이들은 이런 상태로 고금의 추이를 파악하고, 시비선악을 판별한다. 이들이 세속에 동조해 지중한 생명을 없애고, 지존의 생명을 버리고, 그런 행동을 자신이 해야 할 일이라고 생각하는 이유다. 이는 장수하고, 몸이 안락하고, 기분이 유쾌해지는 방법과 거리가 멀지 않은가?

이들은 무엇이 참혹하고 고통스런 병이고 무엇이 안락하고 유쾌한 편안함인지를 몸에 비춰 살펴보지 않는다. 또 이들은 무엇이 깜짝 놀랄 두려움이고 무엇이 흔쾌하고 즐거운 기쁨인지를 마음에 비춰 살펴보지 않는다. 이들 모두 하고 싶은 일만 할 줄 알고 그리해야 하는 이유를 모른다. 이런 자들은 설령 귀하기로는 지존인 천자가 되고, 부유하기로는 천하를 소유하는 거부가 될지라도 결코 재앙에서 벗어나지 못할 것이다."

무족이 말했다.

"무릇 부유함이란 사람에게 이롭지 않은 게 없다. 세상의 모든 아름다움과 모든 권력을 아우르는 까닭에 지인至人도 현인도 이에 미치지 못한다. 부유함을 소유한 자는 타인의 용력勇力을 돈으로 사서는 옆에 끼고 다니며 자신의 위세로 삼고, 타인의 지모를 빌려 자신의 명찰明察로 삼고, 타인의 덕을 이용해 자신의 현량賢良으로 삼고, 나라를 손에 넣은 게 아닌데도 그 위엄이 마치 군주와 같다. 게다가 부유함으로 사는 성색聲色과 자미滋味, 권세權勢는 사람이 배우지 않고도 마음이 즐기고, 몸이 특별히 본받을 것도 없이 즉각 편히 여기는 것이다. 간절히 바라거나 내심 꺼리거나, 싫어서 피하거나 좋아서 달려나가거나 하는 것 모두 본래 스승의 가르침을 기다리지 않는 것이다. 이는 인간의 본성이다. 천하의 사람들 중 설령 내가 아닐지라도 그 누가 이런 부유함을 마다할 리 있겠는가?"

지화가 말했다.

"지자知者의 행보는 본래 백성을 기준으로 해 이뤄지는 까닭에 법도를 어기지 않는다. 스스로 만족해하는 까닭에 남과 다투지 않고, 일부러 꼭 해야 할 이유가 없는 까닭에 다른 데서 만족을 구하지 않는다. 그러나 세인은 이에 만족하지 않기에 다른 데서 구한다. 사방에서 다투면서도 스스로 탐욕스럽다고 생각지 않는 이유다. 그러나 만족할 줄 아는 지자는 모든 게 남을 정도로 충분하다고 여기기 때문에 늘 사양한다. 천하를 버리고도 스스로 청렴하다고 여기지 않는 이유다.

청렴과 탐욕은 밖에서 강제되는 게 아니다. 스스로 돌아보아 법도에 비춰보는 것이다. 권세가 천자의 자리에 오를 정도가 돼도 그런 귀한 신분을 갖고 남에게 교만하지 않고, 부유함이 천하를 소유할 정도가 돼도 그런 부유함을 갖고 남을 업신여기지 않는다. 천하를 버리는 것은 천자의 고통을 헤아리고 그것이 뒤집힐 수 있다는 것을 염두에 두고 권세와 부유함이 자신의 본성에 해롭다고 판단한 결과이다. 그래서 천하를 사양하고 받지 않는 것이다. 결코 청렴하다는 명예를 구하고자 한 게 아니다.

요순은 제왕이 되어서도 보위에 집착하지 않고 선권善卷과 허유許由에게 천하를 넘기려고 하는 등 온화한 모습을 보였다. 이는 천하에 어진 정사를 베풀고자 했기 때문이 아니다. 어진 정사의 미명에 얽매여 자신의 생명을 해치는 일을 하지 않으려 했기 때문이다. 선권과 허유가 천하를 사양한 것 역시 공연히 사양한 게 아니다. 번거로운 일로 인해 자신의 생명이 상할까 우려했기 때문이다. 이들 모두 자신에게 유익한 쪽으로 나아가면서 해로운 쪽을 피했다. 천하 사람들이 이들을 '현인'이라고 칭송한 이유다. 이들은 그런 명예를 가질 만하다. 이들이 명예를 얻기 위해 그리한 게 아님은 물론이다."

무족이 말했다.

"사람이 필히 명예를 지키고자 하면 몸을 괴롭히고, 맛있는 음식을 끊고, 몸의 보양을 줄여 생명을 유지해야 할 것이다. 이리하면 오랫동안 병을 앓고, 오랫동안 가난에 허덕이면서 죽지 못해 겨우 살아가는 삶과 하등 다를 게 없을 것이다."

지화가 말했다.

"과불급 없이 균형을 이루면 복이 되고 남아돌면 해가 된다. 모든 사물이 그렇지 않은 게 없다. 그 중 재물의 경우가 가장 심하다. 지금 부자들은 종소리와 북소리 및 피리소리 등 온갖 가무에 귀가 어지럽고, 쇠고기나 돼지고기를 비롯해 탁주와 감주甘酒 등 온갖 주육酒肉으로 입이 신물이 날 정도이다. 이로 인해 마음이 흔들리고 자신이 해야 할 일을 잊어버리고 있다. 가히 어지럽다고 이를 만하다. 왕성한 혈기에 빠져 마치 노예처럼 무거운 짐을 짊어지고 언덕길을 가는 것과 같다. 가히 고생스럽다고 이를 만하다.

재물을 탐한 나머지 걱정으로 우울해지고, 권력을 탐한 나머지 체력을 모두 소진하고, 여가가 있을 때는 쾌락에 빠지고, 몸이 윤택하면 주체하지 못할 정도로 마구 움직인다. 가히 병이라 이를 만하다. 더욱 부유해질 생각으로 이익을 향해 마구 나아간다. 가득 찬 것이 마치 담장 위에 흙을 쌓은 듯하나 그로 인한 해를 피할 줄 모르고, 정신없이 쌓으면서도 그만두지 못한다. 가히 욕되다고 이를 만하다. 재물이 너무 많이 쌓여 쓸 곳이 없는데도 재물 쌓는 일을 가슴속에 품은 채 멈출 줄 모른다. 마음은 온통 초췌해졌는데도 재물을 더욱 쌓고자 하는 욕심을 그치지 않는다. 가히 걱정스럽다고 이를 만하다. 안에 있을 때는 재물을 빼앗으려는 도적이 있을까 의심하고, 밖에 있을 때는 강도와 도적의 해를 두려워한다. 집 둘레에 망루와 견고한 방어물을 세우고 밖으로 나갈 때는 감히 홀로 다니지 못한다. 가히 두려움에 가득 찼다고 이를 만하다.

이 6가지는 천하에서 가장 심한 해로움이다. 그런데도 세상의 부자들 모두 이런 이치를 망각한 채 자세히 살펴볼 줄 모른다. 급기야 재앙이 현실로 나타나야 비로소 모든 성정을 다 쏟아붓고, 긁어모은 재산을 다 털어넣고, 단 하루만이라도 평온한 삶을 살고자 해도 그리 될 수 없다. 명예 차원에서 볼지라도 아무것도 드러날 게 없고, 이익 차원에서 따질지라도 아무것도 얻을 게 없다. 그런데도 저들은 마음을 흐트러뜨리고 몸을 망치면서까지 명리를 다툰다. 이 또한 미혹된 짓이 아니겠는가!"

무족無足은 만족할 줄 모르는 인물을 상징한다. 『도덕경』 제46장에 나오는 부지족不知足과 같은 뜻이다. 지화知和는 조화를 안다는 뜻으로 『도덕경』은 제55장에서 일정하다는 뜻의 상常으로 풀이해 놓았다. 의지이력불능행야意知而力不能行邪의 의意를 두고 곽경번은 '아니면'의 뜻을 지닌 억抑으로 풀이했다. 불망야不忘邪의 망忘이 함부로 한다는 뜻의 망妄으로 된 판본이 있다.

이위부절속과세지사以爲夫絶俗過世之士 구절을 두고 해석이 분분하나 '자신과 다를 게 없다고 생각하다가 이번에는 거꾸로 범속한 자들을 뛰어넘는 당대의 기인이라고 생각한다'고 풀이한 이케다의 해석이 문의에 부합한다. 궁미구세窮美究埶는 세상의 모든 아름다움을 모두 손에 넣고 모든 세력을 아우른다는 뜻이다. 세埶는 심는다는 뜻의 예藝 및 세력을 뜻하는 세勢와 같은 글자로 여기서는 '세'의 뜻으로 사용된 것이다. 현인지소불능급賢人之所不能及의 '현인'이 세덕당본에는 성인聖人으로 되어 있다. 협인지용력俠人之勇力의 협俠은 옆에 낀다는 뜻의 협挾과 통한다.

반감지도反監之度는 법도에 비춰 스스로 반성한다는 뜻으로 여기의 감監은 돌아본다는 뜻의 감鑑과 통한다. 불이재희인不以財戲人의 희戲는 업신여긴다는 모侮의 뜻이다. 마서륜은 자랑한다는 뜻의 후詡의 가차로 보았다. 어느 쪽으로 해석해도 문맥이 통한다. 요순위제이옹堯舜爲帝而雍의 옹雍을 두고 천하의 백성이 화합했다고 풀이한 견해가 있으나 문맥상 자연스럽지 못하다. 보위를 선권이나 허유에게 넘겨주려고 한 데서 알 수 있듯이 보위에 집착하지 않고 온화한 모습을 보였다고 해석하는 게 낫다. 추推로 된 판본이 있으나 이는 '옹'의 오사이다. 비인천하非仁天下의 인仁은 인정을 베푼다는 뜻의 동사로 쓰인 것이다.

즉역구병장액則亦久病長厄 구절을 두고 진경원은 『장자궐오』에 인용된 강남고장본을 근거로 역亦 다음에 유猶를 끼워넣었다. 이 경우

'~와 같다'의 뜻이 된다. 이같이 봐도 문맥상 아무 문제가 없다. 이영耳營의 영營을 두고 후쿠나가와 이케다 등은 어지러울 란亂의 뜻으로 보았다. 구겸口嗛의 겸嗛을 성현영은 입에 가득 채우는 만구滿口로 풀이했다. 추환료례芻豢醪醴는 쇠고기, 돼지고기, 탁주, 감주를 뜻한다. 이감기의以感其意의 감感을 두고 후쿠나가는 혹락惑亂으로 풀이했다.

해익어풍기侅溺於馮氣는 왕성한 혈기에 분별없이 빠졌다는 뜻으로 여기의 해侅를 두고 육덕명은 식도가 막힐 정도로 밥을 꾸역꾸역 먹는 것으로 풀이했다. 척초戚醮는 번뇌로 인해 초췌해졌다는 뜻으로 마서륜은 척戚을 척慽의 생략형으로 보았다. 겁청刦劫의 겁刦은 위협해 빼앗는다는 뜻의 겁劫과 같다. 누소樓疏를 임희일은 고루망대高樓望臺로 보았다. 료의繚意를 두고 육덕명은 마음을 다스리는 것으로 풀이했으나 해동 등은 정반대로 이리저리 얽매여 마음이 흐트러지는 것으로 해석했다. 해동 등의 풀이가 낫다.

제8장 설검(說劍)

8-1

昔趙文王喜劍, 劍士夾門而客三千餘人, 日夜相擊於前, 死傷者歲百餘人, 好之不厭. 如是三年, 國衰, 諸侯謀之, 太子悝患之, 募左右曰, “孰能說王之意, 止劍士者, 賜之千金.” 左右曰, “莊子當能.” 太子乃使人以千金奉莊子. 莊子弗受, 與使者俱往見太子, 曰, “太子何以教周, 賜周千金.” 太子曰, “聞夫子明聖, 謹奉千金以幣從者. 夫子弗受, 悝尙何敢言.” 莊子曰, “聞太子所欲用周者, 欲絶王之喜好也. 使臣上說大王而逆王意, 下不當太子, 則身刑而死, 周尙安所事金乎. 使臣上說大王, 下當太子, 趙國何求而不得也.” 太子曰, “然. 吾王所見, 唯劍士也.” 莊子曰, “諾. 周善爲劍.” 太子曰, “然, 吾王所見劍士, 皆蓬頭突鬢, 垂冠, 曼胡之纓, 短後之衣, 瞋目而語難, 王乃說之. 今夫子必儒服而見王, 事必大逆.” 莊子曰, “請治劍服.” 治劍服三日, 乃見太子. 太子乃與見王, 王脫白刃待之. 莊子入殿門不趨, 見王不拜. 王曰, “子欲何以教寡人, 使太子先.” 曰, “臣聞大王喜劍, 故以劍見王.” 王曰, “子之劍何能禁制.” 曰, “臣之劍十步一人, 千里不留行.” 王大悅之, 曰, “天下無敵矣.” 莊子曰, “夫爲劍者, 示之以虛, 開之以利, 後之以發, 先之以至. 願得試之.” 王曰, “夫子休, 就舍待命, 令設戲請夫子." 王乃校劍士七日, 殘傷者六十餘人, 得五六人, 使奉劍於殿下, 乃召莊子. 王曰, "今日試使士敦劍." 莊子曰, "望之久矣." 王曰, "夫子所御杖, 長短何如." 曰, "臣之所奉皆可. 然臣有三劍, 唯王所用. 請先言而後試." 王曰, "願聞三劍." 曰, "有天子劍, 有諸侯劍, 有庶人劍." 王曰, "天子之劍何如." 曰, "天子之劍, 以燕谿·石城爲鋒, 齊·岱爲鍔, 晉·衛爲脊, 周·宋爲鐔, 韓·魏爲夾, 包以四夷, 裹以四時, 繞以渤海, 帶以常山, 制以五行, 論以刑德, 開以陰陽, 持以春夏, 行以秋冬. 此劍直之無前, 擧之無上, 案之無下, 運之無旁. 上決浮雲, 下絶地紀. 此劍一用, 匡諸侯, 天下服矣. 此天子之劍也." 文王芒然自失, 曰, "諸侯之劍何如." 曰, "諸侯之劍, 以知勇士爲鋒, 以淸廉士爲鍔, 以賢良士爲脊, 以忠聖士爲鐔, 以豪桀士爲夾. 此劍直之亦無前, 擧之亦無上, 案之亦無下, 運之亦無旁. 上法圓天, 以順三光. 下法方地, 以順四時. 中和民意, 以安四鄕. 此劍一用, 如雷霆之震也, 四封之內, 無不賓服而聽從君命者矣. 此諸侯之劍也." 王曰, "庶人之劍何如." 曰, "庶人之劍, 蓬頭突鬢, 垂冠, 曼胡之纓, 短後之衣, 瞋目而語難, 相擊於前, 上斬頸領, 下決肝肺. 此庶人之劍, 無異於鬪鷄, 一旦命已絶矣, 無所用於國事. 今大王有天子之位而好庶人之劍, 臣竊爲大王薄之." 王乃牽而上殿, 宰人上食, 王三環之. 莊子曰, "大王安坐定氣, 劍事已畢奏矣." 於是文王不出宮三月, 劍士皆服斃其處也.

옛날 조문왕趙文王은 칼싸움을 좋아했다. 천하의 검사劍士들 중 초빙을 받아 궁문을 사이에 끼고 양쪽으로 늘어선 빈객이 3천여 명이나 되었다. 밤낮으로 조문왕 앞에서 칼싸움을 벌여 사상자만도 1년에 1백여 명이나 되었다. 그럼에도 조문왕은 조금도 싫증내지 않았다. 3년이 되자 나라가 크게 쇠해졌다. 제후들이 조나라 토벌을 도모하게 됐다. 태자 회悝가 이를 우려한 나머지 좌우를 불러 이같이 말했다.

"누가 능히 대왕에게 왕을 설득할 수 있는가? 검사들의 칼싸움을 그치게 하는 자에게 1천금을 상으로 내릴 것이다."

좌우가 말했다.

"장자라면 능히 그리할 수 있을 것입니다."

태자가 곧 사람을 시켜 1천금을 갖고 가 장자에게 바치게 했다. 장자가 이를 받지 않고 사자와 함께 태자를 만나서는 이같이 물었다.

"태자는 저에게 무엇을 명하려고 1천금을 내린 것입니까?"

태자가 대답했다.

"선생이 총명하고 성철聖哲한 분이라는 얘기를 듣고 삼가 1천금을 선생에게 예물로 바친 것입니다. 선생이 받지 않으니 제가 감히 더 이상 무엇을 말씀드릴 수 있겠습니까?"

장자가 말했다.

"태자가 저를 쓰려는 것은 대왕이 좋아하는 것을 끊게 하려는 것이라고 들었습니다. 가령 제가 위로는 대왕을 설득하다가 대왕의 뜻을 거스르고 아래로는 태자의 의중에 합당치 못하면 저는 형벌에 처해져 죽게 될 것입니다. 그 경우 제가 1천금을 어디에 쓰겠습니까? 또 신이 위로 대왕을 설득하고 아래로 태자의 의중에 합당하게 하면 조나라에서 무엇을 구한들 얻지 못할 리 있겠습니까?"

태자가 물었다.

"그렇기는 합니다. 그러나 우리 대왕이 만나는 사람은 오직 검사들뿐이니 어찌 설득할 것입니까?"

장자가 대답했다.

"알고 있습니다. 저 또한 칼을 잘 다룹니다."

태자가 우려했다.

"그렇기는 하나 우리 대왕이 만나는 검사들 모두 쑥대머리에다 살쩍은 불끈 치솟고, 낮게 기울어진 관을 쓰고, 장식 없는 끈으로 관을 매고, 소매가 짧은 전투복을 입고, 눈을 부릅뜨며 거친 소리를 질러댑니다. 그래야만 대왕이 기뻐합니다. 지금 선생이 꼭 유복儒服을 입고 대왕을 만나려 하면 반드시 일을 크게 그르칠 것입니다."

장자가 청했다.

"그렇다면 저에게 검복劍服을 갖춰주십시오."

'검복' 을 3일 걸려 만들었다. 장자가 이내 태자를 만나자 태자가 장자와 함께 조문왕을 배견拜見했다. 조문왕은 서슬 퍼런 칼을 뽑아 들고 이들을 기다렸다. 장자가 궁전 문안으로 들어간 후 잰걸음으로 걷지도 않고 조문왕을 보고도 절하지 않았다. 조문왕이 물었다.

"그대는 과인에게 무엇을 가르칠 생각으로 태자를 앞세운 것인가?"

장자가 대답했다.

"신이 듣건대 대왕이 칼싸움을 좋아한다기에 제 검술을 보여드리려고 하는 것입니다."

조문왕이 물었다.

"그대의 검은 어느 수준의 상대를 제압할 수 있는가?"

"신의 검은 10보 나아갈 때마다 1명씩 쓰러뜨릴 정도로 예리합니다. 1천 리를 나아가는 동안 그 누구도 이를 막을 수가 없습니다."

조문왕이 크게 기뻐하며 말했다.

"그렇다면 그대는 과연 천하무적이오!"

장자가 말했다.

"무릇 제가 칼을 쓰는 방법은 상대에게 허점을 보이고, 제 몸을 열어 상대를 유리하게 하고, 상대보다 늦게 칼을 쓰기 시작합니다. 그러면서도 저의 칼이 상대보다 먼저 이르게 합니다. 이를 시험할 수 있게 해주십시오."

조문왕이 만류했다.

"선생은 잠시 쉬는 게 나을 듯하오. 객사로 가 명을 기다리도록 하시오. 시합하는 자리를 마련한 뒤 선생을 청하도록 하겠소."

조문왕이 마침내 7일에 걸쳐 장자와 싸울 검사를 선발했다. 이 과정에서 죽거나 다친 자가 무려 60여 명이나 되었다. 이들 중 5, 6명이 선발됐다. 조문왕이 이들에게 명해 궁전 아래 모여 각자 검을 들게 한 뒤 마침내 장자를 불렀다.

"오늘 시험 삼아 이들이 검술을 닦을 수 있도록 해주시오."

장자가 말했다.

"오랫동안 이 날이 오기를 기다렸습니다."

조문왕이 물었다.

"그런데 선생이 사용할 칼의 길이는 어느 정도가 좋소?"

장자가 대답했다.

"신이 사용할 칼은 어느 것이든 좋습니다만 신에게는 3가지 칼이 있습니다. 오직 대왕이 원하는 칼을 쓸 생각이니 먼저 이에 대해 말씀드린 후 시합에 임하고자 합니다."

조문왕이 허락했다.

"3가지 칼이 어떤 것인지 듣고 싶소."

장자가 말했다.

"그것은 바로 천자의 검과 제후의 검, 서인의 검입니다."

조문왕이 물었다.

"천자의 검은 어떤 것이오?"

장자가 대답했다.

"천자의 검은 연계燕谿와 석성石城을 칼끝으로 삼고, 제齊나라와 대岱 땅을 칼날로 삼고, 진晉나라와 위衛나라를 칼등으로 삼고, 주周나라와 송宋나라를 칼자루의 테로 삼고, 한韓나라와 위魏나라를 칼자루로 삼습니다. 또 사방의 오랑캐로 겉을 씌우고, 춘하추동 사계절로 감싸고, 발해渤海로 빙 둘러치고, 상산常山을 띠로 두릅니다. 이어 5행으로 통제하고, 형벌과 은덕으로 규칙을 논하고, 음양으로 칼집에서 뽑고, 봄 여름에는 칼만 갖고 있고, 가을 겨울에는 칼을 내리칩니다.

이 칼을 앞으로 곧장 뻗으면 더 이상 앞이 없는 곳까지 이르고, 위로 쳐들면 더 이상 위가 없는 천공을 찌르고, 아래로 내리치면 더 이상 아래가 없는 곳을 가르고, 휘두르면 사방 어디고 한정된 방향이 없습니다. 위로는 뜬구름을 자르고 아래로는 대지를 묶은 굵은 밧줄을 끊습니다. 이 칼을 한 번만 써도 제후들을 바로잡을 수 있고, 천하 만민이 곧바로 귀복합니다. 이것이 천자의 검입니다."

조문왕이 망연자실한 모습으로 물었다.

"제후의 검은 어떤 것이오?"

장자가 대답했다.

"제후의 검은 지혜롭고 용맹한 선비를 칼끝으로 삼고, 청렴한 선비를 칼날로 삼고, 현량한 선비를 칼등으로 삼고, 충성忠聖한 선비를 칼자루의 테로 삼고, 호걸풍의 협사俠士를 칼자루로 삼습니다. 이 칼 또한 앞으로 곧장 뻗으면 더 이상 앞이 없는 곳까지 이르고, 위로 쳐들면 더 이상 위가 없는 천공을 찌르고, 아래로 내리치면 더 이상 아래가 없는 곳을 가르고, 휘두르면 사방 어디고 한정된 방향이 없습니다. 위로는 둥근 하늘을 본받아 해와 달과 별의 운행을 따르고, 아래로는 네모 난 땅을 본받아 사계절의 추이를 따르고, 가운데로는 민의民意

를 화목하게 해 사방을 편안하게 만듭니다. 이 칼을 한 번만 써도 마치 우레와 천둥이 진동하는 것같아 나라 안의 백성 중 공물貢物을 들고 와 군명을 따르지 않는 자가 없습니다. 이것이 제후의 검입니다."

조문왕이 물었다.

"서인의 검은 어떤 것이오?"

장자가 대답했다.

"서인의 검은 쑥대머리에다 살쩍은 불끈 치솟고, 낮게 기울어진 관을 쓰고, 장식 없는 끈으로 관을 매고, 소매가 짧은 전투복을 입고, 눈을 부릅뜨며 거친 소리를 질러대고, 왕 앞에서 서로 칼을 휘두릅니다. 위로는 상대의 목을 베고, 아래로는 상대의 간과 심장을 도려냅니다. 이것이 서인의 검입니다. 투계鬪鷄와 하등 다를 게 없습니다. 서인의 검을 쓰면 하루아침에 목숨이 끊어지게 되고, 다시는 국사에 쓸 수가 없게 됩니다. 지금 대왕은 천자의 자리에 있으면서 서인의 검을 좋아하고 있습니다. 저는 내심 대왕을 위해 이를 크게 애석하게 여깁니다."

조문왕이 마침내 장자를 이끌고 궁전 위로 올라갔다. 궁중 요리사가 식사를 올렸는데도 조문왕은 음식을 먹지 않고 상 둘레를 세 번이나 빙빙 돌며 생각에 젖었다. 장자가 권했다.

"대왕은 자리에 편히 앉아 기운을 안정시키십시오. 검에 관한 얘기는 이것으로 모두 끝났습니다."

이 일이 있은 후 조문왕은 3달 동안 궁안에 틀어박힌 채 밖으로 나가지 않았다. 검사들 모두 평소 칼싸움하던 곳에서 서로 상대를 칼로 찔러 엎어져 죽은 까닭에 아무도 남지 않았다.

조문왕趙文王은 조무령왕趙武靈王의 아들로 『사기』와 『자치통감』 등에 조혜문왕趙惠文王으로 나온다. 그가 칼 쓰는 용사를 좋아했다는 것은 「설검」편에만 나오는 얘기이다. 조무령왕은 소위 호복기사胡服騎射의 상무정신을 진작시켜 조나라를 일약 진나라에 맞설 수 있는 군사강국으로 만든 장본인이다. 그의 아들 조혜문왕을 「설검」편의 핵심 인물로 끌어들인 것도 이와 무관하지 않을 것이다.

협문夾門을 두고 임희일은 문을 끌어안고 있는 옹문擁門으로 풀이했으나 문을 사이에 끼고 있었다는 뜻으로 풀이하는 게 자연스럽다. 호지불염好之不厭의 불염不厭이 육덕명의 『경전석문』에는 무염無厭으로 되어 있다. '무염'이 저본처럼 '불염'으로 바뀌었음을 알 수 있다. 태자 회悝는 『사기』「조세가」 등에 그 이름이 나오지 않는다. 조혜문왕의 후계자는 단丹이다. 가공의 인물에 지나지 않는다.

폐종자幣從者의 종자從者는 장자를 지칭한 것으로 직접 지칭하는 것을 꺼린 일종의 존경어법이다. 단후지의短後之衣는 뒤가 짧은 전투복을 말한다. 어난語難은 말로 두렵게 만든다는 뜻으로 육덕명은 사람들을 두렵게 하는 거친 말로 풀이했다. 청치검복請治劍服의 치治가 위爲로 된 판본이 있다. 뜻은 같다.

천리불류행千里不留行을 두고 사마표는 '10보마다 한 사람과 싸워 바로 죽이기 때문에 천 리에 이르도록 막아설 이가 없다'고 풀이했다. 이에 대해 유월은 "이는 칼의 예리함을 극진히 표현한 것이다. 행行은 칼을 가지고 말한 것이지 사람을 가지고 말한 게 아니다"라고 반박했다. 유월의 해석이 문의에 부합한다.

시지이허示之以虛를 두고 이케다는 「응제왕」편에서 호자壺子가 계함季咸에게 마음을 비우고 욕심이 전혀 없는 모습을 보여준 것과 같은 취지로 풀이했다. '후지이발後之以發, 선지이지先之以至'는 『도덕경』 제67장에 나오는 '지금 사람은 후後를 버리고 선先에만 애쓴다.

이리하면 죽게 된다'는 구절과 유사한 취지이다. 돈검敦劍은 검술을 닦는다는 뜻으로 여기의 돈敦을 두고 성현영은 판단으로 해석했으나 유월과 곽숭도 등은 닦는다는 뜻의 치治로 풀이했다. 소어장所御杖의 어御는 용用의 뜻이다. 장杖이 장仗으로 된 판본이 있다. 왕숙민은 장仗을 장杖의 속자로 풀이했다. 신지소봉臣之所奉의 봉奉은 들어올린다는 뜻의 봉捧과 통한다. 『경전석문』에 따르면 사마표본에는 봉奉이 주奏로 되어 있다. 「양생주」편에 마치 음악을 연주하듯 칼을 움직인다는 뜻의 '주도奏刀' 표현이 나온다. 사마표본이 원본일 공산이 크다.

연계燕谿와 석성石城, 제齊, 대岱 등을 두고 성현영은 "봉鋒은 칼끝, 악鍔은 칼날이다. '연계'는 연나라에 있고 '석성'은 새외塞外의 산이다. 이 지역은 북쪽에 있기에 칼끝에 비유한 것이다. 또 '제'와 '대'는 동쪽에 있기에 칼날로 삼은 것이다"라고 풀이했다. 그는 또 대岱를 『서경』「순전」에 나오는 대종岱宗, 즉 태산의 다른 이름인 대악岱岳으로 보았다. 심鐔은 칼자루와 칼날 부분을 나누는 테를 말한다. 사마표는 검이劍珥, 육덕명은 검구劍口로 해석했다. 협夾은 칼자루를 뜻하는 협鋏과 통한다. 이를 두고 성현영은 "한나라와 위나라는 조나라의 서쪽에 있기에 칼자루에 비유한 것이다"라고 했다.

현량사賢良士가 조간의본趙諫議本에는 현성사賢聖士, 충성사忠聖士가 세덕당본과 조간의본에는 충승사忠勝士, 호걸豪桀이 세덕방본에는 호걸豪傑로 되어 있다. 뜻은 대략 같다. 중화민의中和民意가 일부 판본에는 중지민의中知民意로 되어 있으나 문맥상 화和가 자연스럽다. 복폐服斃는 엎드려 죽었다는 뜻으로 임희일은 복服을 복伏으로 풀이했다. 일부 판본에는 복伏으로 되어 있다.

제9장 어부(漁父)

9-1

孔子遊乎緇帷之林, 休坐乎杏壇之上. 弟子讀書, 孔子弦歌鼓琴. 奏曲未半, 有漁父者, 下船而來, 須眉交白, 被髮揄袂, 行原以上, 距陸而止, 左手據膝, 右手持頤以聽, 曲終而招子貢·子路二人俱對. 客指孔子曰, "彼何爲者也." 子路對曰, "魯之君子也." 客問其族. 子路對曰, "族孔氏." 客曰, "孔氏者何治也." 子路未應, 子貢對曰, "孔氏者, 性服忠信, 身行仁義, 飾禮樂, 選人倫. 上以忠於世主, 下以化於齊民, 將以利於天下. 此孔氏之所治也." 又問曰, "有土之君與." 子貢曰, "非也." "侯王之佐與." 子貢曰, "非也." 客乃笑而還行, 言曰, "仁則仁矣, 恐不免其身. 苦心勞形以危其眞. 嗚呼, 遠哉. 其分於道也."

공자가 울창한 숲인 치유림緇帷林에서 노닐다가 살구나무를 심어 놓은 행단杏壇 위에 앉아 휴식을 취했다. 제자들이 책을 읽는 사이 공자는 노래를 부르며 거문고를 탔다. 타던 곡이 채 반도 지나지 않았을 때 한 어부가 배에서 내려 다가왔다. 수염과 눈썹이 모두 하얀 노인이었다. 그가 머리를 풀어헤치고 소매를 휘저으며 늪지대를 걸어 올라왔다. 언덕에 이르러 걸음을 멈춘 뒤 자리를 잡았다. 왼손은 무릎

위에 얹고 오른손으로 턱을 괸 채 조용히 노랫소리에 귀를 기울였다. 곡이 끝나자 자공과 자로를 손짓해 불러 대면했다. 그가 공자를 가리키며 물었다.

"저 사람은 무엇 하는 사람인가?"

자로가 대답했다.

"노나라의 군자입니다."

어부가 공자의 성씨을 묻자 자로가 대답했다.

"성은 공씨입니다."

어부가 물었다.

"공씨는 어떤 일을 하고 있는가?"

자로가 미처 대답을 못하자 자공이 대신 대답했다.

"공씨는 태어나면서 충신忠信을 갖췄고, 몸소 인의를 행하고, 예악을 다듬고, 인륜을 가르쳤습니다. 위로는 세상의 군주에게 충성하고, 아래로는 백성을 교화해 장차 천하를 이롭게 하려 합니다. 이것이 공씨가 하는 일입니다."

어부가 다시 물었다.

"영토를 갖고 있는 군주인가?"

자공의 대답했다

"아닙니다."

"그러면 제후나 왕을 돕는 사람인가?"

자공이 대답했다.

"아닙니다."

어부가 마침내 웃으며 돌아갔다. 그가 길을 되돌아 걸어가면서 이같이 탄식했다.

"어질기는 어질겠지만 아마도 그 몸은 화를 면치 못할 것이다. 마음을 괴롭히고 몸을 수고롭게 해 자연의 본성을 위태롭게 만들고 있으니 말이다. 아, 멀리 벗어났구나! 그가 참된 도에서 벗어난 것이."

치유지림緇帷之林은 휘장처럼 펼쳐진 울창한 숲을 말한다. 일부 판본에는 유帷가 가차에 해당하는 유惟 내지 유維로 되어 있다. 행단杏壇은 공자가 제자를 가르쳤던 곳으로 통상 학문을 가르치는 곳을 뜻한다. 수미교백須眉交白의 수須는 수鬚의 뜻이다. 일부 판본에는 살쩍 내지 구레나룻을 뜻하는 빈鬢으로 되어 있다. 교交는 희다는 뜻의 교皎와 통한다.

피발유메被髮揄袂는 머리를 풀어헤치고 소매를 휘젓는다는 뜻이다. 여기의 유揄를 두고 이이李頤는 투投로 읽으면서 휘두를 휘揮의 의미로 풀이했다. 통상 소매를 휘젓는 것을 투메投袂로 표현하는 점에 비춰 나름 일리 있다. '행원이상行原以上, 거륙이지距陸而止'는 강가의 늪지대를 걸어 올라와 언덕에 이르러 멈췄다는 뜻이다. 이를 두고 조초기는 『이아』「석지釋地」를 인용해 "넓고 평평한 곳을 원原, 높고 평평한 곳을 륙陸이라 한다. 그래서 먼저 늪지대를 걸어 올라간 뒤 언덕에 이르렀다고 한 것이다"라고 풀이했다.

자로미응子路未應은 자로가 제대로 대답치 못했다는 뜻이다. 『논어』「술이」편도 섭공葉公의 질문에 자로가 제대로 대응치 못한 것을 두고 자로부대子路不對로 표현해 놓았다. '칙예악飾禮樂, 선인륜選人倫'의 칙飾은 삼가 다듬는다는 뜻의 칙飭의 가차이고, 선選은 가르칠 선譔의 가차이다. 고심로형苦心勞形은 마음을 괴롭히고 몸을 지치게 한다는 뜻으로 「응제왕」편의 노형출심勞形怵心과 같은 의미이다. 위기진危其眞은 본성을 위태롭게 한다는 뜻이다. 「도척」편의 혹기진惑其眞, 「산목」편의 망기진忘其眞과 동일한 취지이다.

9-2

子貢還, 報孔子. 孔子推琴而起, 曰, “其聖人與.” 乃下求之, 至於澤畔, 方將杖拏而引其船, 顧見孔子, 還鄕而立. 孔子反走, 再拜而進. 客曰, “子將何求.” 孔子曰, “曩者先生有緖言而去, 丘不肖, 未知所謂, 竊待於下風, 幸聞咳唾之音, 以卒相丘也.” 客曰, “嘻, 甚矣, 子之好學也.” 孔子再拜而起, 曰, “丘少而修學, 以至於今, 六十九歲矣, 無所得聞至敎, 敢不虛心.” 客曰, “同類相從, 同聲相應, 固天之理也. 吾請釋吾之所有而經子之所以. 子之所以者, 人事也. 天子·諸侯·大夫·庶人, 此四者自正, 治之美也. 四者離位而亂莫大焉. 官治其職, 人憂其事, 乃無所陵. 故田荒室露, 衣食不足, 徵賦不屬, 妻妾不和, 長少無序, 庶人之憂也. 能不勝任, 官事不治, 行不淸白, 羣下荒怠, 功美不有, 爵祿不持, 大夫之憂也. 廷無忠臣, 國家昏亂, 工技不巧, 貢職不美, 春秋後倫, 不順天子, 諸侯之憂也. 陰陽不和, 寒暑不時, 以傷庶物, 諸侯暴亂, 擅相攘伐, 以殘民人, 禮樂不節, 財用窮匱, 人倫不傷, 百姓淫亂, 天子有司之憂也. 今子旣上無君侯有司之勢, 而下無大臣職事之官, 而擅飾禮樂, 選人倫, 以化齊民, 不泰多事乎. 且人有八疵, 事有四患, 不可不察也. 非其事而事之, 謂之摠. 莫之顧而進之, 謂之佞. 希意道言, 謂之諂. 不擇是非而言, 謂之諛. 好言人之惡, 謂之讒. 析交離親, 謂之賊. 稱譽詐僞以敗惡人, 謂之慝. 不擇善否, 兩容頰適, 偸拔其所欲, 謂之險. 此八疵者, 外以亂人, 內以傷身, 君子不友, 明君不臣. 所謂四患者, 好經大事, 變更易常, 以挂功名, 謂之叨. 專知擅事, 侵人自用, 謂之貪. 見過不更, 聞諫愈甚, 謂之很. 人同於己則可, 不同於己, 雖善不善, 謂之矜. 此四患也. 能去八疵, 無行四患, 而始可敎已.”

자공이 돌아와 이 사실을 보고하자 공자가 거문고를 밀쳐놓으면서 이같이 말했다.

"그 사람은 틀림없이 성인일 것이다!"

그러고는 곧 행단 위에서 내려온 뒤 노인을 찾아 못가에 이르렀다. 마침 어부는 바야흐로 노를 잡고 배를 띄우려던 참으로 공자를 돌아보고는 몸을 돌려 공자를 바라보고 섰다. 공자가 빠른 걸음으로 뒤로 물러나 어부에게 두 번 절한 뒤 천천히 앞으로 나아갔다. 어부가 물었다.

"그대는 내게 무엇을 구하려는 것이오?"

공자가 대답했다.

"방금 전 선생은 말의 실마리만 꺼내놓고 그냥 떠나버렸습니다. 저는 보다시피 불초한지라 선생의 말씀을 아직 잘 알지 못하고 있습니다. 가만히 선생의 풍모 아래 이같이 기다리면서 요행히 선생의 기침소리를 통한 가르침인 해타지음咳唾之音이라도 듣고자 합니다. 그러니 부디 저를 도와주십시오."

어부가 말했다.

"아, 심하구나! 그대가 배우기를 좋아하는 것이."

공자가 두 번 절하고 일어나 이같이 청했다.

"저는 어려서부터 학문을 닦아 지금에 이르렀습니다. 이제 69세가 되었으나 아직 지극한 가르침을 들을 수 있는 분을 만나지 못했습니다. 그러니 어찌 감히 마음을 비우고 가르침을 청하지 않을 수 있겠습니까?"

어부가 대답했다.

"같은 부류는 서로 따르고 같은 소리는 서로 공명하오. 이는 실로 자연의 이치요. 청컨대 나에게 있는 도는 잠깐 놓아두고 그대가 하는 일의 배경부터 따져보고자 하오. 그대가 관심을 두고 있는 것은 인사人事요. 천자와 제후, 대부, 서인 등 4계층이 각자 올바른 도를 지키면 최상의 다스림이 될 것이오. 그러나 정반대로 4계층이 각자 자신의 자리를 떠나면 이보다 더 큰 어지러움이 없을 것이오. 관원이 자기 직무를 잘 처리하고 모든 사람이 자신의 일을 힘써 처리하면 누구도 분수를 넘는 짓을 하지 않을 것이오.

전답이 황폐해져 집이 피폐해지고, 의식衣食이 부족해 세금을 계속 납부하지 못하고, 처첩이 불화해 장유의 질서가 무너지면 이는 서민의 근심이오. 능력이 직무를 감당하지 못해 관청의 일처리가 만족스럽지 못하고, 행동이 청렴하지 못해 부하들이 멋대로 태만하고, 훌륭한 공적을 세우지 못해 작록을 유지할 수 없게 되면 이는 대부의 근심이오. 조정에 충신이 없어 나라가 혼란스럽고, 공인들의 기술이 정교하지 못해 조정에 바치는 공물이 조악하고, 봄 가을의 조근朝覲에서 서열이 뒤처져 천자의 명을 제대로 따르지 못하게 되면 이는 제후의 근심이오. 음양의 기가 잘 조화되지 못한 탓에 계절의 한서가 때에 맞지 않아 만물이 손상을 입고, 제후들이 사납게 난동을 부리며 멋대로 서로 공격해 백성을 살상하고, 예악이 절도를 잃어 문란하고, 재정이 궁핍하고 인륜이 지켜지지 않아 백성들이 음란에 빠지게 되면 이는 천자와 공경들의 근심이오.

지금 그대는 이미 위로 천자나 제후 및 공경의 권세도 없고 아래로 대신이나 정사를 맡은 관장의 직분도 없소. 그런데도 멋대로 예악을 꾸미고 인륜의 도를 가르치며 만민을 교화하려 하니 이는 분에 넘치는 일이 아니겠소? 사람에게는 8가지 흠이 있고 일에는 4가지 근심이 있으니 잘 살피지 않을 수 없소.

자신의 일이 아닌데도 주제넘게 끼어드는 것을 총摠, 돌아보는 이도 없는데 마구 진언하는 것을 영佞, 상대의 마음을 엿보고 그 기분에 맞춰 말하는 것을 첨諂, 시비를 가리지 않고 말하는 것을 유諛, 남의 결점을 즐겨 말하는 것을 참讒, 남의 우정을 쪼개고 친족을 이간하는 것을 적賊, 겉으로 칭찬하며 속으로 기만하고 속여 파멸시키는 것을 특慝, 선악을 가리지 않은 채 양쪽을 모두 받아들여 온화한 표정을 지으면서 자신이 갖고 싶은 것을 몰래 빼내는 것을 험險이라고 하오. 이들 8가지 흠은 밖으로 남을 어지럽히고 안으로 자신을 해치오. 군자는 이런 자를 벗으로 사귀지 않고 명군은 이런 자를 신하로 삼지 않소.

이른바 4가지 근심은 다음과 같소. 큰일에 나서는 것을 좋아하고 공연히 자주 변경한 나머지 원칙까지 바꾸며 공명을 높이 세우려 하는 것을 도叨, 자신의 지혜를 과신한 나머지 멋대로 일을 처리하면서 남의 영역을 침범하고 스스로의 재능을 발휘하는 것을 탐貪, 과오를 알고도 고치지 않고 충고를 들으면 도리어 더 심하게 어기는 것을 흔很, 남의 견해가 자신과 같으면 인정하고 같지 않으면 착한 사람일지라도 나쁘다고 헐뜯는 것을 긍矜이라고 하오. 이게 4가지 근심이오. 8가지 흠을 제거하고 4가지 근심을 저지르지 않는 사람이라야 비로소 가르칠 만하다 할 수 있소."

방장장뇨方將杖拏는 바야흐로 노를 세우려 한다는 뜻이다. 뇨拏는 나拿 및 나拏와 같은 자이다. 이들 모두 포획하거나 연루되었다는 뜻일 때는 '나', 무엇을 끌어당긴다는 뜻일 때는 '녀', 배를 젓는 노의 뇨橈를 뜻할 때는 '뇨'로 읽는다. 서언緖言을 두고 육덕명은 먼저 하는 말인 선언先言으로 풀이했으나 유월은 『초사』 등을 인용해 찌꺼기 말을 뜻하는 여언餘言으로 새겼다. 글자 그대로 말의 실마리로 풀이하는 게 낫다. 절대어하풍竊待於下風은 가만히 선생의 풍모 아래서 기다린다는 뜻이다. 『장자궐오』에 인용된 장군방본에는 대待가 시侍로 되어 있다.

'심의甚矣, 자지호학야子之好學也' 를 두고 후쿠나가는 공자가 『논어』「공야장」에서 '나만큼 배우기를 좋아하는 사람은 없을 것이다' 라고 얘기한 것을 풍자한 것으로 분석했다. 경자지소이經子之所以는 그대가 하는 일의 조리를 따진다는 뜻으로 여기의 경經을 사마표는 다스릴 리理로 해석했다. 인우기사人憂其事의 우憂를 왕숙민과 가나야는 고산사고초본을 좇아 처處로 바꿀 것을 주장했으나 이케다와 후쿠나가는 아래 문장의 대부지우大夫之憂 등과 조응하는 것으로 파악해 이를 반대했다.

징부불촉徵賦不屬은 세금을 이어서 내지 못한다는 뜻으로 촉屬은 속續의 의미이다. 공직불미貢職不美의 직職을 두고 마서륜은 부賦의 잘못으로 보았으나 고유는 『회남자』「원도훈」에서 직職을 공貢의 의미로 풀이한 바 있다. 후쿠나가는 공물을 바친다는 뜻의 납공納貢으로 해석했다. 위지총謂之摠의 총摠은 총괄한다는 뜻의 총總과 같다. 성현영은 지나칠 람濫으로 풀이했다. 괘공명挂功名의 괘挂는 내건다는 뜻의 괘掛와 통한다.

9-3

孔子愀然而嘆, 再拜而起, 曰, "丘再逐於魯, 削迹於衛, 伐樹於宋, 圍於陳蔡. 丘不知所失, 而離此四謗者何也." 客凄然變容曰, "甚矣, 子之難悟也. 人有畏影惡迹而去之走者, 擧足愈數而迹愈多, 走愈疾而影不離身, 自以爲尙遲, 疾走不休, 絶力而死. 不知處陰以休影, 處靜以息迹, 愚亦甚矣. 子審仁義之間, 察同異之際, 觀動靜之變, 適受與之度, 理好惡之情, 和喜怒之節, 而幾於不免矣. 謹修而身, 愼守其眞, 還以物與人, 則無所累矣. 今不修之身而求之人, 不亦外乎." 孔子愀然曰, "請問何謂眞." 客曰, "眞者, 精誠之至也. 不精不誠, 不能動人. 故强哭者, 雖悲不哀. 强怒者, 雖嚴不威. 强親者, 雖笑不和. 眞悲無聲而哀, 眞怒未發而威, 眞親未笑而和. 眞在內者, 神動於外, 是所以貴眞也. 其用於人理也, 事親則慈孝, 事君則忠貞, 飮酒則歡樂, 處喪則悲哀. 忠貞以功爲主, 飮酒以樂爲主, 處喪以哀爲主, 事親以適爲主. 功成之美, 無一其迹矣. 事親以適, 不論所以矣. 飮酒以樂, 不選其具矣. 處喪以哀, 無問其禮矣. 禮者, 世俗之所爲也. 眞者, 所以受於天也, 自然不可易也. 故聖人法天貴眞, 不拘於俗. 愚者反此. 不能法天而恤於人, 不知貴眞, 祿祿而受變於俗, 故不足. 惜哉, 子之早湛於人僞而晩聞大道也." 孔子又再拜而起曰, "今者丘得遇也, 若天幸然, 先生不羞而比之服役而身敎之. 敢問舍所在, 請因受業而卒學大道." 客曰, "吾聞之, '可與往者, 與之至於妙道. 不可與往者, 不知其道. 愼勿與之, 身乃無咎.' 子勉之, 吾去子矣, 吾去子矣." 乃刺船而去, 延緣葦間.

공자가 부끄러운 모습으로 탄식한 뒤 두 번 절하고 일어나 이같이 물었다.

"저는 노나라에서 두 번 쫓겨났고, 위나라에서는 발자취까지 모조리 지워졌고, 송나라에서는 나무가 잘려 그 밑에 깔릴 뻔했고, 진·채 사이에서는 포위되는 곤경을 만났습니다. 저는 스스로 잘못한 것을 모르겠습니다. 이처럼 네 번이나 비방을 당한 것은 무슨 까닭입니까?"

어부가 애처로운 표정을 짓다가 정색을 하고는 이같이 대답했다.

"심하구나! 그대가 깨우치지 못하는 것이. 어떤 사람이 자기 그림자를 두려워하고 자기 발자국을 싫어한 나머지 이를 떨쳐버리기 위해 마구 내달렸소. 발을 들어올리는 횟수가 많으면 많을수록 발자국은 더욱 많아지고, 달리는 게 빠르면 빠를수록 그림자는 더욱 몸에서 떨어질 줄 몰랐소. 그는 스스로 달리는 게 더디다고 생각해 더욱 빠른 속도로 질주하며 쉬지 않다가 결국 힘이 다해 죽고 말았소. 그늘에서 그림자를 쉬게 하고 조용히 멈춰 발자국을 쉬게 할 줄 몰랐기 때문이오. 그의 어리석음이 이처럼 심했소.

그대는 인의仁義의 세계를 자세히 살피고, 동이同異의 경계를 분명히 살피고, 동정動靜의 변화를 관찰하고, 수여受與의 절도를 합당하게 하고, 호오好惡의 감정을 잘 다스리고, 희로喜怒의 절조를 조화롭게 하고 있소. 이같이 해서는 거의 화난을 면하기 어려울 것이오. 삼가 그대의 몸을 수양하고, 신중히 도를 지키고, 공명 따위를 사람들에게 되돌려 주도록 하시오. 그러면 자신을 고달프게 하는 일이 없게 될 것이오. 그대는 지금 자신을 닦지 않고 남에게 요구하는 일만 하고 있소. 이 또한 빗나간 행보가 아니겠소?"

공자가 부끄러운 표정으로 물었다.

"여쭤보건대 무엇을 참된 도라 하는 것입니까?"

어부가 대답했다.

"진실은 순수와 성실의 극치요. 순수하지 않고 성실하지 않으면 사람들을 감동시킬 수 없소. 억지로 곡을 하는 자는 비록 겉으로 슬퍼하는 것처럼 보일지라도 애처롭지 않고, 억지로 화를 내는 자는 비록 겉으로 엄한 것처럼 보일지라도 위엄이 없고, 억지로 친하게 행동하는 자는 비록 겉으로 웃는 모습을 취할지라도 화목하지 않소. 참다운 슬픔은 소리 없이 애처롭고, 참다운 노여움은 기색 없이 위엄 있고, 참다운 친애는 웃음 없이 화목하오. 참된 도가 안에 갖춰져 있으면 신묘한 작용이 저절로 밖으로 드러나기 때문이오. 사람들이 참된 도를 귀하게 여기는 이유가 여기에 있소.

참된 도가 인륜의 이치에 작동할 경우 어버이를 섬길 때는 자애와 효행, 군주를 섬길 때는 충성과 정절, 술을 마실 때는 기쁨과 즐거움, 상을 당할 때는 슬픔과 애처로움으로 나타나오. 충성과 정절은 훌륭한 공적을 위주로 삼고, 음주는 즐거움을 위주로 삼고, 상사喪事는 슬픔을 위주로 삼고, 효친은 어버이 뜻에 맞추는 것을 위주로 삼소.

그래서 군주를 섬길 때는 충정을 행하며 공을 이루면 그만이지 굳이 고정된 노선을 추종할 게 없고, 어버이를 섬길 때는 그 뜻에 맞으면 그만이지 굳이 그 방법을 따질 게 없고, 술을 마실 때는 즐거우면 그만이지 굳이 술을 담는 도구를 가릴 게 없고, 상을 치를 때는 슬퍼하면 그만이지 굳이 상례를 문제 삼을 게 없는 것이오.

예는 세속에서 인위적으로 만든 것이오. 그러나 참된 도는 자연의 하늘로부터 나온 것인 까닭에 본래 그러할 뿐 인위적으로 바꿀 수 있는 게 아니오. 성인이 자연의 하늘을 본받고 참된 도를 귀하게 여겨 세속의 풍속에 구속되지 않는 이유가 여기에 있소. 그러나 어리석은 자들은 이와 정반대로 자연의 하늘을 본받을 줄 몰라 인위적인 구속을 걱정하고, 참된 도를 귀하게 여길 줄 몰라 주견 없이 남에게 끌려다니며 세속의 풍속에 따라 조변석개하오. 참된 도가 부족한 이유가 여기에 있소. 애석하구나! 그대가 일찍부터 인위에 빠져 뒤늦게 대도를 듣게 된 것이."

공자는 또 다시 두 번 절하고 일어나 이같이 말했다.

"지금 제가 선생을 만나게 된 것은 하늘이 준 행운입니다. 선생은 저를 부끄럽게 여기지 않고 심부름꾼 대열에 넣어 몸소 가르쳐 주셨습니다. 감히 묻건대 선생의 숙소는 어디에 있습니까? 청컨대 계속 수업을 받아 끝내 대도를 배우고자 합니다."

어부가 말했다.

"내가 듣건대 '더불어 나아갈 수 있는 자와 함께 하면 오묘한 도에 이를 수 있다. 더불어 나아갈 수 없는 자와 함께 하면 도를 알 수 없다. 삼가 함께하지 말아야만 내 몸에 허물이 없게 된다' 고 했소. 그대는 힘쓰도록 하시오. 나는 이만 그대 곁을 떠나야 하겠소."

어부가 곧 노를 저어 물가를 따라 내려가더니 이내 갈대 사이로 사라졌다.

초연愀然을 두고 성현영은 부끄러워하고 송구해하는 참송慚竦의 의미로 새겼다. 사방자四謗者를 두고 임희일은 '노나라, 위나라, 송나라, 진나라 및 채나라 사이에서 당한 네 번의 치욕이다' 라고 풀이했다. 무일기적의無一其迹矣를 두고 임희일은 '한 가지 일도 그 자취가 나타남이 없다' 는 뜻으로 새겼다. 그러나 문맥상 일정한 행위에 한정되는 일이 없다는 의미로 새기는 게 자연스럽다.

휼어인恤於人은 인위적인 구속을 걱정한다는 뜻으로 여기의 휼恤을 두고 성현영은 우憂로 새겼다. 녹록祿祿은 주체성 없이 남에 끌려다니는 것을 말한다. 보잘것없어 다루기 쉽다는 뜻의 녹록錄錄 내지 녹록碌碌과는 그 의미가 다르다. 해동은 수종隨從의 의미로 풀이했다. 조담어인위早湛於人僞는 일찍부터 인위에 빠졌다는 뜻으로 조早가 조蚤로 된 판본도 있다. 비지복역比之服役은 남의 부림을 받는 심부름꾼 대열에 넣는다는 뜻이다. 자선刺船은 배를 젓는다는 뜻으로 탱선撑船과 같은 뜻이다.

9-4

顔淵還車, 子路授綏, 孔子不顧, 待水波定, 不聞拏音而後敢乘. 子路旁車而問曰, "由得爲役久矣, 未嘗見夫子遇人如此其威也. 萬乘之主, 千乘之君, 見夫子未嘗不分庭伉禮, 夫子猶有倨傲之容. 今漁父杖拏逆立, 而夫子曲要磬折, 言拜而應, 得無太甚乎. 門人皆怪夫子矣, 漁人何以得此乎." 孔子伏軾而嘆, 曰, "甚矣, 由之難化也. 湛於禮義有間矣. 而朴鄙之心至今未去. 進, 吾語汝. 夫遇長不敬, 失禮也. 見賢不尊, 不仁也. 彼非至人, 不能下人. 下人不精, 不得其眞, 故長傷身. 惜哉, 不仁之於人也, 禍莫大焉, 而由獨擅之. 且道者, 萬物之所由也. 庶物失之者死, 得之者生. 爲事逆之則敗, 順之則成. 故道之所在, 聖人尊之. 今漁父之於道, 可謂有矣, 吾敢不敬乎."

안연이 수레를 공자가 있는 쪽으로 돌렸다. 자로가 수레 손잡이를 내주었으나 공자는 돌아보지도 않고 물결이 잠잠해질 때까지 서서 바라보다가 노 젓는 소리가 들리지 않자 비로소 수레에 올랐다. 자로가 수레 옆에서 따라 걸으며 물었다.

"제가 선생님의 심부름꾼 노릇을 한지 이미 오래됐습니다. 아직까지 한 번도 선생님이 이처럼 두려워하고 삼가면서 사람을 응대하는 것을 본 적이 없습니다. 만승의 천자나 천승의 제후도 선생님을 만날 때는 자리와 예를 대등하게 하지 않은 적이 없었으나 선생님은 오히려 거만한 모습을 보였습니다. 그러나 이번에는 정반대로 어부가 노를 짚고 마주섰을 뿐인데 선생님은 허리를 구부린 채 몸을 기역자로 꺾고는 상대가 말할 때마다 반드시 절을 하고 응대했으니 이는 너무 심한 게 아닙니까? 문인門人들 모두 이상하게 생각하고 있습니다. 저 어부는 어떻게 해서 선생님으로부터 이런 경례敬禮를 받은 것입니까?"

공자가 수레의 가로나무에 엎드린 채 탄식했다.

"심하구나! 유由를 가르치기 어려운 것이. 예의에 몰두한지 제법 시간이 지났는데도 거칠고 비루한 마음을 아직까지 버리지 못하고 있다. 가까이 오라! 내가 너에게 말해주겠다.

무릇 어른을 만나 공경하지 않는 것은 예를 잃은 것이고, 현자를 보고 존경하지 않는 것은 어질지 못한 것이다. 그 어부가 지인이 아니라면 남의 머리를 숙이게 할 수 없었을 것이다. 나 또한 그 어부에게 머리를 숙이면서 순수한 마음으로 대하지 않았다면 결코 참된 도에 관해 얻어듣지 못하는 것은 물론 언제까지나 내 자신의 몸만 해쳤을 것이다.

애석하구나! 불인不仁은 사람에게 그보다 더 큰 화가 없는 것인데도 너는 불인한 행동을 멋대로 하고 있으니. 도는 만물이 비롯되는 근원이다. 모든 사물이 이 도를 잃으면 죽고 얻으면 산다. 일을 할 때도 이 도를 거스르면 실패하고 따르면 성공한다. 성인이 도가 있는 곳을 존중하는 이유이다. 지금 그 어부에게는 가히 도가 있다고 말할 수 있다. 그러니 내가 어찌 감히 경례를 표하지 않을 수 있겠는가!"

뇨음拏音은 노 젓는 소리를 말한다. 분정항례分庭伉禮는 뜰을 양쪽으로 나눠 주객이 대등한 예로 만나는 것을 말한다. 장뇨역립杖拏逆立은 노를 지팡이처럼 집고 마주섰다는 뜻이다. 언배이응言拜而應은 상대가 말할 때마다 반드시 절을 하고 응대한다는 의미이다. 언言이 재再로 된 판본이 있으나 문맥상 언言이 타당하다. 복식이탄伏軾而嘆은 수레의 가로나무에 엎드린 채 탄식한다는 뜻이다. 수레에 탄 사람이 공경해야 할 대상을 만나면 식軾에 기대 고개를 숙인다. 식式으로 나타내기도 한다. 담어예의湛於禮義는 예의에 몰두했다는 뜻이다. 육덕명에 따르면 담湛이 기其로 된 판본도 있다.

제10장 열어구(列御寇)

10-1

列禦寇之齊, 中道而反, 遇伯昏人. 伯昏瞀人曰, "奚方而反." 曰, "吾驚焉." 曰, "惡乎驚." 曰, "吾嘗食於十而五先饋." 伯昏瞀人曰, "若是則汝何爲驚已." 曰, "夫內誠不解, 形諜成光, 以外鎭人心, 使人輕乎貴老, 而韲其所患. 夫漿人特爲食羹之貨, 無多餘之贏, 其爲利也薄, 其爲權也輕, 而猶若是, 而況於萬乘之主乎. 身勞於國而知盡於事, 彼將任我以事, 而效我以功. 吾是以驚." 伯昏瞀人曰, "善哉觀乎. 汝處已, 人將保汝矣." 無幾何而往, 則戶外之屨滿矣. 伯昏瞀人北面而立, 敦杖蹙之乎頤. 立有間, 不言而出. 賓者以告列子, 列子提屨, 跣而走, 暨乎門, 曰, "先生旣來, 曾不發藥乎." 曰, "已矣, 吾固告汝曰, '人將保汝', 果保汝矣. 非汝能使人保汝, 而汝不能使人無保汝也, 而焉用之感豫出異也. 必且有感, 搖而本性, 又無謂也. 與汝遊者, 又莫汝告也. 彼所小言, 盡人毒也. 莫覺莫悟, 何相孰也." 巧者勞而知者憂, 無能者無所求, 飽食而敖遊, 汎若不繫之舟, 虛而敖遊者也.

열자가 제나라로 가던 중 되돌아와 친구인 백혼무인伯昏瞀人을 만났다. 백혼무인이 물었다.

“어찌하여 도중에 되돌아온 것인가?”

“깜짝 놀랄 일이 있었기 때문이다.”

“무슨 일로 그리 놀랐다는 것인가?”

열자가 대답했다.

“나는 도중에 10곳의 음식점에서 식사를 했는데 5곳의 음식점에서 다른 손님을 제쳐놓고 나에게 맨 먼저 음식을 대접했다.”

“그런 일에 왜 그리 놀란 것인가?”

열자가 대답했다.

“무릇 일을 성실히 하면서 너그럽지 못하면 외모가 위엄을 드러내 광채를 이루는 까닭에 밖으로 사람의 마음을 억누르게 된다. 실제로 나는 사람들로 하여금 노인을 존귀하게 대하는 것을 경솔히 하도록 부추겨 늙지도 않은 나를 존경토록 만들었다. 이런 태도로는 끝내 환난을 불러들이게 된다. 무릇 음식점 주인은 단지 먹고 마실 것을 팔아서 얼마 안 되는 이익을 추구한다. 거기서 얻어지는 이문이 박하고, 그로 인해 얻어지는 권세도 가볍기 짝이 없는데 오히려 이와 같았다. 그러니 하물며 만승의 군주이겠는가? 제나라 군주로 말하면 몸은 나라 일로 지치고, 지혜는 일을 해나가는 데 다 소진했다. 그는 내가 가면 장차 나에게 일을 맡기며 공을 이루도록 할 것이다. 이 때문에 깜짝 놀라 돌아온 것이다.”

백혼무인이 말했다.

“훌륭하다! 그대의 생각이. 그대가 자신을 잘 닦아나가면 사람들이 그대를 따르며 받들 것이다.”

얼마 후 백혼무인이 열자의 집으로 갔다. 과연 문밖에 제자들의 신발이 가득했다. 백혼무인이 들어가 북면한 채 지팡이를 세워 턱을 괸 후 얼마 동안 서 있다가 말없이 나가버렸다. 접대를 맡은 자가 이를 열자에게 알렸다. 열자가 신발을 들고 맨발로 달려나가 문앞에서 따라잡았다. 열자가 물었다.

"선생이 기왕에 왔는데 어찌하여 약이 될 만한 가르침을 내려주지 않는 것인가?"

백혼무인이 대답했다.

"됐네! 내가 본래 그대에게 고하기를, '사람들이 그대를 따르며 받들 것이다' 라고 했다. 과연 그리되었다. 물론 이는 그대가 사람들로 하여금 그대를 기꺼이 따르도록 만든 것은 아니다. 그러나 그대는 사람들이 그대에게 따라붙지 않도록 만들지는 못했다. 그대는 어찌하여 이런 상황을 은근히 즐기며 따르는 사람들과 다른 모습을 보여주지 못하는 것인가? 또 다시 이런 식으로 사람들을 반드시 감동시키고자 들면 자신의 본성을 뒤흔들 수밖에 없을 것이다. 더 이상 아무 할 말이 없다.

그대와 더불어 노니는 자들 가운데 아무도 그대에게 충고해 주지 않고 있다. 그들이 내뱉는 하찮은 말은 모두 사람에게 독이 되는 것들이다. 남을 깨닫게 하지도 못하고 스스로 깨우치지도 못하면서 어찌 서로 성숙할 수 있겠는가? 재주 있는 자는 수고롭고 지식이 있는 자는 근심이 많다. 오히려 무능한 자는 밖으로 추구할 게 없는 까닭에 배불리 먹고 마음 내키는 대로 노닐 수 있다. 세월 따라 흐르는 것이 마치 선창에 매여 있지 않은 배와 같다. 이들이 스스로를 비워 텅 빈 채로 자유로이 노닐 수 있는 이유다."

동일한 일화가 『열자』「황제」편에 나온다. 열어구列禦寇는 열자의 이름이다. 백혼무인伯昏瞀人은 초나라의 현사로 「덕충부」와 「전자방」에는 백혼무인伯昏无人으로 되어 있다. 해방이반奚方而反의 방方

을 두고 선영宣穎은 까닭을 뜻하는 고故로 풀이했다.

십장十漿과 오장五漿의 장漿을 두고 해석이 엇갈린다. 크게 곽상의 주석을 좇아 장국을 파는 '음식점'으로 해석하는 견해와 '장국' 자체로 해석하는 견해가 대립한다. '음식점'으로 해석하는 견해는 다시 '오장'을 두고 '5번째 음식점'과 '5곳의 음식점'으로 해석하는 견해로 나뉜다. 일부 판본은 장漿이 장養으로 되어 있다. 곽상의 견해를 좇는 게 좋을 듯하다. 선궤先饋는 먼저 음식을 갖다준다는 뜻이다. 궤饋는 음식을 보낸다는 뜻의 향餉과 같다.

형설성광形諜成光은 외모가 위엄을 내뿜어 광채를 이룬다는 뜻이다. 설諜을 두고 아카츠카는 아름다울 첩婕의 가차로 보았다. 문맥상 밖으로 흐른다는 뜻의 설泄과 같은 뜻인 설渫의 가차로 보는 게 좋을 듯하다. 제기소환整其所患은 그로 인한 환난을 불러들인다는 뜻으로 여기의 제整는 불러들인다는 뜻으로 사용됐다. 다여지영多餘之贏은 크게 남는 이문으로 강남고장본과 장군방본을 포함해 『열자』 현행본 등에는 다여多餘가 무다여無多餘로 되어 있다. 그러나 유월과 양백준 등의 주장에 따르면 『열자』 역시 도장본 등에는 무無자가 없는 만큼 굳이 『열자』를 좇아 해석할 필요는 없다.

여처기汝處己의 기己를 두고 성현영은 자기 자신을 뜻하는 기신己身으로 풀이했다. 임희일은 일부 판본을 좇아 이已로 풀이했다. 움직이지 않고 집에 머문다는 뜻이 된다. 이같이 해석해도 문맥이 통한다. 돈장축지호이敦杖蹙之乎頤는 지팡이를 세운 뒤 턱밑에 고인다는 뜻이다. 빈자이고열자賓者以告列子의 빈자賓者를 두고 성현영은 손님 접대를 맡은 사람으로 풀이했다. 빈賓이 인도해 대접한다는 뜻의 빈儐으로 된 판본도 있다.

발약發藥은 약을 보낸다는 뜻으로 하교下敎를 의미한다. 막각막오

莫覺莫悟를 두고 스스로 깨닫지도 못하고 남을 깨닫게 하는 자도 없다고 해석하는 견해가 있다. 그러나 남을 깨닫게 하지도 못하고 스스로 깨우치지도 못한다고 해석하는 게 문맥상 자연스럽다. 하상숙야何相孰也의 숙孰을 도홍경과 이케다는 성숙하다는 뜻을 지닌 숙熟의 본래 글자로 보았다. 가나야는 숙熟으로 보면서도 습숙習熟의 의미로 새겼다. 불계지주不繫之舟는 「산목」편의 허선虛船, 즉 허주虛舟와 취지를 같이한다.

10-2

鄭人緩也, 呻吟裘氏之地. 祇三年而緩爲儒, 河潤九里, 澤及三族, 使其弟墨. 儒墨相與辯, 其父助翟, 十年而緩自殺. 其父夢之曰, "使而子爲墨者, 予也, 闔胡嘗視其良. 旣爲秋柏之實矣." 夫造物者之報人也, 不報其人而報其人之天, 彼故使彼. 夫人以己爲有以異於人, 以賤其親. 齊人之井飮者相捽也. 故曰, 今之世皆緩也. 自是有德者以不知也, 而況有道者乎. 古者謂之遁天之刑. 聖人安其所安, 不安其所不安. 衆人安其所不安, 不安其所安.

정나라 사람 완緩이 구씨裘氏 땅에서 열심히 책을 읽더니 마침내 3년 만에 유자가 됐다. 황하의 물이 9리의 땅을 적시듯 그 은택이 친가와 외가 및 처가 등 3족에 미쳤다. 완은 자기 동생을 묵가로 키웠다. 유가인 형과 묵가인 동생이 서로 논쟁을 벌이면 그 아비는 동생 적翟의 편을 들었다. 이로부터 10년이 지난 뒤 유가인 완이 자진했다. 그 아비가 꿈을 꾸자 꿈속에 완이 나타나 이같이 말했다.

"당신의 아들을 묵자로 만든 것은 바로 납니다. 어찌하여 내 무덤을 찾지 않는 것입니까? 내 몸은 이미 변화해 무덤 위 측백나무 열매가 돼 있습니다."

무릇 조물자가 사람에게 보답할 때는 인위적인 것으로 보답하지 않고 천성으로 보답한다. 동생인 적이 묵가가 된 것은 완이 시켜서 그리된 게 아니라 본래 그러하게 돼 있어 그리된 것이다. 그런데도 완은 자신이 다른 사람과 다르다고 생각해 그 어버이를 경멸했다. 이는 우물을 판 제나라 사람이 그 우물물을 마시려는 다른 사람의 머리채를 휘어잡는 것과 같다. '요즘 세인들은 모두 완과 같은 자들이다'라고 말하는 이유다.

스스로 옳다고 하는 것은 덕을 쌓은 자도 이미 잊어버린 것인데 하물며 도와 일체가 된 도인의 경우이겠는가? 완처럼 스스로 옳다고 여기는 것을 두고 옛날에는 자연의 이치에서 도주한 소위 '둔천지형遁天之刑'이라고 했다. 성인은 안주해야 할 무위자연의 세계에 안주하고, 안주해서는 안 될 인위의 세계에는 안주하지 않는다. 이와 반대로 중인은 안주해서는 안 될 인위의 세계에 안주하고, 안주해야 할 무위자연의 세계에는 안주하지 못한다.

신음呻吟을 두고 곽상은 음영吟詠으로 풀이했다. 지삼년祇三年은 3년이 지난 뒤의 뜻으로 여기의 지祇를 두고 곽상과 성현영은 부사어인 '마침'의 뜻인 적適으로 해석했다. 이에 대해 사마표는 글자 그대로 '기'로 읽으면서 토지신의 도움으로 새겼다. 지祇는 다만의 단但 내지 '마침'의 적適의 뜻으로 쓰일 때는 '지'로 읽으나 토지신 내지 편안함을 나타낼 때는 '기'로 읽는다. 문맥상 곽상의 해석을 좇는 게 자연스럽다. 합호상시기량闔胡嘗視其良은 어찌하여 무덤에 한 번도 와보지 않았느냐는 의문문으로 여기의 합호闔胡는 하불何不의 강조용법으로 사용된 것이다. 량良은 무덤을 뜻하는 량埌의 약자이다.

제인지정음자상졸齊人之井飮者相捽을 두고 후쿠나가는 "우물물은 본래 자연으로 솟아나는 것인데 자신이 판 것을 공으로 생각해 독점하려는 것은 잘못이다"라고 해석했다. 가나야는 곽상의 주석에 원래 제齊가 없었던 것으로 추정했다. 제인齊人을 중인衆人으로 해석하는 견해도 같은 맥락이다.

10-3

莊子曰, "知道易, 勿言難. 知而不言, 所以之天也. 知而言之, 所以之人也. 古之人, 天而不人." 朱泙漫學屠龍於支離益, 單千金之家, 三年技成而無所用其巧. 聖人以必不必, 故無兵. 衆人以不必必之, 故多兵. 順於兵, 故行有求. 兵, 恃之則亡. 小夫之知, 不離苞苴竿牘, 敝精神乎蹇淺, 而欲兼濟道物, 太一形虛. 若是者, 迷惑於宇宙, 形累不知太初. 彼至人者, 歸精神乎無始, 而甘冥乎無何有之鄕. 水流乎無形, 發泄乎太清. 悲哉乎. 汝爲知在毫毛, 而不知大寧."

장자가 말했다.

"도를 알기는 쉬우나 말하지 않기란 어렵다. 도를 알면서 말하지 않는 게 하늘의 세계로 들어가는 방법이고, 도를 알고서 말해버리는 것은 인위의 세계로 들어가는 길이다. 옛사람은 하늘의 세계로 갔고, 인위의 세계로 가지 않았다.

주평만朱泙漫은 지리익支離益에게서 용을 죽이는 기술을 배웠다. 천금의 가산을 탕진해 3년 만에 기술을 터득했으나 그 뛰어난 기술을 쓸 곳이 없었다. 성인은 반드시 그리되는 일조차 반드시 그리되어야 한다고 고집하지 않는다. 무력에 의존하지 않는 이유다. 그러나 중인은 반드시 그리되지 않는 일조차 반드시 그리되어야 한다고 고집한다. 수시로 무력에 의존하는 이유다. 도 대신 무력을 따르는 까닭에 무력행사에 많은 게 요구된다. 군사를 믿고 욕심을 채우려 들면 패망하게 된다.

필부의 지식은 선물이나 편지 따위의 하잘것없는 일에서 벗어나지 못한다. 번거롭고 하찮은 일에 정신을 지치게 만드는 주제에 오히려 도와 사물을 잘 완성시키고 형形과 허虛를 크게 통일시키려고 한다. 이런 자는 이내 광대한 우주 가운데서 길을 잃고 만다. 몸이 얽매여 있는 까닭에 태초의 도를 알 길이 없다.

도에 통달한 지인은 그리하지 않는다. 정신을 시작도 없는 도에 귀일시킨 뒤 아무것도 존재하지 않는 '무하유지향無何有之鄕'에서 달게 잠을 잔다. 마치 물이 형체가 없는 샘에서 흘러나오는 것처럼 도 또한 태청太淸에서 유출되는 것이다. 슬프다! 그대가 추구하여 아는 것이라고는 털끝처럼 하찮은 일에 관한 것뿐이니. 그대는 위대한 편안함을 뜻하는 태녕大寧을 알지 못하는구나!"

소이지천所以之天은 무위자연인 하늘의 세계로 들어가는 방법을 뜻한다. 여기의 지천之天을 두고 임희일은 귀천歸天으로 풀이했다. 소이지인所以之人은 인위의 세계로 들어가는 것을 말한다. 주평만朱泙漫에서 무소용기교無所用其巧에 이르는 구절에 대해 여혜경과 저백수 및 임희일 등은 지천之天의 예로 간주해 긍정적인 평으로 해석한 데 반해 나면도와 이케다 등은 지인之人의 예로 간주해 부정적인 의미로 풀이했다. 이케다 등의 해석이 낫다. 주평만朱泙漫을 두고 아카츠카는 '주朱는 난장이 주侏, 평泙은 낮을 비卑, 만漫은 산만散漫을 뜻한다'며 지식이 비루하고 산만한 유자를 풍자한 것으로 해석했다.

단천금지가單千金之家의 단單을 두고 육덕명은 다할 진盡으로 풀이했다. 가家는 가산을 뜻하는 말로 가賈 내지 가價로 된 판본이 있다. 포저간독苞苴竿牘은 선물이나 편지 따위의 하찮은 일을 뜻한다. 포저苞苴는 원래 어육 등의 물건을 싸거나 밑에 까는 부들이나 대풀을 뜻하는 말로 선물 내지 뇌물의 의미로 전용됐다. 건천蹇淺을 두고 성현영은 막히고 천박한 일로 풀이했다. 태일형허太一形虛의 태일太一은 토를 뜻하는 게 아니라 크게 통일시킨다는 의미이다.

10-4

宋人有曹商者, 爲宋王使秦. 其往也, 得車數乘. 王說之, 益車百乘. 反於宋, 見莊子, 曰, "夫處窮閭厄巷, 困窘織屨, 槁項黃馘者, 商之所短也. 一悟萬乘之主而從車百乘者, 商之所長也." 莊子曰, "秦王有病召醫. 破癰潰痤者得車一乘, 舐痔者得車五乘, 所治愈下, 得車愈多. 子豈治其痔邪. 何得車之多也. 子行矣."

송나라 사람 중에 조상曹商이라는 자가 있었다. 송왕을 위해 진秦나라에 사자로 갔다. 진나라로 갈 때 송왕으로부터 겨우 몇 대의 수레를 얻었을 뿐인데 진왕에게 유세하고는 1백 대의 수레를 더 얻었다. 송나라로 돌아와 장자를 만나서는 이같이 자랑했다.

"무릇 자네처럼 궁벽한 마을의 좁고 지저분한 골목에서 곤궁하게 짚신이나 짜면서 겨우 입에 풀칠하는 식으로 비쩍 마른 목덜미에 누렇게 뜬 얼굴을 하고 사는 짓은 내가 잘할 수 없는 일이다. 그러나 단 한 번에 만승대국의 군주를 깨우쳐 주고 따르는 수레가 1백 대나 되게 하는 것은 내가 잘할 수 있는 일이다."

장자가 질책했다

"진왕이 병이 나 의원을 부르면 통상 종기를 터뜨리고 부스럼을 없애는 자는 수레 1대, 치질을 핥는 자는 수레 5대를 얻는다. 치료부위가 아래로 내려갈수록 하사하는 수레가 많아진다. 그대 또한 진왕의 치질을 핥아준 것인가? 그게 아니라면 무슨 수로 하사받은 수레가 그토록 많단 말인가? 당장 이곳을 떠나도록 하라!"

송왕宋王을 두고 성현영과 사마표 모두 전국시대 말기 폭군으로 악명을 떨친 송왕 언偃으로 해석했다. 그렇다면 진왕秦王은 진 소양왕으로 보아야 한다. 그러나 굳이 우언에 나온 인물을 역사적 인물에 비유할 필요는 없다. 원래 송왕 언이 폭군으로 낙인찍힌 것은 그가 왕을 칭하며 부국강병에 성공하자 은나라 유민의 나라가 성장하는 것을 시기한 제후들이 송나라를 멸망시킨 후 그를 천하의 폭군으로 몰아간 결과이다.

시진使秦은 진나라에 사자로 갔다는 뜻이다. 사使가 사자로 간다는 뜻의 자동사로 쓰일 때는 '시'로 읽는다. 고항황괵槁項黃馘은 수척한 목과 누런 얼굴을 하고 빈궁하게 사는 것을 표현한 것이다. 파옹궤좌破癰潰痤는 종기를 터뜨리고 부스럼을 없앤다는 의미이다. 지치자舐痔者는 치질을 핥는 자는 말한다.

10-5

魯哀公問乎顔闔曰, "吾以仲尼爲貞幹, 國其有瘳乎." 曰, "殆哉圾乎. 仲尼方且飾羽而畫, 從事華辭, 以支爲旨, 忍性以視民, 而不知不信. 受乎心, 宰乎神, 夫何足以上民. 彼宜汝與, 予頤與, 誤而可矣. 今使民離實學僞, 非所以視民也. 爲後世慮, 不若休之, 難治也." 施於人而不忘, 非天布也, 商賈不齒. 雖以事齒之, 神者弗齒. 爲外刑者, 金與木也. 爲內刑者, 動與過也. 宵人之離外刑者, 金木訊之. 離內刑者, 陰陽食之. 夫免乎外內之刑者, 唯眞人能之.

노애공이 안합顔闔에게 물었다.

"과인은 중니를 기용해 나라의 근간으로 삼고자 하오. 그리하면 우리 노나라의 병폐가 치유될 수 있겠소?"

안합이 대답했다.

"아마도 크게 위태로워질 것입니다. 중니는 바야흐로 아름다운 깃과 채색으로 치장한 뒤 화려한 언사로 일을 행하려 합니다. 지엽말단을 근본으로 여기는 까닭에 자연의 본성을 무리하게 교정해 백성들에게 보이려 하는 것입니다. 그는 자신이 믿음을 잃어버렸다는 사실을 모르고 있습니다. 자기 마음대로 받아들이고 자신의 신명으로 사물을 재단하는 이유입니다. 그러니 어찌 족히 백성들 위에 서서 다스릴 수 있겠습니까?

중니가 군주와 친합니까? 그와 함께 있으면 즐겁고 기쁩니까? 그에게 정사를 맡기면 대사를 그르치고 말 것입니다. 지금 백성들로 하여금 자연의 진실을 떠나 위선을 배우게 하는 것은 백성들을 올바로 가르치는 방법이 아닙니다. 후세를 위한 배려 차원에서 볼지라도 그만두느니만 못합니다. 그에게 정사를 맡기면 나라를 제대로 다스리기 어렵습니다.

남에게 은혜를 베풀고 이를 잊지 않는 것은 무위자연의 하늘이 만물에 널리 베푸는 방식이 아닙니다. 이는 이익을 좇는 상인만도 못한 것입니다. 겉모습만 닮았을 뿐 그 내용을 보면 상도덕에도 미치지 못합니다. 밖에서 형벌을 가하는 것은 쇠나 나무로 만든 형구이고, 안에서 형벌을 가하는 것은 마음의 동요와 지나친 고통입니다. 사람이 밖에서 형벌을 받을 때는 쇠와 나무로 된 형구로 신문합니다. 사람이

내면에서 형벌을 받을 때는 음양 두 기가 부조화를 일으켜 심신을 갉아먹습니다. 안팎의 형벌을 공히 피하는 것은 오직 진인眞人만이 능히 그리할 수 있습니다."

노애공魯哀公과 안합顔闔 모두 「덕충부」와 「인간세」편에 나온 바 있다. 정간貞幹은 근간根幹의 뜻이다. 태재급호殆哉圾乎는 아마 위태로워질 것이라는 의미로 「천하」편에 나온 바 있다. 피의여여彼宜汝與의 피彼를 두고 곽상과 성현영은 백성으로 간주했으나 도홍경은 중니로 보았다. 여기의 의宜는 친하다는 뜻의 의誼와 같다. 예이여予頤與의 예予는 기뻐할 예豫의 가차이다. 그러나 곽상은 예이予頤를 여양與養으로 간주해 '그를 봉양해 키우려는 것입니까?'로 새겼다. 상고불치商賈不齒를 두고 여러 해석이 나왔으나 이케다는 상인들도 중니와 같은 사람과 함께 하지 않는다는 의미로 풀이했다. 그러나 조초기는 상인만도 못하다고 새겼다. 문맥상 조초기의 해석이 자연스럽다. 소인宵人을 유월과 임희일 등은 소인小人으로 풀이했다.

10-6

孔子曰, "凡人心險於山川, 難於知天. 天猶有春秋冬夏旦暮之期, 人者厚貌深情. 故有貌愿而益, 有長若不肖, 有順懁而達, 有堅而縵, 有完而釬. 故其就義若渴者, 其去義若熱. 故君子遠使之而觀其忠, 近使之而觀其敬, 煩使之而觀其能, 卒然問焉而觀其知, 急與之期而觀其信, 委之以財而觀其仁, 告之以危而觀其節, 醉之以酒而觀其則, 雜之以處而觀其色. 九徵至, 不肖人得矣." 正考父一命而傴, 再命而僂, 三命而俯, 循墻而走, 孰敢不軌. 如而夫者, 一命而呂鉅, 再命而於車上儛, 三命而名諸父. 孰協唐許. 賊莫大乎德有心而心有眼, 及其有眼也而內視, 內視而敗矣. 凶德有五, 中德爲首. 何謂中德. 中德也者, 有以自好也而吡其所不爲者也. 窮有八極, 達有三必, 形有六府. 美·髯·長·大·壯·麗·勇·敢, 八者俱過人也, 因以是窮. 緣循·偃佒·困畏, 不若人三者俱通達. 知慧外通, 勇動多怨, 仁義多責, 六者所以相刑也. 達生之情者傀, 達於知者肖, 達大命者隨, 達小命者遭.

공자가 말했다.

"무릇 사람의 마음은 산천보다 험하고, 하늘을 알기보다 어렵다. 하늘은 오히려 춘하추동과 아침저녁의 주기라도 있지만 사람은 표정을 두텁게 꾸미고 속셈을 깊이 감춘다. 겉으로는 성실하게 보여도 속은 교만하고, 속에 뛰어난 덕을 품고 있으면서 겉으로는 불초한 자처럼 보이는 경우가 있다. 또 겉으로는 유순하거나 성급한 것처럼 보이나 실은 사리에 통달하고, 겉으로는 견실한 것처럼 보이나 실은 산만하고, 겉으로는 여유 있는 것처럼 보이나 실은 거칠고 조급한 경우가 있다.

정의를 목마른 듯 급하게 추구하는 자가 도리어 정의를 불에 덴 사람처럼 황급히 내던지는 이유다. 이에 군자는 사람을 뽑을 때 당사자를 멀리 보내 충실한지 여부를 살피고, 가까운 곳에서 일을 시켜 공경스러운지 여부를 살피고, 번거로운 일을 시켜 유능한지 여부를 살피고, 갑자기 질문을 던져 지혜로운지 여부를 살피고, 급히 약속을 하여 믿음직스러운지 여부를 살피고, 재화를 위탁해 어진지 여부를 살피고, 위급함을 알려 지조가 있는지 여부를 살피고, 술에 취하게 해 예의가 있는지 여부를 살피고, 남녀가 한 곳에 섞여 있도록 해 호색하는지 여부를 살핀다. 이 9가지 증거가 갖춰지면 불초한 자를 가려낼 수 있다.

송나라 대부 정보고正考父는 처음 사士에 임명되자 등을 굽힌 채 걸었고, 두 번째로 대부大夫에 임명되자 허리를 굽혔고, 세 번째로 공경公卿에 임명되자 고개를 숙이고 몸을 구부린 채 담장을 따라 달리듯 걸었다. 그러니 누가 감히 그를 모범으로 삼지 않을 수 있겠는가? 이와 반대로 범부들은 처음 '사'에 임명되면 거만해져 남의 말을 따르지 않고, 두 번째로 '대부'에 임명되면 수레 위에서 춤을 추고, 세 번째로 '공경'에 임명되면 백부와 숙부의 이름까지 마구 불러댈 정도로 거만하게 된다. 그러니 누가 요나 허유와 같은 행보를 보일 수 있겠는가?

도적 가운데 제일 큰 도적은 덕에 마음이 있고 마음에 눈이 있다. 마음에 눈이 있으면 눈이 있는 마음으로 사물을 생각한다. 덕이 저절로 무너지는 이유다. 인간의 악덕에 5가지가 있다. 그 중 심중의 흉덕凶德이 으뜸이다. 무엇이 심중의 흉덕인가? 스스로 자신을 좋아하고 자신이 하지 못하는 것을 헐뜯는 것을 말한다.

사람을 곤궁하게 만드는 데는 8가지 궁극요인, 영달하는 데는 3가지 필연요인, 형벌을 받는 데는 6가지 위험요인이 있다.

아름다운 용모인 미美, 멋진 수염인 염髯, 큰 키인 장長, 커다란 체격인 대大, 굳센 모습인 장壯, 화려한 자태인 려麗, 씩씩한 자세인 용勇, 결단력인 감敢이 8가지 궁극요인이다. 이 8가지가 모두 남보다 뛰어나면 이로 인해 곤궁에 처하게 된다.

자신을 내세우지 않고 주위 상황에 따르는 연순緣循, 다른 사람의 장단에 맞춰 굽어보고 우러러보는 언앙偃仰, 겁쟁이의 표상인 괴로움과 두려움을 지닌 곤외困畏가 3가지 필연요인이다. 이 3가지가 다른 사람만 덜하면 그 사람은 영달한다.

또 지식과 총명이 밖으로만 내달려 안을 손상시키는 지혜외통知慧

外通, 용기와 활동이 남에게 원망을 많이 사는 쪽으로 움직이는 용동다원勇動多怨, 인애와 정의가 오히려 남으로부터 커다란 책망을 야기하는 인의다책仁義多責이 6가지 위험요인이다. 이 6가지가 드러나면 형벌을 면치 못한다.

생명의 실상에 통달한 자는 위대하나 지혜에만 통달한 자는 왜소하다. 천지자연의 대명大命에 통달한 자는 대명을 그대로 따르지만, 세속의 소명小命에만 통달한 자는 소명만 좇다가 이내 장애물에 걸려 좌절하고 만다."

후모심정厚貌深情은 표정을 두텁게 꾸미고 속마음을 깊이 감추는 것을 뜻한다. 원이일愿而益은 외모만 성실해 보이고 속마음은 교만한 자를 지칭한다. 원愿은 공자가 『논어』「양화」편에서 질타한 시골 샌님인 향원鄕愿을 뜻하고, 일益은 넘칠 일溢의 가차이다. 「양화」편에는 향원鄕原으로 되어 있다. '향원'은 세속에 영합함으로써 시골에서 근후하다는 칭송을 받는 속되고 옹졸한 자를 지칭한다. 공자가 '향원'을 질타한 것은 사이비似而非 덕으로 진정한 덕을 해치기 때문이다. 『맹자』「진심 하」편에도 유사한 구절이 나온다. 일益을 두고 임희일과 나면도 등은 글자 그대로 이익을 구한다는 뜻의 익益으로 풀이했으나 유월과 임운명 등은 교일驕溢의 뜻으로 새겼다.

순현이달順懁而達을 두고 임희일은 '겉으로는 유순하거나 성급한 것처럼 보이나 도리어 사리에 통달한 자가 있다'고 해석했다. 완이한完而釬은 겉으로는 느릿느릿 여유를 보이나 실은 거칠고 조급한 것을 말한다. 불초인득의不肖人得矣는 9가지 증거가 갖춰지면 불초한 자를 가려낼 수 있다는 뜻이다. 이를 두고 임희일은 "이는 공자의 말을 빌린 것이다. 장자가 공자를 공경하지 않았던 게 아님을 알 수 있다"고 풀이했다.

정고보正考父를 두고 성현영은 공자의 10대조로 송나라 대부였다고 주장했다. 그러나 공자의 선조는 후대인들이 만들어내 덧붙인 것이다. 숙감불궤孰敢不軌를 두고 곽상과 성현영은 『춘추좌전』「노소공 7년」과 『사기』「공자세가」 등을 인용해 "누가 감히 모범이 되지 못할 일로 업신여기겠는가?"로 해석했다. 그러나 임희일은 "사람이 누가 감히 본보기로 삼지 않겠는가?"로 새겼다. 이케다가 이를 좇았다.

이부而夫를 두고 곽상은 범부凡夫로 새겼다. 여거呂鉅는 크게 자부하는 것을 말한다. 명제부名諸父는 백부나 숙부의 이름을 마구 불러대는 것을 말한다. 숙협당허孰協唐許는 누가 요堯와 허유許由에 부합될 수 있는지를 물은 의문문이다. 육덕명은 "요와 허유 모두 양보를 숭상한 자들이다"라고 해석했다.

유안有眼은 마음에 눈이 있다는 뜻이다. 안眼이 첩睫으로 된 판본이 있다. 곽상도 그같이 풀이했다. 육덕명 등이 이를 좇았다. 마서륜은 『회남자』와 『문자文子』 등에 목目 또는 안眼으로 되어 있는 점 등을 들어 반대했다. 내시內視는 마음으로 외물을 본다는 뜻이다. 필기소불위呲其所不爲는 자신이 하지 못하는 것을 헐뜯는다는 의미이다. 필呲을 두고 손이양 등은 꾸짖을 자呰의 잘못이라고 주장했으나 왕념손은 『옥편玉篇』을 인용해 헐뜯을 비諀의 뜻으로 새겼다.

연순緣循을 두고 오여륜과 곽경번은 인순因循으로 새겼으나 곽상은 남에게 의지해 가는 것으로 풀이했다. 언앙偃佒은 굽어보거나 우러러본다는 뜻으로 언앙偃仰과 같다. 육자소이상형야六者所以相刑也는 이 6가지는 서로 형벌에 걸리게 하는 원인이라는 의미이다. 저본에는 이 7자가 없으나 진경원의 『장자궐오』에 인용된 유득일본劉得一本에 나온다. 요내姚鼐가 보완을 주장했다. 달생지정자괴達生之情者傀

는 삶의 실상에 통달한 자는 위대하다는 뜻으로 여기의 괴傀는 위偉의 뜻이다. 이어 나오는 구절의 초肖와 정반대되는 의미이다. 대명大命은 앞구절의 생지정生之情을 뜻하는 말로 「달생」편의 명지정命之情과 취지를 같이한다. 소명小命은 대개 빈부와 화복 따위의 하찮은 운명으로 풀이하고 있다.

10-7

人有見宋王者, 錫車十乘. 以其十乘驕穉莊子. 莊子曰, “河上有家貧恃緯蕭而食者, 其子沒於淵, 得千金之珠. 其父謂其子曰, ‘取石來鍛之.’ 夫千金之珠, 必在九重之淵而驪龍頷下. 子能得珠者, 必遭其睡也. 使驪龍而寤, 子尙奚微之有哉. 今宋國之深, 非直九重之淵也. 宋王之猛, 非直驪龍也. 子能得車者, 必遭其睡也. 使宋王而寤, 子爲虀粉夫.”

어떤 사람이 송왕을 만나 수레 10대를 하사받았다. 그가 이를 갖고가 장자 앞에서 자랑하며 교만하게 굴었다. 장자가 힐난했다.

“황하 물가에 집이 극히 가난한 나머지 갈대와 쑥대로 삼태기를 만들어 입에 풀칠한 자가 있었다. 하루는 그 아들이 깊은 연못 속에 들어가 1천금이나 되는 진주를 얻었다. 그 아비가 자식에게 명하기를, ‘돌을 갖고 와 이 진주를 부숴버려라. 1천금의 진주는 반드시 9층의 깊은 연못 속에 사는 검은 용의 턱밑에 있었을 것이다. 네가 그 진주를 얻은 것은 틀림없이 검은 용이 잠잘 때를 만났기 때문일 것이다. 만일 검은 용이 깨어 있었다면 네가 어찌 몸의 일부분인들 온전할 리 있었겠는가?’ 라고 했다. 지금 송나라의 깊음은 다만 9층의 못 정도가 아니고, 송왕의 사나움은 다만 검은 용 정도가 아니다. 그런데도 그대가 수레를 얻은 것은 반드시 송왕이 잠든 때를 만났기 때문일 것이다. 송왕이 깨어 있었다면 그대가 어찌 몸의 일부분인들 온전할 리 있었겠는가?"

석거錫車의 석錫은 하사한다는 뜻의 사賜와 같다. 교치驕稚의 치稚를 두고 성현영은 후後로 간주해 '장자를 자기 뒤로 밀쳤다'로 해석했으나 곽경번은 교驕의 뜻으로 새겼다. 위소緯蕭를 두고 마서륜은 갈대와 쑥대를 이용해 삼태기 등을 짜는 것으로 풀이했다. 여룡함하驪龍頷下는 흑룡의 턱밑을 말한다.

10-8

或聘於莊子, 莊子應其使曰, "子見夫犧牛乎. 衣以文繡, 食以芻叔. 及其牽而入於大廟, 雖欲爲孤犢, 其可得乎."

하루는 초왕이 장자를 재상으로 초빙하고자 했다. 장자가 초왕의 사자에게 대꾸했다.

"그대도 태묘의 제사 때 희생으로 바쳐지는 소를 보았을 것이오. 사람들은 평소 그 소에게 수놓은 비단을 입히고 꼴과 콩을 넉넉히 먹이오. 그러나 막상 태묘에 제사를 올릴 때가 돼 태묘로 끌려가는 상황이 되면 비록 뒤늦게 어미를 잃고 제대로 먹지도 못한 송아지가 되고자 한들 그게 과연 가능하겠소?"

혹빙어장자或聘於莊子를 두고 임운명은 『사기』「노자한비열전」에 나오는 장자에 관한 얘기가 이 장을 참조한 것으로 추정했다. 여기의 혹或을 두고 『사기』에 근거해 초왕으로 간주하는 것도 같은 맥락이다. 고독孤犢은 어미를 잃어 잘 못 먹는 송아지를 말한다. 「천하」편에 이와 유사한 뜻의 고구孤駒 구절이 나온다.

10-9

莊子將死, 弟子欲厚葬之. 莊子曰, "吾以天地爲棺槨, 以日月爲連璧, 星辰爲珠璣, 萬物爲齎送. 吾葬具豈不備邪. 何以加此." 弟子曰, "吾恐烏鳶之食夫子也." 莊子曰, "在上爲烏鳶食, 在下爲螻蟻食, 奪彼與此, 何其偏也. 以不平平, 其平也不平. 以不徵徵, 其徵也不徵. 明者唯爲之使, 神者徵之. 夫明之不勝神也久矣, 而愚者恃其所見入於人, 其功外也, 不亦悲乎."

장자가 임종할 즈음 제자들이 후하게 장례를 치르고자 했다. 장자가 말했다.

"나는 천지를 관곽으로 삼고, 일월을 한 쌍의 구슬로 삼고, 하늘의 별들로 둥근 옥이나 모난 옥으로 삼고, 만물을 저승길의 선물로 삼을 것이다. 이 정도면 내 장례에 필요한 도구가 어찌 다 갖춰진 게 아니겠는가? 무엇을 더하려 하는 것인가!"

제자들이 걱정했다.

"저희들은 까마귀나 솔개가 선생님의 시신을 뜯어먹을까 두렵습니다."

장자가 말했다.

"풍장風葬을 하면 위에서 까마귀와 솔개의 먹이가 되고, 매장을 하면 밑에서 땅강아지와 개미의 먹이가 된다. 저쪽 것을 빼앗아 이쪽에 주고자 하면 이는 아무래도 치우친 게 아니겠는가? 공평하지 않은 것을 억지로 공평하다고 하면 이는 참다운 공평이 아니다. 확실한 증거처럼 명징明徵하지 않은 것을 억지로 명징하다고 하면 이는 참다운 명징이 아니다.

밝게 드러난 인사人事는 신비한 천도天道의 구체적인 표현이다. 오직 천도만이 믿을 만하다. 인사가 천도를 벗어난 지 이미 오래되었다. 그런데도 세상의 어리석은 자들은 자신들의 눈으로 확인한 것만 진실이라고 믿고 인위의 세계에 빠져 있다. 이들 모두 외물에서 그 공을 찾고 있으니 이 또한 슬픈 일이 아니겠는가!"

연벽連璧은 한 쌍의 구슬, 주기珠璣는 둥근 옥이나 모난 옥을 말한다. 모두 부장품이다. 제송齎送은 장례식에 사용되는 송장품을 가리킨다. 이부징징以不徵徵은 명백하지 못한 것을 명백한 것으로 고집하는 것을 말한다. 징徵은 어떤 조짐을 이미 경험한 징험徵驗의 뜻이다. 명자明者는 눈으로 확인할 수 있는 인사人事를 의미한다. 이에 대비되는 신자神者는 눈으로 확인할 수 없는 신비스런 천도天道를 지칭한다. 기공외야其功外也를 두고 왕선겸은 "그 공력이 모두 밖을 따르는 것이다"라고 풀이했다. 인위의 세계에 함몰돼 무시로 공적을 드러내려는 태도를 지적한 것이다.

제11장 천하(天下)

11-1

天下之治方術者多矣, 皆以其有爲不可加矣. 古之所謂道術者, 果惡乎在. 曰, "無乎不在." 曰, "神何由降. 明何由出." "聖有所生, 王有所成, 皆原於一." 不離於宗, 謂之天人. 不離於精, 謂之神人. 不離於眞, 謂之至人. 以天爲宗, 以德爲本, 以道爲門, 兆於變化, 謂之聖人. 以仁爲恩, 以義爲理, 以禮爲行, 以樂爲和, 薰然慈仁, 謂之君子. 以法爲分, 以名爲表, 以參爲驗, 以稽爲決, 其數一二三四是也, 百官以此相齒. 以事爲常, 以衣食爲主, 蕃息畜藏, 老弱孤寡爲意, 皆有以養民之理也. 古之人其備乎. 配神明, 醇天地, 育萬物, 和天下, 澤及百姓, 明於本數, 係於末度, 六通四辟, 小大精粗, 其運無乎不在. 其明而在數度者, 舊法 · 世傳之史尙多有之. 其在於『詩』·『書』·『禮』·『樂』者, 鄒魯之士 · 搢紳先生多能明之.『詩』以道志,『書』以道事,『禮』以道行,『樂』以道和,『易』以道陰陽,『春秋』以道名分. 其數散於天下而設於中國者, 百家之學時或稱而道之. 天下大亂, 賢聖不明, 道德不一. 天下多得一察焉以自好. 譬如耳目鼻口, 皆有所明, 不能相通. 猶百家衆技也, 皆有所長, 時有所用. 雖然, 不該不遍, 一曲之士也. 判天地之美, 析萬物之理, 察古人之全. 寡能備於天地之美, 稱神明之容. 是故內聖外王之道, 闇而不明, 鬱而不發, 天下之人各爲其所欲焉以自爲方. 悲夫, 百家往而不反, 必不合矣. 後世之學者, 不幸不見天地之純·古人之大體, 道術將爲天下裂.

천하에 도술을 추구하는 자는 많다. 모두 자신이 닦고 있는 도술이 더 보탤 것이 없는 최고의 학문이라고 여긴다. 그렇다면 옛날의 이른바 '도술'이란 과연 어디에 있는 것인가? '있지 않은 데가 없다' 고 한다. 그렇다면 신인神人은 어디로부터 내려오고 명지明知는 어디로부터 나왔는가? '성인은 태어나는 까닭이 있고 제왕은 이뤄지는 까닭이 있다. 모두 하나의 도에서 근원한다' 고 한다.

도의 근본 대종大宗에서 떠나지 않은 사람을 천인天人, 도의 정수에서 떠나지 않은 사람을 신인神人, 도의 진실에서 떠나지 않은 사람을 지인至人, 하늘을 도의 대종으로 삼고 덕의 체득을 자신의 근본으로 삼으면서 도를 출입문으로 삼아 우주만물의 변화조짐을 점치는 사람을 성인聖人이라고 한다. 또한 이들과 달리 현실세계에서 인仁으로 백성들에게 은혜를 베풀고, 의義로 조리를 세우고, 예禮로 행위기준을 삼고, 악樂으로 조화를 이뤄 따뜻하고 자애로운 모습을 갖춘 사람을 군자君子, 즉 제왕이라고 한다.

제왕은 법률로 직분을 정하고, 관명으로 직무를 표시하고, 이를 실무와 비교해 성적을 검증하고, 모든 것을 고려해 최종 결정을 내린다. 상벌의 등급을 매기는 수는 1·2·3·4이다. 백관은 1·2·3·4의 수량화된 등급에 의해 서로의 차례가 정해진다. 노동을 일상으로 삼고, 의식의 공급을 위주로 삼고, 가축을 번식시키며 곡물을 저장하고, 늙은이와 어린아이, 고아, 과부에게 특히 마음을 쓴다. 이 모두가 백성을 기르는 도리이다.

옛사람은 완전한 덕을 갖췄는가? 신명神明에 짝하고, 천지에 순수하게 화합하고, 만물을 육성하고, 천하를 화목하게 하여 그 은혜가 온 백성에 미쳤다. 근본 이치를 밝혀 말절의 법도까지 체계화하고, 상하 사방으로 통하면서 사계절을 열고, 작거나 크고 정밀하거나 거친 모든 존재에 이르기까지 도의 운행이 미치지 않은 곳이 없다. 그 중 분명하게 법도로 나타난 것은 옛 법률을 대대로 전한 사서의 기록에 지금도 많이 남아 있다.

그 중 『시』·『서』·『예』·『악』의 경전에 문자로 기록된 것을 밝게 아는 자는 공맹을 추종하는 추로지사鄒魯之士를 비롯해 관원 및 선비를 뜻하는 진신선생搢紳先生 가운데 매우 많다. 『시』로 사람의 뜻을 표현하고, 『서』로 옛날의 정사를 말하고, 『예』로 사람의 행실을 언급하고, 『악』으로 군주와 신민의 조화를 얘기한다. 또 『역』으로 천지자연의 음양을 말하고, 『춘추』로 치국평천하의 명분을 말한다. 옛 도술의 구체적인 내용이 천하에 흩어져 중원의 나라에 베풀어졌다. 제자백가의 여러 학파 중에서 때로 이를 말하는 자가 있다.

천하가 크게 어지러워지자 현인과 성인이 모습을 감췄고, 도덕이 하나로 통일되지 못해 천하 사람들이 그 일부만 알고 스스로 만족해하는 경우가 많아졌다. 비유컨대 이·목·구·비 모두 각기 밝게 아는데도 불구하고 서로 통하지 못하는 부분이 있는 것과 같다. 제자백가의 여러 학술이 서로 소통하지 못하는 게 꼭 이와 같다. 각기 장점이 있어 때에 따라 그 학술을 쓸 때가 있다. 비록 그렇기는 하나 전부를 포괄하거나 두루 미치지 못해 한쪽에 치우친 소위 '일곡지사一曲之士'가 되고 말았다. 천지의 아름다움을 멋대로 가르고, 본래 하나인 만물의 이치를 쪼개고, 옛사람이 체득한 도술의 전체를 산산조각낸 결과다. 천지의 아름다움을 두루 갖추고, 신명의 모습을 지녔다고 이를 만한 자가 드문 것도 이 때문이다.

이로 인해 안으로 성인의 도를 갖추고 밖으로 제왕의 자리에 오르는 소위 '내성외왕內聖外王'의 도가 어두워져 밝게 드러나지 못하고, 안으로 막혀 밖으로 드러나지 못하게 되었다. 천하의 학자들이 각기 자신들이 하고 싶은 대로 하면서 이를 스스로 '도술'이라고 여긴다.

슬프다! 제자백가들이 각기 제 갈 길만 달려나가며 도의 근원을 돌아올 줄 모르는 것이. 이리하면 결코 도와 만날 수 없다. 후대 학자들은 불행하게도 천지의 순수함과 옛사람이 터득한 대체大體를 보지 못하고 있다. 장차 도술이 천하의 이들로 인해 갈가리 찢길 판이다.

방술方術을 두고 가나야와 후쿠나가는 '개별적인 기술적 학문', 이케다는 '개개의 학문'으로 풀이했다. 그러나 통상적인 의미대로 도술道術로 풀이하는 게 더 적합하다. 고지소위도술古之所謂道術을 두고 가나야는 '진실의 도를 추구하는 학문', 후쿠나가는 '근원적인 도의 체득과 운용을 말하는 학문', 이케다는 '참다운 도'로 풀이했다. 이케다의 해석이 간명하다.

'개원어일皆原於一' 구절을 두고 해석이 분분하다. 일一을 두고 성현영과 후쿠나가는 도道, 가나야는 유일한 근원, 이케다는 만물제동의 혼돈으로 풀이했다. 이 구절은 성인과 제왕의 출현이 도에 근본하고 있다는 취지이다. 성聖은 안에 있는 신명인 내신內神, 왕王은 밖에 있는 밝음인 외명外明을 뜻한다. 『장자』의 대미를 장식하는 「천하」편이 마지막으로 역설하고자 하는 소위 내성외왕內聖外王의 근본취지가 바로 여기서 드러나고 있다. 여기의 개皆는 성인과 제왕으로 상징되는 모든 형태의 형이상을 추구하는 도인과 현실적인 통치를 담당하고 있는 일체의 군주를 총칭한 것으로 보는 게 옳다.

곽상은 천인天人과 신인神人, 지인至人, 성인聖人을 두고 "이 4가지 명칭은 한 사람을 두고 한 말이다. 각기 다른 입장에서 얘기한 것만이 다를 뿐이다"라고 했다. 뒤에 나오는 군자君子는 형이하의 현실에서 실질적인 통치를 담당하고 있는 군주를 의미한다. 곽상은 현인군자賢人君子로 해석했다.

계어말도係於末度는 말절의 법도까지 체계화했다는 의미이다. 육통사벽六通四辟은 도의 운행이 상하사방으로 통하고 사계절에 두루 반영되어 있다는 의미이다. 벽辟은 열릴 벽闢의 뜻으로 그같이 된 판본도 있다. 추로지사鄒魯之士는 맹자의 출생지인 추鄒와 공자의 고국인 노魯의 학문을 배우는 선비로 곧 유자를 뜻한다. 진신搢紳은 홀을 큰 띠에 꽂는다는 뜻으로 고관을 의미한다.

시이도지詩以道志에서 춘추이도명분春秋以道名分에 이르는 구절을 두고 북송대의 왕안석은 「장주론」에서 "장자가 결코 성인의 뜻을 몰랐던 것이 아니다"라며 장자를 높이 평가했다. 이에 대해 마서륜과 문일다 등은 이 대목을 두고 주석이 잘못하여 본문으로 혼입된 것으로 간주하면서 장자의 기본취지와 다른 것으로 보았다. 전체적인 맥락에서 볼 때 「천하」편의 기본취지는 내성외왕의 설명에 있는 만큼 마서륜 등의 주장은 근거가 약하다.

천하다득일찰언이자호天下多得一察焉以自好는 천하 사람들이 일부만 알고 스스로 만족해하는 경우가 많다는 뜻이다. 곽상과 임희일 등은 득일得一에서 구두점을 끊었으나 왕념손과 유월 등은 자호自好에서 끊을 것을 주장했다. 살고인지전察古人之全은 고인이 체득한 도술의 전체를 조각낸다는 뜻이다. 마서륜은 여기의 살察을 내치거나 흐트러뜨린다는 뜻의 살槃의 가차로 보았다.

내성외왕內聖外王은 내면의 덕을 기준으로 말하면 성인이고, 밖으로 드러난 모습으로 말하면 천하에 덕을 베푸는 제왕이라는 뜻이다. 내성과 외왕이 하나로 녹아 있어 구분이 안 된다. 현실의 제왕에게서 '내성외왕' 을 찾기 어려운 이유다. 원래 장자는 세속의 명리를 하찮은 여겼으나 그렇다고 현실정치를 완전히 무시한 것은 아니다. 그 역시 노자와 마찬가지로 현실정치의 중요성을 인식하고 있었다. 「천하」편의 첫머리에 나오는 내성외왕 대목은 장자가 생각하는 '무불치' 의 세계에 대한 압권에 해당한다. 이 대목을 두고 북송대의 왕안석은 찬탄을 금치 못했다.

장자 역시 나름 바람직한 통치 리더십 이론을 제시한 셈이다. 잡편의 「천하」편 이외에도 내편의 「응제왕」편을 비롯해 외편의 「재유」와 「천지」, 「천도」, 「천운」편 등에는 통치 리더십과 관련한 일화가 많이 나온다. 난세를 치세로 돌리기 위해 나름 고심했음을 시사한다. 그러나 그는 여타 제자백가와 달리 '무불치' 에 대한 확신을 갖지 못했다. 그가 제폭구민의 거창한 구호 대신 내성을 통한 유유자적의 삶을 전면에 내세운 이유다. 위정자들에 대한 기대를 사실상 접은 데 따른 것으로 해석할 수 있다.

11-2

不侈於後世, 不靡於萬物, 不暉於數度, 以繩墨自矯, 而備世之急. 古之道術有在於是者, 墨翟·禽滑釐聞其風而說之. 爲之大過, 已之大順. 作爲『非樂』, 命之曰「節用」, 生不歌, 死無服. 墨子氾愛兼利而非鬪, 其道不怒. 又好學而博, 不異, 不與先王同, 毁古之禮樂. 黃帝有『咸池』, 堯有『大章』, 舜有『大韶』, 禹有『大夏』, 湯有『大濩』, 文王有『辟雍之樂』, 武王·周公作『武』. 古之喪禮, 貴賤有儀, 上下有等. 天子棺槨七重, 諸侯五重, 大夫三重, 士再重. 今墨子獨生不歌, 死無服,桐棺三寸而無槨, 以爲法式. 以此教人, 恐不愛人. 以此自行, 固不愛己. 未敗墨子道. 雖然, 歌而非歌, 哭而非哭, 樂而非樂, 是果類乎. 其生也勤, 其死也薄, 其道大觳. 使人憂, 使人悲, 其行難爲也. 恐其不可以爲聖人之道, 反天下之心, 天下不堪, 墨子雖獨能任, 奈天下何. 離於天下, 其去王也遠矣. 墨子稱道曰, "昔禹之湮洪水, 決江河而通四夷九州也. 名川三百, 支川三千, 小者無數. 禹親自操槖耜而九雜天下之川. 腓無胈, 脛無毛, 沐甚雨, 櫛疾風, 置萬國. 禹大聖也, 而形勞天下也如此." 使後世之墨者, 多以裘褐爲衣, 以跂蹻爲服, 日夜不休, 以自苦爲極, 曰, "不能如此, 非禹之道也, 不足謂墨." 相里勤之弟子, 五侯之徒, 南方之墨者若獲·已齒·鄧陵子之屬, 俱誦『墨經』, 而倍譎不同, 相謂別墨. 以堅白·同異之辯相訾, 以觭偶不仵之辭相應, 以巨子爲聖人. 皆願爲之尸, 冀得爲其後世, 至今不決. 墨翟·禽滑釐之意則是, 其行則非也. 將使後世之墨者, 必自苦以腓無胈·脛無毛相進而已矣. 亂之上也, 治之下也. 雖然, 墨子眞天下之好也. 將求之不得也, 雖枯槁不舍也, 才士也夫.

후대 사람들에게 사치를 부리지 못하게 하고, 만물을 낭비하지 않고, 예법을 번드레하게 내걸지 않고, 엄격한 계율로 스스로를 규제하고, 세상의 위급에 대비했다. 옛 도술 가운데 이를 추구한 학술이 있었다. 당초 묵적墨翟과 금활리禽滑釐는 이런 학풍이 있다는 소식을 듣고 크게 기뻐했다. 그러나 이들은 실천하기를 너무 과하게 하고, 절제하기를 너무 지나치게 했다. 「비악非樂」편을 짓고 「절용節用」편의 편명을 지은 게 그것이다. 이들 모두 살아서는 노래하는 일이 없고, 죽어서는 상복을 입는 일이 없었다.

묵자는 널리 사랑하고 두루 이익을 나눠야 한다고 주장하면서 전쟁을 반대했다. 남이 모욕해도 성내지 않는 것을 도리로 여긴 이유다. 또 학문을 좋아해 널리 배우는 것만은 선왕의 도와 다르지 않았다. 그러나 그의 학문은 선왕의 도와 같지 않았다. 옛날의 예악을 비방한 이유다.

원래 황제는 『함지咸池』, 요는 『대장大章』, 순은 『대소大韶』, 우는 『대하大夏』, 탕은 『대호大濩』의 음악이 있었다. 주문왕은 태학에서 연주하는 『벽옹지악辟雍之樂』이 있었고, 주문왕 및 주공 단은 직접 『무武』를 작곡했다. 고대의 상례는 귀천에 따른 예의가 있어 상하 사이에 차등을 두었다. 천자는 관과 곽을 합쳐 7겹, 제후는 5겹, 대부는 3겹, 선비는 2겹이었다.

그런데도 유독 묵자만은 살아서는 노래하지 않고, 죽어서는 상복을 입지 않은 것이다. 그는 오동나무 관의 두께를 3촌으로 하고 외곽은 만들지 않는 것을 법식으로 삼았다. 이런 기준으로 사람을 가르치면 아마 사람을 사랑하지 않게 될 것이고, 이런 기준으로 행동하면 실로 자신조차 사랑하지 않게 될 것이다.

묵자의 도를 비방하려는 것은 아니나 그렇다고 해도 노래하고 싶을 때 노래하지 못하고, 울고 싶을 때 울지 못하고, 음악을 연주하고 싶은데 연주하지 못하는 게 과연 인정에 가까운 것인가? 살아서는 노동에 지치고 죽어서는 허술하게 떠나니 묵가의 도는 너무 각박하다. 이는 세인들을 걱정하게 하고 슬프게 만들 뿐이니 실행하기 어렵다. 가히 '성인의 도'라고 부르기 어려울 듯싶다. 천하인의 마음에 어긋나면 천하인은 이를 감내할 수 없다. 묵자가 비록 홀로 그리할 수 있을지라도 천하인의 경우는 과연 어찌할 것인가? 묵가의 도는 천하 사람들로부터 유리되어 있는 까닭에 왕자의 도에서 멀리 벗어나 있다.

묵자는 사람들을 향해 이같이 말했다.

"옛날 하나라 시조 우禹는 홍수를 막고, 장강과 황하의 물길을 터서 사방의 이적夷狄과 구주九州를 연결하는 길을 열었다. 당시 천하에는 커다란 하천이 3백 개, 지류가 3천 개나 되었다. 그 밖의 작은 내는 그 수를 셀 수 없을 정도로 많았다. 우가 친히 삼태기와 보습을 손에 들고 천하의 내를 소통하게 할 때 우의 장딴지에는 살이 빠졌고 정강이에는 털이 없어졌다. 장맛비에 얼굴을 씻고 모진 바람에 빗질한 덕분에 마침내 만국을 안정시켰다. 우는 대성인인데도 이처럼 천하를 위해 자기 몸을 혹사했다."

그는 또 후대의 묵가들로 하여금 거친 옷을 입고, 나막신이나 짚신을 신고, 밤낮으로 쉬지 않고 자기 몸을 혹사케 했다. 그는 이를 최고의 규율로 삼고는 이같이 말했다.

"능히 이처럼 하지 못하면 우의 도가 아니다. 묵가로 일컫기에 부족하다."

오늘날 묵가의 제자로는 상리근相里勤의 제자, 오후五侯의 무리, 남방의 묵가, 고획苦獲과 이치已齒 및 등릉자鄧陵子의 무리들이 있다. 이들 모두 『묵경墨經』을 독송하고 있다. 그러나 그 해석이 서로 모순되고 대립하는 까닭에 상대 학파를 '별묵別墨'으로 부르며 비난한다. 마치 명가의 견백론堅白論 및 동이론同異論처럼 서로 비난하고, 홀수와 짝수처럼 짝이 맞지 않는 어긋난 말로 서로 헐뜯고, 우두머리인 소위 거자巨子를 성인으로 여긴다. 모두 자신이 우두머리가 되어 묵자의 후계자를 자처하려고 하는 까닭에 지금까지도 후사 자리를 정하지 못하고 있다. 묵적과 금활리의 뜻은 옳았으나 실천방법은 잘못되었다.

후세의 묵가들로 하여금 반드시 스스로를 괴롭히는 방법으로 장딴지에 살이 다 빠지고 정강이에 털이 모두 닳아 없어지도록 강제하는 것은 서로 생명의 소진을 재촉하는 것에 지나지 않는다. 이는 천하를 어지럽히는 계책으로는 상책인 동시에 천하를 편히 다스리는 계책으로는 하책에 해당한다. 비록 그렇기는 하나 묵자 자신은 참으로 천하를 좋아했다. 그는 자신이 구하는 것을 얻지 못하면 비록 몸이 말라 비틀어질지라도 그만두지 않았으니 실로 천하의 재사라고 할 만하다.

금활리禽滑釐는 공자의 제자 자하에게서 유가를 배우다가 이내 묵자의 제자가 된 인물로 알려져 있다. 묵자가 걸은 길과 똑같다. 묵자의 가장 큰 특징은 유가에서 말하는 인仁에 의義를 덧붙여 소위 인의仁義를 묵가의 기본이념으로 내세운 데 있다. 전국시대 말기에 맹자는 바로 묵자가 내건 '인의'를 재해석해 유가를 보호하는 논리로 사용했으나 기본적으로 묵가의 논리에서 벗어나지 못했다. 표절의 한계이기도 하다. 금활리는 초나라가 송나라를 칠 때 비전非戰과 비악非樂 및 절용節用을 역설한 묵자의 명을 좇아 제자 3백 명을 이끌고 가 송나라를 도운 적도 있다. 유사한 활동이 『묵자』「비제」편 등에 두루 나온다.

범애겸리氾愛兼利의 범氾은 두루의 뜻을 지닌 겸兼과 같은 의미로 범泛과 통한다. 『묵자』「겸애」편에서는 겸애교리兼愛交利로 표현되어 있다. 대호大濩는 탕의 음악으로 호濩는 풍류의 뜻을 지니고 있다. 벽옹辟雍은 고대의 태학을 말한다. 동관삼촌桐棺三寸은 오동나무 관을 3촌 두께로 만든다는 뜻으로 『묵자』「절장 하」편에 관삼촌棺三寸 표현이 나온다. 미패묵자도未敗墨子道의 미未는 비非, 패敗는 공벌攻伐의 의미이다. 기도태곡其道大觳의 곡觳을 두고 곽상과 성현영은 윤기가 없는 무윤無潤으로 풀이했다. 곡觳은 윤기가 없어 파리하거나 다툰다는 의미일 때는 '각'으로 읽으나 다하여 소진하거나 각박함을 뜻할 때는 '곡'으로 읽는다.

묵자칭도왈墨子稱道曰의 칭도稱道를 두고 후쿠나가는 '도를 일컬음'으로 풀이했으나 가나야와 이케다는 말할 도道의 뜻으로 해석했다. 인홍수湮洪水의 인湮은 막을 색塞의 뜻이다. 『서경』「우공禹貢」편에도 같은 표현이 나온다. 우의 치수에 관한 일화는 『맹자』「등문공 상」과 「이루 하」편에도 나온다. 명천名川이 명산名山으로 된 판본이 있으나 유월은 필사과정에서 잘못 쓴 것으로 보았다. 탁사橐耜는 삼태기와 쟁기날인 보습을 말한다. 구잡九雜을 두고 '여러 차례 합쳤다'의 뜻으로 풀이하기도 하나 여기의 구九는 하나로 모은다는 뜻의 구鳩와 같은 뜻으로 규糾와 통한다.

비무발腓無胈은 장딴지에 살이 빠졌다는 뜻이다. 목심우沐甚雨는 장맛비에 얼굴을 씻는다는 뜻으로 최선본에는 심甚이 담湛으로 되어 있다. 기갹跂蹻은 나막신과 짚신을 뜻하는 것으로 여기의 갹蹻은 교屩와 통한다. 통상 갹蹻은 짚신이나 교만한 모습을 뜻할 때는 '갹', 한쪽 발만으로 제겨디디거나 강직한 모습을 뜻할 때는 '교'로 읽는다. 상리근相里勤은 묵가의 또 다른 집단을 말한다. 『한비자』「현학」편에 '묵자 사후 상리씨相里氏와 등릉씨鄧陵氏의 묵자 집단이 정통을 다퉜다'는 내용이 나온다.

오후지도五侯之徒를 두고 임희일은 5국의 제후 무리로 풀이했으나 손이양과 이케다 등은 오자서伍子胥와 같은 오씨伍氏로 이름이 후侯인 자가 이끄는 묵가 집단으로 해석했다. 묵경墨經을 두고 손이양은 묵가의 일반 이론인 묵변墨辨으로 해석했으나 청대 말기의 고증학자인 장학성章學誠은 『문사통의文史通義』에서 『묵자』 전체를 뜻하는 것으로 새겼다. 이케다가 이를 좇고 있다. 기우觭偶는 홀수와 짝수로 기觭는 기奇와 같다. 불오지사不仵之辭는 짝이 맞지 않고 어긋나는 말이다. 마서륜은 오作를 오伍의 가차로 보았다. 거자巨子는 묵가의 지도자로 최선본에는 거자鉅子로 되어 있다. 상수向秀는 '거자鉅子는 유가의 석유碩儒와 같다'고 풀이했다.

위지수爲之尸는 주인 노릇을 한다는 뜻이다. 곽상은 주主로 해석했다. 상진이이의相進而已矣를 두고 성현영은 진進을 경진競進으로 간주해 '의도가 다른 사람보다 더 나아지는 데 있다'고 풀이했다. 이에 대해 마서륜과 후쿠나가 등은 다할 진盡의 뜻으로 새겼다. 고고불사枯槁不舍의 사舍는 지止의 뜻이다. 이는 『맹자』「진심 상」편에 나오는 "묵자는 정수리가 닳고 발뒤꿈치가 없어질지라도 천하를 이롭게 할 수 있다면 이를 행했다"는 구절과 취지를 같이한다.

11-3

不累於俗, 不飾於物, 不苟於人, 不忮於衆, 願天下之安寧以活民命, 人我之養, 畢足而止, 以此白心. 古之道術有在於是者, 宋鈃·尹文聞其風而悅之. 作爲華山之冠以自表, 接萬物以別宥爲始. 語心之容, 命之曰'心之行'. 以聏合驩, 以調海內, 請欲置之以爲主. 見侮不辱, 救民之鬪, 禁攻寢兵, 救世之戰. 以此周行天下, 上說下敎, 雖天下不取, 強聒而不舍者也, 故曰, 上下見厭而強見也. 雖然, 其爲人太多, 其自爲太少, 曰, "請欲固置五升之飯足矣." 先生恐不得飽, 弟子雖飢, 不忘天下, 日夜不休. 曰, "我必得活哉." 圖傲乎, 救世之士哉. 曰, "君子不爲苛察, 不以身假物." 以爲無益於天下者, 明之不如已也. 以禁攻寢兵爲外, 以情欲寡淺爲內. 其大小精粗, 其行適至是而止.

세속의 일에 얽매이지 않고, 외물로 인해 자신을 꾸미지 않고, 남에게 구차하게 행동하지 않고, 백성을 해치지 않는다. 천하가 안녕해 백성 모두 성명性命을 잘 보존하기를 바라면서 타인과 자신의 생활이 모두 만족스럽게 될 때 멈춘다. 이런 식으로 자신의 마음을 깨끗이 한다. 옛 도술 가운데 이를 추구한 학술이 있다.

당초 송견宋鈃과 윤문尹文은 이런 학풍이 있다는 소식을 듣고 크게 기뻐했다. 이들은 상하의 폭이 균등한 화산관華山冠을 만들어 자신들의 생각을 안팎에 표명하면서 만물을 접할 때는 모든 선입견의 배제를 출발로 삼을 것을 주장했다. 이들은 마음의 모습을 일컬어 '심행心行'이라고 했다.

온화한 마음으로 함께 즐거워하고, 천하의 모든 사람을 화합하게 만들고, 사람들의 청원을 적게 줄이는 것을 핵심 주장으로 삼았다. 남에게 모욕을 당해도 욕되게 생각지 않고, 백성들의 싸움을 말리고, 침략을 금하고 군사를 해산하는 식으로 세상의 전쟁을 없애고자 했다. 이들은 이런 주장을 들고 천하를 두루 돌아다녔다. 위로는 군주에게 유세하고, 아래로는 백성을 가르쳤다. 비록 천하 사람들이 자신들의 주장을 따르지 않을지라도 시끄럽게 떠들어대며 유세를 그치지 않았다. '상하 양쪽으로부터 기피를 당하고도 억지로 설득하려 든다'는 욕을 먹은 이유다.

비록 그렇기는 하나 이들은 사람됨이 남을 위해 하는 일이 매우 많았고 자신들을 위해 하는 일이 극히 적었다. 이들은 이같이 말한다.

"사람의 정욕은 본래 적은 것이다. 하루에 5되의 밥만 먹으면 족하다."

선생 자신도 배부를 수 없는데 제자들은 더 말할 게 없다. 그러나 이들은 비록 배가 고플지라도 잠시도 천하를 잊지 않았다. 밤낮으로 쉬지 않으면서 이같이 다짐한다.

"우리는 기필코 백성들을 살리고야 말 것이다."

그 의도가 참으로 크구나, 세상을 구제하고자 하는 자들이여! 이들은 또 이같이 말한다.

"군자는 가혹하게 살피지 않고 자신의 몸을 위해 외물을 해치지 않는다."

이들이 천하에 이익이 되지 않는 것을 두고 애써 밝히기보다는 차라리 그만두는 게 낫다고 생각한 이유다. 이들은 밖으로는 침략을 금하고 군사를 해산하는 것을 구호로 내걸고, 안으로는 정욕을 줄이는 것을 수행지침으로 삼았다. 이런 주장은 작거나 크고 정밀하거나 거친 것의 차이는 있겠지만 결국 그 행동은 여기서 그치게 마련이다.

불루어속不累於俗을 아카츠카는 세상의 훼예毁譽에 아랑곳하지 않는 「소요유」편의 송영자宋榮子와 같은 태도로 풀이했다. 불구어인不苟於人은 남에게 구차하게 굴지 않는다는 뜻으로 여기의 구苟를 성현영은 구차苟且로 해석했다. 장병린은 『장자해고』에서 이를 학대할 가苛로 고쳐 해석했으나 곧이어 나오는 '백성을 해치지 않는다'는 뜻의 불기어중不忮於衆 구절과 중복된다. 백심白心은 마음을 깨끗하게 한다는 뜻으로 백白이 임任으로 된 판본도 있다.

송견宋鈃은 「제물론」편의 송영자를 말한다. 윤문尹文을 최선은 "제선왕 때의 사람으로 저서인 『윤문자』 1편이 있다"고 했으나 성현영은 저서가 2권이라고 했다. 『여씨춘추』「선식」편에는 제민왕에게 묵가의 이론을 설파하는 인물로 나온다. 화산지관華山之冠은 상하의 폭이 균등한 관을 말한다. 별유別宥는 선입견을 배제한다는 의미로 여기의 유宥는 얽매인다는 뜻의 유囿 내지 폐蔽와 통한다. 이이합환以聏合驩은 부드러운 마음으로 함께 즐거워한다는 뜻이다. 최선과 곽상 등은 이聏를 화和로 풀이했다. 침병寢兵을 두고 『역주 장자』는 침寢을 식息

으로 풀이한 성현영의 견해를 좇아 '무기의 철폐'로 해석했으나 문맥상 군사 해산으로 풀이하는 게 더 자연스럽다.

상세하교上說下教의 세說를 육덕명은 열悅로 해석했으나 유세의 뜻으로 풀이하는 게 문의에 부합한다. 강괄强聒을 두고 육덕명은 '귀에 대고 떠들어대는 것을 말한다'고 풀이했다. 도오호圖傲乎를 두고 성현영은 꾀하는 바가 큰 것으로 풀이했다. 이 구절을 두고 마서륜은 "장자가 송견과 윤문 두 사람을 칭송한 말이다. 앞의 문장에서 묵자를 칭송한 것과 같은 맥락이다"라고 해석했다. 가물假物의 가假는 하자瑕疵를 뜻하는 하瑕의 가차로 흠을 찾아낸다는 동사로 사용됐다. 정추精粗의 추粗는 간략하다는 뜻일 때는 '조', 성기거나 크다는 뜻일 때는 '추'로 읽는다.

11-4

公而不當, 易而無私, 決然無主, 趣物而不兩, 不顧於慮, 不謀於知, 於物無擇, 與之俱往. 古之道術有在於是者, 彭蒙·田駢·愼到聞其風而悅之. 齊萬物以爲首, 曰, "天能覆之而不能載之, 地能載之而不能覆之, 大道能包之而不能辯之." 知萬物皆有所可, 有所不可. 故曰, "選則不遍, 教則不至, 道則無遺者矣." 是故愼到棄知去己, 而緣不得已. 泠汰於物, 以爲道理. 曰, "知不知, 將薄知而後鄰傷之者也." 謑髁無任, 而笑天下之尚賢也. 縱脫無行, 而非天下之大聖. 椎拍輐斷, 與物宛轉. 舍是與非, 苟可以免. 不師知慮, 不知前後, 魏然而已矣. 推而後行, 曳而後往, 若飄風之還, 若羽之旋, 若磨石之隧. 全而無非, 動靜無過, 未嘗有罪. 是何故. 夫無知之物, 無建己之患, 無用知之累, 動靜不離於理, 是以終身無譽. 故曰, "至於若無知之物而已, 無用賢聖. 夫塊不失道." 豪桀相與笑之曰, "愼到之道, 非生人之行, 而至死人之理. 適得怪焉." 田駢亦然, 學於彭蒙, 得不教焉. 彭蒙之師曰, "古之道人, 至於莫之是·莫之非而已矣. 其風窢然, 惡可而言." 常反人, 不見觀, 而不免於魭斷. 其所謂道非道, 而所言之韙不免於非. 彭蒙·田駢·愼到不知道. 雖然, 槪乎皆嘗有聞者也.

공정하여 어느 한쪽에 치우치지 않고, 평등하여 사사로움이 없고, 마음을 비워 아집이 없고, 사물을 대할 때 둘로 나눠 차별하지 않고, 사려할 때 좌고우면하지 않고, 지혜를 쓸 때 계모를 꾸미지 않고, 외물을 대할 때 대상을 가리지 않고 늘 사물과 함께 간다. 옛 도술 가운데 이를 추구한 학술이 있다.

당초 팽몽彭蒙과 전병田駢, 신도愼到는 이런 학풍이 있다는 소식을 듣고 크게 기뻐했다. 이들은 만물을 평등하게 보고 이를 으뜸가는 주장으로 삼았다. 이들은 이같이 말한다.

"하늘은 만물을 덮을 수 있지만 실을 수는 없고, 땅은 만물을 실을 수는 있지만 덮을 수는 없다. 대도 또한 만물을 하나로 포괄할 수는 있지만 그것을 변별할 수는 없다."

만물 모두 할 수 있는 일과 할 수 없는 일이 있음을 알게 된 배경이다. 이들은 또 이같이 말한다.

"일부를 선택하면 두루 미치지 못하고, 말로 가르치려 들면 완전한 경지에 이르지 못한다. 도는 모든 것을 포용하는 까닭에 버리는 일이 없다."

신도가 지혜를 버리고 사심을 제거한 뒤 부득이한 필연의 도리를 좇아 행동하고 외물에 그대로 내맡기는 것을 '도리'로 생각한 이유다. 신도는 이같이 말했다.

"알 수 없는 것을 아는 척하면 장차 그 지식에 억압당해 해침을 당할 것이다."

그는 아무렇게나 행동하고 게으르게 살면서 관직을 포함해 책임을 지는 그 어떤 일도 맡지 않았다. 또 천하 사람들이 현자를 숭상하는 풍조를 비웃었다. 그가 방종하며 일탈된 모습으로 멋대로 행동하면서 온 천하가 존숭하는 대성인을 비난한 이유다. 그러면서도 모난 데를 치거나 두드리고 깎거나 끊는 식으로 행동을 원만하게 조정했다. 외물과 함께 변화하고 시비판단을 버린 덕분에 실로 재앙을 면한 이유다. 지혜와 사려를 스승으로 삼지 않았고, 사안의 선후도 알지 못했고, 단지 홀로 우뚝 서 있었을 뿐이다.

그는 떠밀린 연후에 비로소 나아가고, 이끌린 연후에 비로소 나아갔다. 마치 세찬 회오리바람이 맴도는 것 같기도 하고, 새의 깃털이 허공에서 빙글빙글 돌다 떨어지는 것 같기도 하고, 연자방앗간의 맷돌이 빙빙 도는 것 같기도 했다. 완전하여 그릇됨이 없었고, 움직이건 가만히 있건 과오를 저지르지 않았다. 일찍이 단 한 번도 죄에 걸린 적이 없는 이유다. 이는 무슨 까닭인가?

무릇 무지한 사물은 자신을 내세우는 근심이 없고, 지혜를 쓰는 번거로움이 없고, 움직이건 가만히 있건 자연의 이치에서 벗어나지 않는다. 그러기에 죽을 때까지 명예를 얻는 일이 없다. 신도는 이같이 말했다.

"나는 무지한 사물의 경지에 이르고자 할 뿐이다. 현인과 성인은 필요치 않다. 저 흙덩이는 결코 도를 잃는 일이 없을 것이다."

호걸들이 이 얘기를 듣고는 서로 바라보며 비웃었다.

"신도의 도는 살아 있는 자의 행도行道와 거리가 멀다. 그는 죽은 자의 도리를 접했다가 괴이한 것을 손에 넣은 것에 지나지 않는다."

전병도 신도와 유사했다. 그는 팽몽 문하에서 배운 덕분에 가르치지 않는 가르침의 이치를 터득했다. 일찍이 팽몽의 스승은 이같이 말한 바 있다.

"옛날의 도인은 무엇을 옳다고 하는 것도 무엇을 그르다고 하는 것도 없는 경지에 이르렀을 뿐이다. 그 학풍은 매우 고요하니 어찌 말로 표현할 수 있겠는가?"

그는 늘 세인들의 상식에 반하는 행동을 하면서 세인들의 시선을 끌려고 하지도 않았다. 그러나 깎고 끊는 식의 작위를 면하지는 못했다. 그가 언급한 도가 참다운 도와 거리가 멀고, 그가 옳다고 말한 게 그릇됨을 면치 못한 이유다. 팽몽과 전병, 신도 모두 도를 제대로 알지 못했다. 비록 그렇기는 하나 크게 보면 이들 모두 일찍이 도가 무엇인지를 들은 적이 있는 자들이다.

부당不當은 한쪽에 치우치지 않는다는 뜻으로 최선본에는 당當이 당黨으로 되어 있다. 결연決然은 속을 도려낸 모양으로 여기의 결決은 결缺과 통한다. 추물趣物의 추趣는 대對의 뜻이다. 말을 관장하는 관명인 추마趣馬에서 유래한 발음으로 말을 대하듯이 사물을 대한다는 의미를 담고 있다. 팽몽彭蒙과 관련해 『윤문자』는 "전병田駢은 팽몽에게서 배웠다"고 기록해 놓았다. 신도愼到는 전국시대 당시 한나라에서 활약한 법가이다.

령태어물泠汰於物의 령태泠汰를 곽상은 자연에 그대로 내맡기는 청방聽放으로 해석했다. 이위도리以爲道理의 도리道理는 '도'의 의미로 사용된 『한비자』「해로」와 「유로」편의 용어와 취지를 같이한다. 박지薄知의 박薄을 성현영은 천박의 뜻으로 해석했으나 임희일은 압박을 당한다는 뜻의 박迫으로 새겼다. 린상鄰傷의 린鄰을 두고 마서륜은 험하다는 뜻의 린磷의 가차로 보아 해친다는 뜻으로 풀이했다.

혜과무임謑髁無任은 함부로 행동하고 게으르게 살며 책임을 지지 않는다는 뜻이다. 혜과謑髁를 두고 육덕명은 그릇되고 비뚤어져 올바르지 못한 와예訛倪로 해석했다. 뒤이어 나오는 방종일탈의 뜻인 종탈무행縱脫無行과 유사한 의미이다. 추박완단椎拍輐斷은 모난 데를 치고, 두드리고, 깎고, 끊는다는 뜻이다. 표풍지선飄風之還은 회오리바람이 도는 모습을 말한다. 맷돌이 돌아가는 것을 표현한 마석지수磨石之隧의 수隧와 같은 의미이다.

득불교언得不敎焉의 불교不敎는 가르치지 않는 가르침인 불교지교不敎之敎를 뜻한다. 이케다는 교敎를 교校로 간주해 비교하여 차별하지 않는 것으로 풀이했다. 획연窢然은 고요함을 뜻한다. 획窢은 원래 바람이 마주치는 소리로 여기서는 고요할 혁侐의 뜻으로 사용되었다. 원단魭斷은 앞서 나온 완단輐斷과 같은 뜻이다. 곽상과 성현영은 모난 뿔이 없는 모습으로 풀이했다. 소언지위所言之韙는 말하는 바의 정의를 뜻한다. 성현영과 육덕명 모두 위韙를 옳을 시是의 뜻으로 새겼다.

11-5

以本爲精, 以物爲粗, 以有積爲不足, 澹然獨與神明居. 古之道術有在於是者, 關尹·老聃聞其風而悅之. 建之以常無有, 主之以太一. 以濡弱謙下爲表, 以空虛不毁萬物爲實. 關尹曰, "在己無居, 形物自著. 其動若水, 其靜若鏡, 其應若響. 寂乎若亡, 寂乎若淸. 同焉者和, 得焉者失." 未嘗先人而常隨人. 老聃曰, "知其雄, 守其雌, 爲天下溪. 知其白, 守其辱, 爲天下谷." 人皆取先, 己獨取後, 曰, "受天下之垢." 人皆取實, 己獨取虛, "無藏也故有餘." 巋然而有餘. 其行身也, 徐而不費, 無爲也而笑巧. 人皆求福, 己獨曲全, 曰, "苟免於咎." 以深爲根,以約爲紀, 曰, "堅則毁矣, 銳則挫矣." 常寬容於物, 不削於人, 可謂至極. 關尹·老聃乎, 古之博大眞人哉.

만물의 근본은 정묘하다고 여기면서 만물 자체는 조잡한 것으로 생각하고, 그런 만물은 아무리 축적해도 충분하지 않다고 하여 담담하게 홀로 신명과 더불어 산다. 옛 도술 가운데 이를 추구한 학술이 있다.

당초 관윤關尹과 노담老聃은 이런 학풍이 있다는 소식을 듣고 크게 기뻐했다. 이들은 늘 아무것이 존재하지 않는 상무常無의 세계를 세우고, 태일太一을 세계의 주재자로 간주했다. 이어 유약柔弱과 겸하謙下를 겉으로 드러나는 처신원리로 삼고, 마음을 비워 만물을 해치지 않는 것을 내면의 실질로 삼았다. 관윤은 이같이 말했다.

"자신에게 집착하지 않으면 형체 있는 만물이 저절로 모습을 드러낸다. 그 움직임은 물과 같아 모든 사물에 스며들고, 그 고요함은 거울과 같아 만물을 있는 그대로 비추고, 그 반응은 메아리와 같아 거짓이 없다. 흐릿한 것이 마치 존재하지 않는 듯하고, 고요한 것이 마치 맑은 샘물과 같다. 함께하면 화합할 수 있으나 얻으려 하면 잃는다."

이들은 남보다 앞선 적이 없고 늘 남의 뒤를 따라간다. 노담이 말했다.

"그 수컷의 강함을 알고 그 암컷의 유약함을 지키면 만물이 모여드는 천하의 계곡이 된다."

사람들이 모두 앞으로 나아가면 그 자신은 홀로 뒤로 처진다. 그는 말하기를, '천하의 모든 더러움을 내 몸에 뒤집어쓸 것이다' 라고 했다. 사람들이 모두 눈앞의 실實을 취할 때 그 자신은 홀로 우주만물이 그런 것처럼 허虛를 취한다. '저장하는 일이 없기에 도리어 남아돈다' 고 말하는 이유다. 그 모습이 마치 높이 솟은 산처럼 넉넉하다. 그는 몸을 움직일 때 천천히 움직여 쓸데없이 정기를 낭비하지 않고, 무위하면서 기교를 부리는 행동을 비웃는다. 사람들이 모두 복을 구할 때 그 자신은 홀로 몸을 구부려 온전함을 따르며 말하기를, '간신히 허물을 면했다' 고 한다. 심원深源을 근본으로 삼고 간약簡約을 기준으로 삼은 결과다. 그는 이같이 말했다.

"견고하면 부서지고, 날카로우면 무뎌진다."

만물을 대할 때 늘 너그럽게 품고, 사람을 대할 때 각박하지 않으니 가히 궁극에 이르렀다고 할 만하다. 관윤과 노담은 옛날의 큰 진인이다.

이유적위부족以有積爲不足은 『도덕경』 제81장의 "성인은 모든 것을 남에게 주는 까닭에 오히려 더욱 많아진다"는 구절과 취지를 같이한다. 관윤關尹은 관문을 지키는 관원으로 알려진 도가의 원조 윤희尹喜를 말한다. 『관령자關令子』 9편이 있었으나 산일되고 현존의 것은 후대의 위작이다. 곽말약은 『십비판서』에서 관윤을 직하학자 환연環淵으로 간주하면서 이같이 주장했다.

"남쪽의 전설적인 도가사상가 노담의 사상을 처음으로 체계적인 저작으로 만든 것이 바로 환연일 것이다."

그러나 곽말약이 무슨 확실한 근거를 제시한 것은 아니다. 육덕명은 노담을 노자로 간주하면서 관윤을 위해 19편의 글을 저술했다고 풀이했다. 유월과 이케다는 『사기』 「노자한비열전」을 근거로 모두 81편을 관윤에게 써준 것으로 정정했다. 그러나 앞서 말했듯이 노담이 과연 『도덕경』의 저자로 알려진 노자인지 등에 관해서는 아직도 정설이 없는 실정이다.

건지이상무유建之以常無有의 상무유常無有를 두고 해석이 분분하다. 후쿠나가 등은 상무常無와 상유常有의 생략형으로 보았다. 마서륜과 가나야는 불변을 뜻하는 상常과 도를 의미하는 무無 및 존재의 의미인 유有를 모두 뜻하는 것으로 풀이했다. 이케다는 무유無有가 무無를 뜻하는 만큼 상무유常無有는 상무常無로 해석해야 한다고 주장했다. 이케다의 해석이 문의에 부합한다.

태일太一을 두고 성현영은 "대도는 넓고 커서 만물을 주머니에 집어넣어 하나로 통합한다"고 풀이했다. 유약겸하濡弱謙下의 유濡는 유柔와 통한다. 겸하를 역설한 『도덕경』 제61장의 취지와 부합한다. 『여씨춘추』「심분審分」편에 이를 뒷받침하는 구절이 나온다.

"노자는 유柔, 공자는 인仁, 묵자는 겸兼, 관윤은 청淸, 열자는 허虛, 양주는 기己, 손빈은 세勢를 귀하게 여겼다."

이 대목에 장자는 빠져 있으나 그는 무無를 중시한 경우로 볼 수 있다. 외래 종교인 불교의 경우는 공空이 타당할 것이다. 관윤이 말한 재기무거在己無居는 자신에게 편견과 고집이 없음을 뜻한다. 일정한 것에 얽매이지 않는다는 의미이다. 이 구절부터 기응약향其應若響 구절까지 『열자』「중니」편에 그대로 나온다. 후대인이 『열자』의 구절을 따온 것으로 짐작된다.

홀호약무芴乎若亡의 홀芴은 홀忽, 무亡는 무無와 통한다. 노담이 언급한 지기웅知其雄에서 위천하곡爲天下谷에 이르는 구절은 『도덕경』 제28장의 구절을 그대로 인용한 것이다. '인개취선人皆取先, 기독취후己獨取後' 구절은 『도덕경』 제67장에 나오는 '불감위천하선不敢爲天下先' 구절과 맥을 같이한다. 수천하지구受天下之垢는 『도덕경』 제78장에 나오는 수국지구受國之垢와 같은 취지이다. 무장야고유여無藏也故有餘는 『도덕경』 제44장에서 많이 쌓아두면 반드시 크게 잃는다는 뜻으로 사용된 '다장필후망多藏必厚亡' 구절과 상통한다.

규연巋然을 두고 곽상은 독립자족獨立自足으로 풀이했다. 서이불비徐而不費는 『도덕경』 제44장에서 친애가 지나치면 반드시 크게 손실을 본다는 취지로 언급한 심애필대비甚愛必大費와 상통한다. 기독곡전己獨曲全 역시 『도덕경』 제22장의 곡즉전曲則全과 같은 뜻이다. 위심위근以深爲根은 『도덕경』 제29장의 심근고저深根固柢와 비슷한 취지이다. 견즉훼堅則毁는 『도덕경』 제76장의 견강자사지도堅强者死之徒, 예즉좌銳則挫는 『도덕경』 제4장의 좌기예挫其銳 구절과 상통한다. 지극至極은 궁극窮極의 뜻이다.

11-6

寂漠無形, 變化無常, 死與, 生與, 天地竝與, 神明往與, 芒乎何之, 忽乎何適. 萬物畢羅, 莫足以歸. 古之道術有在於是者, 莊周聞其風而悅之. 以謬悠之說, 荒唐之言, 無端崖之辭, 時恣縱而儻, 不以觭見之也. 以天下爲沈濁, 不可與莊語. 以巵言爲曼衍, 以重言爲眞, 以寓言爲廣. 獨與天地精神往來, 而不敖倪於萬物, 不譴是非, 以與世俗處. 其書雖瓌瑋, 而連犿無傷也. 其辭雖參差, 而諔詭可觀. 彼其充實, 不可以已. 上與造物者遊, 而下與外死生·無終始者爲友. 其於本也, 弘大而辟, 深閎而肆. 其於宗也, 可謂稠適而上遂矣. 雖然, 其應於化而解於物也, 其理不竭, 其來不蛻, 芒乎昧乎, 未之盡者.

적막하여 형체가 없고 끊임없이 변화해 일정한 모습이 없다. 죽은 것인가 산 것인가? 천지와 나란히 하는가 신명과 함께 가는가? 아득하기만 하니 어디로 가는 것인가? 황홀하기만 하니 어디를 향하는 것인가? 만물 모두 여기에 망라되어 있지만 귀숙歸宿하기에는 충분치 않다. 옛 도술 가운데 이를 추구한 학술이 있다.

당초 장주莊周는 이런 학풍이 있다는 소식을 듣고 크게 기뻐했다. 터무니없고 황당한 말과 밑도 끝도 없는 언사로 이따금 제멋대로 하면서도 한쪽에 치우치지 않았고, 진기함을 자랑삼아 내보이지도 않았다. 그는 천하가 크게 혼탁해 함께 도를 얘기할 수 없다고 판단했다. 치언卮言으로 자연의 변화에 순응케 하고, 중언重言으로 진실을 깨닫게 하고, 우언寓言으로 우주의 광대함을 깨닫게 한 배경이다.

그는 홀로 천지의 정미하고 신묘한 작용과 함께 하나가 되어 왕래하면서도 만물 위에서 오만하게 흘겨보지 않았다. 시비를 따져 견책하지도 않고 세속과 더불어 살았다. 그의 글은 비록 괴이하고 터무니없으나 원만한 까닭에 사물을 해치지 않고, 그의 언사는 비록 들쭉날쭉 어긋남이 있으나 기이한 변설에 나름 볼 만한 점이 있다.

그는 마음속에 무언가 꽉 차면 이를 달리 표현할 길이 없었다. 위로는 조물자와 함께 노닐고, 아래로는 생사를 뛰어넘어 끝도 시작도 없는 초월자를 벗으로 사귄 이유다. 도의 뿌리에 대해서는 넓고 크게 열면서 깊고 크게 뻗어나갔다. 도의 큰 줄기에 대해서는 가히 조화롭게 나아가 높은 경지에 올라갔다고 이를 만하다. 비록 그러하기는 하나 사물의 변화에 따른 해명에 조리상 미진한 점이 있고, 외물의 구속으로부터 완전히 벗어나지 못한 점이 있다. 아득하고 어두울 뿐이니 아직 극진하지는 못한 자라고 하겠다.

적막무형寂漠無形은 적막하여 형체가 없다는 뜻으로 『경전석문』에는 적寂이 일정한 모습이 없다는 뜻의 홀芴로 표기되어 있다. 만물필라萬物畢羅의 라羅는 그물에 모두 담는다는 뜻의 망라網羅와 같다. 류유지설謬悠之說을 두고 성현영은 헛되고 현실과 동떨어진 허원

虛遠의 의미로 새겼다. 장어莊語를 곽상은 장자의 말, 성현영은 대언大言, 곽경번은 장어壯語로 풀이했다. 정어正語로 풀이한 육덕명의 해석이 문의에 부합한다.

만연曼衍은 천지자연의 무궁한 변화를 뜻한다. 오예敖倪를 성현영은 교만하고 잘난 체하는 교긍驕矜으로 새겼다. 괴위瓌瑋는 여기서 터무니없이 기이한 내용을 담고 있다는 뜻이다. 괴瓌는 뛰어날 괴瑰와 통한다. 연변連犿은 둥글게 순화한다는 의미이다. 이이李頤는 괴위瓌瑋와 연변連犿을 앞서 나온 '원만하게 변하다'의 뜻인 완전宛轉과 같은 의미로 새겼다.

참치參差는 들쭉날쭉하게 어긋난다는 뜻이다. 균제均齊의 반대어이다. 숙궤諔詭는 이상한 변설의 의미로 「제물론」편에 나온 적궤弔詭와 같다. 조적稠適은 조화를 이뤄 적합하다는 뜻으로 조稠가 조調로 된 판본도 있다. 불세不蛻의 세蛻를 두고 성현영은 벗어나고 버린다는 뜻의 탈사脫捨로 새겼다. 망호매호芒乎昧乎를 두고 성현영은 "망매芒昧는 그윽하고 어두움이다. 장자의 저서는 그윽하고 깊고 원대하며 어둡고 황홀해 보고 듣는 것으로 구분할 수 없다. 만일 말과 형상으로 이해하려 들면 그 취지를 궁구할 수 없다"고 했다. 이에 대해 이케다는 많은 사람들이 장자의 도를 두고 성현영의 해석을 답습하고 있으나 이는 적절치 않다고 지적하면서 '아득하고 어두울 뿐이다'의 의미로 해석했다. 문맥상 이케다의 지적이 타당하다. 연이어 나오는 아직 극진하지는 못하다는 뜻의 미지진자未之盡者 구절이 이를 뒷받침한다.

11-7

惠施多方, 其書五車, 其道舛駁, 其言也不中. 厤物之意, 曰, "至大無外, 謂之大一. 至小無內, 謂之小一. 無厚, 不可積也, 其大千里. 天與地卑, 山與澤平. 日方中方睨, 物方生方死. 大同而與小同異, 此之謂'小同異'. 萬物畢同畢異, 此之謂 '大同異'. 南方無窮而有窮, 今日適越而昔來, 連環可解也. 我知天之中央, 燕之北·越之南是也. 氾愛萬物, 天地一體也." 惠施以此爲大, 觀於天下而曉辯者, 天下之辯者相與樂之. "卵有毛. 鷄三足. 郢有天下. 犬可以爲羊. 馬有卵. 丁子有尾. 火不熱. 山出口. 輪不蹍地. 目不見. 指不至, 至不絶. 龜長於蛇. 矩不方, 規不可以爲圓. 鑿不圍枘. 飛鳥之景未嘗動也. 鏃矢之疾, 而有不行·不止之時. 狗非犬. 黃馬驪牛三. 白狗黑. 孤駒未嘗有母. 一尺之捶, 日取其半, 萬世不竭." 辯者以此與惠施相應, 終身無窮. 桓團·公孫龍辯者之徒, 飾人之心, 易人之意, 能勝人之口, 不能服人之心, 辯者之囿也. 惠施日以其知與之辯, 特與天下之辯者爲怪, 此其柢也. 然惠施之口談, 自以爲最賢, 曰, "天地其壯乎." 施存雄而無術. 南方有倚人焉, 曰黃繚, 問天地所以不墜不陷, 風雨雷霆之故. 惠施不辭而應, 不慮而對, 遍爲萬物說. 說而不休, 多而無已, 猶以爲寡, 益之以怪, 以反人爲實, 而欲以勝人爲名, 是以與衆不適也. 弱於德, 强於物, 其塗隩矣. 由天地之道觀惠施之能, 其猶一蚊一虻之勞者也. 其於物也何庸. 夫充一尙可, 曰'愈貴道', 幾矣. 惠施不能以此自寧, 散於萬物而不厭, 卒以善辯爲名. "惜乎, 惠施之才." 駘蕩而不得, 逐萬物而不反, 是窮響以聲, 形與影競走也, 悲夫.

혜시는 다방면에 걸쳐 학문을 추구한 까닭에 책이 5대의 수레에 실을 정도로 많았다. 그러나 그 도리가 잡박해 그 말이 적중하지 못했다. 그는 사물의 의미를 차례로 검토한 뒤 이처럼 10가지로 정리했다.

"첫째 지극히 커 밖이 없는 것을 일컬어 대일大一, 지극히 작아 안이 없는 것을 일컬어 소일小一이라고 한다. 둘째 두께가 없는 것은 쌓아올릴 수 없으나 그 크기는 1천 리에 달한다. 셋째 하늘은 땅과 마찬가지로 낮고, 산과 못 모두 평평하다. 넷째 해는 중천에 떠오르면서 기울기 시작하고, 사물은 생겨나는 동시에 죽어간다. 다섯째 크게 같으면서 작게 다른 것을 '소동이小同異'라고 한다. 만물은 사물이라는 점에서는 모두 같고, 개별적으로는 다 다르다. 이를 '대동이大同異'라고 한다. 여섯째 남쪽은 끝이 없지만 남쪽의 끝은 있다. 일곱째 오늘 월나라에 갔으나 어제 도착했다. 여덟째 이어진 고리는 풀 수 있다. 아홉째 나는 천하의 중앙이 어디에 있는지 알 수 있으니 연나라 북쪽과 월나라 남쪽이 바로 천하의 중앙이다. 열째 두루 만물을 사랑하면 사물의 차별이 없어지고 천지가 모두 하나가 된다."

혜시는 이상의 명제인 소위 '역물십사歷物十事'를 자신의 독창적인 이론으로 자부하면서 이를 천하에 널리 공표한 뒤 학자들을 설득했다. 천하의 변사들 모두 서로 더불어 논하며 크게 즐거워했다. 이들이 찾아낸 궤변을 요약하면 모두 21가지이다.

"알에 털이 있다는 난유모卵有毛, 닭에는 3개의 발이 있다는 계3족鷄三足, 초나라 도성 영郢 땅에 천하가 있다는 영유천하郢有天下, 개는 양이 될 수 있다는 견위양犬爲羊, 말이 알을 낳는다는 마유란馬有卵, 개구리에 꼬리가 있다는 정자유미丁子有尾, 불은 뜨겁지 않다는 화불열火不熱, 산이 사람의 입에서 나온다는 산출구山出口, 수레바퀴는 땅에 붙어 있지 않다는 윤불전지輪不蹍地, 눈은 사물을 보지 못한다는 목불견目不見, 손가락으로 가리키는 곳에 도달할 수 없고 손가락으로 가리키는 곳까지의 길이는 끊어지지 않는다는 지부지부절指不至不, 거북이는 뱀보다 길다는 구장어사龜長於蛇, 곱자로 네모를 그릴 수 없고 그림쇠로 원을 그릴 수 없다는 구규불가방원矩規不可方圓, 구멍에 꽂아넣은 장부를 구멍이 꽉 둘러싸고 있지 않다는 착불위예鑿不圍枘, 나는 새의 그림자는 결코 움직이지 않는다는 조영미동鳥景未動, 살촉이 붙은 화살은 아무리 빨리 날아갈지라도 날아가지도 머물지도 않는 때가 있다는 촉시지질鏃矢之疾, 강아지는 개가 아니라는 구비견狗非犬, 황색 말과 검은 소는 합해서 셋이라는 황마여우삼黃馬驪牛三, 흰 개는 검다는 백구흑白狗黑, 어미 없는 망아지는 본래부터 어미가 없다는 고구무모孤駒無母. 한 자 길이의 채찍을 매일 절반씩 자르면 영원히 다 자를 수 없다는 일척지추一尺之捶 등이다."

당대의 변사들 모두 이상의 명제인 소위 '변자이십일사辯者二十一事'를 갖고 혜시와 함께 서로 응수하면서 죽을 때까지 논쟁을 그치지 않았다. 환단桓團과 공손룡公孫龍 역시 이들 변사의 무리다. 사람들의 마음을 쓸데없이 꾸며대게 하고 사람들의 뜻을 바꾸게 해 능히 사람들의 입을 제압할 수 있었다. 그러나 사람들의 마음을 승복시키지는 못했다. 이것이 궤변을 늘어놓는 변사의 한계이다.

혜시는 날마다 지혜를 쏟아 사람들과 변론했다. 그 중에서도 특히 천하의 변사들과 기괴한 의론을 만들었다. 이것이 그들의 본질이다. 그럼에도 혜시의 구변은 매우 뛰어났다. 스스로 천하에서 가장 현명하다고 생각했다. 그는 이같이 말했다.

"천지만이 나보다 위대하니 참으로 장대하기도 하구나!"

혜시가 품은 생각은 비록 웅대하기는 했으나 실제로 실천할 방법은 없었다. 남쪽 땅에 기인이 있었다. 이름은 황료黃繚이다. 그가 혜시에게 하늘과 땅이 추락하거나 꺼지지 않고 비바람과 천둥이 일어나는 까닭을 물었다. 혜시가 사양하지 않고 곧바로 응답했다. 잘 생각해 보지도 않고 곧바로 응답한 까닭에 만물에 대해 두루 설명하면서 말을 그치지 않는 등 얘기가 장황했다.

그럼에도 그는 수다를 그치지 않은 것은 물론 오히려 이것도 부족하다고 생각해 괴이한 말까지 보탰다. 사람의 정서에 어긋나는 것을 오히려 진실이라고 우기면서 말로 남을 이기는 것으로 명성을 얻으려 했기 때문이다. 그가 많은 사람과 원만하게 지내지 못한 이유다. 그는 덕을 추구하는 데는 취약했으나 외물을 추구하는 데는 강했다. 그가 추구한 길이 협소할 수밖에 없었던 것도 이 때문이다.

천지의 도를 기준으로 하여 그의 재능을 평하면 이는 마치 한 마리 모기나 등에가 수고롭게 날아가는 것과 같다. 이것이 사물에 무슨 쓸모가 있겠는가? 그의 주장을 두고 도술의 한 부분에 충당하는 것은 가하나 '도술보다 더 희귀하다' 고 말하면 이는 위험한 일이다. 그는 도술의 한 부분에 머무는 것을 스스로 편히 여기지 않고, 산만하게도 외물을 정신없이 추구하는 것을 싫증내지 않았다. 결국 논변이 뛰어난 변사로 명성을 얻는 데 그치고 말았다.

"애석하구나, 혜시의 재능이여!"

그는 멋대로 행동하는 바람에 도를 제대로 터득하지도 못했고, 만물을 정신없이 쫓아가는 바람에 제때 돌아올 줄도 몰랐다. 이는 메아리를 멈추게 할 요량으로 오히려 더 큰소리를 내지르고, 그림자를 떨쳐버릴 요량으로 그림자와 경주하면서 숨이 끊어질 때까지 질주하는 것이나 다름없다. 아, 참으로 슬픈 일이다!

기서오거其書五車의 서書를 두고 임희일과 이케다는 '혜시의 저서' 로 풀이했으나 '혜시가 소장한 책' 으로 본 성현영의 견해가 문맥에 부합한다. 천박舛駁은 잡박雜駁의 뜻이다. 역물지의厤物之意는 사물의 이치를 차례로 검토한다는 뜻이다. 육덕명은 력厤을 력歷의 고자로 풀이했다. 력歷으로 된 판본도 있다.

대일大一과 소일小一은 마치 현대 수학의 집합이론이 무한대와 무한소의 세계가 서로 1대 1 대응하고 있음을 증명하고 있는 것처럼 장자의 사상체계가 형이상과 형이하를 두루 관통하고 있음을 뒷받침한다. 장자사상을 오직 '내편'에서만 찾을 경우 이를 제대로 파악하기 어렵다. 「추수」와 「칙양」편에도 극소와 극대를 지정至精과 지대至大로 대립시켜 해설해 놓았지만 이를 대일大一과 소일小一로 정리해 놓은 것은 「천하」편이 유일하다. 『장자』가 형이상의 「제물론」에서 시작해 형이하의 「천하」편으로 끝난 것도 결코 우연이 아니다. 형이상과 형이하를 두루 아우르고자 한 편제자의 의중이 그대로 반영된 결과로 보아야 한다. 장자사상은 「천하」편이 역설하고 있는 내성외왕內聖外王으로 귀결되어 있다고 해도 과언이 아니다.

'무후無厚, 불가적야不可積也, 기대천리其大千里' 구절에 대한 해석이 분분하다. 풍우란은 『중국철학사』에서 "두께가 없다는 것은 지극히 얇다는 뜻으로 기하학에서 말하는 면面이다. 면은 체적體積이 없는 대신 그 크기는 천리에 이를 수 있다"고 해석했다. '천여지비天與地卑, 산여택평山與澤平'은 대소장단의 상대성을 언급한 것이다. 「제물론」에서 천지도 손가락 하나와 같고 만물도 한 마리 말과 같다는 취지로 언급한 '천지일지天地一指, 만물일마萬物一馬' 구절과 궤를 같이한다. 『순자』「불구不苟」편에도 산과 연못은 다 같이 평평하고 하늘과 땅은 다 같이 낮다는 뜻의 '산연평山淵平, 천지비天地卑'를 언급한 혜시와 등석鄧析의 주장이 나온다. 일방중방예日方中方睨의 예睨를 두고 이이는 흘겨본다는 뜻의 측시側視로 해석했으나 고형은 기운다는 뜻의 경傾으로 새겼다. 방생방사方生方死는 「제물론」편에 나온 바 있다. 「추수」편의 도무종시道無終始와 취지를 같이한다.

소동이小同異를 둘러싸고 이설이 분분하다. 동이同異는 같음과 다름이 있다는 의미이다. 「덕충부」편에서 "다른 것을 기준으로 보면 간과 쓸개도 그 차이가 초나라와 월나라처럼 멀고, 같은 것을 기준으로 보면 만물이 모두 하나이다"라고 언급한 것과 같은 맥락이다. 성현영은 "물정을 분별하면 보는 관점에 따라 같음과 다름이 있으니 이것이 바로 '소동이' 이다"라고 풀이했다. 대동이大同異 역시 이설이 분분하나 소동이小同異와 같은 맥락에서 해석하면 된다.

남방무궁이유궁南方無窮而有窮은 방향을 지칭하는 남쪽은 끝이 없지만 남쪽이라는 특정 지역을 지칭하는 경우는 끝이 있다는 의미이다. 금일적월이석래今日適越而昔來는 「제물론」에 나오는 '오늘 월나라에 갔는데 어제 도착했다' 는 구절과 같은 것으로 문장으로만 성립할 수 있는 궤변을 말한다. 현환가해連環可解를 두고 성현영은 "고리를 꿸 때는 서로 빈 공간을 꿰는 것이지 고리 자체를 꿰는 게 아니다. 두 고리가 서로 간섭하지 않으니 능히 풀 수도 있다"고 해석했다. 『전국책』「제책」에 제나라 왕이 진秦나라에서 보낸 연환을 망치로 부숴 해답을 찾은 일화가 나온다.

연지북월지남燕之北越之南을 두고 사마표는 "천하에는 일정한 방향이 없기에 어디든 있는 곳이 중앙이 된다. 순환해 끝이 없기에 어디든 있는 곳이 시작이 된다"고 했다. '범애만물氾愛萬物, 천지일체天地一體' 는 「제물론」의 만물여아위일萬物與我爲一 구절과 상통한다. 이케다는 이 대목이 「제물론」 사상에 영향을 준 것으로 파악하면서 혜시의 역물십사歷物十事가 「천하」편에 실리게 된 배경을 여기서 찾았다. 이를 두고 후쿠나가는 "혜시는 만물일체를 우주론적으로 귀납시켜 범애를 주장한 데 반해 묵자는 천지天志에서 겸애를 이끌어냈다. 혜시의 만물일체론은 논리적으로 분석하고 인식론적으로 접근한 결과인 데 반해 「제물론」의 만물일체론은 시비를 모두 잊은 경지에서

도와 노니는 것을 언급한 것이다. 혜시는 지적 분석을 중시하는 논리학자인 데 반해 장자는 체험적 진실을 사랑하는 철인이었다"라고 분석했다.

'혜시이차위대惠施以此爲大, 관어천하이효변자觀於天下而曉辯者' 구절에서 대大에 구두점을 끊은 것은 성현영의 견해이다. 육덕명과 임희일은 하나로 통합해 "혜시는 대관大觀이라는 이론을 갖고 홀로 천하에서 가장 고명하다고 생각했다"고 풀이했다. 이같이 풀이해도 문맥이 통한다.

난유모卵有毛는 알에 털이 없으면 닭이나 새의 깃털이 어떻게 생겨날 수 있는가 하는 의문에서 나온 궤변이다. 『순자』「불구」편은 혜시와 등석의 궤변으로 들었다. 계삼족鷄三足과 관련해 『공손룡자』「명실」편은 실재하는 닭의 발 2개에 닭의 발이라는 말을 합치면 모두 3개가 된다고 주장했다. 「제물론」편에도 하나에 말을 합치면 둘이 된다는 뜻의 '일여언위이一與言爲二' 구절이 나온다.

영유천하郢有天下는 무한대의 우주공간에서 보면 초나라 도성 영이나 넓은 천하 모두 극히 작은 것에 불과하다. 초나라 도성 영 안에 천하가 있다는 논리도 성립할 수 있다는 주장이다. 견가이위양犬可以爲羊은 네발짐승 모두 같은 종류라는 취지에서 나온 것으로 「덕충부」에 나오는 만물개일萬物皆一 구절과 같은 취지이다. 마유란馬有卵은 태생동물이나 난생동물이나 동물이라는 점에서는 같다는 취지에서 나온 주장이다.

정자유미丁子有尾의 정자丁子를 두고 성현영은 "초나라 사람들은 개구리를 정자丁子라고 한다"고 풀이했다. 꼬리 있는 올챙이가 꼬리 없는 개구리로 변화하는 시간은 우주의 시간에 비유하면 무無에 해당한다. 화불열火不熱은 뜨겁다고 느끼는 것은 어디까지나 인간이므로 불 자체가 뜨거운 것은 아니라는 논리이다. 후쿠나가는 이 논리가 훗날 위진시대의 혜강嵇康이 '음악 자체는 애락의 감정이 없다'는 성무애락론聲無哀樂論을 펼친 배경이 되었다고 주장했다.

산출구山出口 역시 형체를 갖는 사물의 대소는 무한대의 우주공간 차원에서 보면 아무 차이가 없다는 논리에서 나온 것이다. 윤불전지輪不蹍地는 수레바퀴가 땅에 붙어 있으면 굴러갈 수 없다는 주장이다. 목불견目不見은 사물의 형체를 인식하는 것은 눈이 아니라 뇌의 지각 작용에 따른 것이라는 논리이다. 『묵자』「경설 하」편과 『공손룡자』「견백」편에도 유사한 얘기가 나온다.

'지부지指不至, 지부절至不絶'은 손가락으로 가리키는 방향은 어느 한 지점에서 끝나는 게 아니므로 무한하다는 취지에서 나왔다. 마서륜은 『열자』「중니」편에 나오는 '유지부지有指不至, 유물부진有物不盡' 구절을 근거로 지부절至不絶은 물부진物不盡의 오기로 보았다. 이 경우 사람들이 지칭한 것은 구체적인 사물에 정확히 부합하는 게 아니고, 사물 또한 인간의 언어와 상상으로는 무한정 분할할 수 없다는 뜻이 된다.

구장어사龜長於蛇는 「제물론」편에 나오는 '팽조가 요절했다'는 구절과 같은 취지이다. '구불방矩不方, 규불가이위원規不可以爲圓'은 『맹자』「이루 상」편에서 규구規矩를 인륜의 상징인 성인에 비유한 것을 비판한 것이다. 절대적인 방원方圓 개념을 부인한 결과이다. 착불위예鑿不圍枘의 착鑿은 나무나 돌로 뚫은 장부구멍, 예枘는 한쪽 끝을 다른 쪽 구멍에 맞추기 위해 가늘게 만든 부분이다. 임희일은 "예枘가 비록 구멍 속에 있지만 안에서 돌아가는 것은 구멍이 그치게 할 수 있는 게 아니다. 그래서 둘러싸고 있는 게 아니라고 한 것이다"라고 풀이했다.

비조지경미상동飛鳥之景未嘗動은 시간의 분할과 관련한 주장으로 희랍의 엘레아 학파 철학자인 제논이 '나는 화살은 정지해 있다' 는 역설과 맥을 같이한다. 시간과 공간을 무한히 분할할 수 있다는 생각에서 나온 역설이다. 촉시지질鏃矢之疾도 같은 맥락에서 나온 것이다. 『열자』「중니」편에 공손룡이 이와 유사한 얘기를 언급한 일화가 나온다.

구비견狗非犬을 두고 후쿠나가는 묵가에서 '구狗는 견犬이다' 라고 얘기한 것을 반박한 논리로 파악했다. 사마표는 "구狗와 견犬은 실實은 같지만 명名이 다르다. 명실을 합치면 '구' 와 '견' 이 같고 명실을 나누면 '구' 와 '견' 이 다르다"고 풀이했다.

황마여우삼黃馬驪牛三은 앞에 나온 계삼족鷄三足과 같은 논리이다. 백구흑白狗黑 역시 흑색이든 백색이든 색이라는 점에서는 동일하다는 차원에서 나온 것이다. 고구미상무모孤駒未嘗無母에서 고구孤駒는 어미가 없어야 가능한 개념이다. 어미가 있다고 말하면 고孤와 모순되니 어미가 없다고 해야 맞는다는 논리이다. 『열자』「중니」편에도 백마비마白馬非馬와 함께 이 얘기가 나온다. 백마가 말이 아니듯이 고구孤駒 역시 망아지가 아니라는 얘기가 성립된다. 구駒는 응당 어미가 있지만 고구孤駒는 구駒가 성립될 수 없으므로 결코 어미를 가질 수 없다는 식이다. 일척지추一尺之捶는 제논의 아킬레우스와 거북이 경주 논리와 유사하다. 남북조 때 불교학자 혜원慧遠도 『대승대의장大乘大義章』에서 이 명제를 논박한 바 있다.

환단桓團을 오여륜은 『열자』「중니」편의 한단韓檀과 같은 인물로 보았다. 명가의 대표적 인물인 공손룡公孫龍과 함께 조나라 평원군平原君의 문객으로 활동하면서 뛰어난 언변으로 명성을 떨쳤다. 공손룡을 두고 성현영은 "조나라 출신 변사이다. 평원군의 식객으로 있었고,

수백론守白論을 저술해 세상에 알려졌다"고 풀이했다. 공손룡은 『수백론守白論』이라는 저서를 짓기도 했다. 그는 소위 '견백동이지변堅白同異之辯을 통해 사물을 나누는 기준을 통합하고 시각과 촉각으로 알 수 있는 것의 분리를 밝히는 궤변'에 능했다. 『자치통감』에 공손룡과 음양가의 대가인 추연鄒衍이 맞붙은 일화가 실려 있다.

이에 따르면 공자의 후손인 공천孔穿이 노나라에서 조나라로 왔다. 그는 공손룡과 노비는 3개의 귀를 가졌다는 궤변인 소위 '장삼이臧三耳'를 놓고 논쟁을 벌였다. 공손룡의 변론은 매우 정미精微했다. 공천이 응대할 방법이 없자 잠시 후 하직인사를 하고 나가버렸다. 다음날 공천이 다시 평원군을 찾아오자 평원군이 물었다.

"어제 공손룡의 변론은 참으로 웅변이었소. 선생은 어찌 생각하시오?"

"말씀한 바와 같습니다. 그는 노비의 귀가 3개라고 믿을 수 있게끔 말했습니다. 설령 그렇다 할지라도 실제로 그렇게 할 수는 없는 일입니다. 노비의 귀가 세 개라고 보는 것은 매우 곤란하고 실제로도 맞지 않습니다. 노비의 귀가 두 개라고 말하는 것이 쉬울 뿐만 아니라 실제로 그게 맞습니다. 저는 장차 군이 쉽고도 맞는 쪽을 좇을 것인지, 아니면 곤란하고도 맞지 않는 쪽을 좇을 것인지 모르겠습니다."

평원군이 아무 대답도 하지 못했다. 다음날 평원군이 공손룡에게 말했다.

"그대는 다시 공천과 논변하지 마시오. 그는 도리에 밝고 말이 적소. 그대는 말이 앞서고 도리에 뒤지니 끝내 패하고 말 것이오."

당시 추연이 조나라를 내방하게 되었다. 평원군이 그로 하여금 공손룡과 함께 흰말은 말이 아니라는 '백마비마白馬非馬'를 논변케 했다. 추연이 말했다.

"그 말은 불가능한 것입니다. 무릇 논변이란 사물을 종류별로 변별하여 서로 섞이지 않게 하는 것입니다. 서로 다른 주장을 차례로 열거하여 문란하지 않게 해야 합니다. 나아가 논설의 취지를 밝히고 통하게 하여 사람들로 하여금 모두 그 의미를 분명히 알게 함으로써 해당 사안에 대해 애매한 점이 없도록 해야 합니다. 그래야만 논변으로 승리한 자도 옹호하는 도리를 잃지 않고 패한 자도 자신이 추구하는 도리를 얻게 됩니다. 번잡하고 교묘한 말로 수식해 눈을 어지럽게 하고, 기묘한 비유로 궤변을 늘어놓아 사람들로 하여금 그 뜻을 제대로 파악치 못하게 만드는 것은 공리公理를 해치는 것입니다. 이리저리 말꼬리를 물고 늘어지면서 쟁변爭辯을 멈추지 않는 사람은 끝내 자신이 이길 것으로 생각합니다. 이는 도리를 말하는 군자를 해칠 수밖에 없습니다. 저는 그런 논변을 하지 않습니다."

주변 사람들이 모두 추연을 칭송했다. 공손룡은 이 일로 인해 드디어 명성이 실추되었다. 당시 명가가 나름 기묘한 논변으로 평원군 등의 이목을 끌기는 했으나 세인들로부터 크게 환영받지 못했음을 알 수 있다. 대략 자신의 주장을 관철시키기 위해 남의 말의 꼬투리를 물고 늘어지는 등 고집스런 모습을 보인 게 크게 작용했을 것이다.

천지기장호天地其壯乎를 두고 사마표는 "혜시는 오직 천지만이 자신보다 장대하다고 여겼다"고 해석했다. 그는 또 시존웅이무술施存雄而無術을 두고 "혜시의 뜻이 남을 이기는 데 있었기에 도리를 실천할 방도가 없었다"고 풀이했다. 남방유기인南方有倚人의 기倚를 두고 곽경번은 의기奇와 통하는 글자로 보았다. 기畸로 된 판본도 있다. 황료黃繚에 대해 서정괴徐廷槐는 『남화간초南華簡鈔』에서 『전국책』을 인용해 "위나라 왕이 혜시를 초나라에 사자로 보내자 초나라 사람 중 변론을 잘하는 황료 등이 그와 다퉜다"고 풀이했다. 현존 『전국책』에는 나오지 않는 내용이다.

기도오의其塗隩矣는 길이 협소하다는 뜻이다. 이케다는 장자가 혜시를 평한 말로 보았다. 오隩는 좁고 구불구불하며 치우쳐 있다는 의미를 지니고 있다. 이를 두고 이이는 "혜시의 도가 깊음을 말한 것이다"라며 장자가 혜시를 높이 평가한 것으로 풀이했으나 이어지는 구절이 혜시의 한계를 언급한 것이어서 문맥과 동떨어져 있다. 가나야는 핵심을 찾지 못하고 주변을 맴돌았다는 뜻으로 새겼다.

'유귀도愈貴道, 기의幾矣'의 기幾를 두고 성현영은 근近으로 해석했으나 왕부지는 위태危殆의 의미로 풀이했다. 태탕駘蕩을 성현영은 방탕放蕩으로 새겼다. 궁향이성窮響以聲은 메아리를 멈추게 할 생각으로 소리를 지르는 어리석음을 지적한 것이다. 그림자와 경주를 하는 형여영경주形與影競走도 같은 취지이다.

역자 후기

G1의 내막

『장자』는 「재유」편에서 "천하를 있는 그대로 두거나 풀어준다는 말은 들었어도 천하를 다스린다는 말은 듣지 못했다"고 했다. 인의예지 등 인위적인 덕목에 입각해 천하를 다스리는 유가의 치천하治天下를 통박한 이른바 재천하在天下 및 유천하宥天下 사상이다. 무위에 입각해 천하를 풀어주는 '유천하'는 노자의 도치道治를 언급한 것으로 나름 통치의 이상형을 제시한 것으로 볼 수 있다. 그러나 천하를 그대로 두는 장자의 '재천하'는 오히려 약육강식을 부추겨 나라의 패망은 물론 민족 및 인종의 절멸을 초래할 소지가 크다는 점에서 커다란 문제가 있다.

장자의 주장처럼 '재천하'가 관철될 수만 있다면 천하인 모두 말 그대로 태평성대를 구가할 수 있을 것이다. 문제는 동서고금을 통틀어 그런 적이 전혀 존재한 적이 없다는 점이다. 인류 역사상 최고 수준의 통치사상 및 체제를 이뤘다고 자부하는 G1 미국이 그간 자행한 온갖 종류의 독선적인 무력행사가 이를 뒷받침한다. 이는 현재 미국에 부메랑으로 돌아오고 있다.

미국 주도의 '세계화' 전도사로 활약했던 미국의 칼럼니스트 토머스 프리드먼이 지난 2011년 9월 만델바움 존스홉킨스 대학 석좌교수와 함께 『미국쇠망론』을 펴낸 게 그 증거다. 이들은 이 책에서 위기상황에 처한 미국의 모습을 거침없이 지적하고 있다.

"우리가 다 함께 힘을 모아 중대하고 어려운 문제를 해결했던 시절은 이제 너무나 오래전 일이 되어버렸다."

이 책의 원래 제목은 '우리가 한때 그랬다'이다. 2010년 11월 오바마 대통령이 "중국이 우리보다 더 발달된 철도 시스템을 구축하고 싱가포르가 우리보다 더 훌륭한 공항을 건설했다는 게 이해가 안 된다. 우리가 한때 그랬다"고 언급한 데서 따온 것이다. 이들은 당면 위기에서 탈출할 수 있는 해법으로 더 많은 공교육 제공, 사회기반시설 구축과 지속적인 현대화, 이민자에 대한 문호 개방, 기초 연구 및 개발에 대한 적극 지원 등을 제시했다. '팍스 아메리카나'의 바탕이 되었던 소위 전통적인 '아메리칸 포퓰러'를 재차 정립하자는 게 요지다.

이들은 결론에서 미국이 재발견해야 하는 나라는 바로 미국 자신이라며 지극히 미국 중심적인 낙관론을 펼치고 있으나 문제는 이게 쉽지 않다는 데 있다. 현재 미국은 고교졸업자의 23%가 '2+X=4'일 때 'X'가 무엇이냐는 수준의 육군 모병시험을 통과하지 못할 정도로 교육이 피폐해 있다. 정치경제와 언론계 상황도 심각하다. 이들의 탄식이 이를 반증한다.

"진보진영은 모든 문제를 월스트리트와 대기업의 책임으로 돌리면서 경제적 파이의 평등한 분배만 요구하고, 보수진영은 세금을 감면하기만 하면 파이는 기적적으로 확대될 것이라고 주장한다. 지난 20년 동안 민주당원과 공화당원들은 서로 정치적 동료라기보다는 적대적 부족에 가까워졌다. 상대방을 악마로 묘사하는 게 그렇다. 신생매체는 정치 스펙트럼의 양극단에 있는 사람들을 목표로 삼은 프로그램으로 당파갈등을 더욱 조장하고 있다."

더욱 심각한 것은 정치인과 기업 CEO를 포함한 지도층이 이를 절실한 문제로 인식치 못하고 있는 데 있다. 해법의 실마리가 보이지 않는 것이다. 왜 그런 것일까? 여러 원인을 들 수 있으나 『장자』의 관점에서 보면 미국의 생성배경에서 근본원인을 찾는 게 타당할 것이다.

원래 G1 미국의 등장은 1776년의 독립 이후 21세기 현재에 이르기까지 막강한 무력을 배경으로 한 무차별적인 영토 및 국익 확장의 결과로 해석할 수 있다. 이는 화려하게 포장된 미국식 자유민주주의와 IMF체제 및 글로벌 기업경영 방식 등의 이면에 감춰진 본래 모습이기도 하다. 건국 이후 21세기 현재까지 원주민인 인디언들의 궤멸적인 멸종을 방관하고 있는 사실이 이를 방증한다.

그럼에도 미국은 지금까지 이를 '청교도 프런티어 정신'으로 미화하고 있다. 인디언 입장에서 보면 이는 살육과 착취, 강탈로 점철된 멸망의 역사에 지나지 않는다. 일각에서 미국의 서부개척사를 '인디언 멸망사'로 부르는 이유다. 이를 상징적으로 보여주는 사건이 있다. 바로 인디언 최후의 추장으로 불리는 시애틀의 서신이다. 이는 미국독립 200주년인 1976년에 고문서 비밀해제 조치로 120여 년 만에 공개된 것이다.

인디언과의 전쟁이 막바지로 치닫던 1854년, 14대 대통령 프랭클린 피어스는 지금의 워싱턴 주 일대에 살고 있던 인디언 추장 시애틀에게 땅을 팔 것을 요구했다. 인디언들이 안전하게 살 수 있는 보호지역을 따로 정해주겠다는 추신이 덧붙여져 있었다. 팔지 않아도 결국 빼앗아갈 것임을 잘 알고 있는 시애틀은 곧 피어스에게 답장을 보냈다. 이것이 오늘날 '시애틀 추장의 선언'으로 알려지고 있는 서신이다. 다음은 그 전문이다.

"워싱턴의 대추장인 피어스 대통령이 우리 땅을 사고 싶다는 제안을 해왔다. 그는 우정과 선의의 말도 함께 보내왔다. 우리의 우의를 필요로 하지 않는 만큼 이는 그로서는 친절한 일이다. 하지만 우리는 그 제안을 진지하게 고려해 볼 것이다. 우리가 땅을 팔지 않으면 백인들이 총을 들고 와서 우리 땅을 빼앗을 것임을 우리는 알고 있다. 그러나 저 하늘이나 땅의 온기를 어떻게 사고 팔 수 있는가? 우리로서는 생각할 수 없는 일이다. 공기의 신선함과 반짝이는 물을 우리가 소유하고 있지도 않은데 어떻게 그것을 팔 수 있다는 말인가? 우리에게는 이 땅의 모든 부분이 거룩하다. 빛나는 솔잎, 모래기슭, 어두운 숲속 안개, 밝게 노래하는 온갖 벌레들 모두 우리의 기억과 경험 속에서는 신성한 것들이다. 나무속에 흐르는 수액들은 우리 홍인紅人의 기억을 실어나른다. 백인은 죽어서 별들 사이를 거닐 적에 그들이 태어난 곳을 망각해 버리지만 우리는 죽어서도 이 아름다운 땅을 결코 잊지 못한다. 바로 우리의 어머니이기 때문이다. 우리는 땅의 한부분이고, 땅은 우리의 한 부분이다. 향기로운 꽃은 우리의 자매이다. 사슴, 말, 큰 독수리들은 우리의 형제들이다. 바위산 꼭대기, 풀의 수맥, 조랑말과 인간의 체온 모두 우리와 한 가족이다. 워싱턴의 대추장이 우리 땅을 사고 싶다는 제안을 보내온 것은 곧 우리의 모든 것을 달라는 것과 같다. 그는 우리만 따로 편히 살 수 있도록 한 장소를 마련해 주겠다고 했다. 그렇다면 그는 우리의 아버지가 되고 우리는 그의 자식이 되는 셈이다. 우리들의 땅을 사겠다는 제안을 잘 고려해 보겠지만 우리에게 이 땅은 거룩한 것이기에 그게 쉬운 일이 아니다. 개울과 강을 흐르는 이 반짝이는 물은 그냥 물이 아니라 우리 조상들의 피다. 만일 우리가 이 땅을 팔 경우 이 땅이 거룩한 것이라는 걸 기억해달라. 거룩할 뿐만 아니라 호수의 맑은 물속에 비친 신령스런 모습들 하나하나가 우리의 삶과 기억을 이야기해주고 있음을 그대의 후손에게 가르쳐 달라. 물결의 속삭임은 우리 아버지의 아버지가 내는 목소리이다. 강은 우리의 형제이고, 우리의 갈증을 풀어준다. 카누를 날라주고 자식들을 길러준다. 만약 우리가 땅을 팔게 되면 저 강들이 우리와 그대들의 형제임을 잊지 말고 후손에게 잘 가르쳐 달라. 그리고 이제부터는 형제에게 하듯이 강에게도 친절을 베풀어야 할 것이다."

이 편지는 인간과 자연은 원래 하나라는 인디언의 오랜 믿음을 담은 대서사시에 해당한다. 동서고금을 통틀어 장자가 역설한 '재천하' 사상을 이처럼 선명하게 드러낸 서신은 없다. 칼이 아닌 펜의 힘으로 '워싱턴의 대추장'을 설득코자 한 시애틀의 '재천하' 사상은 나름 평가할 만하다. 그러나 이게 보호구역에서 가축처럼 사육되다 소리 없이 멸족하고 있는 '인디언 멸망사'의 원형이 된 것 또한 부인할 수 없는 사실이다. 실제로 미국의 건국 당시 수천만 명에 달하던 인디언들은 현재 미국 전역에 200만 명 정도밖에 남아 있지 않다. 직업을 가질 경우 정부의 보조를 받을 수 없는 이들 인디언들은 희망도 없이 하릴없이 소일하며 '정크 푸드'로 연명하고 있는 탓에 거의 예외없이 성인병을 앓고 있다. 언제 일거에 멸족할지 알 수조차 없다.

객관적으로 볼 때 이들 인디언들은 미 대륙의 친자식과 손자에 해당한다. 그런데도 '입양아'에 불과한 백인들은 아무 이유 없이 정당하게 영토를 지키고 있는 인디언을 보호구역에 밀어넣은 뒤 이들의 궤멸적인 멸족상황을 수수방관하고 있는 것이다. 주객이 전도된 인류 역사의 최대 모순 중 하나로 꼽을 만하다. 역사가 힘의 논리로 무장한 미국 백인의 손을 들어준 결과로 해석할 수밖에 없다. 백인들은 지금의 워싱턴주 최대 도시에 시애틀의 이름을 붙여주었으나 이는 수

치스런 과거를 호도하기 위한 '강도의 아량'에 지나지 않는다.

주목할 것은 '재천하' 사상을 관철할 경우 바로 '인디언 멸망사'의 전철을 밟을 수밖에 없다는 점이다. 동서고금의 역사를 통틀어 이는 단 한 번의 예외도 없다. 인간과 자연의 조화를 역설한 '시애틀추장의 선언'과 참혹하기 그지없는 '인디언 멸망사'의 역설은 장자의 '재천하' 사상을 현실의 정치세계에 관철하고자 할 경우 어떤 참사가 빚어지는지를 극명하게 보여주는 대표적인 사례에 해당한다.

장자의 '재천하' 사상이 출세간出世間 내지 초속超俗을 꾀하는 개인 차원에 그쳐야 하는 이유가 바로 여기에 있다. 이 경우 '재천하'가 인위적인 덕목을 내세운 유가의 '치천하' 입장과 하등 충돌할 일이 없다. 국가공동체 차원의 치국평천하를 역설하는 유가사상은 세속을 전제로 한 입세간入世間 내지 재속在俗의 사상이다. 서로 다툴 이유도 없고 다퉈서도 안 된다. 내세에 초점을 맞춘 종교와 현세에 뿌리를 두고 있는 통치가 서로 고유영역의 존재를 인정하며 존중하는 입장을 보여야 하는 것과 같다.

치신과 치국평천하

순자는 맹자와 달리 패도를 왕도에 버금가는 치도로 인정하면서 노자의 '무위지치'를 최상의 치도인 제도帝道로 평가했다. 『도덕경』 전체를 관통하는 '치천하' 사상이 유가에서 최고의 이상적인 치도로 간주하는 왕도보다 한 단계 더 위에 있다는 사실을 통찰한 결과다. 노자의 '무위지치'가 유가의 '유위지치'와 대립하는 개념이 아니라 '유위지치'를 전제로 그 이상형을 제시한 개념이라는 사실이 처음으로 확인된 배경이다.

원래 맹자의 '왕도'이념은 치국治國 차원을 넘어 치천하 차원에 적용코자 할 경우 『도덕경』이 지적한 것처럼 엄청난 후유증을 자초할 공산이 크다. 맹자는 인의에 어긋난 제후국의 군주를 일개 필부로 간주해 해당국 신하들에게 즉시 군주를 쫓아내거나 시해할 것을 부추겼다. 사상 최초의 '군주방벌론'은 바로 여기서 나왔다. 『도덕경』이 맹자의 왕도를 질타하며 '무위지치'에 입각한 통치를 펼쳐야 한다고 역설한 이유가 여기에 있다. 순자의 제자인 한비자가 『도덕경』에 대한 최초의 주석을 시도하며 노자의 '무위지치'를 최상의 치도로 칭송한 것과 맥을 같이한다. 이는 맹자의 '왕도'는 물론 장자의 '재천하' 사상 역시 '치천하' 논리로 원용해서는 안 된다는 취지를 담고 있다.

장자의 '재천하'는 노자의 '유천하'에서 한 발 더 나아가 입세간入世間이 아닌 출세간出世間으로 진행한 까닭에 치도가 아닌 불가의 성불成佛 내지 도교의 양생養生 논리로 변환될 소지가 크다. 실제로 장자사상의 역사적 전개는 그런 식으로 이뤄졌다. 이는 노자의 '유천하'가 장자의 '재천하'와 같은 것으로 간주되는 결정적인 빌미로 작용했다. '유천하' 마저 '치천하'와 대립되는 것으로 그려놓은 「재유」편이 그 증거다. 노자와 장자를 한 묶음으로 부르는 노장老莊 운운의 왜곡현상이 빚어진 근본배경이 여기에 있다.

노자는 기본적으로 입세의 입장에서 '유위지치'를 '무위지치'로 끌어올리려고 한 까닭에 치자들의 노력만으로는 결코 '무위지치'를 이룰 수 없다고 보았다. '무위지치'의 선결요건으로 백성들의 소박함과 과욕寡欲을 든 이유다. 장자가 『도덕경』이 그토록 칭송하고 있는 성인까지 질타하며 '무위자연'을 역설하고, 맹자가 군주는 가볍고 백성은 귀하다는 귀민경군貴民輕君을 역설하며 통치자에게 모든 책임을 물은 것과 대비된다.

『도덕경』에서 말하는 성인은 최고의 치도인 '제도'를 세속에 실현시킬 수 있는 이상적인 인격을 갖춘 인물이다. 『도덕경』에는 '성인'이 총 31회 언급되어 있다. 모두 도의 완성자 내지 이상적 인격자로 나온다. 성인에 대한 해석은 노자와 장자의 사상적 갈림길이기도 하다. '무위'를 입세간의 입장에서 국가공동체 차원의 치도로 활용할 것인지, 아니면 출세간의 입장에서 개인득도 차원의 치신술治身術로 활용할 것인지 여부가 관건이다.

노자의 '무위지치'는 무위의 상덕上德을 체득한 성인이 다스리는 치도를 말한다. 『도덕경』이 무위를 위시해 지족知足과 겸하謙下 등의 통치술을 역설한 것은 바로 이 때문이다. 이는 피치자인 일반백성도 체득해야 하는 덕목이기도 하다. 맹자가 위정자에게만 인의의 덕목을 요구한 것과 대비된다.

맹자사상을 상징하는 인의 개념은 묵자가 최초로 언급한 것으로 『논어』에는 단 한 마디로 언급돼 있지 않다. 공자가 말한 인은 오히려 노자의 '지족' 및 '겸하' 개념과 가깝다. 노자의 '유천하'가 후대 도가에 의해 장자의 '재천하'와 동일한 것으로 왜곡된 것처럼 공자의 '치천하' 역시 맹자의 '왕도'에 의해 일대 왜곡이 이뤄졌다.

노자의 '무위지치'는 『도덕경』 제80장의 소국과민小國寡民에 그 취지가 잘 나타나 있다. 곽상 등 역대 주석가를 포함해 이케다 등 21세기의 현대 주석가에 이르기까지 하나같이 '소국과민'을 장자의 '재천하'와 같은 것으로 간주하고 있다. 이를 원시공산사회 내지 무정부주의의 유토피아를 그린 것으로 해석하고 있는 게 그 증거다. 노자와 장자를 하나로 묶는 왜곡이 수천 년에 걸쳐 지속되고 있는 배경이 여기에 있다.

그러나 맹자의 왕도와 달리 노자의 '제도'는 그 대상이 '치천하'이다. 맹자가 천하 내지 '대국'보다 규모가 작은 '소국'에서 왕도를 보다 잘 실현할 수 있다고 주장한 것과 대비된다. '소국과민'은 인의 등의 인위적인 덕목에 기초한 '유위지치' 대신 '무위지치'에 입각해 천하를 다스려야만 국가 간의 충돌을 막을 수 있다는 취지에서 나온 것이다.

실제로 20세기 초에 빚어진 두 차례의 세계대전은 인의와 유사한 민주와 정의, 백인의 의무 등 인위적인 덕목이 절대불변의 진리로 통용된 결과로 볼 수 있다. 역사발전의 주체가 된 '서구 민주사회'와 자력으로는 역사발전의 주체가 될 수 없는 '아시아적 정체', 신과 인간의 관계를 규명하는 과정에서 눈부신 과학문명을 가능케 한 '서구의 기독교'와 나태와 획일적인 봉건전제정치로 반半문명 내지 미개사회를 초래한 '동양의 유교와 불교', 인류의 역사발전을 위해 신성한 소명을 부여받은 '백인의 의무'와 미개사회로부터 탈출하기 위해서는 이를 감수해야 하는 '유색인종의 숙명' 등의 대립 개념이 바로 그 증거다.

21세기에도 유사한 잣대가 적용되고 있다. 미국의 부시 정권이 전 세계의 모든 국가를 '악의 축' 운운하며 선악의 대결구도로 몰아간 게 그렇다. 아편전쟁을 전후해 근 200년 동안 이런 터무니없는 '유위지치'의 잣대가 진리인 양 통용되어 온 결과다. {도덕경}이 치천하 차원의 '무위지치'를 역설하며 '소국과민'을 역설한 배경이 바로 여기에 있다.

그럼에도 많은 사람들이 이를 제대로 간파하지 못하고 있다. 노자가 원시공산사회와 같은 소규모 촌락 단위의 작은 나라를 이상국으로 상정한 뒤 '무치'의 상태로 방임할 것을 주장했다는 식으로 풀이한 게 그 증거다. 이는 '재천하'를 역설한 장자에게만 타당한 것으로 결코 '유천하'를 언급한 노자의 입장이 아니다.

'소국과민'의 가장 큰 특징은 치자와 피치자를 구분하지 않고 모두 '무위지치'에 동참할 것을 주문한데 있다. 이게 '유천하'의 기본입장이기도 하다. 이는 동양과 서양 모두 각기 서로 다른 배경을 지니고 있는 만큼 상호 보완적이며 자족적인 역사문화 체계로 인정할 것을 주문한 것이나 다름없다. 『도덕경』이 '무위지치'를 성사시키기 위한 다양한 방안을 제시한 것도 이런 맥락에서 접근할 필요가 있다.

대표적인 예가 『도덕경』 제3장에 나오는 무지무욕無知無欲 개념이다. 노자는 치자와 피치자를 막론하고 무절제한 욕망을 억제하는 게 선결돼야 한다고 보았다. '무지무욕'은 상대적으로 치자인 위정자보다 피치자인 백성들에게 무게를 두고 있다. 백성들이 '무지무욕'의 소박함을 되찾아야만 '무위지치'를 이룰 수 있다는 게 그의 기본입장이다. 이는 백성들을 결코 폐쇄적인 틀 안에 가두라고 권한 게 아니다. 위정자는 백성들이 늘 소박함을 잃지 않도록 주의해야 한다고 언급한 것이다.

그럼에도 대다수 주석가들은 노자가 마치 우민愚民정책을 지지한 것처럼 풀이해 놓았다. 이는 우직하기 짝이 없는 곰이 오히려 성불에 가까울 수 있다는 식의 불가의 만유불성萬有佛性 논리를 적용한 것이나 다름없다. 노자는 결코 장자처럼 '우민'이 모여 사는 원시공산사회를 이상향으로 제시한 적이 없다. 노자가 생각한 최소 단위의 공동체는 '사회'가 아닌 '국가'이다. 장자가 성인을 질타하며 '재천하'를 역설한 것은 국가의 해체를 전제로 한 것이다. 이는 노자의 입장과 배치된다. 장자와 노자의 사상이 '성인' 대목에서 극명하게 갈리는 배경이 바로 여기에 있다. 이를 뒷받침하는 대목이 『도덕경』 제32장에 나온다.

"병기는 상서롭지 못한 기물로 결코 군자가 사용할 기물이 아니다. 그러나 부득이한 경우는 용병할 수밖에 없다. 이때는 담백한 마음을 가져야 한다. 싸움에 이겨도 이를 좋게 여겨서는 안 된다. 이를 좋게 여기는 자는 살인을 즐기는 자이다. 무릇 살인을 즐기는 자는 천하에 그 뜻을 펼 길이 없다."

노자는 기본적으로 무력사용을 반대한다. '유천하'에 입각한 천하 만민의 안녕을 염두에 두었기 때문이다. 그는 백성들이 아무 까닭 없이 전쟁에 동원돼 무고하게 희생되는 것을 통절하게 생각했다. 그럼에도 그는 부득이한 경우의 무력사용은 용인했다. 이는 자위를 위한 전쟁을 말한다. 자위전은 침략을 위한 공격전과 달리 자위의 목적이 달성되면 즉시 전쟁을 끝내야 한다.

이를 통해 노자가 최소단위인 국가공동체의 '유위지치'를 전제로 치천하 차원의 '무위지치'를 추구했음을 알 수 있다. 맹자가 입만 열면 '천하' 운운하면서 '대국'이 아닌 '소국'을 왕도의 이상적인 실현 무대로 상정한 것과 대비된다. 『도덕경』이 역설하는 '소국과민'의 기본취지가 여기에 있다. 그럼에도 후기 도가는 물론 21세기 현재에 이르기까지 역대 주석가들 모두 노자의 이런 취지를 제대로 이해하지 못하고 있다. 노자의 입세간 논리를 장자의 출세간 논리에 뒤섞어 버린 게 그 증거다.

동서고금을 막론하고 개인과 사회공동체 및 국가공동체의 덕목은 나름 유기적으로 결합되어 있지만 때에 따라서는 격렬히 충돌할 수밖에 없다. 유가 내에서 최고의 논쟁거리로 존재한 국가공동체의 덕목인 충忠과 가족공동체의 덕목인 효孝의 충돌이 그것이다. 유가의 덕목이 장자 및 불가의 덕목과 충돌하는 경우도 있다. 충효와 초속超俗

의 충돌이 그것이다. 장자가 역설한 '초속'은 속세의 모든 인연을 초월하는 것이다. 이를 극단화할 경우 가족공동체를 위시해 사회공동체와 국가공동체 모두 궤멸될 수밖에 없다. 양자의 절충이 필요한 이유이다.

이는 그리 어려운 일이 아니다. 비유클리드 기하학과 유클리드 기하학이 공존하고, 뉴턴의 만유인력 법칙과 아인슈타인의 상대성 이론이 아무 갈등 없이 공존하는 경우를 상기하면 된다. 장자와 불가의 '초속'은 비유클리드 기하학 내지 아인슈타인의 상대성 이론의 영역이다. 인간 개개인은 가족공동체에 앞서 절대자아의 존엄한 존재인 만큼 개인적인 '초속'을 막을 수도 없고 굳이 막을 필요도 없다. 그럼에도 인간 개개인은 국가공동체의 일원으로 존재하는 까닭에 유클리드 기하학과 뉴턴의 만유인력 법칙이 작동하는 세속의 가치와 질서를 수용해야만 한다. 절대자아의 당사자인 동시에 공동체의 일원으로서의 삶을 살아갈 수밖에 없기 때문이다.

장자사상의 세례를 받은 선종의 극성했던 중국의 남북조와 수당 및 오대시대 당시 소위 '삼무일종三武一宗'의 불교 탄압운동이 전개된 것도 이런 맥락에서 이해할 수 있다. '3무'는 북위 태무제 탁발도拓跋燾, 북주 무제 우문옹宇文邕, 당무종 이전李瀍을 말한다. '1종'은 후주의 세종 시영柴榮을 말한다. 당무종이 발표한 조서를 보면 당시 왜 소위 멸불滅佛의 목소리가 높게 일었는지를 대략 짐작할 수 있다. 골자는 대략 다음과 같다.

"짐은 일찍이 삼대三代 이전에는 부처를 얘기한 적이 없다고 들었다. 한위漢魏 이후 불교가 들어와 점차 크게 일어나면서 사람들을 크게 현혹해 마침내 전래의 국풍國風을 크게 해치는 지경에 이르게 되었다. 장안과 낙양을 비롯해 천하 각지에 무수한 사찰이 들어서면서

승도들이 날로 늘어나고 있다. 막대한 공사로 민력을 피폐케 하고 금은보화의 장식으로 백성의 이익을 크게 해치고 있으니 그 폐해는 전례가 없다. 일부一夫가 밭을 갈지 않으면 굶는 자가 나오고, 일부一婦가 양잠을 하지 않으면 추위에 떠는 자가 나오기 마련이다. 지금 수도 셀 수 없을 정도로 많은 승니僧尼 모두 아무 일도 하지 않은 채 이들이 만드는 곡식과 옷으로 생활하고 있다. 사찰의 장식은 그 도를 넘어 궁궐을 방불케 한다. 남조의 역대 왕조가 이내 쇠망한 것은 바로 이 때문이다. 우리 당나라는 고조와 태종 이래 무武로 화란을 제압하고, 문文으로 천하를 다스렸다. '문'과 '무' 두 가지로 족히 천하를 다스릴 수 있는데 어찌 구구하게 서방의 불교를 들여와 천하를 어지럽게 만들 필요가 있겠는가? 비록 정관과 개원 연간에 이에 대한 단속이 있기는 했으나 철저하지 못한 탓에 이 지경에 이르게 됐다. 짐은 전에 있던 일을 두루 살피고 널리 의견을 구한 결과 반드시 그 폐해를 혁파하지 않으면 안 된다는 결론에 이르렀다. 짐의 결단은 추호도 의심할 바가 없다. 중외의 모든 신료들은 짐의 지극한 뜻을 도와 반드시 이를 실행토록 하라. 이는 천고에 걸친 해독의 근원을 징계하고, 역대 제왕의 전법典法을 이루는 길이다. 동시에 백성을 구하고 이롭게 하는 길이기도 하다. 짐이 어찌 이를 소홀히 할 수 있겠는가!"

조령이 선포되자 전국에 걸쳐 사찰 4천6백여 곳이 철거되고, 승니 26만여 명이 환속됐다. 사찰에 딸려 있던 노복 15만여 명 역시 민호民戶로 충당됐다. 사찰에 속해 있던 전답 모두 공전에 편입됐다. 원래 당무종의 '멸불' 행보는 조서의 내용처럼 그리 고상한 동기에서 나온 것은 아니었다. 당무종에게 연단을 만들어 바치는 도사 조귀진趙歸眞 등이 '멸불'을 적극 부추긴 게 결정적이었다. 당무종은 조귀진의 가르침을 좇아 매일 궁 안에 있는 높이 50척의 등선대登仙臺에 오르며 일거에 신선이 되고자 했다. 그러나 그런 일은 일어나지 않았다. 조귀진이 이같이 변명했다.

"지금 나라에는 도교와 석교가 섞여 있어 검은 기운이 하늘을 덮고 있습니다. 이것이 바로 성상이 신선이 되는 것을 방해하고 있는 원흉입니다."

당무종은 신선이 되고자 하는 마음이 간절했던 까닭에 곧바로 '멸불'의 조명을 발포했다. 역대 왕조에서 어떤 종교가 흥성한 것은 반드시 황실을 보호하는 역할을 수행했기에 가능했다. 종교가 황제 위에 설 수는 없는 일이다. '멸불'은 역으로 무수한 도관道觀의 설립을 낳았다. 이로 인한 낭비는 엄청났다. 훗날 왕부지는 『독통감론』에서 이같이 탄식했다.

"천 년에 걸친 적폐를 어찌 단 한 번의 조치로 일거에 깨끗이 제거할 수 있겠는가!"

당시 불교 신자는 매우 광범위했다. 많은 사대부들이 불교에 우호적이었을 뿐만 아니라, 태감들 대부분이 독실한 불교신자였다. 여기에는 불교의 핵심교리인 연기설緣起說이 결정적으로 작용했다. 내세에는 정상적인 남자로 태어나 복록을 누리고자 하는 태감들의 소망이 '연기설'과 맞아떨어진 결과다. 내세의 교리가 존재하지 않은 도교는 이들 태감의 소망을 반영할 길이 없었다. 대신 장자사상에 뿌리를 둔 타락한 형태의 도교는 양생養生에 관심이 많은 황제의 소망과 절묘하게 맞아떨어졌다. 당나라 황실에 장생불사의 단약이 끊임없이 나돈 이유다. 그러나 도교의 교리에 따르면 태감은 신선이 될지라도 계속 태감으로 남아 있어야만 했다. 태감들이 도교를 좋아할 리 없다. 당무종의 '멸불' 행보를 황제와 태감 사이에 빚어진 궁중암투의 일환으로 평하는 이유다.

개인 차원에서 볼 때 불가의 성불成佛과 도가의 득도得道 논리는 나름 수긍할 만하다. 그러나 초월적인 성불과 득도를 세속의 인간에게 강요해서는 안 된다. 이는 비유클리드 기하학과 아인슈타인의 상대성 원리가 진리에 훨씬 가깝다는 이유로 이를 강요하며 유클리드 기하학과 뉴턴의 만유인력 법칙을 폐기하라고 주문하는 것이나 다름없다.

아무리 장자의 만물제동 논리에 심취할지라도 유가의 인위적인 덕목을 타기해서는 안 되는 이유가 여기에 있다. '인디언 멸망사'가 그 생생한 증거다. 당무종의 불교탄압도 같은 맥락에서 이해할 수 있다. 이들 사례 모두 개인 차원의 뛰어난 덕목이 국가공동체 차원에서는 오히려 일대 재앙이 될 수 있다는 사실을 극명하게 보여주고 있다. 장자의 '재천하' 사상을 나름 높이 평가하면서도 결코 치국평천하 논리로 확장해서는 안 된다는 주장이 나오는 것도 바로 이 때문이다.

부록_1

왕안석의 장주론

上篇

世之論莊子者不一, 而學儒者曰, "『莊子』之書務詆孔子, 以信其邪說, 要焚其書, 廢其徒而後可, 其曲直固不足論也." 學儒者之言如此, 而好莊子之道者曰, "莊子之德不以萬物干其慮, 而能信其道者也. 彼非不知仁義也, 以爲仁義小而不足行已. 彼非不知禮樂也, 以爲禮樂薄而不足化天下. 故『老子』曰, '道失後德, 德失後仁, 仁失後義, 義失後禮.' 是知莊子非不達於仁義禮樂之意也, 彼以爲仁義禮樂者道之末也, 故薄之云耳." 夫儒者之言善也, 然未嘗求莊子之意也. 好莊子之言者固知讀『莊子』之書也, 然亦未嘗求莊子之意也. 昔先王之澤, 至莊子時竭矣. 天下之俗, 譎詐大作, 質朴幷散. 雖世之學士大夫, 未有知貴己賤物之道者也. 於是棄絶乎禮義之緖, 奪攘乎利害之際, 趨利而不以爲辱, 隕身而不以爲怨, 漸漬陷溺以至乎不可救已. 莊子病之, 思其說以矯天下之弊, 而歸之於正也. 其心過慮, 以爲仁義禮樂皆不足以正之. 故同是非, 齊彼我, 一利害, 則以足乎心爲得, 此其所矯天下之弊者也. 旣以其說矯弊矣, 又懼來世之遂實吾說, 而不見天地之純古人之大體也. 於是又傷其心於卒篇以自解. 故其篇曰, "『詩』以道志,『書』以道事,『禮』以道行,『樂』以道和,『易』以道陰陽,『春秋』以道名分." 由此而觀之, 莊子豈不知聖人者哉. 又曰, "譬如耳目鼻口, 皆有所明, 不能相通. 猶百家衆技, 皆有所長, 時有所用." 用是明聖人之道, 其全在彼而不在此, 而亦自列其書於宋鈃·愼到·墨翟·老聃之徒, 俱爲不該不徧一曲之士. 蓋欲明吾之言有爲而作, 非大道之全云耳. 然則莊子豈非有意於天下之弊, 而存聖人之道乎. 伯夷之淸, 柳下惠之和, 皆有矯於天下者也. 莊子用其心, 亦二聖人之徒矣. 然而莊子之言不得不爲邪說比者, 蓋其矯之過矣. 夫矯枉者欲其直也, 矯之過則歸於枉矣. 莊子亦曰, "墨子之心則是也, 墨子之行則非也." 推莊子之心以求其行, 則獨何異於墨子哉. 後之讀『莊子』者善其爲書之心, 非其爲書之說, 則可謂善讀矣. 此亦莊子之所願於後世之讀其書者也. 今之讀者, 挾莊以讀吾儒曰, "莊子之道大哉, 非儒之所能及之也." 不知求其意而以異於儒者爲貴, 悲夫.

상편

세상에서 장자를 논하는 자들은 제법 많다. 유학을 배우는 자들은 이같이 말한다.

"『장자』라는 책은 공자를 헐뜯기에만 애쓰고 삿된 설을 신봉한다. 그 책을 불태우고 그 무리들을 없애야 옳다. 옳고 그름은 아예 논할 가치조차 없다."

유학을 배우는 자들의 말이 이러하다. 그러나 장자의 도를 좋아하는 자들은 이같이 말한다.

"장자의 덕은 세상의 그 어떠한 것으로도 그 사고의 깊이를 범할 수 없으니 능히 그 도를 믿을 만하다. 장자는 인의를 알지 못하는 게 아니라 단지 인의가 너무 작아 족히 자신이 행할 만한 게 못 된다고 여긴 것이고, 예악을 알지 못하는 게 아니라 예악이 너무 얇아 족히 천하를 교화시킬 만한 게 못된다고 여긴 것이다. 『도덕경』도 이르기를, '도를 잃자 덕이 생기고, 덕을 잃자 인이 생기고, 인을 잃자 의가 생기고, 의를 잃자 예가 생겼다' 고 했다. 이로써 장자가 인의예악의 의미에 통달하지 못한 게 아님을 알 수 있다. 그는 단지 인의예악은 도의 말단에 불과하다고 생각했을 뿐이다. 그가 인의예악을 가볍다고 말한 이유가 여기에 있다."

저 유자들은 말은 좋지만 아직 장자의 진정한 뜻을 제대로 천착한 적이 없다. 장자의 말을 좋아하는 자들 역시 실로 『장자』라는 책만 읽을 줄 알았지 일찍이 장자의 뜻을 구한 적이 없다. 옛날 선왕이 베푼 은택은 장자의 시대에 이르러 모두 사라져 버리고 말았다. 천하의 풍속 또한 아첨과 속임수가 크게 일어나면서 질박함이 모두 사라져 버리고 말았다. 비록 도를 공부하는 세상의 선비와 사대부일지라도 자신을 귀히 여기고 외물을 가볍게 여기는 도를 아는 자가 없다. 이에 예의의 실마리마저 끊어버리고, 이해의 사이에서 서로 빼앗으며 다투고, 이익을 쫓는 것을 욕된 일로 여기지 않고, 자신을 망치는 일인데도 원망으로 여기지 않는다. 결국 점차 이에 스며들고 빠져들어 마침내 자신을 구제할 수 없는 지경에 이르게 됐다.

이를 큰 병폐로 여긴 장자는 자신의 학설을 창안해 천하의 병폐를 바로잡아 올바른 쪽으로 돌려놓고자 했다. 다만 그는 그런 마음이 너무 강한 나머지 지나친 바가 있었다. 인의예악으로는 천하를 모두 바로잡는 데 부족하다고 생각한 게 그것이다. 그는 시비를 동일시하고, 남과 나를 똑같이 여기고, 이해를 한가지로 하여 마음에 흡족한 것을 옳다고 여겼다. 이것이 바로 그가 천하의 병폐를 바로잡고자 한 배경이다.

그는 자신의 설이 천하의 병폐를 바로잡을지라도 후대인이 자신의 설을 실제에 부합한다고 여기기만 하고 천지의 순수함과 고인들이 말한 대체를 보지 못하지는 않을까 우려했다. 책을 저술하며 고심한 내용과 이치를 스스로 풀어놓은 이유다. 그래서 그 책에 이르기를, "『시』는 생각을 말하기 위한 것이고, 『서』는 사적을 말하기 위한 것이고, 『예』는 행실을 말하기 위한 것이고, 『악』은 조화를 말하기 위한 것이고, 『역』은 음양을 말하기 위한 것이고, 『춘추』는 명분을 말하기 위한 것이다"라고 한 것이다. 이로써 보건대 장자가 어찌 성인을 모르는 자이겠는가?

또한 그 책에 이르기를, "예컨대 이목구비는 각각 능통한 바가 있으나 서로 능히 통하지 않는 것처럼 제자백가의 학설 역시 각기 능통하기는 하나 때때로 쓰이는 바가 있을 뿐이다"라고 했다. 성인의 도는 모두 저 성인에게 있을 뿐이고 자신의 책에 있지 않음을 밝힌 것이다. 그는 스스로 자신의 책을 송견, 신도, 묵적, 노담 등의 무리들 속에 포함시켰으니, 이들 모두 보편적이지 못하고 한쪽에 치우친 일곡지사一曲之士들일 뿐이다. 대략 그는 자신의 설은 어떤 연유가 있어 지은 것이지 대도의 전체는 아님을 밝히고자 한 듯하다. 그러니 그가 어찌 천하의 병폐를 바로잡으려는 뜻으로 성인의 도덕을 지니려 했던 자가 아니겠는가? 백이의 맑은 자세와 유하혜의 화목한 태도는 모두 천하를 바로잡으려는 것이었다. 그 또한 마음 씀씀이를 보면 두 성인의 무리 중 하나였을 것이다. 그럼에도 그의 설이 부득불 삿된 설에 비견된 것은 아마도 그 바로잡으려는 취지가 지나쳤기 때문인 듯하다.

무릇 굽은 것을 바로잡으려는 것은 곧게 펴려고 취지이지만 바로잡는 게 지나치면 도리어 다시 굽어지기 마련이다. 그는 말하기를, "묵자의 마음 씀씀이는 옳지만 그 행동은 옳지 못하다"고 했다. 마음

씀씀이를 토대로 그의 행동을 살펴볼진대 어찌 그만이 묵자와 다를 리 있겠는가? 『장자』를 읽는 후대인들이 책을 저술한 그의 마음을 선하게 여기면서 책에 담긴 설을 그르게 여길 수만 있다면 가히 독서를 잘했다고 할 수 있다. 이 또한 장자가 자신의 책을 읽는 후대인들에게 바라는 바였을 것이다. 오늘날의 독자들은 장자를 들먹이며 우리 유자들을 헐뜯어 말하기를, "장자의 도는 위대하다. 너희 유자들이 능히 미칠 수 있는 경지가 아니다!"라고 한다. 이는 장자의 기본취지를 찾지 않고 단지 유자와 다른 것만 귀히 여긴 결과이다. 참으로 애석한 일이다.

下篇

學者詆周非堯 · 舜 · 孔子, 余觀其書特有所寓而言耳. 孟子曰, "說『詩』者不以文害辭, 不以辭害意. 以意逆志, 是爲得之." 讀其文而不以意原之, 此爲周者之所以訟也. 周曰, "上必無爲而用天下, 下必有爲而爲天下用." 又自以爲處昏上亂相之間, 故窮而無所見其材. 孰爲周之言皆不可措乎君臣父子之間, 而遭世遇主終不可使有爲也. 及其引太廟犧以辭楚之聘使, 彼蓋危言以懼衰世之常人耳. 夫以周之才, 豈迷出處之方而專畏犧者哉. 蓋孔子所謂隱居放言者, 周殆其人也. 然周之說, 其於道卽反之, 宜其得罪於聖人之徒也. 夫中人之所及者, 聖人詳說而謹行之. 說之不詳, 行之不謹, 則天下弊. 中人之所不及者, 聖人藏乎其心而言之略. 不略而詳, 則天下惑. 且夫諄諄而後喩, 嘵嘵而後服者, 豈所謂可以語上者哉. 惜乎周之能言而不通乎此也.

하편

유학자들은 장자가 요순과 공자를 비난한 점을 꾸짖는다. 그러나 내가 보건대 그의 책은 단지 우언 형식으로 그랬을 뿐이다. 맹자가 말하기를, "『시』를 말하는 자는 한 글자로 자구를 비판하지 말고, 자구로 작자의 본뜻을 비판하지 말아야 한다. 작자의 본뜻을 가지고 그 말하고자 하는 취지를 읽어야 한다. 그래야만 시가 말하고자 하는 바를 제대로 이해할 수 있다"고 했다. 장자의 글을 읽으면서 그 본뜻을 가지고 그 근원을 파고들지 못한 탓에 그의 무리들이 비난을 받는 것이다.

장자는 말하기를, "윗사람은 반드시 무위하여 천하 사람을 쓰고, 아랫사람은 반드시 유위하여 천하의 쓰이는 바가 된다"고 했다. 그는 스스로 혼미한 군주와 어지러운 군신들 사이에 끼어 있다고 여긴 탓에 끝까지 자신의 재능을 드러내지 않은 것이다. 누가 그의 말을 두고 군신 및 부자지간에 적용할 수 없는 탓에 올바른 세상과 올바른 군주를 만날지라도 끝내 써먹을 수 없다고 말할 수 있겠는가? 그는 태묘의 희생양 우화를 끌어다가 자신을 등용하려는 초나라 왕의 초청을 사양했다. 기탄없이 과감히 말함으로써 도가 쇠미해진 세상에 사는 사람들을 놀라게 하려 한 듯하다. 그가 어찌 벼슬에 나아가고 물러나는 방도를 몰라 희생양이 되는 것만을 겁내 그리했겠는가? 대략 공자가 언급한 '은거하며 말을 기탄없이 하는 자'는 거의 장자와 같은 자일 것이다.

그럼에도 그의 설은 성인의 도에 반한 까닭에 의당 성인을 따르는 자들에게는 죄를 지은 것이나 다름없다. 무릇 중간 정도의 사람들이 능히 행할 수 있는 것은 성인이 상세히 말하고 삼가 행했다. 말을 상세히 하지 않고 행동을 삼가지 않으면 천하가 병폐를 낳을 것을 알았기 때문이다. 또한 중간 정도의 사람들이 능히 행할 수 없는 것은 성인이 자신의 마음속에만 담아두고 간략히 말했다. 말을 간략히 하지 않고 상세히 하면 천하가 미혹될 것을 알았기 때문이다. 타일러야 깨닫고 목소리를 높여야 따른다면 이 어찌 중간 이상의 사람들에게 행할 수 있는 고상한 설득방법이라 하겠는가? 장자가 말을 잘했음에도 이 점을 모른 것이 참으로 애석하다.

부록_2

장자연표

B.C.	나이	사건
369년		장자가 송나라 몽蒙 땅에서 태어나다.
365년	5세	위나라가 송나라를 치다.
362년	8세	장자가 책을 읽기 시작하다.
361년	9세	위혜왕이 안읍安邑에서 대량大梁으로 도성을 옮기다.
353년	19세	장자가 장상공자長桑公子의 스승이 되다.
340년	0세	혜시가 위나라 재상이 되다. 장자가 칠원漆園의 관원이 되다.
337년	33세	위예왕이 현자들을 초빙하자 맹자는 응했으나 장자는 가지 않다.
335년	35세	초위왕이 사자를 보내 재상으로 초빙했으나 장자가 사양하다.
333년	37세	송왕 언偃이 왕을 칭하다. 장자가 사직서를 내다.
323년	47세	송왕 언이 제와 초 및 위를 치고 영토를 넓히다. 칠원을 다시 수복하다.
319년	51세	장자가 은신하다. 맹자가 위나라를 떠나 제나라로 가다
317년	53세	친구 조상이 수레 1백대를 몰고 장자를 찾아와 자랑하자 크게 꾸짖다.
299년	71세	진나라가 초나라를 치다. 굴원이 투신하다. 장자가 「인간세」편을 쓰다.
298년	72세	공손룡이 공자의 현손인 공천과 '견백' 논쟁을 벌이다.
286년	84세	송왕 언이 패사하고 송나라가 멸망하다. 장자가 세상을 떠나다.

참고문헌

1. 기본서

『논어』, 『맹자』, 『관자』, 『순자』, 『한비자』, 『윤문자』, 『노자』, 『장자』, 『열자』, 『관윤자』, 『문자』, 『포박자』, 『묵자』, 『양자』, 『상군서』, 『안자춘추』, 『춘추좌전』, 『춘추공양전』, 『춘추곡량전』, 『여씨춘추』, 『회남자』, 『춘추번로』, 『오월춘추』, 『신어』, 『세설신어』, 『잠부론』, 『염철론』, 『국어』, 『설원』, 『전국책』, 『논형』, 『공자가어』, 『정관정요』, 『자치통감』, 『독통감론』, 『일지록』, 『명이대방록』, 『근사록』, 『송명신언행록』, 『설문해자』, 『사기』, 『한서』, 『후한서』, 『삼국지』.

2. 저서 및 논문

1) 한국

가나야 사다무 외, 『중국사상사』(조성을 역, 이론과 실천, 1988).
가리노 나오끼, 『중국철학사』(오이환 역, 을유문화사, 1995).
감산, 『감산의 장자풀이』(오진탁 역, 서광사, 1990).
강신주, 『장자, 차이를 횡단하는 즐거운 모험』(그린비, 2007).
고성중 편, 『도가의 명언』(한국문화사, 2000).
곽말약, 『중국고대사상사』(조성을 역, 도서출판 까치, 1991).
기세춘, 『장자』(바이북스, 2007).
김덕삼, 『중국도가사 서설』(경인문화사, 2004).
김승혜, 『원시유교』(민음사, 1990).

김창환, 『장자』(현암사, 2003).
김충열, 『노장철학 강의』(예문서원, 1995).
김학주, 『장자』(연암서가, 2010).
김항배, 『장자철학정해』(불광출판사, 1992).
나카지마 다카히로, 『장자, 닭이 되어 때를 알려라』(조영렬, 글항아리, 2010).
니담, 『중국의 과학과 문명』(이석호 역, 을유문화사, 1988).
동광벽, 『도가를 찾아가는 과학자들』(이석명 역, 예문서원, 1994).
로버트 앨리슨, 『장자, 영혼을 위한 철학』(김경희 역, 그린비, 2004).
마쓰시마 다까히로 외, 『동아시아사상사』(조성을 역, 한울아카데미, 1991).
모리모토 준이치로, 『동양정치사상사 연구』(김수길 역, 동녘, 1985).
모리야 히로시, 『중국고전의 인간학』(이찬도 역, 을지서적, 1991).
모리하시 데쓰지, 『장자이야기』(조성진 역, 사회평론, 2005).
미조구치 유조, 『중국 사상문화 사전』(김석근 외 역, 책과 함께, 2011).
북경대중국철학사연구실 편, 『중국철학사』(박원재 역, 자작아카데미, 1994).
서복관, 『중국예술정신』(이건환 역, 이화문화사, 2001).
서울대동양사학연구실 편, 『강좌 중국사』1-7 (지식산업사, 1989).
소공권, 『중국정치사상사』(최 명 역, 서울대출판부, 2004).
송영배, 『제자백가의 사상』(현암사, 1994).
슈월츠, 『중국고대사상의 세계』(나성 역, 살림출판사, 1996).
신동준, 『노자론』(인간사랑, 2007).
_____, 『열자론』(인간사랑, 2009).
아카츠카 타다시, 『장자』(박일봉 역, 육문사, 2000).
안동림, 『장자』(현암사, 1993).
안병주 외, 『역주 장자』(전통문화연구회, 2008).
안희진, 『장자, 21세기와 소통하다』(시그마북스, 2009).
오강남, 『도덕경』(현암사, 2002).
오오하마 아끼라, 『노자의 철학』(임헌규 역, 인간사랑, 1993).
요감명, 『노자강의』(손성하 역, 김영사, 2010).
유소감, 『장자철학』(최진석 역, 소나무, 1990).
윤석철, 『삶의 정도』(위즈덤하우스, 2011).
윤재근, 『학의 다리가 길다고 자르지 마라』(둥지, 1990).

이강수, 『노자와 장자, 무위와 소요의 철학』(길, 1997).
이성규 외, 『동아사상의 왕권』(한울아카데미, 1993).
이택후 외, 『중국미학사』(권덕주 역, 대한교과서 주식회사, 1992).
장 석, 『그윽한 공명』(심규호 역, 친구, 1991).
전 목, 『중국사의 새로운 이해』(권중달 역, 집문당, 1990).
전해종 외, 『중국의 천하사상』(민음사, 1988).
진고응, 『노장신론』(최진석 역, 소나무, 1997).
질 들뢰즈 외, 『천 개의 고원』(김재인 역, 새물결, 2001).
최 명, 『춘추전국의 정치사상』(박영사, 2004).
풍우란, 『중국철학사』(정인재 역, 형설출판사, 1995).
한국도교문화학회, 『도교와 생명사상』(국학자료원, 1998).
한국동양철학회 편, 『동양철학의 본체론과 인성론』(연세대출판부, 1990).
한무희 외 편, 『선진제자문선』(성신여대출판부, 1991).
호 적, 『중국고대철학사』(송긍섭 역, 대한교과서주식회사, 1983).
황병국 편저, 『장자와 선사상』(문조사, 1988).
황원구, 『중국사상의 원류』(연세대출판부, 1988).
후쿠나가 미쓰지, 『장자, 고대중국의 실존주의』(이동철 외 역, 청계, 1999).

2) 중국

高 明, 『帛書老子校注』(中華書局, 1996).
高 亨, 『老子正詁』(中華書店, 1988).
高懷民, 「中國先秦道德哲學之發展」『華岡文科學報』 14(1982).
顧頡剛 外, 『古史辨』1926-1941(上海古籍出版社).
郭 沂, 『郭店竹簡與先秦學術思想』(上海教育出版社, 2001).
郭末若, 『十批判書』(古楓出版社, 1986).
關 鋒, 『莊子內篇譯解和批判』(中華書局, 1961).
金德建, 『先秦諸子雜考』(中州書畵社, 1982).
譚宇權, 『老子哲學評論』(文津出版社, 1992).
戴 維, 『帛書老子校釋』(岳麓書社, 1998).
童書業, 『先秦七子思想研究』(齊魯書社, 1982).

樓宇烈,『王弼集校釋』(中華書局, 1999).
牟宗三,『中國哲學的特質』(臺灣學生書局, 1980).
方立天,『中國古代哲學問題發展史(上,下)』(中華書局, 1990).
傅樂成,「漢法與漢儒」『食貨月刊』復刊 5-10(1976).
徐復觀,『中國思想史論集』(臺中印刷社, 1951).
蕭公權,『中國政治思想史』(臺北聯經出版事業公司, 1980).
蘇誠鑑,「漢武帝"獨尊儒術"考實」『中國哲學史研究』1(1985).
孫 謙,「儒法法理學異同論」『人文雜誌』6(1989).
楊 寬,「戰國史」(上海人民出版社, 1973).
梁啓超,『先秦政治思想史』(商務印書館, 1926).
楊伯峻,『列子集釋』(中華書局, 1979).
楊榮國 編,『中國古代思想史』(三聯書店, 1954).
楊柳橋,『莊子譯詁』(上海古籍出版社, 1991).
楊幼炯,『中國政治思想史』(商務印書館, 1937).
楊鴻烈,『中國法律思想史』上,下(商務印書館, 1937).
嚴北溟,『列子譯注』(上海古籍出版社, 1989).
余培林,『老子讀本』(三民書局, 1985).
呂思勉,『秦學術概論』(中國大百科全書, 1985).
吳 光,『黃老之學通論』(浙江人民出版社, 1985).
吳辰佰,『皇權與紳權』(儲安平, 1997).
王 明,『道家和道敎思想硏究』(中國社會科學出版社, 1990).
王强模,『列子全釋』(貴州人民出版社, 1990).
王德有,『老子演義』(齊魯書社, 1990).
王文亮,『中國聖人論』(中國社會科學院出版社, 1993).
王叔岷,『莊子校釋』(中華書局, 2007).
饒宗頤,『老子想爾注校證』(上海古籍出版社, 1991).
熊十力,『新唯識論：原儒』(山東友誼書社, 1989).
劉文典,『莊子補正』(安徽大出版社, 1999).
劉澤華,『先秦政治思想史』(南開大學出版社, 1984).
游喚民,『先秦民本思想』(湖南師範大學出版社, 1991).
尹振環,『帛書老子釋析』(貴州人民出版社, 1998).

李宗吾,『厚黑學』(求實出版社, 1990).
李澤厚,『中國古代思想史論』(人民出版社, 1985).
人民出版社編輯部 編,『論法家和儒法鬪爭』(人民出版社, 1974).
任繼愈 譯著,『老子新譯』(中華書局, 1987).
林聿時 · 關 峰,『春秋哲學史論集』(人民出版社, 1963).
張　湛,「列子注」『諸子集成』(中華書局, 1986).
張　石,『莊子與現代主義 : 古今文化比較』(河北人民出版社,1989).
張君勱,『中國專制君主政制之評議』(弘文館出版社, 1984).
張岱年,『中國倫理思想硏究』(上海人民出版社, 1989).
張松如,『老子校讀』(吉林人民出版社, 1981).
錢　穆,『先秦諸子繫年』(中華書局, 1985).
曹礎基,『莊子淺注』(北京中華書局, 1982).
鍾　泰,『莊子發微』(上海古籍出版社, 1988).
鍾肇鵬,「董仲舒的儒法合流的政治思想」『歷史硏究』3(1977).
周立升 編,『春秋哲學』(山東大學出版社, 1988).
周燕謀 編,『治學通鑑』(精益書局, 1976).
陳鼓應,『老莊新論』(上海古籍出版社, 1992).
______,『莊子今注今譯』(香港中華書局, 1990).
崔大華,『莊學硏究』(人民出版社, 1992).
馮友蘭,『中國哲學史』(三聯書店, 2009).
許抗生,『帛書老子注譯與硏究』(浙江人民出版社, 1985).
胡　適,『中國古代哲學史』(商務印書館, 1974).
侯　才,『郭店楚墓竹簡校讀』(大連出版社, 1999).
侯外廬,『中國思想通史』(人民出版社, 1974).

3) 일본

加藤常賢,『中國古代倫理學の發達』(二松學舍大學出版部, 1992).
角田幸吉,「儒家と法家」『東洋法學』12-1(1968).
岡田武彥,『中國思想における理想と現實』(木耳社, 1983).
高須芳次郎,『東洋思想十六講』(新潮社, 1924).

館野正美,『中國古代思想管見』(汲古書院, 1993).
溝口雄三,『中國の公と私』(研文出版, 1995).
宮崎市定,『アジア史研究(I–V)』(同朋社, 1984).
金谷 治,『秦漢思想史研究』(平樂寺書店, 1981).
_____,『莊子』1–4(岩波文庫, 1983).
大久保隆郎也,『中國思想史(上)–古代. 中世–』(高文堂出版社, 1985).
大濱 皓,『中國古代思想論』(勁草書房, 1977).
渡邊信一郎,『中國古代國家の思想構造』(校倉書房, 1994).
服部 武,『論語の人間學』(富山房, 1986).
福永光司,『道敎思想史研究』(岩波書店, 1987).
_____,『莊子』(朝日新聞社, 1978).
_____,『老子』(朝日新聞社, 1978).
山口義男,『列子研究』(風間書房, 1976).
森三樹三郎,『老莊と佛敎』(講學社學術文庫, 2003).
上野直明,『中國古代思想史論』(成文堂, 1980).
小倉芳彦,『中國古代政治思想研究』(青木書店, 1975).
守本順一郎,『東洋政治思想史研究』(未來社, 1967).
安岡正篤,『東洋學發掘』(明德出版社, 1986).
野村茂夫,『老子·莊子』(角川書店, 1988).
宇野精一 外,『講座東洋思想』(東京大出版會, 1980).
栗田直躬,『中國古代思想の研究』(岩波書店, 1986).
伊藤道治,『中國古代王朝の形成』(創文社, 1985).
日原利國,『中國思想史』1–2(ぺりカン社, 1987).
赤塚 忠,『莊子』(集英社, 1977).
中島隆博,『殘響の中國哲學』(東京大出版會, 2007).
中村 哲,「韓非子の專制君主論」『法學志林』74–4(1977).
中村俊也,「孟荀二者の思想と'公羊傳'の思想」『國文學漢文學論叢』20(1975).
池田知久,『莊子』(學習研究社, 1986).
淺野裕一,『古代中國の宇宙論』(岩波書店, 2006).
貝塚茂樹 編,『諸子百家』(筑摩書房, 1982).

戶山芳郎,『古代中國の思想』(放送大敎育振興會, 1994).
丸山眞男,『日本政治思想史硏究』(東京大出版會, 1993).
荒木見悟,『中國思想史の諸相』(中國書店, 1989).

4) 서양

Ahern, E. M., *Chinese Ritual and Politics*(London : Cambridge Univ. Press, 1981).

Allinson, R.(ed.), *Understanding the Chinese Mind : The Philosophical Roots*(Hong Kong : Oxford Univ. Press, 1989).

Arendt, H., *The Human Condition*(Chicago : Univ. of Chicago Press, 1998).

Aristotle, *The Politics*(London : Oxford Univ. Press, 1969).

Carr, E. H., *What is History*(London : Macmillan Co., 1961).

Cheng, A., *Histoire de la pensée chinoise*(Paris : Editions du Seuil, 1997).

Cohen, P. A., *Between Tradition and Modernity : Wang T'ao and Reform in Late Ch'ing China*(Cambridge : Harvard Univ. Press, 1974).

Creel, H. G., *Shen Pu-hai. A Chinese Political Philosopher of The Fourth Century B.C.*(Chicago : Univ. of Chicago Press, 1975).

Cua, A. S., *Ethical Argumentation-A study in Hsün Tzu's Moral Epistemology*(Honolulu : Univ. Press of Hawaii, 1985).

De Bary, W. T., *The Trouble with Confucianism*(Cambridge, Mass./London : Harvard Univ. Press, 1991).

Deleuze, G. et Guattar, F., *Mille Plateau : Capitalisme et schizophrénie*(Paris : Minuit, 1980).

Fukuyama, F., *The End of History and the Last Man*(London : Hamish Hamilton, 1993).

Graham, A. C., *Disputers of the Tao*(La Salle : Open Court, 1989).

Hsü, L. S., *Political Philosophy of Confucianism*(London : George Routledge & Sons, 1932).

Moritz, R., *Die Philosophie im alten China*(Berlin : Deutscher Verl. der Wissenschaften, 1990).

Munro, D. J., *The Concept of Man in Early China*(Stanford : Stanford Univ. Press, 1969).

Peerenboom, R. P., *Law and Morality in Ancient China–The Silk Manuscripts of Huang–Lao*(Albany, New York : State Univ. of New York Press, 1993).

Plato, *The Republic*(London : Oxford Univ. Press, 1964).

Pott, W. S., *A Chinese Political Philosophy*(New York : Alfred. A. Knopf, 1925).

Rubin, V. A., *Individual and State in Ancient China–Essays on Four Chinese Philosophers*(New York : Columbia Univ. Press, 1976).

Schwartz, B. I., *The World of Thought in Ancient China*(Cambridge : Harvard Univ. Press, 1985).

Taylor, R. L., *The Religious Dimensions of Confucianism*(Albany, New York : State Univ. of New York Press, 1990).

Tomas, E. D., *Chinese Political Thought*(New York : Prentice–Hall, 1927).

Tu, Wei–ming, *Way, Learning and Politics–Essays on the Confucian Intellectual* (Albany, New York : State Univ. of New York Press, 1993).

Waley, A., *Three Ways of Thought in Ancient China*(New York : doubleday & company, 1956).

Watson, B., *The Complete Works of Chuang–Tzu*(N.Y. : Columbia Univ. Press, 1968).

Wu, Geng, *Die Staatslehre des Han Fei–Ein Beitrag zur chinesischen Idee der Staatsräson*(Wien & New York : Springer–Verl., 1978).

| 신동준 |

학오學吾 신동준申東埈은 고전을 통해 세상을 보는 눈과 사람의 길을 찾는 고전 연구가이자 역사문화 평론가다. 고전에 대한 해박한 지식과 탁월한 안목을 바탕으로 이를 현대화하는 작업을 진행하고 있으며, 그의 저서는 독자들에게 고전에 대한 새로운 인식을 심어주고 있다.

경기고 재학시절 태동고전연구소에서 한학의 대가인 청명 임창순 선생 밑에서 사서삼경과 《춘추좌전》, 《조선왕조실록》 등의 고전을 배웠다. 서울대 정치학과와 동 대학원을 졸업한 뒤 〈조선일보〉와 〈한겨레신문〉 등에서 10여 년 간 정치부기자로 활약했다. 1994년에 다시 모교 박사과정에 들어가 동양정치사상을 전공했고, 이후 일본의 도쿄대 동양문화연구소 객원연구원을 거쳐 〈춘추전국시대 정치사상 비교연구〉로 모교에서 박사학위를 받았다.

현재 21세기 정경연구소 소장으로 있는 그는 격동하는 21세기 동북아시대를 슬기롭게 헤쳐 나가기 위해 동양고전의 지혜를 담은 한국의 비전을 꾸준히 제시하고 있으며, 서울대·고려대·한국외국어대 등에서 학생들에게 동양3국의 역사문화와 정치사상 등을 가르치고 있다. 동양3국의 역대 사건과 인물에 관한 바른 해석을 대중화하기 위해 《월간조선》, 《주간동아》, 《위클리경향》, 《이코노믹리뷰》 등 다양한 매체에 꾸준히 칼럼을 연재하고 있다. 2012년부터는 《조선일보》 주말 판 경제섹션 〈위클리비즈〉의 인기칼럼 '동양학산책' 을 연재 중이다.

저서 및 역서로는 《후흑학》, 《조선국왕 vs 중국황제》, 《인물로 읽는 중국 현대사》, 《삼국지 군웅과 치도를 논하다》, 《조조 사람혁명》, 《팍스 시니카》, 《열국지 교양강의》, 《춘추전국의 영웅들》(전 3권), 《실록 초한지》, 《CEO의 삼국지》, 《조선의 왕과 신하, 부국강병을 논하다》, 《연산군을 위한 변명》,《자치통감 삼국지》, 《춘추좌전》 등이 있다.

장자(莊子)

초판1쇄 / 2012년 5월 25일

지은이 **신동준**
펴낸이 **여국동**
펴낸곳 **도서출판 인간사랑**
인 쇄 **인성인쇄**

출판등록 1983. 1. 26. / 제일-3호

정가 49,000원

ISBN 978-89-7418-732-3 03100

※ 잘못된 책은 교환해 드립니다.

(411-815) 경기도 고양시 일산구 백석동 1178-1
TEL (031)901-8144, 907-2003
FAX (031)905-5815
e-mail/igsr@Yahoo.co.kr
igsr@Naver.com